GESCHICHTE DES LANDES HESSEN

Wappenschild Landgraf Konrads von Thüringen (gestorben 1240)
Regenten von Hessen (bis 1234) und Hochmeister des deutschen Ordens (ab 1239)
von seinem Grabmahl im Landgrafenchor der Elisabethkirche zu Marburg

KARL E. DEMANDT

GESCHICHTE DES LANDES HESSEN

Revidierter Nachdruck
der zweiten, neubearbeiteten und
erweiterten Auflage 1972

JOHANNES STAUDA VERLAG KASSEL
1980

Lizenzausgabe für den Johannes Stauda Verlag Kassel 1980

Gesamtherstellung Bärenreiter
ISBN 3-7982-0400-4

INHALTSVERZEICHNIS

VI. DIE LANDGRAFSCHAFT HESSEN UND DIE BEERBTEN GRAFSCHAFTEN

VII. DIE GEISTLICHEN MÄCHTE UND TERRITORIEN

VIII. DIE NASSAUER GRAFSCHAFTEN

IX. HERRSCHAFTEN UND REICHSSTANDSCHAFTEN

X. DIE MEDIATISIERTEN GRAFSCHAFTEN UND DAS FÜRSTENTUM WALDECK

XI. DIE UMGESTALTUNG UND DER NEUBAU HESSENS

XII. BEIGABEN

VORWORT

Diese zweite Auflage der „Geschichte des Landes Hessen" ist kein Nachdruck der ersten. Während der Jahre, die seit ihrem Erscheinen vergangen sind, war ich bemüht, der Forschung zu folgen und sie zugleich durch Erschließung und Auswertung neuer Quellen zu ergänzen. Demgemäß sind alle Kapitel überarbeitet und ausgebaut worden. Zu den neuen Nachrichten sind gelegentlich neue Ansichten gekommen; alle Urteile wurden nochmals abgewogen, manche neu formuliert; verschiedene Stellen sind schärfer durchgezeichnet und einige Fehler berichtigt worden. Die Stammtafeln wurden erweitert, die Karten neu beigegeben. Literatur weist das inzwischen als Ergänzung zu dieser hessischen Geschichte vorgelegte „Schrifttum zur Geschichte und geschichtlichen Landeskunde von Hessen" nach. Das ist einer der Gründe dafür, auch in dieser (wie schon in der ersten) Auflage auf Anmerkungen zu verzichten. Es kommt hinzu, daß sie nicht nur den Rahmen des Werkes gesprengt, sondern notwendigerweise auch seinen Charakter verändert hätten. Aber gerade dabei sollte es im Hinblick auf seine Leserschaft bleiben.

So bietet diese Geschichte des Landes Hessen auch jetzt wieder nur eine knappe, zusammenschließende Darstellung, keine eingehenderen Untersuchungen oder Erörterungen oder beides. Auch die Gliederung ist fast die gleiche geblieben, da die Stoffmasse ohne eine solche strukturbedingte Aufgliederung kaum zu durchdringen ist. Schließlich ist auch die frühere Darstellungsweise beibehalten, weil sie von Anfang an erstrebte, das in der Forschung weit Entfaltete und einander Entrückte wieder zusammenzuführen, das mit immer feineren Methoden Aufgelöste, ja sich schon fast Verflüchtigende in seine eigene Körperlichkeit zurückzurufen und ihm damit sein Leben, sein Licht und seinen Schatten wiederzugeben. So stehen Sachmitteilungen an erster Stelle, denn nur sie vermitteln Kenntnisse, ermöglichen ein eigenes Urteil und bestimmen den Informationswert des Werkes, auf den im besonderen Maße geachtet wurde. Ihm dient auch das Register; denn es präzisiert öfters die Angaben des Textes (Regierungsjahre, Namenergänzungen) und gibt Zusammenstellungen (Amtsträgerlisten), die dort so nicht vorkommen.

Die Methode der Darstellung bestimmte das Bemühen, die uns noch keineswegs vollständig erschlossenen geschichtlichen Vorgänge weiter zu klären und dabei zu finden, was eigentlich (und erst dann, wie es eigentlich) gewesen ist. Eine Antwort auf das Weshalb und Warum ist kaum einmal angedeutet, denn sie kann wegen der Unergründlichkeit der geschichtsbestimmenden Persönlichkeiten, der geschichtsbewegenden Ideen und der geschichtstragenden gesellschaftlichen und wirtschaftlichen Zustände in ihrer unabgrenzbaren gegenseitigen Durchdringung und Bedingung wohl niemals und nirgends hinreichend sicher und richtig gegeben werden. Mutmaßungen, die sich darüber anbieten, sind hier nicht angestellt worden, denn ein so enger Rahmen, wie er die Landesgeschichte begrenzt, hat dafür keinen Raum.

Die Absicht dieser Darstellung ist deshalb einfacher. Sie will nichts anderes, als über die Ergebnisse der bisherigen landesgeschichtlichen Forschung Hessens zusammenfassend berichten. Dabei möchte sie allerdings diese auch innerlich wieder miteinander verknüpfen und zu jenem Gesamtbild zusammenfügen und dieses veranschaulichen, aus dem sie allesamt stammen; und sie möchte es tun, ehe sich die oft sehr mühsam gesuchten und gesammelten Steine und Steinchen dieses Mosaiks wieder verlieren. Das glaubte ich unserer Landesgeschichtsforschung und den Männern, die sie getragen haben, am Abend eines langen Tages schuldig zu sein.

Das Ziel dieser Darstellung ist die Beschreibung der politischen Geschichte Hessens, da nur sie das Schicksal von Land und Leuten bestimmt hat und nur sie es uns zu erkennen gibt. So steht hier wieder die politische Geschichte als tragender Pfeiler der Landesgeschichte; denn daß sie das ist, haben alle anders gerichteten Bemühungen nicht zu widerlegen vermocht. Es hat sich mir im Gegenteil immer deutlicher gezeigt, daß landesgeschichtliche und landeskundliche Spezialdisziplinen nur sich selber genügen können, zur Erkenntnis bestimmender Entscheidungen und Ereignisse dagegen nicht ausreichen, ja, ohne politische Sinngebung von der Geschichte überhaupt abgeschnitten, man möchte sagen, für sie verloren sind.

Da politische Geschichte ohne Rechts- und Verfassungsgeschichte, Wirtschafts- und Sozialgeschichte, Kultur- und Kirchengeschichte nicht dargestellt werden kann, wurden auch sie nach ihren Resultaten befragt und diese, soweit möglich, in die Darstellung einbezogen. Das gleiche gilt für die Landeskunde mit ihren siedlungsgeschichtlichen, volks- und bevölkerungskundlichen Studien. Diese tritt allerdings insofern zurück, als die in ihrem Rahmen beschriebenen Vorgänge kaum einmal bestimmenden Einfluß auf Notwendigkeit und Richtung unserer Geschichte gehabt haben und das Schicksal des Ganzen meist nur schwach und verschwommen widerspiegeln.

Um dieses gesamthessische Schicksal in seiner ganzen Schärfe aber ging es hier vor allem anderen. Je beherrschender die Teilgebiete jahrhundertelang hervortraten, desto mehr war ich bemüht, nicht nur das Unterscheidende und Trennende, sondern auch das oft nur in geringen Spuren verbliebene Gemeinsame festzuhalten und zu beachten. So ist hoffentlich diese Darstellung nicht nur der territorialen Vielfalt, sondern auch der wiedergewonnenen Einheit des Landes gerecht geworden. Das liegt mir um so mehr an, als der Verlauf des dahin führenden Weges in seinem unaufhörlichen Wechselspiel der Geraden und Krümmen, der Knicke und Kehren die packendste Erscheinung der hessischen Geschichte überhaupt ist, denn immer wieder führt er zu neuen Lagen, Aufgaben und Möglichkeiten und wird doch durch Jahrhunderte lang gültige Leitmotive und Ziele bestimmt und gelenkt.

Herrn D Dr. h. c. *Karl Vötterle,* dem Schöpfer des Bärenreiter-Verlages, danke ich für seine unablässigen Bemühungen um eine Neuauflage des Werkes, allen Freunden der hessischen Geschichte für die nachdrückliche Anteilnahme, mit der sie sie immer wieder gefordert haben. In ganz besonderem Maße fühle ich mich meiner Schwiegertochter, Frau Dr. *Barbara Demandt,* geb. *Haarberg,* verpflichtet, denn sie hat mir mannigfache kritische Korrekturhilfe geleistet und die Karten dieses Bandes geschaffen. Vorbild waren zumeist die Karten des inzwischen vorliegenden großformatigen „Geschichtlichen Atlas von Hessen", an dem sie unter Leitung von Professor Dr. *Uhlhorn* jahrelang mitgearbeitet hat. Das Entgegenkommen von Herrn Professor D Dr. Dr. h. c. *Schlesinger* hat es dem Kartographen Herrn *Bela Vago* ermöglicht, die Karten in vorliegender Weise auszuführen.

Zuletzt ein umfassender Dank an alle, die durch großzügige Spenden die Herausgabe dieser zweiten Auflage ermöglicht haben: die Hessische Landesregierung, die Wirtschaft, die Kreise und Städte insbesondere Nordhessens. Das entscheidende Verdienst an dieser neuen Auflage kommt jedoch Herrn Regierungspräsidenten *Alfred Schneider,* Kassel, zu; ohne seine Initiative, seine Tatkraft und seine Verbundenheit mit unserem Lande wäre sie nicht möglich gewesen. Das unentbehrliche und unersetzliche Amt, das er ausübt, hat sich auch in diesem Falle bewährt.

Die Widmung des Werkes an meine Marburger akademischen Lehrer, *Friedrich Küch†* und *Edmund E. Stengel†* wiederhole ich. Je älter man wird, desto klarer erkennt man, wie sehr man in Verpflichtungen und Bindungen gelebt hat, die das vermeintlich eigene Wegziel bestimmten.

Lindheim, im Frühherbst 1972 Karl E. Demandt

I.

EINLEITUNG

1. *Grundzüge der hessischen Landesgeschichte*

Die geschichtlichen Grundlagen Hessens reichen in ferne Jahrtausende zurück und bestehen in einem sehr langsam gewachsenen, tiefgreifenden Wurzelwerk, dessen feingliedrige Struktur noch weitgehend unbekannt ist. Nur soviel ergibt sich bisher, daß diese Entwicklung (von heute aus gesehen) keineswegs folgerichtig und eindeutig auf das spätere Hessen ausgerichtet war, sondern zunächst die verschiedenartigsten Gruppierungsmöglichkeiten der einzelnen Siedlungszentren unseres Gebietes durchgespielt hat. Von ihnen wies Niederhessen von früh an die größte Kontinuität auf, denn in diesem Raum hat sich wahrscheinlich seit der jüngeren Steinzeit die bevölkerungsmäßige und siedlungsgeschichtliche Entwicklung durchlaufend und ohne größere Abbrüche vollzogen. Selbst die Zäsur, die das Eindringen der Chatten setzte, ging nicht so tief, wie die wiederholten Einschnitte in den südwestlichen Gebieten des heutigen Hessen. Denn sie brachten mehrfach völlige politische und kulturelle Umgestaltungen mit sich, so durch die Urnenfelderleute, die Kelten, germanische Stämme und schließlich die Römer, von denen Niederhessen entweder nur am Rande oder mit schwachen Ausläufern erfaßt worden ist. Selbst noch die letzte entscheidende Umformung, die Einbeziehung der heute hessischen Gebiete in das fränkische Reich, hat sich in beiden Teilen Hessens ganz verschieden vollzogen und ausgewirkt; denn während es im Südwesten zu zahlreichen fränkischen Ansiedlungen kam, hat sich der fränkische Staat in Niederhessen im wesentlichen auf die Herrschaftsausübung beschränkt.

Auch das Wesen der Bevölkerung Hessens ist stark unterschiedlich, da sie keine ethnographische Einheit bildet. Das Land vereinigt vielmehr mit den Hessen in seinen nordöstlichen Bereichen Angehörige des fränkischen Stammes in seinen südwestlichen Gebietsteilen (unter Einschluß einer beträchtlichen ureingesessenen Mischbevölkerung). Dazu ist in jüngster Zeit weit über eine halbe Million heimatvertriebener Deutscher aus dem Osten gekommen, die sich ebenfalls (aus vorwiegend arbeitsbedingten Gründen) mehr und mehr im Rhein-Main-Gebiet konzentrieren. Berücksichtigt man das und die wachsende Industrialisierung, das immer stärkere Ausufern und Zerfließen der Städte und die weitgehende Verstädterung des Landes, die anscheinend endgültige Ablösung sehr alter gesellschaftlicher Gebräuche, die durchgreifenden Änderungen der Arbeitsbedingungen, die damit zusammenhängende Trennung von Arbeits-

und Wohnplätzen, die dadurch bedingte Umformung uralter Bauerndörfer zu modernen Arbeiterwohngemeinden und die mit den Arbeitsformen der Industriegesellschaft zwangsläufig verknüpfte Steigerung der persönlichen und wirtschaftlichen Abhängigkeit, dann darf als wahrscheinlich gelten, daß unsere Zeit nicht nur in bezug auf die Lebensformen, sondern auch auf das Wesen der hessischen Bevölkerung zu einem tiefgreifenden Wandel ansetzt.

Bisher war ihre Art in den althessischen Gebieten vorwiegend beharrend, zurückhaltend, abweisend und tief vom „Instinkt der Pietät" geprägt, wie ihn Riehl bei ihr vorfand. Ihr Leben war hart, die Lebensbedingungen schwer, die Armut verbreitet. „Im Lande Hessen gibts hohe Berge und nichts zu essen, große Krüge und saueren Wein, pfui, wer möchte ein Hesse sein! Wenn Schlehen und Hagebutten nicht geraten, haben sie nichts zu beißen und braten." Aber wegen dieses ständigen Kampfes mit Elend und Not waren sie auch von zäher Beharrungs- und Arbeitskraft, denn „wo Hessen und Holländer verderben, kann niemand Nahrung erwerben". Nur in den fränkisch bestimmten, reicheren Landesteilen herrschte eine Art, die unbeschwerter und zugänglicher, offener und beweglicher war. Nur hier wirkte sich der kulturelle und wirtschaftliche Einfluß größerer Städte aus, die im übrigen Hessen fast völlig fehlten, wo mit dem Dorf und der Kleinstadt auch kleinbäuerliche und kleinstädtisch-handwerkerliche Züge vorherrschten.

Das bestimmte auch die sozialen Verhältnisse. Althessen kannte keine reichen Bevölkerungsschichten, keinen reichsfreien mächtigen Adel, keine reichen unabhängigen Patrizier, keine generelle Gutswirtschaft und nur an wenigen Plätzen große Bauern, aber es kannte auch grundsätzlich keine Leibeigenschaft (sondern nur wenige Ansätze dazu), keine Kleinstaaterei, keine politische oder militärische Ohnmacht. Ganz anders lag es im Südwesten unseres heutigen Landes mit seinen zahlreichen größeren reichsfreien Städten, seinem einflußreichen reichsunmittelbaren Adel, seinen reichen und mächtigen Patrizierfamilien von Großkaufleuten, Waren- und Geldhändlern, der weitgehenden Feudalisierung des Landes mit ihren ausgedehnten Adelsherrschaften und Gutswirtschaften und ihren zerstückelten Kleinterritorien, deren politische Bedeutung gleich Null und deren Bewohnerschaft vielfach leibeigen war.

Auch im künstlerischen und kulturellen Bereich bildeten die beiden Hälften des heutigen Landes Gegensätze. Es gab weder für beide eine eigene noch gar eine gesamthessische Kunstlandschaft. In der bildenden Kunst wurde Niederhessen im Mittelalter weithin beherrscht durch westfälische, das südwestliche Hessen durch mittel- und oberrheinische Einflüsse. In der Neuzeit saßen die namhafteren bildenden Künstler überwiegend im althessischen, die größeren Dichter und Schriftsteller dagegen meist im Rhein-Main-Gebiet. Charakteristisch für Althessen war seine ausdrucksstarke „Volkskunst" und die Hinwendung seiner Gelehrten zu den Äußerungen dieses „Volksgeistes", zu Volkskunde, Volkskunst, Sprache, für die die Brüder Grimm im europäischen Wissenschaftsraum bahnbrechend gewirkt und mit ihrem, vorwiegend aus dem niederhessisch-westfälischen Bereich gehobenen Schatz der Kinder- und Hausmärchen eine schier unerschöpfliche Quelle volkskundlicher Überlieferung erschlossen haben.

Dieses arme, aber landschaftlich schöne Land mit seinen stillen Dörfern und kleinen Städten in ihrer abgeschiedenen Abseitigkeit, aber auch der in sich selbst beruhenden Sicherheit und Festigkeit seiner Bewohner in der Bewahrung des Überlieferten, wie sie die erst in unseren Tagen versinkenden Trachtengebiete sinnbildhaft bezeugen, hat viele der hier Aufgewachsenen nie völlig losgelassen. Wohl zwang manchen „die schwere Not" zu Soldatentum, Landgängerei und Auswanderung. Aber es darf als charakteristisch gelten, daß der größte hessische Gelehrte, Jacob Grimm, als er sich 1830 genötigt sah, seine hessische Heimat zu verlassen, in seiner Göttinger Antrittsvorlesung „De desiderio patriae" vom Heimweh sprach; und das Hessenheimweh ihrer Auswanderer ist fast sprichwörtlich geworden. Sein gültiger Ausdruck ist für mehrere Generationen Karl Altmüllers Lied „In der Fremde" gewesen: „Ich weiß ein teuerwertes Land, mein Herz ist zu ihm hingebannt; ich kann es nimmermehr vergessen, das liebe Land der blinden Hessen." Die blinden Hessen, die gebräuchlichste Bezeichnung unseres Stammes, hat man sowohl mit seinen Fehlern wie mit seinen Tugenden erklären wollen, doch gibt es dafür trotz aller Bemühungen bisher keine einwandfreie Deutung. Bezeugt ist diese Charakterisierung seit dem 16. Jahrhundert.

Der Charakter der Landschaft spiegelt in seiner Gegensätzlichkeit die unterschiedliche Wesensart seiner Bevölkerung. In Niederhessen ist die Landschaft überwiegend kleinräumig gekammert, geschlossen, bewahrend und in ihrem Erscheinungs- und Wesensbild bestimmt durch die weiten schweigenden Wälder, die den in sie eingesprengten Dorffluren nur an wenigen Stellen weichen und die das Bergland durchziehenden Senken nur an wenigen Stellen öffnen. Dagegen haben sie im Südwesten das Landschaftsbild sehr viel aufgeschlossener und weiträumiger gestaltet und deutlicher zwischen Ebene und Gebirge akzentuiert. Aus der Rheinebene steigt der Odenwald auf, aus Rheingau und Wetterau Taunus und Vogelsberg, während sich das niederhessische Bergland fast geschlossen zwischen Rothaargebirge und Rhön erstreckt. Um so größere Bedeutung kam den wenigen Senken zu, die es durchfurchen, denn sie boten eine wichtige Voraussetzung dafür, daß in Hessen mindestens seit fränkischer Zeit eines der großen Verkehrskreuze des Reiches entstehen konnte, dessen Straßen den Ober- und Mittelrhein mit Thüringen und Sachsen sowie Franken mit Westfalen und dem Niederrhein verbanden.

Die Anfänge der politischen Geschichte des Landes sind mit seiner überragenden Bedeutung als westdeutsches Verkehrszentrum aufs engste verknüpft und vollzogen sich zunächst im Rahmen des fränkischen Staates und des ihm folgenden deutschen Reiches. Für die Stellung Hessens im fränkischen Staat war entscheidend, daß die niederhessischen Gebietsteile schon in merowingischer Zeit ein militärisch wichtiges Aufmarschgebiet gegen die feindlichen Sachsen bildeten. Nach der Auflösung des fränkischen Gesamtstaates und der Gründung des deutschen Reiches bildeten die hessischen Verkehrslinien unter den Königen aus dem sächsischen Hause die wichtigste Verbindung zwischen ihrem Stammland und den übrigen Reichsteilen, und sie blieben es in umgekehrter Richtung auch unter den salischen Königen. Daraus ergab sich, daß während der hochmittelalterlichen Kaiserzeit die führende Rolle im Lande zunächst eindeutig beim Reich lag, das hier nach dem Ausschalten der konradinischen Grafen durch Otto d. Großen keinerlei politische Schwierigkeiten mehr hatte. Hessen ist vielmehr eines der zuverlässigsten Länder des Reiches geblieben, dessen drei große Reichsabteien Lorsch, Fulda und Hersfeld Zentren des Reichsmönchstums waren. Nicht minder große Rollen haben die führenden hochmittelalterlichen Grafenhäuser, die in Hessen gewirkt haben, in der Reichsgeschichte gespielt; an ihrer Spitze die Konradiner, die den ersten deutschen König gestellt haben, und die Grafen Werner, die Vorstreiter und Bannerträger des Reichsheeres unter den salischen Kaisern.

Seit den Staufern beschränkte sich der unmittelbare Einfluß des Reiches mehr und mehr auf das südwestliche Hessen, zumal in den nieder- und oberhessischen Gebieten mit den Landgrafen von Thüringen ein Geschlecht die örtliche politische Führung übernommen hatte, das den Staufern zunächst eng verbunden war. So hat sich die staufische Reichspolitik im wesentlichen nur noch auf die Wetterau und das Rhein-Main-Gebiet unmittelbar auswirken können, wo sie von zahlreichen und ausgezeichneten Dynasten (an ihrer Spitze die Herren von Büdingen), Reichsdienstmannengeschlechtern (an ihrer Spitze die Hagen-Münzenberger) und Reichsstädten (mit ihrem Vorort Frankfurt) getragen wurde. Wenn diese Politik auch nicht zur Vollendung gedieh, so hinterließ sie doch ein überreiches Erbe in Gestalt der Wetterauer Reichslandvogtei und Reichslandfriedenseinungen, der Reichsstädte und Städtebünde sowie der wetterauischen Reichsgrafen- und Reichsritterschaftsverbände. Bis zuletzt lagen daher von den vier Städten, in denen das Reich in seinen alten Gebieten gegenwärtig und wirksam blieb, zwei in Hessen: Frankfurt als Wahl- und Krönungsstadt der deutschen Kaiser (während sich die Reichsinsignien in Nürnberg befanden) und Wetzlar als Sitz des Reichskammergerichtes (während der Reichstag in Regensburg saß).

Die weitere landesgeschichtliche Entwicklung Hessens wurde durch die Ausbildung der hessischen Landgrafschaft im 13. Jahrhundert bestimmt. Diese übernahm zunächst die politische Führung im größeren Teil des Landes, zumal sich die Nassauer Grafen nach der Landesteilung von 1255 selbst in ihren Stammgebieten nicht mehr völlig durchsetzen konnten und auch aus den kleineren Herrschaften im Südwesten des Landes keine vorherrschende Macht hervorging. Dagegen versuchte das seit dem frühen 13. Jahrhundert von der Pfalz territorial stark bedrängte Erzbistum Mainz, in Hessen ein großes geistliches Territorium zu errichten, und hat darum fast 300 Jahre lang gerungen. Dieser Existenzkampf der Landgrafschaft mit dem größten deutschen Erzbistum bildet daher das Leitmotiv der spätmittelalterlichen hessischen Geschichte. Er war zugleich die politische und geistesgeschichtliche Voraussetzung der Gipfelleistung Hessens in der Reformation, deren Ausbreitung Landgraf Philipp als entscheidendes Verbindungsglied zwischen Sachsen und Oberdeutschland maßgeblich gefördert hat. Einen nahezu ebenso hohen Rang erstritt sich das nassauische Grafenhaus, seitdem es unter Führung Wilhelms von Nassau-Oranien in den niederländischen Freiheitskampf gegen die spanische Weltmacht eingetreten war. Von Landgraf Philipp von Hessen über seinen Schwiegersohn Herzog Moritz von Sachsen zu dessen Schwiegersohn Prinz Wilhelm von Nassau-Oranien läuft e i n e weltpolitische Linie. Und das Erbgut des Oraniers ist es dann gewesen, das fast alle großen protestantischen Fürstenhäuser des 17. und 18. Jahrhunderts maßgeblich beeinflußt hat, in erster Linie Preußen, mit dem wiederum Hessen-Kassel jahrhundertelang enge politische Gemeinschaft hielt, aber auch Hanau, das Hessen-Kassel in der Landgräfin Amelie Elisabeth eine Fürstin gab, die es aus der Katastrophe des 30jährigen Krieges gerettet hat.

Nach dem Abklingen des Reformationsjahrhunderts trat jedoch allenthalben ein merklicher Rückschlag in der territorialpolitischen Entwicklung ein. Er führte in den kleineren Herrschaften bald zur offenkundigen Verkümmerung ihrer früheren Bedeutung, deren Reste schließlich das Feuer des 30jährigen Krieges verzehrt hat. Dieser vernichtende, aber in politischer Hinsicht doch auch läuternde Brand forderte von Hessen höchste Bewährung, der es genügte, während er Nassau so weitgehend zerstörte, daß es erst Ende des 18. Jahrhunderts wieder auflebte. Dann schien die Neuordnung Deutschlands nach der Auflösung des alten Reiches auch Hessen und Nassau im 19. Jahrhundert neue Aufstiegsmöglichkeiten zu bieten, doch kam es weder in Nassau noch in Kurhessen zu einem Ausgleich zwischen Fürstenhaus und Ständen, sondern zu einem schließlich existenzvernichtenden verfassungsrechtlichen und politischen Konflikt. So gingen das Kurfürstentum Hessen-Kassel und das Herzogtum Nassau weitgehend an ihren eigenen, ungelösten innerpolitischen Fragen zugrunde. Nur wenige Jahrzehnte nach ihrer Neubildung fielen sie im Vorherrschaftskampf zwischen Preußen und Österreich um Deutschland der größeren politischen und militärischen Macht Preußens zum Opfer. Da beide Staaten aber auch als vereinigte preußische Provinz ihre innere Eigenart wahrten und Hessen-Darmstadt zudem selbständig blieb, war nach dem Untergang des Reiches und Preußens 1945 die Voraussetzung zum Zusammenschluß dieser Gebiete zum neuen Land Hessen gegeben, der noch im gleichen Jahr erfolgte.

Blicken wir auf diese entscheidenden Ereignisse unserer jüngsten Geschichte zurück, dann ergibt sich, daß die grundlegende Umgestaltung des hessischen Landes im 19. und 20. Jahrhundert, die aus den mittelalterlich bestimmten Territorien erst moderne Staaten entstehen ließ, nicht der eigenen Einsicht und Kraft entsprungen war. Sie geht vielmehr eindeutig auf das Einwirken fremder Mächte zurück, von denen nur eine im engeren Sinne deutsch, zwei europäisch und die letzte sogar außereuropäisch waren. Wir verdanken dem Eingreifen Frankreichs 1803/06 die Zusammenfügung der bis zur Abnormität zersplitterten Rhein-Main-Gebiete zum Herzogtum Nassau und zum Großherzogtum Hessen-Darmstadt, der Tätigkeit des europäischen Wiener Kongresses 1815 die in diesem Sinne weitergeführte Zusammenlegung, der deutschen Vormacht Preußen 1867 die Zusammenfassung der beiden Staaten Kurhessen und Nassau zu einer Provinz Hessen-Nassau und endlich der amerikanischen Besatzungsarmee 1945 die Vereinigung dieser preußischen Provinz mit dem Volksstaat Hessen-Darmstadt. Gewiß gab es in beiden Hessen etwa seit 100 Jahren Bestrebungen zum Zusammenschluß, aber sie stellten keine politische Realität dar; und gewiß standen die im heutigen Land Hessen vereinigten Gebiete seit Jahrhunderten in engsten politischen, wirtschaftlichen, familiären und kulturellen Beziehungen, aber es gab gleichwohl so viele politische und kleindynastische Sonderinteressen, daß es nicht möglich war, sie ohne größere, fremde Hilfe zu überwinden.

Und doch haben die von ferne her und daher anscheinend ganz willkürlich eingreifenden fremden Mächte letzten Endes nur einer ganz bestimmten geschichtlichen Entwicklung zum Durchbruch verholfen, die nicht nur unseren landesgeschichtlichen Werdegang des letzten Jahrhunderts seit 1866 bestimmt hat, sondern sich schon lange zuvor angebahnt hatte. Es war der Weg Hessens an den Rhein, der Abschluß einer seit Ende des Mittelalters vorgezeichneten Bahn, auf der Hessen schon vor etwa 500 Jahren durch seine größte territoriale Errungenschaft, die Grafschaft Katzenelnbogen, in breiter Front an Rhein und Main gelangt war. Dieses epochale Ereignis hat unser Land bis in unsere Tage so maßgeblich beeinflußt, daß es ohne diese grundlegende geschichtliche Voraussetzung in seiner heutigen Gestalt nicht bestehen würde. Dieser Weg Hessens an den Rhein ist daher das zweite große Leitmotiv seiner Geschichte, welches das erste große Thema des mittelalterlichen Kampfes gegen Mainz abgelöst und unsere neuere Geschichte bestimmt hat. Entscheidend hierfür war allerdings, daß das politische Bewußtsein, die Tradition und der Name Hessens vom katzenelnbogischen Darmstädter Gebiet mit dem gleichen Nachdruck wie vom althessischen Kernland beansprucht und gebraucht wurden. Seit den Freiheitskriegen und der Julirevolution gewann dieses Bewußtsein der Einheit mehr und mehr Gestalt, so daß nach der Revolution von 1918, die das letzte dynastische Hemmnis beseitigt hatte, die Wiedervereinigung der seit 1567 getrennten Lande immer nachdrücklicher gefordert werden konnte.

Es gibt in unserem Bereich kein vergleichbares Beispiel einer machtvolleren geschichtlichen Tradition, als sie sich in dieser durch die Wiedervereinigung Hessen-Darmstadts mit dem übrigen Hessen nunmehr erfüllten Forderung gezeigt und durchgesetzt hat. Dabei war das in beiden Gebieten lebendige hessische Bewußtsein besonders in dem kleineren Darmstädter Teil so aktiv, daß gerade von hier aus entscheidende Impulse zur Wiedervereinigung ausgegangen sind. Daß inzwischen Althessen mit Nassau zusammengeschlossen worden war, wurde dabei um so weniger als störend empfunden, als die preußische Provinz Hessen-Nassau immer in Hessen ihr Schwergewicht hatte und das ehemalige Herzogtum Nassau bei der Neubildung des Landes Hessen nochmals stark verkleinert worden war, so daß es gegenüber dem großen althessischen Gebiet territorial nicht mehr entscheidend ins Gewicht fiel. Die Stärke der Tradition, die Größe des Gebietes und die Zahl der Bevölkerung wies Hessen bei diesem Zusammenschluß von vornherein die führende Stelle an, während die mit dieser Vereinigung verbundene Verlagerung des politischen und wirtschaftlichen Schwergewichtes in den Rhein-Main-Raum dazu führte, daß die zeitweise nassauische Hauptstadt Wiesbaden (über die zufälligen Anfänge hinaus) allmählich die Rolle der Hauptstadt des Landes Hessen übernommen hat, obwohl das Land selbst niemals eine echte Hauptstadt hatte.

Für die ruhige Entwicklung der verschiedenen Landesteile zu dem neuen Lande Hessen ist schließlich aber auch noch ein ganz gegenwartsbestimmter Faktor wichtig geworden, die große Zahl der ostdeutschen Heimatvertriebenen, die unser Land nach dem Zweiten Weltkrieg aufgenommen hat. Denn ihnen war weder das Kurfürstentum noch das Großherzogtum Hessen oder das Herzogtum Nassau eine lebendige Vorstellung, ihre neue Heimat hieß von Anfang an Hessen; und es spielte daher keine Rolle, ob es sich dabei um das Darmstädter, Wiesbadener, Dillenburger, Marburger, Kasseler, Fuldaer oder Frankfurter Gebiet handelte, denn deren fein abgestufte Besonderheiten kamen in der Not der ersten Jahre kaum zur Geltung. Sie waren nicht mehr als organische Teile eines Ganzen, das als solches politisch, wirtschaftlich und kulturell beherrschend in den Vordergrund trat, die Vertretung und Sorge für alle übernahm und Land Hessen hieß. Daß sich aber der Zusammenschluß dieser Teile so mühelos zu einem Ganzen fügte, war zweifellos nicht nur auf den Zwang der Lage zurückzuführen, sondern in gleicher Weise auch auf die Auswirkung tiefgreifender geschichtlicher Kräfte mit ihrer lebendigen Tradition und Aktivität, die das Bewußtsein dieser Ganzheit solange wachgehalten hatte, bis sie die jüngste landesgeschichtliche Entwicklung endlich verwirklichte. Daß sie jedoch fast widerspruchslos aufgenommen und anerkannt wurde, ist schließlich auch durch die innerpolitische Lage Hessens nach dem Zweiten Weltkrieg beeinflußt worden. Da die politische Führung seit Beginn in den Händen der sozialdemokratischen Partei lag und in Ministerpräsident Zinn ein fast zwei Jahrzehnte lang unangefochten mit Zustimmung des weit überwiegenden Teiles der Bevölkerung regierender Politiker mit ausgeprägtem Sinn für Maß und Möglichkeit an ihrer Spitze stand, wurde dieses wachsende Einheitsbewußtsein nie ernsthaft gestört oder unterbrochen, vielmehr in den letzten Jahren bewußt immer stärker gefördert.

Das heutige Land Hessen ist infolgedessen 1945 wiedervereinigt worden aus dem Volksstaat Hessen und den beiden preußischen Provinzen Kurhessen und Nassau (bis 1944 Provinz Hessen-Nassau). Dabei wurden die Regierungsbezirke Rheinhessen (vom Volksstaat Hessen) und Montabaur (von der Provinz Nassau) abgetrennt. Der Volksstaat Hessen (so seit 1919) setzte das Großherzogtum Hessen fort (gebildet 1803/15) und geht zurück auf die 1567 von Gesamthessen abgeteilte Landgrafschaft Hessen-Darmstadt, die das seit 1479 hessische Gebiet der Obergrafschaft Katzenelnbogen mit dem Mittelpunkt Darmstadt umfaßte. Die preußische Provinz Hessen-Nassau entstand 1867 durch Aufhebung und Vereinigung des Kurfürstentums Hessen und des Herzogtums Nassau. Das 1803/15 geschaffene Kurfürstentum Hessen entsprach (ohne Fulda und Hanau) etwa der 1567 von Gesamthessen abgeteilten Landgrafschaft Hessen-Kassel und im Kerne auch ihrer Vorgängerin, der seit 1122 thüringischen Grafschaft Hessen. Das 1803/15 errichtete Herzogtum Nassau vereinigte die seit 1255 getrennten rechtsrheinischen Gebiete der nassau-weilburgischen und nassau-dillenburgischen Teilgrafschaften (ohne Siegen), die ihrerseits eine ältere Gesamtgrafschaft Nassau fortsetzten, deren Anfänge in das frühe 12. Jahrhundert zurückreichen.

Die in diesen drei Hauptländern Hessen-Kassel, Hessen-Darmstadt und Nassau bis zum Ende des alten Reiches aufgegangenen wichtigsten innerhessischen Herrschaften waren: die Grafschaft Diez, 1386 zunächst an Nassau, seit 1420 vielfach anderweitig aufgeteilt; die Grafschaft Ziegenhain-Nidda, 1450 an Hessen; die Grafschaft Katzenelnbogen, 1479 an Hessen; die Herrschaft Eppstein, seit Mitte des 15. Jahrhunderts in der Auflösung begriffen, zum Teil 1492 an Hessen und 1535 an Stolberg, das aber 1581/83 vom Erzbistum Mainz verdrängt wurde; das Stift Hersfeld, 1648 endgültig an Hessen-Kassel; die Grafschaft Hanau-Münzenberg, 1736 an Hessen-Kassel; und die Grafschaft Sayn-Hachenburg, 1799 an Nassau.

Infolge des Reichsdeputationshauptschlusses von 1803, der Rheinbundakte von 1806 und der Abmachungen des Wiener Kongresses von 1815 fielen an größeren Objekten die angrenzenden Gebietsteile der Erzbistümer Mainz und Trier und der Bistümer Worms und Fulda an Nassau und beide Hessen und die Grafschaften Solms, Büdingen und Erbach samt den reichsritterschaftlichen

Gebieten der Wetterau und des Vogelsberges zumeist an Hessen-Darmstadt. 1867 wurde die Freie Stadt Frankfurt zur Provinz Hessen-Nassau gezogen, 1929 das Land Waldeck mit dem Regierungsbezirk Kassel vereinigt und 1932 der Kreis Wetzlar vom Regierungsbezirk Koblenz dem Regierungsbezirk Wiesbaden zugeteilt. Im gleichen Jahr verlor der Regierungsbezirk Kassel den Kreis Rinteln (Grafschaft Schaumburg) an Hannover und 1944 den Kreis Schmalkalden an Thüringen.

II.

DIE LANDSCHAFTLICHEN VORAUSSETZUNGEN

2. *Die hessischen Straßen und ihre geschichtliche Bedeutung*

Nach seiner geographischen Lage und seinem geologischen Aufbau stellt Hessen den mittleren Teil des deutschen Mittelgebirges dar. Es ist ein in sich einheitlich und doch vielgestaltig durch Höhenzüge und Kuppen, Flußtäler und Senken gegliedertes Land, das aus einem Kranz von anmutigen Kleinlandschaften zusammengefügt ist, deren Begrenzung weitgehend ursprüngliche, landschaftliche Verhältnisse bedingen. Erwachsen aus einem Gefüge von Urlandschaften, die der seit der Bronzezeit zurücktretende Wald in den hessischen Lößgebieten entstehen ließ, bildeten sich in ihnen Siedlungsmittelpunkte und damit wirtschaftliche und politische Zentren aus, die eine wurzelechte Verbindung von geographischen und politischen Erscheinungen auch in unserem Gebiet klar erkennen lassen. Diese ursprünglichen Kerngebiete sind: Niederhessen mit dem Zentrum Maden—Gudensberg—Fritzlar, die Schwalm, Oberhessen mit dem Mittelpunkt der Amöneburg, das Limburger Becken des Goldenen Grundes, das untere Maintal, die Wetterau und die Fuldaer Siedlungskammer.

Die Einwirkung geographischer Verhältnisse wird jedoch nicht nur in der siedlungspolitischen Kern-, sondern auch in der territorialen Grenzbildung greifbar; denn wie für jene die dichte Besiedlung der fruchtbaren Beckenlandschaften, so wurden für diese die großen Waldgebiete zwischen den einzelnen Lößlandschaften bestimmend. Da aber, wo sich diese Wälder zu ausgedehnten Waldgebirgen erweiterten und erhoben, bildete sich schon früh die Gebietsgrenze aus. Hessen wird daher im Nordwesten vom Rothaargebirge und Westerwald und im Südosten von Thüringerwald, Rhön und Spessart begrenzt, während es sich zugleich dort, wo diese Waldgebirge fehlen oder sich weniger dicht zusammenschließen, öffnet; so enger im Nordosten durch Eder, Schwalm und Fulda zur Weser und sehr viel weiter im Südwesten durch Lahn und Wetter, Nidda und Kinzig zu Main und Rhein.

Bei diesen geographischen Gegebenheiten war entscheidend, daß sich die genannten hessischen Grenzgebirge (mit Ausnahme des Westerwaldes) jahrhundertelang weitgehend verkehrsfeindlich zeigten, während umgekehrt die diese mitteldeutsche Gebirgsschwelle durchbrechende hessische Senke dem Verkehr von jeher die kürzesten Bahnen zwischen Südwest- und Nordostdeutschland gewiesen hat. Auf Grund dieser landschaftlichen Voraussetzungen ist dann in Hessen das neben Westfalen bedeutendste Verbindungs- und Straßenland des westlichen Reichsgebietes vom Rhein zur Elbe überhaupt entstanden. Durch die beiden weiten Tore, die das Land nach Nordosten und Südwesten öffneten, hat sich der Verkehr zwischen Mittelrhein und Oberweser, dem Rhein-Main-Gebiet und Sachsen-Thüringen, zwei große Durchgänge gebahnt: eine nördlich gerichtete Route, die das mittelrheinische mit dem westfälisch-niedersächsischen Gebiet verknüpfte und die ganz Hessen durchziehende Rhein-Weser-Wasserscheide beiderseits des Kellerwaldes überschritt, und eine nordöstlich gerichtete Strecke, die diese Wasserscheide im Bereich des Vogelsberges überwand und vom unteren Mainland nach Thüringen führte. Ihre Ausgangsorte waren Mainz und Frankfurt, ihre Zielpunkte Obermarsberg—Paderborn, Göttingen—Hannover und Erfurt—Leipzig.

Diese Routen waren zunächst nicht einzeilige Straßen im modernen Sinne, sondern weitgehend mehrzeilige Verkehrsstränge, deren Hauptwege im Laufe der Jahrhunderte mit dem Fortschritt von Straßenbautechnik und Zivilisation vielfach die Entwicklung vom Höhen- über den Hang- zum Talweg durchgemacht haben. Hierbei ist die weitgehend landschaftsbedingte Linienführung im großen im Laufe der Geschichte zwar zuweilen durch territorialpolitische Einflüsse im einzelnen umgelenkt, jedoch in der Gesamtrichtung niemals wesentlich abgeändert worden. Insgesamt ist jedoch das hessische Straßenbild in seiner Streckenführung, zeitlichen Schichtung und Benennung so kompliziert und beweglich, daß wir uns auf die zusammenfassende Beschreibung seiner Hauptlinien und die Darlegung ihrer politischen Bedeutung beschränken müssen.

Der von Mainz—Frankfurt nach Obermarsberg—Paderborn beziehungsweise Göttingen—Hannover gerichtete große hessische Verkehrszug gliederte sich in drei Hauptstränge: die Weinstraße, die Fritzlarer und die Mardorfer Straße. Die Weinstraße war ein verhältnismäßig straff und zielstrebig nach Norden ziehender Weg, der an den Vorhöhen des Taunus entlang auf den Höhen des westlichen Lahnufers und weiter über Wetter, Frankenberg, Korbach an die Diemel zog, die er bei Obermarsberg, der sächsischen Eresburg, erreichte. Der Weinstraße etwa parallel verlief die Fritzlarer Straße aus der Wetterau am östlichen Lahnufer und westlichen Rand des Amöneburger Beckens entlang über Jesberg nach Fritzlar, vereinigte sich hier mit der aus der Wetterau durch den Ebsdorfer Grund und die Schwalm in mehreren Strängen heranziehenden Mardorfer Straße und fächerte sich von Fritzlar aus wieder in verschiedene nach Westfalen und Niedersachsen führende Linien auf.

Alter und Bedeutung dieses Straßenzuges sind nicht nur durch weit zurückreichende urgeschichtliche Spuren bezeugt, sondern lassen sich gleicherweise auch durch einen 2000jährigen geschichtlichen Ablauf verfolgen. Auf ihm marschierte Germanicus von Mainz aus gegen das Zentrum des chattischen Stammes im niederhessischen Mattium, ihm folgten die christlichen Missionare über Amöneburg nach dem Büraberg bei Fritzlar. Auf dieser Straße stießen die fränkischen Truppen in den Sachsenkriegen des 8. Jahrhunderts vor, er wird im 11. Jahrhundert als eine der wichtigsten Pilgerstraßen nach Rom und noch im 14. Jahrhundert als Straße des Reiches bezeichnet. In der Neuzeit wurde die große Tradition dieser Route durch die Frankfurter Straße fortgeführt, die in Kassel aus der hannoverschen Straße (über Göttingen, Münden) und der Bremer Straße (über Hofgeismar, Grebenstein) zusammenfloß und über Jesberg, Marburg, Gießen, Friedberg nach Frankfurt zog. Sie ist auf unserem Gebiete heute weitgehend identisch mit der modernen Bundesstraße 3 Hamburg—Basel, an sie lehnt sich in gelockerter Linienführung die Main-Weser-Bahn Frankfurt—Gießen—Marburg—Treysa—Wabern—Kassel, und schließlich folgt ihr in neuester Zeit die Autobahn Frankfurt—Hersfeld—Kassel nach Niedersachsen.

Von gleich großer Bedeutung war der durch das südöstliche Hessen ziehende große Straßenzug vom unteren Maingebiet nach Thüringen. Auch er stellte sich als ein ganzer Verkehrsstrang dar, dessen Leitlinie, die Hohe Straße, südlich von der Kinzig und nördlich von der Nidder-Straße begleitet wurde. Die Hohe Straße führte als Höhenweg an den südöstlichen Vorhöhen des Vogelsberges entlang auf der Wasserscheide zwischen Kinzig und Nidder (Marköbel, Reichlos) über die Fulda bei Kämmerzell nach Vacha und weiter nach Eisenach, Erfurt, Leipzig. In der Nähe von Fulda vereinigte sich mit ihr die Kinzig-Straße, die über den Landrücken zwischen Vogelsberg und Rhön heraufkam, und die Nidder-Straße, die den Vogelsberg in zwei Strängen (Crainfeld, Ilbeshausen) überwand.

Dieser seit der jüngeren Steinzeit beschrittene Straßenzug war seit jeher ein bedeutender Handelsweg. Auf ihm sind wohl schon die meisten der urgeschichtlichen Bernstein- und nordischen Bronzearbeiten in das Fuldaer Land gekommen, die man dort gefunden hat. In der Lebensbeschreibung des Fuldaer Abtes Sturmi aus dem 8. Jahrhundert wird er als Weg bezeichnet, auf dem die Kaufleute handeltreibend von Mainz nach Thüringen ziehen, was ein um 1115 vergrabener Fuldaer Münzfund durch seine überwiegende Zusammensetzung aus Fuldaer, Mainzer und Erfurter Pfennigen auch für das hohe Mittelalter nachdrücklich bestätigt. Und wie diese Straße seit dem frühen Mittelalter den kürzesten Verbindungsweg zwischen den geistlichen und politischen Zentren Mainz, Fulda, Erfurt bildete, so war sie in gleicher Weise seit Beginn der Neuzeit der Haupthandelsweg zwischen den beiden großen Messestädten Frankfurt und Leipzig.

In militärischer Hinsicht spielte sie wohl schon bei der fränkischen Eroberung Thüringens im 6. Jahrhundert eine Rolle und brachte ihre strategische Bedeutung in der deutschen Kaiserzeit, im 30jährigen Krieg und in den napoleonischen Kriegszügen in gleicher Weise zur Geltung. In der Neuzeit führte die Hauptroute dieses alten Straßenzuges als Frankfurt-Leipziger-Straße über

Hanau, Gelnhausen, Schlüchtern, Fulda, Hünfeld, Vacha nach Eisenach, während die Eisenbahn dem Kinzig- und Fuldatal mit der Hauptstrecke Frankfurt—Fulda—Bebra—Eisenach gefolgt ist.

Zwischen diesen beiden Urstrecken der vom unteren Maingebiet nach Niedersachsen und nach Thüringen verlaufenden Straßenzüge stellten innerhalb Hessens vier minder bedeutende Verkehrslinien die Westostverbindungen her, so daß hier im Laufe des Mittelalters ein förmliches Verkehrsgitter entstand. Die südlichste war die „kurzen Hessen", die in der Wetterau von der Weinstraße abbog und am Nordwestabhang des Vogelsberges entlang über Hersfeld nach Vacha führte, wo sie die große Frankfurt-Leipziger-Straße erreichte. Die Vorzüge der kurzen Hessen, die die schwierigen Steigungen des Vogelsberges vermied und daher ein viel befahrener Handelsweg war, gaben ihr in der neuesten Zeit in der Autobahn Alsfeld—Hersfeld—Eisenach eine große Nachfolgerin. In Hersfeld vereinigte sich mit der kurzen Hessen die spätere sogenannte niederrheinische Straße, die aus dem Siegerland über Biedenkopf, Ziegenhain, Oberaula heranzog. Sie war in dieser Führung offensichtlich die jüngere Linie eines älteren Höhenweges, der ursprünglich aus dem Siegerland kommend über Herborn und Oberweimar über die Marburger Lahnfurt zum Amöneburger Ohmübergang lief. Auch diese Verbindung wird durch eine Autobahn ausgebaut werden. Als dritte Querverbindung zweigte die „langen Hessen" (in Verlängerung und Fortsetzung der Mardorfer Straße) aus der Wetterau nach Niederhessen ab und führte über Waldkappel, Eschwege nach Mühlhausen und Leipzig. Die vierte größere West-Ost-Verbindung endlich lief aus dem Siegerland entlang der Lahn-Eder-Wasserscheide über Frankenberg, Wildungen nach Fritzlar und von hier aus in das Leinegebiet.

Die Bedeutung des hier mehrfach als Straßenausgangspunkt genannten Siegerlandes als Verkehrszentrum wird dadurch erhärtet, daß von dort aus nicht nur unmittelbare Verbindungen nach Köln und den weiträumigen Niederrheinlanden, sondern auch mit dem wichtigen bergischen Industriegebiet bestanden, während die sogenannte Eisenstraße das wertvollste Siegerländer Erzeugnis über den Westerwald nach Limburg und von hier aus über Kirberg nach Wiesbaden—Mainz leitete.

Aber damit ist das Bild der großen hessischen Durchgangsstraßen noch nicht vollständig, denn die beiden zuerst behandelten Hauptrouten wurden in ihren hessischen Anfangs- und Endpunkten von mehreren anderen großen Verkehrsträgern überschnitten, die die niederrheinisch-westfälischen und die main- und oberfränkischen Lande miteinander verbanden. Infolgedessen bildeten sich in den beiden großen hessischen Verkehrstoren, im Frankfurter Raum und im Kasseler Becken, regelrechte Straßenspinnen aus.

In das Frankfurter Gebiet, die südwestliche Ausgangsstelle aller hessischen Wege nach Thüringen und Niedersachsen, lief der alte, aus Flandern über

Köln und den Westerwald kommende Heerweg der Hohen Straße (Antwerpen — Lüttich — Köln — Siegburg — Altenkirchen — Limburg — Frankfurt). Sie kreuzte nördlich Limburg den großen West-Ost-Weg der rheinischen Straße (Koblenz—Montabaur—Wetzlar), die in die kurzen Hessen überleitete und 881 als „alte öffentliche Straße nach Hessen und Thüringen" bezeugt ist. Sie überschritt südöstlich Limburg eine weitere westöstliche Route, die sogenannte Hessenstraße, die von St. Goarshausen über Katzenelnbogen gleichfalls nach Wetzlar führte, das einerseits wieder unmittelbaren Zugang zu den Westerwälder und hessischen Straßen hatte. Eine modernere Nachfolgerin in Gestalt eines Schienenweges hat die Hohe Straße nicht gefunden; denn die große Westerwaldstrecke Frankfurt—Gießen—Wetzlar—Dillenburg—Siegen—Hagen (mit einer Abzweigung nach Köln) diente vor allem dem unmittelbaren Anschluß des Ruhrgebietes an das große westdeutsche Verkehrszentrum des Frankfurter Raumes und ist erst jüngst durch eine Autobahn Hagen—Siegen—Dillenburg—Wetzlar verstärkt worden. Die große Eisenbahndurchgangsstrecke Frankfurt—Köln benutzte vielmehr das Rheintal; jedoch hat sich die moderne Straßenverbindung in Gestalt der Autobahn Frankfurt—Limburg—Köln verhältnismäßig eng an den Zug der Hohen Straße angelehnt.

Im Frankfurter Gebiet mündete außerdem die von Mainz-Kastel aus auf dem rechten Mainufer verlaufende, auf römischer Anlage beruhende sogenannte Elisabethenstraße. Südlich des Mains aber entfaltete sich ein auf Frankfurt ausgerichteter vollständiger Straßenfächer. Auf der linken Mainseite zog aus dem Westen eine Straße von Mainz über Rüsselsheim nach Sachsenhausen und von hier durch Groß-Auheim nach Lohrhaupten über den Spessart in östlicher Richtung als Birkenhainer Straße. Ihre Bedeutung erhellt daraus, daß sie bereits um 980 als Heerstraße bezeichnet wird. Von Südwesten, aus Groß-Gerau, führte eine Straße heran, zu der sich hier die beiden Straßenzüge von Oppenheim/Nierstein und Lorsch/Gernsheim vereinigt hatten, und aus dem Südosten eine Verbindung von Aschaffenburg über Seligenstadt nach Frankfurt, der seit dem vorigen Jahrhundert die Eisenbahnstrecke und heute die Autobahn Frankfurt—Aschaffenburg—Würzburg entspricht. Sie alle aber überragte an Verkehrsleistung die große, an den Vorhängen des Odenwaldes entlang, von Süden heraufziehende sogenannte Bergstraße, die schon 773 als solche genannt wird und heute durch eine doppelte Autobahn neben der Eisenbahnhauptstrecke Heidelberg—Mannheim—Darmstadt—Frankfurt zu einem der leistungsfähigsten deutschen Verkehrszüge ausgebaut ist.

Auch das Kasseler Gebiet stellt einen ausgeprägten Verkehrskopf dar, da die an das Kassel—Warburger Becken herantretenden weiten, unwegsamen Waldgebirge des Rothaargebirges und des Oberweserberglandes hier mehrere Bahnen des Nordwest-Südost-Verkehrs auf engem Raum zusammendrängten. Der große Verkehrszug aus dem westfälischen, nach dem thüringisch-oberfränkischen Raum kam als später sogenannte Holländische Straße über Münster, Paderborn, Warburg nach Kassel und vereinigte sich hier mit zwei weiteren westfälischen Straßen, von denen die eine über Bredelar, Arolsen, Wolfhagen und die andere über Winterberg, Korbach, Freienhagen heranzog. In Kassel gabelten sich diese Straßen wieder in zwei große, südostwärts gerichtete Linien: 1. die Nürnberger Straße, die fuldaaufwärts über Hersfeld, Vacha, Meiningen nach Nürnberg ging und dabei von Hersfeld aus einen Ast über Fulda nach Würzburg abzweigte; 2. die Leipziger Straße über Waldkappel, Wanfried, von der die Berliner Straße in Helsa abbog und über Witzenhausen, Heiligenstadt, Halle weiterlief. Sie ist in ihrem hessischen Teil vielleicht schon mit der karolingischen sogenannten Lausitzer Königsstraße identisch, während die übrigen Straßenführungen weitgehend mittelalterlich bestimmt zu sein scheinen, wie sich aus der beherrschenden Stellung Kassels in diesem Verkehrsnetz ergibt. In der Neuzeit haben diese Nordwest-Südost-Verkehrslinien Nachfolger in den Eisenbahnstrecken Kassel—Warburg—Paderborn und Kassel—Warburg—Brilon —Hagen gefunden, während sie nach Südosten in den beiden Hauptlinien Kassel—Bebra—Eisenach—Meiningen und Kassel—Bebra—Fulda—Würzburg fortgeführt wurden. Dazu ist neuestens die Autobahn Hersfeld—Fulda—Würzburg getreten und die im Bau befindliche Autobahn von Kassel über Warburg nach Westfalen.

Man kann Hessen also zu Recht als das Land der großen landschaftsbedingten Durchgangsstraßen bezeichnen. Sie waren jedoch nicht nur eine Folge der geographischen und topographischen Gegebenheiten des Landes, sondern in gleicher Weise auch eine Folge der Lage Hessens im alten Reichskörper, da es hierin zwischen West und Ost, Süd und Nord eine zentrale, verkehrsgünstige und fast unumgehbare Stelle einnahm. Dieses eng geflochtene, ebenso alte wie moderne Verkehrsnetz, das dem Wechselspiel der geschichtlichen Kräfte durch zwei Jahrtausende gewachsen war, wurde trotz aller Straßenhäufungen jedoch immer nur durch zwei Hauptlinien bestimmt. Diese beiden erstrangigen Straßenzüge von geschichtlicher Bedeutung waren einmal die nach Niedersachsen führende Weinstraße mit ihren Nebenlinien, der Mardorfer und der Fritzlarer Straße im Nordwesten, und zum anderen die nach Thüringen ziehende Hohe Straße mit den Begleitlinien der Kinzig- und Nidder-Straßen im Südosten des Landes. Sie sind die wahrhaften Schicksalsstraßen Hessens geworden.

Überblicken wir den geschichtlichen Ablauf unserer Vergangenheit, um hierin die Stellung Hessens im großen zu erkennen, dann ist klar ersichtlich, daß ihm sein Charakter als Straßen- und Verbindungsland erster Ordnung zwischen dem mittleren Rhein und der mittleren Elbe und damit dem Südwesten und dem Nordosten Germaniens und des Reiches seine Bedeutung zuwies. Denn der Besitz dieses Landes bildete für einen westlichen Gegner die grundlegende Voraussetzung der Herrschaft über das linkselbische Deutschland und ebenso für eine Macht des Nordostens diejenige ihrer Herrschaft über den Südwesten des Reiches. Hessen war der große Torweg, der, von einer westlichen Macht geöffnet, bis an die Elbe führte, aber verschlossen und behauptet, die Grenze am Mittelrhein sicherte; umgekehrt aber bedeutete seine Öffnung für eine Macht des Nordostens den Weg zur Herrschaft über das südwestliche Deutschland oder, wenn er verschlossen blieb, ihre Abweisung von diesen Reichsgebieten. Zahlreiche Unternehmungen machen dies in ihrem Fehlschlagen wie in ihrem Gelingen deutlich. Wir beschränken uns unter Übergehung vorgeschichtlicher und jüngster Ereignisse auf sechs typische geschichtliche Beispiele: das römische, das fränkische und das französische einerseits und das sächsische, schwedische und preußische andererseits.

Der durch Drusus, Tiberius und Germanicus vorgetragene römische Versuch der Unterwerfung Germaniens scheiterte nicht nur infolge der schweren Niederlage im Teutoburger Wald, er mißglückte auf die Dauer vor allem deshalb, weil es Rom nicht gelang, den hessischen Torweg endgültig zu öffnen und sich somit das notwendig erforderliche rechtsrheinische Durchmarschgebiet in das linkselbische Germanien zu sichern. Daß diese Absicht bestand, zeigen die zunächst wiederholt zangenförmig angesetzten Unternehmen, Germanien mittels gleichzeitiger Angriffe durch Hessen und Westfalen zu unterwerfen, und die nach ihrem Scheitern hartnäckig fortgesetzten römischen Versuche, zunächst den chattischen Widerstand zu brechen, die jedoch auch nicht weiter als bis zur Behauptung des schließlich durch den Limes eingedeichten untermainisch-wetterauischen Brückenkopfes führten.

Demgegenüber ist der fränkische Vorstoß nach Nordosten geglückt. Er gabelt sich örtlich und zeitlich in zwei Stoßlinien auf, von denen die erstere nach Thüringen und die andere nach Sachsen führte. Der erste Schritt war die Niederringung der alamannischen Macht in den Mittelrhein- und unteren Maingebieten zu Ende des 5. Jahrhunderts; der zweite die unmittelbar darauf folgende Sicherung der neufränkischen Maingebiete durch ihre Besiedelung. In gradliniger Fortsetzung der damit eingeleiteten fränkischen Ausdehnung nach Osten erfolgte von hier aus zu Beginn des 6. Jahrhunderts die Unterwerfung Thüringens. Die damit geschaffene, Hessen völlig überflügelnde Stellung bildete mit dem Schwerpunkt im unteren Maingebiet nunmehr den Ausgangspunkt für das fränkische Vordringen nach Nordosten. Noch in der merowingischen Zeit wurde der fränkische Einfluß, der mit allerdings starken Intensitätsschwankungen ebenfalls schon im 6. Jahrhundert einsetzt, bis an die obere Lahn ausgedehnt und von hier aus in frühkarolingischer Zeit bis nach Niederhessen vorgetrieben. Von dieser Basis aus erfolgte dann durch Karl den Großen die Unterwerfung der Sachsen und damit die endgültige Errichtung der karolingischen Herrschaft über das linkselbische Germanien. Hessen hat zu diesem Erfolg dadurch entscheidend beigetragen, daß sein wichtiges Straßennetz, das die Karolinger im 8./9. Jahrhundert nach großzügigen militärpolitischen Gesichtspunkten ausgebaut hatten, im Verbund mit den großen westfälischen Straßenzügen den siegverbürgenden karolingischen Aufmarsch erst ermöglichte.

Die napoleonischen Kriege gegen Deutschland zeigen ein ähnliches Bild und stimmen deshalb in Anlage und Ablauf in bemerkenswerter Weise mit dem fränkischen Erfolg überein. Auch hier lag die Ausgangsstellung des Eroberers im Mittelrheingebiet, das ihm im Rheinbund politisch unterworfen war. Als Napoleon von hier aus seinen Marsch nach Osten antrat, öffnete ihm die Neutralitätserklärung Kurhessens den gefahrlosen Weg nach Thüringen, wo er dann das preußische Heer bei Jena und Auerstedt vernichtend zu schlagen vermochte; eine aufschlußreiche Parallele zu dem fränkischen Weg und Erfolg. Aber wie damals den Franken, so war es auch jetzt den Franzosen unmöglich, einen selbständigen hessischen Staat in ihrer Flanke zu dulden. So erfolgte in fast gleicher Wiederholung früherer Vorgänge die Besetzung Kurhessens trotz seiner Neutralität und damit die völlige Einverleibung in den napoleonischen Machtbereich. Als dieser dann im „Königreich Westphalen" staatlich organisiert und damit der offizielle französische Herrschaftsantritt über das linkselbische Deutschland vollzogen war, ist für das Gewicht, das Hessen in diesem Verband besaß, bezeichnend, daß Kassel die Hauptstadt des Königreichs wurde.

Diesen Hinweisen auf die Bedeutung Hessens für westliche Mächte entsprechen solche für die des Nordostens, denn für sie war der Besitz Hessens entscheidend als Tor zum Südwesten des Reiches. Das zeigte sich bereits in den Kämpfen Ottos des Großen gegen den Konradiner Eberhard zu Beginn des ottonischen Reichsausbaues; denn nachdem die deutsche Königskrone von den Konradinern an die sächsischen Herzöge übergegangen war, hatte Otto der Große mit Graf Eberhard von Hessen, dem Bruder König Konrads I., schwere Kämpfe zu bestehen, bis er endlich Eberhard 939 überwinden und damit die Anfänge jenes Herzogtums wieder beseitigen konnte, die sich unter den konradinischen Grafen vornehmlich aus dem hessischen Raum zu entwikkeln begonnen hatten. Daß diese Auseinandersetzungen bis zur endgültigen Niederringung der in Graf Eberhard verkörperten Selbständigkeitsbestrebungen geführt worden sind, liegt darin begründet, daß ein von Hessen aus aufgebautes fränkisches Herzogtum einen gefährlichen Block auf dem Wege der sächsischen Könige nach dem alten Reichszentrum am Mittelrhein dargestellt hätte. Ein solches Hemmnis aber konnte Otto der Große unter keinen Umständen hinnehmen, denn von der Sprengung dieses Blockes hing weitgehend die Sicherung der räumlichen Einheit des Königreiches ab. Der Sturz Eberhards war daher eine reichspolitische Notwendigkeit, das Gelingen ein entscheidender Schritt auf dem Wege zum Ausbau der ottonischen Herrschaft in Deutschland.

Ein nach Richtung und Erfolg fast gleichartiger Vorgang, der sich allerdings unter hessischer Mitwirkung, nicht Gegnerschaft, abspielte, vollzog sich im

30jährigen Krieg. Er betrifft das auf ein Bündnis mit Landgraf Wilhelm V. von Hessen-Kassel gestützte Vordringen König Gustav Adolfs von Schweden nach Südwestdeutschland. Es ist offensichtlich, daß die durch dieses Bündnis bewirkte kampflose Öffnung des hessischen Torweges dem Sieger von Breitenfeld den sofortigen Weg an den mittleren Rhein geebnet hat, auch wenn er zum Vormarsch seiner Hauptmacht die Mainlinie wählte. Er hätte sie ohne die hessische Flankensicherung nicht ungefährdet beschreiten können. Das Stoßziel des Siegers war Mainz, das unter dieser Voraussetzung schnell erreicht wurde. Von hier aus brach der König schon wenige Monate später erfolgreich nach Süddeutschland ein, wo er erst im April 1632, also sieben Monate nach dem Sieg von Breitenfeld, in der Schlacht am Lech auf organisierten militärischen Widerstand stieß. Diese Tatsache zeigt in aller Schärfe auch die Bedeutung des hessischen Torweges: geöffnet, führte er sofort an den Mittelrhein und zur Herrschaft über die angrenzenden südwestdeutschen Gebiete.

Dafür bietet schließlich auch der Kampf Preußens um die Vorherrschaft in Deutschland ein letztes Beispiel. Als der Krieg gegen den österreichischen Rivalen entschieden war, griff Bismarck nicht nur nach Hannover, sondern auch nach Kurhessen und Nassau. Er konnte dabei zur Not zwar auf das darmstädtische Oberhessen verzichten, weil dieses einer der beiden hessischen Hauptwege umging, nicht aber auf Frankfurt, den beherrschenden südhessischen Straßenkopf. So wurden Kurhessen, Nassau und Frankfurt annektiert, und zwar offensichtlich auch im Hinblick auf die dadurch gebotenen Möglichkeiten unmittelbarer und nächster Einwirkung auf Südwestdeutschland. Damit aber hatte Preußen über den territorialen Gewinn hinaus eine Vormachtstellung errungen, die schon kurz darauf in der Führung der vereinigten deutschen Stämme gegen Frankreich und der Erhebung des preußischen Königshauses zum deutschen Kaiserhause gipfelte.

Die somit immer wieder erhärtete Gegebenheit, daß der Besitz Hessens eine entscheidende Voraussetzung sowohl für die Herrschaft über das linkselbische Deutschland als auch für die Herrschaft über den Südwesten des Reiches ist, hat ihm naturgemäß bei einer solchen Bedeutung einen wichtigen Platz im Spiel der großen politischen Kräfte des westdeutschen Bereiches zugeteilt. Daher gilt der Satz, je mächtiger das Reich, desto machtloser die Länder, für Hessen in ganz besonderer Weise. Denn auf Grund dieser Lage bildete Hessen einen der feinsten Gradmesser für die Macht oder Ohnmacht des Gesamtstaates, die sich zu allen Zeiten in den verschiedenen Graden der Selbständigkeit oder Abhängigkeit Hessens deutlich gespiegelt haben. Auch hierfür liegen die geschichtlichen Beispiele auf der Hand. Der Unabhängigkeit der Chatten im Verband der germanischen Stämme folgte im Zuge des Aufbaus der fränkischen Reichsmacht das Aufgehen der politischen Eigenständigkeit Hessens in einer größeren Einheit, für deren militärische und politische Sicherung die völlige Einverleibung dieses wichtigen Straßen- und Verbindungslandes notwendig war. Umgekehrt tauchten aus dem Zerfall des karolingischen Reiches in den konradinischen Bemühungen um die Bildung eines fränkischen Stammesherzogtums auf hessischer Grundlage sofort wieder territoriale Selbständigkeitsbestrebungen auf, die jedoch abermals zum Untergang verurteilt waren, als sich die Reichsmacht unter den sächsischen Königen wieder festigte. Aus dem Zusammenbruch des mittelalterlichen Reiches nach der Absetzung Kaiser Friedrichs II. erhob sich im unmittelbaren zeitlichen Anschluß die Landgrafschaft Hessen; und der Neubildung des deutschen Reiches im 19. Jahrhundert opferten im ersten Zuge des vorbereitenden preußischen Wachstums auch große Teile Hessens ihre Selbständigkeit, bis nach dem Zweiten Weltkrieg aus den Trümmern des Reiches erneut ein eigenständiger hessischer Staat entstand.

3. Das landschaftliche Element in der landesgeschichtlichen Entwicklung

Die geographische Lage und der geologische Aufbau Hessens, die aus ihm ein westdeutsches Straßenland erster Ordnung geschaffen haben und damit seine politischen Umweltbeziehungen, insbesondere seine Stellung zum Reich, weitgehend beeinflußten, haben sich naturgemäß auch auf die eigene, innere Entwicklung des Landes ausgewirkt. Die Aufteilung Althessens in einen nieder- und einen oberhessischen Gebietsteil durch eine Wasserscheide, die das ganze Land durchschneidet und seinen Nordostteil der Weser und den Südwesten dem Mittelrhein zuordnet, führte zu einer doppelten politischen Schwerpunktbildung. Der eine Kern lag in Niederhessen, wo sich sein Schwergewicht in engem Raume von Mattium—Metze in chattischer Zeit, nach Büraberg—Fritzlar in fränkischer und kaiserlicher, nach Gudensberg—Maden in gräflicher und schließlich nach Kassel in landgräflicher Zeit verlagerte. Das andere politische Schwerefeld lag in Oberhessen und wanderte hier von der Amöneburg in der chattisch-fränkischen nach Marburg in der landgräflichen Epoche. Der südöstlich Gießen verlaufende Landrücken grenzte dieses alte hessische Gebiet nach Süden ab.

Die landschaftlich bedingte politische Teilung Hessens in einen nieder- und einen oberhessischen Raum durch die zwischen ihnen verlaufende Rhein-Weser-Wasserscheide hatte aber noch weitere territorialpolitische Folgen. Diese Linie begleitete nämlich eine Waldregion, die zwar kein ernstliches Verkehrshindernis darstellte, aber doch so ausgedehnt und daher stark genug war, die politischen Ausstrahlungen sowohl von Maden—Fritzlar—Kassel als auch von Amöneburg—Marburg her zu brechen. Infolgedessen entstanden in unmittelbarer Anlehnung an diese Wasserscheide zu Ende des hohen Mittelalters quer durch Hessen eine Reihe von selbständigen Herrschaften. Unmittelbar angelehnt an die Wasserscheide im Süden entwickelte Fulda sein geistliches Territorium, das sich abgeschwächt in den Herrschaften der Herren von Schlitz und der Riedesel fortsetzte und über das Gebiet der Abtei Hersfeld zur Grafschaft Ziegenhain überleitete, der stärksten Sperre, die zwischen Nieder- und Oberhessen entstand. Und nach Norden wurde diese Sperrlinie noch darüber hinaus unter der Einwirkung grenznaher westfälischer Einflüsse durch die Herrschaft Itter und die Battenberger und Waldecker Grafschaften weitergeführt.

Im Gegensatz zu den althessischen Gebieten trat im Südwesten des heutigen Landes eine solche doppelte Schwerpunktbildung zunächst nicht auf, obwohl auch hier zwei Gebiete, Wetterau und Untermainland, nebeneinander lagen. Doch wurden sie durch kein natürliches Hemmnis getrennt, vielmehr durch völlige landschaftliche Übereinstimmung zusammengeschlossen und blieben daher, solange eine übergeordnete Führungsmacht in Gestalt des Reiches vorhanden war, auch politisch vereinigt. Zudem erhielt dieses gesamte südwestliche Gebiet in Frankfurt schon früh einen beherrschenden Mittelpunkt. Unter diesen Voraussetzungen war daher die Stellung der südwestlichen hessischen Gebiete zunächst überragend, und erst der Untergang des staufischen Staates verwandelte sie in ein territoriales Trümmerfeld, das im alten Reich nie wieder nach großen Gesichtspunkten politisch organisiert werden konnte, zumal alle landschaftlichen Hilfen für kleinräumigere Untergliederungen fehlten. So verschob sich das politische Schwergewicht mit dem Sieg der territorialen Kräfte im 13. Jahrhundert wieder in das nordöstliche Hessen, in dem sich die Landgrafschaft, von ihren beiden Kerngebieten im Marburger und im Kasseler Raum ausgehend, allmählich durchzusetzen begann.

Es waren sehr schwierige Wege, die dabei zurückgelegt werden mußten, und oft waren es landschaftliche Gegebenheiten, die sie bestimmten. Dabei handelte es sich einmal um den Kampf gegen die bevorzugten Positionen des Erzbistums Mainz in Hessen und zum anderen um die Überwindung der in der hessischen Vielräumigkeit liegenden Versuchung zur dynastischen Aufteilung des Landes.

Wie weitgehend der mainzisch-hessische Gegensatz landschaftsbedingt war, zeigt die Situation beider Mächte in den beiden hessischen Kerngebieten des Niederfürstentums (Gudensberg—Kassel) und des Oberfürstentums (Marburg—Gießen). In Niederhessen stand den alten mainzischen Festungen Heiligenberg—Fritzlar das militärisch sehr viel schwächere hessische Zentrum Gudensberg—Felsberg gegenüber, und in Oberhessen war dieser Gegensatz in Amöneburg und Marburg noch schärfer ausgeprägt. Er beschränkte sich jedoch in dieser Form nicht nur auf die beiden hessischen Zentren, sondern war entlang des ganzen mainzischen Besitzes durch Hessen von Stadt zu Stadt und Burg zu Burg zu verfolgen. Daß es zu einer solchen Benachteiligung des Landgrafenhauses kam, ist dadurch bedingt, daß es in Hessen während der frühen deutschen Kaiserzeit aus reichspolitischen Gründen nicht zur Ausbildung eines führenden hessischen Grafenhauses kam. Infolgedessen war das Erzbistum Mainz jahrhundertelang unangefochten die vorherrschende örtliche Macht in diesem Gebiet und konnte daher die Plätze erster Wahl lange vorher besetzen, ehe die hessischen Grafenhäuser zum Zuge kamen. Infolgedessen saß das Erzbistum und nicht die Landgrafschaft in beiden Landesteilen auf den beherrschenden Punkten, der Amöneburg und dem Christenberg in Oberhessen und dem Büraberg mit Fritzlar und dem Heiligenberg bei Gensungen in Niederhessen. Ausbau und Festigung der landgräflichen Position gegenüber diesen alten, überragenden Landesfestungen inmitten der althessischen Kerngebiete, wobei den Landgrafen hier nur noch Plätze zweiter Wahl zur Verfügung standen, war eine immer wieder schwer erkämpfte, bedeutende militärische und politische Leistung. Diese Notlage macht es verständlich, daß das hessische Fürstenhaus die alten hervorragenden Stellungen von Mainz im Herzen des eigenen Landes immer wieder als lastende Drohung empfinden mußte und erlebt hat, so daß ihre Beseitigung zwangsläufig zur Hauptaufgabe der mittelalterlichen hessischen Politik heranwuchs.

Die Lösung dieser Aufgabe wurde erschwert durch die Spannungen, die im hessischen Fürstenhause selbst auftraten und ihre landschaftliche Stütze in den beiden Gebieten des Niederfürstentums und des Oberfürstentums fanden, die beide naturgemäß ein gewisses Eigenleben geltend machten. Die politischen Folgen traten bereits unter den Söhnen Landgraf Heinrichs I. zutage, die nach schweren Zerwürfnissen um 1300 eine Marburger und eine Kasseler Linie begründeten; sie tauchten erneut im Zwist der Söhne Landgraf Ludwigs I. auf, die nach 1458 in gleicher Weise teilten; und sie bestimmten schließlich das verhängnisvolle Testament Landgraf Philipps des Großmütigen, der jedoch das Land nicht mehr nur in eine Kasseler und eine Marburger Linie spaltete, sondern es 1567 geradezu vierteilte.

Daß es soweit kam, war die Wirkung eines ganz neuen territorialen Elementes, das die althessischen Lande zwar in unerhörter Weise bereicherte, aber zugleich auch belastete, nämlich der Grafschaft Katzenelnbogen. Sie gewann im 16. Jahrhundert so entscheidenden Einfluß auf Wesen und Gestalt der Landgrafschaft, daß er sie beide geradezu umgeprägt hat. Dieses 1479 von der Marburger Linie ererbte reiche und mächtige Territorium an Rhein und Main war zwar seit 1500 mit Gesamthessen politisch verbunden, aber nicht wirklich territorial mit ihm vereinigt worden. Das war bei der gegebenen Lage unmöglich, so daß das große Katzenelnbogener Eigengewicht zunächst dauernd die Gefahr der Zerreißung des Landes heraufbeschwor. Diese Gefahr war um so größer, als das althessische Doppelgebiet mit Nieder- und Oberfürstentum, dem bereits Wetterau und Untermaingebiet gegenüberstanden, jetzt auch noch durch den Katzenelnbogener Doppelraum der Nieder- und Obergrafschaft (Rheinfels und Darmstadt) erweitert wurde und dieser im Reformationsjahrhundert außerordentlich an Bedeutung gewann; denn auf diesem Zuwachs beruhte vor allem die damalige innerdeutsche territoriale Stellung Hessens. Der hessische Sieg über die von Sickingen geführte Reichsritterschaft, die Überwindung der mit dem Kaiser verbündeten Nassauer Grafen und des Wetterauer Grafenvereins, der unmittelbare Druck auf die dem hessischen Zugriff nun völlig offenliegenden rheinischen Erzbistümer, die Rückführung Herzog Ulrichs von Württemberg und die folgenschwere Verbindung der Landgrafen mit den oberdeutschen Reformatoren waren die unmittelbaren Folgen der politischen Möglichkeiten, die der Katzenelnbogener Besitz eröffnete. Er erst machte auch für die Landgrafen die verkehrspolitische Bedeutung der Wetterau wirklich fruchtbar, und das ermöglichte nun seit Ende des 15. Jahrhunderts den Auf- und Ausbau der linksrheinischen und linksmainischen Burgen Rheinfels und Rüsselsheim zu hessischen Großfestungen: Rüsselsheim zur Deckung und Öffnung des Weges nach der Pfalz und Württemberg—Baden, hinüber zum Elsaß und in die Schweiz; Rheinfels als Torbastion zu den westlichen Reichsteilen Trier, Luxemburg, Lothringen und weiter nach Frankreich. Damit aber war auch rückbezogen die Stellung Hessens im Rhein-Main-Raum so stark geworden, daß es ihn militärisch und politisch immer mehr beherrschte und ihn schließlich ganz an sich zu ziehen vermochte.

Aber bis dahin war es ein weiter Weg; denn so großartig das Katzenelnbogener Erbe auch war, so schwer war es auch und hat Hessen nicht nur ungewöhnlich bereichert und territorial geöffnet, sondern ebensosehr belastet und in seiner Existenz geradezu bedroht. Zunächst schienen die sprengenden Kräfte die Oberhand zu gewinnen, wie das Testament Landgraf Philipps zeigt, denn das Niederfürstentum (Kassel), das Oberfürstentum (Marburg), die Niedergrafschaft (Rheinfels) und die Obergrafschaft (Darmstadt) wurden selbständig, wobei drei der vier Residenzen durch das Katzenelnbogener Erbe bestimmt waren. Nur eine glückliche Fügung hat das Äußerste verhindert, denn die Rheinfelser und die Marburger Linie starben früh aus, so daß der Kassel zunächst gelegene Teil des Marburger Landes und die Niedergrafschaft zuletzt an Hessen-Kassel übergingen, während die Obergrafschaft mit dem nächstgelegenen Teil des Oberfürstentums in Hessen-Darmstadt eigenständig wurde. Wenn damit auch die Gefahr der Vierteilung Hessens beseitigt war, so war doch die Zweiteilung Gesamthessens zunächst nicht zu umgehen; der landschaftliche, wirtschaftliche, kulturelle und ethnische Gegensatz zwischen den althessischen Gebieten einerseits und der Wetterau und den Untermainlanden andererseits wurde durch dieses Gegenüber von Kassel und Darmstadt nun auch im politischen Bereich verfestigt.

Diese Spaltung hat das Land jahrhundertelang beeinträchtigt, jede größere hessische Politik verhindert und die Bildung einer hessischen Mitte unmöglich gemacht, so daß das Land bis heute keine Zentrale, keine Landeshauptstadt im gesamthessischen Sinn besitzt. Vor allem aber schützte diese Spaltung die zahlreichen territorialen Kleingebilde, die sich in der wetterauischen Zwischenzone zwischen beiden Hessen entfaltet hatten. Es kann nicht zweifelhaft sein, daß sie ihren politischen Fortbestand im Gebiet der sich überschneidenden Interessensphären beider Hessen vor allem dem Gegensatz von Darmstadt und Kassel verdanken und nur deshalb ihre Selbständigkeit so lange bewahren konnten.

Diese territorialpolitische Entwicklung hatte besonders in bezug auf Kassel bemerkenswerte Folgen, die offensichtlich ebenfalls weitgehend landschaftlich fundiert sind. Lag Kassel schon in den althessischen Gebieten des Nieder- und des Oberfürstentums verhältnismäßig stark am Rande, so wurde es durch die Angliederung der Grafschaft Katzenelnbogen noch stärker an die Peripherie gerückt, so daß schließlich eine Gegenbewegung einsetzte, die Kassel die ihr als Hauptstadt zukommende zentrale Stellung zurückzugeben bemüht war. Es war der von niederhessischen Kräften getragene Versuch, das hessische Gebiet über die Diemel- und Oberweser-Grenze nach Norden und Nordosten hin auszuweiten und selbst unter Überspringung der nördlich von Kassel verlaufenden niederdeutschen Sprach- und niedersächsischen Stammesgrenze eine Weserpolitik zu betreiben, die dem mit den Strömen und Straßen ziehenden geopolitischen Gefälle Kassels nach Norden Raum gab.

Vereinzelte Ansätze der landgräflichen Politik in dieser Richtung zeigten sich bereits im 14. Jahrhundert. Sie wirkten sich aber wie die Besetzung des Bistums Münster durch Landgraf Ludwig (1310) oder die des Magdeburger Erzstuhles durch Landgraf Otto (1327) ebensowenig nachhaltig aus wie der Schutz, den Landgraf Johann 1309 im königlichen Auftrag über die Reichsstädte Goslar, Nordhausen und Mühlhausen übernahm, oder der Schutzvertrag, den Göttingen 1334 mit Landgraf Heinrich II. schloß. Von sehr viel weiterreichender Bedeutung war dagegen die hessisch-sächsische Erbverbrüderung von 1373, insbesondere seit ihrer Ausdehnung auf Brandenburg (1457), denn im Zuge dieser Verbindungen entwickelte sich im 15. Jahrhundert eine raumgreifende niederdeutsche Politik Hessens, die ihren Bogen von der mittleren Elbe bis zum Niederrhein spannte. Landgraf Ludwig I. gelang es dabei, in den niederdeutschen Gebieten festen Fuß zu fassen und die Schutzherrschaft über Paderborn, Höxter und Corvey (1434) und anschließend über zahlreiche andere Städte und Herrschaften sowie die Lehnshoheit über die Grafschaften Lippe (1449) und Rietberg (1456) zu begründen. Als der Versuch, Landgraf Hermann zum Bischof von Hildesheim zu machen, mißglückte, griff Hessen in den Kölner Bistumsstreit ein und war hierbei so erfolgreich, daß Landgraf Hermann 1480 Erzbischof von Köln wurde. Der hessische Gewinn bestand in der Pfanderwerbung zahlreicher südwestfälischer Ämter, die allerdings nicht realisiert werden konnte, sondern mit Geld abgelöst wurde.

Die Zeit Landgraf Philipps des Großmütigen, die der hessischen Politik durch die Ausnutzung der katzenelnbogenschen Positionen eine so betonte und erfolgreiche Wendung nach Süden gab, führte gleichwohl auch die niederdeutschen Bestrebungen Hessens auf ihren Höhepunkt. Der nachhaltige Einfluß des Landgrafen auf die von der Reformation betroffenen niederdeutschen Fürsten und Herrschaften griff über die braunschweigischen Lande und Brandenburg hinaus bis nach Preußen, spielte in den westfälischen Gebieten des Bistums Münster bei der Bekämpfung der dortigen Wiedertäuferbewegung eine Rolle und machte sich zugleich in zahlreichen westfälischen und rheinischen Städten bemerkbar. Diese politischen Bestrebungen blieben auch nach Landgraf Philipps Tode zunächst noch wirksam. Sie zeigten sich in dem Versuch, die Grafschaft Tecklenburg zu erwerben (1575), in den Kämpfen, die Landgraf Moritz zur Behauptung der hessischen Schutzherrschaft über Paderborn führte, und der beherrschenden Stellung Landgraf Wilhelms V. im Verlauf des 30jährigen Krieges im nördlichen Westfalen. Alle diese Bemühungen gipfelten schließlich in der Erwerbung von wesentlichen Teilen der Grafschaft Schaumburg durch die Landgräfin Amelie Elisabeth zu Ende des 30jährigen Krieges und deren Behauptung bis in unsere Zeit.

Jedoch konnten diese zahlreichen Ansätze zuletzt doch nicht zum entscheidenden Erfolg verdichtet werden. Der Raum war zu weit, in dem sich die nordwärts gerichteten politischen Kräfte Niederhessens verströmten, und zu sehr von eigenem Leben erfüllt, um einen endgültigen hessischen Gewinn zu ermöglichen. Selbst die am hartnäckigsten und erfolgreichsten betriebene Weserpolitik erreichte ihr Ziel nicht. Alle die in ihrem Zuge errungenen Gebiete — wie Schrittsteine zum Meer zwischen Kassel und Bremen die Weser hinab errichtet — blieben Splitterbesitz und konnten nicht mehr territorial zusammengefügt werden. Der im Kurfürstentum Hannover zu neuer staatlicher Macht erstarkte niedersächsische Stamm und das Vordringen Preußens über die mittlere Weser nach Westfalen waren mächtiger als die von Kassel aus weserabwärts zum Meere drängenden Kräfte und haben ihnen den Sieg verwehrt. Gleichwohl sind die von Hessen trotzdem errungenen und behaupteten Weserbesitzungen als Ausdruck einer groß gedachten und betriebenen Politik der Beachtung wert, bezeugen sie doch zugleich, in welchem Maße geographische Bedingungen politische Zielsetzungen bestimmen und ihre Erfüllung selbst gegen widrigste Umstände anstreben lassen.

In dieser Situation, gekennzeichnet durch die Teilung Hessens in eine nordöstliche Kasseler Hälfte mit starken nach Norddeutschland zielenden politischen Bestrebungen und eine südwestliche Darmstädter Hälfte, die ihren

Schwerpunkt im unteren Maingebiet hatte, erhebt sich die Frage, was das Land gleichwohl zusammengehalten hat. Der gemeinsamen Dynastie kam dabei offenkundig nur eine geringe Rolle zu, sie hat die Zerreißung eher gefördert, wie das Drama des Hessenkrieges (im 30jährigen Krieg) zeigt; vielmehr war auch hier wiederum ein landschaftlicher Faktor von ausschlaggebender Bedeutung. Denn die wie Kettenglieder aneinandergereihten hessischen Senken, die durch das ganze Land zogen, es gegenseitig erschlossen und durch das in ihnen ausgebildete Straßensystem immer erneut zusammenführten, gewährleisteten eine Verknüpfung seiner nördlichen und südlichen Gebietsteile, die schließlich zu einer völligen gegenseitigen Durchdringung geführt hat. Die dadurch ausgelösten und z. T. bewirkten wechselseitigen Überströmungen sind schon in urgeschichtlicher Zeit erkennbar und haben sich bis in die Gegenwart fortgesetzt.

Dem Vorstoß des chattischen Stammes in das untere Main- und Taunus-Gebiet folgte eine rückläufige Bewegung in der römischen Epoche, als Taunus, Wetterau und Odenwald in den Limes einbezogen und damit dem römischen Obergermanien einverleibt wurden. Diese Verbindung unseres Südwestgebietes mit dem Mittelrhein überdauerte das Ende der römischen Herrschaft, denn auf ihre Nachwirkung geht zweifellos die dortige starke fränkische Stellung in vielen Punkten zurück. Mit der Besiedlung des südwestlichen Hessens und der politischen Herrschaftsübernahme in den althessischen Gebieten durch die Franken vollzog sich dann eine der folgenschwersten politischen Durchdringungen, die Hessen jemals erlebt hat. Sie gliederte Hessen in den fränkischen und damit in den karolingischen Reichsverband ein und brachte ihm zugleich das Christentum. Die Hessen damit erfassende politische und kulturelle Strömung war so mächtig, daß sie sich noch Jahrhunderte hindurch fortsetzte. Sie brachte ihm nicht nur die großen Grafengeschlechter des frühen Mittelalters, die Rupertiner und die Konradiner, die im westfränkischen Reich beheimatet waren, sondern auch die bedeutenderen hessischen Grafenfamilien des hohen Mittelalters; so die Grafen von Gleiberg, die Luxemburger waren, die Grafen von Nürings, die aus dem linksrheinischen Gebiet kamen, und die Grafen Werner, die aus der heutigen Schweiz stammten. Vor allem aber haben diese aus dem Westen und Südwesten des Reiches auf unser Land wirkenden Einflüsse in der beherrschenden Stellung des Erzbistums Mains in Hessen ihren Ausdruck gefunden. Sie sind daneben in den zahlreichen Gütern des mittelrheinischen Klosters Lorsch in Oberhessen und Nassau und den wichtigen Positionen des Bistums Worms im Lahngebiet sichtbar geworden und in gleicher Weise in der weite Teile Hessens einbeziehenden wirtschaftlichen Vorherrschaft Frankfurts zutage getreten. Sie äußerten sich aber auch in jenem Rechtseinfluß, den das im Umkreis Frankfurts entstandene kleine Kaiserrecht auf hessische Städte wie Eschwege, Homberg a. d. Efze, Frankenberg, Fulda und wohl auch Marburg ausübte, die alle Handschriften dieses Frankenspiegels besaßen, während die auf „fränkischer Erde" begründeten Städte Münden, Witzenhausen, Fritzlar und Grünberg im 14. Jahrhundert Schöffensprüche aus Friedberg einholten, das selbst zum Oberhof Frankfurt gehörte.

Erst in der ottonischen Kaiserzeit kam es zu wirksamen Gegenbewegungen. Sie wurden von Sachsen getragen, die sich schon in bonifatianischer Zeit bis nach Niederhessen ausgedehnt hatten und zunächst der Missionstätigkeit dieses ersten Mainzer Erzbischofs und später der völligen fränkischen Durchdringung Niederhessens unter den frühen Karolingern erhebliche Schwierigkeiten machten. Wenn hier auch in beiden Fällen zurückgedrängt, so kehrten sie doch in neuem Rahmen unter König Otto I. wieder und als Antwort auf das Vordringen der fränkischen Konradiner ging nunmehr wiederum eine starke Welle sächsischen Einflusses über das nördliche Hessen hin, getragen von einflußreichen Edelgeschlechtern und kirchlichen Kräften, die insbesondere in der waldeckisch-hessischen Besitzmasse des älteren Klosters Corvey und des jüngeren Klosters Hardehausen deutlich werden. Die Reaktion aber auf die hessische Territorialpolitik des Erzbistums Mainz, die bereits unter den Thüringer Landgrafen Ende des 12. Jahrhunderts einsetzte, steigerte sich schließlich zu einem fast dreihundertjährigen Kampf der Landgrafschaft mit dem Erzbistum um die Vorherrschaft in den hessischen Landen. Sie gipfelte nach der militärischen Entscheidung (1427) in dem politischen Zusammenbruch des Mainzer Erzstiftes in der großen Mainzer Stiftsfehde (1461/63) und der bald darauf erfolgten Erwerbung und Behauptung der Grafschaft Katzenelnbogen (1479), die die Landgrafschaft bis an den Rhein und über den Main bis fast an die Ufer des Neckars vortrug.

Dieser durch den Gang der Jahrhunderte fast beständige Wechsel von Strom und Gegenstrom verebbte schließlich in den Versuchen Hessen-Darmstadts, im Marburger Gebiet Fuß zu fassen im 17. Jahrhundert und in der Erwerbung der Grafschaft Hanau durch Hessen-Kassel im 18. Jahrhundert. Wenn sich Hessen-Darmstadt in Marburg selbst auch nicht behauptete, so blieb es doch im Hinterland (Kr. Biedenkopf) und sogar in den Herrschaften Vöhl und Itter an der Eder sitzen; vor allem aber war im engeren Rahmen die Verflechtung des Vogelsberges und der Wetterau mit den Maingebieten durch die dargelegte ständige gegenseitige Verknüpfung so stark geworden, daß ihre dynastische Loslösung vom althessischen Gebiet und ihre Eingliederung in die hessendarmstädtische Landgrafschaft, die südlich des Maines ihr Schwergewicht hatte, ohne größere Schwierigkeit vollzogen werden konnte. Mit diesen nördlicheren Gebieten aber war seit alters der Name Hessen auch landschaftlich verbunden, so daß diese Trennung keinen Verlust, sondern im Gegenteil einen wesentlichen Gewinn für die Ausdehnung Hessens bedeutete. Typisch für diese dem hessischen Namen nunmehr auch im Süden innewohnende Kraft war es, daß

1815 mit dem Namen Rheinhessen das bunte territoriale Gewirr zwischen Rhein und Nahe mühelos und so erfolgreich zusammengefaßt werden konnte, daß der Name und das Zugehörigkeitsgefühl zu Hessen auch heute noch dort Bestand haben.

Die Darstellung dieser gegen- und miteinander wirkenden Bewegungen, die sich auf landschaftliche Bezüge zurückführen lassen; die Gegenüberstellung der hessischen Landschaften selbst und die in ihrer Existenz begründeten geschichtlichen Funktionen; die in ihnen angelegten, zusammenschließenden Bewegungen, wie sie der in dem dichten hessischen Straßennetz flutende Verkehr ständig und in besonderem Maße ermöglichte, sowie die auseinandergehenden Bestrebungen, wie sie in der niederhessischen Weser- und oberhessischen Mittelrheinpolitik einander gegenübertraten — das alles läßt die Einwirkung geographischer Gegebenheiten auf die politische Geschichte klar hervortreten. Wenn auch die landschaftliche Komponente im geschichtlichen Ablauf nicht überbetont werden darf, so war sie doch vorhanden und macht aus der Doppeltorigkeit der hessischen Landschaft die Doppelgesichtigkeit der hessischen Politik verständlich und erklärt aus der mehrfachen, landschaftsbedingten politischen Schwerpunktbildung wesentliche Gründe und Ziele der vielgestaltigen territorialen Entwicklung Hessens.

Sie bezeugt aber zugleich, daß Hessen in seiner heutigen Gestalt über alle naturräumlichen Gegebenheiten hinweg in erster Linie eine politische Schöpfung darstellt, daß seine Geschichte also vor allem politische Geschichte ist.

III.

DIE GESCHICHTLICHEN GRUNDLAGEN

4. *Die urgeschichtlichen Kulturen der Steinzeit auf hessischem Boden*

Die für uns erkennbaren Anfänge menschlicher Kulturen und damit menschlicher Geschichte reichen in Hessen in die Altsteinzeit und somit in die letzte Eiszeit zurück. Die ältesten Spuren menschlicher Tätigkeit lassen sich in Hessen, insbesondere im Schwalmgebiet, bis in die Mindel-Riß-Zwischeneiszeit des 2. Jahrhunderttausends zurückverfolgen, denn die bis heute bereits vorliegenden Steinwerkzeuge reichen weit über die Moustir-Kultur der Neandertalmenschen hinaus. Sie gehören der späten und mittleren Acheul-Periode an, doch ist auch die steintechnische Behandlung noch älterer Faustkeilkulturen im nördlichen Hessen erwiesen. Jünger sind die Funde der ersten menschlichen Schädel aus Hessen, von denen der älteste aus Rhünda (Kreis Melsungen) stammt und vielleicht noch der Gruppe der Neandertaler zugehört (so benannt nach einem Fundort bei Düsseldorf), während der jüngere Schädel von Heringen bereits zur Gattung des Homo sapiens zählt.

Es entsprach den klimatischen Verhältnissen der letzten Eiszeit, die vor etwa 120 000 Jahren begann und vor 20 000 Jahren endete, daß die Funde menschlicher Werkzeuge dieser Epoche öfter in Höhlen gemacht worden sind, nämlich in den Kalksteinhöhlen der Wildscheuer bei Steeden an der Lahn und der Wildweiberlei bei Altendiez, sowie unter dem felsdachgeschützten Quarzithang des Totenberges bei Treis an der Lumbda. Da auch die anderen großen altsteinzeitlichen Fundplätze in Hessen (Ziegenhain, Lenderscheid, Lämmerspiel bei Offenbach, Groß-Umstadt, Mosbacher Sande bei Wiesbaden) Quarzitgestein führen, ergibt sich daraus die überragende Bedeutung dieses Werkstoffes für den altsteinzeitlichen Menschen; doch ist auch anderes Gestein verarbeitet worden. Die daraus geschlagenen Faustkeile und ähnliche Gebilde stellten das erste Handwerkszeug dar, mit dem sich der eiszeitliche Mensch einzurichten begann und die Herrschaft über seine Umwelt antrat, in der noch Mammut und wollhaariges Nashorn, Höhlenlöwe und Höhlenbär, Rentier und Riesenhirsch, Urstier und Wisent lebten.

Altsteinzeitliche Geräte sind jedoch nicht nur auf den genannten Fundplätzen, sondern in ganz Hessen zutage gekommen und lassen daher auch den klimatologisch begründeten Schluß zu, daß die hessischen Tundren in der eisfreien Zwischenzone zwischen den weit vorgeschobenen alpinen und skandinavischen Gletschern ein gutes Jagdgebiet der eiszeitlichen Jäger gewesen sind. Die

Steedener Höhlenfunde erweisen, daß neben den erwähnten Großwildarten auch Wildpferde, Wildrinder und Wildesel, verschiedene Hirscharten, Hasen und Wildhühner erlegt und verzehrt wurden. So primitiv das Leben, die Arbeitsweise, die Ernährung und das Wohnen dieser eiszeitlichen, nomadisierenden Jäger und Sammler aber auch noch waren, schon zeigte sich in der Art, wie man Geräte aus Mammutstoßzahn mit Zierstrichen geschmückt und aus Nephrit eine Perle verfertigt hat, wie ein Stück Elchgeweih fischkopfförmig geschnitzt und ein Auerhahnknochen zu einem Pfeifchen verarbeitet wurde, daß damit die ersten Schritte auf dem kulturellen Wege der Menschen auch in unserem Lande getan waren.

Die mit dem letzten Abschmelzen des Inlandeises (um 10 000 v. Chr.) einsetzende allmähliche Klimabesserung brachte allerdings noch keine wesentlichen Fortschritte in der Lebensweise der Bewohner unseres Gebietes mit sich. Planmäßige Viehzucht und Ackerbau blieb auch den Menschen der mittleren Steinzeit unbekannt. Sie waren noch immer unstete Jäger, Fischer und Sammler, wenn auch die Jagd standortgebundener wurde. An Großwild waren noch Wisent und Bär vorhanden, doch herrschten bereits mittlere Wildarten, wie Hirsch, Reh und Schwein, vor. Aus dieser Epoche der Mittelsteinzeit sind in Hessen zahlreiche Geräte gefunden worden, die nun zwar einen reicheren Typenschatz an Schabern, Klingen, Keilen, Pfeilspitzen und bohrer-, meißel- und beilförmigen Geräten bieten, aber gegenüber den Steinwerkzeugen der älteren Steinzeit noch keinen prinzipiellen Fortschritt darstellten. Erst mit Beginn der jüngeren Steinzeit drangen in unser Gebiet mit neuen Bevölkerungsgruppen auch entscheidend neue kulturelle Errungenschaften ein, die das Leben völlig umgestalteten. Es waren Ackerbau, Viehzucht, Hausbau, Töpferei und Steinschliff.

Gegen Mitte des 4. Jahrtausends entwickelte sich die weitverbreitete Kultur der Bandkeramiker, wie man sie nach der häufigsten Schmuckform ihrer Tongefäße, einer bandförmigen Verzierung, genannt hat. Sie wanderten rheinabwärts, drangen in die Wetterau ein und dehnten sich bis nach Niederhessen (und weiter) aus. Als Ackerbauer siedelten sie vornehmlich auf den fruchtbaren Löß- und Verwitterungsböden des Rhein-Main-Gebietes und der Wetterau (Flonheim, Wiesbaden-Biebrich, Frankfurt/Osthafen, Praunheim, Butzbach, Griedel), des Ebsdorfer Grundes (Bracht, Emsdorf, Mardorf), der Fritzlarer Ebene und des Kasseler Beckens (Arnsbach, Gudensberg, Harleshausen, Niedervellmar, Oberzwehren und anderen, sich stetig mehrenden Plätzen). Die hessischen Höhengebiete besetzten sie nicht, so daß sich hier weiterhin älter eingesessene, nomadisierende Jägergruppen halten konnten.

Die Bandkeramiker, die noch keine gewebten Stoffe kannten, sich aber bemalten, wie man nach den Rötelbeigaben in ihren Gräbern annimmt, bearbeiteten ihre Felder wahrscheinlich mit Holz- und Horngeräten (Grabstöcken,

Hacken), während ihre Steingeräte, die schmalen, langen sogenannten Schuhleistenkeile und die breiteren, kürzeren Flachbeile wohl vor allem der Holzbearbeitung dienten, aber auch zum Pflügen verwendet werden konnten. Sie bauten die verschiedensten Getreidesorten an (Einkorn, Emmer, zweizeilige Gerste, Zwergweizen, Hirse) und züchteten Haustiere (Rind, Schaf, Ziege und Hund). Sie wohnten in geschlossenen Siedlungen in großen, meist mehrfach unterteilten Rechteckhäusern mit fachwerkgefüllten Pfostenwänden und hohen Mittelgiebeln. Bei einer durchschnittlichen Breite von 6 bis 7 Meter schwankt die Länge zwischen ca. 15 bis 40 Meter, wobei die Dächer nicht von den Wänden, sondern von eigenen Pfosten im Inneren getragen wurden. Die Häuser waren in der Regel von Nordwesten nach Südosten orientiert, was zur Verstärkung der besonders regenbedrohten nordwestlichen Abschlußwand führte. Die gleichmäßige Hausgröße läßt auf eine noch nicht hierarchisch gegliederte bäuerliche Gemeinschaft schließen. Da die Dorfstellen meist zahlreiche Siedlungsschichten übereinander aufweisen, nimmt man an, daß die Bandkeramiker ihre Dörfer nach gewissen Zeiten aus noch unbekannten (wirtschaftlichen oder kultischen?) Gründen verließen, aber in der Regel zurückgekehrt sind und sie wieder erbaut haben. Doch ist diese Annahme neuerdings in Frage gestellt worden. Aus dem differenzierten Bild der keramischen Funde glaubt man eine Aufspaltung in verschiedene Gruppen ableiten zu können. Jedenfalls war es möglich, die wetterauische Keramik der Bandkeramiker von der des Marburger oder Kasseler Gebietes zu unterscheiden und auch in der Bestattung (allerdings noch nicht örtlich genügend getrennte) Unterschiede festzustellen. Üblich war die Beisetzung auf Reihenfriedhöfen in Flachgräbern, in denen der Tote mit angezogenen Beinen auf der Seite lag. Ob diese Hockerstellung auf Fesselung schließen läßt, um eine befürchtete Rückkehrmöglichkeit des Toten zu unterbinden, oder nur eine Schlafstellung ausdrückt, ist strittig. Doch ist Fesselung nicht nur nach dem Befund, sondern auch nach der Bedeutung des Sagenmotivs der Widergängerei der Toten als vorherrschend anzunehmen. Daneben aber sind auch Brandgräber (Aschenbeisetzungen) in oder unmittelbar neben dem Hause bezeugt. Zahlreiche Grabbeigaben, wie Gefäße, Werkzeuge, Schmuckstücke, erweisen einen ausgebildeten Jenseits-, vielleicht schon Unsterblichkeitsglauben. Ihr Kultus war, nach erhaltenen Idolen zu schließen, mutterrechtlich bestimmt, mit den entsprechenden Fruchtbarkeitsriten und Erstlingsopfern, wobei auch Menschen- und insbesondere Kinderopfer mit anschließenden Opfermahlzeiten vorkamen.

Die Formen der Bandkeramik (etwa 3500 bis 2300) hielten sich bis zu den Rössener und Michelsberger Kulturen (etwa 2300 bis 2000). Die für Hessen wichtigere war die Rössener (so nach einem Fundplatz bei Merseburg genannt), die sich hier in der zweiten Hälfte des 3. Jahrtausends ausbreitete, vielleicht aber nichts anderes als eine Aneignung bandkeramischer Kulturformen durch die noch in den Höhen- und Waldgebieten lebenden primitiven Jägergruppen darstellte. Jedenfalls waren die Rössener im Gegensatz zu den bandkeramischen Ackerbauern überwiegend Jäger und Krieger, übernahmen zwar von ihnen Ackerbau, Viehzucht, Steinschliff und Töpferei, änderten aber deren Ausdrucks- und Schmuckformen. Diese waren bei ihren Gefäßen vielfach korbgeflechtartig gestaltet, so daß daraus eine unmittelbar voraufgegangene keramiklose Stufe erschlossen werden kann. Charakteristisch ist ihre tiefstichverzierte Keramik, die vermutlich von den nördlich und nordwestlich benachbarten Großsteingräberleuten übernommen worden ist. Die Rössener wohnten in Rechteckhäusern von etwa sechs bis zehn Meter Länge, neben denen aber auch Großbauten bis zu 60 Meter Länge vorkamen. Ihre Toten bestatteten sie in der für die Jungsteinzeit weithin üblichen Hockerstellung mit angewinkelten Beinen in Seitenlage. Zur Grabausstattung gehörte für ein Weiterleben benötigtes Inventar an Gefäßen, Werkzeugen, Schmuck. Die Rössener begründeten die bedeutendste vorgeschichtliche Burganlage Oberhessens, den Glauberg (bei Büdingen), auf dessen nördlichem Hang sie ein großes befestigtes Dorf errichteten, und gelten auch als Urheber mehrerer anderer Wallanlagen und Höhensiedlungen in Oberhessen. Dieses sind die ersten Spuren kriegerischer Vorgänge, die wir aus Hessen kennen, denn von den Bandkeramikern ist bisher weder eine gesicherte Festung — denn als solche wird man die Dorfschutzgräben von Windecken, Bracht und Hattenheim kaum deuten können — noch eine charakteristische Waffe überliefert. Man darf daher annehmen, daß die Rössener die Bandkeramiker unterwarfen, sie aber im allgemeinen in ihren Wohnplätzen sitzen ließen, dagegen die gleichfalls kriegerischen Michelsberger öfters zurückdrängten. Mit diesen kreuzten sich ihre Wege insofern, als die Rössener in südwestlicher Richtung in Hessen vordrangen, während sich die Michelsberger in umgekehrter Richtung ausbreiteten.

Die Michelsberger (benannt nach dem Hauptfundplatz auf dem Michelsberg bei Untergrombach, Kr. Bruchsal in Baden) waren die ersten Vertreter der jungsteinzeitlichen westeuropäischen Kulturen in unserem Lande. Sie siedelten nach unserer bisherigen Kenntnis vorzugsweise am Nordrand der Wetterau, sind aber vielfach auch bis nach Niederhessen gekommen. Sie waren anscheinend mehr Viehzüchter als Ackerbauern, wohnten in ansehnlichen Siedlungen vielfach auf isolierten Höhen in kleineren Häusern (bis etwa sechs Meter Länge), die im Gegensatz zu den Häusern der Rössener kaum unterteilt waren. Beide enthielten als wichtigste Einrichtung die Feuerstelle. An Keramik verwandten die Michelsberger vorzugsweise beutel- und tulpenförmige Gefäße aus glattbraunem Ton. Bemerkenswert sind ihre nordhessischen Festungsanlagen, die sie in ihren Auseinandersetzungen mit den Rössenern benötigten. Ob zu diesen Ringwallfestungen auch die älteste Anlage auf der Altenburg bei Niedenstein

(Kr. Fritzlar-Homberg) gehört oder den Rössenern zuzuschreiben ist, bleibt ungewiß; sicher führt man auf sie Wehrbauten bei Schierstein am Rhein, auf dem Johannisberg bei Bad Nauheim und insbesondere auf dem Glauberg zurück.

In Nachfolge der fast allenthalben in Hessen ansässigen Michelsberger breitete sich seit etwa 2000 eine andere jungsteinzeitliche westeuropäische Kultur vornehmlich in Niederhessen aus. Sie wird durch die langen Steinkisten ihrer Grabstätten gekennzeichnet. Ihr Weg führte über Westfalen, aber auch lahnaufwärts (Niederzeuzheim, Niedertiefenbach), durch das mittlere Lahngebiet (Lindener Mark bei Gießen, Lohra bei Marburg) nach Niederhessen, wo sie sich häufen (Züschen I, II, Gudensberger Stadtwald östlich Metze, Gudensberg, Großenritte, Altendorf, Calden; weitere Funde zeichnen sich ab). Die Steinkisten sind aus mächtigen Steinplatten gesetzte und überdeckte, knapp mannshohe rechteckige Kammern, die in der Regel nord-südlich ausgerichtet waren. Sie dienten als Sippengräber, denn das Altendorfer Grab (entdeckt 1934) enthielt über 120, das ungestörte letzte Drittel des Niedertiefenbacher Grab über 150 Tote, so daß das gesamte Grab ursprünglich mit über 500 Toten belegt war. Die genaue Beobachtung der Bestattungsformen in Niedertiefenbach hat ergeben, daß man die Toten in Schichten, die zuweilen durch Steinlagen getrennt waren, übereinander beigesetzt hat, so daß die Belegung von oben erfolgt sein muß. Dabei war in der Schichtenfolge ein Lagewechsel festzustellen, denn die unteren Skelette waren quer, die höheren längs zur Grabrichtung gebettet, und mehreremale konnte eine eigenartige Armhaltung der Toten festgestellt werden, die zweifellos rituelle Bedeutung hatte: der rechte Arm war rechtwinklig gebeugt, so daß die Hand auf dem Leib ruhte, der linke Arm dagegen scharf nach oben eingeknickt, so daß die Hand auf der Schulter lag.

Die Größe der Gräber schwankt; sie sind im Lahngebiet kleiner, in Niederhessen und Südwestfalen dagegen erheblich größer, etwa zwei bis drei Meter breit und 20 bis 30 Meter lang. Von der eigentlichen Grabkammer war ein kleiner Vorraum durch eine mächtige Steinplatte abgetrennt, in die in einzelnen Fällen (Züschen, Lohra) ein kreisrundes Loch von 30 bis 50 Zentimeter Durchmesser kunstvoll eingeschliffen war. Dieses sogenannte Seelenloch sollte anscheinend ermöglichen, Opfer in die Totenkammer zu reichen und den Seelen der Toten einen Weg ins Freie zu öffnen (dürfte jedoch völlig ungeeignet gewesen sein, dadurch die Bestattung vorzunehmen). Man nimmt an, daß bei diesen Gräbern Steinsäulen standen, wie sie die beiden Steine von Ellenberg (Kr. Melsungen) darstellen, obwohl sie einzigartig in Europa sind. Beide Steine sind auf der Vorderseite flächig behauen, der kleinere, kunstvollere mit einem Dreieckmuster, der größere mit einem einfachen, gewebeartigen Fischgrätenmuster. Seine Ornamentik ist aber deshalb von besonderem Interesse, weil sie

Anklänge an die Verzierungen der berühmtesten hessischen Steinkiste zeigt, der von Züschen (entdeckt 1894). Hier ist nämlich ein Teil der Sandsteinplatten mit eingeritzten Zickzacklinien und Grätenmustern bedeckt, die wahrscheinlich gewebte Stoffe nachahmen. Von noch größerer Bedeutung aber waren jene gabelförmigen Zeichen, deren Deutung als Ochsen, und, soweit sie gekoppelt stehen, als Ochsengespann mit Joch, Deichsel und Pflug oder Wagen durch gleichartige Zeichen in einem spanischen Grab gesichert ist. Das Altendorfer und das Niedertiefenbacher Grab enthielten Bernsteinperlen und Kupferringe, was Handelsbeziehungen zur nördlichen See und Metallimporte aus dem Süden bezeugt. Die gleichfalls dabei aufgefundenen, zu Ketten gereihten, durchbohrten Hundezähne dürften wie in anderen steinzeitlichen Kulturen zugleich als Zahlungs- und Schmuckmittel gedient haben.

In diesem Zusammenhang sind die neben den ornamental verzierten Grabstelen weitaus häufigeren mächtigen, unbearbeiteten Steindenkmale zu erwähnen, die man als „Menhire" bezeichnet. Sie gehören vermutlich auch der Jungsteinzeit an und gelten wie die Steinkistengräber als Zeugnisse der westeuropäischen Megalithkultur. Ob sie aber mit den Steinkisten unmittelbar zusammenhängen oder etwa erst von den Glockenbecherleuten errichtet sind, ist ebenso ungewiß wie ihre genauere kultische Bedeutung. Jedenfalls kommen bei uns diese Hinkelsteine, Langesteine oder Breitesteine in unmittelbarer Verbindung mit solchen Gräbern nicht vor. Am zahlreichsten lassen sie sich in Rheinhessen nachweisen (42 Stück), weniger häufig sind sie im Darmstädter Gebiet (28 Stück) und nehmen nach Norden zu durch die Wetterau (18 Stück) immer mehr ab. In Oberhessen bildet der Langestein an der Kirchhofsmauer von Langenstein (Kr. Marburg) das nördlichste Denkmal. Dann folgt nochmals eine kleine (aber in den letzten Jahren ständig vermehrte) Gruppe von 14 Steinen in Niederhessen, die die mächtigsten Menhire Mitteleuropas überhaupt aufweist. Von Bedeutung ist, daß sich solche Steindenkmale in Maden und Metze fanden, jenen beiden Orten, die in der hessischen Vor- und Frühgeschichte in besonderem Maße hervortreten. Wie an die Menhire (z. B. den 1905 bei Böhne in Waldeck beim Einebnen eines Hügels gefundenen und gesprengten gewaltigen Quarzitblock), so knüpfen sich auch an andere steinzeitliche Plätze Sagen, die bis ins 19. Jahrhundert lebendig waren.

Die Bestattungsformen der Steinkistengräber erweisen einen ausgebildeten Unsterblichkeitsglauben und ein entwickeltes Sippenwesen; zugleich bezeugen Anlage und Ausstattung dieser ersten und einzigen Großgrabanlagen auf hessischem Boden technische und künstlerische Befähigungen und Fertigkeiten, die Rückschlüsse auf eine gehobenere kulturelle Stufe dieses Volkes zulassen; und da diese Sippengräber Gemeinschaften voraussetzen, die solche Arbeiten einheitlich durchgeführt haben, lassen sich daraus auch entsprechende Organisationsformen der Steinkistenleute ablesen. Die Untersuchung der in der Steinkiste von Altendorf erhaltenen Skelette hat ergeben, daß der gleiche Menschenschlag (des Cromagnontyps) noch heute in Niederhessen häufig ist.

Mit ihnen bringt man die Funde vom Wartberg bei Kirchberg (Kr. Fritzlar-Homberg) in Verbindung. Auf diesem frei aufragenden Basaltkegel fanden sich zahlreiche, mit steinzeitlichen Geräten zertrümmerte Knochen überwiegend von Rind, Hirsch und Schwein, daneben aber auch von Pferd, Bär, Reh, Schaf, Ziege und Biber, und zwischen diesen Wild- und Haustierknochen auch zerschlagene menschliche Gebeine. Man hat aus der Masse der zermalmten Knochen ursprünglich auf eine Opferstätte geschlossen, doch handelt es sich im Hinblick auf die zahlreichen handgeformten Gefäßscherben aus grobem Ton und die Reste von Wandbewurf sicher um Spuren einer steinzeitlichen Siedlung. Der Wartberg wird daher ebenso wie der Hasenberg bei Lohne, der Güntersberg und der Bürgel bei Gudensberg und viele andere Kuppen dieser Landschaft eine neolithische Höhensiedlung getragen haben und mit ihnen in die Großgräberkultur der Steinkisten gehören.

Von entscheidender Bedeutung für die Wandlung des Kulturbildes auch in unserem Land sind dann die Becherkulturen geworden, die etwa um 2000 v. Chr. in unser hessisches Blickfeld treten, bis etwa 1600 herrschten und den Übergang von der Stein- zur Metallzeit vollzogen. Für ihre Bestattungsform ist das aus Norddeutschland stammende Einzelgrab mit seinen Holzeinbauten kennzeichnend, in dem die Toten als Hocker begraben waren. Becherleute heißen sie nach einer für Niederhessen typischen Gruppe, in deren Gräbern ein hoher, geschweifter Becher mit Fischgrätenmuster immer wiederkehrt. Die jungsteinzeitlichen Gräber von Nieder-Mörlen beweisen, daß sich diese niederhessische Becherkultur bis in die Wetterau ausgebreitet hat.

Die beiden wichtigsten Bevölkerungsgruppen der Epoche der Becherkulturen waren jedoch die Schnurkeramiker (so genannt nach der für sie charakteristischen schnurverzierten Keramik), die sich vornehmlich von Thüringen über Osthessen in die Wetterau und das Maingebiet ausdehnten, und die Glockenbecherleute, die Hessen vom Westen her durchdrangen. Die Träger der schnurkeramischen Kultur bezeichnet man am besten nach ihrer charakteristischen Waffe als Streitaxtleute. Diese Benennung erscheint um so angemessener, als diese Axt gemäß ihrer sorgfältigen technischen und künstlerischen Behandlung eine ganz besondere Wertschätzung erfahren haben muß und daher (zuweilen in Nachbildung metallener Vorlagen) immer vollkommener ausgebildet wurde. Das beweist der häufig geübte, künstlerische Facettenschliff, die oft verlängerte Schneide, die gelegentliche Ausformung des Axtkopfes zum Hammer und die meist ausgewogene Proportionierung. Facettierte Streitbeile sind in Hessen verhältnismäßig zahlreich gefunden worden, und zwar herauf von Starkenburg über die Wetterau und die mittlere Lahn bis nach Niederhessen.

Die Streitaxtleute verdienen diesen Namen aber auch nicht weniger wegen ihrer hohen kriegerischen Aktivität, denn sie haben Völkerwanderungszüge ausgelöst und unternommen, die weite Teile Europas und Asiens durchstießen. Entscheidend für die Durchschlagskraft ihrer Bewegung war der von ihnen neu entwickelte, mit Pferden bespannte Streitwagen. Er ermöglichte es ihnen, auf interkontinentalen Zügen Herrschaften zu begründen, die von Europa bis Indien reichten, so daß ihnen mit Recht die Indogermanisierung dieser Gebiete zugeschrieben wird. Auf die Einflüsse der Streitaxtleute dürfte auch die Verdrängung und Überlagerung der mutterrechtlich bestimmten bandkeramischen Kulte durch vaterrechtliche Anschauungen zurückgehen, wie sie seitdem unser Gebiet beherrschen. Wenn das zutrifft, war damit zugleich die Herausbildung neuer Glaubensvorstellungen eingeleitet, die über den primitiven magischen Kulten der Urzeit allmählich einen persönlichen Götterhimmel aufbauten.

Ihrem kriegerischen Charakter gemäß, der jedoch gewisse weidebäuerliche Züge nicht ausschloß, haben die Streitaxtleute auch bei uns die ältere Bevölkerung unterworfen, was vor allem für das Auftreten der Schnurkeramiker in der Wetterau und dem Starkenburger Gebiet zu gelten scheint. Allerdings hat man bisher nicht viele schnurkeramische Siedlungen gefunden, diese allerdings an aufschlußreichen Schlüsselstellungen, wie bei Fulda, bei Frankfurt und in der weiteren Umgebung von Gießen. Ihr Grab war das Hügelgrab, oft auf Höhen oder in weithin sichtbaren Lagen errichtet, mit schützenden Trockensteinmauern als äußerer Begrenzung und dicker Steinpackung über der Grablage. Zuweilen waren hölzerne Totenhäuser mit Vorhalle eingebaut. Die Toten bettete man mit angezogenen Beinen in Seitenlage von Ost nach West, wobei das Gesicht nach Süden sah. Ihre Bestattungen finden sich öfter in der Nähe bandkeramischer Siedlungen, aber doch deutlich von ihnen abgesetzt. In der Wetterau und im Maingebiet beginnen sie meist da, wo die Dörfer und Gräber der das Lößland besiedelnden Bandkeramiker aufhören: auf den Vorhöhen des Vogelsberges, an den Hängen des Nidda- und Urseltales und auf der linken Mainseite im Frankfurter Stadtwald.

Als letzte Gruppe dieser Kulturen drangen die Glockenbecherleute aus Westeuropa nach Hessen ein. Sie brachten (wahrscheinlich aus Spanien) die ersten Kupfergeräte mit und waren ein Eroberervolk, das weite Landstriche rasch durchdrang, in Rheinhessen aber ein stärkeres Siedlungszentrum ausbildete. Im übrigen Hessen faßten sie im Untermaingebiet und in der Wetterau vorübergehend Fuß, konnten sich aber in den von den Schnurkeramikern beherrschten Gebieten der Wetterau nicht durchsetzen. Ebensowenig gelang dieses der von Süddeutschland nach Ost- und Mitteldeutschland vordringenden Bewegung in Niederhessen, wohin Teile von ihr gelangt waren. Die Glockenbecherleute sind vor allem durch ihre Gräber bekannt, in denen sie ihre Toten als Hocker beisetzten und ihnen außer den namengebenden glockenförmigen

Bechern zuweilen viereckige Steinplättchen mitgaben, mit denen man den Unterarm gegen zurückschnellende Bogensehnen schützte. Der in ihren Gräbern gelegentlich vorkommende kleine dreieckige Bronzedolch zeigt, daß die Glockenbecherleute zeitlich an der Wende zur Metallzeit stehen, deren Beginn bei uns in das 16. vorchristliche Jahrhundert fällt.

5. Die bronze- und eisenzeitliche Entwicklung bis zur Bildung des chattischen Stammes

Der Übergang von der unruhigen und spannungsreichen Bewegtheit der ausgehenden Jungsteinzeit zur Bronzezeit vollzog sich anscheinend organisch in mehreren Jahrhunderten der Ruhe, in denen die jungsteinzeitlichen Kulturen Südwestdeutschlands allmählich zur Hügelgräberkultur zusammenwuchsen. Wir haben also vielleicht auch hier, obwohl es nicht so klar zu erfassen ist wie im Norden und Osten, mit der Bildung einer größeren politischen Einheit zu rechnen, die von Süddeutschland rheinabwärts bis nach Hessen gereicht hat. An ein neues Volk als Träger dieser Einheit ist dabei jedoch auch in unseren Gebieten nicht zu denken. Der kulturelle (und vielleicht auch politische) Zusammenschluß erfolgte vielmehr auf der jungsteinzeitlichen Bevölkerungsgrundlage, die in Niederhessen nie mehr völlig verdrängt worden ist.

Ihre Führung ging jedoch mehr und mehr an diejenigen Einwanderer über, die im Laufe der ausgehenden Jungsteinzeit von Thüringen her in die südwestdeutschen Gebiete eindrangen. Über der älteren ackerbautreibenden Bevölkerung setzten sich diese jüngeren schnurkeramischen Einwanderer vor allem in höheren Ortslagen fest, hielten sie zunächst wohl auch in Abhängigkeit, sind aber im Laufe der Bronzezeit schließlich doch mit ihr zu einem Volk von ausgeprägter Eigenart zusammengewachsen, als dessen Hauptwirtschaftsform das Weidebauerntum gilt. Daneben entwickelten sich als neuartige soziologische Erscheinungen selbständige Händler und Bronzearbeiter. Diese verarbeiteten im wesentlichen Bronze (in Form einer Mischung von neun Teilen Kupfer und einem Teil Zinn) aus den mitteldeutschen Revieren. Schon damals ist aber auch das Kupfer aus den hessischen Gruben von Richelsdorf und Frankenberg verwendet worden; aus ihrer Nähe (Bebra) stammt der Fund einer Kupferhammeraxt.

Der Name der Hügelgräberleute besagt, daß sie ihre Toten unter Hügeln beerdigten, in denen sich ebenso wie schon in den älteren Steinkisten Anklänge an die nordischen „Hünengräber" finden. Die Toten wurden in gestreckter

Lage unverbrannt auf ebener Erde, gewandet, geschmückt und bewaffnet in Baumsärgen beigesetzt, mit Feldsteinen zugeschichtet und unter einem darüber aufgeschütteten Grabhügel bestattet, der nach außen durch einen (magischen?) Steinkreis abgegrenzt war. Offensichtlich wurden jedoch die z. T. sehr stattlichen Grabhügel nicht für jedermann errichtet (obwohl Mehrfachbestattungen vorkommen), so daß es wohl eine über die allgemeine Bevölkerung herausragende Schicht gegeben hat. Daneben aber kamen auch Gruppenbestattungen in natürlichen Hügeln (insbesondere im Maingebiet) vor, wie etwa der Dünenhügel bei Wixhausen (Kr. Darmstadt) zeigt, der 21 Gräber enthielt. Von ihnen bargen höchstens zwei Männer, dagegen zehn Frauen, fünf Kinder und drei unbestimmbare Tote. Das Durchschnittsalter der Erwachsenen lag bei etwa 30 Jahren.

Die bronzezeitlichen Hügelgräberleute Hessens bildeten hinsichtlich der Übernahme und örtlichen Umbildung der Schmuckformen und Geräte schließlich drei Gruppen, eine nordhessische, die nach Westfalen, eine osthessische, die in das nordöstliche Mitteldeutschland, und eine mainhessische, die nach Süden orientiert war. Dabei entwickelte sich im südlichen Hessen eine Keramik, die eine hervorragende Kerbschnittware herstellte, während sie in Nordhessen, anscheinend unter norddeutschem Einfluß, fast ganz zurücktrat. Auch die hier gefundenen Radnadeln und Halskragen (letztere fehlen im Süden als Frauenschmuck überhaupt) sind von nord- und mitteldeutschen Vorbildern beeinflußt, während die im südlichen Hessen bezeugten Formen des Armbandschmuckes deutliche Beziehungen zu Süddeutschland aufweisen.

Auf Grund der erhaltenen Bronzegeräte gewinnen wir auch erstmals ein Bild von der Ausrüstung und Ausstattung der Bevölkerung. Zur Ausrüstung des Mannes gehörten die Streitaxt (osthessisch als Randleisten-, mainhessisch als Absatzbeil gestaltet) und zuweilen auch ein Schwert, ein Dolch, ein Armring und gelegentlich Nadel und Gürtelhaken. Die Frau, die ebenfalls oft einen Dolch führte, heftete ihr Gewand mittels zweier Nadeln vor den Schultern zusammen und schmückte sich mit Hals-, Arm- und Knöchelringen, die wie die Radnadeln, Spiralscheiben, Brillenspiralen oder Doppelspiralbänder oft kunstfertig ausgeführt waren. Eine der reichsten und schönsten Bronzeausstattungen hat das 1939 entdeckte Grab der Hügelgräberbronzezeit im Bessunger Wald bei Darmstadt ergeben. Es enthielt zwei in große Spiralscheiben auslaufende Armbergen, zwei massive Armringe, drei große und zwei kleine brillenförmig verbundene Doppelspiralscheiben (als Brustschmuck), einen Fingerring, zahlreiche Nadeln, darunter zwei sehr schöne Radnadeln (Nadeln mit einem als radförmige Scheibe aufgesetzten Kopf), eine Bernsteinkette und anderen Steinschmuck.

Während in Niederhessen die Hügelgrableute in verhältnismäßig ungestörter Entwicklung das 2. Jahrtausend v. Chr. zu Ende lebten, erlitt das südwestliche

Hessen bereits im 12. Jahrhundert unter dem Einfluß großer Völkerbewegungen dieser Zeit tiefgreifende Veränderungen. Eine vermutlich vom nordöstlichen Alpenrandgebiet kommende Menschengruppe, die sich scharf von den Hügelgräberleuten absetzte, machte sich zum Herrn des Untermaingebietes. Man nennt sie nach ihrer Begräbnisart Urnenfelderleute, denn sie haben ihre Toten nicht mehr körperlich beerdigt, sondern vorher verbrannt und dann die Brandreste in einer geschlossenen Urne in einer Grabgrube auf Grabfeldern beigesetzt. Während im allgemeinen die Gräber der Urnenfelder gleichwertig waren und keine besondere soziologische Schichtung erkennen lassen, zeichnete sich im Untermaingebiet in den Begräbnissitten eine Art Adel ab. Hier gab es nämlich einige Gräber, in denen die Asche der Toten im Gegensatz zum allgemeinen Brauch nicht in einfachen Gruben, sondern in rechteckigen kleinen Steinkisten (bis zu vier Meter Länge) mit besonders reichen Beigaben an Ton- und Bronzegeräten bestattet worden ist. Diese Toten erhielten außerdem ihre Waffen mit, wobei die Streitaxt der Hügelgräberleute durch Lanze und Schwert und der zweischneidige Dolch durch das einschneidige Messer ersetzt wurden. Erstmals sind Rasiermesser bezeugt. Der frauliche Schmuck wandelte sich gleichfalls und bediente sich andersartiger Nadel- und Armringformen, unter denen der frühere reiche Spiralschmuck nicht mehr begegnet. Schließlich gewann auch die Keramik ein ganz neues Aussehen. Scharf profilierte und kantig abgesetzte Urnen und Becher, Amphoren und Schalen verdrängten die weicheren Formen der älteren Kerbschnittkeramik. Hohes handwerkliches Können zeigt sich in allen Geräten.

Die Siedlung der Urnenfelderleute auf den fruchtbaren Lößböden des Untermaingebietes, der Wetterau und des Amöneburger Beckens, ihr ansehnlicher Bestand an Haustieren, ihre Getreidequetscher und Spinnwirtel bezeugen, daß es sich um eine Bevölkerung vorwiegend bäuerlichen Charakters gehandelt hat. Entsprechend den drei genannten Hauptsiedlungsgebieten entwickelten sich auch bei drei unterschiedliche Keramikgruppen, die jedoch nicht zu weitergehenden ethnographischen Schlüssen berechtigen. In Niederhessen hat sich die Urnenfelderkultur nicht völlig durchgesetzt. Nach einer etwa 300jährigen, verhältnismäßig ruhigen Entwicklung lassen die um 1000 v. Chr. errichteten neuerlichen Befestigungen der Urnenfelderleute wiederauflebende politische Beunruhigungen erkennen, die zu den Anlagen auf dem Bleibeskopf im Taunus, dem Johannisberg bei Bad Nauheim, dem Hausberg bei Butzbach und wiederum auf dem Glauberg führten. Die späten Urnenfelderleute haben die Glauburg mit einem besonders mächtigen Ringwall befestigt. Er bestand aus einem von innen ansteigenden Damm, der nach außen mit einer Trockenmauer verkleidet steil abfiel und vielleicht noch durch eine aufgesetzte hölzerne Brustwehr verstärkt war. Bezeichnend für die Unruhe der Zeit sind auch die zahlreichen Bronzehorte, die damals aus Furcht vor Verlust vergraben wurden.

Sie fanden sich gehäuft am Untermain und in der Wetterau bis in die Marburger Gegend.

Die Bewegungen der ausgehenden Urnenfelderkultur um 1000 v. Chr. leiteten zu einer Epoche über, deren namengebende, sich nunmehr endgültig durchsetzende Neuerung die Verwendung des Eisens für Geräte und Waffen darstellt. Die nach dem Fundort Hallstatt (im oberösterreichischen Salzkammergut) Hallstattzeit benannte älteste eisenzeitliche Periode zeigte nach der noch unruhigen Frühhallstattzeit im 10. und 9. Jahrhundert v. Chr. im 8. Jahrhundert wieder geordnetere Verhältnisse. Diese gingen jedoch nicht auf die Festigung der Herrschaft eines neuen Fremdvolkes zurück, sondern wahrscheinlich auf die Überwindung des Einbruches der Urnenfelderleute durch die Nachkommen der Bronzezeitleute; denn so erklärt es sich am zwanglosesten, daß in der entwickelten Hallstattzeit an Stelle der Brandflachgräber verschiedentlich wieder Grabhügel traten, und in der Späthallstattzeit die Leichen nicht mehr verbrannt, sondern bestattet wurden. Die oft in Gruppen zusammenliegenden Grabhügel (die in der Koberstadt bei Darmstadt umgab sogar ein Wall) waren in der Regel erheblich größer als in der Bronzezeit, aber meist auch mit mehr Toten belegt und knüpften örtlich zuweilen an bronzezeitliche, ja schnurkeramische Totenstätten an. Eindrucksvolle Zeugnisse jahrhunderte-, ja jahrtausendealter Belegungen sind die großen Gräbergruppen im Walde von Eichen (Kr. Hanau), in der Baierseich bei Arheilgen (Kr. Darmstadt) und zu Nieder-Mockstadt (Kr. Büdingen). Gute Einzelbeispiele hierfür bieten die Grabhügel von Molzbach (Kr. Hünfeld) und von Wallerstädten (Kr. Groß-Gerau). Der Molzbacher Hügel war mit mindestens 24 Toten belegt und barg Beigaben, die von der Bronzezeit über die Hallstatt- bis in die Latènezeit reichten; der Wallerstädtener enthielt Bestattungen aus der Hallstatt-, Latène- und Merowingerzeit.

Eine ähnliche Entwicklung, wie sie aus den Bestattungssitten der Hallstattzeit zu erschließen ist, läßt sich auch aus den Formen der hallstättischen Keramik ablesen, wenn auch hier gemäß der nunmehr schon traditionellen, verkehrsbedingten Verbindung der südhessischen Gebiete mit dem benachbarten Süddeutschland von dorther stammende Einflüsse das kulturelle Gepräge dieser Epoche mitbestimmt haben. Vornehmlich auf Grund der Keramikformen hat man im südwestlichen Hessen drei Hallstattgruppen festgestellt: die Koberstadter in Starkenburg, die Muschenheimer in der nördlichen Wetterau und die Taunusgruppe. Am reinsten ist die Hallstattkultur in der Koberstadter Gruppe ausgeprägt, denn sie zeigt häufig graphitbemalte Kegelhalsgefäße, Schalen und Spitzbecher, das eiserne Hallstattschwert und Schmuck in Gestalt von dicken, hohlen Blechringen für Arme und Beine. Kulturgeschichtlich bemerkenswert ist ein Toilettengerät, das an einem Ring Nagelreiniger, Ohrlöffel und Pinzette vereinigte. Der Muschenheimer Gruppe fehlen diese bezeichnenden Stücke meist ebenso wie der Taunusgruppe; ihr allgemeines Gepräge, besonders in der Keramik, bestimmten vielmehr frühhallstättische Formelemente, die noch der Urnenfelderkultur verwandt waren.

Über Siedlungsformen der Hallstattzeit unseres Gebietes unterrichtet die 1900/01 ausgegrabene Niederlassung bei Neuhäusel (Kr. Montabaur). Sie setzte sich aus einer großen Anzahl kleiner Wohnhäuser und einem größeren Gebäudekomplex zusammen, die sich um einen Berggipfel zogen, dessen Abhang durch mehrere Gräben gesichert war. Die gewöhnlichen Behausungen dieser Siedlung zeigten im Grundriß unregelmäßige Vierecke von vier bis sieben Meter Seitenlänge, deren von starken Holzpfosten getragene Wände aus Holzflechtwerk bestanden, die mit einem Bewurf von Ton und Sand mit beigemengtem Häcksel verputzt waren. Das allseits vorspringende Walmdach war mit Stroh oder Ginster gedeckt. Den Boden der Hütten bildete eine einfache gestampfte Tenne mit eingetiefter Feuerstelle. Demgegenüber fügte sich der große Gebäudekomplex zu einer regelrechten Hofanlage, die bereits weitgehend an das spätere fränkische Gehöft erinnert. Sie stellte ein ebenfalls leicht verschobenes Viereck dar, doch betrug die Seitenlänge etwa zwölf Meter. Um einen nach Süden offenen (aber durch einen Zaun gesicherten) Hof waren die einzelnen Gebäude so angeordnet, daß sich links (also westlich) Speicher und Schuppen und rechts (also östlich) die Stallungen befanden. Dem Tor im südlichen Hofzaun entsprach auf der Nordseite eine überdachte Durchfahrt. An sie schloß sich links auf der Nordwestecke ein Wirtschaftsgebäude und rechts auf der Nordostecke ein großer saalartiger Wohnraum mit erhöhtem Podest hinter der Feuerstelle an.

Wie schon in der Urnenfelderzeit so verlief auch in der Hallstattzeit die geschichtliche Entwicklung Niederhessens anders als die im südwestlichen Hessen. Erst zu Ausgang der Urnenfelderzeit drangen nämlich stärkere Bevölkerungsgruppen dieser süddeutschen Kultur nach Niederhessen vor, ohne allerdings die Zusammensetzung der dortigen Bewohnerschaft entscheidend verändern zu können. Hier waren Einwanderer aus Nordwestdeutschland den Vorstößen aus dem Süden zuvorgekommen und konnten auch in der Folgezeit die Oberhand behalten. Ihre Hinterlassenschaften finden sich vornehmlich in den fruchtbaren Beckenlandschaften um Ziegenhain, Wabern, Gudensberg und Kassel, kommen aber auch bis an die Werra vor. Ihre übliche Bestattungsform waren Urnengräber, die zu Friedhöfen vereinigt waren. Diese Zuwanderer verschmolzen bald mit der hier seit langem ansässigen Urbevölkerung. Daneben deutet die gleichzeitig belegte Beisetzung von Urnen in kleinen, aus Steinplatten gebauten vier- oder vieleckigen Grabkisten auf Ausläufer der in Mitteldeutschland heimischen Steinkistenkultur hin. Das ist aus ihren Grabformen, Keramiken und Bronzegeräten zu schließen. Da diese Einwanderer aus Gebieten kamen, deren damalige Bevölkerung wohl zu Recht als germanisch gilt, und es ebenso sicher scheint, daß sie nach anfänglicher Absonderung allmählich die Herrschaft an sich gebracht haben, darf mit ihnen die dauernde Germanisierung von Niederhessen als eingeleitet gelten. Der damit für die weitere Geschichte des Landes grundlegende Vorgang fand am Ende der mittleren Hallstattzeit durch weitere Vorstöße germanischer Bevölkerungsgruppen seinen endgültigen Abschluß; dieser wird durch das Auftreten der Rauhtöpfe vom Harpstedter Stil gekennzeichnet (Brandgräberfeld von Großenritte). Wenn auch im Laufe dieser Zeit reiche kulturelle Beziehungen nach dem Südwesten das Formenbild der niederhessischen Geräte oft erheblich beeinflußt haben, so hat sich das doch auf das stammliche Zusammenwachsen der dortigen Bevölkerung und die sie gestaltende politische Ordnung nicht mehr merklich ausgewirkt.

Die auch hierin erkennbare Kontinuität der niederhessischen Verhältnisse, die bis zu den Großsteinkistengräbern zurückreicht, läßt sich seitdem auch mehr und mehr örtlich festlegen. Das gilt insbesondere für den Brennpunkt des geschichtlichen Lebens in Hessen, den Umkreis des späteren chattisch-hessischen Vorortes Maden (Kr. Fritzlar-Homberg); denn hier sind auf engem Raum mit nur geringfügigen örtlichen Verschiebungen Wohn-, Begräbnis- und Kultstätten in fast ununterbrochener Folge seit Ende der jüngeren Steinzeit nachweisbar. Wahrscheinlich in die zweite Hälfte des 3. vorchristlichen Jahrtausends gehören Wohnplätze am Lamsberg, und in die 1. Hälfte die bereits unter Landgraf Karl 1709 geöffneten Gräber auf der Maderheide; ebenso stammen die dort gefundenen Steinbeile und wohl auch der sogenannte Wodansstein vor dem Dorfe Maden aus der späteren Jungsteinzeit. Der jüngeren Bronzezeit sind weitere Funde vom Lamsberg zugewiesen und der Hallstattzeit ein Brandgräberfeld am Kasseler Kreuz vor Gudensberg. Vom Maderstein aber bis zum Dorf Maden erstreckte sich eine etwa gleichalte Siedlung, deren Aufdeckung besonders kultgeschichtlich aufschlußreich war. Die dort ausgegrabenen fünf Meter langen und drei Meter breiten Häuser, deren vier Eckpfosten nach den vier Himmelsrichtungen orientiert waren, bargen nämlich unter zahlreichen Tierknochen auch zertrümmerte menschliche Schädel und Gebeine. Es ist also wahrscheinlich, daß in gleicher Weise, wie es die jungsteinzeitlichen Funde vom benachbarten Wartberg (bei Kirchberg) aus dem 2. vorchristlichen Jahrtausend bezeugen, auch im letzten vorchristlichen Jahrtausend noch Menchenfresserei in dieser Gegend vorkam (oder gar üblich war), denn es fanden sich Menschenknochen in allen bisher ausgegrabenen Häusern, was Opfermahlzeiten ausschließen dürfte. Ähnliche Funde aus anderen, meist nordost- und ostdeutschen Landschaften und die Tatsache, daß es sich bei diesen zahlreichen, zwischen abgegessenen Tierknochen aufgefundenen menschlichen Gebeinen durchweg um Knochen mit starkem Fleischansatz und um Schädel handelt, deren Gehirnmasse besonders geschätzt wurde, erheben diese Vermutung fast zur Gewißheit. Aufschlußreich ist es auch, daß sich unter einer Türschwelle das Skelett eines eingegrabenen Mannes fand. Seine Deutung als Bauopfer, das feindlichen Einflüssen, schädlichem Zauber und bösen Geistern den Zugang zum Hause verwehren sollte, ist sicher zutreffend; denn solche Bauopfer durch Eingraben und Einmauern von lebenden Menschen klingen in unseren Sagen noch nach, und das Einmauern von Tieren in die Grundmauern von Bauwerken ist durch Funde hinlänglich beglaubigt.

Kehren wir zur Entwicklung der allgemeinen hessischen Verhältnisse zurück, dann zeigt sich, daß diese wie in der späten Urnenfelderzeit so auch in der Späthallstattzeit, etwa im 6. und 5. Jahrhundert v. Chr., wieder in Fluß gerieten. In die Gebiete des oberen Maines und der Fulda wanderte eine Gruppe aus der Oberpfalz ein, die eine hochentwickelte späthallstattzeitliche Kultur schuf. Ihre Grundlage bildete die an der oberen Fulda durchaus örtlich bestimmte Hügelgräberbronzezeit, deren Entwicklung weder durch die Urnenfelder- noch die Hallstattzeit oder benachbarte thüringische Einflüsse ernstlich gestört worden war. Dieses von den neuen Kräften getragene und geformte kulturelle Leben hat man auf Grund der reichen Grabfunde geradezu als die urgeschichtliche Glanzzeit Buchoniens bezeichnet.

Währenddessen bildete sich im Hunsrück-Eifelgebiet die Mehrener Kultur heraus, die von der unteren Lahn nach Osten vordrang, um 500 v. Chr. auch Oberhessen erreichte und die dortige hallstättische Bevölkerung überlagerte. Infolgedessen sind auch sie auf der beherrschenden Burg Oberhessens, dem Glauberg, nachzuweisen. In lockerer Streuung sind ihre strichgruppenverzierte Keramik und eisernen Wendelringe auch nördlich noch an mehreren Stellen bis hinauf in das Kasseler Gebiet und das mittlere Wesertal anzutreffen. Wahrscheinlich waren ihre Träger ein Jäger- und Hirtenvolk, mit dem sich erstmals der Vorstoß der Kelten nach Osten ankündigte. Darauf scheinen die Skelettgräber in der Umgebung Marburgs hinzudeuten. Hier vermochte es zwar der Muschenheimer Gruppe ein weitgehend neues Gepräge zu geben, jedoch das kulturelle und wahrscheinlich auch das politische Gefüge der Koberstädter Gruppe in Mainhessen noch nicht zu erschüttern, denn das hat sich anscheinend noch während des ganzen 5. Jahrhunderts gehalten.

Die dann folgende Latènezeit (nach dem Fundort an einer Untiefe im Neuenburger See genannt) zeigt im hessischen Raum dasselbe Bild, das auch die vorausgegangenen frühgeschichtlichen Kulturen bereits ergaben: in Niederhessen ruhige Fortentwicklung und langsame Umbildung des dort mit der Urbevölkerung verschmolzenen germanischen Volkstums, im Südwesten Einbruch und Herrschaft einer völlig neuen Kultur und Herrenschicht, der Kelten. Sie sind die Träger der Latènekultur etwa des letzten halben Jahrtausends vor Christi Geburt gewesen, die sich im südwestlichen Hessen im 4. Jahrhundert v. Chr. durchgesetzt hat, ohne jedoch die eingesessene Bevölkerung zunächst zu verdrängen, die wohl vorerst nur politisch überschichtet wurde. Diese Kultur entspricht mit ihrem neuen, kraftvollen Formenschatz der Waffen, Geräte und Keramik, von denen die letztere von nun an häufiger auf der Drehscheibe gearbeitet ist, durchaus dem Bild, wie es jetzt erstmals auch durch die Geschichtsschreibung antiker Autoren gezeichnet wird, nachdem diese die Kelten auf deren weit ausgedehnten Eroberungszügen kennengelernt hatten.

Für die soziale Gliederung der Kelten ist ihr Fürstenstand charakteristisch, der eine geradezu höfische Kultur unter vorherrschend südlichen, griechisch-etruskischen Einflüssen ausbildete. Sie ist in prachtvoll ausgestatteten Fürstengräbern überliefert, von denen eines in Horhausen (bei Holzappel im Unterlahnkreis) gefunden wurde. Es enthielt einen Streitwagen mit dem zugehörigen Pferdezaumzeug, Goldschmuck und eine etruskische Bronze-Schnabelkanne. Solche Wagen- bzw. Reitergräber sozial hochgestellter Personen häufen sich im rhein- und südhessischen Bereich und reichen bis Bad Nauheim. Als allgemeine Grabform herrschte dagegen die Totenbestattung in Flachgräbern vor. Vielleicht darf ein 1956 im Westerwald (bei Hirzenhain) gefundenes keltisches Steindenkmal, das ein Menschenantlitz trägt, als Grabstele gedeutet werden. Kennzeichnend für die keltische Tracht waren zuweilen farbig emaillierte Halsringe, Armringe und Fibeln (Gewandschließen). Die Bewaffnung bestand aus Lanze und zweischneidigem, eisernem Schwert; Schilde waren selten.

Die Kelten haben auch erstmals eine gewisse Badekultur durch Nutzung und Weihung der warmen Quellen des Landes entwickelt. Ein sicheres Zeichen dafür ist die von den Römern als Wiesbadener Quellengöttin verehrte Diana Mattiaca; denn Diana ist die römische Umsetzung der keltischen weiblichen Heilgottheit Sirona, da Diana die Schwester des römischen Heilgottes Apoll war. Aber nicht nur in Wiesbaden, sondern auch in anderen warmen Bädern des römisch besetzten Germaniens, in Baden-Baden und Badenweiler, haben die Römer Diana als Quellengöttin verehrt (in Badenweiler als Diana Adnoba, also als Schwarzwalddiana), während wir andererseits römische Denkmäler von Heilquellen in Alzey und Nierstein besitzen, die Apoll (bzw. der keltischen Gottheit Grannus) und Sirona geweiht waren, so daß an der keltischen Grundlage der römischen Quellengöttinnen unseres Gebietes nicht zu zweifeln ist.

In der gleichen Zeit, als die Kelten das mittlere und südliche Hessen einnahmen, haben sich im nördlichen Hessen germanische Bevölkerungsteile in ständig steigendem Maße durchgesetzt und sich gegenüber der keltischen Herrschaft im südwestlichen Hessen nicht nur behauptet, sondern sich ihr mehr und mehr entgegengestemmt. Denn wenn es auch nach wie vor strittig ist, wie weit die keltische Herrschaft in Hessen gereicht hat, so steht doch außer Frage, daß sie einen spürbaren Einfluß auf die niederhessische Bevölkerung ausgeübt hat. Allein der Ausbau des niederhessischen Befestigungswesens in der späteren Latènezeit, das um dieses siedlungspolitische Kerngebiet ein fast geschlossenes

Wallburgen-System entwickelt hat, ist ohne keltische Einwirkung schwer vorstellbar. Keltische Spuren werden auch in niederhessischen Orts- und Gewässernamen vermutet. Dagegen ist das isolierte Vorkommen keltischen Kunsthandwerks, wie z. B. Teilen von drei Gürtelketten mit Tierkopfhaken als Verschlußstücken (Bergshausen, Kr. Kassel), Resten eines keltischen Pferdegeschirrs der Spätlatènezeit (Altenburg, Kr. Fritzlar-Homburg) und keltischen Münzen (Regenbogenschüsselchen) nur als Import aus dem keltischen Herrschaftsbereich anzusehen.

Den unter diesen Bedingungen in der frühen Latènezeit endgültig ausgeformten germanischen Stamm in Niederhessen nennen wir Chatten. Sein Name ist trotz jahrzehntelanger Bemühungen immer noch nicht endgültig gedeutet, wird aber von der jüngeren Forschung als Kultname aufgefaßt und unter Hinweis auf die beherrschende Rolle des chattischen Männerbundes von Wotan, altnordisch hottr, als Bundesgott abgeleitet. In Niederhessen ist der Stamm zuerst nachgewiesen, und diese Landschaft ist immer sein Mittelpunkt geblieben; doch hat er sich darüber hinaus wohl noch im 2. vorchristlichen Jahrhundert in Übereinstimmung mit der allgemeinen germanischen Stoßrichtung vor allem nach Südwesten ausgedehnt.

Die Kelten versuchten durch Anlage neuer oder Übernahme und Ausbau älterer Befestigungen das Vordringen der Germanen zu hemmen und insbesondere die beiden metallreichen Gebiete des Biebergrundes und des Siegerlandes an der südöstlichen und der nordwestlichen Grenze Hessens zu schützen. Größe, Lage und Zeit der beiden Wallburgenkomplexe gerade dieser Gebiete machen sie zu eindringlichen Zeugen des Kampfes zwischen Kelten und Germanen, danach aber auch einzelner germanischer Stämme untereinander um den Besitz dieser wertvollen Eisenplätze; denn im Siegerland ist latènezeitliche Eisenverhüttung sicher nachgewiesen. Dem geringen Umfang des Erzgebietes im Biebertal (nordwestlicher Vorspessart) entspricht es, daß es nur von vier Wallburgen geschützt war, den beiden Altenburgen bei Wirtheim und dem Dorf Kassel sowie den beiden Ringwällen auf dem Hainkeller bei Breitenborn und auf dem Burgberg bei Bieber. Um so bedeutender waren die Anlagen zum Schutz des Siegerlandes, wobei besonders ihre Häufung im östlichen Randgebiet auffällt. Hier lagen hinter den Wallanlagen des Rimberges bei Caldern, der Alten Burg bei Steinperf und der Angelburg bei Lixfeld in einer zweiten Linie die als keltisch gesicherte Burg bei Rittershausen, der Ringwall bei Hesselbach, die alte Burg bei Laasphe und die Burgen bei Aue im oberen Edertal, deren keramische Funde sie in Beziehung zu Rittershausen setzen, wenn sie auch hauptsächlich spätlatènezeitlich sind. Das gleiche gilt von der Alten Burg bei Afholderbach und dem Burggraben bei Niedernetphen. Ferner finden sich im Nordosten des Siegerlandes latènezeitliche Anlagen auf der Burg bei Berleburg bzw. Dotzlar und bei Wemlighausen, wahrscheinlich auf der

Ginsburg und sicher auf dem Kindelsberg bei Krombach. Nach Westen war das Siegerland durch die Wallburgen auf dem Rübengarten bei Freudenberg und auf der Mühlburg bei Wallmenroth im mittleren Siegtal geschützt; und nach Süden oblag diese Aufgabe den Wallburgen auf dem Hohenseelbachskopf bei Daaden und auf dem Heunstein nördlich Dillenburg, von denen die letztere eine germanische Anlage darstellte.

In die germanisch-keltische Auseinandersetzung dürften großenteils auch die zahlreichen Wallburgen des südlichen Westerwaldes gehören, wie der Dünsberg bei Fellinghausen, der Alteberg bei Hohensolms, der Almerskopf bei Selbenhausen, die Höhburg bei Merenberg, das Heidenhäuschen bei Hangenmeilingen, die Dornburg bei Frickhofen, der Malberg bei Leuterod und der Hummelsberg bei Linz. Diesem gewaltigen Riegel auf der Südflanke des Westerwaldes von Gießen bis zum Neuwieder Becken entsprechen die zahlreichen Anlagen südlich der Lahn auf den nördlichen Taunusabhängen (Riesenkopf bei Rohnstadt, Rentmauer bei Rod a. d. Weil, Rentmauer bei Reichenbach, Steinkopf bei Katzenelnbogen, Alteburg bei Singhofen, die Schanze bei Lipporn) und insbesondere die noch großartigere Befestigungslinie auf dem Taunuskamm, die wir wie die niederhessischen Anlagen jedoch erst in Kap. 6 näher behandeln. In diese Zusammenhänge ist wahrscheinlich auch ein großer Teil der Ringwälle des Vogelsberges und der Rhön einzureihen. Hier sind zu nennen die Milseburg, der Oechsen bei Vacha, die Anlagen auf dem Geiskopf und dem Arzberg am benachbarten Dietrichsberg, die Hessenkuppe bei Dermbach, der Stallberg bei Rasdorf, der Habelberg bei Tann sowie Diesburg und Alte Mark bei Kaltensundheim. Im Umkreis von Fulda kommen noch hinzu der Sängersberg, der Haimberg und der Kötzenberg (über dem Fuldatal im Schlitzer Land). Bezeichnend für die allgemeine Lage ist es, daß gegenüber den zahlreichen frühgeschichtlichen Ringwällen in der Rhön, im Vogelsberg, im Siegerland, auf dem Westerwald und im Taunus im hessischen Odenwald bisher nur eine einzige sicher nachgewiesen ist (Heuneburg bei Lichtenberg). Die im Raume des rechtsrheinischen Schiefergebirges geradezu gehäuften Befestigungsanlagen lassen eine außerordentliche militärische Beanspruchung der dort ansässigen Bevölkerung während der letzten vorchristlichen Jahrhunderte deutlich erkennen und sichern die Annahme großer politischer Auseinandersetzungen keltischer Gruppen mit den aus Nordosten gegen sie vordringenden germanischen Stämmen, die wir in Hessen als chattisch bezeichnen.

Ein klares Bild keltischer Burgenbauweise in unsern Gebieten zeigt die Burg von Rittershausen, da sie nach ihrer frühen Zerstörung nicht wieder aufgebaut worden ist. An Größe und Stärke vermochte sie sich allerdings mit der keltischen Anlage auf dem Glauberg nicht zu messen, zumal die Lage der Rittershäuser Burg natürliche Mängel (flacher Hang, Überhöhung) aufwies, die man allerdings durch eine dreifache Wallsicherung der gefährdeten Seite auszugleichen versucht hat. Hinter einem mit Astverhau bewehrten Graben erhob sich eine steinerne Mauer, die ohne Bindemittel trocken gesetzt war und durch ein sorgfältig gefügtes Balkengerüst gehalten wurde. Dieses bestand aus drei Reihen von Pfosten, die in der Front, in der Mitte und an der Rückseite der Mauer verliefen und durch Anker verbunden waren. Eine Brustwehr bekrönte das Bauwerk. Hinter der äußeren verlief eine innere Mauer, die sich mit ihren beiden Enden an den innersten Wall anschloß, der allein die ganze Bergkuppe umzog. Der an der zugänglichsten Stelle befindliche Eingang war durch drei hintereinanderliegende Tore geschützt, die gegeneinander so verschoben waren, daß der Angreifer von Tor zu Tor nur schräg am Verteidiger vorbeikonnte. Der äußere Einlaß war 40 Meter breit, was seine Bestimmung als Fluchttor kennzeichnet, das sofort eine größere, hereinflüchtende Menge aufnehmen konnte. Neben diesem Tor befand sich im Grabenkopf eine Quelle. Hinter der inneren Mauer zogen sich wie auf der Glauburg Räume entlang, die an einer Stelle etwa 5 : 5,50 Meter groß waren und somit einer Familie oder sonstigen Einheit Raum boten. Während sie auf der Glauburg aus Steinen errichtet waren, bestanden sie hier aus Holz oder Fachwerk, waren jedoch mit Balken gedeckt, die so stark waren, daß sie einen Verkehr darüberhin gestatteten.

In dieser Burg muß reges Leben geherrscht haben. Es fanden sich zahlreiche Scherben von Koch-, Eß- und Trinkgeschirren, Schüsseln und Vorratsgefäßen. Auf die Anwesenheit von Frauen lassen der erhaltene Bronzeschmuck in Form von Hals- und Armringen sowie Bernstein- und blaue Glasperlen schließen. Die Reste von Pferdegeschirren, Gewandfibeln, Lanzen, krummen Hiebmessern, Hämmern, Äxten und Hacken aus Eisen bezeugen die Vorherrschaft dieses Metalles bei der Herstellung von Geräten und Waffen; und die neben einem Rennofen entdeckte Schmiede erweist, daß das Eisen auf der Burg verhüttet und verarbeitet wurde.

Wie ihre Anlage und ihr Leben, so läßt die Burg bei Rittershausen auch die Form ihres Endes und damit wohl die des Unterganges der keltischen Herrschaft in unseren Gebieten überhaupt klar erkennen. Sie ist einer umfassenden, plötzlichen Zerstörung zum Opfer gefallen. Verkohlte Skelette in den Räumen hinter der innersten Mauer und massenhaft herumliegende Waffen und Geräte sind Zeugen des Kampfes, in dem die Kelten erlagen. Und vielleicht dürfen auch die Brandspuren der Burgen bei Laasphe, Afholderbach und Netphen, die wie Rittershausen alle im Osten des Eisengebietes, also an der germanischen Front lagen, in gleicher Weise gedeutet werden.

Während sich so die Besitznahme dieses Gebietes durch die Chatten im 2. Jahrhundert v. Chr. vollzog, gingen bald darauf auch im benachbarten Thüringen tiefgreifende Veränderungen vor sich, deren Auswirkungen zweifellos die chattische Ausdehnung zunächst durchkreuzten und hemmten. In ihrem Verlauf wanderten die Hermunduren in Thüringen ein, nachdem der dort vorher ansässige Stamm abgezogen war. Ihm dürften jene Sweben zuzurechnen sein, die seit etwa 100 v. Chr. in Hessen eingedrungen sind. Der Weg, den sie auf ihrem Zug nach Südwesten nahmen, führte jedoch nicht auf der kürzesten Strecke fuldaaufwärts über den Landrücken die Kinzig hinab, sondern durch das mittlere Hessen am Nord- und Westhang des Vogelsberges entlang durch die Wetterau zum Main; vielleicht deshalb, weil die kürzeste Verbindung zwischen dem Werra- und Maintal im 2. Jahrhundert v. Chr. noch durch die keltischen Burgen in der Rhön, im Spessart und im Vogelsberg gesperrt war. Daß zudem dieses swebische Vordringen kein schneller Durchzug, sondern ein schrittweises, langsames Vorrücken war, lassen die swebischen Siedlungen und Gräber in Hessen bei Amöneburg, bei Brungershausen und in Bad Nauheim sicher erkennen. Dazu geht auch aus den römischen Feldzugsberichten von Caesar bis Drusus hervor, daß die Sweben in der zweiten Hälfte des letzten vorchristlichen Jahrhunderts quer durch Hessen von der mittleren Fulda bis zur mittleren Lahn und Nidda ansässig waren. Sie sind hier aber nicht sitzengeblieben, sondern haben zur gleichen Zeit bereits den Weg an den Mittel- und Oberrhein eingeschlagen. Dabei sind sie mit den Römern zusammengestoßen.

IV.

DIE CHATTISCH-RÖMISCHE FRÜHZEIT

6. Das erste Jahrhundert der römisch-chattischen Kämpfe

Mit dem Erscheinen der Römer unter Führung Caesars am Rhein beginnt eine überlieferungsgeschichtlich grundsätzlich neue Epoche. Unsere Kenntnis der geschichtlichen Vorgänge gründet sich von nun an in erster Linie auf die Darstellungen antiker Geschichtsschreiber. Wenn auch ihre Deutung nicht immer einfach ist, so geben sie insgesamt doch ein genaueres und sachbezüglicheres Bild, als es die Bodenfunde ihrem Wesen nach überhaupt können; denn diese sagen über Persönlichkeiten und Ereignisse nichts aus. Unsere Darstellung folgt daher nunmehr vor allem den schriftlichen Quellen.

Der Sieg Caesars über den swebischen Tribokerfürsten Ariovist 58 v. Chr. hatte das Oberrheingebiet fest in römische Hand gebracht, während die mittel- und niederrheinischen Gebiete dem germanischen Vordringen weiterhin offenstanden. Das zeigt der Einbruch der Usipeter und Tenkterer, die 55 v. Chr. den Strom überschritten, nachdem sie kurz vorher aus ihren oberhessischen Sitzen von dem swebischen Teilstamm der Quaden verdrängt worden waren. Deren Machtentfaltung erlagen zumindestens teilweise auch die nördlich angrenzenden Chatten, so daß Caesar sie von den Quaden (Sweben) nicht unterschied. Da die Ubier Caesar um Hilfe baten, überschritt er den Rhein im Neuwieder Becken (auf der ersten Brücke, die den Strom jemals überspannte), vermochte die Quaden jedoch nicht zu treffen, da sich die Bevölkerung in die Wälder und die waffenfähige Mannschaft in eine befestigte Stellung zurückgezogen hatte. (Damit wird also erstmals Wesen und Bedeutung unserer Wallburgen durch einen militärischen Führer festgestellt.) Die Quaden unterstützten nunmehr den großen keltischen Aufstand, so daß Caesar nach Niederwerfung der Kelten nochmals den Rhein überquerte und gegen sie vorging, ohne sie jedoch auch dieses Mal fassen zu können. Da man der Lage nach den Vogelsberg als Hauptzufluchtsort der Quaden ansieht, muß unter diesen Umständen der Glauberg eine wichtige Rolle gespielt haben.

Um den Ubiern gegen die Quaden wirksam zu helfen, was Rom im rechtsrheinischen Germanien nicht durchzuführen vermochte, verpflanzte der römische Statthalter in Gallien, Agrippa, wahrscheinlich 38 v. Chr. die Ubier auf die linke Rheinseite. Das geräumte Gebiet von der westlichen Wetterau und dem Rheingau bis zur unteren Lahn überließ er durch Vertrag an die mit den Quaden verfeindeten Chatten. Diese gewannen damit einen neuen, wertvollen

Landstrich, den sie im Taunus und Rheingau mit dem Teilstamm der Mattiaker besiedelten. Besonders wichtig war dabei der Gewinn der starken Taunusbefestigungen, denn diese flankierten das ganze untere Maintal und die Wetterau und konnten daher den Quaden von Rom um so weniger überlassen werden. Aber dieser Gebietszuwachs brachte auch Nachteile mit sich, denn die Chatten zogen sich außer ihrer durch die römischen Vergünstigungen zweifellos erheblich verschärften Feindschaft der Quaden jetzt auch noch die Gegnerschaft der nordwestlich angrenzenden Sugambrer zu, die mehr und mehr als Führer der germanischen Stämme gegen die römische Macht am Rhein hervortraten. Im Jahre 16 v. Chr. unternahmen sie jenen folgenschweren Zug in das linksrheinische Land, der sie bis nach Aachen führte und mit so gefährlichen Niederlagen für die römische Besatzung verbunden war, daß sich Kaiser Augustus entschloß, persönlich die wirksamsten Abwehrmaßnahmen zu treffen.

Als der Kaiser drei Jahre später nach Rom zurückkehrte, war der große Angriffskrieg zur Unterwerfung Germaniens bis zur Elbe vorbereitet. Die in Gallien stehenden Truppen waren zu dem Zweck bis an den Rhein vorgeschoben und hier in festen Standlagern untergebracht, von denen die beiden wichtigsten, Xanten und Mainz, die Zugänge zu den beiden Haupteinfalltoren nach Germanien, die Lippe- und Mainmündung, beherrschten. Drusus, der Stiefsohn des Kaisers, wurde Oberbefehlshaber der Rheinarmee und ging 12 v. Chr. erstmals über den Rhein. Er bekämpfte zunächst erfolgreich die germanischen Stämme im Flußgebiet der Ems und der Lippe, suchte aber auch die Sugambrer heim, die daraufhin einen Bund mittelgermanischer Stämme (darunter der Cherusker und Quaden) gegen die Römer zustande brachten. Der Versuch, auch die Chatten zum Anschluß zu bewegen, schlug fehl; diese blieben vielmehr auch weiterhin romfreundlich. Die Folge war ein erbitterter Krieg zwischen Sugambrern und Chatten, den Drusus sofort ausnutzte. Auf einem zweiten Zuge 11 v. Chr. drang er erfolgreich durch das Gebiet der Sugambrer, das infolge des Chattenfeldzuges militärisch entblößt war, bis zur Weser vor, entging jedoch auf dem Rückweg bei einem Überfall der verbündeten germanischen Stämme bei Arbalo nur knapp der Vernichtung. Trotzdem war Drusus noch stark genug, um von seinen beiden Hauptstandlagern Xanten und Mainz befestigte Angriffsspitzen in das rechtsrheinische Germanien vorschieben zu können. So entstanden in paralleler Bildung die beiden großen Lager von Oberaden (an der Lippe) und zu Friedberg (in monte Tauno) in der Wetterau.

Die durch die Züge des Drusus und die Anlage dieser Kastelle eindeutig bekundete Absicht der Römer, das ganze rechtsrheinische Germanien zu unterwerfen, der anhaltende Druck der Sugambrer und die Erkenntnis der gemeinsamen Gefahr führten nunmehr einen völligen Umschwung in der Haltung der Chatten herbei. Sie vereinigten sich mit den Sugambrern und erstürmten 10 v. Chr. das Lager Oberaden. Daraufhin wandte sich Drusus auch gegen die Chatten, verwüstete noch im selben Jahr ihre Siedlungen und festigte die römische Herrschaft im südhessischen Gebiet, nachdem sich die Mattiaker unterworfen hatten. Dieser Erfolg bildete die Voraussetzung für den Vorstoß des folgenden Jahres, den Drusus vom Taunuskastell aus durch chattisches Land gegen die suebischen Quaden und Markomannen beiderseits des Mains so nachhaltig durchführte, daß beide Stämme unmittelbar darauf unter der Führung Marbods nach Böhmen und Mähren abwanderten. Inwieweit die Chatten nunmehr in den Besitz der freigewordenen südhessischen Gebiete gelangten, ist ungewiß; jedenfalls dürften damals Vogelsberg und Rhön in ihren Stammesbereich einbezogen worden sein, während sie in der südlichen Wetterau infolge des unmittelbaren römischen Einflusses anscheinend nicht mehr Fuß fassen konnten. Daran änderte auch der plötzliche Tod von Drusus auf seinem großen Zug an die Elbe nichts, denn der ihm nachfolgende Tiberius führte den Kampf weiter (Feldzüge 8 und 7 v. Chr.) und vermochte schließlich sogar die Sugambrer umzusiedeln.

Damit trat abermals eine Ablösung in der Führung der germanischen Abwehrfront gegen Rom ein, die nunmehr Cherusker und Chatten übernahmen, da Rom auch in den Jahren nach Christi Geburt seine Angriffe gegen Germanien fortsetzte. Der monumentale Totengedenkstein, den die römischen Legionen ihrem gegen die Germanen so erfolgreichen Feldherrn Drusus (trotz seiner Beisetzung in Rom) in Mainz errichteten — der noch heute stehende sogenannte Eichelstein — symbolisiert diesen Angriffswillen. Im Jahre 4 besiegte Tiberius die Canninefaten, Chattuarier und Brukterer und schloß mit den Cheruskern einen Vertrag, in dem sie ebenso wie die Friesen und Chauken die römische Oberhoheit anerkannten. Die Chatten unterwarfen sich jedoch nicht, so daß schon im Jahr 6 ihr Gebiet erneut betroffen wurde, als Sentius Saturninus das Maintal aufwärts gegen das Markomannenreich in Böhmen marschierte. Dann setzte jedoch der große pannonische Aufstand den römischen Angriffen auf Germanien zunächst ein Ziel.

Inzwischen knüpften sich zwischen den Adelsfamilien der Cherusker und Chatten engere verwandtschaftliche Beziehungen, die naturgemäß nicht ohne politische Folgen blieben. Flavus, der Bruder der Arminius, hatte eine Tochter des Chattenfürsten Hathumer (Catumerus) und der Cherusker Segithank die Ramis, Tochter des Chattenfürsten Ucromerus, geheiratet. Infolgedessen nahmen die Chatten auch mit den unter Führung von Arminius vereinigten germanischen Stämmen an der Schlacht im Teutoburger Walde 9 n. Chr. teil, in der der römische Statthalter Varus, der um das Jahr 7 dem Sentius Saturninus als Legat der rheinischen Truppen gefolgt war, mit drei Legionen unterging. Da die Stärke des damals noch ungeteilten römischen Heeres am Rhein nur fünf Legionen betrug, erlitt Rom eine vernichtende Niederlage, die jedoch für Germanien keineswegs die endgültige Befreiung von der römischen Bedrohung bedeutete. Schon im nächsten Jahr erschien Tiberius erneut am Rhein und sicherte hier die römische Stellung bald wieder so weit, daß Germanicus, der ihn im Jahr 13 ablöste, aufs neue angreifen konnte. Die römische Rheinarmee war inzwischen auf acht Legionen vergrößert worden und bildete damit die stärkste Truppenmacht, die Rom je an einer Reichsgrenze stationierte.

Nunmehr traten die Chatten als die gefährlichsten Feinde Roms stärker in den Vordergrund, so daß sich Germanicus zur Abwehr ihres inzwischen erfolgten Einbruches in die Wetterau zu einem durchgreifenden Unternehmen gegen sie entschloß. Mit dem gewaltigen Aufgebot von vier Legionen und 10 000 Mann Hilfstruppen drang er 15 n. Chr. in die Wetterau ein, während er gleichzeitig den Legaten Caecina mit dem niederrheinischen Heer in Stärke von vier Legionen und 5000 Mann Hilfstruppen nach Haltern beorderte, um die Cherusker und Marser zu hindern, den Chatten zu helfen. Lucius Apronius zur Sicherung der Verbindungswege zurücklassend, stieß er, begünstigt durch die herrschende Trockenheit, auf schnellstem Wege (über die Ohmübergänge bei der Amöneburg) in das chattische Land vor und kam so plötzlich über den Stamm, daß dieser keine organisierte Abwehr mehr leisten konnte. Das, was durch Geschlecht und Alter wehrunfähig war, wurde gefangengenommen oder niedergemacht. Die Jungmannschaft der Chatten hatte die Eder durchschwommen und suchte den römischen Brückenschlag (wohl unweit des Büraberges bei Fritzlar) zu verhindern, wurde aber durch den Einsatz von Wurfmaschinen zurückgeschlagen. Da der nunmehr eingeleitete Versuch, Friedensbedingungen zu erlangen, scheiterte, gingen einige zu Germanicus über, während die meisten sich in die Wälder zerstreuten. Den somit preisgegebenen Hauptort der Chatten, Mattium, um den anscheinend nicht weiter gekämpft wurde, äscherte der römische Feldherr ein, das offene Land ließ er verwüsten; dann kehrte er unbehelligt zurück. Aber noch unterwegs erreichte ihn ein Hilferuf des Cheruskers Segestes, der seine Tochter Thusnelda, die von Arminius entführt und geehelicht worden war, wieder gewaltsam zurückgeholt hatte und nun von diesem in seiner Burg belagert wurde, die vermutlich an der chattisch-cheruskischen Grenze lag. Germanicus kehrte um, zog durch das chattische Gebiet zurück, entsetzte den Belagerten und brachte damit Thusnelda und ihren (erst in der Gefangenschaft geborenen) Sohn Thumelicus in seine Gewalt.

Der Triumph des Germanicus über Chatten und Cherusker schien vollkommen, zumal er mit Mattium das politische Zentrum des Stammes zerstört hatte. Man hat es lange mit der Altenburg bei Niedenstein (Kr. Fritzlar-Homberg) gleichgesetzt, denn die riesige Wallburg ist gewaltsam zerstört worden, wie die Ausgrabungsbefunde ergaben, die auch das Ende zeitlich mit dem Zug des Germanicus in Einklang zu bringen schienen. Heute neigt man dazu, die Zerstörung auf Grund der Neudatierung der Funde in das erste vorchristliche Jahrhundert zu verlegen, ohne sich dabei allerdings noch auf einen geschichtlichen Vorgang von Gewicht stützen zu können. Zur Gesamtsituation ist zu bemerken, daß wir die Altenburg nicht isoliert, sondern nur als Glied einer ganzen Ringwallkette sehen müssen, welche die Ebene von Metze und Maden in weitem Umkreis umgab und somit ihre besondere Bedeutung klarstellte. Diese Befestigungen zogen von der Schwalmtorsperre, die bei Kerstenhausen durch die Ringwälle des Hundsberges und der Altenburg gebildet wurden, über den Büraberg bei Fritzlar, den Heiligenberg bei Gensungen, den Odenberg bei Gudensberg, den Bilstein bei Besse, den Burgberg bei Großenritte und den Hirzstein bei Elgershausen zur Altenburg bei Niedenstein und von dort über den Hinterberg (Lohnerkopf) zum Heiligenberg zwischen Altendorf und Lohne.

Im Ring dieser Wallburgenkette vorchristlicher Zeit war die Altenburg die bedeutendste Anlage und die einzige, die — soweit heute bekannt — ein gewaltsames Ende fand. Das zeigt, daß das Problem der Altenburg auch weiterhin offen bleibt, zumal sie nach ihrer Größe und der Zahl und dem Wert ihrer Funde die wichtigste vorgeschichtliche Burganlage Niederhessens darstellt, wenn sie auch an Ausdehnung und Stärke den Großanlagen im Taunus nachstand. Das Plateau des Berges umzog (abgesehen von der durch mehrere Vorwälle verstärkten Toranlage an der zugänglichsten Stelle) nur ein einziger Wall mit teilweiser Graben- und Palisadensicherung, und selbst dieser setzte an der basaltklippenreichen Südostseite aus. Dem Plateaubering war ferner am Fuße des Berges ein Außenwall mit Graben vorgelagert, in dem eine Quelle liegt, die möglicherweise nicht nur zur Trinkwasserversorgung, sondern auch zur streckenweisen Speisung des Grabens gedient hat. Auch dieser Vorwall war nicht durchgeführt, setzte vielmehr im Nordwesten und im Nordosten aus und ließ diese leichtzugängliche Stelle ohne weiteren Schutz. Die Befestigung war also keineswegs geschlossen und hat offensichtlich nicht ausgereicht, die Burg vor der Zerstörung zu bewahren, wer auch immer der Angreifer war.

Nach seinen bisherigen Erfolgen gedachte Germanicus nunmehr durch einen groß angelegten Zug in das Wesergebiet Rom endgültig zum Herrn des rechtsrheinischen Germanien zu machen. Aber was Drusus nicht erreicht hatte, gelang auch ihm trotz aller Teilerfolge nicht. Die wiederum von Arminius geführten germanischen Völkerschaften, zu denen auch chattische Abteilungen zählten, brachten in den Schlachten bei Idistaviso und am Angrivarierwall Germanicus so schwere Verluste bei, daß er an den Rhein zurückgehen mußte. Auch dem zugleich gegen die Chatten eingesetzten Legaten Silius glückten infolge starker Wetterunbilden keine größeren Erfolge; es gelang ihm lediglich, Frau und Tochter des Chattenfürsten Arpus und den Priester Libes gefangenzunehmen. Und ein zweiter, noch zu Ende desselben Jahres 16 unternommener Zug des Legaten mißglückte trotz eines großen Truppenaufgebotes gänzlich. Tiberius ließ nunmehr die seit 30 Jahren geführte Offensive gegen das rechtsrheinische Germanien zunächst abbrechen. Trotz bedeutender Feldherren, großer Heere und noch größerer Aufwendungen des auf der Höhe seiner Macht stehenden römischen Weltreiches war das augusteische Ziel, die Elbegrenze, nicht erreicht worden. Es ist daher um so tragischer, daß der überragende militärische Führer dieser entscheidenden Epoche der germanischen Frühgeschichte, Arminius, der Uneinigkeit und Verfeindung der germanischen Stämme untereinander schon bald zum Opfer gefallen ist und daß gerade auch die Chatten durch nachhaltige Unterstützung seiner Widersacher dabei mitwirkten. Das ging so weit, daß der chattische Fürst Gandestrius dem römischen Kaiser anbot, Arminius durch Gift zu beseitigen, falls es ihm zugesandt würde. Das lehnte der Senat zwar offiziell ab, doch weiß man nicht, wie weit er beteiligt war, als Arminius im Jahr 21 durch die „Tücke seiner Verwandten" den leiblichen Tod fand. Jedoch blieb er in Liedern lebendig, und aus ihnen ist er bald zu einer der großen Gestalten der germanischen Heldensage aufgestiegen.

Die Mitwirkung bei der Beseitigung des Arminius bedeutete jedoch keinen grundsätzlichen Wandel in der Haltung der Chatten gegenüber Rom, ihr Gegensatz dauerte vielmehr in unverminderter Schärfe an. Die Römer behaupteten nach dem Abzug des Germanicus auf der rechten Rheinseite zunächst wohl nur noch einen kleinen Brückenkopf gegenüber von Mainz. Diese schwache Stellung benutzten die Chatten mit anderen Germanen, um während der Empörung des Befehlshabers der obergermanischen Legionen, Gaetulicus, gegen Kaiser Caligula, im Jahr 39 nach Gallien vorzudringen. Jedoch verhinderte die Niederwerfung des Aufstandes weitere Erfolge, und der im Oktober 39 an Stelle von Gaetulicus zum Oberkommandierenden des obergermanischen Heeres in Mainz ernannte (spätere Kaiser) Galba trieb die Germanen wieder über den Rhein zurück. Während dieser bis in den Sommer 40 dauernden Kämpfe ist das römische Erdlager Hofheim entstanden und auch Wiesbaden befestigt worden. Außerdem scheint damals ein Hofheim entsprechendes Lager südlich des Maines bei Groß-Gerau errichtet worden zu sein. Als Caligula aber gezwungen war, Truppen vom Rhein abzuziehen, versuchten die Chatten schon im nächsten Jahr wieder, die Römer über den Strom zurückzudrängen, was jedoch mißlang. Galba ging daraufhin energisch gegen die Chatten vor und sicherte für ein Jahrzehnt den Frieden, bis der erneute chattische Angriff im Jahr 50 den rechtsrheinischen Brückenkopf abermals traf. Der Kommandant der obergermanischen Truppen Pomponius Secundus hielt jedoch stand und fügte schließlich den Chatten so große Verluste zu, daß sie, überdies von den Cheruskern im Rücken bedroht, um Frieden ersuchten, der ihnen gegen Geiseln gewährt wurde.

Das mittelbare Eingreifen der Cherusker in diesen Kampf zeigt, daß die seit dem Tode von Arminius bestehenden Spannungen zwischen Chatten und Cheruskern noch immer fortwirkten. Der noch zu Arminius' Lebzeiten entfesselte und nach seinem Tod fortdauernde cheruskische Bürgerkrieg war insbesondere von den Chatten weitergeschürt worden, denn diese hatten nicht nur den auf Bitten der Cherusker von den Römern eingesetzten Italicus, den Sohn des Flavus und damit den Enkel des chattischen Fürsten Catumerus, erfolgreich bekämpft, sondern auch dessen Sohn und Nachfolger (?) Chariomerus erhebliche Schwierigkeiten bereitet. Unter diesen Wirren und äußeren Eingriffen zerfiel die cheruskische Vormachtstellung schnell, wobei den Chatten der größte Anteil an der Zertrümmerung der cheruskischen Macht zukommt. Schon Tacitus schildert die Cherusker im Gegensatz zu den Chatten als ein heruntergekommenes Volk und ist der letzte Schriftsteller, der von ihnen noch sichere Kunde gibt. Territorial wirkte sich dieser chattische Binnenerfolg jedoch nicht aus, denn in die cheruskischen Sitze drangen nunmehr weithin die Chauken ein, die um 100 als nördliche Nachbarn der Chatten bezeugt sind.

Die Chatten kämpften in der Mitte des 1. nachchristlichen Jahrhunderts jedoch nicht nur mit Römern und Cheruskern, sondern auch mit den Hermunduren, die ihrerseits wieder in engeren Beziehungen zu den Römern standen, so daß die militärische Macht und der weitreichende politische Einfluß Roms die Chatten allenthalben bedrohte. Als es daher 58 zu Kämpfen zwischen Hermunduren und Chatten um Salzquellen kam, die wahrscheinlich im Werratal (also in Sooden-Allendorf oder in Salzungen) lagen, und die Chatten dabei eine Niederlage erlitten, ging das obergermanische Heer unter Curtilius Mancia wieder gegen die Chatten vor, ohne jedoch einen durchschlagenden Erfolg zu erzielen. Zehn Jahre später schlugen die Chatten zurück, indem sie den Aufstand ihres batavischen Tochterstammes unterstützten, der sich 69 unter Claudius Civilis erhoben hatte. Im Verein mit Usipetern und Mattiakern belagerten sie Mainz, das sie zwar Tacitus zufolge nicht eroberten, das aber nach Grabungsbefunden damals doch schwere Brandschäden erlitten hat. Die genannten Stämme wurden auf ihrem Abzug von Mainz von den obergermanischen Legionen gefaßt und dann auch von den Treverern, in deren Gebiet sie anschließend einbrechen wollten, zurückgeworfen. Nachdem bald darauf auch der weitere Aufstand unterdrückt worden war, wurde gleich zu Beginn der tatkräftigen Regierung Kaiser Vespasians (69 bis 79) der Mainzer Brückenkopf wieder ausgebaut und Hofheim und sicher auch Wiesbaden neu befestigt, wo vor dem Steinkastell vier Erdkastelle nachgewiesen sind. Von Mainz ließ der Kaiser (wohl bald nach 70) eine große Militärstraße über Neuenheim bei Heidelberg nach Süden führen, die rechtsrheinische Kastelle in Groß-Gerau, Gernsheim, Bürstadt (noch nicht gefunden) und Ladenburg sicherten.

Aber mit diesen Maßnahmen war, wie die vorausgegangenen Jahrzehnte erwiesen hatten, noch nicht viel gewonnen, denn noch immer behaupteten die Chatten den mit über 25 Ringwällen stark befestigten Taunus, aus dem sie jederzeit auf die römische Besatzung des Mainzer Brückenkopfes niederstoßen konnten. Die germanischen, z. T. aber auch weit älteren und jetzt übernommenen Befestigungen erstreckten sich von der Hallgartener Zange und dem

Heidenkeller bei Kiedrich über mehrere Ringwälle nördlich und nordöstlich von Wiesbaden (Altenstein, Schläferskopf, Rentmauer, Würzburg), die Burg bei Rambach bis zum Kellerskopf bei Naurod (1,8 Hektar), die zu den Anlagen am Lorsbachtal (nördlich Hofheim) überleiteten. Hier lagen der nur sechs Kilometer vom Main entfernte und die ganze Ebene beherrschende riesige Rabenkopf (48,1 Hektar), der Hahnenkopf und der Schlingswald sowie der Staufen und der Große Mannstein. Der Butznickel bei Schloßborn führte dann zu den gewaltigen Anlagen des Hochtaunus: Kleiner Feldberg, Altkönig (26,2 Hektar), vereinigte Althöfermauer- und Goldgrubenfestung (130,2 Hektar) und Hühnerberg (2,2 Hektar) nördlich Kronberg. Die Ringwälle setzten sich fort auf dem Bleibeskopf (1,5 Hektar), der Gickelsburg (1,6 Hektar), unweit der späteren Saalburg, bis zum Eichberg bei Langenhain, dem Johannisberg bei Bad Nauheim und dem Brüler und dem Hausberg bei Butzbach. Von dort fanden sie dann über den Stoppelsberg südlich Wetzlar Anschluß an die mit dem Dünsberg nördlich Gießen beginnende Befestigungslinie auf der Südflanke des Westerwaldes.

Die Berechtigung, sie nicht nur vereinzelt, sondern sie in ihrer Schlußphase auch einmal zusammenfassend zu sehen, ergibt sich geradezu zwangsläufig aus der zwar offenkundig in langen Zeiträumen allmählich auf- und ausgebauten, insgesamt aber ganz ungewöhnlichen Festungshäufung im Zuge des Taunus. Die Anlage vorgeschobener Stellungen, wie der Johannisberg bei Bad Nauheim und der Hausberg bei Butzbach auf das Ganze bezogen am treffendsten militärisch zu bezeichnen sind, und insbesondere die paarweise Anordnung von Ringwällen zu eindeutigen Sperrstellungen läßt an dem zuletzt zusammenfassenden Ausbau der Taunusbefestigungen zu einer Art von Festungslinie kaum einen Zweifel. Was durch das Zusammenspiel der Anlagen am Lorsbachtal bereits deutlich wird, nämlich die Sperrung eines wichtigen Zuganges in und über das Gebirge, das wird durch das Wallburgenpaar Althöfermauer und Goldgrube zur Gewißheit erhoben: die Anlage einer stufenweise ausgebauten Riegelstellung vor der gewaltigen Höhenburg des Altkönigs. Das aber heißt, daß hier mehrere Wallburgen zueinander in ein bestimmtes strategisches Verhältnis gebracht worden sind und damit eine über die einzelne Anlage hinausgreifende Gesamtfunktion verwirklicht wurde. Das bekannte Kriegsziel des domitianischen Chattenkrieges bestätigt diese Auffassung, denn es war auf die Brechung dieses Festungsgürtels abgestellt, wobei natürlich wie im Endkampf so auch vorher Aufgabe und Bedeutung der einzelnen Wallburg erhebliche Unterschiede gezeigt haben dürften.

Das läßt sich am klarsten am Komplex des Altkönigs und seiner Vorburgen erweisen. Denn so, wie er sich heute darbietet, ist er natürlich nicht von Beginn an errichtet, sondern erst allmählich ausgebaut worden. Daß er dabei zu solcher

Ausdehnung und Stärke entwickelt wurde, zeigt, daß die Burgen lange Zeiträume hindurch und mit der gleichen Konstellation benötigt worden sind, wie sie allein während der keltisch-germanischen und anschließenden römisch-germanischen Auseinandersetzung bestand. Die gesamte Anlage setzt sich aus fünf einzelnen Befestigungen zusammen, die sich entlang des Urselbachtals, das hier die Taunusabhänge zur Mainebene öffnet, zum Altkönig hinaufziehen, offensichtlich um einem aus dem Maingebiet andringenden Feind den Zugang zu sperren. Bereits zwei Kilometer hinter Oberursel wird das Tal durch einen mächtigen Erdwall mit vorliegendem breiten Graben abgeriegelt. Da er eine frühbronzezeitliche Hügelgräbergruppe durchschneidet, muß er weit jünger sein, doch gehört er im Hinblick auf die hinter ihm liegenden Befestigungen, ohne die er keinen militärischen Sinn hat, zeitlich zu dieser Baugruppe und ist nicht etwa erst mittelalterlich. Hinter diesem Wall verengt sich das Urselbachtal durch das Zusammentreten der Steilhänge der Goldgrube (483 Meter) und des Dalbesberges (530 Meter). Beide Berge tragen Befestigungen, die ursprünglich selbständig waren und daher auch wohl zu verschiedenen Zeiten gebaut sind. Sie unterscheiden sich auch in der Bauart: Die Anlage auf dem Dalbesberg (die Althöfermauer) zeigt reine Steinsetzungen, die der Goldgrube neben Erdwällen auch Mauern aus Stein-Erde-Gemisch. Da beide Burgen aber, wie ihre spätere Vereinigung zeigt, nicht nach-, sondern nebeneinander benutzt worden sind, kann nicht der Zerfall der einen die Erbauung der andern bewirkt haben, sondern nur neue, größere Beanspruchungen. Man hält es für möglich, daß beide zusammen als keltisches oppidum gedient haben.

Darüber erhob sich als gewaltigste Taunusfestung der Altkönigringwall, der nach den Bodenfunden in der späten Bronzezeit oder frühen Hallstattzeit angelegt, aber erst während der Spätlatènezeit endgültig ausgebaut worden ist. Auch diese, allerdings wesentlich größere Burg schützten (wie Goldgrube und Althöfermauer) insgesamt drei durch Holzgerüste versteifte Trockenmauern. Der innere unregelmäßig ovale Bering um die Gipfelhöhe, der an der Torseite eine Mauerstärke bis zu 6,70 Meter (!) aufwies, wurde durch einen zweiten unregelmäßig quadratischen eingeschlossen, durch den zwei Tore führten; seine Stärke betrug bis zu 4,20 Meter. Zuletzt wurde vor dem Nordwesttor eine dritte, fast rechteckige Wallanlage gleichsam als großer Zwinger den Hang hinabgeführt, um eine Quelle in die Ummauerung hereinzunehmen, ähnlich wie bei der Althöfermauer, dem Almerskopf bei Selbenhausen, dem Heunstein bei Dillenburg, der Altenburg bei Niedenstein und weniger ausgeprägt auf dem Dünsberg bei Gießen, dem Oechsen bei Vacha und dem kleinen Gleichberg bei Römhild.

Im letzten Bauabschnitt dieser einzigartigen Befestigungsgruppe entstanden die quer durch das Urselbachtal geführten Verbindungsmauern, die Althöfermauer und Goldgrube zu einer Gesamtanlage, dem Ringwall über der Heidetränke, verbanden. Für die Errichtung der in dieser Riesenburg zusammengeschlossenen Werke hat man etwa 200 000 Tagesarbeitsleistungen berechnet (gegenüber etwa 5000 auf dem Bleibeskopf).

Um der dauernden Bedrohung der römischen Stellung am Rhein und Main durch diesen Festungsgürtel und die ständig daraus hervorbrechenden chattischen Angriffe ein Ende zu machen, unternahm Kaiser Domitian 83 einen mit stärksten Kräften geführten Feldzug gegen die Chatten. Das zu dem Zweck zusammengezogene Heer bestand aus fünf Legionen, aus Abordnungen aller vier Legionen des britannischen Heeres, einem Teil der Garde und zahlreichen Hilfstruppen. Dieses geradezu ungewöhnliche, vom Kaiser selber befehligte Aufgebot ist der beste Beweis dafür, wie groß die Chattengefahr eingeschätzt wurde und wie schwer es schien, das erklärte Kriegsziel, die Eroberung und Brechung der Taunusfestungen zu erreichen. Als dieser Erfolg schließlich erzielt war, bedeutete er zwar keineswegs eine Unterwerfung der Chatten, doch waren sie jetzt in entscheidender Weise zurückgedrängt. Domitian, der seine virtus imperatoria erst noch beweisen mußte, nachdem er Kaiser geworden war, hatte sich dafür ein schwieriges Schlachtfeld und die härtesten Gegner ausgesucht. Sein Erfolg brachte ihm den Siegernamen Germanicus, einen der ruhmvollsten, den ein römischer Imperator erwerben konnte. Damit stand die Wetterau erneut der römischen Herrschaft offen und war zugleich von der Gefahr unmittelbarer chattischer Überfälle befreit. Noch unter Domitian wurde der Limes als Grenzwehr des Reiches etwa seinem heutigen Verlauf entsprechend festgelegt und als ein mit hölzernen Wachttürmen und kleinen Erdschanzen besetzter Postenweg eingerichtet. Innerhalb des von ihm umschlossenen Gebietes entstanden zwei stärker ausgebaute Befestigungslinien; die eine führte auf dem rechten Mainufer über Höchst, Frankfurt nach Kesselstadt zur Kinzigmündung und die andere im Taunusvorland von Mainz-Kastel über Hofheim, Heddernheim, Okarben nach Friedberg.

So ergibt sich aus dem geschichtlichen Ablauf eindeutig, daß erst der Chattenkrieg Domitians die endgültige Ausweitung des untermainischen Brückenkopfes in die Wetterau ermöglicht hat. Militärische Gründe, geschöpft aus der Erfahrung eines Jahrhunderts, waren dafür maßgebend und nicht etwa vorwiegend wirtschaftliche Motive mit dem Zweck, die fruchtbare Wetterau als Kornkammer und Siedlungsland für Veteranen zu gewinnen. Denn selbstverständlich konnte kein römischer Politiker und Militär zu Ende des ersten Jahrhunderts ernsthaft daran denken, dieses immer wieder bedrohte, angegriffene und überflutete Land für Siedlungszwecke geeignet zu halten, nachdem es gerade erst ein riesiges römisches Heer unter dem persönlichen Kommando des Kaisers vermocht hatte, die chattischen Taunusstellungen zu brechen und dann in angestrengter Arbeit eine erste militärische Abschirmung des Gebietes durchzuführen. Die Lage forderte vielmehr eine endgültige Sicherung der gerade im Bereich des Mainzer Brückenkopfes immer wieder bedrohten römischen Rheingrenze. Wenn sie auf die Dauer gehalten werden sollte, mußte gegenüber einem so unruhigen und zähen Gegner wie den Chatten ein militärisches Vorfeld geschaffen werden, das so stark ausgebaut war, daß sich in seinem Verteidigungsnetz die ersten Offensivstöße des Feindes verfingen. Man hat daher das wetterauische Limesgebiet zu Recht als „die drohende Bastion einer Festung" angesprochen, die ihre Spitze wie ein Wellenbrecher gegen die chattischen Sturzseen kehrte. Als dann aber das Land in den Limes eingedeicht, durch zahlreiche Kastelle gesichert und durch ein engmaschiges Straßennetz erschlossen war, hat man es auch landwirtschaftlich intensiv genutzt, wie die Häufung römischer Gutshöfe (vor allem entlang der größeren Straßen in fast regelmäßigen Abständen) deutlich zeigt.

Wie notwendig zunächst die militärische Sicherung des Mainzer Vorfeldes war, zeigt der Rückschlag im Winter 88/89, als sich der Legat des obergermanischen Heeres Antonius Saturninus gegen den Kaiser erhob, die Chatten zum Beistand aufforderte und ihnen die Wetterau preisgab. Sie muß unter deren Einbruch schwer gelitten haben, da selbst die dortigen römischen Kastelle nachhaltige Spuren des Sturmes bewahrten. Okarben ging zugrunde und mußte völlig neu aufgebaut werden, und auch das Heddernheimer Kastell wurde an der Ostseite stark beschädigt. Nur plötzliches Tauwetter und der damit einsetzende Eisgang hinderten die Chatten, den Rhein zu überschreiten und Saturninus unmittelbar beizustehen, als dieser von dem untergermanischen Statthalter L. Appius Norbanus Maximus vernichtet wurde. Norbanus wurde daraufhin Nachfolger des Saturninus im Kommando des obergermanischen Heeres und führte als solcher noch im Jahre 90 einen Vergeltungszug gegen die Chatten durch, der sie nun endlich für längere Zeit zur Ruhe zwang.

Das Ende des ersten nachchristlichen Jahrhunderts sah die Chatten auf der Höhe ihres Ruhmes. „Man fühlt aus der Schilderung des Tacitus heraus, daß die Römer seiner Zeit in ihnen das germanische Kernvolk, fast ebenbürtige Feinde, sahen". Vom ersten Angriff des Drusus 10 v. Chr. bis zum Zug des Norbanus 90 n. Chr. waren hundert Jahre vergangen, seitdem die Chatten ihre Freiheit gegen den römischen Herrschaftsanspruch zu verteidigen gezwungen und in diesem ungleichen Kampfe weder den überwältigenden militärischen noch den gefährlichen diplomatischen Mitteln Roms unterlegen waren. Deren Methode, die angrenzenden Stämme zu gewinnen und gegen den Hauptfeind einzusetzen, blieb ebenso ergebnislos wie die Versuche, die innere Stammeseinheit durch Parteienunterstützung zu zersetzen; des einen hat sich der Stamm erwehrt und das andere hat er nicht wirksam werden lassen. Römerfreundliche Strömungen, wie sie zunächst vorherrschten und sich auch noch in der Haltung des Gandestrius zeigen, haben seitdem niemals mehr die Vorherrschaft erlangt, und damit war der Stamm auch gegen indirekte römische

Beeinflussungen gefeit. Diese äußere und innere Abwehrbereitschaft hat dann dazu geführt, daß von Sugambrern und Quaden, Markomannen und Cheruskern im Mittelrheingebiet allein die Chatten als vollwertige Gegner Roms übriggeblieben sind. Ein denkwürdiger Vorgang, den nur wenige Jahre später der bedeutendste römische Historiker in seiner Größe gewürdigt hat.

7. Die römische Herrschaft im Rhein-Main-Gebiet

Die Begründung und Sicherung der römischen Herrschaft im Rhein-Main-Gebiet unter Einschluß der Wetterau war aufs engste mit dem Ausbau des Limes verknüpft. Dieser während des Chattenkrieges unter Kaiser Domitian 83 bis 85 von starken Truppenverbänden nach militärischen Gesichtspunkten angelegte Grenzzug bestand zunächst nur aus einem freigelegten Geländestreifen, den größere militärische Abteilungen, die in Feldlagern an den wichtigsten Straßenübergängen untergebracht waren, kontrollierten und schützten. Nach dem Aufstand des Saturninus 88/89 wurde der Limes als Grenzsperre verstärkt, dabei an einzelnen Stellen korrigiert und von abgestellten Abteilungen aus den Kastellen des Binnenlandes durchgehend und ständig bewacht. Die Folge war, daß man diese Abteilungen in den nächsten Jahrzehnten, besonders unter Kaiser Trajan (98 bis 117), mehr und mehr vergrößerte. Diese fortgesetzte Verlegung der binnenländischen Garnisonen an den Limes fand unter Kaiser Hadrian (117 bis 138), der 121 Germanien besuchte, ihren Abschluß. Er ließ die Grenztruppen nochmals verstärken und den Limes mit einer durchlaufenden Palisade abschließen. Die ältere Annahme, daß dabei in der östlichen Wetterau der endgültige Grenzzug über eine ältere, militärisch günstigere Linie Inheiden—Echzell—Oberflorstadt—Heldenbergen—Kesselstadt auf die Linie Altenstadt—Marköbel—Rückingen—Großkrotzenburg vorverlegt worden sei, ist heute aufgegeben, da die Kastelle in Altenstadt und Marköbel bereits in domitianischer Zeit angelegt worden sind. Etwa gleichzeitig mit dem endgültigen Ausbau des Limes wurden einzelne Kastelle im Binnenlande aufgelassen (Hofheim, Höchst, Heddernheim, Frankfurt), jedoch das gesamte Gebiet mit einem immer dichter geknüpften Netz von steinernen Militärstraßen überzogen, von denen bisher nördlich des Maines 91 Straßenzüge zwischen 23 Kastellen festgestellt worden sind.

Der endgültige Verlauf des Limes in unserem Gebiet war folgender: Von Hönningen am Rhein zog er zur Lahn, die er bei Ems überschritt. Vom dortigen Kastell auf der Schanze bog er nach Südosten ab und führte entlang der Kastelle Becheln, Hunzel (vor dem zurückliegenden Kastell Marienfels),

Holzhausen, Kemel und Adolfseck auf den Taunuskamm. Diesem folgte er über die Kastelle Zugmantel und Alteburg-Heftrich, den Nordhang des Großen Feldbergs (Kastell) zur Saalburg und Kapersburg (je ein Kastell), um von hier nordwärts gewandt über die Kastelle Langenhain und Butzbach nach Grüningen zu ziehen. An dieser Stelle schwenkte er fast rechtwinklig nach Südosten ab, lief am Kastell Alteburg—Arnsburg vorbei zum Kastell Inheiden (bei Hungen) und von da, mit scharfem Knick sich nach Süden wendend, vor den Kastellen Echzell und Oberflorstadt her über Altenstadt, Marköbel, Rükkingen nach Groß-Krotzenburg am Main. Hier trat der Fluß, zunächst bis zum Kastell Wörth, an die Stelle des Walles, gedeckt durch die linksmainischen Kastelle Seligenstadt, Stockstadt, Niedernberg und Obernburg. Von dort verlief der Limes entlang der Grenze der im Jahr 90 eingerichteten obergermanischen Provinz durch den Odenwald über die kleinen Stützpunkte Seckmauern, Lützelbach, Windlücke, Vielbrunn, Eulbach, Würzberg, Hesselbach, Zwing, Seitzenbuche, Schlossau, Oberscheidental nach Neckarburken und weiter nach Wimpfen an den Neckar und diesen aufwärts bis Cannstatt. Der scharfe Abfall der militärischen Bedeutung des Odenwaldlimes gegenüber dem wetterauischen Limes wird also auch durch seine Kastellanlagen klargestellt.

Im Laufe des 2. Jahrhunderts wurden die Wetterauanlagen ständig verbessert, vor allem die Kastelle vergrößert und verstärkt, die älteren, grabenumwehrten Holzwachttürme durch Steintürme ersetzt und die zahlreichen Zwischenkastelle errichtet, so daß eine immer dichter befestigte Grenzsperre entstand. Auf ihrem 164 Kilometer langen Zug von der Lahn bis zum Main lagen die oben genannten 23 Kastelle, dazwischen mindestens ebensoviele kleinere Zwischenkastelle und etwa 250 Wachttürme. Dazu kamen im Binnenlande nördlich des Maines zehn weitere Kastelle (Heidekringen, Wiesbaden, Hofheim, Höchst, Heddernheim, Frankfurt, Kesselstadt, Heldenbergen, Okarben und Friedberg), die jedoch nicht alle während der ganzen römischen Zeit belegt waren. Die letzte größere Verschiebung des Limes in unserem Gebiet fand unter Antoninus Pius (138 bis 161) statt, als nach 148 der Odenwaldlimes aufgegeben und an den Main vorverlegt wurde, der damit von Groß-Krotzenburg bis Miltenberg die Grenze bildete; von hier aus verlief der Limes nunmehr über die Kastelle Walldürn, Osterburken, Jagsthausen nach Süden zur Donau. Erst zu Beginn des 3. Jahrhunderts erfolgte dann die endgültige Ausgestaltung des Limes durch Anlage von Wall und Graben hinter der Palisade, als die erneut andrängenden Germanen eine letzte Verstärkung der Grenzwehr erzwangen.

Die baugeschichtliche Entwicklung des Limes läßt seinen immer schärfer hervortretenden defensiven Zweck klar erkennen. Daraus ergibt sich, daß es sich hierbei um eine erzwungene Abwehrmaßnahme gegen die chattische Bedrohung der römischen Mittelrheinstellung handelte, und daß man ferner nach einem Jahrhundert vergeblicher Anstrengungen die Unterwerfung der Chatten und damit Germaniens endgültig aufzugeben gewillt war, nicht aber das in diesem Ringen eroberte, weite Rhein-Donau-Dreieck. In diesem Sinne ist der obergermanische Grenzwall das große Denkmal der Behauptung der chattischen Freiheit, aber zugleich auch das gewaltige Monument der militärischen Macht Roms, die den Chatten für ein Vierteljahrtausend den Weg an den Rhein verlegt hat. Die ungewöhnliche Dichte der Kastelle, der Militärstraßen und der Truppenbelegung zeigt aber, daß die Stellung nur mit Anstrengung zu halten war. Die dafür erforderliche äußerste Kräfteballung spiegelt der ungewöhnliche Ausbau der römischen Festung Mainz in seinen erst kürzlich freigelegten riesigen Gräben und Mauerfundamenten aus dem Ende des ersten Jahrhunderts. Dem entspricht es, daß Mainz das militärische Zentrum der römischen Provinz Obergermanien war.

Ein klares Bild der römischen Militärmacht in unserem Lande vermittelt das Kastell Saalburg, das dank der tatkräftigen Unterstützung Kaiser Wilhelms II. eingehend erforscht und dann in seiner letzten, vollentwickelten Gestalt von 1898 bis 1907 wieder aufgebaut werden konnte. (Seitdem ist es das am stärksten besuchte Geschichtsdenkmal Hessens. Sein Museum weihte das deutsche Kaiserpaar am 11. Oktober 1900 in Anwesenheit sämtlicher Direktoren der hessischen Gymnasien ein.) Als älteste Anlagen fanden sich hier zwei Schanzen der domitianischen Zeit (83 bis 85); zwei nahezu gleichgroße, fast quadratische Befestigungen, von denen die kleinere (38 : 32 Meter) durch einen einfachen Spitzgraben und die größere (41 : 44 Meter) durch zwei Spitzgräben mit dazwischenliegendem Flechtzaun geschützt war. Von ihnen war die kleinere, unregelmäßigere ein Marschlager zum notdürftigen Schutz des dortigen Taunuspasses und zur Unterkunft eines Baukommandos, während die größere, regelmäßigere Schanze schon als Zwischenkastell anzusprechen ist. Es wurde jedoch aufgegeben, nachdem im folgenden Bauabschnitt daneben ein regelrechtes Erdkastell errichtet worden war, das die Aufgabe hatte, eine vorgeschobene Abteilung aufzunehmen. Hinter einem tiefen und breiten Spitzgraben verlief ein Damm aus Erde, Rasen und Steinen, der von drei Reihen unbearbeiteter, durch Querhölzer verankerter Pfosten zusammengehalten und durch Flechtwerk dicht abgeschlossen war. Die abgerundeten Ecken waren mit Türmen oder Holzgerüsten von 2,50 : 3,00 Meter im Grundriß verstärkt, während die Tore an der Nord- und Südseite turmlos waren; dagegen lag an der Stelle der sonst üblichen Seitentore je ein quadratischer turmartiger Einbau. Der Wall umschloß bei einem Umfang von 84,4 : 79,8 Meter eine Fläche von 0,67 Hektar. Dieses „kleine Holzkastell" liegt in der Mitte des wiederaufgebauten großen Saalburgkastells, jedoch etwas in der Achse nach Osten verschoben.

Aber auch dieses Kastell blieb nicht lange bestehen. Als um 135 die zweite Räterkohorte hierher verlegt wurde, war der Bau eines größeren Kohortenkastells erforderlich. Seine Umwehrung bestand aus einem mit Flechtwerk geschlossenen Palisadenzaun, dessen Tore von Türmen aus Eichenpfosten geschützt waren. Da diese nie ganz fertiggestellte Palisade jedoch durch einen Brand (infolge eines chattischen Angriffs?) zerstört wurde, ersetzte man sie durch eine Umwehrung aus Stein, Holz und Erde in Form eines mit Querbalken verankerten Walles von 3,60 Meter Gesamtstärke. Auf seiner Krone verlief hinter einer Brüstung aus Flechtwerk ein wahrscheinlich gedeckter Wehrgang. Größe und Inneneinrichtung dieses Stein-Holz-Kastells stimmten im wesentlichen mit dem letzten, dem Steinkastell, überein, das unter Caracalla wahrscheinlich zwischen 209 und 213 entstand, so daß alle drei Kastelle (Erd-, Stein/Holz- und Steinkastell) bei gleichen Maßen genau übereinanderlagen, wie es für die Taunuskastelle bezeichnend ist. Sämtliche Bauten waren verputzt, entweder weiß und glatt oder in Form einer Quaderung rot gefugt.

Das Steinkastell zeigt in seltener Regelmäßigkeit die Grundform eines römischen Standlagers. Es bildete ein Rechteck von 221,4 : 147,2 Meter (in römischen Maßen 150 : 100 Doppelschritt) und war damit über drei Hektar groß. Seine Umwehrung bestand aus einer durchschnittlich 4,80 Meter hohen und an der Sohle 1,88 Meter starken, zinnenbesetzten Mauer. Auf ihrer Innenseite war ein Erdwall angeschüttet, auf dessen Krone hinter den Zinnen die Verteidiger standen. Am Fuße der Erdwallböschung lief eine gepflasterte Umgangsstraße. Vor der Wallmauer lagen jenseits eines knapp ein Meter breiten Umganges (der Berme) zwei trockene Spitzgräben von acht und fünf Meter Breite und 2,5 bzw. 1,5 Meter Tiefe. Jedes der vier Kastelltore war von zwei quadratischen, durch eine Brücke verbundenen Türmen von 5 : 5 Meter Stärke flankiert. An der nördlichen, der Feindseite, lag die nur 2,80 Meter breite Porta decumana, wie in Hofheim, Heddernheim und Okarben das schmalste Tor; im südlichen Drittel der Längsseiten öffneten sich westlich die Porta principalis sinistra und östlich die Porta principalis dextra (je 3,30 Meter breit) und auf der Südseite das Haupttor, die Porta praetoria, mit zwei je drei Meter breiten Einfahrten. Die Saalburg hatte außer den Tortürmen keine Eck- oder Seitentürme wie sie in Wiesbaden (insgesamt 28), Hofheim (27), Heddernheim (38), Butzbach (24), Arnsburg (22), Groß-Krotzenburg (20) und Kesselstadt bezeugt sind. Diese Kastelle müssen inmitten der offenen, weiten Landschaft, die sie beherrschten, einen überaus wehrhaften Anblick geboten haben und unterstreichen die Tatsache, daß in keinem Teil des Limesgebietes die Verteidigungsanlagen so stark und so häufig waren wie hier.

Den Mittelpunkt des Kastells bildeten die principia, ein Baublock von etwa 40 : 60 Meter. Er war folgendermaßen eingerichtet: Im Süden (gegenüber dem Haupttor) erhob sich eine große querliegende Halle von 11 : 38 Meter, die wohl als Appell-, Exerzier- und Versammlungsraum diente. Sie konnte von den drei Straßen, die vom Haupt- und den beiden Seitentoren hereinführten, durch je ein Tor betreten werden und öffnete sich mit fünf Durchgängen nach Norden zum rechteckigen, geschlossenen Innenhof. Auf dessen rechter (östlicher) Seite erstreckte sich im rechten Winkel an die große Halle ansetzend eine lange, nordwärts gerichtete Waffenkammer, links (westlich) entsprachen ihr vier Räume, die man als Ausrüstungskammern ansieht. Zwischen diesen Gebäuden lag, von einer offenen Halle umgeben, ein quadratischer Hof, mit einem kleinen Heiligtum inmitten und zwei älteren Brunnen in den Ecken vor der großen Halle. Dieser offene Hof setzte sich in einem zweiten überdachten Hof fort, auf dessen rechter und linker Seite in Verlängerung des Waffenraumes und der Ausrüstungskammern je ein Bau mit zwei und drei heizbaren Stuben (für die Registratur?) stand. Im Norden wurde der zweite Hof und damit das Gesamtgebäude durch das annähernd quadratische, stark ummauerte Fahnenheiligtum (sacellum) und zwei rechts und links angelehnte, zum Hof geschlossene Hallen begrenzt. Im sacellum verwahrte die Truppe ihre Feldzeichen, die offiziellen Kultbilder und die Kriegskasse. An sonstigen bemerkenswerten Gebäuden standen im Lager zwischen Haupttor und großer Halle rechts der Straße das große doppelräumige Getreidemagazin (horreum), dessen Platz jetzt durch das Museum eingenommen wird, und links der heizbare Gebäudekomplex der Militärverwaltung (quaestorium). Im übrigen war das Lager mit ausgedehnten Mannschaftsbaracken, einem Lazarett, Pferdeställen und Werkstätten besetzt.

Im Schutz der Saalburg bildete sich wie üblich eine zivile Niederlassung von Händlern und Gewerbetreibenden, von Soldatenfamilien und Veteranen. Hier lagen auch das große Bad und ein besonders auffallender Wohnkomplex, der vielleicht als Kommandantenwohnung oder als Unterkunft für Inspekteure und sonstige höhere Offiziere, die vorübergehend zum Limesdienst abkommandiert waren, diente. Solche Gebäude sind auch bei anderen Limeskastellen nachgewiesen (z. B. Rückingen, Arnsburg, Feldberg, Holzhausen). Innerhalb der Saalburgsiedlung standen mehrere Tempel. In einem geweihten Bezirk lag hier neben einer Quelle das Mithrasheiligtum. Der Kult dieses persischen Sonnengottes, den die römische Armee zur Kaiserzeit bis in die entferntesten Provinzen getragen hatte, ist auch in vielen anderen hessischen Kastellen und römischen Siedlungen belegt (Wiesbaden, Bingen, Alzey, Heddernheim, Dieburg, Groß-Krotzenburg, Stockstadt, Rückingen, Oberflorstadt, Friedberg und Echzell). Die große Bedeutung des Kultes wird daraus ersichtlich, daß in Stockstadt a. M. zwei, in Friedberg drei und in Heddernheim sogar fünf Mithräen nachgewiesen sind. Das Saalburgmithräum war nicht wie üblich in einer Höhle untergebracht oder in den Boden eingegraben, sondern oberirdisch angelegt, entsprach aber sonst völlig den Formen des Geburtsgrottentempels des Gottes. Man betrat ihn durch eine offene Vorhalle, in der wahrscheinlich das Taufbecken stand. Der tonnenartig gewölbte und nach Vorbild orientalischer Tempel bunt bemalte Innenraum (ca. 15 Meter lang und sechs Meter breit) war dreiteilig und bestand aus einem vertieften Mittelgang und zwei erhöhten Seitengängen. Von ihnen führte der Mittelgang auf den Hauptaltar, über dem das drehbare Kultbild mit dem Stieropfer des Gottes und Szenen aus seinem Leben so angebracht war, daß es die ganze Wand ausfüllte. (Die Wiederherstellung des Heddernheimer Mithrastempels mit dem prachtvoll erhaltenen Kultbild im Wiesbadener Museum vermittelt eine lebendige Anschauung dieses Kultus und seiner Sakralstätte.) Im Wiesbadener Mithräum lag hinter dem Altarbild eine Treppe, die es gestattete, ungesehen hinter den Altar zu gelangen, vielleicht, um von hier aus während der Gottesdienste die verschiedenartigsten Handlungen (Geräusch- und Lichteffekte, Drehen des Altarbildes usw.) durchzuführen.

Hinter dem Mithräum stand das Heiligtum der Göttermutter Kybele in Form eines griechischen Tempels mit massivem Kernbau und hölzernem Umgang (Gesamtgröße ca. 18 : 18,5 Meter). Hierzu gehörte wohl eine auf der Westseite des Mithräums entspringende ergiebige Quelle, die sieben (für die sieben verschiedenen Grade der Eingeweihten bestimmte?) Becken durchfloß, die wahrscheinlich zu rituellen Waschungen dienten. Unmittelbar neben dem Kastell lag dann als größter bisher ausgegrabener Tempel das von der dort liegenden zweiten Räterkohorte gestiftete Heiligtum des syrischen Jupiter Dolichenus, der als Soldatengott eine besondere Rolle spielte (ein gleicher Tempel wurde 194 n. Chr. durch die römische Gemeinde Wiesbadens wiederhergestellt und ist auch beim Taunuskastell Zugmantel und in Groß-Krotzenburg nachgewiesen). Auf der Saalburg bestand sein Heiligtum aus einem mächtigen Kernbau (30 : 8,6 Meter) mit Umgang oder Umfassungsmauer (insgesamt 37 : 16 Meter), in dem man neben dem Soldatengott vielleicht noch sein weibliches Gegenstück verehrte. Ein weiterer Tempel mit quadratischem Kernbau war dem gallischen Götterpaar Succellus und Nantosvella (oder Silvanus und Diana) gewidmet, wobei in dem gallischen Gott ein Schützer der Ackerflur und in der Göttin eine Hüterin des Hauses zu sehen ist. Außerdem sind in der Umgebung der Saalburg noch Reste von fünf weiteren, bisher unbestimmten Heiligtümern aufgedeckt worden, so daß sich eine außerordentliche Vielfalt an Kulten ergibt. Neben den Tempeln lagen wie üblich die Friedhöfe.

Als Besatzung der Saalburg ist seit 135 die vorher in Butzbach und vielleicht auch in Wiesbaden stationierte zweite Räterkohorte nachgewiesen; eine Hilfstruppe, die sich ursprünglich aus dem Alpenland Rätien rekrutierte. Vollzählig dürfte die Kohorte aber auf die Dauer kaum in Kastell gelegen haben, da sie vermutlich auch die benachbarten Zwischenkastelle und Wachttürme in einem bestimmten Abschnitt zu besetzen hatte. Wie die Saalburg so waren auch die meisten wetterauischen Kastelle Kohortenkastelle, wenn auch erhebliche (ortsbedingte) Größenunterschiede vorkamen. Der Saalburg mit 737 m Außenfront (rundum gemessen) sind gruppenmäßig gleichzuordnen Langenhain (726 m), Butzbach (732 m), Arnsburg (699 m), Oberflorstadt (676 m) und Marköbel (724 m). Auch die Gruppe der Kastelle mit 600 Meter Außenfront wie Zugmantel (592 m), Hofheim (593 m), Wiesbaden (603 m), Rückingen (640 m) und Groß-Krotzenburg (596 m) sind noch Kohortenkastelle gewesen (2 Centurien eine Manipel, 3 Manipel = 1 Kohorte [annähernd 500 Mann], 10 Kohorten = 1 Legion [eine Legion etwa 5000 Mann Sollstärke]). Von den Kastellen mit etwa 400 Meter Außenfront waren Kapersburg (414 m) und Altenstadt (402 m) Standorte berittener numeri, was dann vielleicht auch für Holzhausen (420 m) zutrifft. Da aber auch im Feldbergkastell (341 m) ein numerus stand, gilt das gleiche wohl auch für Heftrich (300 m), Pohl und Becheln, erklärlich durch das erheblich schwankende Stärkeverhältnis der numeri. Die Wetterauer Großkastelle mit über 900 Meter Gesamtfront, Heddernheim (936 m), Echzell (938 m) und Okarben (984 m) waren Standorte von Alen (ala milliaria = Reiterabteilung von 1000 Mann), und das größte Limeskastell überhaupt, Kesselstadt (1500 m), hatte Legionslagergröße.

Die für unser Gebiet bestimmten Kernverbände des römischen Heeres, die Legionen, lagen jedoch jenseits des Rheins in Mainz, wo bis 89 zwei der vier obergermanischen Legionen ihre Garnison hatten. Hier am Sitz des römischen Statthalters von Obergermanien stand zunächst die 14. Legion Gemina Martia Victrix, die wahrscheinlich unter Drusus das Mainzer Kastell angelegt hatte, von 14 bis 16 unter Germanicus am Rhein kämpfte und um 66 aus Britannien, wohin sie 42 abkommandiert worden war, zurückkehrte und bis etwa 96 in Mainz lag. Hier war seit etwa 90 auch die 22. Legion Primigenia Pia Fidelis stationiert, die bis zum Ende der römischen Besatzung blieb, so daß die 14. und 22. Legion gewissermaßen die Stammlegionen unseres Gebietes gewesen sind. Ihre Spuren finden sich überall, doch sind auch die anderen obergermanischen Legionen, die 1. Adjutrix, die 8. Augusta und die 11. Claudia, vielfach hier bezeugt. Die Legionäre waren mit Brustpanzer, Beinschienen, Helm und Schild, mit Schwert, Dolch und Wurflanze ausgerüstet. Die Hilfstruppen trugen Leder- oder Metallschuppenpanzer, Helm und Schild und statt der Wurflanze zuweilen Bogen und Schleuder. Dazu kam das Schwert, nicht immer der Dolch. Die Reiterei führte Langschwert und Stoßlanze, aber auch den Bogen. Geschütze in Form von ein- und zweiarmigen Steinschleudern besaßen sicher die Legionen, vielleicht auch die Hilfstruppen, dazu kam das vollständige Gerät für Straßen-, Wasser- und Befestigungsbauten.

Die unter Hadrian abgeschlossene Verlegung der römischen Truppen unmittelbar an den Limes bedingte naturgemäß auch eine verwaltungsmäßige Neuorganisation des Binnenlandes. Es wurde aus der bisherigen Militärverwaltung gelöst und in drei Zivilverwaltungsbezirke (civitates) eingeteilt, die das Recht der Selbstverwaltung erhielten: die civitas Mattiacorum, die sich vom Rhein nördlich des Maines etwa bis Höchst erstreckte, die civitas Taunensium für die Wetterau und die civitas Auderiensium, die das Gebiet südlich des unteren Mains umfaßte. Verwaltungssitz der civitas Mattiacorum war seit Kaiser Trajan der neben dem Badevorort Aquae Mattiacae (so 122 genannt) gelegene vicus Castellum Mattiacorum, in dem sich nach der domitianischen Grenzsicherung eine blühende Siedlung entfaltete. Sie war zunächst offen, wurde aber wie Nida nach 213 ummauert. Einen besonderen Anziehungspunkt bildeten die heißen Quellen, die in große Bäder flossen und in ihrer Bedeutung etwa durch eine (1898 gefundene) Inschrift charakterisiert werden, die Antonia, die Frau des römischen Oberkommandierenden Titus Porcius Rufianus in Mainz, der Diana Mattiaca, d. h. der Quellen- und Heilgöttin des Kochbrunnens, zum Dank für die Heilung der Tochter Porcia Rufiana errichtet hat. Doch gedieh Wiesbaden in römischer Zeit ebensowenig wie eine andere rechtsrheinische römische Ansiedlung innerhalb des hessischen Limesgebietes über einen vicus rechtlich hinaus. Sie blieben auch als geschlossene Siedlungen ohne die Privilegien eines städtischen Gemeinwesens, also rechtlich Dörfer, was auch für die Hauptorte selber gilt. Gleichwohl zeigten sie in Handel und Wandel durchaus städtischen Charakter. Kennen wir doch aus Wiesbaden eine Börse der dortigen Handelsleute, die 212 errichtete schola, die aus den quattuorviri und dem Rat der Dekurionen bestehende Verwaltungsspitze und das daselbst ansässige Kollegium der Augustalen, dem die Pflege des offiziellen Kaiserkultes oblag.

Sitz der Verwaltungsbehörden der von Kaiser Trajan errichteten civitas Taunensium, die nach dem Kastell in monte Tauno (= Friedberg) hieß, war zuletzt jedenfalls nicht die Römerstätte bei diesem Kastell, sondern die neben dem Kastell Heddernheim erwachsene Niederlassung. Sie ist nach Aufgabe des Kastells (wohl noch in der Spätzeit Trajans) zur größten römischen Siedlung nördlich des Maines angewachsen. Den bisher nur von zwei Meilensteinen (aus Kastel und Friedberg) überlieferten Namen Nida (nach dem anliegenden Fluß) hat eine 1961 gefundene Inschrift aus dem Ort selbst bestätigt. Sie stammt von dem Versammlungshaus der Dendrophoren (Baumträger), einer Genossenschaft aus dem Magna-Mater-Kultkreis der Göttin Kybele, deren Mitglieder neben religiösen auch soziale Aufgaben erfüllten. Nida, in erster Linie Handelsplatz, aber auch ein Mittelpunkt industrieller Fertigungen (Blei- und Silberschmelzen, Emailherstellung, Eisenverarbeitung), erhielt zuletzt (Anfang des 3. Jahrhunderts) eine Befestigung, die nur an einer kurzen Stelle der Südseite nicht mehr geschlossen worden ist. Sie bestand aus einer über zwei Meter starken und etwa vier Meter hohen Mauer mit einem davor liegenden tiefen Graben, war mit Zinnen besetzt und außen mit rot gefugten Quadersteinen verblendet. Vor dem Graben konnten stellenweise noch weitere Annäherungshindernisse in Form von schachbrettartig angeordneten Pfostenstellungen aufgedeckt werden. Die Nord- und Südseite öffneten je drei Tore, die

Westseite zwei, und nur auf der Ostseite, wo das alte Kastell lag, dessen Ostmauer mit der Stadtmauer identisch war, befand sich infolgedessen lediglich ein Tor. Alle waren beiderseits von starken quadratischen Türmen flankiert. Das östlichste der drei Südtore führte zu einem Anlegeplatz an der Nidda, die gegenüber allen drei Südtoren überbrückt war. Den Mittelpunkt der Stadt bildete das (durch die Straßenführung bedingte) dreieckige Forum mit den öffentlichen Gebäuden, doch lag das Theater abseits an der Südmauer. Die ummauerte Stadtfläche, die bei einer ostwestlichen Länge von fast 1000 Meter und einer nordsüdlichen Breite von ca. 600 Meter über einen halben Quadratkilometer umschloß und damit etwa so groß wie die frühere Frankfurter Altstadt war, ist jedoch niemals vollständig bebaut gewesen. So hatte man den dringend notwendigen Platz, um die vor den Germaneneinfällen flüchtende Bevölkerung aufzunehmen. Nida ist berühmt durch seine außerordentlichen reichhaltigen Funde, die nicht nur die Museen von Wiesbaden und Frankfurt füllen, sondern schon im 19. Jahrhundert den Kunsthandel mit römischen Altertümern beliefert haben (bekannt sind die silbernen Weihegeschenke im Britischen Museum zu London aus einem Heddernheimer Tempel des Jupiter Dolichenus und die nach Paris gelangte schönste Bronzestatuette, die in Nida zutage kam). Es ist daher verständlich, daß man es im ersten Überschwang der Entdeckungen zu Anfang des 19. Jahrhunderts das germanische Pompeji genannt hat.

Die südliche Grenze der civitas Taunensium bildete anscheinend der Main, über den in römischer Zeit zahlreiche Brücken führten (Groß-Krotzenburg, Hanau-Kesselstadt, Bürgel, Frankfurt, Höchst, Kostheim). Sie stellten die Verbindung zur civitas Auderiensium her, deren Verwaltungsmittelpunkt in Auderia, dem heutigen Dieburg, lag. Es war wie Nida ummauert und stellte den wichtigsten Straßenknoten südlich des Mains dar. Von seinen größeren Bauten ist neben der Basilika vor allem der Mithrastempel zu nennen, dessen Kultbild eine Familienstiftung der Silvestrier war und von dem Bildhauer Silvestrius Silvanus stammte, der als bedeutendster Bildhauer der mittelrömischen Zeit im ganzen Mittelrheingebiet gilt. Der Dieburger decurio Victorinus ließ noch 239 in Nida eine Jupitersäule errichten. Verwandte Jupiter- oder Gigantensäulen, die offensichtlich Mischformen allgemeiner römischer und örtlicher heidnischer Glaubensvorstellungen wiedergaben, sind auch an anderen Orten des römisch besetzten Gebietes, allerdings meist in völlig zerstörtem Zustand gefunden worden (so in Mainz, Alzey, Schierstein, Wiesbaden, Heddernheim, Dieburg und in Butterstadt, Kr. Hanau). Wie im Gebiet von Nida die von der 22. Legion um die Wende des 1. Jahrhunderts betriebenen Zentralziegeleien von Nied (an der Mündung der Nidda in den Main) von Bedeutung waren, so war es im Bezirk von Auderia gegen Ende des 2. Jahrhunderts der von der 4. Vindelikerkohorte bei Großkrotzenburg unterhaltene Ziegeleibetrieb, der dem von Nied an Umfang zeitweise nahekam. Zu erwähnen sind ferner die großen römischen Granitsteinbrüche am Felsberg (im Odenwald) und die Marmorbrüche bei Bensheim-Auerbach a. d. Bergstraße. Die Syenitsäulen aus den Felsbergbrüchen waren ein begehrter Baustoff, denn sie sind in Mainz, Trier, Köln und Ingelheim und als verschlepptes Gut auch in zahlreichen anderen rheinischen Orten festgestellt worden.

Seit den Chattenkriegen Domitians erwuchsen im Schutz des Limes im Binnenlande zahlreiche römische Ansiedlungen. Man hat allein im Limesgebiet der Wetterau und im Rheingau 230 zivile römische Siedlungsplätze nachgewiesen bzw. auf Grund der Funde wahrscheinlich gemacht. Davon sind mit Sicherheit 111 villae rusticae festgestellt. Diese villae gliedern sich nach Größe und Zahl der Bauwerke typologisch in einfache Anlagen (kleine Gehöfte), Bauernhöfe (mittlere Gehöfte) und Gutshöfe (große Höfe). Unter den letzteren tritt als besonderer Typ die „reiche" villa rustica auf, die sich vor allem durch eine repräsentativere Bauweise und reichere Innenausstattung der Gutshäuser auszeichnete, wofür die ergrabenen Beispiele von Biebrich, Bogel, Gambach und Praunheim instruktive Beispiele liefern.

Das Vorwerk oder das einfache Gehöft umfaßt meist zwei bis drei kleinere Gebäude, der einfache Bauernhof oder das mittlere Gehöft bestand aus einem Wohnhaus mit mehreren Wirtschaftsgebäuden. Die vielfach in zwei ungleiche Räume unterteilten Wohnhäuser waren (zumindesten) im Unterbau massiv, die Wirtschaftsgebäude dagegen in Fachwerk gebaut. Nach Art der späteren fränkischen Bauernhöfe mit ihrer Trennung von Wohn- und Wirtschaftsräumen umschlossen sie einen an den offenen Stellen umzäunten Hof. Von diesen Gehöften befanden sich wohl nur sehr wenige in der Hand der eingesessenen Bevölkerung, die meisten waren ausgedienten Soldaten zugeteilt, die sie mit Hilfe der unterworfenen Einwohner bewirtschaftet haben. Diese Veteranen versorgten demgemäß nicht nur die Städte und Truppen mit Lebensmitteln, sondern letztere auch mit dem soldatischen Nachwuchs, ja sie konnten notfalls selbst als Reserve eingesetzt werden.

Während sich in der Bauweise der kleinen und mittleren Höfe offensichtlich örtliche Gepflogenheiten in zeitgemäßer Umformung fortgesetzt und erhalten haben, stellten die weniger zahlreichen großen Landgüter, deren Besitzer reiche Kaufleute oder ausgediente höhere Offiziere gewesen sind, eindrucksvolle Zeugnisse römischer Lebensweise dar. Von ihr vermitteln die freigelegten Reste eines solchen Gutes bei Bogel (zwischen St. Goarshausen und Nastätten) eine verhältnismäßig klare Anschauung. Die gesamte, etwa quadratische Anlage war von einer ein Meter starken Ziegelmauer umgeben, deren Nordseite 210 Meter und deren West- und Ostseite 172 bzw. 162 Meter lang waren. Überwölbte Toreinfahrten auf der Nord- und Ostseite bildeten die Zugänge. Abgesehen von den einfachen, an der Innenseite der Nordmauer errichteten Arbeiterunterkünften und mehreren kleineren (Geräte-)Schuppen und Speichern lagen innerhalb der Mauer drei große Einzelgebäude: das Hauptwirtschaftshaus, das Bad und die Gutsvilla. Das 30 Meter lange und 24 Meter breite massive Wirtschaftsgebäude mit 1,10 Meter starken Außenmauern war durch drei Querwände in vier ungleich große Räume unterteilt und enthielt Scheune und Ställe. Das aus 75 Zentimeter starken Mauern aufgeführte Badehaus öffnete sich nach Süden aus einem großen Aufenthaltsraum auf eine Holzveranda; dahinter lagen die drei üblichen Baderäume, das Frigidarium (kühles Bad) mit dem anschließenden, aus feinen quadratischen Ziegelplatten gefugten Bassin, das Tepidarium (laues Bad) und das Caldarium (warmes Bad.). Die beiden letzteren Räume besaßen Warmluftheizung; von ihnen diente das Tepidarium, das fast so groß war wie Frigidarium und Caldarium zusammen, vielleicht auch als Speiseraum.

Das teilweise unterkellerte, einstöckige Gutshaus war schiefergedeckt, hatte verglaste Fenster und eine ausgedehnte Heizungsanlage. Sein weißlich-gelber Verputz war mit roten Strichfugen (auf eingeritzten Rechtecken in Größe von 12 : 14 cm) abgesetzt und demgemäß auf eine augenfällige Schmuckwirkung berechnet. Die Villa gruppierte ebenerdig etwa 20 Wohnräume so um einen zweigeteilten großen Hof, daß auf der Nordseite außer den Zimmern der Dienerschaft eine kleinere Zahl von Gemächern lag, die sämtlich heizbar waren und wohl als Winterwohnung dienten, während sich der Hauptteil des Gebäudes auf der Südseite ausdehnte. Man betrat diesen Bereich vom ersten Hofteil durch eine Halle, die nach römischer Art in den zweiten, offenen Hofteil führte, von dem man dann unmittelbar in die ringsumliegenden Wohn-, Speise- und Schlafzimmer gelangte. Die Fußböden bestanden aus fein geglättetem, farbigem Estrich oder aus Terrazzo, die Wände waren wohl durchweg bemalt. Besonders repräsentativ scheinen Halle und Innenhof ausgestattet gewesen zu sein, deren Fußböden ein Estrich von grünem Ton bildete, während die fein geputzten Wände mit farbigen Ornamenten geschmückt waren.

Reste von anderen römischen Bauten haben z. T. reichere Ausstattungen erkennen lassen, wie der von dem Künstler Pervincus geschaffene prachtvolle Mosaikfußboden einer Vilbeler Badeanlage (entdeckt 1849). Vilbel ist bekannt durch seine Heilquellen, doch haben sich die Römer auch der meisten anderen Sauerbrunnen der Wetterau bedient, wie römische Münz- und Scherbenfunde in den Quellen von Groß-Karben, Nieder-Rosbach und Nauheim beweisen. Die kultivierte Körperpflege, wie sie dieses römische Badewesen im allgemeinen erkennen läßt, ist auch im speziellen bezeugt. So fand sich in einem römischen Grab in Frankfurt-Praunheim ein bronzenes Schminkkästchen, dessen Inhalt aufschlußreich ist. Er bestand aus Resten von roten, schwarzen und gelblich-weißen Fettschminkstäbchen und einer Spachtel, die man gebrauchte, um Pulverschminke auf einer (gleichfalls beiliegenden) polierten Steinplatte mit

Öl zu Paste oder Salbe anzureiben. Das Kästchen enthielt ferner eine Schere und ein scharfes löffelartiges Instrument, das den Frauen zur Entfernung der Körperhaare diente.

So eindrucksvoll aber auch das von den Römern beherrschte Gebiet zivilisiert und kultiviert, organisiert und befestigt war, mehr als 125 Jahre friedlicher Entfaltung waren ihm nicht beschieden. Und selbst in diesem Zeitraum kam es gelegentlich zu gefährlichen chattischen Angriffen. So im Jahre nach dem Tode des Kaisers Antonius Pius, als die Chatten 162 den Limes durchbrachen und in Obergermanien einfielen, bis sie der obergermanische Statthalter Aufidius Victorinus wieder zurückwarf. Darüber hinaus führte sie ein fast gleichzeitiger Vorstoß im östlichen Limesvorland bis nach Rätien. Und nur etwa zehn Jahre später gelangten sie auf einem weit vorgetriebenen Zug bis nach Belgien, wo sie von den Truppen des Legaten Didius Julianus geschlagen wurden. Diese vereinzelten Aktionen störten das im ganzen ruhige zweite Jahrhundert jedoch nur gelegentlich.

Ganz anders entwickelte sich das 3. Jahrhundert. Bereits im 2. Jahrzehnt begann der germanische Gegenangriff von neuem, um nun nicht eher wieder zu ruhen, bis das mächtige Limesbollwerk eingerannt und die Rheingrenze wiedergewonnen war. Diese Endphase drängte sich in wenigen Jahrzehnten zusammen. Sie begann 213 mit dem Einfall der Alamannen und Chatten, die den Limes durchbrachen und eine Reihe von Taunuskastellen zerstörten oder beschädigten. Der Ernst der Lage erhellt daraus, daß Kaiser Caracalla selbst an die Front ging und mit einem starken Heer durch Rätien an den Main vorrückte, um den Feind in der Flanke zu fassen; als er dann aber westwärts zum Rhein abbog, stieß er dabei auf so heftigen chattischen Widerstand, daß er „Sieg" und Gefangene für den Triumph und Rückzug von ihnen erkaufte. Infolge dieser bedrohlichen Lage wurden die Limesanlagen tatkräftig überholt und verstärkt, die Straßen vielerorts erneuert, die beschädigten Taunuskastelle Saalburg, Zugmantel und Holzhausen wieder in Stand gesetzt, das besonders bedrohte Nida–Heddernheim mit seiner letzten, stärksten Befestigung umgeben und der Grenzwall selbst durch Wall und Graben endgültig ausgebaut. Aber die Tatsache, daß etwa die bürgerliche Niederlassung vor der Saalburg aufgegeben wurde und sich auch schon bald die Besitzer der reichen villae rusticae zurückzuziehen begannen, zeigt das geringe Vertrauen in die Sicherheit der Lage. Mit dem erfolgreichen Alamannenzug Caracallas hängt es vielleicht zusammen, daß die Alamannen, an der freien Überschreitung des Limes zunächst gehindert, sich in seinem Vorland jetzt auch nordwärts, und zwar auf Kosten der Chatten, ausbreiteten und das heutige südhessische Gebiet zwischen Main und Vogelsberg an sich brachten. Wiederum ist es der Glauberg, der ihre Anwesenheit überliefert.

Schon unter Kaiser Severus Alexander (222—235) wurden die Taunuskastelle Kapersburg, Saalburg und Zugmantel erneut erstürmt, wie aus den inschriftlich datierten Wiederherstellungsarbeiten von 223 hervorgeht. Um dem immer deutlicher werdenden Versagen der Grenztruppen zu steuern, verbesserte der Kaiser ihre rechtliche Stellung durch seine Anordnung, daß der Grundbesitz, mit dem die Soldaten ausgestattet waren, mit der Dienstpflicht auch auf die Söhne übergehen sollte, denn davon versprach er sich hartnäckigeren Widerstand der Soldaten. Aber auch das vermochte weder die Fortsetzung noch den Erfolg des 233 endgültig losbrechenden Ansturmes der Germanen zu hindern oder abzufangen. Wieder wurde der Limes durchbrochen und das römisch besetzte Land weithin verheert. Fast alle Limeskastelle der Wetterau sind erobert oder beschädigt worden, wie die Baubefunde und Inschriften von Groß-Krotzenburg, Kesselstadt, Rückingen, Marköbel, Echzell, Inheiden, Okarben und Saalburg erweisen.

Aber noch einmal glückte es, die Flut wieder abzudämmen. Die durch Abzug nach dem persischen Kriegsschauplatz vorübergehend geschwächten römischen Grenztruppen wurden wieder ergänzt und durch orientalische Hilfsvölker sowie die 7. Legion aus Spanien verstärkt. Anfang 235 stand der Kaiser am Rhein, kämpfte gegen die Germanen, konnte aber keinen entscheidenden Erfolg erzielen und erkaufte den „Sieg". Ein vielleicht daraufhin gegen ihn ausgebrochener Aufstand seiner Truppen kostete Severus Alexander kurz darauf im März 235 bei Mainz das Leben. Sein vom Heer zum Kaiser ausgerufener Nachfolger Maximinus Thrax (235—238) nahm den Kampf im Frühjahr 236 wieder auf, säuberte das Limesgebiet vom Feind, drang in dessen Land ein und verheerte es, da sich die Bevölkerung in die Wälder zurückgezogen hatte. Er konnte daher seine Gegner nicht entscheidend treffen und mußte sich mit Beute und Gefangenen begnügen; doch war zunächst die Ruhe wieder hergestellt. Aber die römische Kraft begann zu erlahmen. Wenn die Aussagen der Münzfunde verläßlich sind, dann wurde schon damals ein Teil der wetterauischen Kastelle nicht mehr instand gesetzt und belegt, denn in Kesselstadt, Groß-Krotzenburg, Rückingen, Marköbel, Inheiden und Okarben brechen die Münzfunde mit Kaiser Severus Alexander ab. Immer matter werden die Lebenszeichen der römischen Herrschaft in der Wetterau. Im November 239 hat man in Nida (Heddernheim) noch eine Jupitersäule errichtet und im März 240 dort eine andere Statue wiederhergestellt; 242 ist in Altenstadt und 249 in Stockstadt noch je ein Altar geweiht worden. Eines der letzten Zeugnisse der römischen Herrschaft in der Wetterau ist schließlich ein aus den Jahren 249/50 stammender Meilenstein aus Friedberg.

Nur im Taunus lagen die Verhältnisse etwas anders, da man ihn mit Rücksicht auf Mainz unter größeren Anstrengungen zu behaupten suchte. Die zerstörten Taunuskastelle sind sämtlich wieder aufgebaut, auch die Straßen noch einmal ausgebessert und die Grenzwallanlagen streckenweise neu hergerichtet worden. Aber das alles konnte die Katastrophe nicht verhindern, durch die der Limes als römisches Bollwerk und die durch ihn geschützte rechtsrheinische Herrschaft Roms zugrunde ging. Zwar hat Gallienus, dem die Verwaltung des Westens anvertraut war, während Valerian den Osten verteidigte, wenigstens fünfmal über die eingedrungenen Franken und Alamannen triumphiert, aber das Rhein-Main-Gebiet vermochte er nicht zu halten. Er verlor es für Rom auf immer. Nach Ausweis der Münzfunde zerbrach der obergermanische Limes zwischen 254 und 259; dabei blieb das Kastell Niederbieber zum Schutz des Neuwieder Beckens sogar bis 259/60 besetzt. Dann zog sich Rom auch hier auf die linke Rheinseite zurück. Dieser Rückzug war endgültig, wenn auch Valentinian (um 370) nochmals kurzfristig, kleinräumig rechtsrheinisches Gebiet im Bereich des Mainzer Brückenkopfes besetzen ließ.

8. Die Chatten

Überblicken wir die bis zum Limesdurchbruch (250/60) vergangenen Jahrhunderte der chattischen Geschichte, dann kennzeichnen sie drei bemerkenswerte Erscheinungen. Es sind die Stetigkeit der politischen Stammesbildung inmitten des unruhigen germanischen Stammesgetriebes jener Jahrhunderte, die trotz aller Rückschläge ungebrochene kriegerische Haltung der Chatten und ihre unbeirrte Befolgung der gleichen politischen Grundrichtung, nachdem die Abkehr von Rom vollzogen war. Von geringerer Bedeutung war dagegen die ihnen seit jeher zugeschriebene Seßhaftigkeit, denn einmal hat ihnen die römische Macht seit dem 1. Jahrhundert n. Chr. den Weg an den Rhein verlegt und zum anderen hatten sich vorher schon mehrere Teilstämme abgelöst. Der bekannteste von ihnen, die Mattiaker, dessen Name bezeichnenderweise von dem niederhessischen Stammesmittelpunkt Mattium abgeleitet ist, hatte sich um Wiesbaden niedergelassen und war hier unter römische Herrschaft geraten. Aus ihnen rekrutierten die Römer Truppen, von denen eine Kohorte in den Jahren 99 und 134 in der römischen Donauprovinz Niedermoesien nachweisbar ist. Später standen die Mattiaci seniores in Italien und die Mattiaci iuniores in Gallien. Ein Grabstein von Bordeaux aus dem Ende des 4. Jahrhunderts bezeugt sie ebenso noch wie die um 425 bearbeitete Fassung des römischen Staatshandbuches der Notitia dignitatum.

An der Ruhr saßen die Chattuarier, d. h. Bewohner ehemals chattischen Landes, die auch durch ihre Siedlungsnamen ihre chattische Herkunft erkennen lassen, und im Niederrheingebiet die Bataver und Canninefaten, die infolge innerer Zwistigkeiten (wahrscheinlich zwischen 55 und 12 v. Chr.) die chattische Heimat verlassen hatten. Auch Bataver und Canninefaten teilten das Schicksal der vom Mutterstamm losgelösten Tochterstämme und gerieten kurz vor Christi Geburt unter römische Botmäßigkeit; sie haben sich aber im Dienste Roms soldatisch hervorragend bewährt und zählten infolgedessen zu den besten Truppen des römischen Heeres. Besonders eindrucksvoll ist es, daß bereits im Jahre 69 acht Bataverkohorten im Gebiet der Lingonen standen und die kaiserlichen Leibwachen mehrfach als Batavi bezeichnet wurden. Die Bataver waren hervorragende Reiter, so daß ihre kraftvolle Reiterei vielfach den Kampf entschied, während bei den Chatten vor allem das Fußvolk den Ausschlag gab. Man hat daher wohl zu Recht vermutet, daß diese entgegengesetzte Entwicklung des Kriegs- und Kampfwesens mit der Abspaltung der Bataver von den Chatten zusammenhing, denn die Pflege der Reiterei war vielfach Sache einer bestimmten Schicht, meist des Adels. Er war bei den Batavern auffallend zahlreich und muß sich daher in erster Linie abgetrennt haben, worauf auch der Name, der mit * batiz = besser gebildet ist, hinweist.

Der Mittelpunkt des chattischen Stammes war, wie der Feldzug des Germanicus 15 n. Chr. zeigt, Mattium, dessen Bezeichnung caput gentis, Haupt des Stammes, seine Bedeutung charakterisiert. Da Mattium im Namen Metze an der Matzoff (Kr. Fritzlar) erhalten ist, hat man beides zu Recht auch örtlich gleichgesetzt, wobei man jedoch berücksichtigen sollte, daß auch das nahe Maden (Mathanon) Mattium sprachlich benachbart ist. Schon daraus ergibt sich, daß Mattium keine engbegrenzte Örtlichkeit, sondern ein ganzer Bezirk war, der die wichtigsten politischen, rechtlichen und religiösen Stätten und Einrichtungen des Stammes umschloß, so daß er die Bezeichnung caput gentis rechtfertigte und das lohnende Ziel eines Feldzuges des römischen Heeres bilden konnte.

Von diesen Stätten hat Maden seine Stellung am längsten gewahrt, hat aber wohl auch die älteste Tradition aufzuweisen. Es war als Urort der Fritzlarer Landschaft schon seit der jüngeren Steinzeit besiedelt und zwar in einem so ungewöhnlichen Umfang, daß er besonderen Rang gehabt haben muß. In chattischer Zeit ist daran nicht mehr zu zweifeln; die ihn auszeichnende zentrale Lage bei Gudensberg inmitten der niederhessischen Senke, seine ununterbrochene siedlungsgeschichtliche Kontinuität und seine einzigartige, bis ins hohe Mittelalter wirksame Rechtsstellung, die nur aus einer großen Tradition zu erklären ist, kennzeichnen ihn nach einmütiger Ansicht als Hauptgerichtsstätte des Stammes. Damit war er zugleich auch der wichtigste politische Platz, denn hier fanden in der Regel die Versammlungen der Landesgemeinde statt, bei der die tatsächliche politische Gewalt ruhte. Denn wenn der Stamm auch ursprünglich eine ausgedehnte Adelsschicht besessen zu haben scheint, so ist aus der batavischen Abwanderung, die nach einem

Aufstand in der Heimat erfolgte, doch zu schließen, daß sich die Chatten dadurch eines großen Teiles dieser Schicht entledigt und den Rest politisch entmachtet haben, ohne ihn jedoch gänzlich zu beseitigen. Der chattische Adel wird durch seine früher erörterten engen verwandtschaftlichen Beziehungen zum cheruskischen Adel, insbesondere der Familie des Arminius, hinlänglich bezeugt. Die weittragenden Folgen dieser Verbindung lassen erkennen, daß der Adel durchaus auch politische Aufgaben erfüllte, aber doch wohl nur deshalb erfüllen konnte, weil die damit unterstützte römerfeindliche Politik der Einstellung des Stammes entsprach. Das ist daraus zu schließen, daß das politisch entgegengesetzte, römerfreundliche Anerbieten des Fürsten Gandestrius zur Beseitigung von Arminius wenige Jahre später für die Chatten in bezug auf Rom politisch bedeutungslos war, da es in keiner für uns erkennbaren Weise auf ihre nach wie vor römerfeindliche Gesamthaltung eingewirkt hat. Das alles macht die Begrenzung der rechtlichen und politischen Befugnisse und Möglichkeiten des Adels und der Gaufürsten hinlänglich klar und erlaubt, in der Landesgemeinde tatsächlich das entscheidende politische Organ des Stammes zu sehen. Ihr können wir daher auch in unserem Falle zuweisen, was gemeinhin als ihr Aufgabenbereich gilt: die Beratung und Entscheidung über Krieg und Frieden, die Wehrhaftmachung der Jugend, die Wahl der Anführer im Kriege, die Freilassungen und die Aburteilung von Landesverrätern.

Von den chattischen Häuptlingen kennen wir vier, alle aus der 1. Hälfte des 1. Jahrhunderts, mit (ihren römisch gefaßten) Namen: Ucromerus und Catumerus, Gandestrius und Arpus. Die Namen der beiden letzten hat Jacob Grimm als Gänserich und Erpel erklärt und ihre analoge Bildung (mit Vorbehalt) auf enge Verwandtschaft gedeutet. Sie bleibt jedoch ebenso ungewiß wie die von anderer Seite erfolgte Gleichsetzung von Gandestrius mit Catumerus und von Arpus mit Ucromerus, so daß damit nur zwei Häuptlinge bezeugt wären. Da aber auch dann mindestens zwei gleichzeitig lebten, sind wenigstens zwei Herrschaftsbereiche im chattischen Stammesgebiet anzunehmen. Der Wohnsitz des einen war naturgemäß Niederhessen und lag, nach den freigelegten Resten chattischer Anlagen zu schließen, vielleicht in Metze unweit der Altenburg. Was den Wohnsitz des anderen Häuptlings betrifft, so ist zu erwägen, daß der erwähnte Arpus nicht allzuweit von der römischen Grenze entfernt gesessen haben kann, da dessen Frau und Tochter von dem Legaten Silius 16 n. Chr. auf einem durch schlechtes Wetter beeinträchtigten, wenig erfolgreichen Zuge gegen die Chatten gefangengenommen wurden. Es scheint daher nicht schwer, die beiden daraus zu erkennenden fürstlichen Herrschaftsgebiete zu benennen, da sie mit dem späteren Hessengau (Niederhessen) und Lahngau (Oberhessen) gleichzusetzen sein dürften und dann als Sitz des lahngauischen Chattenhäuptlings wohl nur die Amöneburg (oder die Kesterburg) in Frage kommt. Dem entspricht es, daß keramische Funde eine Besetzung der

Amöneburg im ersten nachchristlichen Jahrhundert sichern und das Fundmaterial dem nordhessischen nähersteht als dem (heutigen) südhessischen.

Daß der Schwerpunkt des Stammes gleichwohl immer in Niederhessen gelegen hat, ergibt sich auch daraus, daß wir hier seinen kultischen Mittelpunkt suchen müssen, denn anders ist es schwerlich zu erklären, daß sich die Verehrungsstätten der großen germanischen Gottheiten und andere geweihte Orte in der Fritzlarer Ebene geradezu häufen. Sehen wir dabei von den beiden ringwallbekrönten Heiligenbergen (bei Gensungen und Altendorf) ab, da diese Bezeichnungen keine zeitlichen Festlegungen erlauben, so lassen jedenfalls Gudensberg (Wodenesberg) durch seinen Namen und der benachbarte Odenberg durch seine Sagen um so eindeutiger erkennen, daß sich hier Stätten der Wotansverehrung befanden. Ihnen treten, durch den Ortsnamen Dorla (Thurisloun, Durlon) und die von Bonifatius bei Geismar gefällte Donareiche bezeugt, eindeutige Hinweise auf dortige Donarverehrung zur Seite, zumal beide Orte nicht weit voneinander entfernt lagen. Der Name des benachbarten Züschen aber darf wohl auf den Gott Ziu bezogen werden, was selbst dann gilt, wenn die Formen des frühen 9. Jahrhunderts Thurisloun und Tuischinum nicht unsere Dorla und Züschen meinen, sondern die bei Obermarsberg gelegenen Wüstungen Dorslo und Tuisne, denn sprachlich bleiben sie trotzdem identisch. Auch der Ortsname Dusinum = Dissen (bei Gudensberg) hat möglicherweise denselben Bezug, denn darauf weist (weniger der Übername Kirchdissen als) der sakral bestimmte Unname des Nachbarortes Unseligendissen (Unzelgentusen) hin. Haddamar scheint seinen Namen von den Kampf- und Quellengöttinnen der Walküren zu tragen, da es mit hathu = kampf gebildet ist, und Orte wie Fritzlar (Frideslar) an der Eder und Wichdorf (Wihdorpf) an der Wiehoff bezeichnen wohl gleichfalls alte, aus sakralen Gründen befriedete und geweihte Stätten. Gewiß bleibt bei diesen ortsnamenkundlichen Zeugnissen ein Rest (unbehaglicher) Unsicherheit, doch reicht er u. E. nicht aus, um das Gesamtbild wesentlich zu verändern, selbst wenn sich einzelne Korrekturen ergeben sollten.

Diese Hinweise auf die Verehrung von Wotan, Donar und Ziu in der Fritzlarer Ebene lassen auf die Übung der durchgebildeten germanischen Religion, für die diese Götterdreiheit bezeichnend ist, im Zentrum des chattischen Stammes schließen. Wenn es hier auch nicht möglich ist, Entwicklung und Gestalt des germanischen Götterglaubens zu erörtern, so muß doch auf den von der jüngeren Forschung erarbeiteten kultischen Zusammenhang zwischen der Wotansverehrung und den kriegerischen germanischen Männerbünden hingewiesen werden, da diese Erscheinung auch bei den Chatten begegnet. Bei ihnen gab es nämlich eine Anzahl ausgezeichneter Krieger, die als Abzeichen einen eisernen Ring trugen, den sie nie ablegten, um dadurch für Freund und Feind gleich kenntlich zu sein. Sie hatten keinen eigenen Beruf, nicht Haus noch Hof oder sonstigen Besitz, aber das Recht auf Unterhalt durch jeden, den sie aufsuchten. Denn ihre besondere Aufgabe war die Eröffnung der Schlacht, und daher standen sie stets todgeweiht in den ersten Reihen.

Die Vergesellschaftung der Verehrungsstätten der großen germanischen Götter im Umkreis von Fritzlar hat zur Auffassung geführt, daß dieser Bezirk ein großes Volksheiligtum, ja geradezu eine Sakrallandschaft, gewesen sei; ob zu Recht, steht dahin. Jedenfalls darf dabei nicht übersehen werden, daß es in Hessen auch noch zahlreiche andere der Götterverehrung geweihte Stätten in dichter Häufung gab, wie etwa die Wildweiberstätten im Vogelsberg (von denen dort etwa 40 nachgewiesen sind). Besonders bemerkenswert nach Name, Gestalt und Überlieferung ist ein Berg bei Lanzenhain, der „Im Burgfrieden" bzw. „Am Mullstein" genannt wird. Auf seinem ebenen Gipfel, der auf drei Seiten von Felsenmeeren und Felsabstürzen umgeben ist, liegt ein altarartiger, schwerer Stein, zu dem einige künstlich gehauene Stufen hinaufführen. Er heißt heute Hexenstein, ist aber offensichtlich mit dem Trutbrachtestein einer Fuldaer Urkunde des frühen 10. Jahrhunderts identisch und wird durch diesen Namen eindeutig als Verehrungsstätte einer weiblichen germanischen Göttin gekennzeichnet. Dazu sei noch auf das nicht minder bemerkenswerte Frau-Hollen- oder Wildfrauengestühl über dem Niddatal zwischen Dauernheim und Staden hingewiesen. Hier im Angesicht der (1923/1924 zu Bauzwecken zerstörten) „Totenstadt" von Niedermockstadt (mit mindestens 120 Grabhügeln) erhebt sich auf der gegenüberliegenden rechten Flußseite über einer kleinen Hügelgräbergruppe ein der Uferberglehne vorgelagerter Hügel. Nach ihm pflegten bis in die Mitte des 19. Jahrhunderts die Bewohner sämtlicher umliegender Orte, nachdem sie sich in Blofeld versammelt hatten, am Himmelfahrtstag auszuziehen, um dort ein Fest zu feiern. Oberhalb dieses Hügels aber befindet sich auf dem Plateau der Berglehne, dem Hohenberg, der sogenannte Frau Hollenstuhl, ein durch Steinsetzungen künstlich hergerichteter Platz, dessen Mittelpunkt eine mächtige Basaltbank von dreieinhalb Meter Länge, zwei Meter Breite und ein Meter mittlerer Höhe bildet. Sie ist augenscheinlich von Menschenhand als Opferstein ausgearbeitet, denn sie trägt auf der Oberfläche nebeneinander drei fast rechteckige (also künstliche) Vertiefungen von etwa 50 Zentimeter Durchmesser und 24 Zentimeter Tiefe. Ähnliche künstliche Vertiefungen kehren auf Steinen ähnlicher Plätze wieder, etwa auf dem Feldberg, dem Wüsten Garten und den Lahnbergen. Von ihnen sei aus Niederhessen noch der „Riesenstein" am Ziegenrück des ringwallbekrönten Heiligenberges bei Altendorf genannt, denn dieser Felsblock besitzt nicht nur eine schüsselartige Mulde mit Abflußrinne, sondern auch (bisher ungedeutete) künstliche Einritzungen.

Man verehrte die Götter auf Bergeshöhen, wofür in Hessen die höchste Erhebung des Kellerwaldes, der Wüste Garten (was schon namenkundlich auf seine Einfriedigung hinweist), eines der eindrucksvollsten Beispiele bot. Der in waldweite Stille und Einsamkeit gebettete, von tiefen Forsten und mächtigen Felsenmeeren umgebene Gipfel ist von einem schwachen Steinbering umschlossen und trug auf seinem Scheitel einen (heute in das Fritzlarer Museum überführten) Quarzitblock mit einer halbkugelig vertieften Schale, die diesen Ort eindeutig als umfriedeten Opferplatz kennzeichnet. Aber auch in heiligen Hainen und an Quellen fühlte man sich den Göttern nahe. Das erweist der den Chatten und Hermunduren gemeinsame Glaube, daß die von ihnen umkämpften Salzquellen und die benachbarten Wälder durch die Nähe der Götter geheiligt seien und dort die Gebete am besten erhört würden; das bezeugen die älteste, mit -loh (Hain, Wald) zusammengesetzte Ortsnamenform für Dorla, das Baumheiligtum der Donareiche bei Geismar oder ein bei dem chattischen Tochterstamm der Bataver genannter heiliger Hain, in dem zu Ehren Wotans Kultfeste mit Gelagen abgehalten wurden. Noch die Montabaurer Zentbeschreibung von 959 nennt eine heilige Eiche; diesen Namen führten im 16. Jahrhundert Plätze in der Nähe von Gnadenthal im Goldenen Grund und am Wellenberg bei Wetter (in Verbindung mit Wichtelhäusern und Nornwand). Dicke Eichen, die unter besonderem forstlichem Schutz standen, sind in Niederhessen bis in unser Jahrhundert gehegt worden. Ja, Hessen besitzt noch heute geradezu ein Landschaftssymbol in seinem Wetterauer Wartbaum, einer mächtigen Linde auf der Höhe zwischen Windecken und Roßdorf, deren Vorgängerin schon 1636 bezeugt ist. Sie gehört zu der großen Zahl jener teilweise uralten, oft schon im Mittelalter urkundlich bezeugten Linden, die noch immer viele unserer Gemeinde- und alten Gerichtsplätze beschatten als überlebende Zeugen vorchristlicher Baumverehrungen.

Den Götterdienst versahen Priester, wie der im Triumphzug des Germanicus mitaufgeführte chattische Priester Libes beweist. Außerdem übten weise Frauen nachhaltigen Einfluß aus, so die Seherin Veleda im großen Bataveraufstand vom Jahr 69 und eine chattische Wahrsagerin auf Kaiser Vitellius. Wir dürfen daher wohl auch die Verwünschungsformeln, die für die Bataver bezeugt sind, ebenso für ihren chattischen Mutterstamm beanspruchen wie ihre Gesänge bei Gelagen und beim Ausrücken zum Kampfe.

In welchem Maße sich die chattischen Freien mit der Erledigung der täglichen häuslichen Arbeit abgaben, ist nicht sicher. Man nimmt an, daß die Bewirtschaftung der Äcker vor allem den Frauen, Alten und Unfreien oblag, während die Männer vor allem für die Herden, insbesondere die Aufzucht und Pflege der Pferde, sorgten. Doch steht es dahin, wie weit die chattischen Freien selber als Bauern gelebt und gearbeitet haben, wenn man die erheblichen militärischen und politischen Aufgaben in Krieg und Frieden, die dafür erforderliche Ausbildung und das Gefolgschaftswesen in Betracht zieht. Ungewiß ist auch, wer die wenigen Berufe, die sich bereits verselbständigt hatten, wie Schmiede, Zimmerleute, Wagner und Töpfer, ausgeübt hat, doch dürften auch dies größtenteils Unfreie gewesen sein. Die häusliche Kultur der chattischen Frühzeit war höchst einfach, das Geschirr dürftig, die Ausstattung auf das Notwendigste beschränkt, der Hausbau ohne Besonderheiten; von einem chattischen Burgenbau wissen wir nichts, offenbar haben sie in der Regel bereits vorhandene Anlagen benutzt oder höchstens ausgebaut. Ebenso einfach war die aus Wolle oder Leinen verfertigte Kleidung. Sie bestand bei den Männern gemäß der gemeingermanischen Tracht jener Jahrhunderte aus einem zweiteiligen, vielfach ärmellosen Leibrock und einer enganliegenden Hose. Die Frauen trugen ein einheitliches ärmelloses Hemdkleid, das auf den Schultern mit Fibeln geschlossen war und zuweilen um die Hüften gerafft und durch einen Gürtel gehalten wurde. Darüber warfen Männer und Frauen einen mantelähnlichen Umhang, der auf der Brust oder den Schultern mit Spangen oder Nadeln befestigt war. Diese vorwiegend aus Bronze gearbeiteten Verschlüsse waren zuweilen in Schmuckformen gehalten, aber einfach wie die Glasperlen und -ringe, die man gefunden hat.

Das äußere Erscheinungsbild der Chatten können wir nicht nur über die stammverwandten Bataver erschließen, die nach Tacitus von gewaltiger Körpergröße waren, sondern auch den Worten dieses römischen Historikers über die Chatten selbst entnehmen. Ihre dementsprechenden Körperkräfte verdankten sie jedoch nicht nur ihrer Leibesbeschaffenheit, sondern auch ihrer lebhaft betriebenen Leibesertüchtigung, der Reiten und Schwimmen, Laufen und Springen und insbesondere Waffenübungen dienten. Dazu kam die Jagd, die noch auf wehrhaftes Urwild wie Bär und Wolf, Wisent und Urstier, Hirsch und Wildschwein unter vollem persönlichem Einsatz ausgeübt werden mußte, und als letzte Bewährungsstufe der Krieg, der die höchsten Leistungen forderte. Über die Art der Bewaffnung wissen wir wenig, wir begnügen uns daher mit dem Hinweis, daß die verwandten Bataver Lanze und Speer, Schwert und Schild, aber auch Dolch und Schleuder trugen, mit nacktem Oberkörper in die Schlacht gingen und zur Anfeuerung der Kämpfenden Frauen und Kinder hinter der Front aufstellten. Wie weit dies auch für die Chatten zutrifft, ist ungewiß, aber mit dem Eingreifen der Frauen in den Kampf hängt es vielleicht doch zusammen, daß die Römer wiederholt chattische Frauen zu Gefangenen gemacht haben, wobei es dann vorkam, daß diese sich selber töteten, um der Sklaverei zu entgehen.

Wir beschließen diese Darstellung mit dem Bericht, den Tacitus in der Germania von den Chatten unter besonderer Würdigung ihrer kriegerischen Leistungen gegeben hat. Indem er sie unter allen germanischen Stämmen heraushebt, sagte er von ihnen: „Besonders kraftvolle Körper, feste Gliedmaßen, furchterregende Blicke, Energie und geistige Beweglichkeit sind den Chatten eigen. Im Vergleich zu anderen Germanen handeln sie mit Überlegung und Geschick. Sie erheben Auserlesene zu Führern und hören auf sie. Sie kennen die Schlachtordnung, wissen aber auch eine günstige Gelegenheit auszunutzen, ohne jedoch den Angriff zu überstürzen; den Tag teilen sie gut ein, und bei Nacht verschanzen sie sich. Sie wissen, Glück wankt, Tapferkeit besteht. Und, was selten und eigentlich nur bei römischer Zucht berechtigt ist, sie setzen mehr auf den Führer als auf das Heer. Die ganze Angriffsgewalt liegt beim Fußvolk, das außer den Waffen auch Schanzgerät und Mundvorrat tragen muß. Andere sieht man als Draufgänger, die Chatten als Krieger kämpfen. Raubzüge oder ungeplante Zusammenstöße sind bei ihnen selten. Die Reiterei pflegt den Sieg durch rasche Vorstöße einzuleiten und sich ebenso schnell wieder zurückzuziehen. Ihre Schnelligkeit ist schreckenerregend, ihr Verharren nicht Zögern, sondern Standhaftigkeit. — Was bei den anderen Germanenstämmen nicht Brauch ist, sondern dem Mut des einzelnen überlassen bleibt, ist bei den Chatten allgemein üblich. Wenn sie zu Männern herangewachsen sind, lassen sie zunächst Haupthaar und Bart stehen, bis sie einen Feind getötet haben; dann erst legen sie diese Tracht ab, die sie der Tapferkeit verpfändet und geweiht haben. Über dem Blut des Feindes und der Beute schneiden sie das Haar, das ihre Stirn bedeckte, zurück, und jetzt erst glauben sie den Preis für ihr Dasein bezahlt zu haben und des Vaterlandes und ihrer Ahnen würdig zu sein. Die Feigen und Schwachen behalten das struppige Aussehen."

Dieses mit knappen Strichen gezeichnete kriegerische Charakterbild des chattischen Stammes scheint uns in jeder Weise seiner geschichtlichen Verhaltensweise und Leistung zu entsprechen; denn nur unter diesen Voraussetzungen wird seine Behauptung im Kampf mit Rom verständlich. Gleichwohl ist die Stellung der Chatten im Ringen zwischen Rom und den germanischen Stämmen um Herrschaft und Freiheit bisher noch nicht genügend herausgearbeitet worden. Der Grund hierfür liegt wahrscheinlich darin, daß sie keine überragenden Persönlichkeiten und hervorleuchtenden Einzeltaten aufzuweisen haben. So ist ihre Bedeutung seit jeher durch den glänzenden Sieg von Arminius im Jahre 9 und den hauptsächlich den Alamannen zugeschriebenen Limesdurchbruch 250/60 im allgemeinen geschichtlichen Bewußtsein überstrahlt und beschattet worden. Man hat es daher zu gering angeschlagen, daß die Chatten als einziger der unmittelbar angrenzenden germanischen Stämme über ein Vierteljahrtausend zuerst dem militärischen Angriff und dann dem politischen Einfluß des römischen Weltreiches widerstanden haben, obwohl das eine ganz überragende Leistung war, die keine andere germanische Völkerschaft an dieser Front in dieser Zeit zuwege gebracht hat. Denn von den im Kampf gegen Rom am Rhein zeitweise führenden Stämmen der Triboker, Quaden, Sugambrer, Markomannen und Cherusker haben nur wenige ihre Unabhängigkeit und Abwehrkraft wahren können; die meisten sind schnell der Macht der Römer erlegen.

Diese chattische Haltung und Bewährung war jedoch nicht nur für das eigene Schicksal grundlegend, sondern auch für dasjenige ganz Germaniens. Das beruht vor allem auf der zentralen Verkehrslage Hessens und damit seiner Bedeutung als des neben Westfalen wichtigsten Torwegs zum linkselbischen Deutschland. Daher war die von Rom angestrebte Unterwerfung Germaniens bis zur Elbe, die es in den drei großen Offensiven unter Drusus, Tiberius und Germanicus zu erreichen trachtete und in den folgenden Jahrzehnten erst allmählich aufgab, ohne die völlige Besiegung der Chatten nicht durchzuführen; denn davon war wiederum die endgültige Öffnung der hessischen Durchgangsstraßen abhängig, der kürzesten und damit militärisch wichtigsten, die es vom Mittelrhein zur Mittelelbe gab. Umgekehrt lassen spätere geschichtliche Parallelen keinen Zweifel daran, daß sich die Eingliederung des chattischen Stammlandes in den römischen Machtbereich in einer weitgehenden Beugung des linkselbischen Germanien unter die römische Herrschaft ausgewirkt hätte. Daß dieses nicht geschah, ist offensichtlich mit ein Ergebnis des hartnäckigen chattischen Widerstandes, der sich nicht nur in den schweren Jahren des unmittelbaren Großkampfes, sondern auch durch viele Jahrzehnte im Kleinkampf der Grenze bewährte und selbst in den längeren Friedensperioden allen schwächenden zivilisatorischen Einflüssen, wie sie der Grenzverkehr reichlich vermittelte, widerstand. Das aber war für die Bewahrung der germanischen Freiheit wesentlicher, als jene großen, aber kurzen militärischen Erfolge von Arminius, auf die nur allzubald sein und seines Stammes Untergang folgte. So waren es zuletzt allein die Chatten, die überdauerten, bis der Kampf von größeren germanischen Mächten übernommen und von den Verbänden der Alamannen und Franken erfolgreich beendet werden konnte.

V.

ALTHESSEN

9. Chatten und Franken

Die Jahrhunderte nach dem Zusammenbruch der Römerherrschaft im Limesgebiet (um 260 n. Chr.) sind die dunkelsten in der hessischen Geschichte, denn mit dieser Wende erlosch auch das Licht, das die klassische Geschichtsschreibung bis dahin über sie verbreitet hatte. So war die Forschung gezwungen, wieder weniger gangbare Wege einzuschlagen, um mit Hilfe der Siedlungsgeschichte, der Ortsnamenkunde, der Bodenfunde und sonstiger Überreste rückdeutend eine Vorstellung von jenen grundlegenden Entscheidungen zu gewinnen, die sich in dieser Epoche vollzogen haben. Hierbei handelte es sich vor allem um zwei, eng mit einander verflochtene Vorgänge: einmal um den politischen Zerfall und die Auflösung des chattischen Stammes in eine Anzahl von Splittergruppen und ihr Verhältnis zum werdenden fränkischen Großstamm; und zweitens um ihren Übergang von Gliedern des fränkischen Stammesverbandes zu einem Teil des fränkischen Reiches. Wie sich diese im Endergebnis umstürzenden, aber gleichwohl langsam abgelaufenen Ereignisse im einzelnen mit-, nach- und nebeneinander vollzogen haben, wissen wir erst zum Teil, so daß die Ausführungen des folgenden Kapitels nur unter Vorbehalt möglich sind.

Diese Situation erklärt sich vor allem daraus, daß ergiebige schriftliche Geschichtsquellen über unser Gebiet erst wieder für das frühe 8. Jahrhundert vorliegen. Die sicher festgestellten und gedeuteten Resultate der Bodenforschung und der Namen- und Siedlungskunde aber reichen nicht aus, um daraus klare Vorstellungen über die geschichtlichen Abläufe und ihre treibenden Kräfte und Motive im einzelnen zu gewinnen. Wie kompliziert sich von der Geschichtswissenschaft nie ernsthaft bezweifelte Zusammenhänge im Lichte anderer wissenschaftlicher Betrachtungsweisen darstellen, ergibt sich aus dem sprachlich strittigen Verhältnis des Namens der Chatten zu dem der Hessen. Nachdem ihre sprachliche Gleichsetzung nach langen gelehrten Erörterungen der Germanisten schließlich als lautgesetzlich kaum möglich erachtet wurde, ist jüngsthin die Möglichkeit dafür gleichwohl nachgewiesen worden. Die Geschichtsforschung hatte jedoch für die Übereinstimmung von Chatten und Hessen seit jeher ihre eigenen und schwerer wiegenden Gründe. Diese sind: der Nachweis der erscheinungsmäßigen Beständigkeit des niederhessischen Bevölkerungstyps; die Siedlungskontinuität seiner zahlreichen urgeschichtlichen

Dörfer; das weithin urtümlich gebliebene Ortsnamenbild der niederhessischen Altsiedellandschaft; die politisch überragende Rolle dieses Gebietes in der chattischen und der gesamten hessischen Geschichte; die führende Stellung der chattischen Rechtsstätte Maden bis in die Anfänge der Landgrafschaft; und schließlich die entscheidende Bedeutung des schon urgeschichtlichen niederhessischen Kultmittelpunktes bis in die bonifatianische Zeit. Sie alle zusammengenommen lassen keinen Zweifel daran, daß hier eine einzigartige bevölkerungsmäßige, siedlungsgeschichtliche, politische, rechtliche und kultische Kontinuität und damit ein ununterbrochener Stammeszusammenhang gewahrt worden ist.

Sehr schwierig gestaltete sich dabei die Aufhellung und Deutung unseres Ortsnamenbildes. Dieses ist jedoch für die Erkenntnis großer geschichtlicher Vorgänge um so wichtiger, als es ein so reiches und gleichmäßiges Fundmaterial nicht wieder gibt. Es ist daher von besonderem Wert, daß unser Ortsnamenbestand heute weitgehend sprachlich erschlossen und in seinen einzelnen Gruppen (vornehmlich mit Hilfe der Endungen) auch zeitlich bestimmt ist. Wo aber zuverlässige sprachliche Deutungen noch nicht erreicht werden konnten, ist dadurch wenigstens das hohe Alter dieser Ortsnamen gesichert. Das gilt in Hessen für ganze Ortsnamengruppen im Amöneburger Gebiet (Allna, Lohra, Wiera, Vers und Kehna) und um Fritzlar (Dissen, Deute, Haldorf, Ritte, Bauna, Besse); aber auch die bei uns häufigen Ortsnamen mit den Endungen -lar, -mar, -tar, -ithi und -apa/affa sind hochaltertümlich und eindrucksvolle Zeugen für die Siedlungskontinuität der althessischen Gebiete. Charakteristisch für die Wald- und Bachlandschaft Hessens ist die Verbindung der apa/affa-Endung mit jagdbarem Großwild in Urff = Auerochsen(Ur-)wasser, Rosphe = (Wild)-pferdewasser, Perf = Bärenwasser, Schweinffe = (Wild)schweinwasser, während Laasphe als Lachswasser und Berf als Biberwasser gedeutet worden sind.

Die epochemachende Leistung des Marburger Gelehrten K. Arnold, der die Ausbreitung bestimmter Ortsnamentypen auf die Wanderungsbewegungen germanischer Stämme zurückführte, ist zwar im einzelnen zu Recht wieder eingeschränkt worden, hat sich aber im Kern behauptet, da ihre geschichtlichen Stützen zu stark sind. Infolgedessen haben bedeutende Namenforscher die Ausdehnung der Chatten nach Westen auch ortsnamenkundlich für nachweisbar erklärt und dafür insbesondere das Verbreitungsgebiet der auf -affa, -lar, -mar und -tar endenden Ortsnamen herangezogen. Sie begegnen nämlich in Hessen am häufigsten, erstrecken sich im übrigen aber von Thüringen über ihren Schwerpunkt Hessen nach Westfalen und durch das Rheinland bis nach Flandern sowie lahnabwärts und moselaufwärts bis nach Luxemburg und Lothringen. Dessen Hauptstadt Metz, die ursprünglich keltisch Divodurum hieß, ist mit dem chattisch-niederhessischen Metze, dem alten Mattium, sprachlich identisch; und dazu treten Ortsnamen wie Hessen (ad Chassus in einer Urkunde von 699) und Hessenwald bei Saarburg. Gewicht erhalten diese Hinweise dadurch, daß sich Jahrhunderte später eine rückläufige Ortsnamenbewegung vollzog, die eine eindeutig politisch bedingte Ausbreitung bestimmter Ortsnamenformen (kassel-? und -heim-Orte) mit sich brachte. Entscheidend aber ist, daß die nach den Ortsnamen wahrscheinliche Westbewegung mehrerer chattischer Teilstämme auch geschichtlich bezeugt wird. Von ihnen sind die Mattiaker in das untere Taunusgebiet, die Chattuarier an die Ruhr und die Bataver und Canninefaten an die Rheinmündung und in das nördliche Holland vorgedrungen, wie wir früher dargestellt haben. In allen hier genannten Gebieten aber war später der fränkische Stamm beheimatet, so daß schon aus geographischen Gründen eine alte, unmittelbare Verbindung zwischen Chatten und Franken feststeht. (Einen anschaulichen kulturgeschichtlichen Hinweis auf diese Zusammenhänge bietet die Übereinstimmung der chattischen und der salfränkischen Haartracht.)

Aus alledem ergibt sich also, daß die vorherrschende Ansicht unzutreffend ist, die Chatten seien fast unberührt von der großen Völkerbewegung in der 1. Hälfte des ersten nachchristlichen Jahrtausends in Hessen sitzengeblieben. Denn was, was vom chattischen Stamm nach Abschluß der Völkerwanderung in Hessen übrigblieb, war nur noch ein Rest jenes machtvollen Ganzen, dessen Größe und Kraft die ersten nachchristlichen Jahrhunderte erfüllt hatte. Die Gründe für diese Schrumpfung, die den Stammesrest schließlich wieder auf das alte Kerngebiet in Niederhessen beschränkt hat, sind aber nicht nur in den erheblichen Wanderungsverlusten, sondern noch mehr in der Überlastung im Kampf mit Rom zu suchen. Sie bestand vor allem in jenem jahrhundertelang währenden, unmittelbaren Kontakt mit einem militärisch überlegenen Gegner, der auf den Stamm unausgesetzt einwirkte. Das bedingte zwar keineswegs immer kriegerische Aktionen, erforderte aber doch ein ständiges Angespanntsein, das sich dann generationenlang fast regelmäßig in schweren Kämpfen entladen hat. Es bedarf daher keiner Frage, daß sich der Stamm dabei erschöpft hat und damit zwangsläufig in den Schatten der Geschichte zurücktreten mußte, nachdem er so lange in ihrem Lichte gestanden hatte.

Hierin aber liegt die Erklärung für jenen Vorgang, der als eine besonders rätselhafte Erscheinung der germanischen und insbesondere der hessischen Frühgeschichte gilt: das Verschwinden der Chatten aus der Überlieferung seit dem 3. Jahrhundert n. Chr. Als letztes zuverlässiges Zeugnis für die politische Existenz der Chatten erachtet man die Mitteilung des römischen Geschichtsschreibers Dio von ihrem Zusammenstoß mit dem römischen Kaiser Caracalla vom Jahre 213. Alle späteren Nachrichten haben dagegen einige Forscher als unechte Wiederholungen des Chattennamens angesehen, und zwar vor allem deshalb, weil die Geschichte sonst nichts mehr von ihnen berichte. Aber dieses Argument ist zu schwach, denn mit dem Ermatten seiner politischen Aktivität büßte der Stamm naturgemäß auch das zeitgeschichtliche Interesse ein und verlor sich damit auch in der geschichtlichen Überlieferung, die sich bis dahin so eingehend mit ihm befaßt hatte. Schon an dem entscheidenden, endgültigen germanischen Durchbruch durch den Limes in der Mitte des 3. Jahrhunderts waren die Chatten anscheinend nicht mehr führend beteiligt. Das ist aus den zahlreichen alamannischen Siedlungen im eroberten Rhein-Main-Gebiet (und dem Fehlen eindeutig chattischer Siedlungsreste aus diesen Landstrichen und Jahrzehnten) zu schließen. Diese führende alamannische Rolle geht aus den Bodenfunden hervor, spiegelt sich im Ortsnamenbild (wenn die zahlreichen oberhessischen -ingen-Orte so zu Recht gedeutet werden) und ist auch geschichtlich bezeugt (wie wir im nächsten Kapitel erörtern).

Der daraus ersichtliche politische und militärische Niedergang des chattischen Stammes und die Formen seiner Ablösung erweisen, daß das Verschwinden der Chatten als politische Macht und die Eingliederung Hessens in den fränkischen Herrschaftsbereich voneinander abhängig waren. Denn beide Ereignisse werden einfach und sinnvoll damit verknüpft und erklärt, daß unmittelbar nach dem politischen Erlöschen der Chatten im 3. Jahrhundert n. Chr. der fränkische Stamm als übergreifender Verband Gestalt gewann. Sehen wir daher diesen Vorgang als die Ablösung einer kleineren, erschöpften Einheit durch einen größeren, von ihm mitgetragenen Verband an, dann erhellt das nicht nur die äußeren Voraussetzungen und Formen des politischen Endes des chattischen Stammes, sondern zugleich auch das spätere Verhältnis des fränkischen Großstammes zum Lande Hessen und seinen Bewohnern. Denn damit vermögen wir das völlig geräuschlose Aufgehen des alten chattischen Stammlandes im fränkischen Machtbereich ohne militärische Unterwerfung und größere Siedlungsumschichtungen einfach und befriedigend aus einer alten und echten stammlichen Verbindung zu deuten. Dem entspricht es, wenn die Chatten 392 und 465 ausdrücklich zu den fränkischen Völkerschaften gezählt werden. Doch kann der Begriff Chatten dabei nicht mehr im Sinne der ersten beiden nachchristlichen Jahrhunderte verstanden, sondern muß auf ihre örtlichen Nachfolgegruppen bezogen werden. Sie waren zwar immer noch gleichen Stammes, aber damals schon lange kaum mehr als ein schwaches Abbild ihrer früheren politischen Erscheinung.

Zur weiteren Klärung der Verbindung des chattischen und des fränkischen Stammes ist schließlich noch ein Problem ihrer Frühgeschichte zu besprechen, das im besonderen Maße geeignet ist, die Art ihrer Beziehungen zu verdeutlichen. Es handelt sich um die Frage nach dem hessischen Stammesrecht und sein Verhältnis zum fränkischen. Auf Grund dessen, daß sich ein hessisches Recht der Frühzeit vom fränkischen Recht nicht absetzen läßt, hat die Rechtsgeschichte lange unangefochten die Rechtseinheit von Chatten und Franken vertreten. Sie ist neuerdings zwar bezweifelt, aber keineswegs widerlegt worden, ebenso wie der schon vor Jahrzehnten angekündigte Versuch, das chattische Recht aus jüngeren Quellen herauszulösen, bisher nicht durchgeführt worden ist. Daß es überhaupt ein chattisches Stammesrecht gab, bedarf keiner Frage; ein politisch so hoch organisierter und leistungsfähiger Stamm, dessen Hauptgerichtsstätte Maden eine bereits aus der Vorzeit herüberreichende, geradezu einzigartige Rechtstradition verkörpert, ist ohne eigenes Recht undenkbar. Schon deswegen ist es abwegig anzunehmen, daß es völlig untergegangen sei oder sich doch soweit verflüchtigt habe, daß es nicht einmal mehr in fränkischer Zeit greifbar ist. Wenn es nämlich als erwiesen gelten darf, daß sich chattische Teilstämme bis an den Niederrhein und nach Holland und Belgien ausgedehnt und damit insbesondere zur salfränkischen Stammesbildung wesentlich beigetragen haben, dann müssen wir daraus folgern, daß mit der fränkischen Stammes- auch die fränkische Rechtsentwicklung entscheidende Anregungen von dieser Seite erfahren hat. Daraus aber ist zu schließen, daß das chattische Recht nicht spurlos untergegangen, sondern vielmehr in wesentlichen Zügen erhalten sein dürfte; wenn auch in einen größeren Rechtskreis übergeleitet und in dessen Gewand überliefert, aus dem es heute nicht mehr herausgelöst werden kann, dem salischen Recht.

Ein Beweis hierfür ist bei der Lage der Dinge nicht zu erbringen, aber die Voraussetzungen dieses Schlusses sind ebenso sicher wie seine Folgerungen einleuchtend sind. Denn damit gewinnen wir eine weitere wichtige Stütze für die bereits oben dargelegte Ansicht, daß die Chatten eine enge Verbindung mit dem fränkischen Stamm eingegangen sind, und verstehen nun auch, auf welchen Grundlagen sich später die langsam und organisch gewachsene Eingliederung Hessens in den fränkischen Machtbereich vollziehen konnte. Zugleich aber ist es möglich, aus dieser bereits in den Wurzeln hergestellten fränkisch-hessischen Rechtseinheit zwanglos und hinreichend zu erklären, warum wir zwar die Rechte der Franken, Alamannen, Bayern, Nordthüringer, Sachsen und Friesen besitzen, von einem Volksrecht der Hessen aber nie etwas hören, was völlig unverständlich bliebe, wenn es je neben dem fränkischen ein selbständiges chattisch-hessisches Stammesrecht gegeben hätte.

Sein Fehlen liegt aber nicht nur in dem vermutlichen Zusammenfall von chattischem und fränkischem Recht begründet, es erklärt sich zugleich auch aus der allgemeinen Entwicklung des politischen Verhältnisses zwischen Chatten und Franken. Dieses mußte sich immer eindeutiger zugunsten der Franken verschieben, denn ein Wachstum des Kernstammes war natürlich nur auf

Kosten seiner schwächeren Mitglieder möglich. Das traf selbstverständlich auch für die Chatten zu, ja bei ihnen weist diese Entwicklung verstärkte Züge auf. Die Gründe hierfür liegen in der erörterten politischen Vergangenheit des Stammes und seiner darauf beruhenden Erschöpfung. Die immer wieder feststellbaren Folgen solcher Ermattungszustände zeigen sich nämlich nicht nur im äußeren Niedergang, sondern gleicherweise auch im inneren Verfall; denn mit der Aufgabe der militärischen Front- und politischen Führungsstellung hat der chattische Stamm auch seine wohl nur deshalb so lange gewahrte politische Einheit verloren. Sie fiel in steigendem Maße auseinander. Wahrscheinlich genährt durch neue Elemente, die der Strom der Völkerwanderung auch in diese Gebiete führte, spalteten sich die Bewohner des hessischen Landes in Kleinstämme auf. Die Nachrichten über diese innere, politische Auflösung des alten chattischen Herrschaftsbereiches stammen zwar erst aus der bonifatianischen Zeit, spiegeln aber zweifellos ältere Zustände wider. Denn mit der Tätigkeit des Bonifatius und dem verstärkten Eingreifen des fränkischen Reiches in Hessen, das seit Ende des 7. Jahrhunderts in den Auseinandersetzungen mit den Sachsen steigende politische Bedeutung gewann, war die Zeit dieser Kleinstämme im Grunde bereits vorüber. Ihre Namen kennen wir aus dem Sendschreiben Papst Gregors III. von etwa 738, in dessen wohl von Bonifatius selbst entworfener Adresse die Stämme einzeln benannt sind. Wir werden sie später erörtern und halten hier nur den darin liegenden sicheren Beweis dafür fest, daß der chattische Stamm in einen hessischen Kernstamm und zahlreiche kleinere Stämme im Gebiet von Nieder- und Oberhessen zerfallen war. Die Gründe dieser Entwicklung, aber auch ihr Sinn sind uns klar. Auf die große Epoche der chattischen Geschichte und die Überbeanspruchung ihrer Träger folgte notwendig ein langer Zeitraum stiller Regeneration, die sich selbstverständlich nur in politisch bedeutungslosen kleinen Kreisen vollziehen konnte und dabei den notwendigen Schutz im Schatten einer größeren Macht fand, der sich die Chatten unterordneten, der Franken. Wir können das vielleicht sogar aus den Bodenfunden ablesen. Während die chattische keramische Ware der frühen Zeit (wie sie etwa die Altenburg und ein Gießener Gräberfeld überliefert haben) nach Typen und Schmuckformen geradezu ärmlich ist, bieten die jüngsten keramischen Funde des 2./4. nachchristlichen Jahrhunderts aus dem niederhessischen Kerngebiet (heute im Fritzlarer Museum) ein ganz anderes Bild: eine nach Brand, Typenformen und insbesondere Dekor hochwertige Ware, für die bis jetzt keine Parallelen bestehen. Man meint aus diesen z. T. prachtvollen Funden geradezu die Regeneration der sie herstellenden und benutzenden Bevölkerung zu spüren, und es nimmt nicht wunder, daß sich nun unter den Streufunden aus diesem Gebiet auch römische Goldmünzen finden.

10. Franken und Hessen

Das soeben erörterte Verhältnis des chattischen Stammes und der ihm nachfolgenden Kleinstämme zu den Franken hat die Formen der Einbeziehung Hessens in das fränkische Reich bestimmt. Sie unterscheiden sich dadurch von denen anderer Länder, die im fränkischen Reiche aufgingen, daß Hessen nicht auf Grund militärischer Unterwerfung, wie Thüringen und Sachsen, sondern mittels langsamer Durchdringung gewonnen wurde und daß dieser Prozeß infolgedessen nicht wenige Jahre oder Jahrzehnte, sondern Jahrhunderte dauerte. Er vollzog sich auf f ü n f in gleicher Richtung verlaufenden Bahnen, die sich daher vielfach berührten. Die erste war der siedlungspolitische, die zweite der militärische, die dritte der fiskalische und die vierte der verfassungsrechtliche Weg. Das Ganze wurde überwölbt und besonders in den Schlußphasen ideell zusammengefaßt durch die Christianisierung Hessens.

Die Einbeziehung unseres Landes in den fränkischen Machtbereich begann mit den fränkischen Angriffen auf die Alamannen im 4. Jahrhundert und endete zu Ausgang des 5. Jahrhunderts mit ihrer Verdrängung aus dem hessischen Limesgebiet. Dabei trat das untere Lahngebiet als fränkischer Brückenkopf (dessen Basis wohl das Neuwieder Becken war) deutlich hervor, da hierauf die Wirksamkeit des Frankenkönigs Mallobaudes im Lahngebiet hinweist. Dieser König eines fränkischen Teilstammes stellt eine für die Übergangszeit von der römischen zur fränkischen Herrschaft am Mittelrhein charakteristische Gestalt dar. Er war (entweder von Kaiser Valentinian I. oder dessen Sohn Gratian) als comes domesticorum (= Kommandant der Palastgarde) eingesetzt worden und erhielt 377, als die Alamannen den Rhein überschritten, gemeinsam mit dem Römer Nannienus den Oberbefehl über die niedergermanischen Grenztruppen des Römerreiches. Er hat damals die Alamannen im Elsaß geschlagen, ist aber auch noch aus anderen Zusammenstößen mit ihnen bekannt. Dabei gelang es ihm, den Alamannenfürsten Makrian zu töten, der bereits in den Kämpfen des römischen Kaisers Julian mit den Alamannen eine Rolle gespielt hatte, damals aber noch genötigt werden konnte, gemeinsam mit seinem Bruder Hariobaudes 359 um Frieden zu bitten. Doch war Makrian so unzuverlässig, daß Valentinian I., der 369 die Rheingrenze erneut befestigte und dabei auch einen kleinen rechtsrheinischen Brückenkopf um Mainz ausbaute (Türme in Kostheim, Schierstein und Steinheim b. Niederwalluf), Makrian in seinem Sitz Wiesbaden auszuheben versuchte, was jedoch mißlang. Schließlich kam ein endgültiger Friede zwischen Makrian und den Römern 374 in Mainz zustande, worauf er ihr Bundesgenosse wurde. Im Zusammenhang damit ist Wiesbaden in das Gebiet des Mainzer Brückenkopfes einbezogen und mit der mächtigen „Heidenmauer“ erneut befestigt worden.

Nachdem Mallobaudes um 390 Makrian im Kampf überwunden und getötet und die rechtsrheinischen Alamannen damit entscheidend geschwächt hatte, müssen die Franken daraufhin kraft ihrer militärischen Überlegenheit schon bald die Herrschaft im Lahngebiet und in der Wetterau übernommen haben. Das ergibt sich eindeutig daraus, daß rechtsrheinische Franken 406 im Mattiakerland den Angriff der Vandalen und Alamannen auf die linksrheinischen Gebiete und insbesondere Mainz vergeblich abzuwehren suchten, und vor allem sind nach den Gewährsmännern des Geographen von Ravenna schon in der Mitte des 5. Jahrhunderts das Flußgebiet der Lahn und der Nidda in patria Francorum gelegen und damit ausdrücklich als fränkisch gekennzeichnet. Zudem lebt der seltene Name Mallobaudes vermutlich in den hier bezeugten Ortsnamenformen Malmeneich (Madelbodeneich) und Mademühlen (Malbodomulen) fort. Einen wahrscheinlich stammverwandten Namen (Madali) trug auch der Schenker der fränkischen Runenspange von Bad Ems. In dieser frühen Zeit dürften sich ferner — außer dem kultischen und gerichtlichen Zentrum des unteren Lahngebietes in Dietkirchen — Herrschaftsmittelpunkte fränkischer Adelsfamilien (als der bestimmenden örtlichen Machthaber) im Bereich der Dornburg und bei Diez gebildet haben. Darauf weisen die unweit der großen Ringwallanlage der Dornburg bezeugte frühe Turmburg in Dorndorf, der Name des Ortes Frickhofen (Fridehuba) und die fränkischen Reihengräberfriedhöfe an der Dornburg hin. Dafür spricht aber auch die hier errichtete älteste Kirche dieses Gebietes auf dem Blasiusberg bei Frickhofen, die ursprünglich dem heiligen Michael geweiht war und sicher eine heidnische Kultstätte fortsetzte. In gleicher Weise hat vielleicht auch die dem heiligen Petrus geweihte Altendiezer Bergkirche, die von einer curtisähnlichen Anlage umgeben war, zunächst einmal als befestigter Herrensitz gedient.

Jedoch kann man sich die Herrschaftsverhältnisse der Völkerwanderungszeit im heutigen Rhein-Main-Gebiet nicht unruhig und schwankend genug vorstellen. Bezeichnend ist die dreimalige Eroberung und Plünderung von Mainz in kurzer Frist: 368 durch die Alamannen unter Rando, 406 durch Alanen, Alamannen und Vandalen und 451 durch die Hunnen. Vielfach waren dabei sogar auf beiden Seiten Franken im Spiel, die immer beherrschender rheinaufwärts vordrangen und ausgriffen, 440 Trier zum vierten Male einnahmen und seit 475 endgültig behielten, nachdem sie sich seit 457 bereits in Köln festgesetzt hatten. Jedoch hieß zunächst fränkische Beherrschung noch nicht fränkische Besiedlung; vielmehr stellen sich die völkerwanderungszeitlichen Siedlungsverhältnisse im östlichen Mittelrheingebiet lange Zeit äußerst verworren dar. Es muß überhaupt bezweifelt werden, ob die hier in ständig wechselnder Folge einbrechenden, herrschenden und wieder verdrängten germanischen Stämme das Siedlungsgebiet des südwestlichen Hessens wirklich entscheidend verändert haben. Es scheint (nach Aussage des frühen Ortsnamen-

und selbst noch des späten Erscheinungsbildes der eingesessenen Bevölkerung) vielmehr, als ob eine bodenständige, wenn auch (zumal seit der Römerzeit) bunt gemischte Ureinwohnerschaft alle Stürme zumindestens in der Substanz überstanden und der jeweils herrschende Stamm nur einen verhältnismäßig geringen Teil des Kulturlandes selber besiedelt habe. Das gilt offensichtlich auch für die Alamannen, wie der Ortsnamenbefund in Verbindung mit den bisher bekannten alamannischen Friedhöfen zeigt. Gleichwohl steht nach allen archäologischen und historischen Nachrichten fest, daß die Alamannen von der Mitte des 3. bis zur Mitte des 5. Jahrhunderts sowohl im unteren Maintal als auch in den nordmainischen Gebieten vom westlichen Taunus bis weit in den östlichen Vogelsberg geherrscht haben. Hierbei waren sie jedoch seit dem 4. Jahrhundert auf der gesamten Nordflanke dem ständig steigenden Druck der Franken ausgesetzt, wie die Kämpfe zwischen dem Frankenkönig Mallobaudes und Makrian im späten 4. und dem Frankenkönig Sigibert von Köln und den Alamannen im späten 5. Jahrhundert zeigen. Das Ergebnis dieser fränkisch-alamannischen Kämpfe läßt der oben erwähnte Bericht des Geographen von Ravenna erkennen, demzufolge die Franken bis etwa 480 ihren Machtbereich über Lahn und Nidda bis in das untere Maintal vorgeschoben hatten, während die Alamannen noch Worms und Aschaffenburg hielten.

Schließlich entschied der Sieg König Chlodwigs über die Alamannen 506 diese langwierige Auseinandersetzung endgültig zugunsten der Franken. Die Alamannen mußten ihre Stellung am unteren Main und mittleren Rhein bis zur Lauter und Murg aufgeben und das Land den Siegern überlassen. Diese haben es daraufhin, vom Lahngebiet nach Südosten und Süden vordringend, besetzt und weitgehend besiedelt. Die Voraussetzung dafür bot jedoch nicht eine umfassende Vertreibung der bisherigen Bewohner (wenn auch die Abwanderung alamannischer Bevölkerungsteile wahrscheinlich ist), sondern eine erhebliche Siedlungsintensivierung. Das zeigt sich deutlich in dem Verhältnis der fränkischen -heim-Orte zu den alten Kastellplätzen (die sie nicht besetzen) und in der Siedlungserweiterung namenmäßig älterer Orte (wie die dortigen fränkischen Reihengräberfriedhöfe bezeugen, über die wir später sprechen).

Diese fränkische Besiedlung erfolgte im 6. Jahrhundert und ging Hand in Hand mit der Ausdehnung des fränkischen Reiches unter den merowingischen Königen Chlodwig (481 bis 511), Theuderich (511 bis 533) und Theudebert (533 bis 548). Jedenfalls können wir seit Chlodwig mit der politischen Herrschaft der fränkischen Könige über Hessen sicher rechnen. Das beweist eindeutig der Fall des fränkischen Teilkönigs Sigibert von Köln, den sein eigener Sohn auf Anstiften König Chlodwigs auf der Jagd in der Buchonia (also im oberen Fulda- und Vogelsberggebiet) erschlug. Da Chlodwig daraufhin aber auch Sigiberts Sohn töten ließ und dessen Herrschaft übernahm, sind damit die politischen Verhältnisse auch unseres Gebietes hinreichend klargestellt. Daß sich das während des ganzen 6. Jahrhunderts nicht änderte, zeigt die Rolle der rechtsrheinischen Truppenkontingente in den Kämpfen der Merowinger untereinander, besonders unter Sigibert I. (561—575). Wegen ihrer Wildheit und Kampfkraft gefürchtet, waren sie vielfach in den Feldzügen (etwa der Jahre 574/75) von ausschlaggebender Bedeutung. In diesem Zusammenhang ist aber auch auf die Auseinandersetzung Sigiberts mit den Sachsen hinzuweisen, deren 568 nach Italien abgewanderten Scharen er 572 die Rückwanderung nach Nordthüringen erlaubte. Denn offenbar entstanden damals dort jene als Sicherung gegen die unruhigen Sachsen eingerichteten Grenzmarken des Friesenfelds, des Schwabengaus und des (in seiner Bedeutung lange umstrittenen und gelehrt mißdeuteten) Hessengaus.

Noch klarer sprechen die erörterten Zeugnisse für die fränkische Gewalt in Hessen selbst, wobei wir allerdings ein von Südwesten nach Nordosten streichendes Herrschaftsgefälle annehmen; d. h. die fränkische Oberhoheit erstreckte sich zunächst hauptsächlich auf das mittlere und südliche Hessen (Lahngebiet, Wetterau, Buchonia) und noch kaum auf die niederhessischen Bezirke, hat aber hier keineswegs gänzlich ausgesetzt (wie wohl das Kriegergrab von Niedervorschütz von ca. 570 zu deuten sein dürfte). Jedoch geriet Niederhessen anscheinend erst gegen Ende des 7. Jahrhunderts stärker in den Bereich der fränkischen Politik, nachdem sich der Karolinger Pippin 687 in der Schlacht von Tertry als einziger Hausmeier durchgesetzt hatte; denn er wandte seine Aufmerksamkeit wieder stärker den rechtsrheinischen Gebieten zu, was sich unter seinem Sohn Karl Martell (714 bis 741) noch erheblich steigerte. Doch berichten die Metzer Annalen von ihm, daß er keineswegs der erste Beherrscher dieser Landstriche gewesen sei, sondern lediglich die Stämme erneut unterworfen habe, die sich der fränkischen Herrschaft infolge der Untätigkeit der vorhergehenden Herrscher entgegen dem Herkommen inzwischen hätten entziehen können.

Für die fränkische Siedlung in Hessen gilt das Verbreitungsgebiet der auf -heim endenden Ortsnamen und der Reihengräberfelder als Stütze. Es zeigt, daß es zu einer weitgehend geschlossenen fränkischen Siedlung nur im Limesgebiet gekommen ist, denn nur hier stehen sie so dichtgedrängt an, daß sie fränkische Besiedlung sichern. Für den Siedlungsvorgang, die Siedlungsdichte und die Ortsnamengebung ist dabei die Beobachtung wichtig, daß fränkische Gräberfelder nicht nur bei -heim-Orten, sondern fast noch zahlreicher bei namensmäßig älteren Orten vorkommen. Solche Reihengräberfelder sind in der Wetterau nämlich nachgewiesen in Leihgestern, Trais-Horloff, Berstadt, Steinfurth, Wölfersheim, Nieder-Mörlen, Echzell, Gettenau, Reichelsheim, Friedberg (vier Friedhöfe!), Kaichen, Windecken, Groß-Karben, Vilbel, Harheim, Dörnigheim und Frankfurt (zwei Friedhöfe). Sie lagen also — mit Ausnahme des Reihengräberfriedhofes auf dem Glauberg — alle innerhalb des

Limes und häuften sich in der östlichen Wetterau. Im übrigen Hessen sind Reihengräberfriedhöfe mit Körperbestattung zwar selten, aber doch schon nachgewiesen (Goddelsheim, Kr. Waldeck, Mardorf, Kr. Homberg, Hilmes, Kr. Hersfeld). Die althessische Bevölkerung hat demgegenüber bis zum Ende der Merowingerzeit an der Brandbestattung festgehalten und diese erst unter dem Einfluß neuer religiöser Anschauungen, nämlich nach der Christianisierung, aufgegeben.

Daß die fränkische Besiedlung der Wetterau zumindestens staatlich gelenkt war, ergibt sich daraus, daß die -heim-Orte entlang der wichtigsten römischen Militärstraßen und zusammengefaßt um die ehemaligen Kastelle liegen. Die Kastellplätze selbst sind von den -heim-Orten bezeichnenderweise nicht besetzt worden. Sie heißen ganz anders, wobei insbesondere die zahlreichen -burg- und -stadt-Namen auffallen (Saalburg, Kapers-, Alte-, Krotzen-, Niedern-, Obern-burg; Seligenstadt, Stock-, Kessel-, Oberflor-, Altenstadt) oder sonstige hochaltertümliche Namen auftreten (Hunzel, Becheln, Kemel, Heidekringen, Okarben, Echzell, Marköbel). Schon das Namenbild zeigt also, daß hier ältere Siedlungen überdauert haben, und der Nachweis von fränkisch-deutschem Königsgut an diesen Plätzen bezeugt die bewußte königliche Erfassung des römischen Fiskallandes, d. h. die Fortwirkung grundlegender staatlicher Einrichtungen der Römer über die alamannische bis in die fränkische Zeit, ja über sie hinaus bis in die hochmittelalterliche deutsche Kaiserzeit. Denn hier in der Wetterau konzentrierte sich ja nicht nur das Reichsgut an einzelnen, schon seit römischer Zeit wichtigen Punkten, wie etwa den Kastellplätzen Frankfurt, Seligenstadt, Mühlheim, Großkrotzenburg, Kesselstadt, Heldenbergen, Marköbel und dem besonders gut bekannten karolingischen Krongutbezirk von Florstadt; hier war es darüber hinaus in so breiter Streuung vorhanden, daß noch in staufischer Zeit in Wiederanknüpfung an frühere Verhältnisse der Versuch möglich war, den ganzen Bereich, der in politischer Hinsicht nur als Königsherrschaftsgebiet charakterisiert werden kann, ähnlich wie in römischer Zeit wieder in ein Reichsterritorium zu verdichten und zusammenzuschließen.

Beispielhaft für diese Zusammenhänge ist etwa der Markt des Kastellplatzes Marköbel. Er ordnet sich in eine Kette von Märkten ein, die sich am Limes entlangziehen, wie diejenigen von Laufenselden, Born und Alteburg-Heftrich im Taunus; Kaisergrube bei Niedermörlen, Arnsburg, Inheiden, Burg bei Unterwiddersheim, Warte bei Oberflorstadt u. a. Sie können sich angesichts dieses Befundes nur aus Warenhandelsplätzen der römisch-germanischen Zeit entwickelt haben, denn anders sind Märkte an den sonst völlig unbedeutenden Kastellorten nicht zu erklären. Wie gewichtig diese Märkte gewesen sind, zeigt am anschaulichsten Marköbel. Die Köbeler Messe, die bis in das Spätmittelalter als wetterauischer Zinstermin galt, hat nicht nur dem ursprünglich Köbel genannten Ort die entsprechende Bezeichnung Markt-Köbel eingetragen, sondern noch 1220 Kaiser Friedrich II. bestimmt, diesen Markt in die Reichsstadt Gelnhausen zu verlegen. Für die unmittelbare, materielle, wenn auch zweckentfremdete Weiterverwendung der römischen Anlagen ist aber auch die Kirche in Marköbel ein sprechendes Beispiel, denn sie ist auf dem Mauerwerk des römischen Bades errichtet, in gleicher Weise wie die St. Severuskirche zu Boppard, wie die Kirche zu Echzell, unter der das römische Bad noch weitgehend erhalten ist, oder die Kirche zu Groß-Umstadt, die inmitten einer römischen villa rustica mit Badeanlage steht.

Ähnliche Traditionen sind auch in zahlreichen anderen Einzelfällen nachzuweisen, so in der direkten Weiterführung lateinischer Namen Eltville = alta villa, Mainz-Kastel = castellum, Kemel = camminum, Prath = pratum, Bonames = bona mansio oder in den mit villa gebildeten umgeformten Ortsnamen Dortelweil, Griedel, Petterweil, Echzell, Rendel, Vilbel und wohl auch Nieder- und Oberwöllstadt. An all diesen Orten sind römische Gebäude, z. T. sehr stattliche Gutshöfe, aufgedeckt worden. Das Fortleben der römischen Bezeichnung für Wasserleitung Aquaeduct bis ins späte Mittelalter bezeugen die Flurnamen „zu der Aiduht" zu Bergen bei Hanau (bezeugt vor 1255) und „bei der aduchen" zu Seckbach (genannt 1290). Sehr klar spricht sich die römische Überlieferung in der Grundrißbeeinflussung ganzer hessischer Dörfer und Städte durch die Kastelle aus, wofür Großkrotzenburg nach Name und Anlage (auf dem Straßenkreuz und innerhalb der Kastellmauern) ein klassisches Beispiel bietet, wofür aber auch Kesselstadt, Seligenstadt, Altenstadt, Marköbel, Okarben, Höchst, Mainz-Kastel, Wiesbaden u. a. zeugen. Diese Kontinuität bestand ebenso in der Weiterbenutzung römischer Straßen (Elisabethenstraße zwischen Mainz-Kastel und Heddernheim) und Werkplätze (der Steinbrüche am Felsberg im Odenwald, aus dessen Granit Säulen im ältesten Teil des Trierer Domes angefertigt sind); ja selbst die Gemarkungsgrenzen und Flurstriche haben (vor der Feldbereinigung) noch die Einwirkungen römischer Agrimensoren erkennen lassen. Insbesondere hat sich der Limes selbst vielfach so ausgewirkt (z. B. bei der Abgrenzung des Pfarrersprengels von Schloßborn, die Erzbischof Bardo von Mainz 1043 beurkundete). Damals wird der Limes erstmals wieder als „phal" bezeugt, doch erscheint er auch als selbständiger Ortsname in Pohl und als Bestimmungswort im Ortsnamen Pohlgöns (gegenüber Kirchgöns, Langgöns).

Besonders handgreiflich ist die römisch-germanische Kontinuität in Mainz und Frankfurt. Aus der Fülle der Mainzer Beispiele heben wir nur zwei heraus: Karl der Große ließ in zehnjähriger Arbeit die (bald wieder zerstörte) Rheinbrücke auf den römischen Pfeilern neu errichten, und 882 erneuerte und verstärkte man die Mainzer Stadtmauer (gegen die Normannenüberfälle) weitgehend auf den Fundamenten des römischen Mauerzuges. In Frankfurt aber, diesem bedeutendsten Platz des Reiches im Mittelrhein- und unteren Main-

Gebiet, setzte sich das auf dem späteren Domhügel gelegene römische Kastell aus der Zeit des Kaisers Domitian in einer (auch durch benachbarte alamannisch-fränkische Reihengräber gesicherten) völkerwanderungszeitlich-fränkisch bestimmten Anlage fort; diese leitete dann in die karolingisch-ottonischen Pfalz- und Kirchenbauten über und wurde schließlich von den staufischen Pfalz- und Befestigungsbauten abgeschlossen. Hierbei ist jedoch zu beachten, daß solche bis in die römische Zeit zurückreichenden Reichstraditionen nicht nur für Plätze erster Wahl wie Mainz und Frankfurt oder die zahlreichen Kastellplätze nachweisbar sind, sondern auch für kleinere Wetterauer Orte (wie etwa Dortelweil oder Eichen) gelten.

Im Gegensatz zu den unteren Maingebieten und der Wetterau treten die -heim-Orte im übrigen Hessen vereinzelt und offensichtlich nur an solchen Stellen auf, wo es wichtige militärische Positionen wirtschaftlich zu sichern und besatzungsmäßig zu verstärken galt. Es ist daher typisch, daß wir im engsten Umkreis der Glauburg, deren fränkische Besiedlung im Anschluß an die alamannische nachgewiesen ist, sechs -heim-Orte finden, daß sie bei Wetzlar, dem seit fränkischer Zeit befestigten Königshof (an der Stelle des Klosters Altenberg?), in beherrschender Verkehrslage auftreten, zu Füßen der oberhessischen Festung Amöneburg liegen und Homberg und Fritzlar und Hofgeismar umgeben. Um Homberg wird die planmäßige, von einem beherrschenden Mittelpunkt ausgehende Siedlungsanlage besonders deutlich, denn die Benennung der vier Dörfer Ostheim, Westheim, Nordwig und Sondheim (= Süd-) nach den vier Himmelsrichtungen hat nur von einer bestimmenden Mitte aus Sinn. Sie wird in diesem Fall vom Homberger Burgberg gebildet, nach dem diese vier Dörfer ausgerichtet sind. Die Anlage solcher „orientierter" Siedlungskomplexe ist im fränkischen Kolonialland häufig anzutreffen und ein klarer Ausdruck der fränkischen Staatssiedlung, deren wesentlichste Träger die jüngeren -heim-Orte waren. Es sind nämlich zwei Schichten der -heim-Orte zu unterscheiden, eine ältere (genetivischer Personenname + heim, z. B. Düdelsheim = Tutilosheim), die in der Wetterau häufiger, im übrigen Hessen aber selten ist, und eine jüngere Schicht (ungebeugter Sachname + heim, z. B. Bergheim), die hier vorherrscht.

Ein übersichtliches Bild des siedlungsgeschichtlichen Ablaufs im Spiegel der Ortsnamen bietet das Umland der Glauburg. Es ist von dem -heim-Namensgebiet der Wetterau durch einen Riegel von Ortsnamen abgetrennt, die auf -stadt enden und offensichtlich älter als die -heim-Namen, also vorfränkisch sind. Am Glauberg selbst schließt sich um den Kern des Berg- und Ortsnamens Glauberg eine Gruppe von -heim-Namen der ältesten Schicht (Düdelsheim = Tutilosheim, Enzheim = Answinosheim und Bommersheim = Botmarsheim). Sie wird ergänzt durch eine Gruppe jüngerer -heim-Orte (Stockheim, Heegheim, Lindheim), um die sich ein Kranz von Orten legt, die auf -bach enden, um den dann nochmals ein Gürtel gleichartiger auf -hausen endender Ortsnamen geschlungen ist. Es ist offensichtlich, daß ein solches Namenbild nicht zufällig sein kann. Die Aufgliederung des mit den genannten Dörfern umschriebenen Gebietes in deutlich voneinander abgesetzte Ortsnamenzonen zeigt vielmehr, daß sich die Ausweitung des Kernraumes in verschiedene Etappen staffelt, von denen jede durch eine vorherrschende Ortsnamenform gekennzeichnet wird. Was daher für die -heim-Orte gilt, muß im Prinzip auch für die beiden anderen Gruppen zutreffen: geplante, gelenkte oder beeinflußte Anlage und damit etwaige zeitliche Zusammengehörigkeit jeder dieser Ortsnamengruppen. Daraus ergibt sich, daß die Initiative des fränkischen Staates, der das Kerngehäuse geschaffen hatte, auch für den nachfolgenden Siedlungsausbau bestimmend geblieben sein muß, daß also die merowingische Konzeption in der karolingischen Epoche beibehalten und fortgesetzt worden ist. Dieses Ergebnis gestattet uns zugleich, die relative Chronologie dieses Siedlungsgebietes in die absolute zu übertragen, denn die landschaftliche Anordnung einer zonenweise geschlossenen Abfolge von -heim- zu -bach- zu -hausen-Orten läßt den sicheren Schluß zu, daß eine nach der anderen entstanden ist. Da aber die -heim-Orte sicher dem 6. und 7. Jahrhundert angehören, müssen ihnen die -bach- und -hausen-Orte im 8. und 9. Jahrhundert gefolgt sein. Dabei ist selbstverständlich, daß diese Chronologie nur für die zuerst ausgeweiteten Altsiedelgebiete gilt, daß sie sich also in den weniger zugänglichen hessischen Waldlandschaften sicher z. T. erheblich verschiebt.

Ausbau und Sicherung der großen Straßenzüge war einer der anderen entscheidenden Schritte zur Festigung der fränkischen Herrschaft in Hessen. Er verband sich mit einer grundlegenden Umgestaltung des Befestigungswesens. Es war zunächst von den germanischen und noch älteren, mächtigen Bergfestungen in der Art der Glauburg, Amöneburg, Kesterburg und der Büraburg beherrscht. Sie wurden von den Franken übernommen, wie die fränkischen Niederlassungen auf der Glauburg und der Amöneburg erweisen, und dann von ihnen mit stärkeren Mitteln ausgebaut. Das lehrt das Beispiel der seit der jungen Steinzeit besiedelten (und befestigten?) Büraburg, auf der (nach der Ansicht des Ausgräbers Vonderau) schon um die Mitte des 6. Jahrhunderts (aber vielleicht doch erst im 7./8. Jahrhundert) ein starkes Kastell entstand. Eine Anzahl in Holz errichteter Truppenunterkünfte und Wirtschaftsgebäude, die eine ständige Besatzung aufnehmen und versorgen konnten, waren auf der Höhe des Berges zu einem Geviert zusammengeschlossen, das von einer steinernen Mauer von etwa 1100 Meter Länge umwehrt war. Die (je nach der Angreifbarkeit der Front) zwei bis vier Meter dicke Mauer zeigte außen hammergerecht zugerichtetes Schichtmauer- und innen eingestampftes Füllmauerwerk in reicher Mörtellagerung. Davor zog sich eine durchschnittlich 1,50 Meter breite Berme (Umgang) entlang, die ohne Mörtel aus schweren Bruchsteinen gesetzt war. Hinter der Mauer führte ein angeschütteter Wall entlang, dessen Kern aus einer 0,90 Meter starken Mauer bestand. Die nicht durch Steilhänge geschützten Seiten waren durch einzelne mächtige Türme und trockene Spitzgräben verstärkt und diese zudem durch eingerammte Palisadenspitzen unzugänglich gemacht. Zwei ausgebaute Toranlagen sicherten den Zutritt zur Burg. Das Vorbild der römischen Kastellbauten ist unverkennbar, wenn auch das Nachbild ungenauer und gröber ist.

So mächtig Bergfestungen dieser Art aber auch waren, so schwerfällig waren sie auch, dazu ganz von der Gunst der Lage abhängig und daher wohl zur Verteidigung und Beherrschung des von ihnen überwachten Umlandes geeignet, nicht aber zur Stützung planmäßig vorgetriebener und weite Räume durchdringender Offensiven. Für eine bewegliche Kriegführung war ihr System daher zu starr, vermochten sie doch nicht einmal die langen militärischen Anmarsch- und Verbindungswege durch Hessen wirklich zu decken. Man hat sie daher wohl schon seit Mitte des 8. Jahrhunderts durch ein (ebenfalls von römischen Vorbildern beeinflußtes?) System kleinerer, befestigter Plätze ergänzt, die entlang der großen Straßenzüge eingerichtet, in der Regel nicht weiter als einen Tagesmarsch voneinander entfernt lagen, so wie es die damals auch im südwestlichen Hessen noch gut erkennbaren römischen Kastellanlagen nahelegen mochten. Auf diese Maßnahmen des fränkischen Staates hat man die hessischen Kassel-Namen (Leihgestern [Leitcastre], Kassenberg, Kesterburg, Kesselbecke, Kassel a. d. Fulda, Kassel bei Gelnhausen, Kesselstadt u. a.) zurückgeführt, indem man sie sprachlich von castellum bzw. castrum ableitete und in Verbindung mit den fränkischen Militärstraßen durch Hessen brachte; doch ist weder die vorgeschlagene Namendeutung noch ihre Lokalisierung eindeutig. Schwerwiegender sind in dieser Hinsicht die neuesten Feststellungen fränkischer Keramik oder nach fränkischem Vorbild geformter einheimischer Keramik auf solchen Plätzen, die noch im Mittelalter von Bedeutung waren (Schaumburg bei Hoof, Weidelsburg bei Naumburg). Dem entspricht der in diesen Zusammenhang gehörende Fund eines goldenen Wehrgehänge-(fragmentes) mit feinster Bearbeitung im geometrischen Tierstil (des 5. Jahrhunderts?) bei Obervorschütz.

Über die soziale Stellung der fränkischen Besatzung eines solchen vermuteten castrums unterrichtet uns der fränkische Reihengräberfriedhof von Leihgestern (einem Ort, der bereits eine bandkeramische Siedlung aufzuweisen hat). Denn nach Bestattungsart und Grabbeigaben zu schließen, hat es sich dabei zweifellos um eine Herrenschicht gehandelt. Die Skelettfunde lassen einen ausgezeichneten Menschenschlag erkennen, groß, starkknochig und von edler Schädelbildung (Beispiel im Wetterauer Museum in Friedberg). Einer der Ausgräber von Leihgestern schildert, wie die in gewaltigen hölzernen Totenkisten beigesetzten, vielfach noch im kräftigsten Mannesalter stehenden Krieger ausgestattet waren: zur Rechten das Langschwert, die spatha, und zwei Messer, quer über dem Leib das Kurzschwert, die scramasax, und an der rechten Schulter die Wurfaxt, die francisca. Die Frauengräber bargen prunkvolle Schmuckbeigaben: Perlen aus Bernstein oder Buntglas, goldene Zierscheiben, feuervergoldete Bügelfibeln mit Tierplastiken, silberne Rundfibeln mit Almandinen, durchbrochene Bronzebeschläge u. a. Ein fränkisches Frauengrab von Friedberg enthielt eine silberne, vergoldete und mit Almandinen geschmückte Rundfibel mit dem in Runen eingeschriebenen Namen der Besitzerin Thuruthild. Eine weitere fränkische Runeninschrift aus unserem Gebiet überliefert die aus dem frühen 7. Jahrhundert stammende Bügelfibel von Bad Ems. Sie spricht einen Segenswunsch des Schenkers Madali an die Trägerin aus, während die Runenspangen von Osthofen und Freilaubersheim in Rheinhessen nur einfache Bekundungen des Schreibers enthalten (Boso schrieb die Rune). Erst kürzlich ist noch ein Ring mit einer Runeninschrift in Kastel (innerhalb eines um 405/06 verborgenen Münzschatzes) zutage getreten.

Es lag in der Natur der Sache, daß die Franken bei der Errichtung ihrer befestigten Plätze lagebegünstigte Orte an Paßstellen und Flußübergängen bevorzugt haben, die nicht nur der Straßensicherung und -sperre genügten, sondern auch hinreichende Festigkeit besaßen, um einen feindlichen Angriff so lange abzuwehren, bis der Entsatz heran war. Das zeigt etwa der Ausbau von Fritzlar zur fränkischen Straßenfeste. Im Gegensatz zu dem abseits der Straße liegenden Büraberg ist das Kastell unmittelbar über dem Fluß und der Straße auf einer Anhöhe dort angelegt, wo das steil abfallende Ederufer eine gewisse Sicherheit bot, die es ihm ermöglichte, die Straße direkt zu decken oder zu sperren. Anlagen solcher Art sind heute im Zuge der Weinstraße in Wetzlar, auf dem Gronauer Alten Schloß (nördlich Wetzlar), in Wetter, in Frankenberg, auf dem Burgring bei Goddelsheim und in Korbach ausgegraben oder sicher erschlossen; dazu kommen noch Laar (bei Zierenberg) und Treysa. Über die Einrichtung einer solchen Befestigung unterrichtet trefflich das Gronauer Alte Schloß im Gleiberger Forst, da sein Grundriß nicht durch spätere Weiterbesiedlung des Platzes gestört ist. Es lag auf einer scharf in das Salzbödetal vorspringenden Bergnase über einer hier das Flüßchen durchquerenden Straßenfurt und unweit eines Straßenknotenpunktes, in dem sich die (später sogenannte) Weinstraße und Köln-Leipziger-Straße kreuzten. Die Anlage war mit z. T. mehrfachen Mauer- und Grabenzügen befestigt und ist durch Scherbenfunde für das 8. Jahrhundert gesichert. Sie zeichnet sich aus durch ein steinernes Rechteckhaus (von 10,7 : 6,3 Meter) mit Heizvorrichtung, an dessen südlicher Schmalseite sich ein Turm (von 4,7 : 5,4 Meter) mit Mauerstärken bis zu zwei Meter und an dessen östlicher Längsseite sich ein absidenartiger Halbrundbau (von 4,4 Meter Tiefe) erkennen läßt.

Das hervorragendste Beispiel eines solchen „Königshauses" ist auf dem Fuldaer Domplatz ergraben worden: ein Bau von 32,75 Meter Länge und 17,65 Meter Tiefe, der in eine Nord- und eine Südhälfte längsgeteilt war. Die Südhälfte zeigte zwischen zwei quadratischen Eckräumen (ca. 6 : 6 Meter) eine gut 17 Meter lange Halle, die vielleicht als eine von zwei Seitentürmen flankierte offene Pergola zu deuten ist, und die nach dem Grundriß etwa gleich angeordnete Nordhälfte einen von zwei Eckzimmern flankierten Mittelsaal von 18 Meter Länge und 8,35 Meter Tiefe. Dieses zweifellos weltliche Herrschaftsgebäude erinnert auffallend an die Herrschaftshäuser „reicher" römischer villae rusticae (Gambach bei Friedberg). Da es natürlich nicht von Römern errichtet worden sein kann, muß es aus späterer, merowingischer Zeit stammen (denn es ist vorbonifatianisch). Dieser Schluß ist um so gesicherter, als an seinem Ort eine noch ältere Bauperiode erkennbar ist und das gesamte Fundinventar dieses Platzes bis in die späte Latènezeit zurückreicht. Von besonderer Bedeutung ist dabei, daß das keltische Material mit dem germanisch-chattischen in einer Weise vergesellschaftet ist, die eine Fortführung der keltischen Tradition auch in der germanischen Zeit erkennen läßt, und daß diese dann ohne Bruch in die fränkisch-merowingische Zeit überleitet. Die hier eindeutig und einwandfrei bezeugte Kontinuität des ersten halben Jahrtausends nach Christi Geburt darf jedoch in dieser Form sicher nicht verallgemeinert und auch für das übrige keltisch-germanische Grenzgebiet in ähnlicher Weise angenommen werden; denn zweifellos haben an anderen Stellen heftige kriegerische Auseinandersetzungen stattgefunden.

Das Fuldaer Haus lag wahrscheinlich in einer befestigten Anlage. So zeigt auch dieses in Verbindung mit den anderen erörterten Beispielen, daß ein systematisch ausgebautes, zusammenhängendes Befestigungsnetz das ganze Land überspannte und damit in den fränkischen Machtbereich eingliederte. Diese ausgedehnten Sicherheitsmaßnahmen erforderte die steigende Verfeindung mit den Sachsen. Im 8. Jahrhundert kam es immer wieder zu kriegerischen Zusammenstößen zwischen beiden Stämmen, und zwar sowohl im niederrheinisch-westfälischen als auch im hessisch-thüringischen Grenzraum. Den fränkischen Feldzügen von 744, 745, 748, 753, 758 folgten heftige sächsische Gegenschläge, die nach dem ersten, 772 von Hessen aus durchgeführten Sachsenzug Karls des Großen schon 774 zur Zerstörung von Fritzlar und Büraburg führten. Der fränkische Staat hat es jedoch nicht bei diesen kriegerischen Aktionen bewenden lassen, sondern in enger Verbindung damit das als militärische Basis immer wichtigere hessische Hinterland auch sonst weitgehend gesichert. Zu dem Zweck hat er außer den dargelegten siedlungspolitischen und militärischen Maßnahmen wahrscheinlich auch ebenso durchgreifende fiskalische und verfassungsrechtliche Einrichtungen getroffen, die jedoch schwer genauer zu bestimmen sind.

Jedenfalls verband sich mit dieser militärischen Durchdringung Hessens die dortige Ausbreitung des fränkischen Reichsbesitzes. Diese wurde zunächst durch die Notwendigkeit angeregt und gefördert, in einem nicht eroberten, sondern allmählich angeschlossenen Lande eine tragfähige Herrschaftsgrundlage zu schaffen. Als solche aber kam gemäß der damaligen wirtschaftlichen Struktur nur ausgedehnter Grundbesitz in Betracht, der den neuen Herren die übergeordnete, unabhängige Stellung sicherte und es ihnen zudem ermöglichte, den immer zahlreicheren militärischen Stützpunkten auch wirtschaftlichen Rückhalt zu geben, um sie von einem in Krisenzeiten bedrohten Versorgungsnachschub unabhängig zu machen.

Über die Entstehung und den Ausbau solcher Reichsgutkomplexe sind wir in Hessen verhältnismäßig gut unterrichtet. Das aufschlußreiche Beispiel des Fiskus Glauberg haben wir in seinen Grundzügen bereits erörtert. Es ergab sich, daß dieser bereits in merowingischer Zeit errichtete fränkische Stützpunkt in karolingischer Zeit nicht nur erhalten, sondern auch noch wesentlich ausgebaut worden war, so daß das ganze Glauberggebiet schließlich einen weiträumigen königlichen Fiskus der fränkischen Zeit darstellte, der alle, nach den einschlägigen karolingischen Quellen erforderlichen Merkmale besaß. Sie bestanden darin, daß man inmitten eines strategisch und siedlungswichtigen Gebietes, das von einer großen Burganlage unmittelbar militärisch beherrscht wurde, eine bedeutende fiskalische Einheit schuf, die sich aus einem Gefüge von Wehr- und Wirtschaftshöfen zusammensetzte. Sie zeigte daher als Ganzes weder dichte Geschlossenheit noch völlige Vereinzelung, sondern eine dazwischenliegende, auch sonst für die mittelalterliche Grundherrschaft bezeichnende Streulage. Das zugehörige Reichsgut ist noch in kaiserlicher Zeit in Rommelhausen, Himbach, Langenbergheim, Eckartshausen, Vonhausen und Effolderbach festzustellen, und kleinere vorgeschobene befestigte Anlagen sind in Enzheim, Lindheim und Düdelsheim zu erschließen. Bezeichnend war ferner, daß sich die im Zentrum in der Regel dichter gefügte Besitzmasse nach außen hin auflockerte, wie es im hessischen Bereich außer dem Glauberger auch der Eschweger und der Amöneburger Fiskus deutlich erkennen lassen.

Das Bild des Eschweger Fiskus mit seinem verhältnismäßig geschlossenen Reichsgutkern um Eschwege und den weiter gestreuten Außenbesitzungen (Vierbach, Vockerode, Bernburg) und seinen königlichen Wehrhöfen (curtes) in Hügelspornlage (Herleshausen, Creuzburg mit Mihla, Frieda, Eschwege, Ermschwerd) kehrt in seinen Grundzügen auch im Amöneburger Gebiet wieder. Wie um den Glauberg und um Eschwege, so ist auch unmittelbar um die Amöneburg zahlreicher Reichsbesitz nachgewiesen (Seelheim, Werfloh, Roßdorf). Dazu kamen im benachbarten Ebsdorfer Grund, erschlossen aus der Villikation des Mainzer St. Stephanstiftes als Besitznachfolger des Reiches, weitere 13 Dörfer sowie in größerer Entfernung nordwestlich von Marburg um Amönau nochmals zehn Dörfer, die bereits zur Kesterburg überleiten. Das Reichsgut dieses Gebietes ist aus dem Besitz des der Kesterburg unmittelbar benachbarten königlichen Stiftes Wetter abzulesen, der mit dem des Mainzer St. Stephanstiftes eng verflochten war. Dieses Fiskalland war im Amöneburg-Ebsdorfer Becken in Vorhöfen (Großseelheim, Ebsdorf) grundherrlich zusammengefaßt, wie es die Landgüterordnung Karls des Großen forderte. Wahrscheinlich zum unmittelbaren Schutz solcher Höfe und ihrer Bewohner dienten befestigte Anlagen wie etwa die Hunburg bei Burgholz oder die Höfe bei Dreihausen. Ihre wichtigsten Merkmale waren nämlich Großräumigkeit, (versteckte) Höhenlage und Befestigung mit Mauer und Abschnittsgraben. Der landschaftliche und strukturelle Befund zeigt dabei klar, daß diese Anlagen vor allem Schutzaufgaben hatten. Wie weit sie darüber hinaus auch als befestigte Amtssitze königlicher Güterverwalter zu gelten haben, steht dahin.

Aus dem Fritzlarer Reichs(kirchen)gutkomplex kennen wir die durch eine Urkunde Karls des Großen von 782 überlieferten Namen solcher königlichen Gütervorsteher. Es waren Rabano, Swigar und Agilgaud, die als Inhaber sogenannter ministeria Verwalter der einzelnen Fritzlarer Fiskalgutbezirke gewesen sind. Diese Nachricht ist deshalb wertvoll, weil sie eine ganze Gruppe solcher Verwalter nennt, denn damit ist nachgewiesen, daß die von den Capitularien geforderte Organisationsform der Reichsfiski tatsächlich bestand, so daß auch dadurch unsere Vorstellungen von Aufbau und Verwaltung der fränkischen Reichsgutbezirke gesichert werden.

Nicht minder großzügig verfuhr die karolingische Forstpolitik in Hessen. Über diese Art der Ausdehnung des Reichsgutes und seine kolonisatorische Erschließung unterrichten zwei Urkunden Karls des Großen. Diese vom Kaiser den beiden sächsischen Edlen Bennit und Asig 811 und 813 erteilten Diplome besagen, daß die sächsischen Edlen Amalung und Hiddi (offenbar während der Sachsenkriege) aus ihrer Heimat als Gefolgsleute des fränkischen Königs nach Wolfsanger (bei Kassel) emigriert waren; einem Ort, der damals von Franken und Sachsen (als zinspflichtigen Königsleuten) bewohnt war. Solche gemeinsamen oder benachbarten fränkischen und sächsischen Siedlungen sind im übrigen Niederhessen durch Ortsnamen auch anderweitig bezeugt. Die beiden genannten sächsischen Edlen gaben daher ihre Absicht auf, sich dort niederzulassen, da sie (gemäß ihrem Stande und als Lohn für ihre Emigration) freies Eigen beanspruchten und selbstverständlich auch Reibungen mit den dorthin wahrscheinlich gewaltsam eingewiesenen Stammesgenossen zu umgehen trachteten. Sie rodeten daher im Walde jenseits der Fulda je einen sogenannten Bifang. Amalung gründete ihn bei Waldesbecchi und vererbte ihn auf seinen Sohn Bennit (nach dem er heute Benterode heißt); Hiddi legte ihn bei Hauucabrunno an und hinterließ ihn seinem Sohn Asig (nach dem er den Namen Escherode erhielt). Als dann jedoch Königsboten dieses Waldgebiet zum königlichen Eigen ziehen wollten, bestätigte der Kaiser auf Bitte Bennits und Asigs in Ansehung ihrer und ihrer Väter Verdienste ihnen den ererbten Besitz. Zugleich bestimmte er die Größe der beiden Gründungen und ihrer Fluren mit je zwei Meilen Länge und Breite und sechs Meilen Umfang, also bei einer Länge der fränkischen Meile von 2,2 Kilometer auf etwa 4,4 Kilometer im Durchmesser. Das war anscheinend die übliche, genormte Größe solcher Zuwendungen, da sowohl eine solche Karls des Großen an Kloster Hersfeld 799 in Niederaula als auch an seinen Biographen Einhard 815 in Michelstadt im Odenwald oder Schenkungen an die Klöster Fulda, Stablo und Malmedy in gleicher Weise begrenzt sind.

Die Übertragung an Amalung und Hiddi und die im Diplom von 813 bezeugte Tätigkeit der Königsboten erweisen einen königlichen Forst daselbst. Wahrscheinlich umfaßte er das ganze Gebiet zwischen der unteren Fulda und Werra, das damals wie heute überwiegend bewaldet war und die Fortsetzung des Reinhardswalder Reichsforstes bildet, dessen nördlichen Teil König Heinrich II. 1043 an die Abtei Helmarshausen und dessen südlichen Teil er 1019 und 1020 an das Bistum Paderborn übertrug. Der später sogenannte Reichsforst Kaufungerwald einschließlich der Söhre ging nach Süden in den Eherinforst um Hersfeld über, der sich dort zwischen Eitra, Haune und Aula erstreckte und in Form einer Wildbannschenkung des Königs 1003 an die Abtei Hersfeld kam. 1016 schenkte Kaiser Heinrich II. der Abtei einen weiteren Wildbann über einen anderen großen Bannbezirk östlich der Werra und Ulster. Südlich des Eherinforstes lag der 980 durch König Otto II. an das Kloster Fulda gegebene Bannbezirk des Branforstes. Auf ihn folgte weiter im Südwesten der an den Fiskus Glauberg anschließende Büdinger Reichsforst und auf ihn schließlich im Maingebiet der bedeutendste Reichsforst im Gebiet des heutigen Hessen, die Dreieich. Aber auch im Odenwald, wo König Heinrich II. 1002 und 1012 große Wildbannbezirke an das Bistum Worms und das Kloster Lorsch übertrug, sowie im Taunus und im Westerwald erstreckten sich große Reichsforstgebiete.

Diese Reichsforste sind zwar alle erst verhältnismäßig spät bezeugt, doch kann gemäß der allgemeinen Lage nicht zweifelhaft sein, daß sie sehr früh in die Hand des Königs gelangt sein müssen. Später gab es für solche ausgedehnten königlichen Erwerbungen keine politischen Möglichkeiten mehr. Wesentlich ist auch, daß „Forst" eine spezifisch fränkische Einrichtung war, die ursprünglich nur Königsland bezeichnete. Erst später hat sich dieser Begriff (ausschließlich) zu Wald weiterentwickelt. Zunächst war der Forst ein Banngebiet, das zu dem Zwecke geschaffen war, um alle anderen Rechte als die des Königs darin auszuschließen. Diese Forste waren daher auch keineswegs gänzlich unbewohnt, sondern vereinigten Wald- und Ödland, Siedlungen und Fluren in gleicher Weise. So lag im Eherinforst nicht nur Kloster Hersfeld selbst, sondern auch eine ganze Anzahl alter Niederlassungen (Niederaula, Breitungen, Uckevordi, Niedernausis).

Dabei ist auch im Bereiche der hessischen Forste seit frühkarolingischer Zeit mit einer Art Militärkolonisation zu rechnen. Das ist aus den Fuldaer Branforsturkunden zu schließen, nach denen (wahrscheinlich schon zu Zeiten Karl Martells) fränkische Krieger auf beanspruchtem Königsland als Siedler gegen die Verpflichtung zum Kriegsdienst angesetzt worden sind. Ihre bevorzugte rechtliche Stellung äußerte sich in der persönlichen Freiheit (Grafschaftsfreiheit), dem Erbpachtrecht für das Rodungsgut, einer Abgabeermäßigung (oder -befreiung) während der Rodungszeit und die Einschränkung des Verkaufs- oder Teilungsrechtes. Diese Sonderstellung führte zwar dazu, daß sich die königlichen Rechte bald verflüchtigten oder in andere Hände gerieten (Privat- oder klösterlicher Besitz), sicherte jedoch den Siedlern noch auf Jahrhunderte eine rechtliche Besserstellung, die sich in Hessen anscheinend noch im Bodenrecht der Häger (Rodungssiedler), der Leihe zu Waldrecht, abzeichnet.

Die hier zuletzt zu erörternde Frage nach den politischen Organisationsformen unseres Landes in fränkischer Zeit, nach ihrer Entwicklung und ihrem gegenseitigen Verhältnis ist vorerst nur in Umrissen geklärt und in vielen Einzelheiten strittig. Dabei schwanken die Meinungen im Extrem zwischen weitgehender Verwerfung einer solchen politischen Organisation überhaupt und der Annahme ihrer vollständigen und lückenlosen Durchführung. Die Wahrheit liegt wahrscheinlich in der Mitte, wobei grundsätzlich davon auszugehen ist, daß nur die damals bereits dichter bevölkerten Altsiedellandschaften zu dieser Frage aussagen können, nicht aber die in merowingischer und frühkarolingischer Zeit noch weithin unerschlossenen großen hessischen Waldgebirge wie Odenwald, Spessart und Rhön, Vogelsberg, Westerwald und südliches Rothaargebirge. Ist doch vom Odenwald bezeugt, daß er um 1000 noch fast siedlungsleer war. Dagegen kann in militärisch und fiskalisch bereits so weitgehend erfaßten Gebieten wie dem unteren Maintal und der Wetterau, dem Limburger und dem Amöneburger Becken, der Schwalm und der Fritzlarer Ebene und den Siedlungszentren der Buchonia und Dreieich die politische Organisation unmöglich gefehlt haben, kann ein schon im 8. Jahrhundert mit drei großen Reichsabteien besetztes Land kein verwaltungspolitischer leerer Raum gewesen sein. Das beweisen nicht nur die bereits vor Bonifatius auf der Amöneburg nachgewiesenen Statthalter, sondern ebenso eindeutig die durch die Fuldaer Urkunden des 8. Jahrhunderts bezeugten, offensichtlich damals schon seit langem tätigen öffentlichen Schreiber, denn „sie gelten gemeinhin als Gau- und Gerichtsschreiber, als amtliche Angestellte der Grafen, die sich dieser Organe bei ihrer richterlichen Tätigkeit an den Malstätten ihrer Gaue oder Grafschaftssprengel bedienten". Man wird daher den in karolingischer Zeit bezeugten Grafen auch karolingische Grafschaften zubilligen müssen. Jedoch dürfte die politische Verwaltung mit der gerichtlichen, militärischen und fiskalischen (wie in allen Frontgebieten) weitgehend zusammengefaßt gewesen sein, wenn auch die militärischen Aufgaben wohl noch lange den Vorrang behauptet haben. Man hat geradezu angenommen, daß das gesamte hessisch-sächsische Grenzland (wahrscheinlich bis weit nach Thüringen hinein) seit dem 7. oder frühen 8. Jahrhundert als fränkische Grenzmark gegen Sachsen nach militärpolitischen Gesichtspunkten organisiert war, wobei dann den Bergfestungen der Kesterburg, Amöneburg und Büraburg zweifellos eine hervorragende Rolle als Stützpfeiler der militärischen Sicherung und politischen Erfassung des Landes zugekommen wäre.

Durchaus offene Fragen sind es ferner, welches Alter, welchen Umfang und welche politische Bedeutung man den strittigen Verwaltungseinheiten, den Gauen im großen und den Marken und Hundertschaften (Zenten) im kleinen, zuzumessen hat. Bezeichneten die Gaue zumeist auch ursprünglich nichts anderes als Landstriche, die sich ihrem Namen nach überwiegend an die Siedlungsbereiche der Talschaft eines Flußlaufes angelehnt haben, aber auch schon früh darüber hinausgewachsen sein müssen, so kam ihnen doch gewiß ebenso eine politische Bedeutung zu wie den Hundertschaftsbezirken. Wenn diese letzteren auch in manchen Beziehungen noch problematisch sind, so ist an ihrer Existenz doch nicht zu zweifeln, denn ebenso wie die aus den uralten Siedlungskammern der hessischen Becken- und Flußlandschaften erwachsenen Gaue entsprachen die meist um kleinere Siedlungskerne ausgebildeten Hundertschaften so weitgehend schwer veränderlichen geographischen Gegebenheiten, daß sich ihre Konturen niemals völlig verwischen ließen. Man nimmt heute an, daß diese Hundertschaftsbezirke und ihre Vorsteher (Zentenare) im wesentlichen erst in fränkischer Zeit eingeführt worden sind und nicht, wie man früher glaubte, bereits eine germanische Einrichtung waren, die vom fränkischen Staat übernommen worden wäre. Man ist vielmehr geneigt, in diesen Zentenaren Befehlshaber der königlichen Reichsgutbezirke und ihrer Besatzungen zu sehen und diese Bezirke als die Urzellen eines neuen Verwaltungssystems aufzufassen, bei dessen Ausbau die Gaue dann von den Karolingern zu Grafschaften umgestaltet worden seien.

Ich kann dieser Vorstellung von derartig grundsätzlichen fränkischen Neuschöpfungen um so weniger beipflichten, als das Strukturbild der frühesten hessischen Gerichtsorganisation ein ganz anderes Bild zeigt. Danach kann zumindestens diese nicht erst ein Werk der fränkischen Herrschaft gewesen sein. Eine solche Ansicht widerlegt der landschaftliche Befund, der schwerwiegender und stichhaltiger ist als jene durch diese Frühzeit bedingte Dürftigkeit unserer schriftlichen Nachrichten, die immer wieder zum Beweis dafür dienen soll, daß nicht bestand, was nicht urkundlich belegt ist. Daß jedoch dieser Schluß insbesondere für Grundeinrichtungen der menschlichen Kultur, wie Sakralstätten, Begräbnisorte und Gerichtsplätze, nicht gilt, ist evident. Für die beiden ersteren weisen wir eine Kontinuität nach (vgl. Kap. 5, 11), die in zahlreichen, eindeutig bezeugten Fällen bis in die Urzeit zurückreicht, obwohl keine Urkunde davon berichtet, sondern nur Landschaft und Bodenfunde darüber aussagen. Sie gilt aber auch für zahlreiche hessische Gerichtsplätze, denn gerade bei den bekanntesten von ihnen gibt es eine auffallende Übereinstimmung mit den altheidnisch/christlichen Sakralstätten: ihre bemerkenswerte landschaftliche Lage. Wie die alten Bergkirchen, so haben nämlich auch viele hessische Gerichtsorte keine unmittelbare Verbindung zu den fränkischen Siedlungszentren ihrer Gebiete. Das bekannteste Beispiel bietet Maden, dieser gemäß seiner bekannten urgeschichtlichen Vergangenheit zweifellos frühgeschichtliche Gerichtsplatz, der deutlich vom niederhessischen Hauptorte Mattium/Metze und ihrem fränkischen Nachfolger Fritzlar/Büraburg abgesetzt ist und eine klare Parallele zum Grafschaftsgericht Ditmold bildet, das seinem Namen nach germanisch ist, aber seinen Platz außerhalb des spätestens von den Franken begründeten Zentrums Kassel hat. Man kann noch einen Schritt weiter herabgehen, denn auch solche Gerichtsplätze, wie das Katzenloh für das Gericht Bilstein im Werraland oder das Waldgericht, das eines der größten Gerichte mit unerklärter Zuständigkeit im niederhessischen Homberger Gebiet bezeichnet, sind siedlungs- oder verwaltungsgeschichtlich nicht zu erklären.

Aber auch für namhafte Gerichtsplätze Oberhessens ist festzustellen, daß sie sich nicht mit den fränkischen Hauptsiedlungen decken, wie der Rodenbühl im Amöneburger Becken oder die beiden Gerichtsplätze Ruchesloh und Stiffe im Oberlahngau. Das gleiche gilt für die Gerichtsorte der Grafschaft Malstatt in der Wetterau bei Bauernheim und des Königssondergaues im unteren Maintal bei Mechthildshausen. Sie alle liegen ebenso abseits von den fränkischen Siedlungsmittelpunkten, wie diejenigen des Limburger Beckens und des Frankfurter Raumes. Denn dort befindet sich die Gaugerichtsstätte nicht in Limburg oder Weilburg, sondern auf dem Reckenforst bei der alten Kultstätte Dietkirchen, und das Gericht des Frankfurter Gebietes lag ebenfalls nicht in seinem Hauptort, sondern abseitig auf dem Bornheimerberg. Die beiden letzteren Beispiele sind besonders lehrreich, denn sie beweisen, daß diese Gerichtsplätze vor der Anlage der fränkischen Plätze Limburg und Frankfurt vorhanden gewesen sein müssen. Gerade bei einem Hauptverwaltungssitz des fränkischen Reiches wie Frankfurt wäre es nämlich höchst widersinnig anzunehmen, daß man bei seiner Anlage zwar die fiskalischen, politischen, militärischen und repräsentativen Aufgaben im Orte selbst konzentrierte, ausgerechnet aber das Gericht für den ganzen Umkreis und den Ort selbst nach draußen verlegt oder gar später bei der Entfaltung des städtischen Wesens nach draußen abgeschoben habe. Wenn sich zudem diese Divergenz zwischen Hauptorten und Gerichtsplätzen allenthalben zeigt, dann gibt es dafür nur einen einleuchtenden Grund: der

Gerichtsort muß älter gewesen sein als die fränkische Siedlung oder Organisation und schon damals Bindungen unterworfen, die so fest verankert waren, daß es auch den neuen Machthabern nicht angemessen schien oder gar unmöglich war, sie aufzuheben und die Gerichte mit den übrigen Verwaltungsstätten am günstigsten Ort zu vereinigen. Daß es sich bei so strengen Bindungen nur um eine aus Urzeiten stammende sakrale Weihe bestimmter Plätze gehandelt haben kann, versteht sich von selbst, ist aber auch durch die Beispiele Reckenforst/Dietkirchen und Maden sicher bezeugt. Ziehen wir aus diesen Feststellungen die Schlußfolgerung, dann ergibt sich eindeutig, daß die hessische Gerichtsorganisation in weit vorfränkischer Zeit wurzelt und in ihrem Urschema noch bis in die hochmittelalterliche Zeit durchscheint. Erst dann ist sie im Zuge der Territorialisierung und der sich dabei um die Burgen und Städte ausbildenden Ämterorganisation entscheidend umgeformt worden. Dahei herrschte die Tendenz, die Gerichte in die Städte als Burg- und Amtsvororte hineinzunehmen, nicht etwa umgekehrt, sie nach draußen an abseitige Stellen zu verlegen.

Bei dieser Lage versteht es sich, daß wir auch die frühesten großen Verwaltungseinheiten Hessens, die Gaue, nicht erst auf fränkische Maßnahmen zurückführen, sondern ihnen ein höheres Alter zubilligen, als es unsere, zufällig erst im 8. Jahrhundert einsetzende schriftliche Überlieferung zuläßt. Für Hessen lassen sich folgende Gaue nennen: der Hessengau, der Lahngau, die Wetterau, der Maingau und der Rheingau. Den Hessengau, das spätere Niederhessen, begrenzte im Norden die breite Zone des Diemellandes gegen Sachsen; im Osten reichte er ursprünglich wohl nur bis in das große Waldland der Wasserscheide zwischen Fulda und Werra, und im Süden schied ihn der weite Wald der Buchonia, des Buchenlandes, von Grabfeld. Südwestlich des Hessengaues, abgetrennt durch den breiten Waldgürtel der Rhein-Weser-Wasserscheide, lag der Lahngau. Im Norden verlief er sich ursprünglich jenseits der oberen Eder in den Hängen des Rothaargebirges, im Westen reichte er zunächst bis auf die Höhen des Westerwaldes und im Süden etwa bis an die nördlichen Taunusausläufer. Schon früh gliederte sich dieses Gebiet in den Oberlahngau und den 821 zuerst genannten Niederlahngau unter. Im Südosten des Lahngaues, etwa auf der Linie Kleeberg, Eberstadt, Laubach, folgte die Wetterau. Sie wurde im Osten durch die in das Buchenland überleitenden Nordosthänge des Vogelsberges vom Grabfeld geschieden und stieß im Süden und Südosten auf den Maingau, der jedoch in seiner letzten Gestalt wohl erst aus der karolingischen Verwaltungsreform hervorgegangen ist. Das gleiche gilt wohl auch für den an Lahngau, Wetterau und Maingau im Südwesten grenzenden Rheingau, der sich auf der rechten Rheinseite von Lorch bis Lorsch erstreckte.

In welcher Weise sich die frühesten fränkischen Organisationsformen in diese alte großräumige Gliederung Hessens eingefügt haben, konnte bisher noch nicht hinreichend klargestellt werden. Wahrscheinlich hat der fränkische Staat zunächst nur eine Art politischer Schwerpunktebildung um fiskalisch-militärische Zentren vorgenommen, die er entweder selbst erst geschaffen hat, wie etwa Frankfurt oder Limburg, oder vorfand und übernahm, wie etwa Amöneburg und Büraburg. Jedenfalls decken sich zunächst militärischer, fiskalischer, rechtlicher und sakraler Mittelpunkt einer Kleinlandschaft keineswegs, so daß wir berechtigt sind, daraus auf verschiedene Entstehungsschichten zu schließen. Von diesen fränkisch besetzten Zentralpunkten aus hat man dann offensichtlich seit karolingischer Zeit eine flächenhaft ausgerichtete, administrative Erfassung des Landes versucht. Ihr angestrebter Rahmenbau war dabei eine Grafschaftsgliederung, die die alten Gaue (nach vorhandenem Muster?) aufspaltete und verwaltungsmäßig erschloß. Dieses Ziel hat der fränkische Staat, dessen Verfassung als staatsrechtliche Einrichtung nur den als Grafschaft organisierten Gau kannte, auch in Hessen angestrebt und weitgehend durchgesetzt. Die Grafschaften sind dann jedenfalls bis ins hohe Mittelalter die grundlegende Form der politischen Gliederung auch unseres Landes geblieben und werden daher später gesondert behandelt.

Die Rolle der Zwischen- und Übergangsstufen von Gau zu Grafschaft haben möglicherweise die Untergaue oder Königsmarken (Haigerer, Lohraer, Germaramark) übernommen, doch können sie durchaus auch eine ältere Gliederung repräsentieren; denn zumindesten für das südhessische Gebiet zwischen Main, Rhein und Neckar ist jüngst nachgewiesen, daß die Marken älter sein müssen als die dortigen Gaue, da die Gaugrenzen die Markabgrenzungen bereits voraussetzen. Wenn dies auch für das übrige Hessen zutreffen sollte, dann gewinnen wir damit eine neue Erklärung für Erscheinungen, wie sie etwa in Niederhessen die (Klein-) Gaue Melsungen und Verna darstellen; in Oberhessen gilt das für den Erdagau (um Wetzlar), den Gau Lohra, den Perfgau (vom Breidenbacher Grund bis nach Laasphe) und den Gau Arfeld; und im Maingebiet können dafür der Niddagau, der Rodgau, der Pflaumgau und der Bachgau beansprucht werden. Auch hier wird man nicht mit zeitlich einheitlichen Bildungen rechnen können, denn so wie es gewiß vorfränkische, also im südlichen Hessen alamannische, im nördlichen chattische Marken gegeben hat, sind auch von fränkischen Siedlern und dem fränkischen König neugeschaffene Marken anzunehmen. Jedoch haben sich die Marken als öffentlich-rechtliche Institutionen gegenüber den Grafschaften nicht behauptet; denn sie sind anscheinend nie zu einem geschlossenen System ausgebildet und verdichtet worden, sondern haben offensichtlich unter den Einflüssen von Siedlungseinheiten und Grundherrschaften schon frühzeitig ihre öffentlichen Funktionen eingebüßt und in Richtung auf die unbestimmtere Form der Gemarkung gewandelt. Man hat daher bislang angenommen (was gelegentlich, aber zu Unrecht bestritten wird), daß die älteren Kernbezirke der geschilderten Art das karolingische Reich überdauert hätten, sich noch im frühmittelalterlichen Staat als die untersten Verwaltungseinheiten behauptet und auf diesem Wege endlich zu einer der wesentlichsten Grundlagen der niederen Gerichtsorganisation des hohen und späten Mittelalters geworden seien. Sie sind daher wenigstens in Umrissen nachgezeichnet worden, wobei man sie in vielen Fällen an die untersten kirchlichen Verwaltungseinheiten der Ur- und Großpfarreien mit ihren Sendgerichtssprengeln anschloß. Daß dabei zumindestens in topographischer Hinsicht größte Vorsicht geboten ist, werden wir später erörtern.

Die hier geschilderten Maßnahmen zur Besitzergreifung, Durchdringung und politischen Beherrschung Hessens durch den fränkischen Staat sind aufs wirksamste gefördert worden durch die Christianisierung des Landes, die wir in den nächsten Kapiteln darstellen. Der zeitliche und verfahrensmäßige Unterschied, der sich dabei zwischen den südwestlichen Bereichen Hessens und den nordwestlichen althessischen Gebieten zeigen wird, ist ein Abbild der Einbeziehung Hessens in den fränkischen Staat, die gleichfalls in diesen Gebieten konstruktive Unterschiede erkennen läßt. Als augenfälligster und wichtigster ergab sich dabei die frühe Flächensiedlung südlich von Limes und Lahn und die im Nordosten des Landes erst später durchgeführte, militärisch-politisch bedingte Gruppensiedlung. Das läßt erkennen, daß die althessischen Bereiche nicht wie die südwestlichen Gebiete vom fränkischen Stamm, sondern allein vom fränkischen Staat in Besitz genommen worden sind, so daß die hier ansässige Bevölkerung nicht verdrängt wurde, sondern nur einen neuen Herrn erhielt. Wenn es auch nicht zweifelhaft sein kann, daß die Form des hessischen Anschlusses weitgehend durch die alte stammliche Verbundenheit zwischen Chatten und Franken bestimmt worden ist, so zeigen doch gerade die scharfe gegenseitige Begrenzung der hessischen und fränkischen Siedlung in der nördlichen Wetterau, daß beide Stämme zwei eigene Größen geblieben waren, von denen die eine der anderen zwar untergeordnet, aber doch nicht ausgelöscht wurde. Denn klar erkenntlich hat selbst das politische Übergewicht des fränkischen Großreiches niemals dazu geführt, das Hessenland stammlich zum Frankenland umzubilden. Doch heißt das nur, daß neben dem fränkischen Großstamme lediglich eine geschlossene hessische Bevölkerungsgruppe weiterbestand. Anderes war bei der politisch, militärisch und kulturell völlig beherrschenden Stellung des fränkischen Stammes und Staates ausgeschlossen; ihm hatten die hessischen Kleinstämme der bonifatianischen Zeit nichts auch nur entfernt Gleichwertiges entgegenzustellen. Einer solchen stammespolitisch eigenständigen Rolle der Hessen stehen auch die Tatsachen entgegen, daß ihr Gebiet über ein Jahrhundert lang ein wichtiges, militärisch beherrschtes fränkisches Grenzland war und daß die Lage eines Landes, wie zahlreiche frühgeschichtliche und moderne Beispiele zeigen, nicht durch die Masse seiner machtlosen Bevölkerung, sondern durch die Macht seiner (oft zahlenmäßig geringen) Herren bestimmt wird. Das aber waren die Franken, und demgemäß wird Hessen in einer Königsurkunde von 782 als Teil des ostfränkischen Reiches bezeichnet und in der Reichsteilungsurkunde von 839 zum ducatus Austrasien gerechnet und nicht etwa wie Thüringen als besonderes Herzogtum genannt.

11. Die Christianisierung Hessens

Die endgültige Bekehrung der Hessen zum Christentum und ihre Einbeziehung in die fränkische Reichskirche und damit in den Verband der römisch-katholischen Christenheit ist das Werk des Apostels Bonifatius. Dieser um 675 in Kirton im südwestlichen England geborene Edle Wynfreth ging als Mönch des Klosters Nursling 716 in die germanische Missionsarbeit, in der die Angelsachsen damals die Iren mehr und mehr ablösten. Sein erster Versuch in Friesland scheiterte allerdings; er mußte zurückkehren. 718 zog Wynfreth erneut aus, wandte sich aber zunächst nach Rom und erhielt hier vom Papst am 15. Mai 719 mit dem neuen Namen Bonifatius zugleich den offiziellen Auftrag zur Heidenmission im ostfränkischen Reiche. Sein erstes Ziel war das bereits seit längerer Zeit dem Reiche unterworfene Thüringen. Von der dortigen Arbeit jedoch anscheinend nicht befriedigt, ging er nochmals in die Friesenmission, geriet aber schon bald in Gegensatz zu dem dort tätigen Apostel Willibrod, so daß er genötigt war, seine Missionsarbeit zu verselbständigen. Deshalb begab er sich 721 nach Hessen, das er, von der Mosel kommend, auf dem alten hessisch-fränkischen Verbindungsweg lahnaufwärts erreichte. Hier führte er die Befehlshaber der Amöneburg auf den rechten Glaubensweg zurück (sie waren also bereits vorher christlich), taufte anschließend eine größere Volksmenge und gründete im gleichen Jahr ein Kloster daselbst. Trotz dieser missionarischen Anfangserfolge sah er sich veranlaßt, 722 abermals nach Rom zu gehen, wo er sich außer der Bischofsweihe auch einen erneuten Missionsauftrag verschaffte. Das bewog nun auch den mächtigen fränkischen Hausmeier Karl Martell, den eigentlichen Herren des Frankenreiches, Bonifatius nach seiner Rückkehr in die Missionsarbeit 723 einen Schutzbrief zu erteilen und damit sein Vorhaben auch politisch möglich zu machen. Unter diesem Schutz vollführte Bonifatius schon kurz darauf seine für Hessen bedeutendste missionarische Tat, die Fällung der Donareiche bei Geismar (unweit des fränkischen Kastells Büraburg), der sich eine Massentaufe heidnischer Hessen anschloß. In unmittelbarer Nähe des alten heidnischen Kultplatzes gründete Bonifatius darauf das Kloster Fritzlar (724). Unterstützt von einer Schar hingebender Helfer und gefördert vom Papst, der ihn 732 zum Missionserzbischof ernannte, konnte er schließlich nach dem Tode des mit seinem Beistand kargenden Hausmeiers Karl Martell mit Hilfe der neuen Hausmeier Karlmann und Pippin 741 sein hessisches Missionswerk durch die Errichtung des Hessenbistums Büraburg krönen. Sein erster Bischof war Witta. Das Zusammenwirken dieser drei Persönlichkeiten: Witta, Bonifatius und Karlmann (dem das Ostfränkische unterstand) glaubt man auch in einer hessischen Ortsnamengruppe zu fassen, die nahe der fränkischen Bergfeste Ermschwerd am unteren Werralauf nahe der sächsischen Grenze liegt. Es ist Witzenhausen mit den beiden (heute eingemeindeten) Orten Bischhausen und Karmannshausen, die, wenn diese einleuchtende und gut begründete Annahme zutrifft, zu erkennen geben würde, wie eng kirchliche, politische und siedlungsgeschichtliche Vorgänge in dieser Frühzeit zusammengehören. Das läßt sich auch für die wichtigste hessische Klostergründung des Apostels, Fulda, erweisen, die sein Schüler Sturmi 744 durchführte, nachdem ein Gründungsversuch in Hersfeld 736 nicht zustande gekommen war. Fulda stieg schon bald zu überragender Bedeutung auf und hat als Begräbnisort des Apostels, nachdem dieser 754 in Friesland den Märtyrertod erlitten hatte, seinen Namen durch das ganze fränkische Reich getragen (wie wir in Kap. 24 näher erörtern werden).

Die von Bonifatius errungenen, entscheidenden Bekehrungserfolge machen es verständlich, daß diese überragende Persönlichkeit unserer christlichen Frühzeit die Blicke in einem so starken Maße auf sich gezogen hat, daß manches in den Schatten ihrer glanzvollen Erscheinung zurücktrat und übersehen wurde, was gleichwohl im Rahmen der Christianisierung Hessens zu beachten ist. Zweierlei ist hier hervorzuheben: einmal, daß Bonifatius als der Vollender eines Werkes gelten muß, das schon Jahrhunderte vor ihm eingeleitet worden war, aber offensichtlich ohne die Größe und Kraft eines Mannes von seiner Art nicht durchgeführt und glücklich beendet werden konnte; zum anderen, daß die Bekehrung der Hessen nicht nur als religiöser, sondern zugleich auch als politischer Vorgang verstanden werden muß (wie wir es oben bereits andeuteten), denn das Vordringen des Christentums vom Rhein nach Mitteldeutschland war mit der Ausdehnung der fränkischen Herrschaft über diese Gebiete so eng verflochten, daß es offensichtlich der Machtmittel des fränkischen Staates bedurfte, um es in organisierter Form durchzusetzen. Diese politischen Voraussetzungen der Missionierung belegen nicht nur die eigenen Worte des Heiligen, daß er ohne den Beistand der fränkischen Großen nichts vermöge, sondern vor allem auch die entscheidenden Christianisierungsvorgänge selbst. Sei es der christliche Missionserfolg auf der Amöneburg nach der Rückführung ihrer Befehlshaber zum unverfälschten Glauben, die Fällung der Donareiche im unmittelbaren Deckungsbereich des stärksten fränkischen Kastells in Niederhessen, die hessische Massentaufe im Schutz dieser Festung, die Errichtung des Bistums Büraburg in seinen Mauern, die Gründung aller drei Klöster Fritzlar, Amöneburg und Fulda auf Königsland und inmitten fränkischer Kastelle oder die enge Anlehnung der ältesten Bistumsorganisation an die politische Struktur des Verbandes der hessischen Kleinstämme.

Der Weg, den die christliche Lehre von den Städten der römischen Rheinlande bis in das benachbarte Hessen genommen hat, war trotz der räumlichen Nähe von langer zeitlicher Dauer; denn obwohl Trier schon Anfang des 4. Jahrhunderts und Mainz seit Mitte des 6. Jahrhunderts sicher als Bischofssitze bezeugt sind, war die Bekehrung Hessens erst in der Mitte des 8. Jahrhunderts vollendet. Es hat also ein jahrhundertelanges Nebeneinander des germanischen Götterglaubens und der christlichen Lehre in weiten Teilen unserer Heimat gegeben, wie das geradezu sinnbildhaft die unmittelbare Nachbarschaft der Brigidenkirche auf dem Büraberg und der Donareiche bei Geismar erkennen läßt; jene das Gotteshaus der christlichen fränkischen Kastellbesatzung, diese der weithin verehrte göttliche Baum Donars, an den die eingesessene Bevölkerung glaubte. Daraus ergibt sich, daß die durch die Gewalt der großen Glaubenspersönlichkeit des Apostels in wenigen Jahrzehnten vollendete Christianisierung Hessens nicht einen hinreißenden Siegeszug des neuen Glaubens darstellte, sondern gleichsam nur noch den machtvollen Schlußakkord einer Sinfonie, die in den benachbarten rheinischen Landen schon vor Jahrhunderten aufgeklungen war.

Es hat jedoch lange gedauert, bis sie in den hessischen Wäldern ein Echo fand, und das zunächst fast beziehungslose Verhältnis einem langsam gewachsenen, nachbarschaftlichen Verständnis gewichen ist. Daraufhin kam es zunächst auf weite Strecken zu einer Annäherung, dann immer engeren Verschränkung heidnischer und christlicher Glaubensvorstellungen, wie dies Bonifatius besonders bei den Christen gerügt hat, die er auf der fränkischen Festung Amöneburg vorfand. Wenn die Beseitigung dieser Glaubensmischformen zugunsten der reinen Lehre dem Apostel auch besondere Mühe gemacht hat, so waren sie für die Einbürgerung des Christentums jedoch sicherlich ebenso bedeutungsvoll wie das Eintreten christlicher Kultstätten in jahrhundertealte örtliche Sakraltraditionen heidnischer Plätze, die teilweise in urgeschichtliche Zeiten zurückreichen. Ihre besondere Bedeutung erklärt sich aus der noch von Bischof Burchard von Würzburg (742 bis 753) bekämpften Neigung christianisierter Germanen, zerstörte heidnische Heiligtümer wieder aufzubauen, um auch den heidnischen Göttern noch opfern zu können. Dieser Zug ist so stark gewesen, daß sich die Kirche schon frühzeitig zu einem Kompromiß veranlaßt sah, wie die bekannte Anweisung Papst Gregors des Großen an den englischen Abt Mellitus vom Jahr 601 erweist. Hierin wurde nämlich die christliche Mission ausdrücklich beauftragt, die heidnischen Tempel nicht zu zerstören, sondern nur die darin enthaltenen Götterbilder zu vernichten und jene dann unter Errichtung von Altären und Hinterlegung von Reliquien zu christlichen Kirchen zu weihen. Wenn Bonifatius und die von ihm reformierte fränkische Kirche sich dieser Methoden im allgemeinen auch nicht mehr bedient haben, so ist es für das Erkennen der Christianisierungsvorgänge Hessens doch wichtig festzustellen, daß Bonifatius in einem beispielhaften Fall ähnlich gehandelt hat; denn als er die Donareiche niedergeschlagen hatte, ließ er aus ihrem Holz eine Kapelle erbauen, deren Tradition er an die unmittelbar benachbarte Fritzlarer Kirche übertrug, die sie in einer noch im späten Mittelalter bezeugten, jährlichen Prozession nach Geismar gepflegt hat.

Eine noch deutlichere Sprache aber sprechen die zahlreichen Berg- und Quellenkirchen unseres Landes, denn sie knüpfen vielfach an altheidnische Kultplätze an, für die im Gegensatz zum christlichen Glauben Berge und Quellen von besonderem Sakralgehalt waren. Wir verweisen auf die Kesterburg (oder den Christenberg) bei Wetter und den Johannisberg bei Bad Nauheim, dessen Kirche schon im 8. Jahrhundert urkundlich bezeugt ist. Beides waren einsame Bergkirchen ohne eigene Siedlungen, wie sie für den täglichen kirchlichen Kultus des christlichen Glaubens unerläßlich waren, aber gleichwohl Urpfarreien mit großen Pfarrbezirken. Da auf beiden Bergen jedoch frühgeschichtliche Befestigungen bestanden, ist ein unmittelbarer Zusammenhang dieser Kirchen mit altheidnischen Plätzen sicher. Das gleiche gilt für die Verbindung von Gerichts- und Gottesstätte, denn auch sie kann kultisch nur in der heidnischen Zeit wurzeln. Hierfür sind etwa die Archidiakonats- und Diakonatssitze Dietkirchen und Marienfels charakteristisch, beides ebenfalls Bergkirchen und Urpfarreien. Von ihnen war Dietkirchen dem Gaugerichtsort des Niederlahngebietes, dem Reckenforst, unmittelbar benachbart und hat mit seinen um 700 einsetzenden Kirchenbauten die örtliche Sakraltradition einer früh- und urgeschichtlichen Opferstätte fortgesetzt, die bis in die Urnenfelderzeit zurückreicht. Marienfels hatte ein ehemaliges römisches Kastell beherbergt und war dann die Gaugerichtsstelle des Einrichs geworden. Ein Dietkirchen nahezu gleichrangiges Schulbeispiel eines jahrtausendealten geheiligten Ortes bot der 1898 abgetragene Kirchenhügel von Nauheim (Kr. Groß-Gerau). Auf dieser außerhalb des Dorfes gelegenen Anhöhe stand die seit 1211 bezeugte Kirche des Dorfes, bis sie 1753 in den Ort verlegt wurde. Darauf hat man die alte Kirche 1783 abgebrochen, die inmitten eines Friedhofes lag, dessen Gräber in der jüngeren Steinzeit begannen und sich durch die Latènezeit, die fränkische Zeit und das Mittelalter bis ins 18. Jahrhundert fortsetzten. Ein ähnliches Bild zeigen die bis in die Steinzeit zurückreichenden fränkischen Friedhöfe von Nieder-Mörlen oder jener Grabhügel von Wallerstädten, dessen Bestattungen von der Hallstatt- bis in die Merowingerzeit reichen. Nicht minder wichtig ist die Verbindung steinzeitlicher Kultdenkmale und christlicher Kirchen, wie sie die Monolithe bei den Kirchen von Langenstein und Roßberg (beide Kreis Marburg) bezeugen, oder die ebenfalls in vorgeschichtlicher Tradition wurzelnden Berg- und Totenkirchen von Meiches, die noch heute besteht, und von

Ilbeshausen, die 1801 abgebrochen worden ist (beide Kr. Lauterbach), erkennen lassen. In diesen, bis in den Bereich heidnischer Traditionen hineinreichenden Kreis christlicher Kulstätten gehören auch die über und an Quellen errichteten Kirchen. Ihr bekanntestes Beispiel in unserem Lande ist die Totenkirche von Meiches, deren Brunnen noch immer fließt. Andere Kirchen dieser Art finden sich im Vogelsberg und besonders im Odenwald. Wie zahlreiche weitere Beispiele lehren, hat die Christianisierung des Landes also keineswegs die altheiligen Orte der heidnischen Zeit beseitigt, sondern sich ihrer vielfach weiter bedient.

Die Wege, auf denen das erste christliche Gedankengut nach Hessen gelangte, führten von Mainz mainaufwärts und von Trier lahnaufwärts. Auf Mainzer Einflüsse geht wohl auch die frühe christliche Gemeinde Wiesbadens zurück, deren älteste erhaltene Grabsteine in das 5. und 6. Jahrhundert gehören, während die frühesten christlichen Grabsteine aus Mainz bereits aus dem 4. Jahrhundert stammen. Vorbonifatianisch sind auch die christlichen Grabsteine von Gimbach und Goddelau, und dazu sind vereinzelte christliche Fundstücke aus dieser Zeit auf den (meist fränkischen) Reihengräberfriedhöfen von Weilbach, Hochheim, Eltville, Oestrich, Niederbrechen und in Steeden zutage gekommen. In dieser Zeit war das Mainzer Bistum im Maintal jedoch schon bis nach Aschaffenburg vorgedrungen, wie die Weihe der Kirche in Nilkheim 711/16 durch Bischof Rigibert erkennen läßt, und hatte seinen Sprengel ebenfalls noch im frühen 8. Jahrhundert bis über Miltenberg hinaus vorgeschoben (wie sich aus den Gründungsvorgängen des Klosters Amorbach ergibt). Die damit bereits überflügelte Wetterau dürfte Mainz daher noch früher erfaßt haben. Das läßt sich auch aus den Organisationsformen der wetterauischen und angrenzenden Pfarrbezirke und aus dem Schweigen der Quellen über eine Missionstätigkeit des Bonifatius in der Wetterau erschließen. Daraus ergibt sich, daß sich das Mainzer Bistum noch vor Bonifatius bis an das althessische Kerngebiet herangearbeitet hatte. Hier aber stieß es auf die vom Trierer Bistum ausgehende Missionierung, die, lahnaufwärts gerichtet, sich ebenfalls in vorbonifatianischer Zeit schon weit ausgebreitet und wahrscheinlich bereits Amöneburg erreicht hatte. Wenn es auch noch strittig ist, ob Mainz oder Trier hier der Vorrang gebührt, und ob daher Bonifatius mit dem Mainzer Bischof Gewileb oder dem Trierer Bischof Milo daselbst zusammenstieß, so ist jedenfalls sicher, daß der Apostel auf der Amöneburg bereits Christen vorfand.

Wenn wir in der Missionierung des Lahngebietes Trier den Vorrang vor Mainz einräumen, dann deswegen, weil das Land an der Lahn bereits zu einer Zeit fränkisch war, als in der Wetterau und am unteren Main noch die Alamannen saßen, Mainz also noch gar keine Rolle in den rechtsrheinischen (zumal in den fränkischen) Herrschaftsbereichen spielen konnte, während Trier seine Bedeutung als politisches und christliches Zentrum seit dem 3. Jahrhundert auch nach den fränkischen Eroberungen des 5. Jahrhunderts nicht völlig verloren hatte und jedenfalls nach dem Übertritt Chlodwigs zum Christentum bald wiedergewann. Die Stellung der Trierer Bischöfe zeigt gerade eine Gestalt wie Milo, die in den Zusammenhang einer ganzen Bischofsdynastie gehört. Sie hat etwa ein Jahrhundert lang im Moselraum regiert und stand infolge ihrer wichtigen Position in engster Beziehung zu den Hausmeiern, ohne die eine solche Stellung damals weder zu erreichen noch zu behaupten war. Die Familie Milos, zu der auch seine Trierer Vorgänger Liutwin und Basinus gehörten, überragte infolgedessen den Mainzer Bischof Gewileb und seinen Kreis bei weitem; und da Milo allein schon seiner Klientel und politischen Stellung nach als Haupt der fränkischen, Bonifatius feindlich gesinnten Adelskreise gelten kann, mußten sich auch die Auseinandersetzungen zwischen Bonifatius und dem fränkischen Episkopat vorwiegend zwischen Milo und Bonifatius abspielen.

Auf diese Opposition ist es zurückzuführen, daß es Pippin 745 nicht möglich war, Bonifatius als Erzbischof von Köln einzusetzen und einen Metropolitanbezirk aus den Bistümern Köln, Tondern-Maastricht, Utrecht, Mainz, Worms und Speyer zu bilden. Diese Haltung wird erst dann verständlich, wenn man sie unter dem Blickpunkt des bereits in das Lahngebiet ausgedehnten Trierer Sprengels betrachtet, denn dann wäre dieser völlig abgeschnürt worden, zumal die hessische Missionstätigkeit des Apostels das Trierer Vordringen nach Osten ohnehin schon blockierte. So mußte sich Bonifatius mit dem zunächst weitaus bescheideneren Mainz begnügen, vermochte jedoch seine hessischen Stellungen zu behaupten. Von hier aus ist es Mainz dann möglich geworden, den über den Rhein herüberreichenden Teil der Trierer Diözese abzudämmen. Dabei zeigt der Ansatz der Zange (im Taunus und im Siegerland), daß Mainz in dem dazwischenliegenden Lahn- und Westerwaldgebiet damit ein Kraftfeld einengte, das allein nach dem landschaftlichen Befund älter war als seine eigene Sprengelausdehnung und daher von ihr nicht mehr beseitigt werden konnte. Dieser Befund und der trierische Zehntbesitz im oberen Lahngebiet (westlich Marburg) sind hinreichende Beweise für eine vorbonifatianische Ausbildung des rechtsrheinischen Trierer Bistumssprengels, zumal später dafür keine Möglichkeit mehr bestand. Damit stimmt überein, daß Karl der Große bereits 772 dem Trierer Bischof Weomad auch für den rechtsrheinischen Besitz Immunität verlieh und dabei nach seinen Worten keine neue Rechtssatzung vornahm, sondern nur das bestätigte, was bereits unter seinen königlichen Vorgängern, also den Merowingerkönigen, üblich gewesen war.

Neben den beiden rheinischen Bistümern Trier und Mainz, die das Christentum in Hessen ausbreiteten, wirkten außerdem seit dem 7. Jahrhundert die iro-schottischen, später angelsächsischen Missionare. Diese konnten sich als solche naturgemäß viel freier bewegen als die organisierte und daher gebundenere Kirche. Die Spuren dieser älteren, vorbonifatianischen Mission der Iro-Schotten im engeren Hessen (Büraberg, Hersfeld) sind jedoch weitgehend verwischt, zumal die Organisation der hessischen Kirche durch Bonifatius mit einer heftigen Reaktion gegen die Tätigkeit der iro-schottischen Missionare verknüpft war. Sie hat ihr bis dahin errichtetes (für uns aber nicht mehr recht faßbares) Werk völlig überlagert und in die Neuorganisation, die eine weitere und höhere Stufe der Entwicklung darstellt, gewissermaßen eingemeindet. Die zeitliche Einreihung der 778 erwähnten iro-schottischen Kirchengruppe in der Wetterau, nämlich in [Hausen bei] Lich, Wieseck, Rodheim, Schotten, Sternbach, Bauernheim und Hornufa (dessen Lokalisierung vielleicht auf dem Graßer Berg möglich ist), ist zwar noch nicht völlig geklärt, doch geht wahrscheinlich nur ein Teil dieser Kirchen auf die Förderung der iro-schottischen Missionierung in der Wetterau durch Bischof Lullus (754 bis 786) von Mainz als Maßnahme gegen das mit ihm verfeindete Fulda zurück; ein anderer Teil führte offensichtlich die Tradition älterer Plätze weiter (Sternbach, Hornufa). Diese bemerkenswerte Reihe iro-schottischer Kirchen in der Berührungszone des älteren Mainzer und des jüngeren bonifatianischen Missionsgebietes ist erhalten geblieben. Vielleicht hat auch der Bruder Ottos des Großen, sein Kanzler Brun, der spätere Erzbischof von Köln (953 bis 965), der im Vogelsberg (vermutlich als Inhaber einiger ihm übertragener konradinischer Lehen) begütert war und den iro-schottischen Bischof Israel als seinen Lehrmeister bezeichnete, diese Kirchen deshalb gefördert. Auf ihn dürften wohl auch die sogenannten Peterlinge im Vogelsberg zurückgehen, die gleichfalls in der Grafschaft Nassau bezeugt sind und hier „Sankt Petersleute von Köln" heißen. Auffallend ist auch, daß die Gründungssage der Schottener Kirche diese ebenso, wie es für das Stift Wetter überliefert wird, auf schottische Königstöchter zurückführt (die in Wirklichkeit aber wohl aus dem sächsischen Königshaus stammten) und Wetter zudem die Vogtei der Licher Kirche besaß. Jedoch waren bereits vor diesen iro-schottischen Kirchengründungen in der Wetterau selbst Großpfarreien vorhanden wie Johannisberg bei Bad Nauheim, Echzell-Bingenheim, Niederflorstadt. Sie knüpften örtlich an markante frühgeschichtliche und römische Stellen an und hatten offenbar in dem damit zusammenhängenden fränkischen Königsgut und seinen fränkischen Siedlern ihre entscheidende organisatorische Grundlage und Stütze. Kirchlich waren sie wohl von Anfang an Mainz zugeordnet.

Das frühe Eindringen des Christentums in das Limesgebiet ist sicher auch dadurch gefördert worden, daß es hier das Erbe einer religiösen Welt antreten konnte, die durch die Verschiedenartigkeit der zahlreichen, von der römischen Besatzung eingeführten Kulte seit langem zerspalten und seit dem Zusammenbruch der römischen Herrschaft haltlos geworden war. Wenn wir dazu die völlig gegensätzliche religiöse Situation der ersten nachchristlichen Jahrhunderte in den chattischen Gebieten Hessens mit ihrer dort seit alters gepflegten und gefestigten germanischen Religion erwägen, dann ergibt sich, daß sich die Christianisierung beider Gebietsteile unseres Landes in ebenso unterschiedlicher, ja gegensätzlicher Weise vollziehen mußte. Im Limesgebiet trug sie sich nahezu selbst, da der christliche Glaube den hier emporgewucherten, verkreuzten, entarteten und wieder versunkenen Kulten weit überlegen war (wovon wohl nur der verbreitete Mithraskult auszunehmen ist). In den religiös geschlossenen chattischen Gebieten dagegen gelang es erst einem Mann von der Gewalt und Größe des Apostels Bonifatius, den endgültigen Erfolg zu erringen und auch erst dann, nachdem ihm die politische Erschließung des Landes durch die fränkische Herrschaft und die dadurch vermittelte Berührung mit dem neuen Glauben generationenlang wirksam vorgearbeitet hatte. Die segensreiche Folge dessen war, daß es in Hessen nicht zu so blutigen Kämpfen gekommen ist, wie sie mit der Bekehrung der Sachsen verbunden waren, daß die Hessen vielmehr dem neuen Glauben nicht militärisch unterworfen, sondern ihm religiös gewonnen worden sind.

Es entspricht den geschichtlichen Gegebenheiten, daß das alte chattische Zentrum in Niederhessen in diesen grundlegenden Ereignissen seine führende Stellung behielt, wie die Rolle von Geismar—Büraberg—Fritzlar erweist. Denn wenn diese Landschaft mit dem Zerfall des chattischen Stammes auch ihren politischen Vorrang eingebüßt hatte, so hat sie ihn doch im kultischen Bereich offensichtlich bewahrt; denn nur so ist es zu erklären, daß sich die Bekehrung Hessens im großen hier vollenden konnte. In der Donareiche bei Geismar, die Bonifatius im Herbst 723 gefällt hat, müssen wir demnach ein Heiligtum sehen, das nach der politischen Aufsplitterung des Stammes dessen ehemalige Einheit wenigstens in kultischer Hinsicht noch wahrte; ein Vorgang, der im germanischen Bereich ja auch sonst beobachtet werden kann. Die Fällung und Beseitigung der Donareiche mußte demnach das Kernstück des bonifatianischen Missionswerkes im engeren Hessen bilden, und mit Recht schreibt daher die Überlieferung dieser bonifatianischen Tat die entscheidende religiöse Wirkung auf die heidnischen Hessen zu.

12. Das mittelalterliche Kirchen- und Klosterwesen in Hessen

Der kultische Mittelpunkt Niederhessens in heidnischer Zeit bestand in der beginnenden christlichen Epoche weiter. Denn anstelle der gefällten Donareiche gründete Bonifatius nicht nur das benachbarte Kloster Fritzlar, sondern auch das Hessenbistum Büraburg, das offenbar als krönender Abschluß und endgültige Sicherung seines ganzen hessischen Missionswerkes gedacht war.

Wie die gleichzeitig neben ihm eingerichteten bonifatianischen Bistümer Erfurt und Würzburg basierte es auf dem bekannten Sendschreiben Papst Gregors III. von etwa 738, das mit den Adressaten den Missionssprengel des Apostels umschrieb. Die sehr schwierige Deutung der Adresse ist zwar immer noch nicht völlig abgeschlossen, doch darf folgende aus stilistischen Gründen (Anordnung und Aufbau) und sachlichen Erwägungen (Übereinstimmung von Wohn- und Missionsgebieten) als wahrscheinlich gelten. Sie nennt in einem großen Kreislauf im Osten beginnend, nach Nordwesten ausholend und über Südosten wieder nach Osten zurückbiegend, paarweise folgende einander benachbarten Kleinstämme: Die Thüringer im heutigen Thüringen und die angrenzenden Hessen im Hessengau; die Borthari, den Boructuarii des Beda entsprechend, im Gau Boroctra oder Borahtra, der im Bohteresgo fortlebte und 1033 zur Grafschaft des Grafen Dodiko gehörte. Die Borthari waren also im südwestfälisch-niederhessischen Diemelgebiet links der oberen Weser beheimatet. An sie grenzten die Nistresi, d. h. die Nihtersi oder Niftharsi, die in dem 888 bzw. 940 und 990 so bezeichneten Ittergau im westlichen Waldeck ansässig waren. Die Wohnsitze der Wedrecii sind nicht in der Wetterau zu suchen, da sie von Bonifatius nicht mehr missioniert zu werden brauchte, sondern südwestlich anschließend an die Ittergauer im hessisch-westfälischen Grenzgebiet, wie eine Anzahl verwandter Wetter-Ortsnamen daselbst (Weterstat, Wetrehen, Wetter, Wetterfeld, Wetterburg, Wethen u. a.) wahrscheinlich macht. Daraus ergibt sich dann, daß die mit den Wedrecii zusammengenannten Lognai nach Nachbarschaft und Name als (Ober)lahngauer anzusprechen sind. Schließlich ist der Siedlungsbereich der zuletzt genannten Gruppe der Suduodi und Graffelti nach den letzteren als das Grabfeld und ein angrenzendes (Südfulder?) Gebiet zu bestimmen.

Bei diesem Ansatz ist es nicht nur möglich, alle die genannten Stämme in den bonifatianischen Bistumsgründungen von 741 unterzubringen, sondern sie auch entsprechend aufzuteilen, so daß sich Missions- und kirchliches Organisationsgebiet decken. Denn da die Thüringer nur zum Bistum Erfurt und die Suduodi und Grabfeldleute nur zum Bistum Würzburg gehört haben können, muß das Bistum Büraburg für die Hessen, Bortharer, Ittergauer, Wetterleute und Oberlahngauer errichtet worden sein. Gehen wir davon aus, dann ist es nicht möglich, die Borthari südlich der Lippe (im Ruhrgebiet), die Nistresi im Nisterbereich (im westlichen Westerwald) und die Wedrecii in der heutigen Wetterau anzusiedeln; denn alle diese Gebiete lagen weit außerhalb der bonifatianischen Missions- und Bistumssprengel, insbesondere Büraburgs, das allein dafür in Frage kommen konnte. Der tatsächliche Grenzverlauf seines Sprengels im Norden und Nordwesten wird zudem durch den der Mainzer Diözese, in der es bald aufging, eindeutig bestimmt. Danach kann es nur das nördliche Hessen vom Oberlahngau bis nach Niederhessen und damit das hessisch-sächsische Grenzland umfaßt haben. Doch hat es nicht einmal die ihm gestellte Missionsaufgabe innerhalb dieses Raumes zu erfüllen vermocht, denn als das Bistum nach dem Tode des Apostels einging, war sein nördliches Gebiet noch weitgehend heidnisch. Dieses wurde infolgedessen 777 z. T. Mainz und z. T. Köln und Fulda als Missionsgebiet zugewiesen, zumal drei Jahre vorher Fritzlar und Büraburg von den Sachsen zerstört worden waren. Damit hatte Bischof Lullus von Mainz als Nachfolger des Bonifatius auf dem Mainzer Stuhl endgültig die Möglichkeit gewonnen, die wohl schon 750/52 von Bonifatius selbst eingeleitete Angliederung der Sprengel von Büraburg und Erfurt an Mainz bis zu ihrer völligen Verschmelzung mit der Mainzer Diözese durchzuführen.

Das Schicksal von Büraburg war also im Grunde bereits durch diese gewandelte Einstellung des Apostels seiner eigenen Schöpfung gegenüber besiegelt. Es vollendete sich, nachdem der erste und einzige Bischof Witta sich (unter dem Druck dieser und der politischen Verhältnisse zu Beginn der Sachsenkriege Karls des Großen) gezwungen gesehen hatte, nach Mainz zu übersiedeln und dort chorbischöfliche Funktionen auszuüben. Damit war Büraburg Mainzer Chorbistum geworden und hat in dieser Gestalt wohl noch eine Zeitlang seine Existenz gefristet. Als Chorbischöfe dürfen vielleicht Humbert und Reginbald gelten, die in der 1. Hälfte des 9. Jahrhunderts verschiedentlich Weihungen in Fulda vornahmen. Schließlich klingt die Vereinigung der Büraburger Diözese mit Mainz unter Lullus wohl auch darin noch nach, daß nach dem Tode der Bischöfe Witta von Büraburg (angeblich 786?) und Lullus von Mainz (786) der ihnen folgende Mainzer Erzbischof Richolf in Fritzlar geweiht worden ist.

War also die kirchliche Organisation Niederhessens in einem eigenen Bistum damit auch gescheitert, so bedeutete doch seine unmittelbare Verbindung mit Mainz im ganzen gesehen einen Gewinn. Denn seine damit gewährleistete kirchlich-organisatorische Verknüpfung mit den südwestlichen Landesteilen in der Wetterau und im unteren Maingebiet schuf durch die Verklammerung beider Gebiete jenen größeren Raum, der für die politische Zukunft des Landes bestimmend geworden ist. Die kirchliche Verwaltung Hessens hatte allerdings zunächst an Intensität eingebüßt, so daß bei dem für die kirchliche Erschließung und Durchdringung des Landes grundlegenden Ausbau des Pfarreinetzes außer den bischöflichen auch andere Kräfte zum Zuge kamen, bis das Land völlig erfaßt war. Dieser Prozeß dauerte (mit dem Siedlungsausbau) nochmals einige hundert Jahre, so daß auch daraus deutlich wird, wie langsam, aber auch organisch sich die vollständige Christianisierung Hessens vollzogen hat. Erst als sie im wesentlichen durchgeführt war, erfolgte die abschließende kirchliche Verwaltungseinteilung in Archidiakonate und ihre Unterbezirke. Sie dürfte im 10. bzw. 11. Jahrhundert erfolgt sein; als ältester mainzischer Archidiakonat wird der von Aschaffenburg 976 erwähnt. Es ist also schon aus zeitlichen Gründen ausgeschlossen, die Archidiakonatseinteilung aus der politischen Verwaltungsgliederung der fränkischen Zeit abzuleiten, denn so gewiß hier Zusammenhänge im einzelnen — vornehmlich im Altsiedelland und seinen Siedlungskammern — bestehen, so unmöglich ist es, aus den Archidiakonaten die frühe Verwaltungsgliederung grundsätzlich und überall ablesen zu wollen.

Das ergibt sich mit Sicherheit auch aus der Art, in der sich die Ausgestaltung des Pfarreinetzes vollzog. Es setzt die Errichtung von Kirchen voraus, die jedoch weder nach einheitlichen Gesichtspunkten noch etwa gleichzeitig von zentraler Stelle aus begründet worden sein können, da sie völlig vom Gang der Besiedlung abhängig waren und daher auf ganz verschiedene Urhebergruppen und Motive zurückgehen. Die älteste Schicht der Kirchen unseres Landes stammte von Laien, worunter in erster Linie die einheimischen Adligen und fränkischen Großen bis zum König zu verstehen sind, wenn diese sich bei ihren Kirchengründungen auch öfters des Beistandes der ihnen zumeist eng verbundenen irischen und angelsächsischen Missionare bedient haben dürften. In diese Gruppe von Kirchengründern schoben sich dann im 8. Jahrhundert die von Geistlichen und weltlichen Großen errichteten Klöster und schließlich auch das Bistum selbst ein. Die von Adel und Königtum, Klöstern und Bistum in langen Zeiträumen ausgebauten Kirchensprengel können also höchstens von Fall zu Fall, nie aber in ihrer gesamten organisatorischen Zusammenfassung, die notwendig spät sein muß, etwas Verbindliches über die politische Gesamtstruktur unseres Landes in der fränkischen Zeit aussagen.

Kirchengründungen einheimischer adliger Grundherren, fränkischer Großer und Könige der vorbonifatianischen Zeit in Hessen sind öfters nachweisbar, und zwar sowohl in den Kirchen der Fiskalgebiete und Festungen der merowingischen Zeit (Glauburg, Amöneburg, Kesterburg, Büraburg) als auch in denen adliger Grundherren in der vor Bonifatius missionierten Wetterau. Dieses Eigenkirchenrecht kommt besonders da deutlich zum Ausdruck, wo sich zwei Kirchen verschiedener Eigentümer in einem Orte nachweisen lassen (wie in Holzheim bei Grüningen, in Kleen bei Butzbach, in Nauborn bei Wetzlar oder in Bensheim) oder wo solche Kirchen ganz oder teilweise verschenkt wurden (wie in Krüftel bei Rockenberg, in Eschbach, in Diedigheim bei Bad Homburg u. a.). Allein Kloster Fulda erhielt in den ersten Jahrzehnten seines Bestehens nicht weniger als fünf Eigenkirchen in der Wetterau und neun in Rheinhessen geschenkt. Noch älter als die im 8. Jahrhundert genannten Filialkirchen müssen aus pfarrtechnischen Gründen die zugehörigen Mutterkirchen der Wetterau sein, wie Praunheim, Grüningen, Nauborn (778), Solms (788), Gedern (793), Johannisberg bei Bad Nauheim (750 bis 802), Trais-Münzenberg (796 bis 802) oder die großen Pfarreien Großenlinden, Echzell-Bingenheim, Niederflorstadt, die z. T. ihren Zusammenhang mit fränkischem Königsgut deutlich erkennen lassen. Daß sie erst frühestens in der 2. Hälfte des 8. Jahrhunderts genannt werden, hängt damit zusammen, daß es eine ältere urkundliche Überlieferungsschicht nicht gibt. Um diesen Kern der wetterauischen Altpfarreien, die im 8. Jahrhundert im Zuge der Vogelsbergstraße schon bis Gedern reichten, legten sich in den siedlungsmäßig zunächst noch weniger erschlossenen, angrenzenden Vogelsberg- und Taunusgebieten im 9. und 10. Jahrhundert weitere, entsprechend der geringen Siedlungsdichte großräumig gestaltete Pfarrsprengel, die vor allem den hessischen Urklöstern und dem Erzbistum Mainz ihre Entstehung verdanken. Es sind etwa Unterreichenbach (um 810) und wohl gleichzeitig (aber erst 910/13 belegt) Salmünster, Schlitz/Lauterbach (812), Zell im Vogelsberg (813/17), Großenlüder (819/22), Salzschlirf (885) und Kirtorf (917/18) und dazu im Taunus Bleidenstadt (812) und Schloßborn (um 980).

Ein ähnliches Zusammengehen von Adel und Königtum, Klöstern und Bistum bei der Ausgestaltung des Pfarreinetzes läßt sich auch im Lahn- und Westerwaldgebiet sowie in Niederhessen beobachten. Dabei dürften jedoch entsprechend der späteren Missionierung alle diese Kräfte gleichzeitig und nebeneinander tätig gewesen sein. An Lahn und Westerwald entstanden unter dem vorherrschenden Einfluß der Konradiner die großen Pfarreien von Gemünden (879), Haiger (vor 913) und etwa gleichzeitig Herborn und Breidenbach sowie Montabaur (um 940). In Niederhessen bildeten die von Büraburg—Fritzlar aus errichteten Kirchen den Kernbestandteil der Pfarrorganisation. Ihr Mittelpunkt war die unter Beihilfe irischer Missionare erbaute vorbonifatianische Kirche des fränkischen Kastells Büraburg. Da sie jedoch weder als Kastellkirche im heidnischen Umland noch wegen der gesamten politischen Verhältnisse zur Wirkung kam, fiel ihre Rolle dem Fritzlarer Kloster zu, dessen Kirchengründungen zweifellos die zahlreichen, mit dem Fritzlarer Peterspatrozinium ausgestatteten niederhessischen Taufkirchen anzeigen. Dazu zählen die Erzpriesterkirchen von Gensungen, Schützeberg und Mardorf und die Pfarrkirchen von Maden, Metze, Uttershausen und Bringhausen sowie (nach den Zehntverhältnissen zu schließen) die Erzpriesterkirchen von Niederurff und Bergheim.

Um diesen Kern legten sich im Süden die Kirchen mit Hersfelder Patronats- und Zehntrechten, wobei sich eine verhältnismäßig klare Abgrenzung des Fritzlarer Einflußgebietes gegen das des Hersfelder Klosters feststellen läßt. Diese Scheidung dürfte Erzbischof Lullus etwa um 780 unter Übergabe von Mardorf an Hersfeld vorgenommen und diesem zugleich die Ausgestaltung des Pfarreinetzes im Gebiet der Taufkirchen von Mardorf, Braach, Ottrau, Grüßen und Treysa übertragen haben. Dagegen haben sich in den östlichen und nördlichen an das Fritzlarer Gebiet angrenzenden Landstrichen vor allem Königtum und Erzbistum dieser Aufgabe in besonderem Maße gewidmet. Neben dem 782 um die Eresburg errichteten königlichen Missionsgebiet, das

826 an Kloster Corvey kam und von ihm vor allem im Waldecker Gebiet ausgebaut wurde, findet sich eine Gruppe königlicher Kirchen um Kassel. Da dieses nach dem Ortsnamen wahrscheinlich vorbonifatianisch ist, gilt das wohl auch für das Martinspatrozinium der benachbarten Erzpriesterkirche in Kirchditmold, so daß damit die kirchliche Sonderstellung des Kasseler Gebietes begründet wäre. In diesen, offenbar auch den ganzen Reichsforst des Kaufunger Waldes einbeziehenden Königskirchenbezirk, an den sich ein weiterer im Werratal um den Fiskus Eschwege anschloß, ist dann auch das Erzbistum Mainz eingedrungen und hat besonders den nördlich angrenzenden Bereich der späteren Propstei Hofgeismar kirchlich organisiert.

Gegenüber Wetterau und Niederhessen bietet Oberhessen mit den angrenzenden Gebieten wiederum ein anderes Bild, das sich zunächst am besten vom Patrozinienbestand her erfassen läßt. Er zeigt, daß der Einfluß des Michaelspatroziniums der Amöneburger Kirche sehr gering war, denn es sind zwar einige Pfarrkirchen der engeren Umgebung dem heiligen Michael geweiht (wie Erfurtshausen, Schröck, Anzefahr, Wohra und Kirchhain), aber keine Taufkirchen. Diese müssen daher älter sein, denn sonst wäre, wie die Fritzlarer Parallele zeigt, auch hier der Heilige der von Bonifatius gegründeten Hauptkirche zweifellos vielfach der Patron der übrigen Taufkirchen geworden. Daß dieses nicht geschah, erklärt sich sinnvoll nur daraus, daß es nicht mehr geschehen konnte, weil die Patrozinien bereits festlagen. Diese aber bilden eine einheitliche Gruppe von Martinspatrozinien. Zu ihr zählen die Sendkirchen von Netphen, Siegen, Feudingen, Raumland, Kesterburg, Dautphe, Gladenbach, Oberweimar, Michelbach, Schönstadt, Bromskirchen, Geismar sowie von Oberofleiden und Treysa; das sind ein Drittel aller oberhessischen Sendkirchen, fast zwei Drittel derjenigen, deren Patrozinien bekannt sind. Außerdem hatten die Kirchen in Dodenau, Wehrda, Cappel und Holzhausen Martinspatrozinien. Ihr Zusammenhang mit jenen Martinskirchen, die sich im südwestlichen Deutschland dicht gesät finden und auf die vorbonifatianische, fränkische Mission zurückgehen, ist nicht zu übersehen. Demgegenüber dürfte der Einfluß des Mainzer Martinspatroziniums nur von sekundärer Bedeutung gewesen sein.

Es ist ferner auffallend, daß zahlreiche kirchliche Mittelpunkte Oberhessens in karolingischen Marken erscheinen (Kirtorf, Londorf, Lohra, Michelbach, Dautphe, Breidenbach, Röddenau, Wetter, Raumland, Arfeld), eine ganze Anzahl von Martinskirchen zugleich Kirchen der Zentvororte gewesen sind (Siegen, Feudingen, Netphen, Arfeld, Bromskirchen, Dautphe, Geismar) und daß vielfach die Sitze der Sendgerichtssprengel (sedes) identisch waren mit den späteren Gerichtsvororten (Battenfeld, Bentreff, Bromskirchen, Geismar, Dautphe, Röddenau, Wetter, Gladenbach, Lohra, Treis a. d. Lumbda und Londorf). Es scheint sich also fast durchweg um Markenkirchspiele oder Hundertschaftskirchen zu handeln, die an alte weltliche Gerichtsbezirke angeknüpft haben, wie es auch für das benachbarte Gebiet der Haigerer Mark wahrscheinlich gemacht worden ist. Sicher gilt das auch für die angrenzende Herborner Mark, denn die von der Herborner Mutterkirche abhängigen Filialkirchen lagen alle im Markenbereich und füllten ihn aus. Stellen wir diesen Fällen noch die „Königsdomänenkirchen" mit Martinspatrozinien (außer Kirchditmold und Bergheim in Niederhessen, auch Treysa, Bischhausen [Kr. Witzenhausen] und vielleicht auch Bromskirchen) zur Seite, dann zeigt sich, daß zumal in Oberhessen oftmals eine echte Verknüpfung bestimmter weltlicher und kirchlicher Organisationsformen vorlag. Es ergibt sich aber auch, daß diese sehr mannigfaltig und vor allem vom Mittelpunkt her gegeben waren und daher kaum zur Ermittlung genauer Grenzen ausreichen dürften. Insgesamt ist also festzustellen, daß Adel und Königtum, Klöster und Bistum in gemeinsamen Bemühungen ein Pfarreinetz entwickelt haben, das in seiner Struktur weitgehend von zeitlichen und örtlichen, politischen und religiösen, persönlichen und organisatorischen Gegebenheiten abhängig war. Seine spätere, aus verwaltungsmäßigen Erfordernissen vereinheitlichte Organisation darf jedenfalls nicht dazu verleiten, diese auch schon in die christliche Frühzeit zurückzuspiegeln, ja allenthalben aus ihnen vorchristliche Verwaltungsformen zu gewinnen. Das kann, wie gezeigt, nur in Einzelfällen und punktuell möglich sein.

Die verhältnismäßig früh (spätestens im 8. Jahrhundert) ausgebildete Diözesangliederung teilte fast das ganze heutige Hessen der Diözese des Bistums Mainz zu, ausgenommen das Gebiet der unteren Lahn zwischen Taunus und Westerwald, das zum Trierer Bereich gehörte, und das Gebiet zwischen Fulda und Werra südlich einer Linie etwa Hersfeld—Vacha, das dem Bistum Würzburg zustand. Während diese Grenze wohl noch aus dem 8. Jahrhundert stammt, sind Alter und ursprüngliche Ausdehnung der rechtsrheinischen Trierer Diözese noch immer strittig. Wesentlich für diese Frage ist die Feststellung, ob Bonifatius in Amöneburg mit dem Trierer oder dem Mainzer Bischof zusammengestoßen ist, da sich daraus ergibt, ob Trier oder Mainz damals bis an die obere Lahn vorgedrungen war. Wenn auch eine Entscheidung aussteht (und wohl kaum je eindeutig getroffen werden kann), so sprechen doch schwerwiegende Gründe dafür, daß Trier bereits vor Bonifatius im Lahngebiet Fuß gefaßt (wie wir in Kap. 11 dargelegt haben) und daß dieser es dort auch als Mainzer Erzbischof notgedrungen anerkannt hat. 772 bestätigte jedenfalls Karl der Große dem Bistum Trier auch seine Rechte und Güter jenseits des Rheines (also rechtsrheinisch). Es war kirchlich organisiert im Archidiakonat Dietkirchen, der sich aus den Dekanaten Dietkirchen, Engers und Haiger nördlich der Lahn und Marienfels und Kirberg südlich der Lahn sowie dem Erzpriestersprengel Wetzlar zusammensetzte. Eingesprengt waren die Kleinarchidiakonate des Koblenzer Stiftes St. Florin (um Montabaur) und des Klosters Arnstein an der unteren Lahn.

Das übrige, zur Mainzer Diözese gehörige Hessen bestand aus Archidiakonaten, deren Träger zumeist Mainzer Stifter waren. Das linksrheinische Mainzer Diözesangebiet bildeten die Archidiakonate des Mainzer Dompropstes (mit Mainz selbst, einem Teil Rheinhessens und insbesondere dem Nahe- und Hunsrückgebiet mit sechs Dekanaten oder Landkapiteln) sowie der Pröpste von Maria im Felde (im westlichen Teil Rheinhessens mit dem Dekanat Partenheim), von St. Martin in Bingen (Stadtbezirk Bingen) und von St. Viktor in Mainz (mit den Dekanaten Kirchheim-Bolanden und Nierstein links und Groß-Gerau und Bensheim rechts des Rheins). Der Archidiakonat des Propstes von St. Moritz umfaßte den heutigen Rheingau, dessen Geistlichkeit im Landkapitel Oestrich zusammengeschlossen war. Der östlich angrenzende Archidiakonat des Propstes von St. Peter bestand aus den beiden Dekanaten Kastel und Eschborn und deckte sich etwa mit Königssonder- und Niddagau; an ihn schloß sich der Kleinarchidiakonat des Propstes von St. Bartholomäus in Frankfurt an. Die Wetterau war im Archidiakonat des Propstes von St. Maria zu den Staffeln (ad Gradus) kirchlich organisiert, der sich aus den beiden Dekanaten Friedberg und Roßdorf zusammensetzte, die beide nochmals in Sendbezirke unterteilt waren. Doch befanden sich in seinem Gebiet vier Kleinarchidiakonate (darunter dreier Prämonstratenserstifter), und zwar der Pröpste von Ilbenstadt, Mockstadt und Konradsdorf und des Abtes von Langenselbold. Ursprünglich mit der Mainzer Domkustodie und seit deren Übertragung 1189 an den Propst des Stiftes St. Johann in Mainz mit dieser Propstei verbunden war der Archidiakonat des Vogelsberggebietes, dessen Geistlichkeit sich im Landkapitel Lauterbach vereinigt hatte. Als letzter Archidiakonat eines Mainzer Stiftes ist der des Propstes von St. Stephan zu nennen, der sich über Oberhessen erstreckte. Er war, wie der des Mariengredenstiftes in Dekanate (Amöneburg, Kesterburg und Arfeld) und diese waren wieder in Sendbezirke untergliedert.

Die Unterstellung des überwiegenden Teiles der hessischen Archidiakonate unter die Leitung der Pröpste Mainzer Stifter zeigt eine für mittelalterliche Verhältnisse bemerkenswert gestraffte Verwaltungsform. Sie macht es erklärlich, daß das Erzbistum in ihr und in der von ihr gehandhabten geistlichen Gerichtsbarkeit ein wirksames Mittel besaß, um seine Ansprüche gegenüber den zahlreichen kleineren und größeren Landesherren in Hessen durchzusetzen, ja selbst gegenüber den Landgrafen lange Zeit erfolgreich zu behaupten. Infolgedessen hat die Ausübung der geistlichen Gerichtsbarkeit in Hessen zu den am meisten umkämpften geistlichen Rechten gehört. Damit hing es wohl auch zusammen, daß außer den genannten zahlreichen Stiftern in Mainz, abgesehen von den genannten Kleinarchidiakonaten, nur zwei nicht in der Metropole gelegene Stifter größere Archidiakonate in Hessen zu verwalten hatten. Das war einmal der Archidiakonat des Propstes von St. Peter und Alexander in

Aschaffenburg, der zuerst 976 als frühester in ganz Deutschland erwähnt wird, mit seinen Landkapiteln Rodgau (Sitz Seligenstadt), Montat (Sitz in Groß-Umstadt oder Dieburg) und Taubergau; und der andere war der Archidiakonat des Propstes von St. Peter in Fritzlar mit seinen Erzpriestersprengeln Fritzlar, Gensungen, Kirchditmold, Schützeberg, Niederurff, Bergheim, Braach, Mardorf und Ottrau. Seine von den übrigen Archidiakonaten abweichende, einfache Gliederung in Bezirke, die größenmäßig zwischen deren Dekanaten bzw. Landkapiteln einer- und Sendbezirken andererseits standen, hat immer wieder dazu verleitet, in ihnen Nachfolger alter Hundertschaften zu sehen, was zwar in einzelnen Fällen (Maden, Ditmold?), aber keineswegs durchweg zutreffen kann. Immerhin läßt sich bei einem Vergleich mit den so anderweitig gegliederten Archidiakonaten der Wetterau und Oberhessens sagen, daß diese sich unter anderen örtlichen Verhältnissen entwickelt haben müssen als die niederhessischen. Und daß dabei politische Organisationsformen eine wichtige Rolle gespielt haben können, zeigt das oberhessische Beispiel. Gegenüber dieser kirchenorganisatorischen Geschlossenheit des niederhessischen Gebietes hebt sich der hessisch-sächsische und der hessisch-thüringische Grenzraum in seiner Zersplitterung stark ab. Hier entwickelte sich nicht nur ein weiteres selbständiges, aber verhältnismäßig kleines Archidiakonat des Propstes von St. Marien in Hofgeismar, hier griffen vor allem auch zahlreiche außerhessische Archidiakonate über, besonders wenn man Waldeck einbezieht. Im Diemelgebiet handelt es sich dabei hauptsächlich um die paderbornischen Archidiakonate Horhausen (Niedermarsberg), Warburg und Helmarshausen und im Werragebiet um die eichsfeldisch-thüringischen Archidiakonate des Mainzer Bistums Heiligenstadt und Dorla. Die späten politischen Voraussetzungen dieses Bildes werden wir unten (Kap. 14) erörtern.

Dieser Blick auf die kirchliche Organisation Hessens im Mittelalter bliebe unvollständig, wenn er die Entwicklung des Klosterwesens überginge. In ihre Erörterung sind die großen Reichsabteien des 8. Jahrhunderts Fulda, Hersfeld und Lorsch jedoch zunächst nicht einbeschlossen, da sie später gesondert behandelt werden. Das gleiche gilt für die wichtigsten Klostergründungen des Erzbistums Mainz. Von den bonifatianischen Klöstern hat außer Fulda und Hersfeld nur das schon früh in ein Kollegiatstift ungewandelte Fritzlarer Kloster einen seinem Alter gemäßen Rang behaupten können, während Amöneburg schon bald nach der Errichtung bedeutungslos geworden sein muß. Und von den im 9. Jahrhundert begründeten karolingischen Stiftern zu Seligenstadt (829) und Frankfurt (852?) hat nur das letztere eine größere Stellung erlangt, nachdem der Frankfurter Dom durch das Reichsgrundgesetz der Goldenen Bulle von 1356 Wahlort der deutschen Könige geworden war. Von den übrigen hessischen Benediktinerklöstern kommt insbesondere den Fuldaer

Klöstern des 9. Jahrhunderts eine größere Bedeutung zu, nämlich Johannesberg (811), Michelsberg (822) und Petersberg (836) unmittelbar bei Fulda sowie Schlüchtern (um 800, vielleicht schon vor 788) und Hünfeld (815/25). Ihnen standen die noch wichtigeren Gründungen der hessischen Grafenhäuser der Frühzeit zur Seite, von denen die Rupertiner 764 Kloster Lorsch und die Konradiner die vier Stifter Kettenbach/Gemünden (843/79), Wetzlar (897), Limburg (910) und Weilburg (912) sowie das Kloster Naumburg in der Wetterau (vor 992) errichteten; von den konradinischen Stiftungen haben sich jedoch nur Limburg und Wetzlar gut gehalten. Ihnen folgten an weiteren benediktinischen Klostergründungen hessischer und benachbarter Grafenhäuser noch Helmarshausen (vor 997 durch die Grafen von Reinhausen) und Breitenau (1113 durch den hessischen Grafen Werner IV. erbaut). Von ihnen war Helmarshausen unter den letzten sächsischen Kaisern Reichsabtei, ging aber 1017 als Geschenk Kaiser Heinrichs II. an Paderborn. Von Mitgliedern des königlichen Hauses stammten auch die Benediktinerinnen-Reichsabteien Eschwege (995/1001) und Kaufungen (1008/17) und wahrscheinlich auch das traditionsgemäß von Damen königlichen Geschlechts um 1015 gegründete Kanonissenstift Wetter.

Aus den übrigen zahlreichen Klöstern und klösterlichen Niederlassungen, die für das mittelalterliche Hessen von größerer Bedeutung waren, ragen für das 12. Jahrhundert die Gründungen der Ordensgruppen der Prämonstratenser und der Zisterzienser und für das 13. Jahrhundert die der Ritterorden und der Bettelorden heraus. Der von Norbert von Xanten 1121 errichtete Orden regulierter Chorherren nach der Regel Augustins, die Prämonstratenser, der sich in kürzester Frist über ganz Frankreich und Deutschland ausbreitete, zeichnete sich besonders durch seine enge Verbindung zum hohen Adel aus, wie sich auch in Hessen erweist. Hier wurde 1123 Ilbenstadt durch Graf Gottfried von Kappenberg gegründet und vor 1139 Langenselbold durch Graf Dietmar von Gelnhausen mit Prämonstratensern besetzt. 1139 wandelte Graf Ludwig von Arnstein an der Lahn seine Burg in ein Prämonstratenserkloster um, während die Herren von Dörnberg vor 1143 in Spießkappel und Graf Rucker von Bilstein vor 1144 in Germerode Prämonstratenser ansetzten. Vor 1148 gründete Landgräfin Hedwig von Thüringen das Prämonstratenserkloster Ahnaberg zu Kassel und zwischen 1124 und 1149 überließen die freien Herren von Wirberg auf Betreiben von Graf Gottfrieds Bruder Otto von Kappenberg ihre Burg dem Orden zur Errichtung einer Niederlassung. In gleicher Weise verfuhr etwa gleichzeitig der Edle Gerlach von Büdingen mit seinem Sitz Konradsdorf, während die Grafen von Katzenelnbogen an der Errichtung des 1163 von Priester Gottfried ins Leben gerufenen Prämonstratensernonnenklosters Beselich maßgeblich beteiligt waren. Dieser Gottfried war auch der Gründer des vor 1179 errichteten Klosters Altenberg (bei Wetzlar) und auch insofern eine bemerkenswerte Persönlichkeit, da er als der Erbauer der Lahnbrücken zu Limburg und Wetzlar bezeichnet wird. Schließlich stifteten die Grafen Giso und Hartrad von Merenberg 1186 das Prämonstratenserinnenstift Hachborn.

In diesem Zusammenhang sind auch die wichtigsten hessischen Augustinerchorherren- und -chorfrauenstifter des frühen 12. Jahrhunderts zu nennen, die meist durch den hohen Adel errichtet worden sind, nämlich Schiffenberg 1129 von der Gräfin Clementia von Luxemburg, Arolsen vor 1131 durch Gepa von Itter, Immichenhain nach 1124 durch Immecha von Hagen und Wirberg und vor 1143 Weißenstein bei Kassel von einem Fritzlarer Kanoniker.

Im Gegensatz zu den Prämonstratensern, die in Hessen auffällige Erfolge erzielten, waren die Zisterzienser hinsichtlich der Zahl und Bedeutung ihrer Gründungen weit weniger erfolgreich. Große primäre Zisterzienserniederlassungen des 12. Jahrhunderts gibt es im heutigen Hessen überhaupt nicht, denn selbst der um 1135 auf Initiative Erzbischof Adalberts von Mainz errichteten Zisterzienserniederlassung in Kloster Eberbach im Rheingau war ein Augustinerkloster daselbst vorausgegangen. Die beiden anderen bedeutenderen hessischen Zisterzienserklöster Haina und Arnsburg aber sind ursprünglich als Benediktinerklöster in Aulisburg und Altenburg gegründet worden. Aulisburg, um 1140 von Graf Poppo von Ziegenhain-Reichenbach errichtet, wurde seit 1150 wiederholt vergeblich und erst seit 1188 für dauernd mit Zisterziensern besetzt, die es um 1215 nach Haina verlegten. Altenburg, vor 1151 von Konrad von Hagen (aus dem führenden Reichsministerialengeschlecht von Hagen-Münzenberg) gegründet, wurde 1174 nach Arnsburg übertragen und zugleich von Zisterziensern aus Eberbach übernommen. Die lebhafte und erfolgreiche landwirtschaftliche Pionierarbeit der Zisterzienser in Form einer intensiven Rode-, Urbarmachungs- und Meliorationstätigkeit hat ihren genannten großen hessischen Klöstern schon bald überragende wirtschaftliche Positionen verschafft. Das Arnsburger Kloster verfügte über elf auswärtige Wirtschaftshöfe (in Amöneburg, Bergen-Enkheim, Frankfurt, Friedberg, Gelnhausen, Gießen, Grünberg, Mainz, Marburg, Wetzlar und Wickstadt), das Hainaer Kloster sogar über 15 Grangien (ländliche Wirtschaftshöfe), und zwar in Altenhaina, Espe, Halgehausen, Ellnrode, Elgershausen, Singlis, Hoflotheim, Ransbach, Gontershausen, Wallersdorf, Hubel, Utphe, Roth, Bergen und den Riederhof bei Frankfurt sowie über zehn Stadthöfe, und zwar in Fritzlar, Niederwildungen, Frankenberg, Treysa, Wetter, Marburg, Amöneburg, Alsfeld, Gelnhausen und Frankfurt. Aber Arnsburg und Haina halten keinen Vergleich mit Kloster Eberbach aus. Von seinen Landgütern mit mindestens 300 Morgen Land, die es größtenteils selbst bewirtschaftete, kennen wir 23 mit insgesamt mehr als 17 000 Morgen; nämlich den Mapper Hof (mit 300

Morgen), Erfelden (300), Flörsheim (300), Breidenfaß (über 300), Hanheimer Hof (308), Weiterstadt (320), Ginsheimer Hof (321), Mosbach (325), Draiser Hof (326), Schierstein (350), Steinheim (370), Leheimer Hof (530), Neuhof (627), Weilbacher Hof (690), Gehaborner Hof (690), Riedhäuser Hof (728), Hainer Hof (797), Dienheimer Hof (798), Walheimer Hof (831), Frankenfelder Hof (über 900), Sandhof (1027), Bensheimer Hof (1100), Birker Hof (1822). Abgesehen von 30 weiteren landwirtschaftlichen Betrieben hatte das Kloster seinen sonstigen Besitz in sieben Syndikaten zusammengefaßt, die seine Liegenschaften in weiteren 154 Orten verwalteten, nämlich die Syndikate Boppard (zuständig für 14 Orte), Bingen (35), Mainz (35), Oppenheim (28), Gehaborn (8), Frankfurt (9) und Limburg (25). Dazu kam der große Wirtschaftshof in Köln, der dem Kloster zum Vertrieb seiner berühmten Weine diente. Zum Transport seiner Güter hatte Eberbach eigene Rheinschiffe. Bemerkenswert ist, daß neben diesen wenigen, bedeutenden Zisterziensermönchsklöstern im 13. Jahrhundert eine verhältnismäßig große Zahl von Zistersiensernonnenklöstern entstand, von denen jedoch keines besonderen Rang erreichte. Dasselbe trifft auch für die nicht geringe Zahl der im 12. und 13. Jahrhundert gestifteten hessischen Augustinerklöster (außer den oben genannten) zu.

Eine ganz andere Rolle spielten die im 13. Jahrhundert tonangebend werdenden geistlichen Ritterorden. Von ihnen ist der Johanniterorden 1187 durch Graf Berthold von Nidda nach Hessen gelangt, der ihm damals die Kommende Nidda einrichtete. Darauf folgten die Kommenden zu Obermossau (um 1200 von den Schenken von Erbach begründet), Mosbach (vor 1218 von den Grafen von Wertheim), Wiesenfeld (vor 1231 von den Grafen von Battenberg), Niederweisel (vor 1245 von den Herren von Münzenberg). Insgesamt blieb der Johanniterorden in Hessen jedoch von geringer Bedeutung. Ihn überragte bei weitem der Deutsche Ritterorden, dem als erste die Grafen von Ziegenhain 1207 eine Niederlassungsmöglichkeit in Hessen (Reichenbach) boten. Entscheidend für seinen Aufstieg wurde die Übertragung des Hospitals und des Grabes der heiligen Elisabeth in Marburg 1234 an die Deutschen Herren durch die Landgrafen von Thüringen. Schon um 1255 war das Marburger Haus Landkommende der Ballei Hessen, der später die Kommenden Griefstedt, Wetzlar, Oberflörsheim und Schiffenberg angehörten und deren wichtigste Kastnereien (bzw. Komtureien) Kirchhain, Alsfeld, Reichenbach, Felsberg, Fritzlar, Obermöllrich, Friedberg, Gelnhausen, Merzhausen, Seibelsdorf und Stedebach sich über ganz Hessen erstreckten. An Besitz fast gleich (wenn auch nicht an Rang und politischem Ansehen) war die Komturei Frankfurt-Sachsenhausen der Ballei Franken. Sie entstand aus dem vor 1193 von dem großen Reichsministerialen Kuno von Münzenberg errichteten und dotierten Sachsenhäuser Hospital, das er vor 1207 dem Deutschen Orden übertrug.

Die Kastnereien des Hauses in Friedberg, Gelnhausen, Niederwöllstadt, Kloppenheim, Weilbach und Alzey verwalteten Besitz in über 150 Orten der Wetterau und des Rhein-Main-Gebietes, der so groß war, daß man ihn einer Grafschaft gleichachtete.

Diese Lage macht die Reaktion verständlich, die in den Bettelorden und in noch stärkerem Maße in der sozial-religiösen Volksbewegung der ordenslosen Beginen und Begarden Ausdruck fand. Dieses waren fromme Frauen und Männer, die sich in kleinen Gruppen ohne feste Regel zusammenschlossen, ihren Unterhalt durch Stiftungen, eigene Arbeit oder Bettel fanden und in freiwilliger Armut und Keuschheit ein klosterähnliches Leben führten. Von kirchlicher Seite nur widerwillig geduldet und oft verfolgt, ja selbst der Ketzerei verdächtigt und damit der Inquisition preisgegeben, hat diese Bewegung dennoch in Nordwestdeutschland zahlreiche Anhänger gefunden. In Mainz sind insgesamt 28 Konvente, in Worms 16 und in Frankfurt 57 nachgewiesen. Doch finden sich ihre Spuren auch in fast allen anderen hessischen Städten, insbesondere in den Reichsstädten der Wetterau Friedberg, Gelnhausen und Wetzlar. Die Blütezeit dieser Bewegung fiel in das 13. und 14. Jahrhundert. In derselben Zeit haben auch zahlreiche Bettelorden, an ihrer Spitze die Franziskaner, in den hessischen Städten Fuß gefaßt. Doch ist hierbei zu betonen, daß deren Träger im Gegensatz zu den ordenslosen Vereinigungen keineswegs den unteren sozialen Schichten der Bevölkerung entstammten, sondern daß sie weitgehend vom ritterschaftlichen Adel und dem Patriziat der Städte gestützt worden sind, wie das etwa das Totenbuch eines der ältesten hessischen Franziskanerklöster, des Limburgers, erkennen läßt.

Dem Adel und dem gehobenen Bürgertum der Städte verdankte Hessen daher seine meisten Klöster und zahlreiche seiner mittelalterlichen Kirchen und Kapellen in Stadt und Land; dazu gehörte aber auch deren sakrale Ausstattung, die ihnen hervorragende, gottgeweihte Werke der Bildhauerkunst und Malerei geschenkt hat. Denn abgesehen von den im besonderen Maße versehenen großen Reichsabteien Fulda, Hersfeld und Lorsch boten nicht nur die Kirchen größerer Städte wie Marburg, Korbach, Fritzlar, Gelnhausen, Friedberg, Wetzlar und Limburg bedeutende Kunstwerke (meist des 14. und 15. Jahrhunderts), daneben standen ebenbürtig die Altäre kleinerer hessischer Kirchen wie Hofgeismar, Wildungen, Netze, Rauschenberg, Wetter, Niederweidbach, Schotten, Orb und Aufenau. Die bekanntesten von ihnen sind der Wildunger und der Ortenberger Altar. Dieser befindet sich, wie die Friedberger, Niedererlenbacher, Seligenstädter und Wolfskehlener Altäre, heute im Darmstädter Museum, das eine großartige Sammlung dieser Kunstwerke besitzt. Sie vermitteln uns wohl immer noch einen der persönlichsten und stärksten Eindrücke von der christlichen Glaubenswelt des Mittelalters.

13. Rupertiner und Konradiner in den hessischen Grafschaften

Die politische Verwaltung unseres Gebietes lag von früh an in den Händen einiger fränkischer Hochadelsfamilien. Die ältesten fränkischen Befehlshaber in Hessen, die wir kennen, sind die Brüder Dettic und Deorulf, denen 721 die Amöneburg unterstand. Es muß sich also um Personen von Rang gehandelt haben. Das wird dadurch bestätigt, daß sie nicht nur dieser landbeherschenden Festung vorstanden, sondern auch dem christlichen Glauben anhingen, was lange und alte fränkische Verbindungen ihrer Familie voraussetzt, denn als Brüderpaar dürften sie ihre Stellung zumindestens schon von ihrem Vater übernommen haben; und da ihr Glaube damals bereits wieder stark synkretistische Züge zeigte, muß seine Einführung lange vorher erfolgt sein. Mit Dettic und Deorulf reißt die Kette aber nicht ab, denn sie lassen Beziehungen zu einem Personenkreis erkennen, in dem 850 nochmals ein Dettic vorkommt. Dieser bezeugte damals die Schenkung eines Gozmar an Kloster Fulda, die Güter an der oberen und mittleren Eder umfaßte. Ein anderer Gozmar hatte bereits 815 Arfelder Güter an Kloster Lorsch geschenkt. Stammverwandte Namen sind Eigilgoz und Argoz, von denen ein Eigilgoz in der erwähnten Schenkung an Fulda von 850 erscheint und ein früherer (in der verderbten Schreibung Agilgaud) 782 zu den leitenden Beamten des Fritzlarer Fiskus gehörte. Dazu kommt dann noch der bekannte Graf Argoz († 779), der über reichen Besitz im Amöneburger Becken verfügte und sicher zu Recht als Graf der Amöneburg und damit als unmittelbarer Nachfolger der Brüder Dettic und Deorulf angesprochen worden ist. Namensformen und Besitzlage lassen es als möglich erscheinen, daß die späteren Grafen von Ziegenhain aus diesem Personenkreis stammen.

In der frühen Grafschaftsgeschichte Hessens hat dieses Geschlecht jedoch keine Rolle gespielt. Hierin kam zwei anderen fränkischen Hochadelsfamilien der erste Rang zu: den Rupertinern und den Konradinern. Sie waren zugleich die bedeutendsten Grafengeschlechter, die jemals in Hessen herrschten, da beide zu königlichen Würden aufgestiegen sind; die Rupertiner errangen später die französische, die Konradiner die deutsche Königskrone. Die Herkunft beider Sippen aus dem westfränkischen Bereich darf als sicher gelten, aber ebenso ist es wahrscheinlich, daß beide Geschlechter auch im Mittelrhein- und Lahngebiet familiär verwurzelt und selbst miteinander verwandt waren. So ist es erklärlich, daß die Konradiner, nachdem sie die Rupertiner infolge der Entwicklung der politischen Verhältnisse im fränkischen Reiche abgelöst hatten, vielfach in Besitz und Stellungen der Rupertiner nachgefolgt sind.

Die Rupertiner sind besonders als Grafen des Rheingaues und als Gründer des Klosters Lorsch hervorgetreten. Bekannt sind Rupert I., der bereits vor der Gründung von Lorsch verstorben war, und seine Söhne Thurincbert und Cancor. Von ihnen errichtete Graf Cancor 764 das Kloster Lorsch. Er gehörte zu den führenden Persönlichkeiten der fränkischen Reichsverwaltung, war von Hessen bis nach Alamannien mächtig und damit der Nachfolger des fränkischen Großen Ruthard, der vor ihm über dieselben Gebiete geboten hatte. Die Töchter Cancors schenkten reiche Besitzungen im Lahngebiet und in der Wetterau an Lorsch, während ihr Bruder Heimerich (Heimo) seinem Vater als Graf im Oberrhein- und Lahngau nachfolgte. Auch er war in der Wetterau begütert, wo 802/22 ein zweiter Cancor eine Schenkung an Kloster Fulda machte. Umfang und Bedeutung der rupertinischen Stellung treten jedoch erst vollends hervor, wenn man die erfolgreiche politische Tätigkeit Ruperts I. in wichtigen Missionen für König Pippin (wie etwa 753 und 757 in Italien) berücksichtigt. Auch der hervorragende Metzer Bischof Rutgang (Chrodegang), der im geistlichen wie im politischen Leben seiner Zeit eine große Rolle spielte und nach dem Tode des Bonifatius dessen Erzbischofswürde erhielt, gehörte wohl zur Rupertinersippe. Die damals zeitgemäßen Ausdehnungsbestrebungen westfränkischer und lothringischer Kirchen und Klöster nach Osten, an denen die Metzer Kirche stark beteiligt war, dürften dabei auch zur Gründung von Lorsch geführt haben, zumal Rutgang dessen Abtswürde als erster innehatte. Bezeichnend ist, daß auf Rutgang sein Bruder Guntland als Lorscher Abt folgte und daß auch dessen Nachfolger Helmerich († 783) mit ihm als verwandt gilt.

Beim Tod Kaiser Ludwigs und den damit verbundenen Auseinandersetzungen über das Frankenreich standen die Rupertiner nicht auf seiten Ludwigs des Deutschen, so daß sie darüber anscheinend ihre Grafschaft im Oberrheingau verloren haben; denn hier trat seit 836 mit Graf Werner ein neues Geschlecht auf. Die Rupertiner sind damals nach Westfranken zurückgekehrt. Die Kämpfe zwischen Ludwig dem Frommen und seinen Söhnen und die dadurch bedingte politische Umschichtung haben zweifellos auch das Aufkommen der Konradiner im ostfränkischen Bereich begünstigt. Auch sie gehörten zur fränkischen Reichsaristokratie mit ihrem weitgedehnten Einfluß und Besitz und haben dann dazu nach dem Abgang der Rupertiner aus dem ostfränkischen Reich noch deren Erbe sowohl im Lahn- und Rhein-Main-Gebiet als auch in der Wetterau und im Vogelsberg angetreten, wo sie vorher offensichtlich auch schon politisch zusammengearbeitet hatten.

Auf Grund des Namens hat man den 772/73 in den Lorscher Traditionen genannten Grafen Konrad als Stammvater der Konradiner angesehen, zumal er die Grafschaft an der mittleren Lahn besaß, die gewissermaßen die Stammgrafschaft der Konradiner in unserem Gebiet darstellt. Nehmen wir Verwandtschaft und politische Zusammenarbeit von Rupertinern und Konradinern an, dann erklärt sich, daß die Grafschaft Konrads 779 wiederum im

1. STAMMTAFEL DER KONRADINER

- ? Konrad 772/73 Nl.
  - ? Udo 821 Nl
    - Gebhard 832/45 Nl. Gründet Stift Kettenbach/Gemünden
      - Berengar 860/76 H.
      - Udo
        - Konrad d. Ä. Ol. H. † 906
          - Konrad dt. Kg. H. Nl. † 918 Gründet Stift Weilburg
          - Udo Ol. † 912/18
          - Eberhard H. † 939
        - Eberhard Nl. † 902
          - Konrad Kurzbold Nl. † 948 Gründet Stift Limburg
          - Eberhard Nl. † 966
        - Rudolf Bischof v. Würzburg 892–908
        - Gebhard d. J. Rh. W. † 910 Herzog von Lothringen Gründet Kirche z. Wetzlar
          - Udo Rh. W. † 949 Gründet Kl. Naumburg i. d. Wetterau
            - Gebhard † 938
            - Konrad Rh. † 997 Hz. v. Schwaben seit 982
              - Hermann † 1003 Hz. v. Schwaben
                - Hermann † 1012 Hz. v. Schwaben
            - Udo W. † 982
            - Heribert W. † 992 Gr. von Gleiberg 976
              - Gebhard † 1016
              - Udo (Otto) von Hammerstein W. † 1036
              - Tochter (Irmtrud?) heiratet Gr. Friedrich v. Luxemburg H. † 1019
          - Hermann Ol. † 949 Hz. v. Schwaben Gründet Kirche z. Humbach (Montabaur)
      - Waldo, Abt von St. Maximin
      - Berthold

Es bedeuten:
Nl. = Graf im Niederlahngau; Ol. = Oberlahngau bzw. Ohm-Lahn-Grafschaft; H. = Hessengau; W. = Wetterau bzw. Niddagau; Rh. = Rheingau bzw. Oberrheingau.

Besitz des Rupertiner Grafen Heimo war, während der Ohm-Lahn-Grafschaft die beiden Grafen Ruthard und Argoz vorstanden. Sie haben einander zwischen 750 und 779 abgelöst und sind vor 780 verstorben. Wir haben dabei schon oben wahrscheinlich gemacht, daß Argoz einer örtlichen Hochadelssippe angehört hat, während Ruthard in seinem Namen Anklänge an die Rupertinernamen erkennen läßt. Auch das nähere Verhältnis des 821 erwähnten Grafen Udo zum konradischen Hause — Udo war damals entweder Graf im Niederlahngau oder Wormsgau oder in beiden — läßt sich nicht festlegen, wenn auch der für das konradinische Geschlecht typische Vorname Udo, der neben Konrad am häufigsten vorkommt, für eine solche Beziehung spricht. Als Sohn dieses Grafen Udo darf der 832 und 845 genannte Graf Gebhard gelten, zumal sich unter Gebhards Söhnen ebenfalls wieder ein Udo befand, der seinerseits wieder einen Sohn Gebhard hatte. Gebhard der Ältere ist als Graf im Niederlahngau sicher bezeugt. Er gründete etwa 845 das Stift Kettenbach (im Aartal), das die Konradiner dann 879 nach Gemünden im Westerwald verlegten. Auch in der Reichspolitik trat Gebhard hervor, denn er war in den Auseinandersetzungen Ludwigs des Frommen mit seinen Söhnen eine Hauptstütze des Kaisers. Daher erklärt es sich, daß er seine Stellung unter König Ludwig dem Deutschen einbüßte; jedoch gehörte sein Sohn Berengar weiterhin zur führenden Schicht, da er 860 mit anderen fränkischen Großen den Koblenzer Frieden zwischen Ludwig dem Deutschen und Karl dem Kahlen unterzeichnete. Aber schon im folgenden Jahre hat König Ludwig ihn und seine Brüder Udo und Waldo hochverräterischen Verhaltens bezichtigt und verurteilt. Die Brüder flohen zu Karl dem Kahlen nach Westfranken, der sie ehrenvoll wieder aufnahm, obwohl sie erst kurz vorher von ihm abgefallen waren. Doch schon 865 verloren sie wegen militärischen Versagens auch die Gunst Königs Karls und kehrten daraufhin (ungewiß wann) nach Ostfranken zurück, wo sie unmittelbar nach dem Tode König Ludwigs des Deutschen wieder zu Amt und Würden gelangten. Waldo erhielt die Abtei St. Maximin, und Berengar erscheint im November 876 als Inhaber der Hessengaugrafschaft. Er vererbte sie an den bekanntesten konradinischen Grafen Konrad d. Ä., der darin 897 bezeugt ist. Außerdem hatte Konrad 886 auch noch die Grafschaft an der mittleren Lahn inne. Dieser Vererbungsgang der Hessengau- und Lahngaugrafschaften weist Gebhard d. Ä. und dessen Vorgänger am sichersten als unmittelbaren Ahnherren der Konradiner aus.

Sein Sohn Udo gilt als Vater Konrads d. Ä. (den man auch als Sohn Berengars angesehen hat) und seiner Brüder Rudolf, Eberhard und Gebhard d. J. Die von ihnen vertretene Machtstellung des konradinischen Hauses zeichnet sich ab, wenn wir uns vergegenwärtigen, daß Konrad d. Ä. nicht nur Graf des Hessengaues und der Grafschaft an der mittleren Lahn, sondern eine der einflußreichsten politischen Persönlichkeiten seiner Zeit überhaupt war; daß Rudolf als Bischof von Würzburg eine hohe kirchliche Stellung innehatte und daß ferner Eberhard wahrscheinlich Graf im Niederlahngau und Gebhard d. J. Herzog von Lothringen sowie Graf im gesamten südlichen Hessen war; denn er gebot über Wetterau und Rheingau, und auch Bonames im Niddagau und Salzschlirf (nordwestlich Fulda) lagen in seinen Grafschaften. Die Niddagaugrafschaft hatten die Konradiner dabei von dem Geschlecht der Walahonen übernommen, von denen Liutfried II. (838 bis 871) und sein Sohn Walaho III. (881 bis 902) u. a. Grafen im Worms- und Niddagau gewesen waren. Da das Schwergewicht der walahonischen Machtstellung im (später) pfälzischen Gebiet (Speyer-, Worms-, Enz-, Zabergau) lag, war also bis zum Auftreten der Konradiner das ganze südliche Hessen verwaltungsmäßig südwestlich (und damit dem späteren Hessen abgekehrt) orientiert. Erst die Konradiner haben es wieder in die unmittelbare hessische Einflußsphäre zurückgebracht.

Mit Berengar und Konrad d.Ä. hatten die Konradiner in der 2. Hälfte des 9. Jahrhunderts ihre Kernlandschaft an der Lahn durch Übernahme der Hessengaugrafschaft erstmals in Richtung der sächsischen Grenze ausgedehnt. Damit war ihnen eine neue und größere politische Aufgabe gestellt. Sie bestand in der Zurückdrängung des von den sächsischen Liudolfingern ausgeübten Druckes auf die benachbarten fränkischen Gebiete in Hessen und Thüringen. Hatte König Ludwig der Deutsche (833 bis 876) noch eine sächsische, liudolfingische Herzogstochter geheiratet, um seine Stellung gegenüber den mächtigen fränkischen Adelssippen der Rupertiner, Konradiner, Hattonen u. a. zu festigen, so hatte sich König Arnulf (887 bis 899) mit einer Konradinerin verbunden; inzwischen war nämlich die liudolfingische Machtstellung so weit nach Süden vorgetrieben worden, daß ihre weitere Stärkung nicht mehr im Interesse des karolingischen Hauses lag. Denn die Liudolfinger hatten ihren Einflußbereich bereits 880 über das nördliche Thüringen ausgedehnt und das Grafenamt auf dem Eichsfeld sowie die Gewalt über einen erheblichen Teil des Hersfelder Besitzes an sich gebracht. Nach dem Hersfelder Zehntverzeichnis (von 880/99) gebot Herzog Otto über fünf Marken des Klosters und eine ganze Anzahl von Dörfern, so daß er sich schließlich auch die Stellung eines Hersfelder Laienabtes aneignen konnte. Über das bereits 877 in sächsischer Hand befindliche süd-thüringische Grafenamt aber hatten die Liudolfinger auch Beziehungen zu dem mächtigsten ostfränkischen Geschlecht, den Babenbergern, angeknüpft. Von diesen trat Heinrich in den Kämpfen gegen die Normannen (auch auf sächsischem Gebiet) führend hervor, während sein ihm 886 nachfolgender Bruder Poppo Herzog von Thüringen war und eine einflußreiche Stellung in Fulda wahrte. Er hat 889 nach dem Tode Erzbischof Liutberts von Mainz dem Fuldaer Abt Sunzo zum Mainzer Erzstuhl verholfen und die Wahl seines Fuldaer Nachfolgers Huggi als Legat des Königs geleitet.

Nunmehr gebot das Königshaus ihrem Aufstieg Halt. König Arnulf setzte Poppo als Herzog von Thüringen wegen seiner militärischen Mißerfolge ab, übertrug 892 das Herzogtum Thüringen an Konrad d. Ä. und berief seinen Bruder Rudolf auf den Würzburger Bischofsstuhl. Damit war die mächtige sächsisch-ostfränkische Adelskoalition räumlich gesprengt und zunächst politisch zurückgedrängt. Die Kräfte der Konradiner reichten jedoch zur Erfüllung dieser doppelten Aufgabe gegen Liudolfinger und Babenberger nicht aus. Daher sah sich Konrad gezwungen, seit 897 seine Thüringer Stellung abzubauen, zumal ihn sein Gegensatz zu den Babenbergern in schwere, ja existenzbedrohende Kämpfe verwickelte. Daß sie sein Haus durchstand, verdankt es in erster Linie Konrads nahen Beziehungen zu den letzten Karolingern. Er nahm in der unmittelbaren Umgebung König Arnulfs an den Tagen zu Regensburg im Januar 897 und zu Worms im Mai 897 teil und war bei der Zusammenkunft der drei Karolingerreiche zu St. Goar 899 zugegen. Nach Arnulfs Tod stieg sein Einfluß unter der Regierung des unmündigen Königs Ludwig weiter. Zusammen mit seinem Bruder Gebhard gebot er über die Zwentibold entzogenen Abteien Oeren und St. Maximin, in der sein Onkel Waldo einst Abt gewesen war. Bei dem Zuge von Lothringen zum Bodensee Ende 900 war Konrad, „des Königs geliebtester Graf", unter Ludwigs Begleitern.

Diese Stellung war um so wichtiger, als unterdessen der Gegensatz zwischen Babenbergern und Konradinern zur entscheidenden Auseinandersetzung herangereift war. Sie begann im Maingebiet, wo die Söhne des 886 gefallenen Babenbergers Heinrich 897 erstmals ernstlicher mit Bischof Rudolf von Würzburg zusammenstießen. Ihr Ziel, die Konradiner aus ihrer main-fränkischen Stellung zu vertreiben, erreichten sie in den Kämpfen der Jahre 902/903, in denen Konrads d. Ä. Bruder Eberhard fiel, denn damals konnten sie die Konradiner über den Spessart zurückdrängen. Der König und seine Großen griffen jedoch ein, legten den Kampf bei und entschädigten die Würzburger Kirche. Als aber Konrad d. Ä. 905 einen Teil seiner Truppen zum Schutz seiner lothringischen Besitzungen gegen die dortigen Grafen entsenden mußte (von denen Graf Gerhard mit einer Liudolfingerin verheiratet war) und einen anderen Teil zur Abwehr eines befürchteten Angriffs der Babenberger in der Wetterau stehen hatte, benutzte der Babenberger Adalbert die günstige militärische Lage, um Konrad am 27. Februar 906 bei Fritzlar anzugreifen. Denn hier konnte er gleichzeitig mit der wohlwollenden Haltung des Liudolfingers Otto und mit einer stark geschwächten Truppe Konrads rechnen. Die Rechnung Adalberts ging auf, er siegte. Konrad fiel (und wurde in Weilburg bestattet). Jedoch traten nunmehr der König und seine Großen, darunter vor allem Erzbischof Hatto von Mainz, abermals und nunmehr entscheidend für die Sache der Konradiner ein. Sie ließen Adalbert von Babenberg niederwerfen und am 9. September 906 enthaupten. Damit war die Stellung der überlebenden Konradiner wieder gefestigt, zumal kurz darauf Herzog Otto von Sachsen angesichts dieser Lage seine Hersfelder Stellung aufgab.

Konrads gleichnamiger Neffe, Konrad Kurzbold, der Sohn seines 902 gefallenen Bruders Eberhard, erhielt die Niederlahngaugrafschaft und errichtete als solcher 910 das Stift Limburg a. d. Lahn. Ein zweiter Neffe Konrads d. Ä., Hermann, der Sohn Herzog Gebhards von Lothringen, war 917/18 Graf in der Ohm-Lahn-Grafschaft, seit 926 Herzog von Schwaben. Der andere Sohn Herzog Gebhards, Udo, der mit seinem Bruder Hermann von 913 bis 949 bezeugt wird, war, wie sein Vater, Graf im Niddagau und selber Vater von Konrad, dem als Neffen des oben genannten Hermann 982 das Herzogtum Schwaben zufiel. Was von den Neffen Konrads d. Ä. gilt, trifft naturgemäß auch auf seine Söhne zu. Sie alle waren Inhaber hessischer Grafschaften. Der zwischen 912 und 918 verstorbene Graf Udo hatte die Grafschaft an der mittleren Lahn inne, Eberhard war 913 Graf an der oberen Lahn und Eder und Konrad, der spätere deutsche König, erscheint 908 als Graf des Hessengaues. Zugleich wird er 908 und 910 als Herzog bezeugt; zweifelhaft ist nur, ob er diese Stellung in Hessen innehatte, oder wie einst sein Vater, in Thüringen, dessen Herzog Burchard eben 908 im Kampf gegen die Ungarn gefallen war. Jedoch ist auf Grund der Quellen, der politischen Lage und der Machtverhältnisse ein fränkisches Herzogtum Konrads in Hessen wahrscheinlicher als ein thüringisches.

Der Aufstieg der Konradiner zu dieser Höhe hatte nur wenige Jahrzehnte beansprucht und sich im wesentlichen auf den von Konrad d. Ä. gelegten Fundamenten vollzogen. Auf zwei Pfeiler stützte sich dabei das konradinische Machtgebäude vor allem: einmal auf die einflußreiche Stellung Konrads am ostfränkischen Königshof unter Arnulf und Ludwig dem Kind, die auch noch dessen Tod überdauerte, und zum anderen auf die Begründung einer eigenen territorialen Machtgrundlage, die er durch Vereinigung aller hessischen Grafschaften in konradinischen Händen schuf. Die Stützen dieser Stellung ruhten im Land an der Lahn, dem alten Ausgangsgebiet der Konradiner, und auf der von ihnen mit königlicher Hilfe in Niederhessen neugeschaffenen Position im Raum Fritzlar — Laar — Battenberg. Auf ihnen überwölbte die konradinische Herrschaft das hessische Gebiet und schloß es politisch wieder zu einer Einheit zusammen. Es wurde dadurch zum Kern des konradinischen Machtbereiches, so daß es im Gesamtverband des ostfränkischen Reichsgebietes nach dem Zerfall der ostfränkischen Königsmacht unter der Leitung eines aufstrebenden und erfolgreichen Geschlechts, wie es die Konradiner darstellten, bald schon einen politischen Schwerpunkt bildete.

Diese territoriale Voraussetzung und Unterstützung für den Aufstieg der Konradiner konnten jedoch nur dadurch in ausschlaggebender Weise für die weitere Entwicklung nutzbar gemacht werden, daß Konrad d. Ä. und mit ihm seine ganze Familie enge Beziehungen zu den führenden weltlichen und geistlichen Gewalten unterhielten. Das waren die Könige Arnulf und Ludwig und die an ihrem Hofe maßgebenden kirchlichen Kräfte, die Erzbischof Hatto von Mainz (891 bis 913) anführte. Die Erhöhung der Konradiner gipfelte schließlich in dem 911 zu Forchheim gefaßten Entschluß der deutschen Stämme, Konrad d. J. zum deutschen König zu wählen. Die Wahl Konrads begünstigte zunächst sein Erbrecht, denn er war (nach Ausschaltung der westfränkischen Karolinger) durch seine Verwandtschaft mit den Königen Arnulf und Ludwig der nächste karolingische Erbe; zum anderen aber hatte Konrad eine herzogliche Machtstellung in Franken errungen, die ihm damit als Führer des herkömmlich zur Herrschaft berufenen Stammes den Vorrang sicherte. Entscheidend aber waren wohl Konrads enge Beziehungen zum Episkopat, der praktisch noch die Macht in Händen hielt und die karolingische Reichstradition aus eigenem Anliegen gegen die partikularistischen Bestrebungen der alten Stammesherzogtümer und Herzöge hütete. Ihm mußten die Konradiner als engste Verbündete der letzten Karolinger und im Hinblick auf ihre im Gesamtreich wenig gefestigte Stellung besonders willkommen sein, denn damit stimmten sie nicht nur mit den Interessen dieser mächtigsten politischen Gruppe überein, sondern waren auch weitgehend von ihr abhängig; solange dieses Verhältnis bestand, war zudem gewährleistet, daß Konrad den kirchlichen Wünschen geneigt blieb.

Für die Erhebung Konrads zum deutschen König hatte sich besonders Erzbischof Hatto von Mainz eingesetzt. Damit war die Stellungnahme dieser kirchlichen Zentrale, die erstmals unter Bonifatius so bestimmend auf die Zukunft Hessens eingewirkt hatte, abermals für sein Schicksal entscheidend geworden. Nimmt man hinzu, daß nach Hattos Tod im Jahre 913 Erzbischof Heriger in gleicher Weise führend unter König Konrad hervortrat, dann ist darin abermals deutlich sichtbar jene ereignisschwere, zukünftige Gemeinsamkeit zwischen Mainz und Hessen vorgezeichnet, die ihre spätmittelalterliche Landesgeschichte geprägt hat.

Stellung und Einfluß der Konradiner und der ihnen nahestehenden Bischöfe hatten zwar ausgereicht, Konrad d. J. die deutsche Königswürde zu verschaffen, sehr viel mehr vermochten sie jedoch nicht. Über das mitteldeutsche Gebiet hinaus dehnte sich der Machtbereich Konrads auch als König kaum aus, insbesondere war sein Kampf gegen das Herzogtum in Bayern, Schwaben und Sachsen trotz einzelner Teilerfolge zuletzt ergebnislos. Sein Verhältnis zu Sachsen, das für die hessische Geschichte von der folgenreichsten Bedeutung war, zeigt seine ganze Ohnmacht, die auch gegenüber den äußeren Reichsfeinden (Ungarn, Westfranken) kraß hervortrat. 912 war Herzog Otto von Sachsen gestorben; schon kurz darauf geriet Konrad mit dessen Sohn Heinrich in Streit, legte den Zwist aber durch Verhandlungen bei. Ihr Ergebnis war, daß es zu einer Abgrenzung der beiderseitigen Machtbereiche im hessisch-sächsischen

Grenzraum kam, wobei sich die Konradiner offensichtlich zurückhielten, nachdem König Konrads Bruder Eberhard, der den Hessengau innehatte, der vordringenden sächsischen Macht 915 bei der Eresburg unterlegen war.

Ein ähnlicher Erfolg, wie ihn die Konradiner gegen die ostfränkischen Babenberger mit Hilfe der Karolinger davongetragen hatten, war daher aus eigener Macht gegen die sächsischen Liudolfinger nicht mehr zu erreichen, dazu war die Stellung Konrads zu schwach. Sollte daher das deutsche Königtum erhalten und gefestigt werden, war der Übergang der Krone an das mächtigere liudolfingische Haus nicht zu umgehen. Es ist ein im Rahmen unserer Geschichte einzigartiger Vorgang, daß König Konrad und mit ihm wohl auch sein Bruder Eberhard aus politischer Einsicht gegen ihr Hausinteresse die Folgerungen gezogen und dem Sachsenherzog Heinrich die Krone angeboten haben. Er ist daraufhin nach dem Tode König Konrads 919 in Fritzlar und damit auf fränkischer Erde zum deutschen König gewählt worden. Offensichtlich hat der neue König die Übergabe der Krone dem Konradinischen Hause hoch angerechnet und es daher im Ausbau seiner hessischen Herrschaft nicht weiter gestört, wenn er sich auch gelegentlich in Hessen zeigte. Dieses politisch ausgewogene Verhältnis zwischen König Heinrich und dem führenden Konradiner Graf Eberhard zerbrach jedoch, als mit Otto d. Gr. ein neuer und ungleich machtwilligerer König die Herrschaft antrat. Angesichts dieser neuen Situation benutzte Eberhard die Auseinandersetzungen im königlichen Hause zwischen Otto und seinen Brüdern, um seinen Machtbereich im Diemelgebiet erneut zu festigen. Er geriet infolgedessen hier seit 937 mit Getreuen des Königs und schließlich mit diesem selbst in Konflikt, konnte sich aber nicht behaupten und mußte sich unterwerfen. Als jedoch die innerpolitischen Schwierigkeiten andauerten, schlug sich Graf Eberhard erneut auf die Seite der Feinde des Königs, kam aber diesmal nicht mehr davon. 939 fiel er bei Andernach durch die Hand seiner eigenen Verwandten Udo und Konrad, die dem König ergeben geblieben waren.

Infolgedessen bedeutete der Tod des Aufrührers Eberhard keineswegs das Ende des konradinischen Hauses in Hessen. Der König hat vielmehr den Konradinern zunächst Eigen und Ämter belassen. Man kann begründet annehmen, daß das Familieneigen in der Hauptsache an Eberhards Vetter, den Grafen Udo von der Wetterau, überging, dem er auch die Grafschaft daselbst weiterhin zugestand. Er beließ aber auch Konrad Kurzbold seine Grafschaft an der unteren Lahn, und selbst das übrige Hessen ist damals vorerst noch in konradinischen Händen geblieben, denn Otto der Große übertrug es seinem treuen Parteigänger Herzog Hermann I. von Schwaben, und damit ebenfalls einem Konradiner. Hermanns einzige Tochter Ida heiratete zudem, um dieses Band noch fester zu knüpfen, des Königs ältesten Sohn Liudolf. Hierbei stattete Herzog Hermann seine Tochter Ida anscheinend mit konradinischen Eigen in

Hessen aus. Das ist z. B. erschlossen für Fronhausen a. d. Lahn, das später, höchstwahrscheinlich durch die Äbtissin Mathilde, an das Kanonissenstift Essen gelangte. Da diese ottonische Prinzessin Mathilde aus der Ehe Liudolfs mit Ida stammte, ist sie allem Anschein nach über ihre Mutter in den Besitz von Fronhausen gekommen, das damit als konradinische Mitgift gekennzeichnet ist. Außerdem gehörte Hermann die von ihm in Humbach (Montabaur) errichtete Kirche, die er zwischen 931 und 949 dem Marienkloster in Koblenz schenkte, das er durch Ausstattung mit Florinsreliquien zum Mittelpunkt der rheinischen Florinsverehrung machte. Diesem nunmehrigen St. Florinsstift, das auch bei den anderen Angehörigen der konradinischen Familie beliebt war, verlieh er außer der Humbacher Kirche und ihrem Zehntbezirk, der etwa der Grundherrschaft Hermanns entsprach, auch Güter zu Höhn im Westerwald.

Die geschickte Politik Ottos des Großen in der hessischen Frage bewährte sich doppelt. Sie schonte die Interessen der ihm ergebenen Konradiner und belohnte sie für ihren Beistand, sorgte aber zugleich dafür, daß nach Herzog Hermanns Tod im Jahre 949 nicht nur das schwäbische Herzogtum, sondern auch die Grafschaft Hessen an Ottos Sohn Liudolf gleichsam als Erbe heimfallen mußte. In einer zwischen 949 und 957 angesetzten Urkunde wird Liudolf als Inhaber des comitatus Hassonum, der Grafschaft Hessen, genannt. Hierunter ist auch jetzt noch die unter Einbeziehung der hessisch-sächsischen Grenzmark gebildete fränkische Großgrafschaft Hessen zu verstehen, die demzufolge außer Niederhessen auch das nördliche Oberhessen umfaßte; denn Liudolfs gräfliche Stellung wird nicht nur für Niederhessen bezeugt, sondern auch durch seinen Besitz in der Grafschaft an der oberen Eder und Lahn und in der Ohm-Lahn-Grafschaft für das nördliche Oberhessen wahrscheinlich gemacht. Wir können daher auch für Hermann, Eberhard und Konrad d. Ä. einen gleich großen Umfang der Grafschaft annehmen und dürfen ihnen außerdem auch noch die Grafschaft an der unteren Werra zuweisen, da hier nach dem Tode des Grafen Albin 869 bis zur Mitte des 10. Jahrhunderts kein anderer Graf belegt ist. Damit aber war ein Zustand geschaffen, den Otto der Große zweifellos als großangelegten politischen Plan verfolgt hat, nämlich die Fortsetzung und Steigerung alter liudolfingischer Bestrebungen, Hessen als das wichtigste Verbindungsland zum Mittel- und Oberrhein in den sächsischen Machtbereich einzugliedern. Damit verband sich eine durchgreifende Wiederherstellung der Rechte des Reiches. Die alten Vororte Fritzlar, Hersfeld, Amöneburg, Weilburg mit ihrem ausgedehnten Zubehör kehrten in die königliche Hand zurück und verblieben auch bei den kommenden Auseinandersetzungen fest im Besitz des Königs.

Die so erfolgversprechend eingeleitete Familienpolitik Ottos des Großen scheiterte jedoch. Es scheint geradezu, als ob sich Liudolf durch die Pläne des Königs in seinen hessischen Positionen eingeengt fühlte und daher in seiner Einstellung zum König so weitgehend durch die Nachwirkungen der konradinischen Politik in Hessen bestimmt worden wäre, daß diese ein wichtiges Motiv seiner Empörung gegen den König bildeten, wobei die Rücknahme des hessischen Reichsgutes sicher auch eine Rolle gespielt hat. Als sich auch Konrad der Rote, Herzog von Lothringen und Schwiegersohn des Königs, am Aufstand beteiligte, nahm die Empörung für Otto bedrohliche Formen an. Aber auch diesesmal behauptete sich der König. Der 953 nach Fritzlar einberufene Reichstag sprach beiden Empörern ihr Herzogtum ab. In schweren Kämpfen setzte sich Otto durch. Liudolf mußte sich beugen. Er versprach, auf dem 954 abermals in Fritzlar anberaumten Reichstag sich zu verantworten, unterwarf sich jedoch schon vorher bei Berka dem Vater. Das völlige Ende des Aufstandes sah der Reichstag zu Arnstadt vom Ende des Jahres 954, auf dem sich auch Konrad stellte. Die beiden Aufständischen verloren ihre Herzogtümer, behielten aber ihr Erbgut und kehrten in die Gnade des Königs zurück.

Die politische Eigenständigkeit, die Hessen als Kern des von Eberhard nahezu durchgesetzten fränkischen Herzogtums errungen und auch unter Hermann und Liudolf größtenteils noch behauptet hatte, ging nunmehr wieder verloren. Eine starke Welle sächsischen Einflusses, getragen von sächsischen Edelgeschlechtern, drang in das Land ein und brachte es fest in die königliche Hand. Das Reich hatte nach schweren Kämpfen gegen den Selbstbehauptungsanspruch des partikularen Eigenrechtes den entscheidenden Gewinn davongetragen, seine lebenswichtigen Verbindungen zwischen den alten Zentren am Mittel- und Oberrhein und den neuen Mittelpunkten in Sachsen weitgehend gesichert und damit seine räumliche Einheit endgültig gefestigt. Es vertiefte seinen Sieg durch eine ihm dienliche Besetzungspolitik in den hessischen Grafschaften, die sich offensichtlich die schweren Erfahrungen Ottos des Großen in den Kämpfen und Aufständen der Jahre 953/54 zunutze machte. So kam es zur (Wieder-)Auflösung des Verbandes der von den Konradinern politisch zusammengefaßten hessischen Grafschaften zu einzelnen Amtsgrafschaften, wie sie sich seit der Zeit Karls des Großen gebildet hatten. Diese aber erhielten nicht mehr nur eine Grafenfamilie, sondern eine ganze Anzahl verschiedener, vom Reiche abhängiger Amtsträger. Daneben aber schalteten Otto der Große und seine Nachfolger die Reichskirche als Treuhänder der Reichsgutverwaltung ein. Denn so müssen wir in erster Linie die von ihnen vorgenommenen umfangreichen Übertragungen von Reichsgut an die großen Reichskirchen ansehen. Dabei haben die Ottonen jedoch nicht nur die beiden innerhessischen Reichsabteien Fulda und Hersfeld herangezogen, sondern neben dem Erzbistum Mainz vor allem das Bistum Worms in auffallend starker Weise beteiligt; offenkundig in der Absicht, hier im Mittelrheingebiet an entscheidender Stelle einen zuverlässigen Stützpunkt für das so entfernt beheimatete sächsische Kaiserhaus zu schaffen. Worms hat daher geradezu das Erbe des konradinischen Hauses in der hessischen Brückenlandschaft zwischen Rhein und Weser angetreten, wie aus den großen ihm zugewendeten Reichsgutkomplexen im Eder- und Lahngebiet sicher hervorgeht. Sie konzentrierten sich um Frankenberg, Marburg, Gladenbach, Haiger, Weilburg und Nassau und konnten der Kirche durch die später in diesen Bezirken amtierenden Grafen nur ganz allmählich wieder entwunden werden. (Voraussetzungen und Gründe dieser Politik erörtern wir in Kap. 17.)

14. Die hochmittelalterlichen Grafschaften und Grafengeschlechter in Hessen

Überblicken wir die schwer überschaubare und auch noch keineswegs völlig geklärte Entwicklung der hessischen Grafschaftsverhältnisse des frühen und hohen Mittelalters, dann ist zu ihrer Deutung eine Betrachtungsweise erforderlich, die nicht nur durch verfassungsrechtliche, sondern vor allem auch durch politische Gesichtspunkte bestimmt wird. Die geschichtliche Überlieferung läßt klar bedeutende und unbedeutende Grafen und Grafensippen erkennen, wie etwa die Rupertiner und Konradiner, die Nüringer, die Luxemburg-Gleiberger und die Wernerschen Grafen auf der einen, oder die Grafen von Felsberg, von Gelnhausen, von Bernbach, von Nidda auf der anderen Seite. Für jene großen Geschlechter ist kennzeichnend, daß es „politische" Familien waren; nicht einheimisch, sondern auf Grund der politischen Verhältnisse vom Reich nach Hessen gebracht; hier wegen ihrer Stellung am Königshof und in der Reichspolitik mit großer Macht und einflußreichen Amtsstellungen (Grafschaften, Vogteien) ausgestattet, aber ebenso mit dem Wandel der politischen Lage wieder beseitigt oder vorher verbraucht und erloschen (wie die Grafen Werner). Die kleineren Grafenhäuser dagegen, wohl meist der eingesessenen Adelsschicht mit großem Grundbesitz entstammend oder mit ihr verschmolzen, durchweg ohne größeren politischen Auftrag und daher ohne Bedeutung, waren den gefährlichen Wandlungen der politischen Lage weniger ausgesetzt. Sie erwiesen sich daher als dauerhafter und waren infolgedessen vorzüglich geeignet, gelegentlich die Rolle politischer Lückenbüßer zu spielen (wie etwa die Grafen von Felsberg), bis sie ein neues, durch die reichspolitische Lage hochgekommenes fremdes Grafengeschlecht in den Schatten zurückdrängte. Wendet man diese politische Betrachtungsweise an, dann erklärt sich das bisher so schwer zu durchleuchtende Verhältnis der in denselben Grafschaftsgebieten nebeneinander nachweisbaren verschiedenen Grafenfamilien von selbst, und man braucht es nicht mehr mit territorialer Verschachtelung oder einer ähnlichen verfassungsrechtlichen Konstruktion zu deuten. Es erweist sich vielmehr, daß das Grafschaftsproblem in seiner geschichtlichen Wirklichkeit vor allem eine politische und nur nebenbei auch eine verfassungsrechtliche Frage ist; denn Bedeutung und Stellung der Grafenhäuser in Hessen haben nicht verfassungsrechtliche Merkmale (ständische Qualität, örtliche gerichtliche Funktionen, Besitz), sondern politische Gegebenheiten (Reichsbeziehungen, politisch-militärische Ämter, Macht) bestimmt.

Als die Konradiner seit der zweiten Hälfte des 9. Jahrhunderts die hessische Grafschaften nacheinander übernahmen, zeigte es sich, daß sowohl in Niederhessen als auch im Lahn- und Maingebiet die älteren größeren Einheiten (Ober- und Niederlahngau, Wetterau, Rheingau) inzwischen zu kleineren Grafschaften umgebildet waren. So ließ es sich ermöglichen, die verhältnismäßig große Zahl konradinischer Grafen mit hessischen Grafschaften zu versorgen, andererseits die Verkleinerungstendenzen unter Kontrolle zu halten, ja teilweise wieder rückläufig zu machen. Das scheint insbesondere für Niederhessen zuzutreffen, denn in seinem Bereich sind vor den Konradinern (um 850) zwei Grafen nebeneinander bezeugt: Graf Gosmar im Wildunger Becken und Graf Adalrich (Kurzform Esic) im nördlichen Hessen. Während Gosmar wahrscheinlich zu den Ahnen der Grafen von Ziegenhain gehörte, stammte Esic aus der uns bereits bekannten Familie des sächsischen Edlen Hiddi, die aus Sachsen geflüchtet und von Karl dem Großen im (später sogenannten) Kaufunger Wald angesiedelt worden war. Hiddis Sohn Esic (oder Asig) war Stammvater der Esikonen, eines Grafengeschlechtes, das die Klöster Fulda und Corvey im Land zwischen Fulda und Diemel reich beschenkte und hier die Nachfolge der Konradiner antrat.

Die Esikonen und Gosmare müssen von den Konradinern einige Generationen lang zurückgedrängt worden sein, denn in diesem Bereich lassen sich (wohl schon seit 876) die konradinischen Hessengaugrafen Berengar, Konrad der Ältere, Konrad der Jüngere, Eberhard und wohl auch noch Liudolf nachweisen. Ein ähnliches Schicksal haben anscheinend die Grafen von Felsberg (bei Fritzlar) gehabt, ein offensichtlich alteingesessenes Geschlecht, das in seinem Stammgebiet zwar reich begütert war, aber politisch nicht weiter hervorgetreten ist. Graf von Felsberg war der 1073 und 1096 als Vogt der Hersfelder Propstei Petersberg im Meißnergebiet begegnende Meginfried, dessen Witwe 1100 die Abtei Hersfeld und 1108 das St. Albans-Kloster in Mainz beschenkte. Als solcher gehörte er wahrscheinlich mit dem 960 im Hessengau genannten Grafen Meginfried zu der um 800 mit reichem Besitz in Niederhessen bezeugten Megin-Sippe. Sie wird in ihren Schenkungen an Fulda durch Namen wie Meginhart, Meginher, Meginbald, Meginrat, Meginburg, Megina umschrieben und dürfte mit der gleichnamigen Sippe zusammenhängen, die nach Ausweis der Lorscher Schenkungen vornehmlich im Lobden-, Gartach- und Wormsgau begütert war. Sie war das aber auch in der Wetterau, zu der die niederhessische Megin-Sippe ebenfalls besitzrechtliche Beziehungen hatte, so daß diese demnach den üblichen Weg fränkischer Familien nach Hessen eingeschlagen und sich hier wahrscheinlich mit einer eingesessenen reichen Adelsfamilie verbunden haben dürfte. Als ihr Vertreter kann der um 800 genannte Graf Dietrich gelten, der dem Kloster Fulda reiche Zuwendungen in der Gegend von Fritzlar, Homberg und Melsungen machte.

Die schweren Erfahrungen, die Otto der Große in Niederhessen sowohl mit dem Konradiner Graf Eberhard als auch mit seinem eigenen Sohn Liudolf hatte machen müssen, haben den König anscheinend bestimmt, nach Enthebung Liudolfs die konradinische Grafschaftsvereinigung aufzulösen und die sie ausmachenden kleineren Grafschaften wieder einzeln erstehen zu lassen. Unmittelbar nach dem Sturz Eberhards ist offenbar das nördliche Hessen politisch völlig umgestaltet worden, was zwangsläufig erscheint, wenn man erwägt, daß die sächsischen Kräfte mit Graf Eberhard gerade dort wiederholt zusammengestoßen waren. Aber dabei ist es nicht geblieben; die vermutete karolingische Mark in der hessisch-sächsischen Grenzzone vom Eichsfeld bis zum Upland und von dort bis zum Siegerland ist anscheinend regelrecht zersprengt und aufgeteilt worden, so daß sie ihren Charakter als abriegelnden Grenzgürtel verlor und umgekehrt in eine Reihe vorgeschobener sächsischer Positionen aufgelöst worden ist, die nach Hessen hineinragten und es dem sächsischen Einfluß offenhielten. Dabei ist der große konradinische Hessengau, der sich bis in den Kreis Warburg nördlich der Diemel erstreckt hatte, erheblich verkleinert und sonst völlig unbekannten kleinen Grafen übertragen worden, von denen nur Meginfried (von Felsberg? 960) und Gumbo (973) namentlich bezeugt sind. Diesem Bild der politischen Verhältnisse entsprach das der kirchlichen Archidiakonatseinteilung im hessisch-sächsischen Grenzraum. An den Archidiakonat des Propstes von Hofgeismar schlossen sich die paderbornischen Archidiakonate Horhausen (Niedermarsberg), Warburg und Helmarshausen an, während das Werragebiet in den mainzischen Archidiakonaten Heiligenstadt und Dorla kirchlich organisiert war. Das engere Niederhessen aber deckte sich weitgehend mit dem Archidiakonat Fritzlar.

Als erster Träger der den hessisch-sächsischen Grenzraum nunmehr beherrschenden sächsisch-ottonischen Macht erscheint 942 und noch 965 Graf Elli aus dem Geschlecht der Esikonen, der als vermutlicher Stammvater der Grafen von Reinhausen 950 auch als Inhaber des Leinegaues vorkommt. Doch ist in denselben Gebieten etwa gleichzeitig (958 und 970) ein Graf Bern bezeugt, der weder nach Familie noch nach Amtsbezirk hinreichend sicher einzuordnen ist. Auf Graf Elli folgte der 980 genannte Graf Esiko, der an der oberen Weser und im Ittergau als Graf tätig war, während sein vermutlicher Bruder Hermann 990 im Leinegau begegnet. Dessen Sohn, Graf Hermann von Reinhausen (1013 bis 1046), überlebte seinen Bruder Siegfried (gen. 997) und Esiskos Sohn Esiko (gen. 1017) und war Graf im Leinegau und im nördlichen Hessen.

Neben den Esikonen (oder Grafen von Reinhausen) übte noch ein weiteres Geschlecht Grafenrechte im nördlichen Hessen aus. Es waren die H a h o l d e, die im Gegensatz zu den nach Nordosten zum Leinegau tendierenden Esikonen mehr im nordwestlichen, waldeckischen Bereich amteten und enge Verbindung zu den westfälisch-paderbornischen Gebieten hatten. Der von 949 bis 966 bezeugte Graf Hahold verfügte über weitausgedehnte Besitzungen und Rechte, die sich bis in den Ittergau erstreckten, in dem 974 allerdings ein Graf Reginwerth vorkommt, der bisher in die Haholdsippe nicht einzuordnen ist. Im Ittergau ist auch ein weiterer, vor 1011 verstorbener Graf Hahold belegt. Vor allem aber stammte aus dieser Familie der von 990 bis 1019 nachweisbare Graf Dodiko, der über zahlreiche Güter in den Kreisen Warburg, Waldeck, Wolfhagen und Hofgeismar verfügte. Seine Grafschaft übertrug der Kaiser jedoch 1021 an das Bistum Paderborn, nachdem dieser bereits 1011 das Herrschaftsgebiet des kurz zuvor verstorbenen Hahold mit dem Ittergau demselben Bistum übergeben hatte. 1032 vermehrte Kaiser Konrad diese Schenkung auch noch durch die zugehörigen Grafschaftsrechte, die Graf Hermann von Reinhausen besaß, so daß dieser sie seitdem als Paderborner Stiftslehen statt als Reichslehen innehatte.

Das weitere Schicksal der Grafschaften im Norden und Nordosten des heutigen Hessen verfolgen wir am besten im Zusammenhang mit der Geschichte der G e r m a r a m a r k, einer seit 974 bezeugten Abspaltung von der thüringisch-eichsfeldischen Grafschaft der Grafen von Weimar mit Eschwege, Frieda, Mühlhausen, Schlotheim. Sie hieß wohl nach dem Ort Görmar bei Mühlhausen (und nicht nach Germerode am Meißner) und war damals in der Hand eines Grafen Wicker, vielleicht einem Sohn des Thüringer Grafen Wilhelms I. von Weimar († 963). Dieser Wicker II. war Graf der Germaramark und Stammvater der Grafen von Bilstein, während sein Bruder Siegfried III., Graf im Altgau (Thüringen), Stammvater der Grafen von Northeim-Boyneburg geworden ist. Etwa ein Jahrhundert lang haben sich die B i l s t e i n e r, die Erbauer der Burg Bilstein im Höllental, mit den Grafen Wicker II. (967 bis 987), Wicker III. (997 bis 1005), Rucker I. (1035) und Rucker II. (1070 bis 1075) in ihrer Grafschaft behauptet. Die Sachsenaufstände gegen König Heinrich IV. brachten die Wende. Graf Rucker von Bilstein kämpfte zunächst auf der Seite des Königs, wurde aber von den Sachsen 1070 unweit Eschwege geschlagen. Gleichwohl siegte zunächst der König, in dessen Gefolge wir Rucker 1071 in Hersfeld finden. Dann aber hat er sich offenbar dem großen Sachsenaufstand unter Führung Ottos von Northeim 1073 angeschlossen, der von König Heinrich erst 1075 durch seinen Sieg an der Unstrut niedergeschlagen werden konnte. Die sächsischen und thüringischen Großen mußten sich bedingungslos unterwerfen, unter ihnen auch Graf Rucker von Bilstein; mit seinem Reichslehen verlor er die Boyneburg und die Germaramark.

Die Rolle der Bilsteiner in der großen Politik war damit ausgespielt. Sie blieben auf die engere Grafschaft Bilstein im Meißnervorland und ihre Eigengüter beschränkt, die zumeist in der Nähe der wohl in dieser Zeit erbauten Burg Bilstein bei Albungen lagen; gräfliche Rechte haben sie nicht mehr ausgeübt. Seit wann sie die Vogtei über Hersfeld innehatten, in der sie 1075 bezeugt sind, ist bisher nicht nachweisbar. Sie gelangte dann über Ruckers II. Tochter Kunigunde an Graf Giso IV. Die Bilsteiner Grafen kamen jedoch zu neuer Bedeutung im Engersgau (am Rhein), wo sie wahrscheinlich schon seit alters saßen. Der hier von 1100 bis 1131 genannte Graf Rucker von Wied ist vermutlich identisch mit dem gleichnamigen Sohn Graf Ruckers II. von Bilstein. Dieser Rucker III. gründete vor 1144 im alten Bilsteiner Herrschaftsbereich am Meißner das Prämonstratenserstift Germerode, zu dessen Ausstattung er einen erheblichen Teil seines dortigen Besitzes verwandte. Das war um so leichter möglich, als sich das Schwergewicht seiner Stellung inzwischen an den Rhein verschoben hatte.

Politische Nachfolger der Bilsteiner im Werragebiet wurden die Northeimer. Sie saßen jedoch dort nicht erst seit 1075, sondern der damals hier auftretende Heinrich der Fette († 1101) hatte bereits in Graf Siggo I. († 1004), seinem Urgroßvater, einen Vorgänger gehabt, zu dessen Grafschaft Eschwege 994 gehörte. Graf im Ringgau war auch dessen Sohn Siegfried II. († 1025), so daß dessen Enkel Heinrich der Fette, der seit dem Sturz der Bilsteiner alleiniger Herr im Werragebiet war, hier eine alte Position seiner Familie erhielt und nunmehr 1075 entscheidend auszubauen vermochte. Ihm folgte sein jüngerer Bruder, Graf Siegfried III. von Northeim (1101 bis 1123), der 1107 Herr der hessischen Boyneburg gewesen sein dürfte. Als ihn sein gleichnamiger Sohn Siegfried IV. beerbte (1123 bis 1144 Graf an der Werra), nannte sich dieser danach. Die Northeimer verfügten jedoch nicht nur über die Grafschaft an der Werra, sondern hatten 1122 auch die Grafen von Reinhausen im Leinegau und Diemelgebiet beerbt. Nach dem Aussterben der Erponen († 1124), die weitgehend die Herrschaft im westlich anschließenden Grafschaftsgebiet von den Haholden übernommen hatten, folgten die Northeimer auch hier, so daß sie damit den hessisch-sächsischen Grenzraum von der Werra bis zur Diemel und oberen Ruhr beherrschten.

Diese Stellung behaupteten die Northeimer unter Siegfried IV. auch noch unter König Lothar von Sachsen, zumal das allmählich gegen sie aufkommende Geschlecht der Winzenburger 1130 einen schweren Rückschlag erlitt. Damals wurde Hermann I. von Winzenburg wegen Ermordung eines seiner Vasallen geächtet und seiner sämtlichen Reichslehen und Würden entsetzt, wobei die innerthüringischen Besitzungen an die Ludowinger verlorengingen, die seitdem Landgrafen von Thüringen waren. Aber kurz darauf erlitt Siegfried IV. von Northeim als Anhänger der welfischen Partei ein ähnliches Schicksal. Unmittelbar nach König Lothars Tod erkannte König Konrad (von Hohenstaufen) 1138 Siegfried IV. von Northeim die Reichslehen ab und übertrug sie Graf Hermann II. von Winzenburg, den sein Gegensatz zu König Lothar und dessen Vetter Siegfried von Northeim auf die Seite König Konrads geführt hatte. Aber Hermann von Winzenburg konnte sich in seinem neuen Besitz gegenüber dem Northeimer nicht behaupten. Er gab die Reichslehen daher ihrem alten Inhaber freiwillig zurück, hielt gutes Einvernehmen und erwarb als Frucht dieser geschickten Politik beim Tode Siegfrieds IV. von Northeim-Boyneburg, der 1144 ohne Lehnserben starb, den größten Teil seines Besitzes endgültig.

Die überragende Machtstellung, die Graf Hermann II. von Winzenburg dadurch erlangte, schützte er im Reinhardswaldgebiet durch Anlage der starken Schöneburg, die er 1151 Mainz zu Lehen auftrug. Das Erzbistum besetzte diese Burg mit einer sich danach nennenden Dynastenfamilie von Schöneberg, nachdem die Winzenburger durch den vorzeitigen Tod Hermanns, der 1152 einer Privatrache zum Opfer fiel, erloschen waren. Die Schöneberger waren vermutlich mit den Grafen von Dassel verwandt, deren bedeutendster Sproß der große staufische Feldherr und Staatsmann Reinald von Dassel, Erzbischof von Köln (1159—1167), gewesen ist. Die Dasseler Grafen waren Mitbesitzer der Schöneburg und haben 1220 einen Teil ihrer Grafschaft an die Schöneberger vererbt. Diese haben (vornehmlich im 13. Jahrhundert) lange und gewaltsam immer wieder versucht, im Reinhardswaldgebiet eine eigene Herrschaft zu errichten, sind aber an den berechtigten Interessen, die hier Mainz, Paderborn und Hessen zu wahren hatten, gescheitert. Wie die Schöneberger, so waren auch die Grafen von Dassel Lehnsleute des Mainzer Erzbistums, jedoch ist ungewiß, ob bereits die Winzenburger die Lehnshoheit über dieses Grafschaftsgebiet an Mainz übertragen hatten, oder ob das erst nach dem Sturz Heinrichs des Löwen (1180) geschah. Um das reiche winzenburgische Erbe war nämlich ein erbitterter Streit zwischen Heinrich dem Löwen und seinem Hauptgegenspieler Albrecht dem Bären entbrannt, den Friedrich Barbarossa 1152 zugunsten Heinrichs geschlichtet hatte. Dem Sachsenherzog waren damit die Grafschaften an der Werra, der Leine und der Diemel zugefallen, von denen er die Grafschaft an der Werra und an der Diemel (Grafschaft Donnersberg) an die Grafen von Everstein, die im Ittergau an die Grafen von Schwalenberg und die im Reinhardswaldgebiet vielleicht an die Grafen von Dassel als Lehen übertrug, falls letztere nicht schon vorher in mainzische Hand geraten war.

Die gleiche Grafschaftshäufung wie im Norden und Nordosten unseres Landes zeigte sich auch im Süden und Südwesten, wo in Wetterau, Rhein- und Maingau die kleineren Einheiten, die sich wohl schon durchweg in karolingischer Zeit gebildet hatten, nach Abklang der konradischen Epoche wieder bestimmend hervortraten. Während sich im unteren Lahngebiet die Grafschaft Marienfels im Einrich abgeteilt hatte, war der rechtsrheinische Rheingau von Lorsch bis Lorch durch den Königssondergau gesprengt worden, der offensichtlich eine königliche Neuschöpfung der Karolinger darstellte (möglicherweise um eine weiträumige, unmittelbare Verbindung zwischen den Reichsforsten der Dreieich und des Taunus herzustellen). Zwischen Königssondergau und Wetterau (Grafschaft Malstatt) aber hatte sich der Niddagau eingeschoben. Man hat die zutreffende Beobachtung gemacht, daß sich die Grafschaften weitgehend mit der hochmittelalterlichen kirchlichen Verwaltungsorganisation decken. So entsprach die Grafschaft Marienfels dem gleichnamigen Dekanat des Archidiakonats Dietkirchen, der Rheingau dem Archidiakonat von St. Moritz zu Mainz, der Königssonder- und der Niddagau etwa den Dekanaten Kastel und Eschborn des Mainzer Archidiakonats von St. Peter und die Grafschaft Malstatt in der Wetterau dem Dekanat Friedberg des Archidiakonats St. Maria ad gradus zu Mainz.

Auch in diesen Grafschaften saßen allenthalben die Konradiner, nur im Maingau lassen sie sich bisher noch nicht nachweisen, da die uns bekannte Liste der Maingaugrafen gerade für die fragliche Zeit versagt. Denn die Reihe der älteren Grafen (Warin 780/95, Walah 800, Drogo? 815) setzt sich nach unserer Kenntnis erst 945 mit einem Grafen Ruocher fort, der nicht in das konradinische Haus gehörte. Das gilt wohl auch für Graf Eberhard (975). Der folgende Maingaugraf Megingoz (980) ist genealogisch auch nicht unterzubringen, und das gleiche gilt für den 1013 genannten Grafen Gerlach (der mit dem von 993 bis 1017 in der Grafschaft an der mittleren Lahn erwähnten Grafen Gerlach namensgleich ist). Da wir auch von den folgenden Grafen bisher nur Berthold (1064) genealogisch sicher einordnen können, nicht aber Gerlach 1069 und den folgenden Siegfried, gewinnt man den Eindruck anscheinend ständig wechselnder Grafenfamilien, deren Amtsinhaber vom König eingesetzt und daher von ihm abhängig waren. So folgten im Einrich nach den Konradinern (vorher ist nur Ruodger zum Jahr 880 bezeugt), die uns ihren Familien nach ebenfalls nicht näher bekannten Grafen Ruodbert 973 und Hugo 977. Von den beiden Grafen Wigger und Arnold, die 1034 die Grafschaft gemeinsam verwalteten, ist Wigger nicht sicher einzuordnen (vielleicht ein Bilsteiner?) und Arnold wohl ein Angehöriger des Hauses der Grafen von Arnstein. Im Königssondergau bestand die auch nicht mit hinreichender Sicherheit genealogisch zu bestimmende Grafenreihe aus Liutfried (874), Hatto (927), Konrad (947?), Gerung (950), Hatto (960), Immat (970, identisch mit Immicho

973?), Thrutwin (991 bis 995), Reginhard (1017) und Siegfried (1040). Das gleiche gilt für die Niddagaugrafen Rudolf (1008) und Richbert (1013/16), während in der Wetterau auf die Konradiner, die sich hier mit Graf Heribert am längsten gehalten hatten, 1016 Graf Otto von Hammerstein folgte, an dessen Stelle 1017 Graf Brüning genannt wird; doch ist Graf Otto, der dieses Amt wegen politischer Schwierigkeiten anscheinend vorübergehend verloren hatte, 1034/35 wieder als Graf in der Wetterau bezeugt.

Mit dem 11. Jahrhundert begann sich dieses Bild zu ändern; allenthalben lassen sich nunmehr einzelne Familien als Inhaber der Grafschaften feststellen, womit deren Territorialisierung begann. In der Grafschaft Marienfels, die Kaiser Konrad II. 1031 dem Erzbistum Trier schenkte, was König Heinrich III. 1039 bestätigte, wird 1050 Graf Arnold genannt (wohl identisch mit dem 1034 in der Grafschaft Einrich bezeugten Arnold), offensichtlich ein unmittelbarer Vorfahre des 1067 erscheinenden Grafen Ludwig von Arnstein, dessen Haus diese Grafschaft von Trier zu Lehen trug. Als der letzte Arnsteiner Graf Ludwig III. seine Stammburg Arnstein in ein Prämonstratenserkloster umgewandelt hatte und selbst eingetreten war, folgten ihm die Herren von Isenburg in der Einrichgaugrafschaft nach (1159 bezeugt), traten sie jedoch schon 1160 an die Grafen von Katzenelnbogen und Nassau ab, die hier seitdem ein Kondominat errichteten.

In der Grafschaft Malstatt, die König Heinrich 1043 dem Kloster Fulda übergab, sind seitdem die Grafen von Nürings bezeugt. Dieses bedeutende Grafengeschlecht stammt vielleicht von den Konradinern ab. Es wird von Graf Gebhards d. Ä. Sohn Berthold abgeleitet, war aber in seiner Tätigkeit zunächst auf den lothringischen Besitz des Hauses und einige ihm benachbarte Grafschaften im Moselgau, Maienfeld und Trechirgau beschränkt. Seine schwer durchschaubaren und noch umstrittenen genealogischen Verhältnisse sind wahrscheinlich folgendermaßen zu ordnen. Der in den bezeichneten Grafschaften seit 992 belegte Graf Berthold († 1010) folgte einem gleichnamigen Grafen, der von 966 bis 973 belegt ist und vermutlich sein Vater war. Dem 1010 verstorbenen Grafen Berthold (Bezelin) glückte es, den Rhein wieder nach Osten zu überschreiten, denn er besaß nachweislich 1008 Lehen im Lahngau. Sein ebenfalls Berthold genannter Sohn (1016 bis 1043) ist 1042 als Graf des Einrichs bezeugt. Dessen Sohn Berthold (1043 bis 1075) gen. von Stromberg, der Graf im Trechirgau und Maienfeld war, vermochte die rechtsrheinische Position seines Hauses weiter auszubauen, denn nach dem 1048 erwähnten Grafen Hezilo in der Wetterau ist Berthold 1057 in der Wetterau und im Niddagau und 1064 auch als Graf im Maingau belegt. Diese erhebliche Machtausweitung dürfte darauf zurückzuführen sein, daß er als enger Vertrauter König Heinrichs IV. eine bedeutende politische Position innehatte. Da ihm Erben versagt blieben, folgte ihm der Sohn seiner Schwester Kunigunde (verheiratet mit dem Nahegaugrafen Emicho), Berthold von Stromberg-Hohenberg (bei Durlach), der 1103 erstmals als Graf von Nürings (im vorderen Taunus bei Falkenstein) bezeugt wird, zugleich aber Vogt von Lorsch und Ravengiersburg war. Seine Schwester Liutgard heiratete den Grafen Volkold von der Malsburg (im nördlichen Hessen) und brachte ihm wahrscheinlich dessen Niddaer Besitz zu, nach dem die Angehörigen dieser Familie dann Grafen von Nidda (in der Wetterau) hießen. Auf Berthold folgten seine beiden, seit 1124 genannten Söhne Berthold und Siegfried von Nürings und auf diese des letzteren Sohn, Graf Gerhard. Er stiftete 1146 das Augustinerkloster, spätere Prämonstratenserstift Retters und war der letzte des mit ihm nach 1170 erloschenen Nüringer Grafenhauses.

Die Grafen von Nürings waren demnach als Inhaber zahlreicher Grafenämter und Vogteien im Mittelrheingebiet ein mächtiges Geschlecht von weitreichendem Einfluß. Schon ihrer Stellung und Machtfülle nach müssen sie daher auch als die alleinigen Inhaber der Wetterauer Grafschaft gelten, die noch der rhein-fränkische Landfriede Kaiser Friedrichs I. von 1179 als Einheit faßte und nach den Nüringer Grafen bezeichnete. Mindestens in diese staufische Zeit, die letztmals eine einheitliche Oberhoheit des Reiches über die Wetterau sah, muß daher auch jene Institution des erst seit 1380 bekannten kaiserlichen Wassergerichtes der Wetterau zurückgehen, das die wasserrechtliche Kontrolle über alle fließenden Gewässer der Wetterau bis zur Mündung der Nidda in den Main bei Höchst ausübte. Dieses Wetterauer Wassergericht war nämlich ein Reichslehen und als solches mit dem Ort Dorheim verbunden, der zuerst den Herren von Münzenberg (als Rechtsnachfolgern der Nüringer) gehört hatte und dann über die Falkensteiner und Stolberger 1572 an Hanau kam. Die Ausübung der wassergerichtlichen Funktionen lag jedoch schon seit dem späten Mittelalter als Unterlehen in den Händen reichsritterschaftlicher Geschlechter (Waise von Fauerbach, Rau von Holzhausen).

Auf Grund der dargelegten übergeordneten Stellung der Nüringer Grafen kann es nicht zweifelhaft sein, daß die übrigen im 12. Jahrhundert erwähnten Grafengeschlechter der Wetterau eine Funktionsstufe tiefer standen (ein Verhältnis, das auch in der Grafschaft Hessen nachweisbar ist). Es handelt sich dabei um die Grafen von Gelnhausen, von Nidda und von Bernbach. Die geringste Rolle spielen dabei die Grafen von Gelnhausen, von denen der 1133 genannte Graf Dietrich wohl mit dem Grafen Ditmar von Gelnhausen gleichzusetzen ist, der zwischen 1108 und 1139 das Prämonstratenserstift Langenselbold errichtete. Auf ihn folgte ein 1151 genannter Graf Egbert von Gelnhausen, der mit Graf Gotbert personengleich sein dürfte, dessen Schenkung an das vor 1173 von Langenselbold aus gegründete Prämonstratenserinnenstift Meerholz König Heinrich VI. 1190 bestätigte. Wahrscheinlich ist das Geschlecht der Grafen von Gelnhausen bald nach dem Übergang seiner

Burg an das Erzbistum Mainz 1158 erloschen, so daß der Kaiser kurz darauf die Burg (als erledigtes Reichslehen?) für sich beanspruchen und einziehen konnte.

Als weiteres wetterauisches Grafengeschlecht des 12. Jahrhunderts, das es jedoch ebenfalls nicht zu größerer Bedeutung brachte, sind die Grafen von Nidda zu nennen. Sie sind vermutlich als Vögte des Klosters Fulda im westlichen Vogelsbergrandgebiet hochgekommen und wohl auf die Adelssippe der Volkoldinge zurückzuführen, die schon im 8. und 9. Jahrhundert vom Rhein-Main-Gebiet bis zum Grabfeld begütert war. 1017 treten sie in Niederhessen auf und 1019 selbst in Westfalen, wobei sie im Streit um Güter zu Boke a. d. Lippe 1104 erstmals Grafen von Nidda genannt werden. Auf dem 1062 in einer Fuldaer Urkunde bezeugten Volkold folgte als bekanntester Vertreter dieses Geschlechtes der von 1097 bis 1135 genannte Volkold von der Malsburg bzw. von Nidda. Die lange angenommene Herkunft dieser Sippe von der hessisch-sächsischen Grenze (und nicht aus der Wetterau) ist jedoch nicht wahrscheinlich, wenn ihm dort außer der namengebenden Malsburg auch noch die Burg Schartenberg gehörte, die Volkold und sein Bruder Udalrich 1124 dem Erzstift Mainz überließen, das beide Burgen jedoch Volkold wieder lehnsweise übertrug. Gleichwohl scheint er sich jetzt, nachdem er seiner Familie durch seine Ehe mit Liutgard von Nürings eine verstärkte Position in der Wetterau gesichert hatte, auf Nidda zurückgezogen zu haben, denn er tauschte nunmehr verschiedene sächsische Güter mit dem Kloster Helmarshausen gegen solche bei Nidda ein. Dagegen ist sein von 1120 bis 1141 genannter Bruder Bernhard im hessisch-sächsischen Grenzgebiet geblieben und vielleicht mit dem damals erwähnten Bernhard von Waldeck identisch. Der bis 1135 bezeugte Volkold hatte drei Söhne, Thammo (1131), Gottfried (1131/32) und Berthold, der als Graf von Nidda von 1130 bis 1162 belegt ist. Ein unglücklicher Prozeß mit dem westfälischen Kloster Abdinghof wegen nachträglich angefochtener Schenkungen kostete sie 1154 auf Grund einer Entscheidung Herzog Heinrichs des Löwen den Rest ihrer westfälischen Güter, und die Beteiligung an der Fehde des Pfalzgrafen Hermann von Stahleck gegen Erzbischof Arnold von Mainz 1155 ließ auch die Malsburg mit ihrem reichen Zubehör verlorengehen. Sie fiel an Mainz. Seitdem war das Geschlecht nur noch auf seine Niddaer und sonstigen Besitzungen in der Wetterau beschränkt. Mit Graf Berthold II. (gen. 1191) starb das Grafenhaus aus und vererbte seinen Besitz (vermutlich über eine Schwester Bertholds) an die Grafen von Ziegenhain.

Schließlich ist hier noch eines dritten Grafengeschlechtes zu gedenken, der Grafen von Bernbach (bei Somborn im Freigericht). Als ihr Stammvater gilt der 775 bis 786 bezeugte Graf Gerhard, der damals Güter bei Aschaffenburg und Gelnhausen an Fulda schenkte. Ebendort war der 1035 bezeugte Edle Rutger begütert, den man gleichfalls zu diesem Geschlecht rechnet, das dann mit dem Brüderpaar der Grafen Gerhard (1108 bis 1135) und Heinrich von Bernbach (1122 bis 1143) häufig in der Umgebung der Erzbischöfe von Mainz auftritt und sich im Freigericht (im Spessartvorland zwischen Aschaffenburg und Gelnhausen) offenbar einen eigenen Herrschaftsbereich aufgebaut hatte. Zuletzt werden 1158 ein Graf Gerhard und ein Graf Rupert von Bernbach erwähnt, von denen dieser 1159 im engeren Kreise der Herren von Laurenburg (der Vorläufer der Grafen von Nassau im unteren Lahngebiet) begegnet, nachdem Graf Imbricho von Diez Demut von Laurenburg geheiratet hatte. Besitzrechtliche Hinweise und gemeinsame Leitnamen (Heinrich und Gerhard) machen es wahrscheinlich, daß zwischen den Grafen von Diez und von Bernbach genealogische Zusammenhänge bestanden.

Nachdem wir zunächst die Grafschaftsentwicklung im Gebiet von Eder und Diemel, Weser und Werra behandelt, dann über den Bereich von Kinzig und Wetter, Main und Rhein einen Überblick gegeben haben, schließen wir den Kreis mit einem kurzen Aufriß der Verhältnisse im Land an der Lahn und Ohm. Auch hier vollzog sich die allgemeine Entwicklung der Zerlegung der größeren Einheiten, wie sie Ober- und Niederlahngau ursprünglich gebildet hatten, in kleinere Grafschaften. So entstanden, abgesehen von dem früher behandelten Einrich, die Grafschaften an der unteren Lahn und an der mittleren Lahn, die Ohm-Lahn-Grafschaft und die Grafschaft an der oberen Eder und Lahn. Auch sie wurden von den Konradinern, die hier im Lahngebiet die Rupertiner beerbten, von der Mitte des 9. bis zur Mitte des 10. Jahrhunderts zusammengefaßt, dann aber wieder in die zahlreichen älteren Einzelgrafschaften aufgelöst und daraufhin wie üblich einer Anzahl kleinerer und daher vom Reich stark abhängiger Grafen übertragen. Seit dem 11. Jahrhundert begann dann auch hier mit der Wiederkehr bedeutenderer Grafenfamilien die Territorialbildung.

In der Grafschaft an der unteren Lahn folgte nach dem Tode des Konradiners Konrad Kurzbold ein 958 bezeugter Graf Eberhard, der 966 starb und wahrscheinlich Konrads Bruder war. Während das konradinische Eigengut dortselbst an den Grafen Heribert in der Wetterau fiel, klafft in der Grafenliste des Niederlahngaus eine fast hundertjährige Lücke. Dieses generationenlange Schweigen kann wohl nur so gedeutet werden, daß zunächst kein neues Geschlecht dort Fuß zu fassen vermochte, sondern daß diese Grafschaft während der weiteren ottonischen Herrschaft als echte Amtsgrafschaft mit wechselnden, vom Reich völlig abhängigen Amtsträgern besetzt worden ist. Erst 1053 erscheint wieder ein Graf, Godebold, und 1073 werden als Grafen von Diez Imbricho und sein Bruder, in dem wir den 1053 bezeugten Godebold sehen dürfen, als Grafen des Niederlahngaues genannt. Es ist wahrscheinlich, daß beide Brüder die Niederlahngaugrafschaft unter sich geteilt und die Lahn als Grenze genommen haben, denn daraus ist das Vorhandensein zweier Dekanate innerhalb des Niederlahngaues am besten zu erklären. Nördlich der Lahn liegt das Dekanat Dietkirchen, südlich der Lahn das Dekanat Kirberg, die in gleicher Weise wie die Dekanate der Erzbistümer Köln und Mainz in der zweiten Hälfte des 11. Jahrhunderts in Anlehnung an damalige politische Bezirke entstanden sein dürften. Da auf Imbricho und Godebold von Diez wieder ein Brüderpaar folgte, Heinrich (1101 bis 1107) und Gerhard (1107), hat die politische Teilung der Grafschaft an der unteren Lahn auch unter ihnen wohl noch fortbestanden. Erst der ihnen folgende, 1133 gen. Graf Imbricho von Diez, wohl Graf Heinrichs Sohn, der mit Demut, der Schwester Ruperts und Arnolds von Laurenburg, verheiratet war, ist wieder alleiniger Inhaber der Niederlahngaugrafschaft gewesen.

Ein ähnliches Bild wie die Grafschaft an der unteren bietet die Grafschaft an der mittleren Lahn, die sich etwa mit dem Archipresbyteriat Wetzlar deckte. Auch hier haben die Konradiner Eberhards Untergang überdauert, denn anscheinend ist Udo, der erfolgreiche Mitkämpfer Konrad Kurzbolds gegen Eberhard, auch Graf an der mittleren Lahn gewesen, vielleicht mit seinem Bruder Hermann gemeinsam; beide kommen jedoch nach 949 nicht mehr vor. Der König ist also offensichtlich spätestens nach Liudolfs Sturz dazu übergegangen, auch diese Grafschaft mit ihm ergebenen Amtsgrafen zu besetzen, denn so ist es wohl zu deuten, daß erst 975 wieder ein Graf Hildelin genannt wird, dem ein von 993 bis 1017 bezeugter Graf Gerlach folgte. Über das dann hier auftretende Wernersche Grafenhaus werden wir unten im Zusammenhang handeln; jedenfalls vermochte es sich über den Tod Werners III. im Jahr 1066 hinaus hier nicht zu halten.

Nachfolger wurden die mächtigsten Grundherren des Gebietes, die Dynasten von Gleiberg. Diese waren Ende des 10. Jahrhunderts durch die Heirat des Grafen Friedrich I. von Luxemburg mit der Erbin der Konradiner, der Tochter des Grafen Heribert in der Wetterau, nach Hessen gekommen. Die Burg Gleiberg dürfte schon von Graf Heribert erbaut worden sein, dessen bedeutende Stellung auch daraus hervorgeht, daß er 981 im Reichsaufgebot für Italien mit 20 Panzerreitern erscheint, während sein Brudersohn (Herzog Hermann von Schwaben) mit 30 selber geführten oder 40 gestellten Panzerreitern veranschlagt war. Friedrich von Luxemburg war der Bruder der Kaiserin Kunigunde, der Gemahlin Kaiser Heinrichs II.; und da er zugleich Graf im Hessengau war, stellte er die führende politische Persönlichkeit unseres Landes zu Anfang des 11. Jahrhunderts vor. Er vermochte jedoch nicht, sein Grafenamt auf seine Söhne zu übertragen, da die Salier das Wernersche Grafengeschlecht in Hessen einführten, so daß es gewiß zu Spannungen zum neuen Kaiserhaus kam, die vielleicht noch der Empörung der Gleiberger Brüder gegen König Heinrich IV. 1057 zugrundelagen. Die Brüder Giselbert und Hermann I. (1045 bis 1062) wurden jedoch besiegt, retteten aber durch ihre Unterwerfung den von ihrem Vater Friedrich I. von Luxemburg ererbten konradinischen Besitz. Hermanns I. Sohn, Hermann II., führte seit 1075 den Grafentitel, war also wohl seitdem Inhaber der Grafschaft an der mittleren Lahn. Es ist zutreffend vermutet worden, daß Hermann II. diese Grafschaft von König Heinrich IV. als Dank für seine hervorragende Hilfe in der Schlacht an der Unstrut gegen die Sachsen 1075 erhalten hat. Hermann vererbte die Grafschaft an der mittleren Lahn an seine Nachkommen, wodurch sich diese allmählich aus der ehemaligen Amtsgrafschaft zur Territorialgrafschaft umbildete. Als solche umfaßte sie jedoch nur einen Teil des alten Bereiches. Denn inzwischen—spätestens beim Tode Graf Werners III., 1066 — hatte das Bistum Worms die Immunität des ihm 993 durch königliche Schenkung übertragenen Gebietes von Weilburg durchgesetzt, und auch Haigergau, Herborner Mark, Kalenberger Zent und Gericht Heimau unterstanden nicht mehr der gräflichen Gerichtsbarkeit der Gleiberger.

Die Frühgeschichte der Gleiberger Besitzungen gehört zu den schwierigsten Problemen der althessischen Territorialgeschichte, dessen Lösung seit langem gesucht wird, aber immer noch nicht gefunden ist. Vermutlich war der Verlauf folgender: Der Anteil Giselberts ging auf seinen Sohn Konrad von Luxemburg über († 1086), dessen Witwe Clementia († nach 1129) Kloster Schiffenberg gründete. Den Anteil Hermanns I. erhielten seine Söhne Hermann II. und Heinrich (von Laach). Hermann II. beerbten seine 1095 genannten Söhne Hermann III. und Dietrich (über Heinrichs Anteil s. nächsten Abschnitt). Hermann III. und Dietrich erhielten nach dem Erlöschen des gleiberg-luxemburgischen Zweiges um 1140 den Anteil Clementias, worauf sie nunmehr ihre insgesamt drei Anteile dergestalt aufteilen, daß die Osthälfte (mit Gießen) an Graf Hermanns III. Sohn Wilhelm fiel, dessen Witwe (oder Tochter?) Salome 1197 Gräfin von Gießen hieß. Deren Tochter Mechthild war mit Pfalzgraf Rudolf von Tübingen vermählt, der nach dem Tode Salomes (vor 1203) in der Herrschaft Gießen nachfolgte. Die Westhälfte mit der Burg Gleiberg, die 1103 von König Heinrich V. (aus unbekannten Gründen) erobert und schwer beschädigt worden war, fiel an Dietrich und seinen Sohn Otto, dessen Tochter Irmgard sie an die benachbarten Herren von Merenberg brachte (da sie 1163 mit Hartrad von Merenberg verheiratet war).

Der Anteil von Hermanns II. Sohn (s. oben), Heinrich von Laach († 1095), ist nicht wieder wie die anderen mit der Gesamtgrafschaft vereinigt und dann mit der Gesamtmasse aufgeteilt worden. Heinrich heiratete die zweifache Witwe Adelheid aus dem Hause der Markgrafen von Meißen (1. Mann Graf Adalbert von Ballenstedt, 2. Mann Pfalzgraf Hermann von Niederlothringen). Sie brachte ihrem 3. Mann Heinrich die Pfalzgrafschaft Hermanns († 1088) zu. Sie muß eine hervorragende Persönlichkeit gewesen sein, zumal von ihr auch das älteste deutsche Frauensiegel stammt (überliefert durch eine Urkunde des Stiftes Limburg im Staatsarchiv Wiesbaden). Es stellt ein künstlerisch ausgezeichnetes Portraitsiegel dar, das die Pfalzgräfin mit einem Lilienzepter in der einen und einem offenen Buch (also lesend) in der anderen Hand zeigt. Da Pfalzgraf Heinrich keine Kinder hatte, setzte er den Sohn Adelheids aus 1. Ehe, Siegfried von Ballenstedt († 1113), als Erben ein, der Gertrud von Northeim ehelichte. Pfalzgraf Siegfried läßt sich durch seine Beziehungen zu Laach, Limburg, Herrenbreitungen u. a. einwandfrei als Erbe Pfalzgraf Heinrichs feststellen. Nach Siegfrieds Tod heiratete Gertrud von Northeim den Grafen Otto von Rheineck (1121 bis 1150), doch gingen aus beiden Ehen keine überlebenden männlichen Erben hervor; denn Siegfrieds Söhne Siegfried und Wilhelm starben früh und ohne männliche Erben, und Ottos gleichnamiger Sohn verschied bereits ein Jahr vor seinem Vater. So wurde Siegfrieds Tochter Adela Erbin des Gleiberger Anteils und brachte ihn an ihren Mann, Graf Konrad von Peilstein (1145 bis 1160). Von ihm ging er an seinen Sohn Siegfried (1147 bis 1174) über, der seit 1158 auch von Mörle genannt wird. Er war mit Alberadis, einer Tochter Graf Emichos von Leiningen, verheiratet, der seit 1156 im Lahngebiet nachweisbar ist. Alberadis, seit 1196 auch Gräfin von Kleeberg genannt, brachte ihren konradinisch-gleibergischen Besitz (Limburg, Villmar, Hadamar) jedoch nicht an ihren Sohn Graf Siegfried von Peilstein-Mörle (1186 bis 1194) oder ihren Enkel Friedrich von Peilstein-Mörle-Kleeberg (1210 bis 1244), mit dem das Geschlecht ausstarb, sondern an ihren Bruder Graf Friedrich Emicho von Leiningen (1169 bis 1211), den dann die Herren von Isenburg beerbten. Die Gründe dieses Erbganges sind noch nicht hinreichend geklärt.

Graf Hermann II. von Gleiberg, seit 1075 Graf an der mittleren Lahn, wurde auch im Westteil der benachbarten Ohm-Lahn-Grafschaft Nachfolger Graf Werners III., der sie wohl noch als Ganzes besessen hatte. In dieser Gestalt entsprach sie etwa dem Dekanat Amöneburg. Die Ohm-Lahn-Grafschaft hatte das übliche Schicksal der hessischen Grafschaften geteilt. 917/18 war der Konradiner Hermann ihr Inhaber, dann schweigt die Überlieferung fast 100 Jahre, ehe sie neue Grafen nennt (1008 Giso, 1018 Richmund); ein Intervall, das die Vorherrschaft des Reiches und die lange währende Unterdrückung aller in eigenständigen Grafenhäusern etwa vorwaltenden dynastischen Sonderinteressen deutlich macht. Dann verschaffte die reichspolitische Stellung der Wernerschen Grafen ihnen auch diese Stellung. Nach dem Tode Werners III. geriet jedoch auch die Ohm-Lahn-Grafschaft in den Sog der starken Verschiebung in den hessischen Grafschaftsverhältnissen des Lahngebietes und splitterte auf. Im Westteil, der die Amöneburg wohl noch mit umfaßte, wurden die Dynasten von Gleiberg Grafen; jedoch beschränkt man diesen gleibergischen Westteil neuerdings auf dessen südliche Hälfte, die man den Gleibergern zuweist, während die nördliche Hälfte mit der Grafschaft Rucheslo (nach der Malstätte bei Oberweimar oder Moischt) gleichgesetzt und als Besitz der Bilsteiner Grafen angesehen wird. In einem um hessengauische Bezirke erweiterten Ostteil dagegen, der etwa den (typischerweise zum Dekanat Amöneburg zählenden) Sendsprengeln von Alsfeld, Heidelbach, Neustadt und Treysa entsprach, entstand die 1107 bezeugte Grafschaft Rudolfs, eines Ziegenhainer Grafen.

Die Politik der Ottonen, den Amtscharakter der hessischen Grafschaften zu wahren und das Aufkommen mächtiger Grafengeschlechter zunächst zu verhindern, ist auch in der Grafschaft an der oberen Eder und Lahn klar zu erkennen, die größenmäßig etwa mit dem Dekanat Kesterburg übereinstimmte. Da sie unmittelbar an Westfalen angrenzte, wurde die Abhängigkeit vom Königshaus noch dadurch verstärkt, daß sie zunächst vorwiegend Amtsträgern aus sächsischen Edelgeschlechtern vorbehalten war, wie wir aus den niederdeutschen Namen der Grafen sicher entnehmen können. Nach Ottos Sohn Liudolf kam ein 979 genannter Graf Thiemo. Er ist wohl mit dem 957/73 erwähnten Graf Thietmar identisch, der damals Vogt des Klosters St. Florin in Koblenz war. Auf ihn folgte vor 994 vermutlich ein Graf Hermann und dann übte hier 994/95 Thankmar die Grafschaftsbefugnisse aus. Nach ihm nennt die Überlieferung etwa 100 Jahre lang keinen Grafen mehr, eine Erscheinung, die uns ja auch bereits aus anderen Grafschaftsgebieten bekannt ist. Jedoch darf der 1101 bis 1107 genannte Graf Thiemo sowohl mit dem Grafen Temmo, der 1125/29 das Kloster Oberwerbe in Waldeck gründete, als auch mit dem Vogt Thietmar des Stiftes St. Florin in Koblenz verwandtschaftlich verknüpft werden; denn das Kloster Oberwerbe war mit ganz beträchtlichem Besitz zu Höhn im Westerwald ausgestattet, der nur durch den Vogt der konradinischen Schenkung zu Höhn an das Stift St. Florin entfremdet worden sein kann. Ebenso sicher ist die Verwandtschaft des jüngeren Grafen Thiemo mit den Grafen von Wittgenstein-Battenberg. Es handelt sich hierbei um eine Familie, die mit den seit 1123 bezeugten Inhabern der Erbvogtei über das 1072 gegründete Kloster Grafschaft stammesgleich war. Sie stand zudem in engen Verbindungen mit den Dynasten von Naumburg und von Runkel-Westerburg, wie die Bevorzugung bestimmter Vornamen (Wittekind und Siegfried), Wappenähnlichkeit und Besitzverschwisterung erkennen lassen. Ihre Wappen waren offensichtlich Abwandlungen einer Grundform: Wittgenstein und Grafschaft führten zwei Pfähle, Naumburg zwei Balken, Westerburg zwei gekreuzte Balken und Runkel zwei Pfähle mit Obereck. Und was ihren Besitz betrifft, so waren alle diese Familien in der Grafschaft an der oberen Eder und Lahn begütert. Solche gehäuften Beziehungen erklären sich am zwanglosesten aus einer gemeinsamen Abstammung oder engsten Versippung dieser vier Geschlechter.

Wie die Ohm-Lahn-Grafschaft ist auch die Grafschaft an der oberen Eder und Lahn mindestens in zwei Teile zerfallen. Wann dies geschah, ist unbekannt; jedenfalls nicht vor dem Jahre 1059, da damals Graf Werner III. noch lebte und insbesondere das Dekanat Arfeld noch nicht bestand. Es ist offensichtlich erst dann vom Dekanat Kesterburg abgesplittert, als sich die Grafschaft an der oberen Eder und Lahn derart teilte, daß nunmehr das Dekanat Kesterburg im wesentlichen mit der Grafschaft Battenberg übereinstimmte, während das Dekanat Arfeld mit einem zunächst vielleicht einheitlichen politischen Bezirk identisch war, dessen größerer Westteil die Grafschaft Siegen und dessen kleinere Osthälfte die spätere Grafschaft Wittgenstein bildete. Neben allgemeinen Gründen der Dekanatsbildung spricht hierfür die spezielle Tatsache, daß wir als ältesten Grafen des Siegerlandes einen um 1079 bis 1089 bezeugten Grafen Rupert kennen, in dem ein Angehöriger des Nassauer Grafenhauses zu sehen ist. Wir dürfen also auch diese Teilung der Grafschaft an der oberen Eder und Lahn auf die nach dem Tode Werners III. 1066 erfolgte Veränderung der Grafschaftsverhältnisse im Lahngebiet zurückführen.

Die Darstellung der Entwicklung der hessischen Grafschaftsverhältnisse in der Zeit der sächsischen und der salischen Kaiser hat es ermöglicht, einige Grundzüge der hessischen Grafschaftspolitik der Ottonen und Salier deutlich zu machen. Wir bemerken jedoch auch noch eine andere offensichtlich ebenso allgemeine Erscheinung, die sich beim Übergang von der sächsischen zur salischen Kaiserzeit im Rahmen der hessischen Grafschaftspolitik unter dem Einfluß der grundlegenden reichs- und kirchenpolitischen Maßnahmen Kaiser Heinrichs II. abzeichnet. Vergegenwärtigen wir uns die großen kirchlichen Reformvorhaben, die Kaiser Heinrich II. unterstützte und selber mit durchführen half und die damit gleichzeitig verbundene straffe Heranziehung der Reichskirche für die königlichen Zwecke, dann verknüpft sich damit die auffallende Tatsache, daß zwischen 1011 und 1043 nicht weniger als (mindestens) acht hessische Grafschaftsgebiete auf königliche Veranlassung an die Reichskirche übergingen. Heinrich II. übertrug 1011 die westfälisch-waldeckische Grafschaft der Haholde und 1021 die Diemelgrafschaft Dodikos von Warburg an das Bistum Paderborn. 1013 gab er die Grafschaft Bessungen (mit Groß-Gerau) an das Bistum Würzburg. Die Reichsabtei Fulda erhielt 1024 von Kaiser Heinrich II. die Grafschaft Stockstadt (bei Aschaffenburg) und 1025 von König Konrad II. die Grafschaft Netra (bei Eschwege); 1032 gab derselbe Kaiser die Grafschaft Hermanns von Reinhausen im Reinhardswaldgebiet an das Bistum Paderborn und 1033 die Grafschaft im Klaungau — darunter ist wahrscheinlich ein Teil des Hessen unmittelbar benachbarten, später mainzischen Eichsfeldes zu verstehen — an das Erzbistum Mainz. 1031 überließ er die Grafschaft Marienfels auf dem Einrich dem Erzbistum Trier. Heinrich III. bestätigte 1039 diese Übertragung und trat seinerseits 1043 die Grafschaft Malstatt in der Wetterau an die Reichsabtei Fulda ab. Diesen Maßnahmen lag wahrscheinlich die großgedachte Absicht zugrunde, die Grafschaften über die Reichskirche wieder näher an das Reich heranzubringen und damit den Aneignungsbestrebungen örtlicher partikularer Kräfte vorzubeugen. In diese Zusammenhänge sind zweifellos auch die großen Bannforst- und Wildbannschenkungen der deutschen Könige dieser Zeit an die Reichskirche, die wir früher (Kap. 10) erörtert haben, einzureihen; denn auch ihre Bedeutung beruht vor allem in der Übertragung von Hoheitsrechten, die damit für das Reich gesichert werden sollten. Das alles zeigt, welche große Bedeutung Hessen noch immer für die deutschen Könige hatte.

In diesen Rahmen möchten wir auch den Übergang der Grafschaft Hessen an das Erzbistum Mainz einordnen, der im 11. Jahrhundert erfolgt sein muß und sich in diese politischen Vorgänge geradezu als krönender Abschluß einfügt. Es kommt hinzu, daß sich dabei dieselben personellen Vorgänge wiederholen wie beim Übergang der Wetterauer Grafschaft Malstatt an Fulda, wo auf den Konradiner Graf Otto von Hammerstein ein anderes, dem Kaiser politisch wohl näherstehendes Grafengeschlecht mit den Grafen von Nürings folgte. Ein ähnliches Schicksal widerfuhr Graf Friedrich von Luxemburg, der von 1008 bis 1019 als Graf in Hessen belegt ist und Schwager des Kaisers war. Auch er konnte (gleichfalls aus politischen Gründen) die Grafschaft seiner Familie nicht erhalten. Diese wurde vielmehr — und zwar wohl schon unmittelbar nach dem Tode Friedrichs und damit noch von Kaiser Heinrich II. — durch die schwäbischen Grafen Werner in Hessen abgelöst.

Die Wernerschen Grafen hatten zu den Königen des neuen Hauses die engsten amtlichen und persönlichen Beziehungen. Schon bei Konrads II. Erhebung 1024 war ein Werner durch geschickt geführte Verhandlungen hervorgetreten, und ebenso stützte sich der König bei der Einrichtung seiner Regierung auf ihn, da er ihm als besonnen im Rat und kühn im Kriege bekannt war. Graf Werner I. war allem Anschein nach der Sohn Eppos III. von Nellenburg und als solcher durch seine Mutter Hadwig ein Verwandter Kaiser Heinrichs II. Dem Kaiser stand er aber auch insofern nahe, als er wahrscheinlich von seinem Vater Eppo von Nellenburg her das Amt des Reichsbannerträgers ausübte. Die politische Position Werners I. ist damit eindeutig bezeichnet, und es entspricht dieser herausgehobenen Funktion Werners, daß er nicht nur (wie oben gesagt) König Konrad II., sondern in gleicher Weise auch dessen Sohn, König Heinrich III., nahestand; denn dieser bezeichnete ihn Anfang 1040 als seinen Intimus, seinen vertrautesten Rat. Es ist nicht zweifelhaft, daß es sich hierbei um den im August 1040 im Böhmenkrieg als Vorstreiter und Bannerträger des Königs gefallenen Grafen Werner I. gehandelt hat, dessen gleichnamiger Sohn Werner II. als Inhaber des gleichen Amtes in der Normannenschlacht bei

Civitate 1053 führte und fiel. Eine noch größere Rolle spielte Graf Werner III. am kaiserlichen Hofe unter König Heinrich IV., von dem Lambert von Hersfeld sagt, daß er gemeinsam mit Erzbischof Adalbert von Bremen anstelle des Königs geherrscht habe. Auch er ist keines natürlichen Todes gestorben, sondern im Gefolge des Königs während eines Tumultes in der Ingelheimer Pfalz wahrscheinlich im Dezember 1066 erschlagen worden. Und schließlich hat auch sein Sohn Werner IV. mit dem königlichen Vorstreiter- und Bannerträgeramt eine entsprechende politische Stellung bei Hofe behalten; denn bei den Auseinandersetzungen zwischen Kaiser Heinrich IV. und seinem Sohn Heinrich V. wurde er im Januar 1106 damit betraut, die Freigabe der königlichen Insignien von den Hammersteiner Reichsburgmannen zu erwirken und sie nach Mainz zu überbringen, wo ein Staatsempfang stattfand.

Jedoch ist wohl nicht daran zu zweifeln, daß sich unter Graf Werner IV. ein politischer Umschwung in der Einstellung des Grafenhauses vollzog. Es trat aus seiner betont kaiserlichen Haltung und Bindung heraus und knüpfte zumindesten unter Erzbischof Adalbert von Mainz (1111 bis 1137) auch enge Beziehungen zur führenden geistlichen Macht seines Gebietes, dem Erzbistum Mainz. Das war ein wesentlicher, für Mainz vor allem auch territorialpolitisch wichtig gewordener Erfolg. Er führte dazu, daß Erzbischof Adalbert beim Erlöschen des Wernerschen Grafenhauses 1121 einen erheblichen Teil seines Besitzes, vor allem in Niederhessen, übernehmen konnte.

Die Grafen Werner sind als Inhaber der Grafschaft Hessen durch zahlreiche Urkunden von 1027/39 bis 1121 belegt. Sie hatten ebenso unter Werner IV. (wahrscheinlich aber schon seit Werner I.) die Grafschaft an der mittleren Lahn inne (belegt 1065/66) und ebenso die Grafschaft an der oberen Eder und Lahn sowie die Ohm-Lahn-Grafschaft (1062, 1066), so daß sie also den größten Teil der hessischen Grafschaften Konrads d. Ä. wieder in einer Hand vereinigten. Sie haben dadurch mit stärkster Unterstützung des Reiches für die später endgültige Vereinigung der nieder- und oberhessischen Gebiete einen wesentlichen Beitrag geleistet, wenn auch in der gräflichen Stellung des Hauses in Hessen nach dem gewaltsamen Tod Werners III. ein Rückschlag eintrat. Man hat dafür aber auch familiengeschichtliche Vorgänge in Anspruch genommen und eine Tochter Werners III. als Gemahlin Graf Ruggers II. von Bilstein postuliert, die einen Teil des (vielleicht aus konradinischer Wurzel stammenden) Erbes Werners III. in Hessen an die Bilsteiner brachte, darunter vor allem die Grafschaft Rucheslo (= Ruodgereslo), und Besitz in der Wetterau und in Braubach am Rhein. Jedenfalls sehen wir, daß Werners III. Sohn und Amtsnachfolger, Werner IV., zwar in der Grafschaft Hessen und in dem umfangreichen Wormser Lehnsbesitz an der mittleren und unteren Lahn mit dem Mittelpunkt Weilburg nachfolgte, nicht aber im Gebiet der Ohm-Lahn-Grafschaft, wo die Bilsteiner Grafen neu auftraten und die dort politisch lange zurückgedrängten Gleiberger Grafen wieder hochkamen.

Um so ungestörter und gebietender war die Stellung der Wernerschen Grafen im hessischen Kerngebiet, das 1046 und 1061 als Grafschaft Maden bezeichnet wird und nach der Urkunde von 1061 mit dem Archidiakonat Fritzlar räumlich übereinstimmte. Aus dieser Benennung nach Maden ergibt sich, daß die alte Gaugerichtsstätte gegenüber den anderen Gerichtsorten (Ditmold, Gensungen, Schützeberg) noch immer den Vorrang behauptete. Wenn ihr diese auch in der Weise gleichgeordnet waren, daß jede für die ganze Grafschaft zuständig war, wenn der Graf dort richtete, so war Maden als Stätte der alten Völkerschaftsversammlung doch seit jeher von höherem Rang gewesen, der sich auch jetzt noch bestätigte. Die Stellung der Wernerschen Grafen in Hessen wurde dadurch in entscheidender Weise verstärkt, daß sie schon frühzeitig auf die beiden großen Immunitätsherrschaften ihres Gebietes (Kaufungen und Fritzlar) Einfluß gewannen. 1040 erscheint Werner II. als Vogt von Kaufungen, und 1101, 1102, 1109 war Werner IV. sowohl Vogt von Kaufungen als auch Vogt der Fritzlarer Kirche. Werner IV., der letzte seines Geschlechtes, vereinigte also als Graf von Hessen und Vogt der Abtei Kaufungen, des Stiftes Fritzlar und der Klöster Hasungen und Breitenau (das er 1113 selber gegründet hatte) alle Gerichtsrechte dieses Gebietes in seiner Hand und nahm damit eine Stellung ein, die für seine Zeit derjenigen der späteren Landgrafen nahekam.

VI.

DIE LANDGRAFSCHAFT HESSEN UND DIE BEERBTEN GRAFSCHAFTEN

15. Hessen unter der Herrschaft der Thüringer Landgrafen

Das Wernersche Grafengeschlecht erlosch mit Graf Werner IV. am 22. Februar 1121. Da nähere Erben fehlten, zersplitterte sein Besitz. Ein wesentlicher Teil gelangte an das Erzstift Mainz. Die wormsischen Lehen an der Lahn gingen in die Hände der Grafen von Laurenburg-Nassau über (auf die wir gesondert eingehen), und die hessische Grafschaft Maden mit der Burg Gudensberg fiel an die Gisonen. Die Herkunft dieses Geschlechtes liegt noch im Dunkeln; es war jedoch wohl nicht einheimisch, stammte jedenfalls nicht aus seinem späteren Herrschaftsbereich an der oberen Lahn, so daß es seine Stellung und seinen Aufstieg in Hessen wahrscheinlich engeren Beziehungen zum Königshaus verdankte. Es ist mit Recht geschlossen worden, daß dieses Geschlecht die königliche Vogtei über die weiten Waldgebiete des hessischen Hinterlandes (vom Burgwald bis auf den Westerwald) versah (etwa in Parallele zu den Hagen-Münzenbergern in der Dreieich); denn im Gegensatz zu dem offenen Altsiedelland des Amöneburger Beckens gelangte dieses verschlossene, erst langsam aufgesiedelte Waldland nicht in geistlichen Besitz, sondern blieb bis in salische Zeit in königlicher Hand. Durch diese Stellung der Gisonen wird nicht nur die auffallende abseitige Lage ihres Herrschaftssitzes inmitten dieser Forste auf Burg Hollende bei Treisbach westlich Wetter verständlich; wir bekommen dadurch vor allem eine hinreichende Erklärung für die bevorzugte Stellung gerade dieses Hauses und seiner Nachfolger, der Landgrafen von Thüringen, im Marburg—Herborner Gebiet. Denn die von den Gisonen aus dem Erbe des Reiches an die Landgrafen von Thüringen weitergegebene Forsthoheit über die Waldbereiche westlich der Lahn bildete offensichtlich einen wesentlichen Ansatzpunkt der Ausbildung der landgräflichen Landeshoheit über diesen Raum. Damit aber läßt sich zugleich die ursprüngliche Funktion der Marburger Burg als Nachfolgerin der Burg Hollende erkennen und sinnvoll erklären.

Zur gisonischen Familie gehörte vielleicht schon der 1008 in der Ohm-Lahn-Grafschaft bezeugte Graf Giso I., sicher der 1049 in einer Fuldaer Urkunde erwähnte gleichnamige Graf Giso II., der 1073 auf seiner Burg Hollende zusammen mit Graf Adalbert von Schauenburg und dessen Söhnen im Kampfe fiel. Er zählte zur engeren Umgebung König Heinrichs IV., während sein Sohn

Giso III. 1108 zu den nächsten Beratern König Heinrichs V. gehörte und auch 1114 als Anhänger des Kaisers gegen Erzbischof Friedrich von Köln hervortrat. Dann ging Giso jedoch zur kaiserfeindlichen Partei über, die damals vornehmlich Erzbischof Friedrich von Köln und Erzbischof Adalbert von Mainz anführten, und hat zugleich wohl auch seinen Stammsitz Hollende dem Mainzer Bistum zu Lehen aufgetragen.

Auf Hollende starb 1110 Mathilde, die Witwe eines Grafen Giso. Es dürfte sich hierbei um die Mutter des seit 1099 bezeugten Grafen Giso IV. gehandelt haben, der als erster Mann mit Gräfin Kunigunde von Bilstein verheiratet war und auf diesem Wege sowohl die Vogtei über das Kloster Hersfeld (bezeugt seit 1099) als auch über das Stift St. Florin in Koblenz (belegt seit 1110) erhielt. Dabei kam die Vogtei über Hersfeld aus bilsteinschem Besitz, während die Vogtei über St. Florin von den Grafen Thiemo herrührte, von denen Kunigunde von Bilstein in der weiblichen Linie abstammte. Kunigunde beerbte aber auch die Grafen Werner, die mit Werner IV. 1121 erloschen. Sie hinterließen das Amt des Reichsbannerträgers und die Grafschaft Hessen (oder Maden—Gudensberg). Als der Mann Kunigundes Graf Giso IV. am 12. März 1122 starb, fiel ein Teil seines Erbes an seine mit Graf Ludwig I. von Thüringen verheiratete Tochter Hedwig, der andere Teil, vor allem die hessische Grafschaft Gudensberg, gelangte an seinen damals noch unmündigen Sohn Giso V. und diente zunächst als Wittum Kunigundes. Sie hat dann in zweiter Ehe Graf Heinrich Raspe, den Bruder des Grafen — seit 1130 Landgrafen — Ludwig von Thüringen geheiratet, der das Erbe Gisos — vor allem das Amt des Reichsbannerträgers und die hessische Grafschaft Gudensberg — bis zu seiner Ermordung 1130 vormundschaftlich für Giso V. verwaltete. Sie gingen dann auf Giso V. über, der jedoch auch schon einige Jahre später 1137 auf der Romfahrt Kaiser Lothars umkam. Da weder Graf Heinrich Raspe noch Graf Giso V. Erben hinterließen, fiel an Raspes Bruder Ludwig durch seine Heirat mit der Gisonin Hedwig, der Tochter Gisos IV. aus dessen Ehe mit Kunigunde von Bilstein, die eine Hälfte und durch Kunigundes Ehe mit Heinrich Raspe und dessen sowie Gisos V. erbenlosen Tod, dann auch noch die andere Hälfte des von Giso IV. in Hessen hinterlassenen Besitzes (mit Ausnahme des Reichsbanneramtes). Daraus ergibt sich, daß es sich bei den seit 1109 in Niederhessen bezeugten Vizegrafen Giso (von Gudensberg), die bis in die Mitte des 13. Jahrhunderts als örtliche Amtsträger der Thüringer Landgrafen im Maden—Gudensberger Bereich vorkommen, nicht um Angehörige des alten gisonischen Grafengeschlechts gehandelt haben kann. Diese wurden vielmehr durch die Thüringer Grafen beerbt, so daß die beiden Ehen Kunigundes von Bilstein von grundlegender Bedeutung für die Begründung der Herrschaft der Thüringer Landgrafen in Hessen waren.

2. STAMMTAFEL DER LANDGRAFEN VON THÜRINGEN ALS REGENTEN VON HESSEN

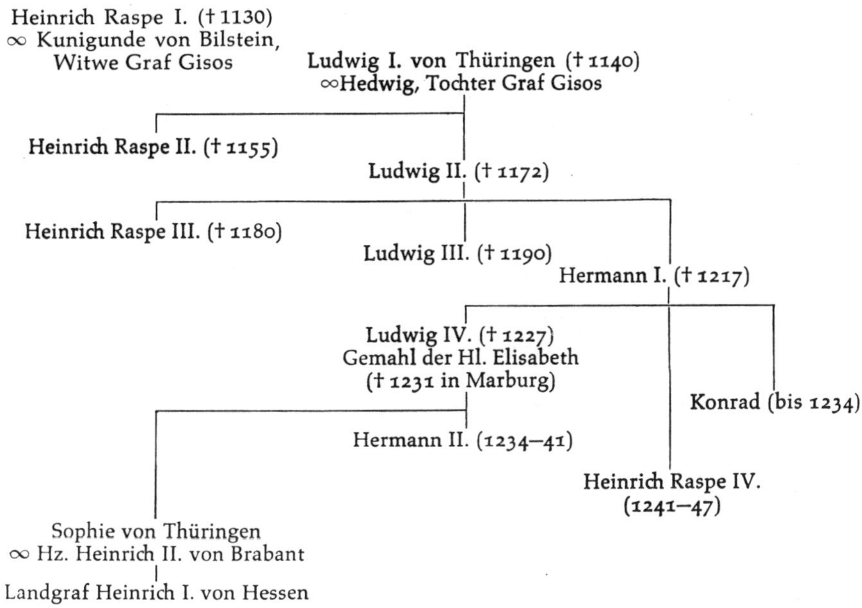

Das gisonische Erbe der Thüringer Landgrafen am Rhein, über das nach Landgraf Ludwig sein Sohn Heinrich Raspe II. verfügte und das damit nach Raspes Tode (1155) auch seinem älteren Bruder Landgraf Ludwig II. (1140 bis 1172) von Thüringen zustand, hatte jedoch für die Ausweitung der thüringischen Machtposition wegen seiner Abgelegenheit nur geringere Bedeutung. Die wichtigste Herrschaftsgrundlage bot den Landgrafen vielmehr vor allem das Landgericht Maden mit Burg und Stadt Gudensberg und der damit verbundenen Grafschaft Hessen (aus wernerschem Besitz), über die allerdings das Erzbistum Mainz die Lehnshoheit beanspruchte. Daneben war für die Beherrschung Niederhessens wichtig die Erwerbung von Kassel (spätestens seit 1150), während in Oberhessen Marburg mit Umland (aus gisonischem Erbe) Hauptstützpunkt der Thüringer war. Dazu kamen die wichtigen Vogteien wernerscher, gisonischer und mainzischer Herkunft über die Stifter Fritzlar und Wetter, die Abtei Hersfeld und die Klöster Hasungen und Breitenau. Die Landgrafen besaßen ferner (aus dem Besitz der Gisonen) vom Reich die Lehnshoheit über den Westerwald (die Herborner Mark, die Haigerer Mark, die

Kalenberger Zent), die Herrschaft zum Westerwald und das Gericht Löhnberg (Heimau) mit zahlreichen Eigengütern, die sich bis zur unteren Lahn und nach Koblenz erstreckten, wo sie die Vogtei über das St. Florinsstift von den Gisonen ererbt hatten, und durch den Engersgau bis ins Bergische und Siegerland reichten.

Jedoch, so weiträumig dieser Besitz war, so weitmaschig war er auch und bot daher zahlreichen kleineren Gewalten die Möglichkeit zum Emporkommen, zumal wenn sie dabei durch die den Thüringern in Hessen widerstreitenden territorialpolitischen Bestrebungen des Mainzer Erzstiftes gestützt wurden. Das ist offensichtlich bei den in Niederhessen ansässigen Edlen von Schauenburg (im Habichtswald bei Kassel) der Fall gewesen. Die engen Beziehungen zwischen Gisonen und Schauenburgern, wie sie ihr gemeinsames Schicksal auf Burg Hollende 1073 erkennen läßt, erklären wahrscheinlich, warum es den Landgrafen von Thüringen zunächst nicht gelang, das vollständige Erbe der Wernerschen Grafen in Niederhessen anzutreten. Vielmehr erscheint der seit 1089 erwähnte Edle Adalbert II. von Schauenburg seit 1123 mit dem Grafentitel, war von 1123 bis 1132 Vogt von Kaufungen und 1137 Vogt der Mark Ditmold mit dem zugehörigen Zentgericht, womit er offenbar über alle Gerichts- und Grafschaftsrechte dieses Gebietes verfügte. Jedoch konnten die Schauenburger, die sich schon im 11. Jahrhundert in zwei Linien spalteten, ihre Stellung weder ausbauen noch halten; seitdem um 1150 die ihr Gebiet beherrschende (Stadt) Kassel in den Besitz der Landgrafen von Thüringen gelangt war, mußte sich die Position der Schauenburger unter dem Zwang der politischen Größenverhältnisse notwendig mindern. Bezeichnend ist, daß sie etwa gleichzeitig die Kaufunger Vogtei an ein von dem Landgrafen abhängiges Geschlecht verloren. Die Schauenburger suchten sich dieser Entwicklung anscheinend dadurch zu widersetzen, daß sie sich eng an die Mainzer Erzbischöfe anschlossen, ihre Lehnsleute wurden und als solche auch die Schirmvogtei über das vor 1143 gegründete Kloster Weißenstein bei Kassel erhielten. Als Gegenmaßnahme stifteten die Landgrafen vor 1148 das Kloster Ahnaberg in Kassel. Die gleichen mainzischen Einflüsse machten sich aber auch in den nordhessischen Gebieten geltend, wo sich die Grafen von Everstein und Dassel während des 12. und 13. Jahrhunderts als mainzische Vasallen behaupteten.

Ebenso einschneidend für die weitere territoriale Entwicklung Hessens war es, daß die Thüringer zunächst nicht verhindern konnten, daß sich zwischen Nieder- und Oberhessen die Grafschaft Ziegenhain entwickelte, entlang der westfälischen Grenze die Grafschaften Waldeck und Wittgenstein entstanden und im unteren Lahngebiet die Grafen von Nassau, von Diez, von Solms und von Katzenelnbogen hochkamen, während das Gebiet zwischen oberer und mittlerer Fulda und Werra immer stärker von den geistlichen Territorien Fuldas und Hersfelds beansprucht wurde. Zugleich aber griff von Süden her das Reich unter den Staufern nochmals machtvoll aus, da diese dazu ansetzten, Wetterau und Untermaingebiet in ein großes staufisches Reichsterritorium umzuwandeln. Der Umfang des geplanten staufischen Reichslandes läßt sich etwa mit den Reichsstädten und -burgen Runkel, Wetzlar, Friedberg, Gelnhausen nach Norden gegen das hessische Kernland abgrenzen und ging nach Süden in die großen mittelrheinischen, pfälzischen und mainfränkischen Reichsgebiete über. Als diese große Konzeption mit dem Untergang des staufischen Kaiserhauses scheiterte, sank das südwestliche Hessen jedoch zu territorialer Bedeutungslosigkeit herab, da es keinem der hier mühsam und allmählich aufsteigenden weltlichen Häuser gelang, das gesamte Gebiet wieder politisch zu einigen und darauf seine eigene Vormachtstellung zu begründen.

Auch die Entwicklung der Herrschaftsverhältnisse der Thüringer Landgrafen in Hessen war im 12. Jahrhundert noch durchaus offen. Den Ausbau einer tragfähigen territorialen Machtgrundlage hinderten die weite Streuung der thüringischen Rechte und die gleichfalls auf diese Gebiete gerichteten territorialpolitischen Bestrebungen des Mainzer Erzstiftes. Auf Mainzer Druck ging es vielleicht auch zurück, daß Hessen während seiner thüringischen Epoche (1122 bis 1247) zumeist einer landgräflichen Nebenlinie unterstellt war und daher ein verhältnismäßig eigenständiges Dasein geführt hat; so konnte ein völliges Aufgehen des Landes in Thüringen am ehesten verhindert und die Ausweitung der mainzischen Rechte am besten gefördert werden. Gleichwohl kamen die Erzbischöfe gegenüber den Landgrafen nicht zum Ziel, da Hessen immer wieder an die Hauptlinie zurückfiel und die Thüringer als enge Gefolgsleute der Staufer von der königlichen Gewalt gestützt wurden. Bezeichnend ist, daß sich Kaiser Friedrich I. 1165 bei seinem Vorgehen gegen Mainz Landgraf Ludwigs II. von Thüringen bediente, der damals im kaiserlichen Auftrag den Rheingau verwüstete und in Oberhessen die starke mainzische Festung Amöneburg eroberte. Sein Sohn Landgraf Ludwig III. setzte diese kaiserlichen Beziehungen fort und erhielt infolgedessen beim Sturz Heinrichs des Löwen 1180 dessen Grafschaften an der Leine und Werra, die bis dahin nicht zum thüringischen Herrschaftsgebiet gehört hatten. In dieser Lage konnte er, zumal da gerade damals Hessen zurückfiel, nunmehr auch hier seine Stellung wesentlich festigen, bis die Rückkehr Erzbischof Konrads auf den Mainzer Stuhl 1183 dieses thüringische Vordringen auf Kosten von Mainz wieder abdämmte.

Schon vorher, seit der Mitte des 12. Jahrhunderts, hatte sich eine immer stärkere Einschränkung der Stellung der Thüringer Landgrafen im Westerwald und am Rhein abgezeichnet. Um die Mitte des 12. Jahrhunderts gingen die Herborner Mark und die Kalenberger Zent (Beilstein im Westerwald) sowie die Herrschaft zum Westerwald als Lehen an die Grafen von Nassau über. Heinrich Raspe III. belehnte als Inhaber der rheinischen Besitzungen der Thüringer (aus dem gisonischen Erbe) 1174 Graf Engelbert von Berg mit der von den Landgrafen in ihrer Grundherrschaft Rosbach an der Sieg erbauten Burg

Neu-Windeck. Landgraf Ludwig III. aber, der 1185 ein Gut zu Hollerich an der Lahn an Kloster Arnstein schenkte, überließ Erzbischof Philipp von Köln (1167 bis 1191) die Burgen Neu-Windeck, Windeck, Altenwied und Bilstein (wahrscheinlich in der gisonischen Grundherrschaft Winden an der unteren Lahn) und dazu alles Eigen zwischen Marburg und dem Rhein. Die wohl zunächst nur in Form einer Lehnsauftragung dem Erzbistum Köln zugewandten großen Besitzungen, die mit diesen Burgen verknüpft waren, fielen dann an Landgraf Ludwigs III. Schwiegersohn Markgraf Dietrich von Meißen-Landsberg, von dem sie Erzbischof Adolf von Köln 1197 endgültig übernahm, wenn er sie Dietrich zunächst auch noch lehnsweise beließ. Für die Thüringer Landgrafen waren damit die großen Möglichkeiten, die ihnen dieser Besitz zum Ausbau ihrer Herrschaft von der Werra bis zum Rhein quer durch Hessen geboten hatte, für immer zerstört. Vom Rhein wurde die Stellung der Landgrafen an die mittlere Lahn zurückgenommen. Hier errichteten sie um Marburg (zuerst 1138/39 erwähnt) eine neue und bald schon beherrschende Stellung, die sich zwischen die alten Mittelpunkte der Rechte des Reiches und des Erzbistums Mainz, Amöneburg und Wetter, einschob und beide spätestens im frühen 13. Jahrhundert überflügelte. Dabei mußte Marburg vor allem die Stellung von Wetter zurückdrängen, dessen bereits zu 1239 überliefertes Stadtrecht mit Anklängen an die ältesten Dortmunder Statuten zum Teil wohl schon bis ins 11. Jahrhundert zurückreicht, als hier noch der königliche Einfluß vorherrschte.

In diesem wesentlich verkleinerten Raum, der jedoch wohl den realpolitischen Möglichkeiten der Thüringer, besonders auch im Hinblick auf das im Westen aufsteigende Nassauer Grafenhaus, besser entsprach, betrieben die Landgrafen die Festigung und Erweiterung ihrer landesherrlichen Stellung um so nachdrücklicher. Sie beschritten dabei den Weg über den Ausbau der gräflichen Hoheitsrechte und die Ausschöpfung und Ausdehnung ihrer zahlreichen Vogteirechte. Sie verbanden damit eine ständig vorwärtsgetriebene Mehrung und Sicherung ihres Eigengutes und insbesondere eine großzügige und erfolgreiche Städtepolitik. Diese führte innerhalb weniger Jahrzehnte (zwischen 1190 und 1240) zur Erhebung zahlreicher Orte zu Städten, denn sie boten den Landgrafen die wichtigsten finanziellen und militärischen Stützpunkte zur Sicherung ihres sich ständig verdichtenden Besitzes und die deshalb zugleich erforderlichen Mittelpunkte der neu entstehenden Territorialverwaltung und Gerichtsbezirke. Das zeigen die Beispiele von Grünberg, Alsfeld, Homberg a. d. Ohm, Marburg, Biedenkopf und Frankenberg in Oberhessen und von Homberg a. d. Efze, Melsungen, Rotenburg, Witzenhausen, Eschwege, Kassel, Wolfhagen und Gudensberg in Niederhessen. Die Landgrafen zögerten aber auch nicht, die reichspolitische Lage immer rücksichtsloser für ihre Zwecke auszunutzen. Das begann bereits unter Landgraf Hermann I. (1190 bis 1217), der in den zehn Jahren des Kampfes zwischen dem Welfen Otto IV. und dem Staufer

Philipp von Schwaben (1198 bis 1208) nicht weniger als siebenmal die Partei gewechselt hat, um jeweils auf der Seite des Siegers zu stehen.

Die großen Einbußen, die das Mainzer Erzstift infolge dieser völlig bedenkenlosen Politik der Thüringer Landgrafen im Laufe des späten 12. und frühen 13. Jahrhunderts erlitt, konnte es nur mit Mühe langsam wieder ausgleichen. Jedoch glückte es zunächst Erzbischof Konrad von Mainz während seines zweiten Episkopates (1183 bis 1200), wenn auch unter großen Anstrengungen, manches wieder wettzumachen, wobei er allerdings mit Landgraf Ludwig III. schon 1186 am Heiligenberg (unweit Fritzlar) feindlich zusammenstieß. Die erfolgreiche Wiederherstellung und Ausdehnung der mainzischen Rechte in Hessen verschärfte diese Spannungen, zumal es Erzbischof Konrad damals gelang, Melsungen von Pfalzgraf Hermann von Sachsen (aus dem Thüringer Landgrafenhaus) an sich zu ziehen, das die Thüringer 1193 nur als mainzisches Lehen zurückerwerben konnten. Eine wesentliche Ausdehnung der thüringischen Macht in Hessen bedeutete jedoch die Heirat, die Friedrich, der Sohn Landgraf Ludwigs II., 1186 mit der Erbtochter des Grafen Gosmar von Ziegenhain-Reichenbach schloß, denn sie brachte ihm die Burgen Wildungen, Reichenbach, Keseberg, Staufenberg und Rechte in Treysa und Ziegenhain ein. Dagegen versuchte Mainz 1190 und 1198/99 die Landgrafen aus der Vogtei über Wetter zu verdrängen (wobei Erzbischof Konrad von Mainz und der mit ihm verbündete Erzbischof Adolf von Köln 1194 die wichtige landgräfliche Stadt Grünberg in Oberhessen verbrannten). Der Anschlag auf die Vogtei über Wetter mißlang zwar, dafür konnte aber Erzbischof Siegfried 1214/15 die Grafen von Ziegenhain zur Aufgabe der Vogtei über ihr Hauskloster Haina bewegen und dieses dem mainzischen Schutz und damit der mainzischen Herrschaft unterstellen. Das kam der dortigen territorialpolitischen Stellung des Erzstiftes ebenso zugute wie die anderen klösterlichen Schutzherrschaften, die es damals übernehmen konnte. Ein wichtiger mainzischer Erfolg war auch der Ankauf der Schauenburg (zwischen 1213 und 1223), womit die gräflichen Rechte der Schauenburger (die seitdem auf die Burg Wallenstein bei Hersfeld abwanderten und ihren Grafentitel aufgaben) an Mainz fielen. Die landgräflichen Gegenmaßnahmen bestanden darin, daß Landgraf Ludwig 1217 die Schutzherrschaft über Kloster Weißenstein an sich brachte und einige Schauenburger Gerichtsbezirke seinem Kasseler Schultheißen gewaltsam unterstellte.

In den Auseinandersetzungen der Landgrafen mit den Grafen von Ziegenhain erlitten die Thüringer allerdings eine Einbuße, da sie von den strittigen, durch Landgraf Friedrich erheirateten Ziegenhainer Besitzungen 1233 Staufenberg und ihre Rechte an Treysa und Ziegenhain wieder aufgeben mußten. Hierbei dürfte Mainz in gleicher Weise die treibende Kraft dargestellt haben, wie dieses bei den Auseinandersetzungen der Fall war, die sowohl 1190 wie 1217 beim Tode des damals regierenden Landgrafen eintraten; nämlich 1190 beim kinderlosen Tode Landgraf Ludwigs III. mit dessen nachfolgendem Bruder Landgraf Hermann I. und bei dessen Hintritt 1217 mit Landgraf Ludwig IV., dem späteren Gemahl der heiligen Elisabeth. Diese mainzischen Machenschaften blieben jedoch letzten Endes ergebnislos, während die Landgrafen mit der ihnen 1212 von Fulda lehnsweise übertragenen Westaramark (an der unteren Werra um Bad Sooden-Allendorf) ein wichtiges Verbindungsglied zwischen ihren thüringischen und hessischen Besitzungen erwarben, die damit noch näher zusammenrückten.

Mit dem Kampf um Fritzlar erreichte die thüringisch-mainzische Spannung schließlich ihren Höhepunkt. Denn nachdem es Erzbischof Siegfried 1225 geglückt war, die bedeutende Fritzlarer Vogtei von Landgraf Ludwig zurückzugewinnen, ging dessen Nachfolger in Hessen, Landgraf Konrad, 1232 anläßlich eines erneuten Streites um den festen Heiligenberg gegen die benachbarte Stadt Fritzlar als das stärkste mainzische Bollwerk und den Ausgangspunkt aller mainzischen Unternehmen in Niederhessen unmittelbar vor und zerstörte sie, wobei er selbst die Kirche nicht schonte. Die Stadt wurde jedoch sofort wieder aufgebaut und noch stärker als vorher befestigt; seitdem stellte das mittelalterliche Fritzlar die mächtigste Festung in Hessen dar, da sie bis zum Ende des 14. Jahrhunderts eine schließlich 30türmige Umwehrung erhielt. Dieses Ereignis der Zerstörung Fritzlars aber war auch deshalb von Bedeutung, weil es den Eintritt des wegen dieses Übergriffes gebannten Landgrafen Konrad von Thüringen in den geistlichen Stand mit veranlaßte. Ob das eine Bedingung seiner Absolution war, oder eine echte innere Glaubensentscheidung, die aus einem Saulus einen Paulus machte (wie es jedenfalls das Bild seines geistlichen Siegels aussprach), das steht dahin. Konrad wählte nunmehr den vom Kaiser und seinem eigenen Hause schon vorher stark geförderten Deutschen Orden und trat ihm am dritten Todestag der heiligen Elisabeth, im November 1234, bei; bereits 1239 bekleidete er die Stellung des Hochmeisters. Man hat bemerkt, daß sich mit diesem Ordenseintritt Konrads ein tiefgreifender Umschwung in der Stellung des Thüringer Landgrafenhauses zu den großen Mächten seiner Zeit, Kaiser und Papst, vollzog. Der ehemals als Kirchenschänder gebannte Landgraf hat nämlich nicht nur bald den Inquisitor Konrad von Marburg im Fanatismus der Ketzerverfolgung fast noch übertroffen, — mit seinem Eintritt in den geistlichen Stand begann zugleich „jene devote Hingabe des thüringischen Fürstenhauses an die päpstlichen Interessen in Deutschland, die durch Heinrich Raspes Pfaffenkönigtum ihr wenig rühmliches Ende erreichte".

Unbeeinträchtigt durch diese Wandlung blieb die große politische Leistung der Thüringer im vorausgegangenen Jahrhundert, die erfolgreiche Abwehr der mainzischen Vorherrschaftsansprüche auf Hessen. Tiefer jedoch hat sich das Thüringer Landgrafenhaus in die hessische Erinnerung durch ein religiöses

Erlebnis eingeprägt. Denn der Höhepunkt der hessisch-thüringischen Beziehungen und die wirkungsmächtigste geschichtliche Begebenheit dieser Epoche war der Aufenthalt Elisabeths, der Witwe Landgraf Ludwigs IV. von Thüringen, in ihrem Witwensitz Marburg. Hier hat sie die Jahre 1228 bis 1231 verbracht, um als soror in saeculo unter der Zucht ihres geistlichen Leiters Konrad von Marburg ihr Leben im Dienste der Kranken und Armen zu führen und zu vollenden. Dieser Opfergang der jungen Fürstin für die Erniedrigten und Ausgestoßenen gehört zu dem Bewegendsten, was die hessische Geschichte berichtet, und hat Elisabeth einen durch die Jahrhunderte leuchtenden Glanz verliehen, der auch heute noch nicht verblaßt ist. Dagegen hat die Gestalt ihres Zuchtmeisters Konrad immer düstere Farben angenommen, denn er hat nicht nur in kaum faßbarer Weise Elisabeth seinem Willen unterworfen, sondern sich auch als einer der ersten Inquisitoren und Ketzerrichter Deutschlands bereits unter seinen Zeitgenossen einen so verrufenen Namen gemacht, daß selbst die Erzbischöfe von Mainz und Trier gegen ihn einschritten. Dabei ist nicht ausgeschlossen, daß die Haltung Erzbischof Siegfrieds auch politisch bestimmt war und sich gegen Konrad als vermeintlichen Vertreter thüringischer Interessen in Hessen richtete, zumal als dieser seine Ketzerverfolgungen auf einige dem Mainzer Erzbistum nahestehende Grafenhäuser (Solms, Sayn) ausdehnte. Das kostete ihn jedoch das Leben, denn im Juli 1233 haben ihn hessische Adelige in den Lahnbergen bei Marburg erschlagen.

Wie Konrad auf das Leben Elisabeths in entscheidender Weise eingewirkt hat, so hat er auch das Schicksal der frommen Stiftung der Fürstin entschieden, indem er Elisabeths Absicht, ihren Besitz den Franziskanern zu übergeben, vereitelte und die Ansprüche der Johanniter auf das von Elisabeth gegründete Hospital 1233 abwies. Darüber hinaus aber hat er sofort nach Elisabeths Tod mit der ganzen Wucht seiner Persönlichkeit und, aufs nachhaltigste unterstützt von Landgraf Konrad von Thüringen, ihre Heiligsprechung betrieben, getragen von der gesammelten Kraft eines lange gestauten, nunmehr ungehindert durchbrechenden Stromes der Verehrung, der die Tote im ganzen hessischen Volke emportrug und ihr Marburger Grab zu einer Wallfahrtsstätte erhob, an der sich Wunder über Wunder ereignete, wie das kirchenamtliche Protokoll zu bezeugen bestrebt ist.

Aber nicht nur ihrem eigenen, allenthalben aufstrahlenden Ruhm einer Heiligen, der dunkelen Glaubensglut des Inquisitors Konrad von Marburg und dem rückhaltlosen Einsatz ihrer Familie, die ja die Landesherren Hessens waren, verdankte Elisabeth ihre unvergleichliche Stellung im Andenken und der Geschichte des hessischen Stammes (kein anderer Frauenname ist von ihm seitdem häufiger verwendet worden), sondern auch dem Umstand, daß sie tragend in das politische Fundament der Landgrafschaft Hessen eingebettet worden ist. Das vollzog sich durch die Übernahme ihres Grabes und ihrer Tradition durch den Deutschen Orden, den die Landgrafen von Thüringen und Kaiser Friedrich II., der dem Orden durch dessen Hochmeister Hermann von Salza aufs engste verbunden war, gegen alle anderen Ansprüche nachhaltig unterstützten. Daraufhin übertrug Papst Gregor dem Deutschen Ritterorden am 1. Juli 1234 das von Elisabeth begründete Hospital und ihre Grabstätte, die der Orden sofort als Wallfahrtsziel großzügig ausbaute. Kurz darauf, am 1. Juni 1235, verkündete die Bulle Papst Gregors IX. „Gloriosus in majestate" die Heiligsprechung Elisabeths. Die feierliche Erhebung und Krönung der Toten geschah in der Form eines Staatsaktes in Anwesenheit und unter Mitwirkung des Kaisers am 1. Mai 1236 in Marburg. Zugegen waren außer dem Staufer Kaiser Friedrich II. sein späterer Gegenkönig Landgraf Heinrich Raspe von Thüringen, der Hochmeister des Deutschen Ordens Hermann von Salza und sein Nachfolger Konrad von Thüringen, die Erzbischöfe von Mainz, Trier, Köln und Bremen und zahlreiche andere Große des Reiches. Der Andrang des Volkes war ungeheuer.

Der Kaiser hat jedoch auch noch eine andere Maßnahme der Thüringer Landgrafen, die für die Geschichte Hessens von bedeutenden Folgen war, unterstützt; den Ausschluß Landgraf Hermanns, des Sohnes Landgraf Ludwigs IV., von der ihm allein zustehenden Erbfolge in Thüringen zugunsten von Ludwigs Bruder Heinrich Raspe. Da dessen Bruder Landgraf Konrad dem beipflichtete, erhielt Konrad dafür von 1231 bis zu seinem Eintritt in den Deutschen Orden Ende 1234 die Verwaltung Hessens. In dieser Stellung folgte ihm Hermann, der auch nach seiner Mündigkeit von Raspe zur Nachfolge in Thüringen nicht zugelassen, sondern 1238 endgültig mit Hessen abgefunden worden ist. Einen gewissen Ausgleich suchte ihm Kaiser Friedrich II. anscheinend dadurch zu gewähren, daß er ihm 1238 durch den Mainzer Erzbischof seine damals zweijährige Tochter Margarethe angeloben ließ (die dann nach dem frühen Tod Hermanns später [1256] Landgraf Albrecht von Thüringen, Markgrafen von Meißen, heiratete). Landgraf Hermann erhielt seinen eigenen Hofstaat und hat Hessen selbständig regiert, bis er Anfang 1241 starb und alles wieder an Raspe zurückfiel. Gleichwohl war offensichtlich dies der Anknüpfungspunkt, den die Herzogin Sophie von Brabant, die Tochter der heiligen Elisabeth, 1247 beim Tode Raspes benutzte, um ihre Ansprüche auf die von ihrem (in ganz Thüringen erbfolgeberechtigten) Bruder Hermann selbständig verwalteten hessischen Gebiete geltend zu machen. Man hat zu Recht geschlossen, daß sich Sophie dabei auf erbrechtliche Abmachungen zwischen den Landgrafen Raspe und Hermann stützen konnte, die eine eventuelle Erbfolge des Hauses Brabant schon 1238 (oder spätestens 1241) vorsahen und daher Raspes angemaßte Stellung in Thüringen auch hausrechtlich sicherten. Diese Forderungen Sophies stießen jedoch sofort mit denen anderer, größerer Mächte zusammen, die das

Erlöschen des Thüringer Landgrafenhauses im Mannesstamm durch den Tod Heinrich Raspes 1247 gleichfalls auf den Plan gerufen hatte.

Die Wettiner Grafen, vertreten durch Heinrich den Erlauchten, Markgrafen von Meißen, forderten als nächste Erben des thüringischen Mannesstammes dessen Besitz für sich; das Erzbistum Mainz, vertreten durch den mächtigen Erzbischof Siegfried III. von Eppstein, verlangte den Heimfall der Grafschaft Hessen als erledigtes Lehen; und zuletzt beanspruchte Sophie, die Frau Herzog Heinrichs von Brabant, als Tochter Landgraf Ludwigs IV. und der heiligen Elisabeth für ihr Söhnchen Heinrich Hessen als Erbe. Wenn man bei dieser schwierigen Rechtslage die Gewalten und die von ihnen vertretenen, in keinem Falle unbegründeten Ansprüche abwägt, die hier gegeneinander standen, dann mußten — zumal in jener Zeit — die Aussichten Sophies hoffnungslos scheinen. Und doch hat diese damals 24jährige Frau zuletzt über alle Widerstände und Widersacher triumphiert und damit eine um so größere politische Leistung vollbracht, als zu ihren Gegnern das mächtigste deutsche Erzbistum, Mainz, gehörte (wie wir im nächsten Kapitel eingehender erörtern).

Dieser auch im Rahmen der Reichsgeschichte denkwürdige Vorgang ist allerdings ohne seine geistigen Voraussetzungen nicht zu begreifen. Sie zeichnen sich bereits in der ersten, außerordentlich klugen und weittragenden politischen Maßnahme ab, mit der Sophie ihren Kampf einleitete. Als sie aus Brabant in Hessen eintraf, betrat sie als erstes die Stadt Marburg und begab sich in den Schutz der Marburger Bürgerschaft und des dortigen Deutschordenshauses, deren Brüder großenteils dem hessischen Adel angehörten. Hier in Schirm und Schatten ihrer großen Mutter, deren heiliger Ruf mit dem Orden weithin erblüht war, erhob sie ihren Sohn als deren Enkel zum Herren von Hessen, und Ritter und Bürger huldigten ihm. Die Plattform, auf der sie den zukünftigen Ereignissen gegenübertreten konnte, war damit geschaffen.

Für die weitere Entwicklung war es entscheidend, daß Sophie mit dem Deutschordenshaus Marburg auch die Unterstützung des größten Teiles des in ihm repräsentativ vertretenen hessischen Adels errungen hatte, was ihr sofort ein weites Netz von Stützpunkten im ganzen Lande sicherte. Damit aber leistete der Orden ihr einen Dienst, der dem entsprach, den die heilige Elisabeth den deutschen Herrn erwies. Denn die Bedeutung des Marburger Hauses beruhte zum guten Teil auf dem großen Ansehen, das ihm die Übernahme des Grabes und der Tradition der heiligen Elisabeth verschafft hatte. So ergab sich aus seiner Stellung und seinem Wesen, jener glänzenden Vereinigung christlicher und ritterlicher Ideale, eine natürliche Vermittlerrolle zwischen der Heiligen und ihrer kriegerischen Tochter. Sie war um so notwendiger, als Mutter und Tochter sowohl ihrer Art als auch ihrem Lebensziel nach geradezu zwei verschiedene Welten dargestellt haben, zu denen wohl als einziger der Orden seiner Bestimmung und seinen Trägern nach gleicherweise Zugang hatte. Daß sich der Orden dieser Aufgabe bewußt geworden ist und sie gelöst hat, indem er sich hinter Sophie und die Ansprüche ihres Sohnes Heinrich stellte, war für die Erhaltung der territorialen Selbständigkeit Hessens von großer Bedeutung. Denn, indem er Sophie das religiöse und mütterliche Erbe der Heiligen in vollem Umfang als politisches Kapital nutzbar machte, schlug er nicht nur die geistige Brücke von der Welt der Mutter zur Lebensaufgabe der Tochter, sondern gab dieser damit auch eine fast unüberwindliche Waffe gegen ihre übermächtigen Feinde, insbesondere das Erzbistum Mainz, in die Hand.

Damit aber hat der Orden, dessen Bedeutung und Verdienste wir im allgemeinen immer nur auf den Osten beschränken, auch im Westen des Reiches eine Aufgabe von weittragenden politischen Folgen erfüllt, denn er war wesentlich an der Begründung und Festigung der Landgrafschaft Hessen mitbeteiligt. Nichts symbolisiert diese Gegebenheit feiner und ausdrucksvoller als das Urbild des hessischen Wappens, der Schild Landgraf Konrads aus der Marburger Elisabethkirche (mit dessen Abbildung dieser Band geschmückt ist); denn auf ihm erscheint neben dem thüringischen (später hessischen) Löwen auch der Deutschordensschild: das schwarze Kreuz im weißen Feld. Dieses Zusammenwirken aber ist dem Orden auch wieder selber zugute gekommen und hat damit zugleich die Bedeutung seiner Heiligen nochmals glanzvoll erhöht, so daß zuletzt auch die Tochter der Mutter und Heiligen einen weitreichenden Dienst erwiesen hat. Denn zu ihr, der „Hauptfrau" des hessischen Fürstenhauses, haben sich nicht nur Sophie als ihre Tochter und Landgraf Heinrich als ihr Enkel, sondern auch alle anderen mittelalterlichen Fürsten des hessischen Hauses bekannt und sind zuletzt nach ihrem Leben auch im Tode und damit für dauernd zu ihr zurückgekehrt. Seit Landgraf Heinrich I. haben die Landgrafen die Grabstätte ihrer Ahnherrin in der Kirche des Deutschen Ordens zu Marburg auch zur eigenen Ruhestatt gewählt und im Angesicht der im Nordflügel des hohen Chores ruhenden Heiligen den Südflügel zu einer fürstlichen Grablege ausgestaltet, die in ihrer Großartigkeit kaum ihresgleichen findet.

Die Marburger Elisabethkirche, 1235 begonnen und 1283 fertiggestellt, ist in ihrer herben frühen Gotik eine der künstlerisch vollendetsten Hallenkirchen Deutschlands. Wie der Deutsche Ritterorden, ihr Bauherr, so ist auch sie aus dem Schoße der staufischen Kultur erwachsen und zugleich ihr schönstes Zeugnis auf hessischem Boden. In der Wucht des statuarisch verfestigten Aufbaus, der in der machtvollen Doppelturmfassade kulminiert, und in der strengen Ausrichtung der einander zum Chor begleitenden Schiffe, die wie Prozessionswege zu dem hohen, weit sich öffnenden Dreikonchenchor mit seinen Altären und Gräbern ziehen, spricht sich eine so triumphale Überhöhung der dienenden Schwester Elisabeth aus, eine solche völlige Verkehrung ihrer gehorsamen Demut und ihrer selbstlosen Hingabe an die Kranken, Armen und Elenden, daß nicht ihre Tugenden, sondern die Ideale des Ordens und seiner Zeit, der staufischen, herrscherlichen Hochkultur in der Elisabethkirche ihren Ausdruck gefunden haben. Aber es ist dieser Kultur doch auch gemäß, daß der Innenraum der Elisabethkirche gleichwohl die frauliche Hoheit und Zartheit seiner Heiligen spüren läßt. Hessen besitzt jedoch in der Marburger Elisabethkirche nicht nur das edelste Beispiel der frühen Gotik in Deutschland, der von 1212 bis 1235 errichtete Limburger Dom hat ihm zugleich das vollkommenste Baukunstwerk des spätromanischen Stils beschert. Seine königliche Felsenlage über dem Lahnfluß, die ruhige Gelöstheit und reiche Gliederung seines in gesammelter Kraft aufsteigenden Baukörpers bis zu seiner siebentürmigen Aufgipfelung, die doch durch die kraftvolle Doppelturmfassade überragt und gezügelt wird, und der in verschwenderischem Reichtum gegliederte Innenraum klingen zu einem Dreiklang zusammen, dessen Harmonie die Jahrhunderte überdauert hat. Ihnen, der Marburger Elisabethkirche und dem Limburger Dom, stellen wir als dritte hessische Doppelturmkirche des 13. Jahrhunderts die über dem Ederufer aufragende Fritzlarer Stiftskirche zur Seite, die, nach Lage, Hoheit und Festigkeit gleichfalls eine Burg Gottes, mit ihren baukünstlerischen Leistungen, wie sie Chor, Paradies und Westwerk bieten, ebenfalls zu den großen Leistungen der hessischen Kirchenbauten gehört. Nie wieder sind in Hessen in so kleinen Städten so großartige Kirchen oder andere Bauwerke, die mit ihnen auch nur entfernt vergleichbar wären, errichtet worden.

Berühmter als diese Kirchen sind die Palasbauten aus frühstaufischer Zeit in Hessen. An ihrer Spitze stehen Gelnhausen und Münzenberg, die geliebte Pfalz Kaiser Friedrichs I. und die landbeherrschende Burg seines mächtigen Dieners Kuno von Münzenberg. Beide Bauwerke sind weitgehend zerstört, doch haben selbst ihre Trümmer den Zauber der staufischen Kunst und Kultur bewahrt. Denn was uns erhalten blieb, zeigt eine an Fülle und Feinheit so außerordentliche ornamentale und künstlerische Gestaltung selbst einzelner Bauglieder und dabei doch zugleich eine so kraftvoll auftürmende, wuchtige Quader- und Mauerbehandlung der Bauten im Ganzen, daß sie Adel und Macht ihrer Herren in vollendeter Weise darstellen. Bei diesen überragenden architektonischen Leistungen nimmt es nicht wunder, daß auch der größte Bildhauer der Zeit, der Naumburger Meister, im hessischen Raum gearbeitet hat. Mainz und Rheinhessen besitzen mehrere Werke von ihm oder seinen nächsten Schülern, darunter den Mainzer Kopf mit der Binde, den man als Portrait Kaiser Friedrichs II. gedeutet hat.

Noch unmittelbarer und selbständiger als in ihren Bauten hat sich die Kunst der Stauferzeit in ihren großen Dichtungen ausgesprochen und dargestellt. Auch an ihnen ist Hessen beteiligt, doch treten hierbei die Leistungen seiner Dichter hinter denjenigen ihrer Förderer zurück. Von ihnen stehen an erster Stelle die Thüringer Landgrafen, die in staufischer Zeit ja auch Herren von Hessen waren. Das lebendigste Zeugnis der Huld und Hilfe, die sie den großen

Dichtern ihrer Zeit gewährt haben, ist die Sage vom Sängerkrieg auf der Wartburg, jener Burg, um deren Besitz Herzogin Sophie von Brabant, die Tochter der heiligen Elisabeth, so leidenschaftlich gekämpft hat, war doch die Wartburg durch die heilige Elisabeth mit der Marburg zu einer fast unlöslichen ideellen Einheit verknüpft. Dort haben nach der bildlichen Darstellung der großen Heidelberger (der Manessischen) Liederhandschrift des 14. Jahrhunderts unter Landgraf Hermann I. (1190 bis 1217) Walther von der Vogelweide, Wolfram von Eschenbach, Reimar der Alte, der tugendhafte Schreiber und Heinrich von Ofterdingen im poetischen Wettkampf auf Leben und Tod miteinander gestritten. Sicher überliefert ist, daß Landgraf Hermann der Gönner Heinrichs von Veldecke, Herborts von Fritzlar, Walthers von der Vogelweide und Wolframs von Eschenbach gewesen ist. Er hat Heinrich von Veldecke den Abschluß seiner großen Verserzählung, der Äneide, ermöglicht und daraufhin die dichterische Behandlung der Vorgeschichte der Äneis, den Trojanischen Krieg, durch den hessischen Kleriker Herbort von Fritzlar überhaupt erst angeregt. Wolfram von Eschenbach hat er die französische Quelle zum Willehalm vermittelt und ihn eingeladen, an seinem Hofe die große Parsivaldichtung fortzusetzen, nachdem Wolfram das 5. Buch auf der Wildenburg bei Amorbach verfaßt (oder zuerst vorgetragen) hatte. Walther von der Vogelweide aber hat Landgraf Hermann in seinen Sprüchen gehuldigt.

Doch auch ein anderes großes Geschlecht unseres Landes, das Katzenelnbogener Grafenhaus, ist immer wieder als Freund und Förderer von Dichtern und Sängern hervorgetreten, so daß Herr Walther auch ihm in seinen Sprüchen ein Denkmal gesetzt hat. Aus der unmittelbaren Nachbarschaft des Katzenelnbogener Herrschaftsgebietes stammte der angesehene Minnesänger Friedrich von Hausen (bei Lorsch). Seine heimatlichen Beziehungen zu Erzbischof Christian von Mainz brachten ihn wiederholt in die engere Umgebung Kaiser Friedrichs I. und in persönliche Verbindung mit dessen Sohn Kaiser Heinrich VI. An ihren Höfen aber hatten auch die Katzenelnbogener hohe Stellungen inne, denn Graf Diether war Kanzler Heinrichs. Der Versuch, einen Abt des Hausen benachbarten Klosters Lorsch zum Dichter des Nibelungenliedes zu machen, ist zwar von der Wissenschaft abgelehnt worden, doch wird Lorsch auffallend oft im Nibelungenlied genannt. Darüber hinaus aber spielt das rheinhessische Land mit dem Mittelpunkt Worms im ersten Teil der großen Dichtung überhaupt die beherrschende Rolle; und es ist ebensowenig an der Realität der wormsischen Burgunderkönige und ihrer Frauen wie an der Existenz der erst dem Hochmittelalter entstammenden Gruppe ihrer hervorragendsten Mannen zu zweifeln. Von ihnen steht uns Volker von Alzey am nächsten, denn er ist jetzt als Unterbannerträger des Reiches auch geschichtlich näher bestimmt worden. Seine Fiedel aber ist nicht nur das Wahrzeichen mehrerer Alzeyer Ministerialenfamilien (seines Stammes), sondern auch zum Wappenbild der Stadt selber geworden.

Deutlich zeichnet sich der hochfliegende Zug der Zeit auch im Wappenwesen der großen Geschlechter ab. Augenscheinlich haben damals die mächtigsten von ihnen ihre alten schlichten Familienzeichen aufgegeben und stattdessen herrscherliche Symbole ihrer Epoche als Wappenfiguren übernommen. Dieser Wechsel ist dadurch gesichert, daß eine Gruppe von Dynasten an ihren alten einfachen Schildbildern festgehalten hat, eine andere eine Zeitlang unentschieden war und bei einer dritten neben den neuen auch noch die alten Zeichen bekannt sind. Die ursprünglichen Heroldsbilder in Form von Balken, Pfählen, Kreuzen und Sparren haben beibehalten Wittgenstein/Battenberg, Runkel/Westerburg, Merenberg, Isenburg/Büdingen, Münzenberg/Falkenstein, Breuberg, Eppstein und Hanau. Aber Hanau hat im 13. Jahrhundert zeitweise zwischen Sparren und Löwen geschwankt, bis es sich wieder für die alte Sparrenteilung entschied, während Katzenelnbogen und Solms ihre ursprünglichen Heroldsbilder gegen damals zeitgemäßere Wappenfiguren aufgaben. Das waren in Hessen die Herrschafts- und hoheitlichen Symbole der Löwen und Sterne. Den Löwen übernahmen Thüringen und Hessen, Nassau und Solms, Katzenelnbogen und Diez, Itter und Lißberg (ein Herr von Lißberg ist neuerdings als höchst kunstreicher Minnesänger bekannt geworden); die Sterne dagegen stiegen in die Wappen von Waldeck, Erbach, Ziegenhain, Nidda. Und so bestimmen Löwen und Sterne, gewissermaßen als die stellvertretenden Zeichen Hessens, noch die Schlußbitte der Bauinschrift des Butzbacher Schlosses Landgraf Philipps von Hessen-Butzbach von 1610:

O deus Hassiacos clemens tutare leones
et patriae stellas nubila nulla tegant.

Gnädiger Gott beschütze die hessischen Löwen
und des Vaterlands Sterne mögen nie Wolken verhüll'n.

Aber nicht nur das die Persönlichkeit so bewußt repräsentierende Wappen —, auch das sie nicht minder anspruchsvoll vertretende Namenbild der Burgen dieser führenden Schicht hat die staufische Zeit in unverkennbarer Weise geprägt. Denn dieses Zeitalter der hohen ritterlichen Kultur des Minnesangs und Frauendienstes spiegelt sich in seinem stolzen Selbstbewußtsein und Schönheitsbedürfnis auch in zahlreichen Burgennamen des 12. und 13. Jahrhunderts wider. Sie sprechen von Liebe und Wonne, von Schönheit und Frauen, von Sonne und Licht, von Ehre und Freiheit, Hilfe und Schutz, Stolz und Stärke wie etwa Lißberg (Liebesberg) und Windecken (Wonnecken), Schönberg und Frauenstein, Lichtenfels und Sonnenberg, Ehrenfels und Freienfels, Helfenberg und Schützeberg, Stolzenberg und Starkenburg. Nicht minder zahlreich sind

Burgnamen von Tier- und Blumensymbolen, die diese ritterlichen Tugenden verkörpern, wie die Blumen-, Rosen- und Liliensteine, die Löwen-, Adler- und Falkenburgen usf. Der Zeit gemäß waren aber auch unmittelbare Einwirkungen aus anderen Ländern gleicher oder verwandter ritterlicher Kultur wie Frankreich oder dem Orient. Französischen Ursprungs sind Namen wie Grenzau (Grandjoie), Runkel, Kalsmunt, Pyrmont; morgenländisch solche wie Montabaur, die nach dem Mons Tabor im Heiligen Lande genannte ehemalige Burg Humbach, oder Saladin, der in den Häusern Sayn und Isenburg als Vorname heimisch gewordene Name des großen Sultans und Gegners von Barbarossa.

16. Die Landgrafschaft bis zum Katzenelnbogener Erbfall

Das Erlöschen des Thüringer Landgrafenhauses im Mannesstamm durch den Tod Heinrich Raspes am 16. Februar 1247 stürzte Hessen in eine schwere Krise; den dieses unerwartete Ereignis gab es dem Kampf der Anspruchsberechtigten preis und machte sein Schicksal von dessen Entscheidung abhängig. Die stärkste sofort eingreifende Macht war Mainz, das seine territorialen Interessen ja schon seit langem auf Hessen ausgedehnt hatte und nunmehr seine thüringischen und hessischen Lehen, insbesondere die Grafschaft Hessen, einzuziehen versuchte, um hier ein eigenes Territorium aufzubauen. Diesesmal schien die Verwirklichung der alten mainzischen Pläne greifbar nahe, denn die überragende politische Stellung des machtwilligen Erzbischofs Siegfried, das Fehlen eines direkten männlichen Erben für Hessen und der Mangel, daß Sophie von Brabant, eine Tochter der heiligen Elisabeth, das Land nur für ihren kleinen Sohn Heinrich fordern konnte, stützten die mainzischen Ansprüche. Aber sie drangen im ersten Anlauf nicht durch, denn Erzbischof Siegfried konnte sich infolge seiner starken Beanspruchung durch den Kampf gegen die Staufer der hessischen Frage nicht ungehemmt widmen. Zudem starb er schon 1249 und hatte einen friedfertigeren Nachfolger, so daß sich die beiden weltlichen Erbanwärter, Markgraf Heinrich der Erlauchte von Meißen und Herzogin Sophie von Brabant, behaupten und schließlich durchsetzen konnten; jener nahm Thüringen, diese Hessen in Besitz. Jedoch war es nicht möglich, die 1247 an Braunschweig verlorengegangene Stadt Münden (mit einem beträchtlichen Teil des Kaufunger Waldes) zurückzugewinnen.

Um sich zu sichern, einigte sich Sophie 1250 in der Eisenacher Richtung mit Heinrich von Meißen. Dieser übernahm als Vormund ihres Sohnes, Landgraf Heinrichs I., die Regentschaft und vereitelte alle feindlichen Pläne. Das galt insbesondere für die Absichten des 1251 neugewählten, kriegerischen Mainzer

Erzbischofs Gerhard, der es ungesäumt unternahm, die alten mainzischen Ansprüche auf Hessen durchzukämpfen. Er belegte daher 1252 den Markgrafen und die Herzogin wegen der von ihnen eingenommenen mainzischen Kirchenlehen in Thüringen und Hessen mit dem Bann, verhängte über ihre Länder das Interdikt und verbündete sich ebendamals mit den Grafen Berthold von Ziegenhain und Wittekind von Battenberg gegen Heinrich und Sophie. Jedoch drang auch Erzbischof Gerhard nicht durch. Mangelnde militärische Erfolge und die bereits im April 1253 durch den päpstlichen Legaten Hugo verfügte Aufhebung von Bann und Interdikt nötigten den Erzbischof 1254 zum Vergleich von Udestedt (oder Ottstedt?). Darin überließ er Markgraf Heinrich von Meißen die Verwaltung der mainzischen Lehen in Thüringen und vertagte gegen 1000 Mark Silber auch seine Ansprüche auf die mainzischen Lehen in Hessen bis zur Mündigkeit Landgraf Heinrichs I. Mit diesem vom Markgrafen geschlossenen Kompromiß anscheinend nicht einverstanden und besorgt wegen der Sonderverständigung über die Thüringer Lehen, wandte sich Sophie jetzt von Heinrich von Meißen ab, zumal dieser ihre Ansprüche auf thüringische Gebiete (vornehmlich die Wartburg) nicht weiter anerkannte. Sophie verband sich nunmehr mit ihrem Schwiegersohn, Herzog Albrecht von Braunschweig, der 1256 Erzbischof Gerhard von Mainz gefangennahm und ein ganzes Jahr festhielt. (1258 geriet Erzbischof Gerhard erneut in Gefangenschaft; diesmal in die Graf Diethers V. von Katzenelnbogen.) Nachdem Herzog Albrecht das hessische Bündnis 1258 durch Verlobung seiner Schwester Adelheid mit Landgraf Heinrich erneut gefestigt hatte, eröffnete er zugleich den Krieg gegen den Markgrafen und brachte 1258 die Werrastädte an sich. Daraufhin kam es 1260 zum hessisch-thüringischen Erbfolgekrieg, in den auch Mainz (wiederum unterstützt von Graf Wittekind von Battenberg) eingriff. Erzbischof Werner beschuldigte Sophie und ihren Sohn Heinrich, dem Erzbistum Mainz die ihm beim Tode Heinrich Raspes heimgefallenen Lehen in Hessen vorzuenthalten, und belegte Mutter und Sohn 1261 erneut mit dem Bann und das Land mit dem Interdikt. Aber wiederum unterlag das Erzbistum und mußte am 10. September 1263 den Frieden von Langsdorf schließen. Die strittigen mainzischen Lehen in Hessen verblieben dem Landgrafen. Dabei handelte es sich vor allem um die Grafschaft Hessen, einige Klostervogteien (Hasungen, Breitenau), Patronatsrechte (Felsberg, Wildungen u. a.) und die dem Erzstift neu zu Lehen aufgetragenen Städte Grünberg und Frankenberg.

Auch der Kampf mit Meißen endete nicht erfolglos; zwar konnte Hessen seine thüringischen Ansprüche (insbesondere auf die so sehr begehrte Wartburg) nicht durchsetzen, erhielt aber dafür 1264 die weitaus wichtigeren Werrastädte Witzenhausen, Allendorf und Eschwege sowie Sontra, die der unterlegene Herzog Albrecht 1263 wieder an Heinrich von Meißen zurückgegeben hatte. Dazu gelang Landgraf Heinrich 1265 der Ankauf von Gießen, wiederum gegen den Widerstand des Erzbistums, das den mit ihm verbundenen Ludwig von Isenburg-Büdingen als Miterben des Wiesecker Waldes bestimmte, die Anerkennung dieses hessischen Kaufes zu verweigern. Doch änderte das die Lage nicht mehr. Einen Fehlschlag erlitt Landgraf Heinrich dagegen bei der 1265 glücklich eingeleiteten Erwerbung von Naumburg und der Weidelsburg in Niederhessen, da diese Erzbischof Werner von Mainz im folgenden Jahr im raschen Zugriff an sich zu bringen vermochte. Der Erzbischof verbündete sich zudem mit Bischof Simon von Paderborn, doch konnte der Landgraf dessen Angriffe zweimal abschlagen (1267, 1270). Landgraf Heinrich fand hierbei in seinem Schwager Herzog Albrecht von Braunschweig und den Waldecker Grafen bewährte Helfer, so daß die von Erzbischof Werner mit Erzbischof Engelbert von Köln, Bischof Simon von Paderborn und Graf Gottfried von Ziegenhain gebildete Koalition ihnen gegenüber keine weiteren Erfolge erzielte.

Der durch den Tod Graf Gottfrieds von Ziegenhain 1270 entstandene Zwist, in dem Mainz und Hessen verschieden Partei ergriffen, und anderweitige, mehr örtliche Streitigkeiten führten erneut zum Krieg zwischen Hessen und Mainz. Diesmal war der Landgraf im Angriff, denn er sah sich gezwungen, die drükkend und konkurrierend gehandhabte mainzische geistliche Gerichtsbarkeit in Hessen einzudämmen, da sie den Ausbau seiner Landeshoheit empfindlich beeinträchtigte. Auch diesesmal errang der Landgraf einen militärischen Erfolg nach dem anderen (Eroberung von Naumburg, der Weidelsburg und des Heiligenberges in Niederhessen, von Staufenberg, Gemünden und der Amöneburger Wenigenburg in Oberhessen), so daß sich Erzbischof Werner auch jetzt nicht anders zu helfen wußte, als über den Landgrafen und sein Land 1273 abermals Bann und Interdikt zu verhängen. Außerdem aber veranlaßte er den von ihm stark unterstützten König Rudolf dazu, 1274 auch die Reichsacht über den Landgrafen auszusprechen. Aber die geschmeidige Politik Landgraf Heinrichs wendete das drohende Unheil ab. Er beteiligte sich 1276 am Zuge König Rudolfs gegen Ottokar von Böhmen und am Bündnis gegen den habsburgfeindlichen Erzbischof Siegfried von Köln, so daß der König 1277 die Acht wieder aufhob. Erzbischof Werner versuchte nun, den Landgrafen militärisch niederzuwerfen, erlitt aber selbst 1280 bei Fritzlar eine entscheidende Niederlage. Der Friedensschluß verpflichtete ihn, Bann und Interdikt zu widerrufen und die geistliche Gerichtsbarkeit wieder streng zu beschränken. Mit diesem Erfolg war auch Gießen gesichert und Ludwig von Isenburg-Büdingen zum Verzicht auf den von seinem Schwiegervater Wilhelm von Tübingen-Gießen herrührenden Anteil an der Herrschaft Gießen gezwungen. Noch folgenschwerer aber war die Tatsache, daß Erzbischof Werners Nachfolger Gerhard in seiner hessischen Politik gänzlich umschwenkte. Er nahm Verbindung mit dem Landgrafen auf, suchte Rückhalt bei ihm in seinen reichspolitischen Plänen und wurde vom Landgrafen darin unterstützt. Zum Dank dafür bestimmte der Erzbischof König Adolf von Nassau, Landgraf Heinrich I. am 11. Mai 1292 in den Reichsfürstenstand zu erheben. Das vollzog sich formal in der Weise, daß der Landgraf dem Reich die Stadt Eschwege mit der Boyneburg zu Lehen auftrug und vom König als Reichslehen mit der daran geknüpften Fürstenwürde zurückerhielt. Mit diesem Aufstieg in den Reichsfürstenstand hatte das hessische Landgrafenhaus nunmehr endgültig den Vorrang vor allen anderen Grafengeschlechtern in Hessen gewonnen, war es jetzt eindeutig die weltliche hessische Führungsmacht.

Seinen baulichen Ausdruck fand dieser von Landgraf Heinrich I. errungene Erfolg der Behauptung und Erhöhung der Landgrafschaft zum Fürstentum in dem von ihm bald nach seinem Regierungsantritt 1275 begonnenen Ausbau der Marburger Burg zum fürstlichen Schloß. Es kulminierte in den einander gewissermaßen korrespondierend gegenübergestellten Hauptbaukörpern der 1288 geweihten, jäh aufsteilenden Kapelle und des (später vollendeten) machtvoll und ruhig hingelagerten Festraumes, des „Rittersaales", in denen die geistliche und weltliche fürstliche Repräsentation ihren vollendeten Ausdruck fanden. Beide Bauten sind einzigartig für eine landesherrliche Burg dieser Zeit und von keinem anderen mittelalterlichen Schloßbau der Landgrafschaft wieder erreicht worden. Zeitnahe bauliche Parallelen zum Rittersaal finden sich nur noch im Remter des Deutschordenshochschlosses der Marienburg und im Wladimirschen Saal der Prager Burg der böhmischen Könige. Die von Landgraf Heinrich I. neben Marburg in Kassel seit etwa 1277 errichtete Burg blieb gegenüber Marburg ein unbedeutendes Bauwerk im städtischen Mauerbering, das erst knapp 200 Jahre später von Landgraf Ludwig II. herrschaftlich ausgebaut worden ist.

Landgraf Heinrich gefährdete seine Erfolge jedoch dadurch, daß er sein Land unter Begünstigung seiner Söhne zweiter Ehe aufteilte, denn das führte zu kriegerischen Auseinandersetzungen mit seinen Söhnen erster Ehe Heinrich und Otto. Mit Hilfe König Adolfs vermochte er jedoch 1296 Otto zur Anerkennung der Teilung zu zwingen, die den Söhnen aus erster Ehe Oberhessen und den Söhnen aus der zweiten Ehe Niederhessen zuwies. Aber Landgraf Otto gab sich damit nicht zufrieden, so daß es 1297 erneut zum Kriege kam, in dem Landgraf Otto jedoch unterlag und auch seinen oberhessischen Erbanteil verlor. 1302 kehrte er aber mit Unterstützung König Albrechts nach Hessen zurück, erhielt Oberhessen (sein Bruder Landgraf Heinrich war 1298 gestorben) und vermochte vorübergehend sogar Einfluß in Niederhessen zu gewinnen; doch fiel dies 1308 vertragsgemäß an Landgraf Johann, der aber schon 1311 starb. Der Versuch von Johanns Bruder Ludwig, Bischof von Münster, Niederhessen für sich einzunehmen, scheiterte, denn das Erzbistum Mainz widersetzte sich. Abermals erklärte es die diesmal niederhessischen Lehen für heimgefallen, so daß Ludwig Niederhessen dem Schutz der stärkeren Hand Landgraf Ottos überlassen mußte. Dieser vereinigte damit wieder die ganze Landgrafschaft und war nun in der Lage, den erneuten Kampf gegen Mainz erfolgreich durchzufechten. Dabei wäre es ihm 1313 beinahe geglückt, die gegen Erzbischof und Oberamtmann rebellische Stadt Fritzlar, und damit den wichtigsten mainzischen Platz in Hessen zu gewinnen. Ottos jüngerer Bruder Ludwig blieb Bischof von Münster (1310 bis 1357), erhielt aber für seinen Verzicht auf Niederhessen am 2. Oktober 1311 als Entschädigung Stadt und Amt Marburg auf Lebenszeit. Unter ihm ist der großartige Rittersaal des Marburger Schlosses (wohl um 1320/30) vollendet worden. Stadt und Amt fielen erst 1357 wieder an Landgraf Heinrich II. zurück. In der gleichen Zeit hatte ein Sohn Landgraf Ottos I. mit dem gleichen Namen Otto von 1327 bis 1361 den erzbischöflichen Stuhl von Magdeburg inne.

Der weitere Ausbau der Landgrafschaft hatte unterdessen schnelle Fortschritte gemacht. Im Westen des Landes traf er zuerst die Dynasten von Hohenfels, denn ihr seit 1249 lehnsabhängiger Stammsitz (unweit Biedenkopf) wurde noch vor 1293 zerstört. Im nördlichen Landesteil erwarb Landgraf Heinrich 1294 Burg und Gericht Schartenberg, 1297 Grebenstein und 1305 Burg und Gericht Trendelburg mit einem Teil des Reinhardswaldes (gegen den Widerstand von Paderborn). Die Herrschaft über den Kaufunger Wald sicherte er sich dadurch, daß er sich die Vogtei des Klosters Kaufungen, die die Grafen Werner bereits einmal innegehabt hatten, 1297 von ihren (Lehns)inhabern, den Brüdern von Gudenburg, übertragen ließ. Im Werragebiet wurden 1301 die beträchtlichen Lehnsgüter der Grafen von Bilstein hessisch, 1306 Wanfried (während die Dörfer des Amtes Wanfried erst 1365 anfielen) und um 1333/36 Treffurt (als Gemeinschaftsbesitz mit Mainz und Meißen); ihnen folgten inmitten des Landes zwischen 1287 und 1296 die Burg Ulrichstein, 1317 die Hälfte von Borken, 1347/50 Spangenberg, 1357 ein Teil der Herrschaft Itter (gemeinsam mit Mainz) und 1358 Romrod. 1350/57 kam die Burg Königsberg im Hinterland und 1360/62 ein Anteil an der Herrschaft Schmalkalden im Thüringer Wald hinzu.

Gleichwohl blieb das Land noch immer stark von selbständigen Gebieten durchsetzt. Die Grafschaft Ziegenhain trennte Ober- und Niederhessen. Das Erzbistum Mainz hatte umfangreiche Amtsbezirke um Wetter, Amöneburg, Neustadt, Rosenthal, Battenberg, Jesberg, Fritzlar, Naumburg und Hofgeismar. Im Westen saßen die Grafen von Waldeck und von Wittgenstein; im Norden die Grafen von Dassel und von Everstein im Diemelgebiet und die Herren von Schöneberg am Reinhardswald. Hier hatte sich die Landgrafschaft vor allem mit den territorialen Ansprüchen des Bistums Paderborn auseinanderzusetzen, einem zwar nicht sehr gefährlichen, aber doch schwierigen und hartnäckigen Gegner. Es erforderte große politische Anstrengungen, alle diese

Kräfte unter Kontrolle zu halten und dabei Schritt um Schritt einzuengen, denn sie bildeten die natürlichen und immer wieder benutzten Hilfen des ungeschwächt tätigen größten Gegners der Landgrafschaft, des Erzbistums Mainz. Der nach dem Tode Landgraf Johanns 1311 wiederauflebende Streit um die Mainzer Lehen zog sich in jahrelangen, entscheidungslosen Fehden hin. Erzbischof Peter verpflichtete zwar sogar König Ludwig, Landgraf Otto die hessischen Reichslehen (die Landgraf Johann allein innegehabt hatte) vorzuenthalten, machte aber schließlich doch seinen Frieden mit dem Landgrafen, nachdem dieser am 3. Februar 1318 mit Markgraf Friedrich von Meißen, Landgraf von Thüringen, die Eisenacher Einung geschlossen hatte. Damit war die alte thüringisch-sächsische Verbindung wieder angeknüpft und eine Politik eingeleitet, die für Hessen von größter Bedeutung werden sollte. Sie dämpfte zunächst nicht nur alle Mainzer Übergriffe, sondern bewog auch den König, beide Fürsten 1323 in den Besitz ihrer Reichslehen zu setzen.

Aber schon Erzbischof Mathias von Mainz erhob erneut Ansprüche auf die hessischen Lehen, so daß sich daraus seit 1324 abermalige, und nun schon bald schwere Kämpfe entwickelten, wobei 1327 sogar Gießen an Mainz verlorenging. Als sich Erzbischof Mathias jedoch 1328 anschickte, im Bündnis mit Graf Johann von Nassau-Dillenburg die Landgrafschaft Hessen endgültig niederzuwerfen, wurde er von Landgraf Heinrich II., dem Sohn des im Januar 1328 gestorbenen Landgrafen Otto I., in der für Hessen sehr schweren Schlacht bei Wetzlar am 10. August 1328 besiegt. Graf Johann von Nassau-Dillenburg fiel, und nur vier Wochen später starb auch Erzbischof Mathias von Mainz. Landgraf Heinrich II. begnügte sich jedoch nicht mit diesem Doppelerfolg; er ging zu seiner weiteren Sicherung auch noch eine Erbverbrüderung mit Markgraf Friedrich von Meißen ein. Der Kaiser verbot sie jedoch 1329, da er selber an die Erwerbung Thüringens nach dem eventuellen Erlöschen des wettinischen Hauses dachte. Die Verbrüderung ruhte daher zunächst, zumal sich das Erzstift Mainz unter seinem Verweser Erzbischof Baldewin von Trier vorerst ruhig verhielt und der Landgraf 1335 mit Markgraf Friedrich ein erneutes Bündnis gegen Mainz abschließen konnte. Bemerkenswert ist, daß sich in dieser Zeit erstmals zwei nichthessische Städte dem Schutz des Landgrafen unterstellten. Es waren Göttingen (1334) und Mühlhausen (1336).

Als Abglanz dieser Friedensjahre darf die 1334 auf landgräfliche Veranlassung (zu Kassel?) verfertigte Prunkhandschrift einer Dichtung Wolframs von Eschenbach, des Willehalm, gelten. Auch sonst begannen sich die Künste, insbesondere die Malerei und die Baukunst wieder stärker zu regen. Der erwähnte Ausbau des Marburger Schlosses, die zahlreichen hessischen Hallenkirchen in der Nachfolge der Marburger Elisabethkirche und die damals entstehenden Altarbilder bezeugen dies nachdrücklich. In geistiger Beziehung machte sich der Rang Kassels als Hauptstadt Hessens mehr und mehr geltend. Das zeigt etwa die Zahl der Studierenden aus Kassel, die sich derjenigen aus den alten geistigen Zentren des Landes: Fulda, Hersfeld und Fritzlar, anzunähern begann, um sie im 15. Jahrhundert zu überflügeln. Doch hatten selbst Städte und Stifter wie Fritzlar noch im 14. und 15. Jahrhundert insgesamt die erstaunlich hohe Anzahl von einigen hundert akademisch Graduierten aufzuweisen. Darunter befanden sich (in Fritzlar) bemerkenswert viele Ärzte (wie etwa der erste namentlich bekannte, niederhessische Arzt Heinrich 1122, der erste studierte Bürgermeister einer hessischen Stadt Mag. Konrad 1279, der erste bekannte landgräfliche Leibarzt Mag. Johannes 1304 u. a.).

Aber schon nach kurzer Frist flammte unter Erzbischof Baldewins Nachfolger, Erzbischof Heinrich von Mainz, der Krieg mit dem Erzstift 1344 wiederum auf. Diesmal bannte Landgraf Heinrich die Gefahr dadurch, daß er mit König Karl IV. Erzbischof Heinrichs Gegenbischof Gerlach von Nassau beistand und im Verlauf dieser Kämpfe die Truppen Erzbischof Heinrichs 1347 bei Gudensberg niederwarf. Dadurch verpflichtete er sich zugleich Erzbischof Gerlach, so daß nach Erzbischof Heinrichs Tod 1353 endlich eine abschließende Regelung der Frage der Mainzer Lehen im hessischen Sinne möglich war. Damit war nach mehr als einem Jahrhundert der Streit um die Mainzer Lehen in Hessen endgültig zugunsten Hessens entschieden. 1354 erkannte Erzbischof Gerlach auch die hessische Vorherrschaft über den Reinhardswald an (doch schlossen die benachbarten Städte Hofgeismar, Wolfhagen, Volkmarsen, Marsberg, Warburg, Brakel und Paderborn noch 1358 einen eigenen Städtebund). Der Einfluß des Landgrafen auf das nördliche Hessen wurde zugleich auch dadurch verstärkt, daß ihm Kaiser Karl IV. 1348 und 1356 die Errichtung westfälischer Freistühle zu Grebenstein und Hedwigsen gestattete und ihm 1356 das Freigericht zu Zierenberg übertrug. Dazu erhielt Landgraf Hermann 1376 und 1385 die westfälischen Freistühle von Freienhagen (zur Hälfte) und von Schartenberg, so daß Hessen nunmehr in der Lage war, im Rahmen dieser eigenen Freigrafschaft im Diemelgebiet nach sächsischem Recht zu richten. Außerdem verbesserte sich die rechtliche Position Hessens auch dadurch, daß es 1355 das Privilegium de non evocando erhielt.

In der Organisation (weniger im materiellen Gehalt) des Rechtswesens hatte sich während des 13. und 14. Jahrhunderts ein tiefgreifender Wandel vollzogen. Er war bestimmt durch die Ausbildung der landesherrlichen Burgen-Städte seit Ende des 12. Jahrhunderts, die in steigendem Maße nicht nur Verwaltungsmittelpunkte, sondern auch zentrale Gerichtsorte wurden, wobei den dortigen Burgmannschaften in militärischer, politischer und rechtlicher Beziehung hohe Bedeutung zukommt, da sie vielfach in lebhaftem Wechsel untereinander die Träger und Vertreter der landesherrlichen Hoheit, Rechte und Interessen stellten; ausgenommen in der Finanzverwaltung, die zunächst fast ausschließlich von den landgräflichen Kaplänen und Pfarrern (meist Inhabern der landesherrlichen Patronatskirchen) ausgeübt wurde. Mit der stärkeren Ausbildung des städtischen Wesens kam es dann auch zu materiellen Rechtsmodifikationen, wie sie die einzelnen Stadtrechte seit dem 13. Jahrhundert erkennen lassen, wobei die beiden wichtigsten hessischen Städte, Kassel und Marburg, sogar zu einer gewissen Oberhofstellung gelangten (die sich allerdings mit derjenigen von Frankfurt nicht vergleichen läßt). Die Folge war, daß die hessischen Grafschaftsgerichte mehr und mehr zurückgingen. Am längsten blieb das älteste und erste hessische Gericht Maden als Gericht der Grafschaft Hessen in Funktion; es spielte noch im 13. Jahrhundert eine Rolle, während die Wirksamkeit der Grafschaftsgerichte im Lande an der Lahn im 13. Jahrhundert kaum noch faßbar ist. Doch läßt sich hier seit dem 14. Jahrhundert die Tätigkeit des landesherrlichen Landgerichts an der Lahn mit dem Sitz in Marburg erkennen, das in enger Verbindung mit dem Landvogt an der Lahn stand, dem der Landvogt an der Werra entsprach. Hier ist jedoch ein solches Gericht der Mittelinstanz nicht einwandfrei nachweisbar. Beiden Landvögten übergeordnet waren nämlich der oberste Amtmann und Landvogt, dessen Amt eine seiner wichtigsten Wurzeln in dem der hessischen Landfriedensrichter des 13. Jahrhunderts hatte und bis in den Anfang des 15. Jahrhunderts bestand. Dann traten die Inhaber der großen (Erb-)Hofämter an seine Stelle.

Der bis dahin stetige Aufstieg der hessischen Territorialmacht erlitt im späten 14. Jahrhundert einen schweren Rückschlag, als sich der hessische Adel mit äußeren Feinden des Landes zu einem die Landgrafen fast überwältigenden Bunde vereinigte. Der Grund für diesen Aufstand lag letzten Endes in der fortgesetzten wachsenden Territorialhoheit des Landgrafenhauses, der alle anderen, noch selbständigen Herren in Hessen allmählich zu unterliegen drohten. Dazu kam die schwere Hand Landgraf Hermanns II., der nach dem vorzeitigen Tode des beliebten Mitregenten Landgraf Heinrichs II., Landgraf Ottos des Schützen, 1367 an dessen Stelle getreten war. Unnachgiebig in seinen Herrschaftsansprüchen, wenig bedacht in der Wahl seiner politischen Mittel, hart in ihrer Handhabung und immer anspruchsvoller in seinen Steuerforderungen, brachte er innerhalb weniger Jahre fast alle Adligen und Städte gegen sich auf. Es war die längste und schwerste Existenzprobe, die der hessische Territorialstaat aus innerpolitischen Gründen zu bestehen hatte. Denn hier trat der Dualismus zwischen Fürst und Ständen zum ersten Mal und gleich in so harten Auseinandersetzungen zutage, daß er die Einheit des Landes und seine Stellung im anstehenden Kampf mit inneren und äußeren Feinden bedrohlich schwächte. Darüberhin lagen die tiefen Schatten des „schwarzen Todes", der Pest, die seit 1348/50 auftrat, schwere Judenverfolgungen auslöste, und das Land entvölkerte, das jetzt nach einem langen Siedlungsausbau seine erste große Wüstungszeit erlebte.

Die feindliche Koalition gegen Landgraf Hermann führte Herzog Otto von Braunschweig, der als Enkel Landgraf Heinrichs II. erbrechtliche Ansprüche (vor allem auf die einst abgetretenen Werrastädte) erhob. Als Grund dafür diente ihm der Tod des Landgrafen Otto und die Nachfolge von Landgraf Heinrichs Neffen Hermann 1367 als Mitregenten. Mit Herzog Otto verband sich der von Graf Gottfried von Ziegenhain geführte Ritterbund der Sterner, in dem sich der hessische Adel organisiert hatte. Ihnen traten zahlreiche äußere Widersacher Hessens zur Seite. Schon bald entstanden bedrohliche Situationen für die Landgrafen, besonders 1372, als sie ihre Gegner in der Burg Herzberg vergebens belagerten, denn die Sterner entsetzten die Burg und verwüsteten daraufhin das hessische Land bis vor die Mauern Fritzlars. Aber auch diese schwierige Lage haben die Landgrafen, und zwar abermals durch eine reichspolitische Maßnahme, zu ihren Gunsten entschieden. Am 9. Juni 1373 schlossen sie mit den Markgrafen von Meißen (und Landgrafen von Thüringen) eine Erbverbrüderung, die die gegenseitige Beerbung beider Häuser beim Fehlen männlicher Erben vorsah. Diesmal bestätigte sie der Kaiser, da ihm an einer Förderung der Meißner Markgrafen, die seinen Kampf um die Mark Brandenburg unterstützten, gelegen war. Zugleich gestattete er, daß ihm bei dieser Gelegenheit die verbündeten Fürsten die Landgrafschaft Hessen insgesamt (und nicht nur mehr Eschwege mit der Boyneburg) zu Lehen übertrugen. Das war ein staatsrechtlicher entscheidender Erfolg für Hessen, denn er bedeutete, daß damit die Landgrafschaft Hessen als Ganzes zu einem reichslehnbaren Fürstentum erhoben und damit den anderen Reichsfürstentümern endgültig gleichgestellt war. Infolge dieser grundlegenden staatspolitischen Bedeutung ist die hessisch-sächsische Erbverbrüderung fast 250 Jahre lang immer wieder erneuert worden; zuletzt am 30./31. März 1614. Dieser neuen politischen Lage waren die Sterner nicht mehr gewachsen, so daß der Bund, nachdem er 1373 durch Landgraf Hermann im Verein mit der Stadt Wetzlar und Graf Johann von Solms bei Wetzlar auch militärisch geschlagen worden war, seit 1374 zerfiel.

Aber der Sternerkrieg war nur der Auftakt zu den weit schwereren Auseinandersetzungen, die folgten. Der Erbverein brachte Hessen abermals die Feindschaft des Mainzer Erzstifts ein, um dessen Besitz sich damals Graf Adolf von Nassau und Markgraf Ludwig von Meißen stritten. Inhaber des Erzstuhles war Erzbischof Adolf, und diesen mußten die Landgrafen vertragsgemäß bekämpfen, um Ludwig den Weg freizumachen. Da dessen Sache jedoch nur geringe Fortschritte erzielte, schlossen sie im April 1376 mit Erzbischof Adolf Frieden, nachdem sich die wetterauischen Herren von Falkenstein-Münzenberg, von Isenburg-Büdingen und von Hanau schon am 18. August 1375 mit dem Landgrafen gesühnt hatten. Dafür empörten sich die niederhessischen Städte, indem sie sich am 4. Januar 1376 gegen Steuerforderungen Landgraf Hermanns zusammenschlossen und diese Einung am 1. Januar 1378 auch auf Burgmannen und Ritterbürtige ausdehnten. Noch im gleichen Jahre zettelten die Verbündeten eine Erhebung an, die zu einem erfolgreichen Überfall auf die Kasseler Burg führte, doch vermochte sich der Landgraf mit ihnen durch Vermittlung des Markgrafen Balthasar von Thüringen zu vergleichen. Schließlich konnte sich Landgraf Hermann auch des von Graf Johann von Nassau-Dillenburg begründeten Ritterbundes „Von der alten Minne" erwehren, mit dem der Nassauer seine Ansprüche auf Driedorf und Itter durchsetzen wollte. Während Hermann mit Graf Johann am 4. April 1378 zum Frieden kam, dauerte die Fehde mit dem gleichfalls verfeindeten Grafen Johann von Solms fort, so daß der Landgraf gegen ihn und die mit Johann verbündete Stadt Wetzlar in unmittelbarer Nähe der Stadt die Burg Hermannstein errichtete, die er in den Friedensschlüssen mit der Stadt und Graf Johann von Solms 1379 behauptete. Endlich vermochte der Landgraf auch den mit Erzbischof Adolf von Mainz verbündeten Abt von Fulda 1380 militärisch zu schlagen; und im nächsten Jahr gewann er auch gegenüber dem Erzbischof Luft, da dieser in eine verheerende Fehde mit Pfalzgraf Ruprecht I. geriet.

Doch bedeuteten alle diese Erfolge noch keine Entscheidung. Vielmehr verspielte Landgraf Hermann die bisherigen Gewinne durch eine unüberlegte Bündnispolitik binnen kurzem wieder. In der (schon bald enttäuschten) Hoffnung, Herzog Otto von Braunschweig durch einen Erbvertrag (1381) auf seine Seite zu ziehen, scheute er sich nicht, damit die hessisch-sächsische Erbvereinigung von 1373 zu verletzen und sich damit auch Markgraf Balthasar von Thüringen zum Feinde zu machen. So vermochte Erzbischof Adolf von Mainz die von ihm als endgültige Entscheidung geplante Auseinandersetzung mit der Landgrafschaft in umfassender Weise vorzubereiten. Um seine Machtgrundlage im hessischen Lande selbst noch mehr zu verbreitern, hatte er sich 1383 bzw. 1385 zum Verweser der Abteien Hersfeld und Fulda wählen lassen und in der gleichen Zeit eine erdrückende Koalition gegen Landgraf Hermann zusammengebracht, der die weitverzweigte Rittergesellschaft der Falkner, die Herzöge Otto und Ernst von Braunschweig, Herzog Albrecht von Sachsen, Markgraf Balthasar von Thüringen, Erzbischof Friedrich von Köln, die Bischöfe von Münster, Paderborn und Osnabrück u. a. angehörten. Sie unterwarfen auf zwei Zügen 1385 und 1387 das Land, eroberten zahlreiche hessische Städte und Burgen (Wanfried, Boyneburg, Sontra, Rotenburg, Melsungen, Gudensberg, Niedenstein, Falkenstein u. a.) und belagerten zweimal die Hauptstadt Kassel, konnten sie aber keinmal einnehmen. Gleichwohl mußte sich der Landgraf unterwerfen und im Sühneabkommen vom 22. Juli 1385 (zu Immenhausen) und im Friedensschluß vom 10. September 1387 auf schwere Bedingungen eingehen, die ihn außer erheblichen Kriegsentschädigungen und persönlichen Demütigungen auch die meisten der obengenannten Städte kostete. Außerdem mußte er Stadt und Burg Wolfhagen an Erzbischof Adolf verpfänden. Ferner hatte der Erzbischof den Landgrafen und einige seiner Anhänger exkommuniziert und Hessen mit dem Interdikt belegt, von dem sie erst im Sommer 1388 wieder freikamen.

Die Feindschaft der niederhessischen Städte gegen den Landgrafen, die 1385 zum Abfall von Eschwege (an Thüringen) führte, und von der Stadt in einem offenen Beschwerdeschreiben über die Willkürherrschaft Landgraf Hermanns eingehend begründet worden ist, hatte diese Entwicklung entscheidend gefördert. Der Landgraf hatte sie auch nicht dadurch abzuwenden vermocht, daß er am 19. Juli 1387 ein Bündnis der vereinigten fuldaisch-würzburgischen Städte mit den hessischen Städten zustandebrachte, denn er spielte hierin nur eine geringe Rolle. Es kennzeichnet die Lage, daß es schließlich 1388 dazu kam, daß sich auch seine Residenzstadt Kassel von ihm abwandte, denn der von Markgraf Balthasar von Thüringen im Oktober 1388 mit Hilfe braunschweigischer und mainzischer Truppen versuchte Handstreich auf Kassel war offenkundig auf den Verrat der Bürgerschaft berechnet. Der Landgraf hatte jedoch rechtzeitig von dieser Verschwörung erfahren und konnte die Stadt abermals gegen seine Feinde behaupten. Er war nämlich inzwischen in seiner Stellung dadurch entscheidend gefestigt, daß er sich in der ersten Hälfte des Jahres 1388 den Papst und den deutschen König durch Lehnsauftragungen verpflichtet hatte. Dem Papst übertrug er im März 1388 lehnsweise die Städte und Burgen Marburg, Immenhausen, Frankenberg, Limburg, Blankenstein, Falkenstein, Scharfenberg, Altenstein, Arnstein, Friedewald, Wanfried, Altenburg a. d. Eder, Allerberg, Königsberg, Hermannstein und Barchfeld mit den zugehörigen Gebieten, also einen erheblichen Teil seiner Herrschaft, wobei er mit fremden Rechten sehr großzügig umging. Er berücksichtigte weder, daß Limburg Reichslehen und Frankenberg Mainzer Lehen war, noch nahm er Orte und Burgen, die er inzwischen an seine Feinde verloren hatte, wie Immenhausen, Falkenstein und Wanfried, davon aus. Dazu übergab er zur gleichen Zeit dem deutschen König Wenzel Burg und Stadt Homberg in Niederhessen mit allem Zubehör lehnsweise. Es waren verzweifelt anmutende Maßnahmen, die auch in Wirklichkeit weder eine päpstliche noch eine königliche Lehnshoheit über diese Orte begründet haben, aber im ersten Augenblick doch wohl gewisse politische Erfolge einbrachten. Darauf aber kam alles an.

Die große, entscheidende Entlastung brachte jedoch erst der Tod Erzbischof Adolfs 1390, denn der ihn ablösende Erzbischof Konrad von Mainz war friedenswilliger und gab dem Landgrafen im Frankfurter Frieden vom 14. Juli 1394 den mainzischen Anteil an Rotenburg, Melsungen und Niedenstein zurück. Auch Wolfhagen kam (nach 1398, vor 1405) wieder in landgräflichen Besitz. Aber mit Erzbischof Konrads Nachfolger, Erzbischof Johann von Mainz, einem Bruder Erzbischof Adolfs, lebte auch die alte mainzisch-hessische Feindschaft wieder auf, so daß unmittelbar nach der Ermordung Herzog Friedrichs von

Braunschweig im Juni 1400 unweit Fritzlar durch mainzische Diener unter Führung Graf Heinrichs von Waldeck 1401 erneut der Krieg mit Mainz ausbrach. Jetzt aber fand Landgraf Hermann zahlreiche Bundesgenossen, besonders unter den Braunschweiger Herzögen, so daß er diesen Kampf besser durchzustehen vermochte als unter Erzbischof Adolf und ihn demgemäß durch den Friedberger Frieden vom 18. März 1405 günstig beenden konnte.

Einen noch größeren, lange erstrebten Erfolg über Mainz bahnte Landgraf Hermann während des großen päpstlichen Schismas an. Da Erzbischof Johann von Mainz den römischen Papst Gregor XII. ablehnte und zugleich Verbindungen mit dem französischen König aufnahm, erreichte Landgraf Hermann mit Unterstützung des deutschen Königs Ruprecht von Papst Gregor, daß dieser 1410 die geistliche Gerichtsbarkeit in Hessen dem vom Landgrafen völlig abhängigen Dekan des Kasseler Martinstiftes übertrug. Landgraf Hermann konnte sich jedoch gegenüber dem von Graf Johann I. von Nassau-Dillenburg unterstützten Erzbischof Johann von Mainz militärisch nicht eindeutig durchsetzen. So war ihm der endgültige Erfolg versagt geblieben, als er 1413 starb. Infolgedessen lenkte sein Nachfolger Landgraf Ludwig I. mit dem Ende des Schismas ein und erkannte durch den Vertrag vom 6. Dezember 1416 die Jurisdiktionalgewalt des Mainzer Erzbischofs über Hessen wieder an. Eines ist seitdem jedoch immer klarer zu erkennen, der steigende Einfluß auf die hessischen Klöster und Stifter, deren Prokuratorenstellen nun öfter mit hessischen Beamten oder Amtsträgern besetzt wurden.

Auch während dieser kampferfüllten Jahrzehnte dehnte sich die Landgrafschaft weiter aus. Im mittleren Lahngebiet, das durch das Widerspiel der Grafen von Nassau, von Solms und der Reichsstadt Wetzlar besonders unruhig war, verschaffte sich Landgraf Hermann II. seit 1377 eine vorherrschende Stellung. Er errichtete damals die Burg Hermannstein und verdrängte 1378 mit kaiserlicher Hilfe Graf Johann von Solms aus Wetzlar. Der sogenannte Wetzlarer Bürgervertrag vom 27. September 1393, den die Stadt daraufhin mit ihm abschließen mußte, verschaffte ihm weitgehende Rechte über Wetzlar. Zwar hob der König diesen Vertrag 1395 wieder auf; trotzdem war es Landgraf Hermanns Nachfolger möglich, auf dieser Grundlage später ein Schutzverhältnis über die Stadt zu begründen. 1399 löste der Landgraf Ulrichstein von seinen Lehnsinhabern ein, kurz darauf (vor 1407) wurde Schotten hessisch; 1402 kamen Hauneck, 1406 Vacha (zu zwei Dritteln) und 1408 ein weiterer Teil der Herrschaft Itter hinzu. Einen nachhaltigen Erfolg erzielte er auch durch seinen Schutzvertrag mit Abt Dietrich von Corvey 1407, der die Grundlage der jahrhundertelangen hessischen Schutzherrschaft über Corvey gebildet hat.

So sind Landgraf Hermann neben seinen militärischen und politischen auch territoriale Errungenschaften nicht versagt geblieben. Aber alle Erfolge hat er nur sehr schwer und unter großen Opfern erkämpfen können, da er sich meist gegen eine erdrückende Front von Feinden durchsetzen mußte. Diese hat er oft selbst verschuldet, denn in politischer Hinsicht war er selber sein größter Feind. Seine harten, herrschaftsheischenden, nicht ausgehandelten und übertriebenen Forderungen haben ihn oftmals das rechte Maß verfehlen lassen und in schwerste Verwicklungen, Kriege und Krisen gestürzt. Ganz im Gegenteil zu seinem Beinamen der Gelehrte, hat er zumindestens in den ersten beiden Jahrzehnten seiner Herrschaft weder mit Besonnenheit noch mit Umsicht regiert, sondern sich durch sein jähes Temperament zu rasch zu gefühlsmäßig überbetonten Handlungen hinreißen lassen. Aber im Laufe seiner Regierung gewann er zunehmend an politischem Geschick, Mäßigung und Weitblick und sein lebhafter Geist, seine Wendigkeit und Zähigkeit haben ihn auch in den schwierigsten Lagen nicht verlassen, und es bleibt sein Verdienst, daß er sich in mannhafter Beständigkeit immer wieder aufgerichtet und zuletzt, wenn auch nicht ohne Verluste, behauptet hat.

Den von Landgraf Hermann in seinen letzten Jahren eingeleiteten Wiederaufbau Hessens setzte sein Sohn Landgraf Ludwig I. (1413 bis 1458) aufs erfolgreichste fort. In wenigen Jahren wuchs er, geführt und geschult von einer kleinen Gruppe hervorragender Berater, unter der Führung des Erbmarschalls Eckhard von Röhrenfurth, zum bedeutendsten Landesherren Hessens des 15. Jahrhunderts heran. Es gelang ihm, die territorialen Verluste seines Vaters wieder einzubringen und sich insbesondere mit dem Erzbistum Mainz endgültig auseinanderzusetzen. Erzbischof Johann von Mainz hielt zwar, wie zuletzt mit Landgraf Hermann so auch zunächst mit Landgraf Ludwig, Frieden, denn das ergeben die vertraglichen Übereinkommen von 1413 und 1416; aber nur wenige Jahre später machte sein Nachfolger Erzbischof Konrad seit 1419 erneut den energischen Versuch, die mainzischen Herrschaftsansprüche in Hessen durchzusetzen. Der Eingriff des Erzstiftes in die Verhältnisse der Abtei Fulda und die darauf beruhende Vertreibung des Abtes, der sich schutzsuchend an Landgraf Ludwig wandte, und die Rivalität von Mainz und Hessen in der Grafschaft Waldeck führten schließlich 1425 abermals zum offenen Kampf zwischen den jahrhundertealten Rivalen. Wiederum hatte der Mainzer Erzbischof gemäß älterem Vorbild eine bedrohliche Koalition gegen Hessen zustandegebracht; denn mit ihm waren der Bischof von Würzburg, der Erzbischof von Köln, die Grafen von Mörs, von Berg und Ravensberg, von Nassau-Dillenburg, von Leiningen und zahlreiche mainzische Vasallen gegen die Landgrafschaft verbündet. Aber ebenso war auch diesesmal die militärische Überlegenheit auf seiten der Hessen. In der Schlacht am 23. Juli 1427 unweit Fritzlar siegte der Landgraf über das von einem Leininger Grafen, einem Neffen des Erzbischofs, geführte mainzische Aufgebot. Dann zog Landgraf Ludwig gegen Erzbischof Konrad selbst, der Fulda belagerte. Er befreite die Stadt, verjagte den mainzisch gesonnenen Koadjutor und setzte den Abt wieder ein, bedang sich dafür aber die Öffnung aller fuldischen Burgen aus. Endlich kam es am 10. August auf dem Münsterfeld bei Fulda zwischen Erzbischof Konrad und Landgraf Ludwig zur Entscheidungsschlacht. Das mainzische Heer unterlag, sein Banner stiftete der Landgraf der Marburger Elisabethkirche.

Dieser Sieg zerschlug die territorialen Vorherrschaftspläne des Erzstiftes in Hessen für immer. Der Frankfurter Frieden vom 6./8. Dezember 1427 bestätigte diese endgültige militärische und politische Entscheidung, nachdem sich der Erzbischof bereit erklärt hatte, eine Entschädigung von 44 000 fl. an Hessen zu zahlen und es in seine fuldischen Pfandschaften aufzunehmen. Landgraf Ludwig sicherte nunmehr dem Land einen inneren Frieden, wie es ihn schon über 200 Jahre nicht mehr gekannt hatte. Das trug ihm schon bald zu Recht den Namen des Friedfertigen ein. Nichts aber kennzeichnet diese innere Wende treffender, als die Tatsache, daß seit etwa Mitte des 15. Jahrhunderts der Um- und Ausbau von Gotteshäusern zu Wehrkirchen allmählich aufhörte und damit die zahlreichen hessischen Dorfkirchen, die seit Beginn des 13. Jahrhunderts regelrechte geschlossene Festungen geworden waren, sich wieder allein zur Verkündigung des Wortes Gottes öffnen konnten.

Von gleichem Erfolg waren die Bestrebungen Landgraf Ludwigs zur Rückerwerbung der von seinem Vater an Mainz und Thüringen verlorenen Werrastädte. Nachdem Kurmainz seinen Anteil an Eschwege, Sontra und Wanfried gegen Salza und Bischofsgottern an Thüringen überlassen hatte, glückte es Landgraf Ludwig, diese ursprünglich mainzische Hälfte von Landgraf Friedrich von Thüringen wiederzuerhalten und schließlich durch seine Heirat in das wettinische Haus 1433 die Werrastädte ganz zurückzugewinnen. Diese Verbindung stärkte auch Landgraf Ludwigs allgemeine politische Stellung, so daß die 1431 erneuerte Erbverbrüderung mit dem seit 1423 kurfürstlichen Hause Sachsen, die Kaiser Sigismund 1434 bestätigte, schließlich 1457 in Form eines Erbvereins auch auf das brandenburgische Kurhaus ausgedehnt werden konnte. Diese außerordentlich geschickte und dabei doch friedliche Politik führte auch in der Folgezeit ständig zu neuen Erwerbungen, die bald schon den Raum Hessens weit überschritten, wenn auch die Bemühungen Landgraf Ludwigs um die Wiedergewinnung des Stammlandes Brabant nach dem Tode des Herzogs Philipps von Brabant 1430 vergeblich waren. In Hessen fielen ihm außer den erwähnten Werrastädten 1413 und 1454 je zur Hälfte die Herrschaft Lißberg und 1428 die Herrschaft Schöneberg bei Hofgeismar zu. 1436 erwarb er die Hälfte von Limburg a. d. Lahn mit Niederbrechen und Schloß Molsberg als Pfand. Hatte er hierfür die schon von seinem Vater begründeten engen Beziehungen zu den Grafen von Katzenelnbogen nutzbar zu machen gewußt, so war die Erwerbung der Grafschaft Ziegenhain 1450 sein völlig eigenes Werk, das insbesondere die menschlichen Qualitäten seiner vertrauenerweckenden, führungssicheren Persönlichkeit unmittelbar sichtbar macht. Dieser Gewinn war von grundlegender Bedeutung für die weitere territoriale Entwicklung des Landes, denn er vereinigte die bisher getrennten Teile Nieder- und Oberhessen endlich zu einem Ganzen. Außerdem aber schuf Landgraf Ludwig I. in Anknüpfung und zur Sicherung seiner Limburger Erwerbung die Voraussetzungen für einen Anfall der Grafschaft Katzenelnbogen an Hessen, wodurch er seinem Land eine völlig neue territorialpolitische Richtung gab, die sein Schicksal bis zum heutigen Tage bestimmt hat.

Bewundernswert ist die politische Phantasie Landgraf Ludwigs, mit der er sich immer wieder anderer Formen bediente, um den hessischen Einfluß auszudehnen. So handhabte er leicht und erfolgreich Lehnsherrschaften, Schutzverträge, Pfandschaft, Kauf, Tausch, Heiratsabreden, Schirmherrschaften oder wie die Übereinkommen sonst heißen mochten, um seine Vertragspartner der hessischen Oberhoheit zu unterstellen oder ihrem Einfluß zu öffnen.

Im großen Maße gewann Landgraf Ludwig insbesondere Lehnshoheiten, denn außer der ihm 1434 von den Äbten von Hersfeld und Fulda und 1437 von Graf Johann von Ziegenhain als Vorstufe der endgültigen Erwerbung aufgetragenen Grafschaft Ziegenhain erklärten sich 1431 und 1438 die Grafschaft Waldeck, 1449 die Grafschaft Lippe und 1456 die Grafschaft Rietberg von ihm lehnsabhängig. Ihnen schlossen sich kleinere Herren an, wie die Herren von Plesse (nördlich Göttingen) 1447/48, die Rabe von Kalenberg (bei Warburg) 1449, die Herren von Kanstein (bei Arolsen) im gleichen Jahr, die Herren von Uslar mit der Herrschaft Gleichen 1451, die Gaugrebe mit ihrem waldeckischen und westfälischen Besitz 1453 und die Herren von Büren (in Westfalen) 1456. Noch weiter aber spannte sich das Netz der unter Landgraf Ludwig errichteten hessischen Schutz- und Schirmherrschaften. 1432 übertrug der Hersfelder Abt dem Landgrafen die erbliche Schirmherrschaft über das Stift, 1436 schlossen die Grafen Georg und Johann von Sayn-Wittgenstein eine Erbvereinigung mit Landgraf Ludwig, die ihm deren Land und Burgen öffnete, nachdem ihm im gleichen Jahre bereits Graf Diether von Sayn sein Schloß Friedewald zu Erbmannlehen aufgetragen hatte, und 1439 erhielt er die Schirmherrschaft über sämtliche mainzischen Besitzungen in Hessen, nachdem sich ihm das Fritzlarer Stift schon im Jahre zuvor unterstellt hatte. 1434 baute er den Schutzvertrag, den der Abt von Corvey mit Landgraf Hermann im Jahre 1407 geschlossen hatte, zur Schutzherrschaft über den großen Herrschaftsbereich des Klosters Corvey mit Höxter aus und gewann 1437 die Vogtei über das Stift Neuenheerse (bei Driburg); und dazu kamen zahlreiche, z. T. schon früher erworbene Schutz- und Schirmherrschaften über die Städte der benachbarten nördlichen und östlichen Territorien, nämlich über Nordhausen und Salzungen (1434), Erfurt (1446), Mühlhausen, Hildesheim, Göttingen, Goslar, Northeim, Einbeck, Warburg u. a.

Diese großen Erfolge sind allerdings nach Landgraf Ludwigs Tod († 1458) vorübergehend dadurch beeinträchtigt worden, daß seine beiden älteren Söhne 1460 das Land teilten, wobei Landgraf Ludwig II. Niederhessen mit Kassel und Landgraf Heinrich III. Oberhessen mit Marburg erhielt. Die Teilungsverhandlungen waren schwierig und schleppend, zumal sich Landgraf Ludwig II. als der ältere Erbe dadurch benachteiligt fühlen mußte. Landgraf Heinrich konnte aber darauf nicht verzichten, da sein Schwiegervater, Graf Philipp von Katzenelnbogen, nur um diesen Preis in die Ehe seiner Erbtochter Anna mit dem Landgrafen eingewilligt hatte. Diese Teilung entfremdete und verfeindete die beiden Brüder so sehr, daß sie schon bald auch politisch eigene Wege gingen und daher während der großen Mainzer Stiftsfehde (1461 bis 1463) auf verschiedenen Seiten standen. Das wirkte sich jedoch insofern günstig aus, als jeder der beiden Erzbischöfe an den ihm geneigten Landgrafen in dessen Gebietsteil die mainzischen Besitzungen verpfändete. So erhielt Landgraf Heinrich III., der wegen seiner katzenelnbogischen Bindungen wie sein Schwiegervater Graf Philipp und Pfalzgraf Friedrich auf Seite Erzbischofs Diethers stand, von diesem durch Vertrag vom 1. Januar 1462 die Städte und Burgen Battenberg, Rosenthal, Mellnau und halb Wetter; und Landgraf Ludwig II. durch Vertrag vom 7. März 1462 von Erzbischof Adolf Hofgeismar, Schöneberg und Gieselwerder, die er allerdings erst erobern mußte. Und nur dem Selbsterhaltungswillen der Stadt Fritzlar verdankte es das Erzstift, daß es diese damals nicht auch an Hessen verlor.

Den schwierigen Friedensvertrag zwischen den beiden streitenden Erzbischöfen vom 5. Oktober 1463 zu Zeilsheim (bei Frankfurt) vermittelte der maßgebliche Leiter der oberhessischen Politik, Hans von Dörnberg, nach mühsamer Arbeit. Infolgedessen behielt Landgraf Heinrich III. seine mainzischen Pfandschaften, obwohl er auf der unterlegenen Seite stand, und ebenso mußte der siegreiche Erzbischof Adolf dem Grafen Philipp von Katzenelnbogen die Pfandschaft Gernsheim mit dem Rheinzoll und dem Pfalzgrafen Friedrich die Bergstraße mit Heppenheim und Bensheim belassen. Eine Bestandsaufnahme aus dem Jahre 1466 ergab, daß Hessen damals 44 vielfach mit Schlössern versehene Städte und 35 Landesburgen besaß, während die Vergleichszahlen von 1372 nur 33 : 31 gelautet hatten.

Mit diesem hier dargelegten, jahrhundertelang zügig fortgeschrittenen territorialen Ausbau war die verwaltungsmäßige Durchdringung des Landes Hand in Hand gegangen. Die Verwaltungsorganisation beruhte auf den seit dem 13. Jahrhundert (vielfach in Anlehnung an burgenbewehrte Städte) entstehenden Ämtern, in deren Grenzen Amtleute die militärisch-politischen und Rentmeister die finanziellen Belange der Landgrafschaft vertraten. Über ihnen standen seit dem 13. Jahrhundert die Landvögte größerer Bezirke an der Lahn und an der Werra. Die oberste politische Verwaltung bis in die Regierungszeit

Landgraf Ludwigs I. lag in der Hand der Landvögte und Landrichter des Landes Hessen, die dann von den obersten Beamten der Hofverwaltung (Hofmeister, Marschall, Truchseß) abgelöst wurden. Daneben bestand die zentrale landgräfliche Kanzlei und zudem ließen sich die Landgrafen von einer Anzahl Räte unmittelbar beraten. Doch herrschte zunächst noch keine klare Trennung der Aufgaben und Bereiche, vor allem war die Finanzverwaltung selbst im 14. Jahrhundert noch nicht genügend durchorganisiert. Vielfach griffen auch die Beamten und Diener des engeren Hofstaates willkürlich oder auf Grund besonderer Ermächtigungen in die Regionalverwaltung ein. Das von Anfang an bestehende Übergewicht der Zentralverwaltung, wie sie sich am landgräflichen Hofe allmählich herausbildete und dabei in Kanzlei und Kammer aufspaltete, trat im Laufe des 14. und 15. Jahrhunderts stärker hervor. Großen Einfluß übten die Landgrafen entweder persönlich oder durch ihre hohen Beamten auf die Gerichtsbarkeit aus. Dabei kam ihnen besonders das von ihnen im 13. Jahrhundert geschaffene und besetzte Amt der Landfriedensrichter zustatten. Während wir über deren Aufgaben und Tätigkeit schon früh unterrichtet sind, lassen sich die ersten allgemeinen gerichtsorganisatorischen Maßnahmen in Hessen erst unter den Landgrafen Heinrich II. und Hermann II. erkennen. 1370 verfügte Landgraf Heinrich (im Amte Marburg) die Anlegung von Gerichtsbüchern, und schon 1384 war das Berufungsverfahren gegen Urteile der Untergerichte an den Landgrafen und seine Räte ausgebildet. Das Verbot der geistlichen Gerichte in bürgerlichen Sachen und die Untersagung von Glücksspielen 1396, aber auch Bestimmungen des hessisch-mainzischen Vertrages von 1442 bildeten die Grundlagen der Landesgesetze Landgraf Ludwigs I. von 1444 und 1455, die Landgraf Wilhelm III. 1491 zusammenfassend erneuerte. Sie galten vor allem der endgültigen Eindämmung der geistlichen Gerichtsbarkeit und schufen daneben einen sittengesetzlich bestimmten Kodex von Verhaltensvorschriften für das tägliche Leben, der, wie die Bußenregister der Amts- und Schultheißenrechnungen zeigen, zunächst die niedere Gerichtsbarkeit mehr und mehr vereinheitlichte.

Gleichzeitig machte auch der Verwaltungsausbau des Landes unter Landgraf Ludwig weitere Fortschritte. Die sich seit dem 14. Jahrhundert abzeichnende Organisation des Landes in untere Verwaltungsbezirke unter verschiedenen (herkömmlichen) Namen (Ämter, Gerichte, Vogteien) und ihre Besetzung mit zwei leitenden Beamten wurde jetzt vollends ausgebildet. Neben dem Amtmann mit gerichtlicher und politisch-militärischer Zuständigkeit stand der für die Finanzverwaltung verantwortliche Rentmeister (bzw. Kellner). Sie verfügten dazu über „Amtsknechte" als ausführende Organe, vorab die „Landknechte" als eine Art Landgendarmen, die gelegentlich durch „streifende Rotten" verstärkt wurden. Diese kamen aus einer vom Landgrafen besoldeten Schar reisiger Knechte bzw. Trabanten (unter eigenem Hauptmann), die auch als Geleitsreiter den Schutz der Kaufleute und ihrer Wagenzüge durch Hessen zu den Frankfurter Messen im landgräflichen Auftrag übernahmen. Innerhalb der unteren Finanzverwaltung waren Zölle, Bergwerke und Forsten in eigenen Sonderverwaltungen mit eigenen Beamten organisiert.

Ein entscheidender Nachteil der Landesverwaltung konnte aber auch im 15. Jahrhundert noch nicht beseitigt werden: die durch die ständige Finanznot der Landgrafen bedingte Verpfändung der Ämter oder erheblicher Teile ihrer Gefälle; denn sie machte eine durchgreifende Kontrolle der Pfandinhaber und damit der Ämterverwaltung unmöglich. Infolgedessen hatte die Bevölkerung gelegentlich unter der Beamtenwillkür erheblich zu leiden.

Das Steuerwesen war bereits unter Landgraf Hermann II. in eine neue Phase eingetreten; denn neben den alten, herkömmlichen Geld- und Naturalleistungen an den Landesherren (Geschoß, Beede, Geldzinse oder Fruchtgefälle unter den verschiedensten Rechtstiteln und Namen) hatte Landgraf Hermann den Städten eine Tranksteuer aufgezwungen und dem Land überhaupt auch Landsteuern abzupressen versucht, wie sie etwa 1408 von den Katzenelnbogener Grafen als eine auf Selbsteinschätzung beruhende Abgabe des 10. Pfennigs (also eine Vermögenssteuer) ausgeschrieben wurden. Im 15. Jahrhundert hat sich diese Landsteuer (auch Schatzung genannt) in Hessen durchgesetzt. Dazu kamen seit dem 15. Jahrhundert die Reichssteuern (für Hussiten- und Türkenhilfe und das Reichskammergericht), die ebenfalls auf die gesamte Bevölkerung umgelegt wurden.

Ebenso wesentlich waren auch die meist erfolgreichen Bemühungen Landgraf Ludwigs I. zur Vereinheitlichung des Wirtschaftswesens. Der Landgraf bediente sich dazu seines Rechtes der Privilegienbestätigung für die städtischen Zünfte, der wesentlichsten Träger der städtischen und damit der territorialen Wirtschaft überhaupt. Landgraf Ludwig glich alle von ihm bestätigten, erneuerten oder neuverliehenen Zunftbriefe denen der Kasseler Zünfte an, wobei nur Witzenhausen eine Ausnahme bildete und Homberg a. d. Efze eine gewisse Eigenständigkeit wahrte. Die Rechte der Zünfte in den übrigen hessischen Landstädten wurden dagegen nach Maßgabe der Kasseler vereinheitlicht, und dieses Verfahren blieb bis zum Niedergang der Zünfte im späten 17. Jahrhundert üblich. Landgraf Ludwig, der selbst alchimistische Neigungen hatte, steigerte den hessischen Kupferbergbau im Richelsdorfer Gebirge so erheblich, daß hier 1460 nicht weniger als dreizehn Schmelzhütten betrieben wurden.

So groß diese Erfolge der territorialen Abrundung und des inneren Verwaltungsausbaues seit der Mitte des 15. Jahrhunderts aber auch waren, die Verfeindung der beiden landgräflichen Brüder Ludwig und Heinrich belastete das Land auch nach dem ersten Teilungsversuch von 1460 weiterhin. Da diese Teilung auf vier Jahre befristet worden war, weil sie keine Seite als zufriedenstellend ansah, war ein zweiter Teilungsversuch erforderlich, der nach Ablauf der Vierjahresfrist 1464 von den Landständen unter der Vermittlung Herzog Wilhelms von Sachsen eingeleitet wurde. Er endete 1466 nach mühsamen Verhandlungen mit einem neuen Vorschlag, der zwar auf einer eingehenderen Landesaufnahme und daher gerechteren Teilung als 1460 beruhte, aber immer noch einige Streitpunkte (Homberg in Hessen, Vacha, Schmalkalden) offen ließ. Zwar kam es nun am 11. April 1466 zu einem Vergleich zwischen den Brüdern. Aber die Fehden Landgraf Ludwigs II. mit Paderborn und Fulda machten das ganze Friedenswerk wieder zunichte, da Landgraf Heinrich III. unter dem Antrieb seines machtwilligen Hofmeisters Hans von Dörnberg beide Male Landgraf Ludwig entgegen- und auf die Seite der Feinde trat. In seinen Auseinandersetzungen mit Paderborn vermochte Landgraf Ludwig allerdings seine Stellung im Diemellande trotzdem zu behaupten und die gewaltsam eingenommenen nichthessischen Hälften von Trendelburg und Liebenau festzuhalten, nicht aber seine Eroberungen im Stift Fulda (Geisa, Rockenstuhl, Brükkenau und Lauterbach), da sich ihm eine übermächtige Koalition unter Beteiligung Landgraf Heinrichs in den Weg stellte. So kam es 1468 zur offenen Bruderfehde zwischen den Landgrafen und ihren Vasallen, bis es endlich dem jüngsten Bruder, Landgraf Hermann, damals Domherr zu Köln, und Propst von St. Peter zu Fritzlar, unter tatkräftiger Mithilfe der Landstände gelang, im Mai 1470 die endgültige Einigung zu erzielen und das Jahrzehnt des Unfriedens zu beenden.

In der Praxis wurde diese Teilung jedoch schon im nächsten Jahre wieder hinfällig, da Landgraf Ludwig II. bereits 1471 starb und infolgedessen Landgraf Heinrich III. als Vormund von dessen Söhnen (Wilhelm I. und Wilhelm II.) wieder ganz Hessen vereinigen konnte. Auf dieser machtmäßigen Grundlage griff der Landgraf sofort wieder in die große Politik ein, soweit es die hessischen Interessen erforderten. Allerdings stand die Person Landgraf Heinrichs III. dabei ganz im Schatten seines Hofmeisters und Günstlings Hans von Dörnberg, der seinen Herren und dessen Hof völlig beherrschte, aber zweifellos auch über hervorragende politische Gaben verfügte, die er meist ebenso erfolgreich für Hessen wie nutzbringend für sich selbst einzusetzen verstand.

War der Friede von Zeilsheim, der die Mainzer Stiftsfehde beendet und die hessische Beute daraus gerettet hatte, schon ein politisches Meisterstück Dörnbergs gewesen, so war es sein Eingreifen in den großen Kölner Handel nicht minder. Denn hierbei stand für Hessen noch mehr auf dem Spiel. Im Konflikt zwischen Erzbischof Ruprecht von Köln und seinen Ständen unterstützte der Landgraf unter der energischen Führung Dörnbergs den 1471/73 zum Verweser des Erzstiftes Köln gewählten Landgrafen Hermann von Hessen gegen den abgesetzten Erzbischof Ruprecht aufs tatkräftigste. Als vom Kaiser berufener Beschirmer und Hauptmann des Kölner Erzstiftes spielte dieser daher mit hessischer und katzenelnbogischer Hilfe in enger Verbindung mit der Stadt

Köln und dem Kaiser 1474 in der Neußer Fehde gegen Ruprechts Verbündeten, Herzog Karl den Kühnen von Burgund, eine ausschlaggebende Rolle. Als sich dann Ruprecht 1478 von Köln zurückzog, nahm ihn Landgraf Heinrich gefangen und kerkerte ihn trotz päpstlichen Einspruchs bis zu seinem Tode 1480 ein; nunmehr wurde Landgraf Heinrichs Bruder Hermann zum Erzbischof von Köln gewählt.

Es war ein großer Erfolg für Hessen, denn Erzbischof Hermann bestätigte die schon 1474 im Zusammenhang mit der Neußer Fehde von ihm und dem Kölner Domkapitel vorgenommene Verpfändung der Ämter Medebach, Hallenberg, Schmallenberg und Winterberg sowie von Schloß und Amt Kogelnberg und der Stadt Volkmarsen. Wenn diese Pfandstücke infolge des Verpfändungsverbotes der westfälischen Landesverfassung von 1463 den Landgrafen auch nicht eingeräumt werden konnten, so dienten sie doch dazu, eine entsprechend hohe Geldforderung an das Kölner Erzstift, die es 1483 und 1492 auf den Linzer Zoll übernahm, zu sichern. Gleichwohl blieb die hessische Stellung bis ins 16. Jahrhundert in diesem südwestfälischen Grenzraum von Bedeutung und stützte damit auch den unmittelbaren Einfluß auf die Grafschaft Waldeck. Ebenso wesentlich war die Stellung Landgraf Hermanns am Rhein für die Übernahme des großen Katzenelnbogener Erbes durch Hessen, denn sie hat diesen Übergang wesentlich erleichtert. Im Jahr vor Landgraf Hermanns Erhebung zum Kölner Erzbischof war nämlich Graf Philipp von Katzenelnbogen gestorben und damit nach der wichtigen Ziegenhainer Erwerbung von 1450 nunmehr 1479 der noch bedeutendere, aber auch sehr viel schwierigere Katzenelnbogener Erbfall eingetreten. Aber auch hier hat die ausgezeichnete politische Befähigung des hessischen Hofmeisters Hans von Dörnberg das große Ziel gegen alle Widerstände und Schwierigkeit erreicht.

17. Die Grafschaften Ziegenhain und Katzenelnbogen

Die Grafen von Z i e g e n h a i n gehen wahrscheinlich auf die seit 800 im Edergebiet bezeugten Grafen Gosmar zurück, deren Sippenkreis wir in Kap. 14 erörtert haben. Fraglich ist, ob auch der berühmte Wormser Bischof Burchard (1000 bis 1025) diesem Hause angehörte, wie man angenommen hat, da bezeugt ist, daß Burchard aus Hessen stammte (womit dem mittelalterlichen Sprachgebrauch nach nur Niederhessen gemeint sein kann) und von „nicht ganz geringer Abkunft war". Burchard folgte seinem Bruder Franco, der als Abt von Lorsch das Bistum Worms erhielt und Kaiser Otto III. so nahestand, daß dieser seiner letzten Bitte entsprach und Francos Bruder Burchard das Bistum übertrug. Während Burchard zu den engsten Vertrauensleuten König Heinrichs II. gehörte und die Erziehung von dessen Nachfolger König Konrad II. leitete, wird Francos Wormser Vorgänger und Verwandter Bischof Hildebald (978 bis 993) von Otto III. wegen seiner Dienste gerühmt, die er ihm und seinen Eltern, Kaiser Otto II. und der Kaiserin Theophanu, geleistet hatte. Zu dem gleichen Geschlecht gehörte angeblich auch Hildebalds Vorgänger Bischof Hanno von Worms (950 bis 973), so daß damit eine ganze Dynastie niederhessischer Edler unter den sächsischen Kaisern als deren nächste Vertraute das Bistum Worms 75 Jahre lang (von 950 bis 1025) verwaltet hätte. Das allein vermag zu erklären, warum gerade das Bistum Worms als Teilhaber am Erbe der Konradiner im Lahngebiet von den sächsischen Kaisern so auffallend begünstigt worden ist (vgl. Kap. 13), denn sie verpflichteten sich damit ein anderes hessisches Geschlecht zum politischen Beistand in dieser nach dem Abtreten der Konradiner politisch zunächst noch labilen Zone.

Die späteren Grafen von Ziegenhain lassen sich mit hinreichender Sicherheit jedoch erst an den seit 1062 nachweisbaren Grafen Gosmar anknüpfen, dessen Sohn Gosmar I. 1097 (bzw. 1111) als Domvogt von Fulda belegt ist. Von dessen Söhnen war Rudolf I. (1101 bis 1123) Inhaber einer Grafschaft im Gebiet der späteren Grafschaft Ziegenhain und sein Bruder Poppo I. Untervogt des Klosters Hersfeld. Dieser stiftete vor 1140 das Benediktinerkloster Aulisburg, das in einer sehr wechselvollen Frühgeschichte (wiederholt) mit Zisterziensern besetzt und um 1215 schließlich nach Haina verlegt worden ist. Von Rudolf und Poppo stammten die beiden Linien Ziegenhain und Reichenbach (Kr. Witzenhausen), die aber keine vollständige Besitzteilung durchführten, so daß bei der weiteren Teilung zwischen Rudolfs Söhnen Gottfried I. (1141 bis 1158) und Poppo II. (1141 bis 1170) dieser sich auch von Reichenbach nennen konnte; doch erlosch dessen Linie schon Ende des 12. Jahrhunderts mit den roten Grafen Gosmar II. und Heinrich II. von Ziegenhain (nach 1193).

Die Rudolfische oder Ziegenhainer Hauptlinie setzte Gottfrieds I. Sohn Rudolf II. fort, da sein Bruder Gosmar III. nur eine Tochter hatte, die 1186 Landgraf Friedrich von Thüringen heiratete und dem Thüringer Landgrafenhaus reichen Besitz zubrachte (Reichenbach, Wildungen, Keseberg, Staufenberg und Rechte an Ziegenhain und Treysa). Die Auseinandersetzungen darüber führten zu einem thüringisch-ziegenhainischen Erbfolgestreit, der 1233 dahin verglichen wurde, daß die Landgrafen auf Staufenberg und ihre Ansprüche an Ziegenhain und Treysa verzichteten. Ihre gleichwohl noch erheblichen Verluste glichen die Ziegenhainer durch die Ehe Graf Rudolfs II. († vor 1189) aus, der mit der Schwester des letzten Grafen von Nidda, Berthold († nach 1191), dieses Gebiet erheiratete. Infolgedessen konnte es sein Sohn Graf Ludwig I. von Ziegenhain (1194 bis 1226) als Reichslehen übernehmen, nachdem er enger Gefolgsmann der Staufer geworden war und seine beiden Schwestern Adelheid und Mechthild in die beiden führenden staufischen Geschlechter der Wetterau, von Münzenberg und von Büdingen, eingeheiratet hatten. Es liegt im Zuge dieser politischen Einstellung, daß Graf Ludwig und die anderen Ziegenhainer Grafen die ersten waren, die 1207 durch eine in Gegenwart König Philipps vollzogene Schenkung (der Kirche in Reichenbach) den Deutschen Orden nach Hessen brachten, wo dieser nur kurze Zeit später einen so glänzenden Aufstieg nehmen sollte. Um so schärfer wirkt daher der politische Stellungswechsel im Ziegenhainer Grafenhaus, der schon unter Graf Ludwigs Söhnen eintrat; denn sie gingen im Endkampf der Staufer frühzeitig auf die päpstliche Seite über, vermutlich bestimmt durch ihre Verfeindung mit Graf Gottfried III. (dem Bruder Graf Ludwigs I.), der die staufische Gesinnung Ludwigs geteilt haben dürfte und sich dazu mit dem mächtigen Erzbischof Siegfried III. von Mainz überwarf, der ihn 1236 gefangennahm und nur unter dem Versprechen wieder freiließ, nichts gegen Graf Ludwigs I. Söhne zu unternehmen. Von diesen hat es dann Graf Burkhard bis zum Kanzler des staufischen Gegenkönigs Heinrich Raspe und zum Erzbischof von Salzburg gebracht. Doch hinderte ihn ein vorzeitiger Tod daran, dieses Amt noch auszuüben.

Seit Ende des 12. Jahrhunderts bauten die Grafen ihre Herrschaft über den hersfeldischen und fuldischen Vogteibesitz in Hessen aus. Sie entfremdeten dabei Hersfeld größeren Besitz im Gericht Ottrau und im Amt Ziegenhain und Fulda im Gericht Röllshausen und im Amt Rauschenberg. In diesen Zusammenhang gehören wohl auch die Kämpfe des Fuldaer Abtes Heinrich III. (1192 bis 1216) mit Landgraf Hermann von Thüringen und Graf Gottfried III. von Ziegenhain (1189 bis 1255). Nach langen Bemühungen der Äbte haben die Grafen ihre Vogtei, die ihnen immer wieder die Möglichkeit zum direkten Eingreifen in Fulda bot, an die Abtei verpfändet, 1320 mit ihr einen Vergleich darüber geschlossen und sie endlich 1344 an Abt Heinrich VI. von Fulda verkauft. Während dieser Auseinandersetzungen sind die Ziegenhainer von Nidda aus wohl noch im 13. Jahrhundert in die Fuldische Mark eingedrungen, wo sie 1311 mit den Gerichten Echzell, Dauernheim und Berstadt belehnt waren.

Als Inhaber einer kleinen, aber mitten in Hessen gelegenen Grafschaft, die sich vom Burgwald im Westen über das mittlere Schwalmtal zum Knüllgebirge im Osten erstreckte und Niederhessen von Oberhessen fast völlig trennte, spielten die Grafen in den hessisch-mainzischen Kämpfen eine wichtige Rolle. Es kam hinzu, daß sie mit der durch ihre Grafschaft ziehenden großen Straße der „langen Hessen“ den Durchgangsverkehr zwischen Rhein und Weser weitgehend beherrschten. Sie waren infolgedessen von beiden Seiten umworben und konnten daher eine ihrem Vorteil gemäße, selbständige Bündnispolitik treiben. Ihre Verbindung zu beiden Seiten wird dadurch charakterisiert, daß sie im 13. Jahrhundert sowohl Lehnsleute der Landgrafen als auch der Erzbischöfe wurden. Der sich daraus je nach der politischen Lage ergebende, ständige Wechsel ihrer Verpflichtungen verhütete, daß die Grafschaft zwischen den beiden Mächten Mainz und Hessen zerrieben wurde, ließ aber auch keinen größeren territorialen Gewinn mehr zu, denn das widersprach den Interessen der beiden Hauptmächte. So notwendig die wechselnde Bündnispolitik für die Sicherung der Grafschaft also auch war, so blieb sie territorialpolitisch letzten Endes doch steril und braucht daher in ihrem kleinen Hin und Her hier nicht erörtert zu werden. Zudem waren die Grafen infolge des schnellen Wachstums der landgräflichen Macht ihr gegenüber schon im 13. Jahrhundert stark abgesunken, und in bezug auf das Erzbistum Mainz haben sie immer nur eine untergeordnete Rolle gespielt, so willkommen sie auch den Erzbischöfen als Bundesgenossen gegen Hessen waren.

Die Ziegenhainer Linie, die der Reichenbacher an Besitz und Macht überlegen war und sie schließlich 1272 auch beerbte, schwächte ihre Stellung dadurch, daß sie 1258 erneut teilte und die Grafschaft damit in die Gebiete von Ziegenhain und von Nidda spaltete. Da die Niddaer Linie jedoch auch im alten Ziegenhainer Grafschaftsbereich Besitz behielt, kam es darüber zu lähmenden Streitigkeiten, die die Entwicklung der Grafschaft erheblich beeinträchtigt haben. Zuletzt haben sie ihr durch den damit zusammenhängenden Verkauf von Neustadt 1294 an Mainz auch dauernden Schaden zugefügt; denn dadurch wurde das Kerngebiet an der Schwalm (mit Ziegenhain) von den Ämtern an der Wohra (mit Rauschenberg) getrennt. Erst die Ehe Graf Johanns I. von Ziegenhain mit Liutgard von Ziegenhain-Nidda 1311 schuf die Voraussetzung zur Wiedervereinigung der beiden Grafschaftsteile Ziegenhain und Nidda, die 1329 erfolgte und eine letzte Blüte der Grafschaft unter Johann I. (1304 bis 1358) und seinem Sohn Graf Gottfried VII. (1329 bis 1372) herbeiführte.

Graf Johann I. befestigte die Grafschaft durch zahlreiche Burganlagen (Neukirchen, Landsburg, Schönstein, Schwarzenborn) und stellte 1350 gemeinsam mit Gottfried auch die unmittelbare Verbindung zwischen Schwalm- und Wohragebiet wieder her. Zu dem Zweck erwarb er mehrere Dörfer und Gerichte aus dem Besitz des Klosters Haina, nachdem 1344 der Versuch mißlungen war, Neustadt gegen Nidda von Mainz wieder einzutauschen. Außerdem vermochte Gottfried sein Herrschaftsgebiet durch Ankauf zahlreicher kleinerer, angrenzender Besitzungen weiter abzurunden und auszudehnen. Seine verwaltungsorganisatorischen Fähigkeiten lassen die damals angelegten, umfassenden Grafschaftsurbare erkennen. Aus ihnen ergibt sich eine Gliederung der Grafschaft in die sechs Ämter Ziegenhain, Gemünden a. d. Wohra, Rauschenberg, Schönstein, Neukirchen und Schwarzenborn und in die drei Gerichte Landsburg, Ottrau und Röllshausen sowie die Stadt Treysa; dazu kamen die Exklaven Nidda, Staufenberg und Burggemünden.

Die aus dieser äußerst aktiven Territorialpolitik ersichtlichen größeren politischen Pläne Graf Gottfrieds VII. wurden jedoch durch seinen frühen Tod und den unglücklichen Ausgang des Sternerkrieges vereitelt, an dem er und sein Sohn führend beteiligt waren. Seitdem vermochten sich die Grafen dem ständig wachsenden Einfluß Hessens auf ihr Gebiet nicht mehr zu entziehen. Ihre Verbindung zu Mainz lockerte sich und konnte auch durch den letzten großen Widersacher Hessens auf dem Mainzer Stuhl, Erzbischof Konrad, nicht wieder fester geknüpft werden, obwohl er zu Beginn der entscheidenden Auseinandersetzung zwischen Mainz und Hessen die Grafen Johann II. und Gottfried IX. 1424 zu obersten mainzischen Amtleuten in Hessen bestellte. Aber das hatte ebensowenig zu sagen wie die Tatsache, daß ihr Bruder Otto in dieser Zeit Erzbischof von Trier war (1418 bis 1430). Die Grafen sahen sich vielmehr trotz ihrer amtlichen mainzischen Stellung infolge der überlegenen hessischen Position und Politik zu äußerster Zurückhaltung gezwungen, als der Konflikt zwischen Mainz und Hessen ausgekämpft wurde. So hat der Sieg Hessens über Mainz 1427 auch das hessisch-ziegenhainische Verhältnis endgültig geklärt. Schon am 29. Juni 1428 schloß Graf Johann II. einen Schutzvertrag mit Landgraf Ludwig I. von Hessen, dem am 2. Februar 1437 die Lehnsauftragung der gesamten Grafschaft folgte. Infolgedessen fiel die Grafschaft nach dem erbenlosen Tode Graf Johanns II. 1450 mit Zustimmung der Oberlehnsherren Fulda und Hersfeld, die inzwischen gleichfalls weitgehend von Hessen abhängig geworden waren, als erledigtes Lehen an die Landgrafschaft. Die Ansprüche, die die Herren von Hohenlohe erhoben (auf Grund einer Heirat von Graf Johanns Schwestertochter in das hohenlohische Haus), waren erbrechtlich nicht ausreichend begründet und politisch bedeutungslos, so daß sie schließlich 1495 von König Maximilian für immer abgewiesen worden sind, nachdem sich Hessen zu einer geringen finanziellen Entschädigung bereit erklärt hatte.

Stellte der Anfall der Grafschaft Ziegenhain den wichtigsten innerhessischen Territorialerfolg der Landgrafen im Mittelalter dar, so bedeutete die Erwerbung der Grafschaft Katzenelnbogen den größten äußeren Gewinn Hessens im Mittelalter. Denn die Grafen von Katzenelnbogen, seit 1066 am Mittelrhein nachweisbar, waren nach den Landgrafen das persönlich bedeutendste, politisch einflußreichste und wirtschaftlich mächtigste Geschlecht im Raume des heutigen Hessen, und in kultureller Beziehung hat sie kein Fürsten- oder Grafenhaus Hessens zu ihrer Zeit auch nur erreicht. Wir wollen daher hier nicht nur ein Bild ihrer politischen, sondern auch ihrer kulturellen Leistung zeichnen.

Die Herkunft der Katzenelnbogener ist ungeklärt. Sie treten uns zuerst in Kloster Siegburger Urkunden des 11. Jahrhunderts mit Diether I. (ca. 1065 bis 1095) entgegen und scheinen ihren ältesten Sitz im Einrich auf der Altenburg bei Egenroth gehabt zu haben, an deren Fuß sie im 12. Jahrhundert ihr Hauskloster Gronau gründeten. Jedoch können diese Altenberg-Gronauer Besitzungen und Rechte nicht bedeutend gewesen sein, denn die Machtgrundlage, auf der sich das Geschlecht festigte, boten ihm die zusätzliche erworbenen Vogteirechte. Es handelte sich hierbei um solche des Klosters Prüm über

St. Goar (die die Katzenelnbogener zunächst als Untervögte der Arnsteiner Grafen innehatten), um Kloster Bleidenstadter Vogteirechte im Dörsbachtal und um die Vogtei über die mainzischen Besitzungen um Kemel. Alle drei Gebiete schützten sie in der Folgezeit durch eine Burg und nannten sich seit 1102 nach der von ihnen um 1095 im Bleidenstadter Vogteigebiet errichteten Burg Katzenelnbogen.

Ihren politischen Aufstieg verdanken die Katzenelnbogener jedoch einer weit größeren Macht, dem staufischen Kaiserhaus. 1138 führen sie erstmals den Grafentitel, den Heinrich II. von Katzenelnbogen als Erbe der Grafschaft im Kraichgau (südlich Heidelberg) übernehmen konnte, nachdem er auf Grund naher persönlicher auch in enge politische Beziehung zu König Konrad III. getreten war. Seitdem blieben die Grafen mit den Staufern verbunden, die sie oft in wichtigen Stellungen und Missionen verwendeten. König Konrad III. berief 1141 Philipp von Katzenelnbogen zum Bischof von Osnabrück und Kaiser Friedrich I. 1174 Hermann von Katzenelnbogen zum Bischof von Münster. Dieser hat sich als einer der fähigsten Diplomaten des Kaisers erwiesen und ihm vor allem in der auswärtigen Politik des Reiches vom Italienzug des Jahres 1162 an bis zum Kreuzzug des Kaisers 1189/90 wichtigste Dienste geleistet. Er blieb auch dem Sohn Barbarossas, Kaiser Heinrich VI., eng verbunden und hat dadurch seinem Bruder Diether den Weg an die Spitze der Reichsverwaltung geebnet, denn Diether war Kanzler des Kaisers, starb aber schon auf dessen Italienzug 1191. Hermann eröffnete auch das Orientkapitel in der Geschichte des Katzenelnbogener Grafenhauses. Nachdem er 1189/90 am Kreuzzug Kaiser Barbarossas teilgenommen hatte (er gehörte zu dessen Vorauskommando als Chef der diplomatischen Mission des Kaisers an den Hof Kaiser Isaak II. Angelos von Byzanz), folgte auch sein ihm nahestehender Neffe Graf Berthold II. den Kreuzfahreraufrufen und nahm seit 1202 am vierten Kreuzzuge teil. Er hat ein bewegtes Leben in Griechenland, auf dem Balkan und im Vorderen Orient geführt und ist dabei zu hohem politischem Ansehen und im Rahmen des lateinischen Kaiserreiches zeitweise sogar in den Besitz einer Königstochter und -witwe und einer eigenen Grafschaft im nördlichen Griechenland gelangt. Hermann und Berthold sind mindestens vier weitere Katzenelnbogener Grafen als Orientfahrer nachgezogen. Der letzte von ihnen, Graf Philipp d. Ä., hat von seiner Fahrt in den Jahren 1433/34 ein Tagebuch hinterlassen, das als eines der ersten deutschen Orientreisebücher und Führer zu den heiligen Stätten Palästinas (er selbst wurde auf dem Berge Sinai zum Ritter geschlagen) berühmt geworden ist.

Diese äußerst einflußreichen Stellungen und weitreichenden Beziehungen der Katzenelnbogener Grafen wirkten sich naturgemäß auch in territorialer Hinsicht aus, so daß ihnen das kaum Glaubliche glückte, im späten Mittelalter in den Mittelrheingebieten, als diese territorial längst aufgeteilt und vergeben

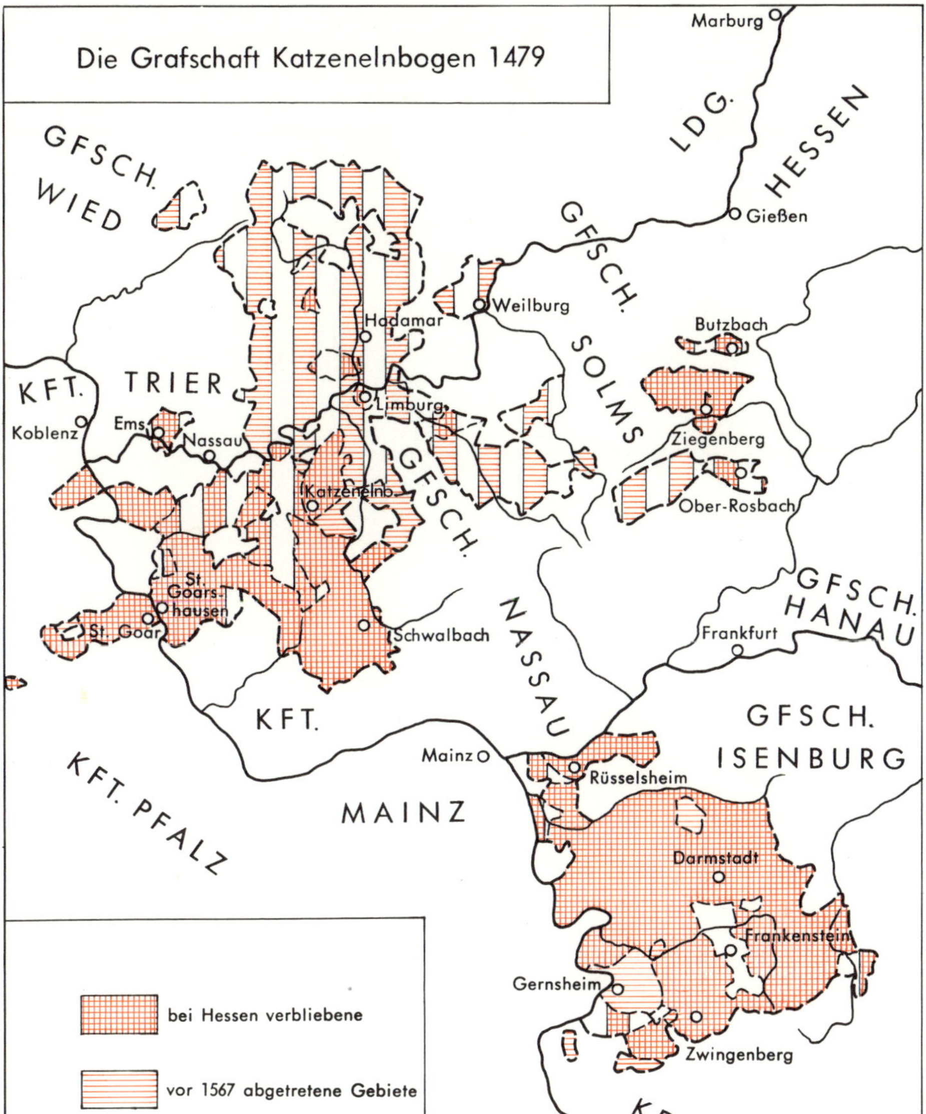
Die Grafschaft Katzenelnbogen 1479
Marburg
LDG. HESSEN
Gießen
GFSCH. WIED
GFSCH. SOLMS
Weilburg
Hadamar
Butzbach
KFT. TRIER
Koblenz
Ems
Nassau
Limburg
Ziegenberg
Katzenelnb.
GFSCH.
Ober-Rosbach
St. Goarshausen
St. Goar
Schwalbach
NASSAU
GFSCH. HANAU
Frankfurt
KFT.
GFSCH. ISENBURG
Mainz
Rüsselsheim
KFT. PFALZ
MAINZ
Darmstadt
Frankenstein
Gernsheim
Zwingenberg
KFT. PFALZ
bei Hessen verbliebene
vor 1567 abgetretene Gebiete
Streifen: Kondominate
0 10 20 30 km

schienen, eine eigene mächtige Grafschaft aufzubauen. Ihre schmale Ausgangsbasis zwischen Taunus und Lahn erweiterten sie um 1160 durch Erwerb der Grafschaft des Einrichs, die sie gemeinsam mit den Nassauer Grafen von den Isenburgern aus dem Erbe der Grafen von Arnstein kauften. Aus dem Arnsteiner Erbe fiel den Katzenelnbogener Grafen um 1185 auch St. Goar vollständig zu. Diese wichtige Rheinzoll- und Fährstelle schützten sie zunächst durch Burg- und Befestigungsbauten in St. Goar, bis sie 1245 die machtvolle Burg Rheinfels errichten, während zur Sicherung ihrer Stellung auf dem östlichen Einrich um Kemel bereits um 1190 Burg Hohenstein über der Aar (gegen die andringenden Nassauer Grafen) entstanden war. Bis ins 12. Jahrhundert reichen wohl auch die Besitzrechte der Grafen in der späteren Obergrafschaft um Darmstadt, Bessungen und Groß-Gerau zurück, die sie als Lehen des Bistums Würzburg innehatten und wohl kaiserlicher Intervention und Huld verdankten; doch sind sie hier erst seit 1222 bezeugt. Diesen Besitz in der Rhein-Main-Spitze vermochte Graf Diether V. wesentlich zu vergrößern, da ihm der staufische Gegenkönig Wilhelm von Holland als Preis für seinen Übertritt 1249 die altberühmte Pfalz Tribur mit dem zugehörigen umfangreichen Reichsbesitz überließ. Seinen Sohn Graf Wilhelm I. (1276 bis 1331) vermählte Graf Diether V. mit einer Isenburgerin, die dem Katzenelnbogener Hause 1276/77 den isenburgischen Besitz um St. Goarshausen zubrachte. Er war besonders wertvoll, weil er den Zusammenhalt der Katzenelnbogener Herrschaftsgebiete auf dem Einrich und ihre Verbindung mit dem linksrheinischen St. Goar-Rheinfels weiter festigte. Die im 14. Jahrhundert fast unmittelbar nebeneinander errichteten Burgen Reichenberg (seit 1320) und Neukatzenelnbogen (um 1370) unterstreichen die Bedeutung dieser Landbrücke für die Niedergrafschaft. Zugleich aber macht die Namenübertragung Katzenelnbogen vom Einrich an den Rhein deutlich, daß diese Doppelstellung Rheinfels-Neukatzenelnbogen zum neuen Mittelpunkt der Grafschaft bestimmt war. Damit hatte das Grafenhaus unmittelbar Anschluß und durch seine große Zollstelle St. Goar erheblichen Einfluß auf die größte westeuropäische Verkehrslinie des späten Mittelalters gewonnen.

Den weiteren ständigen Aufstieg des Hauses vom Ende des 13. bis zum Anfang des 15. Jahrhunderts sicherten die immer wieder erneuerten Reichsdienste der Katzenelnbogener Grafen und ihre sich daraus ergebenden nahen politischen und persönlichen Beziehungen zu den deutschen Königen und den rheinischen Kurfürsten. Das gilt insbesondere für Graf Eberhard I. (1260 bis 1311). Er hat zwar mit seinem älteren Bruder Graf Diether V. um 1260 die Grafschaft (auf Nutzung, nicht tot-) geteilt und eine eigene, erst 1403 wieder erloschene jüngere Katzenelnbogener Linie begründet; aber er hat die dadurch verursachte Schwächung der Grafschaft durch seine großen reichs- und territorialpolitischen Verdienste mehr als wettgemacht. Im Gegensatz zu seinem

Bruder Diether V., der rücksichtslos und erfolgreich die Schwäche des Reiches unter den staufischen Gegenkönigen und im Interregnum in seinem Interesse ausnutzte, war Eberhard unter drei deutschen Königen die stärkste und sicherste Stütze der Reichsgewalt am Rhein. Nachdem er 1275 in die Dienste König Rudolfs von Habsburg getreten war, wurde er bald einer seiner bewährtesten Räte. Ebenso hatte Graf Eberhard zeitweise starken Einfluß auf die Politik König Adolfs von Nassau, dessen Onkel er war, und ist schließlich auch von Adolfs Gegner und Überwinder, König Albrecht, dem Sohn König Rudolfs von Habsburg, in seiner Stellung bestätigt worden, da er inzwischen wegen seiner politischen Erfahrung und Befähigung unentbehrlich geworden war.

Dieser Stellung entsprachen seine eigenen territorialen Gewinne (endgültig Tribur, Anteil am Bopparder Reichszoll, Burg, Stadt, Zoll und Silberschürfrecht zu Braubach, Burg Stadecken). Dabei hat Eberhard seine Macht keineswegs auf Kosten des Reiches unbillig ausgenutzt; er hat ihm vielmehr langjährige und unermüdliche Dienste geleistet, die sich für ihn in der rheinischen Reichspolitik seiner Zeit konzentrierten, deren unverrückbare Grundfeste er jahrzehntelang in seiner weitreichenden Oppenheimer Amtsstellung bildete. Von hier erstreckte sich sein Einfluß auf Grund königlicher Spezialmandate und Prokurationen zeitweise über die Wetterau bis nach Fulda und über Oberschwaben bis nach Zürich. Er war der letzte bedeutende weltliche Vertreter der Reichsinteressen am Mittelrhein, der in beamteter Stellung tätig war.

Diese Reichsbeziehungen haben die politische Stellung des Katzenelnbogener Grafenhauses auch während des ganzen 14. Jahrhunderts bestimmt. Graf Diether VI. leistete Kaiser Heinrich VII. auf seinem Romzuge in dessen engster Umgebung wertvollen Beistand (und erhielt dafür außer Stadtprivilegien das kaiserliche Geschenk von zwölf Judenfamilien; wie denn die Grafen schon seit dem 13. Jahrhundert enge geschäftliche Beziehungen zu den damaligen rheinischen Geldhändlern, den Lombarden, Kawerzen und Juden, pflegten). Nach Heinrichs Tode diente Diether VI. Friedrich dem Schönen von Österreich, war 1314 bei dessen Krönung in Bonn zugegen und geleitete den König zum Hoftag nach Basel, wo er im Turnier fiel.

König Johann von Böhmen aus dem Hause der Luxemburger, der tatkräftige Sohn Kaiser Heinrichs VII. und Vater Kaiser Karls IV., gewann 1324 Graf Eberhard III. von Katzenelnbogen für seine Dienste und vermochte 1339 auch Graf Wilhelm II. von Katzenelnbogen, den und dessen Vetter Johann II. bisher König Ludwig von Bayern begünstigt hatte, von diesem Gegner des luxemburgischen Hauses ab- und auf seine Seite herüberzuziehen. Im Kampfe zwischen Ludwig dem Bayern und Karl IV. um die deutsche Krone hat König Johann von Böhmen 1346 schließlich auch noch Graf Johann II. von Katzenelnbogen gewonnen, und 1349 verbanden sich mit Graf Wilhelm II. auch dessen

Bruder Eberhard V. mit Karl IV. So sehen wir die Katzenelnbogener 1346 auf dem Zuge Karls IV. gegen Lüttich, 1349 bei dessen Krönung in Aachen und 1356 auf den Reichstagen zu Nürnberg und Metz bei dem Abschluß des Reichsgrundgesetzes, der Goldenen Bulle, zugegen. Und während Graf Diether VIII. 1376 an der Krönung von Karls IV. Sohn Wenzel in Aachen teilnahm, war gleichzeitig Graf Eberhard V. führendes Mitglied der Gesandtschaft Wenzels an Papst Gregor, um mit diesem über Salbung, Weihe und Krönung des Königs zum Kaiser zu verhandeln.

Diese engen luxemburgisch-böhmischen Beziehungen der Katzenelnbogener Grafen lockerten auch die Verpfändung Luxemburgs durch König Wenzel an den Markgrafen Jost von Mähren nicht; sie erfuhren vielmehr unter ihm ihre höchste Steigerung. 1394 bestellte er unter Zustimmung König Wenzels Graf Diether VIII. von Katzenelnbogen zum Hauptmann von Luxemburg und erteilte ihm 1395 noch einen Sonderauftrag zum Schutze des Landes gegen den Grafen von St. Paul. Graf Diether schlug dessen Angriff ab und verwaltete das Land so gut, daß Markgraf Jost Ende 1395 Graf Diethers Vollmachten nochmals erweiterte; jedoch kam dieser dabei nicht auf seine Kosten, so daß er 1398 die luxemburgische Statthalterschaft niederlegte und stattdessen im Auftrage König Wenzels die Reichsvogtei in der Wetterau übernahm (in der ihn 1402 Hermann von Rodenstein ablöste). Auch Graf Diethers Sohn, Graf Johann IV., vermochte die ihm hinterlassene Forderung seines Vaters von nahezu 20 000 fl. an das Land Luxemburg trotz langer Bemühungen nicht beizutreiben. Sie bildeten daher noch unter Graf Johanns IV. Sohn, Graf Philipp d. Ä. von Katzenelnbogen, Gegenstand einer jahrzehntelangen Auseinandersetzung mit den Herzögen von Burgund als den damaligen Inhabern Luxemburgs, wovon auch eine ganze Anzahl burgundischer Städte wie Löwen, Brüssel, Mecheln und Utrecht betroffen wurden.

Trotz dieser weitreichenden politischen Verpflichtungen und Belastungen, hat die Verwaltung der Grafschaft und die Wahrung und Mehrung ihres Besitzstandes niemals darunter gelitten. Besonders Graf Wilhelm I. (1276 bis 1331), der 55 Jahre lang regierte, war ein genauer und guter Verwalter seines Besitzes. Noch im Laufe des 14. Jahrhunderts ist die katzenelnbogische Finanzverwaltung geradezu mustergültig ausgebaut worden. Der Zersplitterung seiner Grafschaft durch Teilungen beugte Graf Wilhelm I. dadurch vor, daß er schon 1331 das Majorat einführte. Dazu hatte ihn wohl vor allen Dingen das Schicksal der katzenelnbogischen Stammburg veranlaßt, die infolge ungeschickter Besitzabteilung 1326 in nassauische Hände gelangt war, was erstmals zu größeren Streitigkeiten mit den Nassauer Grafen führte. Sie dauerten an, bis die hartnäckig betriebene Zurückerwerbung 1350 Erfolg hatte, setzten sich aber kurz darauf im Kampf um die Grafschaft Diez fort.

Das Verhältnis der Katzenelnbogener zu den Nassauer Grafen, das sich infolge der intensiven politischen Tätigkeit beider Geschlechter im selben Raum seit dem 13. Jahrhundert mehr und mehr verschlechtert hatte, wuchs sich nunmehr im 14. Jahrhundert vor allem auf Grund des Streites um die Burg Katzenelnbogen und die Grafschaft Diez während des Erlöschens des Diezer Grafenhauses zur offenen Feindschaft aus. Einen neuen Streitpunkt bildete der geschickt durchgeführte Ankauf des größten Teiles der nassau-hadamarschen Teilgrafschaft 1403 durch Graf Johann IV. von Katzenelnbogen, den ihm seine Stiefmutter, die letzte Nassau-Hadamarer Gräfin, ermöglichte. Diese Lage nutzten die hessischen Landgrafen aus, da sie von den Dillenburger Grafen bereits im Sternerkrieg und den anschließenden Fehden wegen der Verluste von Itter und insbesondere von Driedorf angegriffen worden waren. Die Landgrafen von Hessen hatten nämlich das von ihnen lehnsabhängige Amt Driedorf nach dem Erlöschen der Nassau-Hadamarer Linie eingezogen und es nicht mehr an Nassau, sondern 1398 zu zwei Dritteln an Katzenelnbogen gegeben. Der jahrelange Kampf Graf Johanns IV. von Katzenelnbogen mit Graf Johann I. von Nassau-Dillenburg um die hadamarschen Gebiete und Rechte führte Hessen und Katzenelnbogen im Vertrag vom 21. November 1410 schließlich ganz zusammen. Von Hessen zugleich als Instrument seiner antimainzischen Politik gehandhabt, von Katzenelnbogen zur Sicherung seiner Hadamarer Erwerbungen benutzt, lag seine wesentlichste territorialpolitische Bedeutung jedoch darin, daß es Hessen den Weg an die untere Lahn öffnete. Hier hat es dann 1436 in Realisierung eines alten Lehnsanspruches auf ein Drittel an Limburg vom Erzbistum Trier eine Pfandschaft an dieser wichtigsten Stadt des unteren Lahngebietes erworben. Weitere gemeinsame politische Interessen (vor allem im Verhältnis zu Trier) führten schließlich 1446 zum Verlöbnis der Katzenelnbogener Gräfin Anna mit Landgraf Heinrich III. von Hessen, nachdem Landgraf Ludwig seinem Sohn auf Verlangen Graf Philipps von Katzenelnbogen einen selbständigen Anteil an der Landgrafschaft Hessen zugesichert hatte. Anna und Heinrich heirateten 1457, nachdem Anna 1453 als einziges überlebendes Kind Graf Philipp d. Ä. von Katzenelnbogen Erbtochter der Grafschaft geworden war.

Dieses Erbe war um so kostbarer, als schon Graf Philipps Vater, Graf Johann IV. (1402 bis 1444), der 1402 die beiden Katzenelnbogener Linien wieder vereinigt hatte, sehr erfolgreich im weiteren Ausbau der Grafschaft gewesen war. Ihm verdankte sie bedeutende territoriale Gewinne gegenüber dem Erzbistum Mainz im vorderen Odenwald, den Grafen von Sayn und von Isenburg-Büdingen in der Dreieich, den Herren von Wolfskehl im hessischen Ried, den Grafen von Nassau in der Grafschaft Hadamar und den Herren von Westerburg in der Herrschaft Schaumburg (an der unteren Lahn). Auf seine Initiative ging auch die endgültige Begründung des Wetterauer Grafenvereins

1422 zurück, in dem Graf Johann und sein Sohn Philipp auf Grund ihrer weitreichenden politischen Beziehungen und ihrer überlegenen Finanzkraft von Anfang an führend waren. Das kam naturgemäß wieder ihrem allgemeinen Ansehen zugute und verschaffte ihnen einen weit über die Grafschaft hinausgreifenden politischen Einfluß. Auf dieser Grundlage konnte Graf Philipp d. Ä. von Katzenelnbogen (1444 bis 1479) noch größere Erfolge erzielen, denn es glückte ihm nicht nur, von den rheinischen Kurfürsten große Zollpfandschaften am Rhein zu erwerben, sondern sich 1444 bzw. 1453 auch in den lange erstrebten Mitbesitz der Grafschaft Diez einzukaufen (und damit die Hadamarer Grafschaftsteile wesentlich auszudehnen). Außerdem gelang es ihm 1457 bzw. 1478 umfangreiche eppsteinische Gebiete im Taunusvorland und in der Wetterau an sich zu ziehen und 1458/61 und 1461/75 in den Mitbesitz der trierischen Herrschaft Limburg/Molsberg einzudringen.

Der in dieser stetigen und erfolgreichen Erwerbspolitik klar zutage tretende Reichtum des Hauses gründete auf dem doppelten Fundament einer gepflegten und sorgfältig verwalteten Grafschaft und einem umfassenden Besitz an Rheinzöllen. Sie verschafften den Grafen durch ihre beträchtlichen Bargeldeinkünfte ständig flüssige Geldmittel und damit eine überlegene finanzielle Stellung. Hauptverwaltungssitz — zuerst der älteren Linie, dann der wiedervereinigten Grafschaft — war die Burg Rheinfels über St. Goar, neben der Darmstadt als jüngere Residenz und Mittelpunkt der Obergrafschaft den zweiten Platz zu behaupten verstand. Die im frühen 15. Jahrhundert bereits völlig durchgebildete Grafschaftsverwaltung gliederte sich in 24 Kellereibezirke und in die zusammenfassenden drei Landschreibereien Hohenstein (für die Niedergrafschaft), Darmstadt (für die Obergrafschaft) und Hadamar (für das Westerwaldgebiet). Daneben stand unabhängig die große Rheinzollverwaltung in Rheinfels, die schließlich einen (systematisch ausgebauten) rheinischen Zollbesitz umfaßte, der von Gernsheim über Mainz, Ehrenfels, St. Goar, Boppard, Rhens, Rolandseck, Linz, Bonn und Düsseldorf bis nach Lobith an der holländischen Grenze reichte.

Es kennzeichnet den daraus hinreichend erklärlichen sprichwörtlichen Reichtum des Katzenelnbogener Grafenhauses, daß es in der Reichssteuerliste von 1422 in der 86 Namen umfassenden Gruppe der Grafen und Herren an vierter Stelle steht und in der Liste von 1431 in seiner jetzt 77 Namen zählenden Gruppe nur noch von Württemberg übertroffen wurde. Als daher der letzte Katzenelnbogener Graf Philipp d. Ä. 1422 in dieses Haus einheiratete, brachte ihm seine Braut Anna von Württemberg eine Mitgift ein, wie sie selbst die Katzenelnbogener bis dahin niemals erhalten hatten. Sie belief sich außer einer kostbaren Brautausstattung (deren Verzeichnis erhalten ist) auf 32 000 Gulden und betrug damit das Achtfache der bis dahin üblichen Mitgiften von 4 000

Gulden. Wie sehr es Graf Philipp verstand, seinen ererbten und erheirateten Reichtum zu mehren, ergibt sich daraus, daß er 1457 seiner Tochter Anna bei ihrer Heirat mit Landgraf Heinrich III. von Hessen 52 000 fl. und damit die höchste Brautgabe zuwandte, die jemals ein mittelalterlicher hessischer Landgraf erheiratet hat. Das Bezeichnende daran ist aber, daß Graf Philipp nicht etwa genötigt war, mit dieser Summe sein Land zu belasten (denn schon damals wurde es üblich, die herrschaftlichen Mitgiften von der Bevölkerung durch eine besondere Fräuleinsteuer einzufordern). Er konnte sie vielmehr aus seinem Kapital anweisen und zum größten Teil mit fünf Pfandbriefen der rheinischen Kurfürsten finanzieren: mit zwei kurtrierischen Pfandverschreibungen auf dem Bopparder Zoll in Höhe von 10 000 Gulden, zwei kurkölnischen Pfandbriefen auf Rhens und Rolandseck in Höhe von 16 000 Gulden und einer kurpfälzischen Pfandverschreibung auf dem Bopparder Zoll in Höhe von 6 000 Gulden.

Diese Zahlungsart kennzeichnet zugleich die Tatsache, daß die Katzenelnbogener Grafen aus ihrer ursprünglichen Stellung von mittleren Vasallen der rheinischen Kurfürsten im 15. Jahrhundert zu ihren größten Gläubigern aufgestiegen waren, und macht es verständlich, daß der Kaiser schließlich die Grafschaft einem König (Georg von Böhmen) zuwenden wollte. Die Größe des Objektes erklärt aber auch, daß nach der Heirat Landgraf Heinrichs III. von Hessen mit der Katzenelnbogener Erbtochter Anna das Katzenelnbogener Erbe die hessische Politik maßgeblich beeinflußt hat. Das gilt insbesondere für die Mainzer Stiftsfehde 1461/63 wie für den Kölner Bistumsstreit und die Neußer Fehde 1474. In der Mainzer Stiftsfehde war die Stellungnahme Landgraf Heinrichs durch die Verbindung seines Schwiegervaters Philipp von Katzenelnbogen mit Erzbischof Diether von Mainz bestimmt, und im Kölner Streit galt es, einem Bruder des Landgrafen die Anwartschaft auf den Kölner Erzstuhl zu sichern und damit einen zuverlässigen Bundesgenossen bei der Übernahme der von allen Seiten beanspruchten Katzenelnbogener Erbschaft zu gewinnen. Denn solche Ansprüche erhoben nicht nur die Erzbischöfe von Mainz und Trier und die Pfalzgrafen, sondern insbesondere auch der Kaiser. Vor allem aber erreichten es die Nassau-Dillenburger Grafen mit Unterstützung der Landschaft noch in letzter Stunde, Graf Philipp d. Ä. zu einer zweiten Heirat mit einer Nassauer Gräfin zu bewegen und dadurch ihren Einfluß auf die Geschicke der Grafschaft in gefährlicher Weise zur Geltung zu bringen. Da diese Ehe des alten Grafen jedoch kinderlos blieb, konnten alle Bedrohungen der hessischen Anwartschaft durch die hervorragende Politik Graf Philipps und des hessischen Hofmeisters Hans von Dörnberg abgewehrt werden. Landgraf Heinrich III. von Hessen vermochte vielmehr die Grafschaft 1479 ungeschmälert in seinen Besitz zu bringen, nachdem er bereits 1470 die Verwaltung der Obergrafschaft (Darmstadt) vorsorglich erhalten hatte.

Damit hatte Hessen eine Position bezogen, deren außerordentliche Bedeutung sich erst im kommenden Reformationsjahrhundert voll ausgewirkt hat. Denn ohne den Besitz der Katzenelnbogner Grafschaft inmitten der großen rheinischen Erzbistümer und ohne die beherrschende katzenelnbogische Stellung am Rhein und seinen Hauptzollstätten erscheint die führende Rolle Hessens in der Reformation aus territorialen, finanziellen und machtmäßigen Gründen ausgeschlossen. Damals lief daher die Katzenelnbogener Machtstellung am Rhein erst zu ihrer vollen Größe auf, und daraus erklärt sich, daß Hessen um ihre Behauptung wie um keine andere Erwerbung gerungen hat, als sie ihm das Nassauer Grafenhaus im Bunde mit dem Kaiser im großen Katzenelnbogener Erbfolgestreit abnehmen wollte.

Der große Zug und der Höhenflug der politischen Geschichte des Katzenelnbogener Grafenhauses zeichnet auch das kulturelle Leben seines Hofes aus. Kein anderes Geschlecht des Mittelrheingebietes hat wehrtechnisch und künstlerisch so vollendete Burgen geschaffen wie die Katzenelnbogener. Das bezeugen uns noch heute die Ruinen von Hohenstein, Burgschwalbach, Rheinfels, Lichtenberg und insbesondere die einzigartige Burganlage von Reichenberg. Eine Schatzkammer der spätmittelalterlichen rheinischen Großplastik waren die im Laufe des 19. Jahrhunderts leider zumeist zerstörten Grabdenkmäler der Katzenelnbogener aus ihrer fast fürstlichen Grablege im südlichen Seitenschiff der machtvollen Zisterzienserkirche Eberbach im Rheingau. Aber auch die in ihrem Auftrage geschaffenen Malereien des Bornicher Altars und der Stiftskirche in St. Goar verdienen genannt zu werden. Eine Kostbarkeit nach Inhalt und Ausstattung war ihre Bibliothek. Deren Inventare weisen nämlich neben der üblichen spätmittelalterlichen Unterhaltungs- und Erbauungsliteratur vor allem auch die großen Werke der mittelhochdeutschen Klassik auf, wobei einige besonders kostbar ausgestattete Handschriften nicht nach ihrem Titel, sondern nach ihrem Einband und ihrer Ausstattung benannt werden. Den Schätzen ihrer Bibliothek waren die ihres Silber- und Kleinodienbesitzes gemäß und diesen wiederum entsprachen ihre Gold-, Silber- und Seidenstickereien, die uns die Schloßinventare überliefern. Dazu haben wir eingehende Nachrichten über ihre weit über Deutschland hinausreichenden politischen Beziehungen, ihre weiten Züge, Fahrten und Reisen (bis nach Litauen und nach Ägypten) und ihre Turniere, Jagden und Beizen (für die ihnen die Falkner des Deutschen Ordens jährlich aus Preußen Falken und Hunde brachten). Das schönste Zeugnis der Kultur der Katzenelnbogener Grafen bieten jedoch die Nachrichten über die Rolle und Pflege von Dichtung und Musik an ihrem Hofe. Mit ihnen verbinden sich nicht nur die Namen spätmittelalterlicher Dichter, Sprecher, Sänger, Instrumentalisten, sondern vor allem auch die der großen mittelhochdeutschen Dichter, voran Walthers von der Vogelweide. Wenn man alle die Zeugnisse, die sich zu einer solch hell aufleuchtenden Blüte der spätmittelalterlichen höfischen Kultur zusammenfügen, in ihrem durch die Jahrhunderte zwar gedämpften, aber immer noch ungebrochenen Glanze bis zu uns herüber leuchten sieht, dann begreift man die Anfangszeilen von Herrn Walthers Spruch: „Ich bin dem Bogenære (= dem Katzenelnbogener) holt."

18. Die Landgrafschaft bis zum Tode Landgraf Philipps des Großmütigen

Mit der Katzenelnbogener Erbschaft begann eine neue territoriale Epoche Hessens. Vom Werra-Fulda-Gebiet lenkten seine Interessen in steigendem Maße nach Südwesten, denn der Grafschaft Katzenelnbogen verdankte die Landgrafschaft eine mächtige Stellung an Main und Rhein unmittelbar vor den Toren von Frankfurt und Mainz. Außerdem faßte Hessen nunmehr endgültig in der Wetterau Fuß, wo ihm dann nach etwa 80jähriger Auseinandersetzung mit dem Wetterauer Grafenverein und der dortigen Reichsritterschaft die Vorherrschaft zufiel. Jedoch überstieg die völlige Ausschöpfung des Katzenelnbogener Erbes zunächst die Kräfte der hessischen Landgrafen. Die Übernahme dieser einzigartigen Hinterlassenschaft, die von so vielen Seiten begehrt war, barg so zahlreiche Gefahren — vor allem in politischer Hinsicht —, daß ihnen die hessischen Fürsten nicht in allen Punkten erfolgreich begegnen konnten. Dazu kam, daß das hessische Haus noch immer gespalten war und mit erheblichen inneren Schwierigkeiten zu kämpfen hatte. Trotzdem blieb auch in den folgenden Jahrzehnten um die Wende des 15. Jahrhunderts die territoriale Weiterentwicklung Hessens nicht stecken. Sie läßt jedoch die Tendenz erkennen, umstrittene Gebiete entweder gänzlich zu sichern oder aber aufzugeben. Kennzeichnend hierfür ist die Erwerbung der halben Herrschaft Eppstein 1492, auf die seit der Katzenelnbogener Erbschaft gewisse Anrechte bestanden. Hessen realisierte sie durch einen Kauf, bei dem es u. a. mit seiner Hälfte von Hadamar zahlte, über die Trier die Lehnshoheit beanspruchte. Da es diese hierbei anerkannte, verpflichtete es sich das Erzbistum, was schon in kurzer Zeit in einer für Hessen bedrohlichen Lage (im Katzenelnbogener Erbfolgestreit mit Nassau) größte politische Bedeutung gewann. Im folgenden Jahr 1493 erlangte Landgraf Wilhelm die Anerkennung der hessischen Oberlehnsherrschaft durch Wittgenstein und die Sicherung der hessischen Lehnshoheit über die Burg Rodenstein (im Odenwald).

Noch wichtiger als diese äußeren waren jedoch die inneren Erfolge des hessischen Staates, die nun allmählich heranreiften und in der immer tiefer wirkenden Erfassung des Landes durch eine immer stärkere und einheitlichere Verwaltung ihren Ausdruck fand. Hierfür war es wesentlich, daß die bereits unter Landgraf Ludwig gelegten Grundlagen einer zentralen Finanzverwaltung unter Landgraf Wilhelm II. erheblich ausgebaut wurden. Seitdem bildete die Kammer eine selbständige Behörde der Zentralverwaltung. Dagegen war es recht schwierig, die örtlichen Rechtsgewohnheiten (vor allem hinsichtlich des Erbrechtes) einander anzugleichen. Infolgedessen nahm man nunmehr die 1495 erlassene Reichskammergerichtsordnung zum Vorbild, um mit Hilfe ihrer römisch-rechtlichen Bestimmungen zu einheitlichen Rechtsgrundsätzen zu gelangen. Auf diese Weise entstanden unter Landgraf Wilhelm III. von Oberhessen das von dem Frankfurter Schultheißen Dr. Ludwig zum Paradies und dem hessischen Kanzler (und Mainzer Juristen) Dr. J. Koler geschaffene Landesgesetz von 1497 und unter Landgraf Wilhelm II. von Niederhessen die sogenannte Reformation von 1500. Ihnen folgte die Ordnung für das 1500 in Marburg eingerichtete hessische Hofgericht. Sie sind nach der Wiedervereinigung beider Hessen im Februar 1500 für beide Landesteile verbindlich geworden. Wenn die damit eingeführten neuen Rechtsgepflogenheiten und -grundsätze auch erhebliche Widerstände überwinden mußten, ehe sie sich durchzusetzen vermochten, so bildeten sie doch eines der wichtigsten Mittel zur Vereinheitlichung des hessischen Territorialstaates im 16. Jahrhundert.

In diesem Zusammenhang muß auch das Ende des 15. Jahrhunderts lebhaft hervortretende hessische Geschichtsbewußtsein genannt werden. Seine namhaftesten Vertreter waren die beiden Chronisten Wiegand Gerstenberg von Frankenberg und Johannes Nuhn von Hersfeld. Nuhn verfaßte zwei (bis 1523 reichende) hessische Chroniken, die vor allem für die Zeit Landgraf Wilhelms I., II., III. und die Anfänge Philipps des Großmütigen wertvoll sind, während Gerstenbergs große kompilatorische hessische Landeschronik auch die ältere hessische Chronistik (Johann Riedesel, Thielmann Ehlen) bewahrt hat. Zu erwähnen ist auch der um 1400 schreibende Deutschordenschronist Wiegand von Marburg, der uns als erster den hessischen Landschrei (beim Angriff und in Notfällen) „Hessenland" für das Jahr 1354 bezeugt. Dieser Ruf stammte aber wohl schon aus dem 13. Jahrhundert und hielt sich bis Ende des 16. Jahrhunderts, denn 1425 ist er bei Fritzlar, 1525 in Gießen und 1574 im Busecker Tal bezeugt. Der nassauische Landschrei wird zuerst 1341 erwähnt, ist aber (noch) nicht namentlich bekannt, obwohl die Nassauer und Katzenelnbogener Grafen 1444 ein gemeinsames und gleiches Landgeschrei einführten. Es ist wohl zu unterscheiden von dem rechtlichen Notruf, dem Heilal-Geschrei, das, nur bei Lebensgefahr zulässig, jedermann, der es hörte, einzugreifen zwang. Wir kennen dieses Heylal, Heylal! als Notruf des Malchus, den die Friedberger Version dem Frankfurter Passionsspiel des 14. Jahrhunderts hinzugefügt hat, hören von dem Heilal-Schrei in den Eschweger und den Kasseler Statuten von 1384, in den Bestimmungen des Gerichtes Unterreichenbach im hinteren Vogelsberg (Kr. Gelnhausen) 1390, in Melsungen 1459 und finden ihn hundertfältig in den Katzenelnbogener Landgerichtsprotokollen des 15. Jahrhunderts im Darmstädter Bereich bezeugt.

Das geistliche Leben in Hessen stand im 14. und 15. Jahrhundert offensichtlich nicht mehr auf der Höhe früherer Jahrhunderte, was nicht nur dem allgemeinen Zug der Zeit entsprach, sondern hier auch in der politischen Entwicklung begründet lag. In ihr hatte nämlich die hessische Geistlichkeit sehr darunter gelitten, daß ihr geistliches Oberhaupt, der Mainzer Erzbischof, lange zugleich der erbittertste Feind ihres Landes und seiner Herren, der Landgrafen von Hessen, gewesen war. Die ständig neu geforderte und vielfach erzwungene Entscheidung für den geistlichen oder den weltlichen Herren mußte auf die Dauer demoralisierend wirken. Sie macht es verständlich, daß der Klerus aus Gründen der Existenz und seiner heimatlich familiären Bindungen schließlich in steigendem Maße für den Landgrafen gegen den Erzbischof und damit auch für die Verfechtung territorialer und weltlicher Interessen gegen die geistlichen Herrschaftsansprüche eingetreten ist. Auch das ist zu beachten, wenn man feststellen muß, daß die persönliche Sittlichkeit der Geistlichen zu wünschen übrig ließ. So zeigt das vom Fritzlarer erzbischöflichen Kommissar aufgestellte Konkubinenregister von 1426, daß zahlreiche Geistliche seines Bezirks mit Frauen zusammenlebten (und auch Kinder gezeugt hatten), was ja bis zum Beginn der Reformation ein öffentliches Ärgernis blieb, und wir sind ebenso über die religiöse, sittliche und wirtschaftliche Verwahrlosung mancher Klöster unterrichtet. Dem stehen jedoch ein außerordentlich lebendiges, umfassendes religiöses Volksleben (wenn auch mit gewissen Auswüchsen) gegenüber, die lebhaften (aber vielfach vergeblichen) Bemühungen von geistlicher und weltlicher Seite um eine Reform der heruntergekommenen Klöster, wofür die auch in Hessen verbreitete Bursfelder Kongregation den organisatorischen Rahmen abgab, und eine so erfreuliche monastische Neuerscheinung wie die Brüder vom gemeinsamen Leben. Sie haben in verschiedenen hessischen Städten (Kassel, Marburg, Butzbach und Königstein) eine stille, aber segensreiche Tätigkeit vor allem in der Schulhaltung entfaltet und auch mit ihrer frühen Druckerei in Marienthal im Rheingau (seit 1468) Bemerkenswertes geleistet.

Die Entwicklung des Schulwesens und der gelehrten Bildung gehört überhaupt zu den wichtigsten Erscheinungen des späten Mittelalters. Ausgangspunkte waren die berühmten Klosterschulen von Fritzlar, Fulda und Hersfeld, die bis ins 8. Jahrhundert zurückreichen und mit der noch von Bonifatius stammenden Anweisung für die Fritzlarer Schule die erste Schulordnung Deutschlands überhaupt besaßen. Ihnen folgten im Laufe der nächsten Jahrhunderte die Stiftschulen von Amöneburg, Arnstein, Dietkirchen, Diez, Frankfurt, Hünfeld, Kassel, Kaufungen, Lich, Limburg, Mockstadt, Rasdorf, Rotenburg a. d. Fulda, Salmünster, St. Goar, Weilburg, Wetter und Wetzlar. Neben ihnen aber breitete sich ein noch dichteres Netz von Pfarr- und Stadtschulen aus, von denen aus mittelalterlicher Zeit — außer in den zuvor genannten Orten — zahlreiche bekannt sind. Wir nennen Allendorf a. d. Werra, Alsfeld, Biedenkopf, Butzbach, Darmstadt, Dillenburg, Eschwege, Felsberg, Frankenberg, Friedberg, Geisenheim, Gelnhausen, Gemünden a. d. Wohra, Grebenstein, Grünberg, Hachenburg, Hadamar, Hanau, Herborn, Hofgeismar, Homberg a. d. Efze, Immenhausen, Langenselbold, Lichtenau, Marburg, Melsungen, Montabaur, Münzenberg, Neukirchen, Neustadt, Obermörlen, Siegen, Sontra, Spießkappel, Treysa, Villmar, Volkmarsen, Waldkappel, Wiesbaden, Windecken, Witzenhausen, Wolfhagen, Ziegenhain. Dieser Überblick ist jedoch sicher nicht erschöpfend und zu ergänzen, etwa durch die an Mutter- und Sendkirchen bestehenden Schulen (wie dies 1367 für Kirchberg bei Gießen bezeugt ist) oder die Stadtklösterschulen, von denen die Wilhelmiten (z. B. in Witzenhausen und Limburg) oder die Kugelherren (z. B. in Marburg und Königstein) die bekanntesten unterhielten. Darüber hinaus macht die Herkunft zahlreicher Studenten aus hessischen Kleinstädten, Flecken und Märkten wahrscheinlich, daß wir mit weit mehr mittelalterlichen Schulen rechnen müssen, als uns aus der Überlieferung bekannt sind. Eine der namhaftesten hessischen Stadtschulen des 14. Jahrhunderts war die (wohl von Kloster Hasungen bestellte) Schule in Wolfhagen, aus der zahlreiche spätere Akademiker, insbesondere Notare, hervorgegangen sind, darunter der berühmteste hessische Chronist des Mittelalters, Thielmann Ehlen von Wolfhagen, der Verfasser einer (verlorenen) hessischen Landeschronik und der (erhaltenen) Limburger Chronik.

Diesem ausgebildeten mittelalterlichen Schulwesen Hessens entsprach die beträchtliche Anzahl seiner Studierenden. In den Jahren 1387 bis 1525 lassen sich an den damals bestehenden innerdeutschen Universitäten an 2800 Immatrikulierte allein aus der damaligen Landgrafschaft Hessen nachweisen, davon etwa 75 Prozent im nahen Erfurt, während Leipzig, Heidelberg und Wittenberg sich in den Rest teilten. Diese Zahl der hessischen Studenten ist jedoch selbst für dieses hessische Teilgebiet unvollständig, denn sie muß durch die der Besucher ausländischer Universitäten ergänzt werden. Diese kann nicht klein gewesen sein, denn die deutschen Universitäten bestanden erst seit 1348, während schon 1290 ein Statut des Fritzlarer Stiftskapitels ein mindestens einjähriges Studium seiner Domizellare in Paris oder Bologna verlangte. Infolgedessen stellten — abgesehen von der Hauptstadt Kassel — die alten geistlichen Zentren Hessens auch noch im späten Mittelalter die meisten Studierenden. Aber hinter Fulda, Hersfeld, Fritzlar und Marburg folgten dichtauf Eschwege, Allendorf a. d. Werra, Homberg a. d. Efze, und hinter diesen beiden blieben die Städte Grebenstein, Gelnhausen, Rotenburg, Spangenberg, Treysa, Hofgeismar, Frankenberg und Wetter nicht weit zurück. Daraus ergibt sich, daß es zu Ende des Mittelalters in Hessen eine breite geistige Führungsschicht gab, die sich gleichmäßig über das ganze Land verteilte, aber ihre Schwerpunkte in den Städten, vorab in den Residenzen Kassel und Marburg und in den alten geistlichen Mittelpunkten hatte.

Zu Ende des 15. und zu Beginn des 16. Jahrhunderts war das allenthalben erkennbare Zusammenwachsen des hessischen Territorialstaates jedoch mit der oben gekennzeichneten, innen- wie außenpolitisch schwerwiegenden Hypothek der Katzenelnbogener Erbschaft belastet. Ihre große Errungenschaft galt es vor allem zu sichern, da für den Fall, daß Landgraf Heinrich III. keine männliche Erben hatte, das Erbrecht seiner Töchter Elisabeth, die mit Graf Johann V. von Nassau-Dillenburg, und Mechthild, die mit Herzog Johann II. von Cleve verheiratet war, wieder auflebte. Diese gefährlichen Rivalen um das Katzenelnbogener Erbe war daher die hessische Politik mit allen Mitteln auszuschalten bemüht. Infolgedessen nahmen die Landgrafen die Grafschaft Katzenelnbogen am 12. September 1487 gegen den Protest Nassaus in die hessisch-sächsische Erbverbrüderung auf und erwirkten 1495 außerdem von König Maximilian eine hessische Gesamtbelehnung unter Einschluß der Grafschaft. Als daher die oberhessische Linie 1500 erlosch, ergriff Landgraf Wilhelm II. Besitz von ganz Hessen und unter Mißachtung der nassauischen Rechte auch von Katzenelnbogen. Da er dieses jedoch nicht erbrechtlich, wohl aber (auf Grund der Aufnahme der Grafschaft in die Erbverbrüderung mit Sachsen und die kaiserliche Gesamtbelehnung) reichsrechtlich beanspruchen konnte, mußte er sich nach dem nassauischen Protest vom 24. April 1488 auf eine rechtliche Auseinandersetzung einstellen. Das geschah in erster Linie durch das sofort im Jahre der Übernahme Oberhessens und Katzenelnbogens durch Landgraf Wilhelm II. eingerichtete Hofgericht, das nicht nur nach kaiserlichen, d. h. römisch-rechtlichen Grundsätzen verfuhr, sondern auch am Orte des Katzenelnbogener Archivs, in Marburg (und nicht in der Residenzstadt Kassel, wo es eigentlich hingehört hätte), konstituiert wurde. Nassau brachte seinerseits den Fall 1507 vor das Reichskammergericht, nachdem ein Schiedsgericht die Klage Elisabeths von Hessen, der Gemahlin Johanns V. von Nassau-Dillenburg, auf die Hälfte der Hinterlassenschaft Landgraf Wilhelms III. anerkannt hatte. Damit war nach einer 20jährigen einleitenden Phase der weitere 50 Jahre währende Katzenelnbogener Erbfolgestreit zwischen Hessen und Nassau rechtsförmlich eröffnet. Von beiden Seiten zäh, ja erbittert durchgefochten, hat er sich, insbesondere für Nassau, zu einer unerhörten Anstrengung und Belastung ausgewachsen.

Die erste spürbare politische Folge für Hessen bestand in der Minderung seines Einflusses auf die Wetterau. Das lag in der steigenden Verfeindung des von Nassau geführten Wetterauer Grafenvereins mit Hessen begründet, die unter anderem darauf zurückging, daß Landgraf Wilhelm II. den ihm 1505 von König Maximilian verliehenen Guldenweinzoll allenthalben zur Anlage neuer Zollstellen gerade auch in der Wetterau und in den mit anderen Herren gemeinschaftlichen Orten ausnutzte. Mit diesem Zoll von einem Gulden von jedem über Land verfrachteten Fuder Wein hielt König Maximilian Landgraf Wilhelm II. für seine Hilfe im bayrisch-pfälzischen Erbfolgekrieg von 1504 schadlos, zumal der König ihm seit der Eroberung von Stuhlweißenburg (1490), bei der er ihn zum Ritter geschlagen hatte, freundschaftlich nahestand. Das hatte sich bereits bei der bisherigen Behauptung des Katzenelnbogener Erbes gegen die nassauischen Ansprüche geltend gemacht und verschaffte dem Landgrafen nun einen ausgleichenden Ersatz für den pfälzischen Rheinzoll Kaub, den er vergeblich zu erobern gesucht hatte. Zu diesem Guldenweinzoll brachte der Landgraf noch Bickenbach a. d. Bergstraße, Umstadt und Homburg v. d. Höhe als Eroberungen aus der Pfälzer Fehde heim.

Die tatkräftige hessische Beteiligung an diesem Kriege hing gleichfalls mit der Katzenelnbogener Erbschaft zusammen. Denn es war zwischen dem hessischen Gesamterben Landgraf Wilhelm II. und Pfalzgraf Philipp über die pfälzischen Lehen und das Wittum der Witwe Landgraf Wilhelms III., Elisabeth von der Pfalz, in der Grafschaft Katzenelnbogen zu Streit gekommen. Da Landgraf Wilhelm II. jedoch eine energische, politisch geschickte und auch militärisch nicht unbefähigte Persönlichkeit war, vermochte er die Stellung Hessens gegenüber allen Bedrohungen von außen zu halten und zu festigen.

Auch nach seinem Tode 1509 blieb die Katzenelnbogener Frage akut. In diesen Zusammenhang müssen wir es stellen, daß Hessen im Rahmen der Anfang des 16. Jahrhunderts geschaffenen Reichsorganisation in den Oberrheinischen Kreis eintrat, der damit von Kassel über das Rhein-Main-Gebiet hinweg bis nach Metz und Straßburg reichte. Es ist kaum zu übersehen, daß es das Gewicht des im Mittelreingebiet gravierenden Katzenelnbogener Erbes war, das diese Südwestorientierung Hessens bestimmte; außerdem fiel dabei ins Gewicht, daß der Oberrheinische Kreis weit weniger Fürsten umfaßte, als etwa der Kurrheinische oder Niedersächsische.

Die mit dem Ringen um Katzenelnbogen eingeleitete äußere Gefährdung des Landes verschärfte die inneren Spannungen. Diese lagen jedoch nur teilweise in den besonderen hessischen Verhältnissen begründet, wie den Auseinandersetzungen im hessischen Fürstenhaus im ausgehenden 15. Jahrhundert, sie waren vielmehr überwiegend ein allgemeines Kennzeichen der damaligen politischen, sozialen und religiösen Lage Deutschlands. Hierbei handelte es sich um den Vorherrschaftskampf zwischen Fürstenhaus und Ständen, der in Hessen zu Beginn des 16. Jahrhunderts mit besonderer Schärfe ausgetragen worden ist, ferner um die sozialen und wirtschaftlichen Unruhen, die verstärkt zur Zeit des Bauernkrieges vor allem in den hessischen Städten (!) auftraten und schließlich um Kampf und Sieg der damit eng verknüpften religiösen Erneuerungsbewegung der Reformation.

Die Schwierigkeiten im hessischen Fürstenhaus gingen zunächst von Landgraf Wilhelm I. von der Kasseler Linie aus, der 1493 wegen geistiger Zerrüttung abdanken mußte und 1496 vom König wegen offensichtlicher Geistesgestörtheit entmündigt und der Vormundschaft seines Bruders Landgraf Wilhelm II. von der Kasseler Linie unterstellt wurde. Hinzu kam die wiederauflebende Verfeindung zwischen der niederhessischen und oberhessischen Linie, die 1498 bis zur bewaffneten Auseinandersetzung führte und nur mit Mühe — wiederum durch Landgraf Hermann von Hessen, Erzbischof von Köln — geschlichtet werden konnte. Dann komplizierten Erbfallbefürchtungen die Lage. Da Wilhelm I. keine Söhne hatte, Landgraf Wilhelms II. Frau Jolanthe von Lothringen mit ihrem Söhnchen 1500 verstarb und ebendamals auch Landgraf Wilhelm III. von der seit 1458 bestehenden Marburger Linie plötzlich ohne Erben verschied, schien das hessische Fürstenhaus dem Erlöschen so nahe zu stehen, daß die sächsischen Fürsten auf Grund ihrer Erbverbrüderung mit Hessen am 24. März 1501 mit Erzbischof Hermann von Köln als dem nächsten Agnaten einen geheimen Vertrag über die Teilung der Vormundschaft und die gemeinsame Abwehr der nassauischen Ansprüche auf das Katzenelnbogener und oberhessische Erbe abschlossen.

Auch nach der Wiederverheiratung Landgraf Wilhelms II. und der Geburt Landgraf Philipps 1504 war diese Gefahr noch nicht beseitigt, da Philipp zunächst schwächlich war und sein Vater Landgraf Wilhelm II. schon bald in schweres, syphilitisch bedingtes Siechtum, ja Geistesgestörtheit, verfiel. Kurz zuvor im August 1506 hatte er fünf seiner Räte unter Führung Konrads von Wallenstein als Vormünder und Regenten des Landes eingesetzt. Die Regenten ließen jedoch dem Landgrafen, der immer kränker, elender und hilfsbedürftiger wurde, so wenig Pflege angedeihen, daß Wilhelms tatkräftige Gemahlin Anna von Mecklenburg unter dem Vorwurf einer bewußten Vernachlässigung des Landgrafen durch die Regenten 1508 eine Änderung des Testaments erreichte. Diese Willensänderung stürzte Wallenstein und übertrug Anna die Regentschaft. Schon im folgenden Jahr 1509 erlag Landgraf Wilhelm II. seiner Krankheit, unter der er seit Jahren aufs schwerste gelitten hatte. Auch er wurde damit ein Opfer jener seit Ende des 15. Jahrhunderts epidemisch um sich greifenden Seuche, gegen die man zunächst hilflos war, obwohl man z. B. in der erzbischöflichen Residenz Mainz bereits 1498 für die von der „Franzosenkrankheit" Befallenen den Apotheker Thomas als offiziellen Fürsorger eingesetzt hatte.

Gegen das in der Testamentsänderung von 1508 unverhüllt zutage tretende Machtstreben Annas schlossen sich die Stände sofort zusammen, sicherten sich die Unterstützung des sächsischen Fürstenhauses und verwarfen das landgräfliche Testament, das die Landgräfin begünstigte. Sie schlossen im Juli 1509 eine Einung und errichteten auf dieser Grundlage ein ständisches Regiment in Hessen. Sein unbestrittener Führer war Ludwig von Boyneburg. Zunächst entmachtet, aber nicht unterworfen, nahm die Landgräfin den Kampf auf, in den auch die ältere Landgräfin Anna, die Gemahlin Wilhelms I., und schließlich der Kaiser eingriffen. Endlich gelang es Anna, die Stände zu spalten und sie zur Erhebung gegen die eigenmächtige Herrschaft der Regenten zu veranlassen. Auf diese Weise vermochte Anna mit Hilfe des Statthalters Hermann Riedesel und ihres Rates Balthasar Schrautenbach ihren gefährlichen Gegner Boyneburg 1514 zu stürzen und sich damit gegen die Bevormundung und Mitregierung durch die Landstände (und das sächsische Fürstenhaus) durchzusetzen. Sie bereitete ihrem Sohn Philipp durch diese harten Kampfjahre zwar eine schwere Jugend, konnte ihm aber die fürstliche Macht nicht nur ungeschmälert, sondern gemehrt übergeben, als sie ihn infolge der wachsenden Schwierigkeiten bereits im März 1518 im Alter von 13½ Jahren vom Kaiser für mündig erklären ließ.

Allerdings konnte Philipp 1518 dem Angriff Franz von Sickingens (wegen eines privaten Hattsteinschen Rechtshandels um eine Wiese mit den hessischen Vormündern) noch nicht mit ausreichenden Kräften entgegentreten, so daß Sickingen Darmstadt und Götz von Berlichingen Groß-Umstadt eroberten und schwer brandschatzten. Anna verweigerte jedoch die Anerkennung des Sühnevertrages, zu dessen Abschluß Landgraf Philipp seinen Adel ermächtigen mußte, und entzog sich mit ihrem Sohn der darin geforderten Zahlung von 35 000 fl. durch Flucht. Die 1520 erneuerte Erbverbrüderung mit Sachsen und Vergleiche mit dem Erzbistum Mainz und der Pfalz festigten Philipps Stellung binnen kurzem jedoch so weitgehend, daß er die Sicherheit der hessischen Straßen und seines Landes, die in den vergangenen Jahren stark gelitten hatten, wiederherstellen und sich daraufhin (in Verbindung mit dem unmittelbar angegriffenen Trierer Erzbischof) schon 1522 an Sickingen und seinen Helfern rächen und sie 1523 vollständig besiegen konnte. Dabei eroberte der Landgraf auch die Burg von Sickingens Bundesgenossen Hartmuth von Kronberg und behielt sie bis 1541. Mit diesem Sieg war die seit 1508 schwelende ständische Revolte der hessischen Ritterschaft gegen das Fürstentum endgültig niedergeschlagen. Der Landgraf überwarf sich zwar deswegen mit dem Reichsregiment, das sich der Sache einiger Ritter angenommen hatte, konnte sich aber ihm gegenüber behaupten und trug durch seine darin begründete Gegnerschaft gegen das Regiment wesentlich zu dessen Sturz auf dem Nürnberger Reichstag 1524 bei.

Nicht minder erfolgreich wehrte Landgraf Philipp als erster Fürst das Übergreifen des Bauernkrieges auf sein Land ab, indem er die Aufständischen, die in den geistlichen Herrschaftsgebieten von Fulda und Hersfeld bereits die Macht an sich gebracht hatten, durch schnelles und entschlossenes Eingreifen niederwarf und dadurch auch sein militärisches Ansehen, das schon sein Sieg über Sickingen begründet hatte, erheblich steigerte. Er nutzte den Sieg, um die hessische Stellung in Hersfeld und Fulda entscheidend zu festigen und dämpfte damit gleichzeitig die sozialen Unruhen, die auch in den anderen Städten

(Gießen, Marburg, Wetter, Treysa, Rotenburg, Vacha u. a.) entstanden waren. Jedoch ließ er andererseits die Beschwerden seiner Untertanen sorgfältig prüfen, um berechtigte Klagen abzustellen.

Schon jetzt also war klar zu erkennen, daß in Philipp ein ausgeprägtes Standes- und Obrigkeitsbewußtsein lebendig war und daß alle darauf gerichteten Angriffe, wie sie Ritterschaft und Bauerntum vorgetragen hatten, eine geradezu elementare Abwehrreaktion auslösten; daß Philipp darüber aber gleichwohl nicht das (auch ihm nützliche) Gemeinwohl aus den Augen verlor; und daß schließlich sein Mut bis ans Verwegene streifte und er auch in Zukunft die folgenschwersten Entschlüsse und Handlungen erwarten ließ.

Im Rahmen dieser von höchsten sozialen und religiösen Spannungen und Triebkräften erfüllten Epoche vollzog Landgraf Philipp nunmehr den für die Zukunft Hessens und die Ausformung seiner eigenen Persönlichkeit entscheidenden Schritt. Im Sommer 1524 bekannte er sich zur Reformation. Eine Unterredung mit Melanchthon brachte anscheinend die entscheidende Wendung, nachdem sich die Reformation seit 1520/21 immer stärker in Hessen ausgebreitet und insbesondere die führende Bildungsschicht ergriffen hatte. Die von ihren Angehörigen bevorzugten Universitäten Erfurt und Wittenberg haben diese Entwicklung zweifellos stark gefördert, war Luther doch 1501 in Wittenberg im Kreise von vier Hessen und im gleichen Jahr wie der später für die Reformationspolitik Hessens mitentscheidende Politiker, der Kanzler Feige, immatrikuliert worden. So erklärt es sich, daß ein Teil der führenden hessischen Beamten den Bekenntniswechsel bereits vor dem Landgrafen vollzogen hatte. Vorangegangen war aber auch das für Hessen äußerst bedrohliche Tübinger Urteil im Katzenelnbogener Erbfolgestreit, das durch das unmittelbare Eingreifen des Kaisers in den Prozeß zustande gekommen war und den Landgrafen auch politisch zu einer Entscheidung gegen die kaiserliche Haltung und Stellung zwang. Seitdem wandte sich Landgraf Philipp immer schärfer gegen Kaiser Karl V. und seine Politik.

Die umstürzenden Maßnahmen folgten nunmehr schnell aufeinander. Die im Frühjahr 1525 vorgenommene allgemeine Visitation und Vermögensfeststellung der hessischen Klöster wurde zwar nominell durchgeführt, um sie gemäß allgemeinem Beschluß zur Deckung der Unkosten des Bauernkrieges besteuern zu können. Sie muß aber zugleich auch als ein innerpolitisches Mittel im Zusammenhang mit der ständig wachsenden Klosterfeindschaft der Bevölkerung gesehen werden, und zwar als ein erster Ansatz, dieser schwierigen Lage von seiten der Landesherrschaft aus im reformatorischen Sinne Herr zu werden. Die Rückendeckung dafür bildete das am 27. Februar 1526 mit Kurfürst Johann von Sachsen abgeschlossene Gothaer Bündnis zur Verteidigung der Selbstbestimmung in Glaubenssachen, das damit zugleich erstmals und eindeutig das entscheidende protestantische Prinzip formulierte. Es kann nicht zweifelhaft sein, daß die auf die hessisch-sächsische Erbverbrüderung begründete Unterstützung, die Landgraf Philipp bei seinen reformatorischen Bestrebungen beim sächsischen Kurfürstenhause gefunden hatte, von grundlegender Bedeutung für den Aufstieg Hessens als Reformationsmacht war. Da sich dem Gothaer Bündnis bald die Herzöge von Braunschweig-Lüneburg und je einer der Herzöge von Braunschweig-Grubenhagen und Mecklenburg sowie der Fürsten von Anhalt u. a. anschlossen, war damit zugleich die klärende Antwort an die im Juli 1525 unter Führung von Philipps Schwiegervater Herzog Georg von Sachsen im Dessauer Bund zusammengetretenen lutherfeindlichen Fürsten (Braunschweig-Wolfenbüttel, Brandenburg, Mainz) erteilt. Schon damit aber war klargestellt, daß Hessen in Sachsen nicht nur auf einen mächtigen Förderer, sondern auf nicht minder schwerwiegende Gegenkräfte stieß. Wie sich zeigte, sollten sich diese letzteren schon bald verhängnisvoll auswirken.

Nach dem Abschied des Reichstages von Speyer führte Landgraf Philipp gemäß dem Beschluß des Homberger Landtages vom 26. Oktober 1526 die Reformation in Hessen allgemein durch. „Es ist wunderbar zu sagen, wie Philipp der Hessenfürst bei uns das Evangelium fördert", schrieb damals der Reformator Antonius Corvinus. Bei diesem Werk wirkte neben dem streng lutherischen hessischen Hofprediger Adam Kraft vor allem auch der aus Straßburg gekommene Theologe Lambert von Avignon, der kurz darauf erster theologischer Professor in Marburg wurde, in entscheidender Weise mit. Die Homberger Kirchenordnung ist größtenteils sein Werk und ihre Ablehnung durch Luther hat wesentlich dazu beigetragen, daß sich Lambert mehr und mehr Zwingli zuwandte. Das aber hat schon sehr früh der Verbindung Landgraf Philipps mit den oberdeutschen Reformatoren die Wege geebnet.

Die hessischen Landtagsverhandlungen von 1527 über die Klöster, von denen sich einige (besonders in Marburg, Treysa und Wirberg) bereits aufzulösen begonnen hatten, führten zur Einsetzung einer hessischen Klosterkommission, die etwa 50 hessische Klöster aufhob. Jedoch war diese einschneidende Maßnahme insgesamt nur nach Überwindung erheblicher Widerstände von seiten der Betroffenen durchzuführen. Denn diesem Vorgehen widersetzten sich nicht nur die großen Häuser wie die der Zisterzienser in Haina, der Benediktinerinnen in Kaufungen und Lippoldsberg, der Benediktiner in Helmarshausen oder der Deutschen Herren in Marburg, sondern auch die kleineren Niederlassungen wie die der Zisterzienserinnen in Georgenberg und Caldern oder der Johanniter in Wiesenfeld. Hier hat es oft Jahrzehnte gedauert, bis die Abfindung der Klosterinsassen und die Auflösung der Klöster durchgeführt war. Um so erstaunlicher ist die Unbeirrtheit, mit der Landgraf Philipp diesen Programmpunkt seiner Reformationsbestrebungen verwirklicht hat.

Von den Klostervermögen verfiel ein großer Anteil dem Zugriff des Fürsten für seine Zwecke, wobei persönliche und staatliche Belange noch schwer zu trennen sind; ein weiterer Teil wurde zur Abfindung der Klosterinsassen verwandt. Aus dem Klostergut stiftete der Landgraf ferner auf Grund des Homberger Landtagsbeschlusses von 1526 am 30. Mai 1527 die erste hessische Universität, die am 1. Juli d. J. mit elf Lehrern und 88 Studenten eröffnete. Organisatorisch und wissenschaftlich war sie das Werk des Kanzlers Johann Feige. Die Tatsache, daß sie in Marburg und nicht in der Haupt- und Residenzstadt Kassel eingerichtet wurde, erscheint merkwürdig, ist aber darin begründet, daß der erste Schwerpunkt der Universität entgegen der üblichen Meinung nicht in der theologischen, sondern in der juristischen Fakultät lag, die mit Johann Eisermann (Ferrarius Montanus) auch den ersten Rektor stellte. Er war Rat am Hofgericht, und die Existenz dieses obersten hessischen Gerichtes in Marburg mit seinen Räten war für die Wahl der Universitätsstadt ausschlaggebend. Da das Hofgericht aber wegen des Katzenelnbogener Erbfolgestreites in Marburg (und nicht am Hofe in Kassel) errichtet worden war, macht sich also das Katzenelnbogener Erbe selbst in der Marburger Universitätsgründung noch geltend; einer Gründung, von der ihr erster Theologe Lambert von Avignon wünschte, es möchten die Hessen, mehr der Waffen als der Wissenschaft gewohnt, nunmehr eine neue Waffenart, nämlich das Wort Gottes und die freien Wissenschaften gebrauchen lernen, nicht nur um damit zu streiten und zu siegen, sondern auch um klüger und glücklicher damit zu leben.

Das eingezogene Klostergut diente weiterhin zur Neuregelung des Armen- und Stipendiatenwesens, der Pfarrerbesoldung und -versorgung und der Begründung neuer Pfarreien und Schulen. Außerdem hat die Kommission 1532 Kaufungen und Wetter dem hessischen Adel übergeben zur Versorgung seiner unverehelichten Töchter (und als Ausgleich für die 1532 erstmals von Landgraf Philipp durchgeführte Heranziehung der Ritterschaft zur Türkensteuer). Diese Stiftung besteht noch heute. Die eigentliche Rechtfertigung seines Vorgehens aber hat sich der fürstliche Reformator dadurch erworben, daß er die Klöster Merxhausen in Niederhessen (1533), Haina in Oberhessen (1533), Hofheim in der Obergrafschaft (1535), und Gronau in der Niedergrafschaft Katzenelnbogen (1542) zu Landeshospitälern für Arme, Sieche, Blinde, Epileptische und Irre umwandeln ließ. Auch sie bestehen mit Ausnahme des im 30jährigen Krieg eingegangenen Gronauer Hospitals noch heute und haben unermeßlichen Segen für die Ärmsten der Armen gestiftet. Außerdem sind in jener Zeit mehrere örtliche Hospitäler (Alsfeld, Hofgeismar, Lippoldsberg) neu eingerichtet oder besser dotiert worden. Die tragenden Persönlichkeiten dieses reformatorischen Sozialwerkes waren der Theologe Adam Kraft und der Ziegenhainer Hauptmann Heinz von Lüder, der einer der hervorragendsten hessischen Beamten überhaupt gewesen ist und diese Resozialisierung der Klostervermögen unermüdlich betrieben und überwacht hat. Ein Überschlag ergibt, daß Landgraf Philipp etwa 60 Prozent des eingezogenen Klostervermögens für kirchliche, wissenschaftliche und wohltätige Stiftungen und 40 Prozent für die Hof- und Landesverwaltung verwendet hat.

Seine kirchenrechtliche Stellung festigte Landgraf Philipp vollends dadurch, daß ihm der Mainzer Erzbischof im Vertrag von Hitzkirchen 1528 die geistliche Gerichtsbarkeit in Hessen abtrat. Dieser war hierzu durch die hessischen Rüstungen und den gegen die Bistümer Würzburg und Bamberg eingeleiteten hessischen Zug gezwungen worden, zu denen sich Landgraf Philipp durch die trügerischen Angaben des sächsischen Vizekanzlers Dr. Otto von Pack über ein angebliches Offensivbündnis der Altgläubigen gegen die Lutheraner veranlaßt sah. Auch als sich der Betrug Packs herausstellte, verfolgte Philipp seine politischen Pläne weiter, denn zu sehr entsprachen seine eigenen Befürchtungen den Packschen Vorspiegelungen. Er blieb deshalb bestrebt, die politische und religiöse Bedrohung zu brechen, der sich die evangelischen Landesfürsten von seiten des kaiserlichen Hauses und seiner Helfeshelfer ausgesetzt wähnten. In diesem Sinne hatte er am 9. März mit Kursachsen den Weimarer Vertrag geschlossen, mit dieser Absicht trat er nunmehr auch in Verbindung mit den großen Widersachern der Habsburger, Zapolya von Ungarn und König Franz von Frankreich. Sogar den Dänenkönig wußte er für seine politischen Ziele und Rüstungen zu gewinnen. Diese Lage zwang die in erster Linie bedrohten Bischöfe am Rhein und Main, sich den hessischen Ansprüchen und ihren Forderungen zu beugen, zumal der Wetterauer Grafenverein völlig eingeschüchtert verharrte und selbst der Schwäbische Bund, die große politische Stütze der Habsburger in Süddeutschland, versagte. Damit aber eröffnete sich nunmehr für Philipp über seine Ausgangsposition hinaus zum erstenmal ernsthaft die Möglichkeit, den von ihm bisher gegen jede Achtdrohung gehaltenen Herzog Ulrich von Württemberg in sein Land zurückzuführen, aus dem er 1519 vertrieben worden war, und damit in Süddeutschland eine antihabsburgische Bastion von stärkster Bedeutung zu schaffen. Hielt Philipp hierin zunächst auch noch zurück, so war er doch nunmehr auf Grund seines erneuten durchschlagenden militärischen Erfolges von 1528 in die erste Reihe der großen politischen Mächte des evangelischen Deutschland eingerückt.

Als daher der Reichstag von Speyer 1529 die Bewegungsfreiheit der Landesfürsten in religiöser und kirchlicher Hinsicht erheblich einzuschränken versuchte, ergab es sich zwangsläufig, daß Landgraf Philipp zu den Protestierenden gehörte und sich gemeinsam mit Kurfürst Johann von Sachsen, Markgraf Georg von Brandenburg und Fürst Wolfgang von Anhalt und 16 Städten (darunter Straßburg, Ulm und Nürnberg) gegen den Beschluß erklärte, in den Gebieten der evangelischen Fürsten bis zum künftigen Konzil jede Änderung zu verbieten, die Messe wieder zuzulassen, den Bischöfen ihr Recht wiederzugeben und die Anhänger Zwinglis nirgends zu dulden. Auf Landgraf Philipps Anregung schlossen vielmehr Hessen und Kursachsen mit den drei Städten Straßburg, Ulm und Nürnberg ein Schutzbündnis, dessen weiterer Ausbau jedoch zunächst am Widerstand Sachsens und an den starken Einwirkungen der unterschiedlichen Abendmahlsauffassung Zwinglis und Luthers scheiterte. Um diese theologischen Erschwernisse der politischen Vereinigung der reformierten oberdeutsch-schweizerischen und der lutherischen-sächsischen Gruppe der Evangelischen zu beseitigen, veranstaltete Landgraf Philipp am 1. Oktober 1529 das Marburger Religionsgespräch zwischen Luther und Zwingli und einer Reihe weiterer namhafter Theologen. Eine Verständigung kam in allen Punkten, jedoch nicht in der Kernfrage des Abendmahles zustande. Daraufhin wurde Landgraf Philipp, der bisher immer noch eine Mittelstellung zwischen Sachsen und Oberdeutschland eingenommen hatte, oberdeutschen Einflüssen mehr und mehr zugänglich, insbesondere dank der Beratung durch die stärkste politische Begabung unter den damaligen protestantischen Theologen, den Straßburger Martin Butzer.

Infolgedessen versuchte Landgraf Philipp, als die Lutherischen auf dem Augsburger Reichstag 1530 die von Melanchthon bearbeitete Augsburger Konfession vorlegten, diese auch für die von Zwingli beeinflußten Oberdeutschen annehmbar zu gestalten. Da ihm das nicht gelang, machte er wegen der Abendmahlsauffassung einen Vorbehalt. Als jedoch die religiösen Ausgleichsverhandlungen nicht weiter gediehen („Kaiserlicher Majestät Gewissen ist kein Herr und Meister über unser Gewissen"), er auch in der Katzenelnbogener Erbfolgefrage kein Entgegenkommen fand, verließ der Landgraf den Reichstag gegen den Willen des Kaisers vorzeitig, verbündete sich mit den Schweizer Städten und betrieb darüber hinaus auch den Zusammenschluß der übrigen evangelischen Stände. Als Antwort auf den Reichstagsabschied, der alle seitherigen Protestationen für ungültig erklärte, jede Ketzerei verdammte und die volle Wiederherstellung der katholischen Lehre und die Rückgabe der eingezogenen Kirchengüter forderte, kam nunmehr am 31. Dezember 1530 zu Schmalkalden ein Bündnisentwurf zwischen Hessen, Sachsen, Mansfeld, Anhalt, Braunschweig-Lüneburg, Braunschweig-Grubenhagen, Brandenburg-Ansbach und 15 nieder- und oberdeutschen Städten zustande, der am 27. Februar 1531 zum förmlichen Schmalkaldener Bündnis führte. Ihm traten im Dezember 1531 auch die oberländischen Städte bei, die bis dahin mehr zur Schweiz und zu Zwingli († 11. Oktober 1531) geneigt hatten. Im nächsten Jahr sah sich der Kaiser angesichts dieser Lage und der Türkengefahr veranlaßt, den Nürnberger Stillstand zu schließen.

Philipps eigene Verbindungen griffen zudem weit über den Schmalkaldener Bündnisrahmen hinaus, da er, um eine noch stärkere antihabsburgische Vereinigung bemüht, deswegen selbst mit dem katholischen Bayern übereinkam und sogar von England und Frankreich unterstützt wurde. Daraufhin führte er den wegen seines Mißregimentes 1519 geächteten und vertriebenen Herzog

Ulrich von Württemberg, dem Landgraf Philipp als Freund seit 1527 Aufnahme und Schutz gewährt hatte, 1534 zurück, nachdem er den von Habsburg geführten Schwäbischen Bund in der Schlacht bei Laufen besiegt hatte. Im folgenden Frieden von Kaaden a. d. Eger verzichtete Ferdinand von Habsburg, der Bruder Kaiser Karls V., den dieser mit Württemberg belehnt hatte, auf das Herzogtum, was die endgültige Rückkehr Herzog Ulrichs und die Durchführung der Reformation in Württemberg ermöglichte. Dafür erkannten die gegnerischen Fürsten die Wahl Ferdinands zum König an und sicherten ihm wirksame Türkenhilfe zu.

Von fast ebenso großer Bedeutung war es, daß infolge der fortgesetzten Bemühungen Landgraf Philipps um eine Übereinkunft in der Abendmahlsfrage, Butzer und Melanchthon endlich eine auf die Verständigung des Marburger Religionsgespräches zurückgehende, gemeinsame Formel fanden. Daraufhin kam es am 25. Mai 1536 zum Abschluß der Wittenberger Konkordie und damit zur Annahme des Augsburger Bekenntnisses durch die evangelischen Stände Süddeutschlands. So war das beherrschende politische Ziel des Landgrafen erreicht, ungehindert breitete sich der Protestantismus in den nächsten Jahren aus.

Der äußere Landesausbau Hessens hatte sich gleichfalls seit der Übernahme der Regierung durch Landgraf Philipp in weiten Grenzen bewegt. Infolge des tatkräftigen Eingreifens seiner Mutter in die Hildesheimer Stiftsfehde (1518) konnte das alte lippische Lehnsverhältnis erneuert und auf Lipperode, Brake und Varenholz erweitert werden. 1518 erwarb Landgraf Philipp die Lehnshoheit über einige Schlösser der Grafschaft Schaumburg (Rodenberg, Hagenburg und Arnsburg mit Zubehör) und legte damit den Grund zur Erwerbung der halben Grafschaft Schaumburg zu Ende des 30jährigen Krieges. 1521 kam die Lehnshoheit über Hoya und Diepholz hinzu; doch traten an Stelle der Hoyaschen Ämter Drakenburg, Nienburg und Lauenau 1527 Uchte und Freudenberg. So waren innerhalb weniger Jahre im norddeutschen Raum zahlreiche hessische Positionen zu der bereits vorhandenen hinzugekommen, die zweifellos wesentliche Stützen des im Reformationsjahrhundert weit nach Norddeutschland ausstrahlenden Einflusses Hessens gewesen sind.

Nicht minder hervorragend entwickelte sich die innere Landesverwaltung, zunächst in der Zentrale, da die Hofordnung von 1522 immer stärker auf den Ausbau des kollegialen Charakters des fürstlichen Rätegremiums einwirkte, in dem sich eine hochbefähigte, leistungsstarke Beamtenschaft zusammengefunden hatte. Sie bildete eine einflußreiche, ja beherrschende Gruppe gleichgerichteter, gelehrter Männer humanistischer Bildung und kämpferischer, protestantischer Glaubensgemeinschaft, die auch nach ihrer Herkunft (aus dem Patriziat der hessischen Städte) und ihrer Aufgaben (der Entwicklung eines „modernen", vom Fürsten beherrschten Territorialstaates) einheitlich und geschlossen auftrat und wirkte. Diese Beamtenschaft kam aus einem Kreis von etwa 25 Familien. Eng miteinander verwandt, stellten sie eine förmliche Sippe dar, deren Angehörige fast alle leitenden Stellen innehatten. An ihrer Spitze standen die bedeutenden Kanzlerfamilien der Feige, Scheffer, Lersner und Nußpicker. Dieser Festigung des inneren Gefüges der hessischen Landesverwaltung entsprach auf militärischem Gebiet der Ausbau der Landesfestungen, von denen besonders Kassel (1523 bis 1546), Gießen (1530 bis 1533), Ziegenhain (1537 bis 1542) und Rüsselsheim zu mächtigen neuzeitlichen Bollwerken heranwuchsen.

Das Verkehrswesen überwachte und sicherte der Landgraf aufs sorgfältigste und baute in Verbindung damit erstmals ein effektives, wenn auch noch zeitbedingtes Post- und Nachrichtenwesen auf, da er es für eine schnelle und sichere Unterrichtung über politische Vorgänge außerhalb Hessens benötigte. Das Rechtswesen ordnete der Landgraf durch die Halsgerichtsordnung von 1535, die sich eng an die Karolina von 1532 anschloß. Das Finanzwesen verbesserte er durch die 1537 verfügte Neuvermessung und Aufnahme der landesherrlichen Güter, um so die seit dem Ende des 14. Jahrhunderts geführten Salbücher (mit dem Nachweis der herrschaftlichen Rechte) zu renovieren. Sie wurden amtsweise angelegt und verzeichneten jetzt erstmals auch den adligen und geistlichen Besitz ihres Sprengels. 1553 führte er die allgemeine Tranksteuer auf Wein und Bier, also eine Verbrauchssteuer ein, die bis dahin nur in den Städten üblich war. Das Kirchenwesen regelte Landgraf Philipp durch die Ziegenhainer Zuchtordnung von 1539. Zucht ist dabei im Sinne von Gemeindeerziehung zu verstehen, die, mit sehr scharfen polizeilichen Mitteln gehandhabt, tief in das persönliche Leben eingriff und es nicht nur in religiös-kirchlicher, sondern ebenso in moralisch-sittlicher Hinsicht reglementierte.

Die Ziegenhainer Zuchtordnung stellt mit ihrer einengenden Verhärtung offenkundig einen Rückschritt gegenüber der Homberger Kirchenordnung von 1526 dar. Sie war jedoch notwendig, da die Durchführung der Homberger Ordnung, der kühnsten des 16. Jahrhunderts mit voller Selbstverwaltung der Gemeinden, am Widerspruch Luthers gescheitert war. Zur Ergänzung der Ziegenhainer Ordnung folgte 1543 die die gleichen Tendenzen weiter verschärfende Reformation in Polizei- und Kirchensachen. 1531 waren die kirchlichen Angelegenheiten erstmals sechs Superintendenten in sechs Sprengeln (Marburg, Kassel, Rotenburg, Alsfeld, Darmstadt, St. Goar) übertragen worden. Die Ziegenhainer Ordnung führte dazu das Seniorat und die Konfirmation ein, nachdem die vornehmlich gegen die Wiedertäufer gerichtete, schonende Visitationsordnung von 1537 vorausgegangen war und die Konfirmation offenbar einen gewissen Ersatz für die Wiedertaufe bieten sollte. Diese tolerante, versöhnungsbereite Behandlung der Wiedertäufer in Hessen ist für die von M. Butzer bestimmte, ausgleichende und vermittelnde Haltung der hessischen Reformationsgesinnten charakteristisch.

Vielleicht ist es auch von dieser Einstellung her zu begreifen, daß Landgraf Philipp trotz seiner überzeugten protestantischen Haltung und erfolgreichen Politik gegen Kaiser und Kirche 1535 nach Wien ging, um König Ferdinand gemäß den Abmachungen des Friedens von Kaaden seine Dienste gegen die Türken anzubieten. Frappierend ist nur, daß er dieses in eigener Person tat, so daß zu erwägen ist, ob der Landgraf nicht schon damals einen verzweifelten Ausweg aus einer qualvoll empfundenen Lage gesucht hat, in die ihn seine unbefriedigende Ehe mit seiner Frau Christine von Sachsen geführt hatte. Dieser schließlich unerträglich gewordenen Spannung zwischen hochgradiger sexueller Not, die auf einer geschlechtlichen Anomalie (Triorchie) beruhte, und der Qual eines von der Reformation aufgeschreckten und überwach gewordenen Gewissens wegen seines außerehelichen Umganges ist der Landgraf zuletzt erlegen. Denn die in ihm immer stärker anwachsende seelische Verzweiflung, die sich bis zu jahrelanger Abendmahlsverweigerung wegen Unwürdigkeit und unsittlichen Lebenswandels steigerte, eine ihn im Mai 1539 packende und erschütternde Geschlechtskrankheit und die dadurch erregte Furcht vor einem ähnlich furchtbaren Ende, wie es sein Vater erlitten hatte, das alles drängte ihn schließlich zu dem verzweifelten Entschluß einer Nebenehe. Von gefügigen Theologen auf Grund alttestamentarischer Beispiele gerechtfertigt, vermochte der Landgraf zu diesem Vorhaben sogar den Reformatoren ein halbes Zugeständnis abzuringen, nachdem er sich nicht gescheut hatte, um diesen zustimmenden Wittenberger Beichtrat vom Dezember 1539 zu erlangen, Luther mehrfach zu täuschen. Auch seine Frau Christine bewegte er zur Zustimmung, nachdem er ihr am 11. Dezember 1539 vertraglich feierlich zugesichert hatte, daß die Kinder der Zweitehe keinerlei Ansprüche auf das Land Hessen haben sollten, solange Christinens Söhne lebten.

Es war ein politisch unbegreifliches, moralisch untragbares und menschlich nur schwer zu rechtfertigendes Verhalten, das ihn, anstatt ihn zu retten, ins Verderben gestürzt hat. Denn die am 4. März 1540 geschlossene Nebenehe mit dem sächsischen Edelfräulein Margarethe von der Saale hat ihn in den Augen anderer moralisch zugrunde gerichtet (wie die verzweifelten und erschütternden Briefe seiner Schwester, die bösartigen Angriffe Melanchthons oder die Schmähungen der Marburger Studenten zeigen), und sie hat ihn politisch dem Kaiser preisgegeben, da er ohne dessen Zustimmung der reichsgesetzlichen Strafe, die die Doppelehe bedrohte, verfallen war. Aber von dorther fürchtete er wohl keine unmittelbare Gefahr, da er wie zuvor mit König Ferdinand seit 1538 auch mit dem Kaiser (durch Vermittlung von dessen Schwester, der niederländischen Statthalterin Maria) politische Verbindungen aufgenommen hatte. Nunmehr nach Abschluß der Doppelehe bot der Landgraf noch dringender und vertraulicher als 1538 seine Dienste dem Kaiser an. Gegen das üble politische Zugeständnis, eine Verbindung der Schmalkaldener mit England, Frankreich und Kleve zu hintertreiben, hat er zwar im Regensburger Geheimvertrag vom 13. Juni 1541 die Verzeihung des Kaisers (und die Billigung der Nebenehe) erlangt, aber dadurch zugleich seine Stellung unter seinen evangelischen Verbündeten weitgehend geschwächt, ohne den Kaiser, der in ihm nach wie vor seinen ersten politischen Gegner in Deutschland sah, wirklich auszusöhnen. Im Gegenteil gelang es dem Kaiser nunmehr Schritt für Schritt, Philipp politisch auszumanövrieren und schließlich die Schmalkaldener von ihrem wichtigsten Verbündeten Frankreich völlig zu trennen. Richtungslos schwankte die Haltung Philipps im Anfang der vierziger Jahre zwischen Ermannung und Verzagtheit hin und her.

Der Sturz Philipps war vollkommen und um so verhängnisvoller, als er in die erste größere Schwächeperiode des jungen Protestantismus fiel. Abgesehen von den damaligen Religionsgesprächen, in denen die Protestanten gegenüber der Kurie nicht immer gut abschnitten, war bereits im Juni 1538 zwischen Kaiser Karl V., König Ferdinand, Mainz, Bayern, Salzburg und Herzog Erich d. Ä. und Herzog Heinrich d. J. von Braunschweig-Wolfenbüttel eine Liga zur Unterstützung des Reichskammergerichts (in Prozessen gegen Protestanten) gebildet worden. Herzog Heinrich wurde Bundeshauptmann für Norddeutschland und hat die Liga aufs stärkste gefördert, obwohl der Frankfurter Anstand von 1539 wegen der Türkengefahr alle Reichskammergerichtsprozesse gegen die Protestanten niederschlug. Die Feindschaft äußerte sich zunächst in einer geradezu wüsten literarischen Fehde zwischen Braunschweig und Hessen 1540/41, an der sich auch Luther mit der gröbsten Schrift aus seiner Feder: Wider Hans Worst (Herzog Heinrich) nachhaltig beteiligt hat. Ein Jahr später, 1542, griffen Landgraf Philipp und Kurfürst Johann Friedrich von Sachsen Herzog Heinrich wegen seines Vorgehens gegen Goslar an, vertrieben ihn und führten in Braunschweig die Reformation ein. Auf der anderen Seite aber glückte es dem Kaiser (wegen der Lähmung des Schmalkaldischen Bundes in der klevischen Frage), 1543 Herzog Wilhelm von Jülich-Kleve-Berg als Erben des vom Kaiser beanspruchten Geldern völlig zu schlagen und sein Land zu rekatholisieren. Daraufhin konnten auch die Reformationsversuche Erzbischofs Hermanns von Köln unterbunden werden. Landgraf Philipp aber hatte sich so weit mit dem Kaiser eingelassen, daß schon der Plan erwogen wurde, den Landgrafen zum Generalkapitän des Kaisers zu bestellen und Philipp bereits seine Bedingungen dafür formuliert hatte. Aber so weit kam es nicht; er fühlte sich jedoch hinsichtlich des Kaisers trotz allen Schwankens sicher genug, zusammen mit Kurfürst Johann den 1545 zurückgekehrten Herzog Heinrich von Braunschweig erneut zu bekriegen. Sie besiegten ihn in der Schlacht bei Kahlfeld und führten ihn gefangen nach Ziegenhain, was nur auf Grund einer völligen Fehleinschätzung des Kaisers möglich war, der schon seit Anfang der vierziger Jahre mit den Protestanten nicht mehr vorbehaltlos verhandelte, sondern seit langem entschlossen war, die Glaubensabtrünnigen mit Gewalt zu unterwerfen und zurückzuführen. So traf beide protestantische Fürsten am 20. Juli 1546 die sie schon längst bedrohende Acht. Es kam zum Kriege, in dem der zerfallende Schmalkaldische Bund und seine ungleiche Führung (Landgraf Philipp und Kurfürst Johann Friedrich) versagten und 1547 im Schmalkaldischen Kriege nach einem verunglückten offensiven Donaufeldzug unterlagen.

An diesem Punkte zeigt sich das Verhängnis, das das Verhältnis zwischen Hessen und Sachsen unter Landgraf Philipp überschattete, in seiner vollen Schärfe. So sehr ihn diese durch die Erbverbrüderung politisch fest begründeten Beziehungen in seinen reformatorischen Anfängen auch zunächst gestärkt und gestützt hatten, so sehr begannen sie schon bald ihn zu lähmen. Die Schattenseite war bereits in den Packschen Händeln zutage getreten, deren Erfolge Philipp mit einem erheblichen Makel wegen seiner ungerechtfertigten Gewaltanwendung belasteten. Im Katzenelnbogener Erbfolgestreit bediente sich Nassau wiederholt des Beistandes von Kursachsen gegen den Landgrafen. Noch folgenschwerer wirkte sich die persönliche Notlage aus, in die ihn Christine von Sachsen als seine Frau brachte. Er hat an ihr so wenig Genüge gefunden, daß er in ein Leben verfiel, das er schließlich selbst nicht mehr verantworten wollte. Um so tragischer war es, daß ihn dann gerade dieser Entschluß in den Irrwahn seiner Doppelehe gestürzt hat, wobei seine Partnerin wiederum eine Sächsin war. Bis zum Zerreißen steigerte dann der Schmalkaldische Krieg und sein Ausgang diese Spannungen, denn damals endete die bei der Verschiedenartigkeit der Persönlichkeiten äußerst schwierige Verbindung zwischen Philipp und den sächsischen Herzögen mit einem Fiasko. Der Verlust dieses Krieges, der die weitere Entwicklung der Reformation schwer beeinträchtigte und den Protestantismus politisch an den Rand des Verderbens brachte, war weniger durch die persönlich geschwächte Stellung Philipps gegenüber dem Kaiser als vielmehr von dem militärischen und politischen Versagen der Sachsen verschuldet; denn der Angriff des Herzogs Moritz von Sachsen auf das Land des Kurfürsten Johann Friedrich hatte die Front des Schmalkaldischen Bundes zerrissen. Es bedeutete daher den Höhepunkt dieser Wirrungen, daß sich Philipp in (fast unbegreiflichem) Vertrauen auf die Zusicherungen seines politisch so unzuverlässigen Schwiegersohnes Moritz von Sachsen hin in die Hand des Kaisers begab, denn diese vertrauensselige Verblendung endete trotz der persönlichen Bürgschaft von Moritz für Philipp mit seiner Verhaftung durch Herzog Alba am 19. Juni 1548 zu Halle.

Diese Niederlage und Unterwerfung des Landgrafen hat Hessen politisch nie wieder überwunden. Der Weg in die Reihe der ersten deutschen Territorien, den es sich in so großartiger Weise geöffnet hatte, verschloß sich ihm wieder, denn seine Kapitulation löschte seine bisherige, politisch und militärisch führende Stellung aus. Der Landgraf mußte eine Kriegslast von 600 000 fl. übernehmen (von denen der Kaiser 150 000 fl. und der Deutsche Orden 250 000 fl. verlangten), alles Geschütz abliefern und die Festungen Kassel, Gießen und Rüsselsheim schleifen lassen. Erhalten blieb als einzige innerhessische Festung Ziegenhain unter seinem inzwischen zur Sagengestalt umgeformten Kommandanten Heinz von Lüder, während Rheinfels von den Grafen von Nassau gerettet wurde, da sie es mit der Katzenelnbogener Erbschaft für sich forderten. Der kaiserliche Feldmarschall Graf Reinhard von Solms-Lich, ein alter Gegner des Landgrafen, dem der Kaiser jetzt zur Demütigung Philipps die Durchführung der hessischen Kapitulation übertrug, erhob hohe Entschädigungsansprüche, das Erzbistum Mainz forderte seine früheren Rechte in Hessen zurück und Nassau erhielt durch das Urteil vom 3. August 1548 und weitere gerichtliche Entscheidungen in den nächsten Jahren fast die ganze Grafschaft Katzenelnbogen und erhebliche Teile Oberhessens zugesprochen. Die Demütigung durch die Gefangenschaft, deren er sich nicht versehen hatte, brach Landgraf Philipp auch persönlich. In der völlig unbegründeten Hoffnung, seine Freilassung damit zu erreichen, befahl er die Annahme des vom Kaiser verfügten „Interims" und damit die Rückkehr zu katholischen Glaubensformen, was Beamten, Geistlichkeit und Bevölkerung erbittert und einmütig ablehnten. Als nun auch noch im Dezember 1550 ein Versuch, den Landgrafen in Mecheln zu befreien, scheiterte und zu einer erheblichen Haftverschärfung führte, resignierte er und überließ sich einer „schwermütigen Ergebung".

In der äußerst schwierigen Lage erzielte die politische Befähigung des gerade 16jährigen Landgrafen Wilhelm und seiner leitenden Beamten (Simon Bing, Wilhelm von Schachten) einen entscheidenden Erfolg. Sie verstanden es, Kurfürst Moritz von Sachsen nicht aus der Verpflichtung zu entlassen, mit der er für die Freiheit Landgraf Philipps persönlich gebürgt hatte, ja diese Bürde immer schwerer für ihn zu machen. Sie öffneten ihm aber auch zugleich den Weg, aus dieser, seine fürstliche Reputation schwer kränkenden Lage herauszukommen, indem sie gemeinsame Bündnisverhandlungen mit Frankreich vermittelten und Moritz damit vom Kaiser abzogen. Darauf hatte auch Landgraf Philipp erheblich eingewirkt, denn er hatte 1551 dem zögernden Moritz von Sachsen gedroht, seine kaiserfeindlichen Machenschaften ans Licht zu bringen, wenn er nicht handele. So führte die Entwicklung über den Vertrag von Torgau vom 22. Mai 1551 zwischen Moritz von Sachsen, Johann Albrecht von Mecklenburg und Wilhelm von Hessen, der die jüngsten territorialen Erwerbungen von Moritz auf Kosten der ernestinischen Linie weitgehend sicherte, zum Vertrag von Lochau, den die Torgauer Vertragspartner mit König Heinrich II. von Frankreich schlossen (unterzeichnet von diesem am 15. Januar 1552 zu Chambord). Sein Zweck war die Erhebung dieser deutschen protestantischen Füsten im Verein mit dem französischen König gegen (ihre vermeintliche Bedrohung durch) Kaiser Karl V. Das erklärte Ziel des deutschen Bundeshauptes Moritz von Sachsen bildete außer der Sicherung seiner neuen Kurwürde und -lande die Befreiung Philipps von Hessen, wofür sich Moritz jetzt erneut als Geisel stellte. Der Preis war die Überlassung der (zumeist schon fremdsprachlichen) Gebiete von Metz, Toul und Verdun an König Heinrich II. von Frankreich in Form eines Reichsvikariates; ein Angebot, das jedenfalls zu weit ging und nicht zu verantworten war, obwohl ähnliche Entfremdungsformen in Oberitalien seit längerer Zeit üblich waren und die Reichsmatrikel von 1545 die genannten Städte bereits als „Stände, welche sich selbst vom Reich abziehen und daher ungewiß sind" bezeichnet hatte.

Der Erfolg der Fürstenerhebung gegen den davon völlig überraschten und gelähmten Kaiser war durchschlagend. Er kapitulierte und wurde zum Passauer Vertrag vom 31. Juli 1552 gezwungen, der nicht nur eine entscheidende Vorstufe zum Augsburger Religionsfrieden von 1555 bildete, sondern auch die sächsische und die hessische Frage im Sinne der Aufständischen löste. Der Kaiser mußte den gefangenen Landgrafen Philipp freigeben, obwohl er gemäß einer geheimen kaiserlichen Verfügung bis zum 12. Februar 1565 in Haft bleiben sollte. Zugleich verfielen die bisherigen, für Hessen so ungünstigen Entscheidungen im Katzenelnbogener Erbfolgestreit, Mainz kam nicht mehr zum Ziele, und Reinhard von Solms, den Vollstrecker der kaiserlichen Maßnahmen gegen Hessen, ließ der Landgraf ergreifen und in Ziegenhain einkerkern.

Jedoch, es kehrte nicht mehr der kraftvolle, tatenfreudige Philipp zurück, es kam ein gebrochener Mann. Anders als sein großer kaiserlicher Gegner, der nur wenige Jahre später die Bürde seines Amtes niederlegte und sich von der unmittelbaren Verantwortung zurückzog, versuchte Philipp seinen politischen Weg fortzusetzen. Aber er geriet auf sandige Strecken, die er mit seiner geschwächten Kraft nicht mehr bewältigte. Hatte er in seinen früheren Jahren die politische Führung gesucht, so nunmehr den vermittelnden Kompromiß, wie seine letzte große Bemühung, die Unionspolitik, erkennen läßt. Sie lag ihm am Herzen, denn es war ja eines seiner ersten und ältesten Anliegen, den Zusammenhalt der Evangelischen zu sichern. Das war jetzt um so erforderlicher; nicht nur um das unverminderte Mißtrauen zwischen Katholiken und Protestanten zu dämpfen, das der Passauer Vertrag weiter vertieft und auch der Augsburger Religionsfriede von 1555 nicht beseitigt hatte, sondern vor allem auch um den Zusammenhalt der evangelischen Konfessionen überhaupt zu retten. Inzwischen bildete sich nämlich innerhalb des Protestantismus vor allem in Nieder- und Mitteldeutschland eine lutherische Partei von so starrer dogmatischer Verengung und Verhärtung heraus, daß ein Kompromiß zwischen den einzelnen protestantischen Richtungen kaum noch möglich schien. Schier unüberbrückbar klaffte die evangelische Bewegung in lutherische und calvinistische Orthodoxie auseinander.

Gegenüber diesen Lehrstreitigkeiten war Philipp ohnmächtig und ebensowenig glückte es ihm, die protestantischen Fürsten politisch zusammenzuschließen, obwohl er selbst zu allen die besten Beziehungen hatte. Mit eigenen Augen sah er seine gesamtprotestantischen Pläne scheitern und mußte erkennen, daß sie weder in dogmatischer noch in politischer Hinsicht zu verwirklichen waren. Es spricht aber für die Größe und Festigkeit seines gesamtprotestantischen Verantwortungsbewußtseins, daß er den französischen Hugenotten nicht nur militärischen Beistand, sondern auch eine namhafte Geldbeihilfe aus Deutschland verschaffte, bis sie sich im März 1563 das Toleranzedikt von Amboise erkämpft hatten.

Als letztes hat er die Regelung der kirchlichen Verhältnisse seines eigenen Landes in die Hand genommen und ihnen in der Kirchenordnung von 1566 Gestalt gegeben. Es handelte sich dabei grundsätzlich um eine obrigkeitliche Lösung, die der Generalsynode die geistlichen Fragen und Landgraf und Superintendenten die Kirchenverwaltung zuwies, der evangelischen Gemeinde selbst also keine konstitutiven Aufgaben zugestand. Jedoch war die Ordnung mit ihren drei Hauptteilen vom Amte, von der Lehre und vom Gottesdienste mehr als eine Agende; sie stellte vielmehr zugleich eine umfassende Kirchenlehre dar, die mit Hilfe zahlreicher patristischer Belegstellen die Einheit der Lehrmeinungen der Apostel mit den protestantisch-kirchlichen Einrichtungen zu begründen unternahm.

Auch sonst stellten sich innerpolitisch noch einige Erfolge ein. 1554 schloß Landgraf Philipp den Erbvertrag mit Henneberg wegen Schmalkalden, der dessen künftigen Anfall sicherte. Vor allem aber vermochte er durch die kurz zuvor erneuerte hessisch-sächsische Erbverbrüderung maßgeblich auf Einberufung und Beschlüsse des Augsburger Reichstages von 1555 einzuwirken, der den Passauer Vertrag von 1552 bestätigte und dem Reich den Religions- und Profanfrieden gab. Unter diesen günstigen Voraussetzungen konnte dann der Landgraf am 30. Juni 1557 den wichtigen Frankfurter Vertrag mit Nassau abschließen, der den Katzenelnbogener Erbfolgestreit zugunsten Hessens beendete (vgl. Kapitel 30). Auf die Grafschaft Rietberg verzichtete Philipp allerdings. Die durch den Tod des unglücklichen Grafen Johann von Rietberg 1562 heimgefallene Grafschaft überließ er trotz kaiserlicher Anerkennung seines Anspruchs drei Jahre später den rietbergischen Erbtöchtern gegen eine verhältnismäßig geringe geldliche Entschädigung.

Alle diese Ereignisse der letzten Jahre überschatteten jedoch die Testamente und der Ausgang Landgraf Philipps, die das durch seine Doppelehe eingeleitete Werk der Zerstörung fortgeführt und vollendet haben. Denn wie diese, seine ganze Familie schwer belastende Eheverirrung schon sein politisches Werk zunichte gemacht hatte, so zerstörte sie zuletzt auch noch sein Land.

In den zahlreichen Testamenten, die Landgraf Philipp verfaßte, hat er zunächst ganz eindeutig die Absicht vertreten, das Land ungeteilt dem ältesten und befähigsten Sohne, Landgraf Wilhelm, zu hinterlassen und die übrigen Söhne ohne landeshoheitliche Befugnisse abzufinden. Seit Abschluß der Nebenehe ändert sich diese Auffassung des Landgrafen allmählich, und so kam es schließlich zum Testament von 1560, das seine legitimen Söhne nur unter Zwang und Protest anerkannten, weil es die Söhne aus der Nebenehe rechtswidrig ausstattete, obwohl es jedem der vier ehelichen Söhne beim Tode des Landgrafen 1567 ein Stück des Landes zuteilte, um sie für die testamentarischen Zuwendungen an die Söhne aus seiner Nebenehe zu gewinnen. Diese kamen infolgedessen (unter dem ihnen verliehenen Titel der Grafen von Diez) in den Besitz einiger hessischer Ämter (Lißberg, Bickenbach, Umstadt, Ulrichstein, Schotten, Stornfels und Homburg v. d. H.), die aber die Landgrafen schon 1577 wieder zurücknahmen, nachdem von den sieben Söhnen Philipps und Margarethes sechs in den Jahren 1568 bis 1575 gestorben oder in fremden (meist französischen) Kriegsdiensten umgekommen waren. Der überlebende Graf Christoph wurde wegen seiner Untaten in Ziegenhain eingekerkert und starb hier nach jahrzehntelanger Haft 1603. Selten ist die Frucht einer solchen Ehe schneller und schlimmer verkommen.

Gleichwohl aber hat der hessische Stamm Philipp den Großmütigen allezeit in hohem Andenken gehalten; das ist schon aus den Berichten seines Chronisten Wiegand Lauze von Homberg zu erkennen und spiegelt sich ebenso in der hessischen Landesgeschichtsschreibung wider, die erst in der letzten Zeit auch die dunkleren Töne anklingen läßt. Im Gedächtnis der hessischen Bevölkerung ist daher nicht der versagende, sondern der erfolgreiche Führer und Vorstreiter seiner evangelischen Mitfürsten haften geblieben. Denn so schmerzlich auch der Ausgang des Landgrafen gewesen ist, nie wieder hat Hessen solche Höhepunkte seiner eigenen Geschichte erlebt wie unter ihm. Und wenn Philipps Stern auch schon früh erlosch, so hat doch dessen Glanz die tiefen Schatten, die über dem Landgrafen und seiner Epoche liegen, bis in unser Jahrhundert überstrahlt. Und wie immer man ihn beurteilt, man wird Philipp zuerkennen, daß er ein außergewöhnlicher Charakter in einer ungewöhnlichen Zeit war und daß beide einander auch darin entsprachen, daß ihre Aufgaben größer und mächtiger waren als sie selbst. Das gilt jedoch nicht nur für den Hessenfürsten, sondern für Päpste, Kaiser, Fürsten und Reformatoren dieses Jahrhunderts überhaupt, unter denen er im „Morgenrot der Reformation" eine der bewegenden, ja mitreißenden Persönlichkeiten gewesen ist. Aber ihr sind eben auch geistig nicht minder hervorragende Gestalten dieser Frühzeit wie Ulrich von Hutten und Hartmuth von Kronberg oder Bewegungen wie die der Bauern und Täufer zum Opfer gefallen.

19. Die Landgrafschaft bis zum Westfälischen Frieden

Die im Testament Landgraf Philipps vorgeschlagene gemeinsame Regierung lehnten seine vier ehelichen Söhne ab, wie bei der Verschiedenheit ihrer Charaktere mit Gewißheit vorauszusehen war. Darüber kann sich auch der Vater nicht getäuscht haben, so daß sein Vorschlag einer gemeinsamen Regierung der vier Brüder offenbar nur zur deklaratorischen Verschleierung der mit Sicherheit zu erwartenden üblen Folgen seines Testaments bestimmt und daher weder ernst noch aufrichtig gemeint war. Nur so erklärt es sich auch, daß er zwar die Teilung angeordnet hatte, zugleich aber eine ganze Anzahl von Rechten, Ansprüchen und Forderungen davon ausnahm. Gemeinschaftlich sollten nämlich bleiben: Titel, Wappen und Hoheitsrechte und der reichslehnsrechtliche Status des Fürstentums, die Führung der Reichsprozesse und die Erhebung der Reichssteuern; die Landstände, die Landtage, die ritterschaftlichen Stifter und die Hohen Hospitäler; die Erbhofämter; das Samtarchiv und Samthofgericht, die Universität; der Guldenweinzoll und die Rheinzölle. Tatsächlich haben einige dieser Rechte als gesamthessische bis ins 19. Jahrhundert bestanden, während andere noch im 16. bzw. 17. Jahrhundert aufgeteilt worden sind.

Da das Testament Philipps auf Grund seiner inneren Widersprüche nur schwer in die politische Wirklichkeit umzusetzen war, sahen sich die zur Teilung entschlossenen vier Brüder gezwungen, ein umfangreiches Vertragswerk zu errichten, dessen Kernstück der erbliche Brüdervergleich vom 28. Mai 1568 darstellte. Danach erhielt Landgraf Wilhelm IV. als Ältester Niederhessen (= Hessen-Kassel), Landgraf Ludwig IV. Oberhessen (= Hessen-Marburg), Landgraf Philipp d. J. die Niedergrafschaft Katzenelnbogen (= Hessen-Rheinfels) und Landgraf Georg die Obergrafschaft Katzenelnbogen (= Hessen-Darmstadt). Der Größe nach umfaßte Hessen-Kassel etwa die Hälfte, Hessen-Marburg ein Viertel und Hessen-Rheinfels und Hessen-Darmstadt zusammen gleichfalls ein Viertel des Landes. Dabei zählte die Obergrafschaft mit Darmstadt, Auerbach, Zwingenberg, Lichtenberg, Reinheim, Dornberg (= Groß-Gerau) und Rüsselsheim fast doppelt soviel Ämter wie die Niedergrafschaft mit St. Goar (links-) und Reichenberg, Hohenstein und Braubach (rechtsrheinisch).

Landgraf Wilhelm IV., der zunächst ganz Hessen, dann wenigstens noch ganz Ober- und Niederhessen erhalten sollte, war dabei am stärksten benachteiligt worden, obwohl er während der Gefangenschaft Philipps Hervorragendes für das Land geleistet hatte und daher des besonderen Dankes seines Vaters versichert worden war. Aber diese Zusicherungen waren in den Auseinandersetzungen um die Ausstattung der Söhne Philipps des Großmütigen aus seiner Nebenehe mit Margarethe von der Saale untergegangen. Die Verkleinerung seines Territoriums auf 6100 qkm mit etwa 190 000 Einwohnern und die damit verbundene Minderung seiner Machtmittel sowie die gelehrte Tatenscheu seiner politisch wenig entschiedenen Natur, die zwar vortrefflich zu raten aber weniger selbständig zu handeln vermochte, ließen Hessen weiter politisch absinken. Landgraf Wilhelm IV. befand sich dabei in völliger Übereinstimmung mit den übrigen lutherischen Fürsten der nachreformatorischen Generation, ja er gilt in seiner betriebsamen Angst und gottesfürchtigen Ohnmacht geradezu als Musterbild für viele von ihnen. „In erblicher Devotion gegen den Kaiser, aber in politisch-religiösem Gegensatz zur österreichisch-spanischen Macht, in natürlicher politischer Hinneigung zu dem herkömmlichen Beschützer ‚deutscher Libertät' der Krone Frankreich, aber in religiösem Gegensatz zu derselben Macht, welche die evangelische Lehre in ihrem Bereich bekämpfte", waren diese Fürsten, wie sie K. Wenck charakterisiert hat, „ein armseliger Haufe, dem man seine Tatenscheu nicht allzu scharf anrechnen darf". Die politische Führung im hessischen Raum übernahm das nassau-dillenburgische Grafenhaus und der von ihm zum Siege geführte Calvinismus. Immerhin war Landgraf Wilhelm IV. der einzige lutherische Fürst, der den Prinzen Wilhelm von Oranien zu Beginn seines Kampfes in den Niederlanden — wenn auch furchtsam und vorsichtig — ein wenig unterstützt hat.

Der Ruf Landgraf Wilhelms IV. gründet sich auf seine hervorragende Landesverwaltung. Für sie zeugen seine Rentkammerordnung von 1568, seine einflußreiche Kanzleiordnung von 1581 und vor allem der „Ökonomische Staat" von 1585, der zusammen mit dem Landbuch und dem Ämter(ertrags)buch eine umfassende Aufnahme und statistische Verarbeitung der herrschaftlichen und adligen Besitzungen, Einkünfte und Rechte als Grundlage eines Staatsetats bildete. Um diesen Staat nicht nur verwaltungsmäßig und finanziell, sondern auch politisch zu sichern, führte er 1576 das alleinige Nachfolgerecht des Erstgeborenen (die Primogenitur) ein. Dagegen glückte es ihm nicht, aus den 1577, 1581 und 1591 projektierten Land-, Polizei- und Rechtsordnungen ein einheitliches hessisches Landrecht zu schaffen. Darin gleicht er seinem großen nassauischen Nachbarregenten, Graf Johann VI. von Nassau-Dillenburg, dem es ebenso versagt blieb, die Veröffentlichung des von ihm weitgehend vorbereiteten einheitlichen nassauisch-katzenelnbogischen Gesetzeswerkes noch zu erleben. Seinen gelehrten Neigungen hat Landgraf Wilhelm durch die Gründung der 1580 eingerichteten Kasseler Bibliothek entsprochen, seinen ökonomischen Bestrebungen diente ein botanischer Garten (in dem er 1568 als erster in Deutschland die Kartoffel versuchsweise anbaute), und für seine astronomischen Interessen ließ er eine Sternwarte errichten. So groß seine Himmelskunde auch war (er gilt neben Tycho de Brahe als bester Astronom seiner Zeit), so war er trotz besserer Einsicht doch aus konfessionellen Gründen nicht geneigt, die gregorianische Kalenderreform anzuerkennen. Da seinem Beispiel die meisten protestantischen Fürsten folgten, bestanden infolgedessen von 1582 bis 1700 zwei (um zehn Tage) voneinander abweichende Datierungsweisen. Das macht sich noch heute in der hessischen Landesgeschichtsschreibung bemerkbar, die beide Stile durcheinander verwendet hat, so daß bei Tagesdatierungen des 17. Jahrhunderts mit einer Zehn-Tage-Abweichung gerechnet werden muß.

Es entspricht der defensiven Natur Landgraf Wilhelms IV., daß er Kassel zu einer der stärksten Festungen Deutschlands ausbauen ließ (dabei entstand 1567/70 das gewaltige Zeughaus) und sein Herrschaftsgebiet nur auf friedlichem Wege vergrößerte. Das geschah durch den Lehnsheimfall der Grafschaft Plesse 1571, der Ämter Uchte und Freudenberg (aus dem Besitz des Grafen Otto von Hoya) 1582 und von Auburg und Wagenfeld (nach dem Tode Graf Friedrichs von Diepholz) 1585. Uchte und Freudenberg erhielten die Grafen von Bentheim zu Lehen, nachdem sie den späteren Anfall der Grafschaft Tecklenburg (die Solms beanspruchte) zugesichert hatten, und Auburg mit Wagenfeld gab Landgraf Wilhelm IV. seinem natürlichen Sohn Philipp Wilhelm von Cornberg lehnsweise. Außerdem erwarb Landgraf Wilhelm IV. die noch fehlenden Hälften der Herrschaft Schmalkalden 1583 und des Amtes Jesberg 1586. Eine weitere Umgestaltung des Landes brachte zunächst der Heimfall und die Aufteilung der Ämter, die Landgraf Philipp seinen Söhnen mit Margarethe von der Saale überwiesen hatte. Über sie verfügten die landgräflichen Brüder am 16. Juli 1577 in der Weise, daß sie die Ämter Schotten, Stornfels, Lißberg und Homburg v. d. H. den Landgrafen Wilhelm und Philipp d. J. gemeinsam, Ulrichstein Landgraf Ludwig und Bickenbach Landgraf Georg zuteilten. Noch einschneidender war der kinderlose Tod des politisch unbedeutenden, aber künstlerisch stark interessierten und tätigen Landgrafen Philipp d. J. von Hessen-Rheinfels 1583; denn nunmehr erhielt Landgraf Wilhelm fast die ganze Niedergrafschaft Katzenelnbogen, ausgenommen Stadt und Amt Braubach und Rhens, die als Wittum der Gemahlin Landgraf Philipps d. J. bis 1602 bei dieser verblieben; Hessen-Darmstadt bekam die Ämter Schotten, Stornfels und Homburg v. d. H. und Landgraf Ludwig von Hessen-Marburg gab sich mit dem Amt Lißberg und der Hälfte der Herrschaft Itter zufrieden. Die statistischen Erhebungen der hessischen Landesverwaltungen aus der Zeit von 1570 bis 1580 weisen folgende Bevölkerungszahlen aus. An Hausgesessenen (Haushaltungen) hatte Niederhessen 35 355, Oberhessen 13 286, die Niedergrafschaft Katzenelnbogen 2000 und die Obergrafschaft Katzenelnbogen 4065. Das ergibt, wenn diese 54 706 Haushaltungen mit je vier bis fünf Köpfen veranschlagt werden, um 1580 etwa 250 000 Einwohner für das gesamte hessische Staatsgebiet (doch bleiben die errechneten Werte nach wie vor schwankend). Für die gesundheitliche Versorgung der Bevölkerung standen damals in ganz Hessen-Kassel nur fünf Apotheken zur Verfügung, und zwar je eine in Kassel, Hersfeld, Eschwege, Treysa und Marburg; weit besser war dagegen die örtliche Versorgung der Siechen, Alten und Armen geregelt, da fast alle hessischen Städte schon seit dem Mittelalter entsprechende Siechenhäuser, Hospitäler und milde Stiftungen hatten.

Nach Landgraf Philipps Tod handhabten die Brüder noch gewisse Angelegenheiten des Landes gemeinsam, so die kirchliche Verwaltung, die Universität und die Rechtspflege. Für die kirchliche Verwaltung, die Gemeindezucht und die allgemeine Sittlichkeit war die Reformationsordnung in Kirchen- und Polizeisachen grundlegend, die die 4. Generalsynode 1572 in Anlehnung an die entsprechende Verordnung Landgraf Philipps von 1543 beschloß. Sie ist am 1. August 1572 von den vier landgräflichen Brüdern publiziert worden. Noch wesentlicher war die am 20. Juli 1573 veröffentlichte Agende der vier Landgrafen über die Verkündigung des göttlichen Wortes, die Reichung der Sakramente und andere christliche Handlungen. Sie bildete die Bestimmungen der Ordnung von 1566 fort, verkürzte sie aber zugleich und schuf damit eine Lehr-, Bekenntnis- und Organisationsgrundlage, die teilweise bis 1806 bestand. Dagegen endeten die seit 1568 fast alljährlich zusammengetretenen hessischen Generalsynoden schon 1582. Das war die Folge der beginnenden Zerklüftung der hessischen protestantischen Kirche, die durch die gegenteiligen Auffassungen über die sächsische Konkordienformel von 1576, die Unterdrückung der Lehrmeinungen Melanchthons, den Streit um die Gültigkeit der Fassungen der Confessio Augustana von 1530 und 1540 usf. die Landgrafen Wilhelm und Ludwig und damit Nieder- und Oberhessen auseinandertrieb. Landgraf Ludwig erlag dem dogmatisch erstarrenden sächsischen Luthertum, stellte sich damit in Gegensatz zu der bisherigen (ausgleichenden) protestantischen Haltung Hessens und beschwor damit nach seinem Tode die schwersten Konflikte über das Gesamtland herauf.

Der gemeinsamen Rechtspflege der landgräflichen Brüder nach Landgraf Philipps Tod diente neben dem Samthofgericht (in Marburg) ein 1567 neugeschaffenes Revisions- und Oberappellationsgericht (in Kassel), das eine gewisse Bedeutung erhielt, nachdem das den Landgrafen 1573 verliehene Privilegium de non appellando bis zu 6000 fl. die Berufungsmöglichkeit an das Reichskammergericht stark eingeengt hatte. Zwar konnte der 1572 vorgelegte gemeinsame Entwurf einer peinlichen Gerichts- und allgemeinen Landesordnung für alle vier Landesteile nicht mehr verwirklicht werden, jedoch gelang es den hessischen Ständen auf dem Treysaer Landtag von 1576, noch den sogenannten Treysaer Anschlag für Gesamthessen durchzubringen, der teilweise bis zum Ende des alten Reiches die Grundlage für die Berechnung der allgemeinen Landsteuer zur Reichshilfe bildete, wie denn überhaupt die hessischen Landstände in den kommenden Jahrzehnten und Jahrhunderten der Trennung die stärkste Klammer des ganzen Landes darstellten. Gemeinsame Landtage blieben bis 1637 bestehen, wenn auch Hessen-Darmstadt seit 1605 mit eigenen Partikularlandtagen begann. Aber selbst nach der endgültigen hessischen Spaltung durch die Verträge zwischen Hessen-Kassel und Hessen-Darmstadt von 1648 und 1650 haben die hessischen Landstände weiterhin gemeinsame Landtage gefordert (wenn auch nicht mehr erreicht), und vor allem hat der Adel daran festgehalten, daß es nur eine hessische Ritterschaft mit einem Vorsteher (dem hessischen Erbmarschall aus der Familie Riedesel) gab und daß die beiden in der Landgrafschaft Hessen-Kassel liegenden ritterschaftlichen Stifte Kaufungen und Wetter (bis in die Zeit der Fremdherrschaft Jérômes) gemeinhessisch blieben.

Wie im August 1582 der Vertrag zwischen den landgräflichen Brüdern einer- und dem Wetterauer Grafenverein andererseits über den seit Jahrzehnten strittigen hessischen Guldenweinzoll glücklich zustandekam, so am 31. Oktober 1582 der Vertrag von Merlau mit dem Erzbistum Mainz, in dem sich dieses gegen eine Geldabfindung von 40 000 fl. verpflichtete, alle Pfandschaften aus der mainzischen Stiftsfehde (1461/63) bei Hessen zu belassen, solange der hessische Mannesstamm blühe. Ihm folgte am 8. September 1583 der große hessisch-mainzische Einigungsvertrag, der einen ganzen Katalog örtlicher Streitigkeiten beilegte. Gesamthessisch wie alle diese innen- und außenpolitischen Unternehmen war auch die erste landesgeschichtliche Darstellung Wilhelm Dilichs, dessen „Neue Chronika und Beschreibung des Landes Hessen" von 1605 auf seiner 1591 erschienenen „Synopsis descriptionis totius Hassie" fußte. Ihre zahlreichen Städte-, Burgen- und Landschaftsbilder sind von hohem künstlerischen und geschichtlichen Wert. Die Chronik rief allerdings heftige politische Reaktionen hervor, insbesondere von seiten der Wetterauer Grafen, und führte zu der von ihnen veranlaßten Gegenschrift Weyrich Wettermanns (d. i. Marquard Frehers Historischem Bericht von der Wetterau, Rinckau, Westerwald usw.), die 1608 in Frankfurt erschien. Gleichwohl umfaßte auch noch das 1621 von dem ersten und zugleich namhaftesten Kasseler Buchdrucker und Verleger Wilhelm Wessel (1594 bis 1626) herausgegebene erste hessische Wappenbuch das ganze Land.

Solange Landgraf Wilhelm IV. lebte († 1592), blieb die Einheit unter den landgräflichen Brüdern gewahrt, im politischen Bereich institutionalisiert im sogenannten „Gemeinen Verlag". Auch hierin hatte Landgraf Wilhelm unbestritten das Übergewicht und den Vorrang, denn alle erkannten ihn als Haupt der Familie, als wohlwollenden, erfahrenen, ja weisen Freund und Ratgeber an, und er hat sich dieser Vertrauensstellung immer als würdig erwiesen. Doch hat er sich keineswegs gescheut, seinen jüngeren Brüdern ernst ins Gewissen zu reden, wenn sie ihm zu leichtsinnig schienen. Dabei hat er sich besonders um Landgraf Philipp d. J. von Hessen-Rheinfels bemüht, denn dieser hatte in Rheinfels einen Renaissancehof um sich geschart, der seine finanzielle

Leistungsfähigkeit weit überstieg und ihm daher eine ständig anwachsende Schuldenlast aufbürdete. Aber das kümmerte Landgraf Philipp d. J. wenig, er hat vielmehr aus seiner Residenz Rheinfels und dem neuerbauten Witwenschlößchen Philippsburg am Rheinufer unter der Marksburg zu Braubach die schönsten Renaissancebauten am Rhein geschaffen, deren farbige und frohe Eleganz und Schönheit uns Wilhelm Dilich in seiner Darstellung der rheinischen Burgen Hessens bewahrt hat. Auch sonst zeigte Philipp lebhafte künstlerische Neigungen, die vor allem der Musik galten, sich aber auch auf Theater und Ritterspiele erstreckten, so daß er in dieser Beziehung geradezu als das Vorbild seines Neffen, des Landgrafen Moritz, gelten muß. Diese schönste Blüte der hessischen Renaissancekultur ist aber am schnellsten verwelkt, und nur das versöhnt mit ihrem frühen Vergehen, daß sich das Erlöschen des hessen-rheinfelsischen Hauses im Jahr 1583 ohne jede politische Erschütterung für das übrige Hessen vollzog, ja ihm Nutzen gebracht hat.

Ganz anders gestaltete sich die Hinterlassenschaft der Nebenlinie Hessen-Marburg, die ebenfalls mit dem ersten Glied bereits ausstarb; denn sie ist dem ganzen Lande in seiner schwersten Zeit geradezu zum Verhängnis geworden. Landgraf Ludwig IV. von Hessen-Marburg war ein tüchtiger Regent, ein befähigter und genauer Verwalter seines Erbes und daher ein erfolgreicher Mehrer seines Herrschaftsgebietes Oberhessen (um Marburg, Gießen, Nidda und Eppstein). Außer seinem hessen-rheinfelsischen Anteil von 1583 hatte er die ihm noch fehlende Hälfte der fuldischen Mark in der Wetterau (mit Bingenheim und Echzell) von den Nassau-Weilburger Grafen erworben und mit ihnen 1585 die Gemeinschaften an der mittleren Lahn geteilt. Dadurch waren das Gericht Lollar sowie Großenlinden, Heuchelheim u. a. Dörfer hessisch geworden. Mit Graf Ernst von Hohensolms war er über die gemeinschaftlichen Rechte an den Ämtern Königsberg und Hohensolms übereingekommen; dazu erwarb er 1588 die ihm noch fehlende Hälfte der Herrschaft Itter und dehnte seine Rechte im Busecker Tal und Breidenbacher Grund gegen die dortigen reichsritterschaftlichen Bestrebungen aus. In der inneren Landesverwaltung bediente er sich für seine Rentkammerverwaltung der Kammerordnung Landgraf Wilhelms von Hessen-Kassel von 1568, erließ jedoch 1584 eine eigene Berg- und 1588 eine besondere Polizeiordnung. Seine Landesaufnahmen und Staatsstatistiken sind musterhaft und stehen denen Landgraf Wilhelms IV. nur wenig nach.

Trotz dieser Erfolge liegen breite Schatten über der Person Landgraf Ludwigs. Er blieb trotz zweier Ehen kinderlos und büßte das Wagnis einer zweiten Ehe mit einer um 30 Jahre jüngeren Frau aufs schwerste. Dazu ließ er sich immer stärker in die Fesseln der dogmatischen Verengung und Verhärtung der lutherischen Orthodoxie verstricken, so daß diese Einstellung schließlich auch sein Testament bestimmt hat. Denn darin vermachte er zwar sein Land zu gleichen Teilen an die beiden übriggebliebenen Linien Hessen-Kassel und Hessen-Darmstadt, verfügte aber, daß der lutherische Bekenntnisstand des Landes bei Verlust des Erbes nicht geändert werden dürfe, obwohl, oder gerade weil ihm bekannt war, daß sich Hessen-Kassel dem Calvinismus zu nähern begann, Hessen-Darmstadt aber am Luthertum festhielt.

Nach dem Tode Landgraf Wilhelms von Hessen-Kassel († 1592) und dem Abscheiden Landgraf Georgs von Hessen-Darmstadt († 1596) lebten sich die beiden hessischen Hauptlinien mehr und mehr auseinander. Entscheidend dafür war die persönliche Gegensätzlichkeit zwischen den beiden Nachfolgern. Landgraf Georg von Hessen-Darmstadt, der selbst kein bedeutender Fürst, doch ein guter Haushalter gewesen war und sein schmales Erbteil gesichert und im bescheidenen Maße gemehrt hatte, fand in seinem Sohn Landgraf Ludwig V. einen Nachfolger, der weitaus selbstherrlicher war, nach Macht verlangte und daher viel stärker politischen Antrieben unterlag als sein Vater. Den bereits dadurch hinreichend bedingten Gegensatz Ludwigs zu der nicht minder eigenwilligen und anmaßenden Persönlichkeit des Landgrafen Moritz von Hessen-Kassel, den ein ganzes Bündel hervorragender, aber gegensätzlicher Eigenschaften zu einem sehr schwierigen Charakter machten, verschärften die allmählich aufgekommenen politischen, religiösen und rechtlichen Unterschiede zwischen beiden Landesteilen. Der Tod Landgraf Ludwigs von Hessen-Marburg 1604 entzweite Hessen-Kassel und Hessen-Darmstadt in einem fast 50jährigen Erbstreit dann vollends. Bei diesem Erbfall setzte nämlich Landgraf Ludwig von Hessen-Darmstadt an, um seine Gleichstellung mit der vorrangigen Kasseler Linie zu erreichen, denn er mochte nicht leiden, daß sie gegenüber der Darmstädter Linie über größeren Besitz, größere Macht und größere Ehrenvorrechte verfügte. Hessen-Darmstadt erkannte daher das Marburger Testament nicht an, sondern forderte anstatt der ihm darin bestimmten Hälfte drei Viertel des Gebietes (auf Grund einer testamentswidrig verlangten Teilung nach Köpfen statt nach Linien). Ein von Hessen-Kassel verfassungsmäßig (nach dem Testament Landgraf Philipps und dem es bestätigenden Erbbrudervergleich von 1568) eingesetztes Schiedsgericht wies das hessen-darmstädtische Ansinnen jedoch ab und sprach ihm lediglich die südliche Hälfte Oberhessens (mit Gießen) zu, während Hessen-Kassel die nördliche Hälfte (mit Marburg) erhielt und dadurch wieder auf etwa 136 Quadratmeilen mit ca. 200 000 Seelen anwuchs. Es blieb somit Hessen-Darmstadt auch künftighin nach Gebiet und Bevölkerung weit überlegen. Die Folge war, daß Landgraf Ludwig den Schiedsspruch nicht anerkannte, den ihm zugesprochenen Landesteil zwar vorsorglich besetzte, im übrigen aber unter Bruch der verfassungsmäßigen Rechte schon 1605 deswegen an den Reichshofrat appellierte. Dieses Verhalten bestimmte Landgraf Moritz andererseits, als Gegenzug gegen dieses kaiserfreundliche Verhalten des betont lutherischen Darmstädter Landgrafen eine seinen Neigungen entsprechende engere Anlehnung an die Reformierten zu suchen.

Landgraf Moritz von Hessen-Kassel war eine sehr vielseitige, aber widersprüchliche Persönlichkeit, deren hohe musische Begabungen weder seiner politischen Befähigung noch seinen Charakterwerten entsprachen. Er zeichnete sich durch ungewöhnliche geistige Gaben aus, da er sich in sieben Sprachen auszudrücken vermochte, als Architekt und Erfinder tätig war, dichtete und musizierte, seine Hofkapelle mit ausgezeichneten Künstlern besetzt hatte und selbst so vorzüglich komponierte, daß manche seiner Kompositionen noch heute erklingen. Er war ein Freund und Veranstalter von großen Ritterspielen, Aufzügen und Allegorien und unterhielt eine eigene Bühne mit einer (von 1592 bis 1613 auftretenden) englischen Schauspielertruppe, die seit 1600 auch in Frankfurt gastierte. Seinen Bildungsanliegen gemäß gründete er 1595 (wahrscheinlich nach nassau-dillenburgischem Vorbild) eine fürstliche Hofschule, die er 1599 zum Collegium Mauritianum ausbaute, und errichtete 1603/06 sogar ein eigenes, festes Theater, das Ottoneum. Es war das erste seiner Art in Deutschland und besteht als Bauwerk noch heute, ist aber 1695 zum Kunsthaus umgebaut worden und hat damals die musealen Schätze der 1527 zuerst erwähnten landgräflichen Kunstkammer aufgenommen.

Das größte kulturelle Verdienst erwarb sich Landgraf Moritz durch die Entdeckung von Heinrich Schütz. Er ließ ihn zunächst am Mauritianum ausbilden, schickte ihn dann, in klarer Erkenntnis seiner musikalischen Fähigkeiten, zu Giovanni Gabrieli nach Venedig, der damaligen Musikmetropole Europas, und hat dadurch den künstlerischen Werdegang des ersten deutschen Komponisten von Weltrang entscheidend mitgeprägt.

So weit diese lebhaften und vielseitigen geistigen und künstlerischen Anliegen und Bemühungen den Landgrafen über seine Umgebung hinaushoben, so darf doch nicht verkannt werden, daß sie nicht nur Gelehrten und Künstlern zugute kamen. Sie haben ebenso auch Alchimisten und sonstigen Scharlatanen den Weg an den hessischen Hof gebahnt, und es steht fest, daß Landgraf Moritz diesen zweifelhaften Dunkelmännern trotz der eindringlichsten väterlichen Ermahnungen zuviel an Zeit, Kraft und Geld geopfert hat. Bekannt ist der Schutz, den er der Gesellschaft der Rosenkreuzer angedeihen ließ, für die sein Hofbuchdrucker Wessel 1614 die „Fama fraternitatis" und 1615 die „Confessio fraternitatis" druckte.

Jedoch, so einzigartig die geistigen Fähigkeiten und Interessen des Landgrafen Moritz in der gesamten übrigen Reihe der hessischen Fürsten auch waren, so gering war offensichtlich seine politische und militärische Befähigung. Seine mangelhafte militärische Begabung zeigte die Niederlage von Rees, in der die von ihm geführten Söldner den spanischen Truppen, die infolge des niederländischen Krieges in Westfalen und am Niederrhein hausten, 1599 völlig erlagen. Gleichwohl unternahm es Landgraf Moritz (allerdings mit wesentlicher Unterstützung des an niederländischen, d. h. oranischen Vorbildern geschulten Obersten Widemarkter), militär-organisatorische Reformen durchzuführen, die nach den Grundsätzen des nassauischen Landrettungswerkes vor allem die eigene Landesbevölkerung zum Kriegsdienst heranziehen sollten. Etwa fünf Jahre nach der nassauischen Verteidigungsanweisung und ihrer Defensionsordnung verfaßte er die umfangreichste und theoretisch beste Arbeit über das deutsche Ausschußwesen überhaupt. Praktischen Wert hatte dieses Unterfangen für Hessen allerdings nicht, wie das militärische Versagen gegenüber dem Stift Paderborn und der Grafschaft Waldeck bewies und noch krasser der militärische Zusammenbruch des Landes zu Beginn des 30jährigen Krieges zeigte.

Die erste größere, von Landgraf Moritz wesentlich mitverschuldete Einbuße Hessens ereignete sich dabei im Bistum Paderborn, nachdem er sich durch den Vertrag vom 5. Januar 1597 mit Bischof Dietrich von Paderborn verglichen hatte. Hierin verzichtete der Bischof auf Helmarshausen, die Krukenburg, die Herrschaft Schöneberg, Trendelburg, Liebenau und den Reinhardswald, die Hessen z. T. schon über 100 Jahre innehatte, wogegen Landgraf Moritz die hessischen Ansprüche auf die Grafschaft Schwalenberg, Oldenburg, den Kalenberg und Beverungen aufgab. Dieses hinsichtlich der Grenzregulierung günstige Abkommen verdrängte Hessen jedoch aus dem Paderborner Gebiet und ermöglichte es dem Bischof, die überwiegend protestantisch gewordene Bevölkerung des Bistums mit seiner Hauptstadt Paderborn wieder gewaltsam zu rekatholisieren. Einige Ansätze des Landgrafen, auf Grund seiner Schutzherrschaft dagegen einzuschreiten und insbesondere der Bürgerschaft und dem evangelischen Adel des Landes beizustehen, blieben stecken. Der Bischof vermochte vielmehr mit Hilfe spanischer Truppen und des konvertierten, gegen Landgraf Moritz aufsässigen Lehnsmannes Grafen Johann von Ostfriesland und Rietberg, Stift und Stadt zu unterwerfen, obwohl der hessische Lehnsmann Joachim von Büren und seine Adelsgenossen sich hartnäckig wehrten und der Landgraf den Schutzvertrag noch 1604 erneuert hatte. Aber alle Hilferufe verhallten; der Landgraf ließ es geschehen, daß in den nächsten Jahren im Zuge der Gegenreformation nicht nur in Paderborn, sondern auch in der Grafschaft Rietberg und in der Herrschaft Büren die lehns- und schutzherrliche Stellung Hessens unterging.

Dagegen erreichte es Landgraf Moritz, daß sein ältester Sohn 1604 zum Administrator des Stiftes Hersfeld gewählt wurde, das seitdem, von einer Unterbrechung im 30jährigen Kriege abgesehen, bei Hessen verblieben ist. Noch wesentlicher war, daß er 1609 (gemäß den Ratschlägen Graf Johanns VII. Nassau-Siegen) in der strittigen Jülicher Erbfrage den Dortmunder Vergleich zustande brachte, der einen Krieg verhütete, die beiden Erbanwärter Pfalz-

Neuburg und Brandenburg zu gemeinsamer Regierung veranlaßte und damit vor allem die brandenburgischen Rechte auf die Dauer gesichert hat.

Der Einfluß der Nassau-Dillenburger Grafen auf Landgraf Moritz verstärkte sich, nachdem er in zweiter Ehe 1603 Juliane von Nassau geheiratet hatte und nun das ihm schon lange nahestehende reformierte Bekenntnis seiner Frau annahm. Das und die oben erörterte Lage im Marburger Erbfolgestreit veranlaßten ihn, 1605 in seinem Lande die sogenannten Verbesserungspunkte einzuführen. Da sie die lutherische Lehre im calvinistischen Sinne änderten, untergruben sie den religiösen Frieden und hatten die verhängnisvollsten politischen Folgen. Dabei verfügten die Verbesserungspunkte lediglich, daß auf den Kanzeln nicht mehr das Wesen Christi spitzfindig erörtert, sondern nur mit den Worten der Bibel besprochen werden sollte, daß die Zehn Gebote nicht mehr in der lutherischen Fassung (unter Weglassung des Bilderverbotes), sondern in der biblischen Form zu lehren (und also die Bilder aus den Kirchen zu entfernen) seien und daß beim Abendmahl gemäß den Einsetzungsworten Christi nicht Hostien, sondern Brot gereicht werden solle. Jedoch war die Geistlichkeit Oberhessens unter Führung der Marburger Theologieprofessoren in keiner Weise gewillt, das lutherische Bekenntnis aufzugeben, so daß der Landgraf die größte Mühe hatte, seine calvinistischen Neuerungen einzuführen. Nunmehr ergriff auch Landgraf Ludwig von Hessen-Darmstadt die Gelegenheit und erklärte zu Recht, daß Landgraf Moritz das Marburger Testament in der grundlegenden Glaubensfrage verletzt habe. Er forderte also ganz Oberhessen.

Zugleich gründete Landgraf Ludwig wegen des abweichenden Bekenntnisstandes der Universität Marburg 1605 ein eigenes Gymnasium zu Gießen, das die von Marburg vertriebenen lutherischen Professoren aufnahm und schon 1607 vom Kaiser das Universitätsprivileg erhielt. Der Landgraf hat allerdings wohl kaum geahnt, daß der Reichshofrat dafür in der erklärten Hoffnung eintrat, daß von den zwei Universitäten Marburg und Gießen nunmehr eine die andere verfolgen und auffressen werde. Diese (bewußte oder vorgetäuschte?) Ahnungslosigkeit des Landgrafen hinsichtlich der kaiserlichen Absichten erklärt vielleicht das weitere Verhalten Landgraf Ludwigs. Jedoch dürfte der entscheidende Grund dafür gewesen sein, daß er nur mit Hilfe des Kaisers hoffen konnte, seine Ansprüche auf Oberhessen zu verwirklichen. Der damals ausgefochtene gelehrte Streit zwischen dem Marburger Professor Vultejus und dem Gießener Professor Antonius unterstrich diese politische Gegensätzlichkeit. Vultejus, im calvinistischen Sinne landesfürstlich eingestellt, bestritt die vom Kaiser beanspruchten Vorrechte im Reich, das er als Scheinmonarchie bezeichnete, da es in Wirklichkeit ein Bund von souveränen Fürsten und Ständen sei (womit er den Ansichten des großen Gelehrten der Herborner Hohen Schule Althusius nahekam), während der Gießener Professor Antonius im

Sinne der damaligen lutherischen Fürsten gegenüber Kaiser und Reich traditionell eingestellt war und Vultejus dementsprechend zurechtwies.

Landgraf Moritz sah sich daher gezwungen, seine Stellung zu sichern, zumal eine bereits ausgehandelte Übereinkunft der hessen-kasselschen und hessen-darmstädtischen Räte zur Regelung der hessischen Samtangelegenheiten vom 3. März 1608 von Hessen-Darmstadt nicht mehr ratifiziert wurde. 1609 trat Landgraf Moritz der Evangelischen Union bei und nahm ein französisches Jahrgeld an; zugleich festigte er die innere Landesverwaltung in der Weise, daß er 1609 den Geheimen Rat begründete, 1610 seine landeskirchlichen Befugnisse nach sächsischem Vorbild durch Einrichtung eines Konsistoriums (in Marburg) ausbaute, selbst aber ganz in calvinistische Bahnen einlenkte, wie die hessische Beteiligung an der reformierten Synode zu Dordrecht 1618 erweist.

Unter diesen Umständen vertiefte Landgraf Ludwig seine Beziehungen zum Kaiser. Dieser bestimmte ihn 1612 neben dem Mainzer Erzbischof zum kaiserlichen Kommissar für die Untersuchung des Frankfurter Fettmilch-Aufstandes, was schon bald das Gerücht nährte, er wolle die Stadt seiner eigenen Herrschaft unterwerfen, wie er im Februar 1613 in Wahrnehmung seiner Vogteirechte mit Wetzlar tatsächlich verfuhr. Einen weit wesentlicheren Erfolg erzielte die kaiserfreundliche Politik Landgraf Ludwigs im Marburger Erbfolgestreit, denn 1613 griff der Reichshofrat erneut mit scharfen Mandaten gegen Landgraf Moritz zugunsten der Darmstädter Ansprüche ein. Schließlich glaubte man sogar, der Landgraf beabsichtige, zur katholischen Kirche überzutreten. Eine Reise nach Spanien 1618, die ihm die Unterstützung des Madrider Hofes sichern sollte, von dem er ein Jahrgeld bezog, und von dort 1619 nach Rom, wo er den Papst aufsuchte, gab der Vermutung seines Übertritts neue Nahrung; doch erwiesen sich alle derartigen Befürchtungen als unberechtigt. Aber zweifellos haben diese von Landgraf Ludwig gepflegten Beziehungen zu den größten katholischen Mächten seiner Zeit die innerhessische Spaltung weiter vertieft.

Die Entzweiung zwischen Hessen-Kassel und Hessen-Darmstadt erreichte ihren Höhepunkt im 30jährigen Krieg, denn sie führte dazu, daß beide Hessen nicht nur auf verschiedenen Seiten standen, sondern einander auch unmittelbar und aufs schärfste bekämpften. Der buchstäblich in letzter Minute unternommene Versuch des Kasseler Hofpredigers Paul Stein, durch seine große Friedenspredigt vom 22. Juni 1618 die in Hessen durch die Verbesserungspunkte des Landgrafen Moritz zerstörte christlich-evangelische Einheit zu retten, scheiterte trotz ihres hohen Zieles. Die von ihm geforderte gegenseitige Anerkennung der Protestanten als Brüder in Christo wiesen seine lutherischen Gegner unter Führung des maßgebenden hessen-darmstädtischen Theologen und Gießener Professors Balthasar Mentzer als unvereinbar mit der lutherischen Lehre zurück. Statt der Versöhnung folgte eine jahrelange polemische Auseinandersetzung, die in ihrer unchristlichen Unduldsamkeit, ihrer seelischen Verhärtung und geistlichen Anmaßung erschütternd ist; denn obwohl Stein unausgesetzt seine Grundthese verfocht, daß sich die Evangelischen, auch wenn sie nicht in allen Punkten einig seien, in Geduld und Liebe ertragen müßten, bezeichneten Mentzer und seine Anhänger dieses Ansinnen als unaufrichtig und die Thesen Steins als lehrwidrig. So wurde die geistliche Auseinandersetzung der Theologen zwangsläufig zum politischen Kampfmittel, da Mentzer schließlich seine schärfste Schrift gegen Stein am 27. Februar 1624 Landgraf Georg II. widmete, offensichtlich, um mit dem Beweis, daß Hessen-Kassel vom althessischen Konfessionsstand abgefallen sei, das Vorgehen Landgraf Georgs gegen Hessen-Kassel in Vollstreckung der Reichshofratsurteile auch von theologischer Seite aus zu sanktionieren. Der Streit Stein–Mentzer macht klar, wie weit die Theologie zum Büttel der Politik herabgesunken war und ein schon fast unmenschliches Maß gegenseitiger Verständnis- und Lieblosigkeit zeigte.

So beschwor dieser vom theologischen Lehrstreit begleitete und gerechtfertigte Bruderkrieg ein Elend herauf, wie es Hessen noch niemals aus eigenem Verschulden erlebt hatte. Es war um so niederdrückender, als ein in allen seinen Gliedern protestantisches Fürstenhaus sich gleichwohl aus machtpolitischen (von kirchlichen Motiven nur dürftig verhüllten) Gründen zerfleischte und sich dazu bedenkenlos der Unterstützung auswärtiger Mächte beider Glaubensrichtungen bediente, obwohl alle doch nur den eigenen Vorteil suchten. In welcher Weise das Land und seine Bewohner in diesen Jahrzehnten unter der Geißel des Krieges gelitten haben, ist heute kaum noch zu schildern. Jahrhundertelang vorher hatte es derartige kriegerische Verwüstungen nicht mehr, ja in dieser Massierung und Dauer vielleicht noch niemals gegeben, und 300 Jahre dauerte es, bis unserem Land Ähnliches (und nun geradezu in den Formen der Apokalypse) widerfuhr.

Wir können den Krieg hier nur in wenigen Sätzen charakterisieren. Teuerung, Not und Hunger breiteten sich über das Land, das eine Armee nach der anderen überflutete, ausraubte und verwüstete. Kein noch so gut verborgener Vorrat, ja nicht einmal die Ernten waren mehr gesichert, denn die Verheerungen des Krieges haben immer öfter auch Felder und Fluren getilgt, Häuser und Höfe vernichtet und selbst ganze Orte in Flammen aufgehen lassen. Infolgedessen haben die meisten hessischen Städte und Dörfer weit über 100 Jahre benötigt, um an Einwohnerzahl und Vermögen die Einbußen des Krieges wieder auszugleichen. Marburg hat noch in der ersten Hälfte des 19. Jahrhunderts Zinsen für Schulden bezahlen müssen, die aus dem 30jährigen Kriege stammten.

Noch schlimmer als diese Ausplünderungen waren die damit verbundenen persönlichen Verfolgungen, Mißhandlungen und Folterungen, um die Verstecke verborgenen Geldes zu erpressen oder auch nur zu Gefallen einer verkommenen Soldateska; die Verwundungen, Schändungen und Vergewaltigungen durch marodierende Soldaten; die Gefangennahme, Verschleppung und Ermordung ungezählter wehrloser Opfer. Die Verwundeten, Kranken und Toten aber blieben vielfach den Hunden, Füchsen und Wölfen zum Fraße liegen. Um diesen Drangsalen zu entgehen, haben ganze Gemeinden ihre Dörfer wochenlang verlassen und in befestigten Orten oder den Wäldern Schutz gesucht, sind aber auch hier vielfach eine Beute des Hungers oder ein Opfer der Seuchen (Fleckfieber, Typhus, Pest) geworden. Unsagbar ist es, wie Hunger und Pest (besonders zwischen 1630 und 1640) gewütet und die Ernte des Todes da fortgesetzt haben, wo Brand und Mord innegehalten hatten.

Um so bewundernswerter ist es, daß trotz der unbeschreiblichen Größe der seelischen und leiblichen Bedrängnis und der Verstumpfung und Verrohung, die sie zur Folge hatten, das Gottvertrauen, die kirchliche Bindung und der Selbstbehauptungswillen der gequälten Bevölkerung dieser Not standgehalten haben, ja daß nicht einmal ihre Sittlichkeit nennenswert absank. Und nur das ist festzustellen, daß man seitdem infolge des Unheils, das die Kriegsfurie fast allen zumaß, die um sich greifenden Hexenverfolgungen mehr und mehr billigte, obwohl sie ganze Landstriche, Städte und Dörfer lähmten, namenlose Angst verbreiteten und noch Jahrzehnte nach dem Ende des Krieges wie ein düsterer Alptraum über dem Lande lagen. Es ist unmöglich die Grauen des 30-jährigen Krieges im einzelnen auszumalen, diese Hinweise müssen genügen, um den Hintergrund aufzuzeigen, vor dem sich die folgenden Ereignisse abspielten.

Die Stellung des Landgrafen Moritz von Hessen auf seiten der Evangelischen, an deren Unionstag im November/Dezember 1619 in Nürnberg er teilnahm, bestimmte Landgraf Ludwig, auf den vom Mainzer Erzbischof Johann Schweikhard zum März 1620 nach Mühlhausen einberufenen Tag zu gehen, auf dem er sich gemeinsam mit Sachsen und den katholischen Mächten Mainz, Köln, Trier und Bayern dem Kaiser verpflichtete. Da dieser inzwischen seinen ersten großen Gegner Kurfürst Friedrich von der Pfalz als König von Böhmen besiegt und aus dem Lande gejagt hatte, vermochte der kaiserliche Feldherr Spinola, dank der mangelhaften militärischen und politischen Führung der Unierten und der eifrigen Werbung Landgraf Ludwigs für die kaiserliche Sache, 1620 die Pfalz zu besetzen und in die Wetterau einzubrechen. Dabei äscherten spanische Kriegsvölker 1621 die noch immer großartigen Kirchen- und Klostergebäude von Lorsch ein. Trotz dieser erheblichen Anfangserfolge der Kaiserlichen hielt Landgraf Moritz auch weiterhin zu dem geschlagenen Kurfürsten Friedrich von der Pfalz und ließ sich auch durch die Auflösung der Union im Mai 1621 nicht beirren, zumal die pfälzische Sache nunmehr tatkräftigere Verteidiger in Graf Ernst von Mansfeld und Herzog Christian von Braunschweig fand.

Dieser unternahm im November 1621 einen Zug zur Entlastung der Pfalz, der ihn durch Hessen führte, das ihm Landgraf Moritz bereitwillig öffnete. Dabei eroberte der Herzog die mainzische Festung Amöneburg und schädigte die oberhessischen Gebiete Landgraf Ludwigs aufs schwerste. Er wurde jedoch im Januar 1622 von Tillyschen Truppen aus Hessen nach Westfalen abgedrängt, fiel aber, an Weser und Werra hochziehend, durch das Fuldaer Land im Mai 1622 wieder in Oberhessen ein, wobei er Alsfeld eroberte und ausplünderte. Pfälzische Truppen, die sich mit ihm zu vereinigen gedachten, besetzten auf ihrem Wege am 22. Mai 1622 Darmstadt und nahmen dabei Landgraf Ludwig und seinen Sohn gefangen. Sie konnten aber ihren Erfolg nicht ausnutzen, da Herzog Christian dem kaiserlichen Feldherrn Tilly am 20. Juni bei Höchst unterlag und dieser darauf Heidelberg und Mannheim eroberte und Winterquartiere in der Wetterau nahm.

Die schweren politischen Irrtümer und Mißgriffe des Landgrafen Moritz, die das Land bereits im Frieden so stark belastet hatten, begannen sich nunmehr im Kriege in existenzbedrohender Weise auszuwirken. Verschärft durch die mangelhafte militärische Schlagfertigkeit, die Entschlußschwäche des Fürsten und seine weitgehende Verständnislosigkeit für die politische Wirklichkeit, beschwor diese unzulängliche, ja leichtfertige Regierungsführung des Landgrafen nunmehr die Katastrophe über Hessen herauf. Die Vergeudung des fürstlichen Vermögens und Kriegsschatzes, der unter seinem sparsamen Vater auf etwa 330 000 fl. angewachsen war, die ungeheure Schuldenlast, die Landgraf Moritz noch zusätzlich dem Lande aufgebürdet hatte, so daß ihm jede Bewegungsfreiheit genommen war, der damit zusammenhängende Zerfall der hessischen Festungen, das klägliche Ergebnis des 1622 versuchten Aufgebotes der „Regimenter" an der Lahn, Schwalm, Diemel, Fulda und Werra (in Wirklichkeit des militärisch untauglichen Landesausschusses), das alles machte den Landgrafen nach außen wehrlos und brachte ihn im Inneren in schärfsten Gegensatz zu den Landständen, insbesondere der Ritterschaft. Diese verfocht angesichts der sie unmittelbar bedrohenden Kriegsverwüstungen mehr und mehr den Gedanken eines Ausgleichs mit dem Kaiser, was Landgraf Moritz völlig ablehnte, da er zu Recht für seine Herrschaft und seinen Glauben fürchtete. Aber anstatt nun mit aller Kraft zunächst die innenpolitischen Fragen zu regeln, verstrickte er sich immer tiefer in außenpolitische und das hieß damals kriegerische Verwicklungen. Beispielhaft dafür sind die unglücklichen Auseinandersetzungen mit den Waldecker Grafen, die, auf ein günstiges Reichskammergerichtsurteil von 1618 gestützt, ihre Lehnsabhängigkeit von Hessen beseitigen wollten. Anstatt sich mit ihnen zu vergleichen, griff Landgraf Moritz sie an und besetzte 1621 die Grafschaft, bis auch hier die überlegenen kaiserlichen Rechtsmittel und Waffen gegen Hessen entschieden. Der Landgraf, dieser immer schwierigeren Lage immer weniger gewachsen, versagte vollends, als

Tilly im April 1623 aus der Wetterau gegen ihn heranzog. Er verließ sein Land und gab es damit dem Feind preis, der zunächst das Stift Hersfeld widerstandslos besetzte und bald auch ganz Niederhessen mit Ausnahme der Hauptfestungen militärisch beherrschte. Für die innerhessische Lage ist dabei bezeichnend, daß der Hauptberater des Landgrafen, der Generalaudienzierer Dr. Günther, den Adel als die Brücke bezeichnete, über die Tilly ins Land gezogen sei.

Etwa gleichzeitig mit dem Einfall der Kaiserlichen entschied der Reichshofrat am 11. April 1623 den Marburger Erbfolgestreit gegen Landgraf Moritz und sprach die bisher von ihm behauptete Hälfte an Oberhessen und die seit 1605 aus diesem Gebiet erhobenen Einkünfte Hessen-Darmstadt zu. Da die Berufungen des Landgrafen mit der Acht bedroht wurden und Tilly die Moritz ohnehin abgeneigten hessischen Landstände zum Stillstand veranlaßte, vermochte er die Stellung des Landgrafen dadurch so völlig zu untergraben, daß dieser im Oktober 1623 erneut aus dem Lande ging und hilfesuchend in Norddeutschland umherirrte. Er setzte seinen Sohn Wilhelm als Statthalter ein, der sich der Vollstreckung des Reichshofratsurteils durch den kaiserlichen Feldzeugmeister Mortaigne im März 1624 beugen mußte. Oberhessen wurde hessen-darmstädtisch und mit Gewalt wieder vom reformierten zum lutherischen Bekenntnis zurückgebracht. Landgraf Wilhelm waren die Hände gebunden, da sich die hessische Ritterschaft Tilly inzwischen soweit gefügt hatte, daß ihr der Kaiser am 12. März 1625 einen förmlichen Reichsschutzbrief erteilte, was Landgraf Moritz geradezu als landesverräterisches Verhalten bezeichnete.

Im Herbst 1625 überzog auch Wallenstein Hessen in der Werragegend mit seinen Völkern, während im Winter die nordhessischen Gebiete unter den Plünderungen Tillyscher Soldaten zu leiden hatten. Der Landgraf versuchte nunmehr mit Hilfe der Städte (unter Ausschluß der Ritterschaft) im April 1626 die hessische Selbstverteidigung militärisch und finanziell zu reorganisieren, wofür er einen ständigen Ausschuß von je zwei Abgeordneten der vier Stromgebiete der Diemel, Werra, Fulda und Schwalm bildete. Doch blieb ein Erfolg aus, zumal auch ein Vorstoß Herzog Christians von Braunschweig auf dem rechten Flügel des von Norden herandringenden dänischen Heeres unter König Christian IV., das den Herzog im Mai 1626 bis nach Hessen führte, das Land nicht von den Kaiserlichen befreien konnte. Vielmehr zerstörte der Tod Herzog Christians im Juni und die schwere Niederlage König Christians im August 1626 bei Lutter am Barenberge die letzten hessischen Hoffnungen. Tilly zwang Landgraf Moritz jetzt zur völligen Unterwerfung und Entwaffnung, während Landgraf Georg von Hessen-Darmstadt zum Ersatz der ihm vom Reichshofrat zugebilligten Entschädigungsgelder in Höhe von $1^1/_2$ Millionen Gulden (anstatt der geforderten 16 Millionen!) 1626 pfandweise die Herrschaft Rheinfels (mit Braubach und der Niedergrafschaft Katzenelnbogen), Groß-Umstadt, die Herrschaft Schmalkalden sowie einige niederhessische Ämter einnahm.

In dieser das Land aufs äußerste bedrohenden Situation tat Landgraf Moritz einen Schritt, der fast unbegreiflich erscheint und nur aus der völligen Beherrschung durch seine Frau Juliane erklärbar ist. Durch den Hausvertrag vom 12. Februar 1627 überwies er seinen Söhnen mit Juliane den 4. Teil seines Landes, die sogenannte Rotenburger Quart. Dann dankte Landgraf Moritz am 17. März 1627 ab, nachdem er durch den Hausvertrag vom gleichen Tage die Versorgung Julianes und ihrer Töchter geregelt und die zur Quart gehörenden Ämter und Orte bestimmt hatte. Ihre Verwaltung übertrug Moritz dem Landgrafen Hermann, behielt jedoch dem Landgrafen Wilhelm, seinem Nachfolger, die Landeshoheit über die Quart vor. Es entspricht völlig dem egoistischen Verhalten, das die Rücktrittsumstände des Landgrafen Moritz kennzeichnet, daß er das für seine Abdankung geforderte, aber wegen der finanziellen Erschöpfung des Landes verzögerte Deputat von 20 000 fl. beim Kaiser einklagte und später seine Eintreibung durch Truppen Tillys forderte. Unterdessen hatte sich seine Frau Juliane allerdings so erheblicher Kapitalien und nutzbarer Rechte zu versichern gewußt, daß sie imstande war, den Ständen mit gewinnbringenden Anleihen auszuhelfen. Da Landgraf Moritz schon bis zu Beginn des 30jährigen Krieges seinem Lande eine Schuldenlast von einer Million Taler (verzinsbar mit fünf bis sieben Prozent) aufgebürdet hatte, dürften die Schulden von über zwei Millionen Talern, die Landgraf Wilhelm V. 1635 hinterließ, im wesentlichen von Landgraf Moritz stammen. Die verzweifelte Lage, in die er sein Land hineingestoßen hatte und in der er es nun zurückließ, macht es verständlich, daß sein Hauptberater, Dr. Günther, von der ihm grundfeindlich gesinnten Ritterschaft und Landgraf Wilhelm V. gestürzt, nach einem offensichtlich politisch bestimmten und daher nur formal einwandfreien Prozeß im Dezember 1628 unter den Händen des Scharfrichters endete.

Die Formen, Voraussetzungen und Folgen der Abdankung des Landgrafen Moritz stellen einen Tiefpunkt der hessischen Geschichte dar, und nur der Befähigung und Leistung seines Sohnes und Nachfolgers, Landgraf Wilhelms V. und dessen ebenso bedeutender Gemahlin, ist es zu danken, daß Hessen sich aus der Tiefe dieses Absturzes wieder erhoben hat. Zunächst mußte Landgraf Wilhelm V. jedoch am 24. September 1627 mit Hessen-Darmstadt den sogenannten Hauptakkord schließen. Er verzichtete darin trotz des scharfen (sinnlosen) Einspruchs seines Vaters auf ganz Oberhessen und die Niedergrafschaft Katzenelnbogen und gestand die rangmäßige Gleichstellung der Regenten beider Länder im Verhältnis zum Reich zu. Auf diese Weise erreichte er durch den Vergleich vom 14. Dezember 1627 wenigstens die Räumung der von Hessen-Darmstadt besetzten niederhessischen Ämter, die kaiserliche Belehnung (mit Hessen), die Anerkennung der Landeshoheit der regierenden Landgrafen über die Quart und die Bestätigung des Primogeniturstatuts der Kasseler Linie. Landgraf Wilhelm sah sich jedoch auf Grund der durch die kriegerische Entwicklung so einschneidend veränderten territorial-politischen Lage genötigt, durch den Hauptvergleich vom 1. September 1628 mit den Kindern seines Vaters aus zweiter Ehe eine neue Abteilung der Quart zu vereinbaren und ihr die Ämter, Gerichte und Städte Rotenburg, Wanfried, Sontra, Eschwege, Bilstein und Germerode, Witzenhausen, Ludwigstein, Treffurt (soweit es hessisch war) und Plesse mit dem Amt Gleichen zuzuweisen. Dazu ging infolge des kaiserlichen Restitutionsediktes das Stift Hersfeld 1629 an Fulda verloren, und ebenso vermochte das Erzbistum Köln damals die Wiedereinlösung und Rekatholisierung der Katzenelnbogener Pfandschaft Rhens zu erzwingen.

In dieser äußerst schwierigen Lage bedeutete es eine hervorragende Leistung, daß der Landgraf das fast völlig zusammengebrochene Land wieder aufrichtete, seine Verwaltung neu belebte und die Währung stabilisierte; denn in dieser als „Kipper- und Wipperzeit" berüchtigten Epoche schlimmster Münzverschlechterung ließ er wieder vollwertiges Gold- und Silbergeld prägen. Vor allem aber gewann er erneut Einfluß auf die Stände, insbesondere die Städte, weniger den Adel, obwohl er diesen weit entgegenkommender und verständnisvoller als sein Vater behandelte. Mit seiner Stiefmutter Juliane kam er ins reine, nachdem er sich durch den Rotenburger Vertrag vom 26. August 1630 endgültig mit ihr verglichen hatte; ja, er fand nunmehr sogar ihren Beistand gegen den abgedankten Landgrafen, der noch andauernd politische Schwierigkeiten machte. Entscheidend aber war, daß er sofort die Beziehungen zu Gustav Adolf von Schweden aufnahm, der wie er ein Urenkel Landgraf Philipps des Großmütigen war, als der König sich nunmehr anschickte, in Deutschland einzugreifen. Bereits am 11. November 1630 bot ihm dieser als erstem deutschen Fürsten ein Bündnis an, das Landgraf Wilhelm aber zunächst nicht abschließen konnte, da sich die anderen evangelischen Stände im Hinblick auf einen kaiserlichen Vergleichstag zurückhielten. Als diese sich dann am 20. Februar 1631 im Leipziger Bündnis vereinigten, trat auch Hessen-Kassel bei, während sich Hessen-Darmstadt wiederum von der evangelischen Sache ausschloß (wie bei der Darstellung der nassau-dillenburgischen Grafschaften näher dargestellt ist). Landgraf Wilhelm verbündete sich darüber hinaus mit den Herzögen Wilhelm und Bernhard von Weimar auf der Grundlage der Erbeinung, hielt Verbindung zu Gustav Adolf und erneuerte seit 1631 mit Hilfe geliehener Gelder sein Heer. Den bereits 1630 gebildeten Jägertruppen folgten nunmehr das angeworbene rote, grüne, weiße, blau-weiße und neue rote Regiment und einige berittene Einheiten. Von ihnen hat jedoch nur das weiße Regiment, das vorwiegend aus hessischen Offizieren und Mannschaften bestand, unter der Führung des (späteren) Generals Geiso den 30jährigen Krieg überdauert.

Nachdem er so die Lage militärisch hinreichend vorbereitet hatte, erhob sich der Landgraf im Juli 1631 (was Landgraf Moritz veranlaßte, gegenüber Tilly von den „gefährlichen Absichten" seines Sohnes abzurücken). Landgraf Wilhelm vertrieb die kaiserlichen Besatzungen, hielt die Gustav Adolf entgegenziehenden kaiserlichen Heere Fuggers und Aldringers auf und schloß zugleich am 22. August 1631 zu Werben das lange vorbereitete Bündnis mit Gustav Adolf. Noch vor dem entscheidenden Sieg des Königs bei Breitenfeld am 17. September 1631 gelang es Landgraf Wilhelm, Hersfeld am 24. August zurückzugewinnen und Fritzlar am 9. September einzunehmen, während er den Rückzug Tillys durch Hessen im Oktober 1631 nicht hindern konnte. Anschließend machte er Eroberungen in Westfalen und an der Weser, kehrte aber um, als der entlang des Maines vorgestoßene König zur Belagerung von Mainz ansetzte und dazu die Hilfe Landgraf Wilhelms anforderte. Die Stadt fiel am 23. Dezember 1631, nachdem die hessischen Truppen die Taunusfestungen Reifenberg, Falkenstein, Kronberg und das überaus feste Königstein erobert hatten. Trotz dieser wertvollen militärischen Hilfe Landgraf Wilhelms und der Feldüberlegenheit der schwedisch-hessischen Truppen behandelte der König den Landgrafen Georg von Hessen-Darmstadt keineswegs im Sinne Landgraf Wilhelms als dessen größten Feind. Er schonte ihn vielmehr als Schwiegersohn des Kurfürsten von Sachsen und rechnete ihm seine langjährige Verbindung mit dem Kaiser nicht nachteilig an, so daß sich Landgraf Georg in der mit Gustav Adolf am 29. November 1631 geschlossenen Kapitulation von Höchst zur größten Erbitterung Landgraf Wilhelms tatsächlich vorbehalten konnte, dem Kaiser ergeben zu bleiben.

Der König zeigte sich jedoch gegenüber dem Landgrafen Wilhelm dadurch erkenntlich, daß er ihm am 9. März 1632 die Abtei Fulda und die noch zu erobernden Stifte Paderborn und Corvey schenkte. Aber es mußte den Landgrafen kränken, daß ihm der König ferner das Stift Münster versprach (für dessen oberen Teil er später die Grafschaft Arnsberg anbot), wenn er zugunsten Landgraf Georgs von Hessen-Darmstadt von der Marburger Erbschaft zurücktrete; denn darauf zu verzichten war Landgraf Wilhelm schon aus innerpolitischen Gründen unmöglich. Aber es mußte ihn auch persönlich treffen, daß er sich trotz allen schwedischen Entgegenkommens gerade im Hinblick auf Hessen-Darmstadt zweitrangig behandelt sah. Um so stärker bemühte er sich, seine übrige westfälische Stellung auszubauen, hatte auch Erfolg, erlitt aber durch den Überfall bei Volkmarsen (17. Juni 1632) einen ersten Rückschlag. Dieser wog jedoch nicht so schwer wie der allgemeine Verlust, den der vorzeitige Tod Gustav Adolfs in der Schlacht bei Lützen (16. November 1632) für die protestantische Sache und damit auch für Hessen-Kassel bedeutete. Um so stärker setzte der Landgraf seine Kräfte ein, um die ihm angewiesenen westfälischen Gebiete zu erobern und zu behaupten. Das glückte auch unangesehen aller Hemmnisse im Winter 1632/33 weitgehend, obwohl der kaiserliche General von Pappenheim den Hessen in Westfalen, der Wesergegend und selbst im eigenen Lande viel zu schaffen machte. Der Landgraf fand jedoch in den Schweden weiterhin tatkräftige Helfer und unterstützte auch sie, obwohl er dem Heilbronner Bündnis vom 23. April 1633, das die Evangelischen mit den Schweden unter Oxenstierna schlossen, formell nicht beitrat. Endlich sicherte der hessische Sieg von Oldendorf vom 28. Juni 1633 über die Kaiserlichen den Landgrafen im Besitz Westfalens. Dieser Erfolg war im wesentlichen ein Verdienst des kurz zuvor in hessische Dienste getretenen Obersten Melander, der den vorher gefallenen, tüchtigen Obersten Mercier ersetzte. Neben ihm bewährte sich der fähige hessische Oberst von Geiso. Mit ihnen wirkten als die wichtigsten beamteten Helfer des Landgrafen seine Räte und Hofbeamten Nicolaus Sixtinus, Johannes Vultejus und insbesondere Hans Heinrich von Günderode und der Kanzler Reinhard Scheffer.

Schon ein Jahr später änderte sich die Kriegslage grundlegend. Am 6. September 1634 erlitten die Schweden bei Nördlingen eine so schwere Niederlage, daß Süddeutschland für sie verloren war und der Heilbronner Bund zerfiel. Die Schweden zogen sich, verfolgt von den kaiserlichen Truppen, nach Mitteldeutschland zurück und überfluteten dabei vor allem die hessen-darmstädtischen Lande, die darunter unsäglich zu leiden hatten. Im Winter 1634/35 verwandelte sich die Landgrafschaft in eine Wüste. Raub, Mord und Pest herrschten, so daß schließlich außer den wenigen festen Städten kaum noch ein Ort bewohnt war. Allein in Nidda, in das sich Bewohner aus mehr als 80 Dörfern der Umgebung geflüchtet hatten, starben 1635 etwa 1800 Personen an der Pest, von denen das Kirchenbuch 1164 Auswärtige namentlich verzeichnet. Die Stadt selbst verlor damals mit etwa 500 Toten fast die Hälfte ihrer Bevölkerung. Dasselbe gilt für Gießen, wo 1635 von den 540 Bürgern (des Jahres 1618) 283 starben, insgesamt aber in diesem Jahre etwa 1500 Menschen der Pest erlagen. In Darmstadt fielen 1635 etwa 2500 Personen der Seuche zum Opfer, von denen das Kirchenbuch 2200 aufführt. Von den 69 Geistlichen, die im Jahre 1635 in der Obergrafschaft standen, kamen in diesem Jahr zwei Drittel, nämlich 46, an der Pest um.

Trotz dieser schweren Not, die mit den zurückgehenden Schweden und den anrückenden Kaiserlichen kam, stärkten deren wachsenden Erfolge allmählich die politische und militärische Stellung Landgraf Georgs II. von Hessen-Darmstadt, während sie die Lage Landgraf Wilhelms von Hessen-Kassel immer härter bedrohten. Zwar erneuerte König Ludwig von Frankreich 1634 die Unterstützung des Kasseler Landgrafen durch ein Jahresgehalt und beteiligte sich seit 1635 auch am Kriege in Deutschland; nichtsdestoweniger steigerten sich jedoch vor allem die militärischen Schwierigkeiten des Kasseler Landgrafen fortgesetzt und nahmen allmählich — insbesondere wegen der

Unzuverlässigkeit Sachsens — die Form einer Existenzbedrohung an. Gleichwohl trat er im Gegensatz zu Hessen-Darmstadt, dem Erzbistum Mainz und der Stadt Frankfurt dem Prager Frieden des Kurfürsten von Sachsen mit dem Kaiser vom 30. Mai 1635 nicht bei, da die Calvinisten von ihm ausgeschlossen waren und der Kaiser dem Landgrafen keine verbindlichen Zusagen für seine Sicherung machte. Aber auch Landgraf Georg von Hessen-Darmstadt kam nicht auf seine Kosten, denn auf seine Forderung nach ganz Hessen ging der Kaiser nicht ein, gab ihm jedoch als Lohn für seine Vermittlerdienste eine großzügige Entschädigung mit der Grafschaft Isenburg-Büdingen, der Grafschaft Eberstein, einigen solmsischen Ämtern und dem kurpfälzischen Amte Kaub. Im Dezember 1635 ging auch Mainz wieder an die Kaiserlichen verloren, nachdem es vier Jahre lang ein Hauptstützpunkt der Schweden gewesen war.

Landgraf Wilhelm setzte also notgedrungen den Krieg fort und befreite auf einem kühnen Zug von Westfalen zum Main am 23. Juni 1636 die von dem kaiserlichen General Lamboy bedrängte Stadt Hanau. Kurz darauf erlitt er jedoch in seinen westfälischen Quartiergebieten die empfindlichsten Verluste, da ihm dort Soest, Dortmund, Lünen, Werl und Hamm an die Kaiserlichen verlorengingen. In dieser Not schloß er gemäß dem Angebot Richelieus am 21. Oktober 1636 zu Wesel ein förmliches Bündnis mit Frankreich, verpflichtete sich, gegen weitere französische Subsidien ein Heer von 10 000 Mann aufzustellen und keinen Frieden ohne Zustimmung Frankreichs zu schließen. Der Kaiser erklärte ihn nunmehr zum Reichsfeind und ernannte Landgraf Georg von Hessen-Darmstadt zum Administrator Niederhessens, das die kaiserlichen Heere 1637 besetzten und in diesem „Kroatenjahr" qualvoll peinigten. „Sie haben", berichteten die Landstände dem Landgrafen, „fast Alles, so unter ihre Hand und Gewalt kommen, niedergehauen; den Leuten die Zungen, Nasen und Ohren abgeschnitten, die Augen ausgestochen, Nägel in die Köpfe und Füße geschlagen; heiß Pech, Zinn, Olei und allerhand Unflat durch die Ohren, Nasen und Mund in den Leib gegossen, etliche durch allerhand Instrumente schmerzlich gemartert; viele mit Stricken aneinander gekoppelt, ins offene, freie Feld aneinander gestellt und theils mit Buchsen auf sie geschossen, theils mit Pferden geschleift, . . . wie die wilden Thiere zwischen die Kinder gefallen, sie gesäbelt, gespießt und in den Backofen gebraten". Dazu brannten die Feinde damals 18 Städte, 48 Adelssitze und 300 Dörfer nieder. Die Niederlage des Landgrafen und die an seinem Lande geübte Rache waren furchtbar. Landgraf Wilhelm mußte sich mit seiner Familie und dem Rest seiner Truppen nach Friesland zurückziehen, wo er am 1. Oktober 1637 im Elend starb.

Dieser Tod in der verzweifeltsten Lage hat gleichwohl das Bild des Landgrafen nicht getrübt. Er war einer der hervorragendsten hessischen Fürsten, ein ganzer Mann und eine der wenigen bemerkenswerten Gestalten unter seinen protestantischen Mitfürsten. Auch in den schwierigsten Lagen durchhaltend und aus jeder Niederlage sich wieder erhebend, hat er seinem evangelischen Glauben in schwerster Zeit unschätzbare Dienste erwiesen. Und diese Haltung war nicht umsonst, da ihm mit seiner Gemahlin Amelie Elisabeth eine ebenbürtige Regentin folgte, die es nach Übernahme der Regierung (für ihren unmündigen ältesten Sohn) meisterhaft verstanden hat, die fast unmöglich anmutende Wiederaufrichtung des hessischen Staates zu sichern und schließlich zum guten Ende zu führen.

Durch klug und vorsichtig geführte Verhandlungen mit Hessen-Darmstadt und dem Kaiser, der die hessische Armee nicht nur neutralisieren, sondern für sich gewinnen wollte, verschaffte sie dem Lande in der Hoffnung auf Frieden zunächst eine Erholungspause. Als aber die durch Erzbischof Anselm Casimir von Mainz geführten Vermittlungsverhandlungen mit dem Kaiser an dessen Unnachgiebigkeit in der Religionsfrage dann doch scheiterten, verbündete sich die Landgräfin am 22. August 1639 zu Dorsten mit Schweden und Frankreich. Ein zweiter Vertrag vom 11. März 1640 im Haag setzte dieses Bündnis in volle Wirksamkeit. Es war ein gewagter Entschluß, denn Amelie Elisabeth stand unter den deutschen Fürsten jetzt nahezu allein; unerschrocken kehrte sie jedoch damals in ihre Residenz Kassel zurück. Kurz darauf, im Sommer 1640, trennte sie sich von Generallieutenant Melander, da sein nicht immer eindeutiges Verhalten das Vertrauen zu ihm untergraben hatte. Er trat bald darauf in die Dienste der Gegenseite, der Kaiser erhob ihn zum Reichsgrafen und übertrug ihm große Kommandos, denn Melander war ein ausgezeichneter Truppenführer, aber als solcher auch für Ehre, Ruhm und Geld höchst empfänglich. Ihm folgte im hessischen Oberkommando Graf Kaspar von Eberstein, nach dessen Tode 1644 der lange bewährte Generalmajor Geiso, neben dem sich Rabenhaupt und Mortaigne als militärische Befehlshaber auszeichneten.

Der erste Erfolg Geisos war die dreimonatige Verteidigung von Dorsten 1641, wodurch er die durch den Tod des schwedischen Generals Baner im Mai 1641 ausgelöste Krise militärisch weitgehend abfing. Im übrigen kämpften die hessischen Truppen mit wechselndem Glück, wobei es dem Lande vor allem zustatten kam, daß sich der Hauptkriegsschauplatz an den Niederrhein verlagert hatte. Endlich gestaltete der Sieg der französisch-schwedisch-hessischen Armee über die Kaiserlichen bei Kempen (unweit Krefeld) am 17. Januar 1642 Amelies Lage erträglich. Sie vermochte sogar nach dem Aussterben der männlichen Linie ihres väterlichen Hauses Hanau-Münzenberg der hanau-lichtenbergischen Linie die Erbfolge durch Besetzung des Landes zu sichern, was ihr am 26. Juli 1643 den Erbvertrag einbrachte, der den Anfall Hanaus an Hessen beim Fehlen männlicher Erben bestimmte. Außerdem trat Hanau damals die Ämter Naumburg und Schwarzenfels an Hessen-Kassel als Pfandschaft für dessen geldliche Forderungen ab, worauf die Landgräfin 1648 auch noch das Amt Altengronau von Daniel von Hutten ankaufte.

Parallel dazu verliefen die Verhandlungen um Schaumburg nach dem Tode Graf Ottos IV. im November 1640. Nach langwierigen, zähen Verhandlungen, in die auch der Kaiser, der Reichshofrat und Schweden eingeschaltet waren, kam endlich auf Grund einer geschickt und im Interesse beider Beteiligten herbeigeführten Lehnsauftragung der ganzen Grafschaft Schaumburg an Hessen durch den Hauptanwärter Graf Philipp von Lippe und nach Auseinandersetzung mit Braunschweig-Lüneburg in den Verträgen vom 9. und 10. Juli und 12. Dezember 1647 eine Teilung der Grafschaft zustande, die in die Westfälischen Friedenspakte aufgenommen und dadurch reichsrechtlich garantiert wurde. Auf diese Weise erhielt Hessen-Kassel die Städte und Ämter Rinteln, Rodenberg, Oldendorf, Obernkirchen, Sachsenhagen und Schaumburg.

Gleichzeitig aber war die Landgräfin daran gegangen, das seit 1624 an Hessen-Darmstadt verlorene Oberhessen, die Niedergrafschaft Katzenelnbogen und die Herrschaft Schmalkalden zurückzugewinnen, nachdem sie sich dafür zunächst des Beistandes ihrer französischen und schwedischen Verbündeten versichert hatte. Seit 1643 bereitete sie ihren Schritt auch rechtlich und publizistisch vor, wofür sie Rechtsgutachten von elf Juristenfakultäten zugunsten ihres Vorhabens aus Deutschland, Frankreich und den Niederlanden „einkaufte". So durch Macht und Recht einigermaßen abgesichert, erklärte sie schließlich 1644 den Hauptakkord von 1627 aus formalen Mängeln (es fehlte eine Unterschrift) und aus naturrechtlichen Gründen (wegen seiner maßlosen Forderungen) für nichtig. Noch im gleichen Jahre 1644 erneuerte sie den 1614 zuletzt bestätigten Erbverein mit Brandenburg und beauftragte endlich im Mai 1645 ihren Generalmajor Geiso im Zusammenwirken mit den Franzosen unter Marschall Turenne und den Schweden unter Graf Königsmarck mit der Wiedereroberung des Hessen-Kassel verlorengegangenen Oberhessen.

Damit begann der letzte furchtbare Akt des 30jährigen Ringens, der sogenannte „Hessenkrieg". Geiso brachte binnen kurzem ganz Oberhessen in seine Gewalt, nahm am 6. November Butzbach und am 12. November die Stadt Marburg, während die Schloßbesatzung erst am 25. Januar 1646 kapitulierte. Dieser Verlust war für Hessen-Darmstadt so schwer, daß er dem 74jährigen Kommandanten den Kopf kostete. Im gleichen Jahr bestellte Landgraf Georg von Hessen-Darmstadt den Grafen Ernst Albrecht von Eberstein zum Oberkommandierenden der hessen-darmstädtischen Truppen.

Kurz darauf fielen auch die Schlösser Rauschenberg, Wolkersdorf und Blankenstein, doch konnte der hessen-darmstädtische General von Eberstein im April 1646 Butzbach zurückzugewinnen. Er mußte dann zwar im Juni die Schlösser Kleeberg und Gleiberg an die durch die Schweden verstärkten Niederhessen verloren geben, vermochte jedoch im August 1646 Kirchhain, Rauschenberg und Blankenstein wiederzuerobern. Den Gegenschlag Geisos, der zum Verlust Kirchhains führte, beantwortete Eberstein mit der Rückeroberung von

Wolkersdorf, konnte aber gegen Geiso in der Festung Ziegenhain nichts ausrichten. Vielmehr ging im August 1646 auch die Herrschaft Schmalkalden Hessen-Darmstadt wieder verloren. Dessen Kraft begann offensichtlich zu erlahmen und wurde durch den Abzug des kaiserlichen Generals Melander, der sie bis dahin unterstützt hatte, vollends geschwächt. Eberstein vermochte nicht einmal mehr Alsfeld zu entsetzen, das Geiso am 15. Oktober 1646 einnahm. Am 20. November aber traf Landgraf Georg ein noch schwererer Schlag, denn Geiso überfiel die bei Frankenberg stehenden Truppen Ebersteins und zersprengte sie völlig, so daß Landgraf Georg mit der Landgräfin einen Waffenstillstand schließen mußte, der bis zum 1. April 1647 lief.

Eine endgültige Entscheidung war damit jedoch nicht gefallen, denn auch im folgenden Jahre schwankte die Waage des Kriegsglückes noch ständig hin und her. Sehr ungünstig gestalteten sich zunächst die politischen Verhältnisse für Hessen-Darmstadt. Die Bayern schlossen im März 1647 mit den Schweden und Franzosen zu Ulm einen Waffenstillstand, so daß sich Kurbayern und auch Kurköln von Hessen-Darmstadt trennen mußten, während der französische Feldherr Turenne Anfang April 1647 den Kurfürsten von Mainz durch Einnahme von Höchst und Aschaffenburg zum Stillstand zwang. Kurz darauf eroberten die Franzosen Darmstadt. Jedoch widerstand Landgraf Georg (der sich in die Festung Gießen zurückgezogen hatte) auch jetzt noch der Forderung Turennes, sich mit der Landgräfin Amelie zu vergleichen. Er versicherte sich vielmehr abermals der Unterstützung kaiserlicher Heere und ließ in der Hoffnung auf deren Hilfe den Waffenstillstand auslaufen. Die Landgräfin zögerte keinen Augenblick, erneut zuzuschlagen. Im Mai und Juni 1647 eroberte der hessen-kasselsche Oberbefehlshaber Mortaigne die Burgen Merlau, Blankenstein, Königsberg, Burgsolms, Staufenberg und Friedberg, überzog dann die Niedergrafschaft Katzenelnbogen, nahm Hohenstein und Reichenberg, St. Goarshausen mit Neukatzenelnbogen sowie Kaub, Gutenfels und die Pfalz im Rhein. Dann führte er sein Heer vor Rheinfels und eroberte die gewaltige Festung, die nach wiederholten schweren Stürmen am 4. Juli auf Befehl Landgraf Georgs kapitulierte. Das war ein entscheidender Erfolg, den Mortaigne allerdings mit seinem Leben bezahlte. Von allen Seiten verlassen, schloß Landgraf Georg nunmehr mit Landgräfin Amelie einen neuen Waffenstillstand.

Doch noch einmal wandte sich das Blatt. Der kaiserliche Feldmarschall Melander brach im Herbst 1647 erfolgreich nach Niederhessen ein, warf den schwedischen Feldherrn Wrangel bis über die Werra zurück und brachte fast das ganze Land bis auf einige feste Plätze in seine Gewalt. Aber diese reichten zur Behauptung des Landes gerade hin, zumal Amelie unerschrocken in Kassel ausharrte und alle Versuche Melanders zurückwies, sie und die Ritterschaft zu einem Ausgleich mit dem Kaiser und Landgraf Georg zu bewegen. Sie ließ sich auch nicht wankend machen, als Melanders Feldzeugmeister Fernemont

Ende 1647 die Stadt Marburg zurückeroberte, ohne allerdings das Schloß nehmen zu können. Ein erfolgreicher Feuerüberfall aus mehreren Geschützen des Schlosses auf das Melandersche Hauptquartier in der Stadt am 28. Dezember 1647 bestimmte den General vielmehr zum Abzug. Zur gleichen Zeit waren die Schweden und Franzosen erneut in die Obergrafschaft eingefallen und hatten das Land schwer heimgesucht, die Festung Otzberg erobert und Darmstadt mit einer ungeheuren Kontribution belastet. Der eindrucksvolle Sieg des hessischen Generallieutenants Geiso über die fast doppelt so starken Truppen des kaiserlichen Generalfeldmarschalls Lamboy am 14. Juni 1648 bei Grevenbroich war die letzte Feldschlacht des 30jährigen Krieges.

Aber nicht nur auf dem militärischen, auch auf dem politischen Felde erreichten die Leistungen Hessen-Kassels in der Schlußphase des 30jährigen Krieges einen vollen Erfolg. Als führende Kraft der Stände, die sich gegen Übergewicht und Vorherschaft von Kaiser und Kurfürsten wehrten, brachte es mit Unterstützung seiner alten Bundesgenossen Brandenburg, Schweden und Frankreich eine Gesamtvertretung aller deutschen Fürsten und damit eine weitgehende Sicherung ihrer gemeinsamen Interessen bei den Friedensverhandlungen zu Münster und Osnabrück zustande. Darüber hinaus aber wußte es in meisterhafter Handhabung altüberkommener Reichs- und Religionsbeschwerden die reichspolitisch grundlegenden Forderungen nach einer Amnestie gemäß dem Stande von 1618 und der Anerkennung des verfassungsmäßigen, d. h. des ständisch-aristokratischen Charakters des Reiches weitgehend durchzusetzen. Von seinen territorialen Ansprüchen vermochte Hessen-Kassel allerdings nur die auf das Stift Hersfeld zu verwirklichen, das ihm jetzt endgültig zugesprochen wurde. Seine außerhessischen territorialen Forderungen scheiterten jedoch, insbesondere vermochte Hessen-Kassel nicht, die Hochstifte Münster und Paderborn an sich zu bringen, obwohl es sie seit langem besetzt hielt. Es blieb ihm hier nur die auf dem Rechtswege gewonnene Herrschaft Schaumburg an der Weser. Damit waren die Möglichkeiten, Hessen zu einem Weserstaat auszubauen, endgültig abgeschlossen und gescheitert.

Das Ende des großen Krieges bedingte auch das Ende des Hessenkrieges. Unter Vermittlung Herzog Ernsts des Frommen von Gotha schloß Landgraf Georg von Hessen-Darmstadt am 14. April 1648 mit Hessen-Kassel den (vorbereitenden) sogenannten Einigkeits- und Friedensvertrag, dem der endgültige Vertrag vom 16. September 1649 folgte. Er wurde im Februar des folgenden Jahres ratifiziert, nachdem ihn schon der Friedensschluß von 1648 bestätigt und damit reichsgesetzlich gesichert hatte. Es war ein voller Erfolg der Landgräfin, denn dieser Vertrag beseitigte den Hauptakkord von 1627 und gab Hessen-Kassel damit seine führende Stellung zurück. Er kostete Hessen-Darmstadt ein Viertel des ihm vom Reichshofrat ganz zugesprochenen Marburger Landes, vor allem Marburg selbst, die früheren hessen-kasselschen Besitzungen in der Niedergrafschaft Katzenelnbogen (mit Rheinfels), die Herrschaft Schmalkalden und den hessen-kasselschen Anteil an Groß-Umstadt. Die Universität Marburg erhielt wieder ihren früheren gemeinschaftlichen Status, und hinsichtlich des religiösen Bekenntnisses einigte man sich dahin, Oberhessen den lutherischen Religionsstand zu belassen, jedoch dem Landgrafen von Hessen-Kassel überall die Begründung reformierter Gemeinden zu gestatten. Hessen-Darmstadt verblieb von den Eroberungen der Jahre 1623 bis 1626 also nur das sogenannte Hinterland (die Ämter Königsberg, Blankenstein, Biedenkopf, Battenberg und Hatzfeld) sowie die halbe Herrschaft Itter, deren andere Hälfte Hessen-Darmstadt 1650 gegen das Amt Rosenthal und einige Dörfer von Hessen-Kassel eintauschte. Ferner mußte Hessen-Darmstadt gemäß den Bestimmungen des Westfälischen Friedens weitere Gebiete abtreten an die Pfalz (Otzberg, das Amt Kaub und den pfälzischen Anteil an Groß-Umstadt), an Solms-Hohensolms und Solms-Braunfels (einige Dörfer und ein Viertel an Butzbach) und an die Grafen von Wertheim (Schloß und Amt Habitzheim). Die Niederlage der Landgrafschaft Hessen-Darmstadt im Marburger Erbfolgestreit und gegenüber seinen Nachbarn, auf deren Kosten es sich während des 30jährigen Krieges ausgedehnt hatte, war eindeutig.

Inzwischen hatte Hessen-Kassel auch die Bestrebungen der Nebenlinie Hessen-Rotenburg eingedämmt. Auf Grund der veränderten Lage sah sich diese nämlich bereits am 17. September 1646 genötigt, einen neuen Vertrag zwecks besseren Ausgleichs der Quart einzugehen. Nachdem nunmehr aber Hessen-Darmstadt den ehemals niederhessischen Anteil an der Niedergrafschaft Katzenelnbogen wieder an Hessen-Kassel abgetreten hatte, überließ es diesen den Landgrafen Friedrich und Ernst von Hessen-Rotenburg. Sie erhielten daher durch den Vertrag vom 2. August 1648 Schloß und Amt Rheinfels mit St. Goar, St. Goarshausen mit der Burg Katz, Schloß und Amt Reichenberg und Schloß und Amt Hohenstein mit Bad Schwalbach. Die Ämter Katzenelnbogen und Braubach waren als alter hessen-darmstädtischer Besitz aus dem Erbe des Landgrafen Philipp von Hessen-Rheinfels von 1583 auch jetzt bei Hessen-Darmstadt verblieben. Jedoch hatte sich Hessen-Kassel damit nicht völlig aus der Niedergrafschaft Katzenelnbogen zurückgezogen. Es behielt sich vielmehr auf Rheinfels und Burg Katz das Garnisonsrecht vor und gestand Hessen-Rotenburg im Vertrag vom 22. November 1648 lediglich zu, daß die Besatzung beider Burgen auch auf den residierenden Fürsten von Hessen-Rotenburg vereidigt werden solle, jedoch gänzlich unbeschadet der hessen-kasselschen Rechte, so daß diese beiden wichtigen Rheinfestungen militärisch in der Hand der Kasseler Hauptlinie blieben. Damit war sie aber auch in diesem Gebiet die tonangebende Macht.

20. Die Landgrafschaft Hessen-Kassel bis zum Ende des alten Reiches

Der hessische Einigkeitsvertrag von 1648, der den 50jährigen Erbstreit um Oberhessen beendete, bedeutete die Trennung zwischen Hessen-Kassel und Hessen-Darmstadt für 300 Jahre, nachdem es 80 Jahre gedauert hatte, bis sich die durch Landgraf Philipp angeordnete Aufteilung Hessens wenigstens in der vereinfachten Form der Halbierung (statt der Vierteilung) durchgesetzt hatte. Wir müssen daher seit 1648 die beiden hessischen Linien Kassel und Darmstadt getrennt betrachten. Aber auch jetzt blieben noch einige gesamthessische Einrichtungen bestehen. Beide Linien hielten an dem gleichen Wappen, dem hessischen Löwen, fest, verwalteten als gemeinschaftliches Eigentum das 1567 in Ziegenhain begründete hessische Samtarchiv und die hessischen Gesamtzölle in Gestalt des Guldenweinzolls und der ehemals katzenelnbogischen Rheinzölle zu St. Goar und Boppard. Sie ließen ferner das Samthofgericht in Marburg bestehen und einige landständische Einrichtungen der Ritterschaft, die sich auf beide Hessen erstreckten.

Das Jahrhundert nach dem 30jährigen Krieg gestaltete sich für die beiden hessischen Landesteile stark unterschiedlich. Während Hessen-Kassel den unter der Landgräfin Amelie Elisabeth begonnenen Aufstieg stetig fortsetzte und so seine politisch einflußreiche Stellung behauptete, hatte Hessen-Darmstadt aufs schwerste unter den Nachwirkungen der verheerenden Kriegsfolgen zu leiden und konnte sich generationenlang nicht von ihnen erholen. Entscheidend für die politischen Erfolge Hessen-Kassels war es, daß es im Zeitalter des Absolutismus über eine Folge bemerkenswert guter Regenten verfügte. Die ausgezeichnete Amelie Elisabeth löste 1650 ihr tüchtiger Sohn Wilhelm VI. ab; nach dessen Tod 1663 übernahm seine tatkräftige Frau Hedwig Sophie die Regentschaft für Landgraf Wilhelm VII., der jedoch schon vor der Regierungsübernahme 1670 starb, so daß Hedwig Sophie die Regentschaft für ihren Sohn Karl, Landgraf Wilhelms VII. Bruder, bis 1677 fortführte. Auf sie folgte 1677 ihr befähigter Sohn Landgraf Karl, und auch dessen Sohn, Landgraf Wilhelm VIII., hat sich noch bewährt. So behielt Hessen-Kassel auf Grund der persönlichen Befähigung seiner Fürsten und seiner auffallenden militärischen Leistungsfähigkeit auch im Jahrhundert nach dem 30jährigen Krieg noch den Kontakt zu den größeren Ereignissen der Zeit. Hierfür war es offensichtlich nicht unwesentlich, daß die beiden letztgenannten hessischen Fürstinnen und Landgrafenmütter oranischer Abstammung waren.

Die politisch hochbefähigte und erfolgreiche Landgräfin Amelie Elisabeth, eine durch Weisheit und Standhaftigkeit, durch Verstand und Mut große Fürstin (wie sie Schiller bezeichnet hat), legte 1650 die Regentschaft nieder. Ihr folgte Landgraf Wilhelm VI., dessen erste Aufgabe es war, das durch den großen Krieg so schwer getroffene Land wiederherzustellen. Er versuchte, die abgedankten Soldaten seßhaft zu machen und verbot daher fremden Werbern das Land. Er erließ scharfe Mandate gegen Straßenräuber, Mörder und Wildschützen (1652). Er unternahm es, die verwilderten Arbeits- und Preisverhältnisse wieder zu bändigen (Erlasse von 1653 und 1662), Verwaltungs- und Gerichtswesen neu zu regeln (Kanzlei-, Appellations- und Sportelordnungen von 1656) und den Verkehr wieder zu sichern und zu beleben (Edikte von 1651 und 1661). Dabei vermochte er auch das hessische Postregal durchzusetzen, indem er unter Ausschaltung des in Kassel ansässigen kaiserlichen Erbpostmeisters 1662/63 einen hessischen Postmeister ernannte. Bald darauf schuf er einen regelmäßigen Postkurs von Frankfurt über Kassel nach Bremen. Daneben bestand die bereits unter Philipp dem Großen eingerichtete innerhessische Postverbindung Kassel — Marburg — Großenlinden — Darmstadt (oder Großenlinden — Rheinfels) fort, die bereits seit der Mitte des 16. Jahrhunderts bis zum Reichskammergericht in Speyer weiterlief. Sie kreuzte in Frankfurt die seit Karl V. bestehende große kaiserliche Postlinie Wien — Brüssel, die über Regensburg, Nürnberg, Frankfurt, Limburg, Köln führte, und fand in Speyer (bzw. dem benachbarten Rheinhausen) Anschluß an die andere kaiserliche Hauptpostlinie Wien—Innsbruck—Augsburg—Cannstatt—Speyer—Kreuznach—Brüssel. Nach Brüssel (dem Sitz des Statthalters Wilhelm von Oranien) zielte aber auch die von Hessen 1562 eingerichtete Linie Kassel—Marburg—Siegen—Köln.

Das charakteristische Merkmal der Verwaltungsentwicklung im 17. Jahrhundert war die bereits im 16. Jahrhundert eingeleitete, nunmehr endgültig durchgeführte Trennung von Hof- und Staatsverwaltung, von militärischem und zivilem Bereich. Die zentrale Verwaltungsbehörde der Landgrafschaft Hessen-Kassel war der seit 1633/34 zu einem Kollegium von Geheimen und Kriegs-Räten umgebildete Geheime Rat, dargestellt durch seine drei geheimen Kanzleien (Kriegs-, Land- und Rentkammerkanzlei). Seit der Mitte des 17. Jahrhunderts entfaltete sich unter ihm eine immer stärker aufgefächerte Zentralverwaltung mit den beiden Regierungen zu Kassel und Marburg als Gerichts- und Verwaltungsmittelpunkten, der Kammer als oberster Finanzstelle und besonderen Forst-, Bau- und Militärbehörden. Das Landgraf Wilhelm VI. 1650 verliehene erweiterte Privilegium de non appellando ließ für kurze Zeit ein selbständiges Oberappellationsgericht in Kassel als oberste Gerichtsbehörde entstehen, doch fielen ihre Aufgaben schon 1656 wieder der Kasseler Regierung zu. Sie war im übrigen seit 1553 auch Lehnhof für ganz Hessen, nunmehr Hessen-Kassel. Das daneben weiterbestehende hessische Samthofgericht in Marburg blieb ohne Bedeutung. Auch die Aufgaben des Konsistoriums lagen seit 1624 wieder bei der Regierung Kassel, von der es sich nur vorübergehend von 1657 bis 1668 verselbständigte. Damals versuchte Landgraf Wilhelm VI.

nämlich mit Hilfe der 1656 letztmals zusammengetretenen Generalsynode in Wiederaufnahme und zeitgemäßer Weiterbildung der Kirchenordnung von 1573 durch die am 12. Juli 1657 erlassene Kirchenagende, das Kirchenwesen und den Pfarrerstand, die unter dem großen Krieg naturgemäß auch gelitten hatten, wieder auf die frühere Höhe zu heben. Vor allem aber bemühte er sich, Luthertum und Calvinismus bis zur Verschmelzung einander anzunähern und dabei zugleich das landesherrliche Kirchenregiment auch gegen den Einspruch der Synode entscheidend zu stärken. Seine Unionsbestrebungen untermauerte Landgraf Wilhelm 1661 durch ein Religionsgespräch zwischen den Professoren der Landesuniversität Marburg (reformiert) und Rinteln (lutherisch), deren Einigung nur am Einspruch fremder lutherischer Universitäten (vor allem Wittenbergs) scheiterte.

Das war um so bedauerlicher, als sich Luthertum und Calvinismus inzwischen in einer Weise miteinander verfeindet hatten, die unerträglich geworden war. Um den fortgesetzten gegenseitigen Verdammungen endlich Einhalt zu gebieten, hatten sich 1631 beim Herannahen Gustav Adolfs sächsische, brandenburgische und hessische Theologen mit ihren Landesherren zu einem Gespräch vereinigt, das auf die Betonung der Gemeinsamkeiten gerichtet war und das Trennende (in der Abendmahlslehre, in der Auffassung von der Person Christi und der Erwählung) ohne Haß feststellte. Aber auch dieser Einigungsversuch scheiterte, vielmehr verschloß sich das Luthertum in den nächsten Jahrzehnten in engsinnigster Weise, geführt von Kursachsen, das dabei wie Hessen-Darmstadt die protestantischen Interessen im 30jährigen Krieg völlig preisgab. Das Ergebnis war schließlich das im Streit mit dem Ausgleichstheologen Calixt 1655 von Wittenberg und Leipzig veröffentlichte allerengste lutherische Bekenntnis, das es gibt. In dieser Situation bedeutete daher das Kasseler Friedensgespräch von 1661 eine große, ja eine erlösende Tat, die weithin (besonders auf Brandenburg) wirkte.

Auf diese religiösen Bemühungen des Landgrafen waren die Verhältnisse der hessischen Universitäten nicht ganz ohne Einfluß. Die im hessischen Einigkeitsvertrag vorgesehene hessen-darmstädtische und hessen-kasselsche Gemeinschaft an der Universität Marburg hatte Darmstadt inzwischen aufgegeben und die seit 1624 mit Marburg vereinigte Gießener Hochschule 1650 wieder als rein lutherische Universität dorthin zurückverlegt. Infolgedessen eröffnete Landgraf Wilhelm die 1633 als reformierte Hochschule nach Kassel übertragene Universität Marburg 1653 wieder in ihrer Gründungsstadt; doch ließ er es auch nicht an Fürsorge für die lutherische Universität Rinteln fehlen, die Graf Ernst von Schaumburg-Lippe 1621 errichtet hatte. Auch sie hat der Landgraf nach dem 30jährigen Kriege fast völlig neu aufgebaut und sie, nachdem sie bis 1655 mit Lippe gemeinschaftlich war, seitdem allein übernommen. Die wichtigsten, schon im 16. Jahrhundert blühenden Stadt- und Lateinschulen des

Landes in Marburg, Wetter und Frankenberg sowie in Kassel, Hersfeld, Homberg und Eschwege hatten naturgemäß unter dem großen Kriege ebenfalls schwer gelitten, lebten aber durch die Schulordnung vom 7. Juli 1656 wieder auf.

Die Streitigkeiten des Landgrafen mit dem Adel dauerten zunächst noch an, da sich dieser nach wie vor der immer weitergetriebenen Eingliederung in den Untertanenverband widersetzte und dabei in dem Obervorsteher Otto von der Malsburg und dem Erbmarschall Kurt Riedesel befähigte Vertreter fand. Endlich regelte der Vertrag vom 2. Oktober 1655 das beiderseitige Verhältnis. Er bedeutete, daß die hessische Ritterschaft ihre Landstandschaft stillschweigend anerkannte und nunmehr einwilligte, zur Ablösung bisheriger lehnsrechtlicher, militärischer Verpflichtungen eine jährliche Steuer zur Unterhaltung des hessischen Heeres zu leisten. Diese Einrichtung eines ständigen hessischen Heeres war nämlich möglich geworden, nachdem der Reichstagsabschied von 1654 die staatsrechtlichen Voraussetzungen zur Aufstellung reichsfürstlicher stehender Heere geschaffen hatte. Die hessische Truppe zählte nach der Abrüstung infolge des Westfälischen Friedens allerdings nur noch drei Kompanien des Weißen Regimentes, vornehmlich zur Besetzung der Festungen. Jedoch vermochte der Landgraf die Landmiliz wiederherzustellen, aus der er zunächst 15 Kompanien (davon vier berittene) bildete.

Das Abkommen zwischen Landgraf und Ritterschaft von 1655 ist aber auch deshalb wichtig, weil der Landgraf seinerseits den Landständen Zugeständnisse machte, und zwar in rechtlichen und religiösen Fragen, und erstmals offiziell von fürstlicher Seite vertraglich zugestanden wurde, daß es den Ständen zukomme, die Steuern zu bewilligen und in wichtigen Staats- und Landesangelegenheiten beratend mitzuwirken. Seitdem hat sich allmählich eine solche Mitwirkung der Stände in Steuer-, Gerichts-, Militär-, Polizei- und Wirtschaftsangelegenheiten entwickelt, wobei sie allerdings bis ins 18. Jahrhundert auf Außen- und Innenpolitik, Gesetzgebung und Verwaltungsausbau kaum Einfluß zu gewinnen vermochten. Immerhin fanden vom Ende des 30jährigen bis zum Ende des 7jährigen Krieges 35 Landtage statt; und wie der große Landtagsabschied von 1655 die weitere ständische Entwicklung für ein Jahrhundert bestimmt, dabei zwar eingeengt, doch auch gesichert hatte, so kam diese Rolle für die letzten Jahrzehnte des alten Reiches in noch größerem Maße dem Landtagsabschied von 1764 zu, der Stellung und Funktion der Stände erheblich verbesserte.

Trotz der vorwiegend innenpolitischen Neigungen Landgraf Wilhelms VI. und des geschwächten Zustandes des Landes, blieb Hessen auch weiterhin im Spiel der Mächte. 1652 schloß der Fürst mit Braunschweig und Schweden den Hildesheimer Bund und ließ sich 1654 durch den preußischen Politiker Graf Georg Friedrich von Waldeck auch für den ganz Norddeutschland zusammenschließenden Unionsplan gewinnen, der jedoch keine politischen Ergebnisse zeitigte. Erfolgreicher war der ebenfalls seit 1654 unternommene Versuch Erzbischofs Johann Philipp von Mainz, die Angehörigen des Hildesheimer Bundes mit rheinischen Bündnisbestrebungen gegen die habsburgische Vormacht zusammenbringen. Als Frucht dieses von Frankreich entscheidend gestützten politischen Unternehmens entstand 1658 der gegen Habsburg gerichtete erste Rheinbund, dem auch der Landgraf beitrat, da er auf diese Weise von Frankreich einen Millionenbetrag rückständiger Pensionen und Subsidien hereinholen konnte.

Vorwiegend innenpolitische Bemühungen des Landgrafen bestimmten sein Verhältnis zu der hessischen Nebenlinie Hessen-Rotenburg. Von den Söhnen des Landgrafen Moritz aus dessen zweiter Ehe, für die der Landgraf 1627 die Rotenburger Quart abgespalten hatte, war der seit 1649 in Rheinfels residierende Landgraf Ernst 1652 katholisch geworden und versuchte, die ihn bindenden Verträge zwischen Hessen-Kassel und Hessen-Rotenburg von 1648 zu umgehen und seine Herrschaft (den hessen-kasselschen Anteil an der Niedergrafschaft Katzenelnbogen) unabhängig zu machen. Er kam damit jedoch nicht durch. Vielmehr sicherte der neue Hauptvergleich von 1654 Hessen-Kassel das Öffnungsrecht an Rheinfels und Burg Katz, gab ihm das Besatzungsrecht in Kriegszeiten und verpflichtete es lediglich zu einem finanziellen Beitrag zur Unterhaltung der Burgen. Die anschließenden Verträge von 1655 Oktober 29, 1656 Juli 13 und 1660 Mai 8 regelten auch die übrigen Unstimmigkeiten und die neue Lage, die dadurch eingetreten war, daß Landgraf Ernst von seinen Brüdern 1655 Eschwege und 1658 Rotenburg geerbt hatte und damit alleiniger Herr der Quart geworden war. Jedoch konnte er auch dadurch die angestrebte Landeshoheit nicht erreichen. Hessen-Kassel behauptete sie und ließ sie in der Quart durch Reservatenkommissare ausüben. Ebenso blieb die 1685 von Hessen-Kassel abgespaltene Nebenlinie Hessen-Philippstal, von der sich noch die Linie Hessen-Barchfeld abteilte, der Landeshoheit von Hessen-Kassel unterworfen.

Wie Landgraf Wilhelm VII. (der jedoch schon 1670 im Alter von 19 Jahren starb), so stand auch sein Bruder und Nachfolger Landgraf Karl jahrelang unter der vormundschaftlichen Regierung seiner Mutter. Es war Hedwig Sophie, die tatkräftige Schwester des großen Kurfürsten, deren überlanges Regiment (1663 bis 1677) Landgraf Karl nur durch gewaltsame Selbsthilfe beenden konnte. Diese Art der Regierungsübernahme ist kennzeichnend für seine Tatkraft und Selbständigkeit. Er trat daher auf der großen politischen Bühne auch weit stärker hervor als sein Vater. Vor allem zeichnete er sich durch seine energischen Bemühungen aus, das Reich gegen die Übergriffe Ludwigs XIV. von Frankreich zu verteidigen. Zusammen mit Graf Georg von Waldeck und Wilhelm III. von Nassau-Oranien war er die Seele des Widerstandes gegen das

Ausgreifen Frankreichs. Als erster deutscher Fürst trat er dem von Graf Georg 1679 zustande gebrachten Schutzbündnis der Wetterauer Grafen gegen Frankreich bei. Er veranlaßte außerdem als Kondirektor des Oberrheinischen Kreises, daß die Reichsheeresmatrikel die Truppenstärke wesentlich heraufsetzte. Die durch den Wormser Reichtag von 1521 festgelegte Grundstärke des deutschen Heeres von 4000 Reitern und 20 000 Fußknechten stieg dadurch 1681 auf den Fuß (oder das Simplum) von 12 000 Reitern und 28 000 Mann zu Fuß. Zugleich bemühte sich der Landgraf auch bei anderen Reichsständen um die Verbesserung des Militärwesens.

Insbesondere ließ er sich naturgemäß Entwicklung und Ausbildung seines eigenen Heeres angelegen sein, dessen Kompanien er seit 1672 Jahr um Jahr vermehrte. 1674 betrug die Zahl der Soldtruppen elf Kompanien Fußvolk und drei Kompanien Reiterei; 1676 war ihre Zahl bereits auf 23 Kompanien angewachsen, davon 18 zu Fuß. Schon im folgenden Jahr 1677, dem ersten Jahr der selbständigen Regierung Landgraf Karls, gingen erstmals hessische Truppen auf Grund eines Subsidienvertrages in fremde (dänische) Dienste. Allerdings kämpfte König Christian V. von Dänemark als Reichsstand im damaligen Reichskrieg gegen Schweden und damit als Verbündeter des Kaisers, der statt der kaiserlichen Völker hessische Truppen nach Dänemark sandte. Der König hatte aber gleichwohl für jeden Soldaten zu Fuß 20 Taler zu zahlen, was bei zehn Kompanien zu je 160 Mann 32 000 Taler ausmachte, die der Landgraf zur Truppenausrüstung und -besoldung mitverwandte; denn die Landessteuern für militärische Zwecke, die Kontributionen, reichten von Anfang an nicht aus, um ein stehendes Heer von dieser Größe und Schlagkraft aufzubauen. Auch eine ungewöhnliche Steuersteigerung hat nicht für die militärischen Erfordernisse, wie sie sich dem Landgrafen darstellten, ausgelangt, ebenso wenig wie die die 100 000-Gulden-Grenze überschreitenden Sonderbewilligungen, so daß sich der Landgraf immer wieder auf fremde Mittel angewiesen sah. Dabei schreckte ihn nicht, daß gleich der erste fremde Einsatz in dänischen Diensten hohe Verluste brachte und fast die Hälfte der eingesetzten Soldaten forderte. Mit Recht stellte von Stamford fest: „Dieser erste Zug hessischen Kriegsvolks des stehenden Heeres in fremden Diensten war ein abschreckendes Vorspiel für die Hingabe der braven, tapferen Männer, die in der Folgezeit so vielfach stattfinden sollte." Die Fahnen der beiden eingesetzten Regimenter von Hornumb und Ufm Keller, die 1678 auf Rügen in schwedische Gefangenschaft gerieten, hängen als Trophäen noch heute in der Riddarholms-Kirche zu Stockholm. Es sind die ältesten erhaltenen hessischen Feldzeichen.

Aber — und das muß angesichts dieser immer wieder nur als fürstliche Willkür gebrandmarkten Truppenvermietungen festgehalten werden — in Hessen beruhten sie auch auf der Billigung der Landstände. In ihrem Landtagsabschied von 1677 beschlossen diese zwar, für die Befreiung von der Wintereinquartierung des Kurfürsten von Brandenburg 60 000 Reichstaler zu zahlen; um aber von weiteren Beschwerungen, sowohl Einquartierungen wie Zahlungen verschont zu bleiben, dem kaiserlichen Feldmarschall, dem Herzog von Lothringen, 1200 Mann Infanterie und vier Kompanien Kavallerie und dem König von Dänemark 1800 Mann Infanterie und vier Kompanien Kavallerie zu überlassen. Auch sonst waren Truppenfragen, wie etwa Erhöhung oder Abdankung der Kontingente, Landtagssachen.

Der Zwang der allgemeinen politischen Verhältnisse, der eigenen Lage und der persönlichen Neigungen und die sich damit eröffnenden innen- wie außenpolitischen Möglichkeiten bestimmten den Landgrafen, den Ausbau seines Heeres fortzusetzen. 1683 schuf er aus dem Weißen Regiment das berühmtgewordene hessische Leib-Garde-Regiment, erhöhte die Soldtruppen auf 15 Kompanien zu Pferde und 31 zu Fuß und brachte den gestellungspflichtigen Landesausschuß (zur Verwendung im Landesinneren und zur Besetzung der Festungen) auf 20 Kompanien Fußvolk und zwei Kompanien Reiter. Damit nicht genug, entstanden auch in den folgenden Jahren noch weitere Einheiten, was die finanzielle Leistungskraft des Landes trotz schärfster Anspannung so weit überstieg, daß sich der Landgraf auch weiterhin gezwungen sah, diese Truppen gegen entsprechend hohe Geldzahlungen anderen kriegführenden Mächten zu vermieten. 1687 schloß er erstmals einen solchen Vertrag mit einer auswärtigen Macht, mit der er weder verbündet noch befreundet war, mit Venedig, das die hessischen Truppen in Morea einsetzte. Jedoch bevorzugte er bei solchen Subsidienverträgen im allgemeinen verbündete oder politisch gleichgesinnte Mächte, wie insbesondere England und Holland, und suchte mit diesen Subsidienverträgen auch wesentliche territorialpolitische Ziele durchzusetzen, wie etwa die Rückgewinnung der Festung Rheinfels von Hessen-Rotenburg.

Zur Sicherung seiner Stellung und zur Abwehr der französischen Absichten auf die Pfalz trat Landgraf Karl 1686 im Rahmen des oberrheinischen Kreises dem Augsburger Bündnis des Kaisers mit zahlreichen anderen Reichsständen bei, das Ludwig XIV. zunächst noch von Gewaltmaßnahmen zurückhielt. Im Juli 1688 schloß Landgraf Karl ein „immerwährendes Bündnis" mit Brandenburg (das auf den Vertrag von 1644 zurückging) und vereinbarte mit ihm und Braunschweig-Lüneburg, Wilhelm III. von Nassau-Oranien nach seiner Wahl zum englischen König 1688 mit Truppen zu unterstützen. Dazu sandte er ihm 1688 „ein Regiment zu Fuß, ein Regiment zu Pferd, ein Regiment Dragoner". Besonders entschieden aber wandte sich Landgraf Karl im Verein mit anderen deutschen Fürsten (zusammengeschlossen im Magdeburger Konzert vom 22. Oktober 1688) gegen das französische Vordringen am Rhein. Die Verheerung der Pfalz suchte er vergeblich mit abzuwehren, dagegen half er 1688, die französischen Angriffe auf Koblenz und Frankfurt abzufangen und 1689 Mainz und Bonn wieder zu erobern. Am wirkungsvollsten war jedoch die erfolgreiche hessische Verteidigung der Burg Rheinfels, die zwischen 1657 und 1672 mit Hilfe der finanziellen Beiträge Hessen-Kassels zu einer der stärksten linksrheinischen Festungen ausgebaut worden war. Bereits 1667 hatte sie Landgraf Ernst von Hessen-Rotenburg Ludwig XIV. öffnen wollen, und 1692 beabsichtigte er es aus Feindschaft gegen die Kasseler Linie erneut, doch kam ihm Landgraf Karl zuvor und besetzte Rheinfels. Seiner Behauptung als einziges deutsches Bollwerk auf der linken Rheinseite, die Ludwig XIV. im übrigen ganz in seine Gewalt gebracht hatte, und der Abwehr dreimaliger Belagerung durch französische Heere (1684, 1688, 1692) ist es im wesentlichen zu verdanken, daß das Mittelrhein- und Moselgebiet nicht wie das Elsaß damals unter französische Oberhoheit kam. Der Siegestaler, den Landgraf Karl auf diesen stolzen Erfolg prägen ließ, beweist durch seine Umschrift: Habet et Germania metas „Auch Deutschland hat Grenzen", daß Hessen damals bewußt deutsche Interessen vertreten hat. Verhandlungen mit der hessischen Nebenlinie auf Abtretung und damit bestmögliche Sicherung dieses wichtigen Stützpunktes scheiterten jedoch, und der 1697 von den europäischen Mächten geschlossene Frieden von Ryswick nahm Hessen-Kassel sogar das Besatzungsrecht, das sich der Landgraf erst im spanischen Erbfolgekrieg wieder verschaffen konnte.

An dieser großen europäischen Auseinandersetzung war Landgraf Karl auf Grund seiner 1701/02 mit England und Holland geschlossenen Subsidienverträge und seines am 7. Februar 1702 erfolgten Beitrittes zur großen Allianz der Seemächte beteiligt. Jedoch vermochten sie ihm trotz entsprechender Zusicherungen nicht zum ungeschmälerten Besitz von Rheinfels zu verhelfen, da der Kaiser dieses Ansinnen in den Friedensschlüssen von 1713/14 ausdrücklich ablehnte. Auch die am 9. Januar 1714 zwischen Landgraf Karl und König Friedrich Wilhelm I. von Preußen geschlossene Defensivallianz, deren Geheimartikel der landgräflichen Hauptlinie den Besitz von Rheinfels zusicherten, vermochten die kaiserliche Politik nicht zu überspielen. Ihr Grundsatz war, diese wichtige Rheinfestung nicht einem mächtigen deutschen Fürsten zu überlassen, sondern selbst möglichst weitgehenden Einfluß darauf zu gewinnen. Das war aber nur möglich, solange eine geringe Macht (also Hessen-Rotenburg) darüber verfügte. Infolgedessen verhängte der Kaiser 1718 die Reichsexekution, als Landgraf Karl die Herausgabe von Rheinfels Jahr um Jahr verweigert hatte. Der Landgraf mußte nunmehr 1719 seine Truppen abziehen, verlegte sie jedoch nach kurzer Frist wieder in die Niedergrafschaft. Dabei besetzte er zwar nicht Rheinfels, sondern nur Reichenberg, hatte aber damit die Möglichkeit gewonnen, sich den Weg dorthin zu bahnen oder anderen zu sperren. Aber nicht nur aus militärischen, sondern auch aus hauspolitischen Gründen mußte Karl bestrebt sein, eine möglichst einflußreiche Stellung in der Niedergrafschaft zu behaupten, denn sie war unmittelbarer Angrenzer an die Grafschaft Nassau-

Diez, in welcher der Landgraf von 1712 bis 1730 für seinen unmündigen Enkel Wilhelm IV. von Nassau-Diez mit der Vormundschaft zugleich die Regentschaft ausübte.

Erfolgreicher war der Landgraf bei der Behauptung seiner Rechte an den hessischen Besitzungen im Wesergebiet. Die als Lehen in den Händen der Grafen von Bentheim befindlichen Ämter Uchte und Freudenberg zog er 1700 ein, nachdem der als Gegenleistung dafür zugesicherte Anfall der Grafschaft Tecklenburg dadurch unmöglich geworden war, daß sie das Reichskammergericht den Grafen von Solms zuerkannte; und die Festung Auburg (mit Wagenfeld) wahrte er gegen die Herren von Cornberg, die daraus eine selbständige Herrschaft machen wollten, indem er sie ihnen 1706 lehnsrechtlich aberkennen ließ, bis sie sich 1729 mit ihm verglichen. Außerdem erwarb Landgraf Karl 1719 von Hanau das Amt Brandenstein pfandweise und vereinigte es mit dem Amt Altengronau.

An den letzten europäischen Kriegen, die in seine Regierungszeit fielen, war Landgraf Karl selbst nicht mehr unmittelbar beteiligt, doch stellte er dafür gegen Subsidien Truppen. Dabei ging er schließlich so weit, seine Regimenter gegeneinanderstehenden Mächten gleichzeitig anzubieten; denn nachdem er 1725 dem englisch-preußisch-französischen Bündnis gegen den Kaiser beigetreten war und daraufhin 1726 einen erneuten Subsidienvertrag mit England abgeschlossen hatte, trug er nichtsdestoweniger dem kaiserlichen Feldherren Prinz Eugen an, seinerseits hessische Truppen gegen Subsidien zu übernehmen, was dieser aus begreiflichen Gründen ablehnte. Damit war die hessische Truppenvermietung in jenes Zwielicht geraten, aus dem sie und ihre Urheber, die hessischen Fürsten, nicht mehr herausgekommen sind, obwohl die Unsitte weit verbreitet war und keineswegs Hessen allein zu Last fiel. Aber das aufzunehmen hat sich die landläufige Meinung bisher geweigert. Vielmehr hat die um die letzte Jahrhundertwende heftig geführte hessische Abwehr gegen die Verzerrung der Tatbestände nichts weiter erreicht, als daß der „Soldatenhandel“ an Hessen hängengeblieben ist.

Sicher ist jedenfalls, daß es dem Landgrafen ohne die Subsidiengelder nicht möglich gewesen wäre, das hessische Heer auf einen solchen Stand zu bringen, daß es bei allen größeren kriegerischen Auseinandersetzungen des 18. Jahrhunderts mit eingreifen konnte. Zwar wurden die Subsidien oft äußerst unregelmäßig, schleppend und zu schlechtem Wechselkurs ausgezahlt und stellten daher ein ebenso schwieriges wie krisenreiches Geschäft dar, aber sie gaben dem Landgrafen doch auch immer wieder genug Kredit, um darauf große Anleiheaktionen zur Unterhaltung des Heeres gründen zu können. Dieses hat sich durch seine Leistungsfähigkeit, die ihm schon seine Gegner im 30jährigen Kriege bestätigt hatten, fremden Mächten immer wieder empfohlen und hohen soldatischen Ruf, ja Ruhm, gewonnen. So kämpften die hessischen Truppen fast auf allen europäischen Kriegsschauplätzen der damaligen Zeit, insbesondere im Dienst des Reiches, der habsburgischen Monarchie und der Subsidien zahlenden Seemächte gegen die Türken und die Franzosen, und zwar auf dem Balkan, auf Sizilien, auf Morea, auf Euboea und sonst in Griechenland. Von den Söhnen Landgraf Karls standen fünf gegen Ludwig XIV. und die Franzosen im Felde, die die hessischen Truppen zwar 1703 bei Speyerbach schlugen, dafür aber durch das Eingreifen des hessischen Erbprinzen Friedrich 1704 die Niederlage von Höchstadt erlitten. Und ebenso tapfer, wie sich die Hessen vor Mohacs, Negroponte und vor Palermo, Messina und Francavilla gezeigt hatten, stritten sie damals bei Ramillies, Oudenarde und Malplaquet. Beim Tode des Landgrafen Karl bestand dieses so vorzüglich eingerichtete und ausgebildete Heer aus zwei Kompanien Garde-du-Corps, sechs Kavallerieregimentern, vier Kompanien Landesausschuß zu Pferd, der Leibgarde zu Fuß, zwölf Regimentern Infanterie, neun Bataillonen Landesausschuß für Ausnahmefälle und der dazugehörigen Artillerie.

Die politische Abkehr Landgraf Karls von Frankreich bedeutete für die hessische Politik einen Schritt von schwerwiegender Bedeutung. Er beendete eine Tradition, die bis in die Tage Philipps des Großmütigen zurückreichte und sich noch im Dreißigjährigen Kriege entscheidend ausgewirkt hatte. Seitdem stellte sich die hessische Politik um und zeigte bis in die Zeit Napoleons eine Frankreich eher feindliche als freundliche Haltung, wie sich besonders unter Wilhelm VIII. und Wilhelm IX. (I.) erwies. Die Ablehnung der Politik und Person König Ludwigs XIV. von Frankreich durch Landgraf Karl kam aber nicht nur in seinem außerordentlich starken militärischen Einsatz, sondern nicht minder in seinem großzügigen Eintreten für die Hugenotten zur Geltung. Als erster deutscher Fürst bekannte sich Landgraf Karl offen zur Aufnahme dieser französischen Glaubensflüchtlinge und gewährte ihnen durch die hessische Freiheitskonzession vom 18. April 1685 die bestmöglichen Bedingungen. Landgraf Karl konnte zugleich damit rechnen, wertvollen Bevölkerungszuwachs zu gewinnen, zumal das Land noch immer nicht den Bevölkerungsstand der Zeit vor dem 30jährigen Krieg erreicht hatte. Für 1705 wird seine Bevölkerung auf 175 000 Personen geschätzt. Der Bevölkerungszuwachs wird daraus erkennbar, daß in den Jahrzehnten um 1700 etwa 30 Flüchtlingssiedlungen in Hessen entstanden. Die Belebung von Handel und Wandel durch die Hugenotten bezeugt die Einrichtung der Handels- und Kommerzienkammer von 1710 und der Leih- und Commerzbank, des „Lombard" 1720.

Wirtschaftspolitische Motive bestimmten auch manche andere Maßnahmen des Landgrafen, wie die Unterstellung der Gemeindeforsten unter staatliche Aufsicht 1711 oder die Erschließung von Baugelände in den Städten. Bezeichnend hierfür ist auch die erste, seit 1731 erscheinende „Casselisch Zeitung von Policey-Commercien und anderen dem Publico nützlichen Sachen", die

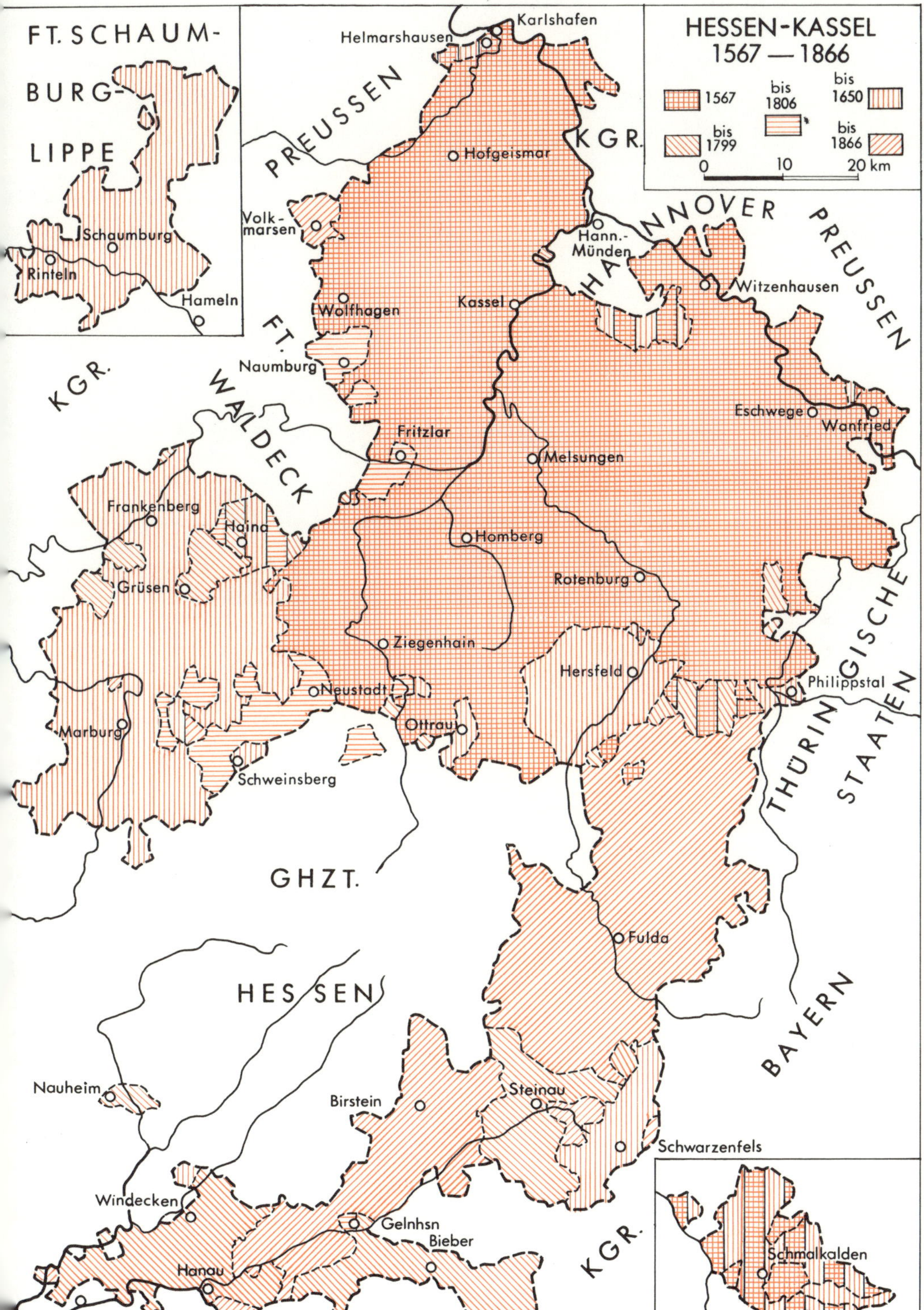

Die vor 1866 wieder abgegangenen Territorien sind nicht berücksichtigt

diesen wirtschaftspolitischen Zug schon im Titel erkennen läßt. Ebenso charakteristisch ist es, daß infolge der merkantilistischen Gewerbepolitik des Landgrafen die Rolle der Zünfte bald ausgespielt war. Nachdem das Zunftgesetz von 1693 ihre politischen Sonderrechte (vor allem ihre eigene Gerichtsbarkeit) weitgehend beseitigt hatte, geschah dasselbe hinsichtlich ihrer wirtschaftlichen Vorrechte durch die Zunftordnung von 1730, auf Grund deren die Reform des Gewerberechtes in Hessen schon 1754 so weit durchgeführt worden war, daß es darin ebenbürtig neben Brandenburg-Preußen stand. Schließlich sind in diesem wirtschaftspolitischen Zusammenhang noch die großen Verkehrsplanungen des Landgrafen zu nennen. Sie betrafen insbesondere die Förderung des Straßenbaues und des Postverkehrs, für den 1700 eine fahrende Post von Leipzig über Kassel nach Münster und Holland, 1704 von Kassel über Hersfeld und Koburg nach Nürnberg entstand. 1710 ordnete Landgraf Karl den Bau eines Kanals zwischen Weser und Rhein an, um das Mündener Stapelrecht zu umgehen. Er ließ zu dem Zweck die Diemelmündung als Weserhafen ausbauen (so entstand die von Hugenotten besiedelte Stadt Karlshafen) und seit 1722 den Kanal unter Benutzung des Unterlaufs der Diemel über Hofgeismar nach Kassel fortführen. 1729 war das Werk bis kurz vor Hofgeismar gediehen. Hier setzte ihm der Tod des Landgrafen im nächsten Jahr allerdings ein vorzeitiges Ende.

Landgraf Karl gehörte jedoch nicht nur zu den befähigsten hessischen Herrschern auf dem Gebiet der Politik, des Militärwesens und der Verwaltung, sondern auch zu den größten Förderern und Kennern der Künste unter ihnen. Vor allem verdankt ihm die Residenzstadt Kassel ihre barocke Aus- und Umgestaltung, nachdem er 1698 die Oberbaudirektion dem Hofjunker Karl von Hattenbach übertragen und unter ihm eine Architektengruppe dafür eingesetzt hatte. Ihr führender Kopf war der berühmte Simon Louis du Ry, der gemeinsam mit seinem Sohn die Oberneustadt Kassel zur größten französischen Hugenottensiedlung Hessens in mustergültiger Weise ausbaute. Vor allem aber entstanden nunmehr im Bereich der Stadt die großen Schloß- und Parkschöpfungen (Karlsaue mit Orangerie und Marmorbad seit 1701, Palais des Prinzen Maximilian 1710), die Landgraf Karl durch den 1717 vollendeten Riesenbau des Herkules auf der Höhe und die damit verbundenen Parkanlagen und Wasserkünste an den Hängen des Habichtswaldes oberhalb Kassels krönte. (Für seine ländlichen Vergnügungen, insbesondere die Falkenjagd, hatte er inzwischen 1701 das Schloß in Wabern erbauen lassen.) Als geistiges Zentrum des neugestalteten Landesmittelpunktes Kassel schuf er 1709 das Collegium Carolinum, das, mit einer Kunstakademie und naturwissenschaftlichen Instituten verbunden, gewissermaßen eine erste technische Hochschule Deutschlands darstellte, bis sie 1786 an die Universität Marburg überging. Der Landesuniversität aber verlieh er neuen Glanz dadurch, daß er den Philosophen

Christian Wolf nach seiner Ausweisung aus Halle 1723 nach Marburg berief, denn dieser hat hier bis 1740 zum Ruhme der Hochschule gewirkt.

Landgraf Karl war wie alle qualifizierten Persönlichkeiten des hessischen Fürstenhauses eine kontrastreiche Erscheinung. Eine seinem absolutistischen Zeitalter durchaus entsprechende Herrscherfigur, vereinigte er mit kraftvollen Eigenschaften auch manche Schattenseiten, die jedoch die Leuchtkraft seiner Fähigkeiten und Erfolge nicht zu verdunkeln vermochten. Seine geschichtliche Bedeutung im gesamthessischen Rahmen wird dadurch umschrieben, daß er nach den schweren Zerwürfnissen und tiefen Entfremdungen der Linien Hessen-Kassel und Hessen-Darmstadt infolge des Marburger Erbfolgestreits als erster wieder nähere Verbindungen zwischen beiden Hessen durch den Vertrag vom 11. Mai 1697 herstellte und daß er darüber hinaus die Entwicklung Hessen-Kassels für mehr als ein Jahrhundert bestimmt und dahin entschieden hat, daß sein Land nicht zu einem unerheblichen Kleinstaat herabsank, sondern den Anschluß an die europäischen Mächte behielt und dank seiner militärischen Leistungskraft eine seine Größe überragende Rolle spielte.

Den Gipfel der äußeren Erhöhung erreichten die Landgrafen unter Landgraf Karls Sohn Friedrich I. Er erlangte nach schwierigen Verhandlungen in zweiter Ehe die Hand einer Schwester König Karls XII. von Schweden, nachdem er den König 1714 durch ein hessisches Truppenkontingent von 6000 Mann in seinem Kampf um Pommern nachhaltig unterstützt hatte. Nach dem Tod ihres Bruders erhielt Eleonore Ulrike auf Grund bedeutender Zugeständnisse an den schwedischen Adel und die verfeindeten Mächte 1719 den schwedischen Thron, überließ ihn aber ihrem Gemahl, der daraufhin am 14. Mai 1720 zum König von Schweden gekrönt wurde. 1730 fiel ihm auch die Erbfolge in der Landgrafschaft Hessen-Kassel zu, die er jedoch seinem Bruder Wilhelm als Stellvertreter übertrug; er gab ihm zudem die Grafschaft Hanau, nachdem sie 1736 an Hessen-Kassel gefallen war.

Landgraf Wilhelm VIII. war im Gegensatz zu seinem Bruder Friedrich ein tüchtiger Regent und wußte daher stärkere schwedische Einflüsse auf die hessische Politik weitgehend auszuschalten. Wie die alten hessischen Bundesgenossen England und Preußen, mit denen das 1688 geschlossene, 1714 erneuerte „immerwährende Bündnis" weiterbestand, ließ sich auch Landgraf Wilhelm VIII. 1733 von Kaiser Karl VI. für dessen „Pragmatische Sanktion", d. h. die Erbfolge seiner Tochter Maria Theresia gewinnen. Der Kaiser bestätigte daraufhin den Hanauer Erbvertrag von 1643 und ließ ihm 1734 auch die Festung Rheinfels wieder einräumen. Als er dann aber 1736 in der Hanauer Erbfolgefrage wider Erwarten die hessen-darmstädtischen Ansprüche unterstützte, schwenkte Landgraf Wilhelm VIII. ab. Infolgedessen weigerte er sich, nachdem im Mai 1740 der Subsidienvertrag mit England erneuert worden war, die vermieteten hessischen Truppen im Ersten Schlesischen Kriege gegen Preußen (und damit für Österreich) marschieren zu lassen, da der Vertrag von 1733 von österreichischer Seite nicht erfüllt worden sei. Vor allem aber war Landgraf Wilhelm nicht geneigt, die katholische Vormacht Habsburg gegen den alten protestantischen Bundesgenossen Preußen zu unterstützen, obwohl sich England für Maria Theresia und gegen Friedrich den Großen erklärte. Am 23. März 1743 erneuerte der Landgraf vielmehr das zuletzt 1714 bestätigte immerwährende Bündnis mit Preußen, nachdem er sich bereits 1742 gegen die Ansprüche des Hauses Habsburg und Maria Theresia entschieden hatte und auf die Seite Kaiser Karls VII. von Bayern übergegangen war; denn dieser hatte ihm die erstrebte Kurwürde zugesichert, den Besitz der Grafschaft Hanau gewährleistet, die uneingeschränkte Appellationsfreiheit gewährt und wohlwollende Behandlung der waldeckischen Lehnsfragen zugesagt. Daraufhin stellte der Landgraf dem Kaiser gegen Subsidien, die Frankreich bezahlte, ein Heer zur Verfügung. Dadurch standen sich erstmals hessische Truppen feindlich gegenüber, da England Maria Theresia gegen Kaiser Karl VII. beistand. Wenn auch ein Aufeinandertreffen der hessischen Kontingente im Kampfe vermieden werden konnte, so hat doch allein diese Tatsache später viel böses Blut gemacht. Das gilt vor allem auch wegen der dem Landgrafen vom Kaiser zugesagten Entschädigungen für Gefallene und Verwundete, von denen drei wie ein Gefallener zählte; denn für einen gefallenen Dragoner mit Pferd erhielt der Landgraf 150 fl., für ein getötetes Pferd 112 fl. 30 Kr., für einen gefallenen Dragoner oder Infanteristen aber nur 36 fl.

Die Abneigung des Landgrafen gegen Wien bestimmte ihn, den englischen Subsidienvertrag nicht mehr zu erneuern, sondern ganz auf die Seite Karls VII. zu treten und sich der von Frankreich gestützten Frankfurter Union (mit der Pfalz und Preußen) vom 22. Mai 1744 anzuschließen. Dafür forderte er die Kurwürde und beträchtliche Ländergebiete, nämlich entweder die zu säkularisierenden geistlichen Territorien von Corvey, Paderborn, Fulda sowie die mainzischen Städte in Hessen oder ersatzweise die vier Reichsstädte Frankfurt, Friedberg, Wetzlar und Mühlhausen. Außerdem machte Landgraf Wilhelm nochmals die hessischen Ansprüche auf das Herzogtum Brabant geltend und forderte von Karl VII. zumindestens die Allodien des Herzogtums, die Habsburg innehatte. Zugleich erneuerte Landgraf Wilhelm VIII. am 27. Juli 1744 den Vertrag mit Preußen, das die hanauische Erbschaft garantierte und die hessischen Ansprüche auf die Kurwürde und Brabant tatkräftig zu unterstützen versprach. Der Tod Karls VII. am 20. Januar 1745 und die Niederlage Bayerns vereitelten jedoch alle hochfliegenden Pläne, zumal sich die hessischen Truppen, die für Kaiser Karl gegen Österreich im Felde standen, nur durch eine Neutralitätserklärung vor der Gefangennahme retten konnten. Gleichwohl ließ sie Österreich solange in Ingolstadt internieren, bis der Landgraf im Juli

1745 den Subsidienvertrag mit England erneuert hatte, der die hessischen Truppen wiederum allein den Seemächten vorbehielt.

Erfolgreicher war Landgraf Wilhelm VIII. in den Auseinandersetzungen mit der Nebenlinie Hessen-Rotenburg, die fast ohne Unterbrechungen seit Ende des 30jährigen Krieges andauerten. Hierbei handelte es sich vornehmlich um die Bekämpfung des von Hessen-Rotenburg angestrebten Primogeniturrechtes und um die Sicherung des hessisch-kasselschen Besatzungsrechtes der Rheinfestungen der Niedergrafschaft Katzenelnbogen. Die Primogenitur hatte Landgraf Ernst durch sein Testament vom 27. März 1676 verfügt, doch entstand darüber bei seinem Tode 1693 zwischen seinen Söhnen und Enkeln, insbesondere den Prinzen Wilhelm d. J. und Christian, ein so erbitterter Streit, daß der Kaiser schließlich entschied, Landgraf Ernst sei nicht berechtigt gewesen, eine Primogenitur anzuordnen. Im 18. Jahrhundert lebten diese Bemühungen des Hauses Hessen-Rotenburg wieder auf, denn 1748 setzte Fürst Konstantin das Erstgeburtsrecht zugunsten seines Sohnes Emanuel abermals testamentarisch fest, und dieses Mal bestätigte es der Kaiser. König Friedrich von Schweden als Landgraf von Hessen widersprach dem jedoch so scharf, daß der Reichstag infolge der heftigen diplomatischen Auseinandersetzung zwischen Kaiser und König die Anerkennung der Primogenitur zunächst verzögerte. Daraufhin drohte Fürst Konstantin, der sich bereits im Jahr zuvor gegen die hessen-kasselsche Besatzung von Rheinfels gewandt hatte, den Schutz auswärtiger Mächte (nämlich Frankreichs) anzurufen, zumal sich der Kaiser 1751 nachgiebig bereit erklärt hatte, das dem Fürsten Konstantin erteilte Erstgeburtsrecht so abzuschwächen, daß dem Hause Hessen-Kassel kein Nachteil daraus erwachse. Jedoch lehnte Landgraf Wilhelm VIII. jede flaue Übereinkunft ab und bestand auf einer völligen Aufhebung des hessen-rotenburgischen Primogeniturrechts. Das aber wiederum verweigerte der Reichshofrat im Namen des Kaisers.

Dieses Versagen des Reiches nach beiden Seiten, der unmittelbare Druck König Friedrichs von Schweden und Landgraf Wilhelms von Hessen und offensichtlich auch die Verschuldung der Rotenburger Linie bei Hessen-Kassel führten schließlich dazu, daß sich die Nebenlinie unterordnete. Im Hauptvergleich vom 25./26. März 1754 verzichtete Landgraf Wilhelm darauf, die bisher von ihm (wegen Unebenbürtigkeit) erhobenen Zweifel an der Erbfähigkeit des Sohnes von Fürst Konstantin weiterhin geltend zu machen. Er erkannte den Prinzen Emanuel vielmehr als erbberechtigt für die ganze Rotenburger Quart an und erließ ihm außerdem die Rückzahlung eines Kapitals von 35 000 Talern aus acht Schuldverschreibungen. Dafür willigte Hessen-Rotenburg in das alleinige Besatzungsrecht der Festung Rheinfels durch Hessen-Kassel, wie dieses es seit 1734 tatsächlich ausübte, und erweiterte dieses Recht auch auf die Burgen Katz (Neukatzenelnbogen), Reichenberg und Hohenstein, die Städte St.

Goar und St. Goarshausen und alle verteidigungsfähigen Orte der Niedergrafschaft überhaupt. Damit hatte Hessen-Kassel sein über ein Jahrhundert lang hartnäckig verfolgtes Ziel erreicht, wenn es auch noch einige Schwierigkeiten machte, die kaiserliche Bestätigung dieses Hauptvergleichs zu erwirken. Es gelang jedoch, und damit war Hessen-Kassel jetzt auch in der Niedergrafschaft und damit in einer wichtigen Rheinsperrstellung die militärisch allein bestimmende Macht.

Weitaus erfolgreicher, als man meist annahm, hat sich Landgraf Wilhelm VIII. in der Reorganisation und Weiterentwicklung der inneren Landesverwaltung bewährt. Insbesondere hat er die Modernisierung des Steuerwesens und die dafür erforderliche Ausbildung der Statistik gefördert. Das 1699 errichtete Steuerkollegium, seit 1702 mit dem Generalkriegskommissariat verbunden, wurde 1732/34 um zwei ritterschaftliche Steuerrektifikationskommissionen erweitert, 1735 anstatt der Rechnung nach Kammergulden die Rechnung nach Talern eingeführt und im gleichen Jahr die 1665 anstelle der Bergstube begründete Bergwerkskommission zu einem Bergratskollegium ausgebaut. Besonders hervorzuheben sind die mustergültige Grebenordnung vom 6. November 1739 und die zahlreichen Steuer- und Gewerbestatistiken, die aus der Tätigkeit der seit 1736 tätigen Generalsteuerrektifikationskommission hervorgingen. Sie ist nicht nur ihrer Hauptaufgabe, der Verbesserung des örtlichen Katasters nachgekommen, sondern hat ein umfassendes örtliches Kataster- und Katasterkartenwerk (von heute hoher siedlungskundlicher Bedeutung) geschaffen. Daneben hat sie auch in wenigen Jahren mehrere zeitgerechte hessen-kasselsche Dorfbücher (gewissermaßen als Vorläufer von Staatshandbüchern) erstellt (vor 1741, 1742, 1747).

Den Ausgang Landgraf Wilhelms VIII. verdüsterten folgenschwere persönliche und politische Ereignisse: die Konvertierung des Erbprinzen Friedrich und der 7jährige Krieg. 1754 erfuhr der Landgraf, daß der Erbprinz schon 1749 im Geheimen zum Katholizismus übergetreten war, was Wilhelm VIII. sowohl als reformierten Fürsten wie als Vater aufs tiefste traf und sofort durchgreifende Abwehrmaßnahmen gegen den davon völlig überraschten Sohn auslöste. Der Landgraf zwang ihn für den Fall der Nachfolge, die sogenannten Assekurationsakte vom 29. Oktober 1754 zu unterzeichnen, durch die Landgraf Wilhelm VIII. den evangelischen Bekenntnisstand des Landes sicherte, alle Entscheidungen in kirchlichen Angelegenheiten dem Geheimen Ministerium und dem Konsistorium vorbehielt, als Staatsdiener nur Protestanten zuließ und diese Maßregeln der Kontrolle der Stände unterwarf. Außerdem übertrug der Landgraf die Grafschaft Hanau unter Übergehung des Erbprinzen unmittelbar dem ältesten Enkel Wilhelms, der dort 1764 die Regierung antrat, und überwies die Einkünfte dieser Grafschaft der fortan von ihrem Manne getrennt lebenden Gemahlin Friedrichs und ihren Söhnen. Schließlich ließ der

Landgraf die Akte nicht nur durch das Corpus Evangelicorum des Regensburger Reichstages und die hessischen Landstände, sondern auch durch England, Preußen, Dänemark, Schweden und die Niederlande garantieren, wodurch er den lebhaftesten Unwillen der katholischen Mächte erregte, da deren Hoffnungen auf eine Rekatholisierung Hessens damit schwanden. Sie wurden gegenstandslos, als es ihnen infolge der strengen Maßnahmen Landgraf Wilhelms nicht glückte, den Erbprinzen während des politisch-diplomatischen Vorspiels zum 7jährigen Krieg zum Widerruf der Assekurationsakte und zur Flucht nach Wien zu bewegen. Selbst ein Breve des Papstes von 1755 an die Prälaten des Reichstages und ein päpstliches Fürschreiben an den Kaiser von 1756 blieben wirkungslos, so daß sich der Erbprinz der Macht der Verhältnisse beugte. Er ging in preußische Dienste. Friedrich der Große bemühte sich persönlich um ihn, machte ihn 1756 zum Generallieutenant von Wesel und 1759 zum Vizegouverneur von Magdeburg, stellte ihn aber dadurch auch militärisch kalt.

Inzwischen hatte sich Landgraf Wilhelm durch den Subsidienvertrag vom 18. Juni 1755 erneut England angeschlossen, mit dem sich 1756 dann auch Preußen verbündete, und ihm zunächst 12 000 Mann hessischer Truppen zugesichert. Das hessische Heer umfaßte zwölf Infanterieregimenter mit der zugehörigen Artillerie, vier Kavallerieregimenter, zwei Dragonerregimenter, ein Jägerkorps und eine Husarenschwadron; dazu kamen vier Landesausschußregimenter. Da der Landgraf diese Truppen in den nächsten Jahren noch erheblich verstärkte, konnte er bei der Erneuerung des Vertrages vom 17. Januar 1759 die zugesagte Truppenzahl auf 20 000 Mann erhöhen, trotzdem scheiterten seine Bemühungen um ein regelrechtes Bündnis, das ihn als gleichberechtigten Partner anerkannt hätte. Nach dem Angriff Friedrichs des Großen auf Österreich trat Landgraf Wilhelm dem Reichskrieg gegen Preußen lagegemäß nicht bei. Er widerstand auch dem starken Druck Frankreichs, das dem ihm verfeindeten England die hessischen Truppen abgewinnen wollte, da der Landgraf fürchtete, Frankreich werde die Beseitigung der Assekurationsakte unterstützen. Jedoch vermochte die englische Heeresführung in Deutschland, der die hessischen Kontingente unterstanden, Hessen nicht vor dem Einfall der mit Österreich verbündeten französischen Truppen zu bewahren. Landgraf Wilhelm mußte sein Land verlassen. Schließlich zwang die Niederlage des Herzogs von Cumberland bei Hastenbeck den englischen Heerführer am 8. September 1757 zur Konvention von Kloster Zeven, derzufolge er den größten Teil seiner Truppen zu entlassen und Hannover und Kassel an Frankreich zu überlassen hatte. Als jedoch das hessische Heer von den Franzosen entgegen den Abmachungen entwaffnet werden sollte, konnte es Landgraf Wilhelm in letzter Stunde vor diesem Untergang retten, was allerdings schwere französische Repressalien gegen die besetzten hessischen Gebiete auslöste. Gleichwohl mußten die Franzosen aus militärischen Gründen im März 1758 Kassel wieder räumen, das sie jedoch nach dem erfolgreichen Treffen bei Sandershausen am 23. Juli 1758 erneut besetzten, im Winter aber wieder aufgaben, so daß die zurückgegangenen hessisch-hannoverschen Truppen das Land wieder einnehmen konnten. Als sie den Franzosen jedoch nachdrängten, wurden sie in der Schlacht von Bergen am 13. April 1759 abermals geschlagen und gaben das Land erneut den Franzosen preis, bis der Sieg von Minden vom 1. August 1759 die Lage wieder wandte.

Das Kriegsglück blieb jedoch auch in den nächsten Jahren schwankend, so daß allein Kassel und Marburg fünfmal den Herren wechselten. Gleichwohl hat Hessen-Kassel auch diesmal seine große strategische Aufgabe gelöst, die ähnlich wie im 30jährigen Krieg in der Sicherung der Westflanke des Verbündeten (damals der Schweden, jetzt Preußen) bestand. Unter dem Oberbefehl des überlegen führenden Herzogs Ferdinand von Braunschweig vermochten Hannoveraner, Braunschweiger, Hessen und Engländer die Vereinigung der Franzosen mit den Österreichern und Russen und damit den Zusammenbruch der preußischen Westfront zu verhindern. Zwar fanden die entscheidenden Schlachten dieser Front (Krefeld, Minden, Vellinghausen, Wilhelmstal) bis auf die letztere außerhalb Hessens statt, aber es war wegen seiner wichtigen Straßen das entscheidende Aufmarschgebiet der beiderseitigen Armeen. Infolgedessen ist es während des ganzen 7jährigen Krieges immer wieder schwer heimgesucht worden, vor allem in den Jahren 1759, 1761, 1762, in denen zahlreiche Treffen zwischen den alliierten und den französischen Truppen (besonders in Oberhessen) stattfanden. Dabei erlitten die alliierten Truppen unter Herzog Ferdinand in den Treffen bei Grünberg und Laubach am 21. März 1761 empfindliche Niederlagen, die sie zum Rückzug aus Hessen zwangen, bis der glänzende Sieg des Herzogs über die Franzosen bei Vellinghausen am 15. und 16. Juli 1761 die Lage wieder herstellte. Während dieser Kämpfe des Jahres 1761 brannten die Franzosen die Hersfelder Stiftskirche nieder und fügten damit dem Lande einen ganz besonders schmerzlichen Verlust zu, da selbst noch deren Ruine eines der großartigsten Baudenkmäler Hessens darstellt.

Mitten im Siebenjährigen Krieg vollzog sich der Regierungswechsel von Landgraf Wilhelm VIII. zu seinem Sohn Landgraf Friedrich II. Mit Landgraf Wilhelm trat der letzte befähigtere hessische Fürst von der Bühne ab. So hart das Wort Treitschkes über die Nachfolger klingt, es ist nicht unberechtigt, wenn er sagt „seit Landgraf Friedrich II. beginnt im Hause Philipps des Großmütigen, stetig fortschreitend, eine rätselhafte Entartung; in (nur) vier Generationen geht der Ruhm fünf reicher Jahrhunderte schmählich verloren". Den Wendepunkt markiert die Assekurationsakte. Sie war zwar bei der bekannten Einstellung des regierenden Fürsten und der Bevölkerung nicht zu umgehen gewesen, hatte aber die böse Folge, daß sie Friedrich II. weitgehend aus der Politik und Landesverwaltung verdrängte. Und da auch die seit langem gehegten und 1771 nochmals lebhaft betriebenen Absichten auf die polnische Königskrone mit der ersten polnischen Teilung endgültig scheiterten, lag es nur zu nahe, daß sich Friedrich II. um so mehr in seinem schon früh bemerkten Pracht- und Repräsentationsbedürfnis auslebte. Infolgedessen war die weitere politische Entwicklung des Landes zunächst ungefährdet, da Landgraf Friedrich II. streng nach der Assekurationsakte regierte und infolge der ganz darauf ausgerichteten Wirksamkeit seiner führenden Beamten (Hardenberg, Donop, Schlieffen) auch am Bündnis mit Preußen festhielt. Landgraf Friedrich II. mußte daher wie sein Vater vor den Franzosen sein Land verlassen und konnte erst nach Kriegsende 1763 zurückkehren. Die enge Verbindung mit Preußen zeigte sich auch sonst allenthalben. Die Regierung erfolgte im 18. Jahrhundert noch aus dem Geheimen Rat, doch schuf sich Landgraf Friedrich nach preußischem Vorbild ein Kabinett, wie die 1764 beginnenden hessischen Staats- und Adreßkalender erkennen lassen. Im gleichen Jahr begann auch die Sammlung und Veröffentlichung der hessischen Landesordnungen. Auf preußischen Einfluß weisen ferner die 1760 in Kriegs- und Domänenkammer umbenannte alte fürstliche Rentkammer hin, die jedoch seit 1789 wieder Oberrentkammer hieß; das gleiche gilt für das 1773 gebildete Generaldirektorium und die ebendamals in den fünf Stromgebieten der Fulda, Werra, Lahn, Schwalm und Diemel eingeführten adligen Landräte, deren Bezirke je vier bis fünf Ämter vereinigten. Zur Förderung des Handels wurde 1764 das Kommerzkollegium geschaffen, das die Aufgaben der älteren Handels- und Kommerzienkammer von 1710 als neue Oberbehörde wieder aufnahm und fortsetzte.

Auch die preußischen Heereseinrichtungen dienten vielfach als Vorbild und sind mit Hilfe preußischer Offiziere unter General Schlieffen so erfolgreich nachgeahmt worden, daß man die hessischen Soldaten des späten 18. Jahrhunderts preußischer als die damaligen Preußen bezeichnet hat. Die 1714 errichtete Kriegskommission, die auf den Generalkriegskommissar des 16. Jahrhunderts zurückging, wurde 1760 zur General-Kriegskommission umgebildet und seit 1773 Kriegskollegium genannt.

Für das Gerichtswesen war bestimmend, daß Hessen-Kassel 1742 das uneingeschränkte Privilegium de non appellando erhalten und daraufhin 1743 das Oberappellationsgericht wieder verselbständigt hatte, das 1746 seine Tätigkeit nach der damals erlassenen Oberappellationsgerichtsordnung aufnahm. Unter ihm übte jedoch die Kasseler Regierung die ihr seit alters zustehenden gerichtlichen Aufgaben weiterhin aus. Sie war die erste Instanz für alle „Schriftsässigen" (Adel und Akademiker), während für die „Amtssässigen" (die übrigen Untertanen) die Untergerichte die erste Instanz bildeten. Für diese war die Untergerichtsordnung vom 9. April 1732 maßgebend.

Die Jahre nach dem 7jährigen Kriege waren die glänzendsten des hessischen Hofes, während sich das Land, die „hessische Wüste" (wie sie Herzog Ferdinand von Braunschweig bezeichnete), nur sehr schwer von den Kriegsfolgen erholte. Zwar brachten die ersten Jahre nach dem Kriege unerhört ergiebige Ernten, aber dann traten seit 1769 mehrfach schwere Mißernten ein mit äußerst ungünstigen Folgen für den Gesundheitsstand der Bevölkerung. Das Land hätte also einer verstärkten Förderung bedurft, um sich zu regenerieren, aber dazu kam es nicht, denn so viele preußische Vorbilder Friedrich II. auch nachahmte, das preußische „Retablissement" gehörte nicht dazu. Er ließ es vielmehr bei einer aufgeklärten, zeitüblichen Reformtätigkeit bewenden. Sie betraf Wohlfahrts- und Wirtschaftswesen, Kultur- und Justizpflege. Er schränkte die Folter ein und reformierte die gerichtliche Praxis und den Strafvollzug. 1767 entstand auf Antrag der Landstände die segensreiche Einrichtung der hessischen Brandversicherungsanstalt und 1774 die (weniger wirksame) Generaldepositen- und Landassistenzkasse. Die Schulverhältnisse förderte der Landgraf durch mehrfache Verbesserungen des Collegium Carolinum (1766, 1773) und die Erhebung der Kasseler Stadtschule zum Lyceum Fridericianum 1779, mit dem man 1783 ein Lehrerseminar verband (das 1835 nach Homberg a. d. Efze übersiedelte). Dagegen hatte die Universität Marburg unter der seit 1774 aus ständischen Gründen für Landeskinder verfügten Studierbeschränkung zu leiden, die 1792 auch auf die Grafschaft Hanau übergriff (und als Einrichtung damals nur in Hessen-Kassel und Hessen-Darmstadt bestand). An sozialen Einrichtungen wurden in Kassel 1761 das Entbindungs- und Findelhaus und 1772 die Charité (Krankenhaus) eröffnet.

Die schon hieraus erkennbare starke Bevorzugung der Residenz Kassel äußerte sich jedoch vor allem in ihrer künstlerischen und wissenschaftlichen Förderung. Nachdem bereits sein Vater die bedeutende Kasseler Gemäldegalerie geschaffen hatte, richtete Landgraf Friedrich II. 1765 bzw. 1773 die Akademie des Ackerbaues und der Künste ein. Ihr folgte 1775 die Maler- und Bildhauerakademie, später unter Zuziehung der Baukunst Akademie der bildenden Künste genannt, an der J. H. Tischbein und andere Angehörige dieser großen Malerfamilie und der Bildhauer Nahl gewirkt haben. Nach Rückkehr von einer Italienreise stiftete der Fürst 1777 die Akademie der Altertümer und erließ am 22. Dezember 1780 das Gesetz über die Erhaltung der im Lande befindlichen Monumente und Altertümer. Einschneidend für die weitere bauliche Gestaltung der Stadt war ihre 1767 begonnene Entfestigung. Dabei gelang der große Wurf des Museums Fridericianum, das der Landgraf zwischen 1769 und 1779 von Simon Louis du Ry als ersten modernen Museumsbau des Kontinents errichten ließ. Es war zugleich der erste klassizistische Bau Hessens und von entsprechender Wirkung für die Aufnahme dieses Stils. Außerdem veranlaßte der Landgraf, daß 1765 das Palais des Prinzen Maximilian zum Opernhaus umgebaut wurde. Übereinstimmend mit den literarischen und künstlerischen Neigungen des namensverwandten großen Preußenkönigs zeigte auch Landgraf Friedrich II. eine betonte Vorliebe für französische Kunst und Literatur. Die Stiftung des hessischen Hausordens vom Goldenen Löwen vom 14. August 1770 durch den Landgrafen fügt sich in das Bild dieses glanzvollen und repräsentativen höfischen Lebens abrundend ein.

Diese Erscheinung eines künstlerisch stark engagierten, aber politisch bedeutungslosen Hofes hat dann der einzige Subsidienvertrag, den Landgraf Friedrich II. (am 15. Januar 1776 mit England) abschloß, außerordentlich verdüstert. Dieser Vertrag in Form einer wechselseitigen Allianz unter Bestätigung aller früheren hessisch-englischen Abkommen stellte Großbritannien zunächst eine hessische Truppe von 12 000 Mann zur Verfügung. Sie bestand aus vier Bataillonen Grenadieren, 15 Bataillonen Infanterie und zwei Kompanien Jägern und einem Generalkommando (das u. a. ein Kartenwerk der Kriegsgebiete geschaffen hat, das heute eine einzigartige Quelle zur amerikanischen Geschichte darstellt). Die jährliche Subsidie betrug 45 000 Kronen. Auf Grund dieses Vertrages, auf den der hessische Unterhändler, General von Schlieffen, besonders stolz war, sind dann die Hessen für England nach Amerika gezogen, wo sich im Amerikanischen Unabhängigkeitskrieg Deutsche unter drei verschiedenen Fahnen gegenüber standen. In den Kämpfen bei Yorktown z. B. waren es Deutsche unter den amerikanischen Generälen (deutscher Abkunft) Steuben und Mühlenberg, Deutsche als Franzosen eingekleidet im Regiment Zweibrücken unter dem General Rochambeau und Deutsche (nämlich Hessen) in englischem Sold als Verteidiger der Festung.

Da der hessische Soldatenbedarf durch die 1762 nach preußischem Vorbild eingeführte Kantonierung, d. h. Aushebung statt Werbung, seit dem englischen Subsidienvertrag von 1776 nicht mehr gedeckt werden konnte, ließ man jetzt auch wieder die Werbung zu, die oft mit bedenklichen Mitteln arbeitete. Dafür ist der Vertrag bezeichnend, den Hessen-Kassel 1777 mit Hannover, Braunschweig und Hildesheim zwecks Auslieferung der auf dem Marsche zur Verschiffung nach Bremen desertierten Soldaten abgeschlossen hat, selbst wenn wir dabei berücksichtigten, daß solche Auslieferungsverträge von Deserteuren unter den deutschen Territorialstaaten damals auch sonst gebräuchlich waren. Der Fall des „geworbenen" und nach Amerika verbrachten Dichters Seume ist zum berüchtigten Beispiel dieser Werbemethoden geworden.

Diese schon im 18. Jahrhundert als Soldatenverkauf gebrandmarkte Truppenvermietung, die die bedeutendsten Zeitgenossen wie Klopstock, Herder, Kant und Friedrich der Große verurteilt haben, ist durch das berühmte Flugblatt Mirabeaus „Avis aux Hessois" von 1776 und endgültig 1782 durch Schillers „Kabale und Liebe" verfemt worden, wenn Schillers Bannspruch auch keineswegs auf Hessen allein, sondern auf die deutschen Fürsten überhaupt und insbesondere auf Württemberg gemünzt war. Naturgemäß hat dieser Verruf im Laufe der Zeit auch die hessische Truppe und ihre militärische Führung betroffen, obwohl sie diese Maßnahme nicht zu verantworten hatte und ihr soldatisches Wesen im besonderen auch dann bewährte, wenn ihr die amerikanische Armee gelegentlich schwere Niederlagen zufügte (Trenton 1776, Fort Redbank 1777). Lord George Coleraine charakterisierte diese Haltung mit den Worten: „Tapferere Soldaten und besser disziplinierte gibt es nicht auf der ganzen Welt." Infolge der erheblichen Verluste durch Tod, Verwundung, Erkrankung, Desertion mußten die Lücken von der Heimat immer wieder aufgefüllt werden, so daß schließlich etwa 17 000 Hessen in Amerika eingesetzt worden sind. Wie eine etwas abstruse historische Arabeske mutet es an, daß auf der Überfahrt der Truppen 1776 das bekannte Lied: „Ein Schifflein sah ich fahren, Kapitain und Lieutenant" aus einem hessischen Trommlermarsch entstand, der seinerseits in Amerika von französischen Truppen aufgefangen, von ihrem Führer Lafayette dann bei den französischen Garden eingeführt und schließlich die Melodie des belgischen Freiheitsliedes, der Brabançonne von 1830 geworden ist. Und das berühmte amerikanische Nationallied des Yankee Doodle geht ebenfalls auf hessisches Sangesgut, eine Schwälmer Tanzweise, zurück.

Militärisch war der Amerikanische Unabhängigkeitskrieg für die hessische Armee von größtem Wert, denn während das preußische Heer im späten 18. Jahrhundert in seinen friderizianischen Traditionen und Formen allmählich erstarrte, lernte die Führung der hessischen Truppe die sich im amerikanischen Kriege entwickelnden, neuen, aufgelockerteren Kampfformen und ihre moralischen Voraussetzungen kennen und beherrschen. Infolgedessen verfügte Hessen zu Ende des 18. Jahrhunderts über eine so zeitgemäße, schlagkräftige Armee, daß 1783 ein Franzose den hessischen Staat als den militärischsten in ganz Deutschland bezeichnete. Das stehende hessische Heer zählte damals an 17 000 Mann; daher gehörte Hessen zu den stärksten und modernsten Militärmächten des Reiches. Entsprechend groß war der Einfluß auf diesem Gebiet. Es steht fest, daß das im amerikanischen Krieg gewonnene Gedanken- und Erfahrungsgut der hessischen Offiziere auf die Vorstellungen der großen preußischen Heeresreformer und Generäle (Scharnhorst, Clausewitz) eingewirkt hat. Selbst die Idee der Allgemeinen Wehrpflicht steht in engster Beziehung zu Hessen. Der hessische Heeresergänzungsplan von 1794 bedeutete die Wehrhaftmachung eines ganzen Volkes; denn er betraf etwa 46 000 Mann — davon ca. 16 000 Mann im stehenden Heer, 10 000 im ersten, 14 000 im zweiten Aufgebot und ca. 6000 in besonderen Landwehrverbänden. Da Scharnhorst mit den hessischen Truppen wiederholt in enger Fühlung gestanden hatte, ist nicht mehr zweifelhaft, wo das Urbild der Scharnhorst-Gneisenauischen Schöpfungen auf diesem Gebiet zu suchen ist.

Das Urteil über Landgraf Friedrich II. und Hessen in seiner Zeit bestimmte daher nicht allein der üble Soldatenhandel. Wenn man den Landgrafen auch des Mangels großer Eigenschaften, kleinlichen Eigensinns, grober Sinnlichkeit und egoistischer Prachtliebe bezichtigte, so ist doch auch zu erwägen, daß ihn die Assekuranzakte weitgehend entmachtet und auf Gebiete abgedrängt hatte, in denen er sich verlor. Die durch die Subsidien erworbenen Einkünfte, die für Landgraf Friedrich II. auf elf Millionen Taler berechnet werden, ließ das Landgrafenhaus dem Lande nur in geringem Maße zugute kommen. Es ließ sie vielmehr im wesentlichen für sich selbst bankmäßig verwalten. Damit waren zunächst die Frankfurter Bankhäuser Harnier und Ruppel und seit 1783 mehr und mehr Meyer Amschel Rothschild beauftragt. Zu dessen und seiner Söhne Aufstieg in Frankfurt und London hat das hessische Kapital wesentlich beigetragen. Diese Verbindung ging auf Landgraf Wilhelm IX. zurück, der Rothschild 1769 zu seinem Hoffaktor bestellte; denn während der Regierungszeit Landgraf Wilhelms IX. in Hanau schloß er seit 1776 mehrere Subsidienverträge mit England allein für seine hanauischen Gebiete und erzielte dabei Einnahmen von 465 983 Pfd. Sterling. Zwar geißelte Landgraf Ludwig IX. von Hessen-Darmstadt solchen „Menschenverkauf vor Blutgeld", lehnte selbst aber solche Subsidienverträge keineswegs prinzipiell ab.

Als einer der reichsten Fürsten seiner Zeit, dessen gewinnbringende Bankgeschäfte immer größeren Umfang annahmen, erließ Landgraf Wilhelm IX. daher bei seinem Regierungsantritt 1785 dem Land das übliche Geschenk von 100 000 Talern und der Landschaft an der Diemel eine Schuld von 76 000 Talern. Den guten Eindruck dieser ersten Anordnungen verstärkte er dadurch, daß er das 1771 eingeführte Lotto, bei dem Betrügereien vorgefallen waren, 1785 wieder abschaffte, im gleichen Jahr die Folter weiter einschränkte und im folgenden gänzlich aufhob und außerdem im selben Jahr 1786 die seit langem umstrittene öffentliche Kirchenbuße beseitigte. Eine landgräfliche Verordnung von 1785 verfügte die Beendigung der 1773 eingeführten Verpachtung der Ämter, und zwischen 1793 und 1797 ließ der Fürst auch das von Landgraf Friedrich II. geschaffene Amt der adeligen Landräte wieder eingehen. Es hat lange als Kuriosität gegolten, daß er der erste war, der (am 12. Dezember 1785) eine Verordnung zum Schutze seiner Untertanen gegen die aus der Luft drohenden Gefahren (durch Luftballone und etwa durch sie verbreitetes Feuer) erlassen hat.

Am Kasseler Hofe begann eine neue Zeit. Der Landgraf unterdrückte das prunkvolle Leben, untersagte die französische Mode bei Militär und Zivil, verringerte das Personal und entließ dabei jeden Franzosen. Auch die französische Komödie und das Ballett mußten schließen. Dieser Einstellung entsprach es, daß die Gesellschaft der Altertümer in Kassel in ihren neuen Statuten von 1786 die alte und mittlere Geschichte von Deutschland mit vorzüglicher Rücksicht auf Hessen als Hauptgegenstand ihrer Forschungen bezeichnete, nachdem der Herausgeber des „Hanauischen Magazins" schon 1780 erklärt hatte: „Von unserem Vaterlande und für dasselbe zu schreiben, wird immer eines unserer ersten Augenmerke sein." Dieses verwirklichte im wahrsten Sinne des Wortes Friedrich Wilhelm Strieder mit seiner „Grundlage zu einer hessischen Gelehrten- und Schriftstellergeschichte", die er von 1789 bis 1812 in 16 Bänden erschienen ließ. Während seiner Regierungszeit in Hanau hatte Landgraf Wilhelm IX. dort nicht nur 1772 die Zeichenakademie eingerichtet und 1773 den Ausbau des nach ihm benannten Wilhelmsbades bei Hanau begonnen, das bald ein viel beanspruchter Kongreßort wurde, — in diesen Jahren (1778 bis 1785) erschien auch in Hanau die erste landesgeschichtliche Zeitschrift Hessens, die diesen Namen verdient, das eben genannte „Hanauische Magazin". Die ihm bald auch andernorts nachfolgenden hessischen Zeitschriften ähnlichen Charakters, wie die von Kassel ausgelieferten „Hessischen Beiträge zu Gelehrsamkeit und Kunst" (1785 bis 1788) und die in Marburg beheimateten „Hessischen Denkwürdigkeiten" (1799 bis 1805) haben sich offensichtlich an dem hanauischen Vorbild orientiert.

Im Laufe des 18. Jahrhunderts war zudem ein bemerkenswerter Umschichtungsprozeß im Verhältnis zur Landesgeschichte eingetreten. An die Stelle der Landeschronistik, die im 14. Jahrhundert mit Johann Riedesel begonnen hatte und mit Wilhelm Dilich Anfang des 17. Jahrhunderts endete, traten neue Formen geschichtlicher Darstellungen. Das waren einmal die Landesbeschreibungen, wie sie auch Dilich schon geboten hatte, die über Merians Topographie von 1646 und Johann Justus Winckelmanns 1697 veröffentlichte und 1754 vervollständigte Landesbeschreibung bis zu Regnerus Engelhards Erdbeschreibung der hessen-casselischen Lande 1778/80 führten. Das waren zweitens die im Laufe des 18. Jahrhunderts veröffentlichten Spezialuntersuchungen und Quellenveröffentlichungen zur hessischen Geschichte, wie sie Johann Philipp Kuchenbecker mit seinen Analecta Hassiaca 1728 bis 1742, Johann Georg Estor mit seinen Kleinen Schriften 1734/36 und seinen Marburgischen Beyträgen 1749, Christoph Friedrich Schmincke mit seinen Monimenta Hassiaca 1747 bis 1765 und Conrad Wilhelm Ledderhose mit seinen kleinen Schriften 1787 bis 1795 und andere (Kopp, Lennep) geboten hatten. Drittens aber tauchten nunmehr auch die ersten Versuche hessischer Landesgeschichtsschreibung auf, wie sie die Werke von Christoph Friedrich Ayermann 1732, Johann Adam Hartmann 1741/46 und Georg Friedrich Teuthorn 1770/80 darstellen. Durch Helfrich Bernhard Wenck wurde dann 1785 ein neues Kapitel hessischer Landesgeschichtsschreibung eröffnet, auf das wir im Rahmen der Geschichte Hessen-Darmstadts gesondert eingehen.

An innenpolitischen Maßnahmen Landgraf Wilhelms IX. sind die wirtschaftlichen hervorzuheben. Nachdrücklich förderte er den Wegebau und das Fabrikenwesen und stand dem Bauerntum bei durch eine Hufenordnung, die eine gleichmäßigere Verteilung des bäuerlichen Grundbesitzes erstrebte; zugleich entlastete er es durch die Verminderung der Fronarbeiten, indem er die fürstlichen Güter verpachtete. An der Universität Marburg erstand mit seiner Unterstützung 1789 das staatswirtschaftliche Institut, dessen Begründer der seit 1787 an der Universität lehrende berühmte Professor Jung-Stilling war. Dem entspricht, daß die Landgrafschaft zwischen 1795 und 1805 den Höhepunkt ihrer wirtschaftlichen Entwicklung seit dem 30jährigen Krieg erreichte.

Die Kasseler Anlagen bereicherte der Landgraf durch das nach ihm genannte Schloß Wilhelmshöhe (nach englischen Vorbildern vollendet 1798). Damit war der Ausbau Kassels als landgräfliche Residenz abgeschlossen. Sie hatte in Hessen nicht ihresgleichen. Die Wilhelmshöher Parkanlagen mit ihren staunenswerten Wasserkünsten und die sie fortsetzende Achse der wahrhaft fürstlichen Wilhelmshöher Allee, die nicht nur Stadt und Schloß miteinander verknüpfte, sondern geradezu die Höhen des Habichtswaldes in die Stadt mit einbezog, stellte eine Residenz- und Raumgestaltung von nie wieder erreichter Großartigkeit dar. Sie rechtfertigen den Ausruf Klopstocks: „Welch einen großen und schönen Gedanken hat dieser Landgraf in Gottes herrliche Schöpfung geworfen" und das Urteil Dehios, der die Wilhelmshöher Anlagen als „das Grandioseste" bezeichnet hat, „was irgendwo der Barock in Verbindung von Architektur und Landschaft gewagt habe"; „jenes traumhafte Schweben zwischen Regel und Gesetz, die Gleichzeitigkeit von Mathematik und Wachstum, von Architektur- und Landschaftsgefühl", wie es uns Wilhelm Pinder in seinem berühmt gewordenen Essay über den Wilhelmshöher Park verdeutlicht hat. Der räumlich von keinem anderen deutschen Städteplatz übertroffene Friedrichsplatz in erlesener baulicher Fassung, der in einzigartiger Überhöhung über Fluß und Aue in die Weite der hessischen Wälder jenseits der Fulda ausschwang, war der Wilhelmshöher Konzeption gemäß. Die von Vater und Sohn du Ry erbaute Oberneustadt Kassel stellte eine städtebauliche Glanzleistung dar (die in Hessen nur in der Planung von Karlshafen eine gleichzeitige Entsprechung findet), während die Aue mit der Orangerie eine der beglückendsten Parkschöpfungen des frühen 18. Jahrhunderts bot. Die Krönung des Ganzen aber bedeuteten die Kasseler Museen mit ihren kostbaren Antiken (Kasseler Apollo) und ihren auserlesenen niederländischen Gemälden, von denen die Rembrandtsammlung Weltruf hat. Sie ist wohl das Kostbarste, was in Hessen zu sehen war und dort auch jetzt noch zu erleben ist.

Außenpolitisch hielt Landgraf Wilhelm IX. an den alten hessischen Beziehungen zu Preußen fest, trat daher auch 1785 dem von Friedrich dem Großen begründeten Fürstenbund bei, wobei er sofort seinen Wunsch nach der Kurwürde geltend machte. Er beging jedoch den Fehler, nach dem Tod des Grafen Philipp Ernst von Lippe-Bückeburg im Fabruar 1787 den lippeschen Anteil der Grafschaft Schaumburg zu besetzen, um ihn für Hessen einzuziehen. Da dieses ein offenkundiger Rechtsbruch war, trat ihm König Friedrich Wilhelm II. von Preußen als führendes Mitglied des Fürstenbundes entgegen, so daß die hessischen Pläne scheiterten. Die lebhaften Bemühungen des Landgrafen um die Kurwürde blieben daher zunächst erfolglos, obwohl er durch den ständig fortgesetzten Ausbau des hessischen Militärs seine politische Stellung weiter verstärkte, durch erneute Subsidienverträge mit England seine Kassen weiter füllte und erhebliche Mittel zur Beeinflussung maßgeblicher Persönlichkeiten aufwandte (so erhielt der verschuldete Mainzer Erzbischof ein Darlehen von 100 000 Talern).

Landgraf Wilhelm IX. war ein erklärter Gegner der Französischen Revolution. Innenpolitisch ergriff er daher immer schärfere Maßregeln zur Unterdrückung freiheitlicher Regungen, wozu das Verbot der kantischen Philosophie an der Universität Marburg und die 1791 verfügte Auflösung aller geheimen Gesellschaften gehörten, zu denen auch die Freimaurer zählten. Außenpolitisch äußerte sich diese Haltung in einer entsprechend aktiven Beteiligung an den französischen Revolutionskriegen, in die er an der Seite Österreichs und Preußens von Anfang an mit starken Truppenkontingenten eingriff. Dabei vermochten die hessischen Truppen als Bundesgenossen der preußischen Armee die bereits 1792 vom französischen Heer besetzte Stadt Frankfurt mit zurückzuerobern. Dieser vorübergehende Erfolg ist in der hessischen Landesgeschichtsschreibung allerdings immer überbewertet worden, denn viel wesentlicher war, daß 1794 die beherrschende Festung Rheinfels durch kopflose Kapitulation an die Franzosen verlorenging und damit ihre so große Geschichte so kläglich endete. 1796 hat sie der Eroberer gesprengt. Wenig Standfestigkeit zeigte auch der Landgraf selbst, denn als die 1794 von ihm und Markgraf Friedrich von Baden beabsichtigte Gründung eines größeren Fürstenbundes zur Abwehr Frankreichs nicht zustande kam, fühlte er sich trotz seiner Verordnung vom 14. Februar 1795 „wegen Bestrafung des Hochverraths und der Staatsverbrechen", mit der er die Ausbreitung revolutionärer Ideeen in Hessen eindämmen wollte, durch den Baseler Sonderfrieden Preußens mit Frankreich veranlaßt, am 18. August 1795 auch seinerseits Friede mit den französischen Revolutionären zu machen, obwohl er der einzige Reichsstand war, der dem wenig rühmlichen und wenig klugen Vorgang Preußens gefolgt ist. Naturgemäß führte das beide Staaten noch näher zusammen. Am 13. Juli 1797 schlossen sie die Pyrmonter Konvention, in der Preußen dem Landgrafen die Kurwürde erneut zusagte und ihm als Entschädigungsgebiet im künftigen Reichsfrieden mit Frankreich das Bistum Paderborn zugestand.

Die Größe und Bevölkerungszahl der Landgrafschaft Hessen-Kassel (ohne Schaumburg und Hanau) entwickelte sich vom Jahre 1789 bis zu ihrem Ende 1802 in folgender Weise:

Niederhessen	mit 88,35	Quadratmeilen	wuchs	von	214 808	auf	246 069	Einw.
Oberhessen	mit 26,50	Quadratmeilen	wuchs	von	51 961	auf	58 319	Einw.
Ziegenhain	mit 10,50	Quadratmeilen	fiel	von	28 256	auf	27 992	Einw.
Hersfeld	mit 8,75	Quadratmeilen	wuchs	von	19 434	auf	22 395	Einw.
Schmalkalden	mit 5,46	Quadratmeilen	wuchs	von	20 391	auf	21 953	Einw.
Niedergrafschaft	mit 5,50	Quadratmeilen	fiel	von	19 871	auf	16 821	Einw.
	145,06				354 721		393 549	Einw.

Das bedeutete einen erheblichen Bevölkerungszuwachs, wenn man damit die für 1750 errechnete Bevölkerungsziffer der Landgrafschaft (mit Hanau, Plesse und Schaumburg) in Höhe von 275 732 Seelen vergleicht. Denn 1789 betrug die Bevölkerung dieser drei Gebietsteile Hanau (60 427), Schaumburg (33 755) und Plesse (4996) insgesamt 99 178 Personen; das macht für die Landgrafschaft Hessen-Kassel im Jahr 1789 eine Gesamtbevölkerung von 453 899 Seelen. Davon waren 446 499 Christen und 7400 Juden; Militärdienst leisteten 13 789 Mann. Nehmen wir die gemäß dem allgemeinen Zuwachstrend unzweifelhaft auch angewachsene Bevölkerungsziffer von über 100 000 Menschen für Hanau, Plesse und Schaumburg für 1789 zu der oben für Anfang des 19. Jahrhunderts für Hessen (ohne diese drei Gebiete) ausgewiesenen Zahl von 393 549 Einwohnern hinzu, dann hatte die Landgrafschaft Hessen-Kassel damals etwa eine halbe Million Einwohner.

21. *Die Grafschaft Hanau*

Die Herren von Hanau stammen von den Herren von Dorfelden ab, die als Teilerben der von 1062 bis 1168 nachweisbaren Herren von Buchen-Hanau seit 1166 bezeugt sind und sich seit 1191 von Hanau nannten. Die Erbauung der namengebenden Burg um die Mitte des 12. Jahrhunderts an der Mündung der Kinzig in den Main hängt vermutlich mit der staufischen Reichsgutpolitik zusammen, da die Staufer nach dem Aussterben der Grafen von Bernbach (nach 1170) deren Herrschaft einzogen und anscheinend im Bereich der späteren Freigerichte Alzenau und Altenhaßlau als Reichsland neu organisierten. Darauf läßt deren Verbindung mit der Burg Gelnhausen schließen. Doch wird die Rolle der Herren von Hanau dabei nicht recht deutlich. Aus kleinen Anfängen aufsteigend und zunächst auf schmalem Besitz in der östlichen Wetterau fußend, konnten die Hanauer eine größere territoriale Basis erst als Miterben der 1255 ausgestorbenen Herren von Münzenberg in Wetterau und Dreieich (südlich des unteren Mains) erwerben. Der in langwierigen Auseinandersetzungen mit den Herren von Münzenberg-Falkenstein bis zu Ende des 13. Jahrhunderts schließlich errungene und dabei wohl auch erweiterte Hanauer Erbanteil bestand im wesentlichen aus der Herrschaft Babenhausen und einem Sechstel an Münzenberg, Assenheim, Dreieichenhain und dem Wildbann in der Dreieich. Auch der mit der ehemals fuldischen Grafschaft Stockstadt identische Bachgau, den Reinhard I. von Hanau 1278 dem Erzbistum Mainz überließ, dürfte aus münzenbergischem Besitz stammen. Wesentlich war ferner die Erwerbung des wetterauischen Ortes Tetzelnheim, den Kaiser Heinrich II. 1016 mit Ostheim dem Bistum Bamberg geschenkt hatte. Als Lehen des Bistums gelangte Tetzelnheim 1262 in die Hand Reinhards von Hanau, der hier die Burg Wünnecke errichtete, die dann dem Ort den Namen Windecken gab, der heute der dritten Benennung Nidderau gewichen ist.

Die mit der einträglichen Münzenberger Heirat von Reinhard I. begonnene glückliche Ehepolitik setzte Ulrich I. fort, da ihm seine rieneckische Heirat den Spessart öffnete. Dasselbe Ergebnis zeitigten die Kämpfe zwischen den Erzbischöfen von Mainz und den Grafen von Rieneck um den Spessart. Die Auseinandersetzungen zwischen dem Bistum Würzburg und der Abtei Fulda um ihre Stellung im oberen Kinzigtal mit dem Mittelpunkt Schlüchtern ermöglichten den Herren von Hanau auch dort einzudringen. Das ursprünglich fuldische Kloster Schlüchtern, das Fulda um 1018 nochmals großzügig ausgestattet hatte, war in der Folgezeit an das Bistum Würzburg verlorengegangen. Im 12. Jahrhundert wurde aber auch Würzburg zurückgedrängt, da der größte Teil des reichen Klosterbesitzes unter die Vogteigewalt der von den Staufern gestützten Herren von Grumbach geriet. Die von ihnen beherrschte Zent Schlüchtern im oberen Kinzigtal fiel 1243 jedoch wieder auseinander. Die nördliche Hälfte kam an die Herren von Trimberg, die südliche an die Herren von Steckelberg, die dort die Burg Brandenstein erbauten. Nach weiterem Streit mit dem Bistum Würzburg und dem Kloster Schlüchtern erwarben die Grafen von Rieneck-Rothenfels 1307 die Südhälfte, und von ihnen kaufte sie 1316 endlich Ulrich II. von Hanau.

Jedoch lagen die größeren politischen Möglichkeiten für die Entwicklung der Herrschaft Hanau nicht so sehr in ihrer Ausdehnung in den großen Waldgebieten zwischen Spessart und Vogelsberg als vielmehr in der Festigung ihrer wetterauischen Stellung. Es war daher ein wesentlicher politischer Erfolg, daß Reinhard I. von Hanau 1273 von König Rudolf von Habsburg die Reichsvogtei in der Wetterau erhielt. Er hat damit einen Einfluß der Hanauer auf die Besetzung dieses Amtes begründen können, der ein Jahrhundert lang immer wieder durchschlug. Denn nach Reinhard I. sind auch sein Sohn Ulrich I. (seit 1300), dessen Enkel Ulrich III. (seit 1349) und schließlich auch noch des letzteren Sohn Ulrich IV. (1371) Landvögte der Wetterau geworden. In welcher Weise das den Herren von Hanau beim Ausbau ihrer Herrschaft genützt hat, zeigen beispielhaft ihre Auseinandersetzungen mit den Herren von Steckelberg und der Stadt Frankfurt. Die 1276 vom König im Zuge seiner Landfriedensmaßnahmen befohlene Zerstörung der Stammburg der Steckelberger besiegelte den politischen Untergang dieses alten Dynastengeschlechtes, das sich im wesentlichen aus Fuldaer und Schlüchterner Klosterbesitz im 12. und frühen 13. Jahrhundert eine ansehnliche Herrschaft zwischen Landrücken und Jossa aufgebaut hatte, aber seit dem Interregnum dem steigenden Druck der Herren von Hanau und des Bistums Würzburg ausgesetzt war. Ihr Sturz brachte Hanau einen erheblichen Teil ihrer Herrschaft ein, daraus bildete Ulrich I. Ende des 13. Jahrhunderts das Amt Schwarzenfels.

Noch wichtiger war der Vorteil, den Ulrich II. 1320 gegen die Konkurrenz von Frankfurt errang, denn damals verpfändete ihm Kaiser Ludwig trotz des Widerstandes der Stadt das angrenzende Landgericht Bornheimerberg. Dieser Besitz wurde zum wichtigsten Ausgangspunkt der gegen Frankfurt gerichteten Politik seines Sohnes Ulrich III. Als geschickter, entschlossener und kluger Regent wußte er seine vorzüglichen Beziehungen zum Kaiser auch zum Nachteil Frankfurts auszunutzen. Mit seiner Zustimmung löste er 1349 das Frankfurter Reichsschultheißenamt ein. Er erwarb eine Pfandschaft am Frankfurter Forst und erhielt vom Kaiser auch sonstige Lehen und Rechte in der Stadt. Dadurch gewann er auf ihre inneren Verhältnisse so großen politischen Einfluß, daß er vor allem in den Verfassungskämpfen der Jahre 1358/60 eine wesentliche Rolle spielte. Schließlich erwuchs ihm aber in dem Frankfurter Patrizier Siegfried zum Paradies ein Gegenspieler, der Ulrich aus seiner Frankfurter Stellung wieder verdrängen konnte. Ja, in dieser Zeit geriet Ulrichs Stellung beim Kaiser überhaupt ins Wanken; obwohl Ulrich gerade damals für die Landfriedenswahrung (und damit für den Kaiser) fast ununterbrochen im Felde stand — 1356/61 gegen Philipp von Isenburg-Grenzau, 1362/66 gegen Philipp VI. von Falkenstein —, ernannte der Kaiser 1363 Michael von Kurbitz, einen fuldischen Amtmann, zum Hauptmann und Pfleger der Reichsstädte in der Wetterau. Da dessen Aufgabenbereich die Stellung Ulrichs stark einengte, ging ihre Einrichtung möglicherweise auf eine Intrige von Ulrichs reichem Frankfurter Gegner Siegfried zum Paradies zurück. Jedoch vermochte Ulrich beim Kaiser die Wiederabberufung von Kurbitz zu erreichen, und ebenso erfolglos blieb Frankfurt in der Sicherung des vor seinen Toren gelegenen Landgerichtes Bornheimerberg; denn trotz der angestrengtesten diplomatischen Auseinandersetzungen darüber vermochte Ulrich III. seine Pfandschaft durch kaiserliche Bestätigung 1364 erneut zu festigen.

Das Erlöschen der Linie Rieneck-Rothenfels 1333 ermöglichte es Ulrich II., aus der mit Mainz und mit Rieneck strittigen Rieneck-Rothenfelsischen Erbschaft gemeinsam mit Kraft von Hohenlohe die Schlösser Rieneck und Partenstein an sich zu bringen. Er mußte sie aber 1339 zur Hälfte an Mainz überlassen. Hanau behielt schließlich die Hälfte von Partenstein und ein Viertel von Rieneck. Seine Ansprüche auf die Schlösser Rothenfels und Gemünden trat es gegen eine namhafte Entschädigung 1342 an den Kaiser und den Bischof von Würzburg ab. Der Rienecker Erbfall gestattete ferner, die Hanauer Rechte im Sinngrund und im Freigericht zu erweitern. Hier hatte Reinhard I. von Hanau bereits 1270 durch seine Belehnung mit der Somborner Vogtei des Fuldaer Klosters Neuenberg Fuß gefaßt und sein Sohn Ulrich I. 1309 von Kunigunde von Rannenburg deren ganerbschaftlichen Besitzanteil am Freigericht einschließlich der Burgen Kälberau und Rannenberg gemeinsam mit Siegfried von Eppstein erworben. Wegen der Burgen entstand ein langjähriger Streit mit Mainz, das beide beanspruchte und behauptete, während sich Ulrich III. von Hanau und Eberhard von Eppstein 1357 über ihre beiderseitigen Anrechte an Alzenau, Hörstein, Somborn und am Berg Rannenberg verglichen. Bereits vorher aber hatte Ulrich III. von den Herren von Jossa Anteile an ihrer Herrschaft Jossa und Kälberau angekauft.

Auch in der Wetterau — in der 1341 lediglich Laubach an die Falkensteiner verlorenging — dehnte sich die Hanauer Herrschaft weiter aus. 1359 vermochte Ulrich III. von Konrad IV. von Trimberg einen Anteil von Ortenberg und 1362 das Gericht Altenhaßlau bei Gelnhausen zu erwerben. Hierbei handelte es sich um ein Freigericht staufischer Herkunft, das sich lange und hartnäckig gegen seine Territorialisierung gewehrt hatte. Schon um 1240 hatte der Gelnhäuser Reichsburggraf Gerlach von Büdingen versucht, Einfluß auf das Gericht zu gewinnen; aber erst seine Erben, die Herren von Trimberg, vermochten nach hundertjährigem Ringen ihre Gerichtsherrschaft durchzusetzen. Nachdem der Kaiser jedoch Gelnhausen 1349 verpfändet hatte, unterwarf sich 1356 auch die Altenhaßlauer Gerichtsgemeinde, da die Stadt und ihre Burgmannen den stärksten Teil der Markgenossenschaft bildeten, zu der im übrigen nur noch die Altenhaßlauer Bauern zählten. Von vier Märkermeistern geleitet, von denen je einer aus Burg und Stadt Gelnhausen kam, wahrte und verwaltete sie ihre Rechte (insbesondere am Gerichtswald) durch mehrere Hilfskräfte (Zentgraf und Gerichtsknechte) und beriet jährlich darüber auf dem Märkerding unter der Linde vor dem Altenhaßlauer Kirchhof.

Als die Trimberger 1377 ausstarben, fiel das Gericht Altenhaßlau endgültig an Hanau und ebenso die Nordhälfte des Amtes Brandenstein, dessen südliche, rieneckische Hälfte bereits Ulrich II. 1316 erworben hatte. Jedoch glückten den Hanauern keineswegs alle territorialen Pläne. Insbesondere vermochten sie zunächst nicht, die ihnen 1326 erstmals verpfändete Reichsstadt Gelnhausen bereits damals festzuhalten. Auch das von Ulrich IV. von Hanau mit Zustimmung Eberhards von Eppstein 1380 von der Stadt Gelnhausen eingelöste halbe Gericht Gründau blieb nicht in hanauischer Hand, sondern gelangte 1425 an die Herren von Isenburg-Büdingen. Einen Fehlschlag erlitten die Hanauer auch bei ihrem Versuch, sich in dem fuldischen Amt Umstadt (mit der Burg Otzberg im nördlichen Odenwald) festzusetzen, denn ihre Pfandschaft von 1374 konnten sie nicht behaupten; vielmehr verkaufte der Abt die fuldischen Rechte in Umstadt und Otzberg 1390 dem Pfalzgrafen. Dagegen vermochte Hanau 1390 sein von den Herren von Hutten erworbenes Pfandrecht an Stadt und Schloß Bad Soden, das diesen 1373 von Fulda übertragen worden war, wenigstens bis 1510 festzuhalten; dann lösten die Herren von Hutten Stadt und Schloß jedoch wieder ein.

Eine gefährliche Krise in der Entwicklung der Grafschaft bedeutete die mangelnde Regierungsfähigkeit Ulrichs V. von Hanau und der damit zusammenhängende Streit mit seinen Brüdern. Das führte dazu, daß Erzbischof Johann von Mainz, 1403 als Vormund eingesetzt, im Zusammenhang damit die Städte Hanau und Babenhausen erhielt und sie bis zu seinem Tode (1419) nicht wieder herausgab. Als aber das Domkapitel auch dann noch die Rückgabe an Reinhard II. verweigerte, nahm dieser Hanau mit Hilfe der Bürgerschaft durch einen Handstreich. Damit waren die gefährlichen mainzischen Absichten vereitelt. Jedoch unterlag Hanau dem Erzbistum in der Auseinandersetzung um das Freigericht. Es umfaßte die Gerichte Somborn, Wilmundsheim (später Alzenau benannt), Hörstein und Mömbris. Ihr Zusammenschluß beruhte jedoch zweifellos nicht auf eigenem Antrieb, sondern auf entsprechenden Maßnahmen des staufischen Staates. Das zeigt die Verbindung Somborns mit Gelnhausen und die verhältnismäßig lange behauptete Unabhängigkeit des Freigerichts von den benachbarten großen Territorialherren. Seine Gemeinden bildeten wie üblich eine Markgenossenschaft aus den eingesessenen Bauern und den dort begüterten Grundherren, von denen der Abt von Seligenstadt der wichtigste war. Ein gewählter Märkermeister leitete und ein zeitweise ebenfalls gekorener adliger Obermärker schützte die Genossenschaft. Sie war im 14. Jahrhundert noch so stark, daß sie dreimal einen Obermärker wegen Schädigung des Markrechtes absetzen konnte. Diese Stellung hatten meist Angehörige des im Freigericht beheimateten Geschlechtes der Herren von Rannenberg inne. Die Markgenossenschaft überwachte ihre Freiheit und Befugnisse (meist Beholzigungs-, Mast-, Weide-, Jagd- und Fischereirechte) durch das Märkerding, das auf dem Wilmundsheimer Pfarrkirchhof tagte. Doch besaßen die Gerichtsgemeinden gegenüber dem Gesamtverband eine gewisse Selbständigkeit, da die einzelnen Bauernschaften weitgehende Freiheiten hatten und als Vertreter wie als Unterorgane des Märkermeisters eigene Zentgrafen wählten.

Seit dem 15. Jahrhundert drangen die angrenzenden Territorialherren Mainz und Hanau jedoch auch in diesem Gebiet immer stärker vor. Besonders erfolgreich war Mainz, das sich dabei vornehmlich auf die von ihm bei Wilmundsheim errichtete Burg Alzenau stützte. 1425 gelang es ihm, die 1395 von den Eppsteinern an Walter und Frank von Kronberg verpfändeten Orte und Rechte im Freigericht und den angrenzenden Gebieten von Gottfried von Eppstein aufzukaufen. Es handelt sich dabei um Stadt und Burg Steinheim, die Vogtei Klein-Krotzenburg (während Groß-Krotzenburg von etwa 977 bis 1802 dem Mainzer St. Petersstift gehörte), das Dorf Kahl und Anteile an Alzenau und Hörstein, so daß nunmehr Hanau hier statt mit den schwächeren Eppsteinern bzw. Kronbergern mit dem um so viel mächtigeren Erzbistum Mainz in Gemeinschaft saß. Damit waren seine Ausdehnungsmöglichkeiten im Freigericht in entscheidender Weise eingedämmt. Kurz vorher (1422) hatte sich Reinhard II. von Hanau jedoch anderweitig gesichert, indem er dem wetterauischen Grafenbündnis beigetreten war und dadurch eine weitreichende politische Garantie für die Selbständigkeit seiner Herrschaft erlangt hatte. Der Zusammenbruch der Mainzer Politik gegenüber der Landgrafschaft Hessen 1427 wirkte sich dann offenbar auch auf das mainzische Verhältnis zu Hanau aus, denn 1428 überließ Erzbischof Konrad die Stadt Orb mit ihrem bedeutenden Zubehör dem Grafen Reinhard II. als Pfandschaft. Dieser schloß daraufhin 1435 ein Übereinkommen mit Mainz, dem auch die Herren von Eppstein, von Isenburg-Büdingen und von Rieneck beitraten.

Reinhard II. von Hanau (1411 bis 1451) war neben Reinhard I. und Ulrich III. der erfolgreichste Regent seines Hauses. Vor allem glückte es ihm, die reichspolitische Stellung seines Geschlechts und seiner Herrschaft in entscheidender Weise zu sichern, denn er erreichte, daß der Kaiser 1429 die Herren von Hanau in den Reichsgrafenstand erhob und 1434 ihr Land von jeder fremden Gerichtsbarkeit befreite. So tatkräftig und doch behutsam er die schwierigen Fragen seines Verhältnisses zu Mainz zu lösen verstanden hatte, so geschickt steuerte er auch seine Politik gegenüber dem mächtigen Nachbarn Frankfurt. Sie gipfelte in der Belehnung, die ihm Kaiser Sigismund 1434 für das Landgericht Bornheimerberg erteilte; denn damit hatte er die Anerkennung der Ansprüche der Hanauer Grafen auf diesen wichtigen Bestandteil ihrer Herrschaft gegenüber allen ihnen darin entgegenarbeitenden Bemühungen Frankfurts endgültig durchgesetzt. Zwar kam es noch zu hartnäckigen, jahrzehntelangen Streitereien mit der Stadt; aber der Vergleich von 1481, den der Kaiser drei Jahre später bestätigte, stellte den völligen Sieg Hanaus dar: er teilte Hanau die alleinige Gerichtshoheit in 16 Dörfern des Gerichtes Bornheimerberg zu, Frankfurt dagegen nur in dreien.

Die über hundertjährigen Bemühungen Hanaus um die Reichsstadt Gelnhausen führte Graf Reinhard zu einem Abschluß, der sich durch maßvolle

Klugheit auszeichnete und daher von Dauer war. 1435 kaufte er gemeinschaftlich mit Pfalzgraf Ludwig III. die Reichspfandschaft auf Burg und Stadt, die bis dahin Graf Heinrich von Schwarzburg—Arnstadt—Sondershausen innegehabt hatte. Dazu kamen noch eine ganze Reihe anderer Erwerbungen. Von den Herren von Rodenstein brachte er aus dem Lißberger Erbe einen Anteil am Gericht Bracht pfandweise an sich, und 1445 gehörten ihm Pfandschaften an Wertheim, Klingenberg, Brückenau, Schildeck und andernorts. Ferner verpfändete Graf Dietrich von Sayn 1446 seinen aus der Falkensteiner Erbschaft stammenden Anteil an Dreieichenhain zur Hälfte an Frank von Kronberg und zu je einem Viertel an Reinhard von Hanau und Diether von Isenburg-Büdingen (löste die verpfändeten Stücke jedoch später wieder ein). Seitdem bestanden folgende aus der Münzenberger und Falkensteiner Erbschaft herrührenden Gemeinschaften Hanaus: an Dreieichenhain mit Isenburg-Büdingen, an Münzenberg mit Isenburg-Büdingen, Solms und Eppstein und an Assenheim mit Solms und Eppstein; dazu kam die Gemeinschaft mit dem Erzbistum Mainz in den rieneckischen Besitzungen im Spessart und ebenso im Freigericht. Hier drang ihre Landeshoheit jedoch erst dann endgültig durch, nachdem ihnen Kaiser Maximilian 1500 das Freigericht als Reichslehen übertragen und den Märkern 1501 die Wahl eines eigenen Landrichters untersagt hatte.

Diese stetige territoriale Aufwärtsentwicklung setzte naturgemäß eine erhebliche politische Befähigung der Hanauer Herren und Grafen voraus. Sie wurde zusätzlich über ein Jahrhundert lang durch das bereits 1339 eingeführte Primogeniturrecht gefördert und gesichert. Demgemäß verfügte auch Graf Reinhard II. 1448 keine Teilung der Grafschaft unter seine beiden Söhne Reinhard und Philipp. Er beabsichtigte lediglich eine Abfindung des jüngeren Sohnes Philipp, die zwar recht erheblich war, aber doch zurückfallen sollte. Jedoch starb der ältere Sohn Reinhard schon 1452 und hinterließ nur einen unmündigen Sohn. Infolgedessen erhielt Philipp 1458 die Erlaubnis zu heiraten, um einem Erlöschen des Hauses vorzubeugen; zugleich nahm der mütterliche Großvater Pfalzgraf Otto von Mosbach eine Erbteilung zwischen Philipp d. Ä. und seinem Brudersohn Philipp d. J. vor. Der Jüngere erhielt alle Gebiete nördlich des Mains mit der Residenz Hanau, der Ältere alle Besitzungen südlich des Mains mit der Residenz Babenhausen. Die Hanauer Linie kaufte 1476 von den Eppsteinern einen weiteren Anteil an Ortenberg und erwarb 1487 die Herrschaft Homburg v. d. Höhe; die Babenhäuser erbte 1480 die Hälfte der Grafschaft Lichtenberg im Elsaß und nannte sich zur Unterscheidung von der anderen Linie Hanau-Münzenberg seitdem Hanau-Lichtenberg.

Die 1458 in den Grafenstand erhobenen Herren von Lichtenberg hatten eines der führenden Geschlechter des Unterelsaß dargestellt, aus dem mehrere bedeutende Straßburger Bischöfe des 13. und 14. Jahrhunderts hervorgegangen waren. Der lichtenbergische Besitz hatte sich zunächst um die Städtchen Ingweiler und Buchsweiler gruppiert, welche die Lichtenberger als Teil der ihnen zustehenden Vogtei über die Abtei Neuweiler an sich gezogen hatten. Dazu waren zahlreiche Lehen vom Reich, vom Herzogtum Lothringen, dem Bistum Metz, dem Bistum Straßburg u. a. gekommen. 1332 war ihnen dann der Ankauf eines Teils des unterelsässischen landgräflichen Territoriums von den Landgrafen von Werd (meist Reichslehen wie Brumath und Hattgau) geglückt, wodurch sich die Lichtenberger Herrschaft fast verdoppelt hatte. Außerdem hatten sie im 15. Jahrhundert die Herrschaft Ober- und Niederbronn erworben, so daß sich der ganze elsässische Besitz um 1450 in folgende zehn Ämter aufgliederte: Buchsweiler, Ingweiler, Pfaffenhofen, Brumath, Wörth, Offendorf, Hatten, Oberbronn, Wolfisheim und Westhofen; dazu kam das rechtsrheinische Amt Lichtenau. Als das Geschlecht 1480 mit Jakob von Lichtenberg erlosch, fiel die Grafschaft an seine beiden Schwiegersöhne Graf Philipp von Hanau und Graf Simon Wecker von Bitsch-Zweibrücken. Der Hanauer erhielt außer dem Amt Lichtenau die elsässischen Ämter Buchsweiler, Pfaffenhofen, Westhofen, Wolfisheim und Hatten, der Zweibrücker die Ämter Brumath, Ingweiler, Oberbronn, Offendorf und Wörth. Diese Ämter fielen aber beim Aussterben der Zweibrücker Grafen 1570 an dessen Hanau-Lichtenberger Schwiegersohn (mit Ausnahme des 1541 an Leiningen gekommenen Oberbronn, jedoch vermehrt um die 1485 erworbene Herrschaft Ochsenstein), so daß fast der ganze alte lichtenbergische Besitz wieder vereinigt war. Zu ihm kam jetzt noch das Amt Willstätt (rechtsrheinisch, an das Amt Lichtenau angrenzend) und durch Vertrag mit Lothringen 1606 gegen Verzicht auf Ansprüche an Bitsch das zweibrückische Amt Lemberg in der Pfalz (mit Pirmasens). Residenz der Grafschaft war Buchsweiler.

Damit war vom heutigen Hessen aus ein weiterer Querriegel über den Rhein nach Westen vorgeschoben. Neben Nassau mit seinen Besitzungen im jetzigen Holland, Belgien, Luxemburg und Saarland trat nun Hanau mit seinem Lichtenberger Besitz im Unterelsaß. Allerdings konnten die Hanauer Grafen dieses Gebiet nicht vor dem französischen Zugriff politisch bewahren. Vielmehr teilte die Grafschaft 1680 das Schicksal des Elsaß. Sie fiel mit Ausnahme der badischen und pfälzischen Gebietsteile den französischen Réunionen zum Opfer; doch übten die Grafen unter französischer Oberhoheit ihre Landesherrschaft weiter aus. Vor allem aber hat die Hanauer Herrschaft die religiöse, sprachliche und kulturelle Verbindung mit Deutschland im Lichtenberger Gebiet so nachhaltig gepflegt, daß man die Grafschaft noch zu Beginn unseres Jahrhunderts als Hanauer Land bezeichnete.

Während die gemeinsamen Westinteressen in Saargebiet, Pfalz und Elsaß zahlreiche territorialpolitische Berührungspunkte zwischen Hanau-Lichtenberg und Nassau-Weilburg ergaben, traten die Grafen von Hanau-Münzenberg zu den Grafen von Nassau-Dillenburg in engere persönliche Beziehungen. Diese gewannen maßgebenden Einfluß auf die Geschicke der Grafschaft Hanau, seitdem die Witwe Graf Philipps II. von Hanau-Münzenberg, Juliane von Stolberg, 1531 Graf Wilhelm von Nassau-Dillenburg geehelicht hatte. Der aus dieser Verbindung stammende berühmteste Sproß des nassauischen Hauses, Wilhelm der Schweiger, war seinerseits Vater der Katharina Belgica, die Graf Ludwig II. von Hanau heiratete. Auf Grund dieser engen persönlichen Verbindungen haben die Nassau-Dillenburger Grafen die zahlreichen hanauischen Vormundschaften des 16. Jahrhunderts beherrscht und damit die Annahme der Reformation in der Grafschaft (zwischen 1530 und 1540) und insbesondere den Übergang zum Calvinismus entscheidend gefördert. Ihn hat Graf Ludwig II. seit 1593 eingeführt, obwohl die Vormünder in der Bekenntnisfrage zwiespältig urteilten und auch die Bevölkerung die neue Lehre zunächst weithin ablehnte. Gleichwohl bekannte sich Graf Ludwig II. gemeinsam mit Wolfgang von Isenburg seit 1595 öffentlich zum Calvinismus, setzte ihn 1597 in der Grafschaft endgültig durch und schloß zu seiner Sicherung 1599 eine Konvention mit den benachbarten reformierten Grafen. Graf Ludwig II. öffnete damit zugleich sein Land den niederländischen Glaubensflüchtlingen und ermöglichte ihnen durch die Hanauer Kapitulation vom 1. Juni 1597 den Aufbau der bedeutenden Neustadt Hanau. Ihr Wahrzeichen wurde die von 1600 bis 1608 errichtete, mächtige niederländisch-wallonische Doppelkirche. 1607 begründete der Graf zur weiteren Festigung des Calvinismus im Lande die Hohe Landesschule, deren Bau allerdings erst 1665 vollendet werden konnte.

Dem endgültigen Verlust der 1487 von den Herrn von Epstein als pfälzisches Lehen gekauften, 1504 daher von Hessen besetzten Herrschaft Homburg v. d. Höhe im Jahr 1539 standen einige territoriale Zugewinne des 16. Jahrhunderts gegenüber. Als 1559 die Grafen von Rieneck ausstarben, erhielten die Hanauer Grafen einen weiteren Anteil am Stammschloß Rieneck a. d. Sinn; außerdem vergrößerten sie 1578 ihren aus dem Münzenberger Erbe stammenden Bad Nauheimer Besitz durch drei benachbarte Dörfer (Dorheim, Schwalheim, Rödgen) und erwarben 1601 nach langwierigen Auseinandersetzungen mit den Grafen von Isenburg-Büdingen und den Herren von Stolberg ein Drittel von Stadt und Landgericht Ortenberg.

Während des 30jährigen Krieges war Hanau als starke Festung von den Kriegsparteien heftig umstritten. 1630 von den Kaiserlichen belagert und zur Öffnung gezwungen, wurde es 1631 von den Schweden unter Gustav Adolf wieder befreit. Zugleich gewann der König den Grafen Philipp Moritz von Hanau durch reiche Schenkungen aus mainzischem Besitz (Orb und dem mainzischen Anteil an den Ämtern Rieneck, Partenstein, Lohrhaupten, Biebergrund und dem Freigericht Alzenau). Infolgedessen floh der Graf nach der Nördlinger Niederlage der Schweden 1634 nach Frankreich, während der schwedische General Ramsay als Platzkommandant die Stadt gegen alle Angriffe der Kaiserlichen erfolgreich verteidigte. Der Kaiser schloß daher den Hanauer Grafen vom Prager Frieden aus. Obwohl die kaiserlichen Truppen noch im Laufe des Jahres 1635 alle wichtigen südhessischen Plätze (Braunfels, Friedberg, Wetzlar, Frankfurt, Mainz) wieder einnahmen, widerstand ihnen Hanau, das als vereinzelter, weit vorgeschobener schwedischer Stützpunkt den Kaiserlichen deshalb besonders lästig war. Nachdem Landgraf Wilhelm von Hessen-Kassel im Juni 1636 die kaiserliche Belagerungsarmee zum Abzug genötigt hatte, beherrschte Ramsay durch seine Streifzüge die ganze Maingegend, die Wetterau und sogar den Vogelsberg (Plünderung Schottens am 22. Juli 1636), bis er sich endlich im Mainzer Vertrag vom 5. September 1637 zum Abzug bereit erklärte. Da es jedoch bei der Ausführung des Vertrages zu Unstimmigkeiten kam und Ramsay deswegen Schwierigkeiten machte, überfiel der kaiserliche Feldherr Graf Ludwig Heinrich von Nassau-Dillenburg im Februar 1638 die Festung Hanau und eroberte sie. Der dabei verwundete Ramsay büßte seine tollkühne Achtlosigkeit und starb als Gefangener zu Dillenburg. Eine meisterhafte Schilderung der Hanauer Verhältnisse dieser Zeit überliefert der „Simplicissimus" Grimmelhausens.

Während des großen Krieges starb die Linie Hanau-Münzenberg mit Graf Johann Ernst von der Schwarzenfelser Nebenlinie aus, so daß inmitten der kriegerischen Ereignisse auch noch ein Besitzwechsel stattfand; denn die Grafschaft stand auf Grund eines am 18. Juli 1610 geschlossenen Erbvertrages, der auf eine ähnliche Übereinkunft von 1581 zurückging, der Lichtenberger Linie zu. Sofort erhoben jedoch auch zahlreiche angrenzende Staaten territoriale Ansprüche, so daß Graf Friedrich Kasimir von Hanau-Lichtenberg das Land nur mit hessischer Hilfe einnehmen konnte; er mußte dafür die Ämter Naumburg und Schwarzenfels an Hessen-Kassel abtreten und ihm durch den Erbvertrag vom 5. August 1643 den Anfall Hanaus beim Fehlen männlicher Erben zusichern. Damit hatte die Hanauer Grafentochter Amelie Elisabeth, die Tochter der Katharina Belgica und daher aus nassau-oranischem Stamme, als Landgräfin von Hessen den nassauischen Einfluß auf Hanau verdrängt.

Mit dem Erzbistum Mainz einigte sich Graf Friedrich Kasimir über zahlreiche strittige Rechts- und Besitzfragen durch den Vertrag von 1653, dem 1684 ein Tauschvertrag folgte. Er machte die Grafen zum alleinigen Besitzer des Biebergrundes und von Lohrhaupten und übertrug dem Erzbistum die hanauischen Anteile an einigen dreieichischen Dörfern (Griesheim, Nied). Hingegen scheiterte der phantastische Plan des Grafen von 1669, ohne Geld, Siedler und hinreichenden politischen Rückhalt, in Südamerika eine Kolonie „Hanauisch-Indien" als Lehen der niederländischen Westindischen Kompagnie zu gründen. Charakteristisch für die unternehmende Art des Grafen ist es auch, daß er 1661 in Hanau die älteste Fayencefabrik Hessens und 1678 als zweitälteste Zeitung den „Hanauischen Merkurius" privilegierte. Bemerkenswert ist er schließlich auch dadurch, daß es ihm nach Überwindung heftigen Widerstandes gelang, das lutherische Bekenntnis in der Grafschaft unter Vermittlung des Reichshofrates durch den Religionsrezeß vom 26. August 1670 vertraglich wieder einzuführen. Zu den Räten des Grafen gehörte der Satyriker Moscherosch, dessen bedeutende Bibliothek später Landgraf Ludwig VI. von Hessen-Darmstadt ankaufte.

Nach dem Tode des Grafen Friedrich Kasimir 1685 wurde die Gesamtgrafschaft nochmals geteilt, was unter Graf Philipp Reinhard 1701 bis 1713 zum Bau der Residenz Philippsruh bei Hanau nach den Plänen Rothweils führte; doch fielen beide Grafschaftsteile nach dem Tode des seit 1696 gefürsteten Philipp Reinhard († 1712 Oktober 4) wieder in der Hand seines Bruders Johann Reinhard zusammen. Er war der letzte Hanauer Graf. Mit ihm schloß Landgraf Karl von Hessen-Kassel daher schon am 26. Januar 1714 den Ausführungsvertrag über die Hanau-Münzenberger Erbschaft, dem am 18. März 1718 ein Vergleich beider Parteien über die Sicherung der Hanau-Lichtenberger Erbschaft folgte. Darin wurde die Herrschaft Babenhausen, die 1458 an Hanau-Lichtenberg, 1642 aber wieder an Hanau-Münzenberg gekommen war, erneut zu Hanau-Lichtenberg gezogen, denn Graf Johann Reinhard wünschte Hanau-Lichtenberg mit Babenhausen an seinen Schwiegersohn Landgraf Ludwig VIII. von Hessen-Darmstadt zu bringen. Da Landgraf Karl dem in beiden Verträgen von 1714 und 1718 zugestimmt hatte, stand als letztes Hemmnis der Hanau-Münzenberger Erbschaft durch Hessen-Kassel nur noch die Kursachsen erteilte Anwartschaft auf die hanauischen Reichslehen im Wege. Landgraf Karl erwarb sie durch Vertrag mit Sachsen 1724, in dem er die Ämter Frauensee und Landeck für den Erbfolgefall als Gegengabe einsetzte. 1728 bestätigte Kaiser Karl VI. den Vertrag, und damit hätte der Hanauer Erbschaftsfall nach dem Tode Johann Reinhards seinen glatten Verlauf nehmen können.

Als jedoch Landgraf Friedrich I. in Hessen-Kassel Nachfolger des 1730 verstorbenen Landgraf Karl geworden war, nötigte er den Grafen Johann Reinhard bereits im April 1730 zu der Buchsweiler Punktation, die Hessen-Kassel gestattete, bereits im laufenden Jahr Hanau mit 400 Mann zu besetzen, und Johann Reinhard das Recht zugestand, zur Sicherung des Erbes für Hessen-Darmstadt die Herrschaft Babenhausen mit 300 Mann zu sichern. Als jedoch der Kaiser nunmehr am 19. Juni 1733 den Erbvertrag vom 5. August 1643 zwischen Hessen-Kassel und Hanau bestätigte, was er 90 Jahre lang verweigert hatte, ging Friedrich I. noch einen Schritt weiter, verzichtete am 23. April 1735 auf die ihm zustehende Erbfolge in Hanau-Münzenberg zugunsten seines Bruders Landgraf Wilhelm VIII., der in Hanau als Friedrichs Statthalter regierte, erhob zugleich Anspruch auch auf die Herrschaft Babenhausen und ließ diese Stadt demgemäß bereits Tage vor dem Tod des letzten Hanauer Grafen Johann Reinhard († 1736 März 28) besetzen; das gleiche tat Kurmainz im Freigericht.

So knüpften sich auch an diese große hanauische Erbschaft ähnlich wie einst an die Katzenelnbogener lange und hartnäckige Rechtsstreitigkeiten: mit Hessen-Darmstadt um Babenhausen und Johann Reinhards beweglichen Nachlaß, mit Kurmainz um das Freigericht und mit Gelnhausen um dessen reichsstädtische Freiheiten. Da Hessen-Kassel 1746 Kurpfalz seine ideelle Hälfte der Reichspfandschaft Gelnhausen abkaufte, konnte es sich hier durchsetzen, während es mit Mainz und Hessen-Darmstadt schließlich zu Kompromissen, d. h. Teilungen der strittigen Gebiete kam. Das Freigericht blieb zum größten Teil in mainzischer Hand (Pfarreien Alzenau und Hörstein sowie das Dorf Albstadt), nur die Pfarrei Somborn (außer Albstadt) kam 1748 an Hessen-Kassel. Die Herrschaft Babenhausen behauptete dagegen Hessen-Kassel zum größten Teil, denn es überließ 1771 Hessen-Darmstadt von den insgesamt zehn Orten nur vier.

Bei dem Übergang der Grafschaft Hanau-Münzenberg 1736 an Hessen-Kassel bestand die Grafschaft aus zwölf Ämtern: Bücherthal (mit 14 Orten), Bornheimerberg (15), Windecken (5), Rodheim (4), Dorheim (4), Altenhaßlau (5), Bieber (8), Lohrhaupten (3), Schlüchtern (11), Babenhausen (10), Ortenberg (6) und zahlreichen Gemeinschaften (vor allem mit Kurmainz, Solms, Isenburg und Stolberg-Gedern). Von diesen 85 Orten waren 1754 fünf Städte (Hanau, Windecken, Babenhausen, Steinau, Schlüchtern), neun Flecken und 71 Dörfer. Sie hatten insgesamt 48 000 Einwohner, von denen etwa 11 500 in Hanau wohnten. 1796 betrug die Einwohnerzahl etwa 56 000 und stieg bis 1805 auf 72 000.

In geistesgeschichtlicher Beziehung ist das Hanauer Land und insbesondere das Kinzigtal dadurch bekannt geworden, daß der gleichnamige Neffe des Schlüchterner Reformators Petrus Lotichius als gekrönter Poet sein Loblied gesungen hat, daß auf der Steckelburg Ulrich von Hutten geboren wurde, in Gelnhausen Grimmelshausen das Licht der Welt erblickte, in Wachenbuchen das Stammhaus der Dichterfamilie Geibel stand und Hanau der Geburtsort der Brüder Grimm war, deren Jugend das Steinauer Amtshaus, das „Märchenhaus des deutschen Volkes", behütete. Aus Hanau stammt auch der moderne Komponist Paul Hindemith.

22. *Die Landgrafschaft Hessen-Darmstadt bis zum Ende des alten Reiches*

Die Landgrafschaft Hessen-Darmstadt umfaßte bei ihrer Begründung durch das Testament Landgraf Philipps des Großmütigen unter der Herrschaft Landgraf Georgs I. (1567 bis 1596) etwa 1300 qkm Land mit ungefähr 20 000 Einwohnern. Sie wurde durch die 1572 und 1591 erschienenen Landesordnungen und das Kanzleireglement von 1587 zunächst verwaltungsmäßig und durch die 1575 verfaßte peinliche Gerichtsordnung sowie das 1591 eingeführte Katzenelnbogener Landrecht auch rechtlich vom übrigen Hessen abgeschichtet. Schließlich gaben ihr der landgräfliche Brudervertrag vom 26. April 1602 und das Erbstatut vom 13. August 1606, das der Kaiser 1608 und 1625 bestätigte, auch die eigene staatsrechtliche Grundlage. Da das Erbstatut die Primogenitur zugunsten von Landgraf Georgs Sohn Ludwig V. (1596 bis 1626) einführte, war die Einheitlichkeit der hessen-darmstädtischen Landeshoheit zwar rechtlich gesichert, doch erzwang die tatsächliche Lage zunächst noch einige Abweichungen. So führten insbesondere finanzielle Gründe im frühen 17. Jahrhundert zur Bildung von Nebenlinien, da die Brüder Ludwigs nicht bar abgefunden werden konnten.

Der weitgereiste, gelehrte Landgraf Philipp erhielt 1609 Butzbach. Er ist bemerkenswert durch seine wertvolle Bibliothek und seine gelehrten Studien, die ihn in wissenschaftliche Beziehungen zu den Astronomen Kepler und Galilei brachten, aber er wird in gleicher Weise auch durch die unversöhnliche Härte seines strengen Luthertums charakterisiert, das die durch den Marburger Erbfolgestreit herbeigeführte Spaltung und Entzweiung zwischen Hessen-Darmstadt und Hessen-Kassel bis zur Unversöhnlichkeit vertiefte. Er mehrte seine kleine Herrschaft 1623 durch den Solmser Anteil an Butzbach und etliche Dörfer, 1639 um die Herrschaft Itter und 1641 um das Amt Niederweisel; doch fiel mit seinem kinderlosen Tod 1643 alles an Hessen-Darmstadt zurück. Auch die 1643 Philipps Bruder Landgraf Johann in Braubach übertragene Herrschaft war bereits 1651 wieder erledigt, und nur die 1622 begründete Homburger Seitenlinie blieb selbständig und verwaltete bis zu ihrem Aussterben 1866 ein eigenes, kleines Territorium (unmittelbar um Bad Homburg). Gegenüber diesen Einbußen bedeutete die Erwerbung des Amtes Kelsterbach, d. h. die Hälfte der isenburgischen Herrschaft Dreieich, im Jahr 1600 nur einen ungenügenden Ausgleich.

Gleichwohl haben die Landgrafen Ludwig V. und Georg II. (1626 bis 1661) trotz der Kleinheit, Zerstreutheit und vielfach dünnen Besiedlung ihres Herrschaftsgebietes versucht, ihr Land während des 30jährigen Krieges auf Kosten Hessen-Kassels zu einem ihm ebenbürtigen Territorium emporzuführen. Dieser völlig unqualifizierte Versuch beruhte jedoch auf einer so falschen Einschätzung der Kräfte, daß sie auch eine rigorose Politik nicht wettmachen konnte. Denn trotz des Bündnisses der lutherischen Landgrafen mit dem Kaiser und den katholischen Mächten gegen die evangelischen Stände Deutschlands, als es um deren Sein oder Nichtsein ging, und trotz der dadurch auf hessischem Boden im besonderen Maße heraufbeschworenen blutigen und erbitterten Kämpfe war es eine Fehlkalkulation, die demgemäß scheiterte. Die zunächst großen Erfolge waren vorübergehend, denn zuletzt konnte von dem Beanspruchten und Eroberten nur ein Viertel des ehemals marburgischen Oberhessen, das sogenannte Hinterland, mit der Herrschaft Itter behauptet werden. Dagegen gingen die solmsischen und isenburgischen Besitzungen in Oberhessen, die die Landgrafen 1623, 1631, 1635 an sich brachten, schon 1642 und 1648 wieder fast völlig verloren, zogen aber noch jahrzehntelange Prozesse nach sich. 1642 konnte Landgraf Georg lediglich den isenburgischen Teil an der Herrschaft Kleeberg vertraglich erwerben und ihm 1648 auch noch den limburgischen Teil hinzufügen, den Solms seit 1506 innehatte. 1661/62 kam schließlich noch das kleine Gebiet der Herren von Frankenstein an der Bergstraße hinzu.

Das große kriegerische Unternehmen selbst endete daher mit einem nur schwer wieder überwundenen Fehlschlag. Der unter höchsten Anstrengungen und Opfern errungene Gebietszuwachs war zu teuer erkauft, und das feindliche Verhältnis der Darmstädter Landgrafen zur älteren Bruderlinie und zu den meisten ihrer evangelischen Mitfürsten eine zu schwere Hypothek auf dem jungen Hessen-Darmstädter Territorium und seiner Geschichte. Jedoch ist das Urteil Droysens über Landgraf Georg II., den dieser „vielleicht die traurigste unter den traurigen Erscheinungen damaliger Reichsfürsten" nennt, zu hart; denn Landgraf Georg sah sich unter dem Zwang der von seinem Vater geschaffenen Verhältnisse, dem Ablauf der kriegerischen Ereignisse und dem kaiserlichen Druck (zumal unter dem beherrschenden Einfluß seines machtwilligen Ministers Wolff von Todenwarth 1626 bis 1643) geradezu genötigt, die zunächst so erfolgreich begonnene Politik seines 1626 verstorbenen Vaters gegen Hessen-Kassel fortzusetzen, wenn das auch je länger desto mehr seine und seines Landes Kräfte verzehrte. Es kam hinzu, daß er infolge der strategisch wichtigen Lage seines Landes und seiner vielfach zu nutzenden konfessionellen Position eine besonders in der zweiten Hälfte des 30jährigen Krieges von den Schweden, den Reichsständen, Frankreich und dem Kaiser lebhaft umworbene Gestalt war, obwohl gerade damals seine territorialpolitischen Pläne gegenüber Hessen-Kassel zusammenbrachen.

Nach dem 30jährigen Krieg bestand die Landgrafschaft Hessen-Darmstadt aus folgenden Gebieten: der gesamten Obergrafschaft Katzenelnbogen mit den Ämtern Darmstadt, Lichtenberg, Auerbach-Zwingenberg, Reinheim, Dornberg und Rüsselsheim; dazu kamen Bickenbach, halb Jugenheim und Kelsterbach sowie die Vogtei Kürnbach; in der Niedergrafschaft Katzenelnbogen aus den Ämtern Braubach und Katzenelnbogen; der Herrschaft Eppstein; der Herrschaft Itter; im sogenannten Hinterland aus den Ämtern Battenberg, Biedenkopf, Blankenstein (mit dem Breidenbacher Grund) und Königsberg; in Oberhessen aus den Ämtern Gießen, Staufenberg, Allendorf a. d. Lumbda, Burggemünden, Grünberg, Alsfeld, Romrod, Homberg a. d. Ohm, Grebenau, Ulrichstein, Schotten, Stornfels, Lißberg; Bingenheim, Kirtorf, Rosbach und Butzbach sowie der Grafschaft Nidda. Die Gesamteinnahme aus den Ämtern betrug

1656 etwa 250 000 fl., die Gesamtgröße des Landes 67 Quadratmeilen. Die 1629 auf ca. 104 000 geschätzte Einwohnerzahl, die in dem Elendsjahr nach 1635 fast auf die Hälfte abgesunken war, hob sich bis 1669 wieder auf etwa 95 000.

Die Verwaltung des Landes führte der seit 1617 bestehende Geheime Rat als oberste Verwaltungs- und Justizbehörde. Daneben stand die zugleich eingerichtete Rentkammer als oberste Finanzbehörde. Diese erhielt damals eine neue Kanzleiordnung, die das älteste hessen-darmstädtische Reglement von 1587 entsprechend ergänzte und erweiterte. Diesen beiden Oberbehörden waren Kanzleien in Darmstadt für die Obergrafschaft und in Gießen für Oberhessen unterstellt. Letztere befand sich von 1624 bis 1646 in Marburg, daneben gab es von 1627 bis 1648 eine Kanzlei in Schmalkalden. Sie arbeiteten nach der 1627 erlassenen Kanzleiordnung. Mit dieser Neuorganisation der besetzten Gebiete war eine große politische Landesvisitation verbunden, die 1629/30 in ganz Oberhessen stattfand.

Eine auffallende Leistung stellten die Förderungsmaßnahmen für Kirche und Schule besonders in der Zeit des 30jährigen Krieges dar. Sie sind zweifellos weitgehend durch Landgraf Georg II. selbst veranlaßt, der Künste und Wissenschaften schätzte und selbst ein nicht ungelehrter, sprachgewandter Mann war. Ihren Auftakt bildete das Schulprogramm des Superintendenten Johann Angelus (1578 bis 1608), dem das Land zahlreiche Volksschulen verdankte, zu deren Schulmeistern er studierte Theologen bestellte, die erst nach mehrjährigem Schuldienst eine Pfarrei erhielten. Die Verbindung der Konfirmation mit dem Schulabgang schuf zugleich eine Art Schulzwang, der das hessische Volksschulwesen über den 30jährigen Krieg hinübergerettet, aber auch der Konfirmation eine wichtige Stütze geboten hat. Diese Einrichtung haben Philipp Spener und der Pietismus dann aufgenommen und weiterverbreitet. Neben den Volksschulen bestanden zahlreiche Lateinschulen im Lande und außerdem Pädagogien in jedem Landesteil; in St. Goar für die Niedergrafschaft, in Marburg und Gießen (an dessen Stelle seit ca. 1630 Alsfeld trat) für Oberhessen, in Schmalkalden für die dortige Herrschaft und in Darmstadt (seit 1629) für die Obergrafschaft. Ihnen waren als Vorbereitungsstätten zugeordnet die Lateinschulen in Groß-Umstadt und Wallau (bis 1635) für Darmstadt; in Allendorf a. d. Lumbda, Battenberg, Biedenkopf, Gießen, Hatzfeld, Kirchhain, Marburg, Rauschenberg und Wetter für Marburg bzw. Gießen; in Grünberg, Echzell, Nidda und Schotten für Alsfeld. 1629 erschienen neue Marburger Universitäts-Statuten, und bis 1633 wurde die Marburger Stipendiatenanstalt neu organisiert. Nachdem sich die Kirchenvisitation von 1628 schon eingehend mit dem Schulwesen befaßt hatte, folgte 1634 eine neue Schulordnung mit Lehrplanfestsetzung und Drei-Klasseneinteilung. Im letzten Jahrzehnt des 30jährigen Krieges erlitt das Volksschulwesen jedoch sehr starke

Einbußen und konnte auch durch die neue Schulordnung von 1670 zunächst nicht wieder auf die frühere Höhe gebracht werden.

Für die äußere Verwaltung der kirchlichen Angelegenheiten war 1638 in der geistlichen Kanzleideputation eine Art Konsistorium geschaffen worden, während die innere kirchliche Ordnung maßgeblich die Generalkirchenvisitation von 1628 bestimmt hat, deren Generalabschied vom 18. Februar 1629 das kirchliche Leben eingehend regelte. Er wurde 1668 durch das erste kirchliche Organisationsedikt ergänzt. Das religiöse Leben seit der Selbständigkeit Hessen-Darmstadts und vollends seit dem Marburger Erbfolgestreit und dem 30-jährigen Krieg bestimmte und beherrschte die lutherische Orthodoxie. Ihre Zentrale war die theologische Fakultät der Universität Gießen, die im frühen 17. Jahrhundert eine führende Stellung unter den lutherischen Fakultäten Deutschlands einnahm. Sie war ihr infolge der Kontroverse mit Tübingen 1619/24 dadurch zugefallen, daß sie die lutherische Lehre von der unio mystica grundlegend ausgeformt und alle synkretistischen Gedanken abgewehrt hatte. Als jedoch der seit 1666 als Senior in Frankfurt wirkende Philipp Spener dem Pietismus seit 1675/76 am Darmstädter Hof Eingang verschafft hatte, erhielt die neue Glaubenshaltung nach erheblichen Kämpfen seit 1689 auch in Gießen Zutritt und setzte sich hier innerhalb weniger Jahre so völlig durch, daß sich Gießen seit 1695 zur ersten akademischen Freistätte des Pietismus entwickelte. Nunmehr ließ Landgraf Ernst Ludwig auch Waldenser- und Hugenottenniederlassungen im Lande zu, doch versagte man noch 1698 den Katholiken die Ansiedlung und noch 1712 und 1718 die Heirat mit hessischen Untertanen. Dem entspricht es, daß innerhalb der Landeskirche seit 1705 die lutherisch orthodoxe Richtung (besonders in der theologischen Fakultät der Gießener Universität) wieder zur Herrschaft gelangt war. Sie wird gekennzeichnet durch ihren heftigen Kampf gegen die seit etwa 1730/40 in der Wetterau aufblühenden Herrenhuter Brüdergemeinden des Grafen Zinzendorf, bis sich endlich auch im Bereich der hessischen Landeskirche mit der Aufklärung der Gedanke der Toleranz endgültig durchzusetzen begann.

Die außen- und innenpolitische Lage der Landgrafschaft Hessen-Darmstadt blieb auch in den nächsten Jahrzehnten nach dem Westfälischen Frieden sehr schwierig. 1659 schloß sich der Landgraf dem im Vorjahre auf Betreiben Erzbischof Johann Philipps von Mainz begründeten Bund deutscher Fürsten mit Frankreich und Schweden an, dem ersten großen politischen Bündnis, das zwischen katholischen und protestantischen Reichsständen zustandekam. Angeblich zur Aufrechterhaltung des Westfälischen Friedens vereinbart, war es in Wirklichkeit ein Bündnis zugunsten Frankreichs gegen Habsburg, dessen Truppen der Durchmarsch nach den Niederlanden verwehrt werden sollte, um Deutschland nicht wieder zum Kriegsschauplatz zu machen. Diesen Zweck hat dieser sogenannte erste Rheinbund auch erfüllt, allerdings nur um den Preis einer erheblichen Einflußnahme Frankreichs auf die deutschen Verhältnisse.

Als die Wunden des großen Krieges allmählich auszuheilen begannen, traf das Land eine neue Heimsuchung: die französischen Raubkriege; 1673 besetzten französische Heere die Wetterau und das untere Maingebiet, brachen 1674 in das Bergstraßengebiet ein, wobei sie das Auerbacher Schloß erstürmten und zerstörten, vernichteten 1689 die Festungen und Burgen Rüsselsheim und Dornberg, 1693 Zwingenberg und brandschatzten Darmstadt und andere Orte aufs schwerste. In dieser Notlage entstand nach verschiedenen, bis in den 30-jährigen Krieg zurückreichenden Ansätzen das stehende Heer in Hessen-Darmstadt: 1691 das Regiment Schrautenbach (zu Fuß) und 1697 die Regimenter Erbprinz (zu Pferd) und Karl Wilhelm (zu Fuß); doch hatte Landgraf Ludwig VI. (1661 bis 1678) bereits 1672 bei Ausbruch des Krieges zwischen Frankreich und den Niederlanden eine größere Truppenzahl angeworben, von der er Kaiser Leopold I. durch den Allianzvertrag von 1677 ein Hilfskorps gestellt hatte. 1704 überließ Landgraf Ernst Ludwig (1688 bis 1739) drei Regimenter gegen Subsidien an den Herzog von Braunschweig-Lüneburg, der sein Kreiskontingent daraus bildete, das dann im spanischen Erbfolgekrieg 1705 und 1706 im Verband des kaiserlichen Heeres gegen die Franzosen kämpfte.

Die Beziehungen der Landgrafen von Hessen-Darmstadt zum kaiserlichen Hause hatten eben damals einen neuen Höhepunkt erreicht, der allerdings für den Protestantismus des Fürstenhauses einen schweren Rückschlag mit sich brachte; denn vier von den fünf Söhnen Landgraf Ludwigs VI. von seiner zweiten Gemahlin Elisabeth Dorothea von Sachsen, die nach dem Tode ihres Mannes von 1678 bis 1688 als Vormünderin des Erbfolgers zugleich auch Regentin des Landes war, traten innerhalb weniger Jahre (1693 bis 1704) zum Katholizismus über. Das war um so überraschender, als Landgraf Ludwig VI. durchaus keine indifferente, sondern eine betont religiöse, evangelische Persönlichkeit war und sich als Förderer des Pietismus sowie als geistlicher Dichter und Schriftsteller ausgezeichnet hatte. Seine konvertierten Söhne haben dem hessischen Namen Ehre gemacht; so Philipp († 1736), der Freund des Prinzen Eugen, Generalfeldmarschall und Statthalter zu Neapel und Mantua, und sein noch bedeutender Bruder Georg († 1705). Dieser stieg im Dienste des Kaisers schon während der Türkenkriege bis zum Generalfeldwachtmeister auf, erwarb aber seinen größeren kriegerischen Ruhm in Spanien, wo er sich im Kampf der Habsburger gegen Ludwig XIV. von Frankreich so bewährte, daß er 1697 zum Vizekönig von Katalonien ernannt wurde. Nach dem Tode König Karls 1701 aus seiner Stellung verdrängt, trat er seit 1703 an der Spitze der mit Österreich verbündeten englischen Flotte zum erneuten Kampf um Spanien an, um den König französischer Herkunft, Philipp V., zu vertreiben und den österreichischen Kronanwärter Karl III. einzuführen. In diesem Feldzug eroberte er 1704

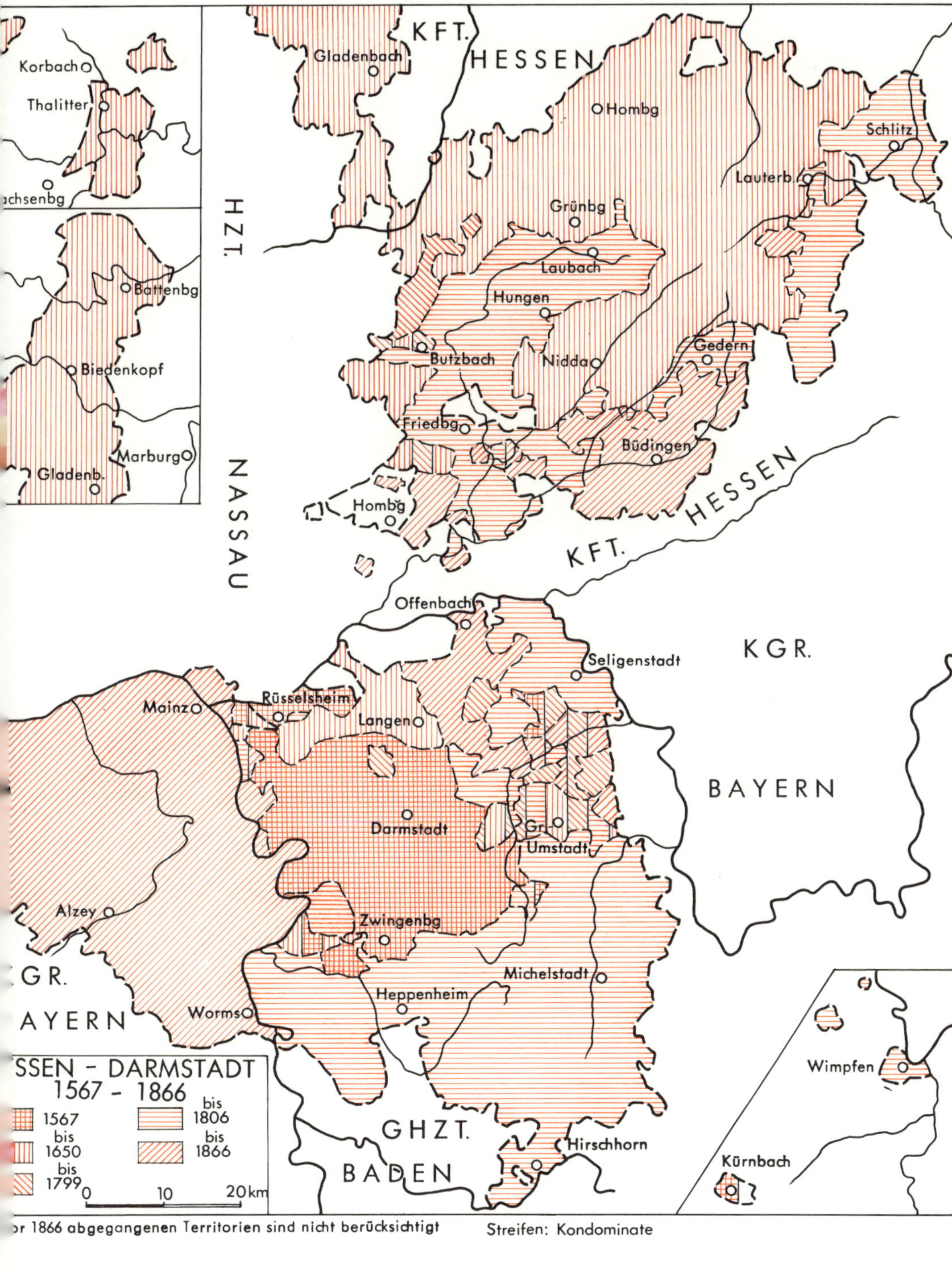

or 1866 abgegangenen Territorien sind nicht berücksichtigt

Streifen: Kondominate

Gibraltar und hielt es in den nachfolgenden Belagerungen gegen Spanien und Franzosen, so daß England seitdem diesen wichtigen Mittelmeerstützpunkt beherrscht. Schon im folgenden Jahr ist Landgraf Georg aber vor Barcelona gefallen.

Diese Abkehr der nachgeborenen Söhne des Fürsten vom eigenen Lande ist charakteristisch, denn sie zeigt mit eindringlicher Schärfe, daß es ihnen keine ausreichende Existenz bot. Die wirtschaftliche Lage des Fürstenhauses und seines Landes war vielmehr während des 17. Jahrhunderts so schlecht, daß die aus der übermäßigen Belastung des 30jährigen Krieges herrührende Not von seiner Führung jahrzehntelang nicht zu bewältigen war. Das von einer Kommission einiger Gießener Professoren, landgräflicher Beamter, Adliger und Bürger 1666 ausgearbeitete Gutachten über die Vermehrung der Kommerzien brachte keine Besserung. Die Landgrafen sahen sich vielmehr gezwungen, seit 1667 die Herrschaft Eppstein mehrfach an reiche Geldgeber zu verpfänden, aus deren Besitz sie diesen wichtigen Landesteil erst 1700 wieder einlösen konnten. Die schwierigen Auseinandersetzungen mit den Landgrafen von Hessen-Homburg, denen Landgraf Georg II. bereits 1648 das Amt Bingenheim (die ehemalige fuldische Mark) abgetreten hatte, gingen soweit, daß diese 1651 formell das Primogeniturrecht der Darmstädter Linie bestritten. Der Zwist war langwierig und konnte erst 1664 beglichen werden; nichtsdestoweniger sah sich Landgraf Ludwig von Hessen-Darmstadt schon 1669 zur Deckung seiner Verbindlichkeiten genötigt, das Amt Braubach und das Kirchspiel Katzenelnbogen an Landgraf Georg Christian von Hessen-Homburg zu verpfänden und Landgraf Wilhelm Christoph von Hessen-Homburg das Schloß Philippseck (bei Butzbach) und das Amt Lißberg zu überlassen, das dieser 1672 an Stolberg-Königstein abtrat. Braubach und Katzenelnbogen wurden 1673, das Amt Bingenheim 1681 und Lißberg 1700 z. T. gegen hohe Rentenverpflichtungen von Hessen-Darmstadt wiedererworben. Die Herrschaft Itter mußte Landgraf Ludwig VI. 1662 an Landgraf Georg übertragen, der sie bis zu seinem Tode 1676 innehatte. Dann sah sich der Landgraf gezwungen, sie aus finanziellen Gründen einem reichen Augsburger Patrizier zu überlassen, mußte sie aber wegen schwieriger örtlicher Verhältnisse mit einer erheblichen geldlichen Einbuße 1695 wieder zurücknehmen.

Die erwähnten Gegensätze zwischen Hessen-Darmstadt und Hessen-Homburg waren jedoch nicht nur politischer, sondern auch persönlicher Art. Damals regierte in Homburg das bedeutendste Mitglied des hessisch-homburgischen Hauses, der durch das Kleistsche Drama berühmt gewordene „Prinz von Homburg", der brandenburgische Feldmarschall Landgraf Friedrich II. (1681 bis 1708). Er siedelte zahlreiche französische Glaubensflüchtlinge in Friedrichsdorf, Dornholzhausen und Homburg an und trat selbst zum reformierten Glauben über, der dann für sein Haus bestimmend blieb. Dies und seine engen Beziehungen zu Hessen-Kassel (in dessen Diensten zwei seiner Söhne als Offiziere fielen) vermehrten naturgemäß die Spannungen zu Hessen-Darmstadt, die politisch darin wurzelten, daß Hessen-Homburg die Hessen-Darmstadt zustehende Landeshoheit nicht anerkennen wollte und immer wieder bestritt. Es kam daher zwischen beiden Linien wiederholt zu schweren Zerwürfnissen, ja der militärischen Besetzung Homburgs durch Hessen-Darmstadt (1699, 1739, 1747), bis endlich 1768 unter kaiserlicher Vermittlung eine „Vergleichspunktation" zustandekam, in der Hessen-Darmstadt auf die von ihm bisher geforderten Hoheitsrechte über Hessen-Homburg verzichtete.

Die schwierige Lage Hessen-Darmstadts im späten 17. Jahrhundert macht es verständlich, daß die wirtschaftlichen Verhältnisse des Hofes und des Landes nicht wieder gesunden wollten und auch die große Steuerreform von 1719 (die zur Einrichtung einer besonderen Steuerdeputation führte) keine wesentliche Besserung brachte. Die merkantilistischen Bestrebungen des landesfürstlichen Absolutismus blieben vielmehr schon in ihren Anfängen stecken, zumal das Land nicht zur Ruhe kam. Die französischen Raubkriege und der spanische Erbfolgekrieg verhinderten eine grundlegende Wiederherstellung und Sicherung der finanziellen Lage, so daß die überkommenen Schulden dauernd wuchsen. Als Ludwig VII. 1678 die Regierung übernahm, betrug die Schuldenlast etwa zwei Millionen Gulden, beim Tode Ernst Ludwigs 1739 etwa vier Millionen. Dieses Anwachsen der Verschuldung hing jedoch nicht nur mit der bedrängten politischen und militärischen Lage des Landes zusammen, sondern nicht minder mit den außerordentlichen Aufwendungen Ernst Ludwigs für Bauten (Neubau des Darmstädter Schlosses), Theater (Neubau einer Oper, die er der Leitung des Hamburgers Christoph Graupner unterstellte und so eifrig förderte, daß ihm in der Geschichte der deutschen Oper ein Ehrenplatz zukommt) und insbesondere für die Jagd. Ernst Ludwig, der 1708 die französischen Parforcejagden in Hessen-Darmstadt einführte, ließ zahlreiche Jagdschlößchen und -häuser erbauen (im Hinterland: Battenberg, Neujägersdorf, Kleudelberg und Katzenbach; im Vogelsberg: Jägertal bei Romrod und Zwiefalten bei Eichelsachsen; im Odenwaldgebiet: Kranichstein, Dianaburg, Mönchsbruch, Wolfsgarten und in Darmstadt den Parforcehof). Wirklich ruinös sind dann aber die Ausgaben des Landgrafen für seine Goldmacherei geworden, einen Wahn, dem er jahrzehntelang huldigte. So kamen zu den vier Millionen Landesschulden noch zwei Millionen geheime Kabinettschulden. Das waren außerordentliche Beträge und Lasten, wenn man dagegen hält, daß die Einkünfte des gesamten Landes 1737 nur 345 000 fl. betrugen, während die aufs schärfste eingeschränkten Landesausgaben bereits 465 000 fl. erforderten. Da jedoch von den 345 000 fl. Landeseinnahme 185 000 fl. Zinsen für die Landesschuld abgingen, blieben für die Landesausgaben tatsächlich nur 280 000 fl. (statt der erforderlichen Mindestsumme von 465 000). Die Finanzgebarung versank in einer üblen Wechselwirtschaft, und die Wechsel konzentrierten sich immer mehr in den Händen von Frankfurter Geldleuten (Adlerflycht, Bernus, Abraham Löw Ochs, Meyer David Juda).

Ernst Ludwigs Sohn, Landgraf Ludwig VIII. (1739 bis 1768) ging andere Wege, weigerte sich die wucherhaft aufgetriebenen Zinsen zu zahlen und nahm den Kampf gegen die Bankiers, die ihn beim Reichshofrat verklagten, energisch auf. Aber eine durchgreifende Ordnung der finanziellen Verhältnisse war auch ihm nicht möglich. Nur dem besonders engen Verhältnis Landgraf Ludwigs VIII. zur Kaiserin Maria Theresia und ihrer Verwendung beim Reichshofrat ist es wohl zu verdanken, daß die ständig drohenden Exekutionskommissionen nicht eingesetzt wurden und das Land damit vor dem erklärten Bankrott verschont blieb. Auch die Stände, die sich aus drei Prälaten, 20 bis 30 Vertretern des Adels und 23 der Städte zusammensetzten, waren nicht in der Lage, dem erfolgreich entgegenzutreten. Sie hatten zwar das Recht der Steuerbewilligung in außerordentlichen Fällen, erhoben dabei auch gelegentlich Forderungen, konnten damit aber gegenüber dem Fürsten und der engversippten Beamtenschaft nicht durchdringen. Aus dem gleichen Grunde ließen sich auch die Reformpläne des Regierungspräsidenten Kametzky nicht durchführen, und ebenso erfolglos blieben zunächst die Reformversuche Friedrich Karl von Mosers. Er war seit 1753 darmstädtischer Hofrat und vertrat die Landgrafschaft Hessen neben einigen kleineren Reichsstädten beim Oberrheinischen Kreis in Frankfurt, versuchte daneben aber bereits damals durch eingehende Denkschriften die Gesundung von Verwaltung und Finanzen des Landes zu bewirken. Aber der Landgraf, dessen absolutistischen Vorstellungen das großartig freie und offene Buch Mosers „Der Herr und der Diener" (1759) tief verletzte, mißtraute ihm, so daß er Moser schließlich 1762 entließ. Doch hatte dieser inzwischen ein engeres Verhältnis zum Erbprinzen Ludwig und dessen geistvoller Gemahlin Henriette Karoline gewonnen, obwohl er die militärische Regierungsart und Soldatenspielerei Ludwigs aufs schärfste mißbilligte; gleichwohl vermochte er während der letzten Jahre Landgraf Ludwigs VIII. das unter seinem Nachfolger begonnene gründliche Reformwerk schon vorzubereiten.

Der äußere Zuwachs des Landes hielt sich auch weiterhin in engen Grenzen. 1703 lösten Hessen-Darmstadt und Nassau-Weilburg den gemeinschaftlichen Besitz des Amtes Hüttenberg durch Teilung auf. 1708 tauschte der Landgraf die hessen-kasselschen Rechte an Umstadt durch Abtretung zweier Dörfer und Höfe des Amtes Alsfeld an Hessen-Kassel ein; 1710 konnte der Streit mit Isenburg (wegen des Amtes Kelsterbach und anderer Punkte) beigelegt werden, wobei die Isenburger eine erhebliche Entschädigung zahlen mußten. Auch an der Bergstraße faßte die Landgrafschaft mehr und mehr Fuß. Nachdem sie bereits 1662 das Gebiet der Herren von Frankenstein dortselbst an sich gebracht hatte, übernahm sie 1714 auch das erbachische Amt Bickenbach a. d. Bergstraße und kaufte 1722 die von Wallbrunnsche Burg und Herrschaft Ernsthofen (mit Rechten in mehreren benachbarten Dörfern) dazu. 1724 endlich gelang es, die ritterschaftliche Reichsganerbschaft des Buseckertales (bei Gießen) nach langen Händeln der landgräflichen Landeshoheit endgültig zu unterstellen, wenn die Ganerben auch die Lehnshoheit des Reiches und ausgedehnte Gerichtsrechte wahrten.

Den größten Erwerb bedeutete jedoch die Herrschaft Hanau-Lichtenberg im Elsaß, die 1736 auf Grund der Heirat Landgraf Ludwigs VIII. mit der einzigen Tochter des letzten Hanau-Lichtenbergers an Hessen-Darmstadt fiel. Bereits 1727 hatte nämlich Graf Johann Reinhard von Hanau-Lichtenberg als Letzter seines Stammes die Grafschaft Lichtenberg an seinen Enkel Ludwig von Hessen-Darmstadt übertragen, so daß dieser seit 1735 in Buchsweiler lebte und hier, zunächst unter der väterlichen hessen-darmstädtischen Vormundschaft und seit 1740 selbständig, regierte. Auf Wunsch seines Vaters zuerst im französischen Militärdienst tätig, trat er (mit seinem Bruder Georg) 1743 in preußische Militärdienste und machte entgegen dem Willen des Vaters, der fest auf der Seite der Kaiserin Maria Theresia stand, die schlesischen Feldzüge von 1744/45 mit. Danach kehrte er vorübergehend in seine Grafschaft zurück und begann hier in Pirmasens (und damit auf deutschem Reichsboden) eine eigene Garnison aufzubauen, für die das preußische Vorbild maßgebend war. Schon 1750 trat der Erbprinz aber wieder in die Dienste Friedrichs des Großen. Bei Ausbruch des 7jährigen Krieges rückte er als preußischer Generallieutenant mit in Schlesien ein und konnte von seinem Vater nur dadurch zurückgebracht werden, daß dieser dringend auf die feindselige Haltung Frankreichs hinwies, das als Verbündeter der Kaiserin Maria Theresia und Gegner Friedrichs des Großen das Land eines Verbündeten des preußischen Königs ernstlich bedrohte. Ludwig beugte sich und ging nunmehr endgültig nach Pirmasens. Sein Vater durfte sich dafür 1759 eines französischen Geldgeschenkes von 100 000 Pfund erfreuen.

Nachdem er 1768 die Nachfolge seines Vaters in der Landgrafschaft Hessen-Darmstadt angetreten hatte, befand er sich in einer eigentümlichen staatsrechtlichen Stellung, da die Grafschaft Hanau-Lichtenberg seit 1648 unter französischer Staatshoheit stand und dazu mit Frankreich reuniert worden war, was Graf Friedrich Casimir von Hanau 1680 notgedrungen zur Anerkennung der französischen Oberhoheit veranlaßt hatte. Infolgedessen war Landgraf Ludwig sowohl souveräner deutscher Reichsfürst mit Sitz und Stimme im Reichstag als auch Regent eines Teiles des französischen Staatsgebietes und als solcher Vasall des Königs von Frankreich. Die Grafschaft bestand aus dem Amt Schaafheim (bei Dieburg), den beiden rechtsrheinischen Ämtern Lichtenau und Willstädt (bei Kehl), den elsässischen Ämtern Buchsweiler (als Residenz), Brumath,

Hatten, Ingweiler, Neuweiler, Kutzenhausen, Pfaffenhofen, Westhofen, Wolfisheim, Offendorf und Wörth sowie dem im deutschen Reichsgebiet gelegenen Amt Lemberg (mit Pirmasens). Hier in Pirmasens hat dann Landgraf Ludwig IX. (1768 bis 1790) seine ganze Regierungszeit verbracht und sich unter spartanischen Formen im ödesten Garnisondienst erschöpft; dabei konnte er sich den Verlockungen des Subsidiengeschäftes nicht ganz entziehen, so daß ab 1780 auch eine hessen-darmstädtische Truppe (im französischen Sold) in Amerika kämpfte. Insgesamt aber haftet dieser den Landgrafen jahrzehntelang beherrschenden, geradezu manischen Soldatenspielerei etwas erschreckend Sinnloses an, das neben der kulturschöpferischen Tätigkeit seiner Frau fast barbarisch anmutet und um so unverantwortlicher erscheint, als sein Land damals nur mit äußerster Mühe vor dem völligen Zusammenbruch gerettet werden konnte, denn in Darmstadt amtierte und herrschte indessen die vom Kaiser unter dem Vorsitz des Grafen Neipperg eingesetzte Schuldenkommission.

In dieser äußersten Notlage übertrug der Landgraf auf Vorschlag seiner Gemahlin Henriette Karoline die Regierung des Landes dem 1772 zum ersten Minister berufenen Friedrich Karl von Moser mit der vordringlichen Aufgabe, die zerrütteten Staatsverhältnisse wieder herzustellen, denn in Moser sah der Landgraf nunmehr „den einzigen Retter seiner Wohlfahrt, des Landes, der Familie und seiner Ehre". So kamen zwei kongeniale Naturen zu gemeinsamer Wirksamkeit in Darmstadt zusammen, wo die „große Landgräfin" (wie sie Goethe genannt hat) seit 1765 residierte. Von ihr unterstützt und gehalten setzte Moser kraftvoll und rücksichtslos zu seinem Reformwerk an, um der langen Verrottung und dem lähmenden Cliquenwesen zu steuern. Karoline war eine außerordentliche Frau, verehrt selbst von Friedrich dem Großen, der sie nach ihrem Tode die Zierde und Bewunderung ihres Jahrhunderts genannt hat und ihr ein Grabdenkmal stiftete. Die führenden Geister Deutschlands und Frankreichs traten mit ihr in Verbindung, Gelehrte, Dichter und Staatsmänner suchten sie auf und standen mit ihr in Korrespondenz. Während ihr Mann Landgraf Ludwig IX. in seiner Garnison Pirmasens blieb und sich von dort aus nicht nur in den auf schriftlichem Wege in bürokratischer Unermüdlichkeit gehandhabten Regierungsgeschäften, sondern vor allem im spießigsten Drill seiner Soldaten verbrauchte, schuf sie aus Darmstadt ein geistiges Zentrum des damaligen Deutschlands, das der großen Musik (Gluck) wie der großen deutschen Dichtung in gleicher Weise geöffnet war. Damals verkehrte der junge Goethe in Darmstadt, wo sein Jugendfreund Merck lebte und Herder wirkte. Hier erschienen 1771 Klopstocks Oden und Elegien, 1773 Goethes „Götz von Berlichingen" im Verlag von Johann Heinrich Merck und im gleichen Jahre eine Ossianausgabe mit der Titelvignette von Goethe. Ebenso charakterisiert die geistige Freiheit und Weite dieser Frau ihre Bibliothek, die auf der Höhe der Zeit und des europäischen Geisteslebens stand.

Doch zu bald setzten Tod, Neid und Unverstand dieser einzigartigen Konstellation ein Ziel. Die Landgräfin starb schon 1774. Matthias Claudius, der Wandsbecker Bote, den Moser gerufen hatte, zog wieder nach Norden. Moser selbst wurde gestürzt. Der Kranz der empfindsamen Seelen um Goethe (Psyche, Urania, Lila) verwelkte. Er selber ging andere Wege, und ohne Echo las Schiller am zweiten Weihnachtstag 1784 aus seinem Fiesco im Schlosse vor. Den düsteren Schlußpunkt setzte der Selbstmord Mercks (1791). Und doch hat dieses kulturelle Leben, wie es sich in der Wirksamkeit der Landgräfin Karoline und ihres Kreises verkörperte, nicht umsonst geblüht, sondern kostbare Frucht getragen. Ihre Töchter haben dieses kulturelle Erbe an die führenden protestantischen Höfe des frühen 19. Jahrhunderts weitergegeben. Die älteste Tochter Karoline ehelichte 1768 Landgraf Friedrich von Hessen-Homburg (zur endgültigen Versöhnung dieser beiden Linien); an ihrem Hofe fand Hölderlin Zuflucht. Die Tochter Friederike heiratete 1769 König Friedrich Wilhelm II. von Preußen, deren Sohn König Friedrich Wilhelm III. sich mit Luise von Mecklenburg-Strelitz vermählte. Da ihre Mutter ebenfalls eine Darmstädter Landgrafentochter war, die früh starb, wurde die spätere Königin Luise von 1785 bis 1793 am Darmstädter Hof erzogen. Sie war eine der wenigen, die für Kleist Verständnis hatte. Die Tochter Luise der großen Landgräfin verband sich 1774 mit dem Herzog Karl-August von Sachsen-Weimar, deren Hof dann der Mittelpunkt des klassischen Deutschlands wurde.

Nicht minder bedeutend, ja für das Land selbst noch segensreicher hat Friedrich Karl von Moser als Minister gewirkt. Durch die Schuldenvergleiche von 1772 und 1779 rettete er den Staat; denn der erste beendete die Tätigkeit der kaiserlichen Schuldenkommission und nach dem „Generalzahlungsplan" des zweiten sind bis 1814 alle Schulden getilgt worden. 1775 leitete Moser die Trennung von Justiz und Verwaltung dadurch ein, daß er die Regierung in Darmstadt in einen Regierungs- und einen Justizsenat schied. Im Jahre 1777 erließ er für das Oberappellationsgericht in Darmstadt, das seit der Verleihung des Privilegiums de non appellando 1747 die oberste Verwaltungs- und Justizbehörde bildete, eine neue Appellationsordnung, die dem Gericht die Kontrolle der Verwaltungsbehörden entzog. Im gleichen Jahre, 1777, gründete er die Oberlandkommission (die spätere Landesökonomiedeputation), die weniger zur Hebung von Landwirtschaft und Bodenkultur, als vor allem zur Reorganisation der allgemeinen Verwaltung bestimmt war; errichtete zur selben Zeit die Ökonomische Fakultät an der Universität Gießen und regte eine Schulreform an. Unter ihm erschien 1778 der erste in Darmstadt gedruckte Staats- und Adreßkalender und seit 1777 die zuerst von Matthias Claudius redigierte Hessen-Darmstädtische Privilegierte Landeszeitung.

Es kann daher nicht allzu schwer wiegen, daß H. B. Wenck nach Mercks Mitteilungen bei Abfassung der hessischen Landesgeschichte — der ersten großen, kritischen landesgeschichtlichen Darstellung in Hessen, die ab 1783 erschien — von Moser schikaniert worden sei, denn Merck war einer der erbittertsten Feinde Mosers. Jedoch war Moser offensichtlich ein schwieriger und schwer zu behandelnder Charakter, eine sehr stark ausgeprägte Persönlichkeit, die sich kaum in die reguläre Beamtenschaft einordnen ließ. Von ihr erfuhr er denn auch die stärksten Widerstände, vor allem durch den von ihm 1776 nach Gießen versetzten Kammerdirektor Klipstein. Dieser war um so gefährlicher, als er nicht nur tüchtig, sondern auch mit der gesamten maßgebenden hessen-darmstädtischen Beamtenschaft versippt war. Er verstand es daher öfters, Mosers Absichten beim Landgrafen zu durchkreuzen. Klipsteins Kritik an den mangelhaften Ergebnissen der von Moser eingerichteten Oberlandkommission, gegen deren Maßnahmen sich insbesondere die von der Verwaltungsreform betroffenen Städte wehrten, die offensichtlich überstürzte Appellationsordnung von 1777 und Mosers Widerstand gegen die vom Landgrafen erstrebte Erhöhung seines Militäretats, verbunden mit Streitigkeiten über die Aufhebung des Lottos (das man in Hessen-Darmstadt erst 1832 abschaffte) führten schließlich 1780 zum Sturz des Ministers. Die Art und Weise, wie Moser abgesetzt und dann in jahrelangen Prozessen verfolgt wurde, wobei sich insbesondere sein Nachfolger Gatzert hervortat, war wenig rühmlich, jedoch gingen dann auch die dadurch ausgelösten Angriffe Mosers gegen den Landgrafen zu weit. Er konnte allerdings für sich beanspruchen, den Staat vor dem finanziellen Ruin gerettet und die Land- und Forstwirtschaft in entscheidender Weise gefördert zu haben, welche Rückschläge auch immer eingetreten sein mochten. Jedoch kam erst nach dem Tode Landgraf Ludwigs IX. 1790 unter Landgraf Ludwig X. eine Aussöhnung mit Moser zustande, die dieser aber nicht mehr lange überlebt hat.

Die Auswanderung aus Hessen, die in den Jahren vor Mosers Amtsübernahme einen Höhepunkt im großen Rußlandabzug von 1766 erreicht hatte, ging nunmehr wieder zurück. Die Einschränkung der verheerenden Wildbestände, die Einführung der Stallfütterung (durch Kleebau und Wiesenmelioration), die dadurch von der Viehweide befreiten Wälder mit ihrer nunmehr erst möglichen Kultivierung, die erhöhte Düngergewinnung und insbesondere der sich jetzt durchsetzende Kartoffelanbau waren eine Wohltat für das Land und steuerten gerade in den ärmsten Gegenden wenigstens der größten Not. Einer allgemeinen wirtschaftlichen Gesundung boten jedoch die großen Armutsgebiete des Landes (Odenwald, Vogelsberg, Hinterland) und seine unglückliche territoriale Zersplitterung schwer überwindbare Hemmnisse. Als Landgraf Ludwig X. (1790 bis 1830)die Regierung antrat, bestand das Land aus zehn verschiedenen Gebietsteilen, die keinerlei territorialen Zusammenhang miteinander hatten: der Grafschaft Hanau-Lichtenberg mit ihren drei gesonderten Bezirken (im Elsaß, in Baden, in der Dreieich), der Obergrafschaft und einem

Teil der Niedergrafschaft Katzenelnbogen, der Herrschaft Eppstein, dem mit Hessen-Kassel gemeinschaftlichen Amt Umstadt und der mit Württemberg gemeinsamen Vogtei Kürnbach sowie dem Fürstentum Oberhessen mit der Exklave Vöhl — also ein Staat (von etwa 5900 qkm mit ungefähr 290 000 Einwohnern), der sich von den Vogesen bis zum Rothaargebirge erstreckte. Er war in die drei Verwaltungseinheiten Ober- und Niedergrafschaft, Oberhessen, Hanau-Lichtenberg gegliedert. Zuständig für alle Gebiete waren die Darmstädter Zentralbehörden des Geheimen Ministeriums (des alten Geheimen Rates), des Kriegskollegiums, des Oberappellationsgerichtes, des Lehnhofes, der Rentkammer, des Oberforstamtes, der Landesökonomie- und der Steuerdeputation. Daneben besaß jeder der drei Landesteile eine Regierung, die Verwaltungs-, Gerichts- und Polizeibehörde war und neben sich ein Konsistorium hatte. Der bürgerliche Prozeß wurde nach der Zivilprozeßordnung von 1724 gemäß dem bis ins 19. Jahrhundert gültig gebliebenen Katzenelnbogener Landrecht geführt. Als untere Gerichts- und Verwaltungsbehörden fungierten die Ämter, von denen die Ober- und Niedergrafschaft 12, Oberhessen 24 und Hanau-Lichtenberg 12 umfaßte. Den Strafprozeß regelte eine 1726 neu erlassene Halsgerichtsordnung. Die Durchführung der peinlichen Prozesse erfolgte vor den im Laufe des 17. Jahrhunderts eingerichteten peinlichen Gerichten. Das eine war in Gießen (durch die Gerichtsordnung von 1639 zuerst in Marburg begründet, nach dessen Verlust 1652 in Gießen bestellt); das andere in Darmstadt (genannt 1672; hier waren bis dahin die Zentgerichte der Obergrafschaft für den Strafprozeß zuständig gewesen).

Aber nicht nur die wirtschaftliche Lage und die Verwaltungsverhältnisse, auch die politischen Gegebenheiten blieben schwierig. Landgraf Ludwig IX. hatte sich nicht entschließen können, seine Stellung eindeutig nach einer der großen deutschen Mächte, Habsburg oder Preußen, auszurichten. Er versuchte vielmehr neutral zu bleiben, so daß er sowohl den Kaiser als auch Preußen gegen sich einnahm, zumal er dessen Fürstenbund 1785 trotz einstimmiger Empfehlung seines Geheimen Rates nicht beitrat. Als sich dann 1790 der Regierungswechsel vollzog, überschatteten ihn bereits drohend die Ereignisse der Französischen Revolution; denn der Beschluß der französischen Nationalversammlung vom 4. August 1789 über die Aufhebung der Feudalabgaben hatte die landesherrlichen Rechte und Einkünfte in der linksrheinischen Grafschaft Hanau-Lichtenberg erheblich geschmälert. Diese Lage veranlaßte Landgraf Ludwig zwar sofort nach seinem Regierungsantritt zu einer Neuorganisation und Vermehrung seines Militärs, das er einem von ihm selbst präsidierten Kriegskolleg unterstellte; aber die politisch ungeklärte Stellung der Landgrafschaft zwischen Wien und Berlin und die Bedrohung durch Frankreich waren damit nicht aufgehoben.

Die Abneigung Landgraf Ludwigs gegen die Französische Revolution und das Scheitern der Subsidienverhandlungen mit Preußen 1790 und 1792 bestimmten ihn, sich der Tradition seines Hauses gemäß an den Kaiser zu halten, ohne daß dieser ihn jedoch hinreichend schützen und unterstützen konnte. Der unglückliche Ausgang des preußischen Feldzuges in der Champagne verschärfte die Lage, denn nun sah sich der Landgraf gezwungen, vor den bei Speyer und Mainz erscheinenden Franzosen bis nach Gießen zurückzuweichen, was ihm den Vorwurf eintrug, den schnellen Fall von Speyer und Mainz mitverschuldet zu haben. Doch hätten die hessisch-darmstädtischen Truppen zweifellos nicht genügt, die französische Armee aufzuhalten, die am 21. Oktober 1792 Mainz eroberte, schon am folgenden Tage Frankfurt besetzte und von dort in die Wetterau einbrach. Als jedoch der Rückschlag erfolgte und die preußischen und hessen-kasselschen Truppen im November die Wetterau wieder befreiten und am 2. Dezember 1792 Frankfurt zurückgewannen, schloß sich Landgraf Ludwig ihnen an und nahm an der Belagerung von Mainz teil, das am 23. Juli 1793 wiedererobert wurde. Ehe es jedoch fiel, hatte der Landgraf den Verzweiflungsschritt tun müssen, sein Korps aus der Belagerungsarmee herauszuziehen und größtenteils zu beurlauben, da es ihm finanziell unmöglich war, die Truppen weiter zu unterhalten. Nunmehr boten ihm endlich der Kaiser und auch England Subsidienverträge an, die am 17. und 23. September 1793 zustande kamen, worauf beide Mächte die hessen-darmstädtischen Truppen in ihren Sold übernahmen. Von ihnen beteiligte sich die Rheinbrigade weiter an den Kämpfen am Mittelrhein, während der andere Teil, die niederländische Brigade, am Niederrhein kämpfte, bis es 1795 zum Waffenstillstand mit Frankreich kam.

Die Waffenruhe war aber nur kurz. Schon im Frühjahr 1796 stellte Frankreich zwei neue Heere auf, am Oberrhein die Rhein-Mosel-Armee und am Niederrhein die Sambre-Maas-Armee. Jene befehligte Moreau, diese Jourdan. Ihnen stand am Rhein das österreichische Heer unter Erzherzog Karl und Wurmser gegenüber. Angesichts der französischen Erfolge in Italien kündigte Österreich am 21. Mai 1796 den Waffenstillstand zum 1. Juni und zweigte zugleich einen beträchtlichen Teil der Armee unter Wurmser nach Süden ab. Daraufhin überschritt Jourdan den Rhein, konnte sich jedoch in den Treffen von Wetzlar und Uckerath (15. und 19. Juni) nicht behaupten und wich bis Düsseldorf zurück. Als nunmehr auch Moreau über den Rhein ging, warf sich ihm Erzherzog Karl entgegen, was Jourdan ermöglichte, abermals anzugreifen. Er schlug die schwachen österreichischen Kräfte unter Wartensleben bei Neuwied und Altenkirchen (2. und 4. Juli) und stieß sofort bis in die Wetterau vor, deren Hauptstadt Friedberg dem General Kleber schon am 10. Juli in die Hände fiel. Vergeblich versuchten die Österreicher sich in einer Stellung am nördlichen Mainufer mit dem Mittelpunkt Bergen zu halten, denn da auch

Moreau im Süden erfolgreich operierte, mußte Frankfurt bereits am 15. Juli kapitulieren. Daraufhin ging Wartensleben bis Würzburg zurück, gefolgt von den Franzosen unter Jourdan. Hierbei erlitten diese jedoch bei Amberg und Würzburg (am 24. August und 3. September) empfindliche Niederlagen, die sie zum Rückzug zwangen. Dieser artete unter dem Druck des nachdrängenden österreichischen Heeres bald in regelrechte Flucht aus, die Truppe entglitt der Hand ihrer Offiziere und machte sich schwerer Übergriffe gegen die Zivilbevölkerung schuldig. Diese setzte sich zur Wehr, und so kam es im Spessart und Odenwald, in der Rhön und im Vogelsberg zu anhaltenden Überfällen auf abgesprengte Truppenteile, die ihrerseits mit härtesten Repressalien antworteten. Dabei wurde insbesondere das Amt Nidda Anfang September aufs schwerste ausgeplündert, am 8. September Lißberg niedergebrannt. Trotzdem konnten sich die Franzosen nicht halten, sondern mußten wieder bis zum Rhein zurück.

Landgraf Ludwig, der diesen Ereignissen fast wehrlos preisgegeben war, sah sich daher immer unabweislicher zum Besten seines Landes zu Verhandlungen mit Frankreich genötigt. Er stand jedoch solange davon ab, bis ihm 1797 der Präliminarfrieden von Leoben und der endgültige Frieden von Campo Formio zwischen dem Kaiser und Frankreich die Augen über die Täuschung öffneten, der er erlegen war; denn der Kaiser hatte die dem Landgrafen 1793 zugesagten Entschädigungsforderungen für die Darmstadt verlorengegangene Grafschaft Hanau-Lichtenberg nicht in die Friedensbedingungen mit aufgenommen. Als nun Österreich im Dezember 1797 auch die Festung Mainz an die Franzosen auslieferte und beide Mächte die Nidda als Demarkationslinie zwischen der österreichen und der französischen Armee festsetzten, so daß damit die Landgrafschaft mittendurch geteilt den französischen Truppen offenstand, ging der Landgraf notgedrungen 1798 auf Verhandlungen mit Frankreich ein und nahm als letzter der unmittelbar bedrohten Fürsten eine am 3. März angebotene Neutralitätskonvention Frankreichs an.

VII.

DIE GEISTLICHEN MÄCHTE UND TERRITORIEN

23. *Das Erzbistum Mainz und sein Verhältnis zu Hessen*

Unter allen Mächten, mit denen sich die Landgrafschaft Hessen im Laufe ihrer mittelalterlichen Geschichte auseinandersetzen mußte, steht das Erzbistum Mainz an erster Stelle. Sein Einfluß auf die Entwicklung der politischen Verhältnisse und die territoriale Gestaltung des Landes waren derartig groß, daß die Geschicke Hessens bis zur Reformation mit ihm untrennbar verknüpft sind. Das Bestreben des Erzbistums war dabei schon früh, sicher seit dem 12. Jahrhundert, darauf gerichtet, im hessischen Bereich ein eigenes geistliches Territorium zu begründen, während die Landgrafen mit allen Kräften bemüht waren, diese Versuche zu vereiteln, um hier selber ein weltliches Territorium aufzubauen. Man kann daher mit Fug dieses jahrhundertelange Ringen zwischen Landgraf und Erzbischof als Leitmotiv der mittelalterlichen hessischen Geschichte bezeichnen. Dagegen weist die Geschichte des Erzbistums naturgemäß auch noch andere, wichtige territorialpolitische Aspekte auf, wie etwa seinen Behauptungskampf in Thüringen, den Aufbau des Neun-Städte-Gebietes im Main-Tauber-Bezirk oder die außerordentlich mühselige und gefährliche Auseinandersetzung mit der Pfalz (und den Grafen von Katzenelnbogen) an der Bergstraße und in Rheinhessen. Wir beschränken uns hier unserer Aufgabe gemäß auf die mainzischen Beziehungen zu Hessen, die jedoch nicht nur für die Landgrafschaft, sondern auch für das Erzbistum durch acht Jahrhunderte hindurch, von Erzbischof Bonifatius im 8. Jahrhundert bis zu Erzbischof Albrecht von Brandenburg im 16. Jahrhundert, vorrangig waren und für beide jene uralte Einbeziehung in das politische Kräftespiel der Rhein-Main-Lande, wie sie uns bereits in römischer Zeit entgegengetreten ist, für die Jahrhunderte des Mittelalters fortgeführt haben.

Die Anfänge des Bistums Mainz reichen sicher in römische Zeit zurück, denn der früheste mainzische Bischof Martin wird 343/46 genannt, während die chronologisch gesicherte Bischofsreihe nicht vor Sidonius (um 560) beginnt. Das Bistum stand an Bedeutung zunächst gegenüber Trier und Köln zurück, erfuhr dann aber durch seine Zuweisung an den zum Erzbischof erhobenen Apostel Bonifatius eine erste Erhöhung. Bonifatius, der diesen Sitz von 745 bis 754 innehatte, schuf die Voraussetzung dafür, daß die Sprengel der von ihm gegründeten Missionsbistümer Büraburg in Hessen und Erfurt in Thüringen noch zu seinen Lebzeiten mit der Metropole Mainz aufs engste verknüpft und spätestens nach seinem Tode zum Mainzer Kirchensprengel gezogen wurden. Sein bedeutender Nachfolger Lullus (754 bis 786) erwarb die erzbischöfliche Würde, die nach Bonifatius' Tode zunächst auf Rutgang von Metz übergegangen war, 780/81 aufs neue und hat damit den Rang von Mainz als Erzbistum für mehr als ein Jahrtausend bis zum Ende des alten Reiches begründet. Die von Mainz im Laufe des 9. und 10. Jahrhunderts ausgebildete Kirchenprovinz umfaßte schließlich zwölf Suffraganbistümer (mehr als die Erzbistümer Trier, Köln und Salzburg zusammen hatten) und stellte die nächst dem Papstum größte kirchliche Verwaltungseinheit des Abendlandes dar. Erst unter Kaiser Otto I. konnte ihm der Verzicht auf Magdeburg und unter Kaiser Karl IV. der auf Prag als neue Erzbistümer abgerungen werden.

Diese überragende kirchliche Position des Mainzer Erzbischofs, der seit Lullus als Primas Germaniae galt und um 937 unter Erzbischof Friedrich das auszeichnende apostolische Vikariat vom Papst erhielt, gipfelt in dem Wort, das Innozenz III. (1198 bis 1216) an Erzbischof Siegfried II. richtete: „Es gibt keinen Bischof, der nach dem römischen Bischof einen so hohen Rang in der Kirche und im Reiche einnimmt, wie du ihn innehast." Der Mainzer Erzbischof war nämlich nicht nur der Hofbischof des Kaisers, seit 965 war auch das Erzkanzleramt dauernd mit dem Mainzer Erzstuhl verbunden, und 975 ließ sich Erzbischof Willegis (975 bis 1011) dazu noch vom Papst das Recht der Königsweihe bestätigen. Als die Mainzer Erzbischöfe 1054 auf dieses Privileg verzichteten und damit die Königskrönung dem Kölner Erzbischof überließen, konnten sie das um so unbedenklicher, als sie inzwischen einen so überragenden Einfluß auf König und Reich gewonnen hatten, daß sie die deutschen Königswahlen jahrhundertelang entscheidend beeinflußt haben und seit dem 13. Jahrhundert im Kurfürstenkolleg eine ausschlaggebende Rolle spielten. Zu dieser überragenden Stellung der Mainzer Erzbischöfe als oberste Geistliche und erste Fürsten des Reiches trat ihre bedeutende Position als Landesherren, die durch ihre beiden älteren Würden jeder anderen Territorialmacht überlegen war, zumal die meisten Erzbischöfe „es trefflich verstanden, den Krummstab (als Symbol ihres geistlichen Ranges) für das Szepter (als Zeichen ihrer weltlichen Herrschaft) und das Szepter für den Krummstab kämpfen zu lassen". Das sollte sich später gerade in Hessen verhängnisvoll auswirken, das ja (seit dem Untergang des Bistums Büraburg) kein eigenes Landesbistum mehr hatte, sondern in seinem geistlichen Oberhirten zugleich denjenigen Landesfürsten bekämpfen mußte, der es aufs stärkste bedroht hat.

Bei der großen Ausdehnung der Mainzer Diözese waren die Gütererwerbungen des Erzstiftes von Anbeginn an naturgemäß ebensoweit auseinandergezogen, so daß sich die Anfänge der später wichtigsten Mainzer Gebiete um Mainz, im Rheingau, an der unteren Nahe, in der Wetterau, bei Aschaffenburg, in Erfurt, auf dem Eichsfeld und in Hessen schon im 9. Jahrhundert feststellen lassen. Doch ist die Ausdehnung von Mainz mainaufwärts bis Höchst und von hier zum Feldberg im Taunus hinüber sicher viel früher, wahrscheinlich bereits in vorbonifatianischer Zeit erfolgt. Schon 849 bezeichnen die Fuldaer Annalen Höchst als im Mainzer „Territorium" gelegen; kurz darauf fertigte Erzbischof Rhaban von Mainz für die 851/52 geweihte Höchster Justinuskirche Weiheinschriften an. Die dem Erzbistum wahrscheinlich unter Kaiser Otto I. (936 bis 973) verliehene Hohe Immunität löste seine Besitzungen aus ihren Grafschaftsverbänden und gab dem Erzbischof zugleich die Stellung eines reichsunmittelbaren Fürsten. So konnte sich Mainz seit den Zeiten von Bonifatius in Hessen im wesentlichen ungehindert durch örtliche Gewalten ausdehnen und damit gegenüber allen anderen hessischen Grafenhäusern und weltlichen Territorien einen Vorsprung erreichen, der jahrhundertelang fast erdrückend gewirkt hat. Der zwingende Grund für diese hessische Politik der Mainzer Erzbischöfe lag im Charakter Hessens als Verbindungsland zwischen Rhein und Elbe. Nur mit Hilfe von Hessen wäre es dem Erzstift möglich gewesen, seinen bis nach Thüringen reichenden, weitverstreuten Besitz zusammenzuschließen und damit ein Reichsfürstentum zu begründen, das dem Mainzer Erzbischof eine ähnliche territoriale Machtgrundlage geboten hätte wie dem Kölner Erzbischof später das Herzogtum Westfalen.

Die allmähliche Durchdringung Hessens mit mainzischen Besitzungen und Rechten ist in ihren Anfängen und Formen vielfach noch ungeklärt. Wir wissen zwar, daß die große Schenkung Kaiser Ottos II. von 983 Mainz wesentliche Rechte in Bingen und im benachbarten Rheingebiet eingeräumt hat, doch können wir die Ausbildung der Mainzer Herrschaft über den Rheingau nur vermutungsweise auf dem Weg eines langsamen Machtausbaues erschließen. Das gleiche gilt für die spätere mainzische Herrschaft über den Spessart, als deren Grundlage die Erwerbung des Aschaffenburger Stiftes unter Erzbischof Willegis gelten muß. König Heinrich IV. überließ Mainz 1064 das dem Spessart benachbarte Orb am Kinzigtal mit den zugehörigen Salzquellen und dem ausgedehnten Orber Reisig, übertrug ihm außerdem 1069 die Abtei Seligenstadt am Main und ermöglichte es dem Erzstift, seine mit den Reichsabteien Fulda und Hersfeld strittigen Zehntrechtsansprüche in Thüringen und Hessen 1073 weitgehend durchzusetzen. Es ist jedoch unbekannt, worauf sich beispielsweise die im 13. Jahrhundert erhobenen mainzischen Ansprüche auf die Grafschaften in Hessen, an der oberen Weser und in Thüringen gründeten.

Für die Grafschaft Hessen hat man angenommen, daß die mainzischen Rechte daran schon in die Zeit Ottos des Großen zurückreichten und mit dem Sturz seines Sohnes Liudolf als Graf von Hessen zusammenhingen. Wir wissen jedoch nur, daß das Erzbistum die Grafschaft unter Kaiser Heinrich IV. vor 1100 beanspruchte, nachdem es schon vorher, wahrscheinlich 1066, die bis dahin königliche Pfalz Fritzlar an sich gebracht hatte. Jedoch dürfte eine Übertragung der Grafschaft Hessen an das Erzbistum Mainz, der allgemeinen reichs- und kirchenpolitischen Lage gemäß, am wahrscheinlichsten in der ersten Hälfte des 11. Jahrhunderts erfolgt sein, denn damals gelangten im Bereich des heutigen Hessen nicht weniger als acht weitere Grafschaftsgebiete an die Reichskirche (vgl. Seite 165).

Der Durchsetzung und Ausdehnung des mainzischen Einflusses und Besitzes diente auch die Errichtung von Eigenklöstern und -kirchen durch die Erzbischöfe und die Übertragung von solchen an sie. Die frühesten und bedeutendsten Beispiele mainzischer Eigenklöster sind Hersfeld, das jedoch schon bald an das Reich verlorenging, und Bleidenstadt, das Ende des 8. Jahrhunderts ebenfalls noch von Erzbischof Lullus gegründet und nach Angabe der Bleidenstädter Grenzbeschreibung von 812 durch Lullus' Nachfolger Erzbischof Richolf geweiht worden ist. Es folgten, abgesehen von den zahlreichen in Mainz selbst errichteten Klöstern und Stiften, 1021 Kloster Hasungen (Kr. Wolfhagen), 1055 das Stift Nörten a. d. Leine, unter Erzbischof Ruthard (1088 bis 1109) das Kloster Johannisberg im Rheingau, 1090 das Kloster Lippoldsberg a. d. Weser und vor 1138 das Stift Hofgeismar. Klostergründungen weltlicher Herren, die sie dann dem Mainzer Erzbischof übertrugen, waren das von Graf Werner IV. 1113 gegründete Kloster Breitenau, das von den Grafen von Laurenburg um 1117 errichtete Kloster Lipporn auf dem Einrich (seit 1126 Abtei Schönau), das vor 1123 von den Grafen von Kappenberg gestiftete Prämonstratenserstift Ilbenstadt in der Wetterau und das 1186 von den Grafen von Merenberg geschaffene Prämonstratenserinnenstift Hachborn, während das Kloster Weißenstein (bei Kassel) vor 1137 von einem Fritzlarer Kanoniker gegründet und Erzbischof Adalbert I. (1111 bis 1137) übergeben worden war. Diese mainzische Klosterpolitik spiegelt zugleich die Bestrebungen, die Klöster dem Schutz der mainzischen Freiheit zu unterstellen und sie vom Einfluß ihrer weltlichen Vögte zu befreien, was nicht nur zur Förderung von vogtfreien Zisterzienserniederlassungen führte (um 1135 Kloster Eberbach im Rheingau), sondern auch zu unmittelbaren Klosterschutzverträgen des Erzstiftes (mit Kloster Spießkappel 1143, mit Kloster Retters 1146). Charakteristisch ist das Ringen der Mainzer Erzbischöfe mit den Grafen von Ziegenhain um die Vogtei des von den Grafen vor 1140 gestifteten Benediktinerklosters Aulisburg, das 1150 erstmals Zisterzienser übernahmen. Auch hier sind die Erzbischöfe zum Ziel gelangt, denn anläßlich seiner Verlegung nach Haina 1215 verzichteten die Grafen auf die Vogtei; ja selbst die landgräflich thüringische Vogtei über Fritzlar vermochte Erzbischof Siegfried 1225 wieder an das Erzstift zu bringen.

Die seit Erzbischof Adalbert I. immer nachdrücklicher betriebene Territorialpolitik der Erzbischöfe stützte sich jedoch nicht nur auf die von ihnen beherrschten zahlreichen Klöster, sondern durchaus auch auf weltliche Machtpositionen, insbesondere auf eine zunehmende Zahl von ihnen erworbener oder erbauter Burgen. So erhielten sie 1124 die Hälfte der Burg Eppstein im Taunus und in Niederhessen die Schlösser Malsburg und Schartenberg mit großem Zubehör; 1151 schenkte Graf Hermann von Winzenburg die Schöneburg bei Hofgeismar. Bezeichnend ist, daß Erzbischof Adalbert I. nicht weniger als 15 Burgen und mit ihnen zahlreiche andere Güter einbrachte, die wiederum in der Nähe der alten mainzischen Besitzmittelpunkte im Rhein-, Main- und Nahegau, in der Wetterau, in Thüringen, auf dem Eichsfeld und besonders in Hessen lagen. Hier bildete vor allem die Übernahme eines wesentlichen Teiles der Güter des 1121 erloschenen Wernerschen Grafengeschlechtes durch Mainz einen großen territorialpolitischen Erfolg des Erzstiftes und damit eine wichtige Etappe auf dem Wege des mainzischen Besitzausbaues in Hessen. Erzbischof Adalbert ist es wahrscheinlich auch gewesen, der den Mainzer Besitz verwaltungsorganisatorisch in die vier Amtsbezirke: Mittelrhein (Sitz in Mainz), Mainfranken (Aschaffenburg), Thüringen (Erfurt) und Eichsfeld/Hessen (Rusteberg) gliederte. 1122/23 sind demgemäß vier Vitztume nebeneinander bezeugt.

Dieser ständig wachsenden Ausdehnung des erzstiftischen Besitzes bot lediglich die Kirchengutpolitik Barbarossas noch einmal Einhalt, da er gerade die Mainzer Kirchengüter rücksichtslos für die Zwecke des Reiches heranzog. Das zeigt sein Vorgehen im Rheingau, den er unnachsichtlich verwüsten ließ, als Erzbischof Konrad die kaiserliche Politik nicht mehr unterstützte, und der Fall Gelnhausen; denn obwohl der Ort Mainz zur Hälfte gehörte, errichtete der Kaiser hier seine Pfalz, so daß Gelnhausen für das Erzbistum verloren war. Erzbischof Konrad (1161 bis 1165) mußte schließlich das Erzbistum aufgeben und es dem kaiserlichen Kandidaten Christian überlassen (1167 bis 1183), der sich als kaiserlicher Staatsmann so wenig darum kümmerte, daß es der Kaiser nahezu uneingeschränkt beherrschte, von benachbarten Großen kräftig darin unterstützt. Damals dürften die Nassauer Grafen den Wildbann über die Forste des Rheingaues an sich gebracht haben, während die Landgrafen von Thüringen ihre Stellung in Hessen entscheidend festigen konnten.

Das zweite Pontifikat Erzbischof Konrads (1183 bis 1200) brachte jedoch eine entschiedene Wendung zugunsten des Erzbistums, wie sein großes Rückerwerbungsverzeichnis erkennen läßt. Danach hatte das Erzstift in Hessen außer Gelnhausen auch die Hälfte der Burg Rheinberg (im Rheingau), die Burg Holzhausen (bei Gudensberg) und einen Anteil des Schlosses Reichenbach (bei Lichtenau) sowie die Festungstürme von Bingen (an Werner von Bolanden) und Amöneburg (an Kuno von Münzenberg) eingebüßt. Das gleiche galt für die großen mainzischen Wirtschaftshöfe in Höchst (an Graf Heinrich von Diez und von ihm an die Eppsteiner), in Oberlahnstein (samt einigen überhöhischen Dörfern im Taunus an Graf Ruprecht von Nassau), in Hofgeismar (an Graf Ludwig von Dassel) und in Gudensberg (?). Dazu kamen schwerwiegende Verluste in Fritzlar, wo sich die Landgrafen von Thüringen die Münze und der Vitztum von Rusteberg den Kammerforst angeeignet hatten. Wie dieser Forst so waren auch fast alle übrigen mainzischen Forste in Hessen und im Rheingebiet entfremdet worden, darunter der Forst Schweinhagen (in der Dreieich) durch Hartmann von Büdingen und Gerhard von Kälberau. Dem Erzbischof gelang es jedoch, diese Besitzungen zum größten Teil für die Kirche zurückzugewinnen, dazu die Burg Wittgenstein lehnsabhängig zu machen und die Burg Melsungen an sich zu ziehen; doch blieben diese beiden letzteren Besitzungen nicht unbestritten. Die Lehnshoheit über Wittgenstein konnte erst Erzbischof Siegfried 1223 gewaltsam durchsetzen, und Melsungen mußte Erzbischof Konrad schon 1193 wieder an die Thüringer zu Lehen ausgeben.

Diese weitgehende Wiederherstellung des territorialen Besitzes des Mainzer Erzbistums in Hessen während des zweiten Pontifikates Erzbischof Konrads ermöglichte seinen weiteren Ausbau im 13. Jahrhundert, begünstigt durch die anhaltenden Kämpfe des staufischen Königshauses um seine Behauptung, die Fürstenpolitik Kaiser Friedrichs II. und die dem Untergang der Staufer folgende Zerstörung des Reiches. Dabei kam es dem territorialpolitischen Aufstieg des Mainzer Erzbistums außerordentlich zugute, daß seinen Stuhl damals fast ausschließlich Angehörige eines einzigen Geschlechtes besetzten, nämlich die Herren von Eppstein, die im 13. Jahrhundert nicht weniger als vier Erzbischöfe stellten. Es handelt sich dabei um Erzbischof Siegfried II. (1200 bis 1230), Erzbischof Siegfried III. (1230 bis 1249), Erzbischof Werner (1259 bis 1284) und Erzbischof Gerhard von Eppstein (1289 bis 1305). Eine so dichtgeschlossene Folge von Angehörigen eines Herrenhauses auf dem Mainzer Erzstuhl hat es nicht wieder gegeben, wobei besonders ins Gewicht fällt, daß es sich durchweg um bedeutende Persönlichkeiten gehandelt hat. Und doch fielen in ihre Zeit zwei für die Sicherung der weiteren territorialen Selbständigkeit Hessens grundlegende Ereignisse, die Übernahme des Landes nach dem Aussterben der Thüringer durch die Landgrafen aus dem Hause Brabant 1247 und die Erhebung des ersten hessischen Landgrafen Heinrichs I. in den Reichsfürstenstand 1292. Das erste Ereignis hat Mainz vergeblich zu hindern versucht, das zweite hat es selber veranlaßt.

Die Spannungen, die das Verhältnis der Thüringer Landgrafen zu den Mainzer Erzbischöfen hinsichtlich ihrer beiderseitigen territorialpolitischen Absichten in Hessen kennzeichnen, haben wir oben dargestellt. Die Unterstützung der dem Erzstift feindlichen Maßnahmen Barbarossas durch Landgraf Ludwig und der weitgehende Wiederausgleich dieser Verluste durch Erzbischof Konrad, die mainzischen Maßnahmen gegen die Klostervogteien, die Auseinandersetzung wegen des Einflusses auf Wittgenstein und der Kampf um Fritzlar waren wesentliche Etappen dieser Auseinandersetzung, die im ganzen gesehen günstig für das Mainzer Erzstift verlief. Es kam hinzu, daß nach dem Erfolg Erzbischof Siegfrieds II., der die bedeutende Burg Hanstein von den Braunschweiger Herzögen (nach 1209) an sich gebracht und damit eine starke Stütze für den Ausbau der mainzischen Herrschaft über das Eichsfeld gewonnen hatte, Siegfried III. 1232 mit der Erwerbung der Reichsabtei Lorsch (die ihm der Kaiser schenkte) ein noch vollerer Griff glückte; denn er verschaffte dem Erzstift die Vogteien Heppenheim, Bensheim, Fürth und Lorsch, die Ämter Gernsheim und Hirschhorn sowie die Lehnshoheit über Schauenburg und Bickenbach. Es war ein besonders reicher Gewinn, der dem Erzstift mit der festen Starkenburg über Heppenheim die Herrschaft über die Bergstraße und den vorderen Odenwald sicherte. Es ist erklärlich, daß sich die Pfalzgrafen als Lorscher Vögte dadurch überspielt, aber zugleich auch bedroht fühlten, so daß es zwischen Erzbischof Siegfried und Pfalzgraf Otto zu langen, schweren Kämpfen kam. Sie erhielten schließlich reichspolitische Bedeutung, da sie die Parteistellung der beiden Gegner im Endkampf des staufischen Kaiserhauses in Deutschland bestimmten. Da die päpstliche Partei siegte, zu deren maßgeblichen Leitern Erzbischof Siegfried gehörte, blieben die pfälzischen Anstrengungen vergeblich. Mainz behauptete sich, jedoch nur um den Preis einer tiefgehenden Verfeindung mit der Pfalzgrafschaft, die dann auch auf die benachbarten rheinhessischen Gebiete übergegriffen und dem Mainzer Erzbistum im späteren Mittelalter schwer zugesetzt und es hier mehr und mehr abgeschnürt hat.

Dieser Kampf um Lorsch gehört zu den erfolgreichen Unternehmungen des Erzstiftes, sich eine unmittelbare Verbindung von Mainz über den Lorscher Besitz in seine Gebiete im Spessart, am Main und im Taubergebiet zu schaffen, die es im 13. Jahrhundert noch erheblich ausbaute. 1227 hatten die bald danach ausgestorbenen Dynasten von Kälberau dem Mainzer Erzstift die Burg Rannenberg zu Lehen aufgetragen. Erzbischof Werner zerstörte die Machtstellung der Grafen von Rieneck im westlichen Spessart, nachdem er sie 1260 zum Verzicht auf den Burgenbau daselbst gezwungen hatte. Er erwarb von dem bedeutenden staufischen Ministerialengeschlecht der Herren von Dürn 1271 die Wildenburg bei Amorbach und 1272 Amorbach selbst und ließ sich von den Herren von Hanau 1278 den Bachgau bei Seligenstadt abtreten, während seine Nachfolger seit 1288 bzw. 1310 Dieburg an sich zogen. Anfang des 14. Jahrhunderts lief diese Politik jedoch ergebnislos aus. Zwar gelangen noch einige kleinere Gewinne (die Stadt Wörth am Main 1318, die Zent Mudau 1318, die Festsetzung in der Burg Jossa oder Dagsburg bei Jugenheim 1312, in der Burg Zwingenberg am Neckar 1315, in Burg und Herrschaft Schadeck bei Neckarsteinach 1335), doch gleichwohl stand schon damals fest, daß diese territorialen mainzischen Bestrebungen nicht mehr zum Ziele kamen. Auch der Rückgewinn der reichen Orber Herrschaft durch das Erzstift aus dem Besitz der Lehnsinhaber (der Herren von Brauneck und von Trimberg als Erben der Herren von Büdingen) in den Jahren 1313/28 führte nur noch zur Begründung einer weiteren

Exklave. Die Pfalzgrafen und neben ihnen die Grafen von Katzenelnbogen, die Herren von Hanau und die Schenken von Erbach waren so mächtig geworden, daß ein mainzisches Territorium zwischen Spessart und Odenwald, Main und Rhein nicht mehr zu verwirklichen war. Mitentschieden wurde dieser Verlauf dadurch, daß es den Schenken gegen Mitte des 14. Jahrhunderts in mehreren Anläufen gelang, aus dem mainzischen Festungsdreieck im Odenwald, den Burgen Fürstenau (seit 1300 als mainzische Burg belegt), Starkenburg und Weinheim, die Burg Fürstenau herauszubrechen, daß die Pfalz den südwestlichen Odenwald und große Teile des linksrheinischen mainzischen Hinterlandes in Rheinhessen beherrschte, Katzenelnbogen den nordwestlichen Odenwald mit der Bergstraße blockierte und Hanau den Spessart zum unteren Kinzigtal hin abriegelte.

Noch größere Anstrengungen hat das Erzstift darauf verwandt, einen ähnlich großangelegten territorialen Plan in Hessen zu verwirklichen, zumal es hier seit frühester Zeit in Nieder- und Oberhessen (Fritzlar und Amöneburg) Ausgangsstellungen innehatte, die allen anderen überlegen waren. Die Gelegenheit eines durchgreifenden Erfolges schien sich 1247 beim Tode Heinrich Raspes zu bieten, mit dem die Thüringer Landgrafen im Mannesstamm ausstarben. Das Erzstift konnte nunmehr die mainzischen Lehen der Thüringer in Hessen (mit dem Kerngebiet der Grafschaft Hessen) als heimgefallen erklären und zugleich mit allen Kräften die Wiedererrichtung der Landgrafschaft durch die tatkräftige Sophie von Brabant, die Tochter der heiligen Elisabeth, für ihren Sohn Heinrich zu unterbinden trachten, wie wir dargestellt haben. Da dieses Vorgehen auf Anhieb jedoch nicht glückte, schuf sich das Erzbistum dadurch in den Landgrafen von Hessen auf territorialer Ebene einen zweiten großen Gegner, der zwar weniger mächtig als die Pfalzgrafen, dennoch um so gefährlicher war, als er den Kampf mit dem Erzbistum um seiner Existenz willen aufnehmen mußte.

Zunächst schien es zwar, daß die mainzische Stellung unüberwindlich sei, war sie doch im 13. Jahrhundert durch zahlreiche territoriale Erwerbungen noch erheblich ausgebaut worden. Die Grafen von Wittgenstein überließen dem Erzstift 1234/38 die Grafschaft Stiffe an der oberen Eder, die Herren von Merenberg 1237 die Grafschaft Ruchesloh an der Lahn und Ohm, wodurch vor allem die Mainzer Herrschaft im Amöneburger Becken in entscheidender Weise ausgedehnt und befestigt wurde. (Die namengebende Gerichtsstätte lag bei Oberweimar und stimmt sprachlich mit dem Gerichtsplatz der Herborner Mark Ruchesloh in der Gemarkung Hörbach überein.) Nicht minder groß waren die territorialen Erfolge des Erzbistums im übrigen Hessen. Die Herren von Naumburg übertrugen ihm 1266 die Weidelsburg mit Naumburg an der hessisch-waldeckischen Grenze, die Grafen von Dassel 1273 ihren Grafschaftsbesitz im Reinhardswald und die Herrschaft Schartenberg ebendort und die

Grafen von Ziegenhain 1294 Stadt und Amt Neustadt (Kr. Marburg). Damit war eine enge Folge mainzischer Besitzungen in Anlehnung an die alten Positionen um Wetter, Amöneburg, Fritzlar, Hofgeismar geschaffen, die sich wie eine große Barriere quer durch Hessen zogen. Die einzelnen Ämter wurden in der etwa 1273 eingerichteten mainzischen Oberamtmannschaft in Hessen organisatorisch zusammengefaßt und militärisch gesichert durch zahlreiche Burgen und befestigte Städte (Mellnau, Amöneburg, Neustadt, Battenberg, Kellerberg, Rosenthal, Nellenburg, Jesberg, Löwenstein, Fritzlar, Weidelsburg, Hofgeismar, Gieselwerder u. a.), für deren Besetzung und Verteidigung eine große Zahl mainzischer Vasallen aus dem hessischen Adel zur Verfügung stand. Aber auch die größeren Geschlechter, wie die Grafen von Wittgenstein, von Ziegenhain und von Waldeck, fanden sich oft bereit, im Dienst der mainzischen Sache gegen Hessen anzutreten, so daß es eine außerordentliche militärische und politische Leistung der Landgrafen dargestellt hat, sich gegen den oft übermächtigen Feind immer wieder erfolgreich zu wehren.

Da wir dieses im Rahmen der landgräflichen Geschichte ausführlich dargestellt haben, fassen wir hier nur die Höhepunkte der Auseinandersetzung nochmals zusammen: Diese waren der Udesteder Vergleich von 1254 und der Langsdorfer Frieden 1263, in denen Mainz das Haus Brabant als Inhaber der mainzischen Lehen in Hessen anerkennen mußte; die militärischen Siege Landgraf Heinrichs I. 1280 über Erzbischof Werner bei Fritzlar, Landgraf Heinrichs II. über Erzbischof Matthias 1328 bei Wetzlar und über Erzbischof Heinrich 1347 bei Gudensberg; der daraufhin erfolgte Ausgleich mit Erzbischof Gerlach 1354, der die Landgrafen im Besitz der mainzischen Lehen in Hessen endgültig bestätigte und ihnen auch die Vorherrschaft im Reinhardswald einräumte; der gefährliche Rückschlag unter Erzbischof Adolf mit der dreimaligen Belagerung Kassels (1385, 1387, 1388), der die Landgrafschaft beinahe vernichtet hätte; der Frankfurter Frieden von 1394 und der Friedberger Frieden von 1405, die den Bestand der Landgrafschaft wieder sicherten, und schließlich die letzte und entscheidende militärische Niederlage des Erzstiftes unter Erzbischof Konrad durch den hessischen Doppelsieg bei Fritzlar und Fulda 1427.

Und doch hätten alle diese Erfolge der hessischen Widerstandskraft und Tapferkeit gleichwohl keine endgültige Entscheidung für Hessen gebracht, wenn sich das Erzstift in diesen Jahrhunderten nicht selbst geschwächt hätte. Diese Entwicklung begann mit den drei großen Mainzer Schismen des 14. Jahrhunderts 1328, 1346 und 1374, denn damals kam es jedes Mal zu etwa achtjährigen Doppelbesetzungen des Mainzer Erzstuhles und damit zu inneren Kämpfen, die das Erzstift naturgemäß schädigen, seine Macht mindern und seinen Gegnern erhebliche Vorteile verschaffen mußten. Gegen den von König Ludwig 1328 auf den Mainzer Erzstuhl berufenen bedeutenden Trierer Erzbischof Baldewin von Luxemburg setzte der Papst Heinrich von Virneburg ein, der sich dann aber im Streit des Königs mit der Kurie um die Wahrung der Reichsrechte auf die Seite des Königs stellte, so daß der Papst mit Hilfe des Gegenkönigs Karls IV. 1346 Graf Gerlach von Nassau als Erzbischof berief. Im Rhein-Main-Gebiet konnte Gerlach jedoch zunächst nicht durchdringen, da hier der politisch und militärisch hervorragend befähigte Verweser Erzbischof Heinrichs, Kuno von Falkenstein (später von 1362 bis 1388 Erzbischof von Trier), die Lage beherrschte; anders war es in Hessen, wo Landgraf Heinrich II. die Partei Gerlachs ergriff und Erzbischof Heinrich 1347 bei Gudensberg besiegte. Zu einem abermaligen mainzischen Schisma kam es, als nach Erzbischof Gerlachs Tod die Kurie versuchte, mit Landgraf Ludwig von Meißen nochmals einen eigenen Kandidaten auf den Mainzer Stuhl zu bringen, obwohl das Mainzer Domkapitel Graf Adolf von Nassau gewählt hatte, der schließlich über den auch von Hessen unterstützten Erzbischof Ludwig siegte.

Die Nassauer Grafen haben also in diesen drei Schismen zweimal eine führende Rolle gespielt, und ohne Doppelwahl ging es auch bei der Erhebung der beiden folgenden Nassauer Grafen zu Mainzer Erzbischöfen nicht ab. Bei der Wahl Graf Johanns von Nassau war Ende 1396 zunächst Graf Gottfried von Leiningen erhoben worden, so daß es Johann nur durch schwere Bestechungssummen mit päpstlicher Hilfe im Juni 1397 glückte, seine Provision durchzusetzen. Die letzte große Auseinandersetzung, die ein Nassauer Graf über das Erzbistum Mainz heraufbeschwor, verursachte Erzbischof Adolf als Kandidat des Papstes und des Kaisers gegen den vom Domkapitel gewählten Erzbischof Diether von Isenburg, der abgesetzt wurde, weil er sich energisch gegen die immer größeren päpstlichen Forderungen (insbesondere finanzieller Art) wehrte. Die dadurch entfesselte große Mainzer Stiftsfehde, in der sich Erzbischof Adolf den Besitz des Erzstiftes gegen Erzbischof Diether erstritt, brachte jedoch nicht nur der Stadt Mainz nach ihrer Eroberung durch Erzbischof Adolf im Oktober 1462 den Untergang ihrer Stadtfreiheit, sondern bedeutete das Ende der mittelalterlichen territorialpolitischen Machtstellung des Erzstiftes überhaupt, denn dieser Kampf hat ihm derartig große Verluste an Geld und Gut zugefügt, daß es sich davon nicht mehr erholt hat.

In diesen Doppelbesetzungen des Mainzer Erzstiftes im 14. und 15. Jahrhundert, in denen seine territorialen Grundlagen zerstört worden sind, haben die Nassauer Grafen also eine verhängnisvolle Rolle gespielt. Persönlich, politisch und machtmäßig zu schwach, um die ihnen entgegentretenden Widerstände schnell und erfolgreich überwinden zu können, haben sich alle vier Erzbischöfe aus dem Nassauer Hause Gerlach (1346/53 bis 1371), Adolf (1373/1381 bis 1390), Johann (1396/97 bis 1419) und Adolf (1461/63 bis 1475) erst nach mühsam errungenen militärischen und politischen Siegen über ihre Gegner durchsetzen können und dabei das Erzstift aufs schwerste geschädigt. So sind es in erster Linie die Erzbischöfe aus dem Hause der Grafen von Nassau gewesen, die im 14. und 15. Jahrhundert das zerstört haben, was die Eppsteiner im 13. Jahrhundert weitgehend aufgebaut hatten. Wie weit dabei die gesamte nassauische Grafenfamilie beteiligt war, ergibt sich daraus, daß ihre Mitglieder zahlreiche führende Stellungen der erzstiftischen Verwaltung besetzten, solange ihre Angehörigen den Erzstuhl innehatten. 1354 wurde Graf Johann von Nassau-Weilburg mainzischer oberster Amtmann in Hessen, Thüringen und auf dem Eichsfeld; 1367 erhielt er dasselbe Amt nochmals, nunmehr aber erweitert um Westfalen und Sachsen. Es scheint, daß er im Verein mit seinem Bruder Erzbischof Gerlach und seinem Neffen Erzbischof Adolf nachdrücklich versucht hat, das ganze geistliche Kurfürstentum zu einem Bestandteil der nassauischen Hausmacht umzugestalten. 1380 wurde Graf Rupert VI. von Nassau-Sonnenberg mainzischer Amtmann in Amöneburg und 1404 Graf Adolf II. von Nassau-Wiesbaden mainzischer oberster Amtmann in Hessen, In dieser mächtigen Stellung folgten ihm 1416 Johann Adolf, ein gräflich nassauischer Bastard (wahrscheinlich ein Sohn Erzbischof Adolfs) und 1425 Graf Johann III. von Nassau-Dillenburg. Nimmt man hinzu, daß das nassauische Grafenhaus im 14. und 15. Jahrhundert zwölf Mitglieder des Mainzer Domkapitels stellte (was keine andere Familie erreichte) und davon vier Dignitäre (Kustos, Dekan, Propst) und vier Erzbischöfe wurden, dann ergibt sich daraus eindeutig, daß das nassauische Grafenhaus das Schicksal des Mainzer Erzbistums im späten Mittelalter entscheidend beeinflußt, ja bestimmt hat. Es trägt daher, abgesehen von den Zeitumständen, in erster Linie die Verantwortung für den Zusammenbruch der territorialen Machtstellung des Mainzer Erzstiftes.

Der von Hessen vermittelte Vertrag von Zeilsheim (1463 Oktober 5), der die beiden in der großen Mainzer Stiftsfehde miteinander streitenden Erzbischöfe verglich, besiegelte dieses Schicksal. Seine Nutznießer waren die Pfalz, die das Bergstraßen- und Odenwaldgebiet (und damit den einst so schwer umstrittenen Lorscher Besitz) erhielt; die Grafen von Katzenelnbogen, die die Stadt Gernsheim mit dem Rheinzoll und dazu das an Baden verpfändete Gebiet von Gau-Algesheim an sich zogen; insbesondere aber die Landgrafen von Hessen, die damals den größten Teil der mainzischen Besitzungen in Hessen pfandweise übernahmen (Wetter, Mellnau, Rosenthal, Battenberg, Hofgeismar, Schöneberg, Gieselwerder u. a.). Aber nicht nur von außen, auch von innen her hat die Stellung der Erzbischöfe im Verlauf des späten Mittelalters eine stetige Einschränkung erfahren, denn die Wahlkapitulationen, auf die sich die neugewählten Erzbischöfe dem Domkapitel gegenüber verpflichten mußten, engten ihre Handlungsfreiheit immer mehr ein.

Die Wirksamkeit des reichsgeschichtlich hervorragendsten Mainzer Erzbischofs des späten Mittelalters, Berthold von Henneberg (1484 bis 1504), bedeutete auch territorialpolitisch noch einmal eine Festigung der Mainzer Stellung in Hessen.

Es gelang ihm, die revolutionären Umtriebe in der wichtigsten mainzischen Stadt Hessens, in Fritzlar, zu unterdrücken und insbesondere den bedrohten Amöneburger Besitz gegenüber den Landgrafen durch den Schiedsspruch von 1491 zu sichern. Insgesamt gesehen waren diese mainzischen Erfolge jedoch nur noch Episoden. Den schweren Verlusten des 15. Jahrhunderts fügte das Reformationsjahrhundert den schwersten hinzu; denn die neue Lehre nahm dem Erzbistum Mainz den größten Teil seines hessischen Diözesangebietes, was nicht nur eine religiöse, sondern ebensosehr eine bis auf unsere Zeit wirksame, grundlegende politische Entscheidung bedeutet hat. Denn fast alles, die Länder, die Stände, die Gesellschaft, der Besitz, die politischen und kulturellen Ideen haben sich seitdem mehrfach gewandelt; nur die konfessionellen Verhältnisse sind bis in die Gegenwart nahezu unverändert geblieben und bilden sich erst neuerdings um. Den Abschluß dieser nunmehr auch in kirchlicher Hinsicht endgültigen Lösung Hessens von Mainz brachte der Vertrag von Hitzkirchen, in dem Erzbischof Albrecht 1528 unter dem Druck der hessischen Rüstungen die seit Jahrhunderten besonders hartnäckig umstrittene geistliche Gerichtsbarkeit in Hessen dem Landgrafen überließ.

Dagegen bedeutete es nur einen sehr eng begrenzten, aber nicht unwichtigen örtlichen Erfolg, daß es dem Erzbischof gelang, die unter Einfluß des Bauernkrieges aufständischen Rheingauer zu unterwerfen. Auch dieses Mal hatte der Sieg des Erzbischofs wie bei der Eroberung von Mainz 1462 den Untergang der alten Freiheit zur Folge. Die neue Ordnung für den Rheingau vom 4. Januar 1527 beseitigte nahezu alle politischen Eigenrechte, die diese Landschaft im Mittelalter gewonnen und im Rheingauer Weistum von 1324 erstmals schriftlich niedergelegt hatte; doch zeigt der 1643 abermals aufgenommene Rheingauer Landbrauch, daß nicht alle besonderen Rheingauer Rechtsgewohnheiten unterdrückt werden konnten. Wenn hier und in den mainzischen Untermaingebieten das katholische Bekenntnis nach Eindämmung der lutherischen Lehre im wesentlichen auch gehalten wurde, so war doch im übrigen Diözesanbereich ein ähnlicher Erfolg unmöglich, da hier der hessischen Aktivität und ihrer Ausstrahlung weder Erzbischof Albrecht von Brandenburg (1514 bis 1545) noch Erzbischof Sebastian von Heusenstamm (1545 bis 1555) wirksam entgegentreten konnten. Zwar ist Erzbischof Sebastian ein Kaiser und Kurie ergebener Gegner der Reformation gewesen, gilt auch als Verfechter der inneren Reform der katholischen Kirche, war aber doch wohl gegenüber den Neuerungen zum Kompromiß bereit. Auch das letzte Mainzer Provinzialkonzil, das im Mai 1549 stattfand, vermochte dem nicht zu steuern. Vielmehr verzichtete Erzbischof Sebastian 1551 endgültig auf die geistliche Gerichtsbarkeit über Hessen, obwohl er im gleichen Jahre dem Kaiser eine Klage über die von Hessen eingezogenen Klostergüter eingereicht hatte. Der 1582 zwischen Mainz und Hessen abgeschlossene Vertrag von Merlau, in dem das Erzstift endgültig auf alle Pfandbesitzungen der Landgrafen von Hessen aus der Mainzer Stiftsfehde verzichtete, solange der hessische Mannesstamm blühe, beendete schließlich den vielhundertjährigen Kampf zwischen Mainz und Hessen mit einem vollen hessischen Sieg.

Eine Wende dieser so steil abwärts gerichteten Entwicklung führte erst Erzbischof Daniel Brendel von Homburg (1555 bis 1582) herbei. Er berief 1560 die Jesuiten nach Mainz, mit deren tatkräftiger Hilfe der katholische Glaubensstand im althessischen Gebiet wenigstens in den mainzischen Restbesitzungen (Amöneburg, Neustadt, Naumburg und Fritzlar) gesichert oder wiederhergestellt werden konnte, was im niederhessischen Fritzlar mit erheblichen Schwierigkeiten verbunden war. Das hing weitgehend damit zusammen, daß die von Erzbischof Daniels Nachfolger, Erzbischof Wolfgang von Dalberg (1582 bis 1601) 1595 endlich durchgeführte Reform so matt war, daß es deswegen zu ernsten Vorstellungen des päpstlichen Nuntius kam. Erst Erzbischof Johann Schweikhard von Kronberg (1604 bis 1626) erließ 1615 eine durchgreifende Kirchenordnung. Die Gegenreformation brachte auch nochmals eine gewisse Belebung der territorialpolitischen Bestrebungen des Erzstiftes mit sich, wobei sich seine Bemühungen vor allem auf die näher gelegenen und dem hessischen Einfluß weitgehend entzogenen Spessart- und Taunusgebiete richteten. Dort hatte es bereits 1565 die Orber Pfandschaft von Hanau wieder eingelöst und 1588 die Güter des Aschaffenburger Stiftes angekauft; hier setzte es sich 1581/83 gewaltsam in den Besitz der Herrschaft Königstein und erweiterte dadurch seine Herrschaft im Taunusgebiet und in der Wetterau wesentlich. Es organisierte sie im Oberamt Höchst und Königstein in sieben Amtsvogteien, von denen Eppstein, Königstein, Oberursel, Vilbel und Rockenberg nur königsteinschen Besitz umfaßten, während die Amtsvogteien Höchst und Hofheim aus überwiegend altmainzischem Gebiet bestanden. Der seit 1605 unternommene Versuch des Erzstiftes, die Grafschaft Wiesbaden-Idstein gleichfalls als erledigtes Lehen einzuziehen, scheiterte allerdings. Dagegen gelang es ihm, die in der Mainzer Stiftsfehde verlorengegangenen Teile der Bergstraße nach der Niederlage der Pfalz im 30jährigen Kriege 1623 zurückzuerwerben. Auch die hessischen Städte und Ämter Amöneburg, Fritzlar und Neustadt, die Hessen-Kassel erobert hatte, gab die Landgräfin Amelie Elisabeth durch den Hochheimer Vertrag vom 24. September 1648 an Erzbischof Johann Philipp von Mainz zurück. Die Herrschaft Reifenberg (im Taunus), die Mainz nach der Gefangensetzung des letzten Reifenbergers 1667 an sich zu bringen versuchte, mußte es zwar Ende des 17. Jahrhunderts den erbberechtigten Herren von Bassenheim überlassen (denen es 1654 bereits Kransberg verpfändet hatte), doch konnte Mainz stattdessen 1704 im unteren Maingebiet Kronberg an sich ziehen.

So hatte sich die Mainzer Position in den Gebieten des heutigen Hessen schließlich im wesentlichen im mittleren Rhein- und im unteren Maingebiet konsolidiert, wo das Erzstift den Rheingau, größere Teile des unteren Maingebietes (Hochheim, Eddersheim, Flörsheim, Höchst) und am südlichen Taunusrand (Königstein, Hofheim, Kronberg) besaß. Dazu kamen die Bergstraße mit dem vorderen Odenwald (Bensheim, Heppenheim) und der Spessart, aus dem Mainz über das Freigericht (Alzenau) bis nach Orb in das Kinzigtal und über Seligenstadt, Steinheim und Dieburg bis in die Dreieich hinübergriff. Aber von den protestantische Mächten der Pfalz, beider Hessen und den Wetterauer Grafen völlig ein- und abgeschnürt, blieb diesem Mainzer Territorialbesitz in den nachreformatorischen Jahrhunderten die Möglichkeit größerer territorialer Machtentfaltung weitgehend verwehrt, so daß hinsichtlich der besonders eingeengten vier hessischen Ämter Amöneburg, Neustadt, Fritzlar und Naumburg immer wieder Austauschpläne auftauchten (unter Landgraf Wilhelm IV. 1581 gegen Eppstein, unter Landgraf Karl 1685, unter Landgraf Friedrich II. 1780 gegen hanauische Ämter). Doch alle diese unter großem Aufwand geführten Verhandlungen zerschlugen sich (meist an der konfessionellen Frage), bis der Reichsdeputationshauptschluß dem Kurstaat ein Ende setzte. Seine Nutznießer waren vor allem Hessen-Darmstadt und Nassau.

24. *Die Reichsabtei und das Bistum Fulda*

Das Benediktinerkloster Fulda, eines der bedeutendsten und daher mit Recht berühmtesten unter den frühen deutschen Klöstern, wurde 744 im Auftrage des Apostels Bonifatius durch seinen Schüler Sturmi gegründet. Er erbaute es an einem altbesiedelten, wichtigen Platz an der Fulda, den der Hausmeier Karlmann schenkte, an der Stelle eines zerstörten merowingerzeitlichen Herrenhofes und richtete es nach dem klösterlichen Vorbild der benediktinischen Erzabtei Monte Cassino (in Italien) ein. Nach der Absicht des Apostels sollte Fulda eine Stätte strenger Frömmigkeit und weltabgewandter innerer Einkehr, jedoch auch der geistige Mittelpunkt Ostfrankens und das Missionszentrum für Thüringen und Sachsen werden. Er ließ es daher 751 von Papst Zacharias unmittelbar dem päpstlichen Stuhl unterstellen. Bedeutete dieser Schritt auch „einen bis dahin unerhörten Eingriff in fränkisches Reichs- und Kirchenrecht", so schien er Bonifatius doch notwendig, damit die neue Gründung die ihr gestellten Aufgaben erfüllen könne; und er hielt ihn wohl auch als Schutz vor unfreundlichen Maßnahmen des fränkischen Episkopates für erforderlich, da dieser zu den angelsächsischen Missionaren in offenkundigem Gegensatz stand. Die größte Förderung aber hat Bonifatius seiner Stiftung dadurch zuteil werden lassen, daß er sie zu seiner Grablege bestimmt hatte, denn der nach seinem Märtyrertod in Friesland 754 heilig gesprochene Apostel genoß schon bald eine so große Verehrung, daß sie das ganze ostfränkische Reich durchdrang und dem Kloster fast unübersehbare, fromme Stiftungen eintrug.

Die Befreiung Fuldas von der bischöflichen Diözesangewalt führte nach Bonifatius' Tod sofort zum erbitterten Streit mit Mainz und hat auch später die Stellung der Abtei noch oft bedrängt. Bischof Lullus erhob als Rechtsnachfolger von Bonifatius eigenkirchliche Ansprüche auf Fulda und näherte sich ihrer Anerkennung, nachdem König Pippin 763 Abt Sturmi (auf Grund politischer Verdächtigungen) verbannt hatte. Starke Widerstände im Kloster und die Möglichkeit, durch Rückführung Sturmis die mainzischen Ansprüche zu beseitigen und Fulda unmittelbar dem König zu unterstellen, bestimmten jedoch Pippin, schon 765 in diesem Sinne einzugreifen. Er verlieh mit dieser Maßnahme dem Kloster königlichen Schutz und erhob es damit in den Rang, aber auch in die Abhängigkeit einer Reichsabtei. Damit gewann der König zugleich entscheidenden Einfluß auf die von Fulda ausgehende Mission, die ja nicht nur geistlichen, sondern durchaus auch politischen Zwecken (Machtausweitung und -festigung) diente. Der nachhaltige Beginn dieser Mission im Zusammenhang mit dem Sachsenfeldzug von 772 und im unmittelbaren Auftrag König Karls steht jedenfalls außer Frage, und wahrscheinlich hängt damit auch die reiche Zehntausstattung des Klosters in Thüringen zusammen.

Eine weitere Sicherung bedeutete es, daß Karl der Große Fulda 774 die Immunität verlieh (d. h. Befreiung seiner weltlichen Besitzungen von Eingriffen staatlicher Organe) und das (beschränkte) Recht der freien Abtswahl. So wurde Fulda unter ihm ein kirchenrechtlich weitgehend unabhängiges königliches Missionskloster, vor allem für die in den Sachsenkriegen unterworfenen Gebiete. Als Gegenleistung für das zu diesem Zweck auf dem Eichsfeld gegründete Kloster Groß-Burschla übergab der König der Abtei den Ort Echzell in der Wetterau und damit das Kerngebiet der dortigen später sogenannten Fuldischen Mark. Das stärkte die Stellung Fuldas gegenüber den in Wetterau und Vogelsberg im Dienste Lullus' und damit fuldafeindlich wirkenden iroschottischen Missionaren. Außerdem schenkte Karl der Große dem Kloster 777 den großen Fiskus Hammelburg im Tal der fränkischen Saale; 766 aber hatte es bereits die Mark Umstadt von König Pippin erhalten und war damit zum wichtigsten Träger der Erschließung und Besiedlung des hinteren Odenwaldes geworden. Die gleiche kolonisatorische Rolle hat Fulda auch in den ihm benachbarten Teilen des Vogelsberges und insbesondere der Rhön gespielt, wo ihm Karl der Große 789 das Hünfeld (zwischen den gleichfalls unter Abt Baugulf erworbenen Marken Rasdorf und Soisdorf) übertrug. Die hier häufig vorkommenden Orte mit der Endung -zell zeigen, daß Besiedlung und Christianisierung vielfach Hand in Hand gingen, was der Stellung Fuldas innerhalb seines Gebietes außerordentlich förderlich sein mußte. Hier kam ihm außerdem zugute, daß es im Grenzgebiet der beiden Diözesen Mainz und Würzburg lag und die genaue Abgrenzung dort lange strittig war. Man hat daher die Ansicht vertreten, daß es infolge seiner unmittelbaren Unterstellung unter die päpstliche Jurisdiktion zunächst keiner der beiden Diözesen angehörte.

Auf Grund dieser besonderen reichs- und kirchenrechtlichen, monastischen und politischen Stellung entwickelte sich Fulda schnell zum führenden religiösen und kulturellen Mittelpunkt des ostfränkischen Reiches. Zwei seiner Einrichtungen haben vor allem seinen Ruf verbreitet: die Klosterschule und die Klosterbibliothek. Die Klosterschule erreichte unter dem Alkuinschüler Rhabanus Maurus, der sie von 802 bis 822 leitete, überragendes Ansehen; während seiner Tätigkeit als Abt (822 bis 842) stieg sie noch weiter an, als er mit seinen Schülern Walahfried Strabo und Ottfried von Weißenburg sein Bildungswerk fortsetzte. Der hier erzogene geistliche Nachwuchs wurde nicht nur für die kirchlichen, sondern in gleicher Weise auch für die umfassenden geistigen und künstlerischen Aufgaben und die großen politischen Missionen herangebildet, die der Klerus im karolingischen Reiche zu erfüllen hatte. Dadurch entwickelte sich Fulda zur Pflegestätte eines geistigen Lebens, das ohne Einengung auf theologische Fragen in großzügiger Weltoffenheit die Überlieferung des klassischen Altertums aufnahm und in Verbindung mit den fränkischen Reichsinteressen und -aufgaben pflegte und fortführte. Dem entspricht es, daß in Fulda nicht nur eine zweite Rezension der fränkischen Reichsannalen (741 bis 829) entstand, deren Änderungen und örtliche Zusätze mit 788 begannen und besonders die späteren Berichte bis 817 stark veränderten, sondern daß diese Annalen hier auch (von 838 bis 901) fortgesetzt worden sind. Vielleicht ist auch die offizielle Übertragung des ostfränkischen 65-Titel-Textes der Lex Salica ins Althochdeutsche in Fulda (während der Zeit Hrabans) entstanden. Seine Bibliothek beherbergte jedenfalls die Volksrechte.

Von besonderer Bedeutung ist es, daß die meisten Hauptdenkmäler der ältesten Literatur in deutscher Sprache auf Fulda zurückgeführt werden können. An ihrer Spitze steht das Hildebrandslied, thematisch die großartigste germanische Dichtung Deutschlands; doch liegen davor schon ältere deutsche Texte Fuldaer Ursprungs: zwei Taufgelöbnisse, das eine um 772 zu Missionszwecken in sächsischem, das andere um 803 in ostfränkischem Dialekt niedergeschrieben, und die Fuldaer Beichte. Außerdem aber waren wohl auch die beiden althochdeutschen Sprachdenkmäler des Wessobrunner Gebetes und des Muspilli genannten Gedichts vom Weltuntergang in Fulda beheimatet, ehe sie der in Fulda ausgebildete Baturich nach Regensburg brachte, als er dort 817 Bischof wurde. Daß an diesen althochdeutschen Literaturleistungen Hraban selbst entscheidend beteiligt war, geht daraus hervor, daß er, wie Walahfried Strabo berichtet, deutsche Wörtersammlungen angelegt und in einer Abhandlung über die Anfänge der Sprachen auch die Runen behandelt hat. Seinen Schüler Otfried von Weißenburg hat er zudem wahrscheinlich zur Abfassung seiner großen althochdeutschen Evangelienharmonie angeregt, entstand doch in Fulda unter Hraban (um 830) auch die Übersetzung der Evangelienharmonie des Syrers Tatian und damit das umfangreichste althochdeutsche Prosawerk, das wir besitzen. Die erhaltene lateinische Vorlage dieser Übertragung stammt wahrscheinlich aus dem Besitz des Bonifatius und weist zahlreiche althochdeutsche Glossen auf. Mit diesem Werk vereinigten sich in der Klosterbibliothek die der großen christlichen Autoren wie Augustinus und Hieronymus, von dem allein mindestens 38 Handschriften vorlagen, Ambrosius und Gregor der Große, aber auch Origines, Tertullian, Cassiodor und Isidor von Sevilla; und selbstverständlich waren auch die fuldischen Gelehrten Candidus, Eigil, Erkanbert, Meginhard, Hraban und Rudolf von Fulda vertreten. Die älteste Überlieferung aber boten die in Fulda bewahrten klassischen Werke von Aristoteles, Plinius, Tacitus, Cicero, Ovid, Sallust, Ammianus Marcellinus, Boethius, Porphyrius und Suetonius, so daß im Spiegel dieser Bücherbestände klar die drei großen Quellenbezirke des klassischen, christlichen und germanischen Altertums zu erkennen sind, die hier in der karolingischen Renaissance zu einem neuen, lebensmächtigen Strom zusammenflossen.

Diese Bücher wurden in Fulda jedoch nicht nur gesammelt und studiert, sondern in der klösterlichen Schreibstube auch vervielfältigt, so daß ein reger Austausch von Handschriften zum Abschreiben mit gleichgerichteten Klöstern wie Corvey, Hersfeld, Mainz, Tours, St. Gallen u. a. bestand. Auf Hersfelder Vorlagen gingen wahrscheinlich der Fuldaer Codex des Ammianus Marcellinus und die Germania des Tacitus zurück; und für die Erhaltung des Textes des berühmten Werkes von Suetonius, Cäsarenleben, ist die Abschrift des später verlorengegangenen Fuldaer Codex grundlegend geworden, die für den Abt Lupus von Fevrières (842 bis 862) angefertigt wurde (wie auch neuere Einwände nicht entkräftet haben). Hand in Hand mit diesen Abschriftenanfertigungen ging die künstlerische Ausgestaltung der Bücher durch eine hervorragende Schule fuldischer Buchmalerei. Neben weltlichen Werken, wie der antiken Feldmeßkunst oder mathematisch-philosophischen Büchern, sind naturgemäß vor allem liturgische Handschriften reich ausgeschmückt worden, deren Buchdeckel mit z. T. kunstvollen Elfenbeinschnitzereien aus den Klosterwerkstätten hervorgingen. Außerdem bestand in Fulda eine Goldschmiedeschule von höchstem Leistungsvermögen.

Dem geistigen Wachstum dieser Stätte entsprach eine ständig steigende Ausdehnung ihres materiellen Besitzes durch zahlreiche Schenkungen; allein aus der Zeit Karls des Großen sind unberücksichtigt aller Verluste über 200 Einzelurkunden und fast das Zehnfache an Urkundenauszügen erhalten. Fulda wurde dadurch zu einem der reichsten Klöster seiner Zeit, wenn auch die

Schätzung seines Besitzes auf 15 000 Hufen, das sind etwa 450 000 Morgen, sicher zu hoch gegriffen ist. Als Zubehör dieses Grund und Bodens sind ihm ferner unter den drei ersten Äbten mindestens 3000 Hörige mit übergeben worden. Von besonderer Bedeutung war es, daß sich diese Gütermasse von den Alpen bis an die Nordsee und von den Ardennen und Vogesen bis zum Harz und Böhmerwald erstreckte, also fast das ganze spätere Deutschland durchdrang und damit die politische Vereinigung dieser Gebiete zum Deutschen Reich im 9. und 10. Jahrhundert fast vorwegzunehmen scheint.

Darüber hinaus aber gewann für Fulda die religiöse und kulturelle Beseelung dieses Reichtums nicht nur in einem mächtigen Konvent Gestalt, der beim Tode des ersten Abtes Sturmi 400 Mönche zählte, sondern vor allem in den großartigen Kirchenbauten des Klosters. Dies allerdings führte noch unter der Regierung Karls des Großen zu erheblichen innerklösterlichen Schwierigkeiten, die erst unter Kaiser Ludwig dem Frommen nach strenger Durchführung der anianischen Reformen abklangen. Innerhalb des 240 : 150 m großen Klosterkastells hatte noch Bonifatius selbst Lage und Gestalt der ersten Kirche festgelegt und für ihren Grundriß und Aufbau wahrscheinlich die Form der dreischifffigen römischen Basilika bestimmt; doch sind wir über das Aussehen der ältesten Fuldaer Kirche nur ungefähr unterrichtet. Das Mittelschiff von 33 m Länge und 11 m Höhe setzte sich in einem östlichen Altarraum (Apsis) von 11 m Durchmesser fort, während es im Westen gerade geschlossen war. Dieser durch seine harmonischen Maßverhältnisse ausgezeichnete erste Bau wurde in den Jahren 791 bis 819 durch eine neue Kirche mit T-förmigem Grundriß ersetzt, die weitgehend nach dem Vorbild von Alt-St.-Peter in Rom gestaltet war. Sie war dreischiffig, hatte aber ein im Westen gelegenes Querhaus, und als besonderes Charakteristikum zwei Chöre, einen Ost- und einen Westchor. Die so genannte Ostkirche entstand unter Abt Baugulf ab 791, die Westkirche unter Abt Ratgar ab 802, der außerdem beide Teile miteinander verband, aber wegen seiner großen Baubelastungen den Konvent so gegen sich einnahm, daß die Mönche nach wiederholten Vorstellungen am kaiserlichen Hofe 817 seine Absetzung erreichten. Jedoch führte sein Nachfolger Eigil, der Biograph des ersten Abtes Sturmi und Bauherr der Fuldaer Michaelskirche (820 bis 822), den Klosterkirchenbau mit Hilfe des Mönchsarchitekten Rachulf zu Ende, wobei dieser außerdem noch unter der westlichen und östlichen Apsis eine Hallenkrypta einbaute. Dieser Doppelchor bedeutete im Rahmen des altchristlichen Kirchenbaues einen neuen (in der ältesten Lorscher Kirche jedoch bereits vorgeformten) Baugedanken, der ein Hauptmerkmal der altchristlichen Kirche, die ausgeprägte Richtung zum Hochaltar, aufgab und aus dem Bedürfnis, neben dem Titelheiligen einen zweiten Heiligen, Bonifatius, zu verehren, eine neue raumformende Lösung entwickelte, die gerade in Deutschland weite Verbreitung fand. Der machtvolle Bau, dessen Ausmaß kein deutscher Kirchenbau der karolingischen Zeit wieder erreichte, umspannte vom Scheitel der Ostapsis bis zum Scheitel der Westapsis 98 m und hatte ein 77 m langes Querhaus, das ebenso wie das von zehn Säulenpaaren auf elf Jochen getragene Mittelschiff eine lichte Spannung von 17 m aufwies. Unter Abt Hadamar erhielt die Kirche 948 zwei Osttürme, und 978 ließ sie Abt Werner noch durch eine zweigeschossige, säulengetragene Vorhalle mit einer Königskapelle als Abschluß nach Osten erweitern.

Die von den Karolingern geknüpfte Verbindung Fuldas mit dem fränkischen Reich blieb unter dem nachfolgenden deutschen Reiche in gleicher Weise bestehen. Symptomatisch dafür ist die Bestattung seines ersten Königs, Konrads I., 918 in der Fuldaer Kirche. Und ebenso wie die Karolinger, von zeitweiligen, politisch bedingten Schwankungen abgesehen, die Abtei gefördert haben, so haben dies auch die übrigen deutschen Königshäuser getan. Das gilt zunächst für das sächsische Königshaus, und zwar schon für König Heinrich I., der vielleicht Fulda in gleicher Weise wie Hersfeld gegen die Ungarn befestigte, nachdem deren Züge sowohl 912 wie 915 Fulda erreicht hatten; insbesondere gilt es aber für Kaiser Otto den Großen. Unter ihm waren gemäß seiner Politik zur Sicherung der Reichsunmittelbarkeit der Klöster und der Fundierung der Ostmission durch Begründung des Erzbistums Magdeburg die Abteien Fulda und Hersfeld geradezu Stützpunkte seiner Position gegen die widerstrebende Haltung der Mainzer Erzbischöfe. Fulda hat die ihm damit gestellte Aufgabe, vor allem während der scharfen Opposition Erzbischof Wilhelms von Mainz, so vortrefflich erfüllt, daß der Kaiser beim Tode Erzbischof Wilhelms den Fuldaer Abt Hatto 968 zu dessen Nachfolger machte und nun mit dessen Hilfe die Gründung Magdeburgs durchführte.

Aus der Zeit Kaiser Ottos II. sind wir erstmals genauer über die militärischen Dienstverpflichtungen des Klosters gegenüber dem Kaiser unterrichtet. Zwar hatte schon Karl der Große 778 den Abt Sturmi mit einem Gefolge zum Schutz der Eresburg gegen die Sachsen entsandt (wobei der greise Abt den Anstrengungen erlag), aber zunächst scheinen diese Verpflichtungen noch keine Rolle gespielt zu haben. Das ergibt sich auch aus der klösterlichen Reichsdienstliste (Constitutio de servitio Monasteriorum) von 817, denn sie teilte Fulda (wie Hersfeld) den Klöstern derjenigen Klasse zu, die keine Kriegsdienste, sondern nur sonstige Leistungen (Pferde, Waffen, Kleidung, Nahrung, Geld) zu erbringen hatten. Spätestens unter den sächsischen Kaisern änderte sich das, denn jetzt war Fulda auch zu Kriegsdiensten verpflichtet, wie aus der Aufgebotsliste des Kaisers für Italien von 981 hervorgeht. In ihr gehört Fulda mit 60 Panzerreitern zu der am höchsten eingestuften Kategorie, in der sich außer der Abtei Reichenau sonst nur noch Bistümer befanden. Fulda ist damit auch als eine der militärisch leistungsfähigsten Reichskirchen gekennzeichnet; und dem entsprach es, daß Abt Werner (968 bis 982) sein Aufgebot (von über 200

Mann, denn jeden Panzerreiter begleiteten mindestens zwei Knappen, dazu kam das persönliche Gefolge des Abtes) selbst nach Italien führte, obwohl er dazu nach der Aufgebotsliste nicht verpflichtet war. Demgemäß hat der Kaiser seinen Einsatz durch ein Privileg (Erlaß einer Abgabe) belohnt.

Die Regierung Kaiser Ottos III. bedeutete eine erneute Glanzzeit für das Kloster. Nachdem Papst Johann XIII. bereits 969 dem Abt den Vorrang (Primat) vor allen anderen Äbten Galliens und Germaniens eingeräumt hatte, gestattete er ihm 994, während der Messe wie die Kardinäle Sandalen und Dalmatica zu tragen. 999 erhielt er sogar das Vorrecht päpstlicher Weihe und die Befugnis, die deutschen Äbte zu Synoden einzuberufen und gleich den Bischöfen nach Rom zu appellieren. Der Abt hatte damit nahezu bischöflichen Rang erreicht, war aber — wie in seiner Wahl weitgehend von der Zustimmung des Königs — nun durch die dem Papst zustehende Weihe auch von diesem abhängig, und dem entsprach es, daß Kaiser und Papst damals als gemeinsame und gleichberechtigte Schutzherren Fuldas auftraten.

In dieser Lage mußte die völlig anders orientierte Klosterpolitik Kaiser Heinrichs II. die Abtei schwer treffen, denn sein Bestreben, sich die unmittelbare Verfügung über das Reichskirchengut zu wahren, führte auch in Fulda zu tiefen Eingriffen. Es kam zu einer ersten Trennung von Abts- und Konventsgut, wobei erhebliche Teile des letzteren zugunsten des Abtsgutes eingezogen wurden, um dessen Leistungsfähigkeit für das Reich zu steigern, zugleich aber den Unterhalt der Mönche durch Zuweisung eines bestimmten Besitzanteiles unter Betonung des mönchischen Armutsgedankens zu sichern. Diese äußerst geschickte Verbindung von politischen und geistlichen Motiven erhielt ihre durchschlagende Kraft durch ihre Verknüpfung mit der Klosterreform, die auch in Fulda durchgeführt wurde, nachdem der Fuldaer Abt Erkanbald 1011 zum Mainzer Erzbischof gewählt worden war. Da die Wiederherstellung geordneter kanonischer Verhältnisse in den Diözesen einen wichtigen Programmpunkt der Reform bildete, diese aber durch die Exemtion Fuldas nach wie vor gestört war, bestimmte Erkanbald den König, die Abtei auch gegen den Widerstand von Konvent und Abt, der abgesetzt wurde, 1013 dem Reformer Abt Poppo von Lorsch zu übertragen. Dieser unternahm es, im Sinne der Gorzer Reform gegen das bisherige exklusiv-feudale Aufnahmeprinzip und den gleichen Pfründenstandpunkt der Mönche vorzugehen und damit jene Verringerung des Konventgutes zu ermöglichen, die den königlichen Absichten gemäß war, während die Neuordnung des Verhältnisses zum Bischof den Mainzer Forderungen entsprach. Die Exemtion Fuldas war damit unter König Heinrich II. praktisch beseitigt. Zugleich aber erfuhr die monastische Stellung Fuldas eine außerordentliche Erhöhung, denn die Abtei wurde nunmehr Mittelpunkt einer Anzahl von Klöstern, die von ihr gleichfalls im Sinne der Gorzer Reform beeinflußt wurden. Diese Gruppe von etwa 15 Klöstern hatte ihren

Schwerpunkt naturgemäß im engeren Mitteldeutschland, reichte aber doch bis nach Ellwangen und Augsburg, Ilsenburg am Harz und Werden a. d. Ruhr.

Da durch die Eingriffe Kaiser Heinrichs II. die Exemtion Fuldas so gut wie aufgehoben war, so daß auf die Dauer Differenzen mit dem päpstlichen Stuhl zu befürchten standen, erkannte Kaiser Heinrich 1020 entsprechend der bisherigen Entwicklung einen Mitbesitz des Papstes an Kloster Fulda an, worauf Papst Benedikt VIII. der Abtei 1024 das Andreaskloster in Rom schenkte (das ihr als Absteigequartier für ihre Äbte besonders zugute kam). Als sich jedoch die Päpste unter dem Einfluß der kirchlichen Reformideen aus ihren reichskirchlichen Bindungen lösten, erwarb Kaiser Heinrich III. 1052 das päpstliche Schutz- und Herrschaftsrecht an Fulda und Bamberg gegen das dem Papst überlassene Reichsvikariat über Benevent wieder zurück.

Alle diese Maßnahmen charakterisieren nochmals eindeutig die reichsrechtliche Stellung Fuldas als königliches Eigenkloster. Auf fiskalischem Grund und Boden errichtet, dem Schutz des Königs unterstellt und von ihm mit der Immunität ausgestattet, war auch die „freie" Wahl der Äbte nur auf Grund eines erbetenen und immer wieder erneuerten Wahlprivilegs möglich und mußte sich daher nach den Wünschen des Königs richten. Diese Oberhoheit ermöglichte es ihm, Äbte aus politischen Gründen zu fördern oder abzusetzen, politisch verdächtige oder strafwürdige Große in das Kloster zum Zwangsaufenthalt einzuweisen, aber auch die Klosterangehörigen für politische Aufgaben der inneren Verwaltung oder des diplomatischen Dienstes heranzuziehen. Als beispielhaft für den letzteren Bereich darf gelten, daß 1049 Diplomaten aus Fulda den Geschäftsträger des byzantinischen Kaiserhofes, den Protospatharios Nikephoros vom deutschen Kaiserhof nach Byzanz zurückbegleiteten. Und die Erledigung repräsentativer künstlerischer Aufgaben durch die Abtei im Rahmen ihrer königlichen Verpflichtungen und Bindungen zeigen die großartigen Werke der Goldschmiedekunst, die hier im 11. Jahrhundert vielfach im kaiserlichen Auftrag geschaffen worden sind. Sie gipfelten in den berühmten Stücken des goldenen Baseler Antependiums aus dem Besitz Kaiser Heinrichs II., der goldenen Tafel von Aachen, dem Reichskreuz, dem Bamberger Kreuzreliquiar und verschiedenen Tragaltären.

Diesem frühen Mittelpunkt der Goldschmiedekunst steht in Hessen eine zweite, etwas spätere Goldschmiedewerkstätte gegenüber, die mit dem Namen des kunstreichen Roger von Helmarshausen und seinen meisterhaften Tragaltären verknüpft ist. Auch für Fritzlar darf für das frühe 12. Jahrhundert eine bedeutende Goldschmiedetätigkeit angenommen werden. Es bietet noch heute mit seinem Domschatz, der als einziger, alter und eigener Schatz einer hessischen Kirche weitgehend erhalten ist, eine Vorstellung der sakralen Kunst des frühen und hohen Mittelalters in Hessen. Demgegenüber enthält der mit Fritzlar vergleichbare Limburger Domschatz auch zahlreiche Stücke des alten

Trierer Domschatzes, und auch der kostbarste mittelalterliche Reliquienschrein, der in Hessen erhalten ist, derjenige der heiligen Elisabeth in Marburg, ist keine hessische Arbeit, sondern stammt aus dem Gebiet der Maas.

Der starken Einflußnahme der deutschen Könige auf Kloster Fulda entsprachen auf der anderen Seite die anhaltenden großen Schenkungen der königlichen Hand. Dabei handelte es sich vor allem um Grafschafts- und Wildbannübertragungen. Kaiser Heinrich II. schenkte 1024 die Grafschaft Stockstadt (bei Aschaffenburg), König Konrad II. 1025 die Grafschaft Netra (bei Eschwege) und König Heinrich III. 1043 die Grafschaft Malstatt (genannt nach der Gerichtsstätte bei Bauernheim in der Wetterau). Noch wichtiger für den territorialen Ausbau des Abteibesitzes waren die Bannforst- und Wildbannschenkungen 951 bei Echzell (in der Wetterau), 980 im Branforst (Rhön), um 1011/12 bei Fulda (Vogtei- und Wildbannbezirk), 1012 im Forst Zundernhart (im südöstlichen Vogelsberg) und 1014 in der Mark Lupniz (Eisenach-Gerstungen). Dazu kamen noch 1059 ein Wildbann zwischen Fulda und fränkischer Saale und nach 1024 ein Wildbann im Bereich der Mark Umstadt im Odenwald zwischen unterer Gerspenz und Main. Die mit diesen Bannschenkungen übertragenen Hoheitsrechte, die für die Ausbildung landeshoheitlicher Ansprüche wichtiger waren als Nutzungsrechte, führten fast allenthalben zur fuldischen Herrschaftsbildung. Ja, man hat geradezu festgestellt, daß das Territorium der Abtei Fulda großenteils aus Bannforsten erwachsen ist. Man muß sie jedoch noch um einige weitere Zuwendungen ergänzen, insbesondere die zahlreichen Bifänge, die früher erwähnten Fiskalbezirke und die Zehntsprengel der Kirchspiele von Margaretenhaun, Salzschlirf, Großenlüder, Zell, Unterreichenbach, Schlitz, Crainfeld und Salmünster, in denen allenthalben das Hoheitsrecht der Rodung wirksam angewandt werden konnte, um Fuldaer Hoheitsgebiet zu schaffen. Das mißlang lediglich in der Mark Lupnitz und im Bachgau-Umstädter Gebiet, wo Hersfeld und Mainz stärker waren. Hier hat auch die Nachbarschaft der Grafschaft Stockstadt zur Intensivierung des Territorialausbaus nichts genützt, während es ungewiß ist, wie weit die Grafschaft Malstatt die Bildung der benachbarten fuldischen Mark in der Wetterau gefördert hat, die schließlich folgende elf Orte umfaßte: Echzell, Bingenheim, Berstadt, Grundschwalheim, Bisses, Gettenau, Blofeld, Dauernheim, Reichelsheim, Leidhecken und Steinerstadt.

Mit dem Regierungsantritt König Heinrichs IV., der das Episkopat an die Macht brachte, verschlechterte sich die Stellung Fuldas. Sein schon lange schwelender Streit mit dem Bischof von Würzburg und insbesondere mit dem Erzbistum Mainz wegen des großen klösterlichen Zehntbesitzes wurde nunmehr in jahrelangen Kämpfen ausgetragen und endlich 1073 von einer Synode unter dem Vorsitz König Heinrichs IV. zuungunsten Fuldas entschieden. Gleichwohl war das Kloster z. Z. der Sachsenkriege, der Gegenkönige und des Investiturstreites fest in der Hand des Königs, zumal dieser 1075 als Abt den Mönch Ruothard aus Hersfeld einsetzte, das unter dem damaligen Abt Hartwig König Heinrich IV. besonders ergeben war. Fuldaer Münzprägungen aus der Zeit des Abtes Erlolf (1114 bis 1122) mit der Aufschrift „Fulda civitas" zeigen, daß diese Siedlung schon unter Kaiser Heinrich V. (wahrscheinlich 1114) städtischen Charakter erworben hatte, womit sie dem Alter nach an die Spitze der hessischen Städte tritt.

Das nahe Verhältnis der Abtei Fulda zum Reich bestimmte auch ihre Stellung im 12. Jahrhundert. Dabei ist darauf hinzuweisen, daß dort (wie in den anderen Reichsabteien) neben dem Abt allerdings auch der vom Kloster lehnsabhängige Adel, aus dem es seine Panzerreiteraufgebote für die kaiserlichen Feldzüge stellte, einen tiefgreifenden Einfluß auf die reichstreue Haltung der Abtei ausgeübt haben dürfte. Denn die politischen, militärischen und insbesondere wirtschaftlichen Aufstiegsmöglichkeiten dieses Adels über den (oft schmalen) häuslichen Rahmen hinaus waren mit dem praktischen Reichsdienst im kaiserlichen Heer oder Gefolge oder Aufgabenkreis untrennbar verknüpft. Der Stiftsadel hatte daher ein unmittelbares und lebenswichtiges Interesse an der Bewahrung bester Beziehung zwischen Abtei und Reich. In diesem Zusammenhang ist die Beobachtung wichtig, daß der große Stiftsbesitz oft auch für den benachbarten freien Adel einen erheblichen Anreiz bot, in ein Vasallenverhältnis zur Abtei zu treten; vor allem dann, wenn der Eigenbesitz zu klein war, um die soziale Stellung der Familie gegenüber den üblichen Gefährdungen durch Teilungen oder Fehden auf die Dauer zu sichern. Die Verleihung ansehnlicher Dienstlehen hat daher auch edelfreie Geschlechter in die Reihen des fuldischen Dienstadels geführt, wie etwa die Herren vom Stein, von Geisa, von Salzungen und wohl auch von Schlitz, bis Kaiser Lothar 1133 dem Abt Bertho weitere Neubelehnungen untersagte, um das Vermögen der Reichsabtei nicht ständig weiter schmälern zu lassen. Jedoch erfolgte diese Maßnahme bereits zu spät, denn inzwischen hatte der Stiftsadel eine derartig starke Ausgangsstellung gewonnen, daß er die Geschichte der Abtei während des ganzen späten Mittelalters weitgehend bestimmt hat.

Den päpstlichen Einfluß auf Fulda, der in der 1. Hälfte des 12. Jahrhunderts noch einmal kräftiger spürbar wird, vermochten König Konrad III. und insbesondere Kaiser Friedrich I. wieder so weit zurückzudrängen, wie es der strengen staufischen Reichsgutpolitik gemäß war. Wie in Lorsch so sorgte König Konrad III. auch in Fulda für die Wahl eines fähigen Abtes, unter dem das Kloster nochmals eine kurze Blüte erlebte. Abt Markward (1150 bis 1165), der auch unter Barbarossa eine erstrangige Rolle spielte, vermochte mit Hilfe der von ihm vertretenen, allerdings nicht überbetonten Hirsauer Reformideen die inneren und äußeren Verhältnisse des Klosters, die stark gelitten hatten, wieder herzustellen. Insbesondere machte er sich um die Sicherung des noch verfügbaren Klosterbesitzes verdient, wofür er das nach seinem Verfertiger benannte große Besitzverzeichnis, den allerdings vielfach verfälschten Codex Eberhardi, herstellen ließ. Gleichwohl ist er für uns wegen seiner, wenn auch noch so summarischen Zusammenfassung der Fuldaer besitzrechtlichen Überlieferung unersetzlich.

Da die drei staufischen Kaiser Friedrich I., Heinrich VI. und Friedrich II. vornehmlich mittels der Abtseinsetzungen Fulda in enger Abhängigkeit vom Reiche hielten, standen die Äbte während des staufisch-welfischen Thronstreites und zuletzt des staufischen Endkampfes in Deutschland solange auf kaiserlicher Seite, bis es endlich 1245 Erzbischof Siegfried von Mainz gelang, den Abt Konrad zu beseitigen und mit päpstlicher Hilfe die Verwaltung der Abtei selbst zu übernehmen.

Inzwischen war jedoch eine grundlegende reichsrechtliche Wendung eingetreten, die auch die Stellung des Abtes entscheidend geändert hatte. Der Abt, dem 1133 noch das Recht auf Ring und Mitra vom Papst verliehen und schon 1170 der Titel Reichsfürst beigelegt worden war, erhielt diese Würde tatsächlich durch das Reichsgesetz der Confoederatio von 1220, das auch Fulda die Landeshoheit gab. Damit wandten sich die Interessen der Fuldaer Äbte notgedrungen mehr und mehr territorialen Zielen zu. Wenn auch der hervorragende Abt Heinrich V. von Weilnau (1288 bis 1313) nochmals eine bedeutende reichspolitische Stellung unter König Adolf, König Albrecht I. und König Heinrich VII. erreichte, so war sie doch nicht mehr mit jener zu vergleichen, die etwa Hraban unter Karl dem Großen und Hatto unter Otto dem Großen, Erkanbald unter Heinrich II. oder Markward unter Barbarossa innehatten. Die Territorialisierung der Reichsabtei zog sie dem allgemeinen Zug der Zeit entsprechend auf eine andere, tiefere Ebene hinab, so daß sie ihre früh- und hochmittelalterliche Stellung im späten Mittelalter nicht zu behaupten vermochte. Seit dem 13. Jahrhundert verlor Fulda schließlich auch noch seine geistige Bedeutung.

Es entsprach diesen Gegebenheiten, daß die Entwicklung der reichsrechtlichen Stellung der Abtei unter König Rudolf zum Abschluß kam. Seine Privilegierung Fuldas vom 16. April 1289 stellte nämlich eine generelle Gesamtbestätigung aller fuldischen Rechte und Vergünstigungen dar, die dem ersten Immunitätsprivileg von 774 allmählich zugewachsen waren. Hatte dieses dem Kloster zunächst nur seine Befreiung vom Eingriffsrecht des öffentlichen Richters und das (beschränkte) Abtswahlrecht zugebilligt, so war es seit den Tagen Karls des Großen ständig erweitert worden. Otto I. und Otto II. hatten das Exemtions- und Zehntprivileg eingefügt, Heinrich II. die Befreiung der fuldischen Ministerialen von dem unmittelbaren gräflichen Heeresaufgebot hinzugesetzt, und schließlich war es auch noch um das Boden- und Befestigungsregal vermehrt worden. Seit dem 13. Jahrhundert war also der Weg für die territoriale Entwicklung der Abtei vom Reich her freigegeben. Die Folge war jedoch, daß sie nunmehr immer stärker in das Getriebe der kleinen örtlichen, weltlichen und geistlichen Gewalten geriet und mit ihnen aufreibende Kämpfe auszufechten hatte. Die Gegner, mit denen sich die Äbte dabei auseinandersetzen mußten, waren einmal die Vögte, dann der fuldische Stiftsadel, die Städte und schließlich die höhere Fuldaer Geistlichkeit, also (abgesehen von den Vögten) die Gewalten, die wir später als (Land-)Stände bezeichnen.

Der Kampf mit den Vögten kam am frühsten zum Austrag und endete, von unvermeidlichen Verlusten bei Außenbesitzungen abgesehen, im engeren Fuldaer Bereich für den Abt erfolgreich. Zunächst glückte es, die große Zahl der Vögte einzuengen, denn nach karolingischer Vorschrift mußte das Kloster als Vertreter seiner weltlichen Interessen in jeder (Gau-)Grafschaft einen Vogt haben. Zwar hatte Abt Hatto I. bereits 852 erklärt, daß für den Bereich des gesamten, über viele Gaue ausgedehnten Fuldaer Klostergutes lediglich ein Vogt, nämlich der Graf der Hauptkirche, zuständig sei, doch werden tatsächlich in einer Urkunde von 876 nicht weniger als 27 Vögte für die fuldischen Besitzungen am Rhein, in Hessen und Thüringen genannt. Der Übergang zu einem Gesamtvogt ist jedoch spätestens im 11. Jahrhundert unter Vögten gräflichen Standes vollzogen worden. Als solche dürfen Bernhard (1015), Reginhard (1025), Gerhard (1048 bis 1070), Udo (1079) und Gerhard (1100) gelten, von denen Udo sicher Gesamtvogt war. Das traf dann auch für die Nachfolger, die Grafen von Ziegenhain, zu, die seit 1111 als Fuldaer Vögte bezeugt sind, aber in ihren Befugnissen immer mehr eingeengt, ihre Vogtei erstmals um 1200, erneut 1279 und endgültig 1344 dem Abt überlassen haben.

Wenn wir auch über die Auseinandersetzungen zwischen Vögten und Äbten im einzelnen weniger wissen, so bilden sie doch einen nahezu parallelen frühen Vorgang zu den späteren Kämpfen zwischen Äbten und Adel. Auch diese haben Jahrhunderte gedauert, sind aber schließlich nicht so erfolgreich verlaufen. Der blutige Streit der Abtei mit dem Stiftsadel im 13. Jahrhundert macht diese Epoche zu einer der düstersten der Fuldaer Geschichte. Einen der für diese Entwicklung entscheidenden Gründe sehen wir darin, daß im 13. Jahrhundert mit der Lösung der Abtei vom Reich und dessen Niedergang nach dem Sturz der Staufer und der damit notwendig verbundenen immer stärkeren Einschränkung der Abtei auf sich selbst die ökonomischen und politischen Lebensmöglichkeiten des Adels in gefährlicher Weise geschrumpft waren. Die bisher weithin nach außen gerichteten und hier in größerem Dienste aufgezehrten Kräfte wandten sich nun nach innen, um sich hier ersatzweise neue Lebensbedingungen zu schaffen. Sie haben ihr Ziel erreicht. Das spätmittelalterliche Fulda wurde weitgehend zur Beute seines eigenen Adels. Der Kampf darum war entsprechend hart. Aber wenn dabei auch die Stiftsgebiete durch zahlreiche Burgen gesichert und zahlreiche Raubnester des Adels gebrochen worden sind, ja selbst zwei Äbte diesen Kampf mit ihrem Leben bezahlten, so haben doch all diese Anstrengungen die steigende Vorherrschaft des Adels nicht endgültig eindämmen können. In dieser schwierigen Lage ist die Abtei wiederholt fremden Herren zur Verwaltung übergeben worden, so 1272 (nach der Ermordung des Abtes Berthous) wieder einem Mainzer Erzbischof, Werner, und schließlich sogar weltlichen Herren, nämlich 1282 Graf Eberhard von Katzenelnbogen und 1294 Ulrich I. von Hanau. Diese Vorgänge zwangen 1294 dazu, Abts- und Konventsgut erneut zu trennen.

Während der buchische Adel während des ganzen späten Mittelalters eine ausschlaggebende und oft verhängnisvolle Rolle in der Geschichte der Abtei gespielt hat, kam diese den Städten im wesentlichen nur im 14. Jahrhundert zu. Abt Heinrich von Weilnau hatte die Städte offensichtlich gefördert; wahrscheinlich, um sich in ihnen vom Adel unabhängige und zuverlässige Stützpunkte militärischer, politischer und finanzieller Art aufzubauen. Dank seiner ausgezeichneten Reichsbeziehungen verschaffte er 1296 Stolzental (dem heutigen Bad Soden), 1303 Hammelburg, 1310 Brückenau und Hünfeld Stadtrechte. Aber bereits unter Abt Heinrichs Nachfolger änderte sich dieses gute Verhältnis grundlegend. Das erweisen insbesondere die gegen Abt Heinrich von Hohenberg gerichteten Fuldaer Bürgeraufstände von 1331/32, ausgelöst durch zu hohe Steuerforderungen des Abtes. Wenn die Bürger dabei auch eine Niederlage erlitten, so mußte zur endgültigen Befriedigung der Lage doch der Kaiser eingreifen, der dabei die Schirmherrschaft über die Abtei 1332 an Landgraf Heinrich von Hessen übertrug. Damit war erstmals jene Macht auf den Plan getreten, die schließlich das Schicksal des Fuldaer Stiftes werden sollte.

Der dementsprechende Rückzug des Reiches zeigte sich auch darin, daß die Abtswahl seit dem 13. Jahrhundert allmählich ausschließliches Recht des Kapitels wurde und daß die Äbte seitdem nur noch geringe königliche Vergünstigungen erhalten haben, wie etwa 1310 von König Heinrich VII. das Judenregal oder 1323 von König Ludwig dem Bayern das Bergregal. Bemerkenswert ist jedoch, daß dem Abt 1356 die Würde des Erzkanzlers der Kaiserin zuerkannt wurde, wahrscheinlich als Ersatz des durch die Goldene Bulle nicht mehr bestätigten, im hohen Mittelalter wiederholt blutig umkämpften Rechtes auf den bevorzugten Sitzplatz des Abtes zur Linken des Königs. Doch weisen Fuldaer Münzen aus der Mitte des 12. Jahrhunderts vielleicht darauf hin, daß der Abt die Würde eines Erzkanzlers der Kaiserin schon damals innehatte. 1360 wurde dem Abt schließlich noch das Reichsbanner verliehen.

Die innerpolitischen Spannungen der Abtei waren durch die großen Auseinandersetzungen der 30er Jahre des 14. Jahrhunderts jedoch nicht bereinigt und entluden sich daher Ende des 14. Jahrhunderts erneut. Das Versagen Abt Konrads IV. (1372 bis 1383) und Abt Friedrichs I. (1383 bis 1395), ihre Mißwirtschaft und Rechtsverletzung führte die fuldischen Stände (Kapitel, sonstige

Geistlichkeit, Ritterschaft und Städte) zu Einungen gegen dieses Regiment zusammen. Nachdem sich Städte und Adel des Stiftes 1380 und 1382 zur Sicherung ihrer Rechte miteinander verbündet hatten, setzten die Stände 1381 den unfähigen Abt Konrad von Hanau ab. Sie übertrugen die Verwaltung der Abtei einer Pflegschaft unter der Leitung Johanns von Isenburg-Büdingen, entschlossen sich aber 1383, Erzbischof Adolf von Mainz als Vormund und Verweser der Abtei anzunehmen (der sie allerdings vor allem in seinem Kampf gegen die Landgrafschaft Hessen einzusetzen gedachte). Kurz darauf wurde der Abt (1383 in Spangenberg) ermordet. Dem neuen Abt Friedrich I. glückte es zwar, den Weg zu den Ständen zurückzufinden und infolgedessen in die Ausweitung der genannten Bündnisse auf die Städte des Bistums Würzburg (am 12. März 1387) und der Landgrafschaft Hessen (am 19. Juli 1387) eingeschaltet zu werden, er erhielt jedoch keine führende Stellung darin. 1391 wählte das Kapitel Bischof Gerhard von Würzburg zum Vormund und Verweser, und diesem folgte 1403 Erzbischof Johann von Mainz. Diese Vorgänge und die endgültige Auseinandersetzung zwischen Abt und Kapitel in den Statuten von 1395 und 1410, die den adeligen Konventualen unter Ausschluß der bürgerlichen das alleinige aktive und passive Wahlrecht sicherte, drängten den Abt immer mehr aus dem Konvent heraus in eine landesherrliche, aber durch Wahlkapitulationen zugunsten des Kapitels eingeengte Stellung. Die wirkliche Macht ging nun an das Kapitel über, das zugleich Führer der Landstände wurde, die sich im späten Mittelalter aus dem Stiftskapitel, der Buchischen Ritterschaft und den Bürgermeistern der Städte (Brückenau, Fulda, Geisa, Hammelburg, Herbstein, Hünfeld, Salmünster, Soden) zusammensetzten.

Die Jahrzehnte der Schwäche und inneren Wirren um die Wende vom 14. zum 15. Jahrhundert haben die Abtei nicht nur politisch entmachtet, sondern auch weitgehend finanziell ruiniert; immer zahlreichere Pfandstücke fielen in die Hände der buchischen Adeligen, und noch stärker verschuldete Fulda bei seinen geistlichen Nachbarn Würzburg und Mainz. In dieser Zeit (1423/24) ging die Fuldische Mark (in der Wetterau) an Graf Philipp von Nassau-Saarbrücken verloren und Stadt und Herrschaft Gersfeld über das Bistum Würzburg an die Herren von Ebersberg (1406/35). Diese politische und finanzielle Erschöpfung hat naturgemäß das Gesamtschicksal der Abtei zu Ausgang des Mittelalters und im Reformationsjahrhundert weitgehend bestimmt. 1420 war es soweit gekommen, daß der Abt nicht nur einen adeligen „Pfleger" (Hermann von Buchenau) neben sich dulden, sondern sich auch noch der Schutzherr- und Vormundschaft Erzbischof Konrads von Mainz und Bischof Johanns von Würzburg unterwerfen und sie ermächtigen mußte, noch einen besonderen Stiftshauptmann (für die Pflege des Gerichtswesens) einzustellen.

Mit dieser Übertragung der Verweserschaft an die Mainzer Erzbischöfe Adolf, Johann und Konrad war Fulda endgültig in die große territorialpolitische

Auseinandersetzung zwischen Mainz und Hessen einbezogen worden, und so entschied der hessische Sieg über Mainz 1427 über die politischen Herrschaftsverhältnisse im Fuldaer Land. Der geschlagene Mainzer Erzbischof Konrad mußte den Landgrafen in die Gemeinschaft der dem Mainzer Erzbistum verpfändeten fuldischen Burgen und Städte aufnehmen. Von ihnen waren nämlich zur Zeit der mainzischen Vorherrschaft in Fulda die Orte und Ämter Fischberg und Brückenau ganz, Rockenstuhl und Geisa zu zwei Dritteln und Schildeck, Hünfeld und Fulda zur Hälfte an das Erzbistum verpfändet worden. Erst 1496 vermochte die Abtei diese Pfandschaft wieder einzulösen.

Diesen ständigen Abstieg im 14. und 15. Jahrhundert hat erst Abt Reinhard von Weilnau (1449 bis 1476) aufgehalten, wenn auch noch nicht völlig überwunden, denn der Güterverlust dauerte bis ins 16. Jahrhundert; doch kam die territoriale Ausformung und die Verwaltungsorganisation der Abtei im 15. Jahrhundert im wesentlichen zum Abschluß. Diese gliederte das Stiftsgebiet in die fürstlich fuldischen (die eigentlich stiftischen), die propsteilichen und die ritterschaftlichen Verwaltungsbezirke, deren politische, gerichtliche und finanzielle Leitung wie üblich in der Hand von Amtleuten und Kellnern lag. Da diese vielfach Pfandherren waren, gingen gerade die ritterschaftlichen Gebiete dem Stift in der nachreformatorischen Zeit verloren. Sie wurden wie etwa die Gebiete der Riedesel, derer von Schlitz und von der Tann territorial selbständig oder doch unabhängig reichsritterschaftlich. Die Ausbildung der zentralen stiftfuldischen Verwaltungs- und Behördenorganisation des Mittelalters war ebenfalls seit Abt Reinhard von Weilnau, der für die Abtei auch in dieser Hinsicht eine gewisse Regenerationspause bedeutete, im wesentlichen abgeschlossen. Marschall, Kanzler, Räte, Hofgericht sind als Träger der Zentralverwaltung seitdem als formierte und ständige Einrichtung nachweisbar, wenn sie auch in ihren einzelnen Vorläufern natürlich weitaus älter sind.

Nachdem die fuldische Ritterschaft den 1403 gegründeten Simplicius-Orden 1492 erneuert hatte — eine Parallele zu dem im gleichen Jahr beschlossenen großen Verbund der Wetterauer ritterschaftlichen Ganerbschaften —, läßt sich 1511 auch ihre politische Organisation in Gestalt eines Ausschusses und eines Obmannes erkennen. Die Regentschaft des Koadjutors Johann von Henneberg (1521 bis 1541), die von den Ständen gegen ihren Abt Hartmann durchgesetzt worden war, förderte diese Unabhängigkeitsbestrebungen weiter. Noch folgenschwerer aber war wohl der Durchbruch der Reformation im Fuldaer Land, nachdem Landgraf Philipp der Großmütige dort 1525 den Bauernaufstand niedergeworfen und damit den politischen Einfluß Hessens auf das Stift Fulda auf einen ersten Höhepunkt geführt hatte.

Gleichwohl konnten sich die dadurch stark begünstigten reformatorischen Bestrebungen nicht endgültig durchsetzen, trotz der äußerlichen Zugeständnisse, die Abt Philipp in seiner von Georg Witzel entworfenen Reformationsordnung von 1542 der fast allenthalben durchgedrungenen neuen Lehre machte. Sie gestattete nämlich die deutsche Sprache bei Messe und Sakrament, den Laienkelch und die Heirat der Priester. Jedoch hob schon bald darauf der im Alter von nur 21 Jahren zum Fürstabt erhobene Abt Balthasar von Dernbach (1570 bis 1606), die Kirchenordnung von 1542 wieder auf. Er bekämpfte darüber hinaus die neue Lehre mit Unterstützung der 1571 nach Fulda berufenen Jesuiten so nachhaltig, daß er sich auf Grund seiner weitreichenden Erfolge schon bald einer mächtigen Fronde seines eigenen Kapitels und der Stiftsritterschaft gegenübersah. Da er sich zugleich der Ausdehnung der Befugnisse des machtwilligen Bischofs Julius von Würzburg entgegenstemmte, wurde Balthasar im Hammelburger Vertrag von 1576 Juni 23 zur Aufgabe der Abtei gezwungen. Balthasar erhielt Schloß Neuhof als Aufenthalt angewiesen, während Bischof Julius selbst die Regierung der Abtei, die nominell durch eine kaiserliche Verwaltungskommission ausgeübt wurde, weitgehend beeinflußte.

In dieser Zeit schloß sich die fuldische Ritterschaft immer enger an die fränkische an, zumal diese 1575 ein Reichskammergerichtsmandat zum Schutze der Freiheiten des buchischen Adels erwirkt hatte. Endlich konnte Abt Balthasar, der von Neuhof in den Schutz des Mainzer Erzbischofs geflüchtet war, nach einem schweren, langwierigen Prozeß beim Reichshofrat 1602 seine Rückkehr erzwingen, nicht aber die inzwischen eingetretene politische Entwicklung wieder rückgängig machen, denn er vermochte eine Huldigung seiner Ritterschaft nur noch dadurch zu erreichen, daß er ihr freie Religionsübung und die Bestellung der Pfarrer in ihren Bezirken zugestand. Jedoch gaben die Fuldaer Äbte damit ihre Rekatholisierungsbestrebungen nicht auf, erzielten dabei auch schrittweise Erfolge, bis sich endlich zu Beginn des Dreißigjährigen Krieges unter Fürstabt Johann Bernhard Schenk zu Schweinsberg (1623 bis 1632), „dem zweiten Restaurator des Katholizismus im Hochstift Fulda", die Gegensätze wieder so verschärften, daß er mit seinem eigenen Stiftskapitel und der Ritterschaft in Konflikt geriet. Es kam zum Bruch, als der Abt 1629 mit Hilfe des Restitutionsediktes versuchte, auch die ritterschaftlichen Gebiete zu rekatholisieren. Die Ritterschaft schloß sich dem auf protestantischer Seite in den Krieg eingreifenden König Gustav Adolf von Schweden an, und nach dessen Sieg bei Breitenfeld im September 1631 mußte Abt Johann Bernhard das Stift räumen. Damit erlosch abermals die Selbständigkeit der Abtei, denn Gustav Adolf übertrug das Hochstift an Landgraf Wilhelm V. von Hessen-Kassel. Abt Johann Bernhard fand jedoch Schutz am kaiserlichen Hofe und begleitete dann Ende 1632 Wallenstein auf seinem Zuge nach Mitteldeutschland gegen Gustav Adolf, um die Abtei zurückzuerlangen, kam aber nicht zum Ziel, da er in der Schlacht bei Lützen am 16. November 1632 gefallen ist. Zwei Jahre später mußte sich Landgraf Wilhelm nach dem schweren Rückschlag, den die Schweden bei Nördlingen erlitten, wieder aus Fulda zurückziehen (wobei er eine

Reihe kostbarer Fuldaer Handschriften, darunter das Hildebrandslied, mit nach Kassel nahm). Jedoch konnte durch die Wiederherstellung der früheren Herrschaftsverhältnisse die fuldische Ritterschaft nicht wiedergewonnen werden. Ein 1648 von Fürstabt Joachim von Gravenegg gegen die Stiftsritterschaft, insbesondere ihre Führer Johann Volpert von Schlitz genannt Görtz und Friedrich von der Tann, erwirktes kaiserliches Strafmandat blieb bedeutungslos. Unter mainzischer Vermittlung wurde es 1652 aufgehoben und 1656 durch einen vom Kaiser bestätigten Vergleich zwischen dem Abt und der buchischen Ritterschaft ersetzt, der ihre Reichsunmittelbarkeit und Zugehörigkeit zum fränkischen Ritterkreis Kanton Rhön/Werra anerkannte. Doch blieben die persönlichen Lehnsverhältnisse der Adligen gegenüber dem Abt und die darin begründeten Verpflichtungen bestehen. Auf der Grundlage des Vergleichs von 1656 ist dann auch der endgültige Vertrag zwischen der Buchischen Reichsritterschaft und dem Stift Fulda vom 5. Oktober 1700 geschlossen worden.

Nach einem langsamen Wiederaufstieg aus den Verwüstungen des 30jährigen Krieges erlebte die Abtei Fulda im 18. Jahrhundert nochmals einen Höhepunkt. Fulda wurde in der ersten Hälfte des 18. Jahrhunderts unter der Leitung J. Dientzenhofers (unter Mitwirkung von M. v. Welsch, A. Gallasini, J. Fr. Humbach, Fr. J. Stengel u. a. großen Künstlern) zu einer nahezu geschlossenen Barockresidenz ausgebaut, zahlte dafür allerdings durch Beseitigung des alten Fuldaer Domes einen zu hohen Preis, denn dieser unersetzliche Verlust war durch nichts gutzumachen. Nicht minder bezeichnend für den reformerischen, zeitnahen Zug Fuldas im 18. Jahrhundert ist seine 1732 durch päpstliche Bulle und 1733 durch kaiserliches Diplom eingerichtete Universität, wenn ihr auch keine größere Zukunft beschieden war.

Der bedeutendste Abt der Spätzeit, Heinrich von Bibra (1759 bis 1788), unternahm nach dem Vorbild des preußischen Retablissements Friedrichs des Großen eine bedeutsame wirtschaftliche Förderung des Landes („Bauernphysik" des Regierungsrates J. E. Kayser 1772, Landeskalender des Leibarztes Weikard, Landes-Ökonomie-Kommission 1772). Handel, Verkehr und Gewerbe wurden erfolgreich entwickelt, Ackerbau und Landwirtschaft sorgsam gepflegt (wie etwa die mustergültige Bewirtschaftung und Pflege der Weinkultur auf der 1716 von Fulda an angekauften Domäne Johannisberg im Rheingau erweist) und das gesamte Finanz- und Steuerwesen neu organisiert. Bemerkenswert im Sinne dieser Regeneration sind auch die Schulordnung von 1781 und die Gründung der heutigen Landesbibliothek 1778.

1763 erhielt Fulda das kaiserliche Privilegium de non appellando. Aus der Feder seines führenden Staatsmannes E. Thomas erschienen 1784 dessen Entwurf der fuldischen Gerichtsverfassung und 1788/90 dessen System aller fuldischen Privatrechte. An der Spitze der Verwaltung standen zwei Kollegialbehörden, die bischöflich geistliche und die weltliche Landesregierung. In dieser waren das Ministerium (das Geheime Ratskollegium), die Justizkanzlei, der Lehnhof und das peinliche Gericht vereinigt. Gegenüber dieser durchgebildeten, straffen Verwaltungsorganisation verloren die Stände ihre Bedeutung. Zwar trat anstelle der ausgeschiedenen Ritterschaft nach dem 30jährigen Krieg ein neuer Stand in Gestalt der Leiter der Kollegiatstifte Fulda, Hünfeld, Rasdorf und Salmünster auf, schied jedoch schon im 18. Jahrhundert wieder aus, wie das damals auch die Städte taten. Unter dem letzten Abt Adalbert III. (1788 bis 1802) hatte nur noch das Kapitel Einfluß auf die Verwaltung (insbesondere der Finanzverwaltung) des Stiftes.

Die Verwaltungsorganisation des Fuldaer Landes entsprach der eigentümlichen Gewaltenteilung des geistlichen Staates, derzufolge es fürstbischöfliche, propsteiliche und domkapitularische Ämter gab. Dieser Uneinheitlichkeit wirkte lediglich das Verhältnis ihrer Verteilung entgegen, denn es hatte sich im 18. Jahrhundert ein unbedingtes Übergewicht der fürstbischöflichen Ämter herausgebildet, von denen 18 existierten, während die Propstei nur über neun und das Domkapitel lediglich über zwei Ämter gebot. Fürstbischöflich waren das Vizedomamt Fulda, das Amt Altenhof (in der Stadt Fulda) und das Centoberamt Fulda (beiderseits des Flusses) sowie die Oberämter Bieberstein, Brükkenau, Burghaun, Dermbach, Eiterfeld, Geisa, Hammelburg, Haselstein, Herbstein, Hünfeld, Mackenzell, Neuhof und die Ämter Gerstungen, Giesel, Herbstein, Herolz, Hosenfeld, Hünfeld, Lengsfeld, Motten, Neukirchen, Salmünster, Salzschlirf, Steinau, Ürzell, Vacha und Weyhers. Als propsteiliche Ämter sind zu nennen: Andreasberg (oder Neuenberg), Johannesberg, Michelsberg, Petersberg (diese unweit von Fulda), Blankenau, Holzkirchen, Sannerz, Thulba und Zella. Dazu kamen die beiden domkapitularischen Ämter der sogenannten Audienz (Fuldaer Vorstädte) und (als fürstbischöfliches Pfand) des Gerichtes Großenlüder. Zu ergänzen sind diese Bezirke durch die ritterschaftlichen Patrimonialgerichte altfuldischer Herkunft: Buchenau, Langenschwarz, Mansbach, Schackau, Wehrda, Tann, Völkershausen und den Huttenschen Grund.

Das entscheidende Ereignis der späteren Fuldaer Geschichte war die Erhebung der Abtei 1752 zum Bistum. Das Hochstift hatte dabei lange und schwere Widerstände des Bistums Würzburg und des Erzbistums Mainz zu überwinden gehabt. Vor allem war es in immer erneute Auseinandersetzungen mit dem Bistum Würzburg wegen der Jurisdiktion verwickelt worden, obwohl Abt Balthasar bereits 1604 von Rom die quasi-episkopale Jurisdiktion erhalten hatte. Auf Grund des Vertrages zwischen Fulda und Würzburg von 1613 haben die Äbte eine quasi-bischöfliche Jurisdiktion als Gebietshoheit tatsächlich ausgeübt, obgleich dieser Vertrag keine endgültige Lösung beabsichtigte. Da auch der Jurisdiktionsvertrag mit dem Bistum Würzburg von 1662 nicht den gewünschten Erfolg brachte, lief seit 1688 der Jurisdiktionsprozeß an der Rota in Rom, den Fulda mit Hilfe höchst bedenklicher Beweise, ja Fälschungen schließlich gewann. Darauf sicherte der Karlstädter Jurisdiktionsvergleich von 1722 und der (endgültige) Hammelburger Jurisdiktionsvertrag von 1751 (der 1752 vom Papst bestätigt wurde) die Fuldaer geistliche Jurisdiktionshoheit. Der Streit mit dem Mainzer Erzbischof als Metropoliten dauerte dagegen noch Jahre an, bis ihn ein päpstliches Breve von 1756 beendete. Sein Spruch wurde in die Konkordie zwischen Mainz und Fulda vom Februar 1757 übernommen, in der Mainz die Metropolitangewalt über Fulda erhielt, während dieses hinsichtlich der Monachialverfassung auch weiterhin exemt blieb.

Damit hatte die tausendjährige Rivalität zwischen Fulda und Mainz mit einem Kompromiß ihren Abschluß gefunden, der beiden Teilen gerecht wurde, für Fulda aber gleichwohl den krönenden Abschluß einer großen geistlichen und politischen Vergangenheit bedeutete. Er hat zugleich seine Zukunft so weit gesichert, daß es als geistlicher Mittelpunkt auch die Stürme des Unterganges des alten Reiches überstanden hat, wenn auch das Stiftsgebiet im Reichsdeputationshauptschluß 1803 säkularisiert wurde. (Die entscheidenden Verhandlungen darüber hatte der letzte Fuldaer Abt Adalbert von Harstall vom 11. September bis 22. Oktober 1802 mit dem Erbprinzen Wilhelm VI. von Nassau-Oranien geführt.)

Das 33 Quadratmeilen große Territorium, das von etwa 95 000 Menschen bewohnt war, wurde Wilhelm V. von Nassau-Oranien für den Verlust seiner niederländischen Würden und Besitzungen übergeben, der seine Rechte dem Erbprinzen übertrug. Dieser hob zwar die Universität auf, säkularisierte auch einen Teil der Klöster, ließ aber im übrigen das Land gut verwalten. Seine Wertschätzung spiegelt das ihm zu seinem Geburtstag am 24. August 1806 gewidmete Lied „Wachse hoch Oranien“ (gedichtet von dem Studiendirektor und Konsistorialrat A. G. Meißner und vertont von dem Fuldaer Stadtkantor Michael Henkel), das später zur holländischen Volkshymne geworden ist. Doch währte die Herrschaft des Oraniers in Fulda nur wenige Jahre. Als Inhaber eines preußischen Regimentes, das er gegen die Franzosen führte, hatte er nach der Niederlage Preußens bei Jena und Auerstedt, die ihn wiederholt in die Gefahr französischer Kriegsgefangenschaft brachte, Fulda verwirkt; es kam unmittelbar unter französische Verwaltung, bis es Napoleon 1810 mit dem Großherzogtum Frankfurt vereinigte. Dabei wurde jedoch die Domäne Johannisberg im Rheingau abgespalten, die in französischen Händen blieb, 1815 an den Kaiser fiel und von diesem 1816 an den Fürsten Metternich übertragen wurde. Das Gebiet des Bistums Fulda selbst aber, das von 1813 bis 1815 unter österreichischer und 1815/16 sechs Monate lang unter preußischer Verwaltung gestanden hatte, kam im Februar 1816 an Kurhessen mit Ausnahme der Ämter

Hammelburg, Brückenau und Weyhers, die Bayern erhielt, und Geisa, das an Sachsen-Weimar-Eisenach fiel. Das Bistum wurde 1827 wiederhergestellt, 1829 der oberrheinischen und 1929 der Paderborner Kirchenprovinz zugeteilt. Seit 1867 tagt in Fulda alljährlich die Konferenz der deutschen Bischöfe.

25. Die Reichsabtei Hersfeld

Die Entstehung des Klosters Hersfeld ist mit der Gründung des bonifatianischen Klosters Fulda unmittelbar verknüpft. Denn als der Apostel seinen Schüler und Gefährten Sturmi 736 von Fritzlar in die Buchonia aussandte, eine für ein Kloster geeignete Stelle zu suchen, wählte Sturmi zunächst dafür das seit alters besiedelte Hairulfisfelt an der Fulda und gründete hier für sich und seine Gefährten eine kleine eremitische Niederlassung. Bonifatius verweigerte jedoch seine Zustimmung zur Errichtung des von ihm geplanten Klosters an diesem Ort, da er ihm durch die Nähe der feindlichen Sachsen zu stark gefährdet schien und wohl auch erst kürzlich von ihnen zerstört worden war. Gleichwohl ist die von Sturmi gegründete Station weder in den folgenden Jahren bis zur Begründung des Klosters Fulda 744 noch nachher aufgegeben worden. So erklärt es sich, daß der Bonifatiusschüler Lullus, der Nachfolger seines Lehrers auf dem Mainzer Bischofsstuhl, nach einem Menschenalter hier in Hersfeld erneut anknüpfen konnte. Er sah sich dazu um so mehr veranlaßt, als es ihm nicht möglich war, den von ihm gewünschten Einfluß, geschweige denn seine eigenkirchlichen Ansprüche auf Fulda durchzusetzen, so daß er sich nach dem Tode Pippins, der ihn wenig gefördert hatte, zum Ausbau der Anlagen in Hersfeld und damit zu einer Fuldaer Gegengründung Mainzer Observanz entschloß. Er errichtete daher (zwischen 769 und 775) in Hersfeld ein eigenes Kloster, mit dem man die durch Ausgrabungen neuerdings festgestellten Reste einer frühkarolingischen Basilika in Verbindung bringt (s. auch unten), während man die ihr vorausgehenden, schon früher ergrabenen kleineren Kirchen der Zeit vor der Klostergründung Lulls zuweist. Um den Rechtscharakter des Klosters eindeutig und offenkundig festzulegen, verband Lull die Hersfelder Abtswürde mit der Mainzer Bischofswürde.

Schon 775 sah sich Lull jedoch veranlaßt, das Kloster im Zuge der auf dem Reichstage von Quierzy beschlossenen, gewaltsamen Sachsenmission an Karl den Großen als dafür besonders geeigneten Stützpunkt zu übertragen; denn das noch günstiger gelegene Fritzlar war nach dem erfolgreichen Sturm der Sachsen auf Fritzlar und Büraburg von 774 für eine Missionsstation offensichtlich zu bedroht. Fritzlar, das damals gleichfalls in die königliche Hand überging, wurde vielmehr auf Grund seiner Grenz- und Straßenlage zu einem militärischen Stützpunkt entwickelt, während Hersfeld, auch auf Kosten Fritzlars, als Missionskloster ausgebaut worden ist. Bezeichnend hierfür ist die 780 von Erzbischof Lull veranlaßte Übertragung der Gebeine des heiligen Wigbert von Büraburg, wohin sie aus dem Fritzlarer Kloster vor den Sachsen geflüchtet worden waren, nach Hersfeld, das damit nun gleichfalls (wie Fulda im Grabe des heiligen Bonifatius) eine wirkungsmächtige Reliquie besaß. In ihrem unmittelbaren Bereich hat sich dann Erzbischof Lullus sechs Jahre später neben seinem Freunde Witta, dem ersten und letzten Bischof von Büraburg, begraben lassen. Die Vermutung liegt daher nahe, daß Witta, der seit Beginn der Sachsenkriege nicht mehr in Büraburg sondern in Mainz lebte, der Überführung der Gebeine Wigberts an jenen Ort zugestimmt hat, den er sich selber als letzten Ruheplatz ausersehen hatte.

Der größte Gewinn aus der Hersfelder Gründung war jedoch nicht dem Erzbistum Mainz, sondern dem Reich zugewachsen, das damit nach der Verleihung des königlichen Schutzes, der freien Abtswahl und der Beschränkung der bischöflichen Gewalt durch ein Privileg Karls des Großen seit 775 über eine weitere Reichsabtei in Hessen verfügte. Welche Bedeutung Hersfeld (nach Fulda) als Träger der sächsisch-thüringischen Mission und als religiöses Ausstrahlungszentrum in diesen Raum vom König und von Lullus zugemessen worden ist, ergibt sich aus der ersten Ausstattung des Klosters. Der Erstbesitz, den König und Bischof etwa zu gleichen Teilen übertrugen, konzentrierte sich im sogenannten Hassegau und Friesenfeld südlich des Harzes zwischen Unstrut und Saale. Bis dorthin waren die Auswirkungen des Bistums Erfurt (von dem wir nicht einmal einen Bischof kennen) offenbar nicht gedrungen, so daß hier unter den Heiden, darunter einer merklichen Anzahl Slawen, noch erhebliche religiöse, aber auch politische und selbst kolonisatorische Arbeit zu leisten war. Das älteste Güterverzeichnis nennt 1095 Hufen und 698 Mansen (mit Haus und Hof besetzte Hufen) in 195 Orten, davon lagen in Thüringen 824 Hufen und 501 Mansen in 132 Orten, also 4/5 des gesamten Hersfelder Grundbesitzes der Frühzeit. Da von den insgesamt ca. 1800 Hufen über ein Drittel Königshufen waren (jene zu 30, diese zu 60 Morgen angesetzt), verfügte Hersfeld beim Tode Karls über etwa 72 000 Morgen Land bei einem Konvent von 150 Mönchen. So eindrucksvoll und lehrreich diese Zahlen sind, sie lassen doch auch den großen Abstand Hersfelds zu Fulda erkennen. Dazu kamen eine Reihe von Nachteilen, die in dieser Besitzkonzentration, weit weg vom Kloster, begründet waren. Der unmittelbaren Einwirkung des Konvents entzogen, dagegen dem direkten Zugriff sächsischer Mächte preisgegeben, war dieses Hersfelder Gebiet nicht nur für die sächsischen Herzöge und späteren Könige, sondern auch für die dort neu entstehenden geistlichen Institutionen, Bistümer und Abteien ein gleich begehrliches Objekt. Auch die Ansprüche, die das Bistum Mainz für seinen thüringischen Sprengel erhob, mußten dem Kloster gefährlich werden. Hersfeld stand also von Anfang an in einem spannungsreichen Feld zahlreicher Konfliktmöglichkeiten.

Nach dem Tode Erzbischof Richolfs von Mainz 813 wurde die Personalunion zwischen dem Erzbischof von Mainz und dem Abt von Hersfeld nicht mehr erneuert, was schwerwiegende monastische oder politische Gründe gehabt haben muß. Da von den ersten drei eigenen Äbten mindestens zwei aus Fulda kamen, nämlich Abt Bun (820 bis 840) und sein Nachfolger Brunwart (840 bis 875), ist daraus zu schließen, daß beide Abteien, unbeschadet ihrer ganz verschiedenartigen kirchenrechtlichen Stellung, in der karolingischen Zeit in politischer Hinsicht als Reichsabteien einander gleich gestellt und behandelt worden sind. Diese engen Beziehungen zwischen Fulda und Hersfeld haben sich naturgemäß auch in kultureller Hinsicht stark ausgewirkt. Nachdem Fulda in den Jahren 791 bis 819 mit seiner großen neuen Kirche vorangegangen war, folgte ihm Hersfeld mit einem Neubau in den Jahren 831 bis 850 nach. Er wurde unter den aus Fulda stammenden Äbten Bun und Brunwart errichtet, und Hraban, der 831 als Abt von Fulda bei der Grundsteinlegung zugegen war und die Widmungen für die Altäre verfaßt hatte, konnte ihn 850 als Erzbischof von Mainz weihen. Die Abfolge der auf dem Hersfelder Abteigelände aufgedeckten Kirchenbauten ist allerdings noch nicht eindeutig geklärt; denn noch steht offen, ob die zuletzt entdeckte, südlich der heutigen Kirche gelegene dreischiffige Basilika der Bau Lulls von 769 ff. oder der Bau Buns von 831 ff. ist. Wenn, wie es scheint, sich die erstere Ansicht durchsetzt, bietet sich die, eine noch ältere Anlage mit Rundeinbau (aus der Zeit Sturmis?) überlagernde Kirche Lulls als eine dreischiffige, etwa 50 m lange Basilika dar. Sie wird dadurch charakterisiert, daß ein ausgeprägtes Querhaus fehlt, daß vielmehr im Osten an das Langhaus mit seinen beiden Seitenschiffen drei nebeneinanderliegende Chöre anschließen (Hauptchor mit zwei Nebenchören), die nach außen mit einer glatten Wand abschließen und mit ihrer Gesamtbreite die der Schiffe etwas übertreffen. Ganz anders ist dagegen der folgende Bau gestaltet, den gerade sein mächtiges Querhaus und der Verzicht auf daran anschließende Chöre oder einen Hauptchor charakterisiert. In die östliche Abschlußwand des Querhauses waren hier vielmehr nur drei Apsiden nebeneinander eingefügt. In der Mitte, in Verlängerung des Hauptschiffes, die Hauptapsis mit dem Hauptaltar und links und rechts davon in Verlängerung der Seitenschiffe in jedem Flügel des Querhauses in der östlichen Wand je eine kleinere, von zwei Altären flankierte Nebenapsis mit Altar, so daß sich an der östlichen Abschlußwand der Kirche eine eindrucksvolle Reihe von sieben Altären erstreckte, je drei links und rechts des Hochaltars, der in der mittleren Hauptapsis stand. Das von acht Säulenpaaren auf neun Jochen getragene Langhaus hatte eine lichte Länge von 47 m und maß einschließlich des Westwerkes etwa 61 m. Das Mittelschiff war dabei 29 m breit und schätzungsweise 16 m hoch, die beiden Seitenschiffe je etwa 7 m breit und schätzungsweise 8 m hoch. Das gewaltige Querschiff maß in der lichten Länge knapp 54 m und in der Breite fast 13 m.

Die entscheidenden Unterschiede zwischen den im Grundriß so ähnlichen Fuldaer und Hersfelder Kirchenbauten der karolingischen Zeit lagen darin, daß man in Hersfeld das Querhaus mit der (oben beschriebenen) Altarwand im Osten errichtete, während es in Fulda im Westen stand, und daß man in Hersfeld das Wigbertgrab in der östlichen Hauptapsis hinter dem Hochaltar unterbrachte, während das Fuldaer Bonifatiusgrab, fern dem östlichen Hauptaltar, gegenüber in der Westapsis lag. Noch wichtiger war die sich daraus ergebende bauliche Folgeerscheinung (über die man jedoch noch nicht einhelliger Meinung ist), daß man nämlich in Hersfeld nicht wie in Fulda eine doppelchörige Anlage errichtete, denn das war hier, wo Hochaltar und Märtyrergrab im Ostchor vereinigt waren, nicht mehr notwendig. Stattdessen erhielt die Hersfelder Kirche eine westliche langgestreckte Vorhalle mit westlichem Hauptportal, über denen sich ein als Taufkapelle eingerichtetes Westwerk erhob. Vielleicht ist es als Nachfolger des in der voraufgegangenen Hersfelder Kirche aufgeführten und entweder als Taufkapelle oder als Memorienstätte benutzten Zentralbaues anzusprechen. Nach außen ging das Westwerk wahrscheinlich in einem von zwei Treppentürmen flankierten Hauptturm auf, der sich im Kircheninnern in einem großen Bogen zum Mittelschiff öffnete.

Damit hatte sich in Hersfeld eine in der örtlichen Tradition vorgezeichnete Baugesinnung durchgesetzt, wie sie vor allem die höfische Monumentalkunst des karolingischen Reiches in Sakralbauten wie Centula, Aachen und Corvey kennzeichnet. Diese Westwerke dienten aber nicht nur als Taufkirchen, sie scheinen auch sehr oft die Kaiserempore enthalten zu haben, für die in einem Reichskloster von der Bedeutung Hersfelds selbstverständlich ein dringendes Bedürfnis bestand; denn Hersfeld ist (neben Fritzlar und Fulda) der bevorzugteste hessische Aufenthaltsort der fränkischen und deutschen Könige von Karl dem Großen (782) bis Konrad III. (1146) gewesen. Auch das beweist, welche Bedeutung dem Übergang dieser drei bonifatianischen Gründungen an das Reich zukommt. Sie sind hier seine stärksten Stützen geworden. Sie haben aber auch seine besondere Begünstigung erfahren, denn eines der wichtigsten königlichen Rechte, das der Münzprägung, haben die deutschen Kaiser und Könige diesen drei Stätten Fritzlar, Hersfeld und Fulda als ersten in Hessen übertragen. Alle drei sind seit der ersten Hälfte des 11. Jahrhunderts als Münzstätten nachgewiesen. Nur die Reichsabtei Helmarshausen hatte dieses Recht schon früher, 997, erhalten.

Die ausgeprägte Stellung Hersfelds als Reichsabtei und der damit verbundene königliche Einfluß auf die Abtswahlen sowie die Lösung der Hersfelder Abts- von der Mainzer Bischofswürde schränkte die eigenkirchlichen Ansprüche von Mainz auf Hersfeld schon bald so stark ein, daß dieses dem Erzbistum schließlich nur noch im allgemeinen kirchenrechtlichen Sinne unterstand. So kam es bereits im 9. Jahrhundert, besonders wegen der Zehnten, zu starken Spannungen zwischen Hersfeld und Mainz, deren sich König Ludwig der Deutsche 843 in seinem Gegensatz zu Mainz bediente, doch gestand er nach der Aussöhnung 845 dem Erzbischof den kanonischen Zehntanteil zu.

Mit dem Erlöschen der karolingischen Macht um 900 geriet die Abtei unter die Herrschaft der sächsischen Herzöge, was 908 König Ludwig das Kind offensichtlich unter konradinischem Einfluß zur Bestätigung der freien Abtswahl bestimmte, da sich Herzog Otto von Sachsen widerrechtlich zum Herrn (Laienabt) des Klosters gemacht hatte. König Konrad I. erneuerte der Abtei dieses Recht, nachdem Herzog Otto 912 gestorben war, im folgenden Jahr auch gegen Herzog Heinrich von Sachsen. Heinrich hat jedoch als König seine Fürsorge dem Kloster nicht entzogen, denn er befestigte den Platz gegen die Ungarn (nachdem diese 915 das Fuldaer Nebenkloster auf dem Petersberg zerstört hatten). Aber unter Heinrich begannen doch auch die immer stärkeren Beanspruchungen des Klosters durch das Reich. Das war einmal die Kette der Gütertäusche, auf die Hersfeld sich einlassen mußte, obwohl sie ihm auf die Dauer schwere Einbußen brachten, und das war andererseits das Heraufrücken des Klosters aus der zweiten Klasse der klösterlichen Reichsdienstliste von 817 in die erste, in der es nicht nur Abgaben, sondern nun auch Kriegsdienste zu leisten hatte. Einen ersten Höhepunkt erreichen diese Belastungen, aber auch Leistungen unter Otto dem Großen, der wiederholt auf Hersfelder Gut zur Ausstattung des von ihm eingerichteten Erzbistums Magdeburg zurückgriff und sich dazu auch noch von Hersfelder Aufgeboten nach Italien begleiten ließ. So rückte Hersfeld unter Otto I. insbesondere zur Zeit des Abtes Aigilulf (963 bis 970) wieder in eine bedeutende reichspolitische Stellung ein, vor allem in den Auseinandersetzungen des Kaisers mit dem Mainzer Erzbischof wegen der Errichtung des Erzbistums Magdeburg. Abt Aigilulf, der bald als namhafter Vertreter der staatskirchlichen Ideen zu den nächsten Ratgebern des Kaisers gehörte, hat daher auch die königliche Ostpolitik, die in der Gründung der Metropole Magdeburg ihre Krönung finden sollte und gefunden hat, tatkräftig unterstützt. Aus dieser politischen Stellung und der darin begründeten Notwendigkeit, den Einfluß von Mainz auf Hersfeld so weit wie nur möglich einzuschränken, erklärte es sich, daß der Kaiser der Abtei 968 das päpstliche Privileg ihrer Befreiung von der bischöflichen Gewalt verschaffte, die von ihm und seinem Sohn und Nachfolger Otto II. wenige Wochen später bestätigt wurde. So schien nach 200 Jahren der eigentliche Anlaß der Neugründung Hersfelds durch Bischof Lullus von Mainz in sein Gegenteil verkehrt; doch wurde diese Exemtion nicht wirksam, weil der unmittelbare, zudem durch eigenkirchliche Ansprüche gestützte Einfluß des Diözesanbischofs dadurch nicht mehr ohne weiteres zu beseitigen war und der ottonische Gegensatz zu

Mainz nach Gründung des Erzbistums Magdeburg in dieser Form nicht fortbestand. Und dann brachte die Gründung der Abtei Memleben durch Kaiser Otto II. eine ganz erhebliche Benachteiligung für Hersfeld, denn es mußte 979 in Gütertäusche zugunsten Memlebens einwilligen, die Hersfeld schwer geschädigt haben. Jedoch hat der letzte sächsische Kaiser Heinrich II. diesen Schaden so weit wieder gutgemacht, als er 1015 die gesamte Abtei Memleben dem Kloster Hersfeld einverleibte und damit dessen Stellung in Thüringen wieder herstellte. Auf der anderen Seite hat sich der Kaiser wiederum nicht gescheut, hersfeldischen Besitz durch Ausstattung seiner Bamberger Gründung in erheblichem Umfang zu beanspruchen.

Noch schwerwiegender waren jedoch seine Maßnahmen, die er, wie in Lorsch und Fulda, so auch in Hersfeld im Zuge seiner Reformen des Klosterwesens durchführen ließ. Nach dem Tode des Abtes Bernhari hat er im Einvernehmen mit Erzbischof Willegis von Mainz das Hersfelder Kloster durch den 1005 hierher versetzten Abt Godehard von Niederaltaich, der vorher Tegernsee reformiert hatte, mit rücksichtsloser Strenge der von dem lothringischen Kloster Gorze ausgehenden Klosterreform unterworfen. Dabei ging es nicht ohne Härte und entsprechenden Widerstand ab, so daß sich der Konvent, der sich bis auf 50 Mönche verringert hatte, darüber beinahe auflöste. Jedoch setzte sich Kaiser Heinrich II., eng verbunden mit einem der stärksten Verfechter der lothringischen Erneuerungsbewegung, dem greisen Abt Ramwold von St. Emmeran in Regensburg, nicht nur in Hersfeld durch, sondern brachte dessen Schüler und Freunde auch nach Fulda, Lorsch und Corvey. Unter diesen Bedingungen entstand in Hessen schließlich ein Zentrum des Reichsmönchstums, das sich bis zum Untergang des hochmittelalterlichen deutschen Reiches als verläßliche Stütze des Kaisertums auch in dessen schwersten Kämpfen mit Papst und Fürsten bewährt hat. Hierbei stand Hersfeld mit an der ersten Stelle, zumal hier nach Godehards (wohl vorzeitigem) Abgang sein strenger Schüler Arnold (1012 bis 1031) die Reform weiterführte. Wie schwer das war, zeigt, daß auch er darüber fiel, 1031 abgesetzt und durch den Werdener Abt Bardo, einen Verwandten der Kaiserin, abgelöst worden ist. Da Bardo aber nur wenige Monate später schon den Mainzer Erzstuhl bestieg und sein Nachfolger Rudolf (1031 bis 1036) ein Schüler Abt Poppos von Stablo war, konnte die Reform in Hersfeld behauptet werden.

Während dieser Zeit wirkte in Hersfeld als Leiter der Klosterschule der von Abt Arnold berufene Gelehrte Albwin, dessen Rang der Ruhm seiner Schüler (darunter Wolfheres von Hildesheim und Othlohs von Regensburg) bezeugt. Auch unter Abt Rudolfs Nachfolger, Abt Meginher (1036 bis 1059), der wiederum aus Stablo kam, dauerte die Blüte der Hersfelder Schule an. Zwar war ihre Bibliothek nicht so kostbar und umfangreich wie die Fuldaer, auch wohl weniger gepflegt, denn es ist kein einziges Bücherverzeichnis erhalten. Wir können aber aus der Arbeit des Hersfelder Historikers Lampert mit Sicherheit entnehmen, daß ihm im Kloster Werke der römischen Historiker Sallust, Sueton, Livius (1. Dekade), Frontinus und Ammianus Marcellinus zur Verfügung standen; daß dort die römische Geschichte des Paulus Diakonus, die Gotengeschichte des Jordanes und die Chronik des Regino von Prüm vorhanden waren. Das gleiche gilt für die Dichtungen von Terenz, Vergil, Horaz und Ovid, die Reden des Cicero und des Boethius „Trost der Philosophie". Vor allem aber verdanken wir Hersfeld (oder Fulda) die Überlieferung eines für unsere frühe Geschichte einzigartigen und unschätzbaren Werkes, der Germania des Tacitus (deren Handschrift um 1430 nach Italien entführt und dort um 1470 erstmals gedruckt worden ist).

Seine größten politischen, kulturellen und geistigen Leistungen erreichte das Kloster während des 11. Jahrhunderts. Außer Schule und Bibliothek erblühte vor allem noch einmal das Bauwesen. In Parallele zu Fulda wurde der Kranz der Klöster um die Abtei, ausgehend von der karolingischen Frauenbergkirche im Westen durch Errichtung des Klosters auf dem Petersberg im Osten (1002 bis 1005) und des Johannisberges im Süden (1012 bis 1024) fast geschlossen. Nachdem ein Brand 1037 oder 1038 die Kirche des Abtes Bun aufs schwerste beschädigt hatte, begann auf ihren Fundamenten und Mauerresten 1040 der letzte und eindrucksvollste Hersfelder Kirchenbau, dessen Ruinen noch heute Ehrfucht erwecken, denn er war „eine der großartigsten romanischen Raumschöpfungen" die wir kennen, gegenüber seinem karolinigschen Vorgängerbau durch einen machtvollen Chor mit dreischiffiger Hallenkrypta erweitert und wohl auch mit einem anderen Westabschluß ausgestattet.

Das 11. Jahrhundert brachte aber auch noch andere Höhepunkte, etwa die verschiedenen persönlichen Kontakte zwischen der Abtei und den deutschen Kaisern und Königen, nicht nur vermittelt durch das Reformwerk Kaiser Heinrichs II., sondern auch durch persönliche Vertrauensakte. 1040 nahm Kaiser Heinrich III. an der Weihe der Krypta der neuen Kirche teil, gab wenig später dem Kloster zeitweise seine Krone zum Pfand, und hier sicherte König Heinrich IV. 1074 seine Gemahlin Bertha vor den Sachsen, als sie kurz vor ihrer Entbindung stand, so daß sie in Hersfeld ihren Sohn Konrad gebar.

In dieser Zeit des Entscheidungskampfes zwischen dem König und den partikularen Kräften des Reiches und zwischen dem König und der römischen Hierarchie im Investiturstreit (um Recht und Formen der Besetzung geistlicher Stellen) trat Hersfeld in den Zenith seiner politischen und geistesgeschichtlichen Existenz und Leistung. Diesen Höhepunkt bezeichnen die Tätigkeit des Historikers Lampert von Hersfeld und die Hersfelder Streitschriften. Den Ruhm Lamperts haben (außer seiner Lebensbeschreibung des Klostergründers Lullus und einer Klostergeschichte) vor allem seine Annalen begründet. Sie sind ein stilistisch hervorragendes, monumentales Werk, besonders zur Geschichte des Investiturstreites und König Heinrichs IV., aber auch dadurch wichtig, daß sie die verlorenen Hersfelder Annalen der ottonischen Zeit und ihre Fortsetzung seit 1040 übernommen haben. Eingeschränkt wird der Wert der Annalen allerdings dadurch, daß Lamperts abgrundtiefe Feindschaft gegen Heinrich IV. sein Urteil getrübt, seine Unvoreingenommenheit geschwächt, seine Darstellung tendenziös eingefärbt und damit seine Glaubwürdigkeit erschüttert hat. Der Grund für diese Haltung lag wohl darin, daß Lampert davon überzeugt war, daß der König bei der Entscheidung des damals erneut aufgebrochenen Thüringer Zehntstreites zwischen der Abtei und dem Erzstift Mainz 1073 zuungunsten Hersfelds nicht nur ungerecht, sondern auch selbstsüchtig gehandelt habe.

In seinem eigenen Kloster hat sich Lamperts kaiserfeindliche Einstellung jedoch nicht durchgesetzt, ja eher das Gegenteil erreicht. Die Stellung Hersfelds im Investiturstreit verkörperte sinnbildhaft Abt Hartwig (1072 bis 1090), der dem Kaiser auch in der größten Bedrängnis unbeirrt beistand und diente. Er hat schließlich sogar anstelle des vom König als Papstanhänger abgesetzten erwählten Magdeburger Erzbischofs auf Geheiß König Heinrichs das Magdeburger Erzbistum übernommen und selbst das Opfer gebracht, nicht aufzubegehren, sondern sich zu fügen, als ihn der König aus politischen Rücksichten fallen lassen mußte. Und dies alles trotz der Verarmung des Klosters durch die Kriegszüge, in denen es als Truppensammelplatz ganz besonders beansprucht war, und trotz der für Hersfeld ungünstigen Entscheidung des thüringischen Zehntstreites mit Mainz (1073) und der damit verbundenen Verluste; denn man muß sich vergegenwärtigen, daß der überwiegende Teil des Klosterbesitzes in Thüringen lag, um die Haltung Hersfelds richtig würdigen zu können. Doch gelang es der Abtei, wenigstens in ihrem langjährigen erbitterten Streit mit dem Bistum Halberstadt um die sächsischen Zehnten 1133 eine günstige Entscheidung zu erzielen.

Gegenüber diesen festgefügten Reichsbeziehungen konnte sich die clunyazensisch-hirsauische Reformbewegung in Hersfeld ebensowenig wie in Fulda und Lorsch durchsetzen, hat sie doch selbst Lampert von Hersfeld verurteilt. Das läßt sowohl sein Bericht über die von ihm besuchten clunyazensisch reformierten Klöster Siegburg und Saalfeld (spätestens 1072) erkennen als auch das in Hersfeld, Fulda und Lorsch überlieferte Zirkular der benediktinischen Erzabtei Monte Cassino (nach 1072), das von der Übernahme der clunyazensischen Reform dringend abriet. Noch schärfer widersprach ihr die Hersfelder Streitschrift über die Bewahrung der Kircheneinheit von 1092/93, in der man Cluny der Trennung von Imperium und Sacerdotium, d. h. der Auseinanderreißung der geistlichen und weltlichen Rechtsbereiche und damit der Profanierung sämtlicher öffentlicher Lebensbezirke beschuldigte; denn für das Reichsmönchtum war der König auch als weltlicher Herrscher nach wie vor der Gesalbte, der im göttlichen Auftrag handelte. Die einzige Handschrift dieses „Liber de unitate ecclesiae conservanda" fand Ulrich von Hutten 1519 in Fulda. Er ließ sie drucken und hat das Werk damit gerettet, da die Handschrift heute verloren ist.

Die ganze Verworrenheit jener Jahrzehnte des Investiturstreites wird auf hessischem Boden mit am schärfsten durch die Ereignisse aus der Frühzeit des Klosters Hasungen beleuchtet. Denn hier in Hasungen, das von Erzbischof Aribo von Mainz 1021 im nördlichen Hessen als Kanonikerstift begründet und von Erzbischof Siegfried von Mainz ab 1074 in ein Kloster umgewandelt worden war, wurde Lampert von Hersfeld Abt. Das scheint um so merkwürdiger, als Lampert gerade Siegfried als Gegner Hersfelds im Thüringer Zehnstreit scharf angegriffen hatte, aber es erklärt sich vielleicht daraus, daß inzwischen auch Siegfried der Feindschaft König Heinrichs IV. zum Opfer gefallen war und seit 1077 seine Metropole Mainz verloren hatte. Die Annahme dieser Abtswürde war jedoch für Lampert nicht nur mit einem persönlichen, sondern auch mit einem monastischen Stellungswechsel verknüpft, denn er hat es hinnehmen müssen, daß Siegfried Hasungen der clunyazensischen Reform öffnete, indem er es mit Hirsauer Mönchen besetzte. Ihr Führer war der Hasunger Nachfolger Lamperts († 1081/84) Gieselbert, der sich aber mit seiner Schar und Richtung nach dem Tode Erzbischof Siegfrieds († 1084) nicht halten konnte, da dessen Nachfolger, Erzbischof Wezilo von Mainz, dem König wieder unbedingt ergeben war. Dieser hat daher die Hirsauer Mönche 1085 zur Aufgabe von Hasungen gezwungen und daraufhin unter einem einheimischen kaisertreuen Abt einen ebenso eingestellten hessischen Mönchskonvent in Hasungen eingerichtet, das damit ebenfalls in die Tradition der großen hessischen Abteien einschwenkte.

Wie unter den deutschen Königen und Kaisern aus dem sächsischen und salischen Hause, so war Hersfeld auch unter den Staufern Reichsabtei im Sinne des Wortes. Auch die persönlichen Beziehungen zwischen König und Abtei blieben nahe. 1144 nahm König Konrad III. im Rahmen einer feierlichen Versammlung der Großen des Reiches an der Einweihung der endlich vollendeten Hersfelder Abteikirche teil, und nur zwei Jahre später brachte er auf seinem Zuge zum Reichstag in Kaina seine plötzlich erkrankte Gemahlin Gertrud hier unter, die kurz darauf dort verschied und dem Kloster ihren goldenen Ohren- und Brustschmuck vermachte. Dem kaiserlichen Gegenpapst Viktor IV. verdankte der Hersfelder Abt Hermann 1162 die Verleihung der Pontifikalien (Mitra, Dalmatika, Sandalen und Ring) zum Gebrauch an hohen Festtagen und dazu das Predigtrecht. Abt Siegfried (1180 bis 1200) führte die Abtei sogar nochmals auf einen reichspolitischen Höhepunkt durch seine vielfältigen diplomatischen Dienste, die er den beiden größten Staufern, Friedrich I. Barbarossa und Heinrich VI., leistete. Und während des staufischen Endkampfes in Deutschland stand der Hersfelder Abt Werner (1240 bis 1252) so fest auf staufischer Seite, daß ihn der päpstliche Legat 1252 suspendierte und Abt Heinrich von Fulda zum Administrator der Abtei einsetzte.

Die Reichsgesetzgebung Kaiser Friedrichs II. gab auch der Abtei Hersfeld die Landeshoheit und damit die Möglichkeit, ihren Besitz zu territorialisieren. Er stammte aus zahlreichen Schenkungen vornehmlich der deutschen Kaiser und Könige und des besitzmächtigen Adels. Nachdem Karl der Große 779 der Abtei den Frohnhof in Niederaula mit einer Umkreisschenkung von zwei Leugen (= 4,4 km) Durchmesser übermacht und ihr 786 das östlich der Werra und Ulster gelegene Gebiet von Dorndorf übergeben hatte, folgten zahlreiche Einzelschenkungen nach; Streugüter, die sich über Thüringen, die Wetterau, den Wormsgau, den Rheingau und den Hessengau erstreckten; doch lag ihr Schwerpunkt wie erörtert eindeutig in Thüringen und war in Hessen verhältnismäßig gering. Besonders wichtig für den Ausbau des Hersfelder Besitzes waren dann die großen Forst- und Wildbannbezirke, die Kaiser Heinrich II. der Abtei schenkte, nämlich 1003 den Eherinforst, in dessen Mittelpunkt das Kloster Hersfeld lag, und 1016 einen Bannbezirk östlich der Werra und Ulster im Anschluß an das dortige Hersfelder Gebiet von Dorndorf und der Mark Breitungen; letztere hat König Heinrich I. 933 zusammen mit Barchfeld Hersfeld übertragen.

Diesen großen, zusammenhängenden Besitz vermochte die Abtei jedoch nicht zu behaupten. Die seit 1099 als Hersfelder Vögte nachweisbaren Gisonen und ihre Nachfolger, die Landgrafen von Thüringen, sowie die von diesen eingesetzten Untervögte aus dem Hause der Grafen von Ziegenhain-Reichenbach haben die Abtei territorial ausgebeutet. Um sich von diesem Druck zu befreien, versuchte sie, die Vogtei beim Tode Heinrich Raspes von Thüringen 1180 als erledigt einzuziehen. Es kam jedoch nur zu einem durch den Kaiser 1182 vermittelten Vergleich mit dem Thüringer Landgrafenhaus, in dem der Landgraf Ludwig III. zwar einige Vogteigebiete aufgab, andere dafür aber ganz erhielt. Der Streit schwelte jedoch weiter und führte während der verheerenden inneren Reichswirren nach dem Tode Kaiser Heinrichs VI. 1196 erneut zu schweren landgräflich-thüringischen Übergriffen, bis sich Landgraf Hermann, der die Ohnmacht des Reiches dabei in besonders krasser Form ausnutzte, 1204 König Philipp von Schwaben unterwerfen und die dem Kloster zugefügten Schäden wiedergutmachen mußte. Jedoch wurde schon 1215 eine neue Einigung zwischen dem Hersfelder Abt Heinrich II. und Landgraf Hermann über Lehns- und Vogtrechte notwendig und verlangte abermalige Opfer von Hersfeld; trotzdem blieb die Bedrohung bestehen. Der fortgesetzte Ausbau der thüringisch-hessischen Landeshoheit hat die Abtei auch weiterhin geschädigt, so insbesondere im Gebiet des späteren Amtes Rotenburg, dessen Vogteiburg schon 1170 erbaut worden war, sowie im Bezirk der Burg Ludwigseck und der Vogtei Niederaula, die Landgraf Ludwig I. von Hessen erst 1434 zurückgab, nachdem sich ihm die Abtei unterstellt hatte. Dageben blieb das ebenfalls aus Hersfelder Gebiet mitgebildete Amt Friedewald unmittelbar in hessischer Hand.

Die territorialen Verluste der Abtei im Gebiet östlich der Werra waren noch erheblicher, denn dort wurden der Abtei nicht nur die Landgrafen von Thüringen, dann die Wettiner, sondern auch Grafengeschlechter wie die Käfernburger, die Schwarzburger und insbesondere die Henneberger gefährlich. Sie brachten schließlich die wichtigsten hersfeldischen Orte, darunter Arnstadt und Gotha, an sich. Zudem geriet der thüringische Bereich des großen hersfeldischen Bannbezirkes allmählich in die Hände der Herren von Frankenstein, die ihn 1330 an die Grafen von Henneberg verkauften. Diese setzten sich dort territorial so vollständig durch, daß die Ämter Salzungen und Frauenbreitungen, das Gericht Barchfeld, die Vogtei Herrenbreitungen, die Zent Brotterode und das Amt Schmalkalden schließlich ganz an sie übergingen. Andere Teile dieses Bannbezirkes wie das Amt Vacha, das Gericht Völkershausen, das Amt Lengsfeld sowie der größere Teil der Ämter Geisa (Rockenstuhl) und Fischberg (Dermbach) gelangten (ebenso wie das Gericht Heringen) an die Abtei Fulda. Nach dem Aussterben der Grafen von Henneberg 1583 fielen die ehemals frankensteinschen Lehngüter aus dem Hersfelder Wildbann an das Haus Sachsen, während Hessen Haus und Vogtei Herrenbreitungen und auf Grund des Vertrags von 1521 ganz Schmalkalden erhielt, das die hessischen Landgrafen seit 1360/62 gemeinsam mit den Grafen von Henneberg besaßen.

Während des ausgehenden 13. und 14. Jahrhunderts bot die Abtei Hersfeld dasselbe Bild des Verfalls wie Fulda. Der Zusammenbruch des Reiches nach dem Sturz der Staufer hatte ihr nicht nur den großen Rahmen, sondern auch die großen Aufgaben genommen, so daß sie sich in der heftigen Wahrung kleiner und größerer Eigeninteressen durch ihre Angehörigen mehr und mehr innerlich erschöpfte. Einer ihrer besten Kenner (Wilhelm Neuhaus) hat diesen Vorgang treffend und kurz charakterisiert: „Überall Kampf. Kämpfe zwischen den Stiftsherren selbst, Pröpste und Konvent strebten nach immer stärkerem Einfluß auf Politik und Verwaltung des Stiftsstaates, den ihnen die Äbte natürlich nur notgedrungen und widerwillig einräumten. Kämpfe auch mit den Stiftsuntertanen, insbesondere mit den Bürgern der Stadt Hersfeld, die in erwachtem Selbstbewußtsein sich immer steifer unter den Krummstab beugten und ihre mühsam errungenen städtischen Freiheiten behaupten und erweitern wollten. Kämpfe auch mit dem einheimischen und benachbarten Adel, den Rittern, Grafen und Fürsten, die ihre Lehnspflichten dem Stiftsstaat gegenüber vernachlässigten und sich an den weit verstreuten und schlecht behüteten Besitzungen der Abtei zu bereichern strebten. Nur dem Umstande, daß diese drei Gruppen entgegengesetzte Interessen verfolgten und ganz selten sich gegen den Abt vereinigten, verdankte es dieser, daß er sich noch behaupten konnte.“

Um so weniger war die Abtei natürlich in der Lage, sich dem wachsenden Einfluß ihres stärksten Widersachers unter den weltlichen Gewalten, der Landgrafschaft Hessen, auf die Dauer zu entziehen. Es half ihr auch nicht, daß sie in den Kämpfen zwischen der Landgrafschaft Hessen und dem Erzbistum Mainz unter Abt Berthold von Völkershausen (1367 bis 1388) eindeutig auf die mainzische Seite trat. Als der Abt in Verfolgung dieser gegen Hessen gerichteten Politik 1373 sogar Mitglied des Sternerbundes wurde, ging die mit ihm verfeindete Stadt Hersfeld zu den Landgrafen über und schloß mit ihnen 1373 ein Bündnis. Seitdem trennten sich Stadt und Stift, nachdem sie sich in jahrelangen schweren Auseinandersetzungen gegenseitig stark zugesetzt hatten. Dabei war der Versuch des Abtes, sich der Stadt in der Vitalisnacht 1378 gewaltsam zu bemächtigen, gescheitert. Infolgedessen nahm das Stift 1379 und 1381 die Vermittlung des Landgrafen in diesem Streit an und schloß 1383 sogar ein dreijähriges Schutzbündnis mit ihm. Doch führten die Übergriffe hessischer Ritter 1384 zu einer gegen diese gerichteten Verbindung der Stifte Fulda und Hersfeld, so daß es nunmehr Erzbischof Adolf von Mainz 1385 (wie schon 1383 in Fulda) glückte, von der Abtei Hersfeld zum Schirmherrn und Verweser auf Lebenszeit eingesetzt zu werden. Diese Stellung hielt auch Erzbischof Johann von Mainz fest, den das Stift Hersfeld im Jahr 1400 zum Verweser annahm, und da auch dessen Nachfolger Erzbischof Konrad 1420 diese Schutzherrschaft fortführte, konnte Mainz infolgedessen zwei Jahre später die Rolle eines ständigen Schiedsrichters zwischen Hersfeld und Hessen beanspruchen. Eine grundsätzliche Änderung war daher erst möglich, nachdem der überragende politische Einfluß von Mainz in Hessen ausgeschaltet war. So mußte der endgültige Sieg Hessens über das Erzbistum Mainz 1427 auch über die politische Zukunft Hersfelds entscheiden, unabhängig davon, welche innerhersfeldischen Querelen (vor allem in den nach 1427 neu aufflammenden Streitigkeiten zwischen Stift und Stadt) noch vorfielen. 1430 erneute und vertiefte die Stadt ihr Bündnis mit Hessen. 1432 zog das Stift nach: es unterwarf sich der hessischen Schutzherrschaft.

Seitdem war der Niedergang der Abtei, der Aufstieg der Stadt unaufhaltsam. Als sich das geistliche Leben im Kloster immer ärgerlicher gestaltete, griff Landgraf Wilhelm II. ein und zwang den Konvent zum Anschluß an die benediktinische Reformbewegung der „Bursfelder Kongregation". Um sich dieser Bevormundung zu erwehren, versuchte Abt Volpert Riedesel 1513 mit päpstlichem Beistand die Abtei der Herrschaft Fuldas zu unterstellen (1514 urkundet Abt Hartmann von Fulda und Hersfeld), was jedoch wiederum an Hessen scheiterte. Nachdem dann die Reformation sehr frühzeitigen Eingang in Hersfeld gefunden hatte, baute Hessen seine Vorherrschaft über Hersfeld im 16. Jahrhundert nunmehr endgültig aus. Während des Bauernkrieges, der auch auf das Gebiet der Abtei übergegriffen hatte, besetzte Landgraf Philipp außer

Hersfeld selbst auch verschiedene Hersfelder Ämter und gab sie erst auf Grund der Verträge von 1550 und 1557 zurück, nachdem ihm die Abtei das Amt Landeck und die Hälfte der Ämter Frauensee und Cornberg überlassen hatte. 1558 wurde ihm auch die Hälfte der Stadt Hersfeld (zunächst auf weitere 20 Jahre) zugestanden; doch erhielt sie Landgraf Wilhelm IV. bereits 1571 zu Lehen. Da der Konvent an Insassen und Gütern zusehends verlor und es immer schwieriger wurde, einen Abt für das Stift zu finden, ergab sich daraus als letzte Folge die unmittelbare Übernahme der Administration durch einen hessischen Prinzen. Sie erfolgte 1606 durch Landgraf Otto. Hessen verlor die Abtei zwar im 30jährigen Kriege vorübergehend nochmals an die Kaiserlichen und die Abtei Fulda, erhielt sie aber im Westfälischen Frieden 1648 endgültig zugesprochen. Am 12. Januar 1651 ist Hessen-Kassel dann offiziell mit der ehemaligen Benediktinerabtei Hersfeld als einem weltlichen Fürstentum belehnt worden. Es war auf ein Ländchen zusammengeschmolzen, das kleiner als der heutige Kreis Hersfeld war.

26. Die Reichsabtei Lorsch

Lorsch wurde 764 als Kloster zum heiligen Petrus von dem fränkischen Grafen Cancor und seiner Mutter Williswinda, der Witwe des Grafen Rupert, gegründet. Sie übergaben es ihrem Verwandten Erzbischof Rutgang (Chrodegang) von Metz, der Lorsch mit Mönchen aus dem lothringischen Kloster Gorze besetzte und ihm 765 die Gebeine des heiligen Nazarius, die er von Papst Paul I. erhalten hatte, als kostbare, bald weithin verehrte Reliquie übereignete. 767 wurde das Kloster aus der Weschnitzniederung auf eine benachbarte Anhöhe verlegt, die Graf Thurincbert, ein Bruder Graf Cancors, schenkte. Lorsch war also eine Stiftung der mächtigen ostfränkischen Grafenfamilie der Rupertiner, die damals eine führende Rolle im fränkischen Reiche spielte und ihrem Kloster damit von vornherein auch eine politisch hervorragende Stellung anwies. Kirchenpolitisch bedeutete das einen gewissen Gegensatz zu der bonifatianischen Gründung Fulda, da die Rupertiner als fränkisches Hochadelsgeschlecht zwar der Reform, nicht aber der angelsächsischen Mission günstig gesinnt waren. Sie gehörten damit zu jener fränkischen Adelsopposition, die Bonifatius vor allem in seinen letzten Jahren das Leben schwergemacht und seinen politischen Einfluß weitgehend zurückgedrängt hatte. Diese in den Gründungsvorgängen von Fulda und Lorsch spürbaren Gegensätze verdeckte jedoch schon bald das künftige gemeinsame politische Schicksal; denn nur wenige Jahre später als Fulda geriet auch Lorsch unter die königliche Schutzherrschaft. Veranlassung dazu bot der Streit zwischen dem Kloster und Graf

Heimerich, dem Sohn seines Gründers, der Ansprüche auf Lorsch erhob. Er kam damit vor dem Pfalzgericht zwar nicht durch, jedoch sah sich Abt Gundland daraufhin veranlaßt, das Kloster 772 dem königlichen Schutz zu unterstellen. Auch hier war es also wie in Fulda die durch die Forderungen anderer Großer geschaffene Rechtsunsicherheit, die es dem König gestattete, das Kloster durch Verleihung seines besonderen Schutzes unmittelbar ans Reich zu ziehen.

Auf dem von Graf Thurincbert geschenkten neuen Platz errichtete man über römischen Fundamenten und einem Sockel, der wahrscheinlich ein großes römisches (Götter- oder Kaiser-)Denkmal getragen hatte, eine neue Kirche. Sie erhielt die einfachen Formen einer dreischiffigen Basilika ohne Querschiff von 45,50 m Länge und 21,75 m Breite. Im Osten mit einer viereckigen Chornische und zugleich mit einem ebensolchen Westchor ausgestattet, bildete sie eine doppelchörige Anlage, die älter war als diejenige in Fulda und ebenso wie dort aus dem sakralen Bedürfnis der Verehrung zweier Heiligen (des Titelheiligen St. Petrus und des neuen Klosterheiligen St. Nazarius) stammte. 774 weihte Bischof Lullus von Mainz die Kirche in Gegenwart Karls des Großen, seiner Gemahlin und seiner Söhne, nachdem der König zwei Jahre zuvor das Kloster in seinen Schutz genommen, ihm Immunität (d. h. Befreiung von der Eingriffsgewalt staatlicher Organe) und das Recht der freien Abtswahl verliehen hatte. Eine Exemtion (Befreiung) von der bischöflichen Gewalt ist dem Kloster allerdings niemals zuteil geworden. Die bisher vielfach so aufgefaßten Bestimmungen der königlichen Diplome haben offensichtlich nur Beunruhigungsverbote ausgesprochen, um seine besitzrechtliche Unabhängigkeit zu wahren.

Das war allerdings um so angemessener, als schon die Karolinger dem Kloster nahe gestanden haben müssen, wie das um 840 in Lorsch angefertigte rheinfränkische Reichsguturbar zeigt. Die Folge war, daß sich Lorsch nach Fulda und Hersfeld zur reichsten karolingischen Abtei im späteren deutschen Reichsgebiet entwickelte, deren Besitz von Utrecht bis Basel reichte und sich besonders im Mittelrheingebiet zwischen Lahn und Neckar verdichtete. Das nahe Verhältnis des Klosters zum Kaiserhaus wird auch dadurch gekennzeichnet, daß hier mehrere Karolinger begraben sind; so Ludwig der Deutsche († 876), sein Sohn Ludwig der Jüngere († 882) und sein Enkel Hugo († 880), dazu die Gemahlin Konrads I., Kunigunde und vielleicht auch der von den Karolingern nach Lorsch verbannte Herzog Tassilo von Bayern. Diese für die königlichen Begräbnisse im Kloster eigens erbaute Grabeskirche war eine selbständig an die Klosterkirche anschließende Anlage, die ecclesia varia oder Vehen-Kirche, d. h. eine mit namengebenden karolingischen Malereien ausgestattete, bunte Kirche. Leider ist diese Königsgruft seit langem untergegangen; nur der Königssarkophag Ludwig des Deutschen ist erhalten und neuerdings in der Torhalle aufgestellt.

Ein getreues Spiegelbild der hohen geistigen Bedeutung Lorschs bildet seine Bibliothek und die dort beheimatete Annalistik. Die Klosterbücherei, die Hospinianus noch 1508 als die umfassendste und berühmteste in ganz Deutschland bezeichnete, enthielt Kleinodien wie den Codex aureus oder die Liviushandschrift, die als einzige die Bücher 41 bis 45 dieses großen römischen Geschichtsschreibers überliefert hat. Hier fanden sich wertvolle Teile der Werke von Vergil, Ovid und Cicero, von Seneca und Sallust, hier die ältesten Handschriften des Ammianus Marcellinus und der Scriptores Historiae Augustae. Die Größe und Qualität der klassischen Überlieferung, wie sie Fulda und Lorsch im 8. und 9. Jahrhundert besessen haben, ist von keinem anderen frühmittelalterlichen Kloster Deutschlands überboten, ja auch nur erreicht worden.

In der Annalistik des fränkischen Reiches bilden die Lorscher Annalen eine der drei Hauptgruppen der frühkarolingischen Annalen, als deren Verfasser Abt Richbodo von Lorsch gilt (784 bis 804), ein Schüler Alkuins mit weitreichenden gelehrten und politischen Beziehungen, der um 792 auch Bischof von Trier wurde, während die 806/14 verfaßte sogenannte kurze Lorscher Chronik (eine Kompilation zur Geschichte der Karolinger) auf die fränkischen Reichsannalen zurückgeht. Auch diese großen Annalen des fränkischen Reiches hat man ursprünglich nach der ältesten erhaltenen Handschrift im Kloster Lorsch beheimatet, glaubt jedoch heute, daß sie unmittelbar am königlichen Hof entstanden seien. Dem Einwand allerdings, daß ein Lorscher Klosterangehöriger nicht in der Lage gewesen sei, sich derartige genaue Kenntnisse der kriegerischen Ereignisse des karolingischen Reiches zu verschaffen, wie sie die Reichsannalen bieten, widerspricht die klösterliche Reichsdienstliste von 817; denn danach mußte Lorsch Abgaben und Militärdienste leisten (während Hersfeld und Fulda nur Abgaben zu entrichten hatten), so daß der Abt oder sein Vertreter ständig an den großen Kriegsunternehmungen der Karolinger mit einer beträchtlichen Panzerreiterabteilung persönlich beteiligt war.

Die große Förderung des Lorscher Klosters durch die Karolinger fand ihre äußere Gestalt in der baulichen Entwicklung seiner Kirche. Man erweiterte sie zunächst dadurch, daß man das Kirchenschiff an die merkwürdigerweise 20 m vor ihrer Westfront freistehend errichteten Doppeltürme (die ein niedriges Zwischenglied baulich verknüpfte) heranführte und damit die Türme in die Gesamtlage einbezog; dann erbaute man vor dem so entstandenen doppeltürmigen Westwerk eine zunächst freistehende Torhalle (für deren Konsolgesims man Steine von einem römischen Relief verwandte) und verband diese zuletzt durch zwei nach innen offene, langgestreckte Seitenhallen unmittelbar mit dem Westwerk. Diese berühmte Lorscher Torhalle ist eines der eigenartigsten und schönsten Bauwerke der karolingischen Epoche, die in Deutschland erhalten sind. Es ist kein Sakralbau, sondern als Triumphaltor zu deuten, das ganz aus römischer Tradition geschaffen ist und offensichtlich zum repräsentativen Empfang der Könige auf ihren zahlreichen Besuchen im Kloster diente. Seine edlen Maße, seine schmuckreichen Kapitelle, seine in buntem Mosaik verblendete Fassade und seine karolingischen Malereien haben diesen Torbau immer als ein einzigartiges Werk der frühen deutschen Baukunst gekennzeichnet. Es sei nicht vergessen, daß wir seine Erhaltung nur dem persönlichen Eingreifen Großherzog Ludwigs I. von Hessen-Darmstadt verdanken; denn im 18. Jahrhundert hatte die zuständige Mainzer Landesregierung die Klosterruinen dem Abbruch preisgegeben.

Durch zahlreiche königliche Schenkungen in unmittelbarer Nähe des Klosters konnte Lorsch seinen Besitz zwischen Rhein, Main, Mudau und Neckar so verdichten, daß es hier zur vorherrschenden Macht aufstieg. Bereits 765 hatte es einen Bensheimer Hof erhalten, 770 schenkte Graf Cancor und seine Frau Angila einen Teil der Bürstädter Mark, 773 fügte Karl der Große Ort und Mark Heppenheim und 774 den Königshof Oppenheim hinzu. Dieser wuchs schnell an, umfaßte im Jahr 800 etwa 900, im Jahr 900 aber schon an 2000 Morgen und entwickelte sich zum Verwaltungsmittelpunkt des Lorscher Besitzes in Worms- und Nahegau. 819 übertrug Karls des Großen Biograph Einhart mit seiner Frau Imma Michelstadt mit der dortigen Mark an das Kloster, die den Mittelpunkt des klösterlichen Besitzes im Odenwald abgaben. Die Schenkung des großen Odenwald-Wildbannes durch Kaiser Heinrich II. verschaffte Lorsch hier endgültig die vorherrschende Stellung gegenüber den gleichfalls daselbst kolonisatorisch tätig gewesenen älteren Abteien Fulda und Amorbach sowie dem Bistum Worms. Die Wildbanngrenze umschloß die Marken Ladenburg, Heppenheim und Michelstadt, war aber etwas nach Norden ausgeweitet und grenzte hier an den fuldisch-breubergischen Wildbann. Im Zusammenhang damit legte Kaiser Heinrich II. auch die Waldnutzungsstreitigkeiten zwischen Lorsch und dem Bistum Worms im südlichen Odenwald bei.

Auch unter den sächsischen Kaisern spielte das Kloster seine alte, bedeutende Rolle, und zwar nicht nur in künstlerischer und kultureller Hinsicht, wofür seine bedeutende Schreib- und Malschule und seine umfassende Bibliothek dieser Zeit zeugen, sondern auch in politischer Beziehung. Das zeigte sich darin, daß König Otto der Große während des Aufstandes 939 seine Gemahlin Adelheid dem Schutz des Klosters Lorsch anvertraute und daß er von 950 bis 954 die Abtei seinem Bruder Brun, Erzbischof von Köln, übergab. Dieser hatte das Kloster erstmals im Sinne der Gorzer Reform beeinflußt und ihm schließlich 951 in Gerbod einen Regularabt gegeben, der auch andernorts im Sinne der Reform tätig war und 956 von Otto dem Großen anstelle von Brun die volle Verfügungsgewalt über die Lorscher Abteigüter erhielt. Außerdem haben Otto der Große und seine Nachfolger das Kloster mit zahlreichen Privilegien und

Schenkungen ausgestattet. Entsprechend verhielten sich die Päpste der damaligen Zeit. Doch hatten deren Freiheitsbestätigungen und Schutzverleihungen, von denen die erste von 982 stammt, auf das Verhältnis der Abtei zum Reich keinen Einfluß. Für dieses war sie vielmehr nach wie vor ein wichtiger finanzieller und militärischer Faktor, da sie nach dem Panzerreiterverzeichnis von 981 zum Reichsaufgebot für Italien 50 Gepanzerte stellen mußte, d. h. zehn mehr als das ganze Bistum Worms und zehn weniger als die Abtei Fulda. Wesentlich ist dabei, daß der Abt (gemäß alter Tradition) verpflichtet war, sein Aufgebot selbst nach Italien zu führen.

Wie Fulda und Hersfeld so wurde auch Lorsch durch Kaiser Heinrich II. der dort bereits in der Mitte des 10. Jahrhunderts einmal angeklungenen Gorzer Reform unterworfen. Diesen kaiserlichen Auftrag führte der aus St. Emmeran in Regensburg stammende Reformmönch Poppo durch, der seit 1005 Abt von Lorsch war. Da diese Reform hier auf vorbereiteten Boden traf, gelang sie ohne Schwierigkeiten, so daß der neue Abt nicht wie üblich zunächst bekämpft, sondern sogleich anerkannt und sogar der Kaiser mit dem ehrenvollen Titel Vater der Mönche bedacht worden ist. Er hat ihn auch dadurch verdient, daß er der Abtei wie anderen Reformklöstern eine bedeutende Schenkung machte, nämlich 1012 den Wildbann des Odenwaldes. So ist erklärlich, daß in Lorsch innerhalb weniger Jahrzehnte eine Hochburg des Reichsmönchtums und zugleich die Zentrale eines weiten Kreises von Klöstern entstand, die es im Sinne der Gorzer Reform beeinflußt hat. Zu ihnen gehörten vornehmlich Fulda und Corvey, die Abt Poppo 1013 bzw. 1014 reformierte.

Es entspricht dieser Lage, daß Lorsch, dessen Abt Hugo (1043 bis 1052) zu den Ratgebern Kaiser Heinrichs III. gehörte, im Investiturstreit zu den Stützen des deutschen Königstums zählte, obwohl Heinrich IV. die Abtei 1065 an Erzbischof Adalbert von Bremen übertrug, der sie schon vorher dem Reiche zu entfremden versucht hatte. Die damals in Lorsch unter Abt Udalrich (1056 bis 1075) erweiterte Wormser Briefsammlung zeigt, wie sehr das Kloster unter den Übergriffen Adalberts gelitten hat, zu deren erfolgreicher Abwehr Udalrich die mächtige Starkenburg über Heppenheim 1064 errichtete. Dieser Bedrängung von außen entsprach eine Verschärfung der Lage im Inneren, denn Abt Winter (1077 bis 1088), der die clunyazensische Reform durchführen wollte, geriet darüber mit den Vertretern der im Kloster seit langem heimischen Gorzer Regel in Streit. Aus diesen Verhältnissen erklärt es sich, daß die Stellung der Abtei allmählich so herabsank, daß sie zur Wiederherstellung ihrer Kirche, die 1090 bei Fastnachtsspielen in Brand geraten und zerstört worden war, 40 Jahre brauchte; denn erst 1130 fand ihre Weihe statt. Es kam hinzu, daß in den Jahren 1105/1111 in der Abtei unter lebhaftem Äbtewechsel eine erneute, tiefgehende Auseinandersetzung zwischen der lothringischen und der burgundischen Reformrichtung (Gorze und Cluny) stattfand. Ein großer Teil der Lorscher Mönche lehnte diesen ihnen fremden, clunyazensischen Einfluß als unzulässige Neuerung scharf ab, zumal sie von deren Unduldsamkeit nur eine Spaltung in der Kirche befürchteten, verharrten vielmehr bei ihrem „deutschen Brauch" und verließen daher lieber das Kloster als sich dieser Reform zu unterwerfen. 1111 hat dann ein Machtspruch des Kaisers die alten Verhältnisse wieder hergestellt, aber auf die Dauer doch nicht sichern können, obwohl sie noch um 1170 unter den Mönchen entschiedene Anhänger hatten.

So wirkten äußere und innere Umstände zusammen, um den Abstieg von Lorsch auch im 12. Jahrhundert fortzusetzen. Zwar hat der auf Veranlassung König Konrads III. berufene Abt Heinrich (1151 bis 1167) nochmals eine kurze Blüte der Abtei herbeigeführt. Er regte die Bautätigkeit stark an und ließ den berühmten Codex Laureshamensis herstellen, der in Chronik und Kopiar die große Tradition des Klosters zusammenfaßte. 1160 erhielt Abt Heinrich vom Papst sogar das Recht zum Tragen der Mitra. Für die wirkliche Lage des Klosters ist es jedoch bezeichnender, daß der Statthalter Kaiser Heinrichs V., Herzog Friedrich von Schwaben, in der alten und großen Lorscher Gutsverwaltung Oppenheim eine Burg bauen und ihr territorialpolitischer Gegner Erzbischof Adalbert I. von Mainz sie 1118 zerstören konnte, wobei die erzbischöflichen Truppen unter den Lorscher Hintersassen geradezu ein Blutbad anrichteten. Die Übergriffe der benachbarten Großen, die Gewalttätigkeiten und Besitzschmälerungen, die sie dem Kloster zufügten, werden seitdem geradezu zum Zeichen der Zeit. 1147 sah sich König Konrad veranlaßt, der Abtei die jährliche Reichsabgabe von 100 Pfd. zu erlassen; es entspricht der Qualifikation des Reichskirchengutes als Reichsgut, daß der König dafür drei große Gutsverwaltungen des Klosters (Oppenheim am Rhein, Wieblingen am Neckar und Giengen an der Geislinger Steige) übernahm. Die im gleichen Sinne fortgeführte Reichskirchengutpolitik Barbarossas setzte Lorsch weiter zu, so daß weder der Kaiser noch der um 1165 vom Kaiser zum Vogt bestimmte Pfalzgraf Konrad in der Abtei als Schirmherren angesehen waren. Fiel doch in jene Zeit die Verdrängung des Klosters aus seiner wichtigen Odenwaldstellung durch weltliche Große, wie die Pfalzgrafen, die von Lindenfels und von Erbach, wobei es oft hart zuging und die Abtei viel zu erdulden hatte.

Diese Entwicklung war von symptomatischer Bedeutung, denn die Beseitigung der klösterlichen Herrschaft durch weltliche Große in weiten Teilen des riesenhaften Besitzes der alten Reichsabteien im 11. und 12. Jahrhundert ist ja auch für Fulda und Hersfeld charakteristisch. Ein solcher allgemeiner Vorgang kann jedoch (nach den überwiegend geistlichen Quellen) nicht nur als persönlicher Gewaltakt der beteiligten Großen diesen Abteien und Klöstern gegenüber angesehen werden, denn er ist, wie das Lorscher Beispiel zeigt, von den deutschen Herrschern nicht nur gebilligt, sondern unterstützt worden. Der Konflikt, der sich damit verknüpfte, war vor allem in der Verschiedenheit der Auffassungen über den Charakter der den Klöstern vom Reiche einst übereigneten Güter begründet. Kirchen und Klöster sahen diese als Kirchengut, Könige und Fürsten auch als Reichsgut an, über das nach der einen Ansicht nur die geistliche und nach der anderen (zumindesten im Versagens- oder Streitfalle) die weltliche Macht (wieder) verfügen konnte. Die letztere Ansicht hat sich offensichtlich in der Praxis im 12. Jahrhundert weitgehend durchgesetzt, wobei wir in den geschilderten Ereignissen in erster Linie eine Ablösung sehen müssen, bei der die neu aufsteigenden weltlichen Territorialherren die Fortführung jener Kolonisationsaufgaben übernahmen, die in karolingischer und ottonischer Zeit den genannten Reichsklöstern von der königlichen Gewalt in größtem Umfange übertragen worden waren, denen sie jetzt aber offensichtlich nicht mehr genügten. Das Erschlaffen der Kräfte der genannten Abteien und ihr damit verbundener innerer und äußerer Niedergang — wie er uns allenthalben begegnet ist —, aber auch ihre immer stärkere Beanspruchung durch die teilweise verzehrenden geistlichen Auseinandersetzungen, wie sie seit den Reformen unausbleiblich waren, machten es erforderlich, jene älteren großen Außenaufgaben, soweit sie noch nicht gelöst waren, neuen Kräften zu übertragen. Zugleich aber begann mit der Politisierung dieser großen, bisher vor allem agrarisch genutzten Gebiete ein ganz neues Element, das Wesen der klösterlichen Besitzmassen umzugestalten. Die häufig an landschaftlich bevorzugten Plätzen gelegenen riesigen Güterkomplexe boten den örtlichen Adligen hervorragend geeignete Grundlagen und Anknüpfungs- und Ausgangspunkte ihrer Territorialisierungsbestrebungen und sind daher fast zwangsmäßig in den Auf- und Ausbau ihrer Landesherrschaften einbezogen worden. Indem das deutsche Königtum, besonders ausgeprägt unter den Staufern, diese neue Lage begriff und ihr Rechnung trug, vollzog es eine geschichtlich notwendig gewordene Neuorientierung, an der es sich auch selber weitgehend beteiligte.

Der Niedergang der Reichsabtei Lorsch, den Kaiser Friedrich I. eher gefördert als gehemmt hatte, vollendete sich unter seinem Enkel Friedrich II. Nach dem Tode des Abtes Liutpold (1191 bis 1206) blieb dessen Platz in den Wirren der staufisch-welfischen Kämpfe acht Jahre lang leer, und als der darauf 1214 folgende Abt Konrad 1226 abgesetzt wurde, ging damit die Abtei den Benediktinern überhaupt verloren. 1229 ließ sich der Mainzer Erzbischof von Papst Gregor mit der Reform des Klosters beauftragen, ja sich 1231 das Kloster selbst übertragen, so daß nunmehr Kaiser Friedrich II. 1232 den letzten Schritt tat und die Abtei dem Erzbistum Mainz übereignete, was begreiflicherweise den erbitterten Widerstand des Pfalzgrafen als des Vogtes von Lorsch erregte. Wenn der Kaiser jedoch geglaubt hatte, mit diesem Geschenk den Erzbischof als wichtigsten Reichsfürsten für seine Politik dauernd gewinnen zu können, so sah er sich schon einige Jahre später darin getäuscht. Denn gerade die mit allen Mitteln erstrebte Behauptung von Lorsch und seines noch immer beträchtlichen Besitzes, der in der Schenkungsurkunde von 1232 Fürstentum genannt wird und große Teile des hessischen Riedes, der Bergstraße und des vorderen Odenwaldes beherrschte, ist es gewesen, der den mächtigen Prälaten bewog, selbst seine Stellung als Reichsverweser zu opfern und sich durch Verrat der kaiserlichen Sache im Endkampf des staufischen Kaiserhauses in Deutschland mit der Gunst des Papstes auch den verbliebenen territorialen Besitz der Reichsabtei Lorsch zu sichern.

VIII.

DIE NASSAUER GRAFSCHAFTEN

27. Die Anfänge der Grafen von Nassau

Die viel erörterte frühmittelalterliche Herkunft der Nassauer Grafen ist heute wenigstens in ihren Grundzügen aufgehellt. Als gesichert darf gelten, daß die Brüder Rupert und Arnold von Laurenburg Söhne des 1117 erstmals verläßlich genannten Grafen Dudo von Laurenburg (im Unterlahngebiet) waren, der eine Schwester des vorletzten Grafen von Arnstein (an der unteren Lahn) zur Frau hatte. Die Brüder waren mit dem Mainzer Erzbischof Adalbert I. von Saarbrücken und über ihn mit Graf Udalrich von Idstein-Eppstein († 1122/24) verwandt und haben diesen in Idstein, in der Vogtei Bleidenstadt und vielleicht auch in der Vogtei über das Stift Limburg a. d. Lahn beerbt. Als Großvater väterlicherseits gilt Graf Ruprecht, der 1079 bis 1089 mainzischer Vogt im Siegerland war und wohl als solcher überhaupt erst dorthin gekommen ist, denn alle älteren verwandtschaftlichen Beziehungen der Laurenburger weisen auf das Mittelrheingebiet und insbesondere die Grafen Thrutwin im 10. und 9. Jahrhundert zurück, die im Königssondergau (östlich Wiesbaden) saßen.

Seit etwa 1160 nannten sich die Laurenburger nach der Burg Nassau, die sie um 1125 erbaut hatten; vermutlich als Nachfolger der hessischen Grafen Werner in der Vogtei über das Stift Weilburg, dem der Ort Nassau seit 915 gehörte. Sie behaupteten die Burg nach langem Ringen mit dem Wormser Domstift, das den Ort (als Zubehör Weilburgs) erhalten hatte, und empfingen sie am 1. April 1159 von dem Vermittler, Erzbischof Hillin von Trier, zu Lehen. Wenn die Grafen Werner, wie angenommen wird, die Vogtei über die Stifter Weilburg und Dietkirchen an die Grafen von Nassau vererbt haben, dann dürfte auch der ausgedehnte Besitz der Nassauer Grafen im Dillenburger Gebiet, im Breidenbacher Grund und überhaupt im Lahn- und Edergebiet auf dieses Erbe zurückgehen. Dabei ist es wahrscheinlich, daß in diesem vermuteten Wernerschen Erbe zahlreiche gisonische Besitztitel enthalten sind. Die Ausdehnung der nassauischen Herrschaftsrechte in diese hessen-nassauische Grenzzone mit zum Teil weit nach Hessen hineingreifenden Besitzungen, die später vor allem im nassauischen Lehnsbesitz der Herren von Hohenfels sichtbar werden, spricht stark dafür. Daraus ließe sich dann auch befriedigend erklären, daß die Grafen, gestützt auf die Vogtei über Weilburg und damit das große Gebiet der Haigerer Kirche, die König Konrad 914 an Weilburg geschenkt hatte, etwa um die Mitte des 12. Jahrhunderts die von ihnen territorial umklammerte Herborner Mark mit der Kalenberger Zent (Beilstein im Westerwald) und die Gebiete von Driedorf und Löhnberg (Gericht Heimau) als Lehen der Landgrafen von Thüringen erlangten, die diese Bezirke ihrerseits als Reichslehen (wernerscher oder gisonischer Herkunft?) innehatten. Damals dürften die Nassauer auch die Herrschaft zum Westerwald (d. h. die Kirchspiele Emmerichenhain, Marienberg und Neukirch) an sich gebracht haben, die siedlungsgeschichtlich und kirchlich eng mit der Herborner Mark verknüpft ist und ihr infolgedessen seit alters zugerechnet wird. Denn die Herborner Mark erstreckte sich vom Schelder Wald (Hirzenhain, Eisemroth) über das Dilltal (Herborn-Dillenburg) und die Ostabhänge des Westerwaldes (Beilstein-Driedorf, Breitscheid) bis auf dessen Höhe, die die Kirchspiele Emmerichenhain, Neukirch und Marienberg umfaßte. Da letztere Filialkirchen von Herborn sind, muß die Zugehörigkeit der Herrschaft zum Westerwald zur Herborner Mark alt sein, wenn das Bild auch dadurch gestört wird, daß die Nassauer Grafen (wahrscheinlich im Kampf mit den Herren von Runkel und Westerburg) die Herrschaft später dem Erzbistum Köln zu Lehen aufgetragen haben.

Die wirkliche Herrschaftsausübung in diesem Bereich lag nämlich offensichtlich zunächst in den Händen einiger örtlicher Adelsgeschlechter, die hier als Untervögte des Reiches amtierten. Das gilt zunächst für die Herren von Freusburg, die bis zur Mitte des 13. Jahrhunderts die Haigerer Mark beherrschten. Als sie 1244 ausstarben, gingen ihre Rechte als pfalzgräfliches Lehen an die verwandten Herren von Molsberg über, während unter diesen die Herren von Bicken über ausgedehnte Besitzungen und Rechte im Gericht Ebersbach, die Herren von Haiger im Gericht Haiger und die Herren von Seelbach im Grund Seelbach und Burbach verfügten. Nicht minder mächtig war die Stellung der Herren von Runkel in der Herrschaft zum Westerwald und der Herren von Greifenstein in der Kalenberger Zent und in Driedorf. Ihre Positionen waren dem Ausbau der gräflichen nassauischen Hoheitsrechte über diese Gebiete naturgemäß außerordentlich hinderlich und konnten nur nach langen, schweren Kämpfen ausgeschaltet werden.

Als letzte größere Besitzmasse der älteren Nassauer Grafen ist ihr Anteil am Erbe der Grafen von Arnstein zu erwähnen, denn aus ihm stammten die umfangreichen Koblenzer Vogteirechte der Nassauer (als pfalzgräfliches Lehen), die sich auf den Trierer Besitz zu Koblenz, Pfaffendorf, Niederlahnstein und den Forst Spurkenberg erstreckten. Aus der Arnsteiner Hinterlassenschaft kam auch der Anteil an der Grafschaft auf dem Einrich, den die nassauischen Grafen 1160 gemeinsam mit den Grafen von Katzenelnbogen von Rembold von Isenburg kauften. Bad Ems mit seinen Quellen und Silbergruben, um welche die Nassauer Grafen 1172 mit Erzbischof Arnold I. von Trier heftig stritten, hatten sie als dortige Vögte des Koblenzer St. Kastorstiftes inne.

4. STAMMTAFEL DER ÄLTESTEN GRAFEN VON NASSAU

- [Rupert 1079–89, Gr. von Siegen]
  - [Dudo von Laurenburg (1093–1117)]
    - Rupert I. v. L. (1124–1152)
      - Arnold II. (1151–1154) †
      - Rupert II. (1154–1159) †
      - Walram I. v. L. (1167–1198)
        - Heinrich II. v. Nassau »der Reiche« (1198–1247)
          - Walram II. (1252–n. 1265)
          - Otto I. (1247–1289)
        - Ruprecht IV. v. Nassau 1198, Deutschordensritter 1230/31
    - Arnold I. (1124–1148)
      - Gerhard 1148 †
      - Heinrich I. v. Nassau (1160–1167) †
      - Rupert III. (1158–1191) »bellicosus«
        - Hermann 1192 †

Teilen 1255

Begründer der walramischen Linie (Walram II.)

Begründer der ottonischen Linie (Otto I.)

Diesen großen, zügig erworbenen Besitz festigten die Grafen durch ihre enge Verbindung mit den Staufern, insbesondere Kaiser Friedrich I., der ihre Gebiete 1179 in den rheinfränkischen Landfrieden aufnahm. Damals glückte auch die Erwerbung des Reichshofes Wiesbaden, der wohl mit der ihnen gleichfalls übertragenen dortigen Mauritiuskirche im offenen Flecken vor der ummauerten Stadt Wiesbaden lag, die im Reichsbesitz blieb. Die Grafen Heinrich I. und Rupert III. waren enge Gefolgsleute des Kaisers und beteiligten sich wiederholt an seinen Italienzügen, wobei sich insbesondere Rupert auszeichnete. Dieser begleitete auch die den Kreuzzug Barbarossas vorbereitende Gesandtschaft an Kaiser Isaak Angelos nach Konstantinopel und war später Bannerträger (also Vorstreiter) des vom Kaiser selbst befehligten vierten Treffens des Kreuzfahrerheeres. Während sein ebenfalls teilnehmender Vetter Walram I. zurückgelangte, kam Rupert auf dem Zuge um, nachdem er noch mit Walram bei der Stiftung des Deutschen Ordens 1190 vor Akkon zugegen gewesen war. Die vorzügliche Verbindung Walrams zum Kaiserhof läßt auch die Entscheidung seines Streites mit dem Bistum Worms über Weilburg durch Kaiser Heinrich VI. von 1195 erkennen. Hierin gelang es Walram, seine Stellung als Vogt soweit auszubauen und zu festigen, daß er nahezu gleichberechtigt neben den Bischof gestellt wurde und damit in der Lage war, diesem auf die Dauer den Rang in Weilburg abzulaufen. Anschließend gelang es den Nassauer Grafen, auch die Untervögte der Kalenberger Zent, die Dynasten von Beilstein im Westerwald, auszuschalten, die zunächst als Reichs-, dann als Wormser Vögte diesen Teil der Wormser Vogtei seit Ende des 12. Jahrhunderts als nassauisches Afterlehen innehatten. Bereits in der 1. Hälfte des 13. Jahrhunderts war Beilstein nassauisch. Die anhaltend guten Reichsbeziehungen der Nassauer Grafen machen auch den Eintritt von Walrams Sohn Rupert IV. in den Deutschen Orden (um 1230) verständlich. Dabei übertrug sein Bruder Graf Heinrich II. als Nachfolger Graf Walrams I. (zur Abfindung Ruperts IV.) zahlreiche Dörfer und mehrere Kirchen im Westerwald (darunter Herborn) an den Deutschen Orden, nachdem er ihm schon 1215 das Patronat der Wiesbadener Kirche geschenkt hatte.

Etwa zur selben Zeit begann jedoch eine rückläufige Bewegung, die offensichtlich mit der wachsenden Bedrohung der staufischen Herrschaft in diesen Gebieten gekoppelt war und insbesondere die Erzbischöfe von Trier und Köln gegen die Grafen auf den Plan rief. Erzbischof Dietrich von Trier, den die Nassauer nach seiner Wahl (1212) bis 1214 gefangenhielten, erbaute gegen sie die Burg Montabaur (nach 1224), die er um 1235 mit einer starken Burgmannschaft besetzte. 1253 mußten die Nassauer ihre Trierer Vogteirechte zu Koblenz und Pfaffendorf und den Hof zu Vallendar an Erzbischof Arnold II. überlassen und 1256 auch ihre Vogtei zu Niederlahnstein abtreten. Durch den Besitz des Siegerlandes, den wir für Graf Rupert III. und seinen Bruder Heinrich in der zweiten

Hälfte des 12. Jahrhunderts erneut sicher erschließen können, standen die Grafen in engen Beziehungen zu den benachbarten Kölner Erzbischöfen, deren Marschall- und Schenkenamt sie innehatten. Diese Abhängigkeit war es wahrscheinlich, die 1224 zum Verlust der halben Stadt Siegen an Köln führte, und vor allem, insbesondere auch im Hinblick auf die Bindungen der Nassauer an das Mainzer und Trierer Erzstift, das frühe Abschwenken der Grafen im Endkampf des staufischen Kaiserhauses in Deutschland von der kaiserlichen zur klerikalen Partei bedingt hat, da hierin der Kölner und der Mainzer Erzbischof tonangebend waren. In diesem Zusammenhang sind wohl auch die gleichzeitigen schweren Kämpfe der Grafen mit dem Adel sowohl im Siegerland (Kolbe von Wilnsdorf) als auch in der Herborner Mark (von Dernbach) einzureihen; denn diese konnten damit nicht nur wie die meisten ihrer damaligen Standesgenossen der staufischen Sache dienen, sondern auch dem ständig fortschreitenden Ausbau der nassauischen Landeshoheit und damit der Bedrohung ihrer Stellung entgegenwirken. Um sich durchzusetzen und zu behaupten, errichteten die Grafen ebendamals gegen Mitte des 13. Jahrhunderts die Burgen Ginsberg (im Siegerland) und Dillenburg (im Westerwald). Auch Herborn, das 1251 vom Gegenkönig Wilhelm als Dank für die Haltung der Nassauer Grafen im Kampf gegen die Staufer Stadtrechte erhielt, ist wohl kurz darauf mit einer Burg befestigt worden. Sehr günstig wirkte sich die Verbindung der Nassauer Grafen mit dem stauferfeindlichen Kölner Erzbischof Konrad von Hochstaden hinsichtlich Siegens aus, denn 1253 überließ ihnen dieser daselbst Einkünfte in Höhe von 500 Mark als Kölner Lehen, was die Stellung der Nassauer Grafen in Siegen naturgemäß wieder erheblich verbesserte.

Im Süden des Landes, wo die Nassauer Grafen den Wildbann über den Rheingau (seit der Zeit Erzbischof Christians?) als mainzisches Lehen besaßen, hatten sie bereits Anfang des 13. Jahrhunderts die Burg Sonnenberg bei Wiesbaden erbaut (wahrscheinlich gegen die Herren von Eppstein), mußten die Burg jedoch dem Mainzer Erzstift zu Lehen auftragen, das damals die Eppsteiner völlig beherrschten. Die Stadt Wiesbaden, die 1241 noch Reichsstadt war und deshalb 1242 von Erzbischof Siegfried von Mainz zerstört wurde, haben die Grafen wahrscheinlich erst im Interregnum erworben, da der Name der Stadt im großen nassauischen Teilungsvertrag von 1255 noch fehlt.

Dieser Teilungsvertrag vom 16. Dezember 1255 zwischen den Grafen Walram II. und Otto I. beendete den Aufstieg Nassaus. Die Brüder teilten entlang der Lahn, wobei Otto das nördliche Gebiet mit Siegen und Dillenburg wählte und Walram infolgedessen der südliche Teil mit Weilburg und Idstein zufiel. Gemeinsam blieben die Burg Nassau, der Einrich, die Laurenburg mit der Esterau, die Pfandschaften und die Lehen. Diese Landesteilung hat das Schicksal der Grafschaft Nassau für immer bestimmt, denn die walramische und die ottonische Hauptlinie haben diese Spaltung dauernd aufrechterhalten und dazu ihre Teilgrafschaften ständig weitergeteilt. Das hat das Land so zerstückelt, daß die Grafen weder ihre Gebiete aus eigener Kraft wieder zusammenzuführen noch sich gegenüber den seitdem aufsteigenden, benachbarten Territorialherren beherrschend durchzusetzen vermochten.

Infolgedessen entwickelten sich vornehmlich entlang der Teilungslinie im unteren Lahngebiet selbständige Herrschaften, von denen die Grafschaft Diez mit ihren Abzweigungen Alt- und Neuweilnau, die Grafschaft Katzenelnbogen, die Herrschaft Runkel-Westerburg und vor allem das Erzbistum Trier so mächtig wurden, daß sie eine Wiedervereinigung der beiden nassauischen Grafschaftsteile bis zum Ende des alten Reiches verhindert haben. Selbst die Erwerbung der Grafschaft Diez durch Nassau nach dem Aussterben der Diezer Grafen vermochten sie trotz guter nassauischer Rechtstitel noch über 175 Jahre zu verzögern. Die politische Ohnmacht der nassauischen Grafen dokumentierte sich gerade in diesem Raum in Kompromißlösungen, wie sie die hierfür bezeichnenden zwei-, drei- und vierherrischen Gebiete darstellten. Damit aber fiel Nassau als große, gestaltende weltliche Territorialmacht am Mittelrhein aus, wozu es nach Rang und Lage und seinen frühen Aufstiegsleistungen berufen schien.

28. Übersicht über die Teilungen und Vererbungen der Grafschaft Nassau

Bevor die Geschichte der Grafen von Nassau fortgeführt werden kann, ist es zum Verständnis der dynastischen und territorialen Grundvorgänge erforderlich, die verwickelten Teilungen und Vererbungen innerhalb der Nassauer Grafschaften in einem erläuterten schematischen Überblick kurz darzustellen. Dabei müssen gemäß der Teilung von 1255 die nassau-weilburgischen Grafschaften der walramischen Linie südlich der Lahn von den nassau-dillenburgischen der ottonischen Linie nördlich der Lahn getrennt betrachtet werden. Es folgt daher für beide Hauptteilgebiete und -teilstämme eine jeweils durchgezählte Aufstellung aller Linien, in der ihre Entstehung und Vererbung kurz angegeben wird, und eine sie ergänzende graphische Darstellung, auf der diese Linien und ihre Entwicklung mit jeweils denselben Ziffern bezeichnet sind.

Die nassau-weilburgischen Grafschaften bildeten die Herrschaftsgebiete der 1255 entstandenen walramischen Linie. Es sind zu unterscheiden:

1. Die Stammlinie, die von 1305 bis 1324 Weilburg abteilte und dann 1355 endgültig aufteilte in 2. und 3.

2. Die ältere Idsteiner Linie, seit 1355 in Wiesbaden und Idstein, starb 1605 aus und vererbte an 3. Sie zweigte ab:
   2a) Die mittlere Idsteiner Linie, die zweimal abgetrennt (1480, 1558), beidemale an 2. zurückfiel (1509, 1564/66).
3. Die ältere Weilburger Linie seit 1355. Sie erhielt 1381 die Grafschaft Saarbrücken und zweigte diese zweimal ab (1442, 1574) als
   3a) ältere Saarbrückener Linie, die sich 1544 in die drei Teile Saarbrücken, Ottweiler und Kirchheim aufspaltete, aber 1554/59 wieder vereinigte und beidemale (1574, 1602) zurückfiel an
3. die ältere Weilburger Linie. Diese beerbte 1605 auch 2. und vereinigte somit von 1605 bis 1629 alle nassau-weilburgischen Grafschaften, teilte dann aber in 4. bis 6. auf.
4. Die jüngere Idsteiner Linie seit 1629 bzw. 1651, die 1721 ausstarb und an 5b) vererbte.
5. Die mittlere Saarbrückener Linie seit 1629 bzw. 1651, die 1659 aufteilte in 5a) bis 5c).
   5a) Die jüngere Saarbrückener Linie, die 1723 ausstarb und an 5b) fiel.
   5b) Die Ottweiler Linie, die 1721 4. und 1723 5a) beerbte. Sie starb 1728 aus und fiel an 5c).
   5c) Die Usinger Linie, die 1728 5b) beerbte, 1816 ausstarb und an 6. vererbte. Sie teilte 1735 ab:
      5cc) die jüngste Saarbrückener Linie, die 1797 ausstarb und an 5c) zurückfiel.
6. Die jüngere Weilburger Linie seit 1629 bzw. 1651 beerbte 1816 5c), verlor Nassau 1866, erbte 1890 Luxemburg vom nassau-oranischen Königshaus der Niederlande und starb 1912 im Mannesstamme aus.

Die n a s s a u - d i l l e n b u r g i s c h e n G r a f s c h a f t e n bildeten die Herrschaftsgebiete der 1255 begründeten ottonischen Linie. Es sind zu unterscheiden:

1. Die Stammlinie, die ihren Besitz Dillenburg, Siegen, Hadamar und Beilstein 1303 in 2. und 3. teilte.
2. Die ältere Dillenburger Linie, die 1328 aus dem Zusammenfall der seit 1303 bestehenden Linien Siegen und Dillenburg entstand, 1384 in die Grafschaft Diez einheiratete, 1403 den niederländischen Besitz des Hauses Polanen (Breda) erwarb, bis 1606 dauerte und dann teilte in 4. bis 7. Vorher zweigte sie ab:
   2a) Die ältere Beilsteiner Linie seit 1343, starb 1561 aus und fiel an 2. zurück.
      2aa) Die Liebenscheider Linie zweigte zweimal von 2a) ab (ca. 1380, 1537) und fiel zweimal zurück (1477, 1556).

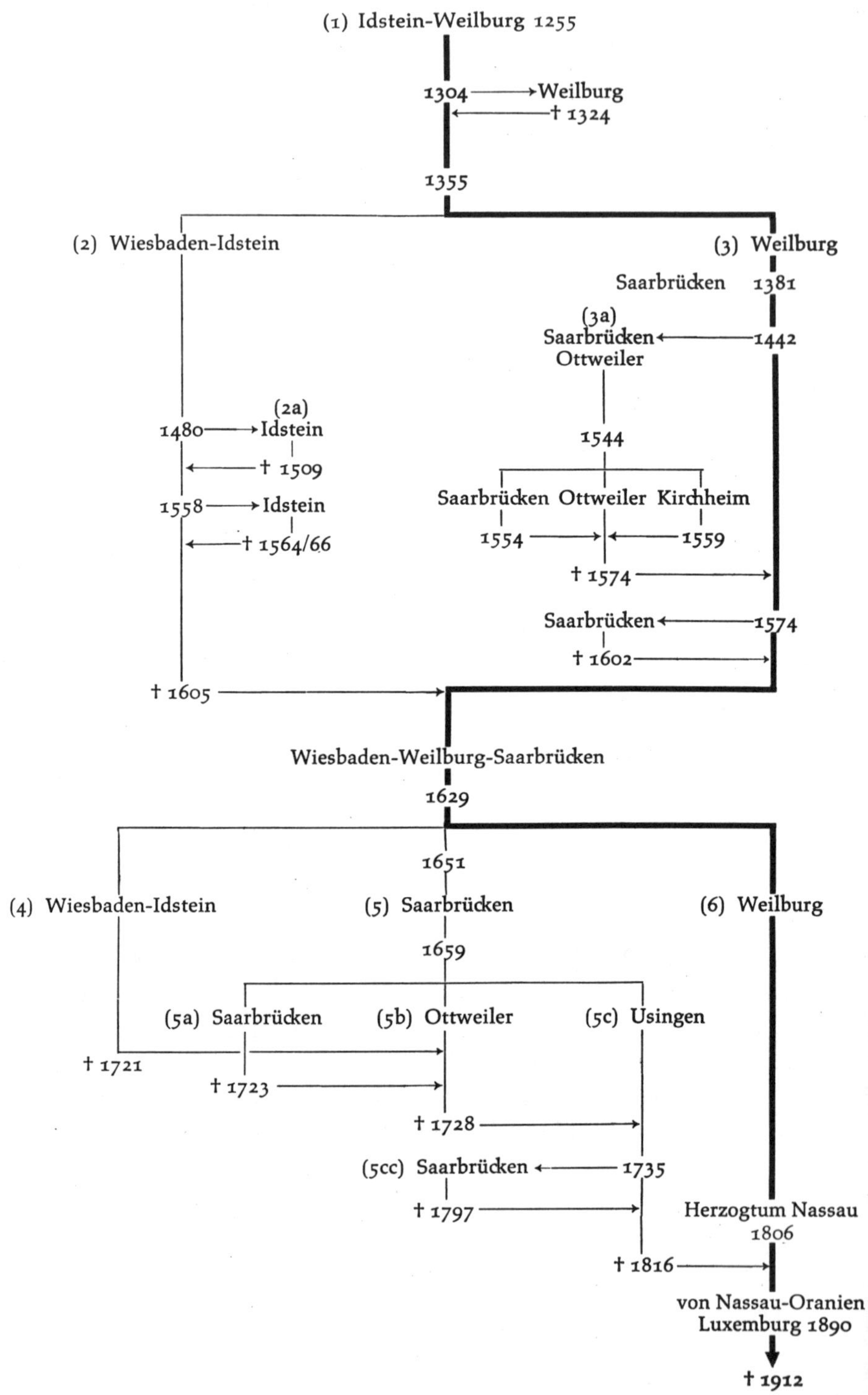
(1) Idstein-Weilburg 1255
1304
Weilburg
† 1324
1355
(2) Wiesbaden-Idstein
(3) Weilburg
Saarbrücken
1381
(3a) Saarbrücken Ottweiler
1442
1480
(2a) Idstein
† 1509
1558
Idstein
† 1564/66
1544
Saarbrücken
Ottweiler
Kirchheim
1554
1559
† 1574
Saarbrücken
1574
† 1602
† 1605
Wiesbaden-Weilburg-Saarbrücken
1629
1651
(4) Wiesbaden-Idstein
(5) Saarbrücken
(6) Weilburg
1659
(5a) Saarbrücken
(5b) Ottweiler
(5c) Usingen
† 1721
† 1723
† 1728
(5cc) Saarbrücken
1735
† 1797
Herzogtum Nassau 1806
† 1816
von Nassau-Oranien: Luxemburg 1890
† 1912

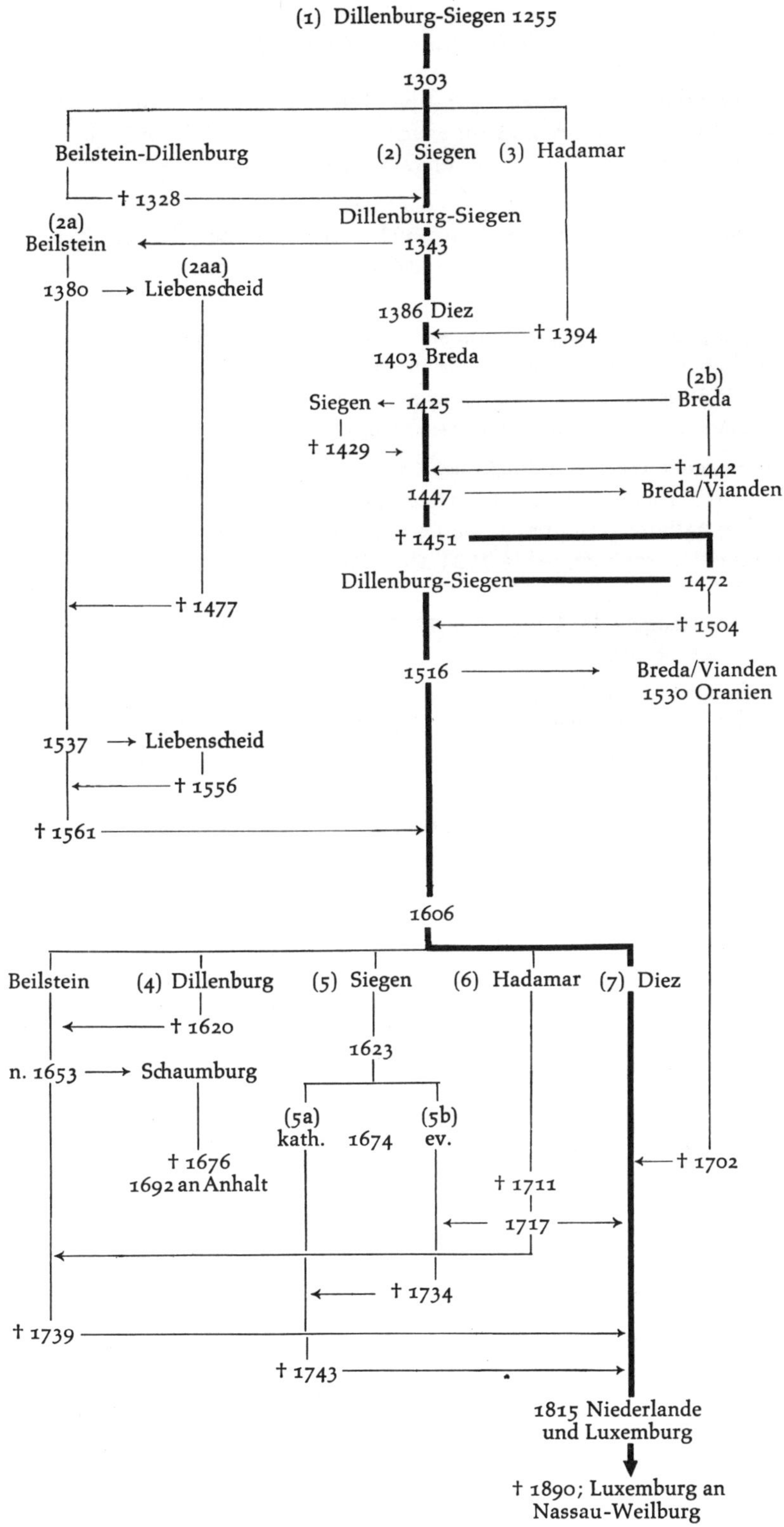
(1) Dillenburg-Siegen 1255
1303
Beilstein-Dillenburg
(2) Siegen
(3) Hadamar
† 1328
Dillenburg-Siegen
(2a) Beilstein
1343
(2aa)
1380
Liebenscheid
1386 Diez
† 1394
1403 Breda
(2b) Breda
Siegen
1425
† 1429
† 1442
1447
Breda/Vianden
† 1451
Dillenburg-Siegen
1472
† 1477
† 1504
1516
Breda/Vianden
1530 Oranien
1537
Liebenscheid
† 1556
† 1561
1606
Beilstein
(4) Dillenburg
(5) Siegen
(6) Hadamar
(7) Diez
† 1620
1623
n. 1653
Schaumburg
(5a) kath.
1674
(5b) ev.
† 1676
1692 an Anhalt
† 1702
† 1711
1717
† 1734
† 1739
† 1743
1815 Niederlande und Luxemburg
† 1890; Luxemburg an Nassau-Weilburg

2b) Die Bredaer oder ältere oranische Linie seit 1403, die dreimal abgetrennt (1425, 1447, 1472), dreimal zurückfiel (1442, 1450, 1504) und seit 1516 endgültig selbständig wurde. Sie erwarb 1530 Oranien, starb 1702 aus und wurde beerbt von 7.

3. Die ältere Hadamarer Linie seit 1303, starb 1394 aus, wurde z. T. beerbt von 2); der größere Teil ihres Besitzes gelangte an die Grafen von Katzenelnbogen.

4. Die jüngere Dillenburger Linie seit 1606, die 1620 ihren Namen und Besitz an die ebenfalls 1606 begründete jüngere Beilsteiner Linie übertrug, zweigte von 1653 bis 1676 die Schaumburger Linie ab, erbte 1717 ein Drittel von 6. und starb 1739 aus. Sie wurde beerbt von 7.

5. Die Siegener Linie seit 1606, seit 1623 getrennt in die drei Äste Wilnsdorf, Ginsberg, Freudenberg, die 1649 neu aufteilten. Ab 1674 bestanden nur noch:
5a) Die katholische Linie, an deren Stelle von 1708 bis 1740 eine kaiserliche Kommission regierte, erbte 1734 5b) und starb 1743 aus. Sie wurde beerbt von 7.
5b) Die evangelische Linie erbte 1717 ein Drittel von 6., starb 1734 aus und wurde beerbt von 5a.

6. Die jüngere (katholische) Hadamarer Linie seit 1606, starb 1711 aus und wurde 1717 zu je einem Drittel aufgeteilt an 4., 5. und 7.

7. Die Diezer oder jüngere oranische Linie seit 1606, erbte 1702 2b), 1717 ein Drittel von 6., 1739 4. und 1743 5.; verlor Nassau 1815, wurde Könighaus der Niederlande (mit Luxemburg), starb 1890 im Mannesstamm aus und vererbte dabei Luxemburg an die walramische Linie.

29. Die Nassau-Weilburg-Saarbrückener Grafschaften bis zum 30jährigen Krieg

Die Regenten der von Graf Walram durch die Teilung von 1255 begründeten walramischen Linie des Hauses Nassau gehören im Hinblick auf ihre territorial-politischen Leistungen nicht zu den bedeutenden Erscheinungen unserer Landesgeschichte. Das gleiche gilt von der Gesamtfamilie und ihrem Grafschaftsgebiet, da die fortgesetzte Aufspaltung in verschiedene Linien und Unterlinien die Bildung einer kraftvollen Dynastie und eines geschlossenen Territoriums verhindert hat. Beachtenswerte Leistungen nassau-walramischer Grafen fehlten jedoch keineswegs, kamen aber kaum ihrem eigenen Stammlande zugute, sondern erstreckten sich im wesentlichen auf außernassauische

Bereiche. Überblickt man sie zusammenfassend, fallen sie allerdings ins Gewicht.

Die Stammlinie hat innerhalb weniger Jahrzehnte einen deutschen König (Adolf von 1292 bis 1298), einen Erzbischof (Diether von Trier 1300 bis 1307) und einen Bischof (Johann von Utrecht 1267 bis 1288) gestellt; der älteren Idsteiner Linie verdankte das Mainzer Erzstift innerhalb eines Jahrhunderts vier Erzbischöfe (Gerlach 1346 bis 1371, Adolf I. 1381 bis 1390, Johann II. 1397 bis 1419 und Adolf II. 1461 bis 1475) und zahlreiche oberste erzstiftische Beamte (etwa mainzische oberste Amtmänner in Hessen); und die ältere Weilburger Linie hat sich in der Grafschaft Saarbrücken ein bedeutendes Territorium aufgebaut und jahrhundertelang gegen das Übergreifen von Lothringen und dann von Frankreich gehalten.

So gering dieser letztere Erfolg gegenüber den außerterritorialen Leistungen der anderen Linien zunächst auch erscheinen mag, so ist er doch der dauerhaftere und ergebnisreichere gewesen; denn von den genannten namhaften Persönlichkeiten der Stammlinie haben nicht nur Bischof Johann von Utrecht und Erzbischof Dietrich von Trier, sondern auch König Adolf weithin versagt. Ebenso hat der Mainzer Erzstuhl unter den Nassauer Grafen schwere Einbußen erlitten, denn bei der Erhebung aller nassauischen Erzbischöfe kam es zu Doppelwahlen und damit zu teilweise verheerenden Kämpfen, die die Nassauer in der Regel nicht so schnell zu meistern vermochten, daß das Erzstift vor Schäden bewahrt blieb. Es wurde vielmehr gerade durch die mit den Doppelwahlen verbundenen Kämpfe schließlich so geschwächt, daß es seit der zweiten Hälfte des 15. Jahrhunderts zu einer territorialpolitisch zweitrangigen Macht herabsank. Nur im Saargebiet hat das Eingreifen und die Herrschaft des Hauses Nassau einen Gewinn für das Land und darüber hinaus für das deutsche Reich bedeutet. Das war, unter diesem Gesichtspunkt gesehen, eine erfolgreichere Leistung als die der Nassau-Oranier, denn diese haben die große Außenposition des Reiches in Holland und Belgien nicht in gleicher Weise vor ihrer Ablösung zu bewahren vermocht, wenn hier auch andere Größen- und Machtverhältnisse als im Saargebiet vorlagen.

Die walramischen Stammlande umfaßten die zwischen Lahn und Rhein gelegenen Gebietsteile Weilburg, Idstein und Wiesbaden, denen gegenüber die mit der ottonischen Linie gemeinschaftlichen Besitzungen (die Herrschaft Nassau, die Grundherrlichkeit Miehlen, die Vogtei Schönau und die Laurenburg mit der Herrschaft Esterau) weniger bedeuteten. Wesentlicher war der nassau-katzenelnbogische Gemeinschaftsbesitz an der Grafschaft auf dem Einrich, in dem sich allerdings auf die Dauer nicht die Nassauer, sondern die Katzenelnbogener Grafen das Übergewicht verschafften. Die wichtigste walramische Herrschaft bildete das (wahrscheinlich erst im Interregnum erworbene) Reichslehen Wiesbaden, das etwa mit dem Königssondergau übereinstimmte und sich zwischen den Bächen Kriftel und Walluff von den Taunushöhen bis an den Main und Rhein erstreckte. Die Grafen waren allerdings in ihrer Verfügungsgewalt über dieses Gebiet dadurch eingeschränkt, daß sein Ostteil mit dem Landgericht Mechthildshausen (im Umfange etwa des späteren Amtes Hofheim) Lehen der Herren von Eppstein war, die es als unmittelbares Reichslehen beanspruchten und daher die nassauische Lehnshoheit darüber bestritten. Infolgedessen waren die Nassauer Grafen gezwungen, für den Westteil ihrer Herrschaft in Wiesbaden ein eigenes Gericht zu bilden, was ihnen insofern erwünscht sein konnte, als sie dadurch unmittelbaren, stärkeren Einfluß auf den Gerichtsbereich gewannen und zugleich die Bedeutung Wiesbadens hoben.

Gegenüber dem fruchtbaren, klimatisch begünstigten Wiesbadener Gebiet waren die Herrschaft Idstein, die sich nordwestlich des Feldberges im Taunus erstreckte, und das Weilburger Land am Unterlauf der bei Weilburg in die Lahn mündenden Weil geringer an Größe, Fruchtbarkeit und Bewohnerschaft. Alle drei Grafschaftsteile lagen zudem isoliert und hatten keine unmittelbare Verbindung miteinander.

Dieses kleine Herrschaftsgebiet übernahm Graf Adolf, nachdem sein Vater Walram 1277 in geistiger Umnachtung gestorben war; und dieser Gegebenheit entsprachen seine politischen Anfänge. In einer Fehde mit Gottfried von Eppstein (vor 1283), in der Wiesbaden und Sonnenberg zerstört worden sind, konnte er sich militärisch nur mühsam behaupten, errang dann aber in der Sühne gegen andere Zugeständnisse die Gebietshoheit über einen schmalen Landstreifen, der die Idsteiner und Wiesbadener Herrschaft miteinander verband. Bei der Beschränktheit seiner Mittel verschmähte er es nicht, 1286 Reichsburgmann auf dem Kalsmunt (über Wetzlar) und 1287 pfälzischer Burgmann in Kaub zu werden.

Um so unangemessener war es daher, daß er am 5. Mai 1292 die Wahl zum deutschen König annahm. Er wußte, daß er damit die unter Rudolf von Habsburg erfolgreich begonnene Festigung des Reiches entscheidend beeinträchtigte. Es lag auf der Hand, daß er auf Grund der eigenen Machtmittel niemals in der Lage sein konnte, eine selbständige königliche Politik zu machen. Es war daher gewiß, daß er infolgedessen den politischen und territorialen Sonderinteressen der geistlichen rheinischen Kurfürsten dienstbar bleiben mußte. Sie haben ihn daher zum Thron befördert. Seine engen Verbindungen mit dem benachbarten Hause Runkel-Westerburg, in dessen blutigen Bruderkämpfen er mehrfach vermittelte, und insbesondere sein nahes Verhältnis zu dem Kölner Erzbischof Siegfried von Westerburg (1275 bis 1297), an dessen Seite er in der Schlacht bei Worringen (1288) gekämpft hatte und gefangengenommen worden war, gaben den Ausschlag. Die Adolf von Erzbischof Siegfried von Köln abgenötigte Wahlkapitulation verdeutlicht hinreichend das selbstsüchtige Interesse Erzbischof Siegfrieds an dieser Wahl eines völlig abhängigen kleinen Grafen, denn sie zeigt eindeutig, daß der bei Worringen geschlagene Erzbischof diese Gelegenheit nutzte, um seine territorialen Einbußen auf Kosten des Reiches wieder auszugleichen. Das Ergebnis der Herrschaft Adolfs konnte daher nicht zweifelhaft sein. Sein undurchsichtiges Verhalten in manchen Fällen, seine geringen politischen und militärischen Erfolge und seine Armut und Ohnmacht haben das deutsche Königtum, wenn wir von den letzten staufischen Gegenkönigen absehen, auf seinen Tiefpunkt geführt. So wurde er, wie er auf Betreiben des Kölner Erzbischofs Siegfried erhoben worden war, auf Betreiben des Mainzer Erzbischofs Gerhard von Eppstein am 23. Juni 1298 wieder abgesetzt und am 2. Juli 1298 in der Schlacht bei Göllheim von seinem Gegner Herzog Albrecht von Habsburg, dem Sohn König Rudolfs, geschlagen und getötet.

Mit diesem Tod in der Schlachtentscheidung hat sich Adolf zweifellos den größten Dienst erwiesen, denn von hier aus ist auch sein ganzes Königtum immer wieder erhöht worden. Das ist z. T. schon in der zeitgenössischen Ritterdichtung auf die Göllheimer Schlacht zu erkennen, tritt in der nassauischen Hausgeschichtsschreibung des 16. Jahrhunderts zutage und hat schließlich auch noch die nassauische Landesgeschichtsschreibung des 19. Jahrhunderts bestimmt. So berechtigt der Widerspruch der Reichsgeschichtsschreibung dagegen war, so ist jedoch nicht zu verkennen, daß Adolf durch sein Königtum zumindestens seinem Hause einen hervorragenden Dienst erwiesen hat, dessen Wirkungen zwar schwer abzuschätzen, aber zweifellos von großer Reichweite gewesen sind. Das zeigen schon die Ehen seiner Kinder, denn sein Sohn Rupert heiratete eine Königstochter (Agnes von Böhmen), seine Tochter Mathilde einen Kurfürsten (Herzog Rudolf von Oberbayern) und sein Sohn Gerlach eine Fürstentochter (Landgräfin Agnes von Hessen). Für das politische Programm des nassauischen Gesamthauses im 16. Jahrhundert aber, als es im ottonischen Zweig den Höhepunkt seiner geschichtlichen Wirksamkeit erreichte, war das Königtum Adolfs jedenfalls von unersetzlicher Bedeutung zur Begründung des Kampfes gegen die spanischen Habsburger. Diese Wirkungen werden, ihrer imaginären Art entsprechend, naturgemäß auch dadurch nicht beeinträchtigt, daß Adolf für seine Grafschaft selbst wenig geleistet hat. Denn hier ist nur zu vermerken, daß er am 17. Januar 1294 den bisher dem nassauischen Grafenhauses lediglich verpfändeten Wormser Besitz zu Weilburg ankaufte und nunmehr dem Ort am 29. Dezember 1295 das Frankfurter Stadtrecht verlieh. Die daraufhin am 24. Januar 1297 von Frankfurt für Weilburg zusammengestellten Satzungen enthalten die ersten ausführlichen Angaben über das Frankfurter Recht. Erwähnenswert ist schließlich noch, daß Adolf 1296 den ehemals königlichen Hof in Biebrich (aus dem Besitz des Klosters Selz im Elsaß) erwarb.

Imgina von Limburg, die Witwe König Adolfs, der 1298 ein Teil der Herrschaft Kleeberg aus ihrem väterlichen Besitz zugefallen war, versuchte auf dem Nürnberger Hoftag anläßlich der Krönung von Albrechts Gemahlin, ihren ältesten Sohn Ruprecht freizubitten, der bei Göllheim in Gefangenschaft geraten und von König Albrecht an Erzbischof Gerhard von Mainz übergeben worden war. Ruprecht ist jedoch erst im folgenden Jahr (und zwar gewaltsam durch den Herrn von Rheinberg) befreit worden und gehörte selbstverständlich sofort zur anti-habsburgischen Partei. Sie wurde insbesondere von Papst Bonifaz VIII. gefördert, der deshalb 1300 König Adolfs Bruder Diether zum Erzbischof von Trier einsetzte, ohne das Wahlrecht des Domkapitels zu beachten, das sich für Heinrich von Virneburg entschieden hatte. Diether setzte sich zwar durch, doch war sein Regiment den zahlreichen Schwierigkeiten, die sich ihm entgegenstemmten, nicht gewachsen und daher erfolglos. Das zeigte bereits Diethers Bündnis mit den drei übrigen rheinischen Kurfürsten vom 14. Oktober 1300 gegen König Albrecht, denn der dadurch entfesselte rheinische Zollkrieg endete mit der Niederlage der Kurfürsten. Graf Ruprecht von Nassau, der dabei gegen König Albrecht gestanden hatte, mußte sich diesem zwar nach der Niederlage beugen, söhnte sich aber nicht mit ihm aus, sondern ging schon kurz darauf nach Böhmen zu seinem Schwiegervater König Wenzel II., um hier erneut gegen Albrecht zu kämpfen; doch starb er schon Ende 1304. Da die ottonische Linie König Albrecht unterstützt hatte, waren jetzt zum erstenmal die beiden Hauptlinien des nassauischen Grafenhauses in der großen Politik verschiedene Wege gegangen, ähnlich wie im Katzenelnbogener Grafenhaus, wo Graf Eberhard I. von der jüngeren Linie auf seiten König Albrechts stand, während Graf Wilhelm I. von der älteren Linie sich gegen ihn verbündete.

Auf Rupert folgten in Nassau seine Brüder Gerlach und Walram, von denen Walram Weilburg zugewiesen wurde; da er kurz nach 1324 starb, war Gerlach seitdem alleiniger Herr aller walramischen Gebiete. Er war zweifellos der bedeutendste der drei Brüder. Nachdem er sich 1306 mit König Albrecht zu Wien ausgesöhnt hatte (wofür dieser Gerlachs Verlobung mit der Landgräfin Agnes von Hessen bewerkstelligte), erreichte er es von Albrechts Nachfolger König Heinrich VII., daß König Adolf von Nassau im August 1309 gemeinsam mit dem inzwischen ermordeten König Albrecht im Beisein des Königs und dreier Königinnen (der Witwen Adolfs und Albrechts sowie der Gemahlin Heinrichs) ein Grab in der Kaisergruft des Speyrer Doms erhielt.

Bei der Wahl von Kaiser Heinrichs Nachfolger traten die Nassauer Grafen beider Linien auf die Seite des Habsburger Herzogs Friedrich von Österreich, worauf Wiesbaden im Oktober 1318 von König Ludwig dem Bayern belagert wurde, jedoch trotz der Mitwirkung des Mainzer und Trierer Erzbischofs nicht erobert werden konnte. Nachdem die Schlacht bei Mühldorf am 28. September 1322 aber zugunsten König Ludwigs entschieden hatte, regelte auch Graf

Gerlach seine Beziehungen zu ihm, so daß es ihm möglich war, Gottfried von Eppstein von 1326 bis 1333 in der wetterauischen Landvogtei abzulösen. 1329 war Graf Gerlach beim Kaiser in Italien und erhielt hier am 8. August 1329 zu Pavia das Münzrecht für Wiesbaden. Weitere Dienste für den Kaiser belohnte dieser mit den üblichen Pfandverschreibungen auf Zölle (Kaub, Germersheim) und Reichsstädte (Wetzlar) und verlieh ihm dazu 1336 das Fährrecht zu Biebrich am Rhein und das Recht auf Silbererzbau in seiner Grafschaft.

Wichtiger aber noch waren die territorialen Gewinne des Grafen, denn hier glückte es ihm, 1326 die Pfandschaft auf Neuweilnau (mit Usingen) zu erwerben, die Graf Heinrich von Weilnau 1324 an Siegfried von Runkel verpfändet hatte. Außerdem aber vermochte er durch die Verheiratung seines Sohnes Johann mit einer Tochter aus dem 1328 ausgestorbenen Hause der Grafen von Merenberg, die Grafschaft Merenberg mit der altberühmten Burg Gleiberg, dem halben Gericht Hüttenberg (dessen andere Hälfte 1396 hessisch war) und der Reichsvogtei über Wetzlar an sich zu bringen. Dagegen gelang es Graf Gerlach nicht, sich in den Auseinandersetzungen um die Burg Katzenelnbogen mit Graf Wilhelm von Katzenelnbogen trotz Unterstützung durch andere Katzenelnbogener Grafen und Graf Johann von Nassau-Dillenburg auf die Dauer durchzusetzen. Die Burg kam bald wieder in die Hände der Katzenelnbogener Grafen zurück, während die gemeinschaftlichen nassauischen Rechte beider Linien im hessischen Lahn- und Edergebiet, die Graf Gerlach an Graf Johann von Nassau-Dillenburg 1327 dabei abgetreten hatte, für die walramische Linie verloren waren. Graf Gerlach ist schließlich auch dadurch bemerkenswert, daß er 17 Jahre vor seinem Tode verzichtete und 1344 die Herrschaft seinen Söhnen überließ, die zunächst gemeinschaftlich regierten, auch am 4. Juni 1351 noch einen Erb- und Primogeniturvertrag abschlossen, 1355 aber doch teilten.

Unter Graf Gerlachs Söhnen, König Adolfs Enkeln, ragen Erzbischof Gerlach von Mainz und Graf Johann I. von Nassau-Weilburg hervor. Von ihnen bestimmte Erzbischof Gerlach in seiner maßgebenden Reichsstellung die reichspolitische Linie seines Hauses. Sie war eindeutig auf König Karl IV. ausgerichte, da er diesem seine Erhebung auf den Mainzer Erzstuhl verdankte. Infolgedessen waren Graf Adolf I. von Nassau-Wiesbaden und Graf Johann I. von Nassau-Weilburg unter der Führung ihres Bruders Erzbischof Gerlach von Anfang an entschiedene Anhänger Karls IV. Dabei zeichnete sich vor allem Graf Johann I. aus, denn er ist für seine Dienste vom Kaiser so reich entschädigt worden, daß die Kurfürsten am 6. Januar 1356 ihre Willebriefe dazu erteilten. Wichtig war bei diesen Zuwendungen, daß sie die Stellung Johanns in Wetzlar wesentlich verstärkten, denn auf das dortige mittlere Lahngebiet zielten seine territorialpolitischen Bestrebungen vor allem ab.

Zunächst behauptete er nach dem Tode seiner ersten Frau Gertrud von Merenberg diese Herrschaft mit der Reichsvogtei Wetzlar gegen Ansprüche ihrer Schwester. Ebenso wichtig war sein Einbruch in das Solmser Grafschaftsgebiet, wo ihm bereits 1349 die Burg Braunfels geöffnet worden war. Nachdem er dann 1359 eine Pfandschaft an der Burg erworben hatte, schloß er am 30. Mai 1361 mit dem von Nordosten her angreifenden hessischen Landgrafen Heinrich II. einen regelrechten Plan über die Aufteilung der Grafschaft Solms, in dem die hessische Interessensphäre auf die rechte und die nassauische auf die linke Lahnseite begrenzt wurde. Die Burg, die er zur Sicherung seines Gebietes um Kirchberg a. d. Lahn (nördlich Gießen) dort 1366 errichtete, konnte er allerdings gegenüber dem hessischen Landgrafen nicht halten, und ebensowenig glückte ihm das mit der Hälfte der landgräflichen Stadt Gießen, die Graf Johann 1364 von den Falkensteinern als den bisherigen Pfandinhabern einlöste. 1367 mußte er sie aufgeben. Dagegen behauptete er die Gemeinschaft an Kirberg, in die ihn Graf Gerhard von Diez 1355 aufnehmen mußte, den er auch sonst territorial stark bedrängte, und erhielt 1370 ein Drittel der Gerichte von Emmerichenhain, Neukirch und Marienberg auf dem Westerwald von den Grafen von Nassau-Beilstein. Wie er diesen Besitz durch die Kykenburg sicherte, so hat er auch zahlreiche andere Burgen angelegt oder ältere Befestigungen erneuert und ausgebaut (Neulangenau, Hohlenfels, Kirberg, Kirchberg, Weilburg, Dausenau, Nassau).

Das deutlich erkennbare Hinausstreben Graf Johanns über die engen Grenzen seiner weilburgischen Teilgrafschaft zeigte sich auch darin, daß er sich von seinem Bruder Erzbischof Gerlach von Mainz am 16. Mai 1354 zum mainzischen obersten Amtmann in Hessen, Thüringen und auf dem Eichsfeld bestallen und bei der Erneuerung dieser Bestallung vom 6. Oktober 1367 seinen Amtsbereich über die mainzischen Besitzungen in Sachsen und Westfalen ausdehnen ließ. (Die politische Bedeutung dieser Vorgänge erörterten wir im Kapitel über das Erzbistum Mainz.) Dazu erfuhr Graf Johann noch eine persönliche Rangerhöhung, denn am 26. September 1366 erhob ihn Kaiser Karl IV. zum gefürsteten Grafen, was jedoch seine reichsrechtliche Stellung nicht änderte. Den größten territorialpolitischen Erfolg seiner Linie aber errang er durch seine 1353 geschlossene Ehe mit Johanna, der Tochter und Erbin Graf Johanns von Saarbrücken, denn damit eröffnete er seinem Hause die begründete Aussicht auf den Anfall der Grafschaft Saarbrücken.

Bevor dieser Erbfall jedoch eintrat, erlitt die Grafschaft Nassau-Weilburg, in der seit 1371 Graf Johanns Witwe, die Gräfin Johanna von Nassau-Saarbrücken, die Vormundschaft über den noch minderjährigen Nachfolger Graf Philipp I. führte, erhebliche Rückschläge. Zunächst machten sich die Grafen von Solms von dem nassauischen Druck frei, indem Graf Otto von Solms bereits 1372 die Rückerwerbung der Braunfelser Pfandschaft einleitete und schon 1374 erfolgreich abschloß. Auch Kurtrier wußte die Lage zu nutzen und mehrere nassau-weilburgische Pfandschaften an sich zu bringen (Anteile an Kirberg, Hahnstätten, Mensfelden, Dausenau). Noch erfolgreicher aber war Graf Rupert VI. von Nassau.

Dieser kriegerische Graf, ein Bruder Graf Adolfs I. von Nassau-Wiesbaden und Graf Johanns I. von Nassau-Weilburg, war bei der Teilung 1355 mit Sonnenberg recht kärglich abgefunden worden. Er versuchte sich daher, zunächst mit Hilfe seiner sehr eigennützigen Frau Anna von Nassau-Hadamar, einen größeren Herrschaftsbereich zu schaffen, indem er die Vormundschaft über seinen geistesgestörten Schwager Emicho III. von Nassau-Hadamar beanspruchte. Da Emicho ein Teilgebiet des nassau-ottonischen Erbes innehatte, Rupert aber aus der walramischen Linie stammte, geriet er mit dem Haupt der ottonischen Linie, Graf Johann I. von Nassau-Dillenburg, in Streit, der im Rahmen des Sternerkrieges ausgetragen wurde. Rupert wurde von Landgraf Hermann von Hessen unterstützt, der ihn 1371 mit dem hessischen Lehen Driedorf belehnte, das Nassau-Hadamar bis dahin innehatte. Dafür verbündete sich Graf Rupert mit dem Landgrafen am 27. Oktober 1372 gegen die Sterner, während sich Graf Johann I. von Nassau-Dillenburg diesen anschloß. Ein unter Führung der Katzenelnbogener Grafen verübter Anschlag der Sterner auf Hadamar scheiterte indessen, und auch sonst kämpfte Graf Johann nicht erfolgreich, da er sogar aus der gemeinschaftlichen Burg Nassau durch Rupert verdrängt wurde. Infolgedessen mußte er sich mit ihm am 25. September 1373 auf einen Vergleich einlassen, indem er die Herrschaft Hadamar mit Rupert teilte, ihm das Schloß Hadamar ganz überließ und auch das Driedorfer Lehen zugestand. Auch gegenüber Graf Adolf von Nassau-Wiesbaden war Graf Rupert erfolgreich, denn dieser verpfändete ihm 1367 vorübergehend die halbe Stadt Wiesbaden. Damit aber nicht genug, faßte Graf Rupert VI. auch im Weilburger Land Fuß, da sich die Gräfin Johanna gezwungen sah, ihm Weilnau, Usingen und Wehen zu verpfänden. Das Ziel, das er dabei verfolgte, zeigte sein am 3. Februar 1377 mit Landgraf Hermann abgeschlossener Vertrag über die Teilung des Weilburger Landes zwischen ihnen, falls Graf Philipp I., für den seine Mutter damals noch immer die Vormundschaft führte, ohne Erben sterben sollte. Dazu ist es allerdings nicht gekommen.

Es spricht für die bedeutende politische Befähigung Graf Ruperts, daß es ihm trotz seiner engen Verbindung mit Landgraf Hermann von Hessen gelang, auch gute Beziehungen zu dessen Hauptgegner Erzbischof Adolf I. von Mainz aufrechtzuerhalten, der allerdings Graf Ruperts Neffe war. Dieser setzte ihn 1380 zum mainzischen Amtmann in Amöneburg ein, was wiederum die Voraussetzung dafür bildete, daß Graf Rupert bei der endlichen Aussöhnung Erzbischofs Adolfs mit Papst und König von diesem 1381, offensichtlich Erzbischof Adolf zu Gefallen, zum Landvogt der Wetterau bestellt wurde, was bis dahin

Pfalzgraf Ruprecht d. Ä. gewesen war. Das allerdings brachte Graf Rupert in eine bedrohliche Lage, denn nun verbündete sich der Pfalzgraf 1381 gegen ihn mit den Grafen Eberhard V. und Diether VIII. von Katzenelnbogen, Graf Ruperts Feinden aus dem Sternerkrieg, und mit Graf Johann I. von Nassau-Dillenburg, der ihm nach wie vor wegen der erzwungenen Hadamarer Teilung feindlich gesinnt war. Aber auch jetzt behauptete Graf Rupert sich, bis auf der Zusammenkunft König Wenzels mit den Kurfürsten am 9. März 1382 eine Sühne zustande kam; die Übereinkunft wurde dadurch begünstigt, daß der König mit den Fürsten hier einen Landfrieden errichtete, der im Sinne der Fürsten und Herren vornehmlich gegen den schwäbischen und rheinischen Städtebund gerichtet war. Die Feindschaft seiner fürstlichen und gräflichen Widersacher veranlaßte Graf Rupert jedoch, sich der Gegenseite anzuschließen und am 24. Juni 1382 dem rheinischen Städtebund beizutreten, obwohl er königlicher Landvogt der Wetterau war. Aber er ging noch weiter, indem er im September und November 1382 die Reichsstädte seiner Landvogtei (Wetzlar, Friedberg und Gelnhausen) bewog, sich in den rheinischen Städtebund aufnehmen zu lassen. Daraufhin stießen auch noch andere Grafen und Herren hinzu, ja selbst Graf Johann I. von Nassau-Dillenburg trat dem Bunde bei, obwohl die Auseinandersetzung wegen Hadamar trotz aller Sühnen noch immer nicht bereinigt war. Endlich schuf der von den Vertretern des Städtebundes im März 1385 gefällte Entscheid, der die frühere Teilung bestätigte, allmählich eine gewisse Entspannung.

Und doch sollte der Streit um Hadamar für das Nassauer Grafenhaus ein böses Ende nehmen, denn kurz nach dem Tode Ruperts heiratete seine Witwe den ebenso kriegstüchtigen Grafen Diether VIII. von Katzenelnbogen und verkaufte (nach dessen Tode) am 22. Februar 1403 gegen eine ansehnliche Aufbesserung ihres Wittums ihren gesamten hadamarischen Besitz an ihren Stiefsohn Graf Johann IV. von Katzenelnbogen. Das war ein äußerst schwerwiegender Verlust für das nassauische Grafenhaus, denn er brachte nicht nur die Katzenelnbogener Grafen auf den Westerwald, sondern ermöglichte es ihnen, nunmehr auch in die Grafschaft Diez einzudringen, was das nassauische Grafenhaus noch tiefer getroffen und verhängnisvolle politische Folgen für das ganze Land gehabt hat.

Um so größer waren die territorialen Erfolge der Nassau-Weilburger Linie, denn hier konnte Graf Philipp I. 1381 nach dem Tode des letzten Saarbrükkener Grafen Johann II. die Nachfolge in der Grafschaft Saarbrücken nebst Commercy und Morley in Lothringen antreten. Das war die wichtigste Erwerbung, welche die walramische Linie bis zum Ende des alten Reiches gemacht hat, nicht nur für das nassauische Grafenhaus, sondern auch für das Saarland von einschneidender Bedeutung; denn dieses wurde dadurch nunmehr aus seinen engen Bindungen an Frankreich, die besonders noch unter den letzten

Saarbrückener Grafen vertieft worden waren, herausgelöst und wieder eng mit Deutschland verbunden, da seine Verknüpfung mit einem rechtsrheinischen deutschen Grafenhaus eine eindeutig von deutschen Gesichtspunkten bestimmte politische Orientierung des Landes zur Folge hatte. Dieser Umschwung wurde dadurch wesentlich gefördert, daß nach dem Aussterben der Grafen von Saarbrücken bald auch andere große Geschlechter dieser Gebiete erloschen (die Edelherren von Kirkel 1386, die Grafen von Zweibrücken 1394, die Grafen von Saarwerden 1397) und sich damit auch deren Westorientierung und Bindungen lösten. Das hinderte jedoch nicht, daß auch Graf Philipp französische Subsidien nahm und in zweiter Ehe die Herzogin Isabella (Elisabeth) von Lothringen heimführte. Sie war eine bemerkenswerte Frau, da sie sich durch ihre Übertragung mehrerer französischer Romane ins Deutsche einen Platz in der deutschen Literaturgeschichte gesichert hat.

Die Verbindung des nassauischen Stammlandes mit der Grafschaft Saarbrücken wurde dadurch erleichtert, daß Philipp im Jahre 1393 als Erbe seiner Frau Anna, der einzigen Tochter Graf Krafts von Hohenlohe-Weikersheim, den ihr von ihrem Großvater Graf Heinrich von Sponheim vererbten sponheim-bolandischen Besitz in der Pfalz übernahm: die Herrschaft Kirchheim-Bolanden (mit Tannenfels und Altenbaumburg) und die Herrschaft Stauf. Hierzu war zwar eine Auseinandersetzung mit dem Pfalzgrafen erforderlich, doch brachte sie Graf Philipp keine wesentliche Beeinträchtigung. Er konnte darüber hinaus die Grafschaft Saarbrücken dadurch noch ausbauen, daß er 1393 die Hälfte des Schlosses Ottweiler, 1400 das Schloß Hattweiler und Anteile an der Burg Nannstein (Landstuhl) und der Herrschaft Homburg (a. d. Blies) erwarb, mußte sich aber andererseits in langjährigen Kämpfen mit der Stadt Metz und dem Herzog von Lothringen auseinandersetzen. Sie wurden zwar durch den Vertrag vom 25. Juli 1408 und eine Sühne vom 9. Januar 1409 beigelegt, doch sah er sich infolge seiner daraus erwachsenen beträchtlichen Verschuldung gezwungen, 1411 seine Anteile an den Städten und Ämtern Commercy, Morley u. a. zu verpfänden; andererseits erhielt er damals als Sicherung für eine beträchtliche Bürgschaft, die er für Graf Friedrich von Mörs übernommen hatte, von diesem die halbe Grafschaft Saarwerden zum Unterpfand, hat diese aber auch schon 1416 wieder aufgeben müssen.

Auch in seinen nassauischen Stammlanden ging es nicht ganz ohne Einbußen ab. Ein finanziell besonders unerfreuliches Kapitel bildeten die Beziehungen zu Wetzlar, mit dem er sich im September 1390 auf eine anerkannte Schuldsumme von 4000 fl. einigte (obwohl er mehr als das Doppelte zu fordern hatte) und eine jährliche Zahlung von 600 fl. für die Wahrnehmung seiner reichsvogteilichen Aufgaben daselbst. Die Stadt war jedoch selbst diesen Anforderungen nicht gewachsen, und die ständigen Anweisungen, die die deutschen Könige dem Grafen Philipp auf die Stadt erteilten, wandelten die Ansprüche Philipps in eine anerkannte Pfandschaft um, die 1422 bereits 14 000 fl. ausmachte. 1391 verpfändete er die Hälfte von Kirberg an Johann von Reifenberg, verzichtete 1394 auf eine mit Nassau-Beilstein strittige Pfandschaft an Mengerskirchen und der Kalenberger Zent, die er jedoch 1413 erneut erwarb, und überließ 1396 die Hälfte des Gerichtes Kirchberg (nördlich Gießen) mit mehreren Dörfern an Landgraf Hermann von Hessen, der ihn mit der Hälfte von Großenlinden nur ungenügend entschädigte. Dagegen gelang es ihm 1405, die bisherige Pfandschaft Neuweilnau in einen Erbkauf umzuwandeln, wodurch Neuweilnau und Usingen mit zahlreichen zugehörigen Besitzungen auf immer an das nassauische Grafenhaus kamen.

Wog schon diese Erwerbung die gesamten Einbußen auf, so war das noch mehr durch das wachsende politische Ansehen Philipps der Fall. König Wenzel ernannte ihn am 22. Januar 1398 zum Hauptmann des rheinischen Landfriedens, was ihn in enge Beziehungen zu den rheinischen Kurfürsten brachte, von denen Erzbischof Johann von Mainz sein Vetter war. Er war daher an der politischen Entwicklung, die zur Absetzung König Wenzels führte, mitbeteiligt. Auch nach der Aufgabe seines Amtes und der Wahl des neuen Königs Ruprecht im August 1400 war er noch vielfach reichspolitisch tätig, da ihn der König sowohl bei seinen Unterhandlungen mit Frankreich als auch mit England heranzog. Nach dem Tode Ruprechts verhandelte er im Auftrage der Erzbischöfe von Köln und Mainz mit Markgraf Jost von Mähren wegen dessen Königswahl und wirkte dann nach Markgraf Josts vorzeitigem Tod auch bei der Wahl König Sigismunds 1411 mit.

Seitdem bestanden enge Beziehungen Philipps zum König, wie die Luxemburger Frage zeigte. König Wenzel hatte 1402 dieses Land amtsweise an Herzog Ludwig von Orléans übertragen und es nach dessen Ermordung (23. November 1407) an Herzog Anton von Burgund verpfändet, den die Witwe Herzog Wenzels von Luxemburg, Johanna von Brabant, bereits 1406 zum Erben bestimmt hatte. König Sigismund billigte diese Verpfändung nicht und unterstützte daher den Aufstand des luxemburgischen Adels gegen Herzog Anton, indem er den Grafen Philipp zum Hauptmann des Landes einsetzte, verglich sich aber im folgenden Jahr mit dem Herzog. Die bewährten Dienste, die Graf Philipp dem König damals und anschließend auf dem Konstanzer Konzil geleistet hat, belohnte er damit, daß er die Übertragung der Landvogtei in der Wetterau an Erzbischof Johann von Mainz vom 1. November 1414 widerrief und an dessen Stelle am 26. März 1415 Graf Philipp einsetzte. Zwar verlor Graf Philipp dieses Amt schon im Januar 1417 wieder an seinen Vorgänger, doch hatte es Philipp verstanden, auch schon aus dieser kurzen Amtstätigkeit seinen Nutzen zu ziehen. 1416 tauschte er von dem Trierer Erzbischof Werner von Falkenstein-Münzenberg gegen das halbe Gericht Gambach das halbe Dorf Reichelsheim (in der fuldischen Mark) in der Wetterau ein, und ebendort erwarb er 1420/23 von Fulda die Hälfte des ihm schon 1410 verpfändeten Schlosses Bingenheim mit der dem Abt noch verbliebenen Hälfte an den Dörfern der Fuldischen Mark. (Die andere Hälfte besaßen die Grafen von Ziegenhain, die sie 1450 an Hessen vererbten, ausgenommen Reichelsheim, das Graf Philipp nunmehr ganz gehörte.)

Auch im Bereich der Grafschaft Saarbrücken kam es noch zu neuen Erwerbungen. 1412 erweiterte Graf Philipp seinen Besitz an Homburg a. d. Blies, kaufte vor 1416 das Schloß Frankenstein aus Leininger Besitz und wandelte 1417 die ihm bereits länger gehörende Pfandschaft an Wöllstein in einen Erbkauf um. Im gleichen Jahr 1417 wurde er von Herzog Adolf von Berg, der Erbansprüche auf das Herzogtum Baar erhob, mit dem dorthin gehörenden Herrschaften und Burgen Bouconville, L'Avantgarde, Pierrefort, Noverey und Leveneur belehnt und behauptete sie, obwohl Herzog Adolf seine Ansprüche nicht durchsetzen konnte. 1443 hat sie Philipps Nachfolger allerdings an Markgraf Ludwig von Pont à Mousson verkauft, jedoch bei dieser Gelegenheit eine Pfandschaft an Saargemünd und Berus erworben. 1421 erhielt Graf Philipp von Heinrich von Vinstingen die halbe Herrschaft Diemeringen pfandweise, erzielte 1427 wegen der zur Herrschaft Stauf gehörenden neun Dörfer bei Worms mit dem dortigen Bischof ein Übereinkommen, wonach er die Hälfte dieser Dörfer zu Lehen erhielt, und kaufte schließlich 1423 einigen Adligen ihre Anteile am Schloß Homburg (nördlich St. Avold) ab.

Im Gegensatz zu diesen beträchtlichen Erfolgen der Grafen von Nassau-Weilburg-Saarbrücken traten die seit der Teilung von 1355 selbständigen Grafen von Nassau-Wiesbaden-Idstein als Landesherren fast gar nicht hervor. Sie stellten jedoch im 14. und 15. Jahrhundert vier Mainzer Erzbischöfe und erschöpften infolgedessen ihre Kräfte im Kampf um deren Behauptung im Mainzer Erzstift. Es kam hinzu, daß die Grafschaft Nassau-Wiesbaden-Idstein durch die Herrschaft Eppstein und die Grafschaft Katzenelnbogen derartig eingeengt wurde, daß ihr hier keine Ausdehnung möglich war. Die durch den Frieden von 1422 beendeten, jahrzehntelangen Kämpfe Graf Adolfs II. gegen die Abschnürung waren ergebnislos; der Druck verstärkte sich vielmehr noch, als Graf Philipp d. Ä. von Katzenelnbogen 1457 auf das eppsteinsche Gebiet übergriff. Da Graf Johann II. von Nassau-Wiesbaden 1455 zudem Vitztum im Rheingau geworden war und infolgedessen seinen Bruder Adolf in der Mainzer Stiftsfehde unterstützte, geriet er nicht nur in mainzische Gefangenschaft, sondern auch in so schwere Schulden, daß er 1469 sogar Wiesbaden an seinen Schwiegersohn Graf Otto von Solms (wahrscheinlich zur Sicherstellung der Mitgift) verpfänden mußte. Die Lage verschlechterte sich weiter, als anstelle der Grafen von Katzenelnbogen seit 1479 die Landgrafen von Hessen in der Grafschaft Katzenelnbogen und der Herrschaft Eppstein auftraten und Landgraf Wilhelm III. 1492 die halbe Herrschaft Eppstein ankaufte. Es änderte an dieser Situation nichts, daß Graf Adolf III. von Nassau-Wiesbaden im Reichsdienst mehrfach hervortrat, denn er war seit 1479 Marschall Herzog Maximilians von Österreich in Geldern und Zütphen und wurde dortselbst 1480 Generalstatthalter, nachdem er sich im Kampf um die Behauptung dieser Provinzen ausgezeichnet hatte. Auch in den folgenden schweren Jahren blieb er ständig hier tätig und gewann so ein näheres Verhältnis zu Maximilian, bei dessen Krönung er 1486 in Aachen als dessen Hofmeister amtierte. 1500 ernannte ihn der König zum Kammerrichter und 1509 zum ersten Kammerrichter des Reichskammergerichts.

Unterdessen war die Grafschaft Nassau-Weilburg-Saarbrücken 1447 in die beiden Grafschaften Nassau-Weilburg und Nassau-Saarbrücken aufgeteilt worden; nur die Besitzungen in der Pfalz (Tannenfels, Stauf, Kirchheim, Altenbaumburg, Wöllstein u. a.) blieben gemeinschaftlich; wahrscheinlich weil sie größtenteils an Mainz und Zweibrücken verpfändet waren. Um jedoch ein endgültiges Auseinanderfallen beider Linien zu verhindern, schlossen sie am 16. Dezember 1491 einen Erbvertrag, den der Kaiser 1493 und 1498 bestätigte. Während die Weilburger Grafen bis zu Graf Ludwig I. († 1523), der 1499 Graf Johann Ludwig von Nassau-Saarbrücken zum Kurator erhielt, gar nicht hervortraten, spielten die Saarbrückener eine bessere Rolle. Die von Graf Johann II. 1457 mit Johanna, der Erbtochter Johanns von Loon, Heinsberg und Löwenberg, erheirateten heinsbergischen Besitzungen an Maas und Niederrhein (Heinsberg, Diest, Sichem), wozu 1460 noch beträchtliche Lütticher Lehen kamen, konnten allerdings nicht gesichert werden, sondern gingen mit Graf Johanns II. Tochter Elisabeth an deren Mann Herzog Wilhelm von Jülich über. Dagegen gewann Graf Johann Ludwig durch Heirat die Grafschaft Saarwerden im Elsaß (und hielt sie selbst gegen das Bistum Metz und das Herzogtum Lothringen) sowie Lahr, Mahlberg und Kehl in Baden. Die eine Hälfte erhielt er von seiner Gemahlin Gräfin Katharina von Mörs-Saarwerden, die er 1507 geheiratet hatte, und die andere nach dem Ableben des zweiten Erben 1527. Durch Säkularisation erwarb er 1545 die Vogtei Herbitzheim im Elsaß, während sein Sohn Philipp die Schutzherrschaft über zahlreiche Stifts- und Klosterbesitzungen gewann (Fraulautern, St. Arnual, St. Nabor, Longueville, Wadgassen 1549 bis 1551), da die Grafen nicht lutherisch wurden. Sie unterhielten infolgedessen enge Beziehungen zu Kaiser Karl V. und König Ferdinand, für die sie in der Westpolitik vielfach tätig waren. Das gilt insbesondere für Graf Johann III., der sich als Kriegsherr unter Kaiser Karl V., vornehmlich in dessen Kriegen mit Frankreich, bewährte. Eine eigene politische Rolle haben die Grafen dagegen kaum gespielt, zumal sie 1544 ihre Grafschaft in die drei Gebiete Saarbrücken, Ottweiler und Kirchheim (mit den pfälzischen Besitzungen) aufgeteilt hatten, die jedoch 1554/59 wieder vereinigt wurden.

Trotz der Altgläubigkeit der Grafen drang die Reformation ab etwa 1550 auch in der Grafschaft Saarbrücken ein, wurde hier aber erst offiziell anerkannt, nachdem die Saarbrückener Linie 1574 erloschen und die Erbfolge an die Weilburger übergegangen war. Diese hatten in Graf Philipp III. († 1559) wieder einen aktiven und erfolgreichen Landesherren gehabt, der den Vergleich mit den Saabrückenern aushielt und den gleichzeitigen Vertreter der Wiesbadener Linie in den Jahrzehnten der Reformation, Graf Philipp II. von Nassau-Wiesbaden († 1558), überragte, zumal dieser wie fast alle seine Vorgänger in der Grafschaft Wiesbaden-Idstein bedeutungslos war. Graf Philipp III. von Nassau-Weilburg hatte schon 1526 den lutherischen Prediger Erhard Schnepf nach Weilburg berufen, 1533 die erste Kirchenordnung veröffentlicht und 1536 die erste Visitation durchführen lassen, während sich die neue Lehre in Nassau-Wiesbaden unter dem bedächtigen und kränklichen Grafen Philipp II. erst um 1540 durchsetzte. Während dieser sich von den politischen Auseinandersetzungen seiner Zeit fernhielt, schloß sich Graf Philipp III. von Nassau-Weilburg Landgraf Philipp von Hessen an, trat daher dem Schmalkaldischen Bunde bei, wenn er sich hier auch (wie im Katzenelnbogener Erbfolgestreit Hessens mit Nassau-Dillenburg) stark zurückhielt; doch beteiligte er sich (wenn auch nicht persönlich) 1545 am braunschweigischen Feldzug der Schmalkaldener und 1547 am Schmalkaldischen Krieg gegen Kaiser Karl V. Infolgedessen hatte das südliche Nassau (insbesondere Wiesbaden) im Sommer 1546 unter dem Durchzug des kaiserlichen Generals von Büren erheblich zu leiden. Nach der Niederlage der Schmalkaldener erhielt der Graf nach Erlegung einer beträchtlichen Geldbuße jedoch die Verzeihung des siegreichen Kaisers, mußte aber das Interim annehmen. Das besiegelte auch das Schicksal der 1546 von dem nassau-dillenburgischen Reformator Erasmus Sarcerius und dem nassau-weilburgischen Superintendenten Goltwurm gemeinsam verfaßten Kirchenordnung für Nassau-Dillenburg und Nassau-Weilburg, zumal Sarcerius vor dem Interim weichen mußte. Goltwurm erließ 1553 daher eine neue Kirchenordnung (nach dem Muster der Nürnbergischen), jedoch blieb auf diesem Gebiet der hessische Einfluß vorherrschend, so daß die 1576 in Saarbrücken eingeführte Agende (die um 1600 auch in der Friedberger Burgkirche verwandt wurde) auf die hessische Kirchenordnung von 1574 zurückgriff. Sie wurde 1609 auch im Idstein-Wiesbadener Gebiet übernommen, 1618 von Graf Ludwig II. erneuert und blieb (mit geringen Änderungen, vornehmlich in der fünften und letzten Auflage von 1762) bis zu Anfang des 19. Jahrhunderts gültig.

Die Verbindung mit Hessen ermöglichte es Graf Philipp III., das Amt Burgschwalbach und das hessische Viertel an Löhnberg 1536 gegen die nassauischen Pfand- und Vogteirechte in Wetzlar einzutauschen. Seine Söhne Albrecht († 1592) und Philipp IV. († 1602), die 1574 nach dem Tode Graf Johanns III. von Nassau-Saarbrücken auch die Grafschaft Saarbrücken erbten, teilten zwar

1561 und 1574, vertrugen sich aber gut und vermehrten ihren Besitz 1565 bzw. 1596 um den stolbergischen Anteil an Altweilnau (mit Landstein) und das halbe Amt Stockheim bei Usingen; hinzu kamen 1572 das Kloster Rosenthal und 1579 die andere Hälfte von Jugenheim (in Rheinhessen). Dagegen führte im Saargebiet der Vertrag vom 25. August 1581, der die Grenze mit Lothringen bereinigte, zum Verlust von Fraulautern, Longueville, St. Nabor und Homburg (nördlich St. Avold).

Der Sohn Graf Albrechts, Graf Ludwig II., seit 1607 Herr von Weilburg und Saarbrücken, erbte 1605 auch Wiesbaden und Idstein. Hierbei war allerdings eine gefährliche Gegenaktion des Erzbistums Mainz abzuwehren, denn Erzbischof Schweikhard beanspruchte die Grafschaft Wiesbaden-Idstein als heimgefallenes Lehen und verschaffte sich im Juli 1605 die kaiserliche Belehnung mit den dortigen Reichslehen; zugleich machte das Erzstift Trier seine Lehnsrechte an der Burg Nassau geltend. Gegen diese gefährliche Bedrohung der politischen Selbständigkeit und des evangelischen Glaubens der nassauischen Grafschaften fand Graf Ludwig II. jedoch die volle Unterstützung des Wetterauer Grafenvereins, der dagegen sofort rüstete und dem Grafen eine Unterstützung von 10 000 Mann anbot. Diese Maßnahme und der Butzbacher Vertrag des Grafen mit der Mutter des letzten Nassau-Wiesbaden-Idsteiner Grafen Johann Ludwig II., Maria von Nassau-Dillenburg, der durch Vermittlung der Wetterauer Grafen schon am 5. September 1605 zustande kam, vereitelten die Mainzer und Trierer Absichten. Es waren jedoch noch jahrelange, weitläufige Verhandlungen nötig, um den Erfolg zu sichern, denn noch 1607 erteilte König Rudolf II. dem Mainzer Erzbischof eine Anwartschaftsurkunde auf die Herrschaft Wiesbaden, und noch 1609 befürchtete man eine Besetzung der Stadt.

Die Vereinigung aller nassau-walramischen Grafschaften in der Hand Graf Ludwigs II. hatte jedoch im übrigen keine großen politischen Folgen. Da die Grafen von Nassau-Weilburg und Nassau-Saarbrücken nicht wie die Nassau-Dillenburger calvinistisch geworden, sondern lutherisch geblieben waren, kamen auch von dieser Seite keine neuen Impulse, so daß die Grafschaft in den bedeutungsvollen Jahrzehnten vor dem 30jährigen Krieg schon keine Rolle mehr spielte. Wesentlicher war die Regierung Graf Ludwigs II. für den Ausbau der gemeinsamen Verwaltung der nassau-walramischen Grafschaften, die den inneren Zusammenhalt dieser weitauseinandergelegenen Gebiete an der Saar, in der Pfalz und in Nassau zweifellos erheblich gefestigt hat. Die Zentralverwaltung für die Grafschaften errichtete er in Saarbrücken. Sie konnte hier an ein 1554/56 bezeugtes Ratskollegium anknüpfen, das durch die Kanzleiordnung von 1570 und das Reglement von 1576 bestätigt worden war. In Ottweiler hatte man dagegen die Kasseler Kanzleiordnung von 1581 eingeführt (jedoch ohne die Gerichtsordnung), deren angestrebte Arbeitsaufteilung nach Sachgebieten schließlich auch in die große Saarbrückener Kanzleiordnung von 1597 übernommen worden war. Neben Kanzlei und Hofgericht als Zentralbehörden standen die Ämter als Mittelbehörden, beide mit Verwaltung und Rechtsprechung befaßt, denn das Hofgericht wurde lediglich dadurch gebildet, daß die Räte viermal jährlich als Gericht zusammentraten. Es diente dann der Rechtsprechung für die eximierten Stände und als Appellationsinstanz. Als Leiter des Finanzwesens ist seit 1593 ein besonderer Kammerschreiber nachweisbar, der eine eigene Kammerkanzlei entwickelte, deren Ausbildung zur Behörde 1620 abgeschlossen war. In Weilburg und Idstein war 1603/05 je ein Oberamt gebildet worden, das kollegialisch verwaltet sowohl Hofgericht als auch Regierung darstellte, 1608 jedoch die Hofgerichtsfunktion verlor, die seitdem allein Saarbrücken vorbehalten war.

In den nassau-weilburgischen Gebieten der nördlichen Taunusabhänge, insbesondere im Weiltal, bestand eine sehr alte (schon in den Lorscher Güterlisten des 10. Jahrhunderts erwähnte) Eisenindustrie. Sie verfügte im 15. Jahrhundert über etwa zwölf Waldschmieden, deren Tätigkeit durch die Bergordnung von 1495 geregelt war. Dieses auch im 16. Jahrhundert blühende Gewerbe wurde zwar im 30jährigen Krieg schwer getroffen, jedoch durch den Wiederaufbau der meisten Hütten- und Hammerwerke noch im 17. Jahrhundert wieder hergestellt. Es ist wohl sicher, daß von hier aus infolge der gemeinsamen Landesherrschaft auch manche Anregungen auf das Saargebiet und seine Industrie eingewirkt haben.

Das 16. Jahrhundert brachte für die nassau-walramischen Grafschaften in Verbindung mit der Reformation eine völlige Neubildung des bis dahin kaum entwickelten Schulwesens. Sie beschränkte sich dabei nicht auf die älteren Stifts- und Stadtschulen (Weilburg, Idstein, Wiesbaden), sondern dehnte sich vor allem auch auf die Landschulen aus. Von ihnen verschaffte sich insbesondere die 1562 begründete Schule zu Strintz-Trinitatis einen weiten Ruf, deren dort seit 1580 tätiger Leiter Johann Thilmann 1596 Rektor der Lateinschule in Idstein wurde. Wie in allen anderen nassauischen Gebieten, so hat jedoch der 30jährige Krieg auch in den walramischen Grafschaften das Schulwesen nahezu wieder vernichtet.

30. Die Nassau-Dillenburger Grafschaften bis zum Ende des Katzenelnbogener Erbfolgestreites

Nach der Teilung Nassaus von 1255 begründete Graf Otto I. die nach ihm benannte nassau-ottonische Linie. Trotz der Trennung blieben zwischen ihr und der nassau-walramischen Linie bestimmende Grundzüge ihrer geschichtlichen Entwicklung gemeinsam. Beide Hauptäste verzweigten und schwächten sich zeitweise derart, daß sie politisch fast bedeutungslos wurden. Sie zersplitterten dabei wiederholt ihre Stammgebiete in so geringe Kleingrafschaften, daß diese zuweilen nur noch mit Mühe aus sich selber bestehen konnten. Beide Linien gewannen aber auch bedeutende außer-nassauische Territorien hinzu, die an Reichtum, Stellung und Macht die Altnassauer Lande vielfach weit überragten und den Grafen neue politische Aufstiegsmöglichkeiten boten. Beide Linien unterschieden sich jedoch darin, daß sich im nassau-ottonischen Hause von Anfang an eine Linie — die nassau-dillenburgische — vorherrschend behauptete, so daß die Abspaltungen weniger Gewicht erhielten, und daß die Nassau-Dillenburger Grafen ihre Kraft nicht derartig weitgehend in außerterritorialen Aufgaben erschöpften wie die bedeutendsten Angehörigen des nassau-walramischen Zweiges. So wirkt die Geschichte der ottonischen Linie des nassauischen Grafenhauses geschlossener und erreicht infolgedessen landesgeschichtliche Höhepunkte, die in dieser Art der Geschichte der nassau-walramischen Grafschaften fehlen.

Graf Otto der I. besaß seit 1255 mit dem Siegener und Dillenburger Eisengebiet den wertvolleren Teil der Grafschaft Nassau. Er sah sich zwar 1258 genötigt, die westerburgischen Rechte in der Herrschaft zum Westerwald anzuerkennen; gewann aber dadurch den Beistand der Westerburger, mit deren Hilfe er die Ansprüche der Grafen von Sayn auf den Westerwald abwehren konnte. Zugleich verhinderte er 1259 den von Köln unterstützten Versuch Graf Gottfrieds von Sayn, von Freusburg aus in das Siegerland einzudringen. Noch wichtiger war die Abwehr der Forderungen des Deutschen Ordens, der mit der ihm geschenkten Herborner Kirche zugleich deren Westerwälder Filialkirchen (Emmerichenhain, Marienberg, Neukirch, Driedorf) verlangte. Graf Otto behauptete sie.

Nach seinem Tod 1289 regierten seine Söhne mit ihrer Mutter Agnes von Leiningen zunächst gemeinsam. Sie unterstützten König Adolf von Nassau (aus der walramischen Linie), der dafür 1295 ihren Streit mit Erzbischof Siegfried von Köln um Siegen beilegte und sie 1298 mit dem wichtigen Bergregal des Berges Ratzenscheid im Siegerland belehnte. Gleichwohl besaß das Kölner Erzbistum auch weiterhin das Übergewicht im Siegerland, wie seine Münzprägungen erkennen lassen. 1303 verlieh der Erzbischof der Stadt Siegen Soester Recht, und 1306 erscheint sie verwaltungstechnisch geradezu zum kölnischen Herzogtum Westfalen gehörig, da sie im Einnahmeverzeichnis des westfälischen Marschallamtes erscheint.

Auch in die schwierigen Auseinandersetzungen mit den Herren von Greifenstein griff König Adolf zugunsten seines Hauses ein. Die Stammburg der Greifensteiner an der nassauischen Grenze war von den Grafen zwar um 1280 niedergelegt, von den Greifensteinern aber wieder aufgebaut worden. Daraufhin hatten die Grafen den Kampf erneut aufgenommen und die Greifensteiner mit Hilfe der Wetterauer Städte 1290 gezwungen, ihnen die Hälfte von Ort und Kirchspiel Driedorf abzutreten. Dann setzten sie mit Hilfe König Adolfs ihre Fehde gegen die wiedererrichtete Burg fort. 1298 fiel sie zum zweitenmal und blieb nunmehr in der Hand der Grafen, obwohl König Albrecht mit ihr Kraft von Greifenstein 1300 und 1304 wieder belehnte und sie 1308 sogar kaufte. Jedoch gab Worms als Oberlehnsherr die Burg im gleichen Jahr den Grafen Heinrich und Johann von Nassau-Siegen und Nassau-Dillenburg zu Lehen, und ihnen überließ 1314/15 und nochmals 1321 auch das Reich seine Anrechte. Die Nassauer kamen jedoch niemals in den ruhigen Besitz dieser wichtigen Grenzburg. Nach den Greifensteinern machten sie ihnen die Grafen von Solms streitig, so daß sie deswegen während des ganzen 14. Jahrhunderts umkämpft war.

Nach dem Tode ihrer Mutter teilten die Söhne Graf Ottos I. von Nassau ihre Teilgrafschaft weiter in die Herrschaften Siegen, Dillenburg und Hadamar und schwächten damit ihre Stellung bis zur Bedeutungslosigkeit ab. Die damals gebildete Linie Nassau-Hadamar bestand bis in die zweite Hälfte des 14. Jahrhunderts und verlor unterdessen den größten Teil ihres Gebietes an fremde Mächte. Die Linie Nassau-Dillenburg-Beilstein, die tatsächlich bereits 1306 (durch Lehnsübertragung) und rechtlich 1328 (durch den söhnelosen Tod Graf Johanns) mit der Siegener Linie wieder vereinigt worden war, spaltete sich als verkleinerte Nassau-Beilsteiner Linie 1343 erneut ab und blieb bis 1561 selbständig. Zahlreiche Verpfändungen und wiederholte Teilungen schwächten die Beilsteiner Linie derart, daß ihr zuletzt lediglich die Erhaltung, aber keine Erweiterung ihres Erbgutes möglich war. Eine gewisse Leistung hat sie jedoch dadurch vollbracht, daß sie den Kampf mit den Herren von Runkel und Westerburg über die Abgrenzung der beiderseitigen Rechte in der Herrschaft zum Westerwald beharrlich durchfocht und schließlich gewann. Da die erste vertragliche Festsetzung von 1258 kein dauernd befriedigendes Ergebnis gehabt hatte, kam es 1339 und 1356 zu neuen Regelungen und nach weiteren Streitigkeiten 1396 zu einem endgültigen Vergleich. Darin erhielt Nassau vor allem landeshoheitliche Befugnisse, das Gebots- und Verbotsrecht, die Gerichtshoheit sowie die Kirchsätze der drei Kirchen Emmerichenhain, Marienberg und Neukirch, während die Herren von Runkel und Westerburg vor allem an der materiellen Nutzung der Herrschaft (Jagd, Fischerei, Beede, Bußen, Dienste) beteiligt wurden.

Die Erfolge der Nassau-Hadamarer Linie bestanden darin, daß sie ihre Stellung in Driedorf (1316 durch Erwerbung der zweiten Greifensteiner Hälfte und 1335 der dortigen Güter der Herren von Lichtenstein) und in Hadamar selbst ausbaute. Hierfür war die langjährige Vormundschaft Graf Emichos von Nassau-Hadamar über Graf Gottfried von Diez von 1317 bis 1332 von ausschlaggebender Bedeutung, denn er veranlaßte 1332 die Diezer, auf ihre Grafschaftsrechte an Hadamar zu verzichten. Graf Emichos Sohn Johann (1334 bis 1365) aber, der bereits 1335 die Hälfte der Schaumburg von den Westerburgern erworben hatte, überließen die Diezer Grafen 1337 die Herrschaft Ellar mit den vier Zenten Lahr, Frickhofen, Elsoff und Niederzeuzheim, womit der Höhepunkt der nassau-hadamarschen Territorialpolitik aber auch schon erreicht war. Seit 1349 begann der Abstieg mit zahlreichen Verpfändungen und Verkäufen. Zuerst gingen die fränkischen Besitzungen, die Graf Johanns Mutter, eine Burggräfin von Nürnberg, eingebracht hatte, wieder verloren; darunter der (noch heute berühmte) Nassauer Hof in Nürnberg, die Burg Kammerstein bei Nürnberg mit mehreren Dörfern sowie die Orte Schwabach, Heroldsberg, Kornburg u. a. Die letzten Verkäufe fanden 1363/1364 statt. Außerdem trat Graf Johann 1353 die Lichtensteiner Lehen im Kirchspiel Driedorf an Graf Gerhard von Diez ab, nachdem er bereits 1348 den übrigen Teil des Driedorfer Kirchspiels von Hessen zu Lehen genommen hatte. Kurz darauf (zwischen 1356 und 1362) gestattete er Graf Gerhard auch die Pfandeinlösung der Herrschaft Ellar.

Von den beiden Söhnen Graf Johanns von Nassau-Hadamar starb Graf Heinrich schon 1367. Graf Emicho war schwachsinnig und wurde daher als regierungsunfähig im Kloster Arnstein festgesetzt. Um die verwaiste Herrschaft kämpften nunmehr Graf Ruprecht von Nassau-Sonnenberg (aus der walramischen Linie) als Gemahl der Gräfin Anna von Nassau-Hadamar und Graf Johann I. von Nassau-Dillenburg als Senior des ottonischen Hauses. Auch Hessen, das um 1370 Driedorf als erledigtes Lehen wieder an sich gezogen hatte, geriet in diese Auseinandersetzungen. Hierbei stand Ruprecht, den Hessen 1371 mit zwei Dritteln von Driedorf belehnt hatte, auf seiten Landgraf Hermanns und war sein Helfer gegen die Sterner, während Graf Johann I. von Nassau-Dillenburg den Landgrafen 1372 mit Hilfe des Sternerbundes und 1377 mit Unterstützung des Bundes von der alten Minne vergeblich bekämpfte. Schließlich einigten sich die Grafen Ruprecht und Johann 1374 auf eine Teilung, doch brachte sie keinen Frieden. Anna von Nassau-Hadamar, die nach dem Tode Ruprechts von Nassau Graf Diether VIII. von Katzenelnbogen geheiratet hatte, überließ daher ihrem mächtigeren Stiefsohn Graf Johann IV. von Katzenelnbogen 1403 ihre Rechte an der Grafschaft.

Die Entwicklung der nassau-ottonischen Grafschaften bestimmte jedoch weder die Beilsteiner noch die Hadamarer, sondern die Siegen-Dillenburger Linie. Sie war 1303 durch Graf Heinrich mit Siegen begründet und 1328 nach dem Tod seines Bruders Johann um Dillenburg erweitert worden. Seitdem war Dillenburg ihre erste, Siegen die zweite Residenz. Das größte Verdienst Graf Heinrichs war die Zurückdrängung des Erzbistums Köln im Siegerland und die Erwerbung der dortigen Vogtei Krombach sowie der Anwartschaft auf das Gericht Seelbach im Freien Grund. Vor allem vermochte er die führenden

Adelsgeschlechter seiner Gebiete entscheidend zu schwächen. Die beiden mächtigsten Familien des Siegerlandes von Hain und von Wilnsdorf kauften die Grafen seit 1309 aus und drückten sie schließlich zu Lehnsleuten herab. In der Herborner Mark kam es mit den Herren von Dernbach zum Kampf, deren Burg (nördlich Herborn) 1306 Graf Heinrich von Nassau-Dillenburg erstmals eroberte. Als die Dernbacher daraufhin ihre Burg 1309 Landgraf Otto von Hessen zu Lehen auftrugen, um seinen Schutz zu gewinnen, kam es erneut zum Kampf, der zwar 1312 zu einem Vergleich zwischen Hessen und Nassau führte, aber doch nicht verhinderte, daß Graf Heinrich die Burg 1326/27 endgültig zerstörte.

Auch in der Haigerer Mark setzte sich Graf Heinrich durch, nachdem er 1311 die Oberhoheit über das Gericht Haiger von den Herren von Molsberg zur einen und 1323 zur anderen Hälfte (als pfälzisches Lehen) erworben hatte. Im gleichen Jahr überließen ihm dort auch die Herren von Haiger namhafte Besitzungen, die er 1332 durch weitere Ankäufe von ihnen abrundete. Zur gleichen Zeit verpfändeten die Herren von Wildenburg unter Zwang ihre Güter in der Vogtei Krombach an den Grafen, und schon 1333 sahen sich die Dernbacher genötigt, ihm ihre Rechte in Stadt und Mark Herborn vollends zu überlassen. Nicht ganz so erfolgreich war Graf Heinrich gegenüber den Herren von Bicken, obwohl er auch hier einen wichtigen Schritt vorwärts kam, da ihm die Herren von Molsberg 1327 mit pfalzgräflicher Zustimmung das Lehnsrecht über die Herrschaft Ebersbach verkauften. Die Herrschaft selbst verblieb jedoch den Herren von Bicken, wenn auch als nunmehr nassauisches Lehen. Dagegen konnte sie Graf Heinrich 1336 in der Herborner Mark auskaufen und damit einen weiteren wesentlichen Beitrag zur Konsolidierung der Grafschaft Nassau-Dillenburg leisten. Bei seinem schrittweisen, ebenso überlegten wie zielsicheren Vorgehen stützten Heinrich seine guten Beziehungen zu den Grafen von Wittgenstein, denen er noch kurz vor seinem Tode 1343 alle nassauischen Güter und Leute in der Grafschaft Wittgenstein lehnsweise übertrug.

Auf diese ergebnisreiche Politik Graf Heinrichs folgte allerdings unter seinem Sohn Graf Otto II. ein ernster Rückschlag. Zunächst teilte Graf Otto 1343 die Beilsteiner Linie wieder ab, die nun über 200 Jahre selbständig blieb. Im Siegerland ließ er dem Kölner Erzstift freie Hand, das daraufhin wieder vordrang. Eine erhebliche Verschuldung lähmte seine politische Handlungsfreiheit, und der Adel erholte sich wieder so weit, daß er den Grafen in schwere Fehden verwickeln konnte. In diesen Kämpfen haben die Herren von Walderdorf den Grafen (etwa 1350) erschlagen. Es war daraufhin nur unter größten Schwierigkeiten möglich, die Fehde mit den aufständischen Adelsgeschlechtern von Bicken, von Wildenburg, von Elkerhausen und von Walderdorf 1352 endlich beizulegen. Das geschah unter der vormundschaftlichen Regierung von Ottos Witwe Adelheid von Vianden, allerdings nicht ohne vorübergehende Verluste zugunsten der genannten Geschlechter und der Herren von Haiger, von Seelbach und von der Hees. Die Gräfin sah sich 1356 sogar gezwungen, mit Landgraf Heinrich von Hessen während der Minderjährigkeit ihrer Söhne ein Schutzbündnis einzugehen und Hessen dafür alle nassauischen Burgen zu öffnen. Dafür glückte es ihr aber, die gefährliche Verpfändung des Kirchspiels Haiger und des halben Schlosses Ginsberg von 1349 an die Herren von Haiger (die andere Hälfte hatte Kurköln erworben) 1357 wieder rückgängig zu machen. Außerdem brachte Adelheid mit dem von ihr herrührenden Anspruch auf die Grafschaft Vianden auch persönlich einen wertvollen Gewinn ein, denn er hat später die Erwerbung dieser Herrschaft ermöglicht.

Mit Graf Ottos und Adelheids Sohn Graf Johann I. setzte dann der Umschwung ein, der zur endgültigen Festigung der nassauischen Landeshoheit führte. Zunächst konnte Graf Johann, wie oben erwähnt, im Kampf um die Rückgewinnung der Grafschaft Nassau-Hadamar mit der Teilung von 1374 einen gewissen Erfolg erzielen. Die ganz gefährlichen und enormen Schuldforderungen Landgraf Hermanns von Hessen in Höhe von vielen Hunderttausenden von Gulden wegen der Schäden, die Graf Johann ihm und Landgraf Heinrich von Hessen als Helfer der Sterner und der Mainzer Erzbischöfe angeblich zugefügt hatte, konnte der Graf 1377/78 in zähen Verhandlungen glimpflich abfangen. Auch seine Ansprüche auf die Herrschaft Heinsberg (von seiner Großmutter Adelheid von Heinsberg her, der Gemahlin Graf Heinrichs von Nassau-Siegen) verfocht er nicht ohne Ergebnis. 1363 erlangte er von Herzog Wilhelm von Jülich und Berg eine beträchtliche finanzielle Entschädigung und sicherte zugleich gegen Verzicht auf Blankenberg seine Rechte an den übrigen Heinsberger Gütern. Die ihm 1369 und 1379 erteilte königliche Belehnung mit der Grafschaft Arnsberg vermochte er zwar gegenüber dem Erzbistum Köln nicht durchzusetzen, doch erreichte er in der Sühne von 1381, daß ihm Erzbischof Friedrich dafür die kölnische Hälfte von Siegen amtsweise übertrug. Das war ein großer Erfolg, den der Graf auch in den erneuten Vergleichen von 1401 und 1404 behauptete. Diesen Ausbau seiner Stellung im Siegerland rundete Graf Johann dadurch ab, daß er vor 1389 die Burg Freudenberg gegen die Herren von Wildenburg und die Grafen von Sayn errichtete und 1392 die Grafschaft Wittgenstein auf Grund einer erfolgreichen Fehde gegen Graf Johann von Sayn-Wittgenstein lehnsabhängig machte. Wichtig war auch die Anerkennung und Rückzahlung erheblicher nassauischer Schuldforderungen an das Reich und das Erzbistum Mainz, die ihn in den Besitz von Rheinzollanteilen brachte. Außerdem verpfändete ihm Graf Engelbrecht von der Mark 1383 die Städte und Ämter Neustadt, Gummersbach und Lüdenscheid für 4000 fl., die ihm ausgezahlt werden sollten, falls Graf Engelbrecht ohne männliche Erben stürbe; denn dessen Schwester Margarethe war Graf Johanns Frau, die ihre Erbansprüche auf die klevischen Lande als ihr mütterliches und auf die Grafschaft Mark als ihr väterliches Erbe in das Nassauer Grafenhaus eingebracht hatte. Noch größere Erfolge erzielte Graf Johann jedoch mit seiner Heiratspolitik bei seinen Söhnen. Denn er vermählte Graf Adolf 1376 mit der Erbtochter der Grafen von Diez und erhielt dadurch die Anwartschaft auf diese Grafschaft, die infolgedessen bereits 1386 an Nassau fiel. Er verehelichte ferner seinen Sohn Engelbert mit der Erbtochter der Herren von Polanen und gewann dadurch für diesen 1403/04 mit den Herrschaften Polanen, Lek, Breda, Osterhout, Steenbergen, Terheyden, Gertruydenberg, Nispen, Rosendael, Klundert und Dongen ausgedehnten und reichen Besitz in Holland. (Polanen liegt in der heutigen Provinz Südholland, südlich von Den Haag in Küstennähe. Zur gleichen Provinz gehört Lek, während sich alle übrigen Orte im Westteil der holländischen Provinz Nordbrabant drängen.) Ihr Mittelpunkt war Breda, dessen später vielbewundertes Schloß nassauische Residenz wurde.

Die beiden letzten Jahrzehnte Graf Johanns I. gestalteten sich zunehmend schwieriger, da er sich seinen großen Gegnern Hessen und Katzenelnbogen immer weniger gewachsen zeigte. Es begann sich zu rächen, daß er während des Existenzkampfes der Landgrafschaft unter Landgraf Hermann ihren inneren und äußeren Widersachern immer wieder beigesprungen und zugleich wegen der Grafschaft Diez mit den Grafen von Katzenelnbogen aneinandergeraten war. 1398 sah sich Graf Johann genötigt, sein größtes hessisches Lehen, die Stadt Herborn mit 20 zugehörigen Dörfern, an Landgraf Hermann von Hessen zu verpfänden und konnte dieser gefährlichen Pfandschaft nur dadurch begegnen, daß er sie 1401 gegen Übernahme der Pfandsumme durch Nassau-Beilstein dieser Linie überließ. 1395 ging der langumstrittene, wichtige Greifenstein endgültig an die Grafen von Solms verloren und 1403 die Ruprechtsche Hälfte der Grafschaft Hadamar an Graf Johann IV. von Katzenelnbogen. Trotz stärkster Bemühungen vermochte Graf Johann von Nassau-Dillenburg nur ein Drittel an Hadamar mit Bad Ems (1405) und die Hälfte des Schlosses Ellar mit einem Drittel der zugehörigen Zenten (1408) zurückzugewinnen. Die dadurch entstandenen Spannungen zwischen Nassau und Katzenelnbogen nutzte Landgraf Hermann im Zuge seiner gegen Mainz gerichteten Politik durch ein Bündnis aus, das er am 21. November 1410 mit Graf Johann IV. von Katzenelnbogen, Graf Johann von Solms und Reinhard von Westerburg gegen die Grafen von Nassau-Dillenburg vereinbarte. Naturgemäß vermochte der selbst aus dem nassauischen Grafenhaus stammende damalige Erzbischof Johann von Mainz die Nassauer Grafen gegen Hessen einzusetzen, und diese führten die Fehde auch dann noch fort, nachdem Mainz und Hessen unter königlicher Einwirkung am 29. Juni 1412 den Präliminarfrieden von Usingen geschlossen hatten. Bei diesen fortgesetzten Kämpfen erlitten die Nassauer 1416 eine Niederlage. So mußten sie sich mit weiteren

Verlusten abfinden. Das Erzbistum Trier, das ihnen die von Graf Adolf von Nassau-Dillenburg erheiratete Herrschaft Limburg bereits 1407 entzogen hatte, behauptete sie weiterhin. Die Grafschaft Diez, die der gleiche Graf Adolf erheiratet hatte, fiel nach seinem söhnelosen Tod 1420 größtenteils an Eppstein und Trier, von diesen an Katzenelnbogen und schließlich an dessen Erben, die Landgrafschaft Hessen (1444, 1453, 1479). Erbansprüche auf die Grafschaft Kleve-Mark aber waren trotz Belehnung durch Kaiser Sigismund 1422 nicht zu verwirklichen, so daß sich die Grafen 1424 zu einer geldlichen Abfindung bereitfanden.

Nach dem Tode Johanns I. wurden diese Einbußen jedoch zum großen Teil durch andere Erwerbungen aufgewogen. 1420 gelangte die Grafschaft Vianden mit der Hälfte der Herrschaft St. Vith und Bütgenbach, Daesburg und Grimbergen als Erbe von Graf Johanns I. Mutter Adelheid von Vianden an Nassau-Dillenburg. Außerdem zog sich das Erzbistum Köln Anfang des 15. Jahrhunderts (vor 1421) endgültig aus dem Siegerland zurück. Diese Wiederherstellung der uneingeschränkten nassauischen Landeshoheit in ihrem wertvollsten Stammgebiet, dem Siegerland, vervollständigten die Grafen dadurch, daß sie 1417 die dortigen wildenburgischen Leibeigenen erwarben und nach Erlöschen dieses Geschlechtes dessen Güter und Rechte im Siegerland 1419 als heimgefallene Lehen an sich zogen. Die Herrschaft Wildenburg selbst erbten die hessischen Herren von Hatzfeld. Diese wurden nassauische Lehnsleute und verglichen sich 1448 mit den Grafen über ihre Siegerländer Rechte, hatten aber ungeachtet dessen später doch noch zahlreiche Besitzstreitigkeiten mit Nassau, bis sie sich 1612 erneut, aber auch jetzt nicht für dauernd, einigten. Außerdem erwarben die Nassauer Grafen 1424, 1429 und 1431 von den Herren von Plettenberg und den Vögten von Elspe Pfandanteile an den Freistühlen der Freigrafschaft Hundem, die es ihnen ermöglichten, die lästigen Eingriffe der westfälischen Freigerichte in ihre Gerichtsbarkeit weitgehend abzufangen.

Die Söhne Graf Johanns I., die zunächst gemeinschaftlich regierten, seit 1425 aber unter Vorbehalt zu teilen begannen, verfuhren dabei so umsichtig, daß keine größeren Beeinträchtigungen der Grafschaft entstanden. Jedoch machte sich das Gewicht der großen Erwerbungen geltend, welche die Grafen binnen weniger Jahrzehnte (1403 bis 1420) weit über die alten Grenzen ihrer Herrschaft in den Nordwesten des Reiches hinausgeführt hatten. Infolgedessen zielten die Teilungen auf eine Trennung der alten Stammgebiete im Siegerland und Westerwald von dem großen niederländisch-luxemburgischen Zugewinn, zumal dieser mit dem Altbesitz politisch, wirtschaftlich und kulturell wenig gemein hatte und daher sofort seine ausgeprägte und überlegene Eigenart geltend machte. In diesem Sinne sind die Teilungen von 1425/27 und 1447/49 zu verstehen, die eine niederländische und eine dillenburgische Teillinie des ottonischen Stammes begründeten, wobei Vianden zunächst auf beide Linien aufgeteilt wurde. Graf Heinrich von Nassau-Dillenburg vergrößerte seinen Viandener Anteil durch seine Heirat mit Genoveva von Virneburg, da sie ihm auch die Virneburger Hälfte von St. Vith und Bütgenbach brachte. Mit seiner zweiten Frau Irmgard von Schleiden erheiratete er (um 1440) dazu die Herrschaft Schleiden auf Lebenszeit und erwarb 1444 von Burgund noch die Herrschaft Kerpen. Sein Bruder Graf Johann IV., der seit 1451 wieder alle nassauischen Besitzungen vereinigte, nahm 1458 die von seiner Gemahlin von Loon und Heinsberg eingebrachte Herrschaft Millen, Gangelt und Waldfeucht (bei Heinsberg) in Besitz, konnte jedoch seine ebendaher rührende Anwartschaft auf ein Viertel des Herzogtums Jülich nicht durchsetzen.

Die erneute Teilung der nassau-ottonischen Länder zwischen den Brüdern Graf Johann V. und Graf Engelbert II. 1472 wies Graf Johann im wesentlichen die Gebiete diesseits und Engelbert diejenigen jenseits des Rheines zu. Kurz darauf (1487) vertauschte Graf Engelbrecht die Herrschaft Millen, Gangelt und Waldfeucht (im Herzogtum Jülich) gegen die Herrschaften Diest, Seelhem, Meerhout, Vorst u. a. (in Brabant). Hier im Bereich und Dienst der burgundischen Herzöge vollzogen die Grafen im 15. Jahrhundert ihre Rückkehr in die große Politik. Graf Engelbert I. war Oberbefehlshaber des burgundischen Heeres unter Herzog Philipp dem Guten, jedoch auch den Wissenschaften zugetan, denn er bewog 1425 den Herzog zur Stiftung der Universität Löwen. Engelberts Sohn Graf Johann IV. erhielt von Herzog Philipp das einträgliche Amt eines Drosten von Brabant und blieb auch in der Huld Herzog Karls des Kühnen von Burgund. Unter Graf Johanns IV. Sohn und Nachfolger Engelbert II. erreichte das Haus Nassau-Breda seine größte Stellung. Als enger Gefolgsmann Karls des Kühnen war auch er wie sein Vater burgundischer Drost von Brabant und Limburg und dazu Gouverneur von Luxemburg. Nach dem Tode Karls des Kühnen stellte er seine hervorragenden diplomatischen, politischen und militärischen Fähigkeiten in den Dienst von dessen Tochter Maria von Burgund und ihres Gemahls Maximilian von Österreich und hat ihnen sowohl im Felde wie im Rat hervorragend beigestanden, als Freiheit und Einheit des Landes von außen wie von innen (durch französische Angriffe und wiederholte Aufstände in Gent und Brügge) aufs äußerste bedroht waren. So hat er die Schlacht von Guinegate 1479 für Maximilian gerettet und nach seiner Gefangennahme in der Schlacht bei Béthune 1487 mit Erfolg für den Frieden zwischen Maximilian und dem französischen König gearbeitet. Wiederholt mit Teilstatthalterschaften ausgezeichnet, erlangte er schließlich die Stellung eines Generalgouverneurs der Niederlande und wurde als solcher 1501 für den nach Spanien gehenden Herzog Philipp den Schönen von Österreich und Burgund (den Sohn Maximilians und Marias) zum Regierenden Statthalter ernannt. Durch seinen unermüdlichen Einsatz hat er wesentlich dazu beigetragen, die niederländischen Gebiete nach dem Tode Karls des

Kühnen zusammenzuhalten, erfolgreich gegen Frankreich zu verteidigen und damit dem Hause Habsburg zu sichern.

Die endgültige Festigung der Herrschaft in den nassauischen Stammlanden unter den Grafen Johann IV. und Johann V., für die das erste große Landesgesetz von 1465 (sowie das nassau-beilsteinsche von 1472), die Bergordnung von 1489 und die große Gerichtsordnung von 1498 kennzeichnend sind, führte zu einer letzten großen Auseinandersetzung mit dem Adel. Sie wurde in den 20jährigen Bickenschen Händeln (1466 bis 1486) ausgetragen. Ihren Anlaß bildeten Erwerbspolitik und Stellung der Herren von Bicken im Gericht Ebersbach (im Dillenburgischen) und dem Gebiet der Burg Hain (im Siegerland), die ihnen die Grafen 1443 mit sehr weitgehenden Rechten aufgetragen hatten. Das Haupt der mächtigen Familie war damals Philipp von Bicken, der als nassauischer Amtmann und Vertreter des meist in den Niederlanden abwesenden Grafen immer selbstherrlicher und eigensüchtiger regiert hatte. Als ihn Graf Johann daraufhin 1466 absetzte, floh Philipp zu Landgraf Heinrich III. von Hessen, der ihn zu seinem Rat ernannte und als Amtmann in Blankenstein unweit der nassauischen Grenze einsetzte. Als Gegenleistung verkaufte Bicken dem Landgrafen alle seine Hörigen im Siegerland und in der Herborner Mark. Das führte naturgemäß zu scharfen Abwehrmaßnahmen Graf Johanns IV. von Nassau, und nur dem vermittelnden Eingreifen Graf Philipps von Katzenelnbogen war es zu danken, daß es nicht zum Krieg kam. Denn Bicken wurde nicht nur von Hessen, sondern zunächst auch von den Erzbischöfen von Köln und Trier, den Grafen von Solms und Sayn und fast allen größeren nassauischen Adligen unterstützt. Nach langwierigen Auseinandersetzungen behauptete sich Graf Johann V. endlich gegenüber diesem Geschlecht im Vertrag von 1486, der den Herren von Bicken die Burg Wallenfels und das Gericht Ebersbach nahm und ihnen nur die Burg Hain unter Vorenthaltung aller landeshoheitlichen Rechte beließ.

Die auch hierin wieder erkennbare sorgfältige Sicherung der nassauischen Hoheitsrechte im Siegerland war zweifellos stark durch das wirtschaftliche Interesse mitbestimmt, das die Grafen an der dort blühenden, einträglichen Eisenindustrie nehmen mußten, wuchs doch die Zahl der Siegerländer Eisenhütten allein zwischen 1417 und 1463 von 25 auf 40 Hütten an. Seit dem 16. Jahrhundert verbreitete sich der Ruf des Siegerländer Eisengusses durch seine Geschütze und vor allem durch seine großen Eisenöfen. Diese bestanden aus kunstvoll gegossenen Platten mit meist figurenreichen szenischen Darstellungen aus der biblischen oder der antiken Welt oder mit heraldischem und ornamentalem Schmuckwerk. Sie hielten jeden Vergleich mit den Öfen des Eifelgebietes oder den hessischen Hütten von Haina aus, obwohl die hölzernen Gußmodel der Hainaer Hütten von dem berühmten Formenschneider Philipp Soldan von Frankenberg geschnitzt waren. Gegenüber dem Siegener

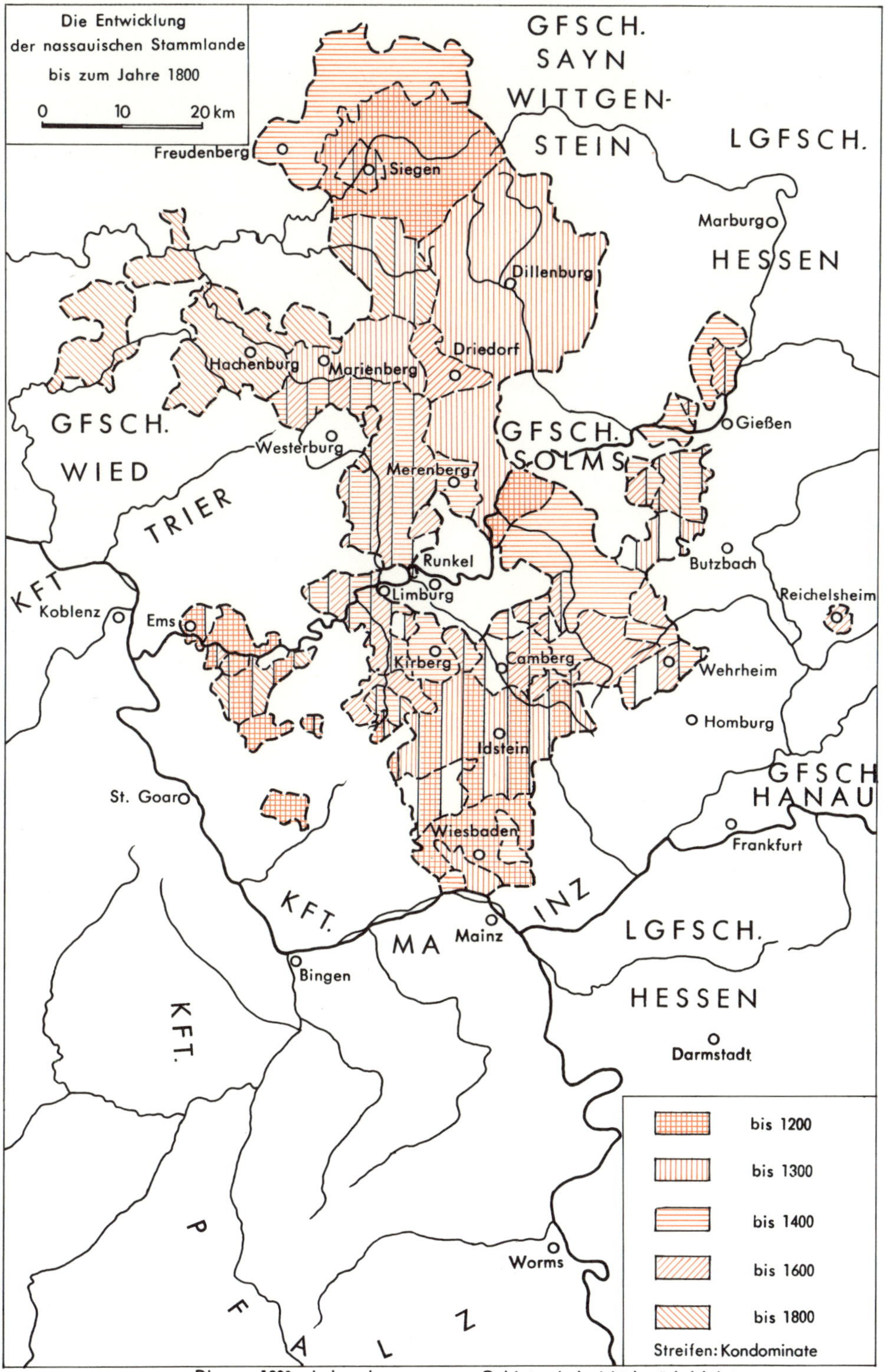

Die vor 1800 wieder abgegangenen Gebiete sind nicht berücksichtigt

war das Dillenburger Eisengebiet geringer. Hier bestanden um 1460 etwa zehn Hütten. Insgesamt arbeiteten also unter Graf Johann IV. mindestens 50 Eisenhütten, was die Bedeutung Nassaus als Eisenland hinlänglich kennzeichnet.

Der Gegensatz zwischen Nassau und Hessen, den die Bickenschen Händel abermals offenbart hatten, setzte sich fort im Ringen um die Erhaltung der nassauischen Lehnshoheit über Wittgenstein, das Hessen 1493 endgültig zu seinen Gunsten entschied, und erreichte seinen Höhepunkt im Kampf um die Vorherrschaft am Hofe Graf Philipps von Katzenelnbogen. Philipp heiratete — von seiner Landschaft dazu gedrungen, weil er ohne männlichen Erben war — noch im hohen Alter eine Angehörige des Hauses Nassau-Dillenburg, die verwitwete Herzogin Anna von Braunschweig-Lüneburg, was in dieser Lage unvermutete große Aussichten für die Dillenburger Grafen (zumindesten für eine lange vormundschaftliche Regierung) eröffnete. Da kam es zu einem angeblichen Giftmordanschlag auf die Gräfin, den Nassau den Dienern des bisher allein erbberechtigten hessischen Landgrafen, vor allem seinem skrupellosen Hofmeister Hans von Dörnberg, zuschob und in einem groß aufgezogenen Prozeß vor dem Kölner Offizialatsgericht brandmarkte. Obwohl auch dann noch wiederholte Ausgleichsversuche, ja selbst eine Heirat Hessen und Nassau zu versöhnen trachteten, erwuchs aus der Katzenelnbogener Erbfolgefrage schließlich doch das schwerste und längste Zerwürfnis, das beide Länder jemals entzweite. Beim Tode Graf Philipps von Katzenelnbogen 1479 scheiterten die nassauischen Absichten zwar an dem besseren Recht des hessischen Erben, aber schon bald darauf änderte sich die rechtliche Lage grundlegend zugunsten Nassaus. Im Jahr 1500 starb die Marburger Linie mit Landgraf Wilhelm III. aus. Sein Vater, Landgraf Heinrich III., der Erbe von Katzenelnbogen, hatte jedoch auch Töchter, von denen Elisabeth mit Graf Johann V. von Nassau-Dillenburg verheiratet wurde. Ihr Eventualrecht (beim Fehlen männlicher Erben) achtete Hessen nicht weiter. Es ließ vielmehr die Grafschaft 1487 in die hessisch-sächsische Erbverbrüderung und 1495 diese mit ihr in die Gesamtbelehnung aufnehmen. Infolgedessen zog es 1500 beim Erlöschen der Marburger Linie die Katzenelnbogener Grafschaft zum Gesamtfürstentum Hessen und wies alle nassauischen Forderungen zurück. Darauf rief Johann V. für seine Gemahlin Elisabeth das Reichskammergericht an und verklagte die Landgrafschaft auf Herausgabe des Erbes. Das Kammergerichtsurteil von 1507 erkannte gemäß der Rechtslage die Berechtigung der Klage Nassaus an und sprach Elisabeth von Nassau-Dillenburg die Hälfte der Grafschaft Katzenelnbogen zu (die andere Hälfte blieb der Schwester Elisabeths vorbehalten). Nassau konnte jedoch bis zum Tode König Maximilians seine Ansprüche nicht verwirklichen. Hessen behauptete sich vielmehr zunächst fast mühelos im Katzenelnbogener Besitz.

Mit der Wahl Kaiser Karls V. trat jedoch ein Umschwung ein, denn zu ihm hatten die Nassauer die besten politischen und persönlichen Beziehungen. Sie und der von ihnen stark beeinflußte Wetterauer Grafenverein unterstützten die Wahl Kaiser Karls V. nachdrücklich. Graf Johanns V. Bruder, Graf Heinrich III., der 1504 als Erbe des söhnelos verstorbenen Grafen Engelbert II. in den niederländischen Besitzungen gefolgt, 1504 zum Seneschall in Brabant und 1515 nach dem Tode Johanns von Egmont zum Statthalter in Holland, Seeland und Friesland ernannt worden war, stand dem Kaiser persönlich so nahe, daß dieser ihn 1522 zum kaiserlichen Großkämmerer ernannte. Schon vorher aber hatte Karl V. auf Betreiben der Nassauer Grafen den Prozeß am 3. November 1520 vom Reichskammergericht abgezogen und ihn am 28. April 1521 den Bischöfen von Augsburg, Bamberg und Straßburg als kaiserlichen Kommissaren übertragen. Das bedeutete eine nicht nur verfahrensrechtliche, sondern auch politisch entscheidende Wende. Am 9. Mai 1523 fällten die Kommissare das Tübinger Urteil, das die gesamte Hinterlassenschaft des söhnelos verstorbenen Landgrafen Wilhelms III. von Hessen (des Sohnes der rechten Katzenelnbogener Erben Landgraf Heinrichs III. und seiner Frau Anna von Katzenelnbogen) mit Ausnahme der Mannlehen den Erben seiner beiden Schwestern zusprach. Dies waren die Gräfin Elisabeth von Nassau und die Herzogin Mechthild von Jülich und Kleve, doch hatten die Nassauer den jülichschen Anspruch inzwischen erworben. Der Tübinger Spruch stellte also einen vollständigen nassauischen Sieg dar. Um so schärfer bekämpfte Landgraf Philipp diese Entscheidung. Er hatte Erfolg; denn da er schon bald eine beherrschende Stellung unter den protestantischen Mächten einnahm und zudem im Erzbistum Trier als Oberlehnsherrn und Mitbesitzer der Grafschaft Diez einen mächtigen Helfer fand, vermochte er nicht nur die Vollstreckung des Tübinger Urteils zu verhindern, sondern den ganzen Katzenelnbogener Erbfolgestreit zu einer Frage der Reichspolitik zu machen. Damit war dessen Entscheidung vom Ausgang des Ringens zwischen den evangelischen Ständen und dem Hause Habsburg abhängig geworden.

Wie im 15., so wurde die nassauische Geschichte auch im 16. Jahrhundert dadurch charakterisiert, daß sie infolge der beiden Linien Nassau-Breda und Nassau-Dillenburg doppelgleisig verlief; doch blieben beide zunächst noch in enger Gemeinschaft, denn nur dank der ausgezeichneten Stellung Graf Heinrichs III. am Hofe Kaiser Karls V. und seiner finanziellen Mithilfe war es möglich, den Katzenelnbogener Erbfolgestreit durchzustehen, dessen tägliche Last gleichwohl auf Graf Wilhelm I. lag. Trotz der deswegen erforderlichen Rücksichtnahme auf den Kaiser zeigte sich Graf Wilhelm seit 1526 der Reformation zugänglich (damals berief er den evangelischen Prediger Heilmann Bruchhausen von Krombach an seinen Hof) und ließ sie 1529/30 in seiner Grafschaft zu. Die Kirchenordnungen von etwa 1532 (nach brandenburgisch-ansbachischem Vorbild) und etwa 1534 (gemäß der Nürnberger Kirchenordnung) regelten das neue kirchliche und religiöse Leben. Die 1537 erlassene

Kirchenagende, verbunden mit der Bestallung des Rektors der Siegener Lateinschule Erasmus Sarcerius zum nassau-dillenburgischen Superintendenten, schloß diese Entwicklung ab. 1538 fand die erste Synode in Dillenburg statt und 1539 erschien die erste Stipendiatenordnung zur Sicherung des kirchlichen Nachwuchses. Nicht aus religiösen, sondern aus politischen Erwägungen lehnte Graf Wilhelm den ihm vom Kaiser 1531/33 wiederholt angebotenen Orden des Goldenen Vließes ab, verzichtete er auf die ihm ebendamals mehrfach angetragene habsburgische Statthalterschaft über das vom Kaiser eingezogene Herzogtum Württemberg. Denn das mußte ihn mit Landgraf Philipp von Hessen noch mehr verfeinden, an dessen Hof der vertriebene Herzog Ulrich Zuflucht gefunden hatte. Doch trat Graf Wilhelm gegen den Widerstand Hessens 1535 auf Antrag Kursachsens dem Schmalkaldischen Bündnis bei, hat sich aber 1544 aus Anlaß der braunschweigischen Händel wieder davon zurückgezogen. In dieser Zeit (1525 bis 1538) hat er zum Schutz gegen das verfeindete Hessen die Dillenburg zu einer starken Festung ausbauen lassen. Allein dieser Bau kostete ihn nach Angabe seines Rates Knüttel an 200 000 fl.

Aufstieg und Entfaltung der niederländischen Linie förderten die drei sehr reichen Heiraten Graf Heinrichs III. erheblich. Die letzte brachte ihm die Markgrafschaft Zenette (in Granada/Spanien) ein, so daß er sich seit 1525 auch Markgraf von Zenette nannte. Noch wichtiger war, daß sein Sohn René von seiner Mutter Claudia von Chalons und Oranien, Graf Heinrichs zweiter Gemahlin, 1530 das Fürstentum Oranien (in der Provence an der unteren Rhone) erbte und damit den begehrten Fürstentitel erhielt. Als er aber schon 1544 kinderlos im Kampf gegen Frankreich fiel, gelangte sein Erbe mit Zustimmung des Kaisers an den Sohn Graf Wilhelms von Nassau-Dillenburg, den (nunmehr sogenannten) Prinzen (besser Fürsten) Wilhelm von Nassau-Oranien. Dieser gehörte damit durch Reichtum und Rang von Anfang an zu den ersten niederländischen Adligen. Residenzen der Nassauer in den Niederlanden waren das Schloß zu Breda und der prunkvolle „Hof von Nassau" in Brüssel, von dem Albrecht Dürer 1520 anläßlich seiner niederländischen Reise in seinem Tagebuch vermerkte, daß er seinesgleichen in Deutschland nicht habe.

Hatte der Ausgang der Packschen Händel und des Augsburger Reichstages von 1530 infolge der reichspolitischen Lage einen Sieg der hessischen Politik auch in der Katzenelnbogener Frage bedeutet, so führte hierin umgekehrt die Niederlage Landgraf Philipps im Schmalkaldischen Kriege aus den gleichen Gründen einen weitgehenden Erfolg Nassaus herbei. Die Urteile von 1548 und 1551 übereigneten ihm fast völlig das umstrittene Erbe, aber der Passauer Vertrag von 1552 machte diese Urteile wieder zunichte, so daß nach dem Ausgleich der Parteien im Augsburger Religionsfrieden von 1555 auch in dieser Frage nur noch ein Kompromiß möglich war. Er kam am 30. Juni 1557 im Frankfurter Vertrag zustande. Dieser räumte Nassau den hessischen Anteil an der Grafschaft Diez (im Wert von 150 000 fl.) ein, übereignete ihm den hessischen Anteil an Hadamar (der 1492 an Eppstein für 12 000 fl. verpfändet und kurz vor dem Vertrag wieder eingelöst worden war) und beseitigte die Lehnsabhängigkeit von Herborn und Driedorf. Damit hatte Hessen alle seine Besitzungen nördlich der Lahn an Nassau abgetreten und diesem dadurch den Weg zur geschlossenen Herrschaftsbildung im Westerwald möglich gemacht. Alle übrigen territorialen Ansprüche Nassaus fand Hessen jedoch mit Geld ab (450 000 fl.). Insbesondere behielt es die heiß umstrittene Ober- und Niedergrafschaft Katzenelnbogen und mit diesem Erfolg zugleich die Machtgrundlage seiner künftigen Stellung zwischen Taunus und Lahn und zwischen Odenwald, Main und Rhein.

Um die Größe der nassauischen Niederlage zu ermessen, muß man die Ansprüche kennen, die Nassau noch 1555 auf Grund der kaiserlichen Exekutorialurteile erhoben hatte. Denn danach standen ihm zu:

		fl.
1.	Die Pfandschaften an den Zöllen von Gernsheim, Linz, Boppard und den Städten Rhens, St. Goar, Battenberg mit Zinsen und Nutzungen bis zum 14. Februar 1555 im Werte von	743 312
2.	Beide Grafschaften Katzenelnbogen (mit Ausnahme weniger Stücke)	–.–
3.	Ein Viertel der Grafschaft Diez mit Weilnau, Camberg, Wehrheim, Löhnberg und Ellar; erblich gekauft für	30 000
4.	Die halbe Herrschaft Eppstein (mit geringen Ausnahmen); erblich gekauft für	64 000
5.	Ein Viertel von Butzbach; erblich gekauft für	40 000
6.	Zwei Teile der Herrschaft Hadamar (mit geringen Ausnahmen); versetzt für	12 000
7.	Die jährliche Nutzung der vorgenannten Güter seit 56 Jahren in Höhe von	1 100 000
8.	Die Fahrende Habe, zumindestens	400 000
9.	Die Gerichtskosten in Höhe von	200 000
10.	Zuerkannte Steuern, Dienste und Leistungen von	300 000
		2 889 312

Wertet man beide in obiger Aufstellung der nassauischen Kanzlei nicht taxierten Katzenelnbogener Grafschaften nur nochmals mit der gleichen Summe von etwa 3 000 000 fl., dann betrug das von Nassau beanspruchte und ihm durch mehrfache kaiserliche Urteile zuerkannte Streitobjekt wertmäßig 6 000 000 fl. Die schließlich von Nassau erreichte Abfindung mit 600 000 fl. betrug also zehn

Prozent, so daß auch das den völligen Mißerfolg der Nassauer Grafen im Katzenelnbogener Erbfolgestreit erweist. Und er wird auch nicht dadurch gemindert, daß Nassau nicht ausdrücklich auf seinen Anspruch auf die Grafschaft verzichtete; denn indem es den damaligen Besitz- und Machtstand vertraglich anerkannte, hat es ihn tatsächlich auf immer bestätigt. Die Abfindungssumme aber war bereits vorher zum größten Teil verwirtschaftet, denn allein die über 50 Advokaten, die Graf Wilhelm als Rechtsberater herangezogen hatte, kosteten ihn an 200 000 fl. Große Summen hatte auch die Hofhaltung Wilhelms einschließlich seiner zahlreichen Reisen gekostet, so daß sein eigener Sohn und Nachfolger, Graf Johann VI., das Regiment Wilhelms in dieser Hinsicht stark kritisiert hat. Jedenfalls stand die Schuldenlast, die er hinterließ, im krassen Gegensatz zu der aufwendigen dreifachen Hochzeitsfeier seiner Kinder, die er nur wenige Monate vor seinem Ableben in einer Weise feierte, als sei der Wohlstand seines Hauses fester begründet denn je zuvor.

31. Die Grafschaft Diez

Das seit 1073 nach Diez a. d. Lahn benannte Grafenhaus des Niederlahngaus geht wohl auf den 1059 bis 1062 ebendort bezeugten Grafen Imbricho zurück. Nach seinem reichen rheinhessischen Besitz zu schließen, stammt das Geschlecht jedoch vermutlich nicht aus dem Lahn-, sondern dem Nahegebiet, wenn seine dortige genealogische Verknüpfung (mit den Nahegau-Grafen der Emichonen?) auch noch strittig ist. Mit Heinrich I. (1101 bis 1107) und Gerhard I. (1107) trat es im Dienste der salischen Kaiser erstmals politisch stärker hervor und stellte dann dem staufischen Kaiserhaus eine Reihe namhafter Diplomaten. Heinrich II. (1145 bis 1189) war auf Grund seiner hervorragenden politisch-diplomatischen Befähigung einer der engsten Begleiter des Kaisers, der ihn seit 1166 als Statthalter der Lombardei und später vielfach als Gesandten verwendete. 1177 beschwor Graf Heinrich im Namen seines Herren den Vertrag von Venedig, der den Frieden zwischen Kaiser und Papst wiederherstellte, und 1188 ging er zur diplomatischen Vorbereitung des großen Kreuzzuges Barbarossas als kaiserlicher Gesandter zu Saladin. Zugleich war Heinrichs II. Sohn, Graf Heinrich III. (1188 bis 1226/34), an der dem gleichen Zweck dienenden Gesandtschaft Friedrichs I. an Kaiser Isaak Angelos maßgeblich beteiligt. Heinrich III. hielt auch nach der staufisch-welfischen Doppelwahl von 1198 unbeirrt zur staufischen Partei, folgte 1220 Kaiser Friedrich II. nach Italien und begleitete ihn dort jahrelang. Währenddessen gehörte sein Bruder Graf Gerhard II. (1189 bis 1228/30) als Mitglied des König Heinrich (VII.) beigegebenen Regentschaftsrates zu den Erziehern des jungen Königs.

Die Grafen verließen das Kaiserhaus während des staufischen Endkampfes, und zwar verhältnismäßig früh, denn Graf Gerhard III. trat unter dem Einfluß des Mainzer Erzbischofs Siegfried bereits 1242 zur klerikalen Partei über; wahrscheinlich, um persönliche Schwierigkeiten (wegen eines erforderlichen Ehedispenses) zu vermeiden und um seine Klostergründung Thron (1243) nicht zu gefährden. Der staufische Gegenkönig Wilhelm von Holland hat die Diezer Grafen verständlicherweise hoch eingeschätzt. Er verlieh Gerhard von Diez ein Reichsfahnenlehen in Udenheim, so daß Graf Gerhard Reichssturmfahnenträger unter König Wilhelm und damit militärischer Oberbefehlshaber seines Heeres gewesen sein dürfte. Außerdem ernannte er Graf Heinrich IV. von Diez (1234 bis 1281) zu seinem Marschall (bezeugt 1252), so daß die Diezer Grafen demgemäß im staufischen Endkampf um das Reich entscheidende Stellungen auf der gegnerischen Seite bekleidet haben.

Aus ihrer Reichsposition brachten die Grafen die reichslehnbare „goldene" Grafschaft Diez heim, fruchtbare Gebiete an der unteren Lahn um Diez und Limburg. Die Grafschaft bestand aus den sechs Kirchspielen Altendiez, Flacht, Hahnstätten, Lindenholzhausen, Dauborn und Niederhadamar mit etwa 40 Ortschaften. Dazu kam das Gebiet der neun Zenten auf dem Westerwald mit den Kirchspielen Hundsangen, Nentershausen, Meudt, Salz, Rotenhain, Höhn, Rennerod mit etwa 87 Ortschaften. Ferner gehörten hinzu die Gerichte Schupbach, Aumenau, Camberg und Nauheim mit etwa 25 Ortschaften, die Herrschaft Altweilnau mit 24 Ortschaften und die Herrschaft Ellar der vier Zenten mit den Gerichten Lahr, Blesberg (Frickhofen), Niederzeuzheim und Elsoff mit 22 Ortschaften, so daß die gesamte Grafschaft etwa 200 Orte umfaßte.

Die Möglichkeit, auf diesem kräftigen Fundament ein größeres Territorium zu errichten, blieb jedoch ungenutzt, da es die Grafen unter dem auf ihnen lastenden Druck der nassauischen und trierischen Ausdehnungsbestrebungen offensichtlich nicht vermochten, ihre Ausgangsstellung wesentlich auszubauen. Von diesen natürlichen Gegnern schon früh in die Verteidigung gedrängt, sind sie ihnen schließlich erlegen. Die dahin führende Entwicklung wurde dadurch gefördert, daß sich das Grafenhaus Anfang des 13. Jahrhunderts in zwei Linien spaltete und die dadurch bedingte Schwächung durch unklare Teilungsverhältnisse noch vermehrte. Graf Gerhard II. (1189 bis 1228) begründete die Diezer, sein Bruder Graf Heinrich III. (1180 bis 1226) die Weilnauer Linie; obwohl sich sein Sohn, Graf Heinrich IV. (1234 bis 1281) seit 1249 häufig von Weilnau (I.) nannte, erfolgte jedoch zunächst keine Herrschaftstrennung. Sie trat dann auch noch nicht ein, als Graf Heinrich II. von Weilnau 1303 Burg und Herrschaft Neuweilnau (mit Usingen) zum alleinigen Besitz erhielt; doch drängte die anhaltende Mißwirtschaft beider Linien immer stärker auf völlige Teilung. Insbesondere hat Graf Gottfried von Diez (1303 bis 1348) die Grafschaft innerhalb weniger Jahre schwer geschädigt, indem er 1311 die Zenten

Steinfischbach, Altweilnau, Camberg und Nauheim an Philipp von Falkenstein pfandweise überließ und ihm sogar einen Teil der Burg Diez einräumte, die Zent Rotenhain vor 1314 an Sayn und die Zenten Lahr und Elsoff 1315 an Merenberg verpfändete. Schließlich kam es so weit, daß sich Graf Emicho von Nassau-Hadamar als Schwiegervater von Graf Gottfrieds Sohn von 1317 bis 1332 als Mitregent in die Verwaltung der Grafschaft einschaltete und dabei auch die Weilnauer so weit zurückdrängte, daß diese 1324 ihren Anteil an Diez an die von Nassau-Hadamar beherrschte Diezer Linie verkauften.

Seitdem hat die Weilnauer Linie ihre Rechte und Besitzungen im alten Stammgebiet mehr und mehr aufgegeben und ist in die Wetterau, insbesondere in das Altbüdinger Gebiet (am Vogelsberg) ausgewichen, zu dem Graf Heinrich I. durch seine Gemahlin Liutgard von Trimberg Zugang gefunden hatte. Den Mittelpunkt ihres dortigen Besitzes bildete die Burg Birstein mit dem Gericht Unterreichenbach, die sie 1279 von Fulda als Lehen erwarben, nachdem Graf Heinrich I. bereits 1276 von König Rudolf ein Gelnhäuser Burglehen erhalten hatte. Die Weilnauer Grafen haben daher bis zu ihrem Erlöschen (1451/76) auf die engere Grafschaft Diez keinen merklichen Einfluß mehr ausgeübt, sind jedoch auch in ihrer Herrschaft Birstein nicht zum Zuge gekommen. Sie haben hier zwar im 14. und 15. Jahrhundert residiert (wie auch ihre Grabstätten in der Kirche von Unterreichenbach erweisen), waren aber durch die seit 1292 bestehende hanauische und insbesondere die seit 1332/35 entscheidend ausgebaute isenburg-büdingensche Mitbeteiligung an Birstein derart eingeengt, daß sie die von ihnen immer weiter herabgewirtschaftete Herrschaft 1438 vollends Diether von Isenburg-Büdingen überließen. Ihre Fähigkeiten haben sie merkwürdigerweise an ganz anderer Stelle — im Fuldaer Land — zur Geltung gebracht, denn die beiden bedeutendsten Fuldaer Äbte des späten Mittelalters, Abt Heinrich V. (1288 bis 1313) und Abt Reinhard (1449 bis 1476), stammten aus dem Weilnauer Grafenhaus. Mit Reinhard starb die Weilnauer Linie und damit das Diezer Grafenhaus überhaupt aus.

Ebenso wie die Herrschaft der Weilnauer Grafen in ihrem Birsteiner Herrschaftsbereich brach die territoriale Stellung der Diezer Grafen im Lahngebiet noch im 14. Jahrhundert zusammen. War dort das Vordringen der Herren von Hanau und Isenburg-Büdingen für diese Entwicklung entscheidend, so hier das territoriale Ausgreifen der Trierer Erzbischöfe und der Nassauer Grafen. 1332 verzichtete Graf Gottfried gegenüber Graf Emicho von Nassau-Hadamar auf seine Grafenrechte an Hadamar und überließ 1337 dessen Sohn Graf Johann die Herrschaft Ellar mit den vier Zenten Lahr, Elsoff, Frickhofen und Niederzeuzheim. Graf Gerhard von Diez (1348 bis 1386) konnte sie zwar zwischen 1356 und 1362 noch einmal einlösen, steuerte jedoch schon 1367 seine an Graf Eberhard V. von Katzenelnbogen verheiratete Schwester Agnes damit aus. Auch die übrigen Bemühungen Gerhards, den Zerfall der Grafschaft aufzuhalten, hatten nur geringe Erfolge. Die von ihm erbaute Burg in Kirberg mußte er 1355 Graf Johann von Nassau-Weilburg zur Hälfte überlassen und in seiner bedrängten Lage dem trierischen Koadjutor Kuno von Falkenstein gegen Schutzgewährung ein Viertel der ganzen Grafschaft (außer Kirberg, Laurenburg und Dehrn) lebenslänglich übertragen und dazu das Vorkaufsrecht auf die ganze Grafschaft einräumen. Schließlich nahmen die Veräußerungen die Formen eines Ausverkaufs an. 1366 gingen die Zenten Aumenau und Schupbach an Runkel über, 1370 die Hälfte der Herrschaft Altweilnau und des Amtes Wehrheim an Walter von Kronberg, der 1372 auch den diezischen Anteil an Oberrosbach in der Wetterau erwarb. 1374 war Dehrn, 1376 ein Anteil an den sechs Diezer Zenten Nentershausen, Meudt, Hundsangen, Salz, Rotenhain und Höhn an verschiedene Adelige und die Gemeinschaft Kirberg an Trier verpfändet.

Die völlige Verschleuderung der Grafschaft durch den söhnelosen Grafen Gerhard wurde anscheinend nur dadurch verhindert, daß Nassau abermals (wie schon 1317 unter Graf Gottfried) eingriff und den mit Gerhards Tochter Jutta verlobten Grafen Adolf von Nassau-Dillenburg als Vormund über Graf Gerhard zu Kirberg, Camberg, Weilnau und Wehrheim einsetzte und ihm die Verwaltung und Schuldentilgung übertrug, nachdem Jutta 1374 die Nachfolge in den Reichslehen zugesichert worden war. Seit 1376 hatte der auf Diez selbst beschränkte Graf Gerhard an der Regierung anscheinend keinen Anteil mehr.

War die Grafschaft schon unter den Diezer Grafen selber seit dem 13. Jahrhundert ein stark umstrittenes und allseits ausgebeutetes Objekt gewesen, so wurde dieses unter den Erben noch schlimmer. Graf Adolf von Nassau-Diez war nicht in der Lage, die Schuldenlast vom Lande abzuwälzen. Seine Verstrickung in die Kämpfe mit Graf Ruprecht von Nassau-Sonnenberg um die Grafschaft Hadamar zwang ihn vielmehr, die Grafschaft weiter zu belasten und seinem Bruder Graf Engelbert, der ihm mit erheblichen Anleihen beisprang, 1410/11 einen Teil zu überschreiben, wobei er ihm in der ganzen Grafschaft huldigen ließ. Jedoch war die Politik der Nassauer Grafen, sich auf diese Weise nach dem söhnelosen Tod Graf Adolfs den Besitz der Grafschaft Diez zu sichern, fruchtlos. Es kam mit Gottfried von Eppstein, der mit Graf Adolfs einziger Tochter verheiratet war und daher die Grafschaft für sich forderte, zu Auseinandersetzungen, die es dem Erzbistum Trier erlaubten einzugreifen und zu ernten. Erzbischof Otto entschied den Streit zwischen Graf Engelbert I. von Nassau-Dillenburg (als Pfandinhaber zahlreicher ihm von Graf Adolf von Nassau-Diez überlassener Anteile an der Grafschaft) und Gottfried von Eppstein (als Mann der einzigen Tochter Graf Adolfs von Nassau-Diez) am 2. Juli 1420 in der Weise, daß Nassau und Eppstein je die Hälfte an der Grafschaft Diez in ungeteilter Gemeinschaft erhielten, beide aber Trier als Oberlehnsherrn anerkannten.

Damit hatte Trier eine Stellung in der Grafschaft erreicht, die deren weitere Geschicke stark beeinflußt hat. Schon 1443 machte das Erzstift einen Versuch, ein Viertel der Grafschaft von den Eppsteinern zu erwerben, wurde aber darin von den Nassauern gehindert, die dieses Viertel an sich brachten und Graf Philipp von Katzenelnbogen übertrugen, so daß schließlich zwischen den vier Beteiligten Trier, Nassau, Eppstein und Katzenelnbogen immer kompliziertere Besitzbeziehungen bezüglich der Grafschaft eintraten. Im großen gesehen behielt Nassau (trotz mancher Verschiebungen im einzelnen) seine ihm 1420 zugeteilte Hälfte, während Eppstein das Viertel, das es 1443 Trier überlassen sollte, das aber die Nassauer Grafen stattdessen 1444 Graf Philipp von Katzenelnbogen zugewandt hatten, diesem 1453 erblich verkaufte. Dabei ging den Eppsteinern ein weiteres Achtel verloren, das sie an Trier als Preis seiner lehnsherrlichen Zustimmung zu diesem Verkauf übertragen mußten. Das katzenelnbogische Viertel ging 1479 an Hessen über und blieb bis 1557 in seinem Besitz, während der restliche Eppsteiner Anteil 1508 an die Eppstein-Königsteiner Linie fiel.

Die von Trier lange vernachlässigte Ausübung seiner Rechte in der Grafschaft Diez fand ein Ende, als der Königsteiner 1530 seinen Anteil an Graf Wilhelm I. von Nassau-Dillenburg abtrat. Trier verweigerte dieser Änderung der Besitzverhältnisse als Oberlehnsherr seine Zustimmung und wurde von Hessen in seiner nassau-feindlichen Einstellung begünstigt; ja 1534 verkaufte Hessen sogar dem Erzstift die Hälfte seines Anteils an Diez, Ellar, Altweilnau, Camberg und Oberrosbach. Als daher die Königsteiner 1535 ausstarben, zog Kurtrier mit Unterstützung Landgraf Philipps von Hessen den Königsteiner Anteil als heimgefallenes Lehen ein. Damit waren die Bemühungen Graf Wilhelms I. von Nassau-Dillenburg um Erweiterung seines Diezer Anteils an dem durch den katzenelnbogischen Erbfolgestreit bedingten hessisch-trierischen Bündnis gescheitert. Trier wurde vielmehr 1535 gegen den Willen Nassaus von Hessen in die Gemeinschaft an Diez aufgenommen. Durch den Vergleich im Katzenelnbogener Erbfolgestreit von 1557 ging dann zwar das hessische Viertel an Diez in nassauischen Besitz über, nicht aber mehr der in kurtrierischen Händen befindliche Eppsteiner Anteil. Um den auf Grund dieser gespannten und strittigen Verhältnisse ständig neu entstehenden Streitigkeiten zwischen Nassau und Trier ein Ende zu machen, entschloß sich Graf Johann VI. von Nassau-Dillenburg zu einer vollständigen Teilung, die im Diezer Vertrag vom 27. Juli 1564 durchgeführt wurde. Dabei erhielt Trier, abgesehen von kleineren Zuteilungen, die fünf Kirchspiele Hundsangen, Nentershausen, Salz und Meudt, die es dem Amt Montabaur, und Lindenholzhausen (mit Dietkirchen und Kreuch), die es dem Amt Limburg zuteilte. Mit diesem Gewinn, der erheblich größer war als sein Anspruch (auf ein Viertel), erstreckte sich nunmehr ein geschlossenes Trierer Territorium von Koblenz über Montabaur und Molsberg bis nach Limburg und im Goldenen Grund aufwärts bis Camberg. Nassau behielt die Kirchspiele Diez, Dehrn, Dauborn, Flacht, Hahnstätten, Willmenrod, Höhn, Rennerod und Rotenhain und einige kleinere Besitzungen, die nunmehr unter Beibehaltung der trierischen Lehnshoheit nassauisch wurden. Daraufhin führte Graf Johann VI. auch in diesen Gebieten die Reformation durch, obwohl der Diezer Vertrag den katholischen Untertanen den Schutz ihrer Religion zugesichert und alle Veränderungen im Stande der Stifter und Klöster von der Zustimmung beider Vertragschließenden abhängig gemacht hatte. Daß Graf Johann VI. sich nicht an diese Bestimmung hielt, hat dann im 30jährigen Krieg zu ernsten Konflikten geführt.

32. Die Grafschaft Nassau-Dillenburg und ihre Teilgrafschaften bis zum Ende des alten Reiches

Der Unterschied zwischen den nassau-ottonischen Regenten und Grafschaften und denen der nassau-walramischen Linie an politischer Bedeutung und Macht, der bereits im 15. Jahrhundert erheblich war, verschob sich im 16. Jahrhundert noch eindeutiger zugunsten der Nassau-Dillenburger. Wie für Hessen so war auch für Nassau-Dillenburg das 16. Jahrhundert das größte seiner Geschichte, doch lösten sich beide Staaten darin in der Weise ab, daß die führende politische Stellung seit etwa 1560 an Nassau-Dillenburg überging. Denn während der Stern Landgraf Philipps erblaßte und verlosch, stieg der des Brüderpaares Wilhelm von Nassau-Oranien und Graf Johanns VI. von Nassau-Dillenburg um so heller empor. Seitdem beide Brüder 1559 ihre Herrschaft in den ihnen zugefallenen nassauischen Landesteilen — Wilhelm in den niederländisch-belgischen und im Fürstentum Oranien und Johann in den Stammgebieten des Westerwaldes — angetreten hatten, begann der Weg des nassau-ottonischen Grafenhauses zur Höhe europäischen Ranges, dessen Gipfel es in der Zeit des 80jährigen niederländischen Freiheitskampfes gegen Spanien (1568 bis 1648) erreichte. Die darin von ihm übernommene Rolle war vorbereitet durch seine hohe Stellung in den Niederlanden unter Kaiser Karl V. und beruhte auf der Führung des niederländischen Aufstandes durch Prinz Wilhelm von Nassau-Oranien. Im Kampf gegen die Unterdrückung des Landes durch Spanien wurde Oranien unter stärkster politischer, militärischer und finanzieller Beihilfe seines Hauses zur beherrschenden Gestalt dieses Freiheitskampfes, bis er 1584 von Mörderhand fiel. Wie sehr aber die niederländische Sache die des ganzen Hauses Nassau war, ergibt sich daraus, daß die Grafen seit 1572 nach und nach den gesamten Hausschatz der Familie verkauften oder verpfändeten, um Geld für die Kriegsführung in den Niederlanden zu beschaffen, darunter auch die im Quedlinburger Stiftsschatz befindliche Kaiserkrone der Ottonen (mit dem sie auf dem Dillenburger Schloß deponiert war). Die Gesamtsumme der aus der Grafschaft aufgebrachten und später geltend gemachten Kriegskostenbeiträge belief sich auf 645 000 Carolusgulden. Graf Johann konnte daher 1593 mit Recht sagen, daß der Prinz die Niederlande niemals aus der spanischen Tyrannei erlöst und ihnen die Freiheit in Religion und Politik gebracht hätte, „wenn wir den Herrn Prinzen nit underhalten". Vor allem aber haben die Nassauer nicht nur ihr Gut, sondern ihr Blut für die niederländische Sache gegeben, denn außer dem Prinzen Wilhelm von Nassau-Oranien sind noch zehn weitere Grafen dafür gefallen, darunter drei Brüder des Oraniers und drei Söhne seines Bruders Graf Johanns VI. von Nassau-Dillenburg.

Dieser Graf Johann VI. ist der beste Regent gewesen, den Nassau jemals besessen hat; ein Mann von großer Verwaltungsbefähigung und weitreichenden Planungen bei sorgsamsten und gewissenhaftesten Überlegungen; dazu eine Persönlichkeit von tiefer Religiosität, ernstem Pflichtgefühl und unbedingter Zuverlässigkeit; aber doch auch — und auch hierin Landgraf Wilhelm IV. von Hessen-Kassel, seinem Nachbarn und Zeitgenossen, verwandt — in politischer Hinsicht zaudernd und unsicher und in keiner Weise vergleichbar mit dem Oranier, durch dessen Leitbild Graf Johann VI. gelegentlich politisch zu zu stark aufgewertet worden ist.

Da im nassauischen Grafenhaus das Erstgeburtsrecht noch nicht galt und Graf Johann VI. drei jüngere Brüder hatte, führte er zunächst nach dem Tode des Vaters 1559 mit seiner Mutter Juliane (aus dem Hause Stolberg), der hohe menschliche und insbesondere mütterliche Qualitäten nachgerühmt werden, mit seinem Bruder Wilhelm, Graf Johann von Nassau-Beilstein und dem verwandten Grafen Hermann von Neuenahr eine vormundschaftliche Regierung. Er teilte aber schon 1560 mit seinen Brüdern, übte für sie die Gesamtregierung jedoch weiter aus, da sie im niederländischen Freiheitskampf standen. Als sie alle darin gefallen waren (der letzte und bedeutendste, Ludwig, 1574 auf der Mooker Heide), kehrten die Grafschaftsteile wieder an Graf Johann VI. zurück. Seitdem 1561 auch die Beilsteiner Linie erloschen war, umfaßte seine Grafschaft nunmehr das Siegerland und die Dillenburger, Beilsteiner, Diezer, Weilnauer und Hadamarer Gebiete. Die aus diesen Landesteilen seit 1566 erhobene Schatzung (eine Gesamtvermögenssteuer von 1 fl. von 100 fl.) brachte jedoch insgesamt nur 16 382 fl. (Dillenburg 6078 fl., Siegen 4359 fl., Diez 2700 fl., Hadamar 1245 fl. und die Gemeinschaften sowie die Geistlichen 2000 fl.), so daß sich auch daraus ergibt, daß Johann ein armes Land regierte.

Er hat es um so vorzüglicher verwaltet und auf diese Weise vermocht, das Problem der fast erdrückenden politischen und finanziellen Belastungen (durch die Verschuldung infolge des Katzenelnbogener Erbfolgestreites und des niederländischen Freiheitskampfes) zu meistern. Zwar war die innere Verwaltung des Landes schon seit Graf Johann IV. durch allgemeine Verordnungen immer besser geregelt, aber doch unter Graf Wilhelm in der ersten Hälfte des 16. Jahrhunderts nicht zeitgemäß weiter entwickelt worden. Erst Graf Johann VI. hat sie in hingebender Arbeit völlig ausgebildet und durchgeformt. Das lassen seine zahlreichen, immer wieder verbesserten Organisationsversuche deutlich erkennen; so die nassauischen Land- und Gerichtsordnungen von 1571, 1586 und 1595 oder die Bergordnungen von 1557, 1592 und 1595. Das gleiche gilt für die Kirchenvisitationsordnungen von 1550, 1570 und 1590, die Kirchenordnungen von 1581 (in Anlehnung an die pfälzische) und von 1582 (in Anlehnung an die niederländische Ordnung), die Bau-, Wald- und Holzordnungen von 1562 und 1606, die Pestordnung von 1597 und vor allem für die Kanzlei-, Regierungs- und Ratsordnungen von 156[3], 1566, 156[7], 1569 und 1578. Die immer wieder notwendigen Erneuerungen und Verbesserungen dieser Ordnungen zeigen allerdings auch, wie schwerfällig und schwierig sich diese Reform vollzog.

Wichtig war vor allem die Regierungs- und Ratsordnung von 1566, die die Geschäftsordnung der Räte in allen weltlichen und geistlichen, rechtlichen und finanziellen Angelegenheiten regelte, diese als Zentralbehörde (mit dem Sitz in Dillenburg) konstituierte und mit den Aufgaben der Landesregierung, des Kirchenrates, des Hofgerichtes und der Hofkammer betraute. Darunter blieben als Mittelbehörden die Ämter bestehen, deren Schöffenstühle die Gerichtsbarkeit der ersten Instanz ausübten. Die umfassende Verwaltungstätigkeit Graf Johanns führte dann zu den großen nassau-katzenelnbogenschen Landesordnungen, die aber erst 1615/16 veröffentlicht worden sind.

Von noch größerer Bedeutung wurde Graf Johann VI. durch seinen Übertritt zum Calvinismus, denn dieser sich seit 1572 ankündigende Schritt hatte sehr weitgehende Folgen. Persönlich entscheidend für den Übertritt waren wohl Einflüsse aus der Pfalz, die seit 1563 kalvinistisch geworden war, aus Holland, wo Graf Johanns Bruder Prinz Wilhelm 1573 den Konfessionswechsel vollzogen hatte, und aus seinem engeren Umkreis, verkörpert in der entschlossenen reformierten Haltung seines 1574 gefallenen Bruders Ludwig, den hervorragende politische, militärische und menschliche Fähigkeiten auszeichneten. Er hatte 1565 in enger Verbindung mit seinem Bruder, dem Prinzen Wilhelm von Nassau-Oranien, versucht, die protestantischen Kirchen in Frankreich, Deutschland und den Niederlanden zusammenzuschließen, war dann im gleichen Jahr an der Vorbereitung und dem Abschluß des antispanischen niederländischen Adelsbündnisses maßgeblich beteiligt und hat im folgenden Jahr die deutschen Fürsten und das Reich selbst zum Schutz der niederländischen Protestanten aufzurufen unternommen; ein unermüdlicher, erfolgreicher Diplomat von europäischem Rang, der ebenbürtige Gegenspieler der Königin Katharina Medici am Pariser Hofe. Sein früher Tod riß eine Lücke, die nicht wieder geschlossen wurde.

Bei der in Nassau schrittweise verwirklichten Reform stützte sich Graf Johann VI. auf Magister Gerhard Eobanus Geldenhauer (seit 1567 Pfarrer in Herborn), der die Kirchenagende von 1574 verfaßte, und auf einige aus der Pfalz (nach der dortigen vorübergehenden Wiederherstellung des Luthertums) und aus Sachsen vertriebene Calvinisten. Unter ihnen ragt Christoph Pezel hervor (seit 1578 Pfarrer in Herborn), dessen Abhandlung vom heiligen Abendmahl eines der Hauptwerke der reformierten Kirche geworden ist. Als unbestrittener Führer des von ihm neubelebten Wetterauer Grafenvereins förderte Graf Johann VI. in oft entscheidender Weise die Ausbreitung des Calvinismus in den benachbarten Territorien Sayn, Wittgenstein, Wied, Solms-Braunfels, Büdingen, Hanau und schließlich Hessen-Kassel, wenn sein Einfluß auch nicht mehr ausreichte, um den von ihm stark unterstützten Reformationsbestrebungen im Erzbistum Köln zum Sieg zu verhelfen.

Geistige Zentrale der reformierten Lehre wurde Herborn, dessen Kirchenpatronat Graf Johann 1578 vom Marburger Deutschordenshause zurückerwarb. Hier gründete er 1584 die Hohe Schule, wobei ihn der 1583 von Berleburg als Pfarrer nach Herborn berufene reformierte Theologe Kasper Olevian (der Mitverfasser des reformierten Heidelberger Katechismus von 1563) aufs wirksamste unterstützte. Nach dem Vorbild der Genfer Akademie eingerichtet, vermittelte sie die Gedanken Calvins an die deutsche Nation und trat damit als dritter europäischer Mittelpunkt des Calvinismus neben die 1575 von Graf Johanns Bruder Prinz Wilhelm von Oranien gegründete weitwirkende Universität Leyden. Der frühe Ruhm Herborns beruhte auf so bedeutenden Gelehrten wie Althusius, Buxtorf, Comenius, Olevian, Pasor, Piscator und Zepper. Althusius schuf hier seine Politica methodice digesta (1603) und Piscator die erste deutsche Bibelübersetzung nach Luther. Bevor jedoch diese ganz im calvinistischen Sinne übertragene Piscatorbibel erschien (1602 bis 1604), hatte die von dem Buchdrucker Christoph Raab (Corvinus) aus Zürich seit 1585 hervorragend geleitete Herborner Druckerei bereits 1595 die Lutherbibel (wahrscheinlich unter Piscators Mitwirkung und zwar erstmals in handlichem Oktavformat) herausgegeben. Sie wurde zwar von der Wittenbergischen theologischen Fakultät als calvinisch vergiftet abgelehnt, aber gleichwohl bis 1635 noch mindestens achtmal neu aufgelegt (während die Piscatorbibel schon 1608 in der Grafschaft Nassau-Dillenburg verboten wurde), so daß Herborn auch dadurch zu den bedeutendsten frühen Bibeldruckorten in Deutschland gehört. Den vollständigen Sieg der reformierten Lehre in unseren Gebieten brachte nach Einführen des Brotbrechens beim Abendmahl 1577 und des Heidelberger Katechismus 1583 die Herborner Generalsynode von 1586. Sie erklärte die Middelburger Synodalbeschlüsse für die Kirchen in Nassau, Wied, Wittgenstein und Solms für verbindlich und gab damit diesen Kirchen die calvinische Synodal- und Presbyterialverfassung.

Neben der von Graf Johann gegründeten Hohen Schule ist jedoch seine Fürsorge für die anderen Schulen nicht zu vergessen. Außer den bereits seit alters bestehenden oder von seinem Vater eingerichteten Lateinschulen zu Siegen, Dillenburg, Diez, Hadamar und Herborn schuf er solche auch in Haiger, Kirberg, Driedorf, Freudenberg, Ferndorf, Burbach, Nassau und Wehrheim. Von ihnen haben jedoch nur die größeren Bestand gehabt. Daneben aber hat er auch deutsche Schulen (im Sinne von Volksschulen), ja sogar Mädchenschulen (in Diez, Herborn, Haiger und Dillenburg) eingerichtet. Doch handelte es sich auch hierbei nicht um völlige Neuschöpfungen, denn solche deutschen Schulen bestanden auch schon im Mittelalter, wie etwa die in Niederbrechen, Kettenbach und Marienfels zu erschließenden Knaben- und die in Freiendiez bezeugte, von Tertiarinnen geleitete Mädchenschule; doch kann man ihre Zahl und Wirkung nur gering anschlagen. Grundlegend für das nassauische Volksschulwesen war vielmehr das von Graf Johann VI. wahrscheinlich 1578 erlassene Reorganisationsedikt der (auch pädagogisch hervorragenden) „Anordnung und Bestellung deutscher Schulen". Im 30jährigen Kriege ist dieses erblühende Unterrichtswesen jedoch wieder fast völlig zugrunde gegangen.

Der Verwaltungsbefähigung Graf Johanns VI. entsprach seine militärische und außenpolitische Leistungsfähigkeit nicht ganz. An den Feldzügen gegen die Spanier in den Niederlanden 1568, 1572 und 1574 war er lediglich mit Geld und Truppen beteiligt, die ihm angetragene Statthalterschaft von Geldern hat er dagegen von 1578 bis 1580 persönlich ausgeübt und dabei die Utrechter Union von 1578 zustande gebracht. Theoretisch bedeutsam, aber in der praktischen Nutzanwendung in seiner Zeit so gut wie wertlos war das vor allem gegen die Bedrohung seines Landes durch spanische Truppen geschaffene „Landrettungswerk". Auf der ideellen Basis alttestamentarischer, stoischer und calvinistischer Vorstellung und der reellen Grundlage der allgemeinen Wehrpflicht (in Form einer sozial und wirtschaftlich allerdings stark abgestuften Verpflichtung) begründet, diente es der militärischen Erfassung und Ausbildung der einsässigen Bevölkerung mit dem streng begrenzten Ziel der Verteidigung von Besitz und Glauben. Das Wesentlichste an dieser militärischen Neuorientierung waren die im Zusammenhang damit entwickelten neuen taktischen Grundsätze. Die Einführung des systematischen Exerzierens, die straffe Durchgliederung der Heereskörper, die taktische und strategische Ausbildung der Offiziere und die Durchführung von großen Manövern und speziellen taktischen Übungen haben über die nassau-oranische Kriegsführung auf das europäische Kriegswesen der großen Militärmächte des 17. Jahrhunderts schulemachend eingewirkt. Wesentlich anders ist dagegen die Wirkung und Bedeutung der aus der Enge und Not des kleinen Nassauer Landes geborenen Idee des Landrettungswerkes in der zeitgemäßen Praxis zu beurteilen. Da es den beschränkten Möglichkeiten der deutschen Territorien weitgehend entsprach, gewann es zwar großen zeitgeschichtlichen Einfluß — es wurde nicht nur vom Wetterauer Grafenverein, sondern bald auch von der Pfalz, von Baden, Württemberg, Hessen, Anhalt, Braunschweig und Brandenburg übernommen —, hat aber bei der ersten wirklich ernsten Bewährungsprobe im 30jährigen Kriege in seinen Hauptländern Nassau, Pfalz und Hessen versagt. Noch beherrschte nicht der wehrpflichtige, sondern der geworbene Soldat das Feld.

Im schroffen Gegensatz zur Größe und Bedeutung seines Wirkens standen die politischen Anordnungen des Testamentes Graf Johanns VI. von Nassau-Dillenburg. Sie waren ähnlich verhängnisvoll wie diejenigen des Testamentes Landgraf Philipps von Hessen, denn auch Graf Johann VI. teilte 1606 das Land unter seine fünf Söhne auf. Allerdings opferte er dabei nicht den Primogeniturgedanken, wie dieses Philipp getan hatte, sondern folgte nur den bisher üblichen nassauischen Erbfolgegepflogenheiten. Um die nachteiligen Folgen dieser Aufteilung abzufangen, schlossen die Söhne zwar 1607 einen Erbverein, der 1618 und noch 1636 erweitert wurde; sie erließen auch noch 1615/16 gemeinsam die grundlegenden nassauischen Gerichts-, Land-, Polizei- und Bergordnungen, gleichwohl aber war das ohnehin nicht große und verhältnismäßig arme Territorium durch diese Teilung so zerschlagen, daß es den Stürmen des 30jährigen Krieges ohnmächtig preisgegeben war. Das meiste zum inneren Zusammenhalt der auseinandergerissenen und bald auch auseinandertreibenden Teile haben neben der großen nassau-katzenelnbogischen Landesordnung von 1615/16 die alteingesessenen führenden Beamtenfamilien geleistet (Hoen, Stöver, Hatzfeld, Naurath u. a.). Sie waren wie üblich eng miteinander versippt und mit ihren ersten Kräften meist in mehreren Grafschaftsteilen zugleich beamtet. Aber die geringe Größe der nassauischen Teillandschaften hat auch ihnen schon bald die engsten Grenzen gesetzt.

Das zuverlässigste Bild der damaligen Größenverhältnisse bietet die Hausgesessenen-Liste der ganzen Grafschaft Nassau-Dillenburg und der zugehörigen Herrschaften von 1606. Danach hatten Dillenburg 2313 Haushaltungen (hiervor elf Häuser abgezogen, weil unbewohnt) — Siegen 1974 — Diez 1105 — Nassau 615 — Hadamar 583 — Beilstein 518 — Löhnberg 76½ (da gemeinschaftlich, nur drei Viertel berechnet) — Kirberg 89 (da gemeinschaftlich, nur die Hälfte berechnet) — Camberg 164½ (desgleichen) — Altweilnau 76½ (desgleichen) — Wehrheim 123½ (desgleichen). Das macht eine Zahl von 7638 Haushaltungen. Multiplizieren wir sie mit jeweils fünf Angehörigen, dann ergibt sich eine Bevölkerungszahl von etwa 38 000 Einwohnern der Grafschaft Nassau-Dillenburg bei der Teilung. Außerdem war die Grafschaft damals mit über 620 000 fl. verschuldet, denen nur etwa 200 000 fl. Aktiva an (unsicheren) restlichen Forderungen an die Niederlande gegenüberstanden. Daraus läßt sich am besten ermessen, wie klein, belastet und ohnmächtig jede der fünf Teilgrafschaften in die Zukunft ging.

Dazu aber kam, daß die Grafschaft nicht nur politisch, sondern auch konfessionell zerfiel. Zunächst kehrte Graf Johann VIII. von Nassau-Siegen zum katholischen Glauben (Dezember 1612) zurück. Da Graf Johann VII. trotz der 1617 abgegebenen Versicherung Graf Johanns VIII., bei einer eventuellen Nachfolge an den Religionsverhältnissen nichts zu ändern, in diesem Fall gleichwohl für den reformierten Bekenntnisstand seines Landes fürchtete, verfügte er entgegen seiner ursprünglichen Primogeniturordnung nach dem Tode seines ältesten Sohnes Johann Ernst († 1617) durch sein Testament von 1621 die Aufteilung seiner Siegener Teilgrafschaft unter seine Söhne, um die Rekatholisierungsmöglichkeiten einzuschränken. Daraufhin focht Johann VIII. das Testament an, und der Kaiser annullierte es.

Das betraf nun auch die übrigen Glieder des ottonischen Hauses, da die Grafen von Nassau-Dillenburg, Nassau-Diez und Nassau-Hadamar als Vormünder der minderjährigen Söhne Johanns VII. eingesetzt waren. Obwohl sie jahrelang diese Vormundschaft verweigerten, wurden sie 1626 vom Reichskammergericht doch zur Annahme gezwungen, worauf ihnen Johann VIII. den Kampf ansagte. Zugleich führte er mit Hilfe der 1626 in Siegen begründeten Jesuitenniederlassung umfangreiche gegenreformatorische Maßnahmen im Siegerland durch, nachdem er seine Verpflichtung von 1617, an den Religionsverhältnissen nichts zu ändern, schon 1624 widerrufen hatte. Der Kaiser unterstützte Johann VIII. auf Grund des Restitutionsediktes von 1629 durch Zuweisung der eingezogenen Klostergüter der Grafschaft Diez. Darüber hinaus aber versuchte Graf Johann nunmehr, seine sämtlichen evangelischen Mitverwandten aus ihrem Besitz zu verdrängen, indem er es durchsetzte, daß 1628 die Hochverratsklage gegen sie erhoben wurde, weil sie den zum König von Böhmen gewählten Pfalzgrafen Friedrich als ihren Lehnsherren 1618 mit einer kleinen Reitertruppe gegen die Habsburger unterstützt hatten. Um das Äußerste abzuwehren, schickten die evangelischen Grafen nunmehr Johann Ludwig von Nassau-Hadamar nach Wien, der hier auch eine Einstellung des Hochverratsprozesses erreichte, jedoch nun unter dem übermächtigen Einfluß der Wiener Verhältnisse zum katholischen Glauben konvertierte. Es ist verständlich, daß er daraufhin versuchte, die ihm schon vorher von Kurtrier zugesicherten diezischen Klostergüter für sich zu gewinnen. Trier bestritt nämlich das nassau-dillenburgische Recht an den Klöstern der Grafschaft Diez wegen Verletzung des Diezer Teilungsvertrages von 1564, so daß nunmehr außer Trier, das schon vor dem Restitutionsedikt von 1629 das Kloster Thron im Amt Wehrheim gewaltsam wieder eingenommen hatte, nun auch Nassau-Hadamar und Nassau-Siegen um die Restitution der Klostergüter bemüht waren. Sie gerieten dabei jedoch mit dem Trierer Erzbischof insofern in Gegensatz, als dieser die

Wiederherstellung der Klöster zugunsten der alten Orden vertrat, denen die diezischen Klöster ursprünglich gehört hatten, während Johann VIII. von Nassau-Siegen und Johann Ludwig von Nassau-Hadamar sie vor allem dem neuen Jesuitenorden zuzuwenden bemüht waren, dessen Hilfe sie zur Rekatholisierung ihrer Gebiete bedurften.

Die Durchführung des Restitutionsediktes von 1629 unter dem Schutz der siegreichen kaiserlichen Waffen zwang die Reformierten zu einer Übereinkunft mit den Lutheranern, um ihre seit jeher behauptete Zugehörigkeit zur augsburgischen Konfession zu sichern; denn nur für deren Angehörige galt nach dem Restitutionsedikt der Augsburger Religionsfriede von 1555. Es kam zu Verhandlungen zwischen Nassau und den von ihm vertretenen, sehr übereinkunftsbereiten Wetterauer Grafen mit Hessen-Kassel, Anhalt und Brandenburg, um mit dem Haupt der Lutherischen, Kurfürst Georg von Sachsen, wenigstens eine Einigung hinsichtlich des gemeinsamen politischen Vorgehens gegen den Kaiser zu erzielen. Die zunächst schroff zurückgewiesenen Verhandlungsangebote der Reformierten hatten jedoch schließlich insofern Erfolg, als es endlich 1631 zu Zusammenkünften beider Parteien in Leipzig und Frankfurt/M. kam. Sie führten trotz der heftigen Gegenaktion des Landgrafen Georg von Hessen-Darmstadt, der das strengste Luthertum gegen die Unionsbestrebungen vertrat, zu einer gemeinsamen Absprache beider evangelischen Richtungen. In diesem Augenblick trat jedoch ein durchgreifender militärischer und politischer Wandel ein, der die Lage vollständig zugunsten der Protestanten änderte. Gustav Adolf von Schweden griff in den Kampf ein und warf mit den bisher siegreichen kaiserlichen Armeen auch die politische Vormachtstellung des katholischen Kaisers in Deutschland nieder.

Von den Nassauer Grafen schloß sich Graf Ludwig Heinrich von Nassau-Dillenburg den Schweden an und erleichterte damit den verbündeten Truppen die Besetzung der benachbarten Gebiete katholischer Fürsten (Kurtrier, Nassau-Hadamar). Dabei kam es jedoch zu heftigen Gegenaktionen, wie dem erfolgreichen Überfall auf Schloß Molsberg Mitte Januar 1632. Da hierbei zahlreiche schwedische Offiziere des dort liegenden Regiments Graf Philipp Reinhards von Solms fielen, folgten harte Vergeltungsmaßnahmen, so daß die mittleren dreißiger Jahre auch für Nassau sehr schwer waren. Graf Ludwig Heinrich von Nassau-Dillenburg zeichnete sich währenddessen als schwedischer Truppenführer bei der Eroberung stark befestigter Plätze aus, die sich noch in der Hand der Kaiserlichen befanden, wie etwa Braunfels (1635), so daß sein Land daraufhin einen verheerenden Rachezug der Kaiserlichen unter Mansfeld erdulden mußte. Noch im gleichen Jahr wandte sich Ludwig Heinrich aber von den Schweden ab, da deren Stern im Verblassen war, trat dem Prager Frieden bei und nahm nunmehr zur Sicherung seines Besitzes gegen die Ansprüche von Trier, Nassau-Hadamar und Nassau-Siegen kaiserliche Dienste, in denen er sich militärisch ebenso auszeichnete wie vorher in den schwedischen (Eroberung von Amöneburg und von Hanau, dessen schwedischer Verteidiger Ramsay als Gefangener auf der Dillenburg starb).

In Nassau-Diez vermochte Hedwig Sophie, die Gemahlin Ernst Kasimirs, die während ihrer ganzen Witwenzeit (1632 bis 1642) hier residierte, das Ärgste klug und energisch abzuwehren. Sie hatte dem nassauischen Hause 1614 bzw. 1631 die Grafschaft Spiegelberg mit dem Hauptort Coppenbrügge (Kr. Hameln-Pyrmont) eingebracht, die dem nassau-oranischen Hause bis 1819 verblieb; dann kaufte sie das Königreich Hannover. Die größten Anstrengungen zur Erweiterung seines Gebietes machte jedoch Graf Johann Ludwig von Nassau-Hadamar. 1631 erwarb er im Austausch mit Nassau-Saarbrücken und Nassau-Idstein, denen er seine Hälfte am Amte Altweilnau abtrat, deren Anteil an der Herrschaft Esterau im unteren Lahngebiet, die er damit ganz besaß. 1643 überließ er sie jedoch dem bekannten Heerführer des 30jährigen Krieges, Peter Melander, worauf sie der Kaiser zur Reichsgrafschaft Holzappel (mit Sitz und Stimme im Wetterauer Grafenkolleg) erhob. Seine Witwe erweiterte sie 1656 noch durch den Ankauf der Herrschaft Schaumburg aus Leiningen-Westerburger Besitz. Besonderes Augenmerk richtete Graf Johann Ludwig von Nassau-Hadamar auf Erwerbungen innerhalb seines Grafschaftsgebietes, in dem er als „gräflicher Bauernleger“ in der Not des Krieges ganze Dörfer aufkaufte und sie in herrschaftliche Höfe umwandelte. Darüber hinaus aber ging er dem Ziel seiner Herrschaftserweiterung auch im großen nach, indem er sich die Ächtung und Schwäche der nassau-walramischen Grafen zunutze machte. Am 15. Januar 1636 verband er sich im Siegener Pakt mit Graf Johann VIII. von Nassau-Siegen, um die ganzen nassau-walramischen Gebietsteile südlich der Lahn, in der Pfalz und im Saargebiet zurückzugewinnen, um so die schädlichen Folgen der Landesteilung von 1255, auf die sie sich ausdrücklich beriefen, wieder gutzumachen.

In Nassau spielte sich daher nun in kleinerem Kreis dasselbe ab, was sich damals in Hessen ereignete, wo sich die beiden Hauptlinien unter dem Vorwand religiöser Gegensätze machtpolitisch aufs schärfste bekämpften, um dadurch territoriale Gewinne davonzutragen. Die beiden katholischen Grafen von Nassau-Hadamar und Nassau-Siegen forderten vom Kaiser nicht nur die nassau-saarbrückischen Länder für sich, sondern denunzierten auch die Grafen von Sayn-Wittgenstein, Solms-Greifenstein, Wied-Runkel und Leiningen-Westerburg als Rebellen, um deren Grafschaften einzuziehen. Die beiden Grafen mußten ihre Lage um so günstiger ansehen, als Graf Johann VIII. eine Forderung von 500 000 fl. an den Kaiser hatte, von denen Johann Ludwig 30 000 fl. und die Verpflichtung übernahm, ihre Pläne am kaiserlichen Hof persönlich zu betreiben. Aber obwohl er für die Erreichung dieses Ziels Bestechungssummen von etwa 24 000 Tlr. aufwandte, die den ausgesogenen Ländern das Letzte auspreßten, waren die Erfolge Johann Ludwigs gering, denn inzwischen war der größte Teil der nassau-saarbrückischen Grafschaften schon in andere Hände übergegangen (wie wir bei der Behandlung der nassau-walramischen Grafschaften näher darstellen). Der Kaiser billigte ihnen daher nur die Gebiete von Nassau-Usingen, Alt- und Neuweilnau, Kirberg, das Stockheimer Gericht und einige kleinere Besitzungen zu und überließ ihnen außerdem den geringen Besitz einiger kleiner Adliger, die als schwedische Bundesgenossen ebenfalls geächtet worden waren. Außerdem brachte Johann Ludwig 1637 die Ämter Merenberg und Burgschwalbach an sich. Aber selbst diese nassau-saarbrükkischen Grafschaftsteile konnten die beiden katholischen Grafen nicht uneingeschränkt behaupten, da Usingen und Weilnau von kaiserlichen Offizieren besetzt und einbehalten wurden. Schließlich scheiterten die Bemühungen Graf Johanns VIII. und Graf Johann Ludwigs gänzlich, da die nassau-walramischen Grafen im August 1640 die Generalamnestie des Kaisers erlangten und daher auch wieder Anspruch auf ihre Besitzungen erhielten, die freilich erst der Westfälische Frieden 1648 verwirklichte. Eine Aussöhnung und Besitzregelung zwischen Graf Johann Ludwig und seinen walramischen Vettern, die durch diese feindseligen Absichten der beiden katholischen Grafen aufs schwerste gekränkt waren, brachte erst der Hausvertrag vom 4. Juni 1650, der Graf Johann Ludwig nur einige geringfügige Güter beließ und damit sein ebenso schäbiges wie anrüchiges Verhalten nicht honorierte. In anderer Beziehung war der Graf dagegen erfolgreicher, denn zu dem 1637 erworbenen Kirchspiel Seck brachte er 1644 auch das erst 1611 von Nassau abgetretene Kirchspiel Willmenrod von dem gänzlich regierungsuntüchtigen Grafen Reinhard III. von Leiningen-Westerburg an sich und dazu eine ganze Reihe weiterer Einzelgüter auf dem Westerwald; außerdem gelangte er 1643 in den Besitz des bis dahin Nassau-Weilburg gehörigen Kirchspiels Neukirch.

Nicht minder schwierig hatten sich während des großen Krieges die politischen und konfessionellen Verhältnisse im Siegerland gestaltet, nachdem Graf Johann VII. 1623 gestorben war und der Kaiser dessen konvertiertem Sohn Graf Johann VIII. 1628 auch den Anteil seiner evangelisch gebliebenen Brüder am Siegerland zugesprochen hatte. Erst 1632 gelang es Graf Johanns VIII. Bruder, Graf Johann Moritz, seinen Anteil zurückzuerhalten und damit den evangelischen Glauben zu sichern. Aber schon 1636 setzte sich Graf Johann VIII. erneut in den Besitz des Siegerlandes, um es nunmehr endgültig zu rekatholisieren. Doch kam er auch jetzt nicht zum Ziel, und das gleiche galt für seinen Sohn, der ihm 1638 folgte. Seit 1645 griff zudem Graf Johann Moritz von Nassau-Siegen, der von 1636 bis 1644 im Dienste der niederländischen westindischen Kompanie als Gouverneur in Brasilien gewirkt hatte, wieder persönlich in die politischen und religiösen Verhältnisse des Siegerlandes ein und schützte das reformierte Bekenntnis. Die prachtvolle exotische Silberschale, die Johann Moritz der Siegener Nikolaikirche als Taufbecken übergab, erinnert noch heute daran. (Es handelt sich um eine peruanische Silberarbeit von etwa 1586, die vor 1625 als Zahlungsmittel für Negersklaven an den Kongo gelangt war und von dort 1642 durch den König Dom Garcia vom Kongo an Graf Johann Moritz in Brasilien zurückgeschenkt wurde.) Der Einfluß von Johann Moritz, der 1647 brandenburgischer Gouverneur von Kleve und Mark geworden war (1658 kam noch Minden und Ravensberg hinzu), bewirkte dann, daß 1649 das Testament Graf Johanns VII. von 1621 durch kaiserliche Sentenz wieder rechtskräftig und das Siegerland nunmehr auf eine katholische und eine reformierte Linie aufgeteilt wurde.

Diese Maßnahme halbierte das Siegerland, da sein nordwestlicher Teil (von Freudenberg bis Hilchenbach) der reformierten und der südwestliche (das Einzugsgebiet der Weis und der oberen Sieg) der katholischen Linie zufiel. Das reformierte Gebiet bestand dabei aus dem Erbe des Grafen Johann Moritz (dem Amt Freudenberg und den rechts der Sieg gelegenen Orten des Siegener Haingerichtes, dem sogenannten Amt der vier Dorfschaften um Trupbach) und dem damit seit 1642 verbundenen Anteil seines älteren Bruders Wilhelm (den Ämtern Ferndorf-Krombach und Hilchenbach sowie Teilen des Amtes Netphen). Die Stadt Siegen selbst blieb gemeinschaftlicher Besitz beider Linien, von denen die katholische auf dem oberen Schloß und die reformierte im ehemaligen Franziskanerkloster residierte, das sie zu einer weiträumigen und vornehmen Residenz ausbaute. Ihr Mittelpunkt wurde die von Johann Moritz, dem bedeutendsten Herren der Nassau-Siegener Linie, 1669/70 errichtete Fürstengruft, in der 30 Angehörige des Hauses bestattet sind und deren Türflügel eine Meisterleistung der Siegener Eisengußkunst darstellen. Ebenso verdankt Siegen dem Grafen Johann Moritz eine Spitzenleistung der Siegerländer Eisenschmiedekunst, die zum Wahrzeichen von Stadt und Land gewordene goldene Krone („das Krönchen"), mit der er den Siegener Nikolaikirchturm 1658 schmücken ließ.

Die Jahre nach dem 30jährigen Kriege brachten für die nassau-dillenburgischen Grafen die Erhebung in den Reichsfürstenstand. Zuerst erhielt Johann Ludwig von Nassau-Hadamar zur Belohnung seiner Verdienste als kaiserlicher Kommissar auf den Friedensverhandlungen zu Münster und Osnabrück diese Würde (1650) (während der zunächst keineswegs aussichtslos erscheinende Versuch des Kaisers, Johann Ludwig zum Bischof von Münster zu machen, im November des gleichen Jahres scheiterte). Auf Johann Ludwig folgten in der Fürstenwürde 1652 die Grafen Johann Moritz von Nassau-Siegen, Ludwig von Nassau-Dillenburg, Wilhelm Friedrich von Nassau-Diez und (der katholische) Johann Franz von Nassau-Siegen. 1653/54 wurden sie in der Reihenfolge Nassau-Hadamar, Nassau-Dillenburg, Nassau-Siegen und Nassau-Diez zur Reichsfürstenbank zugelassen. Schließlich widerfuhr 1664 auch Georg Friedrich, Wilhelm Moritz und Friedrich von Nassau-Siegen dieselbe Auszeichnung.

Im gleichen Jahr verunglückte Fürst Wilhelm Friedrich von Nassau-Diez, der als Statthalter der niederländischen Provinzen Friesland, Groningen und Drenthe meist dort gelebt hatte, so daß sein Oberamtmann von Hohenfeld (seit 1642) in Diez seine Macht ungebührlich ausdehnen konnte. Schließlich trat ihm Fürst Wilhelm Friedrichs Witwe Albertine (Tochter des Prinzen Friedrich Heinrich von Nassau-Oranien und seiner Frau Amalie von Solms-Braunfels) seit 1664 als Regentin energisch und erfolgreich entgegen, so daß der Diezer Grafschaft zum zweitenmal im 17. Jahrhundert die Segnungen des Regimentes einer klugen Fürstin zugute kamen (wie ja auch damals in Hessen-Kassel bedeutende Oranierinnen tätig waren). Auf Albertine geht die Errichtung des Schlosses Oranienstein (bei Diez) zurück, das sie zwischen 1672 und 1683 auf der Stelle des im 30jährigen Kriege verwüsteten Klosters Dirstein zur Residenz ausbauen ließ. An ihre nicht minder bedeutenden drei anderen Schwestern, die gleichfalls in deutsche Fürstenhäuser geheiratet hatten, erinnern noch heute drei andere Schlösser: Oranienburg bei Berlin, Oranienbaum bei Dessau und Oranienhof bei Kreuznach. Dazu kommt noch Oranienwald, wo Albertine 1691 Juni 30 urkundete.

Die nach dem großen Krieg in den Gebieten der katholisch gewordenen nassauischen Fürsten anhaltenden religiösen Spannungen und die sie verschärfenden neuen absolutistischen Regierungsformen führten im Siegerland, dem dabei am übelsten mitgespielt wurde, zu ungewöhnlichen Zuständen. Hier übernahm Fürst Wilhelm Hyacinth die Regierung, nachdem sein Vater Franz als Gouverneur des spanischen Geldern, der zumeist in Roermond oder auf seinem Schloß Renaix bei Oudenarde residiert hatte, 1699 gestorben war. Obwohl als Alleinerbe in den Besitz von Siegen und in den spanischen Niederlanden (Renaix, Villers, Nicoln, Quaremont, Ruen, Vimy, Forbus) eingesetzt, focht er dennoch dieses Testament vor dem Reichskammergericht an, um die zweite Gemahlin seines Vaters und deren von ihm nicht als erbberechtigt anerkannten Kinder davon auszuschließen. Er hatte auch damit zunächst einen gewissen Erfolg, doch wurde seiner Stiefmutter das Testament 1702 durch den Gerichtshof zu Mecheln bestätigt.

Hyacinth trat sofort als Erbe der Nassau-Oranier auf, die damals König Wilhelm III. von England, vordem Statthalter der Vereinigten Niederlande, als letzter des oranischen Zweiges des Hauses Nassau verkörperte. Von Wilhelm sagte Macaulay, „daß er dazu bestimmt gewesen sei, den Ruhm und die Macht des Hauses Nassau auf ihren Gipfel zu erheben, die Vereinigten Niederlande vor Knechtschaft zu bewahren, die Macht Frankreichs zu bändigen und die englische Verfassung auf dauernde Grundsätze zu stellen". Als König Wilhelm 1702 überraschend starb, hatte er jedoch nicht Wilhelm Hyacinth, sondern seinen Vetter Johann Wilhelm Friso von Nassau-Diez, Statthalter von Friesland, zu seinem Universalerben eingesetzt, womit er aus persönlicher Gewogenheit entgegen den Hausverträgen eine jüngere Linie des nassau-ottonischen Hauses begünstigte. Aber auch Brandenburg erhob berechtigte Erbanspüche, so daß Hyacinth trotz seiner rechtlich nicht schlechten Stellung von Anfang an nur geringe Aussichten hatte. Zwar erklärte ihn der Lehnhof von Brabant zum rechtmäßigen Erben König Wilhelms III. und setzte ihn in dessen brabantische Lehen ein, aber der Versuch Hyacinths, mit Hilfe König Ludwigs XIV. von Frankreich das Fürstentum Oranien an sich zu bringen, scheiterte, da Frankreich das Fürstentum selber einzog. Auch in Siegen kam es zu Schwierigkeiten, die er durch sein böswilliges Verhalten gegenüber seinem mit ihm in Siegen gemeinsam residierenden Vetter Adolf von der reformierten Linie erregte. Dabei wirkten die fortwährenden Religionshändel besonders erschwerend.

Fürst Hyacinth geriet in eine bedrohliche Lage, als Fürst Adolf von Nassau-Siegen Preußen um Schutz anrief und dieses seine Truppen 1705 vorübergehend in Siegen einrücken ließ, während Hyacinth in Wien seine oranischen Erbansprüche zu fördern suchte. Er kam damit jedoch auch hier nicht durch, wurde vielmehr wegen seines in finanziellen und religiösen Angelegenheiten unerträglichen Vorgehens im Siegerland vom Reichshofrat zurückgewiesen und eine Reichskommission unter der Leitung der Kurfürsten von Köln und der Pfalz zur Untersuchung der Verhältnisse in Siegen 1706 eingesetzt. Da er jedoch auch jetzt seine unglaublichen Geldforderungen und -erpressungen zur Befriedigung seiner Ansprüche fortsetzte und die religiöse Bedrängung der Reformierten nicht unterließ, kam es 1706 zum Aufstand der Bevölkerung, vor dem der Fürst flüchtete. Er kehrte zwar 1707 vorübergehend noch einmal zurück, wurde aber nach der formlosen Hinrichtung eines unschuldig Eingekerkerten endlich auf kaiserlichen Befehl der Regierung entsetzt und 1708 mit einem jährlichen Deputat von 4000 Talern abgefunden (dabei forderte allein ein Regensburger Wirt für die Unterhaltung des fürstlichen Hofstaates von Februar 1708 bis Juli 1709 12000 fl.!). Die Landesverwaltung übertrug der Kaiser dem Kölner Erzstift, das sie zunächst vom Domkapitel, dann vom kurfürstlichen Hofrat in Bonn ausüben ließ. Da dieser aber in seinen Entschlüssen und Maßnahmen weitgehend von den Resolutionen des Wiener Reichshofrats abhing, „solche aber noch allezeit ausbleiben", klagte die Siegener Regierung noch 1726, daß „allhier alles in Unordnung und vorigen Chaos gelassen wird".

Die Verhandlungen zwischen der Nassau-Diezer Linie und Brandenburg über die oranische Erbschaft waren 1711 so weit gediehen, daß die endgültige Regelung im Haag unmittelbar bevorstand, als Fürst Johann Wilhelm Friso von Nassau-Diez auf der Reise dorthin bei Moordyck ertrank. An seine Stelle trat sein erst nach dem Tode des Vaters geborener Sohn Wilhelm Heinrich

Friso, der spätere Wilhelm IV. Für ihn und seine Diezer Lande übernahm sein Großvater mütterlicherseits, Landgraf Karl von Hessen-Kassel, für lange Jahre Vormundschaft und Regentschaft. Der Friede von Utrecht vom 13. April 1713 regelte die oranische Erbschaftsfrage schließlich in dem Sinne, daß König Friedrich I. von Preußen als Fürst von Neufchâtel und Volangin anerkannt wurde und die Grafschaften Moers und Lingen erhielt, während seine Ansprüche an das Fürstentum Oranien mit einem Teil von Geldern abgefunden wurden. Das Fürstentum Oranien behielt Frankreich und bekam dazu die oranischen Güter in Burgund (namentlich die Herrschaften Château und Béliard). Das übrige fiel an die Nassau-Diezer Linie, die ihre letzten Streitpunkte mit Preußen 1732 endgültig regelte (und 1754 die an Preußen gefallenen, ehemals oranischen Besitzungen in Holland zurückkaufte), so daß sich Fürst Hyacinth von Nassau-Siegen vollständig übergangen sah. Da er auch seine in Höhe von 200 000 fl. anerkannten Forderungen an den Kaiser, die noch aus dem 30jährigen Kriege stammten und auf die Tätigkeit Graf Johanns VIII. als Feldmarschall Kaiser Ferdinands II. zurückgingen, nicht beitreiben konnte, ging er nach Spanien, um dort die Beträge zu erlangen, die der spanische König dem Hause Nassau-Oranien schuldete. Spanien hatte sich nämlich wegen der besonderen Verwüstungen der oranischen Besitzungen im holländischen Freiheitskrieg in den Friedensverträgen von Münster, Nymwegen und Ryswick zu einer Entschädigung verpflichtet, die eine einmalige Anweisung von 120 000 Taler und eine jährliche Rente von 150 000 Pfund ausmachte, auch den ersten Betrag beglichen und von 1689 bis zum Ausbruch des Spanischen Erbfolgekrieges 1700 die Rente entrichtet. Seitdem stockte die Zahlung, so daß eine gewaltige Schuldensumme aufgelaufen war.

Fürst Hyacinth ging daher 1726 nach Madrid, um hier die Begleichung dieser Schulden persönlich zu betreiben. Er erreichte jedoch nichts, mußte vielmehr erleben, daß von seinen (von ihm nicht anerkannten) Stiefbrüdern Emanuel Ignatius und Franz Hugo, die bereits 1719 vom Kaiser als erbberechtigt anerkannt worden waren (um den Bestand der katholischen Linie möglichst zu sichern, da Hyacinth keine männlichen Erben hatte), Fürst Emanuel 1727 vom Kaiser in Siegen als Statthalter eingesetzt wurde. Da Fürst Hyacinth nunmehr versuchte, die von ihm dringend benötigten Gelder aus dem Fürstentum Hadamar herauszuholen, dessen letzter Regent Franz Alexander 1711 gestorben war, bat Fürst Emanuel den Kaiser, ihn auch dort zum Administrator zu ernennen, da sonst „der völlige Untergang des Landes und ein allgemeiner Aufstand der Untertanen zu befürchten" sei. Doch besserte sich auch unter Emanuel die Lage der Untertanen nicht wesentlich, da sich der Fürst meist in Brüssel aufhielt und die Administrationsräte weiterhin die Regierung fast unbeaufsichtigt und willkürlich ausübten.

Einen wesentlichen Gewinn schien der katholischen Linie der Tod des evangelischen Fürsten Friedrich Wilhelm von Nassau-Siegen im Jahre 1734 zu bringen, da ihr dessen Landesanteil zufiel, wobei sie allerdings einen Aufstand der evangelischen Bevölkerung niederschlagen mußte. Aber dieser Erfolg war nur von kurzer Dauer. Schon im nächsten Jahr starben Fürst Emanuel Ignatius und sein Bruder Franz Hugo, die Stiefbrüder des Fürsten Wilhelm Hyacinth. Da dieser weiterhin abgesetzt blieb, machten die Nassau-Dillenburger und Nassau-Diezer Linien ihre Erbansprüche unter Truppeneinsatz geltend, worauf auch die kaiserliche Administration, um das Land zu behaupten, militärische Maßnahmen ergriff. Die 1735 eingerichtete gemeinschaftlich nassau-diezische und nassau-dillenburgische Deputationsregierung mußte 1737 der kaiserlichen Administrationskommission noch einmal für ein Jahr das Feld räumen. 1738 setzte sich dann die nassauische Verwaltung für das Siegerland endgültig durch, die seit dem Erlöschen der Dillenburger Linie 1739 Fürst Wilhelm IV. von Nassau-Diez allein ausübte. Nachdem so Wilhelm Hyacinth vollständig gescheitert war, lenkte er ein und verglich sich 1739 mit dem Kaiser und Fürst Wilhelm IV. Dieser überließ ihm die Herrschaft im hadamarschen Landesteil, die Hyacinth 1741 übernahm; nur zwei Jahre später endete sein verpfuschtes Leben.

Damit hatte die Diezer, nunmehr jüngere nassau-oranische Linie, alle ottonischen Linien beerbt: 1702 Nassau-Oranien (soweit es nicht an Preußen und Frankreich gefallen war); 1711 Nassau-Hadamar (zu einem Drittel, die beiden anderen kamen vorerst an Nassau-Siegen und Nassau-Dillenburg), 1738 Nassau-Dillenburg und 1743 Nassau-Siegen. Dabei hatte sie eine z. T. schwerbelastete Erbschaft übernehmen müssen, denn auch die nassau-dillenburgischen Lande waren so verschuldet, daß die Gläubiger bereits Anfang 1730 die Einrichtung einer kaiserlichen Kommission erzwungen hatten, die im folgenden Jahre die Finanzverwaltung des ganzen Landes zum Zweck der Schuldentilgung erhielt, ohne jedoch dieses Ziel zu erreichen.

Auch politisch war das Erbe nicht unangefochten, denn am 2. Juni 1745 schlossen Hessen-Darmstadt und Hessen-Kassel einen Vertrag über den von ihnen beim erbenlosen Tod Fürst Wilhelms IV. geforderten Rückfall der Grafschaft Diez, der auch Gewalt nicht ausschloß, und erneuerten ihn nochmals am 11. Januar 1764. Die Lage komplizierte sich dadurch, daß der zwischen Nassau-Saarbrücken und Nassau-Dillenburg 1736 geschlossene Erbvertrag, dem auch alle anderen nassauischen Linien, einschließlich Nassau-Oraniens, noch im gleichen Jahre beigetreten waren, eine gegenseitige Beerbung vorsah, wenn männliche Erben fehlten. Infolgedessen sagte sich Fürst Wilhelm IV. von Nassau-Oranien schon 1738 wieder von ihm los, da er zunächst nur Töchter hatte. Darüber kam es zum Prozeß mit Nassau-Saarbrücken vor dem Reichshofrat, das diesen Rücktritt nicht anerkannte. Dieser Prozeß erwies sich als das schwerste Hindernis, als Wilhelm IV. kurz vor seinem Tode wegen Erlangung verschiedener kaiserlicher Privilegien, darunter das der weiblichen Erbfolge, den Versuch unternahm, seine nassauischen Teilgrafschaften auf eine ganz neue reichsrechtliche Basis zu stellen. Seit 1750 ließ Fürst Wilhelm IV. nämlich mit dem Kaiser darüber verhandeln, ihm die nassau-katzenelnbogischen Allodialfürstentümer Dillenburg, Siegen, Diez, Hadamar und Beilstein als Reichsfürstentum in Gestalt eines frei verfügbaren und auch im Weibesstamme zu vererbenden Erblehens aufzutragen und als Reichsfürstentum und Thronlehen zurückzuempfangen. Doch kamen die Verhandlungen darüber wegen der beanspruchten weiblichen Erbfolge, der Störung des gesamt-nassauischen Erbvertrages und der geforderten freien Verfügung über dieses nassauische Reichsfürstentum und Thronlehen zuletzt doch nicht zum Ziel.

Fürst Wilhelm IV. richtete 1742 für die deutschen Gebiete in Dillenburg eine Zentralbehörde ein, residierte aber selbst im Haag, da er 1747 erblicher Generalstatthalter der Niederlande geworden war. Dadurch wurden die deutschen Stammgebiete Nebenland, aber mit ihrer religiös stark gemischten Bevölkerung tolerant und unter Aufwendung beträchtlicher Mittel auch gut regiert. Das „Deutsche Kabinett" im Haag stellte die unmittelbare Verbindung mit der Regierung in Dillenburg her, die 1742 aus folgenden vier höheren Kollegien gebildet wurde: der Landesregierung, der Justizkanzlei, dem Oberkonsistorium (mit dem Ehegericht) und der Rentkammer. Diese war auch für Forst-, Kommerzien-, Bergwerks- und Hüttensachen zuständig, bis sich von ihr 1765 die Berg- und Hüttenkommission als selbständige Oberbehörde loslöste. Als Mittelbehörden wurden 1742 in Diez (bis 1781) und in Siegen (bis 1806) je ein Unterdirektorium (mit umfassender sachlicher Zuständigkeit) eingerichtet und außerdem die untere Verwaltung der vier Teilfürstentümer Dillenburg (mit acht Ämtern), Siegen (mit fünf Ämtern), Diez (mit fünf Ämtern) und Hadamar (mit vier Ämtern) in Siegen 1743 und in Hadamar 1744 zu Amtskollegien zusammengefaßt. Da sich diese aber nicht bewährten, löste man sie 1775 wieder auf. Mit der Zentralregierung entstand in Dillenburg unter Leitung des gelehrten Archivars von Erath ein Zentralarchiv, das vor der Zerstörung des dortigen Schlosses im Siebenjährigen Krieg im Juli 1760 glücklich gerettet wurde und bereits 1763/66 aus den Steinen der Ruinen der Schloßmauern ein eigenes Archivgebäude erhielt.

Dieser Untergang der alten Dillenburger Residenz im Siebenjährigen Krieg war ein schwerer Verlust, denn er beraubte das Land seines alten herrschaftlichen Mittelpunktes und damit eines wesentlichen Teiles seiner Haus- und Landestradition. Er wog um so schwerer, als diese Lücke nie wieder ausgefüllt worden ist; nachdem die Hofhaltung bereits 1739 erloschen war, ging nunmehr auch die Residenz unter. Dieses einschneidende Ereignis hing mit der eigentümlichen Lage Nassau-Dillenburgs im Siebenjährigen Kriege zusammen. Nach dem Tode Wilhelms IV. 1751 hatte dessen Witwe Anna die Vormundschaft für ihren unmündigen Sohn Wilhelm V. übernommen. Als Mitvormünder standen ihr die Brüder des preußischen Heerführers Herzog Ferdinand von Braunschweig zur Seite, und zwar für die Niederlande Herzog Ludwig und für Dillenburg Herzog Karl. Als Anna im Januar 1759 starb, war Herzog Karl für die Dillenburger Gebiete alleiniger Vormund. Da die Fürstin Anna und Herzog Karl preußisch gesinnt waren, Nassau-Dillenburg aber als Mitglied des niederrheinisch-westfälischen Kreises ein Kontingent zur Reichsarmee gegen Friedrich den Großen im Siebenjährigen Krieg stellen mußte, kam es zu gespannten Verhandlungen, bis sich der Kaiser mit einer Geldablösung der Verpflichtungen einverstanden erklärte. Trotzdem hatte Nassau den Untergang seiner alten Dillenburger Landesburg in diesem Kriege zu beklagen, unmittelbar veranlaßt durch die Besetzung des Schlosses durch hannöversche Truppen im Winter 1759/60, nachdem Herzog Ferdinand von Braunschweig die Franzosen bis an die mittlere Lahn zurückgedrängt hatte. Als die französische Armee im Sommer 1760 wieder vorging, verteidigten die Hannoveraner die Festung so nachdrücklich, daß die Franzosen das Schloß so lange beschossen, bis Brände die Übergabe erzwangen.

Nach dem Kriege und seinen schweren finanziellen Belastungen machten sich die Folgen der guten nassau-oranischen Regierung, die über einen tüchtigen Beamtenkörper verfügte (von Diest, von Wülckenitz, von Rauschard, von Passavant, von Schenk, von Erath, von Arnoldi u. a.), um so segensreicher bemerkbar. Zur Ausdehnung der 1732 für Nassau-Dillenburg gegründeten Pfarrerwitwen- und Waisenkasse auf das ganze Herrschaftsgebiet trat 1775 ihre Ergänzung durch eine allgemeine Beamtenwitwen- und Waisenkasse. 1772 wurde eine Medizinalordnung erlassen, 1774 die Brandversicherungsanstalt eingerichtet. Seit 1770 erschienen nassau-oranische Hof- und Staatskalender in Dillenburg und seit 1773 die Dillenburger Intelligenznachrichten. Besondere Verdienste um die Aufrechterhaltung einer guten Verwaltung erwarb sich der Regierungspräsident Freiherr von Preuschen 1779 durch seine große Reformdenkschrift über die gesamte Staatsverwaltung.

Der alle diese Maßnahmen bestimmende Geist der Aufklärung hat auch die letzte nassau-oranische Kirchenordnung von 1777 geprägt, das damals vielbewunderte „Edikt, die wirksamere Ausbreitung der Tugend und der guten Sitten betreffend", das die Religion vor allem als Mittel zur Hebung der staatlichen und bürgerlichen Moral behandelte. Gegen diesen Rationalismus entstanden jedoch unter pietistischem Einfluß, wie ihn Tersteegen vermittelte, Gegenströmungen religiöser Innerlichkeit, besonders im Siegerland, die durch das Wirken Jung-Stillings und insbesondere Johann Christian Stahlschmidts aus Freudenberg charakterisiert werden. Die von diesem hier eingeleitete und getragene Glaubensbewegung ist der Vorläufer der großen Erweckungs- und

Gemeinschaftsbewegung geworden, die im 19. Jahrhundert das ganze Siegerland erfaßte und in großen, gesamtevangelischen Zusammenhängen steht.

Die schweren Notjahre von 1771/72 führten am 5. Dezember 1776 zu einer Verordnung, die sich bemühte, die verderblichen Folgen der Realteilung des bäuerlichen Besitzes (im Erbfall gleichmäßig unter alle Erben) zu beseitigen und daher zur wirtschaftlichen Existenzsicherung der bäuerlichen Betriebe Mindestgrößen bei Teilungen festsetzte. Doch blieben für die Gebiete von Diez, Hadamar und Ellar Ausnahmen und Abänderungen zugelassen, während diese Bestimmungen für das Siegerland überhaupt nicht in Kraft traten. Am 2. Mai 1784 folgte dann das Konsolidationsgesetz (d. h. die Verfügung zur Flurbereinigung durch Zusammenlegung kleiner Grundstücke zu Parzellen von Mindestgröße und ihre ausreichende Erschließung durch Wege). Es sollte überall da angewandt werden, wo es die Rentkammer für erforderlich hielt. Gleiche Maßnahmen ergriffen fast gleichzeitig auch die übrigen nassauischen Fürsten sowie der Graf von Sayn-Hachenburg. Wenn das Konsolidationsverfahren auch noch wenig entwickelt war, so hatten es bis 1820 doch etwa 120 Gemeinden, davon 108 auf dem Westerwald, durchgeführt.

Die besondere Behandlung des Siegerlandes in dieser Beziehung hing mit seiner wirtschaftlichen Struktur zusammen, die sich von der aller anderen nassau-dillenburgischen Gebiete wesentlich unterschied. Die eigenartige Siegerländer Haubergswirtschaft, die sich der zahlreichen Halden und Hänge des bergigen Landes in intensiver Weise zur Gewinnung von Holzkohle und Lohe (neben der Frucht-, Holz- und Weidenutzung) bediente, stand in enger Verbindung mit der dort seit Jahrtausenden heimischen Eisenindustrie. Von ihrer Bedeutung gibt ihre Größe gegen Ende des 18. Jahrhunderts (um 1785) einen Begriff, denn sie umfaßte damals elf Eisen- und sechs Stahlhütten mit Hochofenbetrieb zur Verhüttung des Eisens, 18 Eisen- und 13 Stahlhämmer, in denen das Metall zu Stäben, und zwölf Reckhämmer, in denen es zu Band- und Stangeneisen ausgeschmiedet wurde.

Hervorzuheben ist auch die Entwicklung der Forstwirtschaft, die Nassau-Dillenburg um die Wende vom 18. zum 19. Jahrhundert so ausgezeichneten Forstleuten wie von Witzleben, H. L. Hartig und J. J. Klein verdankte. Hartig unterhielt in Dillenburg eine Forstschule hohen Ranges und wurde später Leiter der preußischen Forstverwaltung, von Witzleben stieg zum Leiter des kurhessischen Forstwesens auf, und Klein organisierte und leitete zunächst das herzoglich nassauische, dann das königlich niederländische Forstwesen.

Das nach der nassauischen Teilung von 1255 nie ganz erloschene Zusammengehörigkeitsgefühl der nassauischen Teillinien, das seit Ende des Mittelalters wiederholte Bemühungen um Zusammenschluß gezeitigt hatte, aber mehrfach (so 1613 und 1738) am Widerstand der Bredaer Linie gescheitert war, führte endlich nach langen Verhandlungen zum Erbvertrag vom Juni 1783 zwischen der nassau-oranischen und den nassau-walramischen Linien. Die dadurch endgültig hergestellte Verbindung der Gesamtgrafschaft war für die Nassau-Oranier schon bald um so wichtiger, als die französischen Revolutionsheere 1792 ihre Herrschaft in den Niederlanden beendeten und sie auf die deutschen Gebiete beschränkten.

33. Die Grafschaft Nassau-Saarbrücken und ihre Teilgrafschaften bis zum Ende des alten Reiches

Die Vereinigung aller walramischen Grafschaften unter Graf Ludwig II. von Nassau-Saarbrücken von 1605 bis 1627 und die damit verbundene Zentralisierung ihrer Verwaltung blieben eine Episode. Die Teilung von 1629 schuf wieder drei verschiedene Linien, so daß auch diese nassauischen Gebiete während des 30jährigen Krieges völlig zersplittert und daher so ohnmächtig waren, daß sie unter der Kriegslast fast untergingen. Von den üblichen Truppendurchzügen und Besetzungen mit ihren Erpressungen, Plünderungen und Mordbrennereien abgesehen, hauste Oberst Schellhardt von Görzenich 1626 in den nassauischen Gebieten und der Wetterau derartig roh, daß ihn der Kaiser hinrichten ließ. Schließlich sahen sich die Grafen, die sich zunächst durchaus neutral verhalten hatten, gezwungen, Schutz zu suchen, sich daher 1631 dem siegreich vordringenden König Gustav Adolf von Schweden anzuschließen und 1633 auch dem schwedisch-protestantischen Heilbronner Bund beizutreten. Deswegen vom Prager Frieden des Kaisers 1635 ausgeschlossen, wurden sie noch im gleichen Jahr wegen Majestätsbeleidigung ihrer Länder entsetzt. Sie erlitten damit ein Schicksal, das damals auch noch andere kleinere Grafschaften unseres Landes bedrohte (Büdingen, Hanau, Erbach, Wied), aber an ihnen nicht mit der gleichen Härte wie an den nassau-saarbrückenschen Grafen vollstreckt wurde. Wiesbaden kam an Kurmainz, Idstein an den Fürsten von Schwarzenberg, der es indessen als pekuniär unergiebig an den Kaiser zurückgab, Weilburg an den Fürsten von Lobkowitz (doch besetzte der katholisch gewordene Graf Johann Ludwig von Nassau-Hadamar die Ämter Merenberg und Burgschwalbach) und Saarbrücken an den Herzog von Lothringen, der damit ein lang erstrebtes Ziel erreicht hatte. Die kaiserliche Amnestie von 1640, in die die nassauischen Grafen aufgenommen wurden, änderte ihre Lage zwar rechtlich, doch gab ihnen erst der Westfälische Frieden ihre nassauischen Grafschaften tatsächlich zurück. Inzwischen hatten die Grafen unter französischem Schutz in Metz und Straßburg leben und zu ihrem Unterhalt französische Pensionen annehmen müssen.

Da die Teilung der nassau-walramischen Gesamtlinie 1629 nur unvollkommen durchgeführt werden konnte, weil die Grafen schon kurz darauf ihre Gebiete verlassen mußten und schließlich verloren, erfolgte die endgültige Teilung erst durch den Vertrag vom 6. März 1651. Er wurde unter der Vermittlung Herzog Ernsts von Sachsen-Gotha geschlossen, der kurz vorher auch den Ausgleich zwischen Hessen-Kassel und Hessen-Darmstadt zuwege gebracht hatte. Nunmehr entstanden 1. die Grafschaft Wiesbaden-Idstein mit der Herrschaft Lahr, 2. die Grafschaft Weilburg mit Reichelsheim, Kirchheim, Stauf und den Rheindörfern und 3. die Grafschaft Saarbrücken mit Jugenheim, Wöllstein, Alt- und Neuweilnau, Usingen und Kirberg; jede von ihnen veranschlagt auf etwa 26 000 fl. Schon 1659 aber wurde die Grafschaft Saarbrücken erneut in drei Teile zerlegt, die erst 1728 wieder in der Linie Nassau-Usingen zusammenfielen. Diese ständigen Teilungen, die jeden größeren staatspolitischen Zug vermissen lassen, verleihen der Geschichte der nassau-walramischen Grafschaften auch nach dem 30jährigen Kriege einen verworrenen und kleinlichen Charakter. Fortgesetzte Besitz-, Rang- und persönliche Streitigkeiten gestalten das Gesamtbild noch unerfreulicher. Bezeichnend ist etwa das Verhalten der Grafen, nachdem es ihnen nach langen Bemühungen geglückt war, 1688 die Reichsfürstenwürde zu erhalten. Zwischen den beteiligten Linien von Nassau-Idstein, Nassau-Usingen und Nassau-Weilburg entstanden sofort Zänkereien wegen der Bezahlung der unerwartet hohen Urkundentaxe (21 465 fl.); ja, es kam zur Verweigerung der Annahme der Erhebung (durch Nassau-Weilburg), zumal deren politische Rechte in Gestalt der fürstlichen Virilstimme, d. h. Sitz und Stimme auf der Fürstenbank des Reichstages zu Regensburg, nicht zu erlangen waren. Infolgedessen gab es darüber jahrzehntelange unerquickliche Streitigkeiten zwischen den nassau-walramischen Linien, die verschärft wurden durch die großen Entschädigungsforderungen, welche die Idsteiner Linie an die beiden anderen aus den Teilungen von 1651 und 1659 erhob. Dieser Streit wurde erst 1717 beigelegt.

Die geringe Größe und die schwere Belastung der nassauischen Teilgrafschaften hat ihre Wiederherstellung nach den Verwüstungen des 30jährigen Krieges sehr erschwert. Auch hier erwartete man wesentliche Hilfe von den Hugenotten und Wallonen, die in den nassauischen Grafschaften Aufnahme fanden (besonders in der Neustadt Usingen). Bemerkenswert ist, daß Nassau-Usingen im Zuge seiner Sanierungsmaßnahmen schon 1694 den Schulzwang eingeführt hat. 1699 rundete es außerdem sein Gebiet durch Ankauf der bis dahin reifenbergischen Hälfte des Stockheimer Gerichtes ab.

Währenddessen fielen die Saarlande der französischen Reunionspolitik zum Opfer, denn 1679/80 wurden die Gebiete von Saarbrücken, Ottweiler, Saarwerden, Homburg u. a. reuniert. Erst der Friede von Ryswick gab 1697 diese Lande ihren rechtmäßigen Besitzern wieder zurück, doch durfte die inzwischen von Frankreich vielfach gewaltsam durchgeführte Rekatholisierung nicht wieder beseitigt werden. Homburg gelangte erst durch den Frieden von Baden 1714 wieder an Nassau-Saarbrücken.

Von den beiden seit 1728 bestehenden walramischen Hauptlinien Nassau-Saarbrücken-Usingen und Nassau-Weilburg gewann Nassau-Usingen zunächst einen klaren organisatorischen Vorsprung. Verwaltungsmittelpunkt war zuerst Usingen, das 1660 bis 1662 eine neue Residenz erhalten hatte, die F. J. Stengel von 1733 bis 1738 umgestaltete. Derselbe erweiterte von 1734 bis 1739 auch das Schloß in Biebrich, das die Nassau-Idsteiner Linie hier von 1710 bis 1719 durch Maximilian von Welsch hatte errichten lassen. 1744 wurde die Residenz der Usinger Linie von Usingen nach Biebrich und die Regierung nach Wiesbaden verlegt.

Seinen verwaltungsorganisatorischen Vorsprung verdankte Nassau-Usingen der Vormundschaftsregierung der klugen und tatkräftigen Fürstin Charlotte Amalie (1718 bis 1735). Ihr Regierungsprogramm von 1728 sah die Trennung von Hof- und Landesverwaltung vor und vollzog in der Kanzleiordnung von 1729 die Scheidung von Verwaltung und Justiz in der Zentralverwaltung. Nunmehr bestand neben dem vom Hofmeister geleiteten Hofstaat die Regierung (besetzt mit Geheimräten) als Justizbehörde und die Geheime Kanzlei als Verwaltungsbehörde; doch erhielten sie erst durch die Kanzleiordnung von 1770 die zutreffenden Namen Hofgericht (statt Regierung) und Regierung (statt Geheime Kanzlei). Wie üblich, fungierten unter den Zentralbehörden die Ämter als Mittelinstanzen für Justiz und Verwaltung (eingerichtet in Usingen, Idstein, Wiesbaden, Wehen und Burgschwalbach sowie in Ottweiler und Saarbrücken, das jedoch eine Regierung behielt). Die Kammerverwaltung lag bei der Hofkammer, der das Oberforstamt und das Hüttenamt angegliedert war; sie arbeitete nach der idsteinschen Kammerordnung von 1718 und der nassau-usingischen von 1729. Die kirchliche Verwaltung handhabte das Oberkonsistorium in Usingen. 1730 erschien eine Schul- und Konfirmationsordnung, die auch die Schulpflicht für die Wintermonate einführte. Im Zusammenhang damit richtete man 1734 am Waisenhaus zu Idstein ein Lehrerseminar ein. In Usingen entstand auch die von Charlotte Amalie 1730 (durch Ankauf der Bücherei des Kanzleidirektors St. George) gegründete nassauische Bibliothek. Sie wurde 1744 mit der Regierung nach Wiesbaden verlegt (und bildete hier den Grundstock der heutigen Nassauischen Landesbibliothek), während das 1728 eingerichtete Hauptarchiv im Idsteiner Schloß verblieb und erst 1883 nach Wiesbaden kam. Im Gegensatz zu der zunächst nicht fachlich geleiteten Bibliothek erhielt das Archiv in Hagelgans (1729 bis 1762) sofort einen bedeutenden wissenschaftlichen Leiter. Bemerkenswert ist auch der seit 1715 in der Idsteiner Hofdruckerei herausgegebene, sehr weit verbreitete Kalender „Teutscher Michel", der ab 1769 in Wiesbaden erschien und seit der Gründung des Herzogtums Nassau durch den Nassauischen Allgemeinen Landeskalender ersetzt wurde.

So sehr sich die Fürstin Charlotte Amalie aber auch in der inneren Landesverwaltung bewährte, den größeren politischen Erfordernissen wurde sie nicht gerecht. Die Gunst der Lage, die zwischen 1721 und 1728 die Grafschaften Wiesbaden-Idstein, Saarbrücken und Ottweiler an Usingen hatte heimfallen lassen, nutzte sie nicht aus, sondern veranlaßte 1735 eine neue Teilung in eine Usinger und eine Saarbrücker Linie, die bis 1797 dauerte. Erst 1755 führte die Usinger Linie das Primogeniturrecht ein.

Die Verwaltungsorganisation von 1728/29 bewährte sich dagegen so, daß sie auch die Neuordnung der nassau-dillenburgischen Verwaltung seit 1742 beeinflußte. Darüber hinaus wurde sie zur Grundlage der bedeutenden Verwaltungsorganisation des Herzogtums Nassau unter Ibell im frühen 19. Jahrhundert, nachdem sie durch den 1768 berufenen tüchtigen Verwaltungspraktiker von Kruse reorganisiert worden war (Vorschläge zur besseren Einrichtung des Finanz- und Kameralwesens von 1769, Kanzleiordnung von 1770, Ökonomieplan von 1775). In diese merkantilistisch-aufklärerischen Zusammenhänge gehört auch die 1770 erschienene nassauische Festtagsordnung, die die Zahl der bisherigen kirchlichen Feiertage merklich einschränkte und an der Spitze mehrerer benachbarter, etwa gleichzeitiger Ordnungen dieser Art steht (1770 im Bistum Fulda, 1770 in der Grafschaft Erbach, 1771 in der Landgrafschaft Hessen-Darmstadt). Die Zentralbehörden bestanden Ende des 18. Jahrhunderts aus der Landesregierung, dem Konsistorium, der Hofkammer, dem Hofgericht und dem Lehnhof. Leiter der gesamten Verwaltung war der bewährte Geheime Rat von Kruse. Er ist auch dadurch bemerkenswert, daß er das Schulwesen völlig neugestalten ließ (Schulordnung von 1779 und Neueinrichtung des Lehrerseminars in Idstein) und die Entwicklung der nassauischen Landwirtschaft außerordentlich gefördert hat. Er bot nämlich den aus der Pfalz wegen Bedrückung in Glaubenssachen auswandernden Mennoniten in Nassau-Usingen eine neue Heimat und gewann damit einen wertvollen Stamm fortschrittlicher, erfolgreicher und beispielgebender Landwirte.

Weniger gut als die Verwaltung der Nassau-Usinger war die der anderen walramischen Hauptlinie N a s s a u - W e i l b u r g. Seit ihrer Wiederherstellung durch den Westfälischen Frieden und der endgültigen Teilung von 1651 war in Weilburg die alte Kollegialbehörde des Oberamtes nunmehr als Zentralverwaltungsstelle tätig, allerdings wegen der Not der Zeit zunächst in sehr beschränktem Rahmen, der erst unter Leitung des Kanzleidirektors Ludwig Johann von Savigny (1692 bis 1701) stärker ausgedehnt wurde. Sein Name ist verknüpft mit jenem „kühnen und großartigen" Buch „Dissolution de la réunion" von 1692, das den am schärfsten formulierten und begründeten Protest gegen die Raubaktionen der französischen Réunionen Ludwigs XIV. erhoben hat. Einen weiteren Entwicklungsabschnitt im Verwaltungsausbau Nassau-Weilburgs bedeutete die Kanzleiordnung von 1736, deren landschaftlich (und nicht sachlich) abgegrenzte Dezernate auch in der Umgestaltung von 1753 beibehalten wurden. Die daneben 1750/54 in der Hofkammer geschaffene selbständige Finanzverwaltung arbeitete in Gestalt eines unter Vorsitz des Kammerdirektors tätigen Kammerkollegiums, das jedoch 1774 wieder der Regierung unterstellt wurde. Darauf zurückzuführende, unklare Kompetenzverhältnisse haben die Verwaltung erheblich beeinträchtigt, während die Rechtspflege darunter zu leiden hatte, daß keine verbindliche Prozeßordnung bestand, so daß 1781 die Einführung der Saarbrückener Ordnung von 1750 empfohlen wurde. Da Fürst Karl August seine Residenz von Weilburg, dessen Schloß Anfang des 18. Jahrhunderts von Johann Ludwig Rothweil ausgebaut worden war, nach Kirchheim verlegte und somit vom Sitz seiner Zentralbehörden getrennt worden war, wurde nach preußischem Vorbild 1742 ein Geheimes Kabinett als Verbindungsglied errichtet. Bemerkenswert ist auch die nassau-weilburgische Schulordnung von 1737, die den allgemeinen Schulzwang einführte.

Besser als seine Verwaltung waren die territorialen Erfolge Nassau-Weilburgs. Hier glückte es ihm vor allem, die zahlreichen Gemeinschaften aufzulösen und daraus durch Abtretung und Tausch ihm allein zustehende Herrschaftsgebiete zu erwerben. 1703 teilte es das mit Hessen-Darmstadt gemeinschaftliche Amt Hüttenberg auf, und 1706 tauschte es das bis dahin pfälzische Amt Bolanden gegen die gemeinschaftlichen Rheindörfer ein. Auch in der Herrschaft Kleeberg rundete es seinen Besitz ab, indem es dort 1716 den westerburgischen Anteil kaufte. Seitdem saß es hier nur noch mit Hessen-Darmstadt in Gemeinschaft (das zwei Drittel innehatte). Sie blieb bis 1803 bestehen. Die 1745 folgende Auseinandersetzung mit Saarbrücken wegen Saarwerden und Herbitzheim verschaffte Nassau-Weilburg das Amt Neu-Saarwerden. 1755 tauschte es das Amt Alsenz gegen seine Anteile an Homburg ein und erwarb 1773 sämtliche Anteile an Löhnberg. Die Auseinandersetzung mit den Beteiligten (Hessen-Kassel, Hessen-Rheinfels, Nassau-Oranien, Nassau-Usingen) über die Rechte im Zwei- und Vierherrischen 1775/79 schuf auch hier klare Verhältnisse. Doch erhielten die Nassauer Grafen dabei nur drei Kirchspiele (Singhofen, Dornholzhausen und Marienfels), Hessen dagegen sieben (Bachheim, Buch, Grebenroth, Obertiefenbach, Oberwallmenach, Weyer und Kördorf außer den beiden Orten Attenhausen und Bremberg). Schließlich gelang 1799 noch eine sehr wesentliche Erwerbung durch Erbschaft der Grafschaft Sayn-Hachenburg. Damit umfaßte die gesamte Teilgrafschaft Nassau-Weilburg um 1800 etwa 21 Quadratmeilen mit 57 000 Einwohnern.

Politisch oder militärisch traten die Nassauer Gebiete im 18. Jahrhundert nicht weiter hervor. Doch war eine ganze Anzahl ihrer Grafen (wie zahlreiche

ihrer Standesgenossen aus den kleinen Grafschaften Waldeck, Solms, Erbach u. a.) im militärischen Dienst anderer Mächte, vor allem Hollands und Habsburgs, tätig. Das hatte ihre lebhafte Teilnahme an den Kriegen gegen die Franzosen und die Türken zur Folge. In der großen siegreichen Türkenschlacht bei St. Gotthardt a. d. Raab 1664 kämpften zehn Wetterauer Grafen mit, von denen vier fielen (darunter Graf Gustav Adolf von Nassau-Idstein). Gegen Türken und Franzosen zeichneten sich insbesondere Graf Wolrad von Nassau-Usingen († 1702) und Graf Karl Ludwig von Nassau-Saarbrücken († 1723) aus, während der bis zum kaiserlichen Feldmarschall aufgestiegene Graf Johann Ernst von Nassau-Weilburg, der Verlierer der Schlacht am Speyerbach, weniger leistete. Eine ebenso geringe Rolle spielten die Nassauer aus den walramischen Linien im Siebenjährigen Kriege. Damals stellten sie Kontingente zur Reichsarmee gegen Preußen (die beiden Infanterieregimenter des oberrheinischen Kreises hießen Pfalz-Zweibrücken und Nassau-Weilburg) und halfen 1759 Leipzig, Torgau und Dresden wiedereinzunehmen; doch mußte das ganze Regiment Nassau-Weilburg bei der preußischen Rückeroberung von Leipzig 1759 die Waffen strecken. Und im folgenden Jahre geriet der in kaiserlichen Diensten stehende Erbprinz Friedrich August von Nassau-Usingen (der spätere Herzog) sogar in preußische Gefangenschaft.

Die im 18. Jahrhundert nicht abreißende Kette der Kriege bedeutete auch für dieses Jahrhundert, daß große Teile der Bevölkerung wirtschaftlich schwer gedrückt waren und infolgedessen zur Auswanderung neigten. Es sagt genug, wenn die auf Grund der Maßnahmen Kaiser Josephs II. Ende des 18. Jahrhunderts nach Galizien ausgewanderten Nassau-Weilburger und Nassau-Usinger als klein und nicht selten häßlich bezeichnet werden, ihre Kinder aber oft schon die Eltern an Schönheit und Stärke übertrafen. Eine weitere üble Folge der Kriegsverhältnisse stellten die das Land erheblich belastenden Räuberbanden dar, die sich nunmehr förmlich organisierten und in den weiten Wäldern beiderseits des mittleren Rheines und seiner Nebenflüsse (Main, Lahn, Mosel und Nahe) ihre Schlupfwinkel fanden. Die hier herrschende kleinstaatliche Zersplitterung begünstigte die Räuber, da umfassende Maßnahmen zu ihrer Bekämpfung nicht schnell und wirksam genug getroffen werden konnten. So erklärt es sich, daß allein zu der 1781 beschriebenen Wetterauer Bande 87 bekannte Mitglieder gehörten; doch waren diese Gruppen, die regelrechte Überfälle mit Mord, Brand und Raub ausführten, in der Regel kleiner. In ihren Kreis gehörte auch der bekannteste deutsche Räuberhauptmann, Johann Bückler aus Miehlen (Kr. St. Goarshausen), genannt Schinderhannes, der 1803 (erst 19jährig) mit 19 seiner Raubgenossen durch Henkershand endete (während seine ganze Bande 62 Mann stark gewesen war). Dieses Räuberunwesen pflanzte sich dann besonders in Hessen auch in den nächsten Jahrzehnten noch fort, wie die aktenkundigen Nachrichten über die Räuberbanden an den beiden Ufern des Mains, im Odenwald, im Spessart, im Vogelsberg und in der Wetterau von 1812 bis 1814 erkennen lassen.

Die verschiedenen Nassauer Grafschaften, die sich seit der unglücklichen ersten Teilung von 1255 gebildet hatten, konnten während der Dauer des alten Reiches unter den Nassauer Grafen nicht wieder zusammengeführt werden; doch sind seit dem Ende des Mittelalters Versuche bemerkbar, wenigstens den Familienverband im großen zu wahren. Allerdings hatte der 1491 zwischen Nassau-Weilburg und Nassau-Saarbrücken abgeschlossene und 1493 vom Kaiser bestätigte Erbverein erst 200 Jahre später Nachfolger in den Erbverträgen von 1684 zwischen Nassau-Usingen und Nassau-Weilburg und 1735 zwischen Nassau-Usingen und Nassau-Saarbrücken. Bereits 1671 war jedoch eine gemeinsame Kanzlei aller nassau-walramischen Linien eingerichtet worden, die dem jeweiligen Senior des Hauses unterstand. Jährliche Hauskonferenzen dienten zur Erledigung gemeinsamer Angelegenheiten, die man an den wichtigsten Reichsstellen durch gemeinsame Agenten und Gesandten vertreten ließ; so beim Reichstag zu Regensburg, beim Kreisdirektorium des oberrheinischen Kreises zu Frankfurt, am Reichskammergericht zu Speyer und Wetzlar und beim Reichshofrat in Wien; außerdem bestanden gemeinsame Vertretungen am kaiserlichen Hofe zu Wien, am lothringischen zu Nancy und am oranischen im Haag. Endlich kam auch zwischen dem walramischen und ottonischen Gesamtstamm am 30. Mai 1736 ein Erbvertrag zustande, der zwar Schwierigkeiten machte, aber die Grundlage des Erbvereins aller nassauischen Grafenlinien vom Juni 1783 bildete, der am 29. September 1786 vom Kaiser bestätigt und am 26. November 1813 nochmals erneuert wurde. Er führte zur Bildung eines gesamtnassauischen Hausdirektoriums unter dem Vorsitz des jeweils regierenden Oraniers.

Das Fürstentum Nassau-Saarbrücken, in dem seit 1735 wieder eine besondere Linie des Hauses Nassau-Usingen saß, erlebte in dieser Schlußphase seiner geschichtlichen Existenz endlich noch einige ruhige Jahrzehnte. Sie standen politisch im Zeichen des Ausgleichs mit den größeren Nachbarn. 1768 beseitigte der Hagenbacher Ausgleich die noch bestehenden Gebietsdifferenzen mit der Pfalz, nachdem bereits 1766 die letzten strittigen Grenzfragen mit Frankreich geregelt worden waren. Dabei tauschte Fürst Wilhelm Heinrich 14 französisch-lothringische Orte rechts der Saar gegen Kloster Wadgassen und 13 Orte links der Saar ein, von denen elf geschlossen am westlichen Warndtwaldgebiet (südlich Saarlouis) lagen. Im Sinne dieser Übereinkunft verheiratete Wilhelm Heinrichs Sohn und Nachfolger, Fürst Ludwig von Nassau-Saarbrücken, 1779 seinen elfjährigen Sohn Heinrich mit der 18jährigen Tochter des französischen Kriegsministers Montbary, wobei man es für notwendig erachtete, den evangelischen Bekenntnisstand des Landes durch eine Assekurationsakte zu garantieren. Jedoch konnte auch dieses würdeloses Heiratsmanöver, das die

Unterwerfung der Nassau-Saarbrückener Fürsten unter die französischen Vorherrschaftsansprüche in aller Deutlichkeit klarstellte, die dem Lande seit jeher drohende Gefahr nicht beseitigen. Im November 1793 wurde Saarbrücken von den französischen Revolutionsheeren besetzt, Fürst Ludwig mußte fliehen und starb schon 1794; 1797 erlosch mit seinem Sohn Heinrich die jüngste Nassau-Saarbrückener Linie überhaupt; ihr Erbanspruch auf Saarbrücken fiel wieder an Nassau-Usingen zurück und bildete nun eine wichtige Voraussetzung für die künftige Neugestaltung des Herzogtums Nassau.

IX.

HERRSCHAFTEN UND REICHSSTANDSCHAFTEN

34. Die Herrschaften an der Lahn Limburg, Runkel und Westerburg

Die Herrschaft Limburg a. d. Lahn war wie die Herrschaft Runkel und Westerburg territorial ein Zerfallsprodukt der Lahngaugrafschaften, politisch jedoch offensichtlich ein später Exponent des Reiches. Es hat noch in staufischer Zeit ihre Konstituierung ermöglicht, wahrscheinlich um auf diese Weise seinen wetterauischen Besitz von Usingen und Runkel her lahnabwärts zu sichern und auszubauen. Nach dem Zusammenbruch der staufischen Macht geriet die kleine Herrschaft daher sofort in das Spannungsfeld der benachbarten Landesherren, wobei sich das Erzbistum Trier schrittweise vor allem gegen Nassau durchsetzte, um dann doch jahrhundertelang mit der größeren katzenelnbogisch-hessischen Macht teilen zu müssen. Das Haus Isenburg-Limburg spielte dabei nur eine geringe Rolle, da es ihm an Persönlichkeiten und Mitteln mangelte, sich in dieser Auseinandersetzung zu behaupten. Infolgedessen war seine politische Rolle schon lange vor dem Erlöschen im Jahre 1407 ausgespielt. Die bedeutendste Erscheinung dieser Herrschaft waren Stadt und Stift Limburg selbst. Ihr großer geistiger Repräsentant im Mittelalter war der aus Niederhessen stammende Chronist Thielmann Ehlen von Wolfhagen, dessen gegen 1400 verfaßte Limburger Chronik eine wichtige landesgeschichtliche und noch wertvollere kulturgeschichtliche Quelle von allgemeiner Bedeutung darstellt. Sein wahrscheinlich größtes Werk, die (bis 1417 reichende) Hessenchronik, die er nach dem Untergang der Selbständigkeit Limburgs verfaßte, als er sich enttäuscht wieder seiner größeren hessischen Heimat zuwandte, ist leider nur noch mittelbar in der hessischen Landeschronik des Wiegand Gerstenberg von Frankenberg aus dem Ende des 15. Jahrhunderts faßbar, die sich weitgehend auf sie stützt.

Limburg, das aus der Hand des Reiches in konradinischen Besitz übergegangen war, gelangte über die wetterauischen Konradiner an deren Luxemburg-Gleiberger Erben und von diesen vor 1156 an die Grafen von Leiningen (wie wir in Kap. 14 dargestellt haben). Von ihnen übernahm es Heinrich I. von Isenburg-Grenzau als Erbe des Grafen Friedrich Emicho von Leiningen (1169 bis 1211), der vermutlich ein jüngerer Bruder von Heinrichs Mutter war. Aus dieser Erbmasse stammte auch sein Anteil an der Schaumburg und an dem Erbe des kinderlos verstorbenen Grafen Friedrich von Peilstein-Mörle-Kleeberg (1210 bis 1214). Vor 1248 teilten die Söhne Heinrichs I. von Isenburg-

Grenzau, Heinrich II. und Gerlach I. (1228 bis 1237), wobei dieser Limburg erhielt, sich danach nannte und um diesen Mittelpunkt eine kleine Herrschaft aufbaute. Die Isenburger besaßen Limburg jedoch nicht zu Eigen, sondern als Lehen zu je einem Drittel vom Reich, von den Mainzer Erzbischöfen und den Landgrafen von Hessen. Das Drittel des Reiches ging vielleicht bis auf die ursprünglichen Rechte des Königs an der Burggründung in fränkischer Zeit zurück, das Mainzer Drittel entsprang wohl dem Einfluß, den Mainz auf die konradinische Stiftsgründung gewann, und das landgräfliche Drittel kam vielleicht aus dem Anteil der Landgrafen am Gleiberger Erbe, das ebenfalls zu den Konradinern zurückführt. Im Laufe des 13. Jahrhunderts vermochte dann das Erzbistum Trier, das sich 1223/24 im Ringen mit Graf Heinrich II. von Nassau in Montabaur festgesetzt hatte, auf das benachbarte Limburg stärkeren Einfluß zu gewinnen. Dabei nutzten ihm Streitigkeiten zwischen dem Stift Limburg und dem Mainzer Erzstuhl 1232/35 über die Limburger Propstei, deren Besetzung Mainz beanspruchte, denn ihre Entscheidung konnte der Trierer Erzbischof mit dem Recht des Metropoliten und Archidiakons an sich ziehen. Durch die noch im 13. Jahrhundert vollzogene Abschichtung der Propstei vom Stift ging der Mainzer Einfluß in Limburg noch weiter zurück, und die zielbewußt auf die Erweiterung der trierischen Rechte in diesem Gebiet gerichtete Erwerbspolitik Erzbischof Baldewins von Trier beseitigte ihn im 14. Jahrhundert vollends.

Dabei kam ihm zustatten, daß Erzbischof Heinrich von Trier bereits 1273 die Lehnshoheit über Molsberg erworben hatte, Johann I. von Limburg (1297 bis 1312), der Schwager König Adolfs, durch seine Unterstützung dieses schwachen Herrschers stark belastet war und Johanns sangeskundiger Sohn Gerlach III. (1312 bis 1355) in politischen und wirtschaftlichen Beziehungen eine wenig glückliche Hand zeigte; denn seine Verbindung mit König Friedrich dem Schönen gegen König Ludwig von Bayern war seiner Stellung ebenso abträglich wie seine vielleicht damit zusammenhängende Schuldenwirtschaft. 1322 sah er sich gezwungen, gegen eine namhafte Summe Lehnsmann Erzbischof Baldewins von Trier zu werden und ihm Elz, Oberbrechen, Netzbach, Werschau sowie Besitz in Mensfelden und Weroth aufzutragen. 1332 kam noch das halbe Dorf Nomborn hinzu. Außerdem besaßen die Limburger die halbe Herrschaft Schaumburg, die Gerlach II. von Limburg 1266 dem Erzbistum Köln zu Lehen aufgetragen hatte.

Die Herrschaft Kleeberg teilten die Limburger 1258 mit den Isenburgern, behielten aber ihre Hälfte nicht, sondern teilten sie 1298 weiter mit Nassau-Idstein und Westerburg. Sie umfaßte daher nach der Aussteuerung der an Heinrich von Westerburg († 1288) verheirateten Agnes von Isenburg-Limburg mit Kleeberger Besitz und nach Abtretung mehrerer Dörfer an die Herren von Eppstein zu Anfang des 14. Jahrhunderts nur noch die Dörfer Kleeberg, Brandoberndorf, Oberkleen und Ebergöns. Ferner gehörte den Limburgern Burg und Ort Staden in der Wetterau mit Zubehör, darunter Nieder- und Obermockstadt. Von Staden trat Johann III. von Limburg (1365 bis 1407) 1377 ein Viertel an Graf Ruprecht von Nassau-Sonnenberg ab, das dessen Gemahlin Anna 1403 an Katzenelnbogen brachte, während Johann seinen übrigen Anteil an Staden 1405 an ein Ritterkonsortium verkaufte, das hier eine Ganerbschaft einrichtete.

Die immer mächtigere Stellung Erzbischof Baldewins, der 1328 auch die Schirmherrschaft über das Mainzer Erzstift übernahm, ermöglichte es ihm, 1329 das Öffnungsrecht an Limburg zu erlangen und am 22. Mai 1344 unter Ausnutzung der Verschuldung Gerlachs III. die Hälfte der Herrschaft an sich zu bringen. Der Versuch Gerlachs, diesem steigenden Einfluß Baldewins durch Unterstützung König Ludwigs des Bayern gegen den Luxemburger König Karl IV. zu begegnen, scheiterte (wie im Falle Reinhards von Westerburg). Erzbischof Kuno von Trier konnte daher die Politik Erzbischof Baldewins erfolgreich fortsetzen und dadurch krönen, daß er am 11. November 1374 von Kaiser Karl IV. das entscheidende Recht erhielt, an Stelle des Reiches die Herren von Limburg zu belehnen; zugleich willigte der Kaiser in den späteren Anfall der Herrschaft an das Erzbistum Trier ein. Erzbischof Kuno untermauerte seinen Erfolg dadurch, daß er den Niedergang der Herren von Molsberg benutzte, um auf Grund der trierischen Lehnshoheit 1365/70 Molsberg und Niederbrechen von ihnen zu erwerben. Die Entscheidung fiel, als Johann III. von Limburg 1380 das Limburger Reichslehen tatsächlich aus Trierer Hand entgegennahm und König Wenzel dem Erzstift kurz vor 1388 nochmals das Lehnsdrittel des Reiches übertrug. Als nunmehr Johann von Limburg 1407 ohne männliche Erben starb, vermochte sich Erzbischof Werner von Trier in den Besitz der Herrschaft zu setzen.

Die Berechtigung dazu wurde Trier durch den Schwestersohn Johanns III. von Limburg, Wildgraf Gerhard II. von Kirburg, und durch Johanns Schwiegersohn, Graf Adolf von Nassau-Dillenburg, bestritten. Diese teilten sich in das Erbe, konnten es aber nicht erlangen, da Graf Gerhard bereits 1408 söhnelos starb und der Trierer Erzbischof Graf Gerhards Schwiegersohn die Belehnung verweigerte, da nach Trierer und gemeinem Recht die weibliche Lehnsfolge ausgeschlossen sei, obwohl diese 1285 König Rudolf und 1289 Landgraf Heinrich von Hessen Gerlach II. und seinem Sohn Johann I. von Limburg ausdrücklich zugestanden hatten. Infolgedessen erlangte Rheingraf Johann III. 1426 die Belehnung mit dem Limburger Reichsdrittel von Kaiser Sigismund und noch 1476 Rheingraf Johann V. von Kaiser Friedrich III. Ebenso belehnten Erzbischof Dietrich von Mainz 1440, Erzbischof Diether 1476 und der mainzische Administrator Adalbert 1483 die Rheingrafen Johann IV. und Johann V. mit dem mainzischen Drittel, während Landgraf Heinrich III. von Hessen

1476 Rheingraf Johann V. mit dem hessischen Drittel belehnte. Diese Belehnungen erwiesen sich jedoch als wirkungslos, so daß Rheingraf Johann V. 1493 endlich auf seine Rechte verzichtete.

Den anderen erbberechtigten Verwandten des letzten Limburgers, Graf Adolf von Nassau-Dillenburg, fand Erzbischof Werner damit ab, daß er ihn 1409 zwar mit dem Reichsdrittel belehnte, aber nur auf Lebenszeit und unter Vorbehalt der trierischen Erwerbungen. Als Graf Adolf 1420 ohne männliche Erben starb, trat Kurtrier die Herrschaft über Limburg an, mußte jedoch aus finanzieller Bedrängnis die Hälfte von Schloß und Stadt Limburg schon bald an Frank von Kronberg versetzen und ihm die Mitherrschaft einräumen. Bedrohlich wurde die Lage nach dem Tod Erzbischof Ottos von Ziegenhain († 1430), denn es erfolgte eine Doppelwahl (Jakob von Sirck gegen Ulrich von Manderscheid), und außerdem setzte der Papst den Raban von Helmstadt ein, so daß drei Erzbischöfe um das Erzstift stritten und es dabei aufs schwerste schädigten. Im Verlaufe des Kampfes gestattete Ulrich, daß Frank die Pfandschaft 1436 an Landgraf Ludwig I. von Hessen übertrug. Raban ließ es gelten, da Landgraf Ludwig ihm das Schloß Molsberg ausgelöst hatte, und teilte sich mit dem Landgrafen in die Herrschaft. Rabans Nachfolger Erzbischof Jakob von Sirck verpfändete die Hälfte seines Anteils (also ein Viertel) an Dietrich IV. von Runkel, desgleichen überließ Landgraf Ludwig 1440 Frank von Kronberg wieder ein Viertel. Das andere hessische Viertel kaufte 1446 Graf Bernhard von Solms-Braunfels, der es 1458 an Graf Philipp von Katzenelnbogen abtrat. Dieser erwarb 1461 auch Franks Viertel, übergab jedoch 1473 seiner Schwiegertochter Ottilie ein Viertel, wofür er allerdings 1475 das Runkelsche Viertel übernahm. Da Trier 1482 die Pfandschaft Ottiliens einlöste, besaßen nun wieder Trier und Hessen (als Erbe von Katzenelnbogen) je die Hälfte von Limburg. Erst die anfängliche Niederlage Hessens im 30jährigen Kriege ermöglichte es Trier dann 1624, die hessische Hälfte einzulösen.

Wie Limburg so muß auch Runkel als Exponent des Reiches gelten, auf dessen unmittelbare Veranlassung die Errichtung der mächtigen, 1159 zuerst genannten Burg Runkel an der Lahn bei einer wichtigen Straßenkreuzung zurückgehen dürfte; denn dem Reich verdanken die Herren von Runkel zweifellos auch ihre Stellung in der Herrschaft zum Westerwald, die sie wahrscheinlich schon vor 1159 und damit vor den Nassauer Grafen als Reichsvögte innehatten. Die Herkunft der Herren von Runkel ist ungeklärt, wird aber auf Grund ihres Wappens wohl zu Recht (wenn auch nicht unbestritten) auf die seit ottonischer Zeit in Hessen eingedrungenen sächsischen Edelgeschlechter zurückgeführt, deren bedeutendste Vertreter die mit den Herrn von Runkel wappenverwandten Grafen von Wittgenstein und Battenberg waren.

Über seine Gemahlin aus dem Haus der Grafen von Leiningen erhielt Siegfried I. von Runkel (wohl schon vor 1191) die Vogtei über das Stift Gemünden und damit die Grundlage der daraus erwachsenen Herrschaft Westerburg (mit den Orten Westerburg, Gemünden, Seck, Hergerod, Stahlhofen, Stocken und Wengerod). Auf dem gleichen Wege fiel ihm über das Erbe der Grafen von Peilstein-Mörle-Kleeberg ein Anteil am Besitz der Grafen von Gleiberg an der Lahn zu. Nach dem Zuwachs der beträchtlichen Leininger Mitgift traten jedoch schon bald die üblichen Spaltungerscheinungen in der Familie auf. Siegfrieds II. Söhne, Siegfried III. und Dietrich, teilten, behielten allerdings bei der ersten Teilung von 1226 noch den größeren Teil des Besitzes gemeinsam. Die daraus entspringenden Streitigkeiten führten zu langwierigen Fehden, in denen Siegfrieds III. Söhne, der Mainzer Dompropst Siegfried und Heinrich von Westerburg, in die Gefangenschaft ihres Vetters Siegfried gerieten. 1270 kam eine neue Teilung zwischen beiden Linien zustande, die schon bald zur Ablösung der Runkeler von der Westerburger Linie führte, denn seit 1274 begegnet Heinrich von Runkel nurmehr als Herr von Westerburg. Seinen Anteil an Runkel nahm ihm sein Vetter Siegfried mit Gewalt, was zu weiteren hartnäckigen Auseinandersetzungen führte, denn selbst das Eingreifen König Rudolfs zugunsten Heinrichs vermochten diesem nicht die Wiederaufnahme in die Burg Runkel zu erzwingen. Infolgedessen errichtete Heinrich von Westerburg zur Sicherung seiner Rechte (vor 1288) die Burg Schadeck unmittelbar gegenüber von Runkel. Der endlich durch Graf Adolf von Nassau vermittelte neue Vergleich von 1288 setzte die Trennung beider Linien weiter fort. Heinrich wurde damals der alleinige Besitz von Westerburg und Schadeck, Siegfried derjenige von Runkel zugesprochen; dagegen blieben die Gerichte Gemünden, Seck, Wenigenvillmar sowie die Herrschaft zum Westerwald gemeinsam. Dazu verfügte Heinrich durch seine Heirat mit Agnes von Limburg 1279 über deren Anteil an der Burg Schaumburg und nach ihres Vaters Tod aus dem Limburger Erbe über ein Sechstel der Herrschaft Kleeberg und einen Anteil am Hüttenberg.

Die Herren von Runkel vergrößerten ihr kleines Herrschaftsgebiet durch Erwerbung der Zenten Aumenau und Schupbach (endgültig 1366) von der Grafschaft Diez und rundeten diesen Besitz durch die Greifensteiner Lehen in der Zent Schupbach 1406 ab. Gleichwohl blieb die Herrschaftsgrundlage der Runkeler äußerst schmal, bis ihnen 1454 der söhnelose Graf Wilhelm von Wied-Isenburg die Grafschaft Wied mit Braunsberg und seinem Anteil an Isenburg übertrug und den Runkelern damit aus der Enge des Lahntales den Weg an den Rhein und die fruchtbare Weite des Neuwieder Beckens öffnete.

Im Gegensatz zu der ohne größere Ereignisse verlaufenden Geschichte der Herren von Runkel war die der Herren von Westerburg während des ganzen späteren Mittelalters von fast ununterbrochenen Kämpfen erfüllt. Ihre Ursache war zweifellos eine ausgeprägte und weitgehende Fehdesucht der Westerburger, die ihre Beziehungen zu den Erzbischöfen von Trier, den Grafen von

Nassau und den Grafen von Katzenelnbogen immer wieder kriegerisch belastet hat. Schwierig und verlustreich waren vor allem die Kämpfe mit Trier, dessen aktive Territorialpolitik unter Erzbischof Baldewin die Westerburger an der Lahn und im Westerwald stark bedrängte. Gegen die Schaumburg baute er den Balduinstein und zwang die Westerburger auch noch, ihm 1321 den Burgplatz dazu zu verkaufen; zugleich versuchte er das benachbarte Freiheimgericht an sich zu bringen, doch konnte es Reinhard I. von Westerburg (1315 bis 1353) in Gestalt des Gerichtes Habenscheid 1328 durch kaiserliche Belehnung behaupten. Dagegen erreichte Baldewin 1321 die Lehnsauftragung der Burg Schadeck, die er, als sich Reinhard seiner Politik nicht willig genug fügte, 1344 eroberte und sich 1346 zur Hälfte als Eigentum abtreten ließ. Zugleich zwang er Reinhard, auf alle Bündnisse mit der Stadt Limburg zu verzichten, die ja in gleicher Weise wie Westerburg ein wesentliches Ziel der territorialen Absichten Baldewins darstellte.

Um dem Erzbischof erfolgreicher widerstehen zu können, schloß sich Reinhard König Ludwig dem Bayern an und brachte 1347 den Koblenzern bei Grenzau auch eine fühlbare Niederlage bei. Baldewin ging daher erneut gegen ihn vor, zumal der Westerburger den Mainzer Erzbischof Heinrich von Virneburg im Kampf um das Mainzer Erzstift gegen den von König Karl IV. eingesetzten Erzbischof Gerlach von Nassau unterstützte. Reinhard mußte sich nun endgültig beugen, sich Karl IV. unterwerfen und Erzbischof Baldewin 1350 Burg Schadeck auf Lebenszeit überlassen. Es entsprach der bedenkenlosen, aber um so erfolgreicheren Politik Baldewins, daß er nunmehr Reinhard zum obersten trierischen Amtmann in Montabaur, Limburg, Boppard, Oberwesel, Bacharach und (selbst) Schadeck einsetzte, ihn aber gleichzeitig durch reichlich gewährte Darlehen in völlige Schuldabhängigkeit brachte und damit als ernsten Gegner erledigte. 1354 mußte Reinhards Sohn Johann (1353 bis 1370) einen Schuldvergleich eingehen, der ihn zwang, die Burgen Westerburg, Kleeberg und Schadeck dem Erzstift zu öffnen.

Auch die Auseinandersetzungen der Westerburger mit den Grafen von Nassau verliefen wenig erfolgreich. Die Ansprüche, die Reinhard I. von Westerburg mit einer Tochter des letzten Merenbergers auf die Herrschaft Merenberg und Gleiberg erheiratet hatte, konnte er gegenüber Graf Johann von Nassau-Weilburg nicht durchsetzen. Auch die das ganze 14. Jahrhundert andauernden Streitigkeiten wegen der Herrschaft zum Westerwald blieben ohne greifbaren Erfolg, denn selbst die in diesen Fehden 1369 geglückte Gefangennahme Graf Johanns I. von Nassau-Dillenburg war ergebnislos, so daß Merenberg überhaupt verloren war und der endlich 1396 wegen der Herrschaft zum Westerwald erzielte Vergleich die dortigen westerburgischen Rechte stark einschränkte.

Ein dritter gefährlicher Gegner erwuchs den Westerburgern in den Grafen von Katzenelnbogen, denen sie 1364 für die Erlaubnis, einen ihnen vom Kaiser verliehenen Anteil am St. Goarer Zoll erheben zu können, die Burgen Westerburg, Schadeck und Kleeberg öffnen mußten. Seitdem sich die Grafen Ende des 14. Jahrhunderts am Rande des Westerwaldes in Driedorf, Ellar und Hadamar festgesetzt hatten, kam es bald zu dauernden Reibereien mit den Westerburgern. Reinhard II. (1370 bis 1421) und sein Sohn Reinhard III. von Westerburg (1421 bis 1449) setzten zur Wahrung vermeintlicher Rechte ihre unglückliche Fehdepolitik fort, übernahmen sich aber dabei und hatten statt größerer Erfolge nur ständig größeren Schaden. Schon 1405 sah sich Reinhard II. gezwungen, die Schaumburg an Graf Johann IV. von Katzenelnbogen zu verpfänden.

Besonders verhängnisvolle Folgen hatte diese fehdesüchtige Streitlust, die eine dauernde Beunruhigung des Westerwaldes mit sich brachte, unter Reinhard III. Unter ihm gingen die meisten westerburgischen Besitzungen in fremden Pfandbesitz über, so 1422/23 die Herrschaft Westerburg an Graf Adolf von Nassau-Wiesbaden, 1429 erneut ein Viertel an Westerburg an Philipp von Kronberg, 1423 Kleeberg an Eberhard von Wilnsdorf, 1428 Westerburg und Schaumburg an Trier, wodurch naturgemäß die alten Pfand- und Öffnungsrechte der Katzenelnbogener an den Westerburger Schlössern bedroht waren. Da Reinhard sich beharrlich weigerte, diese Rechte und neue Darlehns-)Verpflichtungen sicherzustellen, ließ Graf Johann IV. von Katzenelnbogen Burg und Herrschaft Schaumburg 1444 militärisch besetzen. 1451 brachte sein Sohn Graf Philipp von Katzenelnbogen auch die Kronberger Pfandrechte an Westerburg von Kuno von Westerburg (1449 bis 1459) an sich, der schließlich von ihm finanziell so weit abhängig war, daß er dem Grafen 1449/50 den St. Goarer Zollanteil und zuletzt sogar den Silberschatz seines Hauses überlassen mußte. Da Graf Philipp nach Kunos Tod Vormund seiner Kinder und der Herrschaft Westerburg wurde, schien das Ende dieser Herrschaft in Form ihrer Vereinigung mit der Grafschaft Katzenelnbogen gekommen zu sein. Nur der Tatkraft von Kunos Mutter Margarethe von Leiningen und Kunos Frau Margarethe von Virneburg gelang es, dieses Ende abzuwenden und 1468 schließlich mit Hilfe des Pfalzgrafen Friedrich die Grafschaft Leiningen ihren Enkeln und Söhnen als Erbe zu sichern.

Wie im Falle Runkel die Herren dieser Herrschaft nach ihrer Wieder Erbschaft an den Rhein abgewandert waren, so gingen nunmehr die Westerburger als Grafen von Leiningen in jene rheinpfälzischen Gebiete über, in denen ihr Leininger Erbe lag. Westerburg (mit Schadeck und Schaumburg) sank zu einem Nebenbesitz herab, der seit 1557 wiederholt geteilt wurde (1598 im Friedberger, 1612 im Schadecker Vertrag) und im 30jährigen Kriege, als hier der geistesschwache Graf Reinhard III. (1598 bis 1655) sein verantwortungsloses Regiment führte, vollends jede politische Bedeutung einbüßte. So wiederholte sich hier im kleinen, was sich im Rahmen der nassauischen Geschichte in der gleichen Landschaft bereits einmal im großen abgespielt hatte: die dauernde Spaltung einer alten Herrschaft und der selbständige Ausbruch ihrer beiden Teile nach ganz verschiedenen Richtungen, der sie aus den kargen und wenig entwicklungsfähigen Gebieten des Westerwaldes in größere und ergiebigere Räume führte und hier dem Geschlecht neue Aufstiegsmöglichkeiten eröffnete. Der Schwerpunktverlagerung der nassau-walramischen Grafschaften in das Saargebiet und die Pfalz und der nassau-ottonischen Grafschaften an den Niederrhein und die Maas entsprach im kleineren Maßstab das Überwechseln der Herren von Runkel in die Grafschaft Wied und der Herren von Westerburg in die Pfalz. Ein weiteres ähnliches Beispiel bietet das Ausweichen der Grafen von Katzenelnbogen aus dem Einrich (zwischen Taunus und Lahn) in den Kraichgau (südlich Heidelberg) und an die Bergstraße. Es zeigt sich also, daß das Land an der unteren Lahn vom Westerwald bis zum Taunus keine genügenden Möglichkeiten selbst für kleinere Territorienbildungen bot.

35. Die Herrschaften in der Wetterau Münzenberg-Falkenstein und Eppstein-Königstein

Die Herren von Münzenberg gehören zu den bedeutendsten deutschen Reichsdienstmannengeschlechtern der salischen und staufischen Kaiserzeit. Wie die Überlieferung zahlreicher kaiserlicher Urkunden bis zurück in die ottonische Zeit im Münzenberg-Falkensteiner Archiv erkennen läßt, hatten die Spitzenahnen dieses Geschlechtes in dem vom Vorort Frankfurt beherrschten unteren Maingebiet, insbesondere dem Reichsforst Dreieich, vielleicht schon im 10., sicher im 11. Jahrhundert eine angesehene amtliche Stellung inne. Schenkungen Kaiser Heinrichs IV. an seinen Diener Kuno von 1057 lassen erkennen, daß dieser und offenbar auch schon sein Vater bereits unter Kaiser Heinrich III. in engem Verhältnis zum salischen Kaiserhause standen. Dieser salische Ministeriale war Kuno von Arnsburg in der Wetterau, der um 1064 die Gräfin Mathilde von Bilstein, Tochter des Grafen Eberhard von Bilstein, geheiratet hatte und durch diese Einheirat in das edelfreie mächtige Grafengeschlecht der Germaramark zugleich den Rang der eigenen Stellung dartat. Die einzige Tochter aus dieser Ehe, Gertrud (geb. um 1065, gest. vor 1093), heiratete Eberhard von Hagen (1075 bis 1122), der das besondere Vertrauen Kaiser Heinrichs IV. genoß; Eberhards Sohn Konrad I. (1093 bis 1130) setzte diese Beziehungen zum Königshaus fort.

Als frühester Sitz dieses Geschlechtes gilt Hagen in der Dreieich (heute Dreieichenhain), dessen Schloß auf eine (wahrscheinlich) ottonische Turmburg zurückgeht. Die danach zunächst von Hagen benannten Ministerialen erhielten von den Saliern umfangreiche Güter. So verfügte Eberhard von Hagen um 1100 über ein Gebiet, das den Fiskus Tribur, die Forestis Dreieich und umfangreichen Besitz im Bach- und Rodgau umfaßte und sich daher fast geschlossen vom Main zwischen Wörth und Aschaffenburg bis zum Rhein zwischen Nierstein und Mainz erstreckte. Die Übersiedlung des Geschlechtes von Dreieichenhain nach Arnsburg in der Wetterau gegen die Mitte des 12. Jahrhunderts geht auf die Heirat Eberhards von Hagen mit der Arnsburger Erbtochter Gertrud und die darauf begründete Beerbung der Arnsburger durch die Herren von Hagen zurück. Diese Erbschaft brachte ihnen einen erheblichen Macht- und Besitzzuwachs in der Wetterau ein, so daß sie in kurzer Frist in der 1. Hälfte des 12. Jahrhunderts zum mächtigsten Geschlecht in der Wetterau und dem Rhein-Main-Gebiet aufstiegen. Konrad II. stiftete vor 1151 in der Nähe seiner Burg Arnsburg inmitten des dortigen ehemaligen Limeskastells das Benediktinerkloster Altenburg, das Konrads II. Sohn Kuno I. von Arnsburg-Münzenberg (1151 bis 1207) 1174 in die elterliche Burg Arnsburg verlegte und mit Zisterziensern besetzte. Inzwischen war nämlich auf dem schon von seinem Vater von der Abtei Fulda eingetauschten Berg Münzenberg bis etwa 1156 die gleichnamige Burg entstanden, da sich Kuno seitdem von Münzenberg nennt. Damit ist die Erbauungszeit einer der bedeutendsten Burgen in Hessen gesichert, einer Anlage, die zu den baulichen Kleinoden der staufischen Palasbauten zählt. Sie ist nach dem maßgebenden Urteil Dehios die „bedeutendste aus dem hohen Mittelalter erhaltene Burg neben der Wartburg, durch Unberührtheit noch vor ihr ausgezeichnet und künstlerisch mindestens ebenbürtig".

Kuno I. erscheint von 1162 bis 1168 als Reichskämmerer (er siegelte mit einer Gemme unter dem Titel Cuno camerarius) und ist so oft in der nächsten Umgebung der staufischen Kaiser und Könige seiner Zeit nachweisbar, daß er zu Recht als ständiges Mitglied des kaiserlichen Rates gilt. Entsprechend seiner politischen Stellung ist er auch territorial ausgestattet worden. Nach dem Aussterben der Grafen von Nürings (nach 1170) erhielt er einen wesentlichen Anteil an ihrer Wetterauer Grafschaft Malstatt, in deren Bereich die Herrschaft Münzenberg, Assenheim ohne das Freigericht Kaichen lagen. Dazu kam das Gebiet um Oberursel und südlich der unteren Nidda. Diese Übertragung fand ihren Ausdruck in der wahrscheinlich von Kuno I. errichteten (1215 erstmals genannten) machtvollen Burg Königstein am Taunus. Damit umklammerte das Herrschaftsgebiet der Münzenberger die Stadt Frankburt immer enger, und da sie ihre Rechte auch dort ständig mehrten, schien es nur eine Frage der Zeit zu sein, wann sie ihren nord- und südmainischen Besitz vollends zusammenschließen und Frankfurt in ihn einbeziehen würden. Kuno I. wird auch durch seine Münzprägungen, denen wir sein Porträt verdanken, als eine der führenden Persönlichkeiten der an großen Gestalten so reichen Stauferzeit charakterisiert. Bemerkenswert ist sein sogenannter Judenschutzbrakteat (mit hebräischer Inschrift), der Kuno als Schutzherren der Wetterauer Juden kennzeichnet, für die er bei seiner Burg Münzenberg eine eigene Ansiedlung gründete. Hierher flüchtete 1188 die bedrohte Mainzer jüdische Gemeinde, bis sie ein Machtwort Kaiser Friedrichs I. wieder zurückführte. Nach dieser wetterauischen Freistatt heißt der namhafte jüdische Rabbi und Gelehrte David Münzenberg, der 1196 die große jüdische Synode zu Mainz (oder Speyer) leitete. In diese münz- und damit machtgeschichtlichen Zusammenhänge gehört auch, daß Kaiser Heinrich VI. 1194 Kuno I. mit der Hälfte des Ertrages der Frankfurter Münze belehnte.

Der darin zum Ausdruck kommende Reichtum Kunos hat jedoch nicht nur der Mehrung seiner Macht und seines Besitzes gedient, wie sie etwa die Erwerbungen 1183 in Laubach von Kloster Hersfeld und 1193 zu Assenheim von Kloster Fulda zeigen, er hat sich offensichtlich auch zugunsten des Münzenberger Hausklosters Arnsburg ausgewirkt; denn das läßt dessen baulich hervorragend gestaltete Kirche, die etwa 1197 begonnen wurde, noch heute erkennen. Bereits vorher aber (spätestens 1193) hatte Kuno das älteste Frankfurter Hospital im Vorort Sachsenhausen gestiftet, das er reich ausstattete und vor 1207 dem Deutschen Ritterorden übertrug.

Diese Übergabe war ein tiefgreifender Entschluß, denn mit ihr entsagte er offensichtlich allen machtpolitischen Bestrebungen im unmittelbaren Frankfurter Raum. Das macht den außerordentlich heftigen Widerstand seiner Erben gegen diese Dotation verständlich. Diese Haltung wuchs sich schließlich geradezu zum Verhängnis für das Geschlecht aus, denn sie hat sein Verhältnis zu den deutschen Kaisern und Königen bis zu seinem Untergange aufs schwerste belastet. Zwar stand Kunos I. Sohn Kuno II. in den staufisch-welfischen Thronkämpfen auch nach des Vaters Tod (1207) zunächst noch auf der Seite der Staufer; als aber König Philipp im Juni 1208 ermordet worden war, ging Kuno II. ein Jahr später, im Mai 1209, zu dem siegreichen Welfen Otto IV. über und weilte fast ständig in dessen nächster Umgebung.

Sein Bruder Ulrich I. ist dieser politischen Linie nur zögernd gefolgt, denn er erschien erst Jahre später im Mai 1212 als Kämmerer im Gefolge Ottos IV. und ging schon Anfang 1213 wieder zu dem kurz vorher in Frankfurt zum deutschen König gewählten und in Mainz gekrönten Friedrich II. über. Nicht so sein Bruder, Kuno II., der sich von Friedrich II. völlig fernhielt und darüber seine Grafschaft verlor, die der König erst 1216, jedoch nicht mehr an Kuno, sondern an Ulrich I. zurückgab. Dieser königliche Gnadenakt war jedoch offensichtlich mit einer erheblichen Einschränkung der münzenbergischen Machtstellung verknüpft. Sicher geht die Herausnahme der 1216 erstmals genannten Reichsburg Friedberg aus dem münzenbergischen Machtbereich auf diesen Streit zurück. Dasselbe gilt wahrscheinlich auch für die Burg der Reichsministerialen Schelme von Bergen in Bergen bei Frankfurt, die mitten aus münzenbergischem Besitz herausgeschnitten ist. Hierbei dürfte dann auch die Verfügungsgewalt der Münzenberger über das Freigericht Bornheimerberg (und Kaichen?) eingeschränkt worden sein. Strittig blieb auch der Besitz des Frankfurter Hospitals, den Ulrich beanspruchte, während der König als der große Förderer des Deutschen Ordens diese Güter dem Spital und damit dem Orden zu bewahren verstand. 1221 übergab der König sogar den Hof Ulrichs in Sachsenhausen, den er vom Reich hatte, an den Orden und beließ Ulrich nur einen Turm und die Hofvogtei. Vor allem aber minderte Friedrich II. die gräfliche Stellung der Münzenberger durch die neueingerichtete Reichslandvogtei der Wetterau, die er Gerlach von Büdingen übertrug. Da dieser zugleich königlicher Burggraf zu Gelnhausen war, rundet es das Bild der Maßnahmen gegen die Münzenberger ab, wenn wir auch die 1220 von Friedrich II. befohlene Verlegung des Altmünzenberger Marktes zu Marköbel nach Gelnhausen in diesen Zusammenhang stellen.

Diese Entfremdungen haben alle engeren Beziehungen der Münzenberger zum staufischen Kaiserhaus unterbunden und erklären, warum Ulrich I. von Münzenberg zu den Stützen König Heinrichs (VII.) in seiner Empörung gegen Friedrich II. gehörte und die Münzenberger schon zu Beginn des staufischen Endkampfes in Deutschland 1240 vom Kaiser abfielen. Sie traten damit in betonten Gegensatz zu den übrigen Reichsministerialen der Wetterau, die sich damals in einzigartiger Weise für die Staufer einsetzten, haben jedoch den schweren Belastungen dieser Entscheidung nicht standgehalten. Es kam nämlich nicht nur zu Angriffen von außen, was vielleicht die Errichtung der Burg Tannenberg a. d. Bergstraße 1239 durch Ulrich von Münzenberg (dem dort auch Bickenbach und Seeheim gehörte) veranlaßte, sondern vor allem auch zu tiefgreifenden Auseinandersetzungen innerhalb der Familie, wobei Gründung und Ausstattung der Johanniterkommende Niederweisel (vor 1245) vielleicht auch eine Rolle gespielt hat. Schließlich kam der letzte Münzenberger Ulrich II. 1255 in einer Fehde mit den Katzenelnbogener Grafen um. Da er keine Söhne hatte, beerbten ihn seine Schwäger aus den Häusern Falkenstein, Hanau, Weinsberg, Pappenheim und Schöneberg.

An den Münzenberger Erbfall von 1255 knüpften sich längere Erbauseinandersetzungen, nicht nur unter den beteiligten Familien, sondern auch mit den Grafen von Katzenelnbogen, von denen Graf Diether V. versuchte, seine Rechte in der Dreieich auf Kosten der Münzenberger Erben auszudehnen. Er mußte jedoch vor Philipp I. von Falkenstein (1220 bis 1271/72) zurückweichen, der unter den Erben bald den ersten Rang behauptete. Pfalzgraf Ludwig verlieh ihm (und den Brüdern von Weinsberg) schon 1256 die der Pfalz durch den Tod Ulrichs von Münzenberg heimgefallene Grafschaft in der Wetterau, und der Gegenkönig Richard von Cornwallis übertrug Philipp 1257 die Erbkämmererwürde und dazu 1258 die Reichslandvogtei in der Wetterau. In dieser letzteren Stellung löste ihn allerdings schon 1266 Rheingraf Werner ab, dem 1269 Philipp von Bolanden folgte.

Die nunmehr auf diese Weise in den Vordergrund tretenden Herren von Falkenstein entstammten dem großen Reichsministerialengeschlecht von Bolanden aus der Pfalz und nannten sich nach der Burg Falkenstein am Donnersberg. Ihr Übergang in die Wetterau war dadurch vorbereitet worden, daß die Bolanden schon im späten 12. Jahrhundert am Nüringer Erbe mitbeteiligt worden waren und dadurch am Taunus und in den benachbarten wetterauischen Gebieten Fuß gefaßt hatten. Gleichwohl gaben sie unter betonter Hervorhebung ihrer Herkunft der von ihnen im Taunus neuerrichteten Burg den Namen Neu-Falkenstein, obwohl sie an die Stelle der alten, wohl noch im 13. Jahrhundert aufgegebenen Burg Nürings trat.

Von den Teilhabern der Münzenberger Erbschaft verkauften die Herren von Weinsberg ihren Anteil 1270 an Philipp von Falkenstein. 1272 traten die Schöneberger ihre Erbansprüche an die Falkensteiner ab, und 1286 überließen ihnen auch die Herren von Pappenheim ihre Rechte, so daß sie damit fast über die gesamte Münzenberger Herrschaft verfügten. 1274 bestätigte ihnen König Rudolf zudem die Belehnung mit der Grafschaft Nürings durch Pfalzgraf Ludwig. Diese Erwerbungen waren zwar durch die hervorragende Stellung Philipps von Falkenstein erleichtert worden, aber doch erst nach Überwindung des heftigen Widerstandes des nächstgesessenen und mächtigsten Miterben Hanau möglich gewesen. Dabei war die Hanauer Stellung sehr stark, da Reinhard von Hanau seit Beginn der Regierung König Rudolfs von Habsburg Landvogt der Wetterau war und dieses wichtige Amt unter König Albrecht 1300 auch an Reinhards Sohn Ulrich von Hanau gelangte. Es spricht für die bedeutenden politischen Fähigkeiten der Falkensteiner, daß sie die Hanauer in zahlreichen Verträgen (von 1258, 1278, 1288 und 1304) schließlich doch dahin brachten, sich mit dem Bachgau und der Stadt Babenhausen sowie einem Sechstel an Münzenberg, Assenheim, Dreieichenhain und weiteren Rechten in der Dreieich abzufinden. Jedoch blieb der Gegensatz zu Hanau auch während des 14. Jahrhunderts bestehen. Die darin liegende Gefahr wurde dadurch verstärkt, daß die Söhne Philipps I. von Falkenstein 1271 teilten und ihr Gesamthaus damit schwächten, wenn anscheinend auch keine völlige Grundteilung durchgeführt worden ist. Philipp II. begründete damals die Butzbacher und Werner I. die Licher Linie, die beide erst kurz vor Erlöschen des ganzen Geschlechtes zu Anfang des 15. Jahrhunderts wieder zusammenfielen. Die große Rolle der Burg Münzenberg war mit dieser Teilung zu Ende, zumal sie als falkensteinhanauischer Gemeinschaftsbesitz neutralisiert wurde. Stattdessen förderten die Falkensteiner Lich und Butzbach.

Klare territorialpolitische Entwicklungslinien und -ziele der Herrschaft Münzenberg-Falkenstein sind jedoch sonst kaum zu erkennen, obwohl sie in der politisch so stark zerklüfteten Wetterau sicherlich möglich und durchzusetzen gewesen wären (wie das spätere katzenelnbogensche, dann hessische Beispiel zeigt). Immerhin sind die jahrelang fortgesetzten Ankäufe im Gebiet der Dreieich bemerkenswert, oder die Pfanderwerbungen in der Fuldischen Mark (Reichelsheim), oder die 1311 geglückten Besitzerweiterungen im Taunusgebiet. Hier gewannen die Falkensteiner Mitbesitz an der Burg und Herrschaft Kransberg und von den Grafen von Diez die Zenten Altweilnau, Camberg, Steinfischbach und Nauheim samt einem Anteil an der Burg Diez. Hierunter ist allerdings wohl eine Abfindung von falkensteinschen Erbansprüchen an die Grafschaft Diez zu sehen, da die Mutter Philipps III. von Falkenstein eine Diezer Grafentochter war. 1312 gab Kaiser Heinrich VII. Philipp d. Ä. von Falkenstein die von dem wetterauischen Reichslandvogt Eberhard von Breuberg eingezogene Grafschaft Nürings zurück, 1316 erwarben die Falkensteiner von den Herren von Eppstein größeren Güterbesitz (anscheinend deren Anteil an der Herrschaft Kleeberg), überließen diesen aber 1317 gegen andere Güter die Hälfte von Oberursel. 1318 erhielt die Frau Philipps III. von Falkenstein (eine verwitwete Gräfin von Ziegenhain) die Hälfte der ziegenhainischen Stadt Rauschenberg auf Lebenszeit, während das 1319 gegebene Versprechen Graf Johanns von Ziegenhain, nach dem Tode von Graf Engelbert von Ziegenhain und seiner Frau Heilwig ein Viertel an Stadt und Herrschaft Nidda an Philipp III. von Falkenstein zu übertragen, nicht verwirklicht worden ist. Dagegen gelang es 1335 bzw. 1341 Philipp V., Laubach (als Mitgift) von den Herren von Hanau zu erhalten und 1342 einen Prozeß gegen Mainz wegen Schädigung seiner Lehen im Betrage von 10 000 Pfund zu gewinnen. Sein Bruder Johann I. und sein Sohn Philipp VII. vermochten 1356 den Mörler Grund als Erblehen von den Eppsteinern zu erwerben.

In dieser Zeit des zwar langsamen, aber doch fortgesetzten politischen Aufstiegs haben die Falkensteiner das Land um eines seiner edelsten Kunstdenkmäler bereichert. Es ist das figürliche Grabmal Kunos von Falkenstein († 1333) und seiner Gemahlin Anna von Nassau († 1329), das sie in der Kirche des 1316 von Philipp III. von Falkenstein in Lich gegründeten Kollegiatstiftes errichten ließen. Mit diesem und einigen späteren Grabdenkmälern (des nachfolgenden Hauses Solms) stellt die Stiftskirche in Lich neben der Deutschordenskirche in Marburg (Landgrafen von Hessen), der Zisterzienserkirche in Eberbach (Grafen von Katzenelnbogen), der Altstädter Kirche in Hanau (Grafen von Hanau), der Kirche in Netze (Grafen von Waldeck), der Kirche in Michelstadt (Grafen von Erbach), der Kirche in Schlitz (Schlitz) und der Kirche in Lauterbach (Riedesel) die achte landesherrliche Grablege in Hessen dar, die auserlesene Werke figürlicher Grabplastik schmücken. Daneben aber bestehen zahlreiche andere Kirchen mit vereinzelten, hochwertigen Figurengrabsteinen des 14. bis 18. Jahrhunderts vor allem im südwestlichen Hessen in Neckar-Steinach, Hirschhorn, Frankfurt, Eppstein, Lorch, Limburg, Arnsburg, Engelthal, Konradsdorf, Ortenberg, Büdingen und anderwärts, während Althessen auch in dieser Beziehung zurücksteht, denn selbst Orte wie Fulda, Hersfeld, Haina, Fritzlar und Kassel können sich nicht mit den zuletztgenannten südwesthessischen Plätzen messen.

Die Mitte des 14. Jahrhunderts sah die Herren von Münzenberg-Falkenstein auf der Höhe ihrer territorialen Entwicklung und ihrer politischen Stellung. Diese verkörperte sich damals insbesondere in der überragenden Gestalt des Mainzer Dompropstes Kuno von Falkenstein, der als Verweser des Mainzer Erzstiftes dessen Besitz für seinen Herrn Erzbischof Heinrich von Virneburg gegen den von König Karl IV. eingesetzten Erzbischof Gerlach von Nassau von 1346 bis 1353 erfolgreich verteidigte. Er konnte schließlich nur gegen hohe Entschädigungen zum Verzicht bewogen werden und ist 1362 dann selbst zu erzbischöflicher Würde (auf dem Trierer Erzstuhl) gelangt, die nach seinem Tode 1388 auf seinen Vetter Werner überging, der sie bis 1418 innehatte, so daß die Falkensteiner das Erzbistum Trier von 1362 bis 1418 als Erzbischöfe regierten.

Im weltlichen Bereich begann jedoch noch im 14. Jahrhundert der Rückschlag. Abgesehen von dem Verlust der etwa seit 1335 bestehenden Pfandschaft an der Hälfte von Gießen 1364 und der Reichsburg Kalsmunt über Wetzlar 1365 waren es besonders die wiederauflebenden Auseinandersetzungen mit den Herren von Hanau, die den Falkensteinern schwer zu schaffen machten. Ihre Lage war um so ernster, als ihnen in Ulrich III. von Hanau eine bedeutende und machtwillige Persönlichkeit gegenübertrat. Streitpunkte waren die hanauische Befestigung von Rodheim und Falkensteiner Gerechtsame in Dörfern des Gerichtes Bornheimerberg, das Hanau für sich beanspruchte. 1363 gewann Ulrich III. eine Klage gegen Philipp VI. von Falkenstein, die an dessen gesamtem Besitz vollstreckbar war und daher diesen vor allem in Münzenberg, Assenheim, Dreieichenhain, Lich, Königstein, Hofheim, Rodheim, Hungen und Niederwöllstadt bedrohte. Da Philipp in diesen Auseinandersetzungen den Wetterauer Reichslandfrieden brach, wurde er 1365 geächtet und daraufhin durch Ulrich III. von Hanau als Wetterauer Reichslandvogt mit Unterstützung der vier wetterauischen Reichsstädte bekriegt. Dabei hat Ulrich 1365 Lich mit der benachbarten Burg Warnsberg erobert. Etwa zur gleichen Zeit (1363 bis 1368) gingen Schloß und Stadt Hofheim am Taunus mit sechs umliegenden Dörfern an das Erzbistum Mainz verloren. Sie blieben es, denn während Philipp VI. die Stadt Lich (nicht aber die Burg Warnsberg) im Frieden mit Hanau 1366 zurückerhielt, konnte er Hofheim nicht wiedergewinnen. Es blieb mainzisch, obwohl es Erzbischof Johann von Mainz 1400 wieder an Philipp VIII. von

Falkenstein versetzte. Die Pfandschaft, an der seit 1413 auch die Kronberger teilhatten, fiel jedoch wieder an Mainz zurück.

Philipp VI., der 1373 in einer Fehde mit dem Reifenbergern umkam, belastete sein Haus durch seine kriegerischen Verwicklungen so schwer, daß 1378 selbst Königstein verpfändet werden mußte. Pfandherren wurden Philipp VII. von Falkenstein (von der Butzbacher Linie), Ulrich IV. von Hanau und die Stadt Frankfurt, die diese Pfandschaft noch 1385 besaßen. Inzwischen hatte jedoch Philipps VI. Sohn Philipp VIII. 1383 durch ein Bündnis mit den Reichsstädten der Wetterau, die sich dem rheinischen Städtebund angeschlossen hatten, wieder politischen Rückhalt gewonnen. Er versprach, sie aus seinen Schlössern Münzenberg, Lich, Hungen, Assenheim, Dreieichenhain und Rodheim zu unterstützen. Auch finanziell erholte er sich wieder soweit, daß er gemeinsam mit Philipp VII. 1390 von Fulda den Ort Petterweil mit Zubehör in mehreren benachbarten Dörfern ankaufen konnte. Philipp VII. beabsichtigte 1392 sogar, seine Herrschaft an Philipp VIII. zu überlassen, doch kam es nicht zur Ausführung der darüber getroffenen Abmachung. 1397 erhielt er von König Wenzel die Grafenwürde und 1398 – nachdem ihm Kaiser Karl IV. bereits 1376 die Reichsgerichte Rockenberg und Oppershofen verpfändet hatte – die Schutzherrschaft über das Freigericht Kaichen. Nachdem Philipp VII. 1383 mit den Herren von Sachsenhausen eine erfolgreiche Sühne wegen der diesen verpfändeten Burg Neufalkenstein abgeschlossen hatte, vermochte er 1395 gemeinsam mit Philipp VIII. auch einen Anteil an Schloß Breuberg (von Graf Johann von Wertheim) an sich zu bringen; doch saßen sie hier ebenso mit zahlreichen anderen Herren in Gemeinschaft wie auf der Burg Kransberg. Dieser Besitz war also politisch wenig wert.

Trotz dieser zahlreichen Erfolge im einzelnen konnte sich das Geschlecht im ganzen in der Wetterau politisch nicht vorherrschend durchsetzen; dazu waren die hier wirksamen Kräfte zu vielgestaltig und schwer zu bewältigen, so daß auch den Falkensteinern die Ausgestaltung einer größeren Wetterauer Herrschaft versagt blieb. Die Schwerpunkte ihres Besitzes in Butzbach, Lich, Laubach, Hungen und Assenheim glichen mächtigen Säulenschäften, die sie jedoch nicht mehr einzuwölben und damit zu einem Gesamtraum zusammenzuschließen vermochten. Mit Werner von Falkenstein von der Licher Linie, der seit 1388 (ein mittelmäßiger) Erzbischof von Trier war und 1407 seinen Bruder Philipp VIII. und 1410 Philipp VII. (von der Butzbacher Linie) beerbte, starb das Geschlecht 1418 aus. Es hinterließ die reiche Falkensteiner Erbschaft, die die territorialen und politischen Verhältnisse der Wetterau in den nächsten Jahren weitgehend umgestaltete, da mit den Herren von Eppstein und den Grafen von Solms, die wiederum mit den Grafen von Virneburg und den Herren von Isenburg-Büdingen teilten, vorwiegend wetterauische Geschlechter die Erbschaft antraten, wie wir bei den Grafen von Solms als Haupterben näher ausführen.

Eppstein wird erstmals 1122 als Zuname eines Ulrich von Eppstein erwähnt, der Erzbischof Adalbert von Mainz damals die Burgen Idstein und Eppstein mit Zubehör schenkte. 1124 übertrug Kaiser Heinrich V. die Hälfte der Burg ebenfalls an Erzbischof Adalbert, was wahrscheinlich als Überlassung des kaiserlichen Obereigentums zu deuten ist. Ende des 12. Jahrhunderts belehnte Mainz die von 1107 bis 1186 bezeugten Herren von Hainhausen in der Dreieich mit der Burg, die sich danach seit ca. 1180/90 von Eppstein nannten. (Aus diesem Geschlecht sollen die [später] als Eppsteiner ausgegebenen Fuldaer Äbte Siegfried [1058 bis 1060, dann Erzbischof zu Mainz] und Widerad rad [1060 bis 1075] abstammen.) Die Übersiedlung der Herren von Hainhausen aus der Dreieich in den Taunus geht anscheinend auf ihre engen Beziehungen zu den Grafen von Nürings, den Gaugrafen der Wetterau und des Niddagaues, zurück; denn der letzte Nüringer, Gerhard († vor 1180), hatte den Hainhausen-Eppsteinern zahlreiche Güter und Rechte in seinem Herrschaftsgebiet übertragen. Außerdem verdankten sie den Nassauer Grafen, insbesondere wohl Graf Rupert III., mehrere Lehen an der Lahn und im Hinterland, während sie von dem Adligen Wortwin von Homburg etwa um 1180 die Burg Homburg v. d. H. erwarben Von den Pfalzgrafen als Vögten des Erzbistums Trier stammte wohl das eppsteinische Lehen der Vogtei über Humbach, das sie jedoch aufgaben, nachdem Pfalzgraf Heinrich 1197 auf die Trierer Vogtei verzichtet hatte. Auch das Reich stattete die Eppsteiner mit zahlreichen Lehen (besonders im Taunusrandgebiet) aus, von denen das wichtigste das ihnen von Kaiser Heinrich VI. 1196 auf Bitte Erzbischof Konrads von Mainz übertragene Landgericht Mechthildshausen darstellte, so daß ihnen wohl weitgehend die Aufgaben der Grafen von Nürings in reichspolitischer Hinsicht zugedacht waren; doch verlief die Entwicklung im 13. Jahrhundert anders.

Dieser schnelle Aufstieg der Eppsteiner lag sicher nicht nur in der Gunst der Lage, sondern vor allem in den hohen persönlichen Qualitäten begründet, welche die Angehörigen dieses Hauses seit dem Ende des 12. und im ganzen 13. Jahrhundert ausgezeichnet haben, denn das Geschlecht ist ja vor allem durch die vier Mainzer Erzbischöfe bekannt geworden, durch die es im 13. Jahrhundert den Mainzer Erzstuhl fast ausschließlich regiert hat. Auf Siegfried II. von Eppstein (1200 bis 1230) folgte Siegfried III. (1230 bis 1249), dann Werner (1259 bis 1284) und schließlich Gerhard von Eppstein (1289 bis 1305). Alle vier waren bedeutende Männer, die den territorialen Ausbau des Mainzer Erzstifts in erheblichem Maße gefördert haben, aber auch, besonders unter Siegfried III. und Gerhard, in schärfsten Gegensatz zur Reichsführung gerieten und sie dabei aufs schwerste beeinträchtigt haben. Jedoch haben sie der Mainzer Geschichte für das ganze 13. Jahrhundert ihren Stempel aufgedrückt und durch ihre hervorragende Stellung zweifellos auch das Ansehen ihres Geschlechtes erheblich gesteigert, wie seine Heiraten im 13. Jahrhundert am besten bezeugen (in das hessische Landgrafenhaus und mehrere namhafte Grafenhäuser).

Besonders zwei dieser Heiraten haben die Erweiterung der Herrschaft Eppstein wesentlich gefördert. Das war die Ehe Gottfrieds I. mit einer Tochter des Grafen Dietrich von Wied, die nach dessem Tod 1242 die halbe Grafschaft Wied mit der Burg Olbrück und Burganteilen an Wied und Hartenfels erbrachte; und das war die Heirat Gottfrieds II. mit Elisabeth von Isenburg, Tochter Heinrichs und seiner Frau Mechthild von Hochstaden, denn sie führte 1278 zum Erwerb eines Anteils an der Herrschaft Kleeberg aus isenburgischem Besitz (nämlich Mörlen, Hollar, Ockstadt und Holzburg sowie Eschbach und Pardebach). Die Verbindung der Eppsteiner mit den Katzenelnbogener Grafen durch die Heirat zwischen Graf Eberhard I. von Katzenelnbogen und Elisabeth von Eppstein kostete sie dagegen außer einer beträchtlichen Mitgift auch einen Erbanteil nach dem söhnelosen Tod von Elisabeths Bruder Gerhard IV. († 1269), wodurch ihnen für lange Zeit erhebliche Rechte an den Schlössern Homburg und Steinheim verlorengingen; ja, 1283 zog Graf Eberhard auch noch Braubach an sich. Erfolgreicher waren die Eppsteiner gegenüber Graf Adolf von Nassau, dem späteren deutschen König, hinsichtlich des Mechthildshäuser Gerichtes, das sie inzwischen von Nassau zu Lehen trugen. Sie vermochten ihre Ansprüche im Kampf durchzusetzen und das Gericht 1283 als nassauisches Lehen zu behaupten. Auch in dem ihrem alten Herkunftsgebiet benachbarten Freigericht Alzenau konnten sie 1309 (gemeinsam mit Hanau) größeren Besitz an sich bringen. Dagegen sahen sie sich gezwungen, ihre Hälfte der Grafschaft Wied 1306 an Virneburg und ihren Anteil an der Herrschaft Kleeberg 1316 an Philipp von Falkenstein zu veräußern, waren aber in der Lage, 1317 die Hälfte von Oberursel von den Falkensteinern zurückzugewinnen, die die Hoheit über Ort und Gerichtsgebiet vor 1271 von den Eppsteinern an sich gebracht hatten. So erstreckte sich der eppsteinsche Besitz in dichter Ballung vom Spessart über die Dreieich durch das untere Maintal bis zum Taunus und an diesem entlang bis zum Hüttenberg (südlich Gießen). Die darauf begründete, einflußreiche politische Stellung wurde dadurch verstärkt, daß Siegfried von Eppstein von 1298 bis 1300 und Gottfried von Eppstein von 1321 bis 1341 Landvögte der Wetterau waren.

Das hat es ihnen offensichtlich erleichtert, in diesem Gebiet endgültig Fuß zu fassen, nachdem sie durch die Herren von Breuberg und von Trimberg an der Altbüdinger Erbschaft mitbeteiligt worden waren. Den Weg hierzu eröffnete die Heirat Gottfrieds V. von Eppstein mit einer der Breuberger Erbtöchter, Liutgard, der Witwe Konrads von Weinsberg. Sie hat es den Eppsteinern ermöglicht, Anteile an Ortenberg und Schotten im Vogelsberg zu gewinnen. Die komplizierten Erwerbungsvorgänge hinsichtlich Ortenbergs werden im Rahmen der Grafschaft Büdingen behandelt werden, Schotten ging nach dem Aussterben der Breuberger (die es aus Altbüdinger und die es selbst wieder aus Ziegenhain/Niddaer Besitz hatten) 1323 in eine Eppstein/Trimberger Gemeinschaft über. Zugleich glückte es den Eppsteinern, in die Herrschaft Breuberg im Odenwald einzudringen, die aus den vier Zenten Neustadt, Höchst, Kirchbrombach und Lützelbach bestand. Beim Erlöschen der Breuberger fiel die eine Hälfte ihrer Herrschaft von Arros von Breuberg an seinen Tochtermann Konrad von Trimberg, und die andere Hälfte erhielten die Schwiegersöhne des eben damals verstorbenen Eberhard von Breuberg: Graf Rudolf von Wertheim und Konrad V. von Weinsberg, und zwar jeder ein Viertel. Konrads Witwe Liutgard heiratete in zweiter Ehe Gottfried V. von Eppstein und teilte dabei ihr Breuberger Viertel so, daß ein Achtel an Weinsberg und ein Achtel an Eppstein kam, dem jedoch auch das Weinsberger Achtel von Todes wegen bald wieder zufiel. Da inzwischen aber Konrad von Trimberg seine Breuberger Hälfte 1336 an Graf Rudolf von Wertheim und Gottfried V. von Eppstein verpfändet hatte, besaß nunmehr Wertheim die eine und Eppstein die andere Hälfte, doch erhöhte Wertheim 1341 seinen Anteil durch Abkauf von Eppstein auf drei Viertel der Herrschaft. Auf dieser Grundlage wurde sie dann 1357 zwischen Wertheim und Eppstein geteilt.

Im gleichen Jahr setzten sich auch Konrad VI. von Weinsberg und Eberhard I. von Eppstein über das restliche Erbe ihrer verstorbenen Mutter Liutgard von Breuberg auseinander. Im Anschluß daran wurde Schotten 1361 unter die Trimberger, Weinsberger und Eppsteiner aufgeteilt. Einen gewissen Rückschlag bedeutete es, daß Eberhard gezwungen war, sich die Auslösungssumme für eine Gefangenschaft, in die er geraten war, gegen Verpfändung des Schlosses Eppstein mit Zubehör von Frankfurt zu verschaffen und der Stadt daraufhin 1368 auch seine Schlösser Eppstein, Breuberg, Ortenberg, Steinheim, Schotten, Homburg, Kleeberg und Kirchbrombach zu öffnen. Und 1371 sah sich Eberhard von Eppstein genötigt, Burg und Stadt Steinheim an Ulrich von Hanau zu verpfänden. Dieses Pfand übertrugen Gottfried und Eberhard von Eppstein und Philipp von Falkenstein 1393 an die Brüder Walter und Frank von Kronberg, denen die Eppsteiner 1395 in gleicher Weise auch ihren Anteil am Freigericht überließen.

Das Aussterben der Herren von Trimberg 1376 stärkte die eppsteinsche Position jedoch wieder erheblich, denn Konrad von Trimberg vermachte damals Eberhard I. von Eppstein alle von ihm herrührenden Lehen, das Einlösungsrecht an allen zu seiner Herrschaft gehörenden, versetzten Gütern und seinen Anteil an Ortenberg und Gedern. Noch wesentlicher war, daß Gottfried VII. 1401 Jutta von Nassau heiratete, das einzige Kind des Erben der Grafschaft Diez, Graf Adolfs von Nassau-Diez. Infolgedessen gelang es ihm nach dem Tode Graf Adolfs, 1420 eine Teilung der Grafschaft Diez von Nassau zu erzwingen, wenn er es auch in Kauf nehmen mußte, daß sich bei dieser Gelegenheit das Erzbistum Trier eindrängte. Zwei Jahre zuvor hatten die Eppsteiner eine langwierige Fehde mit Graf Adolf III. von Nassau-Wiesbaden wegen des Mechthildshäuser Gerichts und anderer strittiger Lehen und Rechte erfolgreich beendet. Die Brüder Gottfried und Eberhard von Eppstein hatten sich zwar 1404 dazu verstehen müssen, alle von Nassau stammenden Lehen und Güter von Graf Adolf II. zu empfangen, ja sich 1409 sogar zu umfangreichen Verpfändungen an Erzbischof Johann von Mainz (aus dem Nassauer Grafenhaus) gezwungen gesehen. Als jedoch der Erzbischof 1417 die Pfandschaft kündigte, um seinem Neffen Graf Adolf III. freie Hand zu lassen und es daraufhin zur Fehde zwischen dem Grafen und den Eppsteinern kam, fiel der Spruch des Schiedsgerichtes, das die Sühne vermittelte, zugunsten der Eppsteiner aus. Fast zur gleichen Zeit erhielten die Eppsteiner ihren bedeutenden Anteil an der oben erwähnten Falkensteiner Erbschaft in Gestalt des Butzbacher Drittels (wie in Kap. 41 dargestellt wird). So bestand jetzt der Eppsteiner Besitz aus den alten Stammlanden (Eppstein, Homburg, Bischofsheim, Steinheim sowie den Neuerwerbungen Kleeberg und dem mit Hanau gemeinschaftlichen Freigericht Alzenau), dem Breuberger Erbteil (Breuberg mit Wertheim, Gründau, Ortenberg, Gedern), dem Falkensteiner Erbteil (Königstein, Butzbach, Grüningen, Kransberg, Ziegenberg sowie Rodheim v. d. H., Vilbel und Münzenberg teilweise) und dem Diezer Erbe (mit Weilnau). Nur das Wieder Erbe war inzwischen wieder abgegangen. Gottfried IV. hatte es 1306 für 4500 Mark an Graf Rupert von Virneburg verkauft.

Die Kehrseite dieser beträchtlichen Erwerbungen, die die territoriale Ausdehnung der Herrschaft damals auf ihren Höhepunkt führten, waren die seitdem auch hier beginnenden Teilungen. 1421 wurde die Herrschaft Königstein zwischen den Brüdern Gottfried VII. und Eberhard II. geteilt. 1424 einigten sie sich über die Aufteilung ihrer zahlreichen Pfandschaften, und 1433 folgte schließlich die große Grundteilung von Land und Leuten zwischen beiden Brüdern. Gottfried begründete die Linie Eppstein-Münzenberg und Eberhard die Linie Eppstein-Königstein. Außerdem spalteten sich von der Königsteiner Linie zeitweilig noch die Herrschaften Ziegenberg und Breuberg ab. Seitdem ging es mit dem Geschlecht abwärts. Seine weitere Geschichte ist unerfreulich; sie zeigt unaufhaltsamen Zerfall von Herrschaft und Haus. Seit dem 15. Jahrhundert betrieben die Eppsteiner im ganzen gesehen eine kaum verschleierte Bankrottwirtschaft, aber selbst diese wirkte kleinlich, verworren, ungekonnt. So bestand das letzte Jahrhundert der Eppsteiner Geschichte im wesentlichen nur noch aus einer ermüdenden Reihe von Teilungen und Verkäufen.

1425 überließen die Eppsteiner ihre aus dem Breuberger Erbe stammenden Rechte im Gericht Gründau bei Gelnhausen an Büdingen, verkauften im gleichen Jahr Steinheim, Klein-Krotzenburg und ihre Freigerichtsanteile an das

Erzbistum Mainz und übertrugen 1441 einen Teil ihrer Breuberger Herrschaft an Erbach. Außerdem teilten Gottfried wie Eberhard 1434/47 und 1442 ihre Teilherrschaften erneut unter ihre Söhne auf. Die nächsten schweren Verluste traten in der Grafschaft Diez ein, wo das Erzbistum Trier seit 1441 mit kaiserlicher Unterstützung seine Oberlehnshoheit endgültig durchsetzte. Schon 1443 versuchte es, ein Viertel an der Grafschaft von Gottfried von Eppstein zu erwerben, scheiterte aber am Einspruch der Nassauer Grafen. Diese schalteten vielmehr Graf Philipp von Katzenelnbogen ein, dem Gottfried von Eppstein 1453 dann dieses Viertel erblich verkaufte, wofür er als Preis der oberlehnsherrlichen Zustimmung Triers dem Erzstift ein Achtel der Grafschaft übertragen mußte. 1457 veräußerte derselbe ebenfalls an Graf Philipp und zugleich an seine Vettern von der Königsteiner Linie zwei Drittel seines Besitzes im Taunusvorland und am Landgericht Mechthildshausen. 1459 überließ Werner von Eppstein seinen Anteil an Butzbach und Grüningen an Graf Bernhard von Solms-Braunfels, und 1464 setzte Gottfried VIII. diesen Verkauf fort, so daß sich seine Söhne 1469 wegen der beiderseitigen Anteile an Butzbach, Ziegenberg und Grüningen mit Solms-Braunfels auseinandersetzen. In der Mainzer Stiftsfehde gewannen die Eppsteiner noch einmal eine gewisse politische Stellung zurück, da Eberhard III. von Eppstein-Königstein als eifriger Parteigänger Erzbischof Adolfs von Mainz an der Überrumpelung der Stadt Mainz 1462 entscheidend beteiligt war; doch hatte sein Land unter den Verwüstungen der Fehde um so schwerer zu leiden. 1476 verkauften die Brüder Johann und Gottfried IX. von Eppstein-Münzenberg ihren Ortenberger Besitz an Hanau und übertrugen 1478 ein Viertel an Butzbach und Ziegenberg an Graf Philipp von Katzenelnbogen, während schon im folgenden Jahr Gottfried seinen restlichen Butzbacher Anteil an Solms-Braunfels und Philipp von Eppstein-Königstein ein Viertel an Butzbach an Solms-Lich überließ. 1487 ging auf dieselbe Weise die Herrschaft Homburg vor der Höhe an Hanau verloren, nachdem Eppstein die Hälfte dieser Herrschaft erst 1478 wieder von Graf Philipp von Katzenelnbogen eingelöst hatte.

Die von Graf Philipp von Katzenelnbogen außerdem erworbenen erheblichen eppsteinschen Besitzungen fielen 1479 mit der Katzenelnbogener Erbschaft an Hessen. Die Landgrafschaft baute diese Position dadurch aus, daß sie 1492 die reichslehnbare Hälfte der Herrschaft Eppstein-Münzenberg kaufte, was den verbleibenden Rest territorial bedeutungslos machte, obwohl Landgraf Wilhelm von Hessen für einen Teil der Kaufsumme (12 000 fl.) an Gottfried von Eppstein die hessische Hälfte von Hadamar mit der Vogtei Esterau (unter Zustimmung Triers als Oberlehnsherren) 1492 abtrat. Gottfried IX. übertrug seine Rechte während seiner Regierung nach und nach an die Königsteiner Linie, ließ gemäß dem Eppsteiner Erbverein von 1493 seinen Vetter Eberhard IV. von Königstein 1504 auch in der Grafschaft Diez huldigen — im Jahr darauf erhob Kaiser Maximilian die Herrschaft Königstein zur Grafschaft — und übergab ihm schließlich 1508 den Rest seiner Herrschaft. Dabei kam es jedoch zu ernsten Auseinandersetzungen, und zwar sowohl zwischen der Münzenberger und der Königsteiner Linie als besonders auch zwischen Gottfried IX. und seinem Bruder Johann, der Kölner Domkanoniker geworden war. Denn dieser beschuldigte seinen Vater Gottfried VIII. und seinen Bruder Gottfried IX. zu Recht der Verschleuderung ihrer Herrschaft. Infolge dieser Spannungen war Hessen wiederholt gezwungen, hier einzugreifen, was natürlich der Stärkung seiner politischen Stellung im Taunusgebiet und in der Wetterau zugute kam, aber auch seinen Gegensatz zum Wetterauer Grafenverein, dem die Eppsteiner angehörten, weiter vertiefte.

1522 erlosch die Münzenberger Linie mit Gottfried IX. Ihr Erbe fiel an Eberhard IV. von Königstein. Er gehörte zusammen mit Hartmut von Kronberg, der seit 1521 leidenschaftlich in Schriften und Briefen für Luther eintrat, zu den frühsten Anhängern und Verfechtern der Reformation in Hessen. 1522 berief er den Humanisten Erasmus Alberus von Büdingen als Schulrektor nach Oberursel, der hier einen Bund evangelischer Brüder im lutherischen Sinne gründete. 1525 wurde dort der aus Frankfurt geflüchtete Theodor Sartorius evangelischer Prediger.

Als Graf Eberhard IV. 1535 verschied, starb mit ihm auch die Königsteiner Linie im Mannesstamm aus. Infolgedessen zog Trier den Königsteiner Anteil an der Grafschaft Diez mit hessischem Beistand als erledigtes Lehen ein, ohne Rücksicht darauf, daß ihn Eberhard schon 1530 (allerdings ohne lehensherrliche Zustimmung) an Graf Wilhelm von Nassau-Dillenburg verkauft hatte. Die übrige Herrschaft brachte Eberhards Schwester Anna (mitsamt der von ihrer Mutter herrührenden Anwartschaft auf die Grafschaft Rochefort in Belgien) an ihren Mann Graf Botho von Stolberg und ihre gemeinsamen Söhne, von denen nach Graf Bothos Tod 1538 ihr Sohn Ludwig folgte. Die von Hessen, Mainz, Trier und Nassau bedrängte Stellung der Stolberger war jedoch äußerst schwach und konnte unter diesem Druck auch nicht stärker ausgebaut werden. Die Stolberger verloren vielmehr die 1539 von Hanau als hessisches Lehen erworbene Herrschaft Homburg v. d. H. schon 1559 wieder (1559 zunächst an Reifenberg, dann an die hessische Nebenlinie der Grafen von Diez, 1577 schließlich an Hessen-Rheinfels). Sie konnten aber auch den 1556 gemeinsam mit den Grafen von Erbach von den Grafen von Wertheim ererbten Anteil an der Herrschaft Breuberg infolge des söhnelosen Todes von Graf Ludwig von Stolberg 1574 nicht halten, so daß ihnen im wesentlichen nur der Königsteiner und Ortenberg-Gederner Besitz blieb. Aber auch von ihm vermochten die Stolberger nach dem Tode von Ludwigs Nachfolger, seinem 1581 ebenfalls söhnelos verstorbenen Bruder Christoph, nur Ortenberg und Gedern zu behaupten; denn Königstein, das der Kaiser dem Mainzer Erzbischof als erledigtes Reichslehen im Oktober 1581 übertragen hatte, zog Erzbischof Daniel Brendel daraufhin auch gegen den berechtigten stolbergischen Widerstand gewaltsam ein. Mainz kaufte 1590 ferner das letzte ehemals eppsteinsche Viertel an Butzbach von den Stolbergern und trat es 1595 an Hessen-Marburg ab. So war nunmehr die eine Hälfte von Butzbach hessisch, die andere solmsisch (je ein Viertel Solms-Braunfels und Solms-Lich). Die Wiedereinsetzung der Stolberger in der Grafschaft Königstein durch König Gustav Adolf von Schweden 1632 dauerte gemäß der Kriegslage nur bis 1635 und war belanglos.

Ortenberg und Gedern, von 1672 bis 1700 vermehrt durch das von Hessen-Homburg erworbene benachbarte Amt Lißberg, sind dann während der folgenden Jahrhunderte zwischen den verschiedenen Linien des Hauses Stolberg mehrmals aufgeteilt worden, nachdem sich die Herren der Herrschaft Ortenberg, Isenburg-Büdingen, Hanau und Stolberg, 1601 auseinandergesetzt und jedem ein Drittel angewiesen hatten. Bei der großen Landesteilung vom 31. Mai 1645, aus der die Linien Stolberg-Stolberg und Stolberg-Wernigerode hervorgingen, fiel Ortenberg an erstere und ging 1704 an die Seitenlinie Stolberg-Roßla über. Gedern kam 1645 an Stolberg-Wernigerode, von der sich eine besondere Linie Stolberg-Gedern abspaltete. Die namhaftesten Gederner Regenten waren Graf Ludwig Christian (1672 bis 1700) und dessen Sohn Friedrich Karl (1710/1714 bis 1767), die stark auf das religiöse Leben Oberhessens im pietistischen Sinne einwirkten. Insbesondere Graf Ludwig Christians zweite Frau Christine von Mecklenburg, die von 1710 bis 1714 als Vormünderin ihres Sohnes Friedrich Karl in der Herrschaft Gedern regierte, war eine außerordentlich glaubensstarke Persönlichkeit, tief beeinflußt von dem Pietisten Spener, mit dem sie einen mehr als zwanzigjährigen Briefwechsel führte. Die 1742 gefürstete Linie Stolberg-Gedern starb 1804 aus, so daß Gedern an Stolberg-Wernigerode zurückfiel. Nur zwei Jahre später machte die Neuregelung der territorialen Verhältnisse unseres Gebietes durch den Rheinbundabschluß aber auch der wiedervereinigten stolbergischen Herrschaft Ortenberg-Gedern ein Ende. Sie kam an das Großherzogtum Hessen, das 1810 auch die ehemals hanauischen und 1815 die ehemals isenburg-büdingischen Orte des Landgerichtes Ortenberg erhielt.

36. Die Wetterauer Reichsstädtebünde und Landfrieden

Die Geschichte der Wetterau bietet im Rahmen der hessischen Landesgeschichte ein ungewohntes und nur ihr eigenes Entwicklungsbild. Wie in keinem anderen hessischen Landesteil durchdrangen sich hier reichs- und territorialgeschichtliche Abläufe, wobei die reichsgeschichtlich bestimmten zunächst vorherrschten. Ihre Tradition war auch nach dem Zusammenbruch des Staates der Staufer so stark, daß sich in der Wetterau eine eigentümliche Konstellation von Einungen und Bünden auf reichspolitischer Grundlage herausbildete, die ihre weitere Entwicklung jahrhundertelang bestimmt haben: nämlich die Städtebünde und die mit ihnen eng zusammenhängenden Landfriedenseinungen, die Ritterbünde und die mit ihnen politisch verwandten Ganerbschaften und insbesondere der große Wetterauer Grafenverein. Sie haben sich jedoch nicht ungestört ausbilden können, da sie sich dabei gewissermaßen selber im Wege standen. Noch nachteiliger als diese gegenseitige Beeinträchtigung war jedoch der Zwang, sich auch immer wieder mit den Anschlägen der benachbarten und eingesessenen Dynasten auseinandersetzen zu müssen. Infolge dieser verschiedenen, sich ständig durchkreuzenden Einflüsse ist die Wetterau nach dem Ende des hochmittelalterlichen Reiches (1250) bis zur Zerstörung des Römischen Reiches deutscher Nation (1803/06) niemals mehr im großen politisch gestaltet worden, obwohl dieses sowohl ihrer frühen Geschichte als insbesondere auch ihrer landschaftlichen Form entsprochen hätte. Weder vom Reich beherrscht, noch von einem Fürsten oder Grafen zum Territorium umgeformt, sondern immer weiter politisch zerbröselt, ist ihr allmählich jenes buntscheckige territoriale Narrenkleid übergestreift worden, in dem zwar mancher Fetzen aus kostbarem Brokat gewebt war, aus dem sie aber bis zu ihrem Untergang niemand mehr zu befreien vermochte. So war sie ein groteskes, aber getreues Abbild des nicht minder monströsen Reichskörpers im kleinen.

In der hochmittelalterlichen Organisation war in der Wetterau der konradinischen Wetteraugrafschaft die 1043 erstmals genannte Grafschaft Malstatt unter der Verwaltung der Nüringer Grafen gefolgt. Sie bestand bis in die staufische Zeit. Dann erfolgte hier eine schrittweise, aber durchgreifende Neuorganisation, die offenbar von der Absicht der Staufer bestimmt war, das Land allmählich zu einem Reichsterritorium auszubauen. Hierbei brachten sie seinen politischen Bereich wieder auf seinen ursprünglichen Umfang, nachdem ihnen das Aussterben der Grafen von Bernbach (um 1160), von Selbold-Gelnhausen (um 1160) und von Nürings (nach 1170) die Wege dazu geöffnet hatte. Die gesamte Wetterau wurde auf diese Weise ein Königsherrschaftsgebiet, gestützt auf frühmittelalterliche reichsfiskalische Kerngebiete (Glauberg/Büdingen, Frankfurt/Dreieich); gesichert von zahlreichen Reichs- und Reichsministerialenburgen (Runkel, Kalsmunt, Frankfurt, Friedberg, Gelnhausen, Münzenberg, Königsberg, Königstein, Kronberg, Homburg, Falkenstein, Bürgel u. a.); getragen von mächtigen Reichsstädten (Frankfurt, Gelnhausen, Friedberg, Wetzlar, Wiesbaden) und eingebettet in die großen Reichsforstgebiete Dreieich, östlicher Taunus, Büdinger Wald und Spessart. Die Verwaltung übertrugen die Staufer den führenden, aber gleichwohl von ihnen abhängigen einheimischen

Geschlechtern; so den Herren von Büdingen im Gelnhäuser-Büdinger Bezirk, den Herren von Münzenberg im wetterauischen Kerngebiet zwischen Friedberg und Butzbach und den Herren von Bolanden/Falkenstein und von Hainhausen/ Eppstein im Bereich Königstein-Usingen. Neben die altfreien Familien von Büdingen und von Eppstein traten also die einflußreichen Ministerialengeschlechter Bolanden-Falkenstein-Münzenberg, und ihnen gesellte sich noch eine große Zahl kleiner ritterlicher Dienstmanngeschlechter zu, die vielfach den einzelnen Reichsburgen vorstanden. Ihren großen, repräsentativen Ausdruck fand diese Königsherrschaft in den klassischen Burg- und Palasbauten der Wetterau, die alle in staufischer Zeit entstanden: Frankfurt und Münzenberg in ihren Anfängen noch unter König Konrad III., Gelnhausen und Büdingen unter Kaiser Friedrich I. und Friedberg entweder schon unter König Konrad III. oder erst nach Kaiser Friedrich I. In der gleichen Zeit läßt sich auch die wirtschaftliche Einheit dieser Landschaft feststellen. Schon seit dem frühen 12. Jahrhundert war sie, im Gegensatz zum übrigen Hessen, ein Gebiet mit lebhaftem Geldverkehr, beherrscht von dem doppelseitigen Mainzer Pfennig. Das änderte sich in der staufischen Epoche. Nunmehr schlugen die Wetterauer Münzstätten eigenes Geld in Gestalt jener einseitig geprägten, leichten Brakteaten (von oft hohem künstlerischem Wert), durch die sich die Wetterau von anderen, insbesondere von dem nach Nordwesten angrenzenden Bezirk der zweiseitig geprägten schweren Kölner Pfennige klar unterschied und absetzte.

Mit dem Ende der Stauferzeit, eingeleitet durch Kaiser Friedrich II., begann eine neue Entwicklung. Sie führte auf der einen Seite zur Zusammenfassung der wetterauischen Reichsrechte in der Hand eines kaiserlichen Landvogtes, von denen als erster (wohl seit 1220) Gerlach von Büdingen amtierte. In entsprechender Weise schlossen sich auf der anderen Seite die vier wetterauischen Reichsstädte Frankfurt, Friedberg, Gelnhausen und Wetzlar allmählich korporativ zusammen. Im Bündnis der Städte Mainz, Bingen und Worms mit Frankfurt, Gelnhausen und Friedberg von 1226 traten sie erstmals gemeinsam politisch hervor. Nur wenige Jahre später sind sie auch vom König als Einheit anerkannt und behandelt worden. Das zeigt zuerst jenes Privileg König Heinrichs von 1232 für die wetterauischen Reichsstädte (mit Einschluß von Wetzlar), das ihre Bürgertöchter von Zwangsheiraten mit königlichen Ministerialen befreite; 1234 hat sie der König wiederum gemeinschaftlich angesprochen, und seitdem sind sie bis zur Mitte des 14. Jahrhunderts ständig aufs neue als Einheit hervorgetreten. Die Reichssteuerliste von 1241 läßt ihre wirtschaftliche Blüte erkennen; die Privilegierung der Frankfurter Messe durch Kaiser Friedrich 1240 kennzeichnet die Grundlage des städtischen Reichtums, den Handel, denn alle vier Städte lagen verkehrsgünstig an großen Straßen. Außerdem hielt neben Frankfurt auch Friedberg im 13. und 14. Jahrhundert Messen von

Ruf ab, bis sie Ende des 14. Jahrhunderts dem Übergewicht der Frankfurter Messen erlagen.

Die enge politische, wirtschaftliche und auch persönliche Verbundenheit der führenden Schicht der wetterauischen Reichsstädte mit den Staufern und insbesondere ihren Ministerialen rückt den Aufstieg der Städte ins hellste Licht. Wie in einem Brennpunkt aber sammelt sie sich in jener Haltung, mit der die Städte im fünfzehnjährigen Endkampf des staufischen Kaiserhauses in Deutschland 1239/54 auf der Seite der Staufer ausgehalten haben und unbewegt durch Verlockung oder Verführung, Druck oder Drohung, Not oder Nachteil bis zum Zusammenbruch der deutschen Entscheidungsfront im Rhein-Main-Gebiet sein beständigstes Bollwerk bildeten. Diese gemeinsame politische Linie haben sie auch nach dem Zusammenbruch des Reiches im großen rheinischen Städtebund beibehalten, dem die wetterauischen Städte seit Juli 1254 angehörten. Während des Interregnums traten dieser Einung auch die benachbarten Territorialherren bei; denn am 15. Mai 1265 vereinigten sich die wetterauischen Reichsstädte mit dem Erzbischof von Mainz, den Grafen von Katzenelnbogen und von Weilnau und den Herren von Eppstein, Falkenstein und Hanau. Seitdem verlief die wetterauische Einungspolitik zweigleisig. Auf der einen Seite bildeten sich zunächst die engeren Städtebünde immer betonter heraus; auf der anderen entstanden die wetterauischen Landfriedenseinungen, in denen die Großen und Städte unter Führung der kaiserlichen Landvögte zusammentraten. Beide bilden ein Charakteristikum der Wetterauer Geschichte.

Die Vereinigung zwischen den wetterauischen und mittelrheinischen Städten wurde 1273 zwar zu einem ewigen Bund erweitert, doch traten schon 1285 nur die vier wetterauischen Städte zu einem zehnjährigen engeren Bündnis zusammen. Dieses haben sie regelmäßig verlängert, seit 1325 jedoch auf jeweils sechs und seit 1334 auf je zwei Jahre eingeschränkt und 1349 mit einem einjährigen Bund zunächst beendet. Der Grund hierfür lag darin, daß der Kampf um das Reich, den König Ludwig der Bayer mit stärkster Unterstützung der wetterauischen Städte zunächst gegen seinen Gegenkönig Friedrich dem Schönen, dann gegen den Papst und schließlich gegen König Karl IV. geführt hatte, die Blüte des wetterauischen Städtewesens knickte. 1326 verpfändete der König erstmals Gelnhausen an die Herren von Hanau, 1346 versetzte König Ludwig die Reichssteuern der vier wetterauischen Städte an die Herren von Limburg, und 1347 verpfändete Karl IV. Friedberg und Gelnhausen an die Herren von Hohenlohe.

Seitdem drangen die Territorialherren auch in der Wetterau in entscheidender Weise vor und untergruben die politische Selbständigkeit der Städte. Gelnhausen und Friedberg gerieten 1349 unter die Pfandherrschaft der Grafen von Schwarzburg und von Hohenstein. Als Schwarzburg 1432 alleiniger Inhaber der Gelnhäuser Pfandschaft geworden war, verkaufte es sie 1435 an Kurpfalz und Hanau weiter. Wetzlar brach unter den andauernden Fehden mit den Grafen von Solms und zerstörenden inneren Unruhen 1371 finanziell zusammen, nachdem es seine Verstrickung in die schweren Kämpfe zwischen den Landgrafen von Hessen, den Grafen von Nassau und von Solms seit Mitte des 14. Jahrhunderts wirtschaftlich und politisch gelähmt und schließlich ruiniert hatte. Es mußte daher seinen Gegnern weitgehende „Schutzrechte" über sich einräumen; zuerst den Grafen von Solms (1375/78), dann den Grafen von Nassau-Weilburg (1390/1419), die auch eine seit 1410 mehrfach erweiterte Pfandschaft an der Stadt erwarben, und schließlich den Landgrafen von Hessen (seit 1393 und erneut 1470 und dann in Nachfolge der Nassauer endgültig seit 1536). Die Friedberger Pfandschaft verkauften die Schwarzburger Grafen 1436 an Erzbischof Dietrich von Mainz, die Brüder Gottfried und Eberhard von Eppstein, Diether von Isenburg-Büdingen und die Stadt Frankfurt. Von ihnen erwarb sie 1455 die Reichsburg Friedberg und ihre Ritterschaft, um sie ihrem eigenen, ritterschaftlichen Herrschaftsbereich einzugliedern. Selbst Frankfurt mußte 1372 und erneut 1450 mit den Grafen von Katzenelnbogen ein Bündnis eingehen, das sich im späteren 15. Jahrhundert zu einem hessischen Schutzverhältnis ausweitete. So ging im Verlaufe des späten 14. Jahrhunderts die politische Selbständigkeit fast aller wetterauischen Reichsstädte zugrunde.

Aber dieser Untergang vollzog sich nicht widerstandslos, wie schon das 1364 noch einmal erneuerte städtische Bündnis dartut. Vor allem aber bestand noch immer ein gemeinsames Anliegen zwischen Städten und Herren bei der Bekämpfung des räuberischen Adels. Das zeigt der Hattsteinsche Krieg, in dem die Wetterauer Städte im Bunde mit Erzbischof Kuno von Trier, Pfalzgraf Ruprecht, Philipp von Falkenstein und Ulrich von Hanau die Burg Hattstein im Taunus 1374 eroberten. Da sie die Burg aber dem weitverzweigten, räuberischen Geschlecht zurückgaben, war schon 1379 eine erneute Belagerung notwendig, die zwar wiederum zur Eroberung der Burg, aber auch diesmal noch nicht zur endgültigen Unterwerfung der Hattsteiner führte. Die Städte brachten jetzt vielmehr auch noch die Ritterbünde gegen sich auf, so daß sie einen erneuten Versuch machen mußten, ihre politische Selbständigkeit zu behaupten. Sie verbündeten sich daher 1381/82 mit den rheinischen und schwäbischen Städten, gerieten aber deswegen nun auch in scharfen Gegensatz zu den Fürsten und Grafen. Und das hat ihr weiteres Schicksal bestimmt, denn wenn sie sich auch durch ihr Bündnis der in der Löwengesellschaft vereinigten Ritter und Herren erwehren konnten, so war ihnen das gegenüber den städtefeindlichen Fürsten, Grafen und Herren nicht mehr möglich. Am 24. September 1388 wurden die Städte bei Döffingen, am 6. November bei Worms und am 14. Mai 1389 bei Kronberg militärisch geschlagen.

Daß es auch in unserem Gebiet soweit kam, hing jedoch nicht nur mit der städtefeindlichen Einstellung des Adels und der Fürsten zusammen, sondern war weitgehend auch durch den damaligen Landvogt der Wetterau, Graf Ruprecht von Nassau-Sonnenberg, verschuldet. Nachdem 1381 Erzbischof Adolf von Mainz endlich von Papst und König anerkannt worden war, vermochte er an Stelle des lange mit ihm verfeindeten Pfalzgrafen seinen Onkel Graf Ruprecht von Nassau-Sonnenberg auf den Platz des Landvogts der Wetterau zu bringen. Aus Feindschaft gegen den Pfalzgrafen trat Ruprecht nicht dem vom König und den Fürsten gegen die Städtebünde geschlossenen Landfrieden bei, wie ihm der König befohlen hatte, sondern dem rheinischen Städtebund, für den er auch die wetterauischen Städte Wetzlar, Gelnhausen und Friedberg im September und November 1382 gewann. Ihm folgten im September und Dezember 1383 Graf Johann von Nassau-Dillenburg und Philipp von Falkenstein, obwohl der König auf dem Nürnberger Reichstag vom März 1383 allen Grafen und Herren befohlen hatte, ihre Bündnisse mit den Städten zu lösen. Die am 26. Juli 1384 vom König vermittelte Heidelberger Stallung brachte zwar nochmals einen dreijährigen Waffenstillstand zwischen Fürsten und Städten zustande, konnte aber die endgültige Auseinandersetzung nicht verhindern. Sie erfolgte in unserem Gebiet durch die von den alten Feinden der Stadt Frankfurt, den Herren von Hattstein, von Reifenberg und von Kronberg, nach der Döffinger Schlacht provozierte Kronberger Fehde, in der das städtische Aufgebot bei der Belagerung der Burg Kronberg den herbeigerufenen pfälzischen und hanauischen Truppen am 14. Mai 1389 vollständig unterlag. Daraufhin mußten die rheinischen, elsässischen und wetterauischen Städte am 3. Juni 1389 den Heidelberger Frieden mit den Fürsten schließen, ihren Bund aufgeben und 60 000 fl. an den Pfalzgrafen zahlen; dazu kamen weitere 100 000 fl., mit denen Frankfurt seine Helfer zu entschädigen und seine Gefangenen freizukaufen hatte.

Mit dem Untergang der Städtebünde verloren aber auch die wetterauischen Landfriedenseinungen ihre wirksamste Kraft, denn auch sie endeten schon kurz darauf. Ihre große Zeit war das 14. Jahrhundert, in dem die Reichslandvogtei ihre volle Wirksamkeit entfaltete, nachdem sie seit dem Ende des 13. Jahrhunderts unter Reinhard I. von Hanau zu erneuter Bedeutung gelangt war. Nach ihm sind dann außer weiteren Hanauern die Herren von Breuberg, von Eppstein und von Hutten als Landvögte der Wetterau tätig gewesen. Höhepunkt der Macht und Tätigkeit des Landvogtes der Wetterau bildete die Amtsperiode Ulrichs III. von Hanau (1349 bis 1370), der dabei nachhaltig von Kaiser Karl IV. unterstützt wurde. Jedoch nutzte Ulrich seine Stellung wiederholt in eigenem Interesse gegen seine Gegner aus und verschaffte sich auch in Frankfurt eine Stellung, die seinen Amtsverpflichtungen nicht mehr entsprach, so daß er darüber nicht nur die Unterstützung des Kaisers verlor, sondern auch das Amt korrumpierte. Seitdem geriet es immer öfter in die Hände mächtiger Territorialherren wie der Markgrafen von Meißen, der Erzbischöfe von Trier und Mainz, des Pfalzgrafen oder der Grafen von Sponheim, von Nassau und von Katzenelnbogen. So ist dieses Amt immer weniger der allgemeinen Friedenswahrung als vielmehr begrenzten politischen Sonderinteressen und territorialpolitischen Zwecken verpflichtet worden, so daß es sich seinem ursprünglichen Wesen mehr und mehr entfremdete und zerfiel. Seit Anfang des 15. Jahrhunderts ist es nicht mehr besetzt worden.

Die Tätigkeit der Reichslandvögte lag im wesentlichen in der Landfriedenswahrung, wie sie die Landfriedenseinungen forderten, welche die Städte und Großen in der Wetterau und im Mittelrheingebiet miteinander schlossen. Diese dienten damit aber nicht nur den eigenen Zwecken, sondern mit der Friedenssicherung in einer der Kernlandschaften des Reiches auch dem Reiche selbst, wie es auch die Landfriedensurkunden immer wieder betonten. So wurde dadurch etwa ein Jahrhundert lang über das Interregnum hinaus bis in die Mitte des 14. Jahrhunderts das Reich in seiner alten terra imperii über das zeitübliche Maß hinaus repräsentiert und vertreten.

Nach dem Bunde von 1265 vereinigten sich die wetterauischen und rheinischen Städte am 24. Juni 1278 mit dem Pfalzgrafen und den Grafen von Hohenberg, Leiningen und Katzenelnbogen zu einem Landfrieden, während König Ludwig der Bayer 1317 einen solchen allein mit den Wetterauer Städten abschloß. 1328/29 kam dann ein Landfrieden lediglich zwischen den wetterauischen Reichsstädten und Herren zustande (den Erzbischöfen von Mainz und Trier, den Grafen von Nassau und den Herren von Eppstein, Hanau, Isenburg-Büdingen und Falkenstein), der 1337 ohne die Erzbischöfe erneuert wurde. 1352 mußten die wetterauischen Städte jedoch wieder einem mittelrheinischen Landfrieden (zwischen Trier, Mainz, der Pfalz, Jülich und Berg) beitreten, dem aber schon am 28. Januar 1354 wiederum eine allerdings weitgefaßte wetterauische Verbindung folgte, vereinbart von den vier Städten und dem Erzbischof von Mainz, den Grafen von Nassau, Ziegenhain, Wertheim sowie den Herren von Hanau, Isenburg-Büdingen, Trimberg, Falkenstein, Eppstein und Weinsberg. 1359 schloß Erzbischof Gerlach von Mainz mit dem Landvogt Ulrich von Hanau und den vier Städten einen wesentlich verengerten Landfrieden. Dieser Tendenz entsprach es, daß auch den wieder sehr stark erweiterten Frieden vom 13. Februar 1368 bald ein begrenzter Wetterauer Landfrieden ablöste. Ihn verabredeten am 14. November 1371 der Landvogt Erzbischof Johann von Mainz, die Herren von Hanau, Isenburg-Büdingen und Eppstein sowie die vier wetterauischen Reichsstädte. Nach der Niederlage der Städte 1388/89 waren für unser Gebiet nur noch zwei Landfrieden von Bedeutung, der große vom 5. Mai 1398, der die vier wetterauischen

Städte mit dem Erzbistum Mainz, dem Erzbistum Trier und der Pfalz sowie den mittelrheinischen Städten Mainz, Worms und Speyer vereinigte und endlich der die Entwicklung beschließende engere wetterauische Landfrieden von 1405. Das politische Leben im Rahmen dieser Bündnisse läßt also einen geradezu rhythmischen Ablauf erkennen, in dem Ausdehnung (auf das ganze Mittelrheingebiet) und Konzentration (auf Wetterau und Rhein-Main-Gebiet) einander in fast gesetzmäßigem Wechsel ablösten. Doch ist dabei eine entscheidende Schwächung der Funktion dieser Landfrieden seit dem Abgang Ulrichs III. von Hanau unverkennbar, wenn es auch nochmals fast 40 Jahre dauerte, bis sich die Institution vollends auflöste.

Diese Landfrieden haben zweifellos ihre Funktionen erfüllt, wie sich aus den zahlreichen erfolgreichen Zügen gegen unbotmäßige Große und den räuberischen kleinen Adel ergibt. Hierbei waren vielfach die Städte die treibende Kraft. Ihrem Angriff erlagen 1332 das Haus Flörsheim, 1359 die Burg Villmar und 1360 Hohensolms, 1365 Lich und Warnsberg, 1374 und 1379 Hattstein, 1382 Schotten und Bommersheim, 1384 Burgsolms und 1399 Schloß Tannenberg a. d. Bergstraße. Mit diesen Burgzerstörungen verquickten sich die ständigen anderweitigen Auseinandersetzungen mit übel berüchtigten Adelsgeschlechtern, wie den Reifenbergern oder den Hattsteinern, aber auch mit dem kleinen Raubadel der Wetterau, dem die Landfriedensträger noch 1405 sechs Schlösser zerstörten (Höchst bei Altenstadt, Hauenstein, Rückingen, Karben, Mömbris und Hüttengesäß).

Das 15. Jahrhundert brachte einen entscheidenden Umschwung. Denn nunmehr verschwanden die Wetterauer Reichsstädte als politische Faktoren, mit Ausnahme von Frankfurt, das seit der zweiten Hälfte des 14. Jahrhunderts so mächtig geworden war, daß es seine Rolle als Reichsstadt alleine weiterspielen konnte; aber auch die Landfriedenseinungen und das mit ihnen eng verknüpfte Institut des Reichslandvogtes der Wetterau erloschen. Als letzter Reichslandvogt wurde 1417 Erzbischof Johann von Mainz ernannt, der aber bereits 1419 starb. Seitdem blieb das Amt vakant. Die Folgen waren verheerend, denn nun entwickelte sich auch in der Wetterau das Raubrittertum so ungehemmt, daß selbst eine Stadt wie Frankfurt ihm jahrzehntelang fast schutzlos preisgegeben war, wie etwa die Fehden des in der Lindheimer Ganerbschaft vereinigten wetterauischen Adels mit Frankfurt im späten 15. Jahrhundert erkennen lassen. Auf Grund dieser Voraussetzungen traten an Stelle der Städtebünde und Landfrieden nunmehr neue Verbände, die in der Geschichte der Wetterau schließlich die mächtigsten werden sollten: die wetterauische Reichsritterschaft und die Wetterauer Grafenkorrespondenz.

37. Die Wetterauer Reichsritterschaft und Grafenkorrespondenz

Die Ritterschaft der Wetterau entstammte weitgehend der Reichsministerialität. Sie wurde daher und in Ermangelung eines starken Territorialherren nicht wie in Hessen landständisch, sondern konnte ihre unmittelbaren Reichsbeziehungen wahren. Dabei unterstützte sie außer einer stolzen, breit und tief fundierten Tradition und andauernder weiterer Verbindung mit dem Reich auch die nahe Vergesellschaftung mit den mittleren Dynasten. So vermochte das Rittertum seinen beginnenden Abstieg im 14. Jahrhundert zunächst noch durch weitreichende Adelsbünde zu hemmen, ja sich durch Einbeziehung von Dynasten und Grafen in diese Vereinigungen nochmals eine starke politische Stellung zu schaffen.

Die erste wetterauische Adelsgesellschaft der „Martinsvögel" von 1362 beschränkte sich auf einen engeren Kreis kleinerer ritterlicher Familien; in den etwa gleichzeitigen beiden Gesellschaften „Von der grünen Minne" und dem „Monde" war bereits die gesamte Ritterschaft der Burg Friedberg (darunter 1365 die Herren von Kronberg) vertreten. Nur wenige Jahre später aber umfaßte der bedeutende hessische Adelsbund der „Sterner" (genannt nach dem Sternwappen der im Bunde maßgebenden Grafen von Ziegenhain) außer großen Teilen der hessischen Ritterschaft auch den Bischof von Paderborn, den Abt von Fulda, die Grafen von der Mark, von Nassau und von Katzenelnbogen sowie die Herren von Hanau, von Isenburg, von Westerburg und von Falkenstein. Nach seiner Niederlage, die ihm sein Hauptgegner Landgraf Hermann von Hessen beibrachte, traten die Gesellschaften „Von der alten Minne" (1375) und „Vom Horne" (1379) hervor. Ihre mehr örtliche Bedeutung übertraf der 1375 gegründete St. Georgenbund, der den Adel am Rhein, in der Eifel und am Niederrhein vereinigte. Er war in drei Kreise gegliedert und wurde von einem sechsköpfigen Ausschuß geleitet, zeigte also Anklänge an Einrichtungen, die in der späteren Einung der Grafen in der Wetterau, auf dem Westerwald, in der Eifel und am Niederrhein wiederkehren. Wie im St. Georgenbund so spielten die Katzenelnbogener Grafen auch in der am 13. Oktober 1379 gegründeten „Löwengesellschaft" eine führende Rolle. Neben ihnen traten wiederum die Grafen von Nassau, die Herren von Isenburg und von Kronberg sowie andere namhafte Adelsgeschlechter des Rhein-Main-Gebietes auf; doch dehnte sich dieser Bund vor allem sehr stark nach Süddeutschland aus. Etwa gleichzeitig ist die St. Wilhelmsgesellschaft, die mit dem St. Georgenbund und der Löwengesellschaft in ihrer städtefeindlichen Politik übereinstimmte, der sich die im rheinisch-schwäbischen Städtebund vereinigten Städte jedoch erwehren konnten. Als letzte, sozial bereits stärker abgestiegene societas perversa (wie sie die Gegner bezeichneten) trat der Schleglerbund auf, der sich gegen Fürsten und Grafen wie Herren und Städte wandte, aber sich vor deren Gegenmaßnahmen im April 1396 auflösen mußte. Es ist jedoch bemerkenswert, daß der Schleglerbund die erste Rittergesellschaft darstellte, die der König für seine politischen Ziele im Südwesten des Reiches einzusetzen versuchte.

Diesen zahlreichen rhein-mainischen Adelsbünden des 14. Jahrhunderts standen auch einige niederhessisch-westfälische Vereinigungen gegenüber, so die „Vom Falken" um 1380, die 1385 begründete westfälische Rittergesellschaft und die 1391 errichtete „Sichelgesellschaft". Daneben kamen im gleichen Jahr die „Bengler" oder „Klüppelgesellschaft" vor. Als letzter Ritterbund dieser Art ist der „Vom Luchs" 1409 zu nennen. In ihren Bestrebungen insgesamt nicht einheitlich ausgerichtet, dienten sie sowohl unmittelbar ritterschaftlich-ständischen Interessen als auch größeren territorialpolitischen Bestrebungen, für die sie (wie etwa die „Sichelgesellschaft") insbesondere Landgraf Hermann von Hessen einzusetzen wußte.

Mit Beginn des 15. Jahrhunderts verschwanden diese Gesellschaften. Es entstanden die unpolitischen Turniergesellschaften (im rhein-mainischen Umkreis z. B. die „Mit dem Esel"), während sich im politischen Bereich hoher und niederer Adel trennten, nachdem sich dieser mehr und mehr in Ganerbschaften organisiert hatte. Von diesen traten im Laufe des 14. Jahrhunderts als die wichtigsten die acht wetterauischen Ganerbschaften in Friedberg, Lindheim, Staden, Dorheim, Reifenberg, Gelnhausen, Kronberg und Falkenstein ins Leben. Sie vereinigten nahezu den gesamten niederen Adel dieser Gebiete in Rechts- und Schutzgemeinschaften und entwickelten sich auf Grund ihres großen und kämpferischen Mitgliederkreises schon seit dem frühen 15. Jahrhundert zu Vereinigungen mit politischem Gewicht. Aus ständischen, wirtschaftlichen und sozialen Gründen städtefeindlich eingestellt, fanden sie zunächst einzeln Schutz bei ebenso gesonnenen größeren Mächten wie Kurmainz oder der Kurpfalz, bis sich dann 1458 die Ganerben von Kronberg, Reifenberg, Friedberg und Lindheim zusammenschlossen und gemeinsam mit Kurpfalz verbündeten. Die Erlaubnis zum Zusammenschluß, die König Sigismund 1422 der Ritterschaft in Schwaben erteilt hatte, hat sich offensichtlich auch auf die Wetterau ausgewirkt.

Der sich im Laufe des 15. Jahrhunderts mehr und mehr vertiefende Gegensatz zwischen der Ritterschaft und dem städtischen Großbürger- und Händlertum war vor allem darin begründet, daß die städtische Kaufleuteschicht immer reicher zu werden schien und dazu diesen Reichtum noch vor den Burgen des Adels in langen Wagenkolonnen vorüberführte, während sich die Ritterschaft in steigendem Maße der Verarmung und damit dem sozialen Abstieg ausgesetzt sah. Infolge der Umgestaltung des Heerwesens durch Feuerwaffen und Söldner, die der ursprünglichen Bestimmung des Ritters keinen Raum mehr ließen, seiner existenzbegründenden und -sichernden Aufgabe damit beraubt und vorerst ohne Aussicht auf eine angemessene neue Tätigkeit und Verdienstmöglichkeit, zudem durch die überlieferten sozialen Ansprüche gehemmt, sich zeitnahen, weniger ritterlichen Betätigungen zuzuwenden, verfiel das Rittertum auf den unglücklichen, zeit- und rechtswidrigen Ausweg, sich an den städtischen „Pfeffersäcken" schadlos zu halten und sie unter dem Deckmantel ihres alten Vor-Rechtes, der Fehde, auszurauben.

Nichts bezeichnet diesen Zustand krasser, als die aus nichtigen Anlässen herbeigeführten großen Fehden des Lindheimer Ganerbenadels gegen die Stadt Frankfurt in den beiden letzten Jahrzehnten des 15. Jahrhunderts. In ihrem Verlauf haben die weitverzweigten Familien- und Ganerbenverbände des wetterauischen und buchonischen Adels und ihre noch zahlreicheren reisigen Helfer die Stadt mit Fehdeerklärungen geradezu überschüttet, erfolgreiche Züge gegen städtische Außenbesitzungen unternommen und sie teilweise niedergebrannt, den Warenverkehr durch die Wetterau von und nach Frankfurt vorübergehend ernstlich beeinträchtigt und selbst dem politischen und militärischen Eingreifen der Schutzmacht Frankfurts, dem hessischen Landgrafen und seinen Truppen, getrotzt. Diese nützten der Stadt ebensowenig wie ihre Hilfegesuche an die mittelrheinischen Fürsten, Grafen und Herren oder die oberdeutschen Städte Worms, Speyer, Straßburg, Nürnberg und Ulm. So mußte schließlich der Kaiser eingreifen, um den Kampf durch einen von ihm persönlich geschlossenen Vergleich zwischen beiden Parteien im Februar 1486 zu beenden. Aber der Friede währte nur kurz. Schon 1489 sah sich Frankfurt in eine neue Fehde mit einem Lindheimer Ganerben verwickelt, der der Stadt als ersten Punkt unter anderen vorwarf, daß eine Frankfurter bürgerliche Jungfer seinem Vetter einen Tanz verweigert und dadurch ihr bisheriges Übereinkommen gebrochen habe. Krasser konnte ritterlicher Standeshochmut kaum zum Ausdruck kommen. Auch diese Verfeindung konnte die Stadt nur durch unmittelbare Hilfe des Kaisers beenden, während die durch einen schweren Straßenraub an einem Frankfurter Kaufmannszug von 1490 heraufbeschworene Fehde weder durch den Beistand des hessischen Landgrafen noch durch den Kaiser und seinen Sohn Maximilian beigelegt werden konnte, sondern sich ohne Wiedergutmachung bis 1494 hinzog.

Dieses unbefriedigende Ergebnis hing offensichtlich damit zusammen, daß die Wetterauer Ritterschaft ihre Stellung inzwischen erheblich verstärkt hatte. Denn am 12. September 1492 waren zahlreiche Ganerbschaften zur „Verteidigung ihrer Rechte" (wie es schon damals hieß) zum großen Verbund der wetterauischen Ritterschaft zusammengetreten. Im gleichen Jahr organisierte sich auch die fuldische Ritterschaft erneut (im Simpliciusorden), und eben damals entflammte eine Fehde von über 70 Mitgliedern des hessischen und fränkischen Adels mit Graf Philipp von Hanau.

Aber noch immer stieg die Macht der Ritterschaft an, so daß der Ganerbschaftsverband 1495 sogar Anschluß an den Wetterauer Grafenverein fand. Doch blieb dieses ungleiche Bündnis nicht lange bestehen. 1511 trennten sich beide wieder, nachdem der ritterliche Adel die auf dem Wormser Reichstag von 1495 beschlossene Reichssteuer kurzsichtig (zum Teil aber wohl auch aus wirtschaftlicher Schwäche) abgelehnt und damit im Gegensatz zum Grafenverein die Reichsstandschaft nicht erlangt hatte. In keiner Weise bereit, ihre längst gegenstandslos gewordene, unberechtigte Sonderstellung aufzugeben, widersetzte sich die Ritterschaft 1512 auch ihrer Einbeziehung in die Reichskreiseinteilung und widerstand gleichfalls 1517 dem Versuch des Kaisers, ein neues Ritterrecht zu schaffen, so daß dessen Kommissare mit dem Adel in Friedberg, Gelnhausen, Bingen und Wimpfen ergebnislos darüber traktierten. Sie erreichte vielmehr, daß der Reichsmatrikelanschlag von 1521 alle in ihrem Besitz befindlichen Gebiete gesondert behandelte. Diese Jahre stellen den Gipfel der ritterschaftlichen Entwicklung dar, denn auch in geistiger Beziehung erlebte sie damals einen nie wieder erreichten Aufschwung. Ihn kennzeichnet das erstaunliche Ausmaß der inneren und kämpferischen Beteiligung der Ritterschaft an der Reformation, der sie auch in Hessen weitwirkende Vorkämpfer (Ulrich von Hutten, Hartmut von Kronberg) stellte.

Auf diesem Höhepunkt vereinigte sich der Adel noch einmal aus eigenem Antrieb und schloß im Zuge der von Sickingen entfachten und geführten ritterschaftlichen Bewegung im wetterauischen Gebiet am 18. Juni 1522 ein großes Bündnis, dem die Herren von Kronberg und von Hutten sowie über 100 andere Ritter des Mittelrheingebietes beitraten. Dieser Bund war offensichtlich auch gegen Hessen gerichtet, dessen Rache Sickingen fürchten mußte, nachdem sein unberechtigter Überfall auf Darmstadt den Landgrafen gedemütigt hatte. Dazu kam, daß Franz von Sickingen im August 1522 auch noch einen rheinischen Ritterkreis in Landau gründete und aus dieser Position heraus den Trierer Erzbischof angriff. In diesem Augenblick der völligen Übereinstimmung der schon seit Jahrzehnten zusammengehenden Interessen von Hessen und Trier vermochte der junge Landgraf Philipp seine erste politische und militärische Glanzleistung zu verbringen, den Sieg über Sickingen, der 1523 auf der Ebernburg fiel. Sein Sturz, der die gesamte verbündete Ritterschaft mitriß, hat in unserem Gebiet die Fehdegewalt des ritterschaftlichen Adels jählings vernichtet.

Auf Grund dieses, in seinen Folgen unüberwindlichen Rückschlages, schwenkte die ritterschaftliche Bewegung allmählich um, da sie sich offensichtlich aus eigener Kraft gegen die Fürsten jetzt nicht mehr zu halten vermochte. Vollends unhaltbar wurde die Lage, als die Ritterschaft in den Hessen benachbarten Ländern im Bauernkrieg aufs schwerste getroffen wurde und damit den Haß und die Verachtung eines Standes zu spüren bekam, dem sie vielfach übel mitgespielt hatte. Die Entscheidung für einen neuen Weg fiel durch den Entschluß der schwäbisch-fränkischen Ritterschaft von 1532, dem Kaiser erstmals freiwillige Türkenhilfe zu leisten. Zehn Jahre später folgten die schwäbische und elsässische Ritterschaft. Seitdem sind diese freiwilligen Beihilfen (Charitativsubsidien) immer häufiger vom Kaiser gefordert und vom Adel gewährt worden, da er sich dadurch von den Territorialherren unabhängig halten und sein reichsunmittelbares Verhältnis festigen konnte. Auch innerlich orientierte sich der niedere Adel in diesen Jahrzehnten weitgehend um und fand allmählich die Wege zu neuen und besseren Lebensgrundlagen, zum Studium, zur Verwaltung, zum Heeresdienst in seinen neuen Formen sowie zur Konsolidierung und ertragreicheren Verwaltung seines Besitzes.

1544 ließ Kaiser Karl V. erstmals Ritterschaft und Adel am Rheinstrom (mit Friedberg und Gelnhausen und der Ritterschaft in der Wetterau) zu einer Versammlung zusammentreten, und 1547 regte er ihre Gliederung in die vier Orte Wasgengau, Hunsrück, Wormsgau und Wetterau (mit Westerwald und Rheingau) an. Gleichzeitig wählte sie zwei Hauptleute mit je sechs Räten, ging aber 1565 dazu über, in jedem der vier Orte einen Hauptmann mit sechs Räten einzusetzen. Seit 1576 tagten diese Ritterräte ständig, nachdem der Kaiser die Matrikel der mittelrheinischen Reichsritterschaft schon 1556 bestätigt und sie damit endgültig konstituiert hatte. Infolgedessen konnte die Reichsritterschaft am Rheinstrom 1577 mit den Reichsritterkreisen in Schwaben und Franken zu einer gemeinschaftlichen Organisation zusammentreten. Die damit unter kaiserlichem Schutz energisch und endgültig vollzogene Formierung der Reichsritterschaft rief zwar nochmals die hessischen Landgrafen und benachbarten Territorialfürsten auf den Plan. Faßten sie doch diese Vorgänge zunächst geradezu als Rebellion auf, obwohl sie diese durch ihr gewalttätiges Vorgehen gegen die reichsritterschaftlichen Ganerben des Buseckertales 1576 wahrscheinlich selbst hervorgerufen hatten. Doch waren solche landesherrlichen, territorialfürstlichen Erfolge nur noch im unmittelbaren hessischen Machtbereich möglich. In den übrigen Gebieten stärkte und vervollständigte die Ritterschaft auf dem Wege der kaiserlichen Privilegierung in den nächsten Jahrzehnten ihre Stellung immer mehr, bis endlich die große Privilegienerteilung Kaiser Rudolfs II. von 1605 diese Entwicklung abschloß.

Seit dem Ende des 16. Jahrhunderts bildete die Ritterschaft am Rheinstrom nur mehr drei Orte (den oberrheinischen, den niederrheinischen und den mittelrheinischen Ort). Von ihnen erhielt 1610 jeder neben einem Hauptmann als weiteren Ausschuß 15 Räte (für hochwichtige Sachen) und als engeren Ausschuß zwölf Räte (für die gemeinen, d. h. die alltäglichen Sachen). Ihre wesentlichste Aufgabe blieb nach wie vor das Ausschreiben und Einziehen der Ritterschaftssteuer, die dem Kaiser zu erlegen war, denn sie gewährleistete die Reichsunmittelbarkeit der zur Ritterkasse steuernden und in der ritterschaftlichen Matrikel aufgeführten Adelsgeschlechter im Rahmen ihrer reichsritterschaftlichen Organisation. Der Schwerpunkt der Reichsritterschaft unseres Bereiches lag von Anfang an im Rhein-Main-Gebiet und in der Wetterau, da diese auf Grund ihrer machtvoll nachwirkenden reichsgeschichtlichen Tradition auch im 16. Jahrhundert noch nicht territorialisiert waren. Die Herauslösung der andernorts ansässigen Adelsgeschlechter aus ihrer territorialen Einordnung (der Landstandschaft) war oft sehr schwierig, da diese Verselbständigung des ritterschaftlichen Splitterbesitzes den Landesherren ständig ein Dorn im Auge sein mußte. Gleichwohl erreichte der nassauische Adel seine Unabhängigkeit schon im 16. Jahrhundert (aber noch im 17. Jahrhundert erkannten sie die nassauischen Fürsten nicht an), der mainzische ebenfalls im 16. Jahrhundert und der fuldische während des 30jährigen Krieges. Nur im engeren Hessen ist dieser Versuch gescheitert; das Fürstenhaus war stärker. Der althessische Adel blieb daher landständisch.

Die inzwischen vollständig durchgeführte Emanzipation des reichsritterschaftlichen Adels von der landesherrlichen Gerichtsbarkeit führte dazu, daß sich die rheinische Ritterschaft 1627 im Statutum generale eine Ordnung ihrer genossenschaftlichen Gerichtsbarkeit gab, die auch die endgültige Ritterordnung für die Reichsritterschaft am Rheinstrom von 1652 im wesentlichen übernahm. Diese nach der Ordnung des fränkischen Kreises von 1590 geschaffene Verfassung bestätigte der Kaiser 1662, nachdem die Reichsritterschaft korporativ in den Westfälischen Frieden eingeschlossen und damit reichsrechtlich endgültig anerkannt worden war.

In Hessen war und blieb die Wetterau das Zentrum der Reichsritterschaft. Ja, hier entwickelte sich die Reichsburg Friedberg geradezu zum Mittelpunkt einer Art ritterschaftlichen Territoriums. Ihr Wahrzeichen, der machtvolle Adolfsturm, symbolisierte ihre kraftvolle Entwicklung und Behauptung; denn er war aus dem Lösegeld errichtet, das der in einer Fehde mit den Friedberger Burgmannen 1347 unterlegene Graf Adolf I. von Nassau-Wiesbaden hatte bezahlen müssen. Die Burg verfügte nämlich über eine bedeutende, aus staufischer Wurzel stammende Burgmannschaft, der sich 1305 sogar der fuldische Stiftsadel anschließen wollte. Seit unbestimmter Zeit gehörten ihr auch der jeweilige Komthur des Deutschordenshauses in Frankfurt-Sachsenhausen an (bezeugt 1429) und derjenige der Ballei Marburg. 1431 wurde die Friedberger Burgmannschaft dann in die Reichsmatrikel aufgenommen. Gegenüber der Stadt Friedberg, mit der sie im 13. und 14. Jahrhundert schwere Kämpfe durchstand, setzte sie sich endgültig durch, nachdem sie 1455 die Reichspfandschaft an der Stadt erworben hatte. Daraufhin vermochte sie 1482 den Rat zu einem Verherrungsrevers und 1483 zu einer Huldigungsverschreibung zu zwingen. Nicht minder schwierig war die 1376 eingeleitete Erwerbung des Freigerichtes Kaichen. Sie führte zu langwierigen Auseinandersetzungen mit Frankfurt und glückte zuletzt nur mit Hilfe mehrerer kaiserlicher Privilegien (von 1432, 1467 und 1474) und entsprechender Weistümer. 1475 vermochte die Burg endlich auch ihre landesherrliche Stellung in der Mörler Mark durchzusetzen. Das Freigericht Kaichen umfaßte die zwölf ansehnlichen Orte Kaichen, Heldenbergen, Büdesheim, Rendel, Groß- und Kleinkarben, Okarben, Ilbenstadt, Rodenbach, Altenstadt, Oberau und Rommelhausen. Dazu kam noch ein unmittelbarer Anteil der Burg an der angrenzenden Ganerbschaft Staden, die sich 1405 gebildet hatte und außer Staden sieben weitere Orte umfaßte (Ober- und Niedermockstadt, Ober- und Niederflorstadt, Oppelshausen, Stammheim und Heegheim). Das ebenfalls an das Friedberger Territorium angrenzende Reichsganerbiat Lindheim blieb dagegen selbständiges Mitglied des mittelrheinischen Ritterkreises.

Auf Grund seiner altangesehenen Stellung wurde Friedberg Sitz des Kantons Mittelrheinstrom des rheinischen Ritterkreises, dessen Direktoriat der Friedberger Burggraf bis 1727 innehatte. Seitdem lockerte sich die bisherige enge Verbindung zwischen der Burg und der mittelrheinischen Ritterschaft, bis 1764 eine gegenseitige Abgrenzung der beiderseitigen Korporationen erfolgte. Der Burg stand der aus den Burgmannen gewählte Burggraf vor, dem ein aus zwölf Burgmannen gebildeter engerer Ausschuß, Regiment genannt, beigeordnet war. Die Burgmannschaft konnte entsprechend den Ganerbschaftsgrundsätzen in der Regel allein durch Heirat und nur ausnahmsweise auch durch kaiserliches Privileg erworben werden. Dazu waren 16 rittermäßige Ahnen nachzuweisen, von denen man jedoch nur acht prüfte. Die Verwaltung der Burggrafschaft bestand aus Kanzlei, Konsistorium (seit 1668) und Rentkammer. 1806 wurde ihr Gebiet mediatisiert und an Hessen-Darmstadt übereignet.

Weniger glücklich als die zur Burg Friedberg gehörende Reichsritterschaft waren andere ritterschaftliche Familien (wie die Herren von Breidenbach im Breidenbacher Grunde) oder ganerbschaftliche Verbände (wie die des Busecker Tales bei Gießen). Ihre Versuche, den gleichen Weg zu gehen und eine vom Landesherrn unabhängige reichsritterschaftliche Stellung zu erlangen, scheiterten, da hier die unmittelbar benachbarten hessischen Landgrafen eine solche Entwicklung zu unterdrücken vermochten. Die Familie von Breidenbach hatte bereits 1496 die hessische Lehnshoheit anerkennen müssen und konnte nicht verhindern, daß ihr seit dem 16. Jahrhundert mehr und mehr zersplitternder Besitz teilweise von den Landgrafen aufgekauft wurde. Die Ganerben des Busecker Tales wehrten sich länger und hartnäckiger. König Wenzel, der ihnen im Januar 1398 befohlen hatte, dem Landgrafen Hermann von Hessen zu huldigen, widerrief diesen Befehl allerdings noch im November desselben Jahres und unterstellte sie allein dem König. König Sigismund bestätigte daraufhin den Busecker Ganerben 1414 die Reichsstandschaft, so daß sie 1418 einen Unterwerfungsversuch Landgraf Ludwigs von Hessen mit Hilfe des

Reiches rechtlich abwehren konnten. Aber obwohl auch Kaiser Friedrich 1478 ihre Privilegien und Freiheiten bestätigte und Kaiser Karl V. sie 1547 auf dem Höhepunkt seiner Macht nochmals nachdrücklich gegen alle hessischen Übergriffe in Schutz nahm, mußten sie sich doch 1576 abermals und 1724 endgültig der hessischen Landeshoheit beugen. Die kleine reichsunmittelbare Herrschaft Frankenstein im Odenwald ging 1661/62 in hessischen Besitz über.

Erfolgreicher waren die Selbständigkeitsbestrebungen zweier anderer, ursprünglich ritterlicher hessischer Adelsfamilien, die im Grenzgebiet zwischen Hessen und den geistlichen Territorien von Fulda und Hersfeld hochkamen. Es handelte sich dabei um die Herren von Schlitz und Riedesel. Die seit 1226 bezeugten Riedesel erhielten eine besondere Stellung, nachdem sie das hessische Erbmarschallamt von den (1217 zuerst genannten) Herren von Eisenbach übernommen hatten, die damit seit 1343 von den hessischen Landgrafen belehnt waren. Von den Herren von Eisenbach erhielten die Herren von Röhrenfurt 1418 die Anwartschaft auf diese Würde, und von ihnen fiel sie 1429—nachdem die Eisenbacher 1428 ausgestorben waren—an den Schwiegersohn Eckhards von Röhrenfurt, Hermann Riedesel. Er bezeichnete sich seit 1437 als hessischer Erbmarschall. Das Amt beruht (als Titel) auch heute noch bei seiner Familie, während das hessische Schenkenamt seit dem 13. Jahrhundert von der danach genannten Familie Schenk zu Schweinsberg geführt wurde und gleichfalls bis zum heutigen Tage (als Titel) in dieser Familie verblieb. Aus dem Riedeselschen Geschlecht stammt wahrscheinlich Johann Riedesel, der Verfasser der ältesten Hessenchronik (für die Jahre 1232 bis 1327).

Mit dem Erbmarschallamt ging der reiche zugehörige Besitz der Herren von Eisenbach an die Riedeselsche Familie über, darunter das namengebende Schloß bei Lauterbach. Es war wie Vogtei und Zentgrafenamt der Zent Lauterbach (seit 1341) Lehen der Grafen von Ziegenhain als Vögten von Fulda. Nach deren Aussterben wurde es landgräflich hessisches Lehen, ebenso wie das Erbmarschallamt, die Gerichte Felda und Merlau, während bis 1397 die Gerichte Bobenhausen und Ulrichstein als Lehen zum Erbmarschallamt gehört hatten. Als fuldische Lehen übernahmen die Riedesel Stadt und Amt Lauterbach, die seit 1322 teilweise Eisenbacher Pfandbesitz und ständig zwischen Fulda und den Herren von Eisenbach, dann den Riedeseln stark strittig waren; dazu die Gerichte Schlechtenwegen, Altenschlirf, Stockhausen sowie Wegfurth (1327) und Herbstein (1338, aber beide bis 1603 von Fulda wieder eingelöst). Schließlich kamen noch hinzu als Hersfelder Lehen die Gerichte Hopfmannsfeld und Engelrod (seit 1267 bzw. 1333) und als Pfälzer Lehen die Gerichte Freiensteinau und Moos (seit 1339). Außerdem gehörte den Riedesel das abgelegene Amt Ludwigseck (nördlich Hersfeld), dem die sogenannte Vogtei Melsungen, die Heimat des Geschlechtes, angegliedert war.

In diesen Gebieten setzten die Riedesel schrittweise ihre landesherrliche Anerkennung durch und behaupteten sich insbesondere gegen die Reichsabtei Fulda und die Landgrafschaft Hessen-Darmstadt. Fulda hat lange Zeit seine landesherrlichen Ansprüche aufrechterhalten, infolgedessen die Durchführung der Reformation bekämpft und 1628 versucht, das Land wieder zu rekatholisieren. Das Erscheinen Gustav Adolfs in Deutschland und seine Siege ließen diese Bemühungen jedoch scheitern. Ebenso nachdrücklich war Hessen-Darmstadt bestrebt, das riedeselsche Gebiet in sein Territorium einzugliedern und machte während der ersten Hälfte des 17. Jahrhunderts wiederholt Versuche, die Riedesel in die Landsässigkeit zurückzuführen. Nach seiner schweren Niederlage im Hessenkrieg mußte sich Hessen-Darmstadt aber auch hier bescheiden. In beiden Fällen bedurfte es aber noch eines jahrzehntelangen hartnäckigen Widerstandes der Riedesel gegen die Übergriffe seiner beiden Nachbarn, ehe sich die ritterschaftliche Familie behauptete. Schließlich vermochte sie, nachdem sie 1680 in den Reichsfreiherrenstand erhoben worden war, in den beiden grundlegenden Verträgen von 1684 mit Fulda und 1713 mit Hessen-Darmstadt ihre landesherrliche Stellung weitgehend zu sichern.

Der Vertrag mit Fulda beendete die Streitigkeiten um Lauterbach und Freiensteinau zugunsten der Riedesel und um Herbstein und Salzschlirf zugunsten Fuldas. Er wandelte zugleich die Lauterbacher Pfandschaft in ein Lehen um und bestätigte damit endgültig die Stellung Lauterbachs als Hauptstadt des „Junkerlandes". Im Vertrag mit Hessen-Darmstadt mußten die Riedesel zwar die hessische Oberhoheit über die Gerichte Lauterbach, Ober-Ohmen und Engelrod zugestehen, wurden aber hinsichtlich aller übrigen Besitzungen als reichsunmittelbar anerkannt. Diese bestanden aus der Stadt Lauterbach und den Gerichten Altenschlirf (mit Schlechtenwegen), Freiensteinau, Landenhausen (mit Stockhausen) und Moos und gehörten dem fränkischen Ritterkreis, Kanton Rhön-Werra, an. Die Lehnshoheit des Stiftes Fulda über die Städte Lauterbach und die genannten Gerichte blieb jedoch gewahrt, während die Gerichte Lauterbach und Engelrod Lehen von Hessen-Darmstadt (wegen der Grafschaft Ziegenhain) waren und das Gericht Ober-Ohmen von Kurmainz zu Lehen ging. Diese Verwaltungs- und Gerichtsbezirke verringerten die Vereinigung von Landenhausen mit Altenschlirf und von Moos mit Freiensteinau Ende des 18. Jahrhunderts auf sechs. Kurz nach dem Ende des Reiches kam auch das Ende dieser reichsritterschaftlichen Herrschaft. Napoleon mediatisierte sie 1806 und übertrug sie auf Hessen-Darmstadt

Eine ähnliche Entwicklung machte die Herrschaft Schlitz durch. Die Herren von Schlitz werden 1116 erstmals mit Ermenold von Schlitz erwähnt, dem eine ganze Reihe anderer Ermenolde im fuldischen Bereich bis zurück ins 9. Jahrhundert vorausgeht. Doch sind diese Leitnamenträger zunächst nur mit Vorbehalt hier einzureihen, denn erst die seit 1259 bezeugten Brüder Friedrich und Konrad von Schlitz sind uns näher bekannt. Sie waren in die Fehde des Abtes Berthous von Fulda (1261 bis 1271) mit Abt Heinrich von Hersfeld und Graf Gottfried von Ziegenhain verwickelt und verloren dabei ihre Burg im Tal bei Schlitz, die der Fuldaer Abt zerstörte. Die inzwischen aus mehreren Familien bestehenden Herren von Schlitz errichteten daraufhin im Laufe des 14. Jahrhunderts auf dem heutigen Schlitzer Stadtberg nach Art eines Ganerbenverbandes mehrere feste Häuser innerhalb eines Mauerberings. Von den bis um 1400 belegten drei verschiedenen Familien von Schlitz blieben seit Mitte des 15. Jahrhunderts nur die von Schlitz gen. von Görtz übrig (wobei sich der Zuname von Görtz vielleicht von dem Ortsnamen Gerisrode = Gersrode bei Kloster Blankenau südlich Schlitz ableiten läßt). Sie waren fuldische Lehnsträger von Burg, Stadt und Gericht Schlitz und (nachweislich seit 1490) Erbmarschälle des Stiftes Fulda, machten aber seit Mitte des 16. Jahrhunderts Anspruch auf Reichsunmittelbarkeit. Darauf gestützt, führten sie 1563 die Reformation durch und hielten auch an ihr fest, als Fulda seit 1604 die Rekatholisierung betrieb. Infolge der sich nunmehr schnell verschärfenden Gegensätze legten die Herren von Schlitz 1612 die fuldische Erbmarschallwürde nieder und setzten im Verein mit 15 anderen Herren des buchischen Adels ihre Befreiung von der fuldischen Landstandschaft durch. König Gustav Adolf erkannte sie 1631 als Mitglieder der fränkischen Ritterschaft an. Mit seiner Hilfe machten sie auch die gegenreformatorischen Maßnahmen der Abtei wieder zunichte. Seit 1677 Reichsfreiherren, erlangten die Herren von Schlitz gen. von Görtz 1726 den Reichsgrafenstand, doch blieb ihre Herrschaft dem fränkischen Ritterkreis, Kanton Rhön-Werra, angehörig und auch fernerhin Mannlehen des Stiftes Fulda. Sie gliederte sich in das Amt Schlitz (das jedoch nur die Stadt umfaßte), die Gerichte Hutzdorf, Pfordt, Bernshausen und die Herrschaft Wegfurth.

Die Schlitzer und riedeselschen Gebiete, die beide den heutigen Kreis Lauterbach bilden, waren Ende des 18. Jahrhunderts ein Mittelpunkt der hessischen Leineweberei. Man schätzt die Zahl der um 1800 im Kreise Lauterbach betriebenen Webstühle auf 3000 bis 3500 und die Leinwandproduktion allein der Stadt Schlitz auf jährlich etwa 600 000 Ellen, die man in ganz Europa vertrieb. Die napoleonischen Kriege haben jedoch diese Industrie weitgehend vernichtet. Ihnen ist auch die Grafschaft Schlitz selbst zum Opfer gefallen; 1806 ist sie mediatisiert und, nachdem mehrere Annexionsversuche Hessen-Kassels gescheitert waren, mit Hessen-Darmstadt vereinigt worden.

Diese ritterschaftliche Entwicklung wurde überschichtet von einer noch umfassenderen bündischen Bewegung, der Wetterauer Grafenkorrespondenz oder dem Wetterauer Grafenverein. Seine Entstehung war in den mannigfachen Vereinigungen der wetterauischen Dynasten mit den Reichsstädten und

Adligen dieses Gebietes im 14. Jahrhundert vorbereitet und muß von ihnen hergeleitet werden. Allerdings war ein ausschließlicher Verbund der Grafen und Dynasten solange unmöglich, wie die Städtebündnisse, Landfriedenseinungen und allgemeinen Adelsverbände diese Landschaft beherrschten. Sie war auch solange ausgeschlossen, wie die beiden führenden Grafenhäuser dieses Gebietes, Nassau und Katzenelnbogen, politische Gegner waren. Dieser Gegensatz entwickelte sich aus der Verbindung der Katzenelnbogener mit den hessischen Landgrafen. Beide waren zwar schon während des ganzen 14. Jahrhunderts wiederholt mit Nassau zusammengestoßen, doch hatten sich auch gelegentlich gemeinsame Frontstellungen zwischen Nassau und Katzenelnbogen gegen Hessen ergeben, so im Sternerkrieg und auch noch in dem gegen Hessen gerichteten mainzischen Bündnis mit den wetterauischen Dynasten von Isenburg, Falkenstein, Hanau und Katzenelnbogen vom 10. Dezember 1391. Den erneuten Übertritt der Katzenelnbogener Grafen auf die hessische Seite erreichte Landgraf Hermann von Hessen dadurch, daß er Katzenelnbogen 1398 mit zwei Dritteln des Nassau entwundenen Amtes Driedorf belehnte. Darüber hinaus aber führte der schwere Einbruch der Katzenelnbogener in den nassauisch-hadamarschen Besitz 1403, den die Nassauer vergebens zu verhindern suchten, zu einer Verfeindung zwischen beiden Häusern, die das grundlegende hessisch-katzenelnbogensche Bündnis vom 21. November 1410 mit ermöglichte. Da es sich gegen Nassau richtete, hat es zweifellos ebenso zu dem Sieg der Hessen über die Nassau-Dillenburger 1416 wie zu dem Erfolg Graf Johanns von Katzenelnbogen über Graf Adolf von Nassau-Idstein 1422 wesentlich beigetragen. Die Katzenelnbogener untermauerten ihre Stellung noch im gleichen Jahr durch ein Bündnis mit den Grafen von Nassau-Saarbrücken, von Rieneck, von Ziegenhain, von Wertheim, von Solms und den Herren von Hanau, von Eppstein und von Isenburg, das dann die endgültige Grundlage aller späteren wetterauischen Grafeneinungen geworden ist.

Diesen dauernden Erfolg verdankte das von den Katzenelnbogenern geschaffene und zuerst geleitete Bündnis seiner durch die territorial- und reichspolitischen Erfordernisse der Zeit bedingten Notwendigkeit. Der Falkensteiner Erbfall von 1418 hatte die gesamten territorialen Verhältnisse der Wetterauer so grundlegend verändert, daß eine neue Abgrenzung und Auswägung der Machtverhältnisse unter den beteiligten und benachbarten Dynasten notwendig geworden war. Außerdem war mit dem Tode Erzbischof Johanns von Mainz 1419 der letzte Reichslandvogt der Wetterau ohne Nachfolger verstorben, so daß an seiner Stelle, nachdem die Wetterauer Städtebünde schon vorher ausgeschaltet worden waren, eine neue Ordnungsmacht erforderlich war. Vor allem aber galt es, da die auf den Reichstagen vertretenen Stände seit 1422 zu Truppen- und Geldleistungen für die Hussiten- und später die Türkenkriege herangezogen wurden, diese Forderungen auszuhandeln, den steigenden Reichssteueranschlägen gewachsen zu bleiben und die dadurch bedrohte Reichsstandschaft gegenüber größeren Mächten zu wahren. Diese Erfordernisse sicherten für die beiden nächsten Jahrhunderte die Existenz des Grafenvereins. Zum ersten Male trat er 1427 bei den Sühneverhandlungen zwischen Mainz und Hessen politisch hervor, denn damals ermöglichte er dem schwer geschlagenen Erzbischof Konrad durch Verbürgung der an Hessen zu zahlenden Kriegsentschädigung von 44 000 fl. den Frieden mit dem siegreichen Landgraf Ludwig von Hessen.

Der 1428, 1430, 1436, 1437, 1443 usf. verlängerte und erweiterte Bund, zu dem Nassau-Dillenburg erst 1436 Zutritt erhielt, wurde vom Katzenelnbogener Grafenhaus als dem mächtigsten und reichsten Mitglied so lange geführt, wie es bestand. Als jedoch sein Aussterben immer näher rückte und Hessen seit 1470 eine kaum noch zu erschütternde Erbposition bezogen hatte, ging die Führung an Nassau über, da die hessischen Fürsten diese Stellung der Katzenelnbogener Grafen aus ständischen und territorialpolitischen Gründen nicht übernehmen konnten, vielmehr deswegen mit den Wetterauer Grafen schon bald in Gegensatz gerieten. Diesen Wandel läßt bereits der 1474 ohne Katzenelnbogen unter Führung Nassaus abgeschlossene Einungsvertrag erkennen, der statt dessen Anschluß an die Ritterschaft suchte, die daraufhin auch 1495 (in Gestalt der Wetterauer Ganerbschaften) in den 1493 von Nassau, Solms und Hanau erneuerten Grafenverein Aufnahme fand. Auf dem Wormser Reichstag von 1495 erhielt der Verband eine Kuriatstimme im Fürstenrat und wurde damit endgültig als Reichsstandschaft anerkannt, wenn ihm auch die Behauptung dieser mit erheblichen Steuern verknüpften Stellung in den nächsten Jahrzehnten noch schwere Mühe gemacht hat. Gleichwohl festigte sich nun Form und Stellung des Bundes zusehends. 1501 erreichte er eine erhebliche Ausdehnung, denn er umfaßte damals außer den acht ritterschaftlichen Wetterauer Ganerbschaften (Friedberg, Gelnhausen, Kronberg, Reifenberg, Falkenstein, Staden, Dorheim und Lindheim) Angehörige der gräflichen Häuser Nassau-Katzenelnbogen, Nassau-Beilstein, Solms-Braunfels, Solms-Lich, Hanau-Münzenberg, Hanau-Lichtenberg, Isenburg-Büdingen, Isenburg-Grenzau, von Virneburg, von Sayn und von Pyrmont(-Ehrenberg). Aus diesem Verband lösten sich als erstes wieder die ritterschaftlichen Ganerbschaften, da diese die Steuerverpflichtungen der Reichsstandschaft nicht auf sich nehmen wollten; sie formten sich in den nächsten Jahrzehnten zum reichsritterschaftlichen Kanton Mittelrhein um. Außerdem verselbständigten sich die Rhein- und Eifelgrafen, traten jedoch schon 1512 wieder mit den Wetterauer Grafen zusammen (zu denen jetzt auch Waldeck und Wittgenstein kamen). Das nun von ihnen 1515 abermals vereinbarte Bündnis erneuerten sie 1520 und verlängerten es 1527 nochmals um zwei Jahre. Seit 1512 entsandten die Grafen einen bevollmächtigten Vertreter mit schriftlicher Instruktion auf die Reichstage.

In den ersten Jahrzehnten des 16. Jahrhunderts spielte der Grafenverein eine widerspruchsvolle Rolle. Er hatte zunächst langwierige Auseinandersetzungen mit dem immer mächtiger aufkommenden hessischen Territorialstaat zu bestehen, der auf Grund seiner Katzenelnbogener Erbschaft und des Guldenweinzollprivilegs von 1505 in der Wetterau steigenden politischen und wirtschaftlichen Einfluß gewann und dazu wegen des beginnenden Katzenelnbogener Erbfolgestreites in immer schärferen Gegensatz zu Nassau geriet. Der Grafenverein konnte sich aber auch dem Spannungsfeld der großen Fragen der damaligen Reichspolitik nicht entziehen, da sich die Nassauer Grafen bei der Kaiserwahl Karls V. stark engagierten. Dazu kamen die religiösen Erregungen, die mit der beginnenden Reformation auch diesen Verband belasteten, denn schon die Andernacher Versammlung der wetterauischen und niederrheinischen Grafen vom 20. Juni 1524 hatte gezeigt, daß die Mehrzahl der Grafen lutherisch gesonnen war und daher die Durchführung des Wormser Ediktes ablehnte. Schließlich hat die Feindschaft zwischen Hessen und Nassau wegen des Katzenelnbogener Erbes und die überragende Stellung Landgraf Philipps, besonders seit den Packschen Händeln 1528, den Bund jahrelang gelähmt. Infolgedessen konnte er auch im Schmalkaldischen Kriege keine klare Politik verfolgen, obwohl ihn Nassau 1540/41 wiederbelebt und er seitdem auch eine ständige Geschäftsführung erhalten hatte. Der Versuch des kaiserlichen Feldmarschalls Graf Reinhard von Solms, die Wetterauer Grafen 1547 zu einem Bund mit dem Kaiser zu bestimmen, scheiterte jedoch ebenfalls. Der Grafenverein kam erst wieder zum Zuge, nachdem der Frankfurter Vertrag von 1557 die Streitigkeiten zwischen Hessen und Nassau beendet und die Grafen von Nassau, Solms, Isenburg, Wittgenstein und Stolberg 1565 den Bund erneuert hatten, wobei dieser Zusammenschluß als Anfang einer allgemeinen Reichseinung gedacht war. Schon 1566 trat der Grafenverein mit dem großen Anliegen der evangelischen Stände nach der „Freistellung", d. h. die Zulassung von Angehörigen beider Konfessionen zu den großen Domkapiteln, hervor und erneuerte sie wiederholt, so gelegentlich der Wahl König Rudolfs II. 1575. Er kam jedoch nicht zum Ziel, denn nicht nur die darauf angesprochenen Reichsritterschaften am Mittelrhein, in Schwaben und Franken lehnten es ab, dieses Begehren der Wetterauer Grafen zu unterstützen, sondern vor allem auch das lutherische Sachsen, da dieses Unternehmen vornehmlich von reformierten Kräften getragen wurde, die im Wetterauer Grafenverein einen starken Rückhalt gefunden hatten.

In den Jahrzehnten vom Augsburger Religionsfrieden bis zum Ausbruch des 30jährigen Krieges war der Grafenverein lebhaft tätig. 1575 gab er sich eine neue, auf dem Friedberger Grafentag von 1578 endgültig ausgebaute Organisation, indem er jährlich eines seiner Mitglieder zum ausschreibenden Grafen ernannte und ihm einen Ausschuß von vier anderen Grafen und eine Korrespondenzverwaltung von zwei Räten und einem Sekretär beigab. Der ausschreibende Graf wechselte jährlich nach einer festgelegten Ordnung zwischen den Grafen von Nassau, Hanau, Solms, Isenburg, Wittgenstein, Stolberg-Königstein, Leiningen-Westerburg, Wied und Sayn unter Berücksichtigung der verschiedenen Linien dieser Häuser. Auch mit den übrigen Grafenverbänden traten die Wetterauer jetzt wieder in lose Verbindung, so 1575 mit den Grafen der Eifel, des Westrichs und an der Saar, 1579 mit den schwäbischen Grafen in der Dinkelsbühler Union und 1581 mit den fränkischen Grafen.

Unterdessen war die politische Führung des Grafenvereins immer unbestrittener an Graf Johann VI. von Nassau-Dillenburg und seine Räte übergegangen. Er hat ihn gemäß dem Anliegen seines Hauses gegen die spanisch-habsburgische Weltmacht in den Niederlanden und am Rhein einzusetzen gewußt und ihn dabei in entscheidender Weise geformt. Unter unmittelbar nassauischem Einfluß traten die wichtigsten Mitglieder des Wetterauer Grafenvereins vom lutherischen zum reformierten Bekenntnis über und ordneten sich damit der militanten Spitzengruppe des Protestantismus ein. Ihre führenden Persönlichkeiten waren neben Graf Johann VI. von Nassau-Dillenburg Graf Konrad von Solms-Braunfels und Graf Ludwig von Sayn-Wittgenstein. Die unmittelbare Folge dessen war die von den Grafen seit 1585 betriebene Aufstellung einer eigenen Truppe mit gemeinsamer Kasse unter einheitlichem Oberbefehl. Aber außer dieser militärischen Leistung des sogenannten Landrettungswerkes und der religiösen Angleichung der meisten seiner Gebiete auf dem Boden der reformierten Lehre brachte der Grafenverein für seinen Bereich auch eine gewisse Verwaltungs- und Rechtsvereinheitlichung zustande; denn die Grafen übernahmen 1561 die Friedberger Polizeiordnung, 1571 das Solmser Landrecht und 1578 die Frankfurter Reformation.

Schließlich blieben aber auch in diesem Falle die großen Bestrebungen im Gestrüpp der kleinen Sonderinteressen hängen. Das zeigt sich bereits deutlich im Kampf der Grafen um die sie besonders berührende Frage der „Freistellung“. Denn anstatt hierfür geschlossen und nachdrücklich einzutreten, überließ die Grafenvereinigung die Bemühungen darum fast ausschließlich der führenden Spitzengruppe der Grafen, nämlich Johann VI. von Nassau-Dillenburg, Konrad von Solms-Braunfels und Ludwig von Sayn-Wittgenstein. Aber sie alleine vermochten sich weder im Kölner noch im Straßburger Domkapitel aus den oben genannten Gründen durchzusetzen und dort ihren evangelischen Standesgenossen Aufnahme und Versorgung zu sichern. Das Bekenntnis der Domkapitulare wurde nicht freigestellt, sondern blieb katholisch gebunden. Auch der im Herborner Vertrag vom 11. Oktober 1599 unternommene Versuch, den reformierten Kirchen der führenden Wetterauer Grafen (Nassau, Hanau, Wied, Wittgenstein und Solms-Braunfels) durch sogenannte Communicationstage eine gemeinsame Kirchenleitung zu geben, konnte nicht verwirklicht werden. Diese Rückschläge und andere Bedrohungen veranlaßten daher die Grafen seit dem Ende des 16. Jahrhunderts, eine neue Leitstelle ihrer unvermindert calvinistisch bestimmten Politik zu suchen. Sie haben sie schließlich am pfälzischen Hofe gefunden. Hier wurde die ganz im wetterauischen Grafenbereich wurzelnde Vereinigung von nassau-solmsisch-wittgensteinschen Bestrebungen und Vorstellungen so einflußreich, daß sie die Politik dieser reformierten Kräfte in den beginnenden endgültigen Auseinandersetzungen zwischen dem Katholizismus und dem Protestantismus am Vorabend des 30-jährigen Krieges weitgehend bestimmt und geleitet hat. Jedoch traten die Wetterauer Grafen trotz lebhafter Verhandlungen der evangelischen Union korporativ nicht bei, wenn sie sich auch 1614 eine der Union ähnliche Verfassung (mit Direktor und Adjunkten) gaben und abermals ein sechsjähriges gemeinsames Landrettungswerk mit gemeinsamer Bundeskasse und unter einheitlichem Oberbefehl verabredeten. Kennzeichnend für das Selbstbewußtsein der Wetterauer Grafen in dieser Epoche ist es, daß sie sich gegen die 1605 erschienene hessische Chronik Dilichs, die auch die Gebiete der Wetterauer Grafen behandelte, publizistisch zur Wehr setzten und den 1608 erschienenen „Historischen Bericht von der Wetterau" etc. unter das Motto stellten „Du sollst deines Nächsten Grenzen nicht zurücktreiben".

Wie der nassauische, so versagte jedoch auch der pfälzische Rückhalt; vielmehr hat der Sturz des Pfalzgrafen als König von Böhmen schon zu Beginn des 30jährigen Krieges über die Wetterauer Grafen schweres Unheil gebracht, wie wir im Rahmen der verschiedenen Territorialgeschichten näher erörtern. Es konnte auch dadurch nur vorübergehend und teilweise wettgemacht werden, daß sie sich (wahrscheinlich) Anfang Dezember 1631 mit dem siegreichen Gustav Adolf verbündeten und dafür von ihm umfangreiche Dotationen aus katholischem Besitz erhielten; denn nach dem Tode des Königs 1632 und dem Sieg der Kaiserlichen bei Nördlingen 1634 traf sie die Vergeltung nur um so schwerer, so daß sich die meisten davon territorialpolitisch nicht wieder erholt haben. Zunächst schien jedoch nach dem Ende des großen Krieges ein neuer Aufschwung des Grafenvereins einzusetzen. Als 1652 eine neue Einungsverschreibung zustande kam, wuchs er beträchtlich über den ursprünglichen Kreis hinaus, denn nunmehr vereinigten sich in ihm die Häuser Nassau, Hanau, Solms, Stolberg, Isenburg, Leiningen, Sayn, Wittgenstein, Wied, Hatzfeld, Falkenstein und die Rheingrafen, die zudem fast alle in mehrere selbständige Linien geteilt waren; 1679 schlossen von ihnen auf Veranlassung des Grafen Georg Friedrich von Waldeck zur Unterstützung Wilhelms III. von Oranien und zur Abwehr der Übergriffe König Ludwigs XIV. von Frankreich die Grafen von Nassau, Hanau, Solms, Isenburg, Stolberg, Wied und Wittgenstein sowie Waldeck und Manderscheid ein Verteidigungsbündnis, dem bald auch noch andere Reichsstände beitraten. Es blieb jedoch wie alle früheren Manifestationen des Grafenvereins politisch bedeutungslos.

So ist es erklärlich, daß ihm auch in der Zukunft keine größere Rolle mehr zufiel. Selbst seine erheblich angestiegene Mitgliederzahl konnte nicht mehr über seinen ständig sinkenden Einfluß hinwegtäuschen. Entscheidend war, daß die tätigsten Verfechter und Träger der früheren Bundespolitik, die Grafen von Nassau, immer mehr ausfielen, da die meisten von ihnen die angestrebte Reichsfürstenwürde schon bald nach dem 30jährigen Kriege erreichten und damit für den Grafenverein verloren waren. Nur Nassau-Saarbrücken, das mit der Fürstenwürde nicht auch die fürstliche Virilstimme erhalten hatte, fand sich schließlich nach langen Streitigkeiten und Verhandlungen 1771 bereit, dem Bund unter zahlreichen Vorbehalten wieder beizutreten; doch hatte keiner der beiden Partner mehr Gewinn davon. Als er endlich mit dem alten Reich unterging, war seine Zeit schon lange vorüber.

38. Die Reichsstadt, das Großherzogtum und die Freie Stadt Frankfurt

Siedlungen im Frankfurter Stadtraum reichen bis in die vorgeschichtliche Zeit zurück und sind auch in römischer Zeit bezeugt. Seinen heutigen Namen kann der Ort jedoch frühestens im 6. Jahrhundert erhalten haben, in dem die Franken die Alamannen aus der Wetterau über den Main zurückdrängten und dabei naturgemäß diese wichtige Furtstelle am Main besetzten. Die ersten Erwähnungen Frankfurts 793 und 794 beziehen sich auf den dortigen Winteraufenthalt des Königs und ein fränkisches Reichskonzil, so daß Frankfurt über eine gewichtige fränkisch-merowingische Tradition verfügt haben muß. Die 815 bezeugte Pfalz war ein beliebter Aufenthaltsort der Karolinger und Mittelpunkt des 817 zuerst genannten Fiskus Frankfurt. Besonders König Ludwig der Deutsche (833 bis 876) und sein Sohn König Ludwig d. J. (876 bis 882) haben Frankfurt bevorzugt. Von ihnen hat Ludwig d. J. Stiftung und Ausstattung der Pfalzkapelle beurkundet, aus der das spätere Domstift erwachsen ist.

In welchem Maße das Rhein-Main-Gebiet in der frühen deutschen Kaiserzeit geradezu eine Herzlandschaft des Reiches gewesen ist, ergibt sich daraus, daß wir für die Zeit der Karolinger und Ottonen für Frankfurt mindestens 120 Aufenthalte, für Worms (66), Ingelheim (59) und Mainz (57) insgesamt mindestens 182, zusammen also über 300 Aufenthalte nachweisen können. Damit übertraf das Rhein-Main-Gebiet in dieser Beziehung alle anderen bei weitem, und an Städten stand vor Frankfurt nur Aachen.

In großzügiger Weise haben auch die Staufer die Stadt gefördert. Die schon in ottonischer Zeit durch eine Mauer verstärkte Frankfurter Pfalz ist unter

König Konrad III. durchgreifend erneuert und einschließlich der angrenzend errichteten, planmäßigen Stadtanlage befestigt worden. Der bis spätestens 1170 vollendete Frankfurter Palas eröffnete die Reihe der großen staufischen Palasbauten der Wetterau. Außerdem stieg Frankfurt seit den Staufern zum Wahlort der deutschen Könige auf, was die Goldene Bulle 1356 bestätigte; später (seit 1562) war die Stadt zugleich Krönungsort. Diese außergewöhnliche Förderung Frankfurts durch die Staufer geschah auf Kosten der benachbarten Pfalz Tribur, die noch unter den Saliern eine Stätte wesentlicher reichspolitischer Entscheidungen gewesen war. So schwer es fällt, für diese Begünstigung Triburs irgendwelche namhaften Gründe wirtschaftlicher, verkehrsbedingter oder politischer Art zu finden, so leicht sind sie bei Frankfurt erkennbar. Den Staufern war die Stadt mit ihrem lebhaften Handel und Wandel wichtiger. Dazu kam die einzigartige Verkehrslage, denn von dort strahlten die großen Handels- und Heerstraßen nach ganz Deutschland aus. Außerdem aber war Frankfurt — besonders nach dem Sturz der Münzenberger 1212/13 — der gegebene Mittelpunkt des Reichsterritoriums, das die Staufer im Rhein-Main-Gebiet und in der Wetterau aufzubauen unternahmen, und als solches Verkehrs- und Verwaltungszentrum zugleich zur führenden Münzstätte bestimmt. Das wiederum förderte die seit etwa 1150 hier nachweisbare große Herbstmesse, die Kaiser Friedrich II. 1240 privilegierte, um sich hier im Selbstbehauptungskampf des staufischen Hauses gegen seine innerdeutschen Gegner einen politisch und wirtschaftlich hinreichend gesicherten Stützpunkt zu schaffen.

Diese Maßnahme, die der Frankfurter Messe und ihren Besuchern kaiserlichen Schutz gewährte, erwies sich schon bald als eine der Stadt außerordentlich förderliche Begünstigung, welche die Verbindung der Stadt zu den Staufern noch enger gestaltete, als sie ohnehin war. Denn derselbe Friedrich II., der als König auch ihr oberster Richter war, hatte seine Befugnisse nach Aufhebung des Vogteiamtes (wohl um 1220) auf den Reichsschultheißen übertragen. Da dieser auch dem Stadtgericht vorsaß, war das Reichsgericht zugleich Stadtgericht. 1372 kaufte die Stadt das ihr bereits seit 1311 verpfändete Reichsschultheißenamt und war damit praktisch reichsunmittelbar. Im 13. Jahrhundert oblag dem Schultheiß und den 14 Schöffen auch die städtische Verwaltung, doch traten seit 1266 Ratsherren als zweite, im 14. Jahrhundert durch Handwerker erweiterte Bank hinzu. Der Gesamtrat umfaßte schließlich 63 Mitglieder, an deren Spitze seit 1311 zwei Bürgermeister standen, der eine aus den Schöffen, der andere aus den Ratsherren gewählt.

Die großzügige Förderung durch die Staufer hat Frankfurt im Endkampf des Kaiserhauses durch unerschütterliches Ausharren auf staufischer Seite bis zuletzt vergolten und dann versucht, mit Hilfe des großen rheinischen Städtebundes die Zerstörung des Reiches konstruktiv zu überbrücken. Aus dem gleichen Grunde schloß Frankfurt 1256 mit Friedberg, Wetzlar und Gelnhausen den wetterauischen Städtebund, der bis 1350 bestand und zuletzt 1364 nochmals kurz auflebte. Dann suchte Frankfurt zusammen mit den oberrheinischen Städten 1381 Anschluß an den schwäbischen Städtebund, unterlag aber durch das Eingreifen pfälzischer und hanauischer Truppen den fürstlichen Städtegegnern in der Kronberger Fehde 1389. Es konnte jedoch seine Unabhängigkeit behaupten, da es reich genug war, sich den Frieden, die Freiheit und Lösung seiner Gefangenen mit schweren Summen zu erkaufen. Für die finanzielle Lage Frankfurts Ende des 14. Jahrhunderts ist es bezeichnend, daß damals der hessische und der falkensteinsche Silberschatz Frankfurter Geldgebern verpfändet waren.

Dieser Reichtum ging auf die Gewinne aus dem westeuropäischen Handel zurück, den die beiden Frankfurter Messen alljährlich im Frühjahr und Herbst in der Stadt zusammenfaßten. Der Rückgang der großen Messen der Champagne seit Ende des 13. Jahrhunderts und die der Stadt zu ihrer Herbstmesse 1330 von König Ludwig bewilligte Frühjahrsmesse erhoben sie in wenigen Jahrzehnten zum Rang einer europäischen Handelsmetropole. Frankfurt bildete nunmehr das Zentrum des rheinischen Tuchhandels und vermittelte den Austausch von Fischen aus der Nord- und Ostsee, von Vieh, Pelzwerk und Wachs aus den slawischen Reichen, von Geweben und Metallen aus Oberdeutschland sowie von Luxuswaren, Gewürzen und Früchten aus den Mittelmeerländern und dem Orient. Erst seit dem 16. Jahrhundert beeinträchtigte Leipzig die Bedeutung dieses überragenden mitteleuropäischen Großmarktes mehr und mehr. Jedoch behielt Frankfurt, das seit jeher in Verbindung mit den Messen auch Abrechnungs- und Zahlungsplatz für Geldgeschäfte aller Art gewesen war, seine führende Stellung als Geldhandelsplatz, woraus kurz vor 1600 die Frankfurter Börse erwuchs. Luther nannte Frankfurt das Silber- und Goldloch, „dadurch aus deutschen Landen fleußt, was nur quillt, wächst, gemüntzet und geschlagen wird". Seit 1555 besaß Frankfurt auch das volle Münzrecht der Gold- und Silberprägung, das es aber erst seit 1611 auch ausübte, während es im Mittelalter nur in Silber münzen durfte, da die Goldprägung der königlichen Münze vorbehalten war. Der seit 1627 von Frankfurt mit Mainz, Hessen und Nassau gemeinschaftlich geprägte Albus (der auch in Goldabschlägen vorkommt) bezeichnet dabei erstmals den Wirtschaftsraum, der sich seitdem unter der Vorherrschaft Frankfurts allmählich herausgebildet und im 19. Jahrhundert endgültig durchgesetzt hat.

Trotz der mächtigen Stellung Frankfurts konnten Ansätze zur Territorialbildung im Reichsgericht Bornheimerberg, im Freigericht Kaichen und im Wildbanngericht des Reichsforstes Dreieich (dem Maigericht zu Langen) gegen den Widerstand der benachbarten Großen (Münzenberg-Falkenstein, Eppstein, Isenburg-Büdingen und insbesondere Hanau) nicht ausgebildet werden. Doch gelang es der Stadt, zahlreiche einzelne Höfe und Dörfer im engeren und weiteren Umkreis zu erwerben (Sulzbach und Soden noch Ende des 13. Jahrhunderts, Dortelweil 1346, Bonames 1367, Niedererlenbach 1376, die Hälfte von Niederursel 1437, Schwanheim 1439 [aber 1499 vom Mainzer St. Jakobskloster zurückgekauft], drei Viertel von Niederrad 1569). Noch deutlicher spiegelte die altüberkommene reichsfiskalische Vorortstellung im Rhein-Main-Gebiet das weitausgedehnte Frankfurter Burgrecht wider (d. h. das Recht, in Kriegsfällen in der Stadt Schutz zu suchen gegen Übernahme gewisser Verteidigungspflichten), denn dieses Recht besaßen über 150 Orte um Frankfurt.

Diese Vorortstellung kam ebenso in der noch weiterreichenden rechtlichen Oberhofstellung Frankfurts zum Ausdruck und in den zahlreichen königlichen Verleihungen des Frankfurter Rechtes an benachbarte Städte. Einer solchen Verleihung (für Weilburg) verdanken wir die erste Aufzeichnung des Frankfurter Stadtrechtes 1297, das dann erneut im Stadtfrieden von 1318 niedergelegt worden ist. Im späten Mittelalter faßte man die zahlreichen neuen Ratsverordnungen in „Gesetzbüchern" zusammen, von denen das älteste 1352 beginnt. Die Kodifikation erfolgte jedoch erst nach Einführung des römischen Rechtes in der „Frankfurter Reformation" von 1509, die, 1578 von Dr. Fichard erneuert, 1611 nochmals umgestaltet und dann bis zum Ende der Freien Stadt beibehalten worden ist. Die Bedeutung von Frankfurt als Rechtsmittelpunkt erhellt auch aus seinem Einfluß auf das „Kaiserrecht", das jüngste der großen deutschen Land- und Lehnrechtsbücher. Es ist in der Mitte des 14. Jahrhunderts unter freier Benutzung des Schwabenspiegels und örtlicher Rechtsquellen in einer mit Frankfurter Recht begabten Stadt (Friedberg?) entstanden, vermutlich von einem Reichsdienstmannen aufgezeichnet. Im 15. und 16. Jahrhundert aber waren Frankfurter Juristen an der Abfassung des großen hessischen Landesgesetzes von 1497 und des Solmser Landrechtes von 1571 maßgeblich beteiligt.

So war Frankfurt seit dem 14. Jahrhundert nicht nur der wirtschaftliche, sondern auch mehr und mehr der geistige Mittelpunkt des südwestlichen Hessen geworden. Hier saßen die bedeutendsten Juristen (wie die Angehörigen der aus Marburg zugewanderten Familie zum Paradies) oder die berühmtesten Ärzte (an ihrer Spitze der aus Holland stammende Dr. med. Bartholomäus von Eten, der Leibarzt der Mainzer Erzbischöfe Dietrich von Erbach und Adolf von Nassau, Graf Philipps von Katzenelnbogen, Landgraf Heinrichs III. von Hessen, der Grafen Johann IV. und Johann V. von Nassau-Dillenburg und des Abtes Johann von Fulda). In Frankfurt sind aber auch die mittelalterlichen geistlichen Spiele zuerst (1350/80) bezeugt, ehe sie im 15. Jahrhundert auch in den übrigen hessischen Städten erwähnt werden (Alsfeld, Friedberg, Butzbach, Limburg, Marburg, Frankenberg, Hersfeld, Rotenburg, Fritzlar).

Auf Grund dieser Voraussetzungen ist es verständlich, daß Frankfurt auch am frühesten der Reformation zugänglich war (1521/22), wenn auch der Rat bei ihrer Anerkennung (seit 1525) vorsichtig vorging. Offensichtlich hat er aber die gleichzeitig aufflammenden sozialen Unruhen damit gedämpft, daß er der Bevölkerung in Glaubensfragen sehr weit entgegenkam. 1531 war die Entscheidung gefallen, denn der Rat billigte damals nicht nur die Austeilung des Abendmahles in beiderlei Gestalt, sondern regelte auch im Zusammenhang mit der Selbstauflösung einiger Klöster die städtische Armenpflege und das Volksschulwesen auf kommunaler Grundlage neu und gestattete im gleichen Jahr die Eröffnung einer Buchdruckerei. Die 1533 beginnenden Frankfurter Kirchenbücher bieten die ältesten systematisch geführten Personenstandsbeurkundungen in Hessen. Im Jahre 1536 nahm der Rat die Wittenberger Konkordie an und trat auch dem Schmalkaldischen Bunde bei. Dessen Niederlage überstand die Stadt, da sie sich bereitwillig dem kaiserlichen General Büren 1546 unterwarf und 1548 das Interim annahm. Auch die ihr daraus erwachsende Bedrängung durch Albrecht Alkibiades von Brandenburg im Fürstenaufstand gegen den Kaiser 1552 vermochte sie durchzustehen. Der Augsburger Religionsfriede von 1555 erkannte sie endlich als lutherische Reichsstadt an.

Auf Grund dessen konnten nur Lutheraner öffentliche Ämter innehaben, so daß Spannungen zu den seit etwa 1550 aus den Niederlanden geflüchteten Calvinisten entstanden, die sich 1554/55 in der französisch-reformierten und der deutsch-reformierten Kirche organisierten. Die Stadt verdankte ihnen wichtige wirtschaftliche und kulturelle Impulse, verhielt sich aber ihrem religiösen Bekenntnis gegenüber so abweisend, daß sie dreimal einen erheblichen Teil dieser hervorragend befähigten Bevölkerungsgruppe an die benachbarten reformierten Herren (Pfalz und Hanau) verlor: 1561 an Frankenthal, 1597 an Hanau und 1609 an Oppenheim. Auch die wirtschaftlich bedeutende und reiche jüdische Gemeinde, die schon im Mittelalter (1241, 1283, 1349) wiederholt schwer verfolgt und 1462 in ein Getto eingeschlossen worden war, ist damals erneut getroffen und im Fettmilch-Aufstand (1614) noch einmal vertrieben worden. Wirtschaftlich nicht minder einflußreich war die zahlenmäßig geringe katholische Gemeinde, in der sich führende italienische Großhändler, Bankiers und Juweliere zusammenfanden (Bolongaro, Brentano, Guaita u. a.); ihnen stand der Dom und dazu St. Leonhard und Liebfrauen zur kirchlichen Verfügung. Trotz des strengen Luthertums des Rates war Frankfurt im späten 17. Jahrhundert vielfach Mittelpunkt religionsvergleichender Gespräche, bis der hier seit 1666 wirkende Philipp Jakob Spener sich infolge der Aufhebung des Ediktes von Nantes scharf gegen diese Tendenzen wandte. Der durch Spener in Frankfurt heimisch gewordene Pietismus ermöglichte es auch dem Grafen Zinzendorf, hier 1734 einen größeren Anhängerkreis von Herrenhutern zu gewinnen.

Größere Reformen in der städtischen Verwaltung zwang der Fettmilch-Aufstand (1612 bis 1616) dem Rate ab. Damals erhob sich ein großer Teil der arbeitenden Bevölkerung vor allem aus wirtschaftlichen und sozialen Gründen gegen den vom Patriziat beherrschten Rat; doch war ihr nur ein Teilerfolg beschieden. Der Bürgervertrag vom 24. Dezember 1612 untersagte zwar die Wahlen nahe verwandter Ratsleute und schuf das Kontrollorgan der Neuner; doch beseitigte der Rat diese Neuerung bald wieder. Er hatte, nachdem Fettmilch unter der Hand des Scharfrichters gefallen war, zunächst auch Erfolg, zumal es der patrizischen Führungsschicht während des 17. Jahrhunderts dann doch gelang, die Stadt glimpflich durch die großen kriegerischen Gefährdungen dieser Epoche hindurchzusteuern. Im 30jährigen Kriege vermochte Frankfurt durch geschicktes Verhalten seine Neutralität zu bewahren, doch mußte es 1650 etwa 107 000 fl. beitragen, um den rückständigen Sold des schwedischen Heeres zu bezahlen. Gegenüber den französischen Truppen, die bereits 1648 vor Frankfurt gelegen hatten und es im Herbst 1688 nach der Einnahme von Mainz und Rüsselsheim erneut bedrohten, konnte sich die Stadt halten; doch vermochte sie nicht die starke wirtschaftliche Schädigung, die ihr die Kriege Ludwigs XIV. zufügten, abzufangen. Das wiederum mehrte die innere Unzufriedenheit in der Stadt, und so führte ihr starker kommerzieller Rückgang um 1700 zu einer erneuten Auflehnung der Bürgerschaft gegen den Rat. Ihre Klage veranlaßte den Kaiser in den Jahren 1725/32 die alten Kontrollorgane wiederherzustellen und dabei den Bürgerausschuß zum Einundfünfzigerkolleg zu erweitern. Aber die verkrustete Schwerfälligkeit der städtischen Verwaltungskörperschaften bildete auch weiterhin ein starkes Hindernis lebendiger kommunaler Entwicklung. Erst die Besetzung Frankfurts durch die Franzosen im Siebenjährigen Kriege (Januar 1759 bis Februar 1763) als Verbündete des Kaisers gegen Friedrich den Großen brachte durch das praktisch-tätige Regiment des aus Goethes Dichtung und Wahrheit rühmlich bekannten „Königsleutnants" Grafen Thoranc grundlegende Reformen und Verbesserungen der städtischen Einrichtungen. Er ließ sie zwar in ihrem Aufbau und ihren Funktionen unberührt, gab ihnen aber neue Impulse. Er führte grundlegende städtehygienische Maßnahmen durch (vor allem im Straßenwesen), sorgte für die Verbesserung des Sanitäts- und Feuerlöschwesens, regelte die Melde- und Einquartierungsverpflichtungen neu und setzte diese und ähnliche Maßnahmen auch gegen einen widerstrebenden Magistrat durch.

Neben diesem praktisch-technischen kommunalen Fortschritt erhob sich auch das bürgerliche und geistige Leben in der Stadt wieder zu alter Höhe, wofür nur wenige Namen zum Zeugnis genannt zu werden brauchen (Lersner, Telemann, Textor, Uffenbach, Senckenberg, Goethe, Klinger, Städel u. a.). Zugleich belebte sich auch Handel und Wandel wieder, ja, im späten 18. Jahrhundert machten seine großen Bankiers: Rothschild, Bethmann, Gontard, Ruppel, Harnier u. a. Frankfurt zum führenden europäischen Geldhandelsplatz. Jedoch hat auch diese so günstige wirtschaftliche Entwicklung das mit dem Schicksal des Reiches unlösbar verknüpfte politische Schicksal der Reichsstadt nicht aufhalten können. Die letzte deutsche Kaiserwahl, zu deren Schutz Landgraf Wilhelm IX. von Hessen-Kassel ein Militärlager von 10 000 Mann bei Bergen aufziehen ließ, stand bereits im Schatten des kurz zuvor erklärten französischen Revolutionskrieges, der nicht nur das Schicksal des Reiches, sondern auch der Reichsstadt Frankfurt bestimmt hat. Noch im gleichen Jahr 1792 nahm eine französische Heeresabteilung kampflos die wehruntüchtig gewordene Stadt, und nur dem Eingreifen preußischer und hessischer Truppen verdankte sie ihre Wiederbefreiung. Aus eigener Kraft vermochte sie keine Entscheidung mehr zu erzwingen. So ist es erklärlich, daß Frankfurt vor dem Ende seiner Selbständigkeit 1805 in letzter Stunde geneigt war, sich (wie zahlreiche wetterauische Grafen) der Landeshoheit Kurhessens zu unterstellen, um jetzt beim offensichtlichen Versagen der Reichsgewalt wenigstens den Schutz eines nahen und militärisch gerüsteten Landesherrn zu genießen. Napoleon ließ es aber erst gar nicht soweit kommen, besetzte die Stadt 1806 und machte sie nunmehr gänzlich wehrlos. Auf seinen Befehl fielen jetzt nämlich ihre bastionären Befestigungswerke, die der hessische Topograph und Festungsbauingenieur Wilhelm Dilich 1627 entworfen und sein Sohn Johann Wilhelm ausgeführt hatte. Es war einer der glücklichsten städtebaulichen Gedanken, diesen Befestigungsgürtel um die alte Stadt in öffentliche Anlagen umzuwandeln, sie im Laufe des 19. Jahrhunderts weiter auszubauen und durch das „Wallservitut" zu schützen, so daß Frankfurt einen dauernden und hohen Gewinn aus seiner Entfestigung gezogen hat.

Inzwischen war durch den Reichsdeputationshauptschluß von 1803, der das Erzbistum Mainz säkularisiert hatte, für seinen letzten Koadjutor von Dalberg ein neuer Staat geschaffen worden. Er bestand außer dem Fürstentum Regensburg aus hessischen Gebieten: der zur Grafschaft erklärten Reichsstadt Wetzlar und dem Fürstentum Aschaffenburg (mit den Ämtern Alzenau, Lohr, Orb, Klingenberg und Prozelten sowie dem früheren würzburgischen Amt Aura). 1806 erhob Napoleon den ihm ergebenen und vertrauten Dalberg als Fürstprimas zum Leiter der Königsbank des Rheinbundes, an dessen Zustandekommen Dalberg stark beteiligt war. Außerdem belohnte Napoleon seinen Schützling damals mit den rechtsmainischen Teilen von Löwenstein-Wertheim und der Grafschaft Rieneck zur Abrundung des Aschaffenburger Gebietes und — als wichtigster Erwerbung — mit der Reichsstadt Frankfurt. Damit war diese Staatenbildung jedoch immer noch nicht abgeschlossen, denn am 16. Februar 1810 übertrug Napoleon das Fürstentum Regensburg dem König von Bayern und entschädigte Dalberg mit der 1803 zum Fürstentum erhobenen Grafschaft Hanau (ohne die Ämter Babenhausen, Heuchelheim, Dorheim, Münzenberg, Ortenberg und Rodheim, die an Hessen-Darmstadt fielen) sowie dem Fürstentum Fulda (ohne Herbstein, das gleichfalls an Hessen-Darmstadt kam). Das nunmehrige Staatsgebiet des Großherzogtums Frankfurt gliederte sich in die vier Departements Frankfurt, Hanau, Aschaffenburg und Fulda, war 93 qkm groß und hatte 302 000 Einwohner.

Um die Verfassung und Verwaltung dieses Gebietes hat sich Dalberg sehr verdient gemacht. 1806 errichtete er in Aschaffenburg ein Oberappellationsgericht und führte 1811 den Code Napoleon ein. Am 16. August 1810 erließ er nach dem Muster des Königreichs Westphalen für das Großherzogtum eine Verfassung. Sie sah eine Ständeversammlung aus zwölf Grundbesitzern, vier Kaufleuten und vier Gelehrten vor, erklärte die Gleichheit aller Bürger vor dem Gesetz und hob die Leibeigenschaft auf. An Stelle der bisherigen evangelischen Konsistorien aller Landesteile traten ein lutherisches und ein reformiertes Konsistorium in Hanau.

Stark beeinflußt von französischen Vorbildern war die Staatsverwaltung, zumal den drei Ministerien des Innern, der Justiz und Polizei, für Finanzen, Domänen und Handel sowie für Kultus und Auswärtiges tüchtige Beamten (Beust, Eberstein, Albini) vorstanden. Auch an der 1808 nach Aschaffenburg übertragenen ehemaligen Universität Mainz und dem dort 1812 begründeten Lyzeum versuchte Dalberg bedeutende Männer zu versammeln. Die 1812 erlassene Schulordnung mit ihrer Tendenz der Verstaatlichung des Schulwesens war bahnbrechend, und dasselbe gilt selbst von der Medizinalordnung von 1810, denn sie führte als erste in Deutschland den Impfzwang ein.

Gleichwohl haben die vollständige Abhängigkeit Dalbergs von Frankreich, die blinde Hingabe an Napoleon und die schweren Blutopfer seiner Truppen für Frankreich (von 1368 Mann Spanientruppen überlebten 300, von 14 000 Mann Rußlandtruppen 2000 Mann) seiner Regierung die allgemeine Billigung versagt, wenn ihre liberalen Formen auch noch lange geistig und politisch nachgewirkt haben. Mit dem Zusammenbruch der napoleonischen Herrschaft 1813 zerfiel auch das Großherzogtum; am 28. Oktober dankte Dalberg ab. Seinen Staat löste die Zentralverwaltung der eroberten deutschen Länder unter der Leitung des Freiherrn vom Stein auf, nachdem der Kurfürst von Hessen seine Gebiete bereits am 2. Dezember wieder übernommen und sich Frankfurt am 14. Dezember 1813 als Freie Stadt konstituiert hatte, oder, wie es der Staatsrat Simon Moritz von Bethmann am 8. Januar 1814 scharfsichtiger formulierte, „die altstädtische Verfassung aus dem Reiche der Toten" zurückgeholt hatte. Vorläufig gesichert war ihre Selbständigkeit jedoch erst im Sommer 1815, nachdem die großbayerischen Pläne, die sich auf das ganze südliche Hessen erstreckten (Hünfeld, Fulda, Gelnhausen, Hanau, Frankfurt, Mainz) am Widerstand Preußens und Österreichs gescheitert waren. Die Stadt leitete künftig ein in drei Bänke gegliederter Senat von 42 Mitgliedern, neben dem eine 1816 begründete gesetzgebende Versammlung stand. Die Bevölkerung hatte sich inzwischen von etwa 10 000 Einwohnern im Jahr 1400 auf 41 500 im Jahre 1817 vermehrt. Nun wuchs sie schneller und erreichte bereits 1840 die Zahl von 57 000 Personen (wozu noch etwa 10 000 Einwohner der zugehörigen Orte kamen).

Die Versuche der Stadt, ihre Freiheit in den nächsten Jahrzehnten zu wahren und auszubauen, scheiterten allerdings. Der bedeutende Rechtshistoriker und Bürgermeister der Stadt, Thomas, kämpfte durch Begründung des Mitteldeutschen Handelsvereins jahrelang gegen den preußischen Zollverein, unterstützt vom hessischen Kurfürsten, bis dieser der Revolution von 1830 wich und Kurhessen dem Zollverein beitrat. Infolgedessen sah sich auch Frankfurt (1836) zum Anschluß gezwungen. Die damit verbundene politische Einbuße glichen allerdings wirtschaftliche Erfolge weitgehend aus, denn nunmehr war es der Stadt möglich, eine zentrale Stelle im entstehenden westdeutschen Eisenbahnnetz zu gewinnen. Sie setzte damit ihre große früh- und hochmittelalterliche Verkehrstradition fort, wie sie sich auch noch im Ausbau Frankfurts zum Mittelpunkt der großen kaiserlichen Thurn- und Taxisschen Postverwaltung seit dem 17. Jahrhundert gezeigt hatte. Unter Berücksichtigung der neuen Verkehrsentwicklung vereinigte sich die Stadt 1838 mit Nassau zum Bau der Taunuseisenbahn (Frankfurt—Wiesbaden), mit Hessen-Darmstadt und Baden zum Bau der Main-Neckar-Bahn (Frankfurt—Heidelberg—Mannheim); diese Bahn entstand 1846 bis 1848. Das gleiche Jahr 1848 sah die Eröffnung der Strecke nach Hanau (1854 bis Aschaffenburg), die bis 1868 von Hanau über Gelnhausen, Fulda nach Bebra und bis 1874 nach Göttingen weitergeführt wurde; 1850/52 folgte die Main-Weser-Bahn (Frankfurt—Gießen—Marburg—Kassel), 1860 die Strecke nach Homburg, 1863 nach Mainz, 1874 nach Kronberg und 1879 nach Mannheim (durch das hessische Ried). Die Dampfschifffahrt auf dem Main begann mit Versuchen in den Jahren 1826 bis 1832, ist aber erst seit 1842/43 ständig betrieben worden. Der erste elektrische Telegraph entstand 1844 entlang der Taunuseisenbahn von Wiesbaden nach Mainz-Kastel und erreichte von dort bald darauf auch Frankfurt. 1848 schloß sich die Telegraphenlinie von Frankfurt nach Berlin (über Gießen, Kassel) an, die seit 1850 auch von der Öffentlichkeit benutzt werden konnte. Ihr folgte 1856 die Telegraphenlinie Koblenz—(Ems—Wiesbaden)—Frankfurt. Bald darauf wurde mit dem Telegraph das Telefon verbunden, dessen Erfinder Philipp Reis in Gelnhausen geboren und in Friedrichsdorf (bei Homburg v. d. H.) tätig war.

Der Deutsche Bund, dessen Bundestag seit 1816 in Frankfurt tagte, gab der Stadt im frühen 19. Jahrhundert nochmals eine äußerlich glanzvolle Rolle zurück, die jedoch nicht über ihre sinkende politische Bedeutung täuschen darf. Der im Gefolge der Julirevolution und der reaktionären Maßnahmen des Bundes gegen den Bundestag am 3. April 1833 aufgeflammte Frankfurter Wachensturm freiheitlich gesinnter Studenten zwang der Stadt wider ihren Willen eine Bundesgarnison auf, die erst 1842 wieder abzog. Und als Frankfurt 1848 den politischen Höhepunkt erlebte, Sitz der deutschen Nationalversammlung zu werden, mußte es sich wegen der damit zusammenhängenden Aufstände vom 18. September 1848 eine neue Belegung mit fremden Truppen (Preußen, Österreichern, Bayern) gefallen lassen, die bis 1866 blieben. Dann wurde die Stadt im preußisch-österreichischen Kriege am 18. Juli 1866 von Preußen besetzt und hörte damit auch rechtlich auf, eine Freie Stadt zu sein. Die zunächst harte Behandlung der Stadt machte es ihr schwer, sich in die neue Lage einzugewöhnen, doch wirkten sich die größeren Verhältnisse, in die Frankfurt nun gestellt war, bald zu seinen Gunsten aus. Vor allem eröffneten sich für ihr weiteres Wachstum ganz neue Möglichkeiten, die von der Stadt kräftig genutzt worden sind.

X.

DIE MEDIATISIERTEN GRAFSCHAFTEN UND DAS FÜRSTENTUM WALDECK

39. Die Grafschaft Erbach

Die um 1150 zuerst genannten Herren von Erbach im Odenwald waren dort alteingesessene Reichskirchenministeriale der Abtei Lorsch. Als Untervögte der Pfalzgrafen, der Vögte von Lorsch, geboten sie über den Besitz der Abtei im hinteren Odenwald und waren vermutlich auch Vögte der unmittelbar bei Michelstadt gelegenen Lorscher Propstei Steinbach. Hier haben sie sich durch Rodung und Siedlung eine eigene Herrschaftsgrundlage geschaffen, ja vorübergehend sogar die pfälzische Oberherrschaft gelockert, indem sie sich eng mit den Staufern verbanden, deren Schenken sie wurden. Jedoch setzten die Pfalzgrafen es durch, daß König Heinrich 1223 die Erbacher wieder an Pfalzgraf Ludwig übertrug, der sie bald darauf (als Entschädigung?) mit dem pfälzischen Schenkenamt belehnte. Den Kern ihrer teilweise allodialen Herrschaft bildeten die Bezirke der späteren Ämter Michelstadt-Fürstenau, Erbach, Beerfelden-Freienstein, Schönberg und der größte Teil des Amtes Reichenberg.

Die Anfänge dieses Besitzes müssen bis ins frühe 12. Jahrhundert zurückreichen, da der um 1150 gestorbene Eberhard I. von Erbach zu den Bedrückern des Klosters Lorsch gehörte, also bereits eine erhebliche Machtstellung besessen haben muß. Das wird dadurch unterstrichen, daß der Bergfried der Burg Erbach ebenfalls aus dem 12. Jahrhundert stammt. Als usurpiertes Eigen besaßen die Erbacher zunächst Michelstadt und Reichenberg, die sie dem Kloster Lorsch entfremdet hatten, und als pfälzisches Lehen die Zent Beerfelden und das Amt Schönberg. Doch mußten die Erbacher infolge ihrer Konflikte mit dem Pfalzgrafen 1307/11 ihren gesamten Besitz von der Pfalz zu Lehen nehmen.

Schon in der Mitte des 13. Jahrhunderts bildeten die Schenken mehrere Linien: der seit 1251 genannte Konrad I. die Erbacher und sein Bruder Eberhard III. die Reichenberger Hauptlinie. Während die Erbacher Hauptlinie bis 1503 durchlief (und dann erlosch), teilte sich die Reichenberger Hauptlinie unter den Söhnen Eberhards III. in eine Michelstadter Linie, die 1531 ausstarb, und eine Fürstenauer, die 1532 alle drei Grafschaftsteile wieder vereinigte. Diese drei Linien spalteten sich jedoch nicht mittels einer Grundteilung voneinander ab, sondern hielten die Herrschaft dadurch zusammen, daß sie nur eine Nutzungsteilung vornahmen, die jeder Linie zwar bestimmte Herrschaftsteile zur Nutznießung anwies, aber verhinderte, daß sich diese politisch verselbständigten. Auf diese Weise wurde größeren territorialen Einbußen weitgehend vorgebeugt. Der einzige vorübergehende Verlust erbachischen Stammbesitzes trat Anfang des 14. Jahrhunderts ein, als die Schenken in das Spannungsfeld zwischen den Pfalzgrafen und den (mit den Breubergern verbündeten) Mainzer Erzbischöfen gerieten und sich Konrad III. von Erbach genötigt sah, die Hälfte des Schlosses Erbach an Gerlach von Breuberg zu veräußern. Um hier ein weiteres Vordringen des Mainzer Einflusses zu verhindern, griff Pfalzgraf Rudolf ein und eroberte 1307 Michelstadt und das Schloß Erbach, ließ sich Reichenberg zu Lehen auftragen und erzwang dasselbe 1311 auch von Michelstadt, das die Schenken nur um diesen Preis zurückerhielten, während sie in die Burg Erbach sogar nur als Pfandherren in Gemeinschaft mit den Herren von Bickenbach und Lißberg wieder aufgenommen wurden. Aber schon 1314 erfolgte der Rückschlag zugunsten der Erbacher, als sich Pfalzgraf Ludwig um die Königskrone bewarb. Das zwang ihn zum Verhandeln mit Mainz und nötigte seinen Bruder Rudolf, die Unterwerfungspolitik gegenüber den Schenken von Erbach aufzugeben, welche die Lage sofort ausnutzten und sich sowohl Pfalzgraf Ludwig als auch dem Mainzer Erzbischof Peter zur Verfügung stellten. Da damals auch die Rückerwerbung der an Breuberg verlorenen Hälfte von Erbach bereits vorgesehen war, konnten sie die Schenken (mit einer gewissen Verzögerung, weil sie von Eberhard von Breuberg an Weinsberg, Wertheim und Eppstein vererbt wurde) endlich 1364 bzw. 1371 wieder an sich bringen. Bei dem von Konrad III. 1325 an das Erzbistum Mainz zur Hälfte verkauften Schloß Steinach handelte es sich dagegen nicht um Besitz Alt-Erbacher Herkunft, sondern um die Mitgift seiner Frau.

Nachdem die Schenken schon im 13. Jahrhundert die Hälfte des Amtes Tannenberg a. d. Bergstraße erworben hatten, gelangten sie ebendort 1335 bis 1346 auch in den Besitz des Amtes Jossa mit dem Dorf Jugenheim, und dazu kamen durch die Heirat Schenk Eberhards VIII. mit der Gräfin Elisabeth von Katzenelnbogen um 1347 Anteile an den Schlössern Bickenbach und Habitzheim. Weitergehende Ansprüche der sehr tatkräftigen Gräfin auf Besitz in der Obergrafschaft Katzenelnbogen wurden von den Katzenelnbogener Grafen allerdings abgewehrt, doch blieben hier gewisse Spannungen bestehen. Die gleichfalls von Elisabeth stammenden Ansprüche auf ein Viertel der Schlösser Homburg v. d. Höhe und Steinheim blieben trotz langer Prozesse mit den Eppsteinern, die bis zur Achterklärung gegen sie führten, erfolglos. Seit 1348 besaßen die Schenken ein Achtel des Schlosses Rodenstein als Katzenelnbogener Lehen, das sie jedoch im 15. Jahrhundert wieder verloren. Wesentlicher war, daß es ihnen 1348/56 glückte, das Schloß Fürstenau von Mainz zu erwerben. Das durch Eberhard VIII. erheiratete Viertel an der Herrschaft Bickenbach erweiterte Konrad VIII. 1436 durch Ankauf des wertheimischen Viertels, mußte allerdings 1455 einen Teil nach langem Prozeß an die Kronberger abtreten; dazu wurde das Schloß selbst 1463 von Frankfurt zerstört. Nach dem Wiederaufbau gelang es jedoch, 1488 den mansfeldischen Anteil an der Herrschaft zu kaufen und 1502 auch die kronbergischen Rechte zurückzugewinnen. Das Amt Habitzheim, dessen letzten Anteil 1459 Konrad von Bickenbach an sich gebracht hatte, mußten die Schenken dagegen gänzlich aufgeben, da die Grafen von Löwenstein 1482 die Einlösung der einen Hälfte durchsetzten und ihnen daraufhin 1528 auch die andere verkauft wurde.

Vor allem aber versuchten die Schenken von Erbach in der Herrschaft Breuberg Fuß zu fassen, deren namengebende Burg im nordöstlichen Odenwald wahrscheinlich im 12. Jahrhundert von der Abtei Fulda (ähnlich wie der benachbarte Otzberg) beim Ausbau der fuldischen Mark Umstadt zu deren Schutz angelegt worden war. Von diesen Burgen war der Otzberg zunächst der Amtssitz der fuldischen Verwaltung, der Breuberg dagegen die Vogteiburg, auf dem bald darauf die fuldischen Untervögte im südöstlichen Gebiet der Umstädter Mark ansässig wurden. Als solche sind die Herren von Breuberg anzusehen, die vielleicht (wie die Schenken von Erbach) der Schicht jener Königsleute entstammten, die 766 beim Übergang der Mark Umstadt vom Reich an die Abtei Fulda von Königs- zu Kirchenleuten wurden. Jedenfalls waren sie Reichskirchenministeriale. Die Herren von Breuberg werden seit 1222 mit diesem Burgennamen bezeugt, stammten aber unmittelbar von den seit 1189 genannten Reiz von Lützelbach ab, von denen auch die Herren von Frankenstein a. d. Bergstraße abzuleiten sind.

Die Breuberger begründeten ihre Herrschaft im Bereich des fuldischen Immunitätsbezirks Umstadt, dessen Obervogtei die Pfalzgrafen 1214 übernommen hatten, als deren Untervögte in der Zent Höchst, nachdem sie wahrscheinlich schon im 12. Jahrhundert die Zent Lützelbach Fulda entfremdet hatten (ähnlich wie dies durch die Schenken mit Lorscher Kirchengut geschehen war).

Für die Breuberger ist es charakteristisch, daß sie trotz ihres ministerialischen Standes bereits im 13. Jahrhundert Anschluß an den Hochadel gefunden haben. Von besonderer Bedeutung war die Heirat Eberhards von Breuberg mit der Edlen Mechthild von Büdingen, die den Breubergern vor 1245 einen erheblichen Anteil am Büdinger Erbe in Oberhessen sicherte. Sie sind mit diesem Erbe aber auch in die Reichsbeziehungen der Büdinger eingetreten und haben in der zweiten Hälfte des 13. Jahrhunderts erhebliche reichspolitische Aufgaben erfüllt. Dazu gehört die Tätigkeit Gerlachs von Breuberg im Dienste König Rudolfs von Habsburg, seine Rolle in der Auseinandersetzung zwischen Mainz und Hessen, als Pfleger des Landfriedens in Thüringen 1290 und 1295 sowie als Landvogt der Wetterau (seit 1291). Nach König Rudolfs Tod war Gerlach Parteigänger König Adolfs, so daß er bei dessen Gegner und Nachfolger König Albrecht in Ungnade fiel. Das gleiche gilt für Gerlachs Sohn

Eberhard, der aber unter Kaiser Heinrich VII. seine Reichsposition zurückgewann und von 1309 bis 1321 Reichslandvogt der Wetterau war.

Der politischen Bedeutung der Breuberger entsprach ihr Reichtum, den sie in einigen Generationen gewonnen hatten, so daß sie bei ihrem frühen Erlöschen um 1323 ein zwar territorial nicht großes, aber dennoch reiches Erbe hinterließen, das sich über die Töchter in vier Teile aufspaltete (Weinsberg, Wertheim, Trimberg und ein unbekannter Erbe aus niederem Adel). Den ähnlich wie in der Ortenberger Besitzgeschichte sehr verschlungenen Weg, den diese Erbanteile im Laufe des 14. und 15. Jahrhunderts genommen haben, können wir hier nicht im einzelnen erörtern; wo er hessische Geschlechter (wie die Büdinger, die Eppsteiner, die Erbacher) betrifft, gehen wir an den gehörigen Stellen darauf ein. Hier ist hinsichtlich der Schenken von Erbach zunächst nur das zu vermerken, daß ihre lebhaften Bemühungen, in den Mitbesitz der Herrschaft Breuberg zu gelangen, während des 14. Jahrhunderts trotz gelegentlicher kleinerer Erfolge im ganzen erfolglos geblieben sind. Erst Schenk Philipp I. und Schenk Otto gelang es 1433 bzw. 1441, teils durch Pfand und teils durch Heirat, von den inzwischen erbberechtigten Herren von Eppstein ein Viertel an der Herrschaft Breuberg (in der noch im 14. Jahrhundert hinzugekommenen Zent Kirchbrombach) zu erwerben. Aber auch dieses blieb nur bis 1497 in erbachischem Besitz und ging dann an die Grafen von Wertheim über.

Diese nicht sehr erheblichen Besitzstandsschwankungen haben also den Erbacher Kernbesitz unberührt gelassen, ja sogar ein mäßiges Wachstum ermöglicht. Zu größerer Gefährdung, aber auch zu bedeutenderen Gewinnen kam es offensichtlich deshalb nicht, weil die Schenken keine eigene, aktive Territorialpolitik betreiben konnten, da ihnen das die beiden benachbarten und konkurrierenden Kurfürstentümer Mainz und Pfalz verwehrten. Kennzeichnend hierfür ist es auch, daß die Erbacher schon frühzeitig höhere Amtsstellungen in fremden Diensten übernahmen, wie sie besonders die Pfalzgrafen und die Mainzer Erzbischöfe zu bieten hatten. Ein Erbacher, Diether, wurde 1434 selbst Erzbischof von Mainz, nachdem bereits 1329 Gerlach Schenk von Erbach Bischof von Worms geworden war. Auch in den wetterauischen und rheinischen Landfrieden des 14. Jahrhunderts traten die Schenken hervor; seit 1389 war Eberhard X. Landvogt des Landfriedens am Rhein.

Eine größere Einbuße erlitten die Erbacher im pfälzischen Krieg 1504, als Landgraf Wilhelm von Hessen die pfälzischen und mit ihnen auch die erbachischen Besitzungen an der Bergstraße bekriegte und dabei Bickenbach, Habitzheim und Schönberg einnahm. Das Schloß Bickenbach blieb für immer in hessischer Hand; wegen der übrigen erbachischen Besitzungen kam es 1510 zum Vergleich, worin die Schenken ein Drittel von Schönberg, ihren Anteil am Amt Tannenberg und verschiedene sonstige Besitzungen von Hessen zu Lehen nehmen mußten.

Nachdem die Fürstenauer Linie 1503 die Erbacher und 1531 die Michelstadter Linie beerbt hatte, gelang es Graf Eberhard I. († 1539), 1531 die Befreiung von allen auswärtigen Gerichten (einschließlich des Rottweiler Hofgerichts) und 1532 die Erhebung seines Hauses in den Grafenstand zu erwirken, womit seine von der Pfalz lehnbare Herrschaft zur Grafschaft erhoben war. 1541 erhielt er das Münzrecht. Eberhard wurde für sein Haus und Land auch dadurch bedeutend, daß er 1520 zum erstenmal die privaten und öffentlichen Rechtsgebräuche in der Grafschaft schriftlich festhalten ließ und die Reformation durchführte, zu der er sich schon früh bekannte. Bereits 1529 hob Graf Eberhard nach dem Vorgang Hessens (dem Hitzkirchener Vertrag von 1528) die geistliche Jurisdiktionsgewalt des Mainzer Erzbischofs für sein Gebiet auf. Die Grafen und seine Söhne traten daher auch dem Schmalkaldischen Bund bei und hatten entsprechend unter dem Schmalkaldischen Kriege zu leiden. Sie konnten sich jedoch der Einziehung ihrer Grafschaft, die am 4. Mai 1550 durch kaiserliches Dekret konfisziert wurde, so lange widersetzen, bis sie der Passauer Vertrag 1552 rettete. 1560 erschien die erste, von Melanchthon begutachtete Kirchenordnung des Landes. 1569 wurde die große Land- und Zentgerichtsordnung der Grafschaft veröffentlicht, die aus dem Statut von 1520 entwickelt worden war und mit gewissen Anpassungen bis zum Ende der Grafschaft gültig blieb. Auch die übrigen Landesverhältnisse wurden in der zweiten Hälfte des 16. Jahrhunderts durch eingehende Verordnungen geregelt. Bemerkenswert ist, daß die Erbacher trotz ihrer engen Beziehungen zu der seit 1563 calvinischen Pfalz streng am Luthertum festhielten und in diesem Sinne auch die Kirchenordnung von 1560 weiterbildeten, die 1602 erneut herauskam.

1556 erbten die Grafen Eberhard von Erbach und Ludwig von Stolberg-Königstein infolge des Erlöschens der Grafen von Wertheim im Mannesstamme die Herrschaft Breuberg und verglichen sich 1563 über ihre Anteile; doch konnten die Stolberger nach dem söhnelosen Tod Graf Ludwigs ihren Anteil nicht behaupten. Er fiel an die Grafen von Löwenstein-Wertheim, die bis 1806 mit den Grafen von Erbach die Herrschaft Breuberg in ungeteilter Gemeinschaft innehatten. 1560 fügte die Pfalz dem erbachischen Besitz noch das Amt Wildenstein im Spessart hinzu.

Da die Grafen von Erbach keine Primogeniturordnung kannten, teilten sich auch in nachmittelalterlicher Zeit in der Regel mehrere Linien in den Besitz der Grafschaft. Dabei kam es jedoch im Gegensatz zu den anderen hessischen Grafenhäusern auch in den neueren Jahrhunderten nicht zu vollständigen Grund-, sondern nur zu Nutzungsteilungen, welche die Einheit der Grafschaft nicht zerstörten. Infolgedessen haben die auch im Erbacher Hause zahlreichen Linienbildungen nicht jene territorialpolitische Bedeutung, die sie in der Regel in den anderen hessischen Grafschaften hatten, so daß sie hier nur kurz benannt zu werden brauchen. Eberhards I. drei Söhne nahmen 1543/44 eine

Nutzteilung unter sich vor, von denen Eberhard II. († 1564) als Überlebender die gesamte Herrschaft wieder vereinigte. Seinem Sohn Georg IV. († 1605) folgten ebenfalls drei Söhne, die 1623 die übliche Nutzungsteilung vornahmen, bis der überlebende Graf Albrecht I. († 1647) wieder alles vereinte. Auch er hinterließ drei Söhne, die 1672 teilten und nach dem Tode des einen 1678 eine Neuverteilung vornahmen. Hierdurch begründete Georg Ludwig († 1693) die Erbacher und Georg Albrecht III. († 1717) die Fürstenauer Linie. Die letztere teilte 1718 abermals unter drei Söhne, die nach dem Erlöschen der Erbacher Linie 1731 deren Teil zunächst gemeinschaftlich innehatten, dann aber 1747 eine letzte Teilung vornahmen, die die bis zur Gegenwart bestehenden Linien begründete: die ältere Linie zu Fürstenau, die mittlere zu Erbach und die jüngere zu Schönberg. Man hatte zwar auch 1747 wieder den alten Grundsatz der Nutzungsteilung aufgestellt, doch entwickelte sich diesesmal eine regelrechte Realteilung daraus, zumal die Linien Schönberg und Fürstenau schon 1748 bzw. 1753 Primogeniturordnungen erließen, die der Kaiser 1752 bzw. 1768 bestätigte.

Wie schon im späten Mittelalter, so suchten die Grafen auch in den folgenden Jahrhunderten ihren Unterhalt zumeist in auswärtigen Diensten, nun aber nicht mehr vorwiegend in führenden Verwaltungs-, sondern in entsprechenden militärischen Stellungen. Infolgedessen bekleideten die Grafen vom Ende des 16. bis zum Anfang des 19. Jahrhunderts zahlreiche hohe Ränge in den europäischen Armeen, so daß es dazu kommen konnte, daß in der Schlacht bei Höchstädt 1704 fünf Erbacher Grafen als Truppenführer verschiedener Kontingente beteiligt waren und selbst noch in der Schlacht bei Leipzig 1813 drei Erbacher Grafen auf verschiedenen Seiten kämpften.

Der Verwaltung des Landes dienten Regierungskanzlei, Konsistorium, Rentkammer und Kriegskasse, die für die gesamte Grafschaft zuständig waren, unangesehen dessen, daß die einzelnen Landesteile in ständig wechselnder Aufteilung den verschiedenen Linien zur Nutznießung angewiesen waren. Infolge dieses sehr beachtenswerten Zusammenhaltens der Gesamtfamilie, das sich auch darin zeigte, daß bis zum Ende des alten Reiches nur ein Erbacher Graf konvertierte, ist es nur zu ganz geringen territorialen Verlusten gekommen; lediglich das Amt Seeheim mit Tannenberg ging 1711 an Hessen-Darmstadt und das Schloß Klein-Heubach 1728 an Löwenstein durch Kauf über. Als die Grafschaft 1806 mediatisiert wurde, bestand sie aus folgenden Landesteilen: 1. Erbach-Fürstenau mit den Ämtern Michelstadt, Fürstenau, Freienstein und Rothenberg; 2. Erbach-Erbach mit den Ämtern Erbach und Reichenberg und dem Amt Wildenstein im Spessart; 3. Erbach-Schönberg mit den Ämtern König und Schönberg und der Hälfte an der Herrschaft Breuberg mit den Zenten Neustadt, Höchst, Kirchbrombach und Lützelbach (die andere Hälfte gehörte den Fürsten Löwenstein-Wertheim). Diese Gebiete mit Ausnahme des Amtes Wildenstein, das an Bayern kam, fielen 1806 an Hessen-Darmstadt und brachten diesem 97 Ortschaften ein. Der von Graf Franz von Erbach im Namen der mediatisierten Grafen auf dem Wiener Kongreß 1814 unternommene Versuch, die Wiederherstellung der früheren Herrschaftsverhältnisse zu erreichen, scheiterte, vielmehr sind schließlich die den Grafen durch die Rheinbund- und deutsche Bundesakte vorbehaltenen, beschränkten Sonderrechte infolge der Revolution von 1848 vollends beseitigt worden. Ein um so dauerhafteres Andenken aber hat sich der letzte souveräne Erbacher Graf, der gelehrte Graf Franz von Erbach, dadurch gesichert, daß er seit Ende des 18. Jahrhunderts seine weitbekannten antiken und mittelalterlichen Sammlungen eingerichtet hat.

40. Die Grafschaft Büdingen

Die Grafschaft Büdingen am östlichen Rande der Wetterau entstand nach dem Untergang des Altbüdinger Hauses (nach 1240) und dem Ende der Wetterauer Reichsterritorialpläne der Staufer im Interregnum. Die älteren Herren von Büdingen werden 1131 erstmals genannt und stammten damals wohl schon aus dem Hause Isenburg. Darauf weisen nicht nur Vornamen- und Wappengleichheit hin, sondern auch das schon vor 1132 gegründete Altisenburger Stift in Obermockstadt, das territorial zu Staden gehörte und mit Ortenberg im Besitz einer Linie der Büdinger war. Ihrem Herrschaftsbereich nach waren die Büdinger dagegen Nachfolger jener Herren Hartmann, die seit dem 10. Jahrhundert in der mittleren Wetterau begegnen und wahrscheinlich noch unter Kaiser Heinrich IV. den Wildbann des Büdinger Reichsforstes erhielten. Seit Barbarossa traten die Herren von Büdingen im Reichsdienst hervor, in dem Gerlach II. (1194 bis 1240) als kaiserlicher Burggraf von Gelnhausen, erster Landvogt der Wetterau und enger Vertrauter König Heinrichs (VII.) tätig war. Sie und die Herren von Münzenberg stellten die beiden führenden Geschlechter der staufischen Kaiserzeit in der Wetterau dar.

Die Nachfolge Gerlachs, der söhnelos starb, traten seine vier Schwiegersöhne von Isenburg-Kempenich, von Trimberg, von Breuberg und von Hohenlohe-Brauneck an. Desgleichen waren die Herren von Isenburg-Grenzau am Erbe mitbeteiligt, wobei ungeklärt ist, ob dieses Erbe auf eine vermutete Heirat Heinrichs I. von Isenburg-Grenzau mit einer Schwester Gerlachs von Büdingen, auf die oben angenommene Stammesgleichheit zwischen Isenburgern und Büdingern oder auf beides zurückgeht. Die Beteiligten haben das Altbüdinger Erbe derart aufgesplittert, daß es 150 Jahre dauerte, bis die Herren von Isenburg wieder eine neue, wenn auch wesentlich verkleinerte Herrschaft daraus aufbauen konnten. Mittelpunkt und Rechtsgrundlage der Herrschaft war der ursprünglich etwa 11000 ha umfassende Büdinger Reichswald, der zusammen mit der Burggrafschaft Gelnhausen ganerbschaftlicher Besitz der genannten Häuser wurde, von denen das Kempenicher jedoch schon bald (nach 1264) erbenlos ausschied. Im übrigen Herrschaftsgebiet hatten die Trimberger im Osten den Birsteiner Bezirk inne, die Braunecker den Streifen von der Ronneburg bis Rückingen und beide gemeinsam den Wächtersbach-Orber Raum südlich der Kinzig. Breuberg hatte im Westen im Niddertal Gedern und Ortenberg und verfügte im Süden im Kinzigtal über den Bereich zwischen Meerholz, Gründau und Selbold. Isenburg schließlich besaß in der Mitte der alten Herrschaft das Gebiet von Wenings über Büdingen bis Langenbergheim. Auf diesem Grundstock begann Ludwig I. von Isenburg-Büdingen (1258 bis 1304) seine Herrschaft aufzubauen.

Der verschränkte Besitz der zahlreichen Erben gab naturgemäß häufig Anlaß zu Streitigkeiten und schwierigen Erbauseinandersetzungen, so daß Ludwig II. von Isenburg-Büdingen zur Sicherung seiner Stellung 1321 eine Erbverbrüderung mit Kuno von Münzenberg-Falkenstein schloß. Es gelang ihm auch, den Übergang der Büdinger Reichslehen an die beiden Töchter der 1323 ausgestorbenen Herren von Breuberg zu vereiteln, nicht jedoch die vollständige Zersplitterung der Herrschaft Ortenberg zu verhindern. Sie stellt einen Paradefall komplizierter, kleindynastischer Teilungen des späten Mittelalters dar und wird als solcher hier beispielsweise behandelt. Zu Anfang des 13. Jahrhunderts besaßen die Herren von Isenburg ein Viertel, die Herren von Büdingen drei Viertel an Ortenberg. Die Isenburger teilten das Viertel hälftig zwischen der Isenburg-Grenzauer und der Isenburg-Limburger Linie; das Achtel der letzteren erheiratete Graf Adolf (der spätere deutsche König) von Nassau mit Imagina von Isenburg-Limburg. Die drei Viertel der Herren von Büdingen erbten um 1245 zu je einem Viertel die Herren von Breuberg, von Trimberg und von Hohenlohe-Brauneck. Von ihnen spalteten die Breuberger ihr Viertel noch im 13. Jahrhundert in ein Gerlachsches und ein Arrossches Achtel auf, so daß es nunmehr sechs Teilhaber gab (Isenburg, Nassau, zwei Breuberger, Trimberg, Hohenlohe-Brauneck). 1314 verkauften letztere ihr Viertel an Gerlachs Sohn Eberhard von Breuberg, der damit über eineinhalb Viertel (= 6/16) verfügte, die seine Töchter je zur Hälfte (= 3/16) an die Herren von Eppstein und Wertheim brachten. Diese gaben ihren Anteil 1346 den Herren von Trimberg, die bereits die Arosschen 2/16 erheiratet hatten, so daß nunmehr Isenburg 2/16, Nassau 2/16, Eppstein 3/16 und Trimberg 9/16 innehatten. 1359 ging der trimbergische Anteil zu einem Drittel (3/16) in den Pfandbesitz von Hanau über, während die beiden anderen Drittel (6/16) 1376 an Eppstein fielen, das Anfang des 15. Jahrhunderts zu seinen eigenen 3/16 auch den nassauischen Anteil (2/16) erwarb und damit fast drei Viertel (11/16) der Herrschaft besaß. So hatten also im 15. Jahrhundert Isenburg-Büdingen 2/16, Hanau 3/16 und Eppstein 11/16 an Ortenberg inne; doch verschob sich dieses Verhältnis im 16. Jahrhundert zwischen den Stolbergern (als Erben der Eppsteiner) und Isenburg-Büdingen und Hanau erheblich zugunsten der beiden letzteren.

Im frühen 14. Jahrhundert gaben auch die Braunecker ihren Anteil am Büdinger Erbe auf, indem sie einen Teil (darunter die Ronneburg und Orb mit dem Orber Reisig) 1313 an das Erzbistum Mainz und 1314 und 1324 ihren übrigen Büdinger Besitz an die Herren von Isenburg und von Trimberg abtraten. Damit war der größere Teil des Altbüdinger Erbes jetzt nur noch in zwei Händen. Doch erlangte Isenburg schon 1324 ein Übergewicht über Trimberg, da dieses seinen Anteil am Büdinger Wald und dem Gelnhäuser Burggrafenamt damals an Ludwig von Isenburg-Büdingen verpfändete. Damit war auch der Rückzug der Trimberger eingeleitet, die 1327 ihren Besitz an Orb ebenfalls an Mainz verkauften und 1335 einen Anteil an Birstein samt den kurz vorher erworbenen dortigen Rechten der Grafen von Weilnau (aus dem Hause Diez) an Heinrich II. von Isenburg-Büdingen überließen, der 1332 bereits den seit 1292 hanauischen Anteil an Birstein erheiratet hatte. Seit 1342 waren nur noch Isenburg und Weilnau an Birstein beteiligt. Die Trimberger Position brach nun rasch zusammen. 1359 übertrugen sie einen Teil ihres Ortenberger Besitzes an Hanau, verpfändeten ihm 1362 ihr Gericht Altenhaßlau vor Gelnhausen und verkauften 1365 ihren Anteil am Reichswald Büdingen und der Burggrafschaft Gelnhausen, Schloß und Gericht Wächtersbach und Spielberg an Heinrich II. von Isenburg-Büdingen. Da Hanauer Versuche, in den Reichswald einzudringen, abgewehrt werden konnten und die Trimberger bereits 1376 ausstarben, war damit der ganze Büdinger Wald als Reichslehen im Besitz der Isenburger. 1377 erwarben sie dazu von Hanau das ursprünglich trimbergische Wächtersbach, das die Hanauer seit 1367 pfandweise an sich gebracht hatten. In Gelnhausen vermochten sie sich allerdings gegenüber Hanau nicht durchzusetzen. Auch der rheinische Besitz der Isenburger ging der Büdinger Linie damals verloren, denn die Söhne Ludwigs von Isenburg-Büdingen († 1340/1341) teilten dergestalt, daß Heinrich II. die Hauptmasse erbte und die Linie Isenburg-Büdingen fortführte, während der jüngere Philipp I. die Burgen Grenzau und Villmar erhielt und die Linie Isenburg-Grenzau begründete.

Die oben dargelegte erfolgreiche Territorialpolitik Heinrichs II. von Isenburg-Büdingen (1340 bis 1378), die sich ganz auf den Ausbau der Herrschaft im Oberhessischen konzentrierte, stockte unter seinem Sohn Johann I. (1378 bis 1395). Dieser war eine mehr kriegerische Natur, was ihn in enge Verbindung mit Friedrich von Lißberg, einem führenden Mann des Sternerbundes, brachte. Auf diese Verbindung geht es wahrscheinlich zurück, daß es Johanns I. Sohn Johann II. von Isenburg-Büdingen (1395 bis 1408) möglich war, 1398/99 die

Reichslehen und die pfälzischen Lehen der Herren von Lißberg zu erwerben. 1405 fügte er einen Anteil an der Ganerbschaft Staden hinzu. Der endgültige Ausbau der Herrschaft Büdingen vollzog sich dann im 15. Jahrhundert unter Diether I. von Isenburg-Büdingen (1408 bis 1461) und seinem Sohn Ludwig II. (1461 bis 1511). Bestimmend dafür war die Falkensteiner Erbschaft von 1418, die wir in Kap. 41 näher behandeln, da sie das territoriale Bild der inneren Wetterau grundlegend umgeformt hat. Der Teilungsvertrag vom 28. Mai 1420 übertrug Diether von Isenburg gemeinsam mit Gräfin Anna von Sayn (aus dem Hause Solms) Assenheim, Dreieichenhain mit dem Wildbann, die Hälfte von Vilbel und mehrere Dörfer in der Wetterau, der Dreieich und in Rheinhessen. 1433 teilten Anna und Diether, dem dabei die Hälfte von Assenheim, Dreieichenhain, Offenbach und zahlreichen Dörfern nahebei zufiel. Graf Diether von Sayn verpfändete seinen Teil 1446 an Diether von Isenburg, Reinhard von Hanau und Frank von Kronberg. Frank erhielt die wetterauischen Besitzungen und verwandelte die Pfandschaft 1458 in einen Erbkauf, wobei die Isenburger ihre Rechte an Assenheim jedoch behielten. Den wieder eingelösten Besitz in der Dreieich aber verkaufte Graf Gerhard von Sayn 1486 an Graf Ludwig II. von Isenburg-Büdingen.

Inzwischen hatte Diether I. 1425 das Gericht Gründau von Eppstein eingetauscht und 1438 von dem erlöschenden Hause der Grafen von Weilnau den letzten fremden Anteil an Birstein an sich gebracht. 1434 erhielt er das Privilegium de non evocando und 1442 von Kaiser Friedrich III. den Grafentitel. Die äußere territoriale Entwicklung der Grafschaft schloß mit der Erwerbung der Ronneburg und dem Gericht Langendiebach als mainzische Lehen 1476 ab. Graf Ludwig II. verdankte sie seinem Bruder Diether, der von 1459 bis 1461 und dann wieder von 1475 bis 1482 Erzbischof von Mainz war, als Entschädigung für seine Verluste in der großen Mainzer Stiftsfehde 1461 bis 1463. Im Innenbereich konsolidierte sich die Grafschaft durch die Übernahme zahlreicher Braunecker Lehnsrechte 1461 und Ankauf der letzten Rodensteinschen Gerechtsame in der einstigen Herrschaft Lißberg 1469 (denn die Herren von Rodenstein hatten die Herren von Lißberg inzwischen beerbt). 1484 erwarb Graf Ludwig II. die Rechte der ministerialischen Verwaltungsbeamten des Büdinger Reichswaldes, der Forstmeister von Gelnhausen, und erhielt sie noch im gleichen Jahr vom Kaiser zu Lehen.

Damit hatten die Isenburg-Büdinger, die als Erbburggrafen von Gelnhausen seit alters Lehnsherren des Waldes waren, nunmehr auch das Forstmeisteramt an sich gebracht, zu dem erhebliche Waldnutzungsrechte gehörten (Schweinemast, Bau- und Brennholzbezug, Weiderecht, Jagd, Gerichts- und Waldnutzungsgebühren). Dafür war der Forstmeister verpflichtet, wie es in dem berühmten Weistum über den Büdinger Reichsforst von 1380 heißt, dem Kaiser als Oberherren des Forstes zur Ausübung der Jagd je einen weißen Bracken zu Gelnhausen, Büdingen und Wächtersbach zu halten, diese Hunde auf seidene Kissen und Decken zu legen und an seidenen Leitseilen und vergoldeten Silberhalsbändern zur Jagd zu führen. Der Forstmeister mußte dem Kaiser ferner eine Armbrust von Eiben- und Ahornholz mit seidener Sehne zur Verfügung stellen und ihn mit Bogen aus Elfenbein, Pfeilen mit Silberspitzen und einer Befiederung von Straußen- und Pfauenfedern ausstatten. Die unmittelbare Waldaufsicht war zwölf Förstern übertragen, die vielfach dem niederen Adel entstammten und Lehnsträger je einer Waldhufe und zahlreicher nutzbarer Rechte waren. Sie verfügten über weitere Gehilfen, sogenannte geschworene Knechte und Waldmänner, die insbesondere bei der Mastschätzung und dem Forstschutz mitwirkten. Dieser wurde auf den Försterdingen gehandhabt, die in der Vorburg zu Gelnhausen oder in Wolferborn stattfanden und über alle Wald- und Jagdfrevel und sonstige Untaten, die im Gebiet des Waldes verübt worden waren, richteten. Diese Organisationsform fand jedoch im 15. Jahrhundert ihr Ende. Nachdem die Grafen von Büdingen auch das Forstmeisteramt an sich gebracht und die zwölf Waldhufen größtenteils käuflich erworben hatten, trat an Stelle der alten Verwaltung durch Reichslehnsträger eine solche durch büdingische Forstbeamte. Auch in der Dreieich, in deren Hauptort Offenbach die Isenburger 1486 alleinige Herren geworden waren, verschwanden die Forstmeister im 15. Jahrhundert und wurden durch isenburgische Amtmänner als landesherrliche Beamte ersetzt. 1495 erhielt die Grafschaft in Büdingen einen zentralen Gerichtshof und darf seitdem als voll ausgebildetes Territorium gelten. Kurz darauf wurde die äußere Stadtbefestigung der Residenz Büdingen vollendet; ein kraftvoll gestalteter, künstlerisch hochrangiger Wehrbau, der ein städtebauliches Kleinod hegt, das in seiner vorwiegend spätmittelalterlichen Geschlossenheit selbst so architektonisch hervorragende hessische Kleinstädte wie Korbach, Fritzlar, Homberg, Melsungen, Rotenburg, Eschwege, Witzenhausen, Allendorf, Grebenstein, Rauschenberg, Frankenberg, Grünberg, Alsfeld und Lauterbach im nord-, Michelstadt, Erbach und Bensheim im südhessischen Bereich nicht übertreffen. Ausgezeichnet sind auch die großen Burgen- und Schloßschöpfungen der Isenburger: das aus dem Kern einer staufischen Wasserburg im 15. und 16. Jahrhundert zu seiner heutigen Gestalt entwickelte Büdinger Stammschloß, das im 13. Jahrhundert errichtete, im 16. Jahrhundert endgültig ausgestaltete hochragende Bergschloß der Ronneburg, die vom 14. bis zum 18. Jahrhundert ständig erweiterte reizvolle Birsteiner Residenz und das im 16. Jahrhundert zu einem der reichsten Renaissanceschlösser Hessens ausgebaute Offenbacher Stadtschloß. Diese Burgenbauleistung läßt sich im Bereich der hessischen Grafschaften nur noch mit derjenigen der Katzenelnbogener Grafen vergleichen.

Ihren Aufstieg verdankte die Grafschaft außer der Befähigung ihrer Herren vor allem der seit 1287 befolgten Primogenitur. Das zeigte sich, als man sie im

16. Jahrhundert aufgab, denn damit war das territoriale Schicksal des Landes besiegelt, da es seitdem bei jedem Erbfall wie ein größeres Familiengut in stets wechselnd zusammengesetzte Teilgebiete zerfiel. Diese Entwicklung begann mit dem Erbbrudervertrag von 1517, dem 1521 eine neue Teilung folgte, die das Grafenhaus in die Ronneburger und die Birsteiner Linie spaltete. Graf Anton von der Ronneburger Linie hatte an der 1559 eröffneten Rienecker Erbschaft mit dem Amt Schönrein (südlich des Maines) teil. Er schloß sich frühzeitig der Reformation an und zog auch die Birsteiner Linie nach; doch säkularisierten sie die Klöster nur zögernd (Selbold 1543, Meerholz 1555, Marienborn 1559, Hirzenhain um 1578, Konradsdorf um 1581), obwohl dieser klösterliche Besitz einen wesentlichen Beitrag zur materiellen Sicherung der Büdinger Teilgrafenschaften leistete. Nichtsdestoweniger unterhielten die Grafen daraus eine Zeitlang auch eine Lateinschule zu Hirzenhain und dotierten mit Marienborner Gefällen die 1601 errichtete Lateinschule zu Büdingen, die 1822 als Gymnasium erneuert wurde und noch heute als Oberschule besteht.

Wie alle Wetterauer Grafen, so wurden auch die Büdinger Ende des 16. Jahrhunderts in die tiefgehenden Auseinandersetzungen zwischen der lutherischen und der reformierten Lehre verstrickt. Das lutherische Bekenntnis wich schließlich 1585 in Isenburg-Kelsterbach und 1596 in Isenburg-Birstein dem Calvinismus. Das führte jedoch zu schweren Zerwürfnissen im Grafenhaus, da Graf Heinrich von der Ronneburg 1597 das reformierte Bekenntnis im Kelsterbacher Teil wieder unterdrückte und dieses Amt (mit den Orten Langen, Egelsbach, Kelsterbach, Nauheim, Ginsheim und dem Gundhof) zur Sicherung der lutherischen Lehre 1600 an Hessen-Darmstadt verkaufte. Graf Heinrich suchte außerdem den Gesamterben beider Linien, Graf Wolfgang Ernst von Isenburg-Birstein, der reformiert war, von der Nachfolge im Ronneburger Teil dadurch auszuschließen, daß er widerrechtlich seine Schwiegersöhne zu Nachfolgern bestimmte. Graf Wolfgang Ernst mußte daher beim Tode Graf Heinrichs 1601 dieser Absicht mit militärischen Mitteln zuvorkommen und sein Recht im Prozeß behaupten. Das Amt Kelsterbach blieb allerdings verloren, obwohl Graf Wolfgang Ernst 1610 ein ihm günstiges Gerichtsurteil in dieser Frage erzielte. Dagegen gelang es ihm 1601, einen vorteilhaften Teilungsmodus für das lange und heftig umstrittene Landgericht Ortenberg zu erzielen, der Isenburg, Stolberg (als Nachfolger der Eppsteiner) und Hanau je ein Drittel zuteilte. Während seiner Regierungszeit in der Gesamtgrafschaft (1601 bis 1628) bildete sich deren behördliche Landesverwaltung vollständig aus. 1612 werden erwähnt: Hofmeister und Hofrat, Stallmeister, Jägermeister und Forstmeister, ferner der Kammerschreiber, mehrere Räte und in der Mittelinstanz Amtmänner in Büdingen, Birstein, Assenheim und Dreieichenhain. Graf Wolfgang Ernst führte in der genannten Grafschaft seit 1601 das reformierte Bekenntnis ein. Hierfür übernahm die Büdinger Herrschaft 1657 die hessen-kasselsche Kirchen- und

Konsistorialordnung, ersetzte sie aber 1697 durch die überarbeitete lippesche Ordnung eines gemilderten Calvinismus im Sinne einer zwischen Wittenberg und Genf vermittelnden theologischen Bewegung.

Die Vereinigung der Gesamtgrafschaft unter Graf Wolfgang Ernst blieb nur eine Episode, denn 1628 teilte er sie wieder auf und zerstückelte sie dabei in fünf Teile. Diese, die eigenständige Stellung der Grafschaft politisch geradezu vernichtende Maßnahme war deshalb so besonders abträglich, weil sie inmitten des 30jährigen Krieges erfolgte und damit das Land in seiner Ohnmacht um so schrankenloser der Willkür der Armeen preisgab. Dazu kam, daß sich die fünf Linien über die Art der Teilung gänzlich zerstritten und damit die politische Wirkungsmöglichkeit des Gesamthauses vollständig lähmten. Infolgedessen hatte insbesondere der alte isenburgische Gegner, Landgraf Ludwig von Hessen-Darmstadt, in seinem Vorgehen gegen die Grafen freie Hand. Wolfgang Heinrich, der älteste Sohn des Grafen Wolfgang Ernst, hatte sich nämlich im 30jährigen Kriege schon früh als Truppenführer der protestantischen Sache verschrieben und Herzog Christian von Braunschweig auf dessen Zügen durch das südliche Hessen mit eigenen Truppenkontingenten unterstützt. Dabei hatten diese 1622 das hessisch-darmstädtische Amt Nidda geplündert, was Wolfgang Heinrich und seinem Vater Wolfgang Ernst eine Klage Landgraf Ludwigs wegen Landfriedensbruch vor dem Reichshofrat zuzog. Wolfgang Heinrich, kurz darauf von den Kaiserlichen gefangengenommen, aber 1624 wieder freigegeben gegen die Verpflichtung, nicht mehr gegen den Kaiser zu kämpfen, übernahm 1628 als Herrschaftsanteil das Amt Dreieichenhain mit der Residenz Offenbach und den Anspruch auf das mit Hessen-Darmstadt nach wie vor umstrittene Amt Kelsterbach. Bald geriet er jedoch mit dem Erzbischof von Mainz in Konflikt, der den Grafen daraufhin aus Offenbach vertreiben ließ. Aber auch in Dreieichenhain konnte er sich nicht halten, denn 1630 verurteilte ihn der Reichshofrat auf die Landfriedensbruchklage Landgraf Ludwigs hin, und dieser vollstreckte 1631 den ihm zugestandenen Entschädigungsanspruch durch Besetzung des Amtes Dreieichenhain und Vertreibung Wolfgang Heinrichs. Dieser ging nunmehr in seiner äußersten Not ungeachtet seines 1624 gegebenen Wortes zu Gustav Adolf über, starb aber schon 1635, gerade als die ligistischen Truppen das kaiserliche Sequestrationsurteil gegen das Land vollstreckten.

Am 7. Juli 1635 verlieh dann der Kaiser die gesamte Grafschaft Büdingen an Landgraf Ludwig von Hessen-Darmstadt. Erst durch den Hauptvergleich, den die Isenburger 1642 mit dem Landgrafen abschlossen, erhielten sie ihr Land wieder zurück, mußten aber außer dem Amt Kelsterbach auch ihren Anteil am Amt Kleeberg und einige andere Besitzungen abtreten. Auch als die Isenburger 1648 in die Generalamnestie des Westfälischen Friedens aufgenommen wurden, ging Hessen-Darmstadt von seinem Vertrage nicht ab und prozessierte mit den Isenburgern bis zum Vergleich von 1710, der den Vertrag von 1642 im wesentlichen bestätigte. Politische Bedeutung hat die Grafschaft seitdem nicht mehr erlangt, zumal das Haus seine Teilungs- und Zerstückelungspolitik fortsetzte. Als 1667 drei der 1628 begründeten fünf Linien ausstarben, einigten sich die beiden überlebenden Äste 1684 auf eine erneute Teilung, auf welche die noch heute bestehenden beiden Hauptlinien Isenburg-Birstein und Isenburg-Büdingen zurückgehen. Die Offenbach-Birsteiner Linie erhielt ihren Schwerpunkt südlich des Mains in der Dreieich, die Büdinger Linie im alten Grafschaftsgebiet um den Büdinger Reichswald. Aber dabei blieb es nicht; die ältere Linie teilte sich 1687 in die Zweige Offenbach und Birstein und 1718 erneut in die Linien Offenbach-Birstein und Philippseich, während die jüngere Büdinger Linie sich 1687 in vier Äste gabelte. Bar jeden politischen Sinnes haben die Grafen ihre Herrschaft offensichtlich wie einen großen Gutshof betrachtet, den sie im jeweiligen Erbfalle nach dem Realteilungsprinzip behandelten.

Und doch erhielt das Büdinger Land noch einmal einen weiten Ruf, als es all jenen Religiösen Zuflucht gewährte, die die Orthodoxie aus anderen Ländern (Württemberg, Hessen-Darmstadt, Franken, der Schweiz) vertrieb. Das war in erster Linie das Werk des Grafen Ernst Kasimir, der 1708 die Regierung in Büdingen übernommen hatte; denn er gewann ein engeres Verhältnis zum Pietismus und damit einem gänzlich unorthodoxen Christentum, seitdem er 1708 die Gräfin Christina von Stolberg-Gedern geheiratet hatte. Ihre Mutter, die gleichnamige Gräfin Stolberg-Gedern geb. Prinzessin von Mecklenburg-Güstrow, und die Gräfin Benigna zu Solms-Laubach geb. Gräfin Promnitz, waren es nämlich, die dem Pietismus Speners an den Grafen- und Edelhöfen der Wetterau Eingang verschafften. Auf diesen Voraussetzungen beruhte das Freiheitsedikt des Grafen Ernst Kasimir vom 29. März 1712, das den Sektierern eine private Form des Christentums in einer vom Kultus der Kirche abweichenden Form in häuslichen Andachten gestattete und nur die öffentliche Bildung neuer Kultusgemeinschaften und die Beunruhigung der Bevölkerung durch neue Ideen verbot. Welche mutige Maßnahme das war, zeigt sich darin, daß das Reichskammergericht den Grafen (vergebens) zum Widerruf des Edikes und zu einer Geldstrafe verurteilte.

Nunmehr kamen viele Sektierer, Separatisten, Baptisten, Pietisten, Chiliasten und Exulanten im Büdinger Land zusammen. Ihre Hauptzufluchtstätte wurde die Ronneburg, jenes geheimnisumwehte Bergschloß bei Büdingen, in dem schon 1614 ein Teil der im Frankfurter Fettmilchaufstand vertriebenen Juden untergekommen war und dann auch Heimatlose und Vertriebene, Flüchtlinge, Landstörzer, Zigeuner, Alchimisten, Astrologen u. a. Unterschlupf gefunden hatten. Ihnen gesellten sich seit Anfang des 18. Jahrhunderts die evangelischen Glaubensflüchtlinge und Sektierer zu. Sie gliederten sich in mehrere Gruppen. Die erste bildeten die meist aus der Pfalz stammenden Separatisten, deren

Leiter Hochmann von Hochenau war. Sie ließen sich insbesondere auf der Ronneburg und in Marienborn nieder. Eine zweite Gruppe bestand aus Neutäufern, geleitet von Alexander Mack. Eine Verordnung von 1715 untersagte ihnen allerdings eigene kirchliche Gemeinschaften, worauf ein Teil in die Grafschaft Wittgenstein-Berleburg, ein anderer nach Nordamerika abzog und so die Neutäuferbewegung nach dort übertrug. Von ihnen spalteten sich als dritte Gruppe die „Inspirierten" ab; Gläubige, die im Zustand religiöser Ekstasen mit „Zungen redeten" und dieses Gestammel für göttliche Offenbarungen hielten. Ihnen allen erlaubte man 1716 eigene Gebetsgemeinschaften. Auf Einladung ihrers Führers Rock in Himbach und des Freiherrn Karl Ernst von Schrautenbach zu Lindheim lernte Graf Zinzendorf im Anschluß an einen Besuch bei den Berleburgern 1730 die Wetterauer Freistatt kennen. Es gelang ihm zwar nicht, eine Vereinigung von Herrenhutern und Inspirierten zustande zu bringen, doch bot sich auch ihm nach seiner Vertreibung aus Sachsen 1736 die Möglichkeit, mit seiner Pilgergemeinde hier unterzukommen. So erwarben die Herrenhuter 1738 pachtweise das Gut Marienborn und den Herrenhag bei Büdingen, den sie ausbauten. 1741 bewohnten ihn schon 300 meist ledige Personen, deren eigentümliches Anstaltsleben die Gemeinschaften der „Chöre" bestimmte, während ihre religiöse Einstellung schon bald stark schwärmerische Züge annahm. Als die Entwicklung dem Libertinismus nahe war, gebot Zinzendorf endlich 1749 durch Abberufung mehrerer führender jüngerer Persönlichkeiten, darunter seines Sohnes Christian Renatus, dieser Entwicklung Halt. Bald darauf traf die Gemeinde auch eine äußere Katastrophe, denn nach dem Tode des Grafen Ernst Kasimir von Büdingen griff die dortige Regierung seit 1750 scharf gegen die Brüder und die von ihnen beanspruchten Sonderrechte durch. Die Folge war die Selbstauflösung der Herrenhaager Gemeinde, deren Abwanderung bereits 1753 abgeschlossen war und zweifellos einen erheblichen geistigen und materiellen Verlust für das Land bedeutet hat. Die kleine Kolonie Marienborn blieb bis 1773 bestehen und betreute die zerstreut in der Wetterau lebenden Herrenhuter; bekannt ist die Synode von 1769 zu Marienborn, die der junge Goethe von Frankfurt aus besucht hat.

Zu Ende des 18. Jahrhunderts und des alten Reiches gliederte sich die Grafschaft Büdingen in folgende vier Gebietsteile: 1. Isenburg-Birstein (die Linie war 1744 in den Fürstenstand erhoben worden) mit dem Oberamt Offenbach, dem Amt Dreieich (und den dort gelegenen Deputatorten der Linie Isenburg-Philippseich), dem Amt Wenings (mit dem Gericht Wenings und einen Anteil am Gericht Wolferborn) sowie den Gerichten Unterreichenbach (mit Birstein), Diebach und Selbold; 2. Isenburg-Büdingen mit dem Amt Büdingen (bestehend aus den Gerichten Büdingen und Düdelsheim) und einen Anteil an der Ganerbschaft Staden (von der das Amt Mockstadt ganz büdingisch war); 3. Isenburg-Wächtersbach mit dem Amt Wächtersbach (bestehend aus den Gerichten

Wächtersbach und Spielberg), einem Anteil am Gericht Wolferborn, der Ronneburg und einem Anteil am Gericht Assenheim (von der Herrschaft Münzenberg) und 4. Isenburg-Meerholz mit den Gerichten Eckartshausen (oder Amt Marienborn), Meerholz und Lieblos.

Die Stürme der französischen Revolutionskriege und des Zusammenbruches des Reiches schien die Grafschaft gut zu überstehen. Fürst Karl I. von Isenburg-Birstein, der zunächst in österreichischen Diensten seit 1791 gegen die Franzosen gefochten hatte, schloß 1799 mit dem französischen General Augereau einen Neutralitätsvertrag für die Grafschaft ab, der das Land von allen Kriegsleistungen befreite. Als Mitglied und Sprecher der „Frankfurter Union" von 1803 — einem Bund von Kleinstaaten zur Wahrung ihrer Souveränität — gewann er engeren Kontakt mit Napoleon, dem er ein Regiment zuführte. Infolgedessen kam es 1806 zum Anschluß an den Rheinbund, der die übrigen Linien zu Philippseich, Büdingen, Wächtersbach und Meerholz mediatisierte. Fürst Karl von Isenburg erhielt damit ein Herrschaftsgebiet von 14 Quadratmeilen mit 45 000 Einwohnern, das sich aus den Gerichten Gedern, Ortenberg, Staden, Wenings, Büdingen, Eckartshausen, Birstein, Wolferborn, Spielberg, Wächtersbach, Gründau, Meerholz, Langenselbold und Langendiebach, dem Amt Offenbach und der Herrschaft Dreieich zusammensetzte und damit die seit Jahrhunderten aufgesplitterte Grafschaft Isenburg-Büdingen nochmals vereinigte. Als Souverän allodifizierte Fürst Karl 1812 den Büdinger Reichswald und verwandelte ihn in ein Familienfideikommiß. Seine Teilnahme am Rheinbund führte jedoch den Untergang des Fürstentums herbei, das die Alliierten 1813 einzogen und zunächst dem Kaiser von Österreich unterstellten, der es 1816 dem Großherzog von Hessen als Entschädigung für das Herzogtum Westfalen überließ. Doch ging dabei der gesamte Ostteil des Fürstentums an den Kurfürsten von Hessen über, nachdem dieser dem Großherzog verschiedene wetterauische Besitzungen überlassen hatte.

41. Die Grafschaft Solms

Ahnherr der Grafen von Solms war wahrscheinlich der 1129 genannte Marquard von Solms, dessen Herkunft ebensowenig geklärt ist wie die der benachbarten Herren von Merenberg. Da sich der territoriale Aufstieg der Solmser im Bereich der alten Gleiberger Grafschaft vollzogen hat, gilt jedoch ein genealogischer Zusammenhang der Solmser mit den Gleiberger Grafen (aus dem Hause Luxemburg) als wahrscheinlich. Diese anzunehmende Gleiberger Verbindung führt auf die Konradiner zurück (wie wir im Kapitel 14 dargelegt haben). Damit stellt sich zugleich für das Stammgebiet der Solmser südlich der Lahn Burgsolms-Braunfels eine Verbindung über König Konrad I. zu Kloster Fulda her. Sie bestand darin, daß König Konrad im Jahr 912 den Hof zu Trebra (nördl. Jena) an Kloster Fulda nur unter der Bedingung schenkte, daß dieses seiner Mutter Glismud den klösterlichen Besitz um Möttau, Altenkirchen, Neukirchen, Leun zu lebenslänglichem Nutzen überließ. Dieser Landstrich aber erscheint später als fuldisches Vogteigebiet in den Händen der Solmser Grafen und stellt geradezu den Ausgangspunkt ihres Territoriums dar, denn in seinem Bereich lagen nicht nur Kraftsolms und Braunfels, sondern auch der spätere Stammsitz Burgsolms. Wie so viele andere herrschaftliche Vögte des Klosters in ähnlichen Fällen haben es auch die Solmser verstanden, den von ihnen verwalteten fuldischen Besitz dem fernen Kloster zu entfremden und als Eigentum an sich zu bringen (das sie dann 1335 an Nassau-Weilburg verkauften); doch zeigt die von Fulda noch im 14. Jahrhundert über Burg Braunfels behauptete Lehnshoheit deutlich, daß es ursprünglich klösterlich fuldische Rechte waren, die hier die Grundlage der Solmser Herrschaft darstellten.

Zu Burgsolms und Braunfels südlich der Lahn trat dann noch der Herrschaftsmittelpunkt Hohensolms/Königsberg nördlich der Lahn, dessen unmittelbare Herleitung aus Reichsbesitz ebenfalls als sicher anzunehmen ist. Nach den drei Burgen Königsberg, Burgsolms und Braunfels (alle im heutigen Kr. Wetzlar) nannten sich die seit etwa 1260 auftretenden drei Solmser Teillinien, deren schmale territoriale Herrschaftsgrundlage ihnen zunächst keine selbständige Politik erlaubte. Infolgedessen schloß sich die Königsberger Linie schon Mitte des 13. Jahrhunderts an Hessen an, während sich die Braunfelser und die Burgsolmser Linie vor allem an Mainz anlehnten. Die Grafen gerieten damit in das gefährliche mainzisch-hessische Spannungsfeld und schufen sich in den Landgrafen von Hessen Gegner, die die Existenz der Grafschaft im 14. Jahrhundert ernstlich bedrohten. Hessen verbündete sich dabei in der Regel mit der Reichsstadt Wetzlar, mit der die Solmser während des 14. Jahrhunderts aus wirtschaftlichen und politischen Gründen (Herrschaft über die Hohe Straße, Ausbau der Landesherrschaft) ständig in Fehde lagen, wobei die Solmser Burgen wiederholt erobert und zerstört worden sind. 1350 verkaufte Graf Philipp als letzter der Königsberger Linie die Burg Königsberg an Hessen und trat sie 1357 ganz ab. 1358 mußte Graf Dietrich von Burgsolms die Burg Hohensolms an Hessen, 1359 Graf Heinrich VI. von Solms-Braunfels fast ein Drittel seines Besitzes (mit einem Anteil an Schloß Braunfels) an Nassau-Weilburg verpfänden. Zudem wurde Graf Dietrich 1361 von der Stadt Wetzlar gefangen und erst 1363 wieder freigegeben, nachdem er einen Frieden geschlossen hatte, der eindeutig das Übergewicht der Stadt herstellte. Darüber hinaus aber hatten sich Hessen und Nassau-Weilburg bereits durch den Vertrag vom 30. Mai 1361 über die Aufteilung des ganzen Solmser Landes verständigt. Nassau-Weilburg sollte die südliche, Hessen die nördliche Hälfte erhalten.

In dieser fast hoffnungslosen Lage war es vor allem die Tatkraft Graf Johanns IV. von Burgsolms (1360 bis 1402), die den völligen Zerfall der Grafschaft verhütete. Dabei kam ihm zugute, daß die Stadt Wetzlar unter der Last ihrer kriegerischen Verpflichtungen 1371 finanziell zusammenbrach und sich Graf Johann von 1375 bis 1378 sogar vorübergehend zum Herrn der Stadt machen konnte. Auch gegenüber Graf Salentin von Sayn-Wittgenstein, dem Graf Dietrich von Solms im Streit um die Erbfolge in der Grafschaft Wittgenstein nach 1357 unterlegen war, blieb Graf Johann erfolgreich, denn nachdem er Graf Salentin 1366 gefangengenommen hatte, erhielt er von diesem 1367 die halbe Grafschaft Wittgenstein als Pfand, das jedoch bald wieder eingelöst wurde. Schließlich konnte er auch den jahrzehntelangen Streit mit Nassau-Dillenburg um den Greifenstein 1395 zugunsten der Solmser beenden.

Entscheidend für diese Wendung und damit die Rettung der Grafschaft war, daß sie sich in einem Gebiet entwickelt hatte, in dem im 13. und 14. Jahrhundert vier größere Mächte zusammenstießen und sich damit gegenseitig erheblich beeinträchtigten: die wetterauischen Städte- und Landfriedensbünde (vertreten durch die Stadt Wetzlar), die Grafschaft Nassau-Weilburg, die Grafschaft Nassau-Dillenburg und die Landgrafschaft Hessen. Da sich bei so vielen Parteien die Interessen naturgemäß oft überkreuzten und selten übereinstimmten und daher gegeneinander auszuspielen waren, konnten die Grafen von Solms daraus den Gewinn ziehen und sich schließlich in dieser Landschaft behaupten. Doch blieb ihr dortiges Herrschaftsgebiet infolge seiner Einengung durch die genannten führenden Mächte schmal, denn größere Entfaltungsmöglichkeiten boten sich diesen gegenüber hier nicht.

Eine solche Entfaltung war jedoch in die benachbarte und territorial völlig aufgesplitterte Wetterau möglich. Hier haben die Solmser denn auch ihre wichtigste Erwerbung gemacht, die Falkensteiner Erbschaft. Dieses Erbe fiel ihnen und den Herren von Eppstein zu, weil Graf Otto von Solms mit Werner von Falkensteins Schwester Agnes und Eberhard I. von Eppstein mit ihrer Schwester Liutgard verheiratet war. Gegenüber dem Vorschlag der Eppsteiner, nach Stämmen zu teilen, forderten die Solmser schon seit 1410 eine Teilung nach Köpfen, um zu verhindern, daß die Eppsteiner die Hälfte des Erbes erhielten, denn auf Solmser Seite waren inzwischen fünf Personen erbberechtigt: die Grafen Bernhard II. und Johann V. und ihre Schwestern Agnes, Gemahlin Graf Ruprechts von Virneburg, Anna, Witwe Graf Gerhards von Sayn, und Elisabeth, Gemahlin Diethers von Isenburg-Büdingen. Schließlich einigte man sich am 6. November 1417, das Erbe zu dritteln und Eppstein einen und Solms zwei Anteile zu geben. Die Teilung erfolgte durch den Butzbacher Vertrag vom 24. Mai 1419. Das Butzbacher Drittel, das die Eppsteiner durch Los erhielten, umfaßte u. a. Butzbach, Königstein, Grüningen, Ziegenberg, Kransberg sowie die Hälfte von Münzenberg und Vilbel. Das Licher Drittel enthielt u. a. Lich und Assenheim, die (andere) Hälfte von Münzenberg und Vilbel sowie das Einlösungsrecht an Laubach, Hungen und Wölfersheim. Das Dreieichenhainer Drittel bestand u. a. aus Dreieichenhain, Falkenstein und Pfeddersheim.

Der Versuch der Solmser, ihre beiden Drittel gemeinsam zu verwalten, mißlang, so daß sie bereits am 28. Mai 1420 teilten. Es wurden wiederum drei Teile gebildet; den ersten erhielten die Gräfin Anna von Sayn und Diether von Isenburg-Büdingen mit Assenheim, Dreieichenhain und der Hälfte von Vilbel und Pfeddersheim; den zweiten bekamen die beiden Solmser Grafen mit Lich, Laubach und Münzenberg (ohne den Eppsteiner und Hanauer Anteil an Münzenberg) und der dritte Teil fiel an Graf Ruprecht von Virneburg mit Falkenstein (am Donnersberg) und der anderen Hälfte von Pfeddersheim.

Diese Aufteilung des Falkensteiner Erbes unter Eppstein und Solms bestritt Konrad von Weinsberg, dessen Vorfahren bereits an dem Münzenberger Erbfall von 1255 beteiligt gewesen waren. Er erklärte die Herrschaft Falkenstein als einen unteilbaren Bestandteil des Reichskämmereramtes, das die Münzenberger vorher innegehabt hatten, von denen es auf die Falkensteiner übergegangen war; nach deren Aussterben war dann Konrad von Weinsberg 1411 damit belehnt worden. Er erhielt 1421 auch eine königliche Belehnung mit der Grafschaft, konnte aber seine Ansprüche nicht durchsetzen.

Nach der Erwerbung des Falkensteiner Erbes, das den größten Gebietszuwachs der Grafschaft Solms während ihrer ganzen Geschichte darstellte, teilten die Brüder Bernhard II. und Johann V. in den Verträgen vom 17. und 25. Juni 1420, 22. Juni 1423, 16. November 1432 und 22. März 1436. Dabei versuchte Graf Johann V. beharrlich die von ihm angestrebte Beseitigung der Gemeinschaften und die größtmögliche Verselbständigung jeder Linie zu erreichen, was weitgehend gelang. Seitdem ist es niemals mehr zu einer Vereinigung der Stammlande an der mittleren Lahn mit den reichen, neugewonnenen Gebieten in der Wetterau gekommen; damit aber waren die in dieser Möglichkeit liegenden politischen Aufstiegsmöglichkeiten der Grafschaft abgeschnitten. Graf Bernhard II., der die Schlösser Braunfels und Greifenstein, die Stadt Hungen und Wölfersheim erhielt, gründete hier die Linie Solms-Braunfels (1409 bis 1592), und Johann V., der Hohensolms, Laubach und Lich bekam, stiftete die Linie Solms-Lich (1413 bis 1544). Beide Linien teilten im 16. Jahrhundert weiter auf. Solms-Braunfels gabelte sich 1602 in die drei Linien Braunfels, Greifenstein und Hungen, die jedoch 1693 wieder zusammenfielen; Solms-Lich spaltete sich 1548 in die Zweige Solms-Lich und Solms-Laubach, von denen Solms-Lich 1562 die beiden Linien Lich und Hohensolms und Solms-Laubach seit 1561 die beiden Linien Laubach und Sonnenwalde bildete, von denen sich Laubach vielfach weiterverzweigt hat. Auf diese Weise kam es zu den zahlreichen solmsischen Kleinresidenzen in Braunfels, Greifenstein, Assenheim, Hungen, Lich, Laubach und Rödelheim, die zwar einen charakteristischen Beitrag zum Bild der politischen Zersplitterung der Solmser Grafschaft und der Wetterau im 18. Jahrhundert liefern, aber ihrerseits vielfach Mittelpunkte von hoher kultureller Bedeutung gebildet haben.

Die Hauptlinie Solms-Lich war zunächst dadurch bevorzugt, daß Graf Johann V. die Erbtochter des reichen Frank von Kronberg d. Ä. geheiratet hatte. 1461 fiel daher dessen wetterauischer Besitz, den er großenteils Graf Diether von Sayn aus dessen Falkensteiner Erbschaftsteil abgekauft hatte, mit Rödelheim und Anteilen an Assenheim, Niederwöllstadt, Petterweil und Dreieichenhain sowie erheblichen Kapitalien an Solms-Lich. Damit verlagerte sich der Schwerpunkt der Solms-Licher Herrschaft stärker in die südliche Wetterau, wo Rödelheim längere Zeit Verwaltungsmittelpunkt wurde. Außerdem erwarb Solms-Lich 1479 von Philipp von Eppstein-Königstein ein Viertel an Stadt und Amt Butzbach. Guten Beziehungen zum Kaiserhaus verdankte Graf Philipp von Solms (1483 bis 1544) 1494 die Befreiung seiner Untertanen von fremder Gerichtsbarkeit und 1507 das Bergregal von Kaiser Maximilian. Sein nahes Verhältnis zu diesem übertrug sich auch auf Kaiser Karl V., hinderte aber nicht, daß Graf Philipp auch Kurfürst Friedrich von Sachsen und damit dem Kreise um Luther nahestand. Diese sächsischen Verbindungen ermöglichten Philipp die Erwerbung der Anwartschaft auf Pouch, die ihm Kurfürst Friedrich von Sachsen 1517 verlieh. Sie bildete den Ausgangspunkt der bedeutenden solmsischen Besitzungen in Mittel- und Ostdeutschland; denn 1537 konnte er mit Hilfe desselben Kurfürsten die Herrschaft Sonnenwalde in der Niederlausitz kaufen und 1544 Pouch übernehmen. Dazu kam 1596 die Herrschaft Baruth in Brandenburg und 1602 die Herrschaft Sonnenfels in Sachsen.

Der bedeutendste Sproß der Solms-Licher Linie war Graf Reinhard (1544 bis 1562), der zum kaiserlichen Feldmarschall aufstieg und ein führender Festungsbaumeister und Militärschriftsteller seiner Zeit war. Er spielte daher im Kriegswesen Kaiser Karls V. eine hervorragende Rolle und war infolgedessen ein gewichtiger Gegner Landgraf Philipps von Hessen. Nach dessen Niederlage im Schmalkaldischen Kriege wurde er mit der Durchführung der hessischen Kapitulation beauftragt und verstand es, unter Ausnutzung der bedrängten Lage Hessens von ihm im Speyerer Vertrag vom 1. September 1548 Schloß und Amt Königsberg als Pfand zu erhalten, das nur gegen eine beträchtliche Summe wieder eingelöst werden konnte. Aber er vermochte diesen Erfolg ebensowenig zu sichern wie seine berechtigten Erbansprüche auf die Grafschaft Virneburg zu verwirklichen. 1552 wurde er vielmehr von Hessen gefangengenommen und mußte sich schließlich mit einer geringen Entschädigungssumme begnügen. Von den drei Söhnen Graf Reinhards blieb nur der mittlere, Eberhard (als erzbischöflich kölnischer Landdrost), katholisch, während der älteste, Ernst, die Grafschaft dem lutherischen Bekenntnis zuführte und der jüngste, Hermann Adolf, der reformierten Lehre anhing und als Domherr von Köln und Straßburg vergebens um die Freistellung des Bekenntnisses der Domherren in diesen Stiftern kämpfte.

Unter diesen Umständen kam es schon 1579 zur Teilung der Grafschaft unter die drei Brüder in die drei Gebiete Lich, Hohensolms, Butzbach. Von den Söhnen des ältesten Grafen Ernst begründete Georg Eberhard durch seine Heirat mit einer Tochter des Grafen Lamoral von Egmont in den Niederlanden eine selbständige Existenz und Philipp durch entsprechende Heiraten einen böhmischen Zweig; beide Linien starben jedoch bald wieder aus (die niederländische bereits 1602, die böhmische im Mannesstamm 1670). Am politisch aktivsten blieb der Nachfolger des calvinistisch gesinnten Grafen Hermann Adolf, sein Sohn Philipp Reinhard I., der zunächst Präsident des Geheimen Rates unter Landgraf Moritz von Hessen-Kassel war und dann in die Dienste Herzog Christians von Braunschweig trat. Der Kaiser ächtete ihn bereits zu Beginn des 30jährigen Krieges, konnte aber seine bedeutende politische Stellung zunächst nicht einengen .Philipp Reinhard war einer der nächsten Berater des schwedischen Reichskanzlers Oxenstierna und als solcher maßgeblich am Zusammenschluß der evangelischen Mächte nach dem Tod Gustav Adolfs im Heilbronner Bund beteiligt. Da dessen Niederlage auch ihn traf, vollzog sich die endgültige Auseinandersetzung zwischen Solms und Hessen, das nunmehr durch das kaiserlich gesinnte Hessen-Darmstadt vertreten war, unter unglücklichen Umständen. Hauptgegenstand war das seit Jahrhunderten unter vorherrschend hessischem Einfluß stehende Gebiet von Hohensolms und Königsberg. Als daher Hessen-Darmstadt mit kaiserlicher Hilfe Oberhessen eingenommen hatte, zwang es die Solmser Grafen zum Vertrag vom 30. Oktober 1628, durch den das Amt Königsberg endgültig an Hessen fiel, wofür es auf Hohensolms verzichtete.

Die geringe Größe der solmsischen Teilherrschaften nötigte die Grafen seit dem 16. Jahrhundert im steigenden Maße, in fremde Dienste zu gehen, wo sie sich in der Regel soldatisch betätigten. Da die Grafen evangelisch geworden waren, einige sich zur reformierten Kirche bekannten und einzelne später auch wieder katholisch wurden, begegnen wir ihnen wie den Erbachern auf den Schlachtfeldern ganz Europas in niederländischen, französischen, schwedischen und kaiserlichen Diensten. Daneben erschienen sie seit dem 18. Jahrhundert auch häufiger im Reichshofrat. 1792 erhielt Karl Christian von Solms-Hohensolms die Reichsfürstenwürde.

Die Licher Hauptlinie bestand damals im Bereich Hessens aus den drei Linien Solms-Hohensolms-Lich, Solms-Laubach und Solms-Rödelheim. Der Besitzstand von Solms-Hohensolms-Lich und Solms-Laubach war etwa gleichgroß, wobei allein die Linie Solms-Hohensolms-Lich noch über einen Anteil an der alten Grafschaft Solms (Amt Hohensolms) verfügte. Sie war außerdem an der Herrschaft Münzenberg mit zwei Ämtern (Lich und Niederweisel) beteiligt. Solms-Laubach war auf die Herrschaft Münzenberg beschränkt, von der ihm die beiden Ämter Laubach und Utphe gehörten, während Solms-Rödelheim, dessen Besitz am stärksten zersplittert war, von der Herrschaft Münzenberg lediglich das Amt Niederwöllstadt innehatte. Sein übriges Territorium bestand aus Anteilen an Überresten der alten Herrschaft Kronberg, zusammengefaßt im Amt Rödelheim.

Die Entwicklung der Hauptlinie Solms-Braunfels verlief geschlossener und zeigte nicht die weitausgreifende, wuchernde Lebenskraft der Licher Hauptlinie. Graf Otto (1459 bis 1504) erreichte bereits 1471 die Befreiung seiner Untertanen von fremder Gerichtsbarkeit, erwarb 1478 größeren eppsteinschen Besitz in der Wetterau (Anteile an Grüningen und Butzbach, aus denen er das Amt Gambach bildete) und erhielt 1495 das Bergregal. Auf Grund ihrer Bergregale errichteten die Solmser im Vogelsberg und im Wetzlarer Gebiet beachtliche Eisenverhüttungs- und -bearbeitungsstätten, welche die Grundlagen einer noch heute blühenden Industrie geworden sind. Entscheidenden Anteil an diesem Ausbau hatte die dort seit dem 18. Jahrhundert tätige Familie Buderus, deren Namen sich mit den großen Eisenverarbeitungswerken in Hirzenhain (a. d. Nidder im Vogelsberg), in Lollar (bei Gießen) und in Wetzlar verbindet. Erwähnenswert aber ist auch das Geschenk der Bergleute des Dillenburg-Wetzlarer Reviers, das sie mit ihrem Berglied „Glück auf! Der Steiger kommt", dem ganzen deutschen Volke gemacht haben. Denn es ist unser schönstes Berglied, ein Juwel unseres Volksliederschatzes, das zu Recht das Lied aller deutschen Bergleute geworden ist.

Graf Philipp von Solms-Braunfels (1547 bis 1581) führte die Reformation ein und beteiligte sich am Schmalkaldischen Bund und 1546 auch am Schmalkaldischen Kriege, kam jedoch glimpflich davon. Er ließ durch den Frankfurter Rechtsgelehrten Joh. Fichard das 1571 veröffentlichte Solmser Landrecht bearbeiten, eine hervorragend klare und verständliche Kodifikation, die eine glückliche Synthese land- und römisch-rechtlicher Grundsätze darstellt und sich über die ganze Wetterau (und Nassau-Weilburg) ausbreitete. Graf Philipp war auch der Urheber des solmsischen Hausgesetzes von 1578, das das Erstgeburtsrecht festlegte und damit der weiteren Zersplitterung der Grafschaft vorbeugen wollte, was es jedoch nicht erreichte. Es gelang Graf Philipp ebensowenig, sein Anrecht auf die Grafschaft Tecklenburg durchzusetzen, die seiner Frau erbrechtlich zustand. Die unter ihm gleichwohl errungene, besonders im Wetterauer Grafenbereich einflußreiche Stellung der Grafschaft konnte sein Nachfolger Konrad (1581 bis 1592) noch steigern. Dieser wandte sich unter nassau-dillenburgischem Einfluß dem Calvinismus zu und war ein hervorragender Verwalter seines Landes, dessen Kirchen- und Schulwesen er mustergültig ordnete. Die engen familiären, konfessionellen und politischen Verbindungen mit dem Nassauer und Wittgensteiner Grafenhaus führten Konrads Sohn Graf Johann Albrecht I. (1592 bis 1623) an den pfälzischen Hof, wo er und seine von ihm dort untergebrachten Brüder eine wichtige Stütze der nassauischen Partei und ihrer Bemühungen zur Sammlung der protestantischen Kräfte gegen den mit dem Haus Habsburg verbundenen Katholizismus bildeten. Das bedeutende Gutachten dieses pfälzischen Großhofmeisters zur Um- und Ausgestaltung der pfälzischen Regierung von 1603 kennzeichnet am deutlichsten den Machtanspruch der in ihm konzentrierten Kräfte. Diese aber können letzten Endes nur aus ihrer calvinistischen Wurzel verstanden und gewürdigt werden.

Die Tätigkeit Johann Albrechts am pfälzischen Hofe stellte also ein wesentliches Element jener politischen Entwicklung dar, die schließlich in den 30-jährigen Krieg ausgemündet ist. Allerdings war dieser Einfluß dadurch verdeckt, daß die Wetterauer Grafen am Pfälzer Hofe hinter der den Vordergrund beherrschenden Figur Christians von Anhalt zurücktraten. Diese Politik gipfelte endlich in der Wahl Pfalzgraf Friedrichs zum König von Böhmen. Da Graf Johann Albrecht von Solms an diesen Vorgängen stark mitbeteiligt war, wurde auch er nach der Niederlage Friedrichs schon 1621 vom Kaiser geächtet. Kaiserliche Truppen besetzten Braunfels, und Hessen-Darmstadt, das sich um die Exekution beworben hatte, erhielt 1623 das braunfelsische Viertel an Butzbach zum Geschenk. Im gleichen Jahr starb Graf Johann Albrecht als politischer Flüchtling in den Niederlanden, wo seine bedeutende Tochter Amalia als Gemahlin Friedrich Heinrichs von Oranien schon bald überragenden politischen Einfluß gewann. Ungeachtet dessen trafen die Grafschaft im weiteren Verlauf des 30jährigen Krieges jedoch noch harte Schläge. 1630 belehnte der Kaiser seinen erfolgreichen Feldherren Tilly mit der Grafschaft, doch konnte Braunfels 1632 von den Schweden unter Führung des Grafen Philipp Reinhard von Solms-Hohensolms zurückerobert werden. Nach der Nördlinger Niederlage der Schweden wurde die Grafschaft aber erneut von den Kaiserlichen besetzt, jedoch 1635 durch Graf Ludwig Heinrich von Nassau-Dillenburg für Solms zurückgewonnen. Kurz darauf geriet sie abermals in die Gewalt der Kaiserlichen, die das Amt Gleiberg und die Hälfte des Hüttenbergs an Landgraf Georg II. von Hessen verpfändeten; 1640 jedoch durch französisch-weimarische Truppen wiedergenommen, ist sie schließlich 1641 dem Solmser Grafenhaus endgültig restituiert worden, was der Westfälische Friede bestätigte.

Seitdem traten nur noch geringe territoriale Veränderungen ein. 1707 verkaufte Graf Wilhelm Moritz die Grafschaft Tecklenburg an Preußen, nachdem sie auf Grund eines Kammergerichtsurteils von 1686 nach über 100jährigem Prozeß 1699 doch noch an Solms gekommen war; und 1741 überließ Graf Friedrich Wilhelm das Braunfelser Viertel an Butzbach endgültig an Hessen-

Darmstadt. Mit der Reichsfürstenwürde, die der Graf 1742 erhielt, schloß die staatsrechtliche Entwicklung der Grafschaft ab, unter ihrem letzten regierenden Fürsten Wilhelm Christian Karl (seit 1783) auch ihr innerer Ausbau, der die Landesverhältnisse durch zahlreiche Verordnungen regelte. An Umfang übertraf die Grafschaft Solms-Braunfels bis zuletzt alle anderen solmsischen Territorien in Hessen, denn sie verfügte über den größten Teil der alten Grafschaft Solms in den Ämtern Braunfels und Greifenstein und an der Herrschaft Münzenberg in den Ämtern Hungen, Grüningen, Wölfersheim und Gambach.

Im Reichsdeputationshauptschluß von 1803 erhielt das Haus Solms für kleinere linksrheinische Besitzverluste die Abteien Altenberg und Arnsburg. Gleichwohl vereinigte es sich schon am 28. August 1803 mit den Gesamthäusern Isenburg, Erbach, Löwenstein-Wertheim, Hohenlohe und anderen Fürsten und Grafen, denen sich 1804 auch noch die Fürsten Wied-Runkel, die Grafen von Stolberg u. a. anschlossen, zur Frankfurter Union. Ihr Ziel war, die kleineren Herrschaften in der mit der Säkularisation begonnenen Auflösung des Reiches gegenüber den größeren Mächten zu schützen. Das war jedoch vergeblich, obwohl die Union 1804 einen offiziellen Vertreter zur Krönung Napoleons entsandt hatte (Fürst Karl von Isenburg-Birstein, der auch allein daraus Nutzen zu ziehen vermochte). Solms wurde 1806 mediatisiert und dem Herzogtum Nassau und dem Großherzogtum Hessen zugeteilt. Braunfels nahm sich jedoch 1815 Preußen, das hier den Kreis Wetzlar einrichtete, den es der preußischen Rheinprovinz eingliederte und dem Regierungsbezirk Koblenz unterstellte.

Für Preußen hatte der Kreis Wetzlar vor allem militärische Bedeutung, denn er stellte eine wichtige Etappenstation auf dem Wege zu den preußischen Rheinlanden, insbesondere zu der Festung Koblenz-Ehrenbreitstein, dar. Aus diesem Grunde hatte sich Preußen auch schon 1817 durch Verträge mit Kurhessen, Hessen-Darmstadt und Nassau das Durchmarschrecht für seine Truppen durch diese Staaten unter bestimmten Bedingungen auf festgesetzten Routen gesichert, die zum Teil hier in Wetzlar zusammenliefen. Infolgedessen spielte Wetzlar im Kriege 1866 bei der Besetzung von Hessen und Nassau eine wichtige Rolle.

In den neuen und so viel größeren Räumen und Rahmen, die Preußen bot, fanden die Solmser noch einmal ein neues Betätigungsfeld, wie ihr hervorragendster Vertreter im 19. Jahrhundert, Fürst Ludwig von Solms-Lich, erweist. Er war nicht nur Präsident der Ersten Kammer des Großherzogtums Hessen, sondern auch preußischer Staatsrat, von 1837 bis 1847 Marschall des rheinischen Provinziallandtages und später Abgeordneter des Norddeutschen Bundes. Die den Solmsern auf Grund der Rheinbund- und deutschen Bundesakte verbliebenen niederen Rechte wurden respektiert, ja dem Fürsten 1828 eine beschränkte Regierung zugebilligt, bis die Revolution von 1848 diese letzten Vorrechte beseitigte, wobei es in Braunfels zu erheblichen Unruhen kam.

42. Die Grafschaft Wittgenstein

Die Grafen von Wittgenstein werden 1174 erstmals genannt. Ihre genealogische Herkunft führt über die Edlen von Grafschaft zu jenem Graf Thiemo, der seit 1101 in der Gegend von Frankenberg bezeugt ist und mit dem noch älteren Grafen Thiemo verknüpft werden kann, der 979/82 vorkommt. Vermutlich sind die Wittgensteiner als Vögte des südwestfälischen Klosters Grafschaft zwischen 1072 und 1173 an die obere Lahn vorgedrungen und haben hier die namengebende Burg erbaut. Im 12. Jahrhundert weisen ihre Verbindungen vor allem auf ein engeres Verhältnis zu den Grafen Giso, von Ziegenhain und von Naumburg hin, ohne daß es bisher gelungen wäre, diese genealogischen Verflechtungen zu klären.

Schon frühzeitig macht sich der politische Einfluß der Mainzer Erzbischöfe im Wittgensteiner Gebiet geltend, da sie bereits 1187/90 danach trachteten, die Burg Wittgenstein lehnsabhängig zu machen. Damit hängt wahrscheinlich zusammen, daß Erzbischof Konrad von Mainz nach dem Tode Landgraf Ludwigs III. von Thüringen 1190 die Vogtei des Stiftes Wetter an Graf Werner I. von Wittgenstein übertrug. Doch fiel sie schon Ende des gleichen Jahres wieder an die Thüringer zurück, um 1198/99 vorübergehend erneut an Graf Werner I. versetzt zu werden. 1223 mußten die Grafen dann unter starkem Druck die Lehnsabhängigkeit ihrer Burg Wittgenstein vom Erzbistum Mainz anerkennen, was wiederum 1228 Landgraf Heinrich Raspe den Abschluß eines (offensichtlich gegen Mainz gerichteten) Schutzbündnisses mit den Wittgensteinern ermöglichte.

Die Grafen waren also schon früh und weitgehend in die hessisch-mainzischen Auseinandersetzungen geraten, ohne stark genug zu sein, eine eigene Politik zwischen und auf Kosten der beiden Hauptrivalen betreiben zu können, wie dies den Ziegenhainer Grafen vielfach glückte. Mainz wurde vielmehr derartig vorherrschend, daß es ihm 1234/38 gelang, die Hälfte der wittgensteinschen Schlösser Battenberg und Kellerberg mit Zubehör zu erwerben, nachdem sich das Grafenhaus schon einige Zeit vorher durch eine Landesteilung geschwächt und eine battenbergische Linie begründet hatte. Der Battenberger Graf hatte seit 1238 seine Grafschaft mit Mainz gemeinsam inne, teilte jedoch 1291 mit dem Erzbistum, wobei dieses Burg und Stadt Battenberg mit den Gerichten Laisa und Battenfeld erhielt, während die Burg Kellerberg mit den Gerichten Allendorf, Bromskirchen und Röddenau an Graf Hermann von Wittgenstein-Battenberg fiel; 1297 verkaufte er jedoch auch diesen Anteil an das Erzbistum Mainz. Da mit ihm die Battenberger Linie ausstarb und die Wittgensteiner Linie 1323 endgültig auf diesen Grafschaftsteil verzichtete, blieb er bis zur Mainzer Stiftsfehde beim Erzbistum Mainz; dann wurde er 1462 hessisch.

Diesen erheblichen Verlust im Ostteil der Grafschaft machten die Wittgensteiner z. T. dadurch wett, daß sie hier nach dem Abtreten der Grafen von Naumburg, vermutlich kurz nach 1276, die Vogtei Elsoff erwarben und im Norden 1258 Berleburg begründeten, zunächst in Gemeinschaft mit den Edeln von Grafschaft, die jedoch 1322 verzichteten. Diese Erwerbungen waren möglich geworden, weil sich die Wittgensteiner damals auf enge Beziehungen zur Landgrafschaft Hessen stützen konnten. Das hat es ihnen wahrscheinlich auch ermöglicht, ihr Schloß Wittgenstein wieder aus der mainzischen Lehnsabhängigkeit herauszulösen. Stattdessen trugen sie es mitsamt der Stadt Laasphe 1295 notgedrungen dem Erzbistum Köln auf. Ihm überließen sie auch ihre außerhalb des engeren Territoriums gelegenen Rechte in Westfalen, so diejenigen in Medebach 1298. Dagegen rundeten sie ihre Herrschaft innerhalb des Grafschaftsgebietes durch Zurückdrängung des Adels systematisch ab, worin insbesondere Graf Widukind III. (1274 bis 1307) und sein Sohn Graf Siegfried II. (1307 bis 1357) erfolgreich waren; jener kaufte die Herren von Breidenbach, dieser die von Girkhausen aus. Außerdem erhielt Graf Siegfried 1327 von Graf Heinrich von Waldeck die Freigrafschaft Züschen (südlich Winterberg) und ein Viertel der Burg Nordenau (westlich Winterberg) zu Lehen. Die 1332 von den Herren von Seelbach an Graf Siegfried von Wittgenstein verkauften Rechte in der Grafschaft dürften nassauischer Herkunft gewesen sein, so daß es eine gradlinige Fortsetzung dieser Politik bedeutete, wenn es ihm 1343 glückte, die unmittelbaren nassauischen Leute und Güter im Wittgensteiner Gebiet von Graf Heinrich von Nassau lehnsweise zu erhalten.

Da Graf Siegfried II. 1357 ohne männliche Erben starb, folgte ihm sein Schwiegersohn, Graf Salentin von Sayn (aus dem Hause Sponheim), der sich gegenüber Ansprüchen Graf Dietrichs von Solms durchsetzte. Er brachte dazu aus saynischem Besitz die Herrschaften Homburg und Vallendar ein. Er und sein Sohn Johann mußten jedoch 1367 die eine Hälfte der Grafschaft Wittgenstein an Graf Johann von Burgsolms verpfänden, während die andere 1385 an Graf Ruprecht von Nassau versetzt wurde; von diesem ging sie über dessen Witwe Anna 1403 an Graf Johann von Katzenelnbogen über, der infolgedessen noch 1438 Graf Georg von Wittgenstein als katzenelnbogischen Amtmann in seinem eigenen Lande einsetzte. Noch abträglicher war es, daß Graf Johann von Wittgenstein 1392 dem Grafen Johann I. von Nassau-Dillenburg in einer Fehde unterlag und ihm daraufhin die Grafschaft Wittgenstein als Lehen auftragen, die Wittgensteiner Hörigen im Gericht Ebersbach abtreten und freie Jagd und Fischerei in der Wittgensteiner Grafschaft zugestehen mußte. Es kann nicht zweifelhaft sein, daß die Selbständigkeit der Grafschaft nunmehr ernstlich bedroht war. Der Druck wurde auch dadurch nicht wesentlich gemildert, daß Solms das halbe Schloß Wittgenstein bald wieder zurückgab und 1384 sogar eine Grafschaftserweiterung durch Erwerb des Schlosses Richstein möglich war. Der nassauische und katzenelnbogensche Einfluß konnten zuletzt nur in der Weise neutralisiert werden, daß sich die Grafschaft 1436 mit Hessen in Form einer Erbvereinigung und -öffnung verband und damit ihren Fortbestand sicherte. Diese Verbindung von 1436 ist dann gegen den Widerstand von Nassau, das noch 1438 und 1451 Graf Georg von Sayn-Wittgenstein förmlich mit der Grafschaft belehnte, 1472 mit Landgraf Heinrich III. und 1490 mit Landgraf Wilhelm III. von Hessen erneuert worden. Unangesehen der nassauischen Einsprüche, Klagen und Manngerichte von 1472/74, eines Prozesses vor dem kaiserlichen Hofgericht und der persönlichen Bemühung Kaiser Maximilians erfolgte 1493 dann die endgültige Lehnsauftragung Wittgensteins an Hessen. Die noch 1494 dem Grafen Johann von Nassau von Kaiser Maximilian wiederholte Bestätigung der nassauischen Lehnshoheit über Wittgenstein, die in den kaiserlichen Belehnungen von Nassau-Dillenburg bis zum Jahre 1770 wiederkehrte, hat die Entwicklung nicht rückgängig machen können. Vielmehr war wie ein Jahrhundert früher die territoriale, so nunmehr auch die politische Entwicklung vorderhand abgeschlossen; Wittgenstein blieb bis zum Ende des alten Reiches in enger Verbindung mit Hessen.

Dabei hat es nicht an Auseinandersetzungen gefehlt, die vor allem aus den Ansprüchen Hessens auf landeshoheitliche Rechte seit der Übernahme der Herrschaft Battenberg von Mainz 1462 herrührten. Es kam außerdem zu erheblichen Streitigkeiten über den Verlauf der Landesgrenze, den die Vergleiche von 1528 und 1532 sehr zugunsten Hessens regelten und auch der Vertrag von 1569 im selben Sinne auslegte. Erst das große Abkommen von 1665 machte dem Streit um die Landeshoheit ein Ende, da Hessen einen großen Teil seiner Rechte aufgab und Wittgenstein einen Teil der 1532 verlorenen Gebiete wieder einräumte. Die damals festgelegte Grenze ist dann zur heutigen Kreis- und damit zur jetzigen Landesgrenze geworden. Für diesen Rücktritt von seinen Ansprüchen erhielt der Landgraf eine Abfindung von 16 000 fl. Er verzichtete aber nicht auf die hessische Lehnshoheit über die Grafschaft.

Die eigene territoriale Machtentfaltung der Grafschaft Wittgenstein hielt sich unter diesem Druck immer in bescheidenen Grenzen. Zu Ausgang des Mittelalters umfaßte sie nicht mehr als vier Burgen (und Ämter), nämlich Laasphe/Wittgenstein im Süden, Berleburg im Norden, Erndtebrück im Westen und Richstein im Osten. Da die in den südlichen Ausläufern des Rothaargebirges gelegene Herrschaft überwiegend bewaldet war und nur magere Böden hatte, verfügte sie auch nur über eine geringe und arme Bevölkerung. Um so bedrückender für diese und wesentlich für die Stellung des Grafenhauses war es, daß die Grafen alleinige Inhaber des Forst- und Wildbannes waren und es außer ihnen keinen anderen Waldeigner im Herrschaftsgebiet gab. Graf Ludwig ließ 1569 die in den großen Waldgebieten vielfach strittigen Grenzen der Grafschaft festlegen und regelte die für das Land besonders wichtige Forstwirtschaft durch die Holzordnung von 1579. Eine solche für das abseits im Bergischen Land gelegene Gebiet von Homburg hatte er schon 1569 erlassen.

Der geringe Umfang der Grafschaft und die Kargheit ihrer Böden hinderte nicht, sie durch zahlreiche Teilungen noch weiter zu schwächen. 1478/79 teilten die Brüder Johann und Eberhard und 1511 unter schweren Erbauseinandersetzungen die Brüder Wilhelm und Johann, wobei sie erstmals die Grafschaft in eine Wittgensteiner und eine Berleburger Hälfte spalteten. Doch fiel die letztere 1551 an Graf Wilhelm I. (1495 bis 1558) zurück. Ihm folgte sein Sohn Graf Ludwig d. Ä. (1559 bis 1603), der maßgebliche Begründer der neuzeitlichen Landesverwaltung Wittgensteins. Von ihm stammten auch die grundlegenden Redaktionen der wittgensteinschen Gerichts-, Polizei- und Eheverfügungen, die man insgesamt als das sogenannte Wittgensteiner Landrecht bezeichnet. Es handelt sich hierbei außer den unten behandelten Kirchenordnungen von 1563 und 1565 um die Gerichtsordnung von 1569, die Polizeiordnung von 1573, eine Schreibereiordnung (vor 1579), die Ehe- und Hausordnung von 1579. Dazu kommen noch für die Herrschaft Homburg eine Gerichtsordnung von 1562 und ein Polizeireglement von 1569. Die wittgensteinsche Gerichtsordnung begründete in Berleburg, Laasphe und Richstein Landgerichte, über denen noch ein gräfliches Hofgericht stand.

Zur Festigung der bereits von seinem Vater Graf Wilhelm I. unter hessischem Einfluß eingeführten Reformation, deren erste erhaltene Kirchenordnung von 1555 stammt, erschienen 1563 und 1565 neue Ordnungen. Sie lassen bereits deutlich die Wendung zum Calvinismus erkennen, zu dem sich Graf Ludwig seit 1577 auch öffentlich bekannte. Bestimmend dafür war wohl der Einfluß des nach dem Tode Kurfürst Friedrichs III. von der Pfalz von Heidelberg vertriebenen und in Berleburg aufgenommenen reformierten Theologen Olevian. Diese Bekenntnisfragen brachten Graf Ludwig in engste Verbindung zu Graf Johann VI. von Nassau-Dillenburg, dessen calvinistische Neigungen er aufs stärkste unterstützte, so daß er auch an der Begründung der Herborner Hohen Schule tatkräftig mitwirkte. Da Graf Ludwig außerdem bereits seit 1574 als pfälzischer Großhofmeister in Heidelberg tätig war, schuf er hier durch seine erfolgreiche Tätigkeit die Voraussetzung für den großen politischen Einfluß der Nassauer und Solmser Grafen, denen er durch den Wetterauer Grafenverein, nahe Verwandtschaft und gleiche Glaubensanliegen eng verbunden war. Insbesondere waren die verwandtschaftlichen Beziehungen der Kinder Graf Ludwigs zum nassau-dillenburgischen Grafenhaus außerordentlich dicht gewoben, denn seine Tochter Johannetta heiratete 1586 Graf Johann VI. von Nassau-Dillenburg, ihre Schwester Amalia Johanns VI. Sohn (aus dessen erster Ehe) Georg 1605, ihre Schwester Katharina Georgs Sohn (aus erster Ehe)

Ludwig Heinrich 1615 und ihr Bruder Graf Georg von Sayn-Wittgenstein 1608 Graf Georgs Tochter Maria Juliana (aus erster Ehe). Damit war eine geradezu ungewöhnliche Versippung der Häuser Nassau-Dillenburg und Sayn-Wittgenstein hergestellt.

Die von Graf Ludwig bereits 1590 eingeleitete und nach seinem Regierungsverzicht und Tod (1603/1605) endgültig durchgeführte erneute Teilung der Grafschaft begründete außer der Linie Sayn-Wittgenstein-Sayn, die den Grafen Heinrich IV. von Sayn beerbte, innerhalb der Grafschaft Wittgenstein die beiden Linien Sayn-Wittgenstein-Berleburg (mit Homburg) und Sayn-Wittgenstein (mit Vallendar, das jedoch 1681 zu einer Hälfte als nicht gemutetes Lehen und 1767 zur anderen Hälfte durch Verkauf an das Erzbistum Trier überging). Die letztere Linie nannte sich Sayn-Wittgenstein-Hohenstein, nachdem ihr 1647 die unter dem Namen der Grafschaft Hohenstein vereinigten Herrschaften Lohra und Klettenberg als brandenburgisches Lehen zugefallen waren, das jedoch 1699 wieder verlorenging. Diese Erwerbung verdankte sie der hervorragenden diplomatischen Tätigkeit Graf Johanns VIII. für die Sache Brandenburgs gegen Ende des 30jährigen Krieges und besonders im Westfälischen Frieden. Vorher hatte er unter Gustav Adolf gekämpft und dann dem Heilbronner Bund angehört, um die schweren Folgen abzuwehren, die der große Krieg auch über dieses Land gebracht hatte, da die Wittgensteiner mit den Solmser und Nassauer Grafen als führende Kräfte des Wetterauer Grafenvereins die antihabsburgische pfälzische Politik maßgeblich beeinflußt hatten.

Im frühen 18. Jahrhundert erhielt die Grafschaft Wittgenstein-Berleburg einen weiten Ruf dadurch, daß sie wie die Grafschaft Büdingen eine Freistätte für solche christliche Gläubigen eröffnete, die die Orthodoxie anderer Länder nicht duldete. Die Anfänge waren allerdings abschreckend, denn sie standen unter dem Zeichen der sogenannten „philadelphischen Genossenschaft", das heißt einer von Eva von Buttlar geführten Rotte, die in völliger Güter- und Geschlechtsgemeinschaft lebte. Ihr gehörten außer der Gründerin auch andere Adelige (darunter fünf Schwestern von Calenberg) und Studierte an. Diese sogenannte Buttlarsche Rotte ließ sich nach ihrer Vertreibung aus Hessen seit 1702 im Wittgensteinschen nieder, bis man sie wegen ihrer Ausschweifungen auch von hier verjagte. Wesentlich segensreicher wirkten sich die schwärmerischen Gemeinschaften aus, die dann in der Grafschaft Aufnahme fanden. Sie standen zunächst unter dem Schutz der Gräfin Hedwig Sophie, die bis 1712 als Vormünderin ihres Sohnes Graf Casimir († 1741) regierte und erfuhren dann dessen Beistand. Graf Casimir war wie seine Mutter völlig pietistisch eingestellt und zog Erweckte, Sektierer und seit 1715 auch zahlreiche Inspirierte aus dem Büdinger Gebiet ins Land. Es kam schließlich so weit, daß sich vier wittgensteinsche Gräfinnen mit bürgerlichen Separatisten verbanden. Die Einwanderer siedelten sich vor allem in den Gemeinden Schwarzenau und Homrighausen an und schlossen sich 1716 durch eine gemeinsame Verfassung mit den Büdinger Gemeinden Himbach, Bergheim, Düdelsheim, Büdingen, Birstein und vielleicht auch Hanau und Frankfurt zusammen. Dagegen gelang es diesen Gemeinschaften nicht, auch eine klare innere Ordnung zu finden, was sie scharf von den Herrenhutern Zinzendorfs abhebt, zumal auch völlig unabhängige, übertrieben schwärmerische oder freireligiöse Geister (wie etwa der Theologe und Alchimist Joh. Konrad Dippel) hier Zuflucht fanden. Beachtenswert ist die aus diesem Kreise hervorgegangene, eigenständige, mystische Bibelübersetzung durch den aus Straßburg geflüchteten Magister Johann Haug (1726 bis 1742). Für das Land fruchtete die Aufnahme der Glaubensflüchtlinge viel, da sie in seinen großen Waldbezirken neue Dörfer anlegten oder alte entscheidend vergrößerten.

Die Verwaltungsorganisation der Grafschaft baute sich auf aus den Schulzereien, von denen mehrere ein Amt bildeten, wobei die Zusammensetzung öfters wechselte, bis im 17. Jahrhundert im südlichen Gebiet eine Einteilung nach Landesvierteln in das Arfelder, Banfer, Erndtebrücker und Feudinger Viertel erfolgte. Hier vollzog sich auch im 18. Jahrhundert die entscheidende Umstellung der Landesverwaltung. Die Regierung, die unter Graf Heinrich Albrecht (1683 bis 1723) zunächst nur mit einem Kanzleidirektor, einem Rat und einem Sekretär besetzt war, wurde 1728 beträchtlich erweitert, doch gab sie 1736 die Hofkammer und 1755 das Konsistorium als selbständige Behörden ab. Seit der endgültigen Behördenorganisation von 1776 bestand die Zentralverwaltung aus der Regierung, der Hof- und Forstkammer, dem Konsistorium und der Polizeikommission.

Von besonderer Wichtigkeit für das Land war die Forstverwaltung, da die gesamten Forsten des Landes gräfliches Eigentum waren. Wittgenstein hatte keinen Gemeindewald und kannte keine Mark- oder Waldgenossenschaften. Die Gemeinden hatten nur Nutzungsrechte im gräflichen Wald. Das hat im 18. und 19. Jahrhundert bei einzelnen Rechtshistorikern zu der irrigen Annahme geführt, es habe im Lande überhaupt kein bäuerliches Erbeigentum gegeben. Es ist zweifellos nachgewiesen, war aber nie sehr umfangreich und hat zudem im 17. und 18. Jahrhundert noch erheblich abgenommen. Im 19. Jahrhundert betrug es nur noch etwa zehn Prozent des Grund und Bodens. Das übrige war herrschaftlich, und da der größte Teil davon Wald war, stellte die Forstverwaltung einen grundlegenden Bestandteil der Landesverwaltung dar. Das gesamte Waldgebiet war in große Forstbezirke eingeteilt, die nachweislich seit dem 16. Jahrhundert Waldförster, später Forstmeister versahen. Die Größe der Waldungen wird 1730 allein für Sayn-Wittgenstein-Hohenstein mit 53 000 Morgen angegeben. Die Zentralverwaltung lag in den Händen des Forst- und Kammerrates (später Oberforstrat), der Ende des 18. Jahrhunderts auch die Aufsicht über das Bergwerks-, Hütten- und Hammerwesen erhielt.

Dafür war 1691 ein besonderer Bergmeister bestellt worden. Dieser wichtige Industriezweig wurde stark gefördert, insbesondere im Zusammenhang mit der nassauischen Eisenindustrie im Dillenburger und Siegener Gebiet, die Holzkohlen aus den mächtigen Wittgensteiner Waldungen erhielten und dafür Eisenerze zur Verhüttung und Verarbeitung an die Wittgensteiner Schmelzen, Hütten und Hämmer lieferten. Daher führte die drastische Einschränkung der nassauischen Eisenindustrie 1731 eine starke Steigerung dieses Gewerbes im Wittgensteinschen herbei, dessen südlicher Teil 1739 allein 22 Hämmer und drei Schmelzhütten besaß. Da aber auch dieses Gewerbe auf die Dauer nur einen bescheidenen Gewinn abwarf, blieb das sonst so karge, waldreiche Land arm, zumal es die großen Straßen und damit der Handel völlig umgingen. Das zeigt auch die Entwicklung der Besiedlungs- und Bevölkerungsziffern des nördlichen Berleburger Teiles in der zweiten Hälfte des 18. Jahrhunderts, denn hier bestanden 1755 außer der namengebenden Stadt nur 21 Dörfer, 17 Höfe und acht Hämmer und Schneidemühlen mit insgesamt 585 Häusern und Familien, so daß wir die Bewohnerzahl auf etwa 3000 berechnen können. 1782 waren diese Zahlen nur wenig verändert. Sie lauteten: 23 Dörfer, 21 Höfe und sieben Hämmer und Schneidemühlen. Auch die Häuser- und Familienzahl (die sich nach der Statistik deckten) war nur geringfügig auf 662 angewachsen, was eine Bevölkerungszahl von etwa 3300 Personen ergibt. Deutlicher läßt sich Leere und Armut des Landes nicht beschreiben.

Infolgedessen sind die Wittgensteiner Grafen so wie ihre Standesgenossen in Erbach, Solms oder Waldeck vielfach als Diplomaten und Militärs im Dienste größerer Mächte tätig gewesen, zunächst vor allem (aus religiösen und politischen Gründen) in der Pfalz und in Brandenburg, dann aber auch in ganz Europa, wobei sie insbesondere in hohen Verwaltungsstellen in Preußen und in führenden militärischen Positionen in Rußland begegnen. Ende des 18. Jahrhunderts erhielten sie schließlich noch die Reichsfürstenwürde; die Berleburger Linie 1792, die Wittgensteiner 1801 bzw. 1804. Die Rheinbundakte von 1806 setzte der Selbständigkeit Wittgensteins ein Ende. Es kam zunächst an Darmstadt, das als neue Verwaltungsbezirke 16 Schulzereien bildete, die auch dann noch fortbestanden (und zwar bis 1841), nachdem Wittgenstein auf dem Wiener Kongreß 1815 Preußen zugeteilt worden war. Dieses gliederte es als eigenen Kreis der Provinz Westfalen an und schuf 1841 die bis in die Gegenwart bestehende Verwaltungseinteilung von zwei Städten und fünf Amtsbezirken. Da damit die alten Beziehungen Wittgensteins zu Hessen gelöst waren, gehört die Entwicklung des 19. Jahrhunderts, die durch die schwierigen Auseinandersetzungen zwischen Fürstenhaus und Gemeinden über die Eingemeindungen der fürstlichen Dominialbesitzungen sehr kompliziert war, nicht mehr in den Bereich unserer Darstellung.

43. Das Fürstentum Waldeck

Die Geschichte Waldecks wird durch seinen Grenzlandcharakter bestimmt, denn hier sind jahrhundertelang der sächsische und der fränkisch-hessische Stamm aufeinandergeprallt. Das muß ein Geschehen von besonderer Härte gewesen sein, denn es zitterte noch das ganze Mittelalter hindurch im hessisch-westfälischen Grenzkampf nach, der die territorialen Auseinandersetzungen der Landgrafschaft Hessen und der Grafschaft Waldeck mit dem Bistum Paderborn und insbesondere mit dem erzbischöflich kölnischen Herzogtum Westfalen fast ununterbrochen begleitet hat. Bis in das 16. Jahrhundert bewahrte der Ruf „die Westfälinger kommen" für das nördliche Hessen seinen kaum geminderten Schrecken. Dieser hessisch-waldeckisch-westfälische Grenzkampf, ein auf der Linie Wetter, Frankenberg, Wolfhagen, Trendelburg in oft blutigen Auseinandersetzungen immer wieder aufgeflammte Streit, begegnet in solcher Form an keiner anderen hessischen Grenze wieder; er kann daher nicht nur dynastisch und territorial, sondern muß wohl in erster Linie aus den Volkstumsgegensätzen verstanden werden. Das politische Ergebnis dieser Kämpfe war die Bildung einer geschlossenen Kette von Puffergrafschaften: Wittgenstein, Battenberg und Waldeck, das durch Grafenhaus und Volkstum am stärksten niederdeutsch bestimmt war.

Im Gebiet der späteren Grafschaft Waldeck und des nördlichen Hessens lassen sich schon früh ein östlicher und ein westlicher Grafschaftskomplex unterscheiden. Der östliche war seit karolingischer Zeit im Besitz der Esikonen, der Nachfolger jenes sächsischen Edlen Asig, der als landflüchtiger Sachse von Karl dem Großen in Hessen angesiedelt worden war. Dieses Geschlecht wurde dann von den Konradinern vorübergehend zurückgedrängt, lebte aber in den Grafen von Reinhausen im Leinegau fort, während seine Stellung in unserem Bereich im 11. Jahrhundert an die Grafen von Northeim überging. Der westliche Grafschaftsteil zwischen oberer Ruhr und Lippe, der bis in den Ittergau und das nördliche Hessen hineinragte, war im Besitz der Haholde (die hier seit 949 belegt sind) und der ihnen wohl verwandten und sie beerbenden Erponen († 1124). Sie wurden gleichfalls durch die Northeimer abgelöst, deren Nachfolger Hermann von Winzenburg oder Heinrich der Löwe die Grafschaft Donnersberg (bei Warburg) an die Grafen von Everstein und die Grafschaft im Ittergau an die Grafen von Schwalenberg (südöstlich Detmold) übertrugen.

Es beeinträchtigte die Stellung dieser Grafengeschlechter nicht wesentlich, daß Kaiser Heinrich große Teile dieses Gebietes an das Bistum Paderborn gab, denn dessen größter mittelalterlicher Bischof, Meinwerk, erhielt 1011 die Grafschaft Haholds und 1021 die große Diemelgrafschaft. Diese nahm ihm zwar König Konrad wieder ab und überließ sie Erzbischof Aribo von Mainz, doch erhielt sie Bischof Meinwerk nach Aribos Tod zurück. Die eigentlichen Nutznießer der Herrschaft blieben die großen Grafengeschlechter, die die Vogtei ausübten. Für die politische Entwicklung des Landes war es daher in erster Linie bestimmend, welches Geschlecht die Vogtei des Bistums Paderborn und der zahlreichen im Lande begüterten Klöster errang. An deren Spitze stand das hier seit alters besitzmächtige Kloster Corvey, das allerdings seinen wichtigsten Platz, Korbach, unter Bischof Meinwerk an Paderborn verloren hatte.

Diese Stellung erhielten im 12. Jahrhundert die Grafen von Schwalenberg, die mit Graf Widukind I. (1101 bis 1137) erstmals sicher bezeugt sind, sich aber wohl schon an einen 1031 genannten Grafen Widukind anknüpfen lassen. Sie übernahmen 1123 die Vogtei des Bistums Paderborn von dem wegen seiner Gewalttätigkeiten abgesetzten Grafen Friedrich von Arnsberg, wobei wahrscheinlich Herzog Lothar von Sachsen den Schwalenberger entscheidend gestützt hat. Ebenso wichtig war, daß Graf Widukind I. spätestens seit 1116 — unter den Northeimern als Hauptvögten — Vizevogt des Klosters Corvey war. Als die Northeimer 1144 ausstarben, kam dieses auch den Schwalenbergern politisch zugute, obwohl das Northeimer Erbe an die Welfen überging. Diese haben nämlich die Schwalenberger, insbesondere Widukinds Sohn Volkwin (1137 bis 1178), offensichtlich noch stärker begünstigt, so daß er zu der Paderborner und Corveyer Vogtei weitere, wichtige Klostervogteien hinzuerwerben konnte: 1143 Abdinghof, 1149 Willebadessen, um 1155 Arolsen, 1160/66 Flechtdorf und 1166 Marienmünster.

Diese starke Position der Schwalenberger im Waldecker Land sicherten endgültig zwei Heiraten, die ihnen ausgedehnten allodialen und sonstigen Besitz im späteren Grafschaftsgebiet einbrachten, nämlich die Heirat Widukinds I. mit Liutrud von Itter und die Heirat seines Sohnes Volkwin mit Liutgard von Ziegenhain. Da das alte Geschlecht der seit 1050 nachweisbaren Herren von Itter um die Mitte des 12. Jahrhunderts im Mannesstamme ausstarb, übernahmen die Schwalenberger außer großen Teilen ihres Besitzes vor allem auch ihre einflußreiche politische Stellung im Lande; und durch die Verbindung mit den Ziegenhainer Grafen erhielten sie Waldeck und außerdem Rechte auf Wildungen.

Das war deshalb wichtig, weil nach dem Sturz Heinrichs des Löwen 1180 das Erzbistum Köln die Nachfolge im Herzogtum Westfalen antrat. Damit erschien nunmehr hier eine Macht, die im Gegensatz zu den Northeimern und Welfen unmittelbar interessiert und gewillt war, in den politisch noch ungefestigten Gebieten des östlichen Sauerlandes und des Uplandes ihr eigenes Territorium auszubauen; denn hier hatte sie sich schon früher festgesetzt (1072 Gründung des Klosters Grafschaft, 1120 Erwerbung der Burg Padberg und der Schutzherrschaft des von den Erponen gegründeten Klosters Flechtdorf, vor 1144 Mitbesitz von Medebach). Es ist bezeichnend, daß sich die Schwalenberger, die sich noch rechtzeitig von Heinrich dem Löwen getrennt hatten, seit dem gleichen Jahr 1180 nach der Burg Waldeck nannten, die außerhalb des Kölner Herzogtums lag. Diese Basis im mainzischen Diözesanbereich bot ihnen daher in den nunmehr beginnenden Auseinandersetzungen mit dem Erzbistum Köln, welche die waldeckische Geschichte bis ins 17. Jahrhundert bestimmt haben, wenigstens einen gewissen Rückhalt, wenn sie auch schon 1195 die Vogtei über Flechtdorf und das Allod Itter an Köln verloren. Der noch schwerer wiegende Verlust der Paderborner Vogtei (1189/93) wurde zwar dadurch gemildert, daß sich die Grafen schon vor 1188 in Stadt und Freigericht Korbach festgesetzt hatten, aber sie erlitten weitere Einbußen. 1227 mußten sie die Vogtei über das Kloster Willebadessen aufgeben und 1230 den Schutz des Klosters Corvey an Köln überlassen, das daraufhin in Obermarsberg und selbst in dem corveyschen Stützpunkt Lichtenfels im südwestlichen Waldeck Fuß faßte. Wenn es sich hier auch nicht halten konnte, so ließ es sich doch noch 1258 von Werner von Bischofshausen die andere Hälfte der Burg Itter übertragen und errichtete die Burg Hallenberg (südöstlich Winterberg). Demgegenüber schufen sich die Waldecker Grafen neue Stützpunkte durch Ausbau des Eisenbergs über Korbach (wohl nach 1227) u. der Städte Sachsenhausen (vor 1226), Rhoden (1244) und Freienhagen (1253). In dieser Zeit (vielleicht schon vor 1234, sicher aber 1270) erscheinen sie als Herren einer Burg in Mengeringhausen, aus dem sie die Grafen von Everstein verdrängt haben. Schwierig war die Erringung von Wildungen, das, ursprünglich ziegenhainisch, dann landgräflich thüringisch, von Mainz nach dem Aussterben der Thüringer eingezogen wurde. Hessen eroberte die Stadt (vor 1260) zurück, doch gewann sie ihm Mainz mit Hilfe Graf Ottos von Waldeck wieder ab, der sie für diese Hilfe von Mainz (vor 1285) als Pfand erhielt und gegen alle hessischen Rückgewinnungsversuche behauptet hat.

Während dieser großen territorialen Auseinandersetzungen hatten die Schwalenberger ihren Besitzstand innerhalb der Familie endgültig geregelt, indem sie 1228/29 dergestalt teilten, daß Graf Volkwin IV. die Grafschaft Schwalenberg und Sternberg im alten Herrschaftsbereich des Hauses und Graf Adolf I. (1223 bis 1271) die Grafschaft Waldeck erhielt. Mit dieser haben wir es hinfort allein zu tun, zumal Schwalenberg schon im 14. Jahrhundert an Lippe und Sternberg im 15. Jahrhundert an Paderborn verloren gingen. Graf Adolf I. von Waldeck überlebte in einer langen Regierungszeit seine beiden Söhne Heinrich III., der 1267 starb, und Wittekind, der als Bischof von Osnabrück 1269 verschied. So wurde Graf Adolf von seinen Enkeln beerbt, die jedoch 1271 demjenigen die Regierung überließen, der eine Tochter des hessischen Landgrafen heiratete — ein ungewöhnlicher Entschluß, der nur aus der politischen Lage erklärt werden kann und folgenschwer war. Er brachte Graf Otto I. als Schwiegersohn Landgraf Heinrichs I. an die Regierung, so daß nunmehr die langjährigen Kämpfe, die das zähe territorialpolitische Ringen zwischen den westfälischen Mächten und Waldeck begleitete, im größeren Rahmen ausgetragen werden konnten. Er bot sich in den Auseinandersetzungen der Landgrafen von Hessen mit den Bischöfen von Paderborn und den Erzbischöfen von Mainz um das nördliche Hessen an. Auf diese Weise war es den so gestützten Grafen möglich, ihre territoriale Stellung sowohl gegenüber Paderborn als auch gegenüber Köln im wesentlichen zu halten.

Die grundlegende Entscheidung fiel 1267, als Erzbischof Engelbert von Köln und Bischof Simon von Paderborn als Vormünder des Klosters Corvey dem Grafen Adolf von Waldeck nach langen Fehden ausgedehnten Corveyer Klosterbesitz in Waldeck pfandweise überlassen mußten, darunter die Burg Lichtenfels und die Städte Sachsenberg und Fürstenberg mit reichem Zubehör. Die Waldecker konnten diesen Erfolg in einem weiteren Kriege gegen Köln und Corvey mit Hilfe des hessischen Landgrafen und einer weit gespannten Koalition behaupten und vermochten auch im übrigen durch kluge Politik auf seiten König Rudolfs gegen den aufrührerischen Erzbischof Siegfried von Köln ihre Stellung weiter zu festigen. 1297 verzichtete Kloster Corvey nach hoffnungslosem Kampf auf alle Rechte und überließ den Grafen 1298 zur Burg auch noch das Amt Lichtenfels. Im gleichen Jahr setzten sie sich in der Burg Nordenau (westl. des Kahlen Astens) fest. Dagegen gelang es Köln etwa zur gleichen Zeit durch Erwerbung der wittgensteinschen Rechte, die Stadt Medebach völlig in seine Hand zu bringen, 1299 die Burg Kahlenberg (südlich Warburg) an sich zu ziehen und vom Kloster Corvey, das sich 1298 unter die Vormundschaft des Kölner Erzbischofs begab, mit der benachbarten Kogelnburg 1304 auch die Hälfte von Volkmarsen zu übernehmen. Der waldeckische Gegenzug führte durch geschickte Ausnutzung aller politischen Möglichkeiten im Kampf zwischen König Albrecht und den rheinischen Erzbischöfen Graf Otto von Waldeck 1301 weit in den kölnischen Machtbereich, so daß er die Freigrafschaften Züschen (südlich Winterberg) und Bigge mit dem Astinghäuser Grund erwerben und damit auch in das Gebiet der Grafen von Arnsberg eindringen konnte.

Nachdem sich Erzbischof Gerhard von Mainz 1302 dem König unterworfen hatte, trat Graf Otto in nähere Beziehung zu ihm, da die Landgrafschaft Hessen durch die Erbstreitigkeiten unter den Söhnen Landgraf Heinrichs I. damals derart geschwächt war, daß sie keinen hinreichenden politischen Rückhalt bot. Infolgedessen übernahmen Graf Otto I. 1303 und nach seinem Tode in Mainzer Diensten 1305 sein Sohn Graf Heinrich IV. die mainzische oberste Amtmannschaft in Hessen. Hierauf gestützt vermochte Graf Otto I. 1304 die Hälfte der Grafschaft Rüdenberg zu kaufen, während der Vorstoß in die Freigrafschaft Kanstein und Scherfede (1306) nur begrenzten Erfolg hatte. Die Ausdehnungsbestrebungen der Waldecker Grafen nach Westfalen zeigen ebenso klar die Übertragung des Schutzes der Reichsstadt Dortmund durch König Ludwig d. B. an Graf Heinrich IV. und des Judenschutzes in den Städten und Bistümern Münster und Osnabrück. Das vergalt seine vielfältigen Reichsdienste mit einer ebenso angesehenen wie einträglichen Stellung.

Nach dem Verlust ihrer Vogteien, von denen den Grafen nur die über Arolsen blieb, versuchten sie, in den waldeckisch-westfälischen Freigrafschaften neue Stützen für ihre Herrschaft zu finden. Das ist ihnen weitgehend gelungen, denn im Laufe des 13. und 14. Jahrhunderts setzten sie sich in den Freigerichten Korbach, Külte, Freienhagen und Usseln durch und erwarben (um 1327?) die Lehnshoheit über die Freigrafschaft Grönebach und 1334 eine Pfandschaft an der Freigrafschaft Düdinghausen. Damit hatten sich die Waldecker Grafen eine weit ins Westfälische ausstrahlende territoriale Machtgrundlage geschaffen. Der Astinghäuser Grund und die Grafschaft Rüdenberg sicherten ihren Einfluß auf das obere Ruhrtal und die wichtige Ruhr-Diemel-Straße. Die Erwerbung von Burg und Freistuhl Nordenau und des Kahlen-Asten-Gebietes ermöglichte ihr Eindringen in das obere Lennetal. Aber auch Hessen gegenüber wußten sich die Waldecker Grafen zu behaupten, besonders in Wildungen, auf das die Landgrafen immer wieder Ansprüche erhoben (so noch 1347 und 1368), da sein Gebiet Niederhessen mit dem hessischen Bereich an der oberen Eder, Wohra und Lahn verband. Dazu gelang es den Grafen, auch noch Burg und Stadt Züschen an der hessischen Grenze im frühen 14. Jahrhundert an sich zu bringen. Damit war der territorialpolitische Höhepunkt der Grafschaft erreicht, den sie vor allem der ebenso geschickten wie kühnen Politik seiner beiden bedeutendsten mittelalterlichen Grafen Otto I. (1271 bis 1305) und Heinrich IV. (1305 bis 1344) verdankte. Dieser krönte sein politisches Werk durch den Erbvertrag von 1344, der bestimmte, daß das Land immer nur einen Regenten haben sollte. Daraufhin erreichte sein Sohn Graf Otto II. (1344 bis 1369) 1349 von Karl IV. eine Reichsbelehnung mit der Grafschaft.

Seit der Mitte des 14. Jahrhunderts beginnt der Rückschwung dieser Bewegung. Köln und Hessen verhinderten eine weitere Ausdehnung der Grafschaft, da Köln das waldeckische Land im Westen und Norden inzwischen mit einem Kranz fester Burgen und Städte eingekreist hatte (Hallenberg, Scharfenberg, Padberg, Desenberg, Kogelnberg sowie Medebach, Winterberg, Brilon, Marsberg und Volkmarsen) und Hessen das waldeckische Gebiet nach Süden und Osten abriegelte. Dazu kamen die ersten Gebietseinbußen. So geriet Züschen noch im 14. Jahrhundert in adligen Pfandbesitz und schließlich 1433 an die Herren von Meisenbug, die hier eine eigene kleine Herrschaft errichteten. Auch die von Mainz vorgenommene Verpfändung des Amtes Naumburg (1345) und des erzstiftischen Anteils an der Herrschaft Itter 1359, die Waldeck, Hessen und Mainz nach der Ermordung des letzten Herrn von Itter durch seinen Neffen (1356 oder 1357) gemeinsam eingenommen und geteilt hatten, brachte den Grafen infolge baldiger Weiterverpfändung keinen dauernden Gewinn. Naumburg gelangte noch im 14. Jahrhundert in die Hände der Familie von Hertingshausen, und in Itter begründeten die Wolf von Gudenberg zur gleichen Zeit mit dem an sie verpfändeten hessischen und mainzischen Anteil (den die Waldecker also wieder abgaben) eine eigene Adelsherrschaft.

Daneben liefen die Auseinandersetzungen mit Köln (wegen Kanstein, Nordenau, Wetterburg u. a.) ständig weiter, ohne daß infolge wechselnder Bündnisse und Kompromisse eine grundlegende Entscheidung fiel. Erst als das Erzbistum Köln 1368 die Grafschaft Arnsberg (gegen begründete gräflich nassauische Ansprüche) an sich brachte, vermochte es seine westfälische Stellung gegenüber Waldeck endgültig auszubauen; denn das Bündnis, das Graf Heinrich VI. 1370 mit Landgraf Hermann II. von Hessen dagegen schloß, blieb erfolglos. Seine schlechte finanzielle Lage zwang Graf Heinrich VI. (1370 bis 1397) zudem zu umfänglichen Verpfändungen, die es mehreren Adelsfamilien ermöglichte, kleine, langwährende Adelsherrschaften zu errichten, so den Gaugreben im östlichen Sauerland und der Freigrafschaft Düdinghausen, denen von Dalwigk in Lichtenfels, denen von Meisenbug in Züschen und den Wolf von Gudenberg in der Herrschaft Itter.

Die Lage verschlechterte sich weiter dadurch, daß sich die einzige bisherige Waldecker Grafenlinie 1397 entgegen dem Erbstatut von 1344 in die ältere Landauer und die neuere Waldecker Linie teilte, und daß es dem Erzbistum Köln bald darauf gelang, sich das mächtige waldeckische Adelsgeschlecht der Padberger zu unterwerfen. Als dieses ihm jedoch 1410 das Schloß Oberense im Herzen der Grafschaft Waldeck auftrug, setzte sich Graf Heinrich VII. (1397 bis 1442) dagegen erfolgreich zur Wehr und zwang 1414/1415 die Padberger, ihm einen Teil der Herrschaft Padberg (mit Padberg) zu verpfänden, ihre Ansprüche auf Oberense aufzugeben, ihm das Gogericht Flechtdorf zu überlassen und alle Lehnsgüter und Eigenleute innerhalb der Grafschaft Waldeck abzutreten. Es war ein bedeutender Gewinn, so daß die Kölner Reaktion darauf nicht ausblieb und Erzbischof Dietrich, nachdem er 1415 den Paderborner Bischofsstuhl als Administrator errungen hatte, 1420 einen Teil des Padberger Erfolges der Waldecker wieder rückgängig machte.

Unglückliche Folgen hatte auch die enge Verbindung, die Graf Heinrich VII. mit dem Erzbistum Mainz einging; denn dieses bestellte ihn 1399 zum obersten mainzischen Amtmann in Hessen und verstrickte ihn dadurch 1400 in den hessisch-mainzischen Konflikt wegen der Ermordung Herzog Friedrichs von Braunschweig (unweit Fritzlar). Noch mißlicher war seine Lage in den letzten entscheidenden Auseinandersetzungen zwischen dem Erzbistum Mainz und der Landgrafschaft Hessen unter Erzbischof Konrad von Mainz. Da Heinrich mit Landgraf Ludwig von Hessen verbündet war, dem er 1424 seinen Grafschaftsanteil verpfändete, bedrohte ihn seitdem ein Bündnis der Erzstifte

Mainz und Köln, in das diese 1425 Heinrichs Bruder und Gegenspieler Graf Adolf von Waldeck aufnahmen. Als Hessen daraufhin zur Sicherung seiner Ansprüche 1426 Heinrichs Grafschaftsanteil besetzte, gingen jedoch zunächst Graf Heinrichs Gemahlin und sein Sohn und schließlich auch er selbst auf die Gegenseite über und verpfändeten Wildungen und Rhoden an Mainz, das ihm daraufhin Schutz gegen Hessen zusagte. Obwohl dieses Schutzversprechen durch die völlige mainzische Niederlage gegen Hessen militärisch wertlos geworden war, gab Landgraf Ludwig im hessisch-mainzischen Frieden vom 6./8. Dezember 1427 die ihm verpfändete halbe Grafschaft Waldeck wieder frei und schuf dadurch die Vertrauensgrundlage dafür, daß ihm 1431 die ältere Landauer Linie und 1438 auch die neuere Waldecker Linie ihre Grafschaftsanteile zu Lehen auftrugen.

Außerdem aber glückte dem Erzbistum Köln 1444/45 mit dem Erwerb der Herrschaften Bilstein und Fredeburg nochmals ein wesentlicher Erfolg im östlichen Sauerland, der vor allem die Waldecker Position um Nordenau gefährdete; nur die Erschöpfung des Kölner Erzstiftes durch die Soester Fehde verhütete es, daß es auch die restlichen Waldecker Stellungen im Sauerland noch beseitigte. Nutznießer dieses Zustandes wurde eine Gruppe von Adligen, die zwischen dem Kölner und dem Waldecker Gebiet eine Reihe kleiner Herrschaften errichtete, nachdem sich das Erzbistum genötigt gesehen hatte, seine Ämter Kogelnberg, Medebach, Hallenberg, Schmallenberg und Winterberg an sie zu verpfänden. Die Inhaber dieser Adelsherrschaften waren die von Viermünden, von Dalwigk, die Schenken zu Schweinsberg und die Gaugrebe. Das Nachlassen der territorialpolitischen Aktivität Kurkölns zeigte sich auch darin, daß es 1471 Graf Otto IV. von Waldeck den Schutz von Marsberg übertrug; und als 1480 das hessische Landgrafenhaus den Kölner Erzstuhl mit Erzbischof Hermann IV. besetzte, erhielt Graf Philipp II. von Waldeck 1480 vorübergehend sogar die kölnische Hauptmannschaft von Westfalen, wurde dann aber 1491 clevischer Statthalter der Grafschaft Ravensberg. Auch in Reichsangelegenheiten vielfach tätig, erteilte ihm Kaiser Maximilian 1495 das Berg- und Salzbrunnenregal. Zugleich fiel ihm 1495 auch der Grafschaftsanteil der älteren Landauer Linie wieder zu, doch verstand er es nicht, die darin liegenden territorialpolitischen Möglichkeiten zu nutzen.

Graf Philipp II. spaltete vielmehr von der von ihm begründeten älteren Eisenberger Linie 1507 die ältere Wildunger Linie ab und sein Sohn Graf Philipp III. teilte dann 1538 als dritte die neuere Landauer Linie ab, so daß seitdem bis 1598 drei Waldecker Grafenlinien nebeneinander bestanden. Um den schädlichen Folgen dieser Zersplitterung möglichst vorzubeugen, richtete man 1539 eine gemeinsame Audienz in Waldeck ein, aus der das später in Korbach tagende Hofgericht hervorgegangen ist. Das Direktorium der Audienz stand dem ältesten Grafen zu; zu seinen Aufgaben gehörten auch die auswärtigen Angelegenheiten. Trotzdem wirkte sich die Teilung naturgemäß politisch zum Nachteil des Landes aus, da es ihm diese Schwächung nahezu unmöglich machte, seine politische Unabhängigkeit zu wahren. Sie wurde im 16. Jahrhundert jedoch nicht mehr in erster Linie von Köln, sondern von Hessen bedroht, das während des 15. Jahrhunderts allmählich in die Rolle des mächtigsten und einflußreichsten Nachbarn hineingewachsen war.

Das zeigte sich auch darin, daß die Grafen schon früh zur Reformation übertraten, deren mitteldeutsche Vormacht damals Hessen war. Bereits 1525 erließ Graf Philipp III. von Waldeck eine Landesordnung, die der Reformation zum Siege verhalf. Die Reformierung der waldeckischen Lande erfolgte jedoch behutsam. Die 1526 mit Kloster Arolsen eingeleitete Säkularisation der Klöster schloß erst nach Jahrzehnten ab, der Hauptstadt Korbach beließ man den alten Kultus bis 1543 und beendete erst durch die Synode und Kirchenordnung von 1556 das Reformationswerk. Glückte dieses Verfahren innerhalb des Landes, so war der gleichfalls sehr vorsichtig ins Werk gesetzte Versuch des Bischofs Franz von Waldeck, seine Bistümer Minden, Osnabrück und Münster, die er seit 1530 bzw. 1532 innehatte, zu reformieren und dabei in weltliche Herrschaften umzuwandeln, zum Scheitern verurteilt. Nachdem der Bischof — ein Bruder Graf Philipps III. — zulange zwischen den beiden Seiten geschwankt hatte und erst 1541 mit seinen Reformplänen hervortrat, konnte er sich jetzt infolge des Wandels der politischen Gesamtsituation in Deutschland gegenüber seinen widerstrebenden Ständen nicht mehr durchsetzen. Auch Landgraf Philipp von Hessen, der ihn bei der Niederwerfung der Münsterischen Wiedertäufer aufs stärkste unterstützt hatte, konnte ihm jetzt keinen wirksamen Beistand mehr leisten, da er durch die Folgen seiner Doppelehe gegenüber dem Kaiser politisch gelähmt war. Der lange hartnäckige Kampf des Waldeckers um die Einführung der Reformation in Westfalen ging verloren. Nicht minder bemerkenswert als Graf Philipp III. von Waldeck und Bischof Franz von Münster ist im Reformationsjahrhundert Graf Wolrad II. (1539 bis 1575) von der Eisenberger Linie gewesen, denn seine ausführlichen Tagebücher bilden eine wichtige persönliche Quelle dieses bewegten Jahrhunderts.

Der Verlust des Schmalkaldischen Krieges, an dem die Waldecker Grafen als Bundesgenossen teilnahmen, traf auch sie. Graf Wolrad, noch 1546 Vertreter Landgraf Philipps von Hessen im Regensburger Religionsgespräch, konnte sich auf dem Augsburger Reichstag 1548 nur fußfällig und gegen Buße aus der Ungnade des Kaisers lösen; dazu ging in diesem Zusammenhang 1548/1549 die Freigrafschaft Düdinghausen an die Herren von Büren verloren. Erst 1609 gelang es den Grafen, wenigstens einen Teil zurückzuerwerben. Die mainzischen Pfandschaften Naumburg und Itter, die Waldeck mit hessischer

Hilfe 1542/44 aus ritterschaftlichem Besitz wieder eingelöst hatte, nahm das Erzbistum bereits 1588 zurück, wobei es Itter an Hessen-Marburg weitergab.

Ende des 16. Jahrhunderts (1597/98) starben die ältere Wildunger und die neuere Landauer Linie aus. Die allein übriggebliebene Eisenberger spaltete sich jedoch 1607 wieder in die neuere Eisenberger und die neuere Wildunger Linie, die bis 1697 bestanden. Ihre politischen Bemühungen galten insbesondere der Zurückdrängung des hessischen Einflusses. Er war in den beiden vorangegangenen Jahrhunderten ständig gestiegen, da die Grafen als hessische Vasallen nicht nur an den hessischen Landtagen teilgenommen, sondern auch den Landgrafen bestimmte oberherrliche Rechte eingeräumt hatten, wie insbesondere die Ausdehnung der hessischen Gerichtsbarkeit auf waldeckische Untertanen zeigte. Graf Christian benutzte daher seine günstige Stellung am kaiserlichen Hofe dazu, um bei der Erneuerung der waldeckischen Reichslehen 1613 und 1619 (wobei er 1619 vom Kaiser zugleich das Privilegium de non appellando erhielt), die hessischen Vorherrschaftsansprüche eindämmen zu lassen. Das führte notwendigerweise zum Zusammenstoß mit Landgraf Moritz von Hessen. Da zudem wegen der Stadt Freienhagen und insbesondere wegen Korbach, die sich gegen die wachsende Abhängigkeit vom waldeckischen Grafenhaus auflehnten, Streit entstand, besetzte Landgraf Moritz 1621 die ganze Grafschaft. Es kam nun zum Prozeß, den Hessen verlor, nachdem es schon vorher den siegreichen kaiserlichen Waffen hatte weichen müssen. Tilly ließ durch den Grafen von Mortaigne 1623 Waldeck einnehmen und den Widerstand der Stadt Korbach brechen, während der Reichshofrat Landgraf Wilhelm 1630 zu einer Entschädigung von fast 100000 Talern verurteilte. Schließlich erreichte der Landgraf einen Vergleich, der dem hessischen Landgrafenhaus die Lehnshoheit über Waldeck nominell sicherte, seinen politischen Einfluß auf die Grafschaft dagegen weitgehend einschränkte. Der Westfälische Friede bestätigte dieses Abkommen. Er beendete gleichfalls die im 30jährigen Kriege nochmals aufgelebten Streitigkeiten mit Kurköln wegen der Freigrafschaft Düdinghausen, indem er die Verhältnisse des Normaljahres 1624 wiederherstellte. Daraufhin schlossen Waldeck und Kurköln unter mainzischer und hessischer Vermittlung 1650 und 1652 zwei Verträge, welche die waldeckischen Rechte stark verkürzten. Doch kam der völlige Ausgleich erst durch die Übereinkunft von 1663 zustande, der die Grenzen zwischen beiden Ländern endgültig festsetzte. Waldeck konnte von der Freigrafschaft Düdinghausen nur das Kirchspiel Eppe behaupten und mußte seine Ansprüche auf den Astinghäuser Grund und die Herrschaft Kanstein fallen lassen.

Diesen Einbußen standen allerdings auch gewisse Erfolge während des 30-jährigen Krieges gegenüber, da die Grafen 1625 die Grafschaft Pyrmont, 1639 die Grafschaft Cuylenburg in Holland und 1640 die Herrschaft Tonna an der Unstrut erwarben. Einen dauernden Gewinn bedeutete allerdings nur die Grafschaft Pyrmont, da Tonna bereits 1677 wieder an Sachsen-Gotha verkauft wurde und Cuylenburg mit dem Erlöschen der neueren Eisenberger Linie 1692 wieder verloren ging. Da es also zu einer wesentlichen Erweiterung des Waldecker Herrschaftsbereiches nicht mehr kam und dieser als Existenzgrundlage für die meist sehr zahlreiche gräfliche Familie zu schmal war, mußten viele Grafen ihren Unterhalt auswärts suchen. Wir finden sie daher wie viele andere ihrer Standesgenossen im wachsenden Maße im Dienst größerer Mächte. Nach dem 30jährigen Kriege, der dem Lande die schwersten Wunden geschlagen, ihm „18 Tonnen Gold und die Hälfte seiner Bevölkerung" gekostet hatte, wurden die auswärtigen Dienste der Grafen zur Regel, und seitdem begegnen wir ihnen zumeist in hohen militärischen Stellungen, die sie auf die Schlachtfelder ganz Europas führten, wobei sie sich besonders in den Türkenkriegen hervortaten. Doch haben dabei nicht nur der Erwerb des Lebensunterhaltes, sondern vor allem auch die größeren Aufstiegsmöglichkeiten zu glänzenden Stellungen, zu Ruhm und Ehre allenthalben eine dem Barockzeitalter gemäße Rolle gespielt. Ein dauerndes Andenken hat sich von diesen Angehörigen des Hauses der portugiesische Generalfeldmarschall Prinz Christian von Waldeck († 1798 zu Cintra) gesichert, da er für die fürstlichen Sammlungen im Schloß zu Arolsen die Antiken gestiftet hat.

Der bedeutendste unter den Waldecker Grafen war Georg Friedrich (Regent von 1664 bis 1692), der wie sein Bruder Philipp Theodor eine Nassau-Siegener Gräfin geheirat hatte. Er zeichnete sich zunächst im Dienste Kurfürst Friedrich Wilhelms von Brandenburg aus (als Schöpfer und Verfechter des Gedankens einer Union unter Preußens Führung) und war dann seit 1672 als Feldmarschall Wilhelms III. von Oranien einer der führenden Widerstandsträger gegen die aggressive Politik König Ludwigs XIV. von Frankreich. 1679 schloß er die Wetterauer Grafen zu einem Defensivbündnis gegen Frankreich zusammen, dem sofort Landgraf Karl von Hessen und bis 1681 auch der fränkische und der oberrheinische Kreis, die Abtei Fulda, die Bistümer Bamberg und Würzburg sowie Sachsen-Gotha, Hessen-Darmstadt und Nassau beitraten. Diese Politik Waldecks gipfelte in dem Laxenburger Verteidigungsbündnis von 1682, in dem sich der Kaiser, Kurbayern und mehrere Reichskreise zu demselben Zweck zusammenfanden. Als Anerkennung für seine Verdienste verlieh ihm der Kaiser 1682 die Reichsfürstenwürde. Georg Friedrich setzte daraufhin 1685 die Primogeniturordnung für Waldeck durch, die der Kaiser 1697 anerkannte. Seit 1706 gab es daher nur eine regierende Linie, die Fürst Anton Ulrich eröffnete. Ihm wurde die Reichsfürstenwürde 1711 nochmals bestätigt und 1719 Sitz und Stimme auf der Fürstenbank des oberrheinischen Kreises eingeräumt. Sein Bruder Josias begründete 1736 die Secundogeniturlinie Waldeck-Bergheim. Aus der Zeit Anton Ulrichs ist der Kampf zwischen Pietismus und Orthodoxie bemerkenswert, der 1711 damit endete, daß der Fürst (dessen Schwester einen bürgerlichen Pietisten geheiratet hatte) alle Pietisten und ähnliche „Sektierer“ aus dem Lande verwies.

Als Zentralverwaltungsorgan der Grafschaft war schon 1654 in Korbach die Landkanzlei eingerichtet worden, die man 1696/97 bei der Wiedervereinigung der Landesteile nach Mengeringhausen verlegte und in die Spezialbehörden der Regierungskanzlei, des Konsistoriums und der Rentkammer (der späteren Domänenkammer) mit einem angeschlossenen Kommerzien- und Bergamt aufgliederte. 1719 ging die Finanzbehörde, 1728 gefolgt von Regierung und Konsistorium, in die damals unter Leitung von J. L. Rothweil errichtete Residenz Arolsen, wo man dann auch die älteren Behörden in dem 1727 begründeten Geheimen Ratskollegium vereinigte. Das im 16. Jahrhundert entstandene Hofgericht blieb dagegen in Korbach. Seit dieser Zeit hatten sich auch die Mittelbehörden in Form der Ämter ausgebildet, nämlich Rhoden-Eilhausen, Mengeringhausen, Landau, Wetterburg, Korbach (bzw. Eisenberg), Sachsenberg, Waldeck und Wildungen sowie die adligen Unterämter der Freiherrn von Dalwigk in Lichtenfels und der Herren von Meisenbug in Züschen. Außerdem entstand auf Grund des Primogeniturvertrages von 1685 seit 1736 für die gräfliche Nebenlinie der Sonderbezirk Bergheim. Neben den Amtleuten hatte sich die Einrichtung der Landrichter (wohl aus den Gogerichten) entwickelt, von denen je ein Landrichter für die Ämter Korbach, Arolsen, Rhoden-Eilhausen und Landau-Wetterburg zuständig war. In den außerhalb des westfälischen Rechtsgebietes liegenden Ämtern Waldeck und Wildungen übte ein Landschultheiß die Gerichtsbarkeit aus. Bemerkenswert ist die altüberlieferte politische Funktion der Landstände, die bereits das Erbstatut von 1344 berücksichtigte. 1654 bildete sich ein engerer ständischer Ausschuß mit dem Recht der Rechnungskontrolle und 1705 bestellte der Landtag einen eigenen Beamten, den Landsyndikus, zur Wahrung der ständischen Rechte.

Die Kleinheit des Landes und seine überwiegend kargen Böden haben der Entwicklung des Wohlstandes lange enge Grenzen gesetzt. Zwar schien die im 16. Jahrhundert stark angewachsene Bergwerkstätigkeit (1561 waren allein im Amte Wildungen 23 Kupfergruben im Betrieb) einen gewissen Ausgleich zu bieten. Aber schon im 30jährigen Krieg brach dieses so empfindliche Gewerbe wieder fast völlig zusammen und rettete sich nur mit wenigen Gruben, Hütten und Hämmern ins 18. Jahrhundert. Infolgedessen war auch die finanzielle Lage des Staates stets stark eingeengt. Ende des 18. Jahrhunderts kam es schließlich so weit, daß Fürst Friedrich beim hessischen Landgrafen eine Anleihe von eine Million Talern aufnehmen mußte und sogar über den Verkauf der Grafschaft Pyrmont an Hessen-Kassel oder Hannover verhandelte, was sich aber zerschlug. Die Volkszahl hielt sich gemäß der Armut und Enge in bescheidenen

Grenzen. Sie betrug 1780 für das Land Waldeck (ohne Pyrmont) 37019 Personen. Sie bildeten 6954 Familien, die in insgesamt 6004 Häusern wohnten. Auf die Familie entfielen also durchschnittlich fünf Personen.

Die napoleonischen Kriege überstand das Fürstentum Waldeck insofern günstig, als es nicht dem Königreich Westphalen einverleibt wurde, obwohl Fürst Friedrich († 1812) noch 1793/94 als niederländischer Generalleutnant gegen die französische Revolutionsarmee gekämpft hatte. Er trat jedoch 1807 dem Rheinbund bei und konnte auch im Wiener Kongreß seine Selbständigkeit behaupten. Seit 1815 gehörte Waldeck dem Deutschen Bund an und hatte im Plenum und im Bundesrat je eine Stimme.

Das Organisationsedikt vom 28. Januar 1814, das zwar die Rechtssprechung und Verwaltung trennte, die ständischen Rechte aber einschränkte, scheiterte am Widerstand der Landstände. Statt dessen erschien am 19. April 1816 eine landständische Verfassung. Sie gestand die Staatsgewalt dem Fürsten zu, sicherte aber als ständische Befugnis das alte Steuerbewilligungsrecht und die Zustimmung zu Gesetzen, die Eigentum und Freiheit einzelner und wohlerworbene Rechte ganzer Klassen betrafen; bei anderen Gesetzen hatte der Landtag nur beratende Stimme. Er setzte sich aus den Besitzern der landtagsfähigen Rittergüter (Ritterstand), den Bürgermeistern der Städte (dem Bürgerstand) und erstmals zehn Vertretern des Bauernstandes zusammen. Ihre Wahl erfolgte nach dem allgemeinen, gleichen, indirekten Wahlrecht. Das Land wurde in die fünf Oberämter der Twiste (Sitz Arolsen), der Diemel (Rhoden), der Werbe (Sachsenhausen), der Eder (Wildungen) und des Eisenberges (Korbach) gegliedert, die man jedoch 1849 dem Zug der Zeit gemäß in die drei Kreise der Eder, der Twiste und des Eisenbergs zusammenlegte und 1850 durch Kreisgerichte in Wildungen, Arolsen und Korbach ergänzte.

Dieser landständischen Verfassung folgte am 23. Mai 1849 die Revolutionsverfassung. Sie wird dadurch gekennzeichnet, daß sie unter weitgehender Einschränkung der fürstlichen Macht von den menschlichen Grundrechten ausgehend die Gleichheit aller Bürger vor dem Gesetz proklamierte und damit den bisherigen Ständestaat aufhob. Sie beseitigte infolgedessen Patrimonialgerichtsbarkeit, gutsherrliche Untertänigkeit, grundherrliche Polizei, Jagdrecht auf fremden Grund und Boden usw.; sie untersagte Adel und Titel, verbot Todes- und Körperstrafen, forderte die allgemeine Schulpflicht, unterstellte die Schule dem Staate und gewährte Schulgeldfreiheit in Volks- und Gewerbeschulen. Sie führte die Zivilehe ein und gewährleistete die Freiheit der Person, des Glaubens und des Gewissens, die Gleichstellung aller religiösen Bekenntnisse und Presse-, Versammlungs- und Vereinsfreiheit. Diese Verfassung nahm also eine ganze Reihe von politischen Ideen vorweg, die im übrigen Deutschland z. T. erst 100 Jahre später verwirklicht worden sind. Außerdem zeichnete sich Waldeck im 19. Jahrhundert dadurch aus, daß es die Heimat namhafter

Künstler und Gelehrter war, wie etwa der Rauch, Kaulbach, Varnhagen, Markus, Bunsen, Bier u. a.

Die Reaktion, die sich gegen die umstürzenden Neuerungen der Verfassung von 1849 in der dritten Verfassung vom 17. August 1852 durchsetzte, hob viele der dort proklamierten Rechte wieder auf oder schränkte sie ein, war jedoch mit anderen Staaten verglichen gemäßigt. Gleichwohl stagnierte der Staat seitdem nicht nur in politischer, sondern besonders auch in wirtschaftlicher Beziehung, wie seine Bevölkerungsverluste deutlich machen. Hatte die Einwohnerzahl Waldecks 1846 noch 50 627 Personen betragen, so war sie bis 1875 auf 47 120 Personen gesunken und erst 1905 wieder ungefähr auf die alte Zahl mit 50 029 Personen angestiegen. Arbeit und Unterhalt fanden jedoch viele von ihnen nicht mehr in der engeren Heimat, so daß sie ihrem Erwerb außerhalb nachgehen mußten. Die Möglichkeiten dafür boten die rheinisch-westfälischen Industriegebiete, in denen viele Waldecker als Wander- und Saisonarbeiter tätig wurden.

Trotz der gedrückten und mühseligen Verhältnisse verlief die weitere politische Entwicklung des Landes im späten 19. Jahrhundert ruhig. Verfassungskonflikte, wie sie Kurhessen und Nassau erschütterten und schließlich zerstörten, traten nicht ein, so daß Waldeck die preußischen Annektionen des Jahres 1866 noch zu überstehen vermochte. Trotzdem näherte sich seine geschichtliche Existenz dem Ende. Es fiel seiner Armut zum Opfer. Am 18. Juli 1867 sah sich Fürst Georg Victor aus finanziellen Gründen gezwungen, den Akzessions-Vertrag mit Preußen zu schließen, der diesem die innere Verwaltung der Fürstentümer Waldeck und Pyrmont übertrug. Er ist 1887 nochmals erneuert und nach dem Thronverlust des waldeckischen Fürstenhauses in der Novemberrevolution 1918 auch durch die Notverfassung vom 15. April 1919 bestätigt worden. 1922 wurde Pyrmont aus dem waldeckischen Staatsverband herausgelöst und dem Kreis Hameln zugeteilt. Vier Jahre später, Anfang August 1926, kündigte Preußen den Akzessionsvertrag von 1867 mit der Begründung, daß die Vertragsbestimmungen nicht mehr mit der Reichsverfassung im Einklang stünden. Da die Wiederherstellung der staatlichen Selbständigkeit dem Land aus wirtschaftlichen Gründen unmöglich war, beschloß der Waldecker Landtag die endgültige Vereinigung des Waldecker Landes mit Preußen zum 1. April 1929. Daraufhin hat der preußische Staat dieses seit alters mit Hessen aufs engste verbundene Gebiet dem Regierungsbezirk Kassel zugewiesen, es aber in dem am 1. Februar 1942 gebildeten Kreis Waldeck als geschichtliche Einheit bestehen lassen.

XI.

DIE UMGESTALTUNG UND DER NEUBAU HESSENS

44. Das Herzogtum Nassau

Im Sonderfrieden von Basel zog sich Preußen 1795 aus dem Koalitionskrieg gegen Frankreich zurück, nachdem ihm dieses geheim rechtsrheinische Entschädigungen zugesagt hatte, wenn sich Frankreich bis an den Rhein ausdehne. Daraufhin schieden Hessen-Kassel, Württemberg und Baden gegen die gleiche Zusicherung ebenfalls aus der Koalition gegen Frankreich aus. Diese in der deutschen Geschichte erstmalige und einmalige Überlassung des linken Rheinufers von Basel bis Andernach an Frankreich ist wohl das markanteste Zeichen des Endes der politischen Existenz des Reiches. Der Frieden von Campo Formio von 1797 bestätigte beides und bestimmte, daß alle erblichen Fürsten, die dort Besitz einbüßten, vom Reich zu entschädigen seien, worüber auf dem Kongreß von Rastatt 1797/98 (ergebnislos) verhandelt wurde. Infolgedessen führte erst der Frieden von Lunéville vom 9. Februar 1801, der den zweiten Koalitionskrieg gegen Frankreich beendete und dasselbe festsetzte, auf Grund des in Paris aufgestellten und schon im August 1802 übergebenen Entschädigungsplanes der Reichsfriedensdeputation zum Reichsdeputationshauptschluß vom 25. Februar 1803. Er hat durch die Säkularisation der geistlichen Herrschaften und ihre Zuteilung an die zu entschädigenden weltlichen Fürsten das alte Reich endgültig zerstört.

Durch den Reichsdeputationshauptschluß erhielten Nassau-Usingen und Nassau-Weilburg, die als Erben von Nassau-Saarbrücken alle Besitzansprüche im Saarland und der Pfalz an Frankreich (27 Quadratmeilen mit 75 500 Einwohnern und 447 000 fl. Einkünften) verloren hatten, die rechtsrheinischen angrenzenden Gebiete von Kurmainz (Rheingau und Untermainlande), von Kurtrier (Montabaur und Limburg) und von Kurköln (Deutz, Linz, Königswinter u. a.); dazu von Hessen-Darmstadt seinen Anteil an der Niedergrafschaft Katzenelnbogen, ferner die Grafschaft Sayn-Altenkirchen und außerdem zahlreichen Streubesitz im Entschädigungsgebiet (52 Quadratmeilen mit 129 000 Einwohnern und 905 000 fl. Einkünften). Nassau-Oranien bekam für den Verlust der niederländischen Statthalterschaft und seiner Domänen (zwölf Quadratmeilen mit 34 000 Einwohnern und 200 000 fl. Einkünften) das Bistum Fulda, das Hochstift Corvey mit der Stadt Höxter an der Weser, die Reichsstadt Dortmund, die Abteien Weingarten in Oberschwaben, St. Gerold im Vorarlberg, Hofen am Überlinger Arm des Bodensees, Dietkirchen a. d. Lahn und die Propstei Bandern am Oberrhein (46 Quadratmeilen mit 120 000 Einwohnern und 700 000 fl. Einkünften). Da Fürst Wilhelm V. von Nassau-Oranien die Annahme säkularisierter Güter für sich ablehnte (ohne auf sie verzichten zu wollen), übertrug er sie auf seinen Sohn Erbprinz Wilhelm, der Fulda zu seiner Hauptstadt machte, nachdem es preußische Truppen für ihn im Oktober 1802 besetzt hatten. So wurde also die jüngere oranische Linie für ihre niederländischen Verluste mit deutschem Reichsgebiet entschädigt, obwohl die Niederlande unter Führung der älteren oranischen Linie schon lange dem Reich verlorengegangen waren. Auch das ist eine der Sinnlosigkeiten und Ungereimtheiten dieses Raubaktes. Jedoch war er zeitgemäß und damit sanktioniert. Die Größe der Entschädigungen macht zudem ihre rücksichtslose Betreibung ebenso verständlich wie die Billigung dieses Verfahrens durch seine gewissenlosen Nutznießer; allerdings waren sie sich der Anrüchigkeit und Rechtswidrigkeit ihres Verfahrens durchaus bewußt. Der Versuch, nach bayerischem Vorbild auch gleichzeitig noch die Reichsritterschaft zu enteignen, scheiterte an dem scharfen Protest des Freiherrn vom Stein und dem Eingreifen des Kaisers. Doch konnte diese Maßnahme dadurch nur um wenige Jahre (bis 1806) aufgeschoben werden.

Am 16./17. Juli 1806 schlossen 16 deutsche Länder unter dem übermächtigen militärischen und politischen Druck Frankreichs in Paris den Rheinbund und sagten sich am 1. August vom Reiche los, worauf Kaiser Franz II. auf ein Ultimatum Napoleons hin die deutsche Kaiserwürde niederlegte. Beschämender konnte das Ende des Reiches nicht sein. Zu den Unterzeichnern des Rheinbundes gehörten auch Nassau-Usingen und Nassau-Weilburg, deren Fürsten den Herzogstitel erhielten. Da die Nassau-Oranier den Beitritt ablehnten, wurde das Dillenburger Gebiet eingezogen und wie die Grafschaft Wied-Runkel (nördlich der Lahn) und die Herrschaft Westerburg und Schadeck dem Großherzogtum Berg zugeteilt. Nach der Organisationsverfügung für das großherzoglich-bergische Arrondissement Dillenburg vom 23. August 1806 unterstanden dem Provinzialrat zu Dillenburg Graf von Borke die Fürstentümer Siegen, Dillenburg (ohne die Ämter Burbach und Wehrheim) und Hadamar sowie die Grafschaften Beilstein, Westerburg, Schadeck und Runkel (rechts der Lahn). Auch Fulda ging den Nassau-Oraniern schon 1806 wieder verloren. Die Franzosen behielten dieses Gebiet jahrelang in eigener Hand, bis sie es 1810 mit dem Großherzogtum Frankfurt vereinigten. Nassau-Usingen und Nassau-Weilburg traten außerdem Deutz und Villich an das Großherzogtum Berg und den Mainzer Brückenkopf Kastel und Kostheim an Frankreich ab, erhielten dafür aber alle noch eingesprengten oder angrenzenden kleineren Herrschaften. Darunter befanden sich die Grafschaft Holzappel, die Grafschaft Diez, die Grafschaft Neuwied, Teile der Grafschaft Solms, die Herrschaft Reifenberg und Kransberg sowie die reichsritterschaftlichen Gebiete. Mit diesem Gewinn von 26 Quadratmeilen und

83000 Einwohnern umfaßte das Herzogtum Nassau nunmehr 103 Quadratmeilen und 270000 Einwohner. Am 30. August 1806 wurde es von beiden Fürsten zu einem unteilbaren, souveränen Herzogtum erklärt.

Der Preis, den das Land für seine Bereicherung auf Kosten der Kleinen und Schwachen zahlen mußte, bestand in den hohen Blutopfern der nassauischen Truppen in den napoleonischen Kriegen, insbesondere in Spanien, bis die Niederlage Napoleons bei Leipzig im Oktober 1813 mit der französischen Herrschaft in Deutschland auch den Rheinbund beendigte. Seine Gebiete wurden zwar besetzt und als erobertes Land zunächst einer Zentralverwaltungskommission unter Leitung des Freiherrn vom Stein unterstellt, aber nicht wieder im früheren Sinn umgestaltet. Die alten Machthaber kehrten vielmehr selbstverständlich auch in ihre territorial wie verfassungsrechtlich weitgehend neugeformten und umgestalteten Staaten zurück. Fürst Wilhelm VI. von Nassau-Oranien übernahm schon im November 1813 die Herrschaft in Nassau-Dillenburg wieder und im Dezember auch die Statthalterschaft in den Niederlanden. Kurz darauf bestieg er auf Grund des Vertrages vom 31. Mai 1815 als König Wilhelm I. den Thron des nunmehrigen Königreichs der Niederlande, nachdem dieses noch um Belgien, Lüttich und Luxemburg vergrößert worden war. Inzwischen hatten die nassau-walramischen und die nassau-oranischen Linien durch den Haager Vertrag vom 14. Juli 1814 ihr gegenseitiges Verhältnis geregelt. Danach war für das Nachfolgerecht zwischen beiden Linien auch weiterhin die Erbvereinigung von 1783 maßgebend, wurde aber von den oranischen Fürstentümern auch auf das Großherzogtum Luxemburg übertragen. Da von den beiden noch bestehenden walramischen Linien Nassau-Usingen und Nassau-Weilburg die erstere 1816 erlosch, gab es seitdem nurmehr zwei nassauische Hauptlinien, die Oranische (aus ottonischem Stamm) in den Niederlanden und die Weilburger (aus dem walramischen Stamm) im Herzogtum Nassau.

Noch ehe auf Grund der Abmachung des Wiener Kongresses die letzten Umgestaltungen des Landes erfolgten, war am 1./2. September 1814 die nassauische Verfassung als erste in Deutschland verkündet worden, an deren Entstehung von Marschall als Autor, Ibell als Redaktor und vom Stein als Korrektor beteiligt waren. Sie schuf zwei ständische Kammern in Gestalt der Herrenbank mit geborenen, erblichen, ernannten und aus adeligen Gutsbesitzern gewählten Mitgliedern, und aus der Landesdeputiertenbank von 22 Mitgliedern, die für sieben Jahre mit absoluter Stimmehrheit aus führenden Geistlichen, Oberlehrern, größeren Gewerbetreibenden und Landwirten gewählt wurden.

Diese dankbar aufgenommene gesetzgeberische Tat erfolgte in einem dafür besonders günstigen Augenblick; denn es stand der erste Jahrestag der Völkerschlacht bei Leipzig (18. Oktober 1814) bevor, den Deutschland im Zustand höchster nationaler Erhebung beging. Dafür liegen auch aus Nassau die eindrucksvollsten Zeugnisse vor, von denen das von Ernst Moritz Arndt angeregte Feldbergfest das großartigste ist. Aber daneben feierten ganze Städte wie Kronberg, Wiesbaden, Rüdesheim, Kaub, Bad Schwalbach, Idstein diesen Tag durch feierliche Auszüge auf die benachbarten Höhen, um sich hier bei nächtlichen Feuern als freie Deutsche eines Sinnes zum Wohle des Vaterlandes zu verbrüdern, wobei sich (wie etwa in Kronberg) auch die Geistlichen beider Konfessionen mit einschlossen. Zur nationalen und moralischen Wiedererhebung aus der von vielen als Erniedrigung und Schande empfundenen Rheinbund- und Franzosenzeit entstanden zugleich auf Anregung von Ernst Moritz Arndt die Deutschen Gesellschaften, die in Nassau und Hessen zuerst ins Leben traten. Die erste Deutsche Gesellschaft begründeten 1814 die Brüder Snell (in Idstein bzw. Wiesbaden) nach einer Vorbesprechung in Usingen, an der auch der Gießener Professor Karl Welcker und der Butzbacher Konrektor Weidig teilgenommen hatten. Die zweite Deutsche Gesellschaft richtete Weidig in Butzbach ein und die dritte Adolf Ludwig Follen (in Verbindung mit Welckers Bruder Friedrich) in Gießen. Diese bildete sich 1815 zu der bekannten Vereinigung der Gießener Schwarzen um. Auch in Darmstadt bestand 1815 eine Deutsche Gesellschaft.

Am 31. Mai 1815 schlossen Preußen und Nassau einen Tauschvertrag, in dem Nassau an Preußen alle Bezirke abtrat, aus denen die preußischen Kreise Neuwied, Altenkirchen und Wetzlar sowie der rechtsrheinische Teil des Kreises Koblenz gebildet wurden. Dafür erhielt Nassau die nassau-dillenburgischen Gebiete, die Preußen von Fürst Wilhelm VI. von Nassau-Oranien gegen Luxemburg eingetauscht hatte. Das Siegerland behielt Preußen allerdings, da es sich aus den gleichen wirtschaftlichen Gründen auch das Saargebiet gesichert hatte. Die wirtschaftliche Kapazität des Siegerlandes wird dadurch gekennzeichnet, daß dort damals (trotz des Rückschlags der napoleonischen Zeit) noch 53 metallverarbeitende Betriebe (gegenüber 60 im Jahr 1785) tätig waren. Außerdem erwarb Preußen die Niedergrafschaft Katzenelnbogen von Kurhessen und trat sie am 17. Oktober 1816 an Nassau ab. Das Land zählte nunmehr 286 206 Einwohner, von denen 161 165 evangelisch (82 360 Lutheraner und 78 805 Reformierte) und 125 041 katholisch waren.

Inzwischen war Nassau Mitglied des am 8. Juni 1815 gebildeten Deutschen Bundes geworden und verfügte im engeren Bundesrat mit Braunschweig gemeinsam über eine Stimme und in der Plenarversammlung mit Braunschweig und Mecklenburg-Schwerin über zwei Stimmen. Das Herzogtum blieb jedoch als Mitglied des Deutschen Bundes politisch genauso drittrangig wie es die nassauischen Grafschaften schon seit dem 30jährigen Kriege gewesen waren. Gegenüber den großen Mächten Österreich und Preußen und selbst den mittleren Staaten wie Bayern, Sachsen, Hannover war Nassau weder territorial noch wirtschaftlich von Bedeutung.

Die ersten wesentlichen Gesetze des Herzogtums Nassau brachten 1803 die allgemeine religiöse Toleranz und Gleichberechtigung der Konfessionen, 1808 die Aufhebung der Leibeigenschaft und 1810 die Freizügigkeit (im Herzogtum!). Auf Grund des den drei nassauischen Fürsten (Nassau-Dillenburg, Nassau-Weilburg und Nassau-Usingen) 1803 verliehenen Privilegiums de non appellando wurde 1804 das Oberappellationsgericht zu Hadamar eingerichtet, das 1810 nach Diez und 1815 nach Wiesbaden verlegt wurde. Daneben blieb das Hofgericht in Dillenburg bestehen; außerdem gab es in Wiesbaden und Dillenburg Kriminalgerichte. Am 9./11. September 1815 erschien dann das hauptsächlich von Ibell geschaffene Edikt über die Verwaltungsorganisation des Herzogtums Nassau, dem in den nächsten Jahren weitere Verwaltungsordnungen folgten, um das bunt zusammengewürfelte Land einheitlich zu organisieren und zusammenzuführen. Es wurde in 28 Ämter eingeteilt, die Justiz und Verwaltung vereinigten; für die Justiz unterstanden sie (je zur Hälfte) dem Oberappellationsgericht zu Wiesbaden und dem Hofgericht zu Dillenburg, für die Verwaltung der Landesregierung Wiesbaden, die unter Aufhebung der Regierungen in Dillenburg und Weilburg für die geistliche und die zivile Verwaltung eingerichtet wurde. Über ihr stand als Spitzenbehörde das 1809 gebildete Staatsministerium, geleitet vom dirigierenden Minister, dem ein Staatsrat beigegeben war.

Seit 1809 war von Marschall dirigierender Minister und damals der wichtigste Beamte des Landes; neben ihm trat mehr und mehr Ibell hervor, während von Gagern, dessen geschickte diplomatische Tätigkeit in Paris in erster Linie die bedeutende Vergrößerung Nassaus 1803 und 1806 bewirkt hatte, seitdem zurücktrat. Ihnen vor allem verdankte daher Nassau seine neue territoriale Gestalt, seine Ständekammer mit dem Steuerbewilligungsrecht, die Aufhebung der Steuerfreiheit einzelner bevorzugter Familien zugunsten eines gleichmäßigen Steuersystems, das zudem zahlreiche Einzelsteuern beseitigte, die Abschaffung der Patrimonialgerichtsbarkeit und die Trennung der fürstlichen Hauseinnahmen von den regulären Steuereinkünften des Landes. Am 24. März 1817 erschien das epochemachende Schuledikt, das die Simultanschule mit Schulzwang und freiem Unterricht in den Volksschulen einführte und zugleich unter Aufhebung aller anderen bisherigen höheren Schulen vier Pädagogien zu Dillenburg, Hadamar, Idstein und Wiesbaden und über ihnen ein Landesgymnasium zu Weilburg einrichtete; man sah ferner die Begründung von elf Realschulen im Lande vor und vereinigte zugleich die verschiedenen Schulstiftungen zum Zentralstudienfonds. Die Leitung des 1817 neubegründeten Idsteiner Lehrerseminars, das die Frühgeschichte der nassauischen Simultanschule entscheidend beeinflußt hat, erhielt der bedeutende Pestalozzischüler

Gruner. Gleichzeitig entstand in Verbindung mit dem Seminar eine landwirtschaftliche Lehranstalt auf dem benachbarten Hof Gassenbach, die 1834 auf Hof Geisberg (bei Wiesbaden) verlegt und jahrelang von dem namhaften landwirtschaftlichen Reformer Wilhelm Albrecht geleitet wurde.

Auf der Generalsynode der lutherischen und reformierten Konfessionen vom 5. bis 9. August 1817 zu Idstein glückte es, insbesondere durch Einfluß Ibells, eine Union zustande zu bringen, deren Organisation das Kirchenedikt vom 8. April 1818 enthielt. Die Verhältnisse der katholischen Kirche zu den neugebildeten Staaten ordneten die päpstlichen Bullen von 1821 „Provida sollersque" und von 1827 „Ad dominici gregis custodiam". Sie begründeten die oberrheinische Kirchenprovinz mit dem Erzbistumssitz Freiburg und regelten Bischofswahlen und Vermögensverhältnisse. Für das Herzogtum Nassau wurde das Bistum Limburg neu geschaffen und für beide Kirchen aus den bisherigen Kirchenstiftungen je ein Zentralkirchenfonds gebildet. Die hervorragendste Gestalt unter den ersten Bischöfen des jungen Bistums Limburg stellte Bischof Blum (1842 bis 1884) dar, der es verstand, die äußeren Befugnisse und Rechte des Staates hinsichtlich der Verwaltung und Beaufsichtigung des Bistums Schritt für Schritt zurückzudrängen und einzuschränken. Dabei gelang es ihm, die Aufhebung des sogenannten allgemeinen Religionsunterrichtes in allen Schulen zu erreichen und erfolgreich dahin zu wirken, daß das Simultan-Schullehrer-Seminar zu Idstein aufgelöst und stattdessen 1851 ein protestantisches Lehrerseminar in Usingen und ein katholisches in Montabaur eingerichtet wurden. Zugleich traten an die Stelle des bisher einzigen Landesgymnasiums in Weilburg drei neue, darunter eins im katholischen Hadamar.

Die herzoglich-nassauische Gesetzgebung (wie wir sie dargestellt haben) war verwaltungstechnisch zweifellos vortrefflich, aber sie war fast völlig unter Ausschluß der durch die Verfassung von 1814 geschaffenen Volksvertretung entstanden, so daß sie eher der autokratischen Geisteshaltung des späten 18. als der parlamentarischen des 19. Jahrhunderts entsprach und entsprungen schien. Dieser Gegensatz speiste und stärkte die politischen Spannungen, so daß es bereits 1819 zu einem Attentat auf Ibell kam, was Marschall infolgedessen zur intensiven Mitwirkung bei den antidemagogischen Karlsbader Beschlüssen veranlaßte, während Ibell diesen verschärften Kurs ablehnte und zurücktrat.

Die bereits im Februar 1818 von den drei Westerwaldstädten Dillenburg, Herborn und Haiger an die nassauische Herren- und die Deputiertenbank gerichtete sogenannte „Dillenburger Petition" ist Ausdruck der gespannten Lage. Sie forderte nämlich die Beseitigung der Konskription und der Kriegslasten, der Chausseefronden, der Salzregie und der Erbschaftssteuern (als einem mittelalterlichen Leibeigenschaftsrelikt) und verlangte die Unabhängigkeit der Gerichtsverfassung und die landständische Kontrolle der Domänenverwaltung.

Dieser letzte Punkt leitete den seit 1831 in voller Stärke einsetzenden Domänenstreit ein und vertiefte ebenso wie die erbitterten Auseinandersetzungen über die ausgedehnte Jagdgerechtigkeit des Herzogs die Kluft zwischen Haus und Herrschaft und weiten Kreisen der Bevölkerung. Selbst die am 12. September 1829 angeordnete fakultative, organisierte Feldbereinigung erregte die Bevölkerung. Doch wurde auf Grund der am 2. Februar 1830 publizierten Verfahrensweise die Konsolidation aufgenommen und bis zum Ende des Herzogtums in 187 Gemeinden ganz, in 60 teilweise durchgeführt. Sie war beispielhaft, aber für die Betroffenen unverständlich und teilweise schmerzhaft, so daß sie die allgemeine politische Situation nicht entlastete.

Diese verschärfte der Umstand, daß sich der Wohlstand des Landes nur langsam hob, denn das Herzogtum besaß nur geringe gewerbliche Einnahmemöglichkeiten. Das waren der Weinbau (im Rheingau), die Mineralwassernutzung (besonders in Niederselters, die Kurtrier Ende des 18. Jahrhunderts auf über eine Million und das Herzogtum Nassau auf etwa zwei Millionen Krüge jährlich gesteigert hatte) und der Badebetrieb in den Bädern von Wiesbaden, Schlangenbad, Schwalbach, Ems, Soden und Weilbach. Aber eine größere allgemeine Wohlfahrt war damit natürlich nicht zu erreichen. Die Folge der Armut war ein ausgedehntes Wandergewerbe nassauischer Untertanen, das jedoch oft nur als Deckmantel der Bettelei diente, und sich schließlich über Holland und Frankreich bis nach England erstreckte. Mit diesen „Händlern" verbanden sich fahrendes Volk, wie Sänger, Gaukler, Tänzer und Akrobaten und auch Mädchen, die angeblich als Hausangestellte gingen, in Wirklichkeit aber vielfach die Bordelle in Brüssel und London versorgten (wo The German Tavern den Mittelpunkt dieser Fahrenden bildete), und als solche bis nach Nordamerika, ja Kalifornien gelangten, wo man sie als Hurdy Gurdy bezeichnete. Erst nach energischen Maßnahmen der nassauischen und hessischen Regierung ließ dieses Wandergewerbe gegen Mitte des 19. Jahrhunderts allmählich nach.

Um so drückender lastete die Not auch fernerhin auf den beträchtlichen nassauischen Armutsgebieten, insbesondere auf dem Westerwald, obwohl man gerade ihn mit größten Anstrengungen (letzten Endes aber nutzlos) zu kultivieren suchte (große Schutzheckenanlagen durch Albrecht zwischen 1838 und 1848, wo wohl nur flächenmäßig große Aufforstungen hätte helfen können). An der wirtschaftlich allgemein schwierigen Lage änderte auch die seit 1816 versuchsweise und seit 1824 regelmäßig betriebene Dampfschiffahrt auf dem Rhein (zwischen Köln und Mainz) nur wenig, obwohl sie 1842 schon eine Million Passagiere und zehn Millionen Zentner Güter beförderte, nachdem die Rheinschiffahrtskonventionsakte von 1831 den Schiffsverkehr auf dem Strom endgültig geregelt hatte. Auch der Anschluß Nassaus an den Deutschen Zollverein am 1. Januar 1836 und der Bau der ersten großen Eisenbahnstrecken brachte zunächst noch keine entscheidende Entlastung; denn die neuen Verkehrsstrecken umgingen die Notgebiete im Taunus und im Westerwald. Die ersten Bahnen waren die 1839/40 eröffnete Taunuseisenbahn Frankfurt—Wiesbaden, die seit 1856 betriebene Rheingaubahn Wiesbaden—Rüdesheim, die bis 1862 nach Oberlahnstein weitergeführt wurde, und schließlich die Strecken Köln—Siegen—Dillenburg—Gießen (1862) und die Lahntalbahn Gießen—Koblenz (1863).

Infolge seiner Notlage war Nassau eines der Hauptauswanderungsländer Deutschlands im 19. Jahrhundert, so daß der Herzog eine führende Rolle in dem 1844 gegründeten Texasverein übernahm, der die deutsche Auswanderung nach Nordamerika lenken, regeln und schützen sollte, und sie bis zu seinem Bankrott finanziell stark unterstützt hat. Bemerkenswert ist, daß es auch in Nassau (wie in Hessen-Darmstadt) zur Auswanderung ganzer Dörfer kam (1852 Niederfischbach im Unterlahnkreis und Sespenrod im Oberwesterwaldkreis). Aus der Not der Westerwaldgemeinden (preußischen Gebietes) erwuchs die Tätigkeit Raiffeisens, der zunächst Hilfsvereine zur Unterstützung unbemittelter Landwirte gründete, sie von 1862 an zu Darlehnskassen weiterentwickelte und diese schließlich (seit 1877) zur Raiffeisengenossenschaft zusammenschloß. Sie waren wie in den meisten deutschen Ländern (und selbst in Österreich) auch in Hessen (seit 1879) und in Nassau weit verbreitet (1928 gab es in Kurhessen 560, in Nassau 506 und in Oberhessen 176 Genossenschaften) und von größtem Nutzen für die Landwirtschaft, da sie diese vom mobilen Kredit unabhängig machten und damit der Überschuldung der ländlichen Anwesen (insbesondere durch Halm- und Viehwucher) erfolgreich vorbeugten.

Die Bevölkerungs- und Wirtschaftsverhältnisse dieser Zeit spiegelt folgende Bestandsaufnahme. Nassau hatte 1845 417 708 Einwohner, die 100 382 Familien bildeten und in 64 135 Wohnhäusern wohnten. Es gab 86 258 Männer, 86 813 Frauen, 216 725 Kinder (davon 111 281 Knaben und 105 444 Mädchen) und 27 912 Gesinde (davon 5455 Gesellen und Lehrlinge, 7264 Knechte und 15 193 Mägde). Von ihnen waren 220 319 evangelisch, 190 467 katholisch, 143 Mennoniten und 6779 Juden (1818 gab es 3169 Juden). In gewerblicher Hinsicht gliederte sich die Bevölkerung 1847 in 44 146 Bauern, 2056 Weingärtner, 18 517 Tagelöhner und 8000 ständige Arbeiter in Bergbau- und Hüttenbetrieben. Von diesen waren 38 Eisenhämmer, 18 Eisenhütten sowie 98 Fabriken und Manufakturen in Betrieb. Die zahlenmäßig stärksten sonstigen Berufsgruppen bildeten die Wirte (2977), die Schuhmacher (2586), die Kleinkrämer (2057), die Leinen- und Damastweber (1845), die Schneider (1835), die Pferdeverleiher und Hauderer (1835), die Schreiner (1478), die Grobschmiede (1173), die Händler (1119), die Bäcker (1065), die Branntweinbrenner (887) und die Wagner (762).

Das völlige Überwiegen der landwirtschaftlichen und kleinhandwerkerlichen Berufe sowie die kargen Existenzbedingungen des vorherrschenden Kleinbauerntums erklären die gedrückten wirtschaftlichen Verhältnisse zu Genüge. So ist es verständlich, daß die ländliche Bevölkerung in den politischen Unruhen der späten 40er Jahre überwiegend wirtschaftliche und soziale Anliegen verfocht, die allerdings im öffentlichen Bewußtsein hinter den lautstärker vorgetragenen politischen Forderungen des Bürgertums immer zurückgetreten sind.

Auf Grund dieser labilen politischen und wirtschaftlichen Lage in Nassau kam es nach dem auch hier entscheidenden Anstoß von außen am 1. März 1848 in Wiesbaden zur Revolution, deren zeitübliche Forderungen: Volksbewaffnung, Vereidigung des Militärs auf die Verfassung, Pressefreiheit, Erklärung der Domänen als Staatseigentum, Beseitigung des Zehnten u. a. der Herzog zu bewilligen gezwungen war. Die entsprechenden Gesetze folgten schnell, darunter das provisorische Wahlgesetz, das nur noch eine Kammer, die Volkskammer, vorsah. Der Führer der Erhebung, Hergenhahn, wurde Präsident des Ministeriums, vermochte jedoch ihre Radikalisierung nicht aufzuhalten. Als man generell für alle Beschlüsse der Kammer ihre Bestätigung durch die Regierung verlangte, kam es am 16. Juli 1848 zu einer förmlichen Revolte in Wiesbaden. Da in ihrem Verlauf die Bürgerwehr, welche die Revolutionäre verhaften sollte, zu diesen überging, unterdrückte die Regierung den Aufstand mit Hilfe österreichischer und preußischer Truppen aus der Bundesfestung Mainz. Eine Reihe gesetzgeberischer Maßnahmen erzwang die Befriedung. Das Gemeindegesetz vom 12. Dezember 1848 verlieh den Gemeinden volle Selbstverwaltung und das Gesetz vom 24. Dezember ermöglichte die Zehntablösung. Im März 1849 folgte die Aufhebung des privilegierten Gerichtsstandes, im April die Trennung von Justiz und Verwaltung in der untersten Instanz und im Juli die Einführung der Schwurgerichte.

Das Aprilgesetz schuf ähnlich wie in Kurhessen und Hessen-Darmstadt größere Verwaltungsbezirke, und zwar zehn, in denen man jeweils zwei bis drei Ämter, die als Gerichtssprengel bestehen blieben, zusammenfaßte. Die Kreisverwaltung übertrug man einem Kreisamtmann mit einem Kreisbezirksrat (von mindestens acht Beiräten). Damals gelang es auch, die Domäne Johannisberg im Rheingau der nassauischen Landeshoheit zu unterstellen, wenn das berühmte Weingut selbst auch im privaten fürstlich Metternichschen Besitz blieb.

Der politische Zusammenbruch der Frankfurter Nationalversammlung, nachdem König Friedrich Wilhelm IV. von Preußen die ihm angetragene deutsche Kaiserkrone abgelehnt hatte, änderte jedoch auch in Nassau die Lage. Es schloß sich der preußischen Politik an und trat am 26. Juni 1849 auf der Gothaer Versammlung dem Dreikönigsbündnis (Preußen, Hannover, Sachsen) bei, das sich durch den Anschluß der übrigen deutschen Staaten außer Bayern, Württemberg und Österreich zur Union erweiterte.

Damit war die rückläufige Bewegung gesichert, gegen die sich schon der demokratische Idsteiner Landeskongreß vom 10. Juni 1849 vergeblich gewehrt hatte. Am 11. Juni wurde Hergenhahn abgesetzt. Am 17. Oktober 1849 erfolgte die Umbildung der Zentralbehörden und am 18. Dezember 1849 die Proklamierung der neuen Verfassung. Sie übernahm zwar Hauptgrundsätze der am 29. März 1849 durch das Frankfurter Parlament verkündeten allgemeinen Grundrechte, wie Aufhebung der Standesvorrechte, Gleichheit aller vor dem Gesetz, Freiheit der Person, des Eigentums, der Presse und der religiösen und politischen Überzeugung, konnte sie aber gegenüber der Reaktion nicht behaupten. Inzwischen hatte sich nämlich die österreichische Opposition gegen den preußischen Führungsanspruch durchgesetzt, Preußen kapitulierte vor Österreich im Vertrag von Olmütz (am 29. November 1850), so daß sich die Union (die am 30. März 1850 das Unionsparlament zu Erfurt eröffnet hatte) auflöste. Stattdessen wurde der Bundestag erneut konstituiert.

Eine symbolische Randfigur des europäischen Bereiches der Revolution von 1848 und ihres Zusammenbruches bildete im Nassauer Land Erzherzog Stephan von Österreich. Er mußte 1848 als Paladin von Ungarn abdanken und zog sich daraufhin, verurteilt von der aufständischen ungarischen Nation und zugleich verbannt vom reaktionären Wiener Hof, auf sein mütterliches (anhalt-bernburgisches) Erbteil, Schloß Schaumburg an der unteren Lahn, zurück, wo er bis zu seinem Tode (1867) lebte.

Die Aufhebung der Grundrechte durch den wiederhergestellten Bundestag am 23. August 1851 wirkte auch auf die nassauische Verfassung zurück, da die Zugeständnisse an die Revolution allmählich wieder eingeschränkt wurden. Die einheitliche Volkskammer fiel, den Landtag bildeten wieder zwei Kammern. Die erste Kammer stellten die Standesherren, die Landesbischöfe und neun gewählte Abgeordnete (nämlich sechs der höchstbesteuerten Grundbesitzer und drei der höchstbesteuerten Gewerbetreibenden). Die zweite Kammer bestand aus 24 gewählten Abgeordneten. Das Gesetz vom 24. Juli 1854 gestaltete dann die gesamte Staatsverwaltung wieder weitgehend im alten Sinne um. Es stellte das Amt des Staatsministers wieder her und ordnete ihm das Justiz- und Finanzkollegium, das Kriegsdepartement und die Landesregierung unter. Verwaltung und Justiz legte man in der untersten Instanz (in den 28 Ämtern) wieder zusammen, behielt aber für die Ämter einen gewählten Bezirksrat (von sechs Köpfen) bei. Zugleich änderte man auch die Gemeindeverwaltungsordnung wieder, doch blieb die Selbstverwaltung der Gemeinden unter dem selbstgewählten Bürgermeister, Gemeinderat und Feldgericht bestehen. Empfindlich waren auch die Beschränkungen der Pressefreiheit, des Vereins- und des Versammlungsrechtes.

Diese Maßnahmen erregten erneute Opposition, die vornehmlich der Publizist Karl Braun führte und der Geheime Regierungsrat J. Werren bekämpfte. Aber er kam gegen Braun nicht auf. Dieser hat insbesondere mit seinen zwar überscharfen, aber geistreichen satirischen „Bildern aus der deutschen Kleinstaaterei" das Herzogtum so lächerlich gemacht, daß das Unzeitgemäße seiner politischen Existenz immer krasser hervortrat. Im Domänenstreit konnten sich Herzog und Stände 1861 zwar noch einigen, nicht aber mehr in den politischen Prinzipienfragen. Bestimmend dafür war die Entwicklung der allgemeinen politischen Lage, die nunmehr das Ringen zwischen Preußen und Österreich um die Vorherrschaft in Deutschland beherrschte. Hierin gewann Preußen auch in Nassau in weiten Teilen der wirtschaftlich und politisch interessierten Bevölkerung ständig an Boden und isolierte damit Hof und Regierung, die mehr auf österreichischer Seite standen. Die Spaltung zwischen Regierung und Landtag, der 1864/65 wiederholt deshalb aufgelöst wurde, ging schließlich so weit, daß er 1866 alle Kriegskredite verweigerte. Nassau mobilisierte auf Grund des Bundestagsbeschlusses vom 14. Juni im Gefolge Österreichs gleichwohl gegen Preußen und unterlag. Das Herzogtum wurde annektiert, der Herzog abgesetzt und durch Vertrag vom 18. September 1867 mit $8^1/_2$ Millionen Talern und den Schlössern Biebrich und Weilburg (die erst 1933/35 an Preußen übergingen) abgefunden. Für die Verwaltung dieser Besitzungen wurde am 15. Oktober 1867 die herzoglich nassauische (seit 1891 großherzoglich luxemburgische) Finanzkammer in Biebrich eingerichtet. Herzog Adolf hielt sich zunächst vorwiegend in Wien und auf Schloß Hohenburg (bei Lenggries) auf, bis ihm das Aussterben des nassau-ottonischen Hauses in den Niederlanden im Mannesstamm 1890 auf Grund des nassauischen Erbvereins den Weg auf den großherzoglichen Thron von Luxemburg freimachte. Hier erlosch mit seinem Sohn Wilhelm der letzte, der walramische, Mannesstamm des Hauses Nassau 1912.

45. Das Kurfürstentum Hessen

In den endgültigen Ab- und Umbruch des deutschen Reiches und der Territorialstaaten durch die Folgen der französischen Revolutionskriege ging Hessen-Kassel mit einem Besitzstand von etwa 920 qkm mit ungefähr 500 000 Einwohnern. Der Reichsdeputationshauptschluß vermehrte ihn nicht wesentlich, obwohl Hessen-Kassel (zusammen mit Kurmainz, Böhmen, Sachsen, Brandenburg, Pfalzbayern, dem Hoch- und Deutschmeister und Württemberg) der am 24. August 1802 in Regensburg zusammentretenden Deputation angehörte, repräsentiert durch Philipp Maximilian von Günderode und dann Georg Wilhelm von Starkloff. Da der Versuch des Landgrafen scheiterte, sich (angeblich wegen zu geringer in Paris angebotener Bestechungssummen) die mainzischen Ämter Aschaffenburg, Orb und Lohr zu verschaffen, mußte er sich mit den Relikten des alten mainzischen Territorialbesitzes in Hessen begnügen. Es waren die Ämter Fritzlar, Naumburg, Amöneburg und Neustadt. Diese ließ er gemäß den Entschädigungszusicherungen des Lunéviller Friedens vom 9. Februar 1801 und dem von Frankreich und Rußland am 18. August 1802 veröffentlichten Entschädigungsplan am 14. September 1802 militärisch besetzen, um sich für den erlittenen Verlust von drei Quadratmeilen Land, 6000 Köpfen und 150 000 fl. jährlicher Renten schadlos zu halten. Außerdem sicherte er sich endgültig die Stadt Gelnhausen, deren hanauischen Pfandschaftsanteil Hessen bereits 1736 und deren pfälzischen Anteil es 1746 erworben und festgehalten hatte, obwohl der widerstrebenden Stadt durch zwei Reichskammergerichtsurteile von 1734 und 1769 ihre Reichsunmittelbarkeit bestätigt worden war. Durch den am 25. Februar 1803 vollzogenen Reichsdeputationshauptschluß erhielt der Landgraf endlich den seit langem erstrebten Rang als Kurfürst, den aber die kaiserliche Abdankung schon 1806 wieder zum leeren Titel machte.

Die geringen Gebietszuteilungen durch den Reichsdeputationshauptschluß veranlaßten den Kurfürsten, deswegen im Winter 1805/06 mit Preußen zu verhandeln. Da er hier aber wenig Entgegenkommen fand, nahm er im Februar 1806 Fühlung mit Frankreich auf (wobei er Minister Talleyrand 200 000 Livres auszahlen ließ), um mit ihm einen Allianzvertrag zu schließen. Doch scheiterte das an den Vorbehalten des Kurfürsten. Mochte dieses Mißlingen auch seinen innersten legitimistischen, revolutionsfeindlichen und antifranzösischen Neigungen entsprechen und ebenso gemäß sein wie seiner ehrenvollen Weigerung, dem Rheinbund beizutreten, so war es doch andererseits eine schwerwiegende Fehlleistung seiner ebenso hochfahrenden wie blinden Selbstüberschätzung, daß er den am 20. August 1806 dann doch mit Preußen notgedrungen abgeschlossenen Allianztraktat nicht ohne Einschränkung ratifizieren wollte. Damit hatte sich der Kurfürst jeden ernsthaften Rückhaltes beraubt und geriet vollends unter die Verlierer, als er beim Angriff Frankreichs auf Preußen in völliger Verkennung seiner militärischen und politischen Lage die Neutralität Hessens erklärte. Nach der Niederlage Preußens bei Jena und Auerstedt besetzten die Franzosen Ende Oktober 1806 das Land und entwaffneten es. Das Schicksal Hessens war damit vorerst besiegelt. Der Kurfürst ging nach Prag ins Exil, Staatsschatz und Kunstsammlungen verfielen weitgehend der Ausraubung, schließlich verlor Hessen auch noch seine territoriale Selbständigkeit. Napoleon teilte es mit anderen westdeutschen Gebieten dem nach dem Frieden von Tilsit am 18. August 1807 errichteten Königreich Westphalen zu.

Die Krone des Königreichs erhielt der jüngste Bruder Napoleons Jérôme, der Kassel zu seiner Residenz machte. Gemäß seinem Schöpfer war die Verfassung des neuen Staatengebildes ganz aus französischem Geiste geboren. Sie beseitigte demgemäß (angeblich) alle Standesprivilegien, verkündete die Freiheit der Religion und die (geforderte) Gleichheit vor dem Gesetz, führte den Code Napoléon und die französische Gerichtsverfassung ein und schuf eine Verwaltungsorganisation nach französischem Vorbild. Sie gliederte Hessen in zwei Departements. Im Werradepartement waren Oberhessen, Ziegenhain, Hersfeld, Eschwege und Schmalkalden zusammengefaßt, im Fuldadepartement Niederhessen, Corvey, Paderborn, Reckenberg, Rietberg und Münden. Sitze der Präfekten waren Marburg und Kassel. Die Niedergrafschaft Katzenelnbogen, Fulda und Hanau kamen nicht zum Königreich Westphalen, sondern blieben als pays reservés unter gesonderter französischer Verwaltung; 1810 gingen Fulda und Hanau an das Großherzogtum Frankfurt über. Mit dieser völligen Umgestaltung der Staatsverwaltung verbanden sich auch einige grundsätzliche neue Verwaltungsmaßnahmen. Sie bestanden in der Einführung der Ministerialverfassung mit Ressorttrennung, der (angeblichen) Unabhängigkeit des Richtertums, der besonderen Verwaltungsgerichtsbarkeit, der Scheidung von Justiz und Verwaltung bis in den Lokalbereich und bei diesem die Unterscheidung zwischen der Verwaltung in eigener Zuständigkeit und der Auftragsverwaltung. Es waren Errungenschaften, die noch heute Geltung besitzen und das Urteil verständlich machen: „so gute Gesetze wie dieses ephemere Reich, hat selten ein Staat erhalten."

Da sie aber ein siegreicher Feind einer überfallenen und überwältigten Bevölkerung auferlegte, fanden weder sie noch der sie stützende Staat bei den Regierten innere Zustimmung. Noch schwerer wog, daß die Verfassung der Verwaltung in keiner Weise entsprach, daß diese vielmehr schon bald in einen Polizeistaat schlimmer Art ausartete, daß Jérôme nur ein Scheinkönig war, in Wirklichkeit alles von Napoleon abhing, daß der Staatshaushalt immer stärker zerrüttete und die Sitten der herrschenden Schichten abstoßend wirkten. Die französische Herrschaft und ihr „Scheinkonstitutionalismus" konnten daher die Abneigung und den Widerstand der Bevölkerung, auf den sie von Anfang an gestoßen waren, nicht überwinden. So wurde Kurhessen während der französischen Herrschaft 1806 bis 1813 ein Zentrum des Widerstandes gegen die Fremdherrschaft von europäischer Ausstrahlungskraft. Bereits im Dezember 1806 kam es in zahlreichen hessischen Orten (Marburg, Hersfeld, Sontra, Eschwege, Vacha u. a.) mit dem Schwerpunkt in der Werragegend zu Unruhen und kleineren Erhebungen, die zunächst vor allem von entlassenen und verelendenten hessischen Soldaten getragen wurden. General Barbot unterdrückte jedoch den Aufruhr mit überlegenen Kräften, und Napoleon befahl, Hersfeld zu verbrennen (das aber durch den Edelmut des Obersten Lingg gerettet wurde) und Eschwege mit Blut büßen zu lassen. So fielen zahlreiche gefangene Aufständische unter den französischen Kugeln. Aber der Widerstandswille war damit nicht gebrochen. Er entfaltete sich sofort wieder, als er durch das Zusammengehen des Kurfürsten mit Österreich gegen Napoleon 1809 und die Bildung einer kurhessischen Legion in einen größeren ideellen und politischen Rahmen einbezogen worden war. In Niederhessen im April 1809 durch von Hasserodt und Oberst von Dörnberg entfacht, und in Oberhessen im Juni desselben Jahres von Professor Sternberg und Oberst Emmerich in Marburg organisiert, scheiterten die Erhebungen aber auch diesesmal, und wieder fielen ihre Führer den Kugeln französischer Hinrichtungskommandos zum Opfer.

Wie ein Symbol der Hoffnung und des Glaubens an einen neuen Morgen leuchtete in diese Nacht jenes erste freimaurerische Frühlingsfest, das die Logen aus Kassel, Münden, Heiligenstadt und Eschwege im Mai 1812 im geheimen auf dem Meißner, dem sagenberühmten hessischen Wald- und Bergkönig, feierten, indem sie eine nächtliche Johannisloge veranstalteten und die aufgehende Sonne mit Gesängen und maurerischen Reden begrüßten. Das folgende Jahr sah die Erfüllung dieser Hoffnungen, denn sie brachte das Ende der französischen Herrschaft, nachdem sie dem Land zuvor nochmals ganz besonders schwere Truppen- und Blutopfer für den Rußlandfeldzug Napoleons abgepreßt hatte. So führte die wachsende Hoffnung auf Befreiung im Frühjahr 1813 zu einer erneuten Erhebung gegen die französische Unterdrückung, wiederum mit dem Schwerpunkt im Werraland, jedoch fielen ihre Führer noch einmal unter den Kugeln der französischen Peletons. Erst als die Völkerschlacht bei Leipzig im Oktober 1813 Napoleons Macht gebrochen hatte, war auch das Schicksal König Jérômes besiegelt. Er verließ Kassel, kehrte nochmals kurzfristig zurück und floh endgültig. Napoleon konnte sich zwar durch ein siegreiches Gefecht bei Hanau seinen eigenen Fluchtweg nach Frankreich offenhalten, aber das zerschlagene französische Heer verlor sich in einem um so erbarmungswürdigeren Zustand am Rande der hessischen Heerstraße. Am 30. Oktober kehrte der Kurprinz, am 21. November der Kurfürst nach Kassel zurück. „Hessen! Mit eurem Namen nenne ich Euch wieder." Der Empfang war jubelnd, die Befreiung ein tief empfundenes Erlebnis der Bevölkerung.

Für die Bundestruppen gegen Napoleon stellte Kurfürst Wilhelm I. aus seinem durch die französischen Aushebungen militärisch weitgehend erschöpften Land gleichwohl noch 17 360 Mann, war aber außerstande, das ihm durch die Frankfurter Beschlüsse der Alliierten vom 24. November 1813 auferlegte Kontingent von 24 000 Mann zu mobilisieren. Jedoch brachte der Kurfürst anteilmäßig weit mehr auf, als die meisten übrigen Mittel- und Kleinstaaten, denn das war nicht nur eine Frage der Mannschafts-, sondern vor allem auch der Geldbeschaffung. Es war daher für den Kurfürsten von entscheidender Wichtigkeit, daß er sich mit englischen Subsidien behelfen konnte, da sie ihn von ständischen Geldbewilligungen weitgehend unabhängig machten. Das war aber aus innerpolitischen Gründen um so notwendiger, als er hier bei seinen ersten Regierungsmaßnahmen schon bald auf Widerstand stieß. Er löschte nämlich in kleinlichster Weise fast alle französischen Neuerungen aus, auch wenn sie gut gewesen waren, und verfügte die Wiederherstellung des Rechtszustandes vom 1. November 1806; ausgenommen waren jedoch diejenigen steuerlichen Neuerungen, die ihm Nutzen brachten, wie die Beseitigung der Steuerfreiheit des Adels und die Fortführung der westphälischen Personalsteuer, die jetzt als „Landesschuldensteuer" weiterlief. Es verblieb aber auch bei der Aufhebung der Universität Rinteln und der Einrichtung des Marburger Schlosses als Zuchthaus, die Jérôme verfügt hatte.

Zum erstenmal erfolgte zudem eine politische Überprüfung der Beamten, da sie der Fürst nur wieder einstellte, „sofern ihr Betragen während der Okkupation keinen erheblichen Anstand abgebe". Den Verkauf der von König Jérôme veräußerten hessischen Domänen ließ der Kurfürst für unrechtmäßig erklären. Die Käufer wurden wieder enteignet und erst nach jahrzehntelangen Verhandlungen und Klagen (die von 1816 bis 1823 selbst den Frankfurter Bundestag beschäftigten) durch den hessischen Landtagsbeschluß von 1837 wenigstens mit einer 50prozentigen Entschädigung abgefunden. Gerade auch für Kurfürst Wilhelm I. gilt daher das zeitgenössische Wort Ludwig Emil Grimms: „Die Fürsten, die jahrelang entfernt von ihrem Lande leben mußten, kamen ungebessert zurück. Nachdem das Volk ihren Thron und ihr Land mit seinem Blute wieder errungen hatte, wurde es ohne Liebe, nur mit Undank und Härte behandelt. Die meisten Fürsten haben nur Hochmut, Stolz und Gold im Herzen." Das einprägsamste Zeichen dieser ungebesserten Rückständigkeit des Kurfürsten bleibt der Zopf, den die französische Besatzung abgeschafft hatte, den er aber seiner Truppe nun wieder anhing.

Der Wiener Kongreß brachte auch für Hessen-Kassel eingreifende Gebietsveränderungen mit sich. Es trat die Niedergrafschaft Katzenelnbogen an Preußen ab; Plesse, Neuengleichen, Uchte, Freudenberg und Auburg an Hannover; Frauensee, Völkershausen, Vacha, Lengsfeld sowie einen Teil der Vogtei Kreuzberg und des Amtes Friedewald an Sachsen-Weimar. Dafür erhielt es den größten Teil der ehemaligen gefürsteten Abtei Fulda. Außerdem verschaffte ihm der Ausgleich mit Hessen-Darmstadt gegen Verzicht auf seine Rechte an der Hessen-Darmstadt zugeteilten Herrschaft Babenhausen außer einigen ehemals mainzischen Orten die Oberhoheit über mehrere Büdinger Gerichte (Langendiebach, Langenselbold, Meerholz, Lieblos, Wächtersbach, Spielberg, Unterreichenbach und Wolferborn), dazu die Stadt Salmünster und den Huttenschen Grund. Auch die lange begehrte, zuletzt preußische Stadt Volkmarsen fiel nun an Kurhessen. Für den Verlust der Niedergrafschaft wurde der Landgraf von Hessen-Rotenburg mit dem Herzogtum Ratibor und der Abtei Corvey entschädigt. (Diese Nebenlinie starb 1834 aus und damit fiel die Rotenburger Quart an das Kurhaus zurück.) Nach seinem neuen Besitzstande zählte das Kurfürstentum 1816 nunmehr 567 868 Einwohner.

Kurhessen gehörte seit 1815 dem Deutschen Bunde an und verfügte im engeren Bundesrat über eine und in der Plenarversammlung über drei Stimmen. Seine Politik im deutschen Bundestag war zunächst dadurch bestimmt, daß es zu der von dem württembergischen Gesandten von Wangenheim geführten Opposition gegen die preußisch-österreichische Politik zählte, weshalb Metternich nach der Abberufung Wangenheims 1823 auch die Rückbeorderung des kurhessischen und des großherzoglich-hessischen Gesandten erzwang. Seitdem hatte die kurhessische Politik im Rahmen des Deutschen Bundes keine eigene Bedeutung mehr. Hier herrschten fortan Österreich und Preußen, in deren politisches Spiel sich Hessen einordnen mußte. Es wurde dabei sein Verhängnis, daß es im 19. Jahrhundert seine jahrhundertelange enge Verbindung mit Preußen (von der Erbvereinigung mit Brandenburg 1457 bis zum Allianztraktat mit Preußen 1806) aufgab, in entscheidenden Situationen auf die österreichische Seite trat und damit seinen Untergang herbeiführte.

Die vom Kurfürsten versprochene Verfassung kam nicht zustande, weil er sich mit den Ständen darüber nicht zu einigen vermochte, die Auseinandersetzungen über das Recht der Steuerbewilligung und die Trennung von Haus- und Staatsschatz zwischen ihnen ergebnislos blieben und der Adel die Verfassung sabotierte, da er nicht das Opfer der eigenen Besteuerung bringen wollte. So konnte es schon im Jahr 1816, als die erste politische Enttäuschung und der Hunger die Bevölkerung aufwühlten, zu jener Eingabe der Diemelbauern kommen, in der es heißt: „Die Franzosenzeiten waren schlimm, aber die jetzigen sind . . . schlimmer . . . Es ist zu arg, daß unser guter Landesfürst bei den Leuten im Lande an Liebe verliert, weil er bösen Ratgebern das Haus nicht verbietet." Und wenn sie auch wünschten, daß mit der alten Ordnung die alte Liebe zum Fürsten wiederkehre, so verlangten sie doch ebenso eine „feste Verfassung . . ., wo ohne Genehmigung der Landstände nichts darf gefordert und auferlegt werden".

Aber diese Stimmen drangen noch nicht durch. Das Land mußte sich vielmehr mit dem Haus- und Staatsgesetz vom 4. März 1817 und der Aufhebung der Patrimonialgerichtsbarkeit im Juni 1817 begnügen, zumal die Verfassungsentwürfe des Kurfürsten vom Jahre 1818 politisch völlig unzureichend waren. Auch der Regierungsantritt Kurfürst Wilhelms II. 1821 brachte noch nicht die Verfassung, aber doch einen erheblichen verwaltungstechnischen Fortschritt. Als solcher muß das im wesentlichen von dem Oberappellationsrat Friedrich Krafft geschaffene Organisationsedikt vom 26. Juni 1821 gelten, das vor allem bestrebt war, die neuerworbenen und alten Gebiete einheitlich zu gestalten und sich dabei im stärksten Maße preußischer Vorbilder bediente gemäß der Absicht Kurfürst Wilhelms II., „den Zivilstaat ganz auf preußischen Fuß zu setzen". An die Spitze des nunmehr in vier Provinzen gegliederten Landes (Nieder- und Oberhessen, Hanau und Fulda) trat das Staatsministerium unter dem Vorsitz des Kurfürsten, das aus den Ministern des Innern, der Justiz, der Finanzen, der auswärtigen Angelegenheit und des kurfürstlichen Hauses bestand. Jede Provinz erhielt als Oberbehörde eine Regierung und als mittlere Behörden Kreisverwaltungen. Gerichtswesen und Verwaltung wurden abermals und nun endgültig getrennt: neben die Kreisämter als Verwaltungsbehörden traten die Justizämter zur Ausübung der Rechtspflege. An ihrer Spitze umfaßte die Gerichtsverwaltung das Oberappellationsgericht zu Kassel und je ein Obergericht in den Hauptstädten der vier Provinzen und in Rinteln (für Schaumburg). Außerdem verfügte jede Provinz über eine Polizeidirektion.

Die damals geschaffenen Kreise bestanden etwa 150 Jahre, während die allerdings später vielfach zusammengelegten Justizämter in den Amtsgerichten fortlebten. Eine Übersicht über die neugebildeten Kreise mit ihren (1827 ermittelten) Häuser- und Einwohnerzahlen, ergibt folgendes Bild:

Kreisorte	Häuser	Seelen
Kassel	5 470	54 091
Eschwege	6 201	37 038
Fritzlar	3 589	25 038
Hofgeismar	4 941	33 719
Homberg	2 898	18 601
Melsungen	3 829	26 567
Rotenburg	4 667	30 753
Schaumburg	4 490	31 594
Witzenhausen	4 193	27 078
Wolfhagen	3 559	22 565
Marburg	4 927	35 385
Frankenberg	2 727	17 561
Kirchhain	3 647	23 088
Ziegenhain	4 261	31 898
Fulda	5 326	44 196
Hersfeld	4 221	28 702
Hünfeld	3 301	25 664
Schmalkalden	4 215	23 395
Hanau	5 904	41 592
Gelnhausen	3 555	23 461
Schlüchtern (einschl. des 1830 wieder aufgelösten Kr. Salmünster)	5 386	39 547
Zusammen:	91 317	641 533

Das kirchliche Leben im Bereich Kurhessens kennzeichnet auch hier zunächst der Unionsgedanke der evangelischen Bekenntnisse, wie er sich in der Ende Mai 1818 zustandegekommenen Hanauer Union verwirklichte; denn damals traten die reformierten und lutherischen Geistlichen der in der Provinz Hanau vereinigten isenburgischen, fuldischen und hanauischen Landesteile zu einer kirchlichen Gemeinschaft zusammen. Die Verwaltung der evangelischen Kirche besorgten die drei Konsistorien in Marburg, Kassel und Hanau, während die Verwaltung der katholischen Kirche in Kurhessen das 1827 wieder hergestellte Bistum Fulda ausübte. Vorher war der Versuch des Hildesheimer Weih- und Hofbischofs König Jérômes, von Wendt, in den Jahren 1813/14 Fritzlar zu einem hessischen Bistum erheben zu lassen, gescheitert.

An höheren Schulen (Gymnasien) besaß das Kurfürstentum sieben, nämlich in Kassel, Marburg, Hanau, Rinteln, Hersfeld, Fulda und Schlüchtern; dazu kamen Realgymnasien und Bürgerschulen in Kassel, Fulda und Hanau. Die Gymnasien (außer Schlüchtern) verfügten um 1840 über etwa 75 Lehrer mit insgesamt ca. 950 bis 980 Schülern, während die Universität Marburg, die damals kleinste in Deutschland, bei etwa 270 Studierenden 52 Lehrkräfte aufzuweisen hatte.

So groß der verwaltungstechnische Fortschritt war, den das Organisationsedikt von 1821 durch die Einführung der Ministerialverfassung, die Trennung von Justiz und Verwaltung und die übersichtliche und wirksame Verwaltungsgliederung gebracht hatte, den allgemeinen Wunsch nach einer Verfassung befriedigte es nicht. Die Spannungen zwischen dem Land und dem Kurfürsten blieben bestehen, verschärft durch persönliche Gründe, insbesondere seine ehelichen Verhältnisse. Seine Mätresse Ortlöpp (die spätere Gräfin Reichenbach) beschuldigte man des ungebührlichen und unheilvollen Einflusses auf die Staatsgeschäfte und die persönlichen Angelegenheiten des Kurfürsten. Man lehnte sie völlig ab, seitdem sich die Kurfürstin (eine preußische Prinzessin) wegen dieses sie beleidigenden Verhältnisses 1826 vom Kurfürsten getrennt und mit ihren Kindern nach Bonn zurückgezogen hatte. Die daraus erwachsenen Spannungen zwischen Berlin und Kassel fanden ihren politischen Niederschlag im Beitritt Hessen-Kassels zu dem von Frankfurt aus gegründeten Mitteldeutschen Handelsverein, der gegen den preußischen Zollverein arbeitete und dadurch das Land schädigte. Trotzdem war der Kurfürst nicht bereit, diese Haltung aufzugeben, bis ihn endlich die von der Pariser Julirevolution 1830 besonders im Hanauer Land und in Kassel ausgelösten Unruhen zum Einlenken zwangen.

Mitte September 1830 versprach der Kurfürst zur Beschwichtigung des Aufruhres unter der unmittelbaren angstvollen Einwirkung der Ortlöpp-Reichenbach eine Verfassung und berief zu dem Zweck im Oktober die von dem Marburger Professor Sylvester Jordan geführten Landstände. Das Zusammenwirken der vom Kurfürsten eingesetzten Landtagskommissare von Porbeck (Prinzipalkommissar) und von Eggena (zweiter Kommissar) und des landständischen Verfassungsausschusses, in dem besonders Jordan, Pfeiffer, Eberhard und Schomburg hervortraten, führte nach überraschend kurzer Beratungszeit zur ersten kurhessischen Verfassung. Das bereits am 8. Januar 1831 proklamierte Verfassungsgesetz regelte die Zusammensetzung der Landstände nach dem Einkammersystem, bestimmte die Befugnisse der Stände in bezug auf die Steuerbewilligung und Gesetzgebung und gab ihnen damit die Gesetzesinitiative, führte die Ministerverantwortlichkeit ein und berechtigte die Stände, die Minister bei Verfassungsbruch gerichtlich zur Verantwortung zu ziehen. Die kurhessische Verfassung — weitgehend formuliert durch Jordan unter dem Einfluß des Badener Liberalen Rotteck — „bildete das Höchstmaß dessen, was der deutsche Konstitutionalismus im Vormärz erreicht hat". Außerdem fiel das Ärgernis der Studienbeschränkung für Inländer an der Landesuniversität Marburg und der Zankapfel des Staatsschatzes. Fürst und Stände einigten sich über seine Höhe (28½ Milllionen) und seine Verwendung dergestalt, daß die Zinsen der einen Hälfte als Hausschatz für die Bedürfnisse des fürstlichen Hauses und die der anderen als Staatsschatz für die Erfordernisse des Staates gebraucht werden sollten. Dennoch erfolgte zwei Tage nach der Verfassungsverkündigung der Bruch zwischen dem Kurfürsten und der Bevölkerung seiner Residenz. Der Grund lag im inneren Widerstand des Kurfürsten gegen die ihm abgerungene Verfassung, der Anlaß im Tumult der Kasseler Einwohnerschaft gegen die Rückkehr der vorübergehend abgereisten kurfürstlichen Mätresse. Die Gräfin Reichenbach sah sich genötigt, Kassel zu verlassen. Sie ging nach Hanau, und dorthin folgte ihr der Kurfürst, nachdem der Landtag am 9. März geschlossen hatte. Er ist nicht mehr nach Kassel zurückgekehrt.

Im September 1831 setzte der Kurfürst vielmehr den Kurprinzen Wilhelm zum Mitregenten ein und überließ ihm die Regierung. Das schien eine Wende zu bedeuten, denn schon im November 1831 schloß sich Kurhessen dem preußischen Zollverein an und tolerierte zunächst auch noch die liberale Bewegung, selbst wenn sie revolutionäre Züge zeigte, wie sie in den Hanauer Zollhauserstürmungen im Januar 1832 und — wenn auch in gemilderter Form — in den Demonstrationen zum Ausdruck kamen, die in Nachwirkung des Hambacher Festes im Juni 1832 auf einem ähnlichen Treffen in Wilhelmsbad stattfanden. Das hieß jedoch nicht, daß man gedachte, es dabei bewenden zu lassen. Um den stark zurückgegangenen Einfluß der Regierung wiederherzustellen, berief der Kurprinz vielmehr im Mai 1832 Hans Daniel Ludwig Hassenpflug zum Minister. Seine Tätigkeit begann fortschrittlich und aufgeschlossen. Das zeigen die Gesetze über die Ablösung der Reallasten, die Errichtung der Landeskreditkasse, die Gleichstellung der Juden und die am 28. Oktober 1834 erlassene Städte- und Gemeindeordnung. Sie bedeutete für die Städte das endgültige Ende ihrer z. T. noch mittelalterlichen Verfassungsformen und ihre Einfügung in den modernen Staat. Da Hassenpflug in seiner tatkräftigen Regierungsweise jedoch nicht genügend Rücksicht auf die Landstände nahm, auch das von der Verfassung geforderte Gesetz über die Einführung von Bezirksräten 1835 verhinderte, geriet er mehr und mehr in Gegensatz zu den Ständen. Um ihren Widerstand zu brechen, griff er wiederholt zum Mittel der Landtagsauflösung. Das steigerte den Gegensatz zur Feindschaft. So fand er an ihnen keinen politischen Halt, als ihn der Kurprinz 1837 wegen persönlicher Streitigkeiten plötzlich entließ.

Diese Maßnahme änderte jedoch die immer eindeutigere reaktionäre Einstellung des Kurprinzen und seines politischen Kurses nicht spürbar. Das erwies die Verhaftung des Führers der landständischen Opposition, Sylvester Jordans, noch im Jahre 1839 wegen angeblicher Teilnahme am Frankfurter Wachensturm von 1833. Nach jahrelanger Gefangenschaft endlich freigesprochen, verlor er dennoch sein Amt. Doch traten schon bald andere Marburger Professoren sein Erbe als oppositionelle Führer an: an ihrer Spitze der demokratische Bayrhoffer und der liberale von Sybel.

„Das Trauerspiel in Kurhessen" begann mit der Nachfolge des Kurprinzen, nachdem sein Vater am 20. November 1847 gestorben war. Den Auftakt bildete die Vereidigung des Militärs auf den neuen Landesherren, dem er im Gegensatz zur Bestimmung der Verfassung nur den sogenannten Fahneneid abnahm, wie er 1821 bei der Thronbesteigung seines Vaters Wilhelms II. geleistet worden war, und das Militär allein zum Gehorsam gegen den Landesherren verpflichtete. Erst auf Vorstellung der Offiziere ließ er erklären, daß der Eid auf die Verfassung dadurch nicht beeinträchtigt werde, hat aber die Wortführer dieser verfassungstreuen Opposition in gehässiger Weise persönlich benachteiligt und geschädigt. Gleich unwürdig verhielt er sich gegen seine Mutter. Da diese seine unstandesgemäße Verbindung mit einer geschiedenen Lehmann, der späteren Gräfin Schaumburg, schroff ablehnte, ließ sich der Kurfürst zu kleinlichen und würdelosen Schikanen gegen seine Mutter hinreißen, was deren Beliebtheit bei der Bevölkerung naturgemäß steigerte und der seinigen schadete.

Bei diesen vielseitigen Spannungen schlug die Nachricht von der Pariser Februarrevolution auch in Hessen wie ein Zündfunke durch. In Hanau, wo die Unterdrückung der Turner, Lichtfreunde und Deutschkatholiken gefährlichen Zündstoff angehäuft hatte, kam es sofort zu offenem Aufruhr. Von dort breitete sich der Aufstand über die meisten kurhessischen Städte aus. Bereits am 2. März 1848 erschien eine Hanauer Deputation in Kassel, am 4. kam eine Marburger und anschließend folgten weitere Sturmdeputationen hessischer Städte. In wenigen Tagen brach die Kasseler Regierung zusammen. Der Kurfürst kapitulierte und demütigte sich soweit, daß er den Hanauer Oberbürgermeister Eberhard zum Leiter des Innenministeriums ernannte. Unter dem gleichen, verhaßten Zwang erfüllte er die Forderungen des Hanauer Ultimatums vom 9. März und gewährte Presse-, Religions- und Gewissensfreiheit, verkündete eine Amnestie und verpflichtete sich, künftig nur noch Minister mit öffentlichem Vertrauen zu bestellen. Die schwer belastete Lage verschärften die Vorfälle der „Garde du Corps Nacht" vom 9. zum 10. April 1848. Tätliche Angriffe von Gardisten auf bürgerliche Demonstranten gegen mißliebige Militärbefehlshaber lösten so verworrene, unübersichtliche und gefährliche Zustände und Maßnahmen aus, daß der Kurfürst glaubte, die Lage nur dadurch retten zu können, daß er die Garde auf Verlangen aus Kassel entfernte und auflöste. Wiederum war er tief gedemütigt und entscheidend geschwächt worden. In den nächsten Monaten entglitt ihm die Leitung des Staates fast völlig.

Infolgedessen lief die Umbildung des Staatswesens unter den revolutionären Impulsen ungestört weiter. Das Gesetz vom 31. Oktober 1848 beseitigte die bisherige Provinzial- und Kreiseinteilung; stattdessen richtete man für die innere Landesverwaltung nur noch neun Bezirke (Regionen) ein (Kassel, Eschwege, Hersfeld, Fritzlar, Marburg, Fulda, Hanau, Schmalkalden und Rinteln), die ein Bezirksvorstand unter Mitwirkung eines Bezirksrates und eines Bezirksausschusses leitete. Dem Ministerium des Inneren verblieb nur die Aufsichtsführung. Das Gesetz vom 22. Dezember 1848 beseitigte die bisherigen Verwaltungsbehörden der Regierungen, der Lehenhöfe, der Polizeidirektionen und -kommissionen, der Kreisämter und andere und ersetzte sie Ende Januar 1849 durch neue Verwaltungsämter. Aber in diesem neuen Jahre zeigten sich doch auch schon die ersten rückläufigen Bewegungen, nachdem die Reichsreformpläne des Frankfurter Paulskirchenparlaments gescheitert waren, denn Kurhessen trat nunmehr wie Nassau und Hessen-Darmstadt der von Preußen politisch geführten Union bei. Bereits am 23. Februar 1850 vermochte der Kurfürst das ihm verhaßte Märzministerium unter Eberhard aufzulösen und Hassenpflug zurückzuberufen.

In die gleiche Zeit reichen die Anfänge einer anderen, nicht unbedeutenden, aber typisch hessischen Bewegung zurück: der Renitenz, womit man eine Abspaltung von der hessischen Landeskirche bezeichnet. Sie trat seit der von A. Fr. Chr. Vilmar geleiteten Jesberger Konferenz vom Februar 1849 mehr und mehr hervor und verfocht in erster Linie ein kirchenrechtliches Anliegen. Nachdem nämlich die deutschen Grundrechte den Staat für religionslos erklärt hatten, bezeichnete sich auch Kurhessen in seiner Verfassung nicht mehr offiziell als christlicher Staat. Er behielt aber die Kirchenverwaltung, die er nach wie vor durch die staatlichen Beamten der Konsistorien ausüben ließ, während dem Kurfürsten auch weiterhin der Rang eines obersten Bischofs (summus episcopus) zukam. Das bestimmte Vilmar, die ihm ergebenen Geistlichen in Jesberg zu veranlassen, die Trennung von Staat und Kirche auszusprechen und zugleich auf eine lutherisch geprägte Orthodoxie einzuschwenken, die bald in steigenden Gegensatz zu der seit Jahrhunderten reformierten hessischen Landeskirche geriet.

Zum Verständnis dieser politisch so erregten Jahre um die Mitte des 19. Jahrhunderts ist jedoch auch ein Blick auf die wirtschaftliche Gesamtlage erforderlich. Sie war insgesamt nicht gut, vielmehr verschärft durch Mißernten, während sich der damals beginnende Ausbau des hessischen Eisenbahnnetzes wirtschaftlich noch nicht bemerkbar machte. Nachdem der Landtag 1844 eine Sechs-Millionen-Taler-Anleihe zum Eisenbahnbau beschlossen hatte (womit Kurhessen aufhörte, der einzige staatsschuldenfreie deutsche Staat zu sein), entstanden als erste Hauptlinien die hessische Nordbahn Kassel—Bebra—Eisenach (—Leipzig) 1845 bis 1848, die 1848/49 nach Warburg und 1853 als Bergisch-Märkische Bahn nach Westfalen weitergeführt wurde, und die Main-Weser-Bahn Kassel—Marburg—Gießen—Frankfurt 1850/52. Die wenig erfreulichen Verhältnisse der 40er und 50er Jahre des 19. Jahrhunderts spiegeln sich auch deutlich in der Bewegung der Bevölkerungsziffer wider. Die Zahl der Bewohner Kurhessens hatte 1819 576 000 betragen und war bis 1850 auf 759 816 gestiegen. Ihre Aufgliederung in der Jahrhundertmitte ergibt folgendes Bild der Bevölkerungsverteilung in den Regionen von 1848:

Verwaltungsbezirk Kassel	14 457	Häuser mit	130 452	Einwohnern
Verwaltungsbezirk Eschwege	11 019	Häuser mit	74 745	Einwohnern
Verwaltungsbezirk Hersfeld	15 049	Häuser mit	104 836	Einwohnern
Verwaltungsbezirk Fritzlar	12 908	Häuser mit	93 348	Einwohnern
Verwaltungsbezirk Marburg	12 697	Häuser mit	89 321	Einwohnern
Verwaltungsbezirk Fulda	9 968	Häuser mit	76 663	Einwohnern
Verwaltungsbezirk Hanau	16 866	Häuser mit	125 964	Einwohnern
Verwaltungsbezirk Schmalkalden	4 304	Häuser mit	28 046	Einwohnern
Verwaltungsbezirk Rinteln	5 228	Häuser mit	36 441	Einwohnern
Also insgesamt:	102 496	Häuser mit	759 816	Einwohnern

Das waren bei 174 Quadratmeilen Größe des Landes 437 Einwohner auf die Quadratmeile. Die Bevölkerung hatte dabei seit 1819 regelmäßig zugenommen, jedoch mit einer immer geringeren Wachstumsrate, die seit 1837 unter ein Prozent sank und sich seit 1850 in ein jährliches Defizit verkehrte. 1858 zählte Kurhessen nur noch 726 000 Bewohner (darunter etwa 10 000 Juden). Die Gründe dieses Bevölkerungsverlustes (durch Abwanderung) lagen vor allem darin, daß dem starken Anwachsen der Bevölkerung in der ersten Hälfte des 19. Jahrhunderts die Zuwachsrate der wirtschaftlichen Leistung in keiner Weise genügt hatte. Noch hatte Hessen keine nennenswerte Industrie. Nach wie vor war die Landwirtschaft die tragende Ernährungsbasis, diese aber litt unter der Armut der Böden und an der durch die Realteilung bedingten Zersplitterung des Besitzes. Dazu kam, daß die am stärksten besetzten Handwerke finanziell am schwächsten waren und daß insbesondere die früher blühende Woll- und Leinenmanufaktur mehr und mehr der ausländischen maschinellen Konkurrenz erlag.

Zu diesen wirtschaftlichen kamen politische Abwanderungsgründe; denn gerade in jenen Jahren lebte die deutsche Auswanderung ganz allgemein wieder auf, nicht nur im Zeichen der wirtschaftlichen Stagnation, sondern auch besonders der politischen Reaktion, war also eine Zeiterscheinung, die auch in anderen Gebieten zu beträchtlichen Bevölkerungsbewegungen führte. Das Hauptauswanderungsziel war Nordamerika. In der Mitte des 19. Jahrhunderts begannen sich die zahlreichen hessischen Auswanderer in Amerika in Form von Kultur- und insbesondere Hilfsvereinen zusammenzuschließen. Ihr Organ waren die in New York erscheinenden „Hessischen Blätter". Dort bestand auch ein hessischer Volksfestverein, der monatliche, gut besuchte Versammlungen abhielt. Ein Hessen-Darmstädter Unterstützungsverein, dem auch zahlreiche Kurhessen angehörten, hatte sich in Washington gebildet. Ferner bestand ein Hessen-Unterstützungsverein in San Franzisko. Die stärkste Sammlungstätigkeit entfaltete der Hessische National-Unterstützungsverein in Detroit, dessen Bemühungen 1896 in der Gründung des Hessischen Nationalverbandes von Nordamerika gipfelten. Er hielt seine Generalversammlungen 1897 in Toledo (Ohio) und 1898 in Cincinnati ab, zählte in diesem Jahre bereits über 3000 Mitglieder (aus neun Staaten) und war bis zum Ersten Weltkrieg noch immer im Wachstum begriffen. Dann hat ihn der Krieg zerstört.

Die Epoche der so schwer belasteten innenpolitischen Zustände in der Mitte des 19. Jahrhunderts hat es jedoch nicht ausgeschlossen, daß in ihr friedliche Inseln bürgerlicher und künstlerischer Kultur gediehen, wie sie uns etwa die Autobiographie des Kasseler Malers Ludwig Emil Grimm (des Bruders der Germanisten) in reizvoller Weise schildert. Besonders hervorzuheben sind hier die kulturellen Bemühungen der Familien von der Malsburg in Escheberg (bei Zierenberg) und der von Schwertzell zu Willingshausen (in der Schwalm). Das Malsburgische Schlößchen Escheberg wurde in der 1. Hälfte des 19. Jahrhunderts Mittelpunkt eines Dichter- und Künstlerkreises, die Familie von Schwertzell bildete den Ansatzpunkt der einzigen hessischen Malerkolonie, die diesen Namen verdient.

In Escheberg fanden während vieler Jahrzehnte zahlreiche Künstler gastliche Aufnahme, die ihnen der Hausherr und Mäzen Karl Otto von der Malsburg gewährte, um sie hier in ungestörter Muße zu künstlerischen Arbeiten anzuregen. Der bekannteste Escheberger Dichter ist Emanuel Geibel, der das schönste, noch heute lebendige deutsche Mailied: „Der Mai ist gekommen" dichtete, als ihn von der Malsburg im Mai 1841 nach Escheberg einlud. Außer Geibel sind auch die Dichter Julius Rodenberg, Friedrich von Bodenstedt und Emil Pirazzi Gäste in Escheberg gewesen. Von ihnen hat Bodenstedt (der im 19. Jahrhundert berühmte Verfasser der Lieder des „Mirza Schaffy") das Leben in Escheberg in einem mehrbändigen Roman „Das Herrenhaus im Eschenwalde" behandelt, ohne jedoch dessen künstlerische Substanz voll ausschöpfen zu können, an der auch manche andere Künstler der Zeit wie der Komponist Marschner und der Kasseler Schauspieler Ludwig Gabillon mitgeschaffen haben. Dagegen hat der seit 1822 als Hofkapellmeister in Kassel tätige Komponist Louis Spohr keine Beziehungen zu Escheberg gehabt.

So liebenswert dieses schattenbildhafte hessische Wald- und Dichteridyll des Biedermeier auch gewesen ist, an künstlerischer Bedeutung tritt es weit hinter Willingshausen zurück. Hier fand 1814 der in der Leipziger Völkerschlacht verwundete russische Offizier baltischer Herkunft Gerhardt Wilhelm von Reutern bei den Schwiegereltern seines Bruders im von Schwertzellschen Hause Aufnahme und Pflege. Hierher kehrte er nach dem Kriege zurück, heiratete eine von Schwertzellsche Tochter und bildete sich hier (trotz Verlust seines rechten Armes) zu einem zwar kleinkünstlerischen, aber feinsinnigen Bildnismaler aus. Er trat in nähere Verbindung zu dem Kasseler Maler Ludwig Emil Grimm, der daraufhin öfters nach Willingshausen kam. Später, als von Reutern nach Düsseldorf übergesiedelt war, brachte er befreundete Maler aus Düsseldorf, Kassel und Frankfurt mit in das Schwalmdorf. Landschaft und Bevölkerung, Tracht und Sitte übten die größte Anziehungskraft auf die Maler aus. Es wurde damit zu einem der frühsten deutschen Malerstudienplätze, dessen Entwicklung allerdings erst gegen Ende des 19. Jahrhunderts seinen Höhepunkt fand, aber Ruf und Ruhm bis weit in das 20. Jahrhundert ausgestrahlt hat. Von den zahlreichen Willingshäuser Malern nennen wir als die namhaftesten zunächst aus der Mitte des 19. Jahrhunderts hier nur Jakob F. Dielmann, der zuerst Willingshausen stark förderte, dann aber mit anderen Frankfurter Malern, unter denen vor allem Anton Burger zu nennen ist, die Malerkolonie Kronberg a. T. gründete, und den noch zeitberühmteren Ludwig Knaus, dessen Schwälmerbilder in Europa und Amerika gleich begehrt waren.

Nach diesem Ausblick kehren wir ins politische Leben zurück. Die 1848/49 nur mühsam gedämpfte politische Krise brach erneut aus, nachdem der Kurfürst 1850 nach dem Rücktritt des Ministeriums Eberhard wiederum Hassenpflug an die Spitze der Staatsverwaltung berufen hatte und dieser sofort in den nunmehr zeitgemäßen, reaktionären Kurs einschwenkte, nachdrücklich gestützt vom Kurfürsten und einer kleinen, aber aktiven neuorthodoxen Bewegung lutherischer Prägung. Ihr Führer war A. Fr. Chr. Vilmar, ein Mann von ebenso überragender geistiger Qualität (seine „Geschichte der deutschen Nationalliteratur" hat das bürgerliche Literaturverständnis einer ganzen Epoche geprägt) wie politischer Engstirnigkeit. Hassenpflug stieß jedoch auf so allgemeinen und energischen Widerstand, der bis zur Steuerverweigerung der Stände am 31. August 1850 führte, daß die Regierung am 7. September unter dem Oberbefehl des dazu neuernannten Generalleutnants Bauer sich nicht mehr anders zu helfen wußte, als den Kriegszustand über das Land zu verhängen. Dieser Schritt ging jedoch zu weit. Bauer hielt seinen eigenen Maßnahmen und Aufgaben nicht stand und reichte schon am 12. September sein Abschiedsgesuch ein; Generalleutnant von Haynau löste ihn ab. Jetzt aber trat fast das gesamte kurhessische Offizierskorps (241 von 277) am 9. Oktober 1850 zurück, ein angesichts der großen militärischen Tradition Hessens geradezu unerhörtes Ereignis. Der Kurfürst, der am 13. September Kassel mit dem Ministerium verlassen und die Regierung nach Wilhelmsbad bei Hanau verlegt hatte, ließ sich aber auch dadurch nicht belehren und tat nunmehr den verächtlichsten Schritt. Er erwirkte die Bundesexekution gegen sein eigenes Land, derzufolge am 1. November 1850 bayerische Truppen einrückten und das permanente Kriegsgericht in Funktion trat. Da dadurch der von Österreich geführte Rumpfbundestag in das Gebiet der von Preußen geleiteten Union, der Kurhessen ja selbst angehörte, militärisch eindrang, trat Preußen den Bundestruppen entgegen. Schon war es unweit Bronnzell (Kr. Fulda) zu Gefechtsberührung gekommen, als König Friedrich Wilhelm von Preußen jedoch einlenkte und Hessen im Vertrag von Olmütz am 29. November 1850 der Bundesexekution preisgab. Am 16. Dezember 1850 standen die bayerischen Kontingente der Bundestruppen in Kassel. Diese sogenannten „Strafbayern" besetzten auch die wichtigsten Orte des übrigen Landes über ein Jahr lang und belegten dabei weisungsgemäß die Führer der Opposition mit hohen Einquartierungen. Dies war eine Züchtigungsmaßnahme, wie sie den schlimmsten französischen Absolutismus (in Form der „Dragonaden") gekennzeichnet hatte, so daß sie besonders empörend wirkte. Die Verfassung von 1831 fiel, jedoch verpflichtete der Bundestag die Regierung, ein neues Staatsgrundgesetz zu schaffen. Das provisorische Gesetz vom 7. Juli 1851 hob die Umbildung der Landesverwaltung durch das Gesetz vom 31. Oktober 1848 auf; an Stelle der neun Verwaltungsbezirke (Regionen) trat wieder die Einteilung in Provinzen und Kreise.

Nachdem die Besatzung endlich im März 1852 das Land geräumt hatte, gab ihm der Kurfürst am 13. April 1852 eine neue Verfassung. Sie übernahm zwar einen großen Teil der Bestimmungen der Verfassung von 1831, beseitigte aber alle Zugeständnisse von 1848 und 1849 und beschnitt insbesondere die Rechte der Landstände und die Pressefreiheit. Dazu führte sie unter gleichzeitiger Abänderung des Wahlrechtes das Zweikammersystem ein. Weite Kreise der Bevölkerung waren jedoch mit dieser Regelung nicht einverstanden und ließen sich auch durch die Entlassung Hassenpflugs 1855 nicht umstimmen. Denn sein Sturz war nicht durch eine Änderung der reaktionären Politik des Kurfürsten bestimmt, sondern durch innere Mißstimmigkeiten (der Kurfürst lehnte es entgegen Hassenpflugs Meinung ab, Vilmar als Generalsuperintendenten zu bestätigen). Um diese Wirren, die seit 1859 wieder schärfere Formen annahmen, endlich zu beenden, wollte der Bundesausschuß schließlich das hessische Verfassungswerk mit der Verfassung von 1852 als abgeschlossen erklären. Das lehnte Preußen jedoch strikte ab, so daß der Bundestag 1862 unter preußischem Druck fast einstimmig beschloß, die Verfassung von 1831 wieder einzuführen. Der Kurfürst mußte sich beugen, sein bisheriges Ministerium entlassen und eine neue Regierung bilden. Doch wies der Kurfürst die von der Verfassungspartei aufgestellte Ministerliste zurück, da sie im wesentlichen von dem Liberalen Friedrich Oetker in engem Einvernehmen mit Preußen hergestellt war. Er bildete vielmehr eine eigene Regierung, obwohl ihm das die unversöhnliche Feindschaft Oetkers und seiner Gesinnungsgenossen eintrug.

Wie in Nassau Karl Braun durch seine publizistische Tätigkeit, so hat nunmehr in Kurhessen Friedrich Oetker als Redakteur der Kasseler „Hessischen Morgenzeitung" entscheidend zum Untergang des Staates beigetragen. Das ständige Betonen und Verschärfen der Gegensätze zwischen der kurfürstlichen Regierung und der liberalen Partei und das unermüdliche Wiederaufgreifen der Verfassungsstreitigkeiten zwischen beiden Seiten, das den Kampf nicht mehr zur Ruhe kommen ließ, bildeten den Kern einer von Preußen entschieden gestützten, ununterbrochenen Agitation gegen Kurfürst und Regierung. Schließlich ist in diesem Zusammenhang auch noch auf die geradezu verheerende Wirkung einer 1864 erschienenen Schrift von Friedrich Kapp hinzuweisen (Der Soldatenhandel deutscher Fürsten nach Amerika), da sie sich insbesondere mit Landgraf Friedrich II. von Hessen-Kassel befaßte und ihn und seinesgleichen der allgemeinen Verachtung preisgab.

Die Gegensätze zwischen dem Kurfürsten und seiner Regierung auf der einen und den Ständen und der liberalen Partei auf der anderen Seite konnte daher politisch nicht mehr überbrückt werden. Die unterschiedliche Auffassung der schleswig-holsteinischen Frage durch die führenden Kreise der Bevölkerung und der Regierung vertiefte die Spaltung; denn während jene weitgehend der Politik Preußens, der Bewahrung beim Reich, beipflichteten, unterstützten Kurfürst und Regierung die gegensätzlichen Maßnahmen. Infolgedessen verschlechterte sich das hessische Verhältnis zu Preußen immer mehr und unterkühlte derart, daß Kurhessen 1865 bei der Erneuerung des Zollvereins von allen Staaten Preußen die größten Schwierigkeiten machte. Um so mehr wandte sich der Kurfürst Österreich zu und verpflichtete sich diesem auch gegen die Meinung seiner Minister. Dabei haben persönliche Gründe stark mitgesprochen. Denn seit Jahrzehnten hatten der Kaiser und seine Regierung die ehelichen Fehlleistungen der beiden letzten hessischen Fürsten durch Anerkennung der Standeserhöhungen ihrer unebenbürtigen Frauen, deren Aufnahme in den österreichischen Staatsverband und unmittelbaren kaiserlichen Schutz gedeckt. Das förderte naturgemäß die politische Bindung an Österreich, und diese führte die Katastrophe herbei. Wer erinnert sich dabei nicht an das ähnliche makabre Schauspiel, das 300 Jahre vorher bereits einmal in Hessen über die Bühne gegangen war, den Sturz des Staates infolge der Eheirrung seines Landesherren Philipps des Großmütigen? Nur, daß nunmehr der gleichwohl erwiesenen Größe jenes Fürsten jetzt nichts Gleichwertiges oder Vergleichbares mehr gegenüberstand.

Die Stände billigten allerdings alle diese Einstellungen und Handlungsweisen des Kurfürsten nicht und nahmen sie auch nicht widerstandslos hin. Als sich daher der Fürst selbst noch am Vorabend des offenen Kampfes zwischen Preußen und Österreich um die Vorherrschaft in Deutschland nicht für Preußen entschied, lehnten die kurhessischen Stände die vom Bundestag am 14. Juni 1866 beschlossene Mobilmachung ab und forderten am gleichen Tage (mit 35 gegen 14 Stimmen) den Anschluß an Preußen. Da sich der Kurfürst jedoch an den österreichisch bestimmten Bundestagsbeschluß gebunden erklärte, die von Preußen geforderte Neutralitätserklärung nicht abgab und am 16. Juni mobilisierte, ließ die preußische Heeresleitung Kassel am 19. Juni besetzen und den Kurfürsten am 23. Juni 1866 als Gefangenen nach Stettin abführen. Das ihm politisch seit langem entfremdete Land trauerte ihm nicht nach. Selbst seine eigene Armee gab ihn auf; obwohl sie sich den preußischen Truppen durch Rückzug auf die Bundesfestung Mainz hatte entziehen können, unterstellte sie sich am 20. August durch freiwillige Kapitulation der preußischen Mainarmee.

Wiederholte Bündnisangebote des Königs von Preußen, die dieser vor und auch noch nach der Gefangennahme machte, lehnte der Kurfürst verletzt und eigensinnig ab, obwohl er nur dadurch die Selbständigkeit seiner Dynastie und seines Staates noch hätte retten können. So verfiel er dem Recht des Eroberers, dem er sich schließlich und nun unverständlicherweise unterwarf, denn dazu hätte ihn als Depossedierten nunmehr keine Macht mehr zwingen können. Am 17. September 1866 schloß er mit Preußen den Stettiner Vertrag, der seine Untertanen ihres Eides entband und zugleich seine Einkommensverhältnisse regelte. Daraufhin freigelassen, ging der Kurfürst über Hanau nach Prag, in dessen Nähe er die Herrschaft Horschowitz besaß. Von hier aus legte er endlich nach zwei Jahren (im September 1868) öffentlichen Protest gegen die ihm und seinem Hause von Preußen widerfahrene Behandlung ein, was jedoch nur dazu führte, daß Preußen den kurfürstlichen Hausschatz beschlagnahmte. Von ihm verwandte es einen erheblichen (ihm von den Landständen abgerungenen) Teil zum unmittelbaren Nutzen des Landes, während der andere zur Unterdrückung von Restitutionsbestrebungen dienen sollte, die allerdings in Kurhessen keinen ernsthaften Rückhalt hatten. Der Krieg von 1870/71 und der damit verbundene Neubau des Reiches haben dann die Rückkehrhoffnungen Kurfürst Friedrich Wilhelms vollends zunichtegemacht. Noch bevor er 1875 starb, verglich sich der nach den Hausgesetzen erbfolgeberechtigte Landgraf Friedrich Wilhelm von Hessen (von der Rumpenheimer Linie) im Vertrag vom 26. März 1873 mit Preußen, erkannte die Annektierung Hessens an, wurde mit einer Rente abgefunden und erhielt die Fuldaer und Hanauer Schlösser zurück (Fasanerie bei Bronnzell, Stadtschloß zu Fulda, Philippsruhe bei Hanau und Fasanerie beim Wilhelmsbad). Diesem Vertrag trat 1880 die Philippsthaler Linie bei, und 1881 erkannte ihn auch die großherzogliche Linie Hessen-Darmstadt an. Zuletzt wurde die hessische Opposition nur noch von einer kleinen, aber hartnäckigen und eifrigen Gruppe um den Melsunger Wilhelm Hopf (in Verbindung mit der zerfallenden hessischen Renitenz) getragen, der von 1872 bis 1921 in Melsungen die „Hessischen Blätter" herausgab. Ihr Ziel wandelte sich dabei von der ursprünglich erstrebten Wiederherstellung des Kurfürstentums zur Wiedererlangung größerer Selbständigkeit für Kurhessen, ging aber nach dem Ersten Weltkrieg in neuen, gesamthessischen Unabhängigkeits- und Wiedervereinigungsbestrebungen der gegensätzlichsten Art unter.

46. Das Großherzogtum Hessen bis zur Erneuerung des Deutschen Reiches

Die in den französischen Revolutionskriegen unverhüllt zutage getretene Schwäche des Reiches war am krassesten in den unmittelbar vom Kriege betroffenen Gebieten offenbar geworden. Sie hatte auch Hessen-Darmstadt die Unmöglichkeit, eigene oder gar unabhängige Politik zu treiben, klar vor Augen geführt. Da diese Ohnmacht vor allem in der Kleinheit, Zerrissenheit und ungebührlichen Verschuldung des Landes begründet lag, war es verständlich, daß Landgraf Ludwig X. bei der Neugestaltung Deutschlands 1802/03 alles daran setzte, diesen Zustand möglichst zu überwinden. Die infolgedessen übertriebenen Entschädigungsforderungen, die auf die Bildung eines „Großhessen" zwischen Rhein, Main, Neckar und Tauber gerichtet waren, scheiterten allerdings; doch verstand es der sehr geschickte hessen-darmstädtische Unterhändler in Paris, von Pappenheim, die Verluste der Landgrafschaft durch den Reichsdeputationshauptschluß von 1803, der ihr Hanau-Lichtenberg, ihren Anteil an der Niedergrafschaft Katzenelnbogen und Eppstein nahm (insgesamt dreizehn Quadratmeilen mit 45 000 Einwohnern und 390 000 fl. Einkünften), durch große, abrundende Gebietserwerbungen mehr als wettzumachen (insgesamt 95 Quadratmeilen mit 124 500 Einwohnern und 753 000 fl. Einkünften).

Hessen-Darmstadt erhielt 1803 im rechtsrheinischen Bezirk der Obergrafschaft die mainzischen Ämter Gernsheim, Heppenheim, Lorsch, Steinheim und verschiedene mainzische Einzelorte; dazu kam das Freigericht Alzenau. Es erwarb ferner die pfälzischen Ämter Lindenfels, Umstadt und einige kleinere Gebietsteile; den rechtsrheinischen Rest des Bistums Worms; die Propstei Wimpfen und die Abtei Seligenstadt. In Oberhessen vergrößerte es sich durch die Abtei Marienschloß und die Reichsstadt Friedberg. Außerdem fiel ihm das Herzogtum Westfalen zu. Dieses bildete gemäß dem von der Generalorganisationskommission ausgearbeiteten Organisationsedikt vom 12. Oktober 1803 eine eigene Provinz mit dem Regierungssitz Arnsberg neben den beiden z. T. alten Provinzen Oberhessen (Regierungssitz Gießen) und Starkenburg (Regierungssitz Darmstadt). Das Organisationsedikt gestaltete auch die Zentralverwaltung neu und bildete unter der unmittelbaren Leitung des Fürsten das Geheime Ratskolleg oder Ministerium als Zentrale der gesamten Staatsverwaltung mit den drei Departements des Äußeren, des Inneren und der Finanzen. Daneben bestanden die Haupt- oder Generalkasse, das Oberappellationsgericht, das Oberkriegs-, das Oberforst- und Oberbaukollegium.

Trotz der großen Entschädigungen widersetzte sich Landgraf Ludwig 1805 wiederholten Aufforderungen Napoleons, nach dem Vorbild Bayerns, Badens und Württembergs ein Bündnis mit Frankreich einzugehen. Erst in letzter Stunde gab der Landgraf den französischen Forderungen nach, nachdem der zugesagte Neutralitätsschutz durch Preußen infolge des Schönbrunner Vertrages mit Frankreich gegenstandslos geworden und das Land darin seinem Schicksal überlassen worden war, und dazu die wiederholt angedrohte französische Besetzung des Landes am 7. Januar 1806 wirklich erfolgte. Daraufhin verbündete sich Landgraf Ludwig notgedrungen am 10. Januar 1806 mit Frankreich. Er gehörte infolgedessen auch dem deutsch-französischen Rheinbund vom Juli 1806 an, der ihm nochmals erheblichen Gewinn brachte. Er stufte den Landgrafen in die Königsbank der Rheinbundangehörigen mit dem Titel eines Großherzogs ein und verlieh ihm volle Souveränität. Seinem Land aber legte er in der Obergrafschaft die Herrschaft Breuberg und die Grafschaft Erbach zu und jenseits des Maines die Landgrafschaft Hessen-Homburg, denn der Landgraf von Hessen-Homburg hatte sich selbst durch ähnliche Bereicherungsverlockungen nicht in den Rheinbund ziehen lassen. In Oberhessen kamen als weitere Gewinne Hessen-Darmstadts hinzu die Burggrafschaft Friedberg, die Ganerbschaft Staden, die Herrschaft Ilbenstadt sowie der Besitz der Grafen von Solms (-Braunfels, -Lich, -Laubach, -Rödelheim) in der Wetterau, der Grafen von Stolberg (-Gedern und -Ortenberg), der Grafen von Schlitz und der Freiherren Riedesel im Vogelsberg sowie abrundend die übrigen reichsritterschaftlichen Besitzungen im Entschädigungsgebiet. Dazu erhielt Hessen-Darmstadt die Grafschaft Wittgenstein. Damit war eine wesentliche territoriale

Verbesserung gegenüber dem früheren Zustand erreicht, wenn auch die neue Gestaltung des Landes durch die Unterbrechung im Maingebiet und die schlauchartige Erstreckung (von Darmstadt über Gießen und Berleburg bis Brilon) ungünstig blieb. Schließlich erfolgte im Zusammenhang mit der endgültigen Gestaltung des Großherzogtums Frankfurt (siehe dort) 1810 nochmals eine Erweiterung des hessen-darmstädtischen Besitzstandes von etwa acht Quadratmeilen mit fast 25 000 Einwohnern in den ehemals fuldischen und hanauischen Gebieten. Sie waren jedoch nur ein geringfügiger Ersatz für die enttäuschte Hoffnung des Großherzogs auf Kurhessen, nachdem Napoleon den Kurfürsten 1806 vertrieben hatte.

In den Rahmen der durchgreifenden Umgestaltung der bisherigen Landgrafschaft Hessen-Darmstadt gehört auch die Aufhebung der Landstände am 1. Oktober 1806. Der Fürst, der durch das Edikt vom 13. August 1806 sämtliche landgräflichen Gebiete als souveränes Großherzogtum erklärt hatte, begründete die kurz darauf folgende Aufhebung der Landstände mit seiner Verpflichtung, für alle Teile des Großherzogtums eine einheitliche Verfassung herzustellen (denn die Stände waren althessisch und um 1800 fast nur noch in der Provinz Oberhessen ansässig, dann aber 1803 um die mächtigen Landstände des ehedem kurkölnischen Westfalen vermehrt worden). Tatsächlich war es jedoch das Steuerbewilligungsrecht der Stände und insbesondere die Steuerfreiheit der Ritterschaft, die ihnen den Todesstoß versetzte. Das Großherzogtum hatte damals bis Ostern 1807 Zahlungsverpflichtungen in Höhe von etwa $2^{1}/_{2}$ Millionen Gulden, denen eine ordentliche Einnahme von gut einer halben Million gegenüberstanden. Um den Fehlbetrag von fast zwei Millionen Gulden zu decken, schlug das Ministerium unter anderem eine einmalige Vermögenssteuer von $^{1}/_{2}$ Prozent auf das geschätzte Nationalvermögen von 200 Millionen Gulden vor, was ein Steueraufkommen von einer Million Gulden betragen würde. Um diese Steuer durchzusetzen, mußte die Steuerfreiheit aufgehoben werden, und das war nach Ansicht des Ministeriums wiederum nur möglich, wenn vorher die Landstände beseitigt waren, denn diese würden sonst die Steuer selber und ihre geplante Erhebung in stark vereinfachter Form auf Grund ihres Bewilligungsrechtes unmöglich machen. Entsprechend verfügte der Großherzog, und die Stände beugten sich.

In diesen Zusammenhang der Vereinheitlichung und Modernisierung des Verfassungswesens gehört auch die Beseitigung der Frondienste und der Leibeigenschaft (1808 bzw. 1811) sowie die Regelung der standesherrlichen Verhältnisse. Da die Rheinbundakte den mediatisierten Fürsten und Grafen Besitz und Herrschaftsrechte belassen hatte, soweit sie nicht wesentlich zur Souveränität gehörten, und ihnen daher nur die Gesetzgebung, die obere Gerichtsbarkeit und Polizeigewalt, die militärische Aushebungsbefugnis und das Auflagenrecht nahm, war es erforderlich, ihre Rechtsverhältnisse besonders zu regeln.

Das geschah durch die großherzoglichen Deklarationen vom 1. August 1807 und 20. Juni 1808. Die Standesherren behielten darin ihren privilegierten Gerichtsstand, ihre Domänen, die niederen Polizei, Jagd- und Fischereirechte und die kirchlichen Präsentationsbefugnisse. Nach Auflösung des Rheinbundes schützte die Bundesakte vom 8. Juni 1815 ihre Rechte.

Die Gegenleistung für die großzügigen Zuteilungen von 1803 und 1806 bestand in der für die napoleonische Zeit und Anmaßung üblichen Truppenstellung und den dadurch bedingten schweren Opfern, die die hessen-darmstädtischen Truppen auf Grund der vom Großherzog in der Rheinbundakte übernommenen Verpflichtungen in den napoleonischen Kriegen auf den europäischen Schlachtfeldern gebracht haben. Sie endete erst, nachdem Ludwig I. nach der Schlacht bei Leipzig durch die Dörnigheimer Allianzconvention vom 2. November 1813 als letzter der süddeutschen Fürsten auf die Seite der Alliierten getreten war; jedoch mußte er nun für diese nochmals drückende militärische Verpflichtungen übernehmen. Durch den Frieden von 1815 und die Beschlüsse des Wiener Kongresses verlor er das Herzogtum Westfalen und die Grafschaft Wittgenstein an Preußen und einige Orte an Kurhessen und Bayern. Verloren ging ihm auch die Landgrafschaft Hessen-Homburg, die wieder selbständig wurde und die Herrschaft Meisenheim a. d. Nahe als Entschädigung erhielt. Das war der Lohn für den unentwegten Widerstand gegen die französische Herrschaft, den das Haus Hessen-Homburg unter vollstem persönlichem Einsatz geleistet hatte, standen doch in den Befreiungskriegen nicht weniger als fünf hessen-homburgische Prinzen und Brüder als höhere Truppenführer in den Armeen Preußens und Österreichs; ein sechster war bei Groß-Görschen gefallen. Das Großherzogtum wurde jedoch für diese Verluste entschädigt, denn es gewann nunmehr Mainz und den Kreis Alzey sowie die Kantone Worms und Pfeddersheim und faßte diesen gesamten linksrheinischen Besitz unter dem glücklich neugebildeten Namen Rheinhessen zusammen. In Oberhessen kamen die isenburgischen Lande unter hessen-darmstädtische Oberhoheit, von denen es jedoch eine Anzahl Gerichte an Kurhessen abtreten mußte, mit dem es (wie mit Bayern) auch sonstige kleine Gebietsbereinigungen vornahm. Zur gleichen Zeit, am 19. Dezember 1816, lösten Hessen-Darmstadt und Kurhessen ihre letzten Gemeinschaften auf, die sie seit der Teilung Hessens vor 250 Jahren als gesamthessisches Erbe nach dem Willen des Erblassers, Philipp des Großmütigen, bewahrt hatten. Die Auseinandersetzung betraf die Hohen Hospitäler, insbesondere Gronau, die adeligen Stifter, das Samtarchiv, das Samthof- und -revisionsgericht und den Guldenweinzoll; dazu kam noch die Deutschordensballei Hessen.

Durch die letzten Veränderungen der Jahre 1815/16 rundete Hessen-Darmstadt sein Gebiet zwar weiterhin wesentlich ab, erreichte jedoch auch jetzt keinen territorialen Zusammenschluß seiner beiden Gebietsteile nördlich und südlich des Mains. Man teilte nunmehr, nach dem Verlust Westfalens, den Staat wiederum in drei Provinzen ein: Rheinhessen (das linksrheinische Gebiet mit dem Regierungssitz Mainz), Starkenburg (das rechtsrheinische Gebiet südlich des Mains mit dem Regierungssitz Darmstadt) und Oberhessen (mit dem Regierungssitz Gießen). Das gesamte Land umfaßte 153 Quadratmeilen und hatte 627 000 Einwohner. Davon entfielen auf Rheinhessen 160 000, auf Starkenburg 218 000 und auf Oberhessen 249 000 Einwohner. 1824 betrug die Zahl bereits 671 789 Seelen, die 1830 in 66 Städten, 2225 Dörfern und Wohnplätzen in insgesamt 98 994 Häusern wohnten. Bis zum Jahre 1852 war die gesamte Einwohnerschaft auf 854 000 Personen gestiegen.

Das Großherzogtum gehörte seit 1815 dem Deutschen Bunde an (während die Aufnahme von Hessen-Homburg damals vergessen worden war und erst 1817 nachgeholt wurde) und hatte im engeren Bundesrat eine Stimme und in der Plenarversammlung drei Stimmen; es war also dem Kurfürstentum Hessen gleichgestellt, mit dem es zunächst auch die gleiche Politik im Bundestag betrieb. Eine selbständige Bedeutung kam ihr jedoch nicht mehr zu, denn die deutsche Politik wurde eindeutig durch die beiden großen Mächte Österreich und Preußen bestimmt, in deren Auseinandersetzung die kleineren Staaten nur noch Nebenfiguren waren. Die Hauptfestung des Landes, Mainz, war Bundesfestung und neben einer kleinen hessischen Abteilung vor allem von österreichischem und preußischem Militär besetzt. Hessische Garnisonen befanden sich in Darmstadt, Worms, Friedberg und Offenbach. Der allgemeine Waffendienst begann mit dem 20. Lebensjahre, dauerte sechs Jahre und mußte von jedem geleistet werden, den das Los traf.

Die ersten Jahre nach den Befreiungskriegen bildeten auch in Hessen eine unruhige Zeit, gekennzeichnet durch die Bestrebungen zur Wiederherstellung der Stände, der Auswanderungswelle im Hungerjahr 1816/17 und den damaligen Versuchen zur Einführung eines Verfassungsstaates. Diese Unruhe legte sich erst, nachdem der widerstrebende Großherzog zur Verfassung vom 17. Dezember 1820 genötigt worden war, die unter der entscheidenden Mitarbeit des Geheimen Rates (seit 1819 Staatsministers) von Grolmann und des Staatsrates Eigenbrodt zustande kam. Dabei waren sowohl Widerstände ständischer Gruppen, die ihre Rechte zu stark beeinträchtigt glaubten, als auch Gegenzüge monarchisch gesinnter Kreise unter Führung des Prinzen Emil von Hessen zu überwinden, die eine zu weitgehende Beschränkung der fürstlichen Souveränität befürchteten. Schließlich wurde ein Kompromiß erzielt und die Verfassung nicht in der Form eines Vertrages zwischen Ständen und Großherzog, sondern als großherzogliche Verleihung veröffentlicht. Sie erklärte Hessen-Darmstadt zu einer konstitutionellen, im Mannesstamm erblichen Monarchie und führte das Zweikammersystem ein. Dabei setzte sich die erste Kammer überwiegend aus den hessischen Standesherren zusammen, deren erster Präsident Prinz

Emil war, während die zweite Kammer aus fünfzig, durch indirekte, geheime Wahl ermittelten Abgeordneten bestand. Ihr erster Präsident war Eigenbrodt. Politisch gesehen war diese Verfassung allerdings unergiebig, denn obwohl sie nach französischem Vorbild einige der zeitgemäßen liberalen Grundsätze aufnahm, lähmte das indirekte Wahlverfahren und der Zensus jede größere politische Aktivierung. Denn die Urwähler durften nur Bevollmächtigte, diese wiederum nur Wahlmänner und diese endlich die Abgeordneten wählen. Jedoch konnten als solche kaum 1000 Männer im gesamten Großherzogtum gewählt werden, da nur wählbar war, wer entweder 1000 Gulden Vermögen besaß oder 100 fl. direkte Steuer zahlte.

Der Großherzog überließ 1820 dem Land ein Drittel seiner Domänen, um aus ihrem Verkaufserlös die Tilgung der Staatsschulden zu ermöglichen. Diese betrugen 1828 noch über 14 Millionen Gulden (während die jährlichen Staatseinnahmen aus Domänen und Steuern damals nur knapp sechs Millionen ausmachten). Der Großherzog hat auch sonst dem Lande große Werte aus eigenem Besitz zugewandt. Dazu zählten in erster Linie Museum und Bibliothek, die erst durch ihn und seine Aufwendungen die endgültige Gestalt erhielten, nachdem er die kostbaren Sammlungen aus dem Besitz des Kölner Sammlers Baron von Hüpsch übernommen hatte. Wohlwollender Förderung erfreute sich auch die Landesuniversität Gießen, die 1830 bei eigenen Einkünften von 50 000 fl. 30 Professoren (und elf Privatdozenten) bei etwa 360 Studenten zählte. Landesgymnasien gab es in Darmstadt, Gießen, Mainz, Büdingen und Bensheim und dazu noch zwei Progymnasien in Offenbach und Bingen und eine lateinische Vorbereitungsschule in Friedberg.

Die staatsorganisatorischen Veränderungen von 1821 führten zur Einrichtung eines Staatsrates und zur Anerkennung der Ministerverantwortlichkeit in den drei ministeriell verselbständigten Departements des Geheimen Staatsministeriums, nämlich des Auswärtigen und des großherzoglichen Hauses, des Innern und der Justiz sowie der Finanzen. Unmittelbar dem Großherzog unterstellt wurde nur das 1823 gebildete Kriegsministerialdepartement, das von jetzt an die bis dahin nebeneinander bestehenden militärischen Behörden des Oberkriegskollegs, der Generaladjutantur und der Militärverwaltung miteinander vereinigte. Einschneidend war auch die Trennung von Verwaltung und Justiz in der ersten Instanz, wie sie schon ein Edikt vom 1. Dezember 1817 verfügt hatte. Die Ausübung der Gerichtsbarkeit ging an die Stadt- und Landgerichte und die Verwaltung an die Landräte über. Das traf jedoch nicht für Rheinhessen zu, wo weiterhin die Friedensgerichte tätig waren und das Institut der Landräte nicht eingeführt werden konnte. Es kam ferner eine von den Ständen beratene Gemeindeordnung zustande, die zwar den Gemeinden die Vermögensverwaltung unter der Aufsicht des Staates überließ, im übrigen aber vor allem an dem französischen Vorbild, wie es Rheinhessen noch bot, und damit staatlich orientiert war; sie faßte u. a. mehrere Gemeinden zu einer Bürgermeisterei zusammen und beseitigte in den Städten die bisherigen z. T. immer noch mittelalterlich bestimmten Verfassungsformen.

Trotz dieser bedeutenden gesetzgeberischen Anstrengungen konnte zunächst noch keine völlige Angleichung der verschiedenen Herrschaftsgebiete im Großherzogtum erreicht werden. Es gab vielmehr noch jahrzehntelang drei staatsrechtlich verschiedene Hessen nebeneinander: die althessischen und Domaniallande, die Souveränitätslande sowie Rheinhessen. Alle neuen Verwaltungsmaßnahmen betrafen uneingeschränkt zunächst nur die althessischen und Domaniallande; Rheinhessen hatte der Großherzog im Besitzergreifungspatent von 1816 die Sicherung seiner ihm eigentümlichen und von der Bevölkerung hochgehaltenen und eifersüchtig gehüteten Verfassungseinrichtungen zugestanden. Sie waren im wesentlichen von französischen Vorbildern bestimmt und im Justizwesen und der Besteuerung moderner und gerechter als in den übrigen Landesteilen, so daß die völlige Einschmelzung Rheinhessens in den zunächst weit altmodischeren hessen-darmstädtischen Gesamtstaat eine mühevolle politische Aufgabe vieler Jahrzehnte bedeutet hat. Die Souveränitätslande, d. h. die standesherrlichen Gebiete und teilweise die ritterschaftlichen Patrimonialgerichte, in denen der Großherzog lediglich die Hoheitsrechte ausübte, hatten wieder andere, weit weniger zeitgemäße, aber gleichfalls geschützte Rechtsverhältnisse. Sie galten als besonders lästig und waren wie etwa die Wald-, Weide- und Gasthausmonopole der Standesherren zweifelllos höchst zeitfremd. Sie wurden demgemäß in den 30er und 40er Jahren des 19. Jahrhunderts allmählich, aber noch nicht völlig abgebaut (so 1828/31 die Fronden, 1830/36 die Zehnten).

Einen verhängnisvollen Verlauf nahm die Entwicklung der allgemeinen politischen Verhältnisse; denn ihn bestimmte vor allem der stetig schwerer lastende Druck, den die obrigkeitliche Reaktion durch die sogenannten Demagogenverfolgungen auf Grund der Karlsbader Beschlüsse auf die deutschen Länder ausübte; sie erstickte allenthalben, und so auch in Hessen, die freiheitlichen politischen Regungen und Entwicklungsmöglichkeiten; sie hemmte, ja unterband lange Jahre den politischen Reifungsprozeß der Bevölkerung; ihr erlagen selbst die nationalen Bestrebungen, die auf die Größe, Einheit und Freiheit Deutschlands gerichtet waren.

Stellvertretend für alle sei hier nur das Schicksal der burschenschaftlichen Bewegung in der besonderen Form der „Gießener Schwarzen" genannt, die zerschlagen wurde. Ihr Führer Karl Follen mußte nach Nordamerika entweichen; aber auch zahlreiche andere hervorragende Männer aus ihren Reihen sind der politischen Verfolgung zum Opfer gefallen. Daß die auf diese Weise immer untergründigere Züge annehmende Bewegung gleichwohl nicht ausgemerzt werden konnte, zeigen zwei Erscheinungen jener Jahre: einmal die verschwiegenen, nächtlichen Glaubergfeste und -gelöbnisse, deren Träger (unter der Führung des glühend national und freiheitlich gesinnten Büdinger Gymnasialdirektors Georg Thudichum) meist aus burschenschaftlichen Kreisen stammten oder ihnen nahestanden; zum anderen die weitergärende politische Unruhe der bäuerlichen Bevölkerung, die gerade in Oberhessen infolge der wirtschaftlichen Notlage der ländlichen Leineweberei besonders ausgeprägt war. Sie nahm allmählich geradezu sozial-revolutionäre Züge an, wie sie im oberhessischen Aufstand von 1830 zum erstenmal elementar durchbrachen. Gerade seine Regel- und Ziellosigkeit ist dafür bezeichnend, aber ebensosehr der Umstand, daß auch nach der militärischen Unterdrückung dieses Aufruhrs die revolutionäre Bewegung weiterlebte.

Ein unübersehbares Zeichen der politischen Grundstimmung bildeten das Hambacher Fest, der Tag von Bergen und von Wilhelmsbad, alle 1832, gekennzeichnet durch ihre mächtigen liberalen und nationalen Strömungen, die auch in der Polenbegeisterung von 1832 zum Ausdruck kamen, so daß die gegen den zaristischen Unterdrücker aufständischen, geschlagenen und geflüchteten Polen allenthalben mit offenen Armen aufgenommen, gefeiert und versorgt wurden. Eine führende Rolle in dieser immer stärker radikalisierten Bewegung spielten auch weiterhin studentische Kreise der Universität Gießen. Sie beteiligten sich 1833 am Frankfurter Wachensturm und zählten den ebenso radikalen wie genialen Georg Büchner zu den ihren, der hier 1834 die Gesellschaft für Menschenrechte gründete. Mit ihm verband sich der freiheitlich gesinnte Butzbacher Schulrektor Weidig. Ihre politischen Flugschriften „Leuchter und Beleuchter von Hessen oder der Hessen Notwehr" von Weidig und der von Büchner verfaßte, von Weidig dämpfend überarbeitete „Hessische Landbote", von 1834 waren außerordentlich obrigkeitsfeindliche revolutionäre Manifeste, deren Aufrufe aber gleichwohl in der stickigen Luft des biedermeierlichen Kleinbürgertums fast wirkungslos verhallten. Die 1840 erschienene, aber damals fast unbeachtet gebliebene Darmstädter Satire des kauzigen „Datterich" spiegelt diese stupide Situation fast unübertrefflich. Die staatliche Abwehr hat die Autoren und ihre Manifeste in hartem und schnellem Zugriff vernichtet. Büchner floh in die Schweiz (und starb hier schon 1837), und Weidig, dessen „Hessengruß" von 1830 Gesamthessen zwischen Reinhardswald, Taunus und Odenwald erstmals wieder politisch als e i n Land angesprochen hatte, ist ebenfalls 1837 der politischen Verfolgung (durch einen die Öffentlichkeit schwer erregenden Selbstmord im Darmstädter Gefängnis) erlegen.

Bemerkenswert ist auch, daß sich selbst in den ganz regierungsergebenen Kreisen des (vielfach beamteten) Bürgertums so etwas wie ein gesamthessisches Gemeinschaftsgefühl regte, denn so können wir wohl den Erfolg der „Periodischen Blätter" charakterisieren, die der Kasseler Geschichtsverein seit 1845 herausgab. Der Darmstädter Geschichtsverein übernahm sie nämlich schon 1846, und ihm schlossen sich die Geschichtsvereine zu Wiesbaden, Mainz und Frankfurt 1853 zu gemeinsamer geschichtlicher Arbeit an, ohne sich jedoch wohl ihres wegweisenden Unternehmens so bewußt zu sein wie die „Freunde hessischer Eintracht", die sich im Februar 1832 zu Gießen festlich vereinigten.

Einen noch stärkeren und umfassenderen Einfluß in dieser Richtung übten die Turn- und Männergesangvereine aus, die damals entstanden. Das von Jahn neubegründete Turnen wurde von den Gießener und Marburger Burschenschaften übernommen und insbesondere von Weidig stark gefördert, der bereits 1814 auf dem Schrenzer bei Butzbach den ersten hessischen Turnplatz einrichtete. Turner (und Schüler) waren es auch vornehmlich, die das Gedenken an das erste machtvolle Volksfest, das Ernst Moritz Arndt im Oktober 1814 zum Jahrestag der Völkerschlacht bei Leipzig auf dem Feldberg im Taunus organisiert hatte, dadurch lebendig erhielten, daß sie in den folgenden Jahren immer wieder Feldbergwanderungen durchführten. Die Reaktion auf die Ermordung des Schauspielers Kotzebue durch den Burschenschafter und Turner C. L. Sand in Form der Karlsbader Beschlüsse führte aber bereits 1819 zum Turnverbot, das in unserem Bereich nur der Mainzer Turnverein 1817 überstand. 1837 organisierte sich die Hanauer Turnerschaft, aber erst nachdem ein preußisches Edikt von 1842 den Wert des Turnens anerkannt und die Turnsperre (vorübergehend) aufgehoben hatte, entfaltete sich auch in Hessen das Turnen wieder, worauf es dem Darmstädter Turnverein glückte, mit dem von ihm seit 1846 geführten Turnerkreuz aus den vier F (frisch, fromm, fröhlich, frei) das Symbol der neuen Bewegung zu schaffen.

In rascher Folge entstanden nun zahlreiche Turngemeinden (1843 Offenbach und Dillenburg, 1845 Friedberg, 1846 Herborn, Usingen, Gießen, Butzbach, 1847 Wetzlar und Wölfersheim, 1848 Hungen und Laubach usw.), die sich zu Turnerverbänden zusammenschlossen. Sie feierten auf Veranlassung des Frankfurters August Ravenstein 1844 gemeinsam mit den Sängern (unter der Leitung von H. Neeb) das erste der von dem Usinger Fritz Emminghaus wieder angeregten und in der Folgezeit so weit ausstrahlenden Feldbergfeste, die allerdings in der Reaktionszeit energisch bekämpft wurden und daher bis 1859 verboten blieben. Auch die Turnvereine unterlagen wieder scharfer polizeilicher Überwachung, nachdem die preußische Regierung durch eine Note an die südwestdeutschen Regierungen vom 27. November 1847 auf die revolutionäre Gefährlichkeit der Turnverbände und Sängervereine nachdrücklich hingewiesen und zu ihrer Bekämpfung aufgerufen hatte. Dabei stützte sie sich insbesondere auf die Reden und Vorgänge auf den Turnfesten in Bingen am Pfingstfest 1847, zu Heidelberg am 13. Juni und zu Frankfurt am 31. Juli und 1. August des Jahres. Endlich brach die allgemeine Freiheitsbewegung, die von der Jahrhundertfeier von Schillers Geburtstag 1859 ausging, auch diesen Bann. Seitdem waren die Feldbergfeste wieder frei; im gleichen Jahre legte man den Grundstein zu dem seit 1842 geplanten ersten Feldberghaus. Aus diesem Zusammenklang von Turnerei und Sängerei aber ging schließlich als drittes die große deutsche Wanderbewegung hervor, wie sie der als erster deutscher Wanderverein Ende 1867 gegründete Frankfurter Taunusklub verkörperte.

Wie schwierig es zunächst dem Großherzog und der von seinem, nach von Grolmanns Tod 1829, maßgeblichen Minister du Thil geleiteten Regierung war, sich in das durch die Verfassung geschaffene konstitutionelle System einzufügen, zeigte sich etwa beim Abschluß des Zollvereins mit Preußen (wie ihn die „Freienseener Denkschrift" des dortigen Pfarrers Georg Frank angeregt hatte und der Geheime Staatsrat Hofmann verwirklichte). Denn von dieser schwerwiegenden und weittragenden Entscheidung, die am 1. Januar 1828 in Kraft trat und vollständig neue wirtschaftspolitische Verhältnisse schuf, erfuhr der Landtag überhaupt erst nach einem Jahr. Gleichwohl handelte es sich um eine vortreffliche Maßnahme, die dem Staate als Ganzem (wenn auch nicht allen seinen Teilen) sehr zugute kam (in den ersten 15 Monaten hatte die hessische Zollkasse einen Gewinn von 400 000 fl.) und die Grundlage des späteren, umfassenden preußischen Zollvereins vom 1. Januar 1834 bildete. Und auch darin stand Hessen-Darmstadt auf der Höhe der Zeit, daß es schon 1843 mit Frankfurt und Baden einen Staatsvertrag abschloß, auf Grund dessen in den nächsten Jahren und Jahrzehnten das Eisenbahnnetz zwischen Main und Neckar unter staatlicher Beteiligung entstanden ist: 1846 die Main-Neckar-Bahn Frankfurt—Heidelberg, 1855 die Strecke Mainz—Worms, 1858/59 die Linie Bingen—Mainz—Aschaffenburg, 1869 die Riedbahn Darmstadt—Worms und 1875 die Odenwaldbahn Darmstadt—Erbach—Eberbach a. Neckar.

Inzwischen war auch die Verwaltungsreform des Landes erfolgreich weitergeführt worden. Das Organisationsedikt von 1832 beseitigte die Regierungsbehörden für Starkenburg und Oberhessen als Mittelinstanzen zwischen Ministerium und Landräten und gliederte beide Provinzen in je sechs Kreise (Darmstadt, Offenbach, Groß-Gerau, Bensheim, Lindenfels und Dieburg sowie Gießen, Grünberg, Friedberg, Nidda, Alsfeld und Biedenkopf); in der Provinz Rheinhessen konnte die Reform erst drei Jahre später, 1835, eingeführt werden. Sie erhielt vier Kreise (Mainz, Bingen, Alzey, Worms). Die revolutionäre Neuordnung (nach dem Vorbild Badens) vom 31. Juli 1848, welche die bisherigen Kreisverwaltungen durch zehn, und seit der Teilung des Bezirkes Mainz 1850, elf kollegialische Regierungsbehörden ersetzte und ihnen Bezirksräte als Lokalparlamente zur Seite stellte, hatte keinen Bestand. Nach dem Sieg der Reaktion gliederte sich die Staatsverwaltung 1852 folgendermaßen um: Unter dem Staatsrat standen das Ministerium der Auswärtigen Angelegenheiten und des großherzoglichen Hauses, die Ministerien des Innern, der Justiz, der Finanzen und das Kriegsministerium. Die Provinzialeinteilung des gleichen

Jahres schuf folgende Organisation: Starkenburg bekam die zehn Kreisämter Bensheim, Darmstadt, Dieburg, Erbach, Groß-Gerau, Heppenheim, Lindenfels, Neustadt, Offenbach und Wimpfen und daneben 18 Stadt- und Landgerichte; Rheinhessen erhielt die fünf Kreisämter Alzey, Bingen, Mainz, Oppenheim und Worms und zwölf Friedensgerichte; und in Oberhessen errichtete man in Anknüpfung an die früheren Verhältnisse die elf Kreisämter Alsfeld, Biedenkopf, Büdingen, Friedberg, Gießen, Grünberg, Lauterbach, Nidda, Schotten, Vilbel und Vöhl sowie 24 Stadt- und Landgerichte.

Die kirchlichen Verhältnisse des Großherzogtums bestimmte zunächst die Union der Lutherischen und Reformierten von 1822 in Rheinhessen, die sich zwar auch auf Starkenburg und Oberhessen auswirkte, hier aber nur in einzelnen Gemeinden (wie Darmstadt) durchdrang. Zudem machte sich seit den 40er Jahren eine lutherische Reaktion geltend, die 1851 zur Bildung einer lutherischen Konferenz führte. Dagegen stellte sich wiederum die 1857 konstituierte Friedberger Konferenz (als kirchliche Mitte) mit ihrer ausgeprägten Unionsgesinnung, während der 1865 gegründete Protestantenverein demgegenüber eine fast „links" gerichtete Stellung bezog. Während sich so der Protestantismus bekenntnismäßig mehr und mehr auffächerte, war die kirchliche Verwaltung zunehmend konzentriert worden; denn die 1803 geschaffenen Kirchen- und Schulräte in Darmstadt, Mainz und Gießen ersetzte seit 1832 ein Oberkonsistorium, das dem Ministerium des Innern und der Justiz unterstand. Im gleichen Jahr wurde das Volksschulwesen in Hessen neu geordnet. Die katholische Kirche organisierten die beiden päpstlichen Bullen von 1821 und 1827 und bildeten gemäß den herrschenden staatskirchenrechtlichen Anschauungen für das Großherzogtum Hessen das Bistum Mainz. Daher war das Verhältnis von Staat und katholischer Kirche in den ersten Jahrzehnten überwiegend gespannt und schwierig, wie besonders in Bischofswahlfragen deutlich wurde. Das änderte sich unter dem bedeutendsten Mainzer Bischof des 19. Jahrhunderts, Wilhelm Emmanuel Freiherr von Ketteler, der eine Hauptstütze des hessen-darmstädtischen Ministers von Dalwigk wurde. Ketteler war 1850 gewählt worden, nachdem der Papst den vom Kapitel 1849 zuerst gewählten Gießener Professor Leopold Schmidt, der auch der Regierung Jaup genehm war, kassiert hatte. Ketteler, dessen große innerkirchliche Verdienste in sozialer und kirchenpolitischer Hinsicht hier nur ausdrücklich hervorgehoben, aber wegen ihres großen Umfanges und ihrer überregionalen Bedeutung nicht einzeln gewürdigt werden können, verstand es darüber hinaus, seine erheblichen Forderungen nach Befreiung der Kirche von staatlichen Bindungen und Auflagen weitgehend durchzusetzen. Bereits 1851 entzog er die Ausbildung seiner Priester der katholischen theologischen Fakultät der Universität Gießen und verurteilte die Fakultät damit zum Untergang. Die Jahrhundertmitte stellt auch sonst einen Höhepunkt katholischer Regeneration und Restauration dar, wofür als weitausstrahlendes und wirkungsmächtigstes Ereignis und Symbol der Mainzer Katholikentag von 1848 gelten kann. Zu einem Mittelpunkt dieser katholisch-kirchlichen Renovations- und Autonomiebestrebungen wurde in Hessen der Kreis um Karl Friedrich von Savigny auf Hof Trages bei Hanau. Er war der Sohn des berühmten Rechtsgelehrten Friedrich Carl von Savigny, der als Professor in Marburg (und Lehrer der Brüder Grimm) begonnen hatte, dann Professor in Berlin und preußischer Minister für Gesetzgebung geworden war. In seiner Jugend war Trages eine Heimstatt der Romantiker (von Brentano, von Arnim, von Savigny) gewesen, jetzt wurde es unter seinem Sohn, dem preußischen Diplomaten, Gegenspieler Bismarcks und Mitbegründer des Zentrums, gewissermaßen zu einem jener Zentren, in dem sich die zwischen den nahen Bistümern Fulda, Mainz und Limburg, aber auch weit darüberhinaus laufenden kirchenpolitischen Fäden zu jenem Knoten schürzten, dessen widerstrebende Härte Bismarck oft zu spüren bekam.

In diese geistes- und kirchengeschichtlichen Ausblicke und Betrachtungen schließen wir das Schicksal einer anderen Glaubensgemeinschaft ein, das tragische Züge aufweist und an der Spitze jener letzten großen hessischen Auswanderung steht, die das 19. Jahrhundert erfüllt. Es sind die „Inspirierten" der Wetterau, die sich mit den gleichgesinnten Gemeinden in der Pfalz und im Elsaß 1816/1821 nach den „Regeln der Gottseeligkeit" von 1716 erneut vereinigt hatten. Sie bildeten in Arnsburg, Engelthal und auf der Ronneburg größere Gemeinden, wanderten aber unter dem Druck der Regierung 1843 nach Nordamerika aus, nachdem andere Sektierer vorausgegangen waren (Proli in Offenbach 1831). Von noch größerer Bedeutung für die hessische Auswanderungsbewegung des 19. Jahrhunderts als die religiösen waren jedoch die politischen und wirtschaftlichen Motive. Die ersteren bestimmten insbesondere die Tätigkeit der 1833 nach dem Scheitern des Frankfurter Wachensturmes und seiner daran geknüpften freiheitlichen politischen Pläne gegründeten Gießener Auswanderungsgesellschaft. Unter Leitung eines Gießener „Schwarzen", des Homberger Pfarrers Münch, und des Gießener Hofgerichtsadvokaten Paul Follenius, des Bruders von Karl Follen, war sie bestrebt, den Follenschen Plan der Errichtung eines deutschen, christlichen und politischen Idealstaates auf amerikanischem Boden zu verwirklichen. Zu dem Zweck veröffentlichte sie in Verbindung mit dem Gießener Hofgerichtsadvokaten von Buri, dem Dozenten Vogt und dem Lindheimer Pfarrer Jordan die für die weiteste Öffentlichkeit bestimmte „Aufforderung und Erklärung inbetreff einer Auswanderung im Großen aus Deutschland in die nordamerikanischen Freistaaten". Jedoch sind Follen und Münch mit den von ihnen 1834 nach Amerika geführten beiden Abteilungen der etwa 500 Mann umfassenden Auswanderergesellschaft gescheitert, bevor sie ihr Ziel erreicht hatten. Sie leiteten gleichwohl damit jene große Auswanderungsbewegung ein, durch die Hessen-Darmstadt allein zwischen

1841 und 1846 – dem Jahr der großen Mißernte – etwa 16 500 Personen (zumeist an Nordamerika) verlor. Dabei haben einzelne Gemeinden die Abwandernden notgedrungen finanziell (durch Reisekostenzuschüsse) unterstützen müssen, zumal wenn es zu Gruppenabwanderungen kam (1842 Wernings, 1847 Pferdsbach, 1854 Seehof, 1855 Enzheim, 1856 Bleichenbach).

Für diesen Massenabzug waren neben den politischen und religiösen Zwängen in erster Linie wirtschaftliche Schwierigkeiten maßgebend, denn in Amerika winkte außer der politischen und religiösen Freiheit vor allem auch die wirtschaftliche Aufstiegsmöglichkeit. Die damals in Deutschland eingeleitete Revolutionierung der Landwirtschaft durch Erfindung und Anwendung des künstlichen Düngers, wie sie der Darmstädter Justus von Liebig als Professor in Gießen, wo er von 1824 bis 1852 ein weltberühmtes chemisches Institut unterhielt, seit 1840 propagiert hatte, kam für die Abdämmung der großen Auswanderungsbewegung des mittleren 19. Jahrhunderts zu spät. Bis sich diese neue Agrartechnik durchsetzte und damit die landwirtschaftliche Produktion in entscheidender Weise steigerte und sicherte und damit neue Existenzmöglichkeiten schuf, dauerte es noch Jahrzehnte.

Wie drückend die Armut und die dadurch erzwungene Auswanderung oder doch Landgängerei vor allem in den vierziger und fünfziger Jahren des 19. Jahrhunderts war, zeigen die Bettelfahrten aus den Vogelsbergdörfern nach England und Amerika, zu denen man besonders die jungen, kaum schulentlassenen Mädchen anhielt. Berüchtigt war der zeitweilige „Menschenhandel", d. h. das kontraktmäßige Vermieten junger Mädchen aus den Dörfern westlich Butzbach in englische und amerikanische Bordelle. Das gleiche soziale Elend lag weithin dem damit eng verknüpften Fliegenwedel- und Blutegelhandel zugrunde, den die vielfach jugendlichen oberhessischen Landgänger bis nach Polen, Ungarn und Kroatien trugen; oder die Tatsache, daß damals, wie Bodelschwingh bemerkte, die Pariser Straßenkehrerverbände fast durchweg aus den Landgängern der oberhessischen Armutsgebiete bestanden, denen Ludwig Bamberger 1867 eine eigene Studie gewidmet hat. Doch ist das neuere Urteil, daß Hessen „damals das reaktionärste und wohl auch verelendetste Gebiet Deutschlands" war, zu scharf. Ähnliche Verhältnisse bestanden damals zumindesten auch in Nassau. Es war der Regierung schwer, diese von wetterauischen und Westerwälder Unternehmern gesteuerte Form der gewerblichen Ausbeutung und sozialen Entwurzelung zu unterdrücken.

Hand in Hand mit diesem weitverbreiteten sozialen ging das politische Elend der Biedermeierzeit, von dessen Wucht und Umfang wir uns nur noch schwer eine zutreffende Vorstellung machen können. Aber in welchem Maße die führenden Köpfe der Gießener Studentenschaft und der ihr nahestehenden Kreise in den zwanziger und dreißiger Jahren durch Relegationen und politische Prozesse und damit zusammenhängend durch Flucht und Auswanderung dezimiert worden sind, zeigt etwa ein Werk wie die in unserem Jahrhundert erschienenen „Hessischen Biographien". Die Landtage, geführt von Heinrich von Gagern, Karl Heinrich Jaup und Ernst Emil Hoffmann, opponierten zwar heftig gegen die Regierung du Thil, scheiterten aber mit ihren Forderungen nach einem besseren Wahlgesetz, einer Reform des Gerichts- und Rechtswesens und Aufhebung der Zensur, da die reaktionären Metternichschen Methoden des Deutschen Bundes die Regierung stützten. Mit dieser Politik gelang es ihr zwar, die liberale Opposition jahrelang niederzuhalten, nicht aber, sie endgültig auszuschalten. Sie überstand die Bedrängung und gewann unter Heinrich von Gagerns Führung 1846 schließlich doch die Mehrheit, worauf der Großherzog unter dem Druck der Revolutionsereignisse von 1848 Gagern zum Minister berief. Sein Märzedikt erfüllte alle seit Jahren so schwer umkämpften politischen Forderungen: Presse-, Versammlungs- und Kultusfreiheit, Petitionsrecht und direkte Wahlen, Vereidigung des Militärs auf die Verfassung, Volksbewaffnung, Aufhebung des Polizeistrafgesetzbuches von 1847, Einführung der Geschworenengerichte und mündliches Gerichtsverfahren. Das Gesetz vom 7. August 1848 beseitigte die letzten noch bestehenden Vorrechte der Standesherren, die als besonders anstößig empfunden worden waren, wie die Plünderungen der Riedeselschen Schlösser Eisenbach und Lauterbach im März 1848 gezeigt hatte. Zur gleichen Zeit war auch die erste Kammer (der Standesherren) aufgehoben worden.

Alle diese entgegenkommenden Maßnahmen dämpften jedoch den politischen Radikalismus in seinen Zentren Gießen, Mainz und Worms nicht nachhaltig. Sprachrohr dieser Bewegung war in Gießen „Der jüngste Tag", dessen Redakteur August Decker war, unterstützt von dem Dozenten Karl Vogt; in Mainz übernahm die „Mainzer Zeitung" diese Rolle, geleitet von Ludwig Bamberger, dem Dr. Franz Zitz zur Seite stand. So konnte Jaup als Amtsnachfolger von Gagerns, der Mitte 1848 zum Präsidenten der Frankfurter Nationalversammlung gewählt worden war, der Situation nur mit harten Gegenmaßnahmen (Verhaftungen, Versammlungsverboten, Preßprozessen) Herr werden. Da sich die hessischen Radikalen daraufhin 1849 dem badisch-pfälzischen Aufstand anschlossen, beteiligte sich die hessische Regierung mit Truppen an seiner Unterdrückung und verhinderte sein Übergreifen nach Hessen. Indessen hatten sich hier die konservativen Kräfte unter Führung des Prinzen Emil wieder konsolidiert. Großherzog Ludwig III. († 1877) als Nachfolger seines 1848 verstorbenen Vaters Ludwigs II. entließ Jaup und ersetzte ihn durch den Ministerpräsidenten Reinhard von Dalwigk. In die Anfangsjahre von Großherzog Ludwig III. und von Dalwigk fallen die von Darmstadt aus geförderten Pläne einer Vereinigung beider Hessen, die sich 1850/51 bereits bis zu Besprechungen über einen entsprechenden Vertrag verdichtet hatten. Doch scheiterte die Absicht des Großherzogs, „die kurhessischen Wirren 1850 als Sprungbrett für einen Rex

Hassiae zu benutzen". Außenpolitisch unterstützte von Dalwigk zunächst den preußischen Versuch zur Einigung Deutschlands in der Erfurter Union, trat aber davon zurück, als österreichische Gegenmaßnahmen die Ausführung dieses Planes vereitelten. Die Anhänger Österreichs sammelten sich nun vielmehr in der Darmstädter Konferenz des Jahres 1852.

Damit setzten sich in Hessen-Darmstadt Preußenfeindschaft und Reaktion vollends durch. Um die liberale Opposition auszuschalten, brachte von Dalwigk ein Wahlgesetz zustande, das durch Anlehnung an das preußische Dreiklassenwahlsystem die Opposition zersplitterte und damit lähmte. Selbst nach Zulassung eines weiteren, freieren Wahlgesetzes 1856 standen im ganzen Großherzogtum knapp 2000 wählbare Personen zur Verfügung, von denen weit über die Hälfte abhängige Beamte waren. Noch bei den Landtagswahlen von 1866 waren nur etwa 15,7 Prozent der Bevölkerung und lediglich in dem Sinne wahlberechtigt, daß sie etwa aus vier Prozent der Einwohner Wahlmänner und diese aus 0,3 Prozent Abgeordnete wählen konnten. Wenn sich die Regierung durch ein solches Verfahren im Landtag von 1856 auch eine beherrschende Mehrheit sichern konnte, so war sie doch nicht imstande, damit die Kräfte zu bannen, die sich 1859 im Frankfurter Nationalverein zusammenfanden, um eine deutsche Zentralgewalt mit einer Volksvertretung zur Seite anzustreben. Die Versuche Dalwigks, die Ausbreitung des Nationalvereins im Großherzogtum durch amtliche Eingriffe, polizeiliche Schikanen und gerichtliche Verfolgungen zu verhindern, mißglückten vielmehr vollständig. Entscheidend dafür war, daß ein Prozeß gegen über hundert führende Offenbacher Bürger, die durch einen Massenbeitritt gegen die Maßnahmen der Regierung protestierten, zusammenbrach, und der Deutsche Bundestag die nachgesuchte Unterstützung Hessen-Darmstadts im Kampf gegen den liberalen Nationalverein 1861 ablehnte, was Dalwigk aufs schärfste gegen die dafür mitbestimmende Haltung und Politik Preußens einnahm.

Die nationalliberale Partei wurde nun unter der Leitung des Rechtsanwaltes Metz im Großherzogtum führend und sprach damit über die Politik Dalwigks das Urteil. Gleichwohl hat dieser sich nicht beirren lassen und seine antiliberale und preußenfeindliche Politik vor allem mit Hilfe konservativer und katholischer Kreise auch gegen die politisch führende bürgerliche Schicht des Landes fortgeführt. Demgemäß setzte von Dalwigk auf die österreichische Karte und trat 1866, obwohl die Zweite Kammer die Kriegskredite in der ersten Lesung verweigert hatte, auf die Seite Österreichs. Das aber bedeutete das endgültige Scheitern seiner zeitfernen Vorstellungen eines dritten Deutschland kleiner Souveräne zwischen den beiden Großmächten Österreich und Preußen und führte Hessen-Darmstadt unter die Verlierer des Krieges. Es mußte daher im Frieden mit Preußen vom 3. September 1866 drei Millionen Gulden zahlen und das Hinterland sowie Hessen-Homburg, das 1866 gerade heimgefallen war, abtreten. Die ebenfalls von der preußischen Annexion bedrohte Provinz Oberhessen wurde jedoch durch das Eingreifen Bismarcks (um zu befürchtenden bayerischen Ausgleichsforderungen zuvorzukommen) und die Intervention der mit Darmstadt verwandten Höfe Englands und Rußlands dem Großherzogtum erhalten. Im Gegenteil wurde sein oberhessischer Landesteil durch Zuweisung einiger Nassauer, Frankfurter und hessischer Orte (darunter Bad Nauheim) sogar weiter abgerundet. Jedoch war Hessen-Darmstadt gezwungen, dem Norddeutschen Bunde beizutreten und sich durch die Militärkonvention vom April 1867 eng an Preußen anzuschließen. Die hessische Division mußte in den Verband eines preußischen Armeekorps eintreten. Die Besatzung der Festung Mainz stellte ausschließlich Preußen. Damit war Hessen-Darmstadt militärpolitisch ausmanövriert, im Sinne der eigenen, partikularen Interessen handlungsunfähig und als Staat endgültig entmachtet.

Aber gleichwohl unternahm es von Dalwigk noch einmal, gegen dieses erdrückende preußische Übergewicht zu agitieren. Wie er schon 1866 als einziger süddeutscher Staatsmann Frankreich zum militärischen Einmarsch in die Rheinlande und die Pfalz aufgefordert hatte, dann in weiter andauernder Verkennung der Lage aus dem preußischen Sieg von 1866 und der daraus notwendig folgenden Feindschaft Frankreichs ein Steigen der „Chancen für die Gründung eines Königreiches Hessen" ableitete, so hat er schließlich das Äußerste gewagt und in den Jahren 1868/70 nicht nur Österreich, sondern auch Frankreich und Rußland zum Eingreifen gegen Preußen zu bestimmen gesucht. Jedoch unterlag von Dalwigk auch diesesmal mit seiner zuletzt nicht einmal mehr großdeutschen, sondern nur noch preußenfeindlichen und blind-partikularistischen und -reaktionären Politik. So blieb ihm die tiefe Demütigung nicht erspart, daß er im Dezember 1870 die Versailler Verträge unterzeichnen mußte, die der Landtag fast einstimmig billigte. Kurz darauf, im April 1871, ist er abgetreten. Damit hatte sich auch Hessen-Darmstadt endgültig in die deutsche Einigung eingeordnet. Seine politische Landgeschichte war damit zu Ende, obwohl wir ihr (aus staatsformalistischen Gründen) noch ein weiteres Kapitel widmen müssen.

47. Die preußische Provinz Hessen-Nassau

Am 17. August 1866 brachte die preußische Regierung im Abgeordnetenhaus die Gesetzesvorlage zur Annektierung von Hannover, Kurhessen, Nassau, Frankfurt und Teilen von Hessen-Darmstadt ein. Am 17. September wurde das Gesetz mit 273 gegen 14 Stimmen angenommen, am 20. September erlassen und am 8. Oktober in Hessen verkündigt. Damit fielen das Kurfürstentum

Hessen, das Herzogtum Nassau und die Freie Stadt Frankfurt an Preußen. Einige nassauische, hessische und frankfurtische Orte erhielt Hessen-Darmstadt, das dafür die Landgrafschaft Hessen-Homburg, die Kreise Biedenkopf und Vöhl und einen Teil des Kreises Gießen abtrat. Diese übernahm Preußen am 24. November 1866. Im gleichen Jahr überließ Bayern das Bezirksamt Gersfeld und den Landbezirk Orb dem preußischen Staat.

Für die innere Umgestaltung der neugewonnenen Landesteile führte der Eroberer das „Diktaturjahr" ein, das vom 1. Oktober 1866 bis zum 1. Oktober 1867 reichte und es der preußischen Verwaltung ermöglichen sollte, die für erforderlich erachteten Angleichungen auf dem Verwaltungswege ohne parlamentarische Sanktionierung durchzuführen. Eine wahre „Wolkenbruchgesetzgebung" überflutete das Land. Da die preußische Ministerialbürokratie hierbei — und zwar wiederholt im Gegensatz zu dem Politiker Bismarck — gelegentlich zu weit ging und etwa die weitaus bessere kurhessische Justizverfassung der preußischen opferte, kam es schon bald zu Abwehrreaktionen der betroffenen Bevölkerung. In Nassau blieben sie ohne Erfolg, in Kurhessen führten sie infolge des unmittelbaren Eingreifens König Wilhelms I. zur Berufung einer ständisch gegliederten Gruppe von „Vertrauensmännern", die für die Provinz einen erheblichen Teil des Staatsschatzes und eine darauf finanziell begründete und gesicherte eigene Kommunalverwaltung durchsetzte. Im übrigen vollzog sich die Angleichung ohne größere Schwierigkeiten, wofür allerdings wesentlich war, daß in den Übergangsjahren von 1867 bis 1871 mit dem Regierungspräsidenten von Moeller ein besonders befähigter preußischer Verwaltungsbeamter an entscheidender Stelle stand.

Die am 22. Februar 1867 gebildeten Regierungsbezirke Kassel und Wiesbaden sind nach manch anderweitigen Erwägungen (Kurhessen sollte mit der Provinz Sachsen als „Westthüringen", Nassau samt Hanau und Fulda mit der Rheinprovinz vereinigt werden) erst am 7. Dezember 1868 zur neuen preußischen Provinz Hessen-Nassau zusammengeschlossen worden. Es war eine für das ganze weitere Schicksal Hessens grundlegende Entscheidung, vielleicht die wichtigste seit der Loslösung Hessens aus dem Verband der Landgrafschaft Thüringen im 13. Jahrhundert. Der Regierungsbezirk Wiesbaden umfaßte das ehemalige Herzogtum Nassau, die Stadt Frankfurt und die von Hessen-Darmstadt abgetretenen Gebiete (außer Vöhl). Dabei war die Zuteilung des althessischen Kreises Biedenkopf zu Wiesbaden eine gravierende Fehlentscheidung; das gleiche gilt für die Stadt Frankfurt. Den Regierungsbezirk Kassel bildeten das ehemalige Kurfürstentum Hessen einschließlich der beiden Exklaven Schaumburg und Schmalkalden. Hinzu kamen außerdem die Bezirke Vöhl, Orb und Gersfeld. Die bisherigen 23 kurhessischen Kreise behielt man bei, teilte Vöhl dem Kreis Frankenberg, Orb dem Kreis Gelnhausen zu und schuf für Gersfeld einen eigenen, neuen Kreis. Im Regierungsbezirk Wiesbaden blieben die bisherigen 28 nassauischen Ämter zwar noch bestehen, wurden aber in zwölf Kreisen zusammengefaßt; dabei trennte man Justiz und Verwaltung in der untersten Instanz. Jeder Regierungsbezirk erhielt eine Regierung aus den drei Abteilungen des Inneren, für Kirchen- und Schulwesen und für direkte Steuern, Domänen und Forste. An die Spitze jedes Landkreises trat ein Landrat, in den Stadtkreisen ein Polizeipräsident oder -direktor. Regierungshauptstädte blieben Kassel und Wiesbaden, wobei Kassel als Provinzialhauptstadt zugleich den Sitz des Oberpräsidenten der Provinz erhielt. In beiden Bezirken richtete man außerdem kommunalständische Verbände ein, deren Organe der Kommunallandtag, der ständische Verwaltungsausschuß und der Landesdirektor waren. Als Aufgaben oblagen ihnen das Fürsorgewesen, der Wegebau und kulturelle Angelegenheiten. Während dem hessischen Verband ein Teil des Staatsschatzes zufiel, überwies der Staat dem kommunalständischen Verband in Wiesbaden die nassauische Landesbank mit einem Vermögen von etwa 1,3 Millionen Talern. Es soll nicht vergessen werden, daß man aus moralischen Gründen die Spielbanken in Wiesbaden und Homburg schloß, obwohl sie europäischen Ruf hatten und insbesondere die englische und russische Hocharistokratie anzogen und abschöpften. König Wilhelm I. lehnte jedoch Staatseinnahmen aus Spielgeldern ab; er hielt sie für unanständig.

Mit Hessen-Nassau hatte Preußen seine an Heilbädern und Forsten reichste Provinz gewonnen, dazu im Rheingau Weinbaudomänen von europäischem Rang. Der Wald bedeckte im Regierungsbezirk Kassel von 1 010 634 Hektar Gesamtfläche 397 474 Hektar (also 39,3 Prozent) und im Regierungsbezirk Wiesbaden von 555 622 Hektar Gesamtfläche 231 737 Hektar (also 41,7 Prozent). Die größte Walddichte hatte der Rheingaukreis mit 51 Prozent der Gesamtfläche. Die Einwohnerschaft der Provinz betrug 1871: 1 400 494 Personen. Von ihnen waren 987 596 evangelisch, 372 193 katholisch, 3899 sonstige Christen, 36 400 Juden und 306 Bekenner anderer Religionen. Dabei gab es im Regierungsbezirk Kassel (bei einer Einwohnerschaft von 767 483 Personen) 32 474 Analphabeten und 11 237 Personen ohne Schulbildung; im Regierungsbezirk Wiesbaden (bei einer Einwohnerzahl von 633 011 Personen) 7789 Analphabeten und 6362 ohne Schulbildung, also in der gesamten Provinz 40 263 Analphabeten und 17 599 Personen ohne Schulbildung. Um die Jahrhundertwende waren diese Schulbildungslücken so gut wie geschlossen.

Die preußische Verwaltung der neugewonnenen Provinz machte sich schon bald in grundlegenden Organisationsmaßnahmen geltend. Zunächst führte sie das deutsche Gerichtsverfassungsgesetz durch, löste 1873 die kurhessischen Justizämter auf und ersetzte sie durch Amtsgerichte, ohne jedoch zunächst die Gerichtssprengel zu ändern. Seit 1879 gab es in der Provinz zwei Oberlandesgerichte: 1. Kassel mit den Landgerichten Kassel (für Niederhessen und Waldeck mit 34 Amtsgerichten) und Marburg (für Oberhessen mit 20 Amtsgerichten); 2. Frankfurt mit den Landgerichten Frankfurt (mit zwei Amtsgerichten), Limburg (mit 14 Amtsgerichten), Neuwied (mit 14 Amtsgerichten), Wiesbaden (mit 17 Amtsgerichten) und Hechingen. Das ebenfalls 1879 eröffnete Reichsgericht in Leipzig erwies durch seine Besetzung nochmals die überragende Leistungsfähigkeit der kurhessischen Richter, denn es gehörten ihm sechs ehemalige Kurhessen als Reichsgerichtsräte an. Die 1879 eingeführte Gerichtsverfassung Hessen-Nassaus blieb bis zum 30. Juli 1932 bestehen. Dann hat die damals verfügte Aufhebung zahlreicher Amtsgerichte auch in Hessen das Gefüge des unteren Justizwesens, wie es im 19. Jahrhundert durchweg in Anlehnung an ältere Gerichtsmittelpunkte geschaffen worden war, erheblich verändert.

Eine durchgreifende Umorganisation der inneren Verwaltung brachte das Jahr 1885. Sie schuf für die ganze Provinz eine einheitliche Verwaltung, die zweifellos eine Meisterleistung des preußischen Staates dargestellt und sich unter den verschiedensten Regierungssystemen fast ein Jahrhundert lang bewährt hat, obwohl sie zunächst weder in Kurhessen noch in Nassau begrüßt worden ist. Gegenüber den von den Abgeordneten beider Bezirke betonten Verschiedenheiten ging die Staatsregierung jedoch davon aus, daß deshalb eine einheitliche Provinzialverwaltung um so notwendiger sei, um das nun einmal erforderliche weitere Zusammenwachsen dieser beiden zusammengeschlossenen Gebiete zu fördern und zu erleichtern. Sie führte daher mit Gesetz vom 7. Juni 1885 die neue Provinzial- und Kreisordnung durch. Dabei wurden im Regierungsbezirk Wiesbaden die Ämter aufgehoben und die Zahl der Kreise einschließlich des nunmehr erst vollends eingegliederten Frankfurter Stadtkreises auf 18 erhöht (Biedenkopf, Dillkreis, Frankfurt Land, Frankfurt Stadt, Höchst, Limburg, Oberlahn, Obertaunus, Oberwesterwald, Rheingau, St. Goarshausen, Unterlahn, Untertaunus, Unterwesterwald, Usingen, Westerburg, Wiesbaden Land und Wiesbaden Stadt). 1890 bildete sich der hessische Städtetag. Ein Jahr später, am 8. Juni 1891, erschien die Städteordnung für den Regierungsbezirk Wiesbaden, die jedoch schon die Städteordnung für die Provinz Hessen-Nassau vom 4. August 1897 ablöste. Im gleichen Jahr kam die neue Gemeindeordnung für die Provinz heraus. Schließlich legte der Kaiser 1897 auch die Landesfarben der Provinz Hessen-Nassau fest. Sie bestanden aus einer Verbindung der damals gleichfalls amtlich festgesetzten Farben des Bezirksverbandes Kassel: rot-weiß (den althessischen Farben) und des Bezirksverbandes Wiesbaden: blau-orange (den altnassauischen Farben) und waren rot-weiß-blau.

Größere Schwierigkeiten machte die Umgestaltung der Kirchenverwaltung. 1867 hatte Bismarck gegen den preußischen Oberkirchenrat durchgesetzt, daß dieser die evangelischen Kirchen in Kurhessen, Nassau und Frankfurt nicht, wie geplant, zusammenlegte, sondern aus politischen Gründen selbständig ließ. „So berechtigt das scheinen mag, man ist damals einer augenblicklichen Entscheidung und einem vorübergehenden Kampfe ausgewichen, um auf die Dauer ungesunde und unhaltbare Zustände zu konservieren." Allerdings waren die Widerstände beträchtlich, zumal bei den kurhessischen Lutheranern, die unter Vilmars Führung alle preußischen Eingriffe ablehnten. Als 1873 die Zusammenfassung der drei ehemals kurhessischen Konsistorien (Kassel, Marburg, Hanau) dennoch geschah, bildete sich die bis in die kurhessische Zeit zurückreichende Renitenz vollends aus. Jedoch war sie und die mit ihr verknüpfte hessische Opposition gegen Preußen so schwach fundiert, daß sich beide schon bald spalteten, zerstritten und erschöpften. Immerhin war es erst 1885 möglich, die bereits 1873 geplante Presbyterial- und Synodalordnung auch in Hessen zu verwirklichen. Dagegen hatte die evangelische Kirche in Nassau eine gleiche Ordnung und Verfassung schon 1877 erhalten, während eine ähnliche Verfassung für die evangelische Kirche in der Stadt Frankfurt erst 1899 zustande kam. Sie alle gewährleisteten weitgehende Selbstverwaltung, berührten jedoch keine Bekenntnisfragen. Auch das Verhältnis zur katholischen Kirche war schwierig und wurde insbesondere durch den Kulturkampf (1872 bis 1880) überschattet, der von ihren im Bereich der Provinz gelegenen Bistümern Fulda und Limburg erhebliche Opfer verlangte. Durch seinen standhaften Widerstand gegen die Maßnahmen der Staatsgewalt, der er allerdings weichen mußte, hat sich insbesondere Bischof Blum von Limburg einen Namen gemacht. Schließlich hat jedoch der Abbau der Kulturkampfmaßnahmen die Dissonanzen allmählich wieder abklingen lassen.

Die stärksten Tendenzen der Zeit kamen im Wachstum von Verkehr und Wirtschaft zum Ausdruck. Nachdem 1872 die Taunuseisenbahn Frankfurt—Wiesbaden verstaatlicht worden war, bekam Frankfurt als wichtigster westdeutscher Eisenbahnknotenpunkt 1874 eine Eisenbahndirektion, deren Bedeutung die 1896 zwischen Preußen und dem Großherzogtum Hessen geschlossene Eisenbahngemeinschaft noch erhöhte. (Sie erstreckte sich u. a. auf die 1875/80 gebaute hessische Ludwigsbahn Frankfurt— bzw. Wiesbaden—Limburg, die angekauft wurde.) Zwischen der Main-Weser-Bahn Frankfurt—Gießen—Kassel und der Hauptstrecke Frankfurt—Fulda—Bebra entstanden als Querverbindungen 1870 die Strecke Gießen—Gelnhausen, 1871 Gießen—Grünberg—Fulda und 1881 Friedberg—Hanau (diese bereits als Umgehungsbahn für Frankfurt). In der gleichen Zeit begannen die Eisenbahnen die verkehrsfernen Armutsgebiete des Westerwaldes zu erschließen. 1870 wurde die Westerwaldbahn Limburg—Westerburg—Altenkirchen fertiggestellt, 1884 die Strecke Limburg—Montabaur—Engers und schließlich 1906 die Querverbindung Herborn—Montabaur. Wie diese Bahnen die soziale Lage der Westerwälder Bevölkerung durch ihre Heranführung an größere Industrieplätze (im Dill- und Lahntal) erheblich gehoben haben, so hat auch die 1906 entstandene Bahn Frankfurt—Stockheim—

Lauterbach, die den Vogelsberg erschloß, wesentlich dazu beigetragen, ein weiteres Notstandsgebiet zu beseitigen, da dessen Bevölkerung in steigendem Maße Arbeit und Verdienst im Frankfurter Industriegebiet fand.

Die beherrschende Eisenbahnlage Frankfurts, die in dem 1888 errichteten, gewaltigen Hauptbahnhof zum Ausdruck kam, wurde ergänzt durch die Mainkanalisation 1883 bis 1886, die Frankfurt nach dem Ausbau seiner Häfen (Westhafen 1886, Osthafen 1907/12) auch dem Schiffahrtsverkehr auf dem Rhein unmittelbar anschloß, auf dem im Mai 1900 erstmals eine lebhaft begrüßte Torpedobootsdivision des deutschen Reiches erschien. Auch die untere Fulda zwischen Münden und Kassel ist in den 90er Jahren ausgebaut und kanalisiert worden. 1895 wurde die neue Fuldaschiffahrt eröffnet. Eine neue Entwicklung des Verkehrswesens setzte mit dem Aufkommen des Autos um die Jahrhundertwende ein, die sich jedoch erst nach dem Ersten Weltkrieg stärker bemerkbar machte, obwohl die erste Fernfahrt der Automobiltourenfahrer, die von Paris nach Berlin führte und dabei auch Frankfurt berührte, schon im Juni 1901 und das erste Feldberg-Automobilrennen (in Gegenwart des Kaisers) bereits 1904 stattgefunden hatte. Die ältesten (von Friedberg ausgehenden) Kraftpostverbindungen Hessens wurden 1906 und 1907 eingerichtet, aber im Ersten Weltkrieg wieder eingestellt und erst 1920 (und nun in ständig steigendem Maße) erneut aufgenommen.

Auf Grund der hervorragenden Verkehrsbedingungen erwuchs seit Ende des 19. Jahrhunderts im unteren Maintal ein mächtiges neues Industriegebiet, für dessen Ausgestaltung selbst die hier verlaufende preußisch-hessisch-bayrische Grenze unerheblich, ja rückständig und überholt war. Es erstreckte sich von Aschaffenburg (Textilien, Holzverarbeitung) und Hanau (Edelmetallbearbeitung) über Offenbach (Lederwaren), Frankfurt, Höchst, Rüsselsheim (Farben und sonstige chemische Produkte, Automobile) bis in die rechtsrheinischen Vororte von Mainz und Wiesbaden. Stellvertretend für alle seien hier nur zwei Werke hervorgehoben; einmal die 1863 gegründeten Höchster Farbwerke, die seit 1883 auch Arzneimittel herstellten, 1912 bereits über 9000 Arbeiter und Angestellte hatten und sich 1925 mit den übrigen sieben großen deutschen Farbstoffwerken zur IG-Farben zusammenschlossen; und zweitens die 1862 als Nähmaschinenwerkstatt gegründeten Opelwerke in Rüsselsheim, die seit 1888 Fahrräder und seit 1898 Automobile bauten, 1928 allerdings in der amerikanischen General-Motors-Corporation aufgingen und 1938 die größte europäische Automobilfabrik waren. Dieser industriellen Spitzenposition des Rhein-Main-Gebietes entsprach die überragende Bedeutung Frankfurts als Geldhandelsplatz, dessen Börse die Berliner während der ersten Jahrzehnte des neuen deutschen Reiches weit überflügelte (während seine Messe bedeutungslos wurde). Außerdem schuf Frankfurt seit der zweiten Hälfte des 19. Jahrhunderts in systematischem Ausbau seiner wissenschaftlichen Institute die Voraussetzungen für eine Universität, die am 18. Oktober 1914 (in aller Stille) eröffnete.

Mit der schnellen Industrialisierung des Rhein-Main-Gebietes verband sich allerdings eine erhebliche politische Belastung: die Bekämpfung der Sozialisten durch den preußischen Staat auf Grund des Sozialistengesetzes vom 21. Oktober 1878. Die Lage verschärfte sich in unserem Gebiet, als es bei der Einweihung des Niederwalddenkmals am 28. September 1883 zu einem mißglückten Dynamitattentat auf Kaiser Wilhelm I. und am 29. Oktober 1883 zu einem gelungenen Sprengstoffanschlag auf das Frankfurter Polizeipräsidium kam. Obwohl diese Anschläge offensichtlich auf anarchistische, nicht aber sozialdemokratische Kreise zurückgingen, hatten diese in gleicher Weise darunter zu leiden, wie das überscharfe polizeiliche Eingreifen gegen die Sozialdemokraten zeigt (etwa beim Begräbnis des Ziseleurs Hiller am 22. Juli 1885). Infolge dieser gespannten Lage verhängte die preußische Regierung am 16. Dezember 1886 den kleinen Belagerungszustand über die Stadt- und Landkreise Frankfurt und Hanau, den Kreis Höchst und den Obertaunuskreis. Da er erst Ende 1889 wieder gelockert wurde, sind in diesen Jahren zahlreiche führende Sozialdemokraten ausgewiesen worden, denen man es durch entsprechende, schon 1885 getroffene Vereinbarungen mit den großherzoglich hessischen Behörden unmöglich machte, wie bis dahin auf hessen-darmstädtisches Gebiet, insbesondere nach Offenbach, Neu-Isenburg und Mainz, auszuweichen. Jedoch konnte dadurch die politisch vor allem in der Sozialdemokratischen Partei zusammengeschlossene Arbeiterbewegung und die von ihr gebildeten Selbsthilfe- und Selbstschutzorganisationen der Gewerkschaften nicht unterdrückt werden. Es sei jedoch auch nicht übergangen, daß der von der bekannten Wächtersbacher Steingutfabrik herausgegebene „Schlierbacher Fabrikbote" (bis 1888 in Coburg, dann in Gelnhausen gedruckt) das erste Organ einer deutschen Fabrikleitung war, „um zwischen Arbeitgebern und Arbeitnehmern eine anregende, belehrende und das gute Verhältnis fördernde wechselseitige Verbindung herzustellen".

Natürlich bedeuteten solche und ähnliche mehr patriarchalisch, als partnerschaftlich ausgerichtete Bemühungen im privaten Bereich nur wenig neben der im allgemeinen unglücklichen Arbeiterpolitik der Regierung. Dazu begann sich gerade auch in Hessen zu Ende des 19. Jahrhunderts eine nicht minder verhängnisvolle parteipolitische Entwicklung abzuzeichnen: der vorwiegend auf (klein)bürgerliche und (klein)bäuerliche Kreise gestützte Antisemitismus. Durch eine außerordentlich rege Agitation gefördert, die erstmals die Form regelrechter Wahlkämpfe annahm, und gestützt auf Vorwürfe des Viehwuchers und der Güterschlächterei, nahm diese Bewegung schnell bestürzenden Umfang an. Zu ihren führenden Köpfen gehörte der Marburger Volkskundler und Bibliothekar Otto Böckel, der von 1887 bis 1903 antisemitischer Reichstagsabgeordneter des Wahlkreises Marburg/Kirchhain war. Bei der Reichstagswahl von 1890 stieg die Zahl der antisemitischen Abgeordneten auf fünf, die alle aus Hessen kamen. Obwohl nun die hessische SPD, teilweise unter persönlicher Beteiligung ihres ältesten Abgeordneten Ulrich, die bedrohliche politische Entwicklung abzufangen versuchte (Zusammenstöße in Windecken und Groß-Umstadt 1891), wuchs die Zahl der antisemitischen Abgeordneten bei der Reichstagswahl von 1893 auf 16 an, von denen sieben in Hessen gewählt worden waren. Dann kam es jedoch zum Sturz Böckels durch seinen Rivalen Philipp Köhler, Langsdorf, während es Leopold von Sacher-Masoch im oberhessischen Lindheim gleichzeitig unternahm, der bisher in jeder Beziehung vernachlässigten Land- und vor allem Landarbeiterbevölkerung durch seinen „Oberhessischen Volksbildungsverein" (1893) kulturellen und politischen Beistand — und zwar vor allem gegen den Antisemitismus — zu leisten. Diese antisemitische Bewegung ebbte tatsächlich in den folgenden Jahren auch ab, blieb jedoch ideenmäßig in handwerklichen und bäuerlichen Vereinigungen, insbesondere im Böckelschen Mitteldeutschen Bauernverein, lebendig.

Die allgemeine wirtschaftliche Aufwärtsentwicklung der Provinz hat jedoch unter diesen politischen Vorgängen nicht ernstlich gelitten. Für den Aufstieg war die mit der Industrialisierung verbundene neue und allgemeine Energieversorgung des Landes von grundlegender Bedeutung, da sie Arbeitsbedingungen und damit die Lebensverhältnisse der Bevölkerung weitgehend umgestaltete und erleichterte und damit verbesserte. Bei ihrer Darstellung versagt wiederum die Beobachtung der alten politischen Binnengrenzen. Die wirtschaftliche, soziale und parteipolitische Entwicklung ging immer ungehemmter über sie hinweg und läßt spätestens seit der Reichsgründung (vielfach aber auch schon früher) erkennen, daß es einen echten, politisch und wirtschaftlich eigenständigen Föderalismus im Deutschen Reiche in unserem Gebiet nicht mehr gab, und was sich als Föderalismus bezeichnete, nur noch ein Schein- und Schattendasein fristete. Wir sehen uns daher veranlaßt, diese Grenzen im folgenden zu überschreiten und beide Hessen (die preußische Provinz Hessen-Nassau und das Großherzogtum Hessen) zusammenzufassen.

In der preußischen Zeit bis zum Ende des Zweiten Weltkrieges vollzog sich der Aufbau der neuen Energieversorgung und damit der technisch revolutionärste Vorgang der neuen Wirtschaftsentwicklung in den beiden Stufen der Gas- und dann der Elektrizitätsversorgung, wobei die wichtigsten Energiespender nacheinander Kohle, Wasser, Öl und schließlich die Atomspaltung waren. Die Gasversorgung hatte Mitte des 19. Jahrhunderts begonnen, war aber nur den Städten zugute gekommen (Frankfurt 1828 bzw. 1844, Kassel 1847, Wiesbaden 1847/48, Hanau und Offenbach 1848). Gegen Ende des 19. Jahrhunderts folgte die Elektrizität, die im Gegensatz zu Gas schon in den ersten Jahrzehnten des 20. Jahrhunderts das ganze Land bis in die kleinsten

Dörfer erreichte. Die ersten Elektrizitätswerke in Hessen bauten Darmstadt 1888, Kassel 1890/91, Frankfurt 1893/94, Gießen 1900. Schon bald schlossen sich die Elektrizitätsversorgungsbetriebe zu größeren Verbänden zusammen (Hessische Elektrizitätsgesellschaft in Darmstadt 1912, Zweckverband Oberhessische Versorgungsbetriebe in Friedberg 1911/13, kommunaler Elektrozweckverband Mitteldeutschland in Kassel 1923). Für die Stromerzeugung wurden außer zahlreichen örtlichen und kleineren Kraftwerken, die meist auf Kohle basierten, zunehmend Großkraftwerke errichtet, in denen man die Wasserkräfte stärker beanspruchte. Örtliche Braunkohlengrundlagen haben Wölfersheim 1912 und Borken 1922, Wasserkraft benutzen die Main-Kraftwerke Höchst 1910, die Edertalsperre 1914, die Lahn-Kraftwerke Limburg 1926, die Neckar-Kraftwerke Neckarsteinach 1931, Hirschhorn 1933 u. a. Auch sie traten seit den 20er Jahren immer mehr in den Rahmen einer ständig ausgedehnten Verbundwirtschaft ein, in der die Preußische Elektrizitäts-A. G. seit 1933 eine führende Rolle spielte, nachdem sie die Großkraftwerke Edertalsperre, Borken und Wölfersheim übernommen hatte. Seitdem wächst die Verbundwirtschaft ständig und hat schon bald nicht nur die Landesgrenzen, sondern auch die europäischen Ländergrenzen überschritten.

Dieser lebhafte, zukunftsweisende industrielle Aufstieg der Provinz Hessen-Nassau hat wesentlich dazu beigetragen, daß sich ihre Einbeziehung in den preußischen Staatsverband fast reibungslos vollzog. Politisch wurde diese Entwicklung dadurch gefördert, daß sich die preußischen Könige gerade dieser neuen Provinz eng verbunden gefühlt haben und daher dort immer wieder begegnen. Bekannt sind die jahrelangen regelmäßigen Besuche Kaiser Wilhelms I. in Bad Ems. Schloß Oranienstein, bei dem Ems benachbarten Diez gelegen, wurde schon 1867 preußische Kadettenanstalt. Schloß Wilhelmshöhe bei Kassel, das König Wilhelm 1870 zum Aufenthaltsort des gefangenen französischen Kaiser Napoleons III. bestimmt hatte, ist ein bevorzugter Aufenthaltsort der deutschen Kaiser in Hessen geworden. Kaiser Wilhelm II. hat sich besonders häufig hier aufgehalten, da er in Kassel das Abitur gemacht hat. Von 1891 bis 1918 diente Wilhelmshöhe als seine Sommerresidenz. Regelmäßig besuchte der Kaiser aber auch Wiesbaden und oft Bad Homburg (mit der Saalburg, deren Wiederaufbau er großzügig gefördert hat). Von 1891 bis 1907 war er außerdem fast alljährlich Gast in Schlitz, da er mit Graf Emil von Schlitz, genannt von Goertz, befreundet war. Zur gleichen Zeit erbaute die Kaiserinwitwe Friedrich in Kronberg 1889/90 ihren Witwensitz, Schloß Friedrichsruh. Die Provinzialhauptstadt Kassel erhielt eine neue Gemäldegalerie (1872/76 von Dehn-Rothfelser aus den Steinen der „Chattenburg" nach dem Vorbild der Münchener Alten Pinakothek errichtet) und ein neues Hoftheater (1909), dem allerdings das malerische Tor zur Karlsaue geopfert wurde, während Stände und Stadt 1911/13 das Hessische Landesmuseum und 1914 die Stadthalle erbauten. Die Hauptstadt des Regierungsbezirk Wiesbaden bekam 1881 ein neues Staatsarchiv (während Kassel seine Staatsarchive an Marburg verlor) und wie Kassel ein neues Hoftheater (1892/94), dazu als ständische bzw. städtische Kulturbauten eine neue Bibliothek (1913), ein Museum (1913/15) sowie ein neues Kurhaus (1907) und das Kaiser-Friedrich-Bad (1913).

Auf dem Marburger Schloß entstand 1869/70 das zentrale Staatsarchiv des ehemaligen Kurhessen (mit Fulda, Hanau, Schaumburg und später auch Waldeck) als preußisches Staatsarchiv des Regierungsbezirkes Kassel. 1872/79 und 1887/91 erfolgte der Neubau der Universität Marburg, nachdem der Plan, die Stadt Frankfurt für den Verlust ihrer Selbständigkeit mit einer Universität zu entschädigen, das Weiterbestehen der Marburger Hochschule eine Zeitlang bedroht hatte. Baumeister der preußischen Universität war der „Gotiker" Karl Schäfer, der wie sein Lehrer Ungewitter aus Hessen stammte und mit ihm gemeinsam Entscheidendes zur Wiederbelebung des „christlichen-germanischen" gotischen Baustiles im späten 19. Jahrhundert beigetragen hat. Der Marburger Universitätsbau ist eines der stilistisch geschlossensten und eindrucksvollsten Denkmäler dieser Baugesinnung. Außerdem ist dieser bauliche Neubeginn auch fast allen Instituten, Laboratorien und Kliniken der Universität zugute gekommen, indem sie entweder grundlegend erneuert oder überhaupt erst gebaut worden sind. An der Hochschule wirkte seit 1895 der Gründer der Serumheilkunde Professor Behring, für dessen Heilseren gegen Diphtherie und Wundstarrkrampf ihm die Höchster Farbwerke ein eigenes Werk in Marburg zur Herstellung im Großen errichteten. Von europäischer Anziehungskraft waren auch die „Neukantianer" Cohen und Natorp und der Jurist Enneccerus. Die Zahl der Studenten, die 1866 nur 257 betragen hatte, verzehnfachte sich bis 1914/15 auf 2032 Studierende (davon 165 Frauen). Gießen damals zählte 1506 Studierende (davon 105 Frauen), während die Frankfurter Universität 1914 mit 380 Studierenden begann.

Einen neuen Höhepunkt erreichte die hessische Malerei und Zeichenkunst. Sie war auch jetzt wieder aufs engste mit dem Malerdorf Willingshausen in der Schwalm verknüpft, denn hier vereinigten sich in den beiden Jahrzehnten vor dem Ersten Weltkrieg zu oft jahrelang wiederholten Studienaufenthalten Künstler wie Adolf Linz, Heinrich Otto, Hans von Volkmann, Wilhelm Thielmann, Hermann Kätelhön, Walter Waentig und insbesondere Carl Bantzer. Sein stilles, feierliches Bild „Abendmahl in einer hessischen Dorfkirche", sein rauschhaft hingerissener, als Bild selbst Tanz gewordener „Schwälmertanz", seine dokumentarischen, großfigurigen Bilder „Erntearbeiter", „Feierabend" „Vor der Kirche", seine zauberhaften Bildschöpfungen alter Buchen und Hochwaldränder, und seine Bauern-, Arbeits- und Lebensbilder gehören zu den besten und innerlichsten künstlerischen Aussagen, die über die hessischen Lande, ihre Menschen und Sitten mit malerischen Mitteln je gemacht worden sind. In gleichgroßer, aber anderer Weise sind sie von Otto Ubbelohde erfaßt worden, dessen Bildern ein noch größerer Ernst, eine noch größere Strenge innewohnt. Den Höhepunkt seines Schaffens stellen allerdings seine Federzeichnungen dar, mit denen er nahezu ganz Hessen künstlerisch aufgenommen hat. Seine ebenso einfache wie geniale Idee, die Grimmschen Märchen in die hessische Landschaft zu stellen, hat viele von ihnen hier erst wahrhaft heimisch gemacht. Nun breiten sie mit ihrem Zauber zugleich ein Gefühl der vertrauten Nähe und heimatlicher Geborgenheit aus, die sie in den Herzen vieler Generationen unvergeßlich werden ließ. Da begegnen uns „Schneeweißchen" und Rosenrot" und „Das kluge Gretel" als Schwälmerkinder, steht im Märchen „Der Schneider im Himmel" ein Schwälmer Brautstuhl neben dem Thronsessel Gottes. „Frau Holle" schüttelt ihre Betten über dem Lahntal bei Goßfelden, die „Sterntaler" fallen am benachbarten Rimberg, die „Gänsemagd" geht durch das Marburger Schloßtor, und „Aschenputtel" kniet am Grab ihrer Mutter auf dem Friedhof des Christenbergs. Über das Spangenberger Schloß ziehen „Die sechs Schwäne", und mit „Dornröschen" schläft das Weilburger Schloß; die Königstochter des „Froschkönigs" wohnt auf der Ronneburg, und „Die wahre Braut" findet ihr Glück im Märchenschloß Eisenbach.

Als letztes Zeugnis für das Aufblühen der Provinz Hessen-Nassau um die Jahrhundertwende und unter der preußischen Führung und Verwaltung mag noch das Bevölkerungswachstum betrachtet werden. Es war ungewöhnlich und spiegelt vor allem auch den steilen Aufstieg des Rhein-Main-Gebietes als Wirtschaftsraum wider; denn während in den Jahren 1885 bis 1905 die Bevölkerung im Regierungsbezirk Kassel nur um 19,3 Prozent zunahm, wuchs die des Regierungsbezirks Wiesbaden mehr als doppelt so schnell (um 40,8 Prozent). Insgesamt stieg die Zahl der Einwohner der Provinz von 1871 bis 1905 von 1 400 494 auf 2 070 052 Personen, die in 104 Städten und 2212 Landgemeinden wohnten (dazu kamen 278 Gutsbezirke und 5902 sonstige Wohnplätze). 1910 bestanden in der Provinz 475 327 Haushaltungen. Der Erste Weltkrieg vermochte den Bevölkerungsanstieg des Landes nur vorübergehend zu hemmen, denn 1925 zählte Hessen-Nassau bereits 2 396 871 Einwohner, von denen 1 604 895 evangelisch, 647 175 katholisch und 52 757 jüdisch waren; 65 044 gehörten anderen religiösen Vereinigungen an.

Hand in Hand mit diesem Bevölkerungswachstum in der zweiten Hälfte des 19. Jahrhunderts und dem ersten Viertel des 20. Jahrhunderts vollzog sich die Ausgestaltung der Großstädte Frankfurt, Wiesbaden und Kassel. Außerordentlich war das Wachstum von Frankfurt, das bereits kurz nach dem deutsch-französischen Kriege 1870/71 Großstadt geworden war und seitdem, vor allem infolge der glänzenden Vertretung seiner Interessen durch die beiden bedeutenden Oberbürgermeister Miquel (1860 bis 1890) und Adickes (1891 bis 1912), seinen kommunalen Aufstieg fortsetzte. Bezeichnend hierfür sind die

Eingemeindungen. 1877 erhielt es Bornheim, 1895 Bockenheim, 1900 weitere drei Dörfer, 1910 den aufgelösten Landkreis Frankfurt mit elf Dörfern und 1928 schließlich Höchst mit acht Dörfern. Wiesbaden überschritt die großstädtische Einwohnerzahl 100 000 im Jahre 1904 (1804 um 3000, 1854 um 15 000, 1874 um 43 000 Bewohner) unter der ausgezeichneten Führung seines langjährigen Oberbürgermeisters von Ibell (1883 bis 1913). Die Eingemeindungen von 1926 (Biebrich mit zwei Dörfern) und 1928 (Zuteilung von acht Dörfern des aufgelösten Landkreises) sprengten dann den alten Rahmen vollständig und sicherten die großstädtische Zukunft. Kassel endlich war 1899 Großstadt geworden (1731 : 15 645 Einwohner, 1782 : 19 337, 1810 : 23 068, 1861 : 38 930 Einwohner) und erhielt dazu 1899 eine und 1906 vier weitere Gemeinden.

Den stilistischen Abschluß der wilhelminischen Epoche in unserem Lande bildete die ganz in ihrem Gepräge durchgeführte Jahrtausendfeier der Stadt Kassel im September 1913, die über 100 000 Gäste — eine damals unerhörte Zahl — hier in einer letzten glanzvollen Manifestation und Selbstdarstellung der bürgerlichen Welt der Vorkriegszeit vereinigte. Und als Zeichen der Zeit sind ihr gleichzustellen die letzten Wiesbadener „Kaisertage" vom 13. bis 18. Mai 1914 mit den berühmten Maifestspielen (seit 1896), mit dem Erbenheimer Pferde- und dem Prinz-Heinrich-Fliegerrennen, mit Blumenkorso und Kinderhilfstag.

In überbrückbarem Gegensatz zu diesen urbanen und industriellen Entwickwicklungstendenzen mit ihren in Hessen bisher noch niemals erlebten Bevölkerungsmassierungen stand — als Protest und doch schon wie ein Zeichen des Verlorenen — die deutsche Jugendbewegung, der Wandervogel, mit dessen Geschichte drei niederhessische Stätten eng verknüpft sind. Das ist einmal das Rittergut Friemen bei Waldkappel am Südabhang des Meißners, dessen Besitzer Willi Jansen seit 1905 einer der besonders in kritischen Situationen bewährten Führer des Wandervogels wurde; das ist vor allem der Meißner selbst, auf dem die aus dreizehn Verbänden zusammengeschlossene Freie Deutsche Jugend am 11./12. Oktober 1913 die Jahrhundertfeier der Schlacht bei Leipzig ganz im eigenen Sinne und damit im programmatischen Gegensatz zum allgemein-nationalen Festgetriebe beging und diese eigene Auffassung mit dem Meißnergelöbnis bekräftigte („aus eigener Bestimmung vor eigener Verantwortung mit innerer Wahrhaftigkeit ihr Leben zu gestalten"). Und das ist drittens der Ludwigstein, den die Überlebenden der Wandervogeljugend, die der Weltkrieg in furchtbarer Weise dezimiert hatte, zum Gedächtnis ihrer Toten und zur Herberge der Davongekommenen und ihrer neuen Anhänger ausbauten. Er beherbergt heute das zentrale Archiv der deutschen Jugendbünde der Wandervogelzeit.

Der Erste Weltkrieg traf Hessen wie das ganze Deutschland und ließ sein Eigenleben immer mehr erstarren und verstummen. In diesem Bezug nichts anderes mehr als Teil des Reiches, ist dessen Schicksal auch das Schicksal Hessens geworden, nachdem der Krieg zu Ende und verloren war. Truppenheimführung und -abrüstung, politischer Radikalismus und Versorgungsnotstände führten in einigen wenigen, größeren Städten zu Gewaltmaßnahmen, Plünderungen und Ansätzen einer Räteherrschaft, die die Reichsregierung jedoch abfing (in Hanau, wo die Lage prekär wurde, durch den eigens dorthin entsandten Landrat Schmid). Daher vollzog sich der politische Wandel in der Provinz Hessen-Nassau glatt, im Norden fast reibungslos, im Süden erregter, im allgemeinen aber ohne schwere oder blutige Zwischenfälle, nach den ungeheueren Opfern des Krieges eher matt, unentschieden, fast ohne Konturen.

Die Revolution von 1918 beendete eine Epoche, als deren Symbol in unserem Land Schloß Wilhelmshöhe bei Kassel gelten kann. Es war vollendet worden, kurz bevor das alte Reich zusammenbrach. Hier hatten die hessischen Kurfürsten und König Jérôme residiert, bis sie stürzten. Hier war der geschlagene französische Kaiser Napoleon III. gefangengehalten worden. Schließlich hatte dieses Schloß als Sommerresidenz Kaiser Wilhelms II. gedient, bis ihn die Niederlage Deutschlands 1918 den Thron kostete und mit ihm die Monarchie abtrat. Damit hatte die Dynastie, die das kurfürstliche Haus beseitigt hatte, seinen Sturz gerade 50 Jahre lang überlebt und damit nur ebensolange, wie dieses seinerseits die kleineren Dynasten überdauert hatte, auf deren Mediatisierung 1806/15 die damaligen Staaten des Deutschen Bundes mitbegründet worden waren. Das politische Schlußkapitel der Geschichte Wilhelmshöhes bildete der dortige Aufenthalt Generalfeldmarschalls von Hindenburg im Herbst und Winter 1918/19, als er von hier aus die Demobilmachung des deutschen Heeres leitete. Gleichzeitig aber war der Kasseler Handwerkersohn Philipp Scheidemann (von 1920 bis 1925 Oberbürgermeister von Kassel), der neben Ebert eine führende Stellung in der Sozialdemokratischen Partei Deutschlands einnahm, führend am Aufbau der deutschen Republik beteiligt.

Auf Grund der Waffenstillstandsbestimmungen vom 11. November 1918 besetzten alliierte Truppen das linke Rheinufer. Die Brückenköpfe Mainz und Koblenz dehnten die Besatzungszone auch weit in die Provinz Hessen-Nassau aus, deren Regierungssitz Wiesbaden dabei in die besetzte Zone fiel. Am 6. April 1920 stießen französische Besatzungstruppen über die Grenze der Besatzungszone kriegsmäßig durch Frankfurt hindurch bis Hanau vor. Dabei kam es am folgenden Tage vor der Frankfurter Hauptwache zu blutigen Zusammenstößen zwischen der Bevölkerung und der Besatzungstruppe, die auf deutscher Seite zahlreiche Tote und Verletzte forderte. Nach dem Rückzug der Truppen in die besetzte Zone blieb es bei der Feindschaft zwischen Besatzung und Bevölkerung, die zu häufigen und blutigen Überfällen und Zusammenstößen führte, wobei insbesondere die farbigen Truppen der französischen Besatzungsarmee die Bevölkerung tief erregten. Schwer traf das Land auch die Ausweisung zahlreicher, pflichttreuer Beamter und die Erschwerung des Verkehrs mit den nichtbesetzten Gebieten, die teilweise die Formen einer Abschnürung annahm. Besonders kritisch waren die Jahre 1919, 1921 und 1923. Die von den Separatisten unter Leitung Dr. Dortens am 1. Juni 1919 erstmals verkündete Rheinische Republik sollte auch in Wiesbaden gewaltsam durchgesetzt werden; doch konnte ein Anschlag auf das Regierungsgebäude am 4. Juni durch Eingreifen Dr. Springorums abgewiesen werden, und schon am 6. Juni erklärten sich alle örtlichen demokratischen Parteien (mit Ausnahme des Zentrums) gegen die Rheinische Republik. Der zweite Versuch der Separatisten in dem durch den französischen Ruhreinbruch und den deutschen passiven Widerstand politisch besonders belasteten Jahr 1923 war erfolgreicher. Am 21. Oktober 1923 riefen sie die Rheinische Republik erneut aus und bemächtigten sich nunmehr mit Unterstützung durch die Besatzung des Rathauses und der Regierung in Wiesbaden. Am 26. Oktober lehnten jedoch alle demokratischen Parteien (einschließlich des Zentrums) die Rheinische Republik abermals ab, so daß der separatistische Aufstand schließlich den Boden unter den Füßen verlor, obwohl Deutschland damals in der Inflation einen währungspolitischen Zusammenbruch ohnegleichen erlebte und sich gezwungen sah, seinen passiven Widerstandskampf aufzugeben.

Im Januar 1924 räumten die Separatisten die Wiesbadener Amtsgebäude. Auch im übrigen besetzten Gebiet Nassaus mißlang der Versuch der Aufrechterhaltung der Rheinischen Republik trotz größerer Anfangserfolge im Rheingau (Rüdesheim) und an der unteren Lahn (Ems). Der Abwehrwille des größten Teiles der Bevölkerung blieb stärker. Eine Loslösung der besetzten rheinischen Gebiete vom übrigen Deutschland oder auch ihre staatliche Verselbständigung angeblich im Rahmen des Reiches, wie sie dann angestrebt wurde, konnte auf diese Weise verhindert werden, obwohl sie bedrohlich nahegestanden hatte. Entscheidend dafür war, daß England und Amerika diese nur vorübergehend von Belgien und nachhaltig von Frankreich unterstützten politischen Pläne ablehnten, da sie dem Willen des überwiegenden Teiles der Bevölkerung zuwider waren. Infolgedessen führte der Abzug der Besatzungstruppen aus der letzten Besatzungszone, zu der auch Wiesbaden gehörte, am 30. Juni 1930 am folgenden 1. Juli zu einem nationalen Feiertag von elementarer Gewalt.

Diesen separatistischen Bestrebungen standen in den ersten Nachkriegsjahren die von ganz anderen Kräften geförderten Bestrebungen gegenüber, eine Wiedervereinigung aller althessischen Gebiete zu einem selbständigen Land Hessen durch eine großhessische Bewegung zu erreichen. Wiederum waren in diesem Bestreben wie schon in der 48er Einheitsbewegung die geschichtsbewußten Kreise und Kräfte vorangegangen. Doch bildete jetzt nicht mehr Kassel ihren Ausgangspunkt, sondern Gießen und Darmstadt. Seit 1902 erschienen die „Hessischen Blätter für Volkskunde“ in Gießen (in Fortsetzung der seit 1899 dort erscheinenden „Blätter für hessische Volkskunde“), seit 1906 die von dem dortigen Professor Rauch (in engster Verbindung mit einem Marburger Gelehrten- und Künstlerkreis) herausgegebene gesamthessische Zeitschrift „Hessenkunst“ (in Form eines jährlichen Kunstkalenders). Ihnen folgten die 1912 in Darmstadt begründete „Hessische Chronik“ für Hessen-Darmstadt und Hessen-Nassau und die ebenfalls dort seit 1922 unter dem Titel „Volk und Scholle“ erscheinenden Heimatblätter für beide Hessen, Nassau und Frankfurt.

Im Bereich der preußischen Provinz Hessen-Nassau war der „Hessische Volksbund“ als Fortsetzung der früheren „Hessischen Rechtspartei“ seit 1919 Träger dieser gesamthessischen Bestrebungen. Der Bund, der in den folgenden Jahren Anschluß an andere föderalistische Vereinigungen suchte und sich seit 1924 „Großdeutsch-Hessischer Bund“ nannte, erstrebte die Wiedervereinigung beider Hessen mit Nassau und Waldeck, konnte sich jedoch nicht behaupten. Seine von 1920 bis 1923 erschienen Zeitschrift „Hessen“ kam zwar ab Februar 1923 als „Hessische Zeitung“ wöchentlich heraus, ging aber schon Anfang 1926 ein. In der Folgezeit überkreuzte sich diese Bewegung mit so vielen anderen Plänen und Vorschlägen zur Neuorganisation Hessens und des Rhein-Main-Gebietes (nunmehr im Rahmen der Reichsreform), die selbst wieder uneinheitlich und z. T. so stark entgegengesetzter Auffassung waren, daß sie alle Stoßkraft verloren und zuletzt wirkungslos verpufft sind. Nur die gesamthessische Bewegung ist schließlich nicht umsonst gewesen, denn sie gewann nach dem Zweiten Weltkrieg allein durch ihre ehemalige Existenz erhebliche Bedeutung für die Neubildung des Landes Hessen.

Der politische Umsturz nach dem Verlust des Ersten Weltkrieges beendete in Preußen das landesherrliche Kirchenregiment, das nunmehr allenthalben auf die Landessynode und ihre Organe überging. Damit war der seit langem eingeleitete Verselbständigungsprozeß der evangelischen Kirchen in Hessen zunächst abgeschlossen. Das preußische Gesetz vom 8. April 1924 bestätigte die neue Verfassung der nassauischen Kirche vom 5. Dezember 1922, der Frankfurter Kirche vom 13. Dezember 1922 und der kurhessischen Kirche vom 17. Februar 1923. Es wahrte die verschiedenen evangelischen Bekenntnisstände (lutherisch, reformiert, uniert) und verlieh den Kirchen volle Selbstverwaltung, verkörpert im Landeskirchentag und der Kirchenregierung. Als letzte gab sich am 10. April 1930 die evangelische Landeskirche von Waldeck eine Verfassung ähnlicher Art. Der Vertrag des preußischen Staates mit den Landeskirchen seiner Gebietsteile vom 11. Mai 1931, in dem er ihnen seinen Schutz zusagte, aber auch seine Rechte in politischer Hinsicht wahrte, schloß diese Entwicklung ab. Sie bedeutete allerdings keine Trennung von Kirche und Staat, denn er sorgte weiterhin für die Erhebung der Kirchensteuern und erkannte die Kirchen auch noch darüber hinaus als bevorzugte Körperschaften des öffentlichen Rechtes an, da er ihnen seinen besonderen Schutz auf Grund besonderer vertraglicher Regelungen zusagte. In staatspolitischer Hinsicht war allerdings damit dokumentiert, daß der Staat seine jahrhundertelang geübte Einflußnahme auf die Öffentlichkeit über die Kanzel abbaute, diese aber damit auch mehr und mehr aus dem politischen Leben ausschaltete.

Für die öffentliche Einflußnahme des Staates oder der Gesellschaft oder der sie vertretenden Gruppen hatten sich inzwischen andere Wege eröffnet. Am erfolgreichsten haben sich in der ersten Hälfte des 20. Jahrhunderts drei technische Einrichtungen erwiesen. Da sie sich politisch, kommerziell und kulturell aufs wirksamste einsetzen ließen und eingesetzt worden sind, müssen wir sie auch im Rahmen unserer Landesgeschichte kurz berücksichtigen, denn sie waren am Wandel des bis dahin überwiegend dörflich und kleinstädtisch und damit kleinräumig und traditionell bestimmten Lebens des hessischen Landes maßgeblich beteiligt. Dazu gehört nicht die Presse. Sie hat vielmehr mit ihren zahlreichen Heimatzeitungen etwa ein Jahrhundert lang die örtliche Art eher geschützt und gefördert als bekämpft und nivelliert. Die neuen planierenden Mächte waren vielmehr Kino, Rundfunk und Fernsehen, die von vornherein keinen heimatlichen und nur sehr bedingt örtlichen Bindungen unterlagen, mehr das Allgemeine als das Besondere anstrebten und daher keineswegs föderativ oder regional wirksam waren, wie ihre Organisation vermuten lassen könnte. Vor ihrer schnellen und leichten Zugänglichkeit und ihrem daher bald übermächtigen Einfluß hat sich das bisherige, nach Inhalt und Form zwar fest eingegrenzte, aber ebenso unterschiedlich wie eigenständig gestaltete örtliche, ja heimatliche Brauchtum verflüchtigt.

Von diesen Mächten hat sich das für die umschriebene Entwicklung bahnbrechende Kino allerdings nur langsam durchsetzen können, da es zunächst die breiteren Bevölkerungsschichten, vor allem auf dem Lande, nicht erreichte. So dauerte es (nicht nur aus technischen Gründen) von der ersten Filmvorführung in Berlin im November 1895 bis zur allgemeinen Verbreitung des Films Jahrzehnte, obwohl der Kinematograph bereits kurz vor der Jahrhundertwende auch in den hessischen Städten auftauchte. In Frankfurt waren 1907 neun Kinos in Betrieb, deren Zahl in den nächsten Jahren so schnell anwuchs, daß sich 1910 eine Vereinigung Frankfurter Filmtheaterbesitzer bilden konnte. Doch blieb der Film bis dahin im allgemeinen noch im subkulturellen Raum. Nach dem Ersten Weltkrieg ist diese neue Unterhaltungsform in ihren Darbietungen künstlerisch erheblich gestiegen und daraufhin in den Städten allmählich herrschend geworden, zumal es ab 1929 darbietungsreife Tonfilme und seit 1941 Farbtonfilme gab. Nach dem Zweiten Weltkrieg hat man auch noch in vielen kleineren Orten Kinos eingerichtet, doch ist dieses Netz infolge der überwiegend dörflichen Struktur Hessens verhältnismäßig weitmaschig geblieben.

Dagegen schlug der Rundfunk sofort ein. Im Oktober 1923 strahlte Berlin die erste Sendung aus, und schon am 30. März 1924 schaltete sich der Frankfurter Sender ein, dem bald darauf der Kasseler Sender folgte. Nur wenig später, am 22. März 1935, nahm in Berlin der Fernseh-Rundfunk seine Übertragungen auf, und kurz darauf (1937/39) erstand der Fernsehsender auf dem Feldberg im Taunus; doch kam es infolge des Zweiten Weltkrieges zur allgemeinen Einführung des Fernsehens erst ab Weihnachten 1952. Nach etwa eineinhalb Jahrzehnten war festzustellen, daß der Erfolg des Fernsehens noch durchschlagender war als der des Rundfunks, denn seine Darbietungen erreichten nunmehr fast jede Familie.

Nach diesem zeitraffenden Versuch der Darstellung zeitgeschichtlicher Entwicklungsvorgänge im kulturellen Bereich kehren wir in die politische Welt der beiden letzten Jahrzehnte der preußischen Provinz Hessen-Nassau zurück. Am 5. Januar 1924 brachte die Neugliederung der Reichstagswahlkreise den Wahlkreisverband Hessen, zusammengesetzt aus den beiden Wahlkreisen 19 und 33, in denen zum erstenmal wieder Hessen-Kassel und Hessen-Darmstadt in einem übergeordneten politischen Verband vereinigt waren. Denn der Wahlkreis 19 Hessen-Nassau umfaßte den Regierungsbezirk Kassel mit Waldeck (aber ohne Schaumburg und Schmalkalden) und den Regierungsbezirk Wiesbaden (mit dem Kreis Wetzlar); und der Wahlkreis 33 Hessen-Darmstadt den Volksstaat Hessen. Ebenso erstreckte sich der etwa gleichzeitig gebildete Bezirk des Landesarbeitsamtes Hessen über beide Landesteile Hessen-Nassau und Hessen-Darmstadt. Die Zusammenfassung der Gebiete von Kassel, Wiesbaden, Waldeck und Wetzlar im Wahlkreis 19 Hessen-Nassau, die einer schon früher erhobenen Forderung der groß-hessischen Bewegung und den territorialen Gegebenheiten entsprach, zeichnete die künftige gebietsmäßige Entwicklung vor. Sie führte dazu, daß 1929 Waldeck mit dem Regierungsbezirk Kassel und 1932 der bis dahin zum Regierungsbezirk Koblenz gehörige Kreis Wetzlar mit dem Regierungsbezirk Wiesbaden vereinigt wurde, während der Kreis Rinteln (Schaumburg) damals der Provinz verlorenging. Außerdem sind am 1. August 1932 unter dem Zwang notwendiger Sparmaßnahmen des preußischen Staates im Regierungsbezirk Kassel der Kreis Gersfeld mit Fulda, der Kreis Homberg mit Fritzlar, der Kreis Wolfhagen mit Kassel und der Kreis Kirchhain mit Marburg verbunden worden. Im Regierungsbezirk Wiesbaden legte man den Kreis Usingen mit dem Obertaunuskreis (Bad Homburg), den Kreis Westerburg mit dem Oberwesterwaldkreis und mit dem Dillkreis den Kreis Biedenkopf zusammen, jedoch ohne dessen nordöstlichen Teil, der an den Kreis Frankenberg kam. Zudem erfuhren fast alle Kreise des Regierungsbezirks Wiesbaden kleinere Korrekturen. Am 17. Juli 1933 sind die Kreise Biedenkopf und Usingen aus politischen Gründen jedoch wiederhergestellt worden, und ebenso wurde die am 27. September 1932 verfügte Vereinigung des Kreises der Twiste mit dem Kreis Wolfhagen und des Kreises der Eder mit dem des Eisenberges, am 28. Februar 1934 wieder aufgehoben. Doch hat man 1942 alle drei waldeckischen Kreise zu einem Kreis (Waldeck) zusammengefaßt. 30 Jahre später begannen neue Kreisumgestaltungen durch Zusammenlegung.

War die parteipolitische Entwicklung der letzten Jahrzehnte vor dem Weltkrieg auch im Bereich der Provinz Hessen-Nassau vor allem durch den Kampf der SPD um ihre Anerkennung, ihre Gleichberechtigung und zuletzt ihren Aufstieg gekennzeichnet, so waren die Jahre der Weimarer Republik diejenigen ihrer Vorherrschaft auch in unserem Lande. Seit der deutschen Nationalversammlung von 1919 ist die SPD, wenn wir von den Jahren der Herrschaft und der Katastrophe des Nationalsozialismus absehen, in denen Wahlen im demokratischen Sinne nicht durchgeführt wurden, die stärkste Partei Hessens gewesen. Zur Nationalversammlung erhielt sie 463 113 Stimmen (von 1 206 376 gültigen) und sieben Abgeordnete und lag damit weit vor der damals zweitstärksten Partei, der Deutschen Demokratischen Partei, mit 230 132 Stimmen und drei Abgeordneten. Wenn die SPD diese Zahlen auch in den folgenden Reichstagswahlen in Hessen-Nassau nicht halten konnte, so bewegte sie sich mit ihren 310 000 bis 375 000 Stimmen und fünf bis sechs Abgeordneten stets an der Spitze der Parteien der Provinz. Keine andere kam ihr auch nur entfernt nahe, denn das Zentrum mit durchschnittlich 200 000 Stimmen und drei Abgeordneten als in der Regel zweitstärkste Partei lag weit zurück. Alle übrigen bürgerlichen Parteien zeigten keinen Bestand, verloren vielmehr ihre guten Ausgangsstellungen binnen weniger Jahre und wurden schließlich (weitgehend in ihrem eigenen Parteigetriebe) zerrieben. Die Einzelheiten zeigt die auf S. 595 folgende Statistik.

Aufgenommen sind alle Parteien, die bei den genannten Wahlen einmal ein Mandat gewannen. In den Parteirubriken bedeutet die oberste Zahl die für sie abgegebenen gültigen Stimmen, die mittlere ihren prozentualen Anteil an den insgesamt abgegebenen gültigen Stimmen, die untere die Zahl der Mandate. Die Abkürzungen der Parteinamen bedeuten: SPD = Sozialdemokratische Partei Deutschlands; USPD = Unabhängige SPD; ChrSV = Christlich sozialer Volksdienst; DNVP = Deutschnationale Volkspartei, die sich 1933 Kampffront Schwarz-Weiß-Rot nannte; DVP = Deutsche Volkspartei; DDP = Deutsche Demokratische Partei, ab 1930 Staatspartei; KPD = Kommunistische Partei Deutschlands; NSDAP = Nationalsozialistische Deutsche Arbeiterpartei, die sich bei der Maiwahl von 1924 als völkisch-sozialer Block bezeichnete; RMW = Reichspartei des deutschen Mittelstandes (Wirtschaftspartei); BLV = Christlich-nationale Bauern- und Landvolkpartei. Unter: Sonstige sind die Splitterparteien zusammengefaßt. Eine Vorstellung von der Zerklüftung des deutschen Parteiwesens zu Anfang der 30er Jahre vermittelt die Reichstagswahlliste unseres Wahlkreises vom 31. Juli 1932. Damals hatten 25 Parteien und Gruppen Wahlvorschläge eingereicht, nur fünf von ihnen erhielten Mandate (wie oben angegeben). Während diese fünf Parteien insgesamt 1 413 301 Stimmen auf sich vereinigten, brachten die übrigen 20 Parteien nur 65 394 Stimmen zusammen. Von diesen aber entfielen auf die vier in der obigen Tabelle genannten, 1932 aber mandatslos gebliebenen: DVP (23 573), ChrSV (18 489), RMW (4 818), Staatspartei (10 287) nochmals zusammen 57 167 Stimmen, so daß die restlichen 16 Parteien nur noch 8 227 erhielten. Sie waren also politisch völlig bedeutungslos. Wir nennen sie hier gleichwohl, weil es kein zutreffenderes Bild von dem Wunschdenken und der politischen Zerfahrenheit dieser Randgruppen gibt. Sie nannten sich: Radikaler Mittelstand (1390), Deutsches Landvolk (4105), Deutsch-Hannoversche Partei (163), Sozialistische Arbeiterpartei Deutschlands (2925), Schicksalgemeinschaft Deutscher Erwerbsloser (231), Kampfgemeinschaft der Arbeiter und Bauern (95), Freiwirtschaftliche Partei Deutschlands (270), Gerechtigkeitsbewegung für Parteiverbot, gegen Lohn-, Gehalts- und Rentenkürzungen, für Arbeitsbeschaffung (391), Interessengemeinschaft der Kleinrentner und Inflationsgeschädigten (154), Großdeutsche Liste Schmalix (23), Landwirte, Haus- und Grundbesitzer (239), Arbeiter und Bauernpartei Deutschlands, christlich-radikale Volksfront (369), Kleinrentner, Inflationsgeschädigte und Vorkriegsgeldbesitzer (322), Handwerker, Handel- und Gewerbetreibende (289), Deutsche Reformpartei (59) und Enteigneter Mittelstand (127).

Der entscheidende Vorgang war, daß 1930 die Nationalsozialistische Deutsche Arbeiterpartei (NSDAP) mit etwa 285 000 Stimmen und fünf Mandaten der sozialdemokratischen Mehrheit erstmals sehr nahe kam, denn damit begann auch in der Provinz Hessen-Nassau der Kampf der NSDAP um die Macht. Zum Verfall der Industrie und Wirtschaft (1932 schlossen die Henschelwerke, der größte Industriebetrieb Nordhessens) trat die Zerstörung der demokratischen politischen Ordnung. Vor den Arbeitsämtern, selbst der kleinen hessischen Städte, wuchs die Schlange der Arbeitslosen immer breiter, immer länger, immer grauer. Der Alp der Existenzbedrohung legte sich übers Land und radikalisierte die Betroffenen mehr und mehr. KPD und NSDAP traten zur entscheidenden Auseinandersetzung an, wobei jene in den süd-, diese in den nordhessischen Gebieten große Wahlerfolge erzielte. Die Ergebnisse der Wahlen zu den hessischen Provinziallandtagen, zum preußischen Landtag und zu den Reichstagen zeigen nunmehr mit geringfügigen Schwankungen das gleiche Bild, so daß wir uns auf die für den allgemeinen Geschichtsablauf entscheidenden Reichstagswahlen beschränken können. Sie wurden bestimmt durch die Massierung der Wählerstimmen auf die NSDAP, obwohl die Pro-

Reichstagswahlergebnisse des Wahlkreises 19:
Preußische Provinz Hessen-Nassau 1919 bis 1933

(ohne die Kreise Schaumburg und Schmalkalden, mit Waldeck und Wetzlar)

Parteien	19. I. 1919	6. VI. 1920	4. V. 1924	7. XII. 1924	20. V. 1928	14. IX. 1930	31. VII. 1932	6. XI. 1932	5. III. 1933
Gültige Stimmen Wahlbeteiligung	1 206 376 84,5 %	1 136 256 80,9 %	1 199 954 78,2 %	1 179 586 75,8 %	1 171 262 71,0 %	1 369 471 79,5 %	1 481 350 84,1 %	1 447 620 82,1 %	1 572 335 88,8 %
SPD	463 113 41,0 % 7	310 735 27,3 % 5	302 886 25,2 % 5	374 013 31,7 % 6	337 223 32,2 % 6	353 111 25,8 % 6	330 853 22,4 % 5	291 848 20,2 % 5	294 631 18,7 % 5
USPD	42 980 3,8 % —	139 321 12,3 % 2	11 555 0,4 % —	5 130 0,5 % —	ChrSV	60 440 4,4 % 1	18 489 1,2 % —	21 502 1,5 % —	21 496 1,4 % —
Zentrum	187 579 17,4 % 3	192 808 17,0 % 3	202 966 16,9 % 3	202 063 17,1 % 3	172 867 14,8 % 3	192 692 14,1 % 3	222 850 15,0 % 3	202 849 14,0 % 3	219 115 13,9 % 3
DNVP	106 078 9,1 % 1	177 273 15,6 % 3	242 995 20,3 % 4	225 483 19,1 % 3	117 650 10,0 % 1	44 554 3,3 % —	59 171 4,0 % 1	72 411 5,0 % 1	76 342 4,9 % 1
DVP	64 465 6,7 % 1	183 511 16,1 % 3	146 985 12,2 % 2	152 111 12,9 % 2	119 402 10,2 % 2	76 312 5,6 % 1	23 573 1,6 % —	42 425 2,9 % 1	26 194 1,7 % —
DDP	230 132 22,0 % 3	116 084 10,2 % 1	85 249 7,1 % 1	99 634 8,5 % 1	66 444 5,7 % 1	54 661 4,0 % 1	10 287 0,7 % —	12 753 0,9 % —	16 514 1,0 % —
KPD	— — —	16 524 1,4 % —	111 491 9,3 % 1	64 153 5,4 % 1	93 094 8,0 % 1	137 148 10,0 % 2	155 033 10,5 % 3	194 446 13,5 % 3	141 359 9,0 % 2
RMW	— — —	— — —	23 486 1,8 % —	25 825 2,2 % —	47 994 4,0 % —	53 909 4,0 % 1	4 818 0,7 % —	2 647 0,8 % —	— — —
BLV	— — —	— — —	— — —	— — —	89 460 6,7 % 1	85 960 6,2 % 1	— — —	— — —	— — —
NSDAP	— — —	— — —	66 604 5,6 % 1	29 087 2,5 % —	42 452 3,6 % —	284 996 20,8 % 5	645 394 43,6 % 10	596 200 41,2 % 9	775 986 49,4 % 12
Sonstige	279	—	5 362	1 387	44 676	25 688	8 227	10 339	706

zentzahl der nationalsozialistischen Wähler bei der Reichstagswahl am 20. Mai 1928 im Wahlkreis Hessen-Nassau erst 3,6 Prozent betragen hatte. Sie stieg aber bei den Wahlen am 14. September 1930 schon auf 20,8 Prozent, am 31. Juli 1932 auf 43,6 Prozent und am 5. März 1933 sogar auf 49,4 Prozent und lag damit stets über dem Reichsdurchschnitt, der bei den genannten Wahlen 1928: 2,6 Prozent, 1930: 18,3 Prozent, 1932: 37,2 Prozent und 1933: 43,9 Prozent ausgemacht hatte.

Die Herrschaft, die die NSDAP nunmehr in Deutschland antrat, beendete auch in Hessen und Nassau (trotz mancher gegenteiliger Angaben) das schon vorher stark zurückgegangene provinzielle Sonderleben; eine eigene hessische Geschichte dieser Jahre gibt es nicht. Darüber konnte schon sehr bald auch das nicht täuschen, daß mit dem 1933 eingeführten Oberpräsidenten Prinz Philipp von Hessen nochmals ein Mitglied des hessischen Fürstenhauses eine (scheinbar) maßgebliche Stellung im Lande erhalten hatte. Die politische Macht war vielmehr in die Hände der Gauleiter (Sprenger in Frankfurt, Weinrich in Kassel) und der Führer der Gliederungen der NSDAP übergegangen, von denen Erbprinz Josias von Waldeck als SS-Obergruppenführer den SS-Oberabschnitt Fulda/Werra und SA-Obergruppenführer Beckerle, Frankfurt, die SA in Hessen führten. Die Partei duldete jedoch damit keineswegs landschaftliche Sonderformen, sondern fing das Land in ein straff gespanntes, für ganz Deutschland gleichförmiges Netz politischer Organisationsformen ein, nachdem sie ihre Gegner organisatorisch und persönlich auf brutale Weise ausgeschaltet hatte.

So gibt es aus dieser Zeit auch in Hessen nur solche Ereignisse zu nennen, die sich hier zwar abgespielt haben, aber nicht Teile einer hessischen Geschichte sind, wie wir sie von Anfang des Landgrafenhauses und seines Territorialstaates im 13. Jahrhundert bis zu seinem Ende im 19. Jahrhundert schreiben konnten. Für einige der in dieser Zeit verwirklichten Maßnahmen ist es zudem charakteristisch, daß sie keine Eigenschöpfungen der NSDAP, sondern lediglich die Ausführung lange vorbereiteter Maßnahmen darstellten. Das war einmal der Zusammenschluß der drei evangelischen Kirchen von Hessen-Darmstadt, Frankfurt und Nassau (also ohne Hessen-Kassel) im Herbst 1933, der zwar vor allem unter den Emotionen der damaligen Zeit zustandekam, aber auch als Teilerfolg der seit 1926 laufenden Bestrebungen zur Vereinigung der benachbarten Kirchen von Hessen-Kassel, Hessen-Darmstadt, Nassau, Frankfurt und Waldeck gelten muß. Das andere war der Bau der Autobahnen, der am 23. September 1933 bei Frankfurt anfing, sich aber jahrelange Planungsbemühungen um den Bau einer Großverbindung Hamburg—Frankfurt—Basel zunutze machen konnte. Der Ort des Baubeginns bestätigte die überragende Verkehrslage Frankfurts erneut und fügte Hessen von Anfang an sehr günstig in das Autobahnverkehrsnetz ein. Rein nationalsozialistische Züge trug dagegen trotz aller schon früher im Lande bemerkbarer antisemitischer Einstellungen die Ausrottung der Juden. Sie hatte deshalb so schwere Folgen, weil sich das in Südhessen zumindest seit frühstaufischer Zeit heimische Judentum im 19. Jahrhundert besonders kraftvoll entwickelt und vornehmlich in Frankfurt (1900 etwa 22 000, 1930 30 000 Juden) einen geistig und wirtschaftlich weithin ausstrahlenden Mittelpunkt gebildet hatte, der nunmehr vernichtet wurde (Frankfurt hatte 1939 noch etwa 14 000, 1946 dagegen nur noch etwa 1200 Juden). Nicht minder furchtbar war die „Euthanasie", d. h. der Mord an Geisteskranken, wie er sich in den ersten Kriegsjahren in der Heilanstalt Hadamar bei Limburg a. d. Lahn abspielte.

Schließlich ist auch die staatliche Organisation des Landes offensichtlich von der abweichend von ihr aufgebauten Verwaltungsorganisation der NSDAP unheilvoll beeinflußt worden. Zwar gab es in der Provinz gemäß den beiden Regierungsbezirken auch zwei Gauverwaltungen, und zwar den Gau Kurhessen mit dem Sitz in Kassel und den Gau Hessen-Nassau mit dem Sitz in Frankfurt. Während der Gau Kurhessen aber nur den verkleinerten Regierungsbezirk Kassel ohne die Kreise Hanau, Gelnhausen, Schlüchtern und Schmalkalden umfaßte, vereinigte der Gau Hessen-Nassau mit dem Regierungsbezirk Wiesbaden samt den von Kassel abgetrennten Kreisen Hanau, Gelnhausen und Schlüchtern auch den Volksstaat Hessen, in dem der Gauleiter zugleich Reichsstatthalter war.

Nach diesen Gauen wurden am 16. November 1942 nun auch noch die Reichsverteidigungs- und Reichswirtschaftsbezirke eingerichtet, nämlich 24 Rhein-Main und 18 Kurhessen. Damit wuchs das in diesen Bezirken zusammengefaßte politische, wirtschaftliche und militärische Übergewicht derartig an, daß es schließlich die bisherige staatliche Organisation gesprengt hat. Am 1. April 1944 wurde die bisherige preußische Provinz Hessen-Nassau in die beiden Provinzen Kurhessen und Nassau aufgelöst. Die Provinz Kurhessen erhielt den Regierungsbezirk Kassel, jedoch ohne den Kreis Schmalkalden, der an den Regierungsbezirk Erfurt kam, und ohne die Kreise Hanau, Schlüchtern und Gelnhausen, die dem Regierungsbezirk Wiesbaden zufielen. Aus dem so vergrößerten Regierungsbezirk Wiesbaden entstand die neue Provinz Nassau. Ehe sich diese parteipolitisch bedingte Provinzialeinteilung jedoch durchsetzen konnte, brach das Ende des Zweiten Weltkrieges (mit dem völligen staatlichen, politischen und moralischen Zusammenbruch Deutschlands) herein. Damit war klar, daß die vor allem aus dem Machtkampf zweier Gauleiter hervorgegangene Teilung des Landes keinen Bestand haben würde.

Der Zweite Weltkrieg hat die preußische Provinz Hessen-Nassau ebenso wie den Volksstaat Hessen-Darmstadt bis in Mark getroffen. Obwohl erst in den letzten Kriegswochen die Heere der Gegner in das Land eindrangen, fiel bereits jahrelang vorher in immer dichteren Würfen die Todessaat der Brand- und Sprengbomben aus dem von der feindlichen Luftwaffe beherrschten Himmel über das weite, offene Land. Es begann eine geradezu apokalyptische Zeit mit ihren Tagen und Nächten des Grauens, des Feuers und der Vernichtung, wie sie die Bevölkerung noch niemals, selbst nicht in den Plünderungs-, Pest- und Mordjahren des Dreißigjährigen Krieges erlebt hatte. Der erste konzentrierte Schlag traf die Landeshauptstadt Kassel. Ein erfolgreicher feindlicher Fliegerangriff in der Nacht vom 8. zum 9. September 1941 vernichtete wertvollste und unersetzliche Kulturgüter. Genannt seien nur die Landesbibliothek, mit ihrer nie wieder ersetzbaren Spezialliteratur Hessens, und das Rote Palais, „der letzte große Repräsentationsbau des Kurfürstentums und eines der einheitlichsten und prunkvollsten Schlösser überhaupt, die der Klassizismus und die Ausstattungskunst des Empire in Deutschland hervorgebracht haben". Der zweite Schlag ließ fast eineinhalb Jahre auf sich warten, war dann aber noch härter. Sein Ziel war die am 17. Mai 1943 erfolgreich bombardierte Sperrmauer der Edertalsperre. Die dadurch ausgelöste riesige Flutwelle (sie türmte sich noch bei Hannoversch-Münden 7,5 m hoch) verwüstete das Eder-, Fulda- und obere Wesertal und die dort gelegenen Dörfer und Städte in unvorstellbarer Weise. Dann begannen im Oktober 1943 die systematischen feindlichen Großangriffe aus der Luft, die den wichtigsten Städten des Landes entsetzliche Wunden schlugen und Kassel bis zu 60 Prozent, Frankfurt bis zu 70 Prozent und Hanau bis zu 87 Prozent zerstörten. Riesige Flächenbrände haben vor allem die Altstädte mit ihren unersetzlichen Baukleinodien eines halben Jahrtausends bürgerlicher städtischer Kultur vernichtet. Dabei verschlang das Feuer ungeheure Menschenmengen. Der feindliche Großangriff auf Kassel im Oktober 1943 brachte allein etwa 12 000 Menschen den Tod. Aber auch Wiesbaden, Rüdesheim, Limburg, Wetzlar, Marburg, Hersfeld und Fulda sind z. T. erheblich getroffen worden.

Mit den Bombardierungen stieg das Flüchtlingselend der Ausgebomten und Evakuierten, die nicht nur aus den hessischen Städten, sondern auch aus fremden Gebieten in das hessische Land einströmten. Im August 1944 betrug ihre Zahl im Gau Kurhessen an 120 000 und im Gau Hessen-Nassau über 270 000 Personen, im Januar 1945 waren diese Zahlen auf rund 227 000 und 339 000, also insgesamt 556 000 Personen gestiegen.

Während dieser Flüchtlingseinbruch die Not auf den Dörfern und in den Kleinstädten immer höher trieb, sanken zugleich die größten hessischen Städte mit jedem weiteren Monat der erlöschenden Wehrkraft immer tiefer in Trümmer und Schutt. Beispielhaft dafür ist der Untergang des alten Frankfurt. Der erste Angriff britischer Bomberverbände auf die Stadt in der Nacht vom 2./3. Dezember 1942 blieb infolge verfehlter Zielmarkierung erfolglos; der zweite Anflug vom 4. Oktober 1943 verwandelte jedoch bereits große Stadtgebiete in Ruinen- und Totenfelder; der dritte Großangriff feindlicher Bombengeschwader am 22. März 1944 löschte die Frankfurter Altstadt aus. Als endlich amerikanische Truppen in die aus der Luft zerschlagene Provinz eindrangen, waren ihre Städte und Verkehrswege weithin zerstört, die Verwaltung und Versorgung des Landes nahezu gelähmt und die Bevölkerung durcheinandergeworfen, verelendet und am Ende. So vollzog sich die Besetzung Hessens mehr in Form eines Einmarsches als einer Eroberung. Am 28. März 1945 besetzten die motorisierten amerikanischen Verbände Wiesbaden und Frankfurt, am 30. Arolsen, am 31. März Hersfeld. Schon in den nächsten Apriltagen erfaßten sie den übrigen Teil des Landes. Größere Kämpfe fanden dabei nicht mehr statt, wenn es auch gelegentlich noch zu örtlichen Widerständen kam (so im Raum Gelnhausen und vor Fritzlar). Schließlich setzte die bedingungslose Kapitulation Deutschlands am 8. Mai 1945 den Schlußpunkt.

48. Vom Großherzogtum zum Volksstaat Hessen

Nach dem Sturz von Dalwigks und einer kurzen Übergangsregierung unter von Lindelolf 1871/72 begann ein neuer politischer Kurs (vor dem der hessische Partikularismus fast spurlos verschwand). Träger der Neuorientierung war die nationalliberale Partei. Sie hatte zunächst die absolute Mehrheit und blieb bis zum Ende des Großherzogtums 1918 die stärkste Partei. Die politische Umorientierung ergänzte ein organisatorischer Umbau der Staatsverwaltung. Die Verwaltungsreform vom 1. September 1874 stellte an die Spitze der Landesverwaltung ein Gesamtministerium, bestehend aus dem Ministerium des Innern, der Justiz und der Finanzen. Das Ministerium der auswärtigen Angelegenheiten des großherzoglichen Hauses ging mit seinen Aufgaben an das Gesamtministerium über. Nachdem bereits das Gesetz vom 8. November 1872 Wahl und Zusammensetzung der beiden landständischen Kammern neu bestimmt hatte, folgte 1874 das Gesetz über die landständische Geschäftsordnung. Zugleich wurde die innere Verwaltung und Vertretung der Kreise und Provinzen durch Kreis- und Provinzialtage geregelt; dabei gingen in Starkenburg die Kreise Lindenfels, Neustadt und Wimpfen in ihren Nachbarkreisen auf. Außerdem trat eine neue Städte- und Landgemeindeordnung in Kraft, die gegenüber der älteren von 1821 eine stärkere Selbstverwaltung gewährte; sie erhielt 1911 eine neue Fassung.

Die unter dem Einfluß des Kulturkampfes 1874 durchgeführte Neuordnung des Volksschulwesens und der Schulaufsicht lockerte erstmals die Beziehungen zwischen Kirche und Schule; und die Kirchenverfassung desselben Jahres leitete die grundsätzliche Scheidung von Kirche und Staat ein, indem sie darauf hinzielte, die evangelische Landeskirche als selbständige Körperschaft zu konstituieren. Die nur sechs Jahre vorher erfolgte Einweihung des Lutherdenkmals in Worms (Ende Juni 1868) hatte letzmals die Einheit und Übereinstimmung von Kirche und Staat und die führende Stellung des Protestantismus gezeigt; denn bei diesem Ereignis von weiter Resonanz und internationaler Beteiligung spielten die protestantischen Fürsten Deutschlands — an ihrer Spitze der König von Preußen — eine beherrschende Rolle. Aber nachdem schon 1863 zu Frankfurt a. M. von Theologen und Laien der Protestantenverein zur Erneuerung des eigenkirchlichen Lebens mit der besonderen Tendenz, die Kirche von der Bevormundung durch den Staat zu befreien, begründet worden war, ging diese Epoche des Staatskirchentums nunmehr unaufhaltsam zu Ende. Die Einführung der Kirchensteuer 1876 und das Kirchenaustrittsgesetz von 1878 lösten eine freiprotestantische Bewegung aus, der allein 1878 in Rheinhessen 5000 Personen aus der Landeskirche beitraten. Noch größer wurden die Spannungen zwischen dem Staat und der katholischen Kirche. Gegen die von Minister von Dalwigk 1854 mit dem Mainzer Bischof Ketteler getroffene, der katholischen Kirche sehr günstige „Vorläufige Übereinkunft", die darin begründet war, daß von Dalwigk im Sinne der von ihm vertretenen Reaktion in der Kirche einen wichtigen Helfer gegen die revolutionären Bestrebungen sah, erhob sich eine immer stärkere Kritik. Die Regierung sah sich daher unter dem Druck der Landstände 1866 gezwungen, diese Konvention wieder aufzuheben. Aus diesen Spannungen erklärt es sich, daß sich Hessen-Darmstadt nach dem Sturz von Dalwigks dem Kulturkampf durch sein Volksschulgesetz vom 14. Juli 1874 und sein Staatskirchengesetz vom 23. April 1875 anschloß. Es hatte jedoch in Ketteler einen schwierigen Gegner, der allerdings schon zu Beginn des Konfliktes starb. Daraufhin verwaiste die Diözese jahrelang, da die Landesregierung der Wahl Moufangs, einem der führenden Köpfe des politischen Katholizismus, nicht zustimmte. Erst unter dem 1886 ernannten Mainzer Bischof Haffner wurde die kirchenpolitische Gesetzgebung gemildert und das gegenseitige Verhältnis durch beiderseitiges Entgegenkommen entspannt.

Die 1826 gegründete Real- und Technische Schule, seit 1836 Höhere Gewerbeschule in Darmstadt, die in den fünfziger Jahren der Staat übernahm, erhielt 1877 den Status einer technischen Hochschule. Es war eine zeitgeschichtlich treffsichere Entscheidung, der die gesamte preußische Provinz Hessen-Nassau nichts Gleichwertiges gegenüberzustellen hatte. Seit 1879 war Darmstadt Sitz eines Oberlandesgerichtes (für das Großherzogtum Hessen) mit den drei Landgerichten Darmstadt (für Starkenburg mit 19 Amtsgerichten), Gießen (für Oberhessen mit 20 Amtsgerichten) und Mainz (für Rheinhessen mit elf Amtsgerichten). 1896 konstituierte man die Sektion für Justizverwaltung als selbständiges Ministerium der Justiz. Mit dem 1. Januar 1900 trat, wie überall in Deutschland, auch in Hessen-Darmstadt das Bürgerliche Gesetzbuch für das Deutsche Reich in Kraft.

Das großherzogliche Haus, das im Laufe des 19. Jahrhunderts durch die Entwicklung der Parteien zu den bestimmenden Größen des politischen Lebens Schritt für Schritt aus der politisch führenden Stellung im Lande herausgedrängt wurde, konnte diesen Verlust auch durch seine glänzenden ehelichen Verbindungen, die es in dieser Zeit einging, nicht mehr wettmachen. Sie sind aber insofern bemerkenswert, als die nächste Umgebung Großherzog Ludwigs IV., der selbst 1862 Alice von Großbritannien geheiratet hatte, vor allem wiederum enge Beziehungen zum Zarenhof aufnahm. Großherzog Ludwigs IV. Tante Marie war 1841 die Frau Kaiser Alexanders II. von Rußland geworden (beide kamen seit 1864 fast alljährlich zu wochenlangen Besuchen nach Darmstadt), und von seinen Töchtern hatten Elisabeth 1884 mit Großfürst Sergius und Alix 1894 mit Kaiser Nikolaus II. von Rußland die Ehe geschlossen. Auch der benachbarte Herzog Adolf von Nassau hatte in die Zarenfamilie eingeheiratet und 1844 die Tochter Elisabeth des Großfürsten Michael heimgeführt. Die sich daraus ergebenden engen Verbindungen mit der russischen Hocharistokratie führten zu lebhaften Besuchen der beiden Höfe sowie der Emser, Wiesbadener und Homburger Bade- und Spielbankbetriebe, die auch sonst internationalen Ruf genossen. Sie haben darüber hinaus in den in Ems, Wiesbaden, Bad Nauheim, Homburg und Darmstadt errichteten russischen Kapellen auch eine beständigere bauliche Gestalt gewonnen, denn griechisch-orthodoxe Kapellen in dieser Häufung gibt es sonst nicht in Deutschland. Doch waren sie ebenso wie die dynastischen Verbindungen des großherzoglichen Hauses nur noch schwache, künstlerisch wie politisch bedeutungslose Erscheinungen. Dagegen erhoben sich um die Jahrhundertwende in Darmstadt Kultur und Kunst des „Jugendstils“ auf neuen künstlerischen Ebenen zu hohem Rang, dokumentiert durch die großen Ausstellungen von 1901, 1904, 1908 und 1914. Maßgeblicher Anreger und Förderer war der Großherzog, der damit den letzten Beitrag des hessischen Fürstenhauses zur europäischen Kultur geleistet hat. Die namhaftesten Künstler des Darmstädter Jugendstilkreises waren Peter Behrens (1868 bis 1940), Josef Maria Olbrich (1867 bis 1908) und Albin Müller (1871 bis 1941). Das beste Beispiel einer baulichen Gesamtkonzeption des Jugendstils in Deutschland sind die Badeanlagen von Nauheim, die eigentümlichsten bildeten die russischen Bauten (Charkow, Moskau, Rostow).

Politisch wurden die Jahrzehnte um die letzte Jahrhundertwende durch die Vorherrschaft der Nationalliberalen und die Aufstiegskämpfe der Sozialdemokraten bestimmt. Ihr erstes hessisches Zentrum war Offenbach, dessen Wahlkreis 1881 Liebknecht in den Reichstag wählte. Ein großes Verdienst daran hatten die hier seit Ende 1874 erscheinende „Neue Offenbacher Zeitung“, die erste Parteizeitung der Sozialdemokraten im Großherzogtum, und ihr Redakteur Karl Ulrich. Er ist bei der Wahl von 1884 (die angefochten und 1885 wiederholt wurde) neben Franz Jöst für die Stadt Mainz als erster sozialdemokratischer Abgeordneter in die Zweite Kammer der hessischen Landstände und 1919 zum ersten Staatspräsidenten des Volksstaates Hessen gewählt worden. Das Sozialistengesetz handhabte die großherzogliche Regierung zwar im allgemeinen zurückhaltend, mußte jedoch unter preußischem Druck den Ende 1886 wegen befürchteter sozialistischer Unruhen über Frankfurt verhängten kleinen Belagerungszustand auch auf den Kreis Offenbach ausdehnen; den geforderten weiteren Erstreckungen (auf die Kreise Groß-Gerau und Friedberg) konnte sie sich jedoch erfolgreich widersetzen. Trotz der Unterdrückung der Sozialdemokraten nahm ihre Zahl — vor allem in den immer stärker industrialisierten Gebieten von Offenbach und Mainz — stetig zu, wenn sie zunächst auch noch keinen größeren Einfluß auf die Gestaltung des politischen Lebens gewinnen konnten. Dieses wurde zunächst ganz eindeutig von den Nationalliberalen bestimmt, die die Masse der Landbevölkerung getragen hat, denn noch lag wirtschaftlich und bevölkerungsmäßig das Übergewicht nicht in den großen, sondern in den kleinen Städten und den auf sie bezogenen ländlichen Gebieten. Daher errangen die Nationalliberalen 1884 von den insgesamt 50 Sitzen der Zweiten Kammer der hessischen Landstände mit 39 eine überwältigende Mehrheit gegenüber den auf drei Gruppen verteilten restlichen elf Stimmen (sieben Zentrumsvertreter, drei Freisinnige, ein Fraktionsloser). Sie ging zwar bei der Wahl von 1890 auf 30 zurück, stellte damit aber noch immer die absolute Mehrheit gegenüber vier Sozialdemokraten, sechs Freisinnigen, fünf Zentrumsvertretern und fünf Fraktionslosen dar. Erst gegen die Jahrhundertwende mit dem sich nun rasch durchsetzenden ökonomischen, politischen und bevölkerungsmäßigen Übergewicht der größeren und großen Städte schwand die nationalliberale Mehrheit mehr und mehr. 1902 stellte diese Partei nur noch 16 Abgeordnete.

Dann brachte das Gesetz über die Landstände vom 3. Juni 1911 einschneidende, aber zeitblinde Veränderungen. Sie bestanden in der Schonung des berufsständischen Wesens (belegt durch die berufsständischen Vertreter aus Handel und Industrie, Handwerk und Landwirtschaft in der Ersten Kammer), in der Erhöhung der Zahl der Abgeordneten der Zweiten Kammer von 50 auf 58 unter Steigerung der Vertreter des Landes auf 43 und Minderung der Vertreter der Städte auf 15, sowie in dem gewiß überlegten, aber undemokratischen Zweistimmenwahlrecht für über 50jährige Wähler (um bei der Wahl nicht nur die Zahl, sondern auch die Lebenserfahrung zu werten). Die Folge war, daß in der Wahl von 1911 nurmehr 17 Abgeordnete der Nationalliberalen, aber 15 des hessischen Bauernbundes in die Kammer kamen. Dieser antisemitisch eingestellten „Hessischen Volkspartei" hatte Staatsminister Finger (1884 bis 1898) zwar deswegen erhebliche Schwierigkeiten gemacht, sie jedoch nicht zurückdrängen können, denn sie errang 1911 mehr als doppelt so viel Abgeordnete als bei ihrem ersten Auftreten 1897 mit sieben Sitzen. Ihre befähigte politische Führungspersönlichkeit war Philipp Köhler, Langsdorf, nachdem er Böckel aus dem Mitteldeutschen Bauernverein gedrängt und 1894 in Hessen gestürzt hatte. Sozialdemokraten und Freisinnige erhielten 1911 je acht, das Zentrum neun Mandate (dazu kam ein fraktionsloser Abgeordneter). Trotz ihres Rückganges blieben die Nationalliberalen jedoch bis zum Ersten Weltkrieg die stärkste Partei des Großherzogtums. Noch in der Wahl von 1908 hatte (außer dem Bauernbund mit elf Sitzen) keine der übrigen drei genannten Parteien auch nur die Hälfte der 20 nationalliberalen Mandate errungen (Sozialdemokraten fünf, Freisinnige drei, Zentrum acht, Fraktionslose drei). Immerhin hatte die SPD ihre 1890 erzielten vier Sitze bis 1911 verdoppeln können. Am gleichmäßigsten hielt sich das Zentrum, das 1884: sieben und 1911: neun Abgeordnete aufwies, während die Freisinnigen sehr starke Schwankungen zeigten (1884: drei, 1890: sechs, 1897: zwei und 1911 plötzlich acht).

Die Katastrophe des Ersten Weltkrieges beendete auch faktisch die Herrschaft der letzten regierenden Linie des hessischen Fürstenhauses. Großherzog Ernst Ludwig wurde am 9. November 1918 durch revolutionäre Truppenverbände nicht eigentlich abgesetzt, sondern formlos beiseite geschoben. Die Regierung übernahm zunächst der Arbeiter- und Soldatenrat, bis der älteste hessische Abgeordnete der sozialdemokratischen Partei, Ulrich aus Offenbach, am 14. November ein Ministerium gebildet hatte. An die Stelle des Arbeiter- und Soldatenrates trat daher seit dem 9. Dezember der Volksrat für die Republik Hessen, der sich am 11. Februar 1919 auflöste, nachdem die Volkskammer als der verfassungsgebende Landtag gewählt worden war. Da hierbei die SPD eine starke Mehrheit errang, wurde Ulrich Staatspräsident, dem 1928 der Sozialdemokrat Adelung folgte. An der Regierungsbildung beteiligten sich außer den Sozialdemokraten Zentrum und Demokraten, da die ersten Wahlen zur hessischen Volkskammer vom 16. Januar 1919 31 Abgeordnete für die SPD, je 13 für Demokraten und Zentrum, aber nur sieben für die Deutsche Volkspartei, fünf für die Deutschnationale Volkspartei und einen Unabhängigen Sozialisten ergeben hatten. Regierung und Staatsleitung gingen nunmehr in die Hände eines Gesamtministeriums über, dessen Vorsitzender der Ministerpräsident mit der Bezeichnung Staatspräsident war.

Die revolutionären Bewegungen der ersten Nachkriegsjahre liefen verhältnismäßig glimpflich ab, nur in Offenbach gab es am Karfreitag 1919 bei einem Kasernensturm zahlreiche Verwundete und Tote. Weitaus größere Schwierigkeiten bereitete der neuen Regierung die Besetzung der linksrheinischen Gebiete des Volksstaates und eines rechtsrheinischen Mainzer Brückenkopfes durch die Franzosen sowie die unter deren Schutz agierende separatistische Bewegung unter Führung von Dorten. Sie erstrebte die Loslösung Rheinhessens und der besetzten Gebiete von Hessen-Darmstadt und ihre Vereinigung mit dem linksrheinischen Lande zu einer Rheinischen Republik, die bereits am

1. Juni 1919 verkündet und von dem französischen General Mangin ausdrücklich in Schutz genommen wurde. Doch stießen diese Absichten auf den allgemeinen Widerstand der Bevölkerung. Die Spannungen wuchsen, als die französischen Truppen aus ihrem Besatzungsgebiet Anfang April 1920 über Darmstadt, Frankfurt, Offenbach nach Hanau vorstießen und diese Städte bis Mitte Mai besetzten. Seitdem lastete eine oft unerträgliche Spannung auf dem Lande. Sie erreichte ihren Höhepunkt im Jahr des französischen Ruhreinbruchs 1923, denn damals wurde Anfang März Darmstadt wiederum vorübergehend besetzt. Ebenso gefährlich war die erneute Ausrufung der Rheinischen Republik am 21. Oktober 1923 (zugleich in Aachen, Köln, Mainz und Groß-Gerau); aber auch diesesmal blieb dem Abtrennungsversuch der endgültige Erfolg versagt. Er scheiterte wiederum am Widerstandswillen der Bevölkerung, obwohl man versuchte, diesen durch Ausweisung von Tausenden örtlich maßgebender Personen zu brechen. (In Mainz wurden einmal in fünf Tagen 5000 Personen ausgewiesen.) Es war jedoch vergebens, so daß die separatistische Herrschaft Anfang Februar 1924 erledigt war.

Es ist ein Zeichen des Außergewöhnlichen der Zeit, daß in diesen Jahren tiefster politischer, wirtschaftlicher und nationaler Not die Leistung des Darmstädter Theaters unter seinen Intendanten Gustav Hartung, Ernst Legal und Carl Ebert in der damaligen Epoche des expressionistischen Experimentes in seinen Darbietungen zu höchstem Rang auflief. Dem entsprach es, daß die Darmstädter Bühne einen gleichhohen Gipfel beispielhaften Theaters unter seinem Intendanten Sellner auch in den noch schwereren Jahren nach dem Zweiten Weltkrieg erreichte.

Die am 12. Dezember 1919 in Ausführung der vorläufigen Verfassung vom 20. Februar 1919 beschlossene Verfassung des Volksstaates Hessen war gemäß dem tief in die staatlichen Verhältnisse der Einzelstaaten eingreifenden Artikel 17 der Weimarer Verfassung freistaatlich bestimmt. Sie führte das allgemeine, gleiche, unmittelbare und geheime Wahlrecht nach den Grundsätzen der Verhältniswahl ein und dazu das Einkammersystem (Volkskammer). Das Landeswahlgesetz vom 16. März 1921, ergänzt durch die Landeswahlordnung vom 14. Juni 1921 und das Wahlgesetz vom 19. Oktober 1924, setzte eine Anzahl von 70 Abgeordneten fest. Am 17. März 1921 erschien das Gesetz über Volksbegehren und Volksabstimmung (neue Fassung am 22. Oktober 1926), vervollständigt durch die Volksabstimmungsordnung vom 4. Juli 1922 (neue Fassung vom 23. Oktober 1926). Danach waren Volksbegehren zur Aufhebung, Änderung oder dem Erlaß von Gesetzen und zur Auflösung des Landtages möglich. Schließlich folgte am 19. August 1922 das Gesetz über die Wahl der Stadtverordneten und Gemeinderatsmitglieder sowie über die Mitglieder der Kreis- und Provinzialtage.

Die vermögensrechtliche Auseinandersetzung des Großherzogs mit dem Volksstaat Hessen begann am 5. Mai 1919, wurde durch die Übereinkunft vom 6. Mai 1930 fortgesetzt und durch das Gesetz vom 30. Januar 1934 abgeschlossen. Das sogenannte Familieneigentum des großherzoglichen Hauses wurde enteignet (d. h. zum Staatseigentum erklärt), der Großherzog erhielt außer einer geldlichen Abfindung lediglich die Schlösser Wolfsgarten und Kranichstein.

Der Umsturz brachte auch der evangelischen Kirche die völlige Selbständigkeit. Daraufhin gab sie sich am 1. Juni 1922 eine neue, für Reformierte und Lutherische zuständige Verfassung und Verwaltung mit der Einrichtung eines Landeskirchentages und einer Kirchenregierung. Die Anteile der Bekenntnisse an der Bevölkerung betrugen 1925: 885 370 Evangelische und 6497 außerlandeskirchliche Evangelische (65,8 Prozent), 415 685 Katholiken und 1249 Altkatholiken (30,8 Prozent) sowie in neun Rabbinaten 20 401 Juden (1,5 Prozent).

Die allgemeine politische Entwicklung im Volksstaat Hessen nach dem Ersten Weltkrieg bestimmte, wie in der benachbarten Provinz Hessen-Nassau, die Vorherrschaft der SPD. Die Sozialdemokraten erreichten bei den Wahlen zur Nationalversammlung 1919 mit 289 111 Stimmen und vier Abgeordneten ihren Höhepunkt, denn damit erlangten sie (in gleicher Weise wie bei den Wahlen zur ersten hessischen Volkskammer im gleichen Jahr) mehr als doppelt so viel als die beiden nächststärksten Parteien zusammen. Von ihnen stellte die Deutsche Demokratische Partei mit 124 202 Stimmen zwei Abgeordnete und ebensoviele das Zentrum mit 110 853 Stimmen. Während das Zentrum aber in den übrigen Wahlen der Weimarer Republik im Volksstaat Hessen etwa 100 000 Wähler im Durchschnitt behauptete, vermochten sich die übrigen „bürgerlichen" Parteien weniger gut zu halten. Sie zerfielen von Wahl zu Wahl mehr und ließen daher die führende Rolle der SPD um so klarer hervortreten. Diese verfügte über ein verhältnismäßig geschlossenes Wählerpotential von 180 bis 220 000 Stimmen (mit drei Abgeordneten) und konnte sich auch in der Septemberwahl 1930, die erstmals den jähen Aufschwung der NSDAP zeigte, ihr gegenüber in überlegener Weise behaupten (215 747 : 137 981 Stimmen). Wesentlich für diesen Anstieg der Nationalsozialistischen Partei waren neben den seit den Besatzungsjahren immer wieder angefachten Empfindungen des nationalen Unglücks die weiter unaufhaltsam steigende wirtschaftliche Not, so daß zum Leid das Elend trat. Dazu kam eine weitwirkende örtliche und persönliche Entscheidung: der Übertritt des in der oberhessischen Bauernschaft sehr angesehenen Professor Dr. Ferdinand Werner am 1. Mai 1930 zur NSDAP.

So brachte schon das nächste Jahr den Umschwung, wie sich bei den Landtagswahlen des Volksstaates herausstellte. Der am 13. November 1927 gewählte Landtag hatte noch eindeutig die Spitzenstellung der SPD zur Geltung gebracht (von 70 Abgeordneten gehörten 24 der SPD an, 13 dem Zentrum und neun dem Hessischen Landvolk; die übrigen 24 entfielen auf fünf weitere Parteien). Aber dann setzte der wirtschaftliche Zusammenbruch Deutschlands ein und die Radikalisierung der in ihrer Existenz bedrohten Bevölkerung. Daraufhin gewann die NSDAP bei der Landtagswahl am 15. November 1931 27 Sitze, während die SPD als mit der Krise hauptsächlich belastete Regierungspartei nur noch 15 erhielt; sie verlor dabei aber auch zahlreiche Mandate an die KPD, die von vier auf 16 Abgeordnete stieg, während das Zentrum von seinen 13 Vertretern zehn behauptete. Die übrigen Stimmen zersplitterten in die kleinen Parteien. Die extremen NSDAP und KPD waren die stärksten politischen Mächte geworden. Den Landtagspräsidenten stellte die NSDAP mit Professor Werner. Diese Wahl wurde zwar angefochten und vom Staatsgerichtshof für ungültig erklärt, denn Hessen hatte in seinem Staatspräsidenten Adelung, dem Innenminister Wilhelm Leuschner und seinem Helfer Carlo Mierendorff ebenso energische wie einsatzbereite Bekämpfer des Nationalsozialismus; aber ihre Bemühungen waren offenbar strömungswidrig und daher trotz der besten Gründe erfolglos. Die am 19. Juni 1932 wiederholte Wahl setzte vielmehr den Aufstieg der NSDAP fort. Sie stellte nunmehr 33 Abgeordnete und begann jetzt auch die Ergebnisse der Reichstagswahlen zu beherrschen, obwohl die Prozentwahl der nationalsozialistischen Wählerstimmen bei der Reichstagswahl am 20. Mai 1928 mit 1,9 Prozent noch erheblich unter dem Reichsdurchschnitt von 2,6 Prozent gelegen hatte. Sie stieg jedoch bei der Wahl am 14. September 1930 mit 18,5 Prozent schon etwas über den Reichsdurchschnitt mit 18,3 Prozent an, um ihn dann am 31. Juli 1932 mit 43,1 Prozent (zu 37,2 Prozent) und am 5. März 1933 mit 47,5 Prozent (zu 43,9 Prozent) erheblich zu überflügeln. Daraufhin ergriff die Nationalsozialistische Partei auch hier die Macht.

Schon am 6. März wurde als erster deutscher Reichskommissar Dr. Heinrich Müller in Darmstadt eingesetzt. Am 13. März beschloß der Landtag das Ermächtigungsgesetz für die Regierung, die in der Folge mehrere Staatskommissare berief und gemäß den Reichsgesetzen über die Gleichschaltung der Länder mit dem Reich vom 31. März und 7. April 1933 entsprechende Verordnungen erließ, wobei der Gauleiter des Gaues Hessen-Nassau, Sprenger, seit Mai 1933 als Reichsstatthalter fungierte. Er verdrängte im September 1933 den bisherigen Staatspräsidenten Professor Werner, ließ den Nachfolger Philipp Jung politisch nicht zum Zuge kommen und übernahm die Führung der Landesregierung selbst. Die Partei hatte sich den Staat völlig untergeordnet, denn Sprenger war in erster Linie Gauleiter der NSDAP mit dem Sitz in Frankfurt. Am 22. Juni 1933 faßte man die bisherigen Ministerien des Innern, für Kultus und Bildungswesen, der Justiz und der Finanzen als Hessisches Staatsministerium in drei Abteilungen zusammen (I Polizei, innere Verwaltung, Justiz,

Finanzen, Landwirtschaft; II Bildungswesen, Kultus, Kunst, Volkstum; III Arbeit und Wirtschaft) und hob anschließend die Staatskommissariate wieder auf. Auch die Landesuniversität in Gießen und die Technische Hochschule Darmstadt erhielten noch im gleichen Jahr neue Verfassungen.

Eine erneute Verwaltungsreform löste 1937 die bisherigen Provinzialverwaltungen auf, beseitigte im April 1938 die Kreise Bensheim, Oppenheim und Schotten und bildete im August 1938 die Stadtkreise Darmstadt, Gießen, Mainz, Offenbach und Worms. Am 17. Mai 1939 umfaßte der Volksstaat Hessen 7691 Quadratkilometer mit 1 469 215 Einwohnern. Damals lebten in Starkenburg auf 2845 Quadratkilometer 657 721, in Oberhessen auf 3287 Quadratkilometer 351 735 und in Rheinhessen auf 1558 Quadratkilometer 459 759 Personen.

Der durch die Führung der NSDAP im Zweiten Weltkrieg ganz Deutschland bereitete Untergang löschte auch den Volksstaat Hessen und seine großen Städte aus. Am 11. September 1944 vernichtete ein Großangriff feindlicher Bomber 4/5 des Innenbezirks der Landeshauptstadt Darmstadt und forderte (wie im Vorjahr in Kassel) über 12 000 Tote; unter ihnen den ehrwürdigen ehemaligen Prälaten der hessischen Landeskirche Dr. Diehl. Am 6. Dezember traf die oberhessische Provinzialhauptstadt Gießen dasselbe Bombenschicksal, das 3/4 des Stadtgebietes verwüstete, so daß sich Weihnachten 1944, als der Angriff wiederholt wurde, an Stelle der alten, stillen Universitätsstadt ein von Bomben zerfetztes, verbranntes Ruinenfeld dehnte, von dessen 6000 Häusern 5000 zerstört oder beschädigt waren. Am 27. Februar 1945 fiel über die rheinhessische Provinzialhauptstadt Mainz das gleiche tödliche Los; ihre Innenstadt sank zu 4/5 in Trümmer. Das von den ausklinkenden Bomberbesatzungen damals der Stadt bereitete Inferno verdichtet sich sinnbildhaft im Sterben der 40 Kapuzinernonnen von der Ewigen Anbetung, die in der Glutfackel ihres Klosters versengten und erstickten, aber in ebenso unverlöschlicher Heilserwartung starben, da ihnen die Oberin, um die sie sich bis zum Verglühen scharten, die heilige Kommunion bis zur eigenen Verwandlung gespendet hat.

Außer diesen drei Hauptstädten des Volksstaates Hessen sind auch die Industriestädte Offenbach und Rüsselsheim schwer heimgesucht worden, so daß sich mit der Zerschmetterung Deutschlands durch die englisch-amerikanischen Luftflotten die größeren hessischen Städte in Trümmer- und Totenfelder bis dahin unvorstellbaren Ausmaßes verwandelten. So brutal wie die Herausforderung Hitlers war die Antwort der Alliierten. Das Ende kam, als die amerikanischen Truppen in die zusammenbrechende deutsche Mittelrheinfront eindrangen, am 21./22. März 1945 den Rhein bei Oppenheim überwanden, wenige Tage später, am 29. März, die Landeshauptstadt Darmstadt besetzten und zugleich mit ihren Panzerspitzen die entlegenste Stadt des

Volksstaates, Lauterbach, erreichten, in die sich noch kurz vorher die Reste der nationalsozialistischen hessischen Landesregierung geflüchtet hatten. Damit erlosch die Flamme des Krieges in einer Katastrophe, in der auch die staatliche Existenz des Volksstaates Hessen unterging.

49. Das Land Hessen

Das Ende des Zweiten Weltkrieges mit dem vollständigen Zusammenbruch Deutschlands schuf auch in den von amerikanischen Truppen besetzten hessischen Gebieten staatsrechtlich ein Niemandsland, dem zunächst nur die Bezeichnung amerikanische Besatzungszone zukam. Und doch bot gerade die Beseitigung aller bisherigen staatlichen Formen eine einzigartige Gelegenheit für die zukünftige Gestaltung Hessens. Sie ist genutzt worden, wenn auch der von Grund auf zu errichtende Neubau der staatlichen Existenz Hessens unter unvorstellbaren Schwierigkeiten begonnen und durchgeführt werden mußte. Als erstes wurde am 21. April 1945 die Verwaltung für die Provinz Starkenburg unter dem Vorsitz von Professor Dr. Bergsträßer neu begründet und ihr am 30. Juni auch die Provinz Oberhessen — zunächst ohne den Kreis Friedberg — unterstellt. Seit dem 8. August 1945 war diese Verwaltung dann für den ehemaligen Volksstaat Hessen mit Ausnahme des französisch besetzten linksrheinischen Rheinhessen zuständig. Gleiche Regierungsbefugnisse hatten interimistisch am 1. Mai 1945 der Regierungspräsident in Wiesbaden (ab 1. Mai 1945 Bredow, ab 3. August 1945 Nischalke) für die ehemalige preußische Provinz Nassau und am 10. Mai der Ober- und Regierungspräsident in Kassel für Kurhessen erhalten. Am 10. Juli ging die amerikanische Militärregierung nach Übergabe der Saarpfalz und Rheinhessens an die französische Besatzungsmacht von Neustadt a. d. Haardt nach Wiesbaden und übernahm am 16. Juli die Verwaltung des dortigen Regierungsbezirkes. Bald darauf wurden ihr unter Ausschaltung regionaler Militärregierungen in Marburg und Darmstadt auch die Regierungsbezirke Kassel und Darmstadt übertragen.

In enger Verbindung mit diesen noch nicht völlig überschaubaren Vorgängen im inneren Bereich der amerikanischen Militärverwaltung vollzog sich die Neuordnung der politischen Verhältnisse der hessischen Gebiete. Sie war zunächst durch verwaltungs- und wirtschaftspolitische Notwendigkeiten bestimmt. Dabei hatte das Rhein-Main-Gebiet dank seiner wirtschaftlichen Spitzenstellung und dem Einfluß der dort tätigen Politiker (Professor Dr. Bergsträßer, Dr. Hilpert) gegenüber den übrigen hessischen Gebieten anfänglich den Vorrang. Das zeigte sich darin, daß Professor Bergsträßer und andere schon im Mai und Juni 1945 in Denkschriften an die amerikanische Besatzungsmacht eine

Zusammenfassung der Gebiete von Hessen-Darmstadt, Wiesbaden, Frankfurt/M. und Aschaffenburg zu einer Provinz vorschlugen. Bereits Ende Juli 1945 sah sich aber Professor Bergsträßer genötigt, seinen Vorschlag zur Neubildung Hessens auf Gesamthessen zu erweitern. Die damit geforderte Zusammenfassung hessischer und preußischer Gebietsteile stieß jedoch bei der obersten amerikanischen Militärregierung auf erhebliche Schwierigkeiten, da General L. D. Clay für eine solche Lösung unbedingt den Nachweis der Zustimmung der Gesamtbevölkerung forderte. Die dafür notwendigen Untersuchungen und Feststellungen waren dem amerikanischen Beauftragten Professor W. L. Dorn übertragen, der in Professor Anschütz, Heidelberg, einen wertvollen Helfer fand. Dieser wies nach, daß das Land Großhessen bereits 1920 von Dr. Preuß gefordert worden war und daß auch die Länderkonferenz von 1928 diesen Vorschlag übernommen hatte, aber am Widerstand Preußens gescheitert war. Darüber hinaus konnte W. Wilbrand als Angehöriger der früheren großhessischen Bewegung dartun, daß ihre Mitglieder aus allen hessischen Landesteilen gekommen waren und allen Parteien angehört hatten. Entscheidend war schließlich, daß dem amerikanischen Beauftragten zu seiner eigenen Überraschung die Bildung des Landes Großhessen überall als notwendig und erforderlich bezeichnet und von allen von ihm befragten Repräsentanten der hessischen Bevölkerung einmütig vertreten wurde. Daher fand sie auch die Billigung der amerikanischen Besatzungsmacht, so daß es gewiß ist, daß es geschichtliche Kräfte im Sinne eines gesamthessischen Bewußtseins waren, die den grundlegenden Beitrag zur Neugestaltung des Landes Hessen geleistet haben.

Daraufhin wurde bei der Länderbildung der amerikanischen Besatzungsmacht durch die Proklamation Nr. 2 vom 19. September 1945, die die Länder Bayern und Württemberg-Baden neu begründete, auch das Land Großhessen geschaffen und am 16. Oktober 1945 konstituiert. Seinen Namen änderte später die hessische Verfassung in Hessen um. Es bestand aus folgenden Gebieten: 1. der ehemaligen Provinz Kurhessen, 2. der ehemaligen Provinz Nassau mit Ausnahme der Kreise Oberwesterwald, Unterwesterwald, Unterlahn und St. Goarshausen, die an das Land Rheinland-Pfalz der französischen Besatzungszone fielen, 3. dem Volksstaat Hessen ohne Rheinhessen, dessen vier Kreise Bingen, Mainz, Alzey und Worms gleichfalls an Rheinland-Pfalz kamen. Bei der Festlegung der Grenze zwischen der amerikanischen und der sowjetischen Besatzungszone erfolgte ein Austausch einzelner Gemeinden zwischen Hessen (Kr. Witzenhausen) und Thüringen (Kr. Worbis). Außerdem ging die bis dahin zum Kreis Bergstraße gehörende Stadt Bad Wimpfen an Württemberg über.

Diese zukunftsweisenden politischen Maßnahmen im Verein mit den Enthüllungen der Verbrechen des vergangenen NS-Regimes bildeten die wohl entscheidenden Voraussetzungen dafür, daß sich bei dieser zweiten Besetzung Hessens das Verhältnis der Bevölkerung zur Besatzung von Anfang an völlig anders gestaltete als nach dem Ersten Weltkrieg. Nirgends ist es zu ernsthaften politischen Schwierigkeiten gekommen oder auch nur zu dem geringsten politischen Widerstand, vielmehr allenthalben zu den angestrengtesten Bemühungen, die totale Niederlage zu einer wirklichen politischen Befreiung werden zu lassen, wenngleich das sogenannte Umerziehungsprogramm der Amerikaner nach deren eigener Ansicht auch nur zum Teil erfolgreich war, wie dieses gerade am Beispiel Marburgs demonstriert worden ist. Seit Mitte der 60er Jahre und insbesondere seit dem Eintritt Nordamerikas in den Vietnamkrieg begann sich allerdings das Verhalten zunächst zwar noch kleiner, aber doch höchst aktiver Gruppen gegenüber den amerikanischen Truppen in Deutschland zu verändern, ohne allerdings auf jene Resonanz zu stoßen, die die Ablehnung der Besatzung von 1919 bis 1929 in ganz Deutschland gefunden hatte.

Als erster Ministerpräsident des Landes Hessen wurde am 1. Oktober 1945 Professor Dr. Karl Geiler ernannt und unter ihm als Landesregierung ein Staatsministerium eingerichtet, dem die drei Regierungsbezirke Wiesbaden, Kassel und Darmstadt unterstanden. Als Vorläufer eines Parlamentes berief der Ministerpräsident einen beratenden Landesausschuß aus je zwölf Vertretern der vier politischen Parteien CDU, SPD, LDP und KPD, die bald darauf ihre Landeszulassung erhielten (zuerst die KPD am 13. Dezember, dann die CDU und SPD am 26. Dezember 1945 und zuletzt die LDP am 11. Januar 1946). Am 22. November 1945 erließ das Staatsministerium ein Staatsgrundgesetz, das Hessen zum Glied eines künftigen demokratischen Gesamtdeutschlands erklärte. Eine erste Neuorganisation auch in den örtlichen Verwaltungsbereichen bedeuteten die Gemeindeordnung vom 21. Dezember 1945 und die Kreisordnung vom 24. Januar 1946. Daraufhin fanden Ende Januar und Ende April 1946 Gemeinde- und Kreiswahlen statt.

Etwa zur gleichen Zeit konnten auch die Universitäten Marburg (1. Oktober bzw. 8. Dezember) und Frankfurt (1. Februar) sowie die Technische Hochschule Darmstadt (17. Januar) wieder eröffnet werden, nicht dagegen die Universität Gießen, die, in die agrarwissenschaftlich-tiermedizinische Justus-Liebig-Hochschule umgewandelt, erst zur 350-Jahr-Feier 1957 ihren Universitätsstatus zurückerhielt. Schließlich vereinigten sich die evangelischen Kirchen im ehemaligen Volksstaat Hessen, in Nassau und in Frankfurt am 30. September 1947 erneut zur evangelischen Kirche in Hessen und Nassau; außerhalb und selbständig blieben auch jetzt die evangelischen Kirchen in Kurhessen und Waldeck und im Kreis Wetzlar; letztere gehörte seit dem 19. Jahrhundert zur rheinischen Kirchenprovinz. Mit ihnen schloß der hessische Staat am 18. Februar 1960 unter Berücksichtigung des preußischen Staatsvertrages vom 11. Mai 1931 mit seinen evangelischen Landeskirchen einen Vertrag, der die Ausübung der evangelischen Lehre schützte, aber auch die hessische Gemeinschaftsschule sicherte. Die im heutigen Hessen bestehenden drei evangelischen Landeskirchen und die von ihnen abgespaltenen selbständigen evangelischen Gemeinden (die sich auch nach 1945 noch vermehrt haben) umfaßten nach dem Einströmen der überwiegend katholischen Heimatvertriebenen 1961 noch 63,4 Prozent der Gesamtbevölkerung, während 32,1 Prozent katholisch waren. Diese sind in den drei Bistümern Mainz, Fulda und Limburg organisiert.

Währenddessen hatte die amerikanische Militärregierung zur Beseitigung der Nationalsozialisten aus dem öffentlichen Leben, zu ihrer Bestrafung und Umerziehung verschiedene Internierungslager eingerichtet, die sich auf Grund des automatischen Arrestes bald mit Tausenden von Internierten und Gefangenen füllten. Die namhaftesten Lager waren in Ziegenhain, Schwarzenborn, Battenberg, Frankenberg, Stadt Allendorf, Babenhausen, Rockenberg und Butzbach. Sie wurden seit Ende 1945 umorganisiert und Anfang 1946 im Großlager Darmstadt zusammengezogen. Es faßte Anfang April (neben einem kleinen Frauenlager) etwa 22 000 Mann. Gemäß den Erfordernissen des am 5. März 1946 erlassenen Gesetzes zur Befreiung von Nationalsozialismus und Militarismus entstand in Hessen das Ministerium für politische Befreiung, das zahlreiche politische Spruchkammern einrichtete und Ende 1946 das Internierungslager Darmstadt übernahm. Umfang und Art der Tätigkeit dieser Kammer darf in der Geschichte des Landes als einmalig bezeichnet werden, denn bis zum Abschluß der Entnazifizierung in Hessen durch die Gesetze vom 30. November 1949 und 18. Oktober 1951 haben sie etwa 240 000 politische Verfahren durchgeführt, 712 000 eingeleitete Untersuchungen eingestellt und 2 350 000 Nichtbetroffenenbescheide ausgefertigt. Dann trat Anfang der 50er Jahre ein gewisser Stillstand ein (Befreiungsministerium und Spruchkammern wurden aufgelöst), bis zu Ausgang dieses Jahrzehntes die Prozesse zur Aburteilung der in der nationalsozialistischen Zeit und insbesondere im Kriege begangenen Verbrechen von den ordentlichen Gerichten wieder aufgenommen wurden. Hierbei trat vor allem der hessische Generalstaatsanwalt Bauer hervor, der nach jahrelangen Vorbereitungen 1964 u. a. den Riesenprozeß gegen Bedienungsmannschaften des Konzentrationslagers Auschwitz in Frankfurt mit ins Werk setzte.

Nicht minder einschneidend traf ein zweites, in der hessischen Geschichte gleichfalls beispielloses Ereignis, das Land. Es war die von den Besatzungsmächten nach Abtrennung der deutschen Ostgebiete zwangsweise verfügte Aufnahme der von dort heimatvertriebenen Deutschen. Nachdem am 20. Nov. 1945 der Ausweisungsplan des Kontrollrates in Kraft getreten war und die Quote der von den Ländern der amerikanischen Besatzungszone aufzunehmenden Vertriebenen für Bayern mit 50 Prozent, für Hessen mit 27 Prozent und für Württemberg-Baden mit 23 Prozent festgesetzt worden war, traf am

4. Februar 1946 der erste Vertriebenenschub mit 1200 Personen aus dem Sudetenland ein. Die Transporte erreichten ihren Höhepunkt im Mai, in dem etwa 80 000 Ausgewiesene ankamen. Bis Ende 1946 waren es bereits 635 165 Personen; bis Mitte 1950 stieg ihre Zahl (einschließlich der Zuwanderer aus der sowjetischen Zone) auf 812 968. Ihre Unterbringung und Versorgung nach einem total verlorenen Kriege, der die meisten großen Städte des Landes mehr oder minder zerstört und den vorhandenen Wohnraum aufs stärkste reduziert hatte, war in der Vergangenheit ohne Vorgang und daher eine der schwersten Aufgaben, die Hessen jemals zu bewältigen hatte. Sie wurde gleichwohl gelöst und hat sich nach aller Not der Anfangszeit schließlich zum Segen für das Land ausgewiesen; denn sie hat ihm wertvollste Kräfte zugeführt und nicht nur seinen Produktionsbedarf, sondern auch seine Produktionsfähigkeit außerordentlich gesteigert. Zu ihrer schnelleren und besseren Eingliederung wurde am 10. Januar 1951 der sogenannte Hessenplan verkündet, der die Schaffung von besseren Arbeitsmöglichkeiten für die Vertriebenen und daher ihre Umsiedlung in Orte mit entsprechenden Arbeitsgelegenheiten bezweckte; denn in den ersten Jahren waren die Vertriebenen vorwiegend in ländliche Gebiete mit unzerstörtem Wohnraum aber geringen Arbeitsmöglichkeiten gelenkt worden, so daß sich Arbeitslosigkeit in Nordhessen und Facharbeitermangel in Südhessen ergab. Es wurden daher weit über 100 000 Vertriebene umgesiedelt, die dafür erforderlichen neuen Wohnungen gebaut, dazu neue Arbeitsstellen geschaffen und mehrere Tausend landwirtschaftliche Siedlungsstellen für sie eingerichtet. Das verursachte demgemäß nicht nur erhebliche Bevölkerungsverschiebungen innerhalb der städtischen, sondern vor allem auch im Bereich der ländlichen Wohngebiete, für die es mancherorts (besonders in Nordhessen) zu spürbaren Einwohnerverlusten kam. Andererseits entstanden nach dem Kriege noch einmal mehrere neue Dorfsiedlungen in Hessen (Trutzhain, Kr. Ziegenhain 1951, Hessenaue, Kr. Gelnhausen 1951, Lettgenbrunn, ebendort 1952, Arnsberg, Kr. Gießen 1953, Cornberg, Kr. Rotenburg 1954, Harb, Kr. Büdingen 1954 usf.). Die bestehenden Dörfer aber haben fast überall, besonders in den südwestlichen Landesteilen ihre bebauten Flächen oft ganz erheblich vergrößert. Seit 1970 werden sie im Zuge der Verwaltungsreform zu Großgemeinden — vielfach unter neugewählten Namen — zusammengeschlossen. Die Gesamtbevölkerung des Landes, die 1939 etwa 3,5 Millionen betragen hatte, stieg bis Ende 1946 auf über vier und bis Mitte 1964 auf über fünf Millionen.

Trotz der ungewöhnlichen moralischen, wirtschaftlichen und persönlichen Notstände und Belastungen schritt die Konsolidierung der inneren Landesverhältnisse schnell voran. Der vom hessischen Ministerpräsidenten am 26. Februar 1946 gebildeten Kommission für die Vorbereitung der Verfassung, die am 12. März ihre Arbeit aufnahm, stellte sich allerdings am 30. Juni aus eigener Initiative eine verfassungsberatende Landesversammlung zur Seite, gebildet aus 42 Abgeordneten der SPD, 35 der CDU, sieben der KPD und sechs der LDP. Sie wählte ihrerseits am 15. Juli 1946 einen Verfassungsausschuß, der durch einstimmigen Beschluß die Landesregierung von den Verfassungsberatungen ausschloß und einen eigenen Entwurf vorlegte, der im wesentlichen eine Kompromißlösung der Auffassungen von CDU und SPD darstellte. Er wurde mit nur unbedeutenden Änderungen am 29. Oktober 1946 vom amerikanischen Militärgouverneur gebilligt und am gleichen Tage von der Landesversammlung mit 82 Stimmen der SPD, CDU und KPD gegen sechs Stimmen der LDP angenommen. Nachdem schon am 14. Oktober das Gesetz betreffend den Volksentscheid über die Verfassung des Landes Hessen und das Wahlgesetz für den Landtag erlassen worden waren, fanden Volksabstimmung und erste Landtagswahl am 1. Dezember statt. Die Verfassung wurde mit 1161773 Ja- gegen 351275 Nein- und 228471 ungültigen Stimmen angenommen, zum 1. Dezember 1946 in Kraft gesetzt und am 18. Dezember verkündet. Am 20. Dezember wählte man Ch. Stock (SPD) zum Ministerpräsidenten und bildete am 3. Januar 1947 die erste parlamentarische Regierung des Landes Hessen aus den Mitgliedern der SPD und der CDU.

Am 20. Mai 1949 erhielt das Grundgesetz für die Bundesrepublik Deutschland, nachdem sich parlamentarischer Rat und Militärgouverneure am 25. April in Frankfurt über die Bildung und Verfassung des westdeutschen Staates geeinigt hatten, die Zustimmung des hessischen Landtags mit 73 Ja-Stimmen gegen acht Nein-Stimmen. Da das Grundgesetz die Möglichkeit zur Neugliederung der deutschen Länder vorsah und sowohl in Rheinhessen wie im Bezirk Montabaur starke Strömungen zur Rückgliederung beider Gebiete an Hessen vorhanden waren, forderte die rheinhessische SPD schon 1949 die Gewährung dieser Möglichkeit, doch kam es erst im April 1956 zur Einleitung dieses Verfahrens durch eine erfolgreiche Abstimmung, die in beiden Gebietsteilen den Weg für die endgültige Volksabstimmung freimachte. Da diese jedoch vom Bund innerhalb der vorgesehenen Frist nicht durchgeführt wurde, reichte das Land Hessen im November 1958 Klage beim Bundesgerichtshof ein, um die Volksabstimmung durch höchstrichterliche Entscheidung zu erzwingen. Es kam jedoch nicht dazu, das Problem blieb liegen, so daß es auch heute noch ungelöst ist. Es ist jedoch inzwischen in das größere Problem der Neugliederung der Bundesländer eingegangen, bei dem insbesondere das Verhältnis der beiden benachbarten, und im Mittelrheingebiet wirtschaftlich stark miteinander verzahnten Länder Hessen und Rheinland-Pfalz Hauptgegenstand der Erörterung bildet. Unter den mannigfachen Vorschlägen scheint derjenige mehr und mehr an Gewicht zu gewinnen, der eine Vereinigung beider Länder zu einem neuen, umfassenderen „Rheinhessen" vorsieht. Er würde unter Vermeidung aller örtlichen Schwierigkeiten ein Bundesland schaffen, das im angemessenen Größen- und Einwohnerverhältnis zu den anderen deutschen Bundesländern steht.

Nach der Bildung der Bundesrepublik beendete das Zweimächtekontrollamt in Frankfurt, die höchste alliierte Kontrollstelle der deutschen Doppelzone, am 15. September 1949 seine Tätigkeit. Zugleich hörte das von der amerikanischen und britischen Besatzungsmacht im Januar 1947 gebildete „Vereinigte Wirtschaftsgebiet" auf zu bestehen. Als am 21. September für Westdeutschland das Besatzungsstatut außer Kraft trat, wurde dadurch auch in unserem Land die bisherige Militärregierung durch die amerikanische Landeskommission für Hessen abgelöst. Die Auseinandersetzungen um die vorläufige Hauptstadt der Bundesrepublik zwischen Frankfurt und Bonn entschied der Bundestag am 3. November 1949 trotz der eindeutigen und allseitigen Legitimation Frankfurts zugunsten von Bonn. Um so entschiedener steigerte Frankfurt seine wirtschaftliche Position, vor allem durch den Ausbau seiner Messen, und seine verkehrsbeherrschende Stellung durch Entwicklung des zuerst für den deutschen Zeppelinluftschiffverkehr in den Jahren 1911/12 eingerichteten Flughafens „Am Rebstock". Dieser mußte zwar gemäß den Bestimmungen des Versailler Vertrages 1919 geschlossen und konnte erst 1924 wieder geöffnet werden, entwickelte sich aber nunmehr um so schneller; denn 1926 starteten hier schon 1900 Flugzeuge. Da der Flugplatz den steigenden Verkehr nicht mehr bewältigen konnte, begann 1934 der Bau des Rhein-Main-Flughafens zwischen Frankfurt, Walldorf und Kelsterbach, der im Mai 1936 erstmals von den deutschen Zeppelinen beflogen und 1939 von 4550 Flugzeugen benutzt wurde. Nach den Zerstörungen des Zweiten Weltkrieges sofort wieder hergerichtet, entwickelte sich der Rhein-Main-Flughafen nach Größe und Kapazität zum ersten der Bundesrepublik und (nach London und Paris) zum dritten Europas. 1959 von fast 34 000 Maschinen angeflogen, wuchs die Zahl der Fluggäste, die 1957 die erste Million erreicht hatte, 1960 bereits über die 2., 1966 über die 4., 1968 über die 7. Million hinaus, nachdem das Rollfeld 1959 die damals größte europäische Startbahn für Düsenflugzeuge erhalten hatte und gerade erst 50 Jahre seit der ersten Internationalen Luftfahrtausstellung in Frankfurt (Ila 1909) vergangen waren. Bis 1972 war der Flughafen für 30 Millionen Passagiere jährlich ausgebaut.

Fast als Kontrastprogramm wirkt demgegenüber das Regierungsvorhaben der „sozialen Aufrüstung" des Dorfes, das die Errichtung von Dorfgemeinschaftshäusern vorsieht; 1952 beschlossen, waren 1964 schon etwa 250 erbaut. Sie bezwecken Schaffung und Verbesserung fürsorgerischer und kultureller Einrichtungen auf dem Lande, Arbeitserleichterungen für die Landfrau und Stärkung der Dorfgemeinschaft. Diese Aktion ist schließlich auch auf die Schaffung von Bürgerhäusern in den Städten ausgedehnt worden, so daß 1969 mit dem Marburger Bürgerhaus der 500. Gemeinschaftsbau dieser Art eingeweiht werden konnte. Bezeichnend für die sozialen Bestrebungen des Landes sind auch das am 16. Februar 1949 erlassene Gesetz über die Unterrichtsgeld- und Lehrmittelfreiheit in Hessen und die durch Artikel 41 der hessischen Verfassung bestimmte Sozialisierung aller Großbetriebe der Grundstoffindustrie, der durch eine Sonderabstimmung der hessischen Bevölkerung am 1. Dezember 1946 mit 1085151 Ja-, gegen 422194 Nein- bei 234174 ungültigen Stimmen angenommen wurde. Dieses Sozialisierungsvorhaben wurde jedoch durch eine Verfügung der amerikanischen Militärregierung vom 6. Dezember 1948 unterbrochen und durch das hessische Abschlußgesetz vom 6. Juli 1954 beendet.

Um so energischer hat die Regierung auf die Eröffnung neuer Wege im Schul- und Bildungswesen gedrängt und nach der Unterrichts- und Lehrmittelfreiheit neben dem herkömmlichen den zweiten Bildungsweg zum Fach- und Hochschulstudium geschaffen. Von noch größerer Tragweite dürfte jedoch die konsequent betriebene Errichtung von Mittelpunktschulen sein, die die in Hessen stark verbreiteten Klein- und Zwergschulen ausschalten und die Bildungsmöglichkeiten des Landes an die der Stadt angleichen sollen. Zwar sind inzwischen Hunderte solcher Schulen eingerichtet worden, doch werden die nunmehr eingeleiteten Gemeinde- und Kreisumbildungen auch im Schulwesen noch erhebliche Umorganisationen erforderlich machen. Es kommt hinzu, daß die Entwicklung neuerdings die Gesamtschule ansteuert, die alle Bildungsmöglichkeiten zusammenfaßt, zwar noch eine Unterscheidung zwischen schulischer und universitärer Ausbildung kennt, aber auch diese beiden Bildungsstufen einander anzugleichen und zu verbinden bestrebt ist. Hierfür ist mit der 1970 beschlossenen Gesamthochschule Kassel ein neuer Weg betreten worden. Ein solcher war auch die Einrichtung der documenta-Ausstellungen moderner Kunst in Kassel, die 1955 begannen, 1959, 1964 und weiter fortgesetzt wurden und internationales Ansehen gewannen. Zugleich leisten die Kasseler Musiktage einen akzentuierten Beitrag zum kulturellen Leben Deutschlands, während die erneuerten Wiesbadener Maifestspiele europäisches Theater zeigen und auch die Hersfelder Festspiele überregionalen Rang erweisen.

Entscheidendes ist beim Wiederaufbau der hessischen Städte geleistet worden, wobei als beste städtebauliche Wiederaufbaulösungen Hanau und Kassel (mit allerdings schweren Opfern) gelten dürfen. Des Verkehrsproblems sind jedoch die meisten Städte damit nicht Herr geworden, da dessen explosionsartige Entwicklung bei den Planungen der 50er Jahre nicht vorauszusehen war. Sie ist weitgehend bedingt durch die von der allgemeinen bundesdeutschen Konjunktur der 50er und 60er Jahre getragenen und der ihr folgenden wirtschaftlichen Entwicklung des Landes, für die es in seiner Geschichte auch nicht den entferntesten Vergleich gibt. Die damit unabdingbar verknüpfte Umformung aller früheren Lebens- und Arbeitsbedingungen verdichtet sich schwerpunktartig im Rhein-Main-Gebiet und hat dort zwischen Hanau, Frankfurt und Wiesbaden ein immer mehr ausuferndes und zusammenfließendes Verstädterungsgebiet geschaffen, dessen Verdichtung und Ausdehnung (in das

Aschaffenburger und Mainzer Gebiet) auch weiterhin anhält. Hier liegen nicht nur die größten hessischen Betriebe, sondern auch die großen Verkehrszentren Hessens: das Frankfurter Kreuz der deutschen Nord-Süd- und Ost-West-Autobahnen und der Rhein-Main-Flughafen. In Frankfurt sitzt auch die Hauptverwaltung der Deutschen Bundesbahn, die nach wie vor hier ihren überragenden Verkehrsmittelpunkt hat, während das 1956 hier eingerichtete Fernmeldehochhaus Frankfurt auch zum Mittelpunkt des deutschen, ja des europäischen Fernmeldewesens gemacht hat.

Trotz aller dieser stürmisch weiterdrängenden wirtschaftlichen Entwicklung und Prosperität, ist jedoch nicht zu übersehen, daß sie nicht nur mit schweren Umwelt- und Verkehrsopfern erkauft werden muß, sondern auch weite Teile des nordöstlichen Hessen nicht erreicht. Das gilt insbesondere für das „Zonenrandgebiet", das den ganzen Teil Hessens östlich der Fulda umfaßt und seit Jahren trotz aller Anstrengungen einer lähmenden wirtschaftlichen und bevölkerungsmäßigen Stagnation, ja Schrumpfung unterliegt. Ihre Bewältigung stellt zweifellos höhere Anforderungen an die Regierung als die Lösung der allgemeinen zeitüblichen Aufgaben, so daß die Förderung des Zonenrandgebietes eines der schwierigsten Probleme des Landes darstellt. Es sind hier jedoch nicht nur erhebliche Zonenrandförderungsmittel von Bund und Land eingesetzt, sondern auch neue Produktionsstätten und neue Verkehrswege (z. T. als Ersatz der alten, abgeschnittenen) geschaffen worden. Das hat neben Hersfeld und Fulda besonders Eschwege geholfen.

In diesem Zusammenhang ist noch ein anderes zeitgeschichtliches Phänomen in seiner landesgeschichtlichen Verwirklichung kurz zu beschreiben, da es die Mitte des 20. Jahrhunderts erfüllt und über alle politischen, wirtschaftlichen und geistigen Erscheinungsformen dieser Epoche und ihre z. T. konträren Wandlungen hinweggreifend das Bild unserer Zeit gestaltet. Es ist der Industrialisierungs- und der mit ihm unlöslich verbundene Mobilisierungs- und Sozialisierungsprozeß. Er ist an der Entwicklung des hessischen Dorfes besonders klar ablesbar. Denn dieser Zug der Zeit hat in weiten Bereichen innerhalb weniger Jahrzehnte sein ursprüngliches und über 2000 Jahre gültiges Wesens- und Erscheinungsbild umgeprägt. Das Entscheidende ist dabei wahrscheinlich der Wandel von mehr oder minder wirtschaftlich unabhängigen und selbständigen bäuerlichen Ansiedlungen zu zivilisationstechnisch abhängigen Wohnsiedlungen wirtschaftlich Unselbständiger, wie sie sich wiederum in einem deutlich erkennbaren Gefälle vom Südwesten nach dem Nordosten des Landes auszubreiten beginnen. Da die Wohngemeinde ihren Bewohnern keinen Lebensunterhalt mehr zu bieten vermag, wie das grundsätzlich einmal für das Dorf mit seiner Flur gegolten hat (wobei allerdings jahrhundertelang Seuchen, Militär und Auswanderung regulierend in ihre Bewohnerzahl eingegriffen haben), müssen sich seine heutigen Einwohner technischen Arbeitsprozessen an anderen Arbeitsplätzen einordnen, auf die sie selbst kaum noch persönlichen Einfluß haben, von denen sie aber gleichwohl wirtschaftlich abhängig sind.

Zur Verlagerung des Arbeitsplatzes kommt der grundlegende Wandel der Arbeitsformen, selbst wenn der Arbeitsplatz nicht verlagert, nicht mobil wurde, sondern ortsgebunden blieb. Charakteristisch dafür ist der Abbau des „Bauernhofes“ und seine aus Rentabilitätsgründen erforderliche Umgestaltung in eine landwirtschaftliche Produktionsstätte, auf der demgemäß nicht mehr der tier- und wettererfahrene Altbauer, sondern der landwirtschaftliche Maschinist wichtig ist, nicht mehr die Bäuerin die zentrale Figur von Betrieb und Familie darstellt, sondern die landwirtschaftliche Facharbeiterin notwendig ist. Dasselbe gilt in ähnlicher Weise von der Umformung des Handwerks- zum Industriebetrieb, da er neben der Fülle der neuen Berufe, die er geschaffen hat und erforderlich macht, zahlreiche und z. T. uralte und gerade wieder auch dörfliche und kleinstädtische Handwerke erdrückt hat. Die unumgängliche Folge dessen ist, daß die völlige Umgestaltung der Arbeitserfordernisse und damit der Arbeitsweisen notwendig das Verschwinden alter Verhaltensweisen, Regeln und Erfahrungen bedingt; daß an Stelle der bäuerlichen und handwerkerlichen selbsterfahrenen und erarbeiteten Haltungen und Einstellungen allenthalben die allgemein zeitüblichen und -notwendigen, durch den modernen Arbeitsprozeß erzwungenen und daher immer stärker typisierten Arbeits- und Lebensnormen und -formen treten. Das hat innerhalb zweier Generationen die meisten Dörfer im Ausstrahlungsbereich der großen industriellen Zentren nicht nur baulich, sondern auch wesensmäßig aus der Geschlossenheit in sich selbst beruhender bäuerlicher Gemeinschaften herausgeführt und zu offenen, weniger sich selbst, als den über ihre Existenz bestimmenden Industriezentren zugewandten Lohnempfängersiedlungen gewandelt. Eine breite Mittelzone von Dörfern befindet sich auf dem Wege der Umformung, und nur wenige Walddörfer, vor allem im Norden des Landes, hat der Gezeitenstrom noch nicht erreicht.

Die Voraussetzung dafür bildete die Mobilisierung, d. h., die leicht durchführbare tägliche Bewegung eines ganzen Arbeitsheeres von den Wohn- an die Produktionsstätten und zurück, wie sie der Eisenbahnbau anbahnte und das Kraftfahrzeug schließlich generell ermöglichte. Daraus erwuchsen Großorganisationsformen von Industrie und Arbeiterschaft, wie sie noch zu Anfang des 20. Jahrhunderts kaum denkbar erschienen. Mit derartigen betriebs-, arbeits- und arbeitertechnischen Großformen verknüpft sich zugleich ein Sozialisierungsprozeß, der am deutlichsten wiederum in den alten ehemaligen Dörfern wird, wo das soziale Bild nicht mehr von wirtschaftlichem und sozialem Unterschied zwischen der (Guts)herrschaft, den Groß- und Kleinbauern, den Studierten (Pfarrer, Apotheker, Arzt) und den Landarbeitern bestimmt wird, sondern durch eine sich immer stärker abzeichnende wirtschaftliche und soziale gegenseitige Angleichung auf allen Gebieten, wobei dem Facharbeitertum eine führende Rolle zufällt. Für einen derartigen Umbruch in so kurzer Frist gibt es in der hessischen Geschichte ebenfalls keinen Vergleich.

Der inneren und demokratischen Neuorientierung der hessischen Kommunalverwaltung diente die am 25. Februar 1952 publizierte hessische Gemeindeordnung und die hessische Landkreisordnung vom gleichen Tage, die den Grundsatz der Selbstverwaltung konsequent durchführten und die provisorischen Gemeinde- und Kreisordnungen von 1945/46 ersetzten. In der Verwaltungsorganisation wurden die überkommenen Bezirke allerdings im wesentlichen beibehalten. Der Regierungsbezirk Darmstadt bestand demnach aus den kreisfreien Städten Darmstadt, Gießen, Offenbach und 11 Kreisen (Alsfeld, Bergstraße, Büdingen, Darmstadt, Dieburg, Erbach, Friedberg, Gießen, Groß-Gerau, Lauterbach und Offenbach). Der Regierungsbezirk Wiesbaden umfaßte die kreisfreien Städte Hanau und Wiesbaden und 13 Kreise (Biedenkopf, Dillkreis, Gelnhausen, Hanau, Limburg, Main-Taunus, Oberlahn, Obertaunus, Rheingau, Schlüchtern, Untertaunus, Usingen und Wetzlar). Selbständig neben dem Regierungsbezirk Wiesbaden steht die Stadt Frankfurt. Den Regierungsbezirk Kassel bildeten die kreisfreien Städte Kassel, Fulda, Marburg und die 15 Kreise (Eschwege, Frankenberg, Fritzlar-Homberg, Fulda, Hersfeld, Hofgeismar, Hünfeld, Kassel, Marburg, Melsungen, Rotenburg, Waldeck, Witzenhausen, Wolfhagen und Ziegenhain). Seitdem aber 1969 die Regierungsbezirke Wiesbaden und Darmstadt zusammengelegt worden sind, die Regionalplanung und -ordnung immer schneller fortschreitet und die Gemeindezusammenlegungen seit Ende der 60er Jahre ungewöhnliche Ausmaße angenommen haben, eröffnen sich auch im Bereich der Verwaltungsorganisation ganz neue Aspekte. Eine Neuerung bedeutete auch die durch das Gesetz vom 12. Mai 1963 bewirkte Auflösung der 1866/67 so schwer erkämpften früheren Bezirkskommunalverbände von Kassel und Wiesbaden, an deren Stelle der Landeswohlfahrtsverband als kommunale Selbstverwaltungskörperschaft getreten ist. Er erhielt allerdings nur noch das Fürsorgewesen, während die Unterhaltung und Verwaltung der Straßen, die Jugendpflege und die Kulturförderung an das Land übergingen.

Die Rechtsprechung des Landes Hessen ist gemäß der modernen Entwicklung des Justizwesens stark aufgespalten, denn sie wird durch sieben verschiedene Organe wahrgenommen. Es bestehen: 1. der als Verfassungsgericht durch Gesetz vom 12. Dezember 1947 eingerichtete Staatsgerichtshof. Er entscheidet über die Verfassungsmäßigkeit der Gesetze, die Verletzung der Grundrechte, bei Anfechtungen der Ergebnisse einer Volksabstimmung, über Verfassungsstreitigkeiten und dergleichen. 2. die Zivil- und Strafgerichte, in die neun Landgerichtsbezirke Darmstadt, Frankfurt, Fulda, Gießen, Hanau, Kassel, Limburg, Marburg und Wiesbaden eingeteilt und im Oberlandesgerichtsbezirk

Frankfurt mit Zivilsenaten in Kassel und Darmstadt zusammengefaßt. 3. die Verwaltungsgerichte in Darmstadt, Frankfurt, Kassel und Wiesbaden. Berufungsinstanz ist der hessische Verwaltungsgerichtshof in Kassel. 4. die Dienststrafgerichte mit Kammern bei den Verwaltungsgerichten in Darmstadt, Frankfurt, Wiesbaden und Kassel. Berufungsinstanz ist der Dienststrafhof beim hessischen Verwaltungsgerichtshof in Kassel. 5. das hessische Finanzgericht in Kassel. 6. die seit 1946 wieder eingeführten Arbeitsgerichte in Darmstadt, Frankfurt, Fulda, Gießen, Hanau, Hersfeld, Kassel, Limburg, Marburg, Offenbach, Wetzlar und Wiesbaden. Berufungsinstanz ist das Landesarbeitsgericht in Frankfurt und Revisionsinstanz das am 21. April 1954 begründete Bundesarbeitsgericht in Kassel. 7. die Sozialgerichte, die auf Grund des Bundessozialgerichtsgesetzes vom 3. September 1953 in Frankfurt, Darmstadt, Fulda, Gießen, Kassel, Marburg und Wiesbaden eingerichtet wurden. Berufungsinstanz ist das Landessozialgericht in Darmstadt und Revisionsinstanz das Bundessozialgericht in Kassel. Die Aufgaben dieser Gerichte erstrecken sich auf die Sozialversicherung, die Arbeitslosenversicherung, die Kriegsopferversorgung und das Kassenarztrecht. Doch ist die Gerichtsorganisation im Zuge der allgemeinen Verwaltungsreform, die seit Anfang der 70er Jahre wieder nachhaltiger eingesetzt hat, auch wieder (meist durch Zusammenlegungen) in Fluß geraten. Auch hier werden wie bei den Dörfern, Städten und Kreisen größere Verwaltungseinheiten angestrebt.

Die Regierung und Verwaltung des Landes Hessen obliegt der Landesregierung. Sie besteht aus dem Ministerpräsidenten und den Fachministern des Innern, für Erziehung und Volksbildung, der Justiz, der Finanzen, für Arbeit, Wirtschaft und Verkehr, sowie für Landwirtschaft und Forsten. Der Landesregierung steht als unabhängiges Kontrollorgan für die ordnungsgemäße Durchführung der Landesverwaltung der Rechnungshof gegenüber, der durch die am 4. Juli 1949 erlassene Staatshaushaltsordnung als eine der Landesregierung gegenüber selbständige und nur dem Gesetz unterworfene Behörde eingerichtet worden ist.

Die politische Willensbildung des Landes vollzieht sich im Rahmen der politischen Parteien, deren in den Landtagswahlen gewählte Vertreter den Landtag bilden. Als Landtagsgebäude dient das Wiesbadener Stadtschloß. Die Arbeit des Landtages, der allein über gesetzgebende Gewalt verfügt, vollzieht sich in den öffentlichen Plenarversammlungen und zahlreichen Arbeitsausschüssen (Haupt-, Haushalts-, Rechtsausschuß, kommunalpolitischer, kulturpolitischer, sozialpolitischer Ausschuß, Ausschuß für Wirtschaft und Verkehr, für Aufbau und Planung, für Landwirtschaft und Forsten, für Beamtenfragen und schließlich für Heimatvertriebene, Evakuierte und Sachgeschädigte). Von diesen (sich wandelnden) Landtagsausschüssen, in denen die erforderliche parlamentarische Vorarbeit geleistet wird, vertritt der ständige Hauptausschuß die Rechte der Volksvertretung, wenn der Landtag nicht versammelt ist und während des Überganges von einem zum anderen Landtag.

Bisher sind sieben Landtage gewählt worden: 1946 (mit 90 Abgeordneten), 1950 (80), 1954 (96), 1958 (96), 1962 (96), 1966 (96), 1970 (110). Bei der Wahl wurde ein gemischtes Verfahren angewendet, das Persönlichkeits- und Verhältniswahl miteinander verbindet, so daß die Zahl der in den einzelnen Wahlkreisen (auf Grund der größten Stimmenzahl) direkt gewählten Abgeordneten durch solche ergänzt wird, die über die Landesliste ermittelt werden. 1946 wurden 62 Abgeordnete direkt und 28 über die Landesliste gewählt. 1950 war das Verhältnis 48 : 32, und von 1954 bis 1966 lautete es 48 : 48. Dann brachte 1970 die Neueinteilung der Wahlkreise 110 Abgeordnete auf dem gleichen Weg in den Landtag. Die prozentualen Anteile der Parteien an den Wahlstimmen ergeben folgendes Bild:

Landtagswahlen in Hessen 1946 bis 1970

Parteien	1946 1. XII.	1950 19. XI.	1954 28. XI.	1958 23. XI.	1962 11. XI.	1966 6. XI.	1970 8. XI.
Wahl- betei- ligung	2 380 109 1 609 388 73,2 %	2 985 021 1 851 087 64,9 %	3 105 125 2 501 273 82,4 %	3 257 513 2 683 857 82,2 %	3 451 314 2 636 803 77,7 %	3 543 079 2 827 633 81,0 %	3 828 701 3 141 816 82,8 %
SPD	687 531 42,7 % 38 (30 : 8)	821 268 44,4 % 47 (36 : 11)	1 065 733 42,6 % 44 (41 :3)	1 235 361 46,9 % 48 (42 : 6)	1 340 625 50,8 % 51 (44 : 7)	1 442 230 51,0 % 52 (44 : 8)	1 442 201 45,9 % 53 (38 : 15)
CDU	498 158 30,9 % 28 (21 : 7)	348 148 18,8 % 12 (4 : 8)	603 691 21,1 % 24 (5 : 19)	843 041 32,0 % 32 (6 : 26)	760 435 28,8 % 28 (4 : 24)	745 409 26,4 % 26 (4 : 22)	1 248 453 39,7 % 46 (17 : 29)
FDP	252 207 15,7 % 14 (8 : 6)	588 739 31,8 % 21 (8 : 13)	513 421 20,5 % 21 (2 : 19)	250 310 9,5 % 9 (0 : 9)	301 783 11,5 % 11 (0 :11)	293 994 10,4 % 10 (0 : 10)	316 270 10,1 % 11 (0 : 11)
GB/BHE	— — —	— — —	192 930 7,7 % 7 (0 : 7)	193 996 7,4 % 7 (0 : 7)	167 090 6,3 % 6 (0 : 6)	121 326 4,3 % —	— — —
KPD	171 592 10,7 % 10 (3 : 7)	87 878 4,7 % —	84 013 3,4 % —	— — —	— — —	— — —	— — —
NPD	— — —	— — —	— — —	— — —	— — —	224 674 7,9 % 8 (0 : 8)	94 531 3,1 % —
Sonstige	—	5 054	42 025	111 149	66 870	—	40 361

Aufgenommen sind alle Parteien, die bei den aufgeführten Wahlen einmal ein Mandat gewonnen haben. Die Abkürzungen der Parteinamen bedeuten SPD = Sozialdemokratische Partei Deutschlands; CDU = Christlich demokratische Union; FDP = Freie demokratische Partei, ab 1950, vorher LPD = Liberal-demokratische Partei. Sie koalierte 1950 mit BHE = Bund der Heimatvertriebenen und Entrechteten, der sich 1954 zusammenschloß mit dem GB = Gesamtdeutschen Block; KPD = Kommunistische Partei Deutschlands; NPD = Nationaldemokratische Partei. In der Rubrik Wahlbeteiligung bedeutet die erste Zahl die der Wahlberechtigten, die zweite die der abgegebenen gültigen Stimmen. Bei den Parteien bedeutet die erste Zahl die der für sie abgegebenen gültigen Stimmen, die zweite ihren prozentualen Anteil an den insgesamt abgegebenen gültigen Stimmen. In der 3. Reihe stehen die Mandatszahlen; dabei ist die Gesamtzahl aufgeteilt in direkt gewonnene und über die Landesliste zugeteilte Sitze. 38 (30 : 8) heißt also: 30 direkte, 8 indirekte Mandate.

Ziehen wir das Fazit aus diesen Wahlergebnissen, dann zeigt sich zunächst, daß die SPD von Anfang an die führende Partei des Landes war und diese Spitzenposition (von einem geringfügigen Rückschlag 1954 und 1970 abgesehen) seit 1946 ständig ausgebaut hat, dabei in den 24 Jahren ihren Stimmengewinn mehr als verdoppelt, 1962 die absolute Mehrheit erreicht und 1966 behauptet hat. Erst 1970 hat sie diese absolute Mehrheit wieder eingebüßt. Ihre Vorrangstellung wird dadurch unterstrichen, daß die SPD bei jeder Wahl den größten Teil ihrer Mandate direkt gewann, was von allen anderen Parteien nur CDU und LDP einmal, nämlich 1946, gelang. Schon daraus wird der weite Abstand der CDU zur SPD deutlich. Die CDU zeigte zudem eine gewisse Unstete in ihrer Entwicklung, die z. T. sehr erheblichen Schwankungen unterlag. Im Wahljahr 1966 war sie kaum mehr als halb so stark wie die SPD, holte dagegen 1970 unter der kraftvollen Leitung ihres Vorsitzenden Dr. Dregger fast auf. Noch typischer ist das Schicksal der bürgerlich-liberalen FDP, das in Hessen durch den Wahlsturz 1954/58 von 20,5 % auf 9,5 % charakterisiert wird. Diese Halbierung, über die die FDP seitdem kaum wieder hinausgekommen ist, wurde ausgelöst durch die Abspaltung von 16 Bundestagsabgeordneten der Partei unter Führung des Hessen August Martin Euler 1956, der auch den Landesverband aufs stärkste getroffen hat. Seitdem hat er sich bei etwa 10 % der Stimmen eingependelt. Die Vertriebenenpartei GB/BHE hat seit ihrer politischen Selbständigkeit keine eigene Rolle in der Landespolitik spielen können, ist aber durch ihre Koalition mit der SPD seit 1954 dennoch zur Mitregierung gelangt. Das hat gleichwohl ihren Niedergang nicht aufhalten können. 1966 ist sie unter die Fünf-Prozent-Grenze der abgegebenen Stimmen gesunken und seitdem im Landtag nicht mehr vertreten. Das gleiche Schicksal widerfuhr der KPD, die noch vor ihrem Verbot bereits in der Wahl von 1950 unter die Fünf-Prozent-Grenze abfiel.

Vergleichen wir die Wahlen zum deutschen Bundestag mit denen zum hessischen Landtag, dann ergeben sich erhebliche Abweichungen, denn die Prozentzahlen der Ergebnisse für die drei Hauptparteien SPD, CDU und FDP verhalten sich folgendermaßen zueinander:

Partei	Bund Land 1949 1950	Bund Land 1953 1954	Bund Land 1957 1958	Bund Land 1961 1962	Bund Land 1965 1966	Bund Land 1969 1970
SPD	32,1→44,4	33,7→42,6	38,0→46,9	42,8→50,9	45,7→51,0	48,2←45,9
CDU	21,4←18,0	33,2←24,1	40,9←32,0	34,9←28,2	37,8←26,4	38,4→39,7
FDP	28,1→31,8	19,7→20,5	8,5→9,6	15,2←11,4	12,0←10,4	6,7→10,1

Die SPD ist demnach von 1950 bis 1966 bei den Landtagswahlen stets stärker gewesen als bei den Bundestagswahlen, nur 1969/70 kehrte sich dieses Verhältnis um, war die SPD bei der Bundestagswahl stärker als bei der Landtagswahl. Das hing jedoch wahrscheinlich mit der politischen Lage im Bund zusammen, da es auch um Bestätigungswahl für die Bonner Koalition von SPD und FDP ging, so daß ein Absinken der FDP unter die Fünf-Prozent-Grenze wohl auch bundespolitische Folgen gehabt hätte. So ist eine Stärkung der FDP durch Stimmen, die sonst der SPD zugute gekommen wären, nicht auszuschließen, sondern eher wahrscheinlich. Die CDU ist gerade umgekehrt zur SPD von 1950 bis 1966 bei den Landtagswahlen stets schwächer gewesen als bei den Bundestagswahlen, nur 1969/70 kehrte sich auch hier das Verhältnis um. Dabei spielten wohl gleichfalls bundespolitische Entscheidungen eine Rolle, die eine ins Gewicht fallende Stärkung der Opposition von CDU/CSU gegenüber der Regierungskoalition in Bonn auch im Bereich des Landes bezweckten. Demgegenüber bietet die FPD ein uneinheitliches Bild. Von 1950 bis 1958 war sie wie die SPD bei den Landtagswahlen stärker als bei den Bundestagswahlen, 1962 und 1966 war es umgekehrt und damit ebenso wie bei der CDU. Die Gründe der abermaligen Umkehrung 1969/70 haben wir oben erörtert. Aus alledem ergibt sich, daß die hessische Landtagswahl von 1970 zweifellos ein Wahl gewesen ist, bei der (erstmals) erhebliche bundespolitische Überlegungen eine Rolle gespielt haben.

Bei den eindeutigen hessischen Mehrheitsergebnissen war die Regierungsbildung kein Problem. Seit 1950 stellte die SPD unter Ministerpräsident Zinn die Regierung des Landes; zunächst allein, da sie mit 47 von insgesamt 80 Sitzen im zweiten Landtag die Mehrheit hatte, und seit 1954 zusammen mit GB/BHE, wodurch diese Koalition im dritten Landtag auf 51 Stimmen (von 96) kam, im vierten Landtag über 55 (von 96) verfügte und im fünften Landtag 56 (von 96) besaß. Im sechsten Landtag hatte die SPD auch ohne den jetzt ausgefallenen GB/BHE die zur Regierungsbildung notwendige Mehrheit von 52 Mandaten (von 96). Als Zinn im Oktober 1969 sein Amt krankheitshalber beendete und seinem Nachfolger Osswald (SPD) hinterließ, hatte er durch seine maßvolle, nüchterne, aber bestimmte Regierungsweise nicht nur den ungewöhnlichen Aufstieg seiner Partei ermöglicht, sondern darüber hinaus den grundlegenden Beitrag zur territorialen und politischen Regeneration des Landes Hessen in einer seiner verzweifeltsten Lagen geleistet. Damit und durch den im Frühjahr 1965 veröffentlichten Großen Hessenplan hat er die weitere innenpolitische Gestaltung des Landes in epochemachender Weise orientiert. Denn im Großen Hessenplan wurden für das folgende Jahrzehnt alle beabsichtigten sozial- und kulturpolitischen, verkehrs- und wirtschaftspolitischen Aufgaben und Projekte des Landes mit einem Gesamtkostenaufwand von ca. 15 Milliarden (auf der Preisgrundlage von 1965 und bei einem Haushaltsvolumen von gut vier Milliarden 1965) zusammengefaßt, in der Absicht, dadurch die großen Fragen der Industrialisierung, der Bevölkerungsbewegung, der Verstädterung, des Verkehrs, des Wohnens, der Bildung und der sozialen Hilfen in zeitgerechter Weise und Frist zu lösen.

Mit Beginn der neuen Regierung Osswald wurde auch der Große Hessenplan fortgeschrieben und vor der Landtagswahl 1970 in einer Gruppe programmatischer Denkschriften „Hessen 80" erläutert. Die wirtschaftlichen, gesellschafts- und kulturpolitischen Zielsetzungen bewegen sich dabei zwar in den festgelegten Richtungen weiter, doch lassen sich gewisse Schwerpunktverschiebungen nicht verkennen. Sie betreffen die Kulturpolitik (weiterer Ausbau aller Bildungsmittel, mit dem Ziel zusammenzufassen und anzugleichen) und in ganz besonderem Maße die innere Verwaltung. Die hier im Zwang der Zeittrift angestrebten Änderungen der Verwaltungsformen und Gebietseinteilung sind darauf gerichtet, die Ende 1969 bestehenden 2642 Gemeinden Hessens zu 500 zusammenzulegen (bis zum 1. August 1972 hatten sie sich bereits zu 847 zusammengeschlossen) und die 39 Kreise auf 20 zu verringern. Die dadurch entstehenden kommunalen Verwaltungen und Verwaltungsaufgaben von bisher unbekannter Größe hofft man durch Verwendung neuer Mittel (Rechenzentren mit entsprechenden Geräten und Einstellungen) zu bemeistern. Diese nicht nur in deutschen, sondern in mitteleuropäischen Zusammenhängen stehende und angesteuerte Verwaltungskonzentration wird von der Vorstellung getragen, daß dadurch die Verwaltung leistungsfähiger und besser, offener und einfacher, zeitgemäßer und „bürgernäher" wird und gleichwohl die ständig wachsenden Aufgaben und Anforderungen angemessen bewältigt und befriedigt.

Welche erwünschten Vorteile aber auch immer diese Umorganisation ausgelöst haben, sie ist in ihrem Gewicht nur vergleichbar mit den Umgestaltungen nach dem Ende des alten Reiches 1806, denn diese neuen Pläne werden in das

Gefüge des Landes tiefer eingreifen, als alle seitdem durchgeführten staatlichen und kommunalen Verwaltungsmaßnahmen zusammen. Damit bedeuten diese bereits eingeleiteten Veränderungen auch hier den Aufbruch in eine Zukunft, die sich von dem Vergangenen trennen und eigene Wege gehen möchte. So endet diese hessische Geschichte an einem neuen Wendepunkt.

INDEX

A

C

D

E

F

G

H

I

O

P

T

U

V

W

X

Y

Z

ALLGEMEINE UND NACHTRÄGLICHE BEMERKUNGEN ZU KARTEN UND STAMMTAFELN BERICHTIGUNGEN

Die Karte I (Verkehrswege) stellt das Straßennetz in den Grenzen des heutigen Hessen dar, wie es sich bis zum Ende des Mittelalters entwickelt hatte. Wie alt die einzelnen Straßenzüge sind, ist natürlich nicht zu ermitteln; ebenso wenig, wann und auf welche Initiative hin die einzelnen Straßenzüge entstanden sind und mit welcher Intensität sie im Laufe der Jahrhunderte benutzt wurden. Es ist ferner darauf hinzuweisen, daß die Linienführung im Laufe der Jahrhunderte örtlichen Schwankungen unterliegt und im einzelnen nicht immer hinreichend gesichert ist. Völlig neue Züge erhält das Straßenbild seit der napoleonischen Zeit (mit einigen Vorläufern im 18. Jahrhundert) durch den Chausseebau sowie durch den Bau der Eisenbahnlinien in der Mitte des 19. Jahrhunderts und der Autobahnen seit der Mitte des 20. Jahrhunderts.

Die Karte II (Höhensiedlungen) gibt den Stand des Jahres 1970 wieder, so daß noch mit (geringfügigen) Erweiterungen gerechnet werden muß. Sie beschränkt sich auf einen großräumigen, zusammenfassenden Überblick, um ein Gesamtbild dieser geschichtlichen Erscheinung im Raume des heutigen Hessen zu vermitteln. Sie verzichtet dabei auf zeitliche Differenzierung, da auch hier in vielen Fällen das Alter der Anlagen nicht feststeht, ebenso wenig ihre Erbauer und noch viel weniger die Zeitdauer und Intensität ihrer Benutzung bekannt sind. Diese erstreckt sich in zahlreichen Fällen offenbar mit erheblichen Intervallen und Schwankungen über viele Jahrhunderte. Die Kombination dieser überwiegend befestigten Höhensiedlungen mit dem römischen Limes und seinen Kastellen soll das gegenseitige topographische Verhältnis und die wechselseitigen militärischen Bezüge zwischen beiden Festungsgruppen in den ersten Jahrhunderten nach Christi Geburt veranschaulichen.

Die Karten I und II sind gleichzeitig als allgemeine Informationskarten angelegt. Auf Karte I sind oft erwähnte Ortsnamen eingetragen, auf Karte II zahlreiche Landschafts-, Fluß- und Gebirgsnamen.

Die Karten III bis VII geben gleichzeitig eine Übersicht über die Entwicklung der Territorien an den Grenzen Hessens. Die Karte III (Katzenelnbogen) bezeichnet die Hessen benachbarten Territorien nach dem Stande von etwa 1480; die Karte IV (Entwicklung der Landgrafschaft) benennt die benachbarten Territorien um 1550. Die Karte VII (Entwicklung von Nassau) gibt diesen Stand von etwa 1600 und die Karten V und VI (Hessen 1567 bis 1866) bezeichnen die umliegenden Territorien von etwa 1860.

Die Karte VIII (Hessen 1789) gibt zusätzlich einen Überblick über die geistlichen Territorien; darum ist sie nicht als Inselkarte, sondern als Rahmenkarte angelegt.

Die Karte IX (Hessen 1815) ist deswegen beigefügt worden, um einen Überblick über die erste Generalverwaltungsreform nach dem Ende des alten Reiches zu geben. Die jetzt angelaufene neue, ebenso grundlegende Verwaltungsreform konnte noch nicht kartographisch erfaßt werden. Sie wird mit den Verwaltungsgrenzen auch das Ortsnamenbild in drastischer Weise umgestalten. Beide sind hier aus geschichtlichen Gründen noch in ihrer bisherigen Form beibehalten.

Auf Karte I muß es links oben heißen: Arnsberg (statt: Arnsburg) und auf Karte IV ebenfalls links oben: Neheim (statt: Heheim).

S. 141 ist zu der Stammtafel der Konradiner zu bemerken, daß Herzog Hermann von Schwaben († 1003) vielleicht kein Sohn, sondern ein Neffe Konrads war, und von Heriberts Bruder Udo abstammt. Mit diesem Brudersohn Heriberts, der auch S. 161 Z. 10 von unten genannt wird, kann allerdings 981 noch nicht Hermann in seiner Eigenschaft als Herzog von Schwaben gemeint sein, da sein Vater oder Onkel Konrad das Herzogtum erst 982 erhielt, die (Ersatz)aufgebotsliste aber auf 981 datiert wird. Hermann muß damals ein anderes hohes Reichsamt innegehabt haben, so daß es im Text S. 161 Z. 10 heißen muß: der spätere Herzog von Schwaben.

S. 152 f. Die vielschichtige Frage der frühen Grafen im hessisch-sächsischen Grenzraum behandelt erneut und eingehend das 1972 erschienene Werk von Hermann Bannasch, Das Bistum Paderborn unter den Bischöfen Rethar und Meinwerk (983 bis 1036). Es betrifft insbesondere auch die Familien der Haholde und Esikonen und das schwierige Problem der sogenannten „Streugrafschaft" der Haholde im südwestfälischen-nordhessischen Raum, die B. zu Recht ablehnt und durch eine bessere Konstruktion zu ersetzen unternimmt. Die Quellenlage macht es allerdings außerordentlich schwer, hier zu einer glatten und einleuchtenden Lösung zu kommen. Das gleiche gilt von den benachbarten, ebenfalls in Niederhessen ansässigen „Grafen" von Naumburg und von Felsberg und ihren „Grafschaften". Die Naumburger sind neuerdings, allerdings nicht in verfassungsrechtlicher, sondern in politischer Beziehung behandelt worden von Fr. Benninghoven, Der Orden der Schwertbrüder (1965). Er veröffentlicht erstmals eine Stammtafel des Geschlechtes und befaßt sich besonders eingehend mit dem Meister der Schwertbrüder Volkwin, in dem er sicher zu Recht einen Grafen von Naumburg sieht (Volkwin fiel 1236 in der Schlacht von Schaulen, die den Untergang des Ordens bedeutete). Neben Volkwin, auf den vermutlich der Besitz der Rigaer Kirche in Nordhessen zurückgeht, spielte der Provinzialmeister Rudolf von Kassel eine bedeutende Rolle in der Geschichte Litauens und des Schwertbrüderordens zu Anfang des 13. Jahrhunderts. Volkwins Sohn Ludwig von Naumburg wurde Deutschmeister (nach der Verschmelzung der Schwertbrüder mit dem Deutschen Orden, eingeleitet 1236 zu Marburg).

S. 13 Z. 10 von unten sollte stehen: da sie ihrem Herkommen nach keine Einheit bildet (statt ethnographische Einheit).

S. 203 Z. 11 von unten: Der in der Literatur als Abt von Lorsch bezeichnete Franko ist in der Lorscher Abtsliste bei Glöckner, Codex Laureshamensis nicht nachzuweisen oder unterzubringen.